FUNDAMENTOS DE
MARKETING

Dados Internacionais de Catalogação na Publicação (CIP)
(Câmara Brasileira do Livro, SP, Brasil)

Pride, William M.
  Fundamentos de marketing / William M. Pride, O. C. Ferrell; tradução Lizandra Magon Almeida ; revisão técnica Guilherme de Farias Shiraishi. -- São Paulo : Cengage Learning, 2015.

  Título original: Marketing foundations.
  6. ed. norte-americana.
  ISBN 978-85-221-2197-7

  1. Marketing - Administração I. Ferrell, O. C..
II. Shiraishi, Guilherme de Farias. III. Título.

15-06670   CDD-658.8

Índice para catálogo sistemático:

1. Marketing : Administração 658.8

FUNDAMENTOS DE MARKETING

William M. Pride

O. C. Ferrell

Tradução
Lizandra Magon Almeida

Revisão técnica
Prof. Dr. Guilherme de Farias Shiraishi
Professor de Marketing da Faculdade de Economia,
Administração e Contabilidade da USP

Austrália • Brasil • Japão • Coreia • México • Cingapura • Espanha • Reino Unido • Estados Unidos

Fundamentos de marketing
Tradução da 6ª edição norte-americana
1ª edição brasileira
William M. Pride e O. C. Ferrell

Gerente editorial: Noelma Brocanelli

Editora de desenvolvimento: Salete Del Guerra

Editora de aquisição: Guacira Simonelli

Supervisora de produção gráfica: Fabiana Alencar

Especialista em direitos autorais: Jenis Oh

Título original: Foundations of marketing

ISBN 13: 1-285-42977-9

ISBN 10: 1-285-42977-X

Tradução: Lizandra Magon Almeida

Revisão técnica: Guilherme de Farias Shiraishi

Revisão: Isabel Ribeiro, Pamela Andrade, Andrea Pigan e Vero Verbo

Projeto gráfico e diagramação: Triall Composição Editorial Ltda

Indexação: Joana Figueiredo

Capa: Buono Disegno

Imagens em quadros: ©iStockphoto.com/CRTd

Imagens de capa: Studiojumpee/Shutterstock

© 2015, 2011 Cengage Learning
© 2016 Cengage Learning Edições Ltda.

Todos os direitos reservados. Nenhuma parte deste livro poderá ser reproduzida, sejam quais forem os meios empregados, sem a permissão, por escrito, da Editora. Aos infratores aplicam-se as sanções previstas nos artigos 102, 104, 106, 107 da Lei nº 9.610, de 19 de fevereiro de 1998.

Esta editora empenhou-se em contatar os responsáveis pelos direitos autorais de todas as imagens e de outros materiais utilizados neste livro. Se porventura for constatada a omissão involuntária na identificação de algum deles, dispomo-nos a efetuar, futuramente, os possíveis acertos.

A editora não se responsabiliza pelo funcionamento dos links contidos neste livro que podem estar suspensos.

Para informações sobre nossos produtos,
entre em contato pelo telefone
0800 11 19 39
Para permissão de uso de material desta
obra, envie seu pedido para
direitosautorais@cengage.com

© 2016 Cengage Learning. Todos os direitos reservados.

ISBN: 13: 978-85-221-2197-7
ISBN: 10: 85-221-2197-4

Cengage Learning
Condomínio E-Business Park
Rua Werner Siemens, 111 – Prédio 11 – Torre A – Conjunto 12
Lapa de Baixo – CEP 05069-900 – São Paulo – SP
Tel.: (11) 3665-9900 – Fax: (11) 3665-9901
SAC: 0800 11 19 39

Para suas soluções de curso e aprendizado, visite:
www.cengage.com.br

Impresso no Brasil
Printed in Brazil
1 2 3 4 5   18 17 16 15

A Nancy, Allen, Mike, Ashley, Charlie, e James Robinson Pride.

A James Collins Ferrel e George Collins Ferrel.

Prefácio

A IMPORTÂNCIA DO MARKETING NOS NEGÓCIOS

As estratégias de marketing têm um papel fundamental nos ambientes em mudança, e este é o principal desafio que o gestor enfrenta hoje. Marketing é a única área que reúne responsabilidades como aumentar a demanda, gerar renda e desenvolver clientes leais, fatores necessários à existência da empresa. *Fundamentos de marketing* foi escrito para fornecer conceitos fundamentais e as melhores práticas para alcançar o desempenho financeiro e a manutenção de relações positivas com os stakeholders. Todos os estudantes da área de negócios precisam entender esses conceitos fundamentais que refletem o mundo real do marketing. Esses conceitos também trazem luz às oportunidades de carreira no marketing.

O livro instiga os leitores a desenvolver respeito pelo que o marketing representa e a compreender que seu aprendizado requer o domínio de conceitos essenciais. *Fundamentos de marketing* reflete as principais mudanças no ambiente, mantendo ainda uma cobertura abrangente de conceitos tradicionais demonstrados e necessários para a tomada de decisões de marketing. Um capítulo discorre sobre o marketing digital e as redes sociais contemplando o que há de mais moderno. A tomada de decisões de marketing tem acontecido em geral com um grau maior de complexidade em razão das rápidas mudanças na tecnologia. Essas mudanças afetam a forma como os clientes obtêm e usam as informações para realizar a compra.

Os textos refletem o mundo real do marketing e fornecem a mais completa cobertura possível dos tópicos importantes de marketing.

CARACTERÍSTICAS DO LIVRO

O livro fornece uma introdução abrangente e prática ao marketing, que é, ao mesmo tempo, fácil de ensinar e de aprender. Sua estrutura foi desenvolvida para estimular o aluno de marketing e ajudá-lo a compreender o conteúdo de maneira completa e eficiente.

- O início de cada parte apresenta os capítulos que serão estudados e suas conexões.
- No início de cada capítulo são listadas as expectativas a respeito do que os alunos estão prestes a aprender.
- Cada capítulo começa com o quadro *Insights de marketing*. Este recurso fornece um exemplo do mundo real do marketing relacionado ao tópico abordado no capítulo e instiga o estudante a querer saber mais sobre os conceitos e as estratégias relacionados aos variados temas, como marketing de mídia social e buzz marketing. Chipotle Grill, LEGO, Eataly, MillerCoors e Procter & Gamble estão entre as empresas estudadas.
- Os quadros informativos — *Tendências emergentes* e *Transformação verde* — capturam as mudanças dinâmicas no marketing, suas estratégias e o comportamento do cliente.

Os quadros *Tendências emergentes* cobrem fenômenos de marketing, como: pagamentos móveis, mudanças em tendências de saúde, lojas de marcas, outdoors digitais e marketing viral. As empresas destacadas incluem Applebee's, Panera, Reddit.com e Starbucks.

Os quadros *Transformação verde* apresentam os temas como lâmpadas de LED, *greenwashing*, aplicativos móveis ecológicos e campanhas de relações públicas ecológicas. As empresas destacadas incluem General Electric, Levi's, IKEA, IBM, Google e Facebook.

Os quadros *Debate de marketing* discutem questões controversas relacionadas, como imitadores on-line, éticas do showroom, confiabilidade das alegações de bebidas energéticas e marketing direcionado às crianças por meio de jogos para celular.

Os quadros *Empreendedorismo em marketing* focam o papel do empreendedorismo e a necessidade de criatividade no desenvolvimento de estratégias de marketing bem-sucedidas, apresentando organizações empreendedoras famosas, como Build-a-Bear Workshop, Kayak.com, Ideeli, Pixability, Drybar e Tastefully Simple.

- *Definições e termos-chave* aparecem nas margens para auxiliar os leitores na construção do seu vocabulário de marketing.
- Figuras, tabelas, imagens, propagandas e fotos são recursos que contribuem para a compreensão e estimulam o interesse.
- Uma *revisão do capítulo,* organizada com base nos objetivos, cobre a maioria dos tópicos discutidos.
- A lista de *conceitos-chave* fornece outro estudo de fim de capítulo, que ajuda a expandir o vocabulário de marketing dos estudantes.
- *Questões para discussão e revisão* ao fim de cada capítulo incentivam um estudo mais aprofundado e a exploração do conteúdo do capítulo.
- As *Aplicações do marketing* foram projetadas para facilitar a compreensão dos estudantes a respeito de tópicos importantes e melhorar suas habilidades de pensamento crítico. Questões de aplicação adicionais foram incluídas para ajudá-los a quantificar e aplicar as estratégias de marketing, desenvolvidas com base em um alto nível de reflexão na taxonomia de objetivos educacionais de Bloom. Seu propósito inicial é orientar os estudantes, partindo de um conhecimento básico de conceitos de marketing, para aplicação, análise e síntese das atividades de marketing.
- Na página do livro, no site da Cengage (www.cengage.com.br), estão disponibilizados:
  - Apêndices que discutem as oportunidades de carreira em marketing, exploram a análise financeira de marketing e apresentam uma amostra do plano de marketing. Todos esses apêndices podem ser consultados on-line.
  - Material para o professor em Power Point®, um recurso para incrementar suas aulas.
  - Um glossário completo pode ser consultado on-line, com mais de 500 termos.

ORGANIZAÇÃO DO TEXTO

Organizamos as seis partes do livro de forma que ofereça um entendimento prático e teórico da tomada de decisões de marketing.

Parte 1	Marketing estratégico e seu ambiente
	No **Capítulo 1**, definimos "marketing" e exploramos vários tipos de clientes e mercados-alvo, mix de marketing, marketing de relacionamento e o conceito de marketing propriamente dito. No **Capítulo 2**, temos uma visão geral de tópicos estratégicos de marketing, assim como do processo de planejamento estratégico, corporativo, unidade de negócios e estratégias de marketing, implantação de estratégias de marketing, avaliação de desempenho dessas estratégias e componentes do plano de marketing. Examinamos, no **Capítulo 3**, forças competitivas, econômicas, políticas, legais, reguladoras, tecnológicas e socioculturais, assim como questões éticas e de responsabilidade social nas decisões de marketing, que podem ter efeitos profundos nas estratégias de marketing.
Parte 2	**Pesquisa de marketing e mercados-alvo**
	No **Capítulo 4**, fornecemos base para facilitar a análise de compradores com vistas aos sistemas de informação de marketing e aos passos básicos do processo de pesquisa de marketing. Observamos os elementos que afetam as decisões de compra a fim de melhor analisar as necessidades do cliente e avaliar como as estratégias de marketing específicas podem satisfazê-las. No **Capítulo 5**, tratamos de como selecionar e analisar mercados-alvo — um dos passos mais importantes no desenvolvimento da estratégia de marketing.

Parte 3	Comportamento do cliente e e-marketing

Examinamos os processos das decisões de compra do cliente e fatores que influenciam as decisões de compra no **Capítulo 6**. No **Capítulo 7**, exploramos os mercados de negócios, compradores organizacionais, centro de compras e processo de decisão de compra do negócio. O **Capítulo 8** tem como foco ações, envolvimentos e estratégias de profissionais de marketing que atendem clientes internacionais. **No Capítulo 9**, discutimos marketing digital, mídia social e redes sociais.

Parte 4	Decisões de produto e preço

No **Capítulo 10**, introduzimos conceitos básicos e relacionamentos que precisam ser entendidos para a tomada de decisões de produto efetiva, bem como de marca, embalagem e rótulo. No **Capítulo 11**, analisamos o produto em diferentes dimensões levando em conta sua gestão. Além de abordar extensão de linha e modificação de produto, desenvolvimento de novo produto, eliminação de produto e natureza, importância e caraterísticas dos serviços. No **Capítulo 12**, discutimos inicialmente a competição baseada em *preço* e *não preço*. Então, analisamos os oito estágios do processo que os profissionais de marketing usam para estabelecer os preços. Exploramos uma variedade de tópicos de precificação, como demanda, elasticidade, análise marginal, análise do ponto de equilíbrio, bases da precificação e estratégias de precificação.

Parte 5	Decisões de distribuição

No **Capítulo 13**, observamos a gestão de cadeia de suprimentos, os canais de marketing e as decisões e atividades associadas à distribuição física do produto, como processamento de pedidos, manuseio de materiais, armazenagem, gestão do estoque e transporte. O **Capítulo 14** explora o varejo e o atacado, incluindo os tipos de varejistas e atacadistas, marketing direto e venda direta, e questões de estratégias do varejo.

Parte 6	Decisões de promoção

Discutimos comunicacões de marketing integradas no **Capítulo 15**. São descritos o processo de comunicacão e os principais métodos promocionais que podem ser incluídos em compostos promocionais. No **Capítulo 16**, analisamos os principais passos para desenvolver uma campanha de propaganda. Também definimos relações públicas e como podem ser utilizadas. O **Capítulo 17** trata da venda pessoal e o papel que desempenha nos esforços promocionais da organização. Também exploramos as características gerais da promoção de vendas e descrevemos técnicas de promoção de vendas.

AGRADECIMENTOS

Como a maioria dos livros didáticos, este reflete as ideias de muitos acadêmicos e profissionais que contribuíram com o desenvolvimento da disciplina do marketing. Agradecemos a oportunidade de apresentar suas ideias neste livro.

Inúmeras pessoas fizeram comentários e recomendações úteis nas resenhas desta ou de edições anteriores. Agradecemos a ajuda generosa dos revisores abaixo:

Zafar U. Ahmed
Minot State University

Thomas Ainscough
University of Massachusetts–Dartmouth

Sana Akili
Iowa State University

Katrece Albert
Southern University

Joe F. Alexander
University of Northern Colorado

Mark I. Alpert
University of Texas at Austin

David M. Ambrose
University of Nebraska

David Andrus
Kansas State University

Linda K. Anglin
Minnesota State University

George Avellano
Central State University

Emin Babakus
University of Memphis

Julie Baker
Texas Christian University

Siva Balasubramanian
Southern Illinois University

Joseph Ballenger
Stephen F. Austin State University

Guy Banville
Creighton University

Frank Barber
Cuyahoga Community College

Joseph Barr
Framingham State College

Thomas E. Barry
Southern Methodist University

Charles A. Bearchell
California State University–Northridge

Richard C. Becherer
University of Tennessee–Chattanooga

Walter H. Beck, Sr.
Reinhardt College

Russell Belk
University of Utah

John Bennett
University of Missouri–Columbia

W. R. Berdine
California State Polytechnic Institute

Karen Berger
Pace University

Stewart W. Bither
Pennsylvania State University

Roger Blackwell
Ohio State University

Peter Bloch
University of Missouri–Columbia

Wanda Blockhus
San Jose State University

Nancy Bloom
Nassau Community College

Paul N. Bloom
University of North Carolina

James P. Boespflug
Arapahoe Community College

Joseph G. Bonnice
Manhattan College

John Boos
Ohio Wesleyan University

Peter Bortolotti
Johnson & Wales University

Chris D. Bottomley
Ocean County College

Jenell Bramlage
University of Northwestern Ohio

James Brock
Susquehanna College

John R. Brooks, Jr.
Houston Baptist University

William G. Browne
Oregon State University

John Buckley
Orange County Community College

Gul T. Butaney
Bentley College

James Cagley
University of Tulsa

Pat J. Calabros
University of Texas–Arlington

Linda Calderone
State University of New York College of Technology at Farmingdale

Joseph Cangelosi
University of Central Arkansas

William J. Carner
University of Texas–Austin

Nancy M. Carr
Community College of Philadelphia

James C. Carroll
University of Central Arkansas

Terry M. Chambers
Westminster College

Lawrence Chase
Tompkins Cortland Community College

Larry Chonko
Baylor University

Barbara Coe
University of North Texas

Ernest F. Cooke
Loyola College–Baltimore

Robert Copley
University of Louisville

John I. Coppett
University of Houston–Clear Lake

Robert Corey
West Virginia University

Deborah L. Cowles
Virginia Commonwealth University

Sandra Coyne
Springfield College

Melvin R. Crask
University of Georgia

William L. Cron
Texas Christian University

Gary Cutler
Dyersburg State Community College

Bernice N. Dandridge
Diablo Valley College

Tamara Davis
Davenport University

Lloyd M. DeBoer
George Mason University

Sally Dibb
University of Warwick

Katherine Dillon
Ocean County College

Ralph DiPietro
Montclair State University

Paul Dishman
Idaho State University

Suresh Divakar
State University of New York–Buffalo

Casey L. Donoho
Northern Arizona University

Todd Donovan
Colorado State University

Peter T. Doukas
Westchester Community College

Kent Drummond
University of Wyoming

Tinus Van Drunen
University Twente (Netherlands)

Lee R. Duffus
Florida Gulf Coast University

Robert F. Dwyer
University of Cincinnati

Roland Eyears
Central Ohio Technical College

Cheryl A. Fabrizi
Broome Community College, State University of New York

Thomas Falcone
Indiana University of Pennsylvania

Kathleen Ferris-Costa
Bridgewater State University Ricciardi College of Business

James Finch
University of Wisconsin–La Crosse

Letty C. Fisher
SUNY/Westchester Community College

Renée Florsheim
Loyola Marymount University

Charles W. Ford
Arkansas State University

John Fraedrich
Southern Illinois University, Carbondale

David J. Fritzsche
University of Washington

Donald A. Fuller
University of Central Florida

Terry Gable
Truman State University

Ralph Gaedeke
California State University, Sacramento

Robert Garrity
University of Hawaii

Cathy Goodwin
University of Manitoba

Geoffrey L. Gordon
Northern Illinois University

Robert Grafton-Small
University of Strathclyde

Harrison Grathwohl
California State University–Chico

Alan A. Greco
North Carolina A&T State University

Blaine S. Greenfield
Bucks County Community College

Thomas V. Greer
University of Maryland

Sharon F. Gregg
Middle Tennessee University

Jim L. Grimm
Illinois State University

Charles Gross
University of New Hampshire

Joseph Guiltinan
University of Notre Dame

John Hafer
University of Nebraska at Omaha

David Hansen
Texas Southern University

Richard C. Hansen
Ferris State University

Nancy Hanson-Rasmussen
University of Wisconsin–Eau Claire

Robert R. Harmon
Portland State University

Mary C. Harrison
Amber University

Lorraine Hartley
Franklin University

Michael Hartline
Florida State University

Timothy Hartman
Ohio University

Salah S. Hassan
George Washington University

Manoj Hastak
American University

Del I. Hawkins
University of Oregon

Dean Headley
Wichita State University

Esther Headley
Wichita State University

Debbora Heflin-Bullock
California State Polytechnic University–Pomona

Merlin Henry
Rancho Santiago College

Tony Henthorne
University of Southern Mississippi

Lois Herr
Elizabethtown College

Charles L. Hilton
Eastern Kentucky University

Elizabeth C. Hirschman
Rutgers, State University of New Jersey

George C. Hozier
University of New Mexico

John R. Huser
Illinois Central College

Joan M. Inzinga
Bay Path College

Deloris James
University of Maryland

Ron Johnson
Colorado Mountain College

Theodore F. Jula
Stonehill College

Peter F. Kaminski
Northern Illinois University

Yvonne Karsten
Minnesota State University

Jerome Katrichis
Temple University

Garland Keesling
Towson University

James Kellaris
University of Cincinnati

Alvin Kelly
Florida A&M University

Philip Kemp
DePaul University

Sylvia Keyes
Bridgewater State College

William M. Kincaid, Jr.
Oklahoma State University

Roy Klages
State University of New York at Albany

Hal Koenig
Oregon State University

Douglas Kornemann
Milwaukee Area Technical College

Kathleen Krentler
San Diego State University

John Krupa, Jr.
Johnson & Wales University

Barbara Lafferty
University of South Florida

Patricia Laidler
Massasoit Community College

Bernard LaLond
Ohio State University

Richard A. Lancioni
Temple University

Irene Lange
California State University–Fullerton

Geoffrey P. Lantos
Stonehill College

Charles L. Lapp
University of Texas–Dallas

Virginia Larson
San Jose State University

John Lavin
Waukesha County Technical Institute

Marilyn Lavin
University of Wisconsin–Whitewater

Hugh E. Law
East Tennessee University

Monle Lee
Indiana University–South Bend

Ron Lennon
Barry University

Richard C. Leventhal
Metropolitan State College

Marilyn L. Liebrenz-Himes
George Washington University

Jay D. Lindquist
Western Michigan University

Terry Loe
Kennesaw State University

Mary Logan
Southwestern Assemblies of God College

Paul Londrigan
Mott Community College

Anthony Lucas
Community College of Allegheny County

George Lucas
U.S. Learning, Inc.

William Lundstrom
Cleveland State University

Rhonda Mack
College of Charleston

Stan Madden
Baylor University

Patricia M. Manninen
North Shore Community College

Gerald L. Manning
Des Moines Area Community College

Lalita A. Manrai
University of Delaware

Franklyn Manu
Morgan State University

Allen S. Marber
University of Bridgeport

Gayle J. Marco
Robert Morris College

Carolyn A. Massiah
University of Central Florida

James McAlexander
Oregon State University

Donald McCartney
University of Wisconsin–Green Bay

Anthony McGann
University of Wyoming

Jack McNiff
State University of New York College of Technology at Farmington

Lee Meadow
Eastern Illinois University

Carla Meeske
University of Oregon

Jeffrey A. Meier
Fox Valley Technical College

Marilyn Martin Melchiorre
College of Idaho

James Meszaros
County College of Morris

Brian Meyer
Minnesota State University

Martin Meyers
University of Wisconsin–Stevens Point

Stephen J. Miller
Oklahoma State University

William Moller
University of Michigan

Kent B. Monroe
University of Illinois

Carlos W. Moore
Baylor University

Carol Morris-Calder
Loyola Marymount University

David Murphy
Madisonville Community College

Keith Murray
Bryant College

Sue Ellen Neeley
University of Houston–Clear Lake

Carolyn Y. Nicholson
Stetson University

Francis L. Notturno, Sr.
Owens Community College

Terrence V. O'Brien
Northern Illinois University

James R. Ogden
Kutztown University of Pennsylvania

Shannon Ogden
Black River Technical College

Lois Bitner Olson
San Diego State University

Mike O'Neill
California State University–Chico

Robert S. Owen
State University of New York–Oswego

Allan Palmer
University of North Carolina at Charlotte

David P. Paul III
Monmouth University

Terry Paul
Ohio State University

Teresa Pavia
University of Utah

John Perrachione
Truman State University

Michael Peters
Boston College

Linda Pettijohn
Missouri State University

Lana Podolak
Community College of Beaver County

Raymond E. Polchow
Muskingum Area Technical College

Thomas Ponzurick
West Virginia University

William Presutti
Duquesne University

Kathy Pullins
Columbus State Community College

Edna J. Ragins
North Carolina A&T State University

Daniel Rajaratnam
Baylor University

Mohammed Rawwas
University of Northern Iowa

James D. Reed
Louisiana State University–Shreveport

William Rhey
University of Tampa

Glen Riecken
East Tennessee State University

Winston Ring
University of Wisconsin–Milwaukee

Ed Riordan
Wayne State University

Bruce Robertson
San Francisco State University

Robert A. Robicheaux
University of Alabama–Birmingham

Linda Rose
Westwood College Online

Bert Rosenbloom
Drexel University

Robert H. Ross
Wichita State University

Tom Rossi
Broome Community College

Vicki Rostedt
The University of Akron

Catherine Roster
University of New Mexico

Michael L. Rothschild
University of Wisconsin–Madison

Kenneth L. Rowe
Arizona State University

Don Roy
Middle Tennessee State University

Catherine Ruggieri
St. John's University

Elise Sautter
New Mexico State University

Rob Salamida
SUNY Broome Community College

Ronald Schill
Brigham Young University

Bodo Schlegelmilch
Vienna University of Economics and Business Administration

Edward Schmitt
Villanova University

Thomas Schori
Illinois State University

Donald Sciglimpaglia
San Diego State University

Stanley Scott
University of Alaska–Anchorage

Harold S. Sekiguchi
University of Nevada–Reno

Gilbert Seligman
Dutchess Community College

Richard J. Semenik
University of Utah

Beheruz N. Sethna
Lamar University

Abhay Shah
Colorado State University–Pueblo

Morris A. Shapero
Schiller International University

Terence A. Shimp
University of South Carolina

Mark Siders
Southern Oregon University

Carolyn F. Siegel
Eastern Kentucky University

Dean C. Siewers
Rochester Institute of Technology

Lyndon Simkin
University of Warwick

Roberta Slater
Cedar Crest College

Paul J. Solomon
University of South Florida

Sheldon Somerstein
City University of New York

Eric R. Spangenberg
University of Mississippi

Rosann L. Spiro
Indiana University

William Staples
University of Houston–Clear Lake

Bruce Stern
Portland State University

Carmen Sunda
University of New Orleans

Claire F. Sullivan
Metropolitan State University

Robert Swerdlow
Lamar University

Crina Tarasi
Central Michigan University

Ruth Taylor
Texas State University

Steven A. Taylor
Illinois State University

Hal Teer
James Madison University

Ira Teich
Long Island University–C. W. Post

Debbie Thorne
Texas State University

Dillard Tinsley
Stephen F. Austin State University

Sharynn Tomlin
Angelo State University

Hale Tongren
George Mason University

James Underwood
University of Southwest Louisiana–Lafayette

Barbara Unger
Western Washington University

Dale Varble
Indiana State University

Bronis Verhage
Georgia State University

R. Vish Viswanathan
University of Northern Colorado

Charles Vitaska
Metropolitan State College

Kirk Wakefield
Baylor University

Harlan Wallingford
Pace University

Jacquelyn Warwick
Andrews University

James F. Wenthe
Georgia College

Sumner M. White
Massachusetts Bay Community College

Janice Williams
University of Central Oklahoma

Alan R. Wiman
Rider College

John Withey
Indiana University–South Bend

Ken Wright
West Australian College of Advanced Education

A Charlie Hofacker e Michael Hartline, ambos da Universidade do Estado da Flórida, pelas muitas sugestões úteis e insights ao desenvolvermos o capítulo sobre marketing digital e redes sociais. Michael Hartline também nos ajudou no desenvolvimento do esboço do plano de marketing e forneceu sugestões ao longo do texto. Catherine Roster, da Universidade do Novo México, e Marty Meyers, da Universidade de Wisconsin–Stevens Point, nos prestaram importante assistência ao revisar os capítulos "Pesquisa de marketing e sistemas de informação," "Comportamento de compra do consumidor" e "Marketing digital e redes sociais".

A Jennifer Sawayda e Jennifer Jackson por suas pesquisas e assistência editorial na revisão dos capítulos. Apreciamos os esforços de Marian Wood, Michelle Urban, Danielle Jolley e Lynzie Rowland por desenvolverem e revisarem vários quadros informativos. Agradecemos imensamente a assistência de Courtney Monroe, Laurie Marshall, Clarissa Means, Eva Tweedy e Carolyn Phillips pela assistência editorial técnica e pelo apoio.

O apoio e incentivo dados pelos colegas na Universidade do Texas A&M e Universidade do Novo México. Também somos gratos pelos comentários e sugestões que recebemos de nossos próprios alunos, grupos focados de estudantes que sempre nos forneceram feedback. Muitos profissionais talentosos da Cengage Learning e Integra contribuíram para o desenvolvimento deste livro. Somos especialmente gratos a Mike Roche, Julie Klooster, Scott Dillon, Holly Henjum, Jennifer Ziegler, Allison Campbell, Audrey Pettengill, Deanna Ettinger, Stacy Shirley, Robin LeFevre e Megan Fischer, cujos apoio, inspiração, paciência e amizade são inestimáveis.

William M. Pride
O. C. Ferrell

Sobre os autores

William M. Pride é professor de Marketing na Mays Business School – Texas A&M University, EUA. PhD pela Louisiana State University, é autor deste texto e coautor do livro *Business*, publicado também pela Cengage Learning, líder de mercado. Dr. Pride ensina os princípios do marketing tanto para universitários quanto para pós-graduados e constantemente solicita feedbacks importantes dos alunos para revisar os textos sobre os fundamentos de marketing.

Os interesses de pesquisa do dr. Pride são nas áreas de propaganda, promoção e canais de distribuição. Seus artigos de pesquisa foram publicados em grandes periódicos no campo de marketing, como o *Journal of Marketing*, o *Journal of Marketing Research*, o *Journal of the Academy of Marketing Science* e o *Journal of Advertising*.

O dr. Pride é membro da American Marketing Association, da Academy of Marketing Science, da Society for Marketing Advances e da Marketing Management Association. Ele recebeu os prêmios Marketing Fellow da Society for Marketing Advances e Marketing Innovation da Marketing Management Association, ambos prêmios Lifetime Achievement.

O. C. Ferrel, é PhD em Marketing pela Lousiana State University, professor emérito universitário de Marketing e professor de Ética de negócios da cadeira Bill Daniels na Anderson School of Management – University of New Mexico. Lecionou também nas faculdades da University of Wyoming, Colorado State University, University of Memphis, Texas A&M University, Illinois State University e Southern Illinois University.

Foi presidente do Conselho Acadêmico da American Marketing Association e presidiu o Comitê de Ética da mesma instituição. Sob sua liderança, o comitê desenvolveu o código de ética da AMA e o código de ética para marketing na internet, também da AMA. Recentemente, auxiliou na criação de um programa de certificação de marketing para gerentes sênior filiados da AMA voltados para profissionais de marketing chineses. Além disso, foi membro da Academy of Marketing Science Board of Governors e da Society of Marketing Advances e da Sothwestern Marketing Association, além de membro emérito da Academy of Marketing Science. Ferrel é vice-presidente de publicações da Academy of Marketing Science. Foi o primeiro ganhador do prêmio Marketing Education Innovation da Marketing Management Association. Recebeu um prêmio de reconhecimento pelas conquistas alcançadas pela Macromarketing Society e um prêmio especial por serviços prestados a doutorandos do Southeast Doctoral Consortium. Recebeu, ainda, o prêmio Harold Berkman Lifetime Service da Academy of Marketing Science.

Dr. Ferrel é coautor de 20 livros e tem mais de 100 artigos e trabalhos publicados. Seus artigos foram publicados no *Journal of Marketing Research*, no *Journal of Marketing*, no *Journal of Business Ethics*, no *Journal of Business Research*, no *Journal of the Academy of Marketing Science* e no *Journal of Public Policy & Marketing*, e também em outras publicações.

Sumário

Parte 1 Marketing estratégico e seu ambiente 1

Capítulo 1 Marketing estratégico voltado ao cliente 2
  Insights de marketing: Chipotle Grill: onde as relações importam 2
  Definindo marketing 3
    Marketing concentra-se nos clientes 3
    Marketing lida com produtos, distribuição, promoção e preço 5
  Marketing em debate: A verdade sobre produtos orgânicos 6
  Tendências do marketing: A demanda por café em cápsulas está fervendo 8
    Marketing cria valor 9
    Marketing constrói relações com clientes e outros stakeholders 11
    Marketing ocorre em um ambiente dinâmico 12
  Entendendo o conceito de marketing 13
    Evolução do conceito de marketing 14
  Empreendedorismo em marketing: Empresária da Build-a-Bear inventa uma
  forma inovadora de ativar a criatividade das crianças 15
    Implementando o conceito de marketing 16
  Gestão de relacionamento com o cliente 17
  A importância do marketing em nossa economia global 18
    Custos de marketing consomem uma porção considerável do dinheiro dos
    compradores 18
    Marketing é usado em organizações sem fins lucrativos 18
    Marketing é importante para os negócios e para a economia 19
    Marketing abastece nossa economia global 19
    Conhecimento de marketing aumenta a consciência do consumidor 20
    Marketing conecta pessoas através da tecnologia 20
    Marketing socialmente responsável: promovendo o bem-estar dos clientes e
    stakeholders 21
    Marketing oferece muitas e empolgantes possibilidades de carreira 22
  Transformação verde: Lixo ganha um significado totalmente novo 22

Capítulo 2 Planejando, implementando e avaliando as estratégias de marketing 30
  Insights de marketing: Os planos da Procter & Gamble para mais marcas
  bilionárias 30

O processo de planejamento estratégico...31
   Estabelecendo a declaração de missão e os objetivos organizacionais 32
   Desenvolvendo as estratégias corporativas e das unidades de negócio 32
Marketing em debate: Pontos de interrogação versus estrelas: como decidir? 35
   Avaliando recursos organizacionais e oportunidades... 36
   Análise SWOT 37
Transformação verde: Ecomagination da GE poupa e ganha bilhões....................... 38
   Vantagem do primeiro movimento e do movimento tardio...................................... 39
   Desenvolvendo objetivos e estratégias de marketing 40
   Selecionando o mercado-alvo 41
   Criando mix de marketing 42
Gerenciando a implementação de marketing 43
Tendências do marketing: Assista à previsão do tempo!.. 43
   Organizando a unidade de marketing 44
   Motivando os profissionais de marketing... 44
   Comunicação na unidade de marketing 45
   Coordenando as atividades de marketing 46
   Estabelecendo um cronograma de implementação 46
Avaliando estratégias de marketing 46
   Estabelecendo padrões de desempenho.. 46
   Analisando o desempenho atual.. 47
   Análise de vendas.. 47
   Análise de custos de marketing... 49
   Comparando o desempenho atual com padrões de desempenho e fazendo mudanças se necessário 50
Empreendedorismo em marketing: Samuel Adams: ajudando outros a "produzir" o sonho norte-americano... 50
   Criando um plano de marketing... 51

Capítulo 3   O ambiente de marketing, responsabilidade social e ética 60
  Insights de marketing: Empresas ganham com marketing relacionado a causas...... 60
  O ambiente de marketing 61
   Respondendo ao ambiente de marketing.. 62
   Forças competitivas 63
   Forças econômicas 66
   Condições econômicas.. 67
   Forças políticas 69
   Forças legais e regulatórias 70
   Agências reguladoras 72
   Forças tecnológicas 75
  Marketing em debate: Copiadores ou inovadores?... 75
   Forças socioculturais 76
  Responsabilidade social e ética no marketing 79

Tendências do marketing: Como os restaurantes respondem à tendência saudável... 79
    Dimensão econômica 80
    Dimensão legal 81
    Dimensão ética 82
Empreendedorismo em marketing: True Office oferece uma forma inovadora de abordar o treinamento em ética 83
    Dimensão filantrópica 84
    Sustentabilidade 86
Transformação verde: O novo empreendimento da Google: tornar-se verde 86
    Consumerismo 87
    Incorporando responsabilidade social e ética no planejamento estratégico 87

Parte 2 Pesquisa de marketing e mercados-alvo 99

Capítulo 4 Pesquisa de marketing e sistemas de informação 100

Insights de marketing: LEGO descobre um mercado-alvo negligenciado: meninas! 100
A importância da pesquisa de marketing 101
Tipos de pesquisa 102
    Pesquisa exploratória 102
    Pesquisa conclusiva 105
O processo de pesquisa de marketing 106
    Localizando e definindo problemas ou temas da pesquisa 106
    Desenvolvendo o projeto de pesquisa 107
    Coleta de dados 108
Transformação verde: Marketing verde 110
Empreendedorismo em marketing: Agência de publicidade Baldwin& vai bem com Güd 117
    Interpretando os achados da pesquisa 119
    Reportando as descobertas da pesquisa 120
Usando a tecnologia para aprimorar a coleta e a análise de informações de marketing 121
    Sistemas de informação de marketing 121
Tendências do marketing: O outdoor do futuro 122
    Base de dados 122
Marketing em debate: Privacidade dos dados de compra 123
    Sistemas de apoio às decisões de marketing 124
Desafios da pesquisa de marketing 124
    A importância de uma pesquisa de marketing ética 124
    Questões internacionais na pesquisa de marketing 126

Capítulo 5 Mercados-alvo: segmentação e avaliação 134

Insights de marketing: Magnum é irresistível para qualquer grupo demográfico 134
O que são mercados? 135
Processo de seleção do mercado-alvo 136

Passo 1: Identificar a estratégia de seleção de mercado-alvo apropriada 136
    Estratégia de seleção de mercado-alvo não diferenciada 137
    Estratégia de mercado-alvo concentrada por meio de segmentação de mercado 137
    Estratégia de mercados-alvo diferenciada através de segmentação de mercado 141
Marketing em debate: É possível lucrar com a seleção de mercados-alvo por gênero? 141
Passo 2: Determinar quais variáveis de segmentação utilizar 142
    Variáveis para segmentar o mercado consumidor 142
    Variáveis para segmentação dos mercados de negócios 151
Transformação verde: IKEA adere ao estilo verde 151
Passo 3: Desenvolver perfis de segmentos de mercado 152
Passo 4: Avaliar segmentos de mercado relevantes 153
    Estimativa de vendas 153
Tendências do marketing: Movimentação no marketing de aluguel de filmes 154
    Avaliação da concorrência 155
    Estimativas de custo 155
Passo 5: Selecionar mercados-alvo específicos 155
Empreendedorismo em marketing: Como a Skullcandy segmenta seu mercado 156
Desenvolver previsões de vendas 156
    Julgamento executivo 157
    Levantamentos 157
    Análise de séries temporais de vendas 158
    Análise de regressão 158
    Testes de mercado 158
    Utilizando vários métodos de previsão 159

Parte 3   Comportamento do cliente e e-marketing   167

Capítulo 6   Comportamento de compra do consumidor 168
    Insights de marketing: Pretty Ugly é muito popular 168
    Processo de decisão de compra do consumidor 169
        Reconhecimento do problema 169
        Busca por informação 170
        Análise de alternativas 171
        Compra 172
        Avaliação pós-compra 172
    Transformação verde: Quão "verde" é aquele produto? Confira o aplicativo! 173
    Tipos de tomada de decisão do consumidor e nível de envolvimento 173
    Influências situacionais no processo de decisão de compra 176
    Influências psicológicas no processo de decisão de compra 177
        Percepção 177

Marketing em debate: Perseguição digital: sua escolha?.. 179
    Motivos 180
    Aprendizado... 182
    Atitudes 182
Tendências do marketing: Mantendo consumidores conectados em qualquer lugar... 183
    Personalidade e autoconceito... 185
Empreendedorismo em marketing: Birchbox ajuda a eliminar a adivinhação em relação aos produtos de beleza 186
    Estilos de vida 186
Influências sociais sobre o processo de decisão de compra 187
    Papéis.. 187
    Influências familiares 187
    Grupos de referência 189
    Líderes de opinião... 189
    Classes sociais... 190
    Culturas e subculturas 191
Comportamento inadequado do consumidor... 196

Capítulo 7   Mercados de negócios e comportamento de compra 204

Insights de marketing: General Electric gera marketing inteligente para negócios 204
Mercados de negócios 205
    Mercados produtores 206
    Mercado revendedores 207
Tendências do marketing: "Feito nos EUA" é uma tendência quente de mercado .. 208
    Mercados governamentais.. 208
    Mercados institucionais... 209
Dimensões de clientes e transações de negócios 209
Transformação verde: IBM: a Grande Azul é realmente verde............................... 210
    Características de transações com clientes de negócios 211
    Atributos dos clientes de negócios.. 211
    Preocupações primárias de clientes de negócios............................... 212
Marketing em debate: Metas de diversidade do fornecedor 213
    Métodos de compra em negócios 215
    Tipos de compras de negócios 215
Demanda por produtos de negócios..216
    Demanda derivada.. 216
    Demanda inelástica... 217
    Demanda conjunta.. 217
    Demanda flutuante.. 217
Decisões de compras organizacionais...218
    Centro de compra 218
    Estágios do processo de decisão de compras organizacionais.......... 219
    Influências sobre o processo de decisão de compras organizacionais 221

Empreendedorismo em marketing: Pixability ajuda pequenas empresas a competir por meio de vídeos 222
Sistemas de classificação industrial 222

Capítulo 8 Alcançando mercados globais 231

Insights de marketing: Procter & Gamble se aproxima de consumidores no Vietnã 231
A natureza da estratégia de marketing global 232
Forças ambientais em mercados globais 233
    Forças socioculturais 233
    Forças econômicas 235
    Forças políticas, legais e regulatórias 237
Tendências do marketing: Google mergulha no mercado chinês com anúncios em aplicativos móveis 238
    Forças éticas e de responsabilidade social 239
    Forças competitivas 242
Transformação verde: Cummins atinge vantagem competitiva global por meio de produtos ecológicos 243
    Forças tecnológicas 244
Alianças regionais de comércio, mercados e acordos 244
    Acordo de Livre Comércio da América do Norte (Nafta) 245
    União Europeia (UE) 246
Mercado Comum do Sul (Mercosul) 247
Empreendedorismo em marketing: Lei Jun vai se tornar o Steve Jobs da China? .. 248
    Cooperação Econômica Ásia-Pacífico (Apec) 248
    Associação de Nações do Sudeste Asiático (Asean) 249
    Organização Mundial de Comércio (OMC) 250
Marketing em debate: As complexidades do marketing em relação à lei de direitos autorais 251
Formas de entrar em mercados internacionais 251
    Importação e exportação 251
    Licenciamento e franqueamento 253
    Contrato de fabricação 254
    Joint ventures 254
    Propriedade direta 256
Customização versus globalização do mix de marketing internacional 257

Capítulo 9 Marketing digital e redes sociais 268

Insights de marketing: Extraindo o poder do Twitter 268
Crescimento e benefícios do marketing digital 269
Tipos de marketing gerados pelo consumidor e mídia digital 271
    Redes sociais 272
    Facebook 273
    Twitter 274
    Blogs e Wikis 275

Transformação verde: Facebook é elogiado por combater as emissões de carbono 275
    Sites de compartilhamento de mídia... 277
    Ambientes virtuais 279
Marketing em debate: Propaganda para crianças em smartphones...................... 279
    Dispositivos móveis... 280
    Aplicativos e widgets 281
Tendências do marketing: Pagamentos móveis mudam a relação entre varejista e cliente 282
Mudando o comportamento dos consumidores com a mídia digital 283
    Comportamento on-line do consumidor... 283
Estratégia de e-marketing... 287
    Considerações sobre o produto... 287
    Considerações sobre distribuição 288
    Considerações sobre promoção.. 288
    Considerações sobre precificação 289
Empreendedorismo em marketing: Kayak.com se torna a principal empresa no mercado de pesquisa e viagens 290
Questões éticas e legais... 290
    Privacidade 290
    Fraude on-line 291
    Propriedade intelectual 292

Parte 4   Decisões de produto e preço 303

Capítulo 10 Conceitos de produto, marca e embalagem..304
Insights de marketing: MillerCoors recria a marca de seus produtos inovando nas embalagens 304
O que é um produto?.. 305
Classificando produtos 307
    Produtos de consumo 307
    Produtos de negócios 310
Transformação verde: O que torna um produto verde?.. 311
Linha de produto e mix de produto 313
Ciclo de vida do produto e estratégias de marketing 314
    Introdução 314
    Crescimento 315
    Maturidade 316
    Declínio.. 318
Processo de adoção do produto 319
Gestão de marca 321
Empreendedorismo em marketing: Ideeli alcança o sucesso oferecendo descontos 322
    Importância da gestão de marcas 322

　　　　　　Equidade da marca (brand equity) 323
　　　　　　Tipos de marcas 325
　　　　　　Selecionando o nome da marca 326
　　　　　　Protegendo uma marca 327
　　　　　　Políticas de gestão de marca 329
　　　　　　Extensões de marca 329
　　　　　　Co-branding 331
　　　　　　Licenciamento de marca 331
　　　　Criação de embalagens 331
　　　　　　Funções das embalagens 332
　　　　　　Embalagem e estratégia de marketing 333
　　　　Marketing em debate: As implicações legais das bebidas energéticas 334
　　　　Tendências do marketing: Produtos feitos domesticamente prosperam 335
　　　　Rotulagem 335

Capítulo 11 Desenvolvendo e gerenciando bens e serviços 346
　　　　Insights de marketing: Será que é mesmo possível alcançar o barbear perfeito? ... 346
　　　　Administrando produtos que já estão no mercado 347
　　　　　　Extensão de linha de produtos 347
　　　　　　Modificação de produto 348
　　　　Desenvolvendo novos produtos 350
　　　　　　Geração de ideias 352
　　　　　　Seleção de ideia 353
　　　　　　Teste do conceito 353
　　　　Transformação verde: Será que a lâmpada de LED substituirá as lâmpadas
　　　　atuais? 354
　　　　　　Análise de negócio 354
　　　　　　Desenvolvimento do produto 355
　　　　　　Teste de marketing 356
　　　　　　Comercialização 357
　　　　Marketing em debate: O sucesso de um novo produto 357
　　　　Diferenciação do produto por meio da qualidade, do design e dos serviços
　　　　de assistência 360
　　　　　　Qualidade do produto 360
　　　　　　Design e atributos do produto 361
　　　　　　Serviço de assistência do produto 361
　　　　Posicionamento e reposicionamento do produto 362
　　　　　　Mapeamento da percepção 362
　　　　　　Bases para o posicionamento 363
　　　　　　Reposicionamento 365
　　　　Tendências do marketing: Applebee's tenta se reposicionar como uma
　　　　rede cool de restaurantes fast-food 365
　　　　Eliminação de produto 366
　　　　Administrando serviços 367

Natureza e relevância dos serviços 367
Características dos serviços 368
Criando o mix de marketing para serviços 372
Desenvolvimento de serviços 373
Precificação do serviço 374
Distribuição dos serviços 375
Promoção de serviços 377
Empreendedorismo em marketing: Drybar descobre um nicho de mercado simples, mas lucrativo, na área de cuidados com o cabelo 377
Organizando-se para desenvolver e administrar produtos 378

Capítulo 12 Conceitos e gestão da precificação 386

Insights de marketing: McDonald's mantém seu menu de US$ 1 no cardápio 386
Desenvolvimento de objetivos de precificação 388
    Sobrevivência 389
    Lucro 389
    Retorno sobre o investimento (ROI) 389
    Participação de mercado 389
Tendências emergentes: Panera Cares: pague quanto quiser 390
    Fluxo de caixa 390
    Status quo 390
    Qualidade do produto 391
Análise da avaliação de preço pelo público-alvo 391
Empreendedorismo em marketing: Dollar Shave Club cobra preços mais baratos 392
Análise da demanda 392
    Curvas de demanda 392
    Flutuações de demanda 394
    Analisando a demanda e a elasticidade-preço da demanda 394
Relações entre demanda, custo e lucro 396
    Análise marginal 396
    Análise do ponto de equilíbrio 400
Avaliação dos preços da concorrência 401
Transformação verde: Um centavo pode mudar o comportamento? 402
Seleção de uma base para a precificação 402
    Precificação baseada em custo 402
    Preço baseado em demanda 404
    Preço com base na competição 405
Seleção de uma estratégia de preço 405
    Precificação de novos produtos 405
    Precificação diferenciada 406
    Precificação psicológica 407
    Preço de número ímpar 408
    Preço de referência 408

Preço por pacote 409
Preço por linha 409
Precificação promocional 411
Determinação de um preço específico 411
Marketing em debate: Os preços pagos em dinheiro e no cartão de crédito devem ser diferentes? 412
Precificação para mercados de negócios 412
    Precificação geográfica 412
    Preço de transferência 413
    Desconto 413

Parte 5 Decisões de distribuição 421

Capítulo 13 Canais de marketing e gestão da cadeia de suprimentos 422

Insights de marketing: Deixe um robô reciclar o seu celular 422
Fundamentos da cadeia de suprimentos 423
O papel dos canais de marketing na cadeia de suprimento 425
    Relevância dos canais de marketing 427
Empreendedorismo em marketing: Será que lojas físicas são o futuro para a Bonobos? 428
    Tipos de canais de marketing 430
    Canais de marketing múltiplos e alianças de canal 433
    Características do cliente 434
Tendências do marketing: Lojas temáticas atraem turistas 435
Intensidade da cobertura de mercado 437
    Distribuição intensiva 437
    Distribuição seletiva 437
Questões estratégicas nos canais de marketing 439
    Prioridades competitivas nos canais de marketing 439
    Liderança, cooperação e conflito no canal de marketing 440
    Integração dos canais 443
Distribuição física na gestão da cadeia de suprimentos 445
Transformação verde: UPS: Compromisso forte com eficiência e sustentabilidade ... 446
    Processamento do pedido 447
    Gestão de estoque 448
    Manuseio de materiais 449
Marketing em debate: Quem é mais amigo da natureza: canais on-line ou tradicionais? 450
    Depósito (ou armazenagem) 451
    Transporte 452
Questões legais na gestão de canais 456
    Distribuição dual 456
    Regiões de venda restrita 456

    Venda casada 457
    Acordo de exclusividade 457
    Recusa em fazer negócio 457

Capítulo 14 Varejo, marketing direto e atacado 465
    Insights de marketing: Eataly reinventa o mercado italiano 465
    Varejo 466
    Principais tipos de lojas de varejo 467
        Varejistas de mercadorias em geral 467
    Transformação verde: Costco almeja a sustentabilidade por meio de processos e produtos otimizados 472
        Varejistas especializados 473
    Marketing em debate: O showrooming é justo? 475
    Questões estratégicas em varejo 475
        Localização das lojas de varejo 475
        Posicionamento de varejo 478
        Imagem da loja 478
    Empreendedorismo em marketing: A loja Floyd entra com tudo em seu segundo século 479
        Gestão de categoria 480
    Marketing direto, venda direta e venda automática 481
        Marketing direto 481
        Venda direta 484
    Tendências emergentes: Máquinas de venda automática adotam a tecnologia 486
        Venda automática 486
    Franquias 487
    Atacado 488
        Serviços oferecidos por atacadistas 489
        Tipos de atacadistas 490

Parte 6   Decisões de promoção   503

Capítulo 15 Comunicação integrada de marketing 504
    Insights de marketing: A comunicação transparente da Taco Bell em um momento de crise 504
    A natureza da comunicação integrada de marketing 505
    O processo de comunicação 506
    A função e os objetivos da promoção 509
        Criar conhecimento 510
        Estimular a demanda 511
        Encorajar a experimentação do produto 512
        Identificar clientes potenciais 513
        Manter clientes leais 513
        Facilitar o apoio ao revendedor 513

Combater os esforços promocionais da concorrência 514
Reduzir a flutuação de vendas 514
O mix de promoção 514
Propaganda 515
Venda pessoal 516
Tendências do marketing: Com o marketing viral, a Procter & Gamble renova o interesse do público pelo Tide 517
Relações públicas 517
Promoções de vendas 518
Como selecionar os elementos do mix de promoção 519
Recursos, objetivos e políticas de promoção 520
Características do mercado-alvo 520
Transformação verde: O governo norte-americano fecha o cerco ao pseudoecológico 521
Características do produto 521
Custos e disponibilidade dos métodos promocionais 522
Políticas de empurrar e de puxar 523
A crescente importância da comunicação boca a boca 524
Empreendedorismo em marketing: B-Reel aumenta a interação entre produtos e consumidores 525
Product placement 526
Críticas à promoção e sua defesa 527
Marketing em debate: Verde... mas ainda perigoso 528

Capítulo 16 Propaganda e relações públicas 535

Insights de marketing: Slogan da L'Oréal comemora 40 anos do empoderamento mulheres 535
A natureza e os tipos de propaganda 536
Desenvolvendo uma campanha de propaganda 538
Identificar e analisar o público-alvo 538
Definir os objetivos da propaganda 540
Criar a plataforma de propaganda 540
Tendências do marketing: Reddit: uma forma diferente de anunciar 541
Determinar a alocação do orçamento de propaganda 541
Desenvolver o plano de mídia 543
Marketing em debate: Prós e contras da propaganda em celulares 547
Criar a mensagem da propaganda 547
Executar a campanha 550
Avaliar a eficácia da propaganda 550
Quem desenvolve a campanha de propaganda? 552
Relações públicas 553
Ferramentas de relações públicas 554
Transformação verde: Lançando uma campanha de relações públicas ecológica 555
Empreendedorismo em marketing: Pass Christian Soap Co. experimenta os benefícios da publicidade 557

Avaliar a eficácia das relações públicas... 557
Lidar com relações públicas desfavoráveis 558

Capítulo 17 Venda pessoal e promoção de vendas 566
Insights de marketing: Chrysler domina venda e gestão de vendas 566
A natureza da venda pessoal 567
Empreendedorismo em marketing: Tastefully Simple: de cestas de presente a empresa multimilionária de comida gourmet.. 568
Passos do processo de venda pessoal..570
  Prospecção 570
  Pré-abordagem 571
  Abordagem 571
Debate de marketing: Apresentações virtuais versus venda pessoal..................... 572
  Apresentação 572
  Superação das objeções 573
  Fechamento da venda 573
  Acompanhamento pós-venda 573
Tipos de vendedores 573
  Vendedores criativos 574
  Vendedores de pedidos... 574
  Pessoal de apoio 575
Time e relacionamento de vendas..576
  Time de vendas... 576
  Relacionamento de vendas... 576
Gerindo a força de vendas 577
  Estabelecer objetivos da força de vendas... 578
  Determinar o tamanho da força de vendas 579
  Recrutar e selecionar vendedores 579
  Treinar o pessoal de vendas 580
Tendências emergentes: Leis globais de suborno mudam a indústria de venda pessoal.. 581
  Remunerar os vendedores.. 582
  Motivar os vendedores.. 584
  Gerir territórios de venda 585
  Controlar e avaliar o desempenho da força de vendas 586
A natureza da promoção de vendas 587
  Métodos de promoção de vendas ao consumidor.................................. 588
Transformação verde: Cupons eletrônicos beneficiam vários stakeholders – incluindo o meio ambiente... 589
  Métodos de incentivo de vendas 594

Índice remissivo 603

PARTE 1

1. Marketing estratégico voltado ao cliente
2. Planejando, implementando e avaliando estratégias de marketing
3. O ambiente de marketing, responsabilidade social e ética

Marketing estratégico e seu ambiente

A Parte 1 apresenta o campo do marketing e oferece uma perspectiva ampla a partir da qual é possível explorar e analisar vários componentes desta disciplina. O Capítulo 1 define marketing e explora alguns conceitos-chave, incluindo clientes e mercados-alvo, o mix de marketing, marketing de relacionamento, conceito de marketing e valor. O Capítulo 2 fornece uma visão geral das questões do marketing estratégico, como o efeito de recursos organizacionais e oportunidades no processo de planejamento; o papel da declaração da missão; estratégias da corporação, das unidades de negócios e de marketing; e a criação do plano de marketing. Essas questões são profundamente afetadas por forças competitivas, econômicas, políticas, legais e regulatórias, tecnológicas e socioculturais no ambiente de marketing. O Capítulo 3 lida com essas forças ambientais e com o papel da responsabilidade social e da ética nas decisões de marketing.

CAPÍTULO 1

Marketing estratégico voltado ao cliente

OBJETIVOS

1. Definir marketing.
2. Estar ciente do conceito de marketing.
3. Entender a importância de construir relacionamentos com o cliente.
4. Entender o papel do marketing em nossa economia global.

© marcnorman/iStockphoto.com

INSIGHTS DE MARKETING

Chipotle Grill: onde as relações importam

Chipotle Mexican Grill parece fazer as coisas de uma forma um pouco diferente das outras redes de fast-food. A rede gasta muito pouco com propaganda em comparação à concorrência; apenas US$ 6 milhões em campanhas de propaganda por ano. Em comparação, a Arby's – considerada a menor das redes de fast-food – gasta aproximadamente US$ 100 milhões. Em vez de propaganda paga, a Chipotle se esforça para formar relacionamentos com os clientes, encorajar o boca a boca positivo e coletar pesquisas de marketing. Por exemplo, ela oferece um programa de fidelidade exclusivo aos clientes que estiverem dispostos a dedicar seu tempo e responder questões sobre a filosofia da empresa.

Além disso, os produtos "food with integrity" (comida com integridade) da Chipotle usam alimentos frescos com ingredientes cultivados naturalmente e de forma sustentável, e, sempre que possível, de fazendeiros locais, aumentando as relações positivas com fornecedores locais. A rede tenta criar alta satisfação do cliente garantindo que os produtos sejam da melhor qualidade. A companhia também gasta grande parte de seu tempo pesquisando formas de aprimorar o sabor e a qualidade de seus produtos. Por exemplo, seu proprietário precisou de uma equipe de engenheiros para criar uma nova máquina que aquecesse as tortilhas uniformemente, depois que não conseguiu convencer seu distribuidor a fazê-las de acordo com os padrões aceitáveis.

O avanço da tecnologia oferece novas oportunidades para a Chipotle Grill conectar-se com seus clientes. Mas a rede de restaurantes está sendo cautelosa. Embora a empresa esteja examinando outras plataformas de marketing, como aplicativos para iPhone e ferramentas de mídias sociais, seu desejo é manter a interação humana na experiência dentro da loja. Isto é demonstrado em seus treinamentos, ao selecionar apenas os candidatos mais bem-humorados. A Chipotle continua bem-sucedida por causa de sua abordagem inovadora e exclusiva de marketing e do relacionamento com os stakeholders.[1]

Como todas as organizações, a Chipotle Grill tenta fornecer produtos que os clientes querem, comunicar informações úteis para despertar interesse, precificá-los de forma apropriada e torná-los disponíveis quando e onde os clientes desejarem comprá-los. Mesmo que uma organização faça bem todas essas coisas, a concorrência de produtos similares, as condições econômicas e outros fatores podem impactar o sucesso da companhia. Tais fatores influenciam as decisões que todas as organizações precisam tomar no marketing estratégico.

Este capítulo introduz os conceitos do marketing estratégico e as decisões correlatas ao longo do texto. Primeiro, desenvolvemos uma definição de marketing e exploramos cada elemento dessa definição de forma detalhada. Em seguida, exploramos a importância do marketing voltado ao valor. Também introduzimos o conceito de marketing e consideramos diversas questões associadas à sua implementação. Além disso, observamos a gestão das relações com clientes e o marketing de relacionamento. Por fim, examinamos a importância do marketing na sociedade global.

DEFININDO MARKETING

 Definir marketing.

Se você perguntar a várias pessoas o que é marketing, provavelmente escutará uma variedade de descrições. Ainda que muitas acreditem que a resposta é propaganda ou vendas, o marketing é muito mais complexo do que se pensa. Neste livro, definimos **marketing** como o processo de criação, distribuição, promoção e precificação de bens, serviços e ideias para facilitar a satisfação nas relações de troca com clientes e desenvolver, e manter, relações favoráveis com stakeholders em um ambiente dinâmico. Nossa definição está em consonância com a da American Marketing Association (AMA), que define *marketing* como "a atividade, conjunto de conhecimentos e processos para criar, comunicar, entregar e trocar ofertas que tenham valor para consumidores, clientes, parceiros e sociedade, de modo geral".[2]

marketing O processo de criação, distribuição, promoção e precificação de bens, serviços e ideias, para facilitar a satisfação nas relações de troca com os clientes e desenvolver, e manter, relações favoráveis com stakeholders em um ambiente dinâmico.

Marketing concentra-se nos clientes

Como compradores dos produtos que as organizações desenvolvem, precificam, distribuem e promovem, os **clientes** são o foco de todas as atividades de marketing (ver Figura 1.1). As organizações têm de definir seus produtos não como algo que as

clientes Os compradores dos produtos das organizações; o ponto focal de todas as atividades de marketing.

Atraindo os mercados-alvo
A Marvel proporciona entretenimento on-line para satisfazer seus clientes.

Figura 1.1

Componentes de estratégia de marketing.

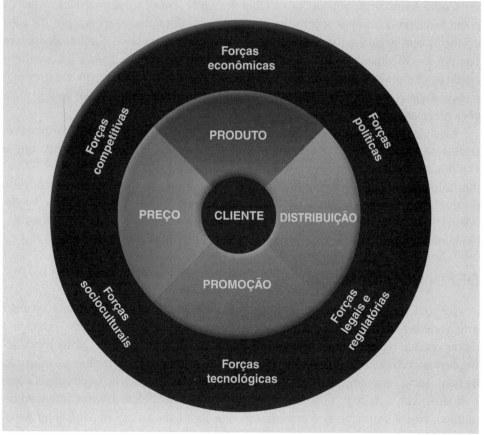

© Cengage Learning

empresas fazem ou produzem, mas como o que fazem para satisfazer aos clientes. A Walt Disney Company não está no ramo de parques temáticos; seu negócio é fazer as pessoas felizes. Na Disney World, os clientes são os convidados, a multidão é uma plateia, e os funcionários, os membros do elenco. A satisfação e o divertimento do cliente podem vir de qualquer coisa que ele recebe ao comprar e usar um produto.

A essência do marketing é desenvolver trocas satisfatórias nas quais clientes e profissionais de marketing sejam ambos beneficiados. O cliente espera obter uma recompensa ou benefício maior do que os custos incorridos em uma transação de marketing. Já o profissional de marketing, ganhar algo de valor em troca, em geral o preço cobrado pelo produto. Por meio da interação entre comprador e vendedor, o cliente desenvolve expectativas a respeito do comportamento futuro do vendedor. Para corresponder a essas expectativas, o profissional de marketing precisa cumprir as promessas feitas. Com o tempo, essa interação resulta no relacionamento entre as duas partes. Restaurantes fast-food, como Taco Bell e Subway, dependem das compras repetidas de clientes satisfeitos – muitos deles, com frequência, vivem ou trabalham nas redondezas desses restaurantes –, enquanto as expectativas do cliente giram em torno de comida saborosa, valor e serviço confiável.

Em geral, as organizações centram seus esforços de marketing em um grupo específico de clientes, chamado **mercado-alvo**. Gerentes de marketing podem definir um mercado-alvo como amplo número de pessoas ou um grupo relativamente pequeno. Muitas vezes, as companhias escolhem múltiplos mercados-alvo com diferentes produtos, promoções, preços e sistemas de distribuição para cada um deles. Os tênis da Vans, por exemplo, têm como alvo um segmento de mercado bem estreito, especial-

mercado-alvo Grupo específico de clientes no qual a organização concentra seus esforços de marketing.

mente se comparado ao de companhias de calçados esportivos mais diversificadas, como Nike e Reebok. A Vans foca em esqueitistas e praticantes de snowboard com idades entre 10 e 24 anos, enquanto Nike e Reebok têm como alvo a maioria dos esportes e seus praticantes, abarcando várias idades, gêneros e faixas de preço.[3]

Marketing lida com produtos, distribuição, promoção e preço

Marketing é mais do que uma simples propaganda ou venda de produto, ele envolve o desenvolvimento e a gestão de um produto para satisfazer às necessidades do cliente. Seu foco é disponibilizar aos compradores o produto no local exato e a um preço aceitável. Também exige a comunicação de informações que ajudem os clientes a determinar se o produto vai satisfazer suas necessidades. Essas atividades são planejadas, organizadas, implementadas e controladas para atender às necessidades dos clientes dentro do mercado-alvo. Os profissionais de marketing se referem a essas atividades – produto, precificação, praça e promoção – como o **mix de marketing**, porque decidem que tipo elemento se deve usar e em quais quantidades. O marketing cria valor por meio do mix de marketing. Um objetivo primordial para o gerente de marketing é criar e manter o mix correto desses elementos para satisfazer às necessidades dos clientes por algum tipo de produto. Note, na Figura 1.1, que o mix de marketing é construído em torno do cliente.

mix de marketing As quatro atividades de marketing – produto, preço, praça e promoção – que a organização pode controlar para ir ao encontro das necessidades dos clientes dentro de um mercado-alvo específico.

Gerentes de marketing esforçam-se para desenvolver um mix de marketing compatível com as necessidades dos clientes no mercado-alvo. Por exemplo, a Zumiez direciona suas atividades para atender aos adolescentes (meninas e meninos), ofertando roupas para snowboard e skate adequadas para essa faixa etária.[4] Os gerentes precisam monitorar constantemente a concorrência e adaptar suas decisões de produto, preço, praça e promoção para criar sucesso no longo prazo.

Antes que os profissionais de marketing possam desenvolver um mix de marketing, precisam coletar informações detalhadas e atualizadas sobre as necessidades dos clientes do mercado-alvo, que devem incluir dados sobre idade, renda, etnia, gênero e nível de educação, suas preferências em relação às características dos produtos, suas atitudes em relação aos produtos da concorrência e a frequência com que usam o produto. A Zumiez precisa monitorar de perto as tendências para ajustar seu mix de marketing e fornecer mudanças constantes de moda. Equipados com as informações do mercado, os gerentes de marketing são mais capazes de desenvolver um mix de marketing que satisfaça um mercado-alvo específico.

Vamos observar mais de perto as decisões e atividades relacionadas a cada variável do mix de marketing.

A variável produto

Esforços de marketing bem-sucedidos resultam em produtos que se tornam parte do dia a dia. Considere a satisfação que os clientes têm sentido ao longo dos anos com a Coca-Cola, os jeans da Levi's, os cartões de crédito Visa, os analgésicos Tylenol e os post-it da 3M. Essa variável lida com a pesquisa das necessidades e desejos dos clientes e o desenvolvimento de um produto que os satisfaça. **Produto** pode ser um bem, um serviço ou uma ideia. Bem é uma entidade física na qual você pode tocar. Óculos de sol da Oakley, jeans da Seven for All Mankind e desodorante da Axe são exemplos de bens. Serviço é a aplicação de esforços humanos e mecânicos a pessoas ou objetos para fornecer benefícios intangíveis aos clientes. Viagens aéreas, educação, cortes de cabelo, serviços bancários, cuidados médicos e creches são exemplos

produto Um bem, um serviço ou uma ideia.

■■■ Marketing em debate

A verdade sobre produtos orgânicos

QUESTÕES: Os consumidores entendem o que é um alimento orgânico?

Muitos consumidores associam o título orgânico a saudável. No entanto, a maioria das pesquisas provou que comprar produtos orgânicos em geral não traz qualquer efeito significativo sobre a saúde de um indivíduo. Alguns outros casos estudados também demostraram que os alimentos orgânicos contribuem menos para a intoxicação alimentar. Alguns alimentos orgânicos, como batata frita orgânica, engordam tanto quanto os não orgânicos.

Seria o termo "orgânico" uma enganação? Depende de como o consumidor o interpreta. Produtos químicos sintéticos e pesticidas não são usados na produção orgânica, embora pesticidas orgânicos possam ser usados. A agricultura orgânica também é mais benéfica ao meio ambiente. Qualquer que seja a verdade sobre os alimentos orgânicos, a demanda por produtos cultivados organicamente tem crescido cada vez mais, e não mostra sinais de desaquecimento.[a]

de serviços. Ideias incluem conceitos, filosofias, imagens e questões. Por exemplo, um terapeuta de casal que, por uma quantia em dinheiro, dá aos cônjuges ideias para ajudar a melhorar seu relacionamento. Outras formas de produtos baseados em ideias incluem as proferidas pelos partidos políticos, igrejas e escolas.

A variável produto também envolve criar ou modificar nomes de marcas e embalagens, e pode incluir decisões a respeito de garantia e serviços de reparo. Por exemplo, a empresa de cuidados de gramados TruGreen era chamada originalmente "Chemlawn". A empresa adaptou sua marca e seus produtos para proporcionar uma oferta de produtos mais saudável e "verde". O nome original lembrava a abreviação em inglês para química "chem", já o atual tem embutida a palavra verde, em inglês, "green".

As decisões da variável produto e suas atividades relacionadas são importantes porque estão diretamente envolvidas com a criação de produtos que atendam às necessidades e aos desejos dos clientes. Para manter um sortimento de produtos que ajude a organização a atingir seus objetivos, os profissionais de

Tipos de produtos A Vizio produz tecnologia 3D, um bem tangível, para oferecer aos consumidores uma experiência de produto diferenciada, enquanto a Verizon proporciona um produto intangível através de seus serviços para celular.

marketing devem desenvolver novos produtos, modificar os existentes e eliminar aqueles que já não satisfazem aos compradores ou que não rendem lucros aceitáveis.

A variável distribuição

Para satisfazer aos clientes, os produtos precisam estar disponíveis no momento certo e em locais convenientes. A Subway, por exemplo, localiza-se não só em centros comerciais, mas também em supermercados Walmart, home centers Home Depot, lavanderias Laundromat, igrejas e hospitais, bem como dentro de lojas da ONG Goodwill, concessionárias de automóveis e lojas de eletrodomésticos. Existem mais de 37 mil Subways ao redor do mundo, ultrapassando o McDonald's como a maior rede do mundo.[5]

Ao lidar com a variável distribuição, um gerente de marketing disponibiliza os produtos nas quantidades desejadas e para quantos clientes do mercado-alvo for possível, mantendo os custos totais de estoque, transporte e armazenamento os mais baixos possíveis. Ele também pode selecionar e motivar intermediários (atacadistas e varejistas), estabelecer e manter procedimentos de controle de estoque e desenvolver e gerenciar sistemas de transporte e armazenamento. O surgimento da internet e do comércio eletrônico também influenciou drasticamente a variável distribuição. Hoje em dia, as empresas podem disponibilizar seus produtos em todo o mundo sem manter instalações em cada país. A Apple se aproveitou da possibilidade de baixar músicas e aplicativos pela internet. A empresa tem justificado seu crescimento e sucesso global para além da presença de lojas físicas vendendo telefones, computadores, iPads e acessórios on-line. Examinaremos questões de distribuição nos Capítulos 13 e 14.

Distribuição A Starbucks aumenta seus canais de distribuição oferecendo seus produtos e bebidas à base de café por meio de organizações de varejo, como a Barnes & Noble.

A variável promoção

Esta variável relaciona-se às atividades usadas para informar indivíduos ou grupos a respeito da organização e seus produtos. A promoção pode ter como objetivo aumentar a lembrança do público sobre a organização e seus produtos, novos ou existentes. A rede imobiliária Century 21, por exemplo, queria aumentar a preferência da marca entre jovens adultos com idade entre 25 e 34 anos. A empresa lançou um jogo móvel chamado We City, que dava aos jogadores a oportunidade de construir suas próprias cidades virtuais. Os jogadores podiam escolher colocar edifícios com a marca da Century 21 em suas cidades, bem como assistir a uma propaganda de 30 segundos da Century 21. Mais de 90% escolheram inserir os edifícios com a marca da Century 21 em suas cidades virtuais.[6]

Atividades de promoção também podem instruir clientes sobre as características do produto ou encorajá-los a ter determinada posição sobre uma questão política ou social, como o tabagismo ou o uso de drogas. Por exemplo, a National Highway

> ### Tendências do marketing
>
> ### A demanda por café em cápsulas está fervendo
>
> Lá vem a Starbucks novamente, assumindo o controle do mundo do café xícara por xícara. Na tentativa de diversificar seu negócio, a empresa lançou uma máquina de café em cápsulas, buscando aproveitar-se dessa tendência emergente de mercado. A Starbuks definiu como objetivo apresentar cafeteiras que permitam que os clientes façam doses de expresso, além de drinques e café com leite.
>
> Uma das formas pelas quais a empresa promoveu o produto foi fazendo com que os baristas das Starbucks demonstrassem como funcionavam as cafeteiras nas lojas com os utensílios Williams-Sonoma presentes nos Estados Unidos. As máquinas de café estão sendo distribuídas em lojas de utilidades domésticas, já que são uma especialidade da Starbucks. A companhia batizou a máquina de Verismo, nome de um estilo de ópera italiana, para estimular o interesse entre os clientes. A concorrência direta da Verismo inclui as máquinas Tassimo, da Kraft Foods; Nespresso, da Nestlé; e Keurig, da Green Mountain.
>
> O produto é bem inovador, pois é a primeira cafeteira de cápsula que consegue fazer café tradicional, expresso e bebidas com leite fresco. A máquina não é tecnicamente a primeira iniciativa que a Starbucks lançou no mercado de cafés de dose única, no qual incluem as cápsulas. A empresa á introduziu um sachê com café solúvel, um produto de grande sucesso. Se o passado é um indicador de como será o desempenho da Verismo, é possível que a Starbucks esteja acrescentando outra empreitada lucrativa em seu portfólio.[b]

Safety Traffic Administration, órgão nacional norte-americano de segurança no trânsito das estradas, lançou uma campanha publicitária para desencorajar a direção sob efeito de álcool durante a temporada de férias. A campanha trazia a mensagem de que "os policiais podem te ver antes que você os veja". Na propaganda, um policial transparente observa um casal embriagado saindo de uma festa, para então prendê-los quando estivessem indo para casa.[7]

A promoção pode ajudar a manter o interesse em produtos estabelecidos que já estão disponíveis há décadas, como o bicarbonato de sódio da Arm & Hammer ou o sabonete Ivory. Muitas empresas usam a internet para comunicar informações sobre si e seus produtos. O site de receitas da Campbell oferece uma variedade de dicas de cozinha, cupons e fóruns de discussão on-line para reforçar a venda de suas sopas.[8]

A variável preço

Esta variável relaciona-se às decisões e ações associadas ao estabelecimento de objetivos e políticas de fixação de preços e à determinação dos preços dos produtos. Preço é um componente decisivo do mix de marketing, porque os clientes se preocupam com o valor que recebem em uma troca. Em geral, o preço é usado como uma ferramenta competitiva e, às vezes, a intensa concorrência dessa variável leva a uma guerra de preço. Preços mais altos podem ser usados competitivamente para estabelecer a imagem premium de um produto. As canetas Waterman e Mont Blanc, por exemplo, têm uma imagem de alta qualidade e alto preço que lhes confere um status significativo. Outras empresas são habilidosas ao oferecer produtos com preços menores do que a concorrência (considere o slogan do Walmart: "Economize dinheiro, viva melhor"). A Amazon usa sua ampla rede de parcerias e eficiência de custos para oferecer os produtos a preços baixos. Varejistas de lojas físicas não têm sido capazes de oferecer produtos comparáveis a preços tão baixos, dando à Amazon uma vantagem competitiva considerável.

As variáveis do mix de marketing são muitas vezes vistas como controláveis, porque podem ser modificadas. No entanto, há limites para a quantidade de alteração que os gerentes de marketing podem fazer. Condições econômicas, estrutura competitiva e regulações do governo podem impedir que um gerente ajuste os preços constantemente ou de modo significativo. Fazer mudanças no tamanho, formato e design da maioria dos bens tangíveis é caro; portanto, essas características do produto não podem ser alteradas com frequência. Além disso, campanhas promocionais e métodos usados para distribuir produtos normalmente não podem ser reescritos ou reforçados da noite para o dia.

Marketing cria valor

Valor é um elemento importante para gerenciar as relações de longo prazo com o cliente e implementar o conceito de marketing. Vemos **valor** como a avaliação subjetiva feita pelo cliente em relação aos benefícios versus seus custos, a fim de determinar quanto vale um produto (valor do cliente = benefícios para o cliente – custos do cliente). Os consumidores desenvolvem um conceito de valor por meio da integração de suas percepções sobre a qualidade do produto e o "sacrifício financeiro".[9] Da perspectiva da empresa, há um dilema (trade-off) entre aumentar o valor oferecido a um cliente e maximizar os lucros de uma transação.[10]

valor Uma avaliação subjetiva do cliente a respeito dos benefícios em relação aos custos na determinação do valor do produto.

Benefícios ao cliente incluem qualquer coisa que ele receba em uma troca. Hotéis e motéis, por exemplo, basicamente oferecem um quarto com uma cama e um banheiro, mas cada empresa proporciona um nível diferente de serviço, conforto e atmosfera para satisfazer seus hóspedes. O Hampton Inn oferece o mínimo de serviço necessário para um pernoite em uma acomodação eficiente, de qualidade e preço baixo. Em contraste, o Ritz-Carlton oferece todo o serviço imaginável que um hóspede possa desejar. O hotel permite que os membros de sua equipe gastem até US$ 2.000 para resolver reclamações dos clientes.[11] Os clientes decidem que tipo de acomodação oferece o melhor valor de acordo com os benefícios que desejam e sua disposição e capacidade de pagar pelos custos associados.

Custos para o cliente incluem tudo de que ele precisa abrir mão para obter os benefícios que o produto oferece. O custo mais óbvio é o preço monetário do produto, no entanto, custos não monetários podem ser igualmente importantes para um cliente determinar seu valor. Dois custos não monetários são o tempo e o esforço que os clientes gastam para encontrar e comprar os produtos desejados. Para reduzi-los, uma empresa pode aumentar a disponibilidade do produto, tornando-o, assim, mais conveniente aos clientes que desejam adquiri-lo. Outro custo não monetário é o risco, que pode ser reduzido ao se oferecer boas garantias básicas ou estendidas por uma taxa adicional.[12] Outra estratégia de redução de risco é a oferta de uma garantia de 100% de satisfação, cada vez mais popular no ambiente atual de compras por catálogo/telefone/internet. A L.L. Bean, por exemplo, oferece esse tipo de garantia para reduzir o risco envolvido nas solicitações dos clientes dos itens de seus catálogos.

O processo que as pessoas usam para determinar o valor de um produto não é muito científico. Todos sentimos o valor dos produtos com base em nossas próprias expectativas e experiências anteriores.

Marketing voltado ao valor A Cadbury oferece uma barra de chocolate de alta qualidade, que satisfaz aos desejos dos clientes em uma faixa de preço premium.

Podemos, por exemplo, comparar o valor de pneus, baterias e computadores diretamente com o dos produtos concorrentes. Avaliamos filmes, eventos esportivos e apresentações de artistas em uma base mais subjetiva, de preferências pessoais e emoções. Para a maioria das compras, não tentamos calcular conscientemente os benefícios e custos associados. Torna-se um sentimento instintivo pensar que os flocos de milho da Kellogg's têm bom valor, ou que o McDonald's é um bom lugar para levar as crianças para um almoço rápido. A compra de um automóvel ou uma bicicleta pode ter componentes emocionais, mas uma tomada de decisão mais consciente também pode ser importante no processo de determinação de valor.

Ao desenvolver atividades de marketing, é importante reconhecer que os clientes recebem benefícios com base em suas experiências. Por exemplo, muitos compradores de computador consideram serviços como entrega rápida, facilidade de instalação, aconselhamento técnico e assistência de treinamento elementos importantes do produto. Os clientes também se beneficiam do ato de comprar e selecionar produtos. Esses benefícios podem ser afetados pela atmosfera ou ambiente de uma loja, como o tema náutico/de frutos do mar do restaurante Red Lobster. Até a facilidade de navegar em um website pode ter grande impacto sobre o valor percebido. Por essa razão, a General Motors desenvolveu uma maneira fácil de navegar em seu website para pesquisa de veículos e seus preços. Usar a internet para comparar desde um Chevrolet a um Mercedes pode resultar em diferentes usuários que veem cada automóvel como algo de excelente valor. Proprietários classificaram a Chevrolet como fornecedora de transporte confiável, com revendedores que oferecem um serviço aceitável. Um Mercedes pode custar o dobro, mas foi classificado como um automóvel mais bem projetado e que tem também maior status social do que um da Chevrolet. Clientes diferentes podem ver cada carro como de valor excepcional para sua própria satisfação pessoal.

O mix de marketing pode ser usado para aprimorar as percepções de valor. Em geral, um produto que demonstra valor tem uma característica ou aprimoramento que oferece benefícios. Atividades promocionais também podem ajudar a criar imagem e características de prestígio que os clientes consideram em sua avaliação do valor de um produto. Em alguns casos, o valor pode ser percebido simplesmente como o menor preço. Muitos clientes podem não se importar com a qualidade das toalhas de papel que compram; simplesmente querem as mais baratas para usar na limpeza, pois planejam jogá-las no lixo de qualquer jeito. Por outro lado, cada vez mais pessoas procuram pela forma mais rápida e conveniente de se atingir um objetivo e, portanto, se tornam insensíveis aos preços. Por exemplo, vários clientes que estão ocupados demais em suas tarefas diárias acabam comprando mais refeições prontas em supermercados para levar para casa e servir rapidamente, mesmo que custem consideravelmente mais do que refeições preparadas em casa. Nesses casos, os produtos com a maior conveniência podem ser percebidos como de maior valor. A disponibilidade ou distribuição de produtos também pode aprimorar seu valor. O restaurante Taco Bell deseja tornar seus produtos de fast-food mexicano disponíveis a qualquer momento e em qualquer lugar que as pessoas queiram consumir comida. Portanto, a empresa introduziu os produtos Taco Bell em supermercados, máquinas automáticas, universidades e outras localizações convenientes. Assim, o desenvolvimento de uma estratégia de marketing eficaz exige a compreensão das necessidades e desejos dos clientes, e o planejamento de um mix de marketing que lhes satisfaça e forneça o valor que desejam.

Marketing constrói relações com clientes e outros stakeholders

Marketing também gera valor por meio da construção de relações com stakeholders. Indivíduos e organizações envolvem-se com marketing para facilitar **trocas**, a provisão ou a transferência de bens, serviços ou ideias em troca de algo de valor. Qualquer produto (bem, serviço ou até uma ideia) pode ser envolvido em uma troca de marketing. Presumimos apenas que indivíduos e organizações esperam obter uma recompensa maior do que os custos incorridos.

Para ocorrer uma troca, quatro condições devem estar presentes. Primeira, dois ou mais indivíduos, grupos ou organizações precisam participar, e cada um deles tem de possuir algo de valor que a outra parte deseja. Segunda, a troca deve proporcionar um benefício ou satisfação a ambas as partes envolvidas na transação. Terceira, cada parte precisa ter confiança na promessa de "algo de valor" sustentada pelo outro. Se você for a um show do Coldplay, por exemplo, irá com a expectativa de assistir a uma ótima performance. Por fim, para construir confiança, as partes da troca precisam corresponder às expectativas.

A Figura 1.2 representa o processo de troca. As setas indicam que as partes informam que cada uma tem algo de valor disponível para a troca. Uma troca não vai necessariamente ocorrer só porque essas condições existem; atividades de marketing podem acontecer até sem uma transação ou venda real. Você pode ver uma propaganda do refrigerador Sub-Zero, por exemplo, mas é possível que nunca compre o eletrodoméstico de luxo. Quando uma troca ocorre, os produtos são transacionados por outros produtos ou recursos financeiros.

Atividades de marketing devem tentar criar e manter relações de troca satisfatórias. Para manter uma relação de troca, os compradores precisam estar satisfeitos com o bem, serviço ou ideia obtidos, enquanto os vendedores, com a recompensa financeira ou outra coisa de valor recebido. Um cliente insatisfeito, que não confia na relação, geralmente busca por organizações ou produtos alternativos. Às vezes, a relação do cliente dura por grande período de tempo, e compras repetidas são essenciais para a empresa.

trocas Provisão ou transferência de bens, serviços ou ideias em troca por algo de valor.

Satisfazendo as necessidades do stakeholder A Apple continua sobressaindo ao criar produtos que satisfazem aos clientes, geram empregos, criam riqueza para os acionistas e contribuem para um maior aproveitamento da vida.

Figura 1.2

Troca entre comprador e vendedor.

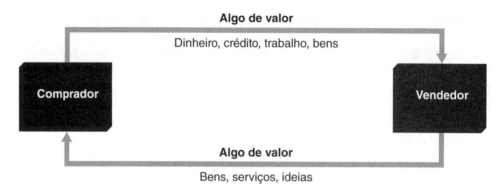

Os profissionais de marketing preocupam-se com a construção e a manutenção de relações não apenas com os clientes, mas também com os stakeholders relevantes. **Stakeholders** incluem aqueles componentes que têm participação (stake) ou reivindicam algum aspecto de produtos, operações, mercados, setores e resultados de uma organização; e abrangem clientes, funcionários, investidores e acionistas, fornecedores, governos, comunidades e muitos outros. Desenvolver e manter relações favoráveis com stakeholders é crucial para o crescimento no longo prazo de uma organização e de seus produtos.

stakeholders Constituintes que têm participação (stake) ou reivindicam algum aspecto de produtos, operações, mercados, setores e resultados de uma organização.

Marketing ocorre em um ambiente dinâmico

ambiente de marketing Forças competitivas, econômicas, políticas, legais e regulatórias, tecnológicas e socioculturais que circundam os clientes e afetam o mix de marketing.

As atividades de marketing não acontecem no vazio. O **ambiente de marketing**, que inclui forças competitivas, econômicas, políticas, legais e regulatórias, tecnológicas e socioculturais, envolve o cliente e afeta o mix de marketing (ver Figura 1.1). Os efeitos dessas forças nos compradores e vendedores podem ser dramáticos e difíceis de predizer. Seu impacto no valor pode ser amplo, já que as mudanças de mercado podem abalar facilmente a forma como os stakeholders percebem determinados produtos. Eles podem criar ameaças para os profissionais de marketing, mas também gerar oportunidades para novos produtos e novos métodos para alcançar os clientes.

As forças do ambiente de marketing afetam a capacidade de um profissional da área em facilitar, de três formas gerais, as trocas de marketing voltadas ao valor. Primeiro, elas influenciam os clientes ao afetar seu estilo, padrões de vida, preferências e necessidades de produtos. Como os gerentes de marketing tentam desenvolver e ajustar o mix de marketing para satisfazer aos clientes, os efeitos das forças ambientais nesses também têm um impacto indireto nos componentes do mix de marketing. Segundo, as forças ambientais do marketing ajudam a determinar se e como um gerente de marketing pode executar determinadas atividades de marketing. Terceiro, as forças ambientais podem afetar as decisões e ações de um gerente de marketing ao influenciar as reações dos compradores em relação ao mix de marketing da empresa.

As forças ambientais de marketing podem, ainda, oscilar de forma rápida e dramática, uma das razões para esta área ser tão interessante e desafiadora. Como essas forças estão profundamente inter-relacionadas, mudanças em uma delas podem causar alterações em outras. Por exemplo, evidências ligando o consumo infantil de refrigerantes e fast-food a questões de saúde causaram aos profissionais de marketing desses produtos uma publicidade negativa e geraram pressões requerendo uma legislação que regule a venda de refrigerantes em escolas públicas. Algumas empresas responderam a essas preocupações reformulando voluntariamente os produtos, tornando-os mais saudáveis ou até introduzindo novos produtos em suas linhas. O McDonald's começou a apresentar a contagem de calorias em seus cardápios, enquanto a Coca-Cola reduziu as calorias de alguns de seus refrigerantes em 30%.[13]

Mudanças no ambiente de marketing deixam seus profissionais com um sentimento de incerteza, e às vezes prejudicam os esforços de marketing, mas também criam oportunidades. Por exemplo, quando o preço do combustível aumenta, os consumidores escolhem possíveis fontes alternativas de transporte, incluindo bicicletas, ônibus, bondes, trens, caronas solidárias, compra de veículos energeticamente mais eficientes ou passam a trabalhar home office, quando possível. Os profissionais de marketing que estão atentos às mudanças nas forças ambientais não só podem se ajustar e influenciá-las, mas também se beneficiar das oportunidades que elas oferecem. As variáveis do mix de marketing – produto, preço, praça e promoção – são fatores sobre os quais uma organização tem controle; as forças do ambiente, no entanto, estão sujeitas a muito menos controle. Embora os profissionais de marketing saibam que não podem prever mudanças no ambiente de marketing com certeza, eles precisam se planejar para elas. Como essas forças ambientais têm um efeito intenso nas atividades de marketing, exploraremos cada uma delas com considerável profundidade no Capítulo 3.

ENTENDENDO O CONCEITO DE MARKETING

2 Estar ciente do conceito de marketing.

Algumas organizações têm alcançado sucesso comprando um terreno, construindo uma fábrica, equipando-a com pessoas e máquinas e, em seguida, fabricando um produto que acreditam que os compradores precisam. No entanto, essas empresas com frequência falham em atrair os clientes com o que têm a oferecer porque definem seus negócios como "fabricar um produto", em vez de "ajudar possíveis clientes a satisfazer suas necessidades e desejos". Por outro lado, o queijo cottage da marca Daisy reconhece que os consumidores desejam alimentos saudáveis que sejam adequados para ser desfrutados. Esse queijo, com baixo teor de gordura (2%), não tem aditivos, conservantes ou hormônios de crescimento, e é vendido como uma excelente fonte de proteína e cálcio. Para enfatizar a imagem saudável do produto, as propagandas da organização apresentam imagens de alimentos saudáveis que podem ser degustados com seu queijo cottage.

De acordo com o **conceito de marketing**, uma organização deveria tentar fornecer produtos que satisfaçam às necessidades do cliente por meio de um conjunto coordenado de atividades que também lhe permita atingir suas metas. A satisfação do cliente é o foco principal do conceito de marketing. Para implementar o conceito de marketing, uma organização tenta determinar o que os compradores desejam e usa essa informação para desenvolver produtos satisfatórios. Seu foco são a análise do cliente e da concorrência, e a integração dos recursos da empresa para oferecer valor e satisfação ao cliente, bem como gerar lucros em longo prazo.[14] A organização também precisa continuar alterando, adaptando e desenvolvendo produtos para acompanhar os desejos e as preferências mutáveis dos clientes. Howard Schultz, fundador e CEO da Starbucks, mostra a compreensão da empresa sobre o conceito de marketing ao explicar que a Starbucks não é um negócio de café que serve as pessoas, mas, em vez disso, é um "negócio de pessoas servindo café". A liderança da Starbucks tem como missão inspirar e nutrir o espírito humano, enfatizando o fato de que ela não está preocupada somente com os clientes, mas também com a sociedade.[15] Assim, o conceito de marketing enfatiza que ele começa e termina no cliente. Uma pesquisa

conceito de marketing
Filosofia gerencial que uma organização deve experimentar para satisfazer às necessidades do cliente, por meio de um conjunto de atividades coordenadas que também lhe permita alcançar seus objetivos.

Implementando o conceito de marketing O queijo cottage Daisy, com baixo teor de gordura, 2%, satisfaz à necessidade dos clientes que buscam um petisco de baixa caloria que possa ser combinado com uma variedade de outros alimentos.

encontrou uma associação positiva entre a satisfação do cliente e o valor dos acionistas;[16] além disso, altos níveis de satisfação do cliente tendem a atrair e manter funcionários e gerentes de alta qualidade.[17]

O conceito de marketing não é uma segunda definição desse termo. É uma filosofia de gestão que orienta as atividades gerais de uma organização. Essa filosofia afeta todas as atividades organizacionais, não só o marketing. Os departamentos de produção, finanças, contabilidade, gestão de pessoas e marketing devem trabalhar juntos.

O conceito de marketing também não é uma filosofia filantrópica centrada em ajudar os clientes à custa da organização. Uma empresa que adota o conceito de marketing precisa satisfazer não só aos objetivos dos clientes, mas também aos seus próprios, ou não ficará no negócio por muito tempo. Os objetivos gerais de um negócio devem se relacionar com o aumento de lucros, participação de mercado, vendas ou uma combinação dos três. O conceito de marketing ressalta que uma organização pode melhor atingir esses objetivos se for voltada ao cliente. Assim, implementar o conceito de marketing pode ser benéfico tanto para a organização quanto para seus clientes.

É importante que os profissionais de marketing não considerem apenas as necessidades de seus clientes atuais, mas também as da sociedade no longo prazo. Tentar satisfazer aos desejos dos clientes sacrificando o futuro bem-estar da sociedade é inaceitável. Por exemplo, há uma demanda significativa por SUVs grandes e caminhões. No entanto, os ambientalistas e órgãos federais estão desafiando os fabricantes de automóveis a produzir veículos com maior aproveitamento de combustível e melhores padrões de consumo. A questão que permanece é se os norte-americanos estão dispostos ou não a desistir de seus espaçosos SUVs pelo bem do meio ambiente.

Evolução do conceito de marketing

O conceito de marketing pode parecer uma abordagem óbvia para administrar um negócio. No entanto, nem sempre os executivos acreditaram que a melhor forma de vender e obter lucros é satisfazendo aos clientes.

A orientação para o produto

Durante a segunda metade do século 19, a Revolução Industrial estava a todo vapor nos Estados Unidos. Eletricidade, transporte sobre trilhos, divisão do trabalho, linhas de montagem e produção em massa tornaram possível produzir mercadorias de forma mais eficiente. Com a nova tecnologia e novas formas de usar a força de trabalho, os produtos transbordavam no mercado, em que a demanda por bens manufaturados era forte.

A orientação para as vendas

Embora as vendas sempre tenham sido necessárias para gerar lucros, durante a primeira metade do século 20 a concorrência aumentou, e as empresas perceberam que teriam de focar mais em vender produtos aos compradores. As empresas viam as

♦ ♦ Empreendedorismo em marketing

Empresária da Build-a-Bear inventa uma forma inovadora de ativar a criatividade das crianças

Maxine Clark, CEO da Build-a-Bear Workshops, sempre foi uma empreendedora de coração. Depois de conquistar a indústria do varejo como presidente da Payless ShoeSource, naturalmente se questionava sobre o que viria a seguir. Um dia, enquanto fazia compras, concebeu a ideia de um negócio que permitiria que as crianças tivessem uma abordagem prática ao usar sua criatividade. A ideia lhes permitiria escolher um urso de pelúcia, recheá-lo, e até mesmo lhe dar um coração. Depois de formular um plano de negócios e adquirir capital por meio de investidores, Clark começou a trabalhar para abrir a primeira loja no shopping center St. Louis Galleria.

A loja foi um sucesso, e abriu caminho para o crescimento ao redor do país e do mundo. Atualmente, a empresa opera em 19 países e continua buscando expansões. A operação cresceu, e abrange ursos, roupas, sapatos, acessórios e opções adicionais para outros animais. A empresa é fortemente centrada nos clientes e suas experiências, o que construiu um público fiel e global, bem como a geração de rendimentos de mais de US$ 390 milhões.[c]

---

vendas como o principal meio de aumentar os lucros, e, assim, esse período veio a ter uma orientação para as vendas. Executivos acreditavam que as atividades de marketing mais importantes eram as vendas pessoais, a propaganda e a distribuição. Atualmente, algumas pessoas associam incorretamente marketing a orientação de vendas.

A orientação para o mercado

No início dos anos 1950, alguns executivos começaram a perceber que produção eficiente e promoção extensiva não garantiam que os clientes adquirissem os produtos. Essas empresas, e muitas outras a partir de então, descobriram que deveriam, primeiro, determinar o que os clientes desejavam e, em seguida, produzir os produtos desejados, em vez de, primeiro, fazer os produtos e depois tentar convencer os clientes de que precisam deles. À medida que mais organizações percebiam a importância de satisfazer às necessidades dos clientes, as empresas dos Estados Unidos entravam na era do marketing orientado para o mercado.

Orientação para o mercado exige a "geração de inteligência de mercado em toda a organização em relação às necessidades atuais e futuras do cliente, à disseminação da inteligência aos departamentos e à capacidade de resposta por toda a estrutura organizacional".[18]

orientação para o mercado
Um amplo compromisso organizacional para alcançar e responder às necessidades dos clientes.

Esse tipo de orientação está ligada à inovação de produtos por meio do desenvolvimento de um foco estratégico que vise explorar e desenvolver novos produtos que sirvam aos mercados-alvo.[19] Por exemplo, com o número cada vez maior de pessoas com uma "atitude verde" no país, os consumidores acabam apreciando produtos ambientalmente responsáveis oferecidos a preços justos. Para atender a essa demanda, o sabão líquido para roupas Method ficou oito vezes mais concentrado, conseguindo 50 lavagens em máquinas lavadoras de roupa usando um recipiente do tamanho de uma garrafa pequena de refrigerante. A alta administração, gerentes de marketing, outros gerentes (produção, financeiro, gestão de pessoas e outros) e os clientes são importantes para o desenvolvimento e a realização da orientação para o marketing. Confiança, sinceridade, manter promessas, respeito, colaboração e reconhecer o mercado como sua razão de ser são seis valores exigidos pelas organizações que tentam ser mais orientadas no mercado.[20] A menos que os gerentes de marketing proporcionem uma liderança contínua focada no cliente e com o mínimo de conflitos entre os departamentos, alcançar a orientação voltada ao mercado será difícil. Gerentes de outros departamentos precisam se comunicar com os de marketing para compartilhar informações importantes que tornem mais fácil entender o cliente. Por fim, a orientação para o mercado envolve sensibilidade a necessidades e desejos em constante mudança dos clientes. Para alcançar isso, o eBay, site de leilão e compra on-line, adquiriu a plataforma on-line Hunch para ajudar seu website de e-commerce a criar melhores recomendações de produtos aos seus usuários. O Hunch usa dados on-line para fazer previsões com base nos gostos e interesses dos usuários, acompanha as compras on-line dos clientes e recomenda tópicos relacionados.[21] Tentar avaliar o que os clientes desejam é algo difícil de se começar, e também complicado pela velocidade com a qual tendências e gostos podem mudar. Atualmente, as empresas desejam satisfazer aos clientes e construir relações expressivas e de longo prazo com eles. Fazer isso ajuda uma organização a impulsionar seu próprio valor financeiro.[22]

Implementando o conceito de marketing

Uma filosofia pode soar razoável e parecer bela no papel, o que não significa que possa ser colocada em prática facilmente. Para implementar o conceito de marketing, uma organização orientada para o mercado precisa aceitar algumas condições gerais, reconhecer e lidar com diversos problemas. Por consequência, o conceito de marketing ainda não foi totalmente aceito por todas as organizações.

A administração precisa, em primeiro lugar, estabelecer um sistema de informação para descobrir as verdadeiras necessidades dos clientes, e, em seguida, usar a informação para criar produtos satisfatórios. Por exemplo, a Rubbermaid está usando uma plataforma social de comércio (mecanismo de interação entre cliente/empresa) que tem impacto sobre o desenvolvimento do produto e a orientação sobre como usá-lo. Ao revisar a interação do cliente, a Rubbermaid notou que muitos deles não entendiam como usar seus "Produce Saver", potes para armazenar alimentos adequadamente. Quando a empresa acrescentou instruções de uso e cuidados no seu website, a média de classificação de estrelas (sinal de satisfação) aumentou significativamente. Ouvir e responder a frustrações e avaliações do consumidor é a chave para implementar o conceito de marketing.[23] Em geral, esse é um sistema de informação caro; a gestão deve empenhar dinheiro e tempo para seu desenvolvimento e manutenção. Sem um sistema de informação adequado, no entanto, uma organização não pode ser orientada para o mercado.

Para satisfazer aos objetivos do cliente, além dos seus, uma organização também precisa coordenar todas as suas atividades. Isso pode exigir a reestruturação de operações internas, incluindo produção, marketing e outras funções do negócio, o que requer que a empresa se adapte a um ambiente externo variável, incluindo as expectativas mutáveis do cliente. Por vezes, as empresas que monitoram o ambiente externo podem prever as principais mudanças e se adaptar a elas com sucesso. Por exemplo, enquanto a maioria das empresas de internet fracassou depois do estouro da bolha "ponto com", em 2000, a Amazon.com continuou a ter sucesso porque entendeu seus clientes e criou um website personalizado para os seus desejos.[24] A empresa continua a expandir seus produtos e acrescentar novos recursos ao seu website para atender melhor aos clientes. Por outro lado, quando a Hewlett-Packard anunciou que pretendia vender seu setor de informática, os preços das suas ações despencaram. Os investidores sentiam que a subsistência da HP dependia das vendas de PCs. Além disso, como os computadores pessoais eram uma parte integral da

HP, tal decisão exigiria grandes mudanças nas operações e direção estratégica da empresa. No fim das contas, o plano foi descartado.[25] Se o marketing não é incluído nos níveis superiores de gestão da organização, uma empresa pode fracassar ao atender às verdadeiras necessidades e desejos dos clientes. Implementar o conceito de marketing demanda o apoio não só da alta gestão, mas também dos gerentes e das equipes de todos os níveis da organização.

GESTÃO DE RELACIONAMENTO COM O CLIENTE

Gestão de relacionamento com o cliente (CRM, do inglês customer relationship management), baseia-se no uso de informações sobre os clientes para criar estratégias de marketing que desenvolvam e sustentem as relações desejadas com eles. Alcançar o potencial total de lucro de cada relacionamento com o cliente deveria ser a meta fundamental de toda estratégia de marketing. Relações de marketing com clientes são a alma de todo negócio. No nível mais básico, os lucros podem ser obtidos através de relações nas seguintes formas: (1) adquirindo novos clientes, (2) aumentando a lucratividade de clientes existentes, e (3) estendendo a duração dos relacionamentos com os clientes. Além de manter os clientes, as empresas também devem focar na recuperação e no gerenciamento de relações com aqueles que as abandonaram.[26] A implementação do conceito de marketing implica otimizar a relação de troca, também conhecida como relação entre o investimento financeiro da organização nos relacionamentos com os clientes e o retorno gerado pela sua lealdade e retenção.

Manter relacionamentos positivos com os clientes é um objetivo importante para os profissionais de marketing. O termo **marketing de relacionamento** refere-se a "acordos de longo prazo e mutuamente benéficos, nos quais tanto o comprador como o vendedor aumentam o valor criando trocas mais satisfatórias".[27] O marketing de relacionamento aprofunda cada vez mais a confiança do cliente na empresa, e, conforme sua confiança cresce, aumenta a compreensão da organização a respeito das suas necessidades. Compradores e profissionais de marketing podem, assim, começar um relacionamento próximo, no qual ambos participam da criação de valor.[28] Profissionais de marketing bem-sucedidos respondem às necessidades dos clientes e tentam aumentar o valor para eles ao longo do tempo. Por fim, essa interação se transforma em uma relação sólida que leva em conta a cooperação e a dependência mútua. A Whole Foods implementou o marketing de relacionamento com a percepção de que os clientes são seus stakeholders mais importantes. Um dos valores centrais da empresa envolve "primeiro a satisfação do cliente".[29]

O marketing de relacionamento tenta construir boas relações de troca entre compradores e vendedores, reunindo dados úteis de todos os pontos de contato com clientes e analisando-os para entender melhor as necessidades, desejos e hábitos dos clientes. Seu foco está na construção e uso de banco de dados e tecnologias para identificar estratégias e métodos que maximizem o valor vitalício que a empresa confere a cada cliente. É imperativo que os profissionais de marketing se instruam sobre as expectativas de seus clientes se quiserem satisfazer suas necessidades; a insatisfação do cliente só leva ao abandono.[30]

Para construir relacionamentos de longo prazo com o cliente, esses profissionais estão se voltando cada vez mais à pesquisa de mercado e tecnologia da informação. Ao aumentar o valor do cliente ao longo do tempo, as empresas tentam manter e aumentar no longo prazo sua lucratividade por meio da lealdade dos clientes, o que resulta no aumento de seu valor. O setor aéreo é um jogador-chave nos esforços de

3 Entender a importância da construção de relações com o cliente.

gestão de relacionamento com o cliente (CRM) Usar informações sobre os clientes para criar estratégias de marketing que desenvolvam e sustentem os relacionamentos com os clientes desejados.

marketing de relacionamento Estabelecer relacionamentos mutualmente satisfatórios e de longo prazo entre compradores e vendedores.

CRM, com seus programas de milhagem. Os programas de milhagem permitem que as companhias aéreas rastreiem informações individuais dos clientes, usando bancos de dados que podem ajudá-las a entender o que diferentes clientes desejam e tratá-los de forma distinta, de acordo com seus hábitos de voo. Esforços de construção de relacionamentos, como programas de milhagem, demonstraram aumentar o valor do cliente.[31]

Por meio do uso de estratégias de marketing baseadas na internet (e-marketing), as empresas podem personalizar as relações com o cliente em uma base praticamente pessoal. Uma ampla variedade de produtos, como computadores, jeans, clubes de golfe, cosméticos e cartões comemorativos, pode ser feita sob medida para clientes específicos. A gestão de relacionamento com o cliente oferece uma ponte estratégica entre a tecnologia de informação e as estratégias de marketing, voltada para os relacionamentos no longo prazo. Isso significa encontrar e manter os clientes através do uso de informação, a fim de aprimorar seu valor e sua satisfação.

A IMPORTÂNCIA DO MARKETING EM NOSSA ECONOMIA GLOBAL

4 Entender o papel do marketing em nossa economia global.

Nossa definição de marketing e a discussão das suas atividades revelam algumas das razões óbvias para o estudo do marketing ser relevante hoje em dia. Nesta seção, vamos observar de que forma o marketing nos afeta como indivíduos e qual o seu papel em nossa sociedade cada vez mais global.

Custos de marketing consomem uma porção considerável do dinheiro dos compradores

Estudar marketing vai conscientizá-lo de que são necessárias muitas atividades de marketing para oferecer bens e serviços satisfatórios. Obviamente, elas custam dinheiro. Aproximadamente metade de cada dólar de um comprador vai para os custos de marketing. Se você gastar US$ 16 em um novo CD, 50% a 60% disso vão para os custos de marketing, incluindo promoção e distribuição, bem como as margens de lucro. A produção (gravação) do CD representa cerca de US$ 1, ou 6% do seu preço. Uma família com renda mensal de US$ 3.000, que destina US$ 600 para impostos e economias, gasta em torno de US$ 2.400 com bens e serviços. Dessa quantia, US$ 1.200 vão para as atividades de marketing. Se os gastos com marketing consomem essa quantidade do seu dinheiro, você deveria saber como ele está sendo utilizado.

Marketing é usado em organizações sem fins lucrativos

Embora o termo marketing possa lembrar as propagandas do Burger King, da Volkswagen e Apple, ele também é importante em organizações que trabalham para alcançar metas diferentes dos objetivos de negócio comuns (lucro, por exemplo). Agências do governo em nível federal, estadual e local estabelecem atividades de marketing para cumprir sua missão e objetivos. Por exemplo, a National Highway Traffic Safety Administration lança campanhas publicitárias para alertar a população sobre os perigos de beber e dirigir. A propaganda, que apresentava taças de champanhe e um enfeite de Natal quebrado, reforça a mensagem de que ocasiões festivas, como as de fim de ano, podem facilmente se tornar uma tragédia, já que mais pessoas tendem a consumir álcool. Além disso, universidades e faculdades estabelecem atividades de marketing para recrutar novos estudantes, bem como para obter doações de ex-alunos e empresas.

No setor privado, organizações sem fins lucrativos também empregam atividades de marketing para criar, distribuir e promover programas que beneficiem determinados segmentos da sociedade. A Cruz Vermelha proporciona ajuda em catástrofes de todo o mundo e oferece mensagens promocionais para encorajar doações que apoiem seus esforços. Por exemplo, quando o Furacão Sandy atingiu a Costa Leste dos Estados Unidos, essa instituição lançou várias mensagens promocionais encorajando as pessoas a doar dinheiro àqueles que foram impactados pelos desastres.

Marketing é importante para os negócios e para a economia

Organização sem fins lucrativos A National Highway Traffic Safety Administration conscientiza sobre os riscos associados a beber e dirigir durante a temporada de festas.

As empresas precisam se envolver com o marketing para sobreviver e crescer, e as atividades de marketing são necessárias para alcançar os clientes e oferecer os produtos. Recursos financeiros gerados por vendas são necessários para as operações de uma organização e para proporcionar retornos financeiros aos investidores. A inovação em operações e produtos leva ao sucesso dos negócios e à lealdade do cliente. Até negócios sem fins lucrativos precisam entender e usar o marketing para atender seu público.

As atividades de marketing ajudam a produzir os lucros essenciais à sobrevivência de empresas individuais. Sem lucro, as empresas teriam dificuldade, ou talvez ficassem até mesmo impossibilitadas, de comprar mais matéria-prima, contratar mais funcionários, atrair mais capital e criar produtos adicionais que, em troca, geram mais lucro. Sem lucro, os profissionais de marketing não podem continuar a oferecer empregos nem contribuir com causas sociais. Portanto, o marketing ajuda a criar uma economia bem-sucedida e contribui para o bem-estar da sociedade.

Marketing abastece nossa economia global

O marketing é necessário para aumentar a economia global. Avanços na tecnologia, somados à queda de barreiras políticas e econômicas e ao desejo universal de um maior padrão de vida, fizeram o marketing cruzar fronteiras nacionais comuns, ao mesmo tempo que estimularam o crescimento econômico global. Como resultado das comunicações em todo o mundo e do aumento das viagens internacionais, muitas marcas norte-americanas alcançaram ampla aceitação em todo o mundo. Ao mesmo tempo, os clientes dos Estados Unidos têm mais opções entre os produtos que compram, já que marcas estrangeiras, como Toyota (Japão), Bayer (Alemanha) e Nestlé (Suíça), são vendidas ao lado das norte-americanas, como General Motors, Tylenol e Chevron. As pessoas ao redor do mundo assistem à CNN e MTV em televisões Samsung e Sony que compraram no Walmart. O comércio eletrônico pela internet agora permite que empresas de todos os tamanhos alcancem compradores em todo o mundo. Exploraremos os mercados internacionais e oportunidades para o marketing global no Capítulo 8.

Conhecimento de marketing aumenta a consciência do consumidor

Além de contribuir para o bem-estar da nossa economia, as atividades de marketing ajudam a melhorar a qualidade de nossas vidas. Estudar marketing nos permite entender sua importância para clientes, organizações e economia. Assim, podemos analisar os esforços de marketing que precisam ser aprimorados e como atingir o objetivo estabelecido. Hoje, o consumidor tem mais poder por causa da informação disponível em websites, mídias sociais e divulgação de esclarecimentos obrigatórios. À medida que você compreende mais, é possível melhorar suas decisões de compra. Em geral, temos informações mais precisas sobre um produto antes de comprá-lo do que em qualquer outro período da história. Entender o marketing permite que avaliemos medidas corretivas (como leis, regulações e diretrizes da indústria) que podem impedir práticas de marketing injustas, prejudiciais ou antiéticas. Dessa forma, entender como as atividades de marketing funcionam pode ajudá-lo a ser um consumidor melhor e aumentar sua capacidade de maximizar o valor das compras.

Marketing conecta pessoas através da tecnologia

A tecnologia, especialmente de computadores e telecomunicações, ajuda os profissionais de marketing a entender e satisfazer mais clientes do que nunca. Por telefone e on-line, os clientes podem dar feedback sobre suas experiências com os produtos de uma empresa. Mesmo produtos como a água engarrafada Dasani oferecem um número de atendimento ao cliente e um website para questões ou comentários. Esse feedback ajuda os profissionais de marketing a refinar e melhorar seus produtos para satisfazer melhor aos clientes. Atualmente, esses profissionais devem reconhecer o impacto não só de websites, mas de mensagens instantâneas, blogs, fóruns e games on-line, listas de usuários e wikis, bem como a troca de mensagens de texto por celulares e a interação pelo Facebook. Cada vez mais, essas ferramentas facilitam as trocas de marketing. Por exemplo, novos aplicativos que permitem que os consumidores paguem suas compras usando smartphones estão sendo lançados, contendo "reproduções virtuais" dos cartões de crédito ou débito dos consumidores, que podem ser usadas em vez dos cartões de plástico. Reconhecendo a conveniência desse novo método, mais e mais empresas estão adaptando suas operações para aceitar pagamentos eletrônicos.[32]

A internet permite que os consumidores ofereçam grandes quantidades de informação sobre seus produtos aos consumidores e com eles interajam por meio de e-mails e websites. O consumidor que pretende comprar um carro, por exemplo, pode acessar as páginas dos fabricantes na web, configurar seu veículo ideal e obter retorno instantâneo sobre seu custo. Os consumidores podem visitar Autobytel, Edmund's e outros websites para localizar resenhas profissionais e obter informações comparativas de preços de carros novos e usados, para ajudá-los a encontrar o melhor valor. Eles também podem visitar um site de opinião do consumidor, como Yelp, e ler as análises de outras pessoas sobre os produtos. É possível comprar o veículo on-line ou em uma concessionária. Diversas organizações empregam as mídias sociais para se conectar com seus clientes, usando blogs e sites de redes sociais, como

Marketing conecta pessoas através da tecnologia Sites de mídias sociais, como o Facebook, permitem que os consumidores compartilhem informações sobre os sucessos e fracassos dos profissionais de marketing por meio da tecnologia.

Tabela 1.1 Atividades selecionadas em smartphones de cidadãos dos Estados Unidos

Atividade	Todos os proprietários de celulares (%)
Checar relatórios e previsões do tempo	77
Usar um site de rede social	68
Obter navegação detalhada de trânsito ou instruções enquanto dirige	65
Ler notícias on-line	64
Jogar	64
Fazer upload de fotos on-line para que outros possam vê-las	58
Ouvir rádio on-line ou um serviço de música, como Pandora ou Spotify	53
Conferir seu saldo ou qualquer serviço bancário on-line	44
Visitar o website de um governo local, estadual ou federal	31
Obter cupons ou ofertas para usar em empresas locais	24

Fonte: Pew Research Center's Internet & American Life Project. Levantamento de acompanhamento, 15 mar. – 13 abr. 2012. N = 2.254 adultos com 18 anos ou mais, incluindo 903 entrevistas conduzidas no celular dos respondentes. A margem de erro é de +/– 2,6 pontos percentuais, com base nos proprietários de celular (n = 1.954).

Facebook e Twitter. Analisamos as redes sociais e outras mídias digitais no Capítulo 9. A Tabela 1.1 mostra algumas das atividades mais comuns em smartphones. Discutiremos o marketing eletrônico móvel de forma mais detalhada também no Capítulo 9.

Marketing socialmente responsável: promovendo o bem-estar dos clientes e stakeholders

O sucesso do nosso sistema econômico depende de profissionais de marketing cujos valores promovam confiança e relações cooperativas, nas quais os clientes e outros stakeholders sejam tratados com respeito. O público insiste cada vez mais para que as preocupações com responsabilidade e ética sejam levadas em conta no planejamento e implementação de atividades de marketing. Embora as atividades irresponsáveis ou antiéticas de alguns profissionais de marketing acabem nas capas de jornais, como *USA Today* ou *The Wall Street Journal*, mais empresas estão trabalhando para desenvolver uma abordagem responsável que crie relações de longo prazo com clientes e outros stakeholders.

Na área do meio ambiente natural, as empresas incorporam cada vez mais a noção de **marketing verde**, processo estratégico que envolve a avaliação dos stakeholders para criar relações de longo prazo significativas com os clientes, enquanto, mantêm o meio ambiente natural. Safeway e WholeFoods, por exemplo, foram reconhecidas pelo Greenpeace como as redes de supermercado com as práticas de compra de frutos do mar mais sustentáveis. Ao entender que a sobrepesca é uma grande preocupação, esses supermercados suspenderam as vendas de várias populações de peixes ameaçados.[33] Essas iniciativas não só reduzem o impacto negativo que as empresas têm no meio ambiente como também servem para melhorar suas reputações, já que as preocupações com sustentabilidade continuam crescendo. Ao tratar das preocupações a respeito do impacto do marketing no mundo, uma empresa pode contribuir com a sociedade por meio de atividades socialmente responsáveis, bem como aumentar seu desempenho financeiro.

marketing verde Processo estratégico envolvendo a avaliação dos stakeholders para criar uma relação de longo prazo significativa com os clientes, ao mesmo tempo que mantém, suporta e melhora o ambiente natural.

Fonte: Cone Green Gap, 2012. Levantamento de acompanhamento com 1.019 clientes.

Marketing oferece muitas e empolgantes possibilidades de carreira

Entre 25% e 33% de todos os trabalhadores civis dos Estados Unidos executam atividades de marketing. Esse campo oferece uma variedade de oportunidades de carreira interessantes e desafiadoras ao redor do mundo, como vendas pessoais, propaganda, embalagem, transporte, armazenamento, pesquisa, desenvolvimento de produto, atacado e varejo. No período de recessão mais recente, quando a taxa de desemprego estava alta, os postos de venda permaneciam entre as oportunidades de trabalho mais atraentes. As posições de marketing estão entre as mais seguras, graças à necessidade de gerenciar o relacionamento com o cliente. Além disso, muitos indivíduos que trabalham para organizações sem fins lucrativos envolvem-se com atividades de marketing para promover atividades de política, educação, cultura, religião, civismo e caridade. Independentemente de se a pessoa ganha a vida com atividades de marketing ou as executa de forma voluntária para um grupo sem fins lucrativos, conhecimento e habilidades de marketing são valiosos ativos pessoais e profissionais.

Transformação verde

Lixo ganha um significado totalmente novo

A Levi Strauss está empregando uma nova iniciativa que envolve reciclagem. A empresa, que é a maior produtora de jeans do mundo, desenvolveu uma linha de produtos eco-friendly (amigáveis com o meio ambiente) que incorpora no mínimo 20% de plástico reciclado em seus jeans. A coleção de jeans Waste<Less está reduzindo a emissão de carbono da empresa desde o início da cadeia produtiva. Seus esforços de sustentabilidade começaram quando a Levi's desejou melhorar os métodos de cultivo de algodão. A companhia se juntou ao movimento Better Cotton Initiative, que educa fazendeiros sobre como cultivar algodão com menos água, e também começou a se concentrar na redução do uso de energia.

Para a coleção de primavera da Levi's, 3,5 milhões de garrafas plásticas recicladas foram usadas para criar a linha. Os produtos não eram somente mais ecológicos, também tinham estilo. A fibra usada de diferentes garrafas plásticas permite que seu produto tenha um brilho diferente da maioria dos jeans. A Levi's percebeu que, quanto mais o jeans fosse usado, mais seria parecido com a cor da garrafa usada para produzi-lo. Isso dá ao consumidor uma ideia do processo e do que foi usado para fazer sua roupa. A empresa ainda percebeu que muitos consumidores gostam de participar de iniciativas amigáveis com o meio ambiente, que dão esperanças de um amanhã melhor.[d]

Revisão do capítulo

1. Definir marketing.

Marketing é o processo de criação (produto), precificação, distribuição (praça) e promoção de bens, serviços e ideias para facilitar relações de troca satisfatórias com os clientes, desenvolver e manter relações favoráveis com stakeholders em um ambiente dinâmico. A essência do marketing é desenvolver boas trocas nas quais clientes e profissionais de marketing se beneficiem mutuamente. As organizações geralmente focam seus esforços de marketing em um grupo específico de clientes, chamado mercado-alvo.

Para entender como o marketing se concentra nos consumidores, é necessário conhecer vários dos seus termos-chave. Mercado-alvo é o grupo de clientes para o qual uma empresa dirige vários esforços de marketing. O marketing envolve desenvolver e gerenciar um produto que vai satisfazer às necessidades dos clientes, tornar o produto disponível no local exato e com um preço aceitável pelos clientes e comunicar informações que os ajudem a determinar se o produto satisfará suas necessidades. Essas atividades – produto, preço, praça e promoção – são conhecidas como mix de marketing, já que os gerentes de marketing decidem que tipo de cada elemento usar e em quais quantidades. Esses gerentes esforçam-se para desenvolver um mix de marketing que corresponda às necessidades dos clientes em um mercado-alvo. Antes de os profissionais de marketing desenvolverem um mix de marketing, precisam coletar informações aprofundadas e atualizadas sobre as necessidades dos clientes. A variável produto do mix de marketing trata da pesquisa das necessidades e desejos dos clientes, e do desenvolvimento de um produto que os satisfaça. Produto pode ser um bem, um serviço ou uma ideia. Ao lidar com a variável distribuição, um gerente de marketing tenta tornar os produtos disponíveis nas quantidades desejadas para o maior número de clientes possível. A variável promoção relaciona-se com atividades que visam informar indivíduos ou grupos sobre a organização e seus produtos. A variável preço envolve decisões e ações associadas ao estabelecimento de políticas de preços e à determinação de preços dos produtos. Essas variáveis do mix de marketing com frequência são vistas como controláveis, já que podem ser modificadas, no entanto, há limites sobre o quanto podem ser alteradas.

Indivíduos e organizações se envolvem com marketing para facilitar trocas – provisão ou transferência de bens, serviços e ideias em troca de algo de valor. Quatro condições precisam estar presentes para uma troca ocorrer. Primeira, dois ou mais indivíduos, grupos ou organizações devem participar, e cada um deles precisa ter algo de valor que a outra parte deseja. Segunda, a troca deve proporcionar benefício ou satisfação a ambas as partes envolvidas na transação. Terceira, cada parte precisa confiar na promessa de "algo de valor" feita pela outra. Por fim, para construir confiança, as partes envolvidas na troca precisam atender às expectativas. As atividades de marketing tentam criar e manter relações de troca satisfatórias.

O ambiente de marketing, que inclui forças competitivas, econômicas, políticas, legais e regulatórias, tecnológicas e socioculturais, envolve o cliente e o mix de marketing. Essas forças podem criar ameaças aos profissionais de marketing, mas também geram oportunidades para novos produtos e novos métodos de alcançar os clientes. Essas forças podem oscilar rápida e radicalmente.

2. Estar ciente do conceito de marketing.

De acordo com o conceito de marketing, uma organização deve tentar fornecer produtos que satisfaçam às necessidades dos clientes por meio de um conjunto coordenado de atividades e lhe permita alcançar seus objetivos. A satisfação do cliente é o principal objetivo do conceito de marketing. A filosofia desse conceito surgiu nos Estados Unidos durante os anos 1950, depois da era de produção e de vendas. As organizações que desenvolvem atividades compatíveis com o conceito de marketing se tornam orientadas para o mercado. Para implementar o conceito de marketing, uma empresa orientada para o mercado precisa estabelecer um sistema de informação para descobrir as necessidades dos clientes, e usar essas informações para criar produtos satisfatórios; e precisa, ainda, coordenar todas as suas atividades e desenvolver um mix de marketing que crie valor para os clientes e satisfaça suas necessidades.

3. Entender a importância da construção de relações com o cliente.

Marketing de relacionamento envolve o estabelecimento de relações de longo prazo que satisfaçam mutuamente comprador e vendedor. A gestão de relacionamento com o cliente (CRM) empenha-se em usar as informações sobre os clientes para criar estratégias de marketing que desenvolvam e sustentem relacionamentos desejáveis. Gerenciar as relações com o cliente exige a identificação de padrões de comportamento de compras e o uso dessas informações para focar clientes mais promissores e lucrativos. O valor vitalício do cliente representa um ativo intangível para o profissional de marketing, que pode ser aumentado ao se atender às necessidades e preferências variáveis do cliente em diferentes estágios do seu relacionamento com a empresa. Valor vitalício do cliente é uma medida-chave que projeta a contribuição econômica da vida do cliente com base em esforços de relacionamentos de marketing continuados. Conhecer o possível valor vitalício do cliente pode ajudar os profissionais de marketing a determinar a melhor forma de alocar recursos para estratégias de marketing que mantenham aquele cliente por toda a vida.

4. Entender o papel do marketing em nossa economia global.

O marketing é importante para nossa economia de várias formas. Os custos de marketing absorvem cerca de metade de cada dólar de um comprador. As atividades de marketing são executadas em empresas e organizações sem fins lucrativos, e ajudam as organizações de negócios a gerar lucros e a abastecer uma economia cada vez mais global. O conhecimento de marketing melhora a consciência do consumidor. Novas tecnologias aprimoram a capacidade de um profissional de marketing em se conectar com seus clientes. O marketing socialmente responsável pode promover o bem-estar de clientes e da sociedade. Marketing verde é um processo estratégico que envolve a avaliação dos stakeholders para criar relações significativas e de longo prazo com os clientes enquanto mantém, apoia e melhora o meio ambiente natural. Por fim, o marketing oferece muitas e estimulantes oportunidades de carreira.

Conceitos-chave

ambiente de marketing 12
clientes 3
conceito de marketing 13
gestão de relacionamento com o cliente (CRM) 17
marketing 3
marketing de relacionamento 17
marketing verde 21
mercado-alvo 4
mix de marketing 5
orientação para o mercado 15
produto 5
stakeholders 12
trocas 11
valor 9

Questões para discussão e revisão

1. O que é marketing? Como você definia esse termo antes de ler este capítulo?
2. Qual é o foco de todas as atividades de marketing? Por quê?
3. Quais são as quatro variáveis do mix de marketing? Por que esses elementos são conhecidos como variáveis?
4. O que é valor? Como os profissionais de marketing podem usar o mix de marketing para melhorar a percepção de valor?
5. Que condições precisam estar presentes antes de uma troca de marketing ocorrer? Descreva uma troca recente da qual você tenha participado.

6. Quais são as forças do ambiente de marketing? Quanto controle um gerente de marketing tem sobre essas forças?
7. Discuta os elementos básicos do conceito de marketing? Que empresas da sua área usam essa filosofia? Explique por quê.
8. Como uma organização pode implementar o conceito de marketing?
9. O que é gestão de relacionamento com o cliente? Por que é tão importante "gerenciar" esse relacionamento?
10. Por que o marketing é importante na nossa sociedade? Por que você deveria estudar marketing?

Aplicações do marketing

1. Identifique algumas empresas da sua área que *não* adotaram o conceito de marketing. Que características dessas organizações indicam a não aceitação do conceito de marketing?
2. Identifique possíveis mercados-alvo para os seguintes produtos:
    a. Flocos de milho da Kellogg's
    b. Raquetes de tênis Wilson
    c. Disney World
    d. Pepsi diet
3. Discuta as variáveis do mix de marketing (produto, preço, promoção, praça) e a forma como podem se relacionar com cada um dos itens a seguir:
    a. Uma companhia de transportes
    b. Uma loja de roupas masculinas
    c. Uma pista de patinação
    d. Uma livraria universitária
4. Atualmente, há centenas de telefones celulares diferentes disponíveis no mercado. Como os consumidores os escolhem? A resposta é simples: valor para o consumidor. Compare o valor de um iPhone da Apple e de um smartphone Samsung Galaxy. Comece identificando os benefícios e custos que você leva em conta ao avaliar telefones celulares – fatores como facilidade de digitação, aparência e impressão geral ou preço de compra. Atribua valores para cada fator que reflitam sua importância para você. Você pode usar de 0 a 5, por exemplo, com 0 representando *sem importância* e 5 *absolutamente importante*. Usando a equação valor = benefícios – custos, calcule o valor do iPhone e do Samsung Galaxy. Esses resultados correspondem às vendas reais desses dois produtos?

Desenvolvendo seu plano de marketing

Organizações bem-sucedidas desenvolvem estratégias para disponibilizar seus produtos. O plano estratégico guia o profissional de marketing na tomada de muitas das decisões detalhadas sobre os atributos do produto, sua distribuição, atividades promocionais e fixação de preços. Um claro entendimento dos fundamentos do marketing é essencial para formular uma estratégia e desenvolver um plano de marketing específico. Para ter uma diretriz a respeito das informações deste capítulo e desenvolver seu plano de marketing, considere o seguinte:
1. Discuta como o conceito de marketing contribui para o sucesso em longo prazo de uma companhia.
2. Descreva o nível de orientação para o mercado que existe atualmente na sua companhia. Como a orientação para o mercado vai contribuir para o sucesso do seu novo produto?
3. Que benefícios seu produto irá proporcionar ao cliente? Que papel eles vão desempenhar na determinação do valor do cliente para seu produto?

A informação obtida a partir dessas questões deve ajudá-lo no desenvolvimento de vários aspectos de seu plano de marketing.

Caso 1.1

Cruzeiro para o sucesso: A história da New Belgium Brewing

Em 1991, os engenheiros elétricos norte-americanos Jeff Lebesch e Kim Jordan começaram a preparar cervejas de estilo belga em um porão. O incentivo para a cervejaria ocorreu depois que Lebesch passou um tempo na Bélgica, pedalando pelo país em sua bicicleta. Ele acreditava que poderia fabricar cervejas belga de alta qualidade nos Estados Unidos. Depois de um tempo em Colorado Rockies decidindo os valores e os rumos da nova companhia, a dupla lançou a New Belgium Brewing (NBB), tendo Kim Jordan como diretora de marketing. A primeira cerveja da companhia foi batizada de Fat Tire, em homenagem à jornada belga de Lebesch em sua bicicleta. Fat Tire continua sendo uma das cervejas mais populares da NBB.

A NBB chegou bem longe considerando suas origens humildes no porão. Hoje, a cervejaria com sede em Fort Collins é a terceira maior do país, com produtos disponíveis em 30 estados. Kim Jordan dirige a companhia como uma das poucas CEOs mulheres de uma grande empresa cervejeira. "Essa coisa de empreendedorismo te pega de surpresa", afirma Jordan. "E mesmo depois de 20 anos ainda tenho momentos em que penso: 'uau, isso foi o que criamos aqui juntos'". Embora as vendas totais do setor cervejeiro estejam caindo nos Estados Unidos, as vendas das cervejarias artesanais cresceram cerca de US$ 8,7 bilhões. A NBB teve uma média de crescimento de vendas de 15%.

Criar tal sucesso exigiu uma cultura corporativa que ressaltasse a criatividade e uma abordagem autêntica para tratar todos os stakeholders com respeito. Embora o produto da New Belgium seja uma cerveja artesanal de qualidade, a forma como a empresa trata os funcionários, a comunidade e o ambiente é importante para ela. Cada elemento do mix de marketing foi considerado cuidadosamente. A companhia gasta uma quantidade significativa de tempo pesquisando e criando suas cervejas, até mesmo colaborando com a Elysian Brewing, de Seattle, para criar novos produtos. Essa colaboração especial levou a produtos como as cervejas Ranger IPA e Kick. A cultura da NBB se concentra em fazer um produto de qualidade e satisfazer os clientes. E até se aventurou no mercado de orgânicos, com a criação da cerveja de trigo orgânico Mothership Wit. A companhia tem muita variedade de linhas de produtos, incluindo as cervejas mais populares Fat Tire, 1554 e Sunshine Wheat; cervejas sazonais, como Dig e Snow Day; e a linha Lipsof Faith, uma série de cervejas experimentais, que inclui La Folie e PricklyPassion, produzidas em lotes menores.

A variável distribuição do mix de marketing era complexa no início. Em sua função inicial como diretora de marketing, Jordan precisava convencer os distribuidores a transportar seus produtos. É comum novas companhias precisarem trabalhar duro para convencer os distribuidores a trabalhar suas marcas, já que eles têm medo de perder rivais mais estabelecidos. No entanto, Jordan conseguiu ter cervejas NBB nas prateleiras de lojas, até mesmo entregando os produtos no porta-malas de sua perua Toyota. Como cervejaria artesanal, a NBB usa uma estratégia de fixação de preços premium. Seus produtos são precificados de forma mais alta do que as marcas domésticas, como Coors ou Budweiser, e têm margens de lucro maiores. A popularidade das cervejas da NBB estimulou os concorrentes a desenvolver produtos competitivos, como a Blue Moon Belgian White, da MillerCoors.

Talvez a dimensão mais notável do composto de marketing da NBB seja a promoção. Desde o início, a companhia baseou a marca em seus valores centrais, incluindo a prática de gestão ambiental e a formação de um ambiente participativo, no qual todos os funcionários pudessem exercer sua criatividade. "Para mim, a marca é absolutamente tudo o que somos. Ela representa as pessoas daqui. É como interagimos uns com os outros. E depois há outra peça dessa criatividade, que, obviamente, é desenvolver cervejas", afirma Kim Jordan. A promoção da NBB tentou retratar a criatividade da companhia e sua harmonia com o meio ambiente natural. Por exemplo, um vídeo da NBB apresenta um mecânico consertando uma bicicleta e pedalando pela rua, enquanto outro mostra os "guardas" da NBB cantando um hip hop para promover a cerveja Ranger IPA. A empresa também promoveu de forma intensa sua marca no Facebook e Twitter. Esse charme indie serviu para posicionar a NBB como uma companhia comprometida com o divertimento e socialmente responsável.

A NBB também se vende como uma companhia comprometida com a sustentabilidade, que tem sido um dos seus valores centrais desde o primeiro dia. A empresa foi a primeira cervejaria com energia totalmente eólica dos Estados Unidos. Ela recicla caixas de papelão, tampas de barris, materiais de escritório e vidro âmbar. Armazena cevada e grãos de lúpulo usados em um silo em suas instalações e convida os fazendeiros locais a pegá-los gratuitamente para alimentar seus porcos. Também dá aos funcionários uma bicicleta urbana depois de um ano de atividades, permitindo-lhes pedalar até o trabalho, em vez de dirigir.

A popularidade da NBB está permitindo que se expanda pela Costa Leste, com planos de continuar a expansão por todo o país. A combinação de uma imagem de marca única, um mix de marketing forte e uma orientação que leva em conta todos os stakeholders transformou a NBB em um sucesso de vários milhões de dólares.[34]

Questões para discussão

1. Como a New Belgium implementou o conceito de marketing?
2. O que Kim Jordan fez para criar sucesso na New Belgium?
3. De que maneira o foco da New Belgium em sustentabilidade como um valor central contribui para sua cultura e sucesso corporativos?

NOTAS

1. Jim Edwards, How Chipotle's Business Model Depends On NEVER Running TV Ads. *Business Insider*, 16 mar. 2012. Disponível em: <http://articles.businessinsider.com/2012-03-16/news/31199897_1_chipotle-advertising-marketing>. Acesso em: 13 set.2012; Chipotle Selects MicroStrategy as its Enterprise Business Intelligence Solution. *Market Watch*, 21 ago. 2012. Disponível em: <www.marketwatch.com/story/chipotle-selects-microstrategy-as-its-enterprise-business-intelligence-solution-2012-08-21>. Acesso em: 13 set. 2012; Jefferson Graham. Chipotle Resists Tech Automation at Restaurants. *USA Today*, 16 ago. 2012. Disponível em: www.usatoday.com/tech/columnist/talkingtech/story/2012-08-15/talking-tech-chipotle-app/57079794/1. Acesso em: 13 set. 2012; Joel Stein. The Fast Food Ethicist. *Time*, 23 jul. 2012, p. 39-44.

2. Definição de Marketing. American Marketing Association. Disponível em: <www.marketingpower.com/AboutAMA/Pages/DefinitionofMarketing.aspx>. Acesso em: 7 jul. 2010.

3. *Vans, Inc*. Disponível em: <www.jiffynotes.com/a_study_guides/book_notes/cps_03/cps_03_00479.html>. Acesso em: 27 dez. 2010.

4. Recreational Equipment Incorporated (REI): A Responsible Retail Cooperative. In: O. C. Ferrell, John Fraedrich e Linda Ferrell. *Business Ethics*: Ethical Decision Making and Cases. 9. ed. Mason, OH: South-Western Cengage Learning, 2013, p. 466-75.

5. The History of Subway. Disponível em: <www.subway.com/subwayroot/About_Us/History.aspx?icid=About%20Us:%20Promo:%20Unit%201:%20History:%20W6:%202012>. Acesso em: 7 dez. 2012.

6. Molly Soat. Virtual Development, *Marketing News*, 31 maio 2012, p. 10.

7. Impaired Driving. NHTSA. Disponível em: <www.nhtsa.gov/Impaired>. Acesso em: 7 dez. 2012.

8. Campbell's Kitchen. Disponível em: <www.campbellskitchen.com/RecipeCategoryHome.aspx?fbid=DKtnA8n1vQ0>. Acesso em: 7 dez. 2012.

9. Rajneesh Suri, ChiranjeevKohli e Kent B. Monroe. The Effects of Perceived Scarcityon Consumers' Processing of Price Information. *Journal of the Academy of Marketing Science* 35, 2007, p. 89-100.

10. Natalie Mizike Robert Jacobson. Trading Off Between Value Creation and Value Appropriation: The Financial Implications and Shifts in Strategic Emphasis. *Journal of Marketing*, jan. 2003, p. 63-76.

11. Kasey Wehrum. How May We Help You? *Inc.*, mar. 2011, p. 63-68.

12. O. C. Ferrell e Michael Hartline. *Marketing Strategy*. Mason, OH: South-Western, 2005, p. 108.

13. Mike Esterl. With Soda on Defensive, Machines Will List Calories. *The Wall Street Journal*, 9 out. 2012, p. B3.

14. Ajay K. Kohli e Bernard J. Jaworski. Market Orientation: The Construct, Research Propositions, and Managerial Implications. *Journalof Marketing*, abr. 1990, p. 1-18; O. C. Ferrell. Business Ethics and Customer Stakeholders, *Academyof Management Executive* 18, maio 2004, p. 126-29.

15. Starbucks CEO Howard Schultz Is All Abuzz. *CBS News*, 27 mar. 2011. Disponível em: <www.cbsnews.com/stories/2011/03/27/business/main20047618.shtml>. Acesso em: 30 mar. 2011.

16. Eugene W. Anderson, Claes Fornell e Sanal K. Mazvancheryl. Customer Satisfaction and Shareholder Value. *Journal of Marketing*, out. 2004, p. 172-85.

17. Xeuming Luo e Christian Homburg. Neglected Outcomes of Customer Satisfaction. *Journal of Marketing* 70, abr. 2007.

18. Kohli e Jaworski. *Market Orientation*: The Construct, Research Propositions, and Managerial Implications.

19. Kwaku Atuahene-Gima. Resolving the Capability-Rigidity Paradox in New Product Innovation. *Journal of Marketing* 69, out. 2005, p. 61-83.

20. Gary F. Gebhardt, Gregory S. Carpenter e John F. Sherry Jr. Creating a

Market Orientation. *Journal of Marketing* 70, out. 2006. Disponível em: <www.marketingpower.com>.

21. eBay Acquires Recommendation Engine Hunch.com. *Business Wire*, 21 nov. 2011. Disponível em: <www.businesswire.com/news/home/20111121005831/en/eBay-Acquires-Recommendation-Engine-Hunch.com>. Acesso em: 11 jan. 2012.

22. Sunil Gupta, Donald R. Lehmann e Jennifer Ames Stuart. Valuing Customers. *Journal of Marketing Research*, fev. 2004, p. 7-18.

23. Bazaarvoice Enables Rubbermaid to Listen, Learn, and Improve Products Based on Customer Conversations. *Business Wire*, 21 jan. 2010. Disponível em: <www.businesswire.com/portal/site/home/permalink/?ndmViewId=news_view&newsId=20100121005613&newsLang=en>. Acesso em: 12 jan. 2012; User-Generated R&D: Clay Shirky Explains How to Feed Innovation with Customer Insights. *Bazaarvoice*, 3 maio 2011. Disponível em: <www.bazaarvoice.com/blog/2011/05/03/user-generated-rd-clay-shirky-explains-how-to-feed-innovation-with-customer-insights/>. Acesso em: 12 jan. 2012.

24. Pradeep Korgaonkar e Bay O'Leary. Management, Market, and Financial Factors Separating Winners and Losers in e-Business. *Journal of Computer-Mediated Communication* 11, n. 4, 2006, artigo 12.

25. Hewlett-Packard Replaces Leo Apotheker with Meg Whitman. *BBC News*, 23 set. 2011. Disponível em: <www.bbc.co.uk/news/business-15028509>. Acesso em: 3 fev. 2012; James B. Stewart. For Seamless Transitions, Don't Look to Hewlett. *The New York Times*, 26 ago. 2011. Disponível em: <www.nytimes.com/2011/08/27/business/for-seamless-transitions-at-the-top-dont-consult-hewlett-packard.html?pagewanted=all>. Acesso em: 3 fev. 2012.

26. Jacquelyn S. Thomas, Robert C. Blattberg e Edward J. Fox. Recapturing Lost Customers. *Journal of Marketing Research*, fev. 2004, p. 31-45.

27. Jagdish N. Sheth e Rajendras Sisodia. More Than Ever Before, Marketing Isunder Fire to Account for What It Spends. *Marketing Management*, outono 1995, p. 13-14.

28. Stephen L. Vargo e Robert F. Lusch. Service-Dominant Logic: Continuing the Evolution. *Journal of the Academy of Marketing Science* 36, 2008, p. 1-10.

29. Whole Foods Market's Core Values. Whole Foods. Disponível em: <www.wholefoodsmarket.com/values/corevalues.php>. Acesso em: 10 jan. 2012.

30. Chezy Ofire Itamar Simonson. The Effect of Stating Expectations on Customer Satisfaction and Shopping Experience. *Journal of Marketing Research* XLIV, fev. 2007, p. 164-74.

31. Robert W. Palmatier, Lisa K. Scheer e Jan-Benedict E. M. Steenkamp, Customer Loyalty to Whom? Managing the Benefits and Risks of Salesperson-Owned Loyalty. *Journal of Marketing Research* XLIV, maio 2007, p.185-99.

32. Edward C. Baig. Mobile Payments GainTraction. *USA Today*, 11 ago. 2011, p. 1A-2A; Jefferson Graham. Starbucks Expands Mobile Payments to 6,800 Sites. *USA Today*, 19 jan. 2011, p. 1B.

33. Carting Away the Oceans Infographic. *Greenpeace*, 2012. Disponível em: <www.greenpeace.org/usa/en/campaigns/oceans/seafood/Carting-Away-the-Oceans-Infographic/>. Acesso em: 7 dez. 2012.

34. Site da New Belgium. Disponível em: <newbelgium.com>. Acesso em: 27 mar. 2012; New Belgium Brewing: Ethical and Environmental Responsibility. In: O. C. Ferrell, John Fraedrich e Linda Ferrell. *Business Ethics*: Ethical Decision Making and Cases, 9. ed. Mason, OH: South-Western Cengage Learning, 2013, p. 355-63; New Belgium Brewery, Amalgamated. Disponível em: <http://amalgamatednyc.com/project/tinkerer/>. Acesso em: 27 mar. 2012; Norman Miller. Craft Beer Industry Continues to Grow. *PJ Star*, 26 mar. 2012. Disponível em: <www.pjstar.com/community/blogs/beer-nut/x140148153/Craft-Beer-industry-continues-to-grow>. Acesso em: 27 mar. 2012; COLLABEERATIONS, Elysian Brewing Company. Disponível em: <www.elysianbrewing.com/elysian-beers/collabeerations>. Acesso em: 27 mar. 2012; Devin Leonard. New Belgium and the Battle of the Microbrews. *Bloomberg Businessweek*, 1º dez. 2011. Disponível em: <www.businessweek.com/magazine/new-belgium-and-the-battle-of-the-microbrews-12012011.html>. Acesso em: 27 mar. 2012; Our Joy Ride. Disponível em: <www.newbelgium.com/Community/videos.aspx?id=1e15e412-9153-433d-9249-85134c24befa>. Acesso em: 27 mar. 2012.

Notas dos *Quadros informativos*

a Lauran Neergaard. Organic Food Is Not Healthier Than Conventional Produce: Study. *Huffington Post*, 4 set. 2012. Disponível em: <www.huffingtonpost.com/2012/09/04/organic-food-health-produce-food_n_1853995.html>. Acesso em: 10 Nov. 2012); Mayo Clinic Staff. Nutrition and Healthy Eating. *Mayo Clinic*. Disponível em: <www.mayoclinic.com/health/organic-food/NU00255>. Acesso em: 10 nov. 2012; Marissa Lippert. Organic or Not? Is Organic Produce Healthier Than Conventional?. *Eating Well*, 2009. Disponível em: <www.eatingwell.com/food_news_origins/green_sustainable/organic_or_not_is_organic_produce_healthier_than_conventional>. Acesso em: 7 dez. 2012.

b Kim Bhasin. We Tasted the Lattes from Starbucks' New Verismo Machine – Here's the Verdict. *Business Insider*, 20 set. 2012. Disponível em: <www.businessinsider.com/starbucks-verismo-taste-test-2012-9#ixzz28GbWVIlQ>. Acesso em: 3 out. 2012; Chris Barth, Starbucks' New Verismo Machine Sinks Green Mountain. Will You Buy It. *Forbes Inc*, 20 set. 2012. Disponível em: <www.forbes.com/sites/chrisbarth/2012/09/20/starbucks-new-verismo-machine-sinks-green-mountain-will-you-buy-it/>. Acesso em: 3 out. 2012; Julie Jargon. Starbucks Gives Single-Serve a Shot. *The Wall Street Journal*, 20 set. 2012, p. B9.

c Dinah Eng. How Maxine Clark Built Build-a-Bear. *Fortune*, 19 mar. 2012,

p. 49-52; Ann C. Logue. Warm, Fuzzy, and Business Savvy. *NYSE*, 2005. Disponível em: <www.nyse.com/pdfs/NYSE_OCT_NOV_05_B_A_B.pdf>. Acesso em: 24 out. 2012; Build-A-Bear's Founder Shares Her Story. *Businessweek*, 17 set. 2007. Disponível em: <www.businessweek.com/stories/2007-09-17/build-a-bears-founder-shares-her-storybusinessweek-business-news-stock-market-and-financial-advice>. Acesso em: 24 out. 2012.

d James E. Ellis. Levi's Has a New Color For Blue Jeans: Green. *Bloomberg Businessweek*, 22-28 out. 2012, p. 26-28; Robyn Griggs Lawrence. Corporations are Going Green-Slowly But Surely. *Mother Earth News*, 4 fev. 2011. Disponível em: <www.motherearthnews.com/natural-home-living/corporations-are-going-green-slowly-but-surely.aspx>. Acesso em: 2 nov. 2012; Jessica Misener. Levi Strauss Aims to Use Less Waterin Jeans- Making Process. *The Huffington Post*, 2 nov. 2011. Disponível em: <www.huffingtonpost.com/2011/11/02/levi-strauss-jeans-water-environment-levis_n_1071454.html>. Acesso em: 2 nov. 2012.

CAPÍTULO 2

Planejando, implementando e avaliando as estratégias de marketing

© iStockphoto.com/jfmdesign

OBJETIVOS

1. Compreender o processo de planejamento estratégico.
2. Examinar o que é necessário para gerenciar com eficiência a implementação das estratégias de marketing.
3. Descrever os principais elementos de avaliação de desempenho estratégica.
4. Entender o desenvolvimento de um plano de marketing.

INSIGHTS DE MARKETING

Os planos da Procter & Gamble para mais marcas bilionárias

Com sede em Cincinnati, a Procter & Gamble apresentou há mais de 175 anos seu primeiro produto, o sabonete Ivory. Hoje, a companhia arrecada anualmente US$ 84 bilhões ao redor do mundo com produtos de uso pessoal e doméstico. Das fraldas descartáveis Pampers até o xampu Pantene, das pilhas Duracell até o amaciante Downy, suas principais marcas bilionárias são encontradas em todos os supermercados do país, de ponta a ponta.

Ao longo dos anos, a Procter & Gamble desenvolveu uma reputação de excelência em marketing devida ao seu foco intenso em satisfazer às necessidades do cliente. Por exemplo, como parte do plano para impulsionar as vendas das fraldas descartáveis Pampers, pesquisadores da empresa moraram com várias famílias a fim de observar como os pais de fato as utilizam. As ideias obtidas motivaram a Procter & Gamble a tornar a Pampers mais absorvente, dessa forma proporcionando uma noite de sono confortável aos bebês, enquanto os os pais poderiam ter as horas de sono necessárias ao seu bem-estar. Ao promover características inovadoras no produto e benefícios para os bebês e seus pais, a Procter & Gamble conseguiu aumentar as vendas anuais da Pampers em mais de US$ 10 bilhões.

Os gerentes dessa marca são responsáveis por definir os objetivos específicos de seus produtos, formular planos para alcançá-los e estabelecer medidas de desempenho. Eles podem recorrer a uma equipe de "facilitadores de inovação" para orientá-los na exploração de novas possibilidades de marketing. E se um plano não atinge os resultados esperados, eles estão prontos para entrar em ação novamente, fazendo alterações no mix de marketing. Mais marcas bilionárias, conforme, a cada ano, a Procter & Gamble aplica seu know-how em marketing para impulsionar sua participação no mercado e suas vendas, especialmente nos países em desenvolvimento, nos quais a empresa projeta um significativo crescimento futuro.[1]

Seja Procter & Gamble ou Subway, uma organização deve ser capaz de criar o valor do cliente e alcançar seus objetivos. Isso ocorre através de uma gestão estratégica de marketing bem-sucedida. **Administração estratégica de marketing** é o processo de planejamento, implementação e avaliação do desempenho de atividades e estratégias de marketing de forma eficaz e eficiente. Eficácia e eficiência são conceitos-chave para entender a gestão estratégica de marketing. *Eficácia* é o grau em que as relações no longo prazo com o cliente ajudam a alcançar os objetivos da organização. *Eficiência* trata de minimizar os recursos que uma organização usa para alcançar um nível específico de relações desejadas com o cliente. Assim, o objetivo geral da adminstração estratégica de marketing é facilitar relações altamente desejáveis com clientes e minimizar os custos para tanto.

Iniciamos este capítulo com uma visão geral do processo de planejamento estratégico e uma discussão sobre a natureza da estratégia de marketing. Esses elementos fornecem um quadro para uma análise do desenvolvimento, implementação e avaliação das estratégias de marketing. Concluímos com uma discussão de como criar um plano de marketing.

administração estratégica de marketing Processo de planejamento, implementação e avaliação do desempenho de atividades de marketing e estratégias de modo conjunto, com eficiência e eficácia.

O PROCESSO DE PLANEJAMENTO ESTRATÉGICO

Por meio do processo de **planejamento estratégico**, a organização estabelece a missão organizacional e formula objetivos, a estratégia corporativa, seus objetivos de marketing e a estratégia de marketing.[2] É necessário que uma orientação para o mercado guie o processo de planejamento estratégico, a fim de assegurar que a preocupação com a satisfação do cliente seja parte integral de toda a companhia, o que leva ao desenvolvimento de estratégias de marketing e de processos de planejamentos bem-sucedidos.[3]

A Figura 2.1 mostra os vários componentes do processo de planejamento estratégico, que tem início com o estabelecimento ou a revisão da missão e objetivos de

1 Compreender o processo de planejamento estratégico.

planejamento estratégico Processo que visa estabelecer a missão organizacional e formular os objetivos gerais da organização, bem como a estratégia corporativa, os objetivos de marketing, a estratégia de marketing e o plano de marketing.

Figura 2.1

Componentes do processo de planejamento estratégico.

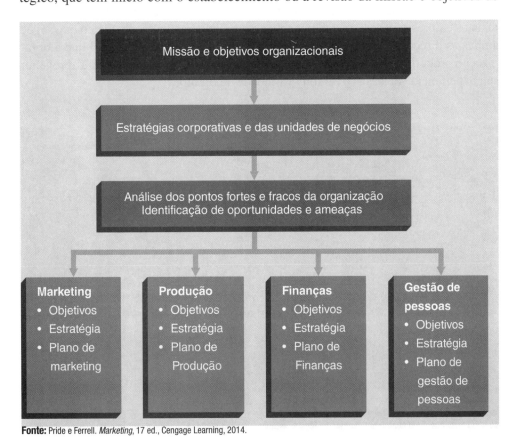

Fonte: Pride e Ferrell. *Marketing*, 17 ed., Cengage Learning, 2014.

uma organização. O nível corporativo da organização e suas unidades de negócio individuais desenvolvem, então, estratégias para alcançar esses objetivos. A organização faz uma análise detalhada de seus pontos fortes e fracos, e identifica oportunidades e ameaças no ambiente externo de marketing. Em seguida, cada área funcional da organização (marketing, produção, finanças, gestão de pessoas etc.) estabelece seus próprios objetivos e desenvolve estratégias para alcançá-los. Todos os objetivos funcionais devem apoiar os objetivos e missão gerais da organização e concentrar-se na orientação para o mercado. Sendo este um livro de marketing, estamos mais interessados nos objetivos e nas estratégias de marketing. Examinaremos o processo de planejamento estratégico analisando cada componente com atenção, começando pelas declarações de missão e de objetivos organizacionais.

Estabelecendo a declaração de missão e os objetivos organizacionais

Assim que uma organização avalia seus recursos e oportunidades, pode começar a estabelecer objetivos e estratégias para aproveitá-los. Os objetivos de qualquer organização devem derivar da sua **declaração da missão**, uma visão, ou imagem, de longo prazo do que a organização quer se tornar. Por exemplo, a missão da Starbucks, "inspirar e nutrir o espírito humano – uma xícara de café e uma comunidade de cada vez", fala sobre o desejo de ser um ponto de encontro em cada comunidade.[4]

Desenvolvendo as estratégias corporativas e das unidades de negócio

Na maioria das organizações, o planejamento estratégico começa no nível corporativo e desce para as unidades de negócio e de marketing. No entanto, cada vez mais as empresas desenvolvem e conduzem um planejamento estratégico que segue ambas as direções. Ao conduzir o planejamento estratégico, é provável que a organização procure vários especialistas de outros níveis organizacionais para aproveitar sua experiência "da casa" e ter uma variedade de opiniões.

declaração da missão
Uma missão, ou visão, de longo prazo que a organização busca alcançar.

Marketing estratégico
O sistema operacional Android, por exemplo, compromete-se com o marketing estratégico ao identificar e analisar seu mercado-alvo, e, então, desenvolver um mix de marketing que atenda às necessidades dos clientes.

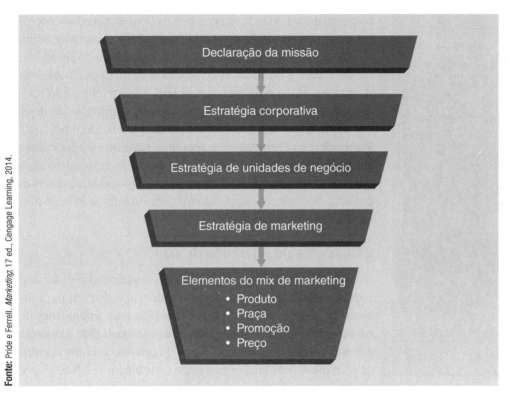

Figura 2.2

Níveis de planejamento estratégico.

Fonte: Pride e Ferrell. *Marketing*, 17 ed., Cengage Learning, 2014.

A Figura 2.2 mostra a relação entre os três níveis de planejamento: corporativo, unidade de negócio e marketing. A estratégia corporativa é o nível mais amplo, e deve ser desenvolvida tendo em mente a missão geral da organização. A estratégia de unidades de negócio precisa ser coerente com a corporativa e, ainda, atender às necessidades de cada unidade. A estratégia de marketing utiliza o mix de marketing para desenvolver um posicionamento consistente com as estratégias da unidade de negócio e as corporativas.

Estratégias corporativas

A **estratégia corporativa** determina os meios para o uso de recursos nas áreas funcionais de marketing, produção, finanças, pesquisa e desenvolvimento e gestão de pessoas a fim de alcançar os objetivos da organização. Uma estratégia corporativa descreve o escopo do negócio e considerações como implementação de recurso, vantagens competitivas e coordenação geral das áreas funcionais. O nível de conhecimento de marketing e a habilidade para mobilizar recursos destinados a abordar os mercados da organização podem afetar o crescimento e a rentabilidade das vendas. A estratégia corporativa aborda duas das questões colocadas na declaração de missão da organização: Quem são os nossos clientes? e Qual a nossa competência central? O termo *corporativo* não se aplica somente às organizações. Neste contexto, refere-se a uma estratégia de nível superior (ou seja, a mais alta), e é usada por empresas e organizações sem fins lucrativos de todos os portes.

Planejadores da estratégia corporativa preocupam-se com questões gerais, como cultura corporativa, concorrência, diferenciação, diversificação, inter-relações entre unidades de negócio e questões ambientais e sociais. Eles tentam combinar os recursos da organização com as oportunidades e ameaças do ambiente. A KiOR, por exemplo, é uma companhia de biocombustíveis cujos planejadores de estratégia corporativa iden-

estratégia corporativa
Estratégia que determina os meios para utilizar recursos em várias áreas funcionais a fim de alcançar os objetivos organizacionais

tificaram uma demanda por combustíveis sustentáveis e a necessidade de um biocombustível não desenvolvido a partir de milho ou da cana-de-açúcar. Essas duas fontes de combustíveis podem causar escassez de alimentos e desmatamento, respectivamente. A empresa então desenvolveu um biocombustível usando resíduos florestais – abordando o problema de eliminação de dejetos enquanto produzia o combustível de que a nação precisava.[5] Planejadores de estratégia corporativa também se preocupam em definir o escopo e a função das unidades de negócio para que sejam coordenadas e atinjam os fins desejados. A natureza proativa da estratégia corporativa de uma organização pode afetar sua capacidade de inovar.

Estratégias de unidades de negócio

Após analisar as operações e o desempenho corporativo, o próximo passo do planejamento estratégico é determinar a direção do negócio e desenvolver estratégias para as unidades de negócio individuais. **Unidade estratégica de negócio (SBU – strategic business unit)** é uma divisão, linha de produto ou outro centro de lucro dentro de uma organização controladora. A Nestlé, por exemplo, tem SBUs para confeitos e bebidas. Cada SBU vende um conjunto distinto de produtos para um grupo identificável de clientes, e concorre com um grupo definido de concorrentes. Receitas, custos, investimentos e planos estratégicos de uma SBU podem ser separados da organização controladora e avaliados de modo isolado. As SBUs enfrentam diferentes taxas de crescimento de mercado, oportunidades, competição e potencial de lucro. A estratégia de negócios deve procurar criar valor para os mercados-alvo da organização e alcançar maior desempenho, isso tudo com o auxílio de pesquisa de marketing, bem como a implementação de ações estratégicas e escolhas corretas de mercados-alvo apropriados.[6]

Planejadores estratégicos devem reconhecer a capacidade de desenvolvimento de cada SBU e distribuir cuidadosamente os recursos entre elas. Várias ferramentas permitem que um portfólio de SBUs da empresa ou até produtos individuais sejam classificados e visualmente dispostos de acordo com a atratividade e a participação de mercado relativa ao negócio. **Mercado** é um grupo de indivíduos e/ou organizações que necessita de produtos de determinada classe e tem habilidade, disposição e autoridade para comprá-los. A porcentagem de um mercado que realmente compra um produto específico de determinada empresa é chamada **participação de mercado** desse produto (ou dessa unidade de negócio). O Google controla 67% da participação de mercado de ferramentas de busca dos Estados Unidos.[7] Qualidade de produto, ordem de entrada e participação de mercado têm sido associados com o sucesso de uma SBU.[8]

Uma das ferramentas mais úteis para um profissional de marketing é a **matriz crescimento de mercado/participação de mercado**, desenvolvida pela Boston Consulting Group (BCG). Essa abordagem é baseada na filosofia de que a taxa de crescimento de mercado de um produto e sua participação de mercado são considerações importantes para determinar a estratégia de marketing. Para desenvolver tal ferramenta, todas as SBUs e produtos da organização são integrados em uma única matriz, comparados e avaliados para determinar as estratégias apropriadas para produtos individuais e as estratégias gerais de portfólio. Gerentes usam esse modelo para determinar e classi-

Estratégia corporativa
A estratégia corporativa da Samsung inclui frequentes inserções de produtos com novos designs e tecnologicamente avançados.

unidade estratégica de negócio (SBU) Uma divisão, linha de produto ou outro centro de lucros dentro de uma organização controladora.

mercado Grupo de indivíduos e/ou organizações que possui necessidades por produtos de determinada classe e tem habilidade, disposição e autoridade para comprá-los.

participação de mercado Percentual de mercado que compra de fato um produto específico de uma organização em particular.

matriz crescimento de mercado/participação de mercado Ferramenta útil de negócios, que se baseia na filosofia de que a taxa de crescimento de um produto no mercado e sua participação de mercado são importantes considerações para se determinar a estratégia de marketing.

■■■ Marketing em debate

Pontos de interrogação versus estrelas: como decidir?

QUESTÃO: O que acontece com a escolha do cliente quando as organizações depositam o dinheiro que eles gastaram em marketing primeiro nas estrelas, em vez de financiar os pontos de interrogação?

Estrelas têm grande participação de mercado e brilhantes perspectivas de vendas futuras e lucros, embora exijam injeções de verba para continuar sua trajetória de crescimento. Em especial quando as condições econômicas são desafiadoras, as organizações podem preferir direcionar o dinheiro para as estrelas, em vez de investir em pontos de interrogação, que precisam de um grande orçamento para deixar de ter pequena participação de mercado. A competição também influencia: alguns gigantes corporativos, como a Unilever, têm concentrado seus investimentos de marketing em produtos com grande potencial, ficando atentos para superar os rivais e criando condições para retornos em longo prazo.

Embora pontos de interrogação tenham baixa participação de mercado, eles satisfazem às necessidades de alguns clientes e também complementam escolhas. As empresas deveriam investir no desenvolvimento e promoção desses produtos, mesmo que seu panorama atual não seja tão promissor quanto o de produtos com grande crescimento? Tanto a General Motors quanto a Nissan enfrentam tais decisões com seus automóveis elétricos. Vários anos após lançar o carro elétrico Chevrolet Volt, a General Motors não atingiu a participação de mercado esperada; a Nissan também teve uma experiência semelhante com seu carro elétrico, o Leaf. Os carros elétricos são pontos de interrogação ou estrelas? O que as empresas devem fazer quando precisam escolher onde investir seu caixa de marketing?[a]

---

ficar o que se espera do produto em termos de contribuições monetárias futuras e as próximas necessidades de caixa. No entanto, a abordagem analítica da BCG é mais uma ferramenta de diagnóstico do que um guia para prescrever estratégias.

A Figura 2.3, baseada no trabalho da BCG, permite que um planejador estratégico classifique os produtos de uma organização em quatro tipos básicos: estrelas, vacas leiteiras, abacaxis e pontos de interrogação. *Estrelas* são produtos com participação dominante do mercado e boas perspectivas de crescimento. No entanto, gastam mais dinheiro do que produzem para financiar crescimento, aumentar a capacidade e a participação de mercado. Um exemplo de estrela é o Kindle, da Amazon. *Vacas leiteiras* têm participação dominante do mercado, mas baixas perspectivas de

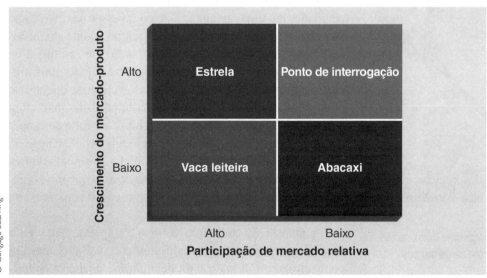

Figura 2.3

Matriz de crescimento de mercado desenvolvida pelo Boston Consulting Group.

competências centrais
Coisas que uma organização faz extremamente bem, e que às vezes lhe dão uma vantagem na competição.

crescimento; normalmente geram mais dinheiro do que o necessário para manter a participação de mercado. As toalhas de papel da Bounty representam uma vaca leiteira para a Procter & Gamble, já que é um produto que vende bem e constantemente. *Abacaxis* têm participação secundária no mercado e baixas perspectivas de crescimento; geralmente são encontrados em mercados já estabelecidos. A televisão de tubo de raios catódicos provavelmente seria considerada um abacaxi por uma empresa como a Panasonic, já que a maioria dos clientes prefere as de telas planas. *Pontos de interrogação,* às vezes chamados "criança problema", têm pequena participação em um mercado crescente e exigem bastante dinheiro para estabelecer sua participação de mercado. As bicicletas da marca Mercedes, por exemplo, são um ponto de interrogação em relação aos produtos automobilísticos da Mercedes.

A vitalidade no longo prazo de uma organização depende de uma ampla gama de produtos, alguns que gerem renda (e lucros aceitáveis) e outros que usem dinheiro para sustentar seu crescimento. Os maiores indicadores da vitalidade geral de uma organização são: o tamanho e a vulnerabilidade das vacas leiteiras, as perspectivas para as estrelas e o número de pontos de interrogação e abacaxis. Deve-se prestar atenção em particular a produtos que requerem grandes fluxos de caixa, pois muitas organizações não conseguem bancá-los. Se os recursos são muito escassos, a organização será incapaz de financiar novas entradas de produtos ou aquisições promissoras.

Avaliando recursos organizacionais e oportunidades

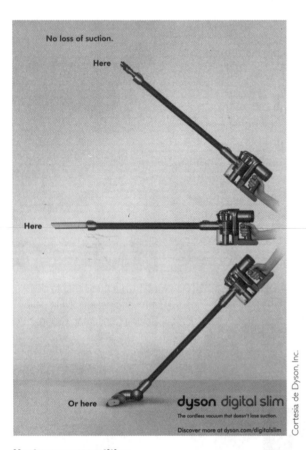

Vantagem competitiva
A Dyson ganhou uma vantagem competitiva combinando as características do seu produto com as de marcas concorrentes.

O processo de planejamento estratégico começa com a análise do ambiente de marketing, inclusive o setor no qual a empresa opera ou pretende vender seus produtos. Como veremos no Capítulo 3, o ambiente externo de marketing, que compreende forças econômicas, competitivas, políticas, legais e regulatórias, socioculturais e tecnológicas, pode ameaçar uma organização e influenciar seus objetivos gerais. Essas forças afetam a quantidade e tipo de recursos que a organização pode adquirir, mas também podem criar oportunidades favoráveis que ajudem uma empresa a alcançar suas metas e objetivos de marketing.

Qualquer esforço de planejamento estratégico deve levar em conta os recursos financeiros e humanos disponíveis e capacidades em uma organização, e como esses recursos estão suscetíveis a mudanças ao longo do tempo, já que alterações podem afetar a habilidade da organização em sua missão e objetivos. Ter os recursos adequados pode ajudar uma empresa a gerar satisfação e lealdade dos clientes, clientela e uma reputação positiva, o que causa impacto no marketing através da criação de marcas conhecidas e de forte desempenho financeiro. Coca-Cola, Apple e Google beneficiam-se do alto reconhecimento da marca e clientela. Tais pontos fortes também incluem **competências centrais**, coisas que uma organização faz extremamente bem – às vezes tão bem, que cria uma vantagem sobre a concorrência.

A análise do ambiente de marketing também inclui identificar as oportunidades do mercado, o que requer um conhecimento sólido do setor de atuação. Quando a combinação certa de circunstâncias e tempo permite que uma organização tome medidas para alcançar determinado mercado-alvo, existe uma **oportunidade de mercado**. Por exemplo, recentemente a Amazon identificou uma oportunidade de mercado para financiar pequenas empresas. Conforme mais pequenas empresas entravam no varejo on-line, a Amazon começou a oferecer oportunidades de financiamento para aquelas que vendem seus bens através do website da Amazon. A Amazon acredita que pode emprestar dinheiro para pequenas empresas de forma mais rápida e fácil do que um banco ou credor comercial.[9] Em geral, tais oportunidades são chamadas **janelas estratégicas**, períodos temporários de ajuste ideal entre os requisitos-chave do mercado e as habilidades específicas de uma organização que compete nesse mercado.[10] Quando uma organização combina uma competência essencial com a oportunidade descoberta no mercado, ocorre uma **vantagem competitiva**. Algumas empresas possuem habilidades de fabricação, de vendas ou de marekting que podem ser "amarradas" às oportunidades do mercado para criar uma vantagem competitiva. Observe que no anúncio do aspirador de pó Dyson a empresa se concentra em promover as vantagens do produto sobre as marcas concorrentes. A propaganda afirma que o aspirador não perde a sucção de nenhum ângulo, o que outras marcas talvez não possam garantir. Esse modelo também é muito compacto e leve, tornando fácil a manobra e o armazenamento, uma referência de venda muito importante para alguns clientes. Esses fatores se combinam para dar à Dyson uma vantagem competitiva.

A análise SWOT pode ser útil para avaliar os recursos e capacidades de uma empresa em relação à indústria, porque proporciona insights sobre fatores como o timming da empresa em entrar no mercado de uma nova região geográfica ou a categoria de produto.

oportunidade de mercado Combinação de circunstâncias e tempo que permite que a organização tome uma atitude para alcançar determinado mercado-alvo.

janelas estratégicas Períodos temporários de ajuste ideal entre as principais exigências de um mercado e as habilidades específicas de uma organização que nele compete.

vantagem competitiva O resultado de uma organização que combina sua competência principal com oportunidades descobertas no mercado.

Análise SWOT

A **análise SWOT** (**s**trengths, **w**eaknesses, **o**pportunities and **t**hreats – forças, fraquezas, oportunidades e ameaças) é usada para avaliar os pontos fortes, fracos, oportunidades e ameaças de uma organização. Ela é retratada como uma matriz de quatro células, como na Figura 2.4, e mostra de que forma os profissionais de marketing devem converter pontos fracos em fortes, ameaças em oportunidades, e unir forças internas a oportunidades externas para desenvolver vantagens competitivas. Pontos fortes e fracos são fatores internos que podem influenciar a capacidade de uma empresa em satisfazer aos mercados-alvo. *Pontos fortes* referem-se às vantagens competitivas ou competências centrais, que conferem à empresa uma superioridade sobre as outras no atendimento das necessidades de seus mercados-alvo. *Pontos fracos* são limitações que uma empresa enfrenta no desenvolvimento ou implementação de uma estratégia de marketing. Por exemplo, as vendas e o fluxo de caixa da Best Buy começaram a diminuir depois de depender muito e por tempo demais das vendas de computadores e de produtos de entretenimento. Uma pesquisa de marketing revelou que a companhia estava concentrando suas atividades de marketing nos produtos e mercados-alvo errados, conforme suas vendas foram transferidas para os tablets e leitores eletrônicos. Isso exigiu uma renovação da estratégia de marketing e reavaliar qual seria o mercado-alvo ideal da companhia.[11] Profissionais de marketing devem ter em mente que pontos fortes e fracos são significativos apenas quando ajudam ou prejudicam a organização em satisfazer às necessidades e aos desejos dos clientes.

Oportunidades e ameaças afetam todas as organizações dentro de uma indústria, mercado ou região geográfica, já que ocorrem de forma independente e fora da estrutura organizacional. *Oportunidades* referem-se às condições favoráveis no ambiente

análise SWOT Avaliação dos pontos fortes, fracos, oportunidades e ameaças de uma organização.

Figura 2.4

A matriz SWOT de quatro células.

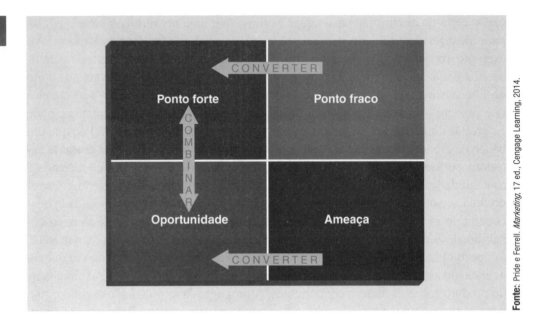

que podem recompensar uma organização caso sejam postas em prática. Oportunidades são situações que existem, mas que devem ser exploradas para beneficiar uma empresa. *Ameaças,* por outro lado, são as barreiras que impedem a organização de alcançar seus objetivos. Oportunidades e ameaças podem originar-se de muitas fontes do ambiente de marketing. Quando o concorrente introduz um novo produto que ameaça uma empresa, esta pode precisar de uma estratégia defensiva. Se conseguir desenvolver e lançar um novo produto para atender ou exceder a oferta da concorrência, ela pode transformar a ameaça em uma oportunidade.

Transformação verde

Ecomagination da GE poupa e ganha bilhões

A General Electric lançou a Ecomagination como parte de uma estratégia corporativa para "imaginar e construir soluções inovadoras para os desafios ambientais atuais, ao mesmo tempo promovendo o crescimento econômico". Desde que aderiu à estratégia verde, a GE poupou bilhões de dólares em energia e perservação de água, além do que, gerou bilhões em novas receitas e aperfeiçoou sua imagem como empresa socialmente responsável.

A Ecomagination combina os pontos fortes da GE com conhecimento do cliente, design e fabricação, a fim de criar e comercializar dezenas de produtos "verdes" para os consumidores e clientes empresariais. "O sinal que recebemos do mercado sobre esse modelo é de uma sensibilidade acessível, eficiente e ambiental", diz Mark Vachon, diretor da Ecomagination. Devido à presença de negócios da GE em todo o mundo, qualquer produto verde que ela desenvolva em uma região pode ser distribuído ou adaptado para outras localidades. Por exemplo, um scanner de ultrassom portátil e economizador de energia foi projetado para a China e, posteriormente, introduzido em todo o mundo. O WattStation, outro produto, é uma estação de recarga de carros elétricos de uso amigável projetada para funcionar em estacionamentos suburbanos ou em ruas das cidades.

Embora os produtos da Ecomagination já representem 12% da receita anual de US$ 150 bilhões da GE, a empresa continua recebendo novas ideias de consumidores e empresas. Com esse resultado, espere ainda por mais abundância de produtos verdes, caso a GE continue essa bem-sucedida estratégia nos próximos anos.[b]

Vantagem do primeiro movimento e do movimento tardio

Um importante fator que os profissionais de marketing devem considerar, quando identificam recursos organizacionais e oportunidades, é se a organização tem recursos para cultivar uma vantagem do primeiro movimento ou está em posição de escolher entre esta e a do movimento tardio. **Vantagem do primeiro movimento** é a capacidade de uma organização inovadora alcançar vantagens competitivas no longo prazo quando é a primeira a oferecer certo produto no mercado. Ser a primeira a entrar no mercado ajuda a empresa a construir uma reputação como líder pioneira e de mercado. Para uma pioneira, o mercado está, pelo menos num curto período, livre da competição, até que concorrentes em potencial trabalhem para desenvolver um produto rival. Já que os consumidores, inicialmente, só têm uma opção, fazer o primeiro movimento também ajuda a estabelecer a fidelidade do cliente à marca nos casos em que mudar para outra mais tarde, quando não há mais opções, pode ser caro ou difícil. O primeiro a desenvolver um novo produto também pode proteger segredos e tecnologias através de patentes.

No entanto, há riscos em ser o primeiro a entrar no mercado. Em geral, os gastos com a criação de um novo produto são altos, pois envolvem pesquisa de mercado, desenvolvimento do produto, produção e custos de marketing ou para educar o comprador. Além disso, o crescimento prévio das vendas pode não corresponder às previsões se a empresa superestimar a demanda ou falhar ao direcionar adequadamente os esforços de marketing. A organização assume o risco de falha do produto, devido à incerteza de mercado, ou de este não corresponder completamente às expectativas e necessidades dos consumidores.

Vantagem do movimento tardio é a habilidade de um entrante tardio obter uma vantagem competitiva no longo prazo por meio da opção de não ser o primeiro a oferecer certo produto no mercado. Concorrentes que entram mais tarde no mercado podem se beneficiar dos erros dos pioneiros e aperfeiçoar o design do produto e a estratégia de marketing. Um concorrente tardio também pode ter custos de investimento inicial mais baixos do que quem realiza o primeiro movimento, pois este já desenvolveu

vantagem do primeiro movimento A habilidade de uma organização inovadora alcançar vantagens competitivas no longo prazo ao ser a primeira a oferecer certo produto ao mercado.

vantagem do movimento tardio A capacidade de um concorrente obter vantagens competitivas no longo prazo ao não oferecer primeiro determinado produto ao mercado.

Vantagem do primeiro movimento
Kindle foi o primeiro leitor eletrônico a ser lançado. Que vantagens a Amazon, ofertante do Kindle, experimentou ao ser a primeira a comercializar esse tipo de produto?

uma infraestrutura de distribuição e educou os compradores sobre o produto. Quando esse entra no mercado, há também mais dados disponíveis, e, por isso, mais segurança a respeito do sucesso do produto.

No entanto, também há desvantagens em realizar um movimento tardio. A empresa que entrou no mercado primeiro pode ter patentes, segredos comerciais e outras formas de proteger sua tecnologia, o que impede o concorrente de criar um produto semelhante. Se os consumidores que já compraram o produto do primeiro movimento acharem que mudar para o tardio será caro ou demorado, pode ser difícil que este último ganhe uma participação de mercado.

É importante notar que o planejamento do período de entrada no mercado é crucial. Empresas que entram relativamente rápido no mercado, logo após o pioneiro, em geral têm maior chance de construir uma participação de mercado e fidelidade à marca. Organizações que entram mais tarde, depois de outras, enfrentam forte concorrência e têm mais desvantagens.

Desenvolvendo objetivos e estratégias de marketing

A próxima fase no planejamento estratégico é o desenvolvimento de objetivos e estratégias de marketing, utilizados para atingi-los. **Objetivo de marketing** define o que deve ser realizado através das atividades de marketing. Podem ser definidos em termos de introdução de produto, aperfeiçoamento ou inovação de produto, volume de vendas, rentabilidade, participação de mercado, precificação, distribuição, propaganda ou atividades de treinamento de funcionários. Um dos objetivos de marketing dos hotéis Ritz-Carlton, por exemplo, é que mais de 90% dos seus clientes declarem ter tido uma experiência memorável no hotel. Os objetivos de marketing devem se basear em um estudo cuidadoso da análise SWOT, combinando pontos fortes e oportunidades, eliminando os pontos fracos e minimizando as ameaças.

É necessário que os objetivos de marketing tenham certas características. Primeiro, o objetivo deve ser expresso em termos claros e simples para que todos os profissionais de marketing e das outras áreas compreendam exatamente o que se pretende alcançar. Segundo, deve ser mensurável, permitindo que a organização acompanhe o progresso e compare os resultados aos pontos de referência iniciais. Por exemplo, se o objetivo for aumentar a participação de mercado em 10% nos Estados Unidos, a empresa deve ser capaz de medir as alterações da participação de mercado com precisão a fim de ter certeza de que direciona seus ganhos para esse objetivo. Terceiro, ele deve especificar um prazo para sua realização; por exemplo, seis meses ou um ano. Por fim, o objetivo de marketing deve ser coerente com ambas as estratégias, corporativas e de unidades de negócio. Isso faz que a missão da organização seja realizada consistentemente em todos os níveis organizacionais e por todos os seus trabalhadores. Os objetivos de marketing devem ser realizáveis, ou seja, os recursos devem ser usados de maneira eficaz, pois a realização bem-sucedida contribui para a estratégia corporativa global. Uma estratégia de marketing assegura que a organização tenha um plano em prática para alcançar seus objetivos de marketing.

Estratégia de marketing é a seleção de um mercado-alvo e a criação de um mix de marketing para satisfazer às necessidades dos participantes desse mercado-alvo. Uma estratégia de marketing articula a melhor forma de usar os recursos da organização para alcançar os objetivos de marketing.

objetivo de marketing
Declaração sobre o que se deve alcançar através das atividades de marketing.

estratégia de marketing
Um plano de ação para identificar e analisar mercados-alvo e desenvolver um mix de marketing para atender às necessidades desse mercado.

Selecionando o mercado-alvo

A chave para o sucesso estratégico, selecionar um mercado-alvo apropriado, pode ser a decisão mais importante que uma organização toma no processo de planejamento estratégico. É preciso escolher o mercado-alvo antes de decidir qual será a melhor adaptação do mix de marketing que atenda às necessidades e preferências dos clientes. Veja a propaganda do Conselho de Turismo da República Dominicana. Nele há a foto de um barco pesqueiro alugado e a pergunta "No que você está pensando?", que parece uma mensagem de texto. Com base na frase e na imagem do anúncio, é possível presumir que os profissionais de marketing buscam alcançar um mercado-alvo que tenta fugir do escritório e das cobranças do dia a dia. Se uma empresa seleciona o mercado-alvo errado, todas as suas outras decisões de marketing podem ser afetadas. A Toyota, por exemplo, não identificou corretamente seu mercado-alvo ao introduzir o sedan Yaris na China. Sucesso em vários lugares ao redor do mundo, entre consumidores de classe média de 18 a 34 anos, na China, o Yaris fracassou espetacularmente. A Toyota não conseguiu perceber a tempo que os jovens consumidores chineses de classe média são muito sensíveis a preço, o que fazia o Yaris ficar completamente fora de seu poder de aquisição. Além disso, os consumidores chineses que podiam pagar pelo carro tendiam a não gostar do estilo.[12]

Objetivos de marketing
O que o Conselho de Turismo da República Dominicana espera atingir com este anúncio?

Uma seleção cuidadosa e precisa do mercado-alvo é crucial para um esforço de marketing produtivo. É frequente que produtos e até mesmo empresas inteiras experimentem fracassos, já que os profissionais de marketing muitas vezes não conseguem identificar o melhor mercado-alvo para seus produtos. Organizações que tentam oferecer todos os tipos de produto para todos os tipos de clientes raramente satisfazem de forma eficaz as necessidades de qualquer um desses grupos. A identificação e a análise de um mercado-alvo fornecem a base sobre a qual a organização pode desenvolver seu mix de marketing.

Ao explorar possíveis mercados-alvo, os gerentes de marketing tentam avaliar como a entrada pode afetar as vendas, custos e lucros da organização. As informações de marketing devem ser organizadas para facilitar o foco nos clientes-alvo escolhidos. Sistemas de contabilidade e de informação, por exemplo, podem ser usados para monitorar as receitas e gastos por cliente (ou grupo de clientes). A empresa deve oferecer gratificações aos gerentes e funcionários que concentram seus esforços em clientes rentáveis. As empresas devem incentivar as habilidades de trabalho em equipe que promovam uma orientação de cliente flexível, assim permitindo-lhe adaptar-se às mudanças do ambiente de vendas.

Profissionais de marketing devem determinar se um mercado-alvo selecionado está alinhado com a missão e objetivos gerais da organização. Em caso positivo, eles devem avaliar se a companhia tem os recursos apropriados para desenvolver um mix de marketing (produto, preço, promoção e praça) que atenda às necessidades

O Holiday Inn Express e o Four Seasons Hotel tentam alcançar o mesmo mercado-alvo?

desse mercado-alvo. Também devem se preocupar com o tamanho e o número de concorrentes que já comercializam produtos em mercados-alvo potenciais. Por exemplo, o mercado de aplicativos móveis, que os clientes podem baixar em seus aparelhos, explodiu nos últimos anos. Ele se tornou tão competitivo, que qualquer novo concorrente deve avaliar cuidadosamente se seu produto representa uma nova opção que será coloca no mercado-alvo ou se será um melhoramento genuíno dos produtos já existentes.[13]

Criando mix de marketing

Usar todas as informações relevantes disponíveis para conduzir uma pesquisa profunda permite que a empresa selecione o mercado-alvo mais apropriado, base para a criação do mix de marketing que satisfaça às necessidades desse mercado. Dessa forma, é necessário que a organização analise informações demográficas, necessidades dos clientes, preferências e comportamentos sobre o design do produto, preço, distribuição e promoção. Por exemplo, através de uma pesquisa de marketing, a Tide descobriu que os homens participam cada vez mais dos afazeres do lar e que as mulheres ainda desconfiam da sua habilidade em realizar bem as tarefas. Aproveitando essa situação, a Tide desenvolveu uma série de produtos, como cápsulas de sabão "medida certa" para máquinas de lavar e promoções de vendas para estimulá-los a colaborar para a realização de tarefas domésticas de forma a agradar as mulheres no dia a dia.[14]

As decisões do mix de marketing devem ter duas características adicionais: consistência e flexibilidade. Todas as decisões devem ser compatíveis com as estratégias

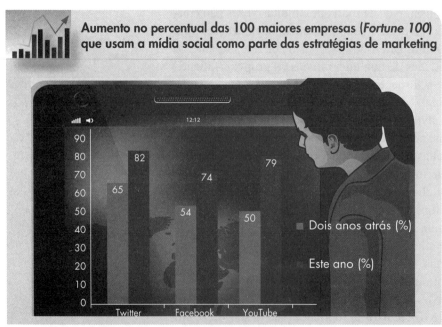

Fonte: Burson-Marsteller, 2012.

corporativas e de unidades de negócio. Tal consistência faz que a organização atinja seus objetivos nos três níveis de planejamento. Por outro lado, flexibilidade permite que a organização altere o mix de marketing para responder às mudanças das condições do mercado, competição e necessidades dos clientes. A flexibilidade na estratégia de marketing tem influência positiva no desempenho organizacional.

Ao utilizar o mix de marketing como ferramenta, a empresa pode planejar como alcançar uma vantagem competitiva sustentável. **Vantagem competitiva sustentável** é algo que a concorrência não pode copiar num futuro previsível. O Walmart, por exemplo, mantém maior vantagem competitiva sustentável em gêneros alimentícios em relação a outros supermercados em razão de um sistema de distribuição altamente eficaz e de baixo custo. Essa vantagem, que permite que o Walmart ofereça preços baixos aos clientes, tem ajudado a empresa a manter a maior participação no negócio de supermercados. Manter uma vantagem competitiva sustentável exige um mix de marketing flexível ao enfrentar ambientes de incerteza.

vantagem competitiva sustentável Uma vantagem que um concorrente não pode copiar.

GERENCIANDO A IMPLEMENTAÇÃO DE MARKETING

Implementação de marketing é o processo de colocar em ação as estratégias previamente definidas. Através do planejamento, os gerentes de marketing estabelecem propósito e direção aos esforços de marketing de uma organização e assumem a implementação de estratégias específicas. A realização eficaz de qualquer atividade de marketing depende de um departamento bem organizado e capaz de motivar os funcionários, de comunicação razoável e de bons esforços de coordenação, além de horários praticáveis e razoáveis para a conclusão da atividade.

2 Examinar o que é necessário para gerenciar com eficiência a implementação das estratégias de marketing.

implementação de marketing Processo de colocar as estratégias de marketing em ação.

••• Tendências do marketing

Assista à previsão do tempo!

Para não sofrer prejuízo com problemas climáticos como furacões, tempestades ou tornados, alguns grandes consultores de marketing contatam meteorologistas quando trabalham em planos de marketing e sua implementação. Por exemplo, os meteorologistas do Walmart monitoram constantemente as evoluções do clima e atualizam os planejadores de marketing e funcionários da loja, que devem estar sempre prontos para responder a sistemas de tempo ruim. "É ótimo ter alguém da casa que avalie essa informação para que possamos repassá-la em tempo real para nossos associados, não apenas aqui na sede, mas também nas filiais", explica o diretor de gestão de emergência do Walmart. Os planejadores analisam as vendas históricas de cada loja dentro da área afetada e depois mandam caminhões repletos de mercadorias específicas de que cada loja precisa durante o tipo de evento climático (como sopradores de neve para uma nevasca ou bombas de drenagem para um furacão).

De forma semelhante, os meteorologistas da Home Depot mantêm sua estrutura de home center pronta para a iminência de tempo ruim, sabendo que os clientes precisarão de certos suprimentos antes da tempestade e de outros suprimentos depois que ela acabar. Quando se inicia a temporada de furacões, a Home Depot utiliza caminhões-baú que transportam madeira compensada, geradores e outros produtos para restabelecer os estoques das lojas que ficam na rota da tempestade. Como resultado, a Home Depot está sempre pronta para permanecer aberta durante emergências climáticas.

Tanto a FedEx quanto a UPS têm meteorologistas em suas equipes para ajudar essas transportadoras a decidir se seus caminhões de entrega devem esperar passar a tempestade e como redirecionar a rota de seus aviões de carga diante de condições climáticas severas. Para manter boas relações com os clientes, as duas empresas os avisam logo que ficam sabendo que as entregas e os recebimentos vão atrasar devido ao tempo ruim.[c]

Organizando a unidade de marketing

A estrutura e as relações de uma unidade de marketing, incluindo o estabelecimento de linhas de autoridade e comunicação que conectam e coordenam indivíduos, afetam fortemente as atividades de marketing. Empresas que adotam o conceito de marketing desenvolvem uma cultura organizacional baseada em um conjunto compartilhado de crenças que colocam as necessidades do cliente no centro das decisões de estratégia e operações. A tecnologia pode ajudá-las a adotar o conceito de marketing. Por exemplo, as empresas cada vez mais usam o rastreamento on-line para aperfeiçoar fluxos de informação e sua compreensão das necessidades e desejos dos clientes. Enquanto alguns acreditam que essa tecnologia é uma violação de privacidade, as empresas de rastreamento auxiliam os profissionais de marketing a criar perfis detalhados de seus mercados-alvo, o que ajuda todos os membros da unidade de marketing a abordar de forma mais eficaz as necessidades do mercado-alvo.[15]

As empresas precisam decidir se as operações devem ser centralizadas ou descentralizadas, uma escolha que afeta diretamente a estratégia e a tomada de decisões de marketing. Em uma **organização centralizada**, os gerentes dos níveis hieráquicos mais altos delegam pouca autoridade para os mais baixos. Em uma **organização descentralizada**, a autoridade na tomada de decisões é delegada aos níveis mais baixos possíveis da cadeia de comando. Na primeira, as decisões de marketing são tomadas nos níveis superiores. No entanto, algumas tomadas de decisões centralizadas podem ser ineficazes em empresas que precisam responder rapidamente às flutuações de demanda do cliente. Nestas, a autoridade descentralizada permite que a empresa se adapte mais rapidamente às necessidades do cliente.

A eficácia com que a administração de marketing de uma empresa pode implementar estratégias de marketing também depende de como a unidade de marketing é organizada. Organizar atividades de marketing para se alinhar com a abordagem de marketing estratégico geral melhora a eficácia e o desempenho organizacionais. O departamento de marketing deve identificar claramente as relações hierárquicas entre funcionários e descobrir quem é responsável por realizar determinadas atividades e por tomar decisões.

Motivando os profissionais de marketing

As pessoas trabalham para satisfazer suas necessidades físicas, psicológicas e sociais. Para motivar a equipe de marketing, os gerentes devem satisfazer às necessidades de seus subordinados, a fim de manter um alto nível de satisfação no trabalho. É crucial que esse plano motivacional seja justo, ético e compreensível aos membros da organização. Gratificações e benefícios também precisam ser amarrados aos objetivos organizacionais. Uma organização pode motivar seus colaboradores através de uma variedade de métodos, como associar o pagamento ao desempenho; informá-los de que forma seu desempenho afeta os resultados departamentais e corporativos, além da sua própria remuneração; fornecer salário apropriado e de acordo com o mercado; implementar um programa de benefícios flexível e adotar uma abordagem de gestão participativa.

É possível que a diversidade no local de trabalho prejudique as estratégias motivacionais dos colaboradores, já que gerações e culturas diferentes sentem-se motivadas por coisas diferentes. Por exemplo, um empregado pode valorizar mais a autonomia ou o reconhecimento do que um aumento de salário. Os gerentes podem premiar seus subordinados não só com dinheiro e benefícios, mas também com recompensas não financeiras, como prestígio ou reconhecimento, autonomia no trabalho, variedade de habilidades, tarefas mais significativas,

---

organização centralizada
Estrutura na qual gerentes de níveis hierárquicos mais altos delegam pouca autoridade aos mais baixos.

organização descentralizada
Estrutura na qual a autoridade na tomada de decisões é delegada para o nível hierárquico mais baixo da cadeia de comando.

Reconhecimento
Reconhecer um excelente desempenho é uma abordagem para motivar os profissionais de marketing.

maior feedback ou até a liberdade de vestuário mais casual. É essencial que o gerente mostre que sente orgulho da sua equipe e a motive a ter esse mesmo sentimento pela empresa.

Comunicação na unidade de marketing

Os gerentes de marketing devem se comunicar de forma transparente com o alto escalão para se certificar de que este esteja ciente dos objetivos e realizações da empresa e que as atividades de marketing são coerentes com os objetivos gerais da organização. A unidade de marketing também deve garantir que suas atividades estejam em sincronia com as de outros departamentos, como financeiro e gestão de pessoas. Por exemplo, a equipe de marketing deve trabalhar com a de produção para criar produtos que tenham as características indicadas pela pesquisa de marketing e reflitam os desejos do cliente.

É importante que a comunicação flua das linhas de frente da organização para a gestão superior. Os empregados que têm contato direto com o cliente estão em uma posição única para entender seus desejos e necessidades, portanto, devem ter liberdade para comunicar esse conhecimento aos gerentes de marketing. Assim, estes conseguem acessar uma valiosa fonte de informações sobre as exigências dos clientes, a forma como os produtos são vendidos, a eficácia das atividades de marketing e quaisquer problemas com a implementação de marketing. A comunicação ascendente também permite que gerentes de marketing compreendam os problemas e as exigências dos colaboradores nos níveis mais baixos, um grupo que precisa estar motivado; afinal, são eles que interagem com os clientes.

Treinamento é uma parte-chave da comunicação com a equipe de marketing. Um programa de treinamento eficaz confere aos empregados a oportunidade para aprender e questionar, o que resulta em uma equipe mais capacitada, que pode ser responsabilizada por seu desempenho. Algumas empresas utilizam um sistema de informações formal e de alta tecnologia, que rastreia informações e facilita a comunicação entre os gerentes de marketing, de vendas e sua equipe. Sistemas de informação agilizam as comunicações dentro dos departamentos e com os outros setores, além de apoiar outras atividades, como a distribuição dos escassos recursos organizacionais, planejamento, orçamento, análises de vendas, avaliações de desempenho e a elaboração de relatórios.

Coordenando as atividades de marketing

Os gerentes de marketing devem coordenar as ações dos seus subordinados para alcançar os objetivos de marketing, além de trabalhar bem próximo a várias áreas, incluindo pesquisa e desenvolvimento, produção, finanças, contabilidade e gestão de pessoas, para ter certeza de que as atividades de marketing estarão alinhadas às outras funções da empresa. Também devem coordenar sua equipe interna com os esforços de marketing de organizações externas, como agências de publicidade e propaganda, revendedores (atacadistas e varejistas), pesquisadores e transportadoras. Esses gerentes podem melhorar a coordenação ao deixar o empregado ciente de como seu trabalho se relaciona aos de outros e de como suas ações contribuem para a realização dos objetivos de venda.

Estabelecendo um cronograma de implementação

Para que uma implementação de marketing seja bem-sucedida, é preciso que os colaboradores conheçam as atividades específicas pelas quais são responsáveis e o cronograma para terminá-las. Estabelecer um cronograma de implementação envolve várias etapas: (1) identificar as atividades a serem realizadas, (2) determinar o tempo necessário para concluir cada atividade, (3) separar as atividades que precisam ser realizadas em uma sequência das que precisam ser feitas simultaneamente, (4) organizar as atividades na ordem correta, e (5) atribuir responsabilidades para um ou mais empregados, equipes ou gerentes, visando à realização de cada atividade. Para concluir todas as atividades de implementação do cronograma, é preciso uma coordenação rigorosa dentro da unidade de marketing e entre os outros departamentos que contribuem para as atividades de marketing; por exemplo, a produção. Ter ciência das atividades que podem ser realizadas simultaneamente reduz o tempo necessário para colocar determinada estratégia de marketing em prática. Fazer um cronograma pode ser uma tarefa complicada, por isso a maioria das organizações usa programas de computador sofisticados para planejar o tempo das atividades de marketing. A HP, por exemplo, utiliza seu próprio software para monitorar vendas, tráfego na web, cronograma de produção e de pedidos, bem como das atividades de marketing.[16]

AVALIANDO ESTRATÉGIAS DE MARKETING

3 Descrever os principais elementos de avaliação de desempenho estratégica.

avaliação de desempenho estratégica Estabelecer padrões de desempenho, medir o desempenho atual, comparar o desempenho atual com os padrões estabelecidos e modificar a estratégia de marketing, se necessário.

padrão de desempenho Nível esperado de desempenho com o qual o desempenho atual possa ser comparado.

Para alcançar seus objetivos de marketing, os gerentes devem avaliar as estratégias de forma eficaz. **Avaliação de desempenho estratégica** consiste em estabelecer um padrão de desempenho, medir o desempenho real, comparar o desempenho atual com os padrões preestabelecidos, e, caso seja necessário, modificar a estratégia de marketing.

Estabelecendo padrões de desempenho

Padrão de desempenho é um nível esperado de atuação com o qual pode-se comparar o desempenho atual da organização. Um padrão de desempenho pode ser a redução em 20% das reclamações dos clientes, ter uma cota de vendas mensal de $150 mil ou aumentar em 10% as contas de novos clientes. Esses padrões são derivados dos objetivos de marketing, gerados junto com o desenvolvimento da estratégia de marketing. Ao compor seus objetivos de marketing, a organização indica o caminho que a estratégia de marketing deve seguir para cumpri-los. Os objetivos de marketing estabelecem, de forma direta ou indireta, os padrões de desempenho, geralmente em termos de vendas, custos ou dimensões de comunicação, como o conhecimento da marca ou a recordação das características do produto. O desempenho atual deve ser medido em termos semelhantes para facilitar as comparações.

Analisando o desempenho atual

O principal meio pelo qual um profissional de marketing pode avaliar se a estratégia de marketing foi eficaz em alcançar os objetivos é a análise do seu desempenho real. Por exemplo, a propaganda da Renova, uma empresa que vende excelentes produtos de limpeza para uso doméstico. Medir o custo dessa propaganda não é difícil, mas avaliar a eficácia geral da estratégia de marketing envolvida pode ser bem complicado. Nesse anúncio, é possível notar que o profissional de marketing utiliza vários mecanismos para atrair o interesse do consumidor e rastreá-lo. Primeiro, a imagem da propaganda é de difícil interpretação. A cor vibrante e um *close* bem de perto incitam a curiosidade do espectador, porque ele não percebe, a princípio, que se trata de um papel higiênico; assim, precisa examinar a imagem. Uma vez que a propaganda desperta o interesse do espectador, ela oferece meios de se obter mais informações – a marca de código escaneável, que pode ser verificada com um smartphone e o endereço na internet, no qual os clientes que não têm smartphones podem comprar os produtos. Uma vez que os clientes visitam o website da empresa, esta pode acompanhar o volume de visitantes e as compras. Embora ainda sejam medidas rústicas, essas técnicas são melhores do que a tecnologia anterior, e permitem que os profissionais de marketing tenham pelo menos uma vaga ideia do sucesso de uma propaganda. De modo geral, com os avanços tecnológicos, ficou mais fácil para as empresas analisarem o desempenho atual.

Outra forma de se analisar o desempenho atual é por meio de pesquisas e levantamentos com clientes. Nesta seção, focamos em duas bases – vendas e custo – para avaliar o desempenho atual das estratégias de marketing.

Análise de vendas

Análise de vendas usa números de vendas para avaliar o desempenho atual de uma organização. É um método comum de avaliação, já que as informações sobre vendas ficam disponíveis imediatamente, pelo menos de forma total, e refletem as reações do mercado-alvo para um mix de marketing. Se as vendas aumentam após a implementação de determinado mix, é quase certo para os profissionais de marketing que ele foi eficaz no alcance do público. No entanto, informações de vendas isoladas não são suficientes. Para fornecer informações úteis, os profissionais de marketing devem comparar dados das vendas atuais com suas previsões, vendas da indústria, de concorrentes específicos, e os gastos incorridos nos esforços de marketing para atingir o volume de vendas. Por exemplo, se a Renova, empresa que produz papel citada na propaganda, tivesse previsto US$ 550 mil em vendas para o próximo trimestre, mas lucrasse US$ 600 mil, seus profissionais de marketing poderiam presumir que a propaganda teve um impacto positivo nas vendas. Isso seria especialmente verdadeiro caso a maioria das vendas viesse do site da empresa, já que assim a propaganda

análise de vendas Análise dos números de vendas para avaliar o desempenho da organização.

Avaliação do desempenho
Medir o custo de um anúncio não é difícil, mas avaliar a eficácia de uma campanha de propaganda pode ser desafiador.

direciona os clientes. Além disso, se a propaganda tivesse ficado abaixo do orçamento, por não haver acessórios de cena ou atores, os profissionais de marketing poderiam considerá-la uma propaganda muito eficaz.

Embora as vendas possam ser medidas de muitas formas, sua unidade básica de medida é a transação de vendas, que resulta no pedido de uma quantidade específica do produto, vendido sob termos específicos por um vendedor ou uma equipe de vendas, em determinada data. As organizações devem se lembrar de todas as informações relacionadas a uma transação para analisar as vendas em termos de volume de caixa gerado ou participação de mercado. Com frequência, as empresas usam o volume de caixa gerado em suas análises de venda, já que dinheiro é um denominador comum de vendas, custos e lucros. O gerente de marketing que faça uso da análise de volume de vendas deve levar em conta os efeitos das alterações de preço, já que isso pode distorcer os números finais, fazendo que as vendas sejam maiores ou menores do que realmente são.

A participação de mercado de uma organização é representada pela venda de um produto, indicada como uma porcentagem das vendas totais dos produtos concorrentes de um setor industrial. A análise de participação de mercado permite que a empresa compare sua estratégia de marketing com as estratégias da concorrência. O principal motivo para se utilizar essa análise é estimar se as alterações de vendas resultaram da estratégia de marketing da empresa ou de forças do ambiente incontroláveis. Quando o volume de vendas de uma organização cai, mas sua participação de mercado permanece a mesma, o profissional de marketing pode presumir que as vendas do setor industrial caíram devido a fatores externos. No entanto, se a empresa vive um declínio tanto em vendas quanto em participação de mercado, deve considerar fazer alterações em sua estratégia de marketing a fim de torná-la mais eficaz.

Embora a análise de participação de mercado possa ser útil ao avaliar o desempenho de uma estratégia de marketing, seu usuário deve ter cuidado ao interpretar os resultados. Ao atribuir um declínio de vendas a fatores incontroláveis, o profissional de marketing deve levar em conta os fatores no ambiente externo de marketing, que nem sempre causam o mesmo impacto em todas as organizações, já que essas podem ter objetivos e estratégias diferentes. Mudanças nas estratégias de uma empresa podem afetar suas cotas de mercado, ou as de todas que fazem parte do mesmo setor. Dentro de um setor industrial, a entrada de novas empresas, o lançamento de novos produtos por empresas concorrentes ou a depreciação de produtos estabelecidos também são fatores que afetam a participação de mercado da organização. Os analistas de participação de mercado precisam contabilizar esses efeitos. A Apple, por exemplo, fez que a concorrência reavaliasse suas estratégias de marketing quando introduziu o iPad, estimulando tanto a inovação quanto a revisão das estratégias de marketing dos concorrentes.

Análise de custos de marketing

Embora a análise de vendas seja fundamental para avaliar o desempenho de uma estratégia de marketing, ela fornece apenas um quadro parcial. Uma estratégia de marketing bem-sucedida, que produz vendas, pode não ser considerada eficaz se for muito dispendiosa. A organização deve levar em conta os custos de venda associados à estratégia, a fim de obter um entendimento completo de sua eficácia para alcançar o nível de vendas desejado. Uma **análise de custos de marketing** divide e classifica os custos para determinar quais estão associados a determinados esforços de vendas. Comparar os custos de atividades de marketing anteriores aos seus resultados faz que um profissional de marketing distribua melhor os recursos da empresa no futuro. A análise dos custos de marketing permite que a empresa avalie o desempenho de uma estratégia de marketing ao comparar as vendas alcançadas com os custos incorridos. Ao identificar exatamente onde a empresa incorre em custos, essa forma de análise pode ajudar a identificar clientes, produtos e até mesmo áreas geográficas rentáveis, ou que possam gerar prejuízos.

análise de custos de marketing Análise que se destina a determinar quais custos se associam a determinados esforços de marketing.

Uma empresa que compreende seus custos e os gerencia de forma adequada tem uma vantagem competitiva. Um fornecedor com baixo custo tem condições de se envolver em uma disputa agressiva com a concorrência, por exemplo. A internet oferece opções de marketing com baixos custos, como o e-mail, as mídias sociais e os vídeos virais. Para os clientes, é também o meio mais fácil de comparar os preços, sendo, portanto, um ambiente perfeito para disputas concorrenciais. Bazaarvoice é uma empresa que ajuda as organizações a criar estratégias de marketing mais eficazes, utilizando a mídia social, selecionando mercados-alvo e permitindo que os clientes criem e compartilhem informações sobre produtos e marcas. Empresas como essa ajudam as organizações a utilizar novas ferramentas tecnológicas para maximizar o impacto e manter os custos, ao mesmo tempo que criam métodos para ajudar os profissionais de marketing a monitorar as respostas dos clientes em relação às atividades de marketing implementadas.[17]

Uma forma de contabilizar os custos é comparando os custos de uma organização com a média do seu setor industrial. Muitas empresas analisam os valores que gastam nos esforços de marketing e em outras operações e os comparam com os níveis médios do setor, a fim de identificar as áreas que precisam de aperfeiçoamento. No entanto, ao verificar as médias, a empresa deve levar em conta sua própria situação. Seus custos podem ser diferentes da média setorial por muitos motivos, incluindo seus próprios objetivos de marketing, estrutura de custo, localização geográfica, tipos de clientes e escala de operações.

Os custos podem ser categorizados de várias e diferentes formas quando se procede a uma análise de custos de marketing. Uma maneira de fazer isso é identificando quais deles são afetados pelo volume de vendas ou de produção. Alguns custos são fixos, o que significa que não mudam dentro de um período de tempo, independentemente do volume de produção ou de vendas. O aluguel do espaço de trabalho e os salários dos empregados, exemplos de custos fixos, não devem ser afetados por flutuações na produção ou nas vendas. Em geral, os custos fixos são pouco esclarecedores para determinar de que forma utilizar mais eficazmente os fundos de marketing. Por exemplo, tanto faz saber que uma empresa gasta $ 80 mil em aluguel todo ano. O analista de marketing deve conduzir pesquisas adicionais para indicar que, desses $ 80 mil gastos em aluguel, $ 32 mil são gastos em recursos associados aos esforços de marketing.

Alguns custos referem-se diretamente ao volume de produção e vendas da empresa, conhecidos como custos variáveis e declarados com base em custo por quantidade (ou unidade). Custos variáveis incluem o gasto para produzir ou vender cada unidade de determinado produto, como matérias-primas e mão de obra, ou o valor das comissões pagas aos vendedores quando estes conseguem comercializar os produtos.

Outra maneira de categorizar custos é observar se estão ou não associados a uma função de negócio específica. Custos que podem ser associados a mais de uma atividade devem ser rateados usando um ou muitos critérios de fracionamento. Por exemplo, se a empresa gasta $ 80 mil de aluguel do espaço para produção, armazenagem e venda, o custo total do aluguel pode ser distribuído entre cada uma das três funções usando uma medida, como a metragem quadrada. Alguns custos não podem ser caracterizados com base em qualquer critério lógico; por exemplo, juros relativos a empréstimos, taxas pagas ao governo e salários da alta gerência.

Comparando o desempenho atual com padrões de desempenho e fazendo mudanças se necessário

Ao comparar o desempenho atual com os padrões de desempenho estabelecidos, a organização pode achar que se excedeu ou falhou em alcançar seu ponto de referência. Quando o desempenho atual excede os padrões de desempenho, os profissionais de marketing sentem-se satisfeitos, e a estratégia de marketing pode ser considerada eficaz. É importante entender por que a estratégia de marekting foi eficaz, pois essa informação permite que os profissionais a tornem ainda mais efetiva.

♦ ♦ Empreendedorismo em marketing

Samuel Adams: ajudando outros a "produzir" o sonho norte-americano

Jim Koch está ajudando pequenas empresas a "produzir" seus próprios sonhos. Sua empresa, Boston Beer Company, fabricante da cerveja Samuel Adams, é uma história de sucesso de empreendedorismo, com receita anual de quase US$ 600 milhões. No começo, Koch ficou assustado com a quantidade de desafios de marketing que precisou enfrentar, como conectar-se com os distribuidores apropriados. Até hoje, ele e seus gerentes mantêm uma mentalidade de empresa pequena, porque reconhecem que a participação da Boston Beer no mercado de cervejas norte-americanas é minúscula, comparada à imensa participação de rivais multinacionais que embolsam milhões em lucros.

Para ajudar outras pequenas empresas a planejar o futuro, Koch fez uma parceria com a Accion, empresa especializada em microinvestimentos, para criar o "Brewing the American Dream" (Fermentando o sonho norte-americano). O programa oferece conselhos de marketing, assessoria de gestão e pequenos empréstimos para empreendedores nas indústrias de alimentos e bebidas. Tão valiosa quanto o financiamento, é a oportunidade de contar com Koch e sua equipe para orientações diante de decisões difíceis. A dona da Delectable Desires, por exemplo, pegou emprestado US$ 4.000 (que já quitou) e se beneficiou com horas de consulta com um especialista em finanças da Boston Beer, que a ajudou a avaliar opções de preço para seus cheesecakes.

Brewing the American Dream também trabalha com patrocinadores locais, que hospedam rápidas sessões de aconselhamento profissional ao redor do país. Durante 20 minutos a uma hora, os empreendedores podem se reunir com um especialista em marketing ou em outras áreas funcionais para discutir os pontos fracos, as oportunidades e a situação competitiva de suas iniciativas de negócios. Depois de trocarem de mesa para se consultar com especialistas em múltiplas funções, os empreendedores saem com novas ideias para solucionar os problemas de hoje e trabalhar pelos lucros de amanhã.[d]

Se o desempenho atual não consegue atingir o padrão de desempenho estabelecido, os profissionais de marketing devem tentar entender por que a estratégia de marketing não teve o resultado esperado. Por exemplo, uma variável do mix de marketing, como preço, talvez não tenha sido definida idealmente para o mercado-alvo, o que pode resultar num desempenho mais baixo. As mudanças ambientais ou o comportamento competitivo agressivo podem fazer que uma estratégia de marketing renda menos do que o esperado.

Quando o profissional de marketing acha que uma estratégia está abaixo das expectativas, deve se perguntar se o objetivo de marketing, sobre o qual o desempenho é medido, é realista. Após estudar o problema, pode ser que a organização descubra que o objetivo de venda não é realista. Nesse caso, os profissionais de marketing devem alterar o objetivo de venda a fim de alinhá-lo a expectativas mais sensatas. Também é possível que a estratégia de marketing tenha sido subfinanciada, o que pode resultar em um desempenho menor.

CRIANDO UM PLANO DE MARKETING

O processo de planejamento estratégico finalmente produz uma estratégia de marketing, que é a estrutura para o **plano de marketing**, documento escrito que especifica as atividades de marketing a serem implementadas e avaliadas de acordo com as estratégias de marketing da organização. Ou seja, desenvolver um plano de marketing claro e bem escrito, embora demande tempo, é importante. Ele fornece à organização uma visão uniforme do marketing, e é a base para comunicações internas. Além disso, delineia as responsabilidades de marketing e tarefas, traçando cronogramas para sua implementação. Além disso, especifica como os recursos devem ser distribuídos para alcançar os objetivos pretendidos, que também são definidos no plano. Por fim, o plano de marketing ajuda os gerentes a monitorar e avaliar o desempenho de uma estratégia de marketing.

Um plano de marketing isolado pode ser desenvolvido e aplicado ao negócio como um todo, mas é mais provável que uma organização escolha desenvolver múltiplos planos de marketing, cada qual relacionado a uma marca ou a um produto específico. Planos de marketing múltiplos são parte de um plano de negócios estratégico bem maior e são usados para implementar certas partes da estratégia geral.

As organizações usam diversos formatos ao produzir um plano de marketing: unidades estratégicas de negócio, linhas de produto, produtos ou marcas individuais, ou mercados específicos. O importante é ter certeza de que o plano se alinha com as estratégias corporativas e de unidade de negócio, e pode ser acessado e compartilhado por todos os principais empregados. O plano de marketing representa um elemento fundamental do desenvolvimento da estratégia geral, e deve refletir a cultura corporativa, além de ser representativo a todos os especialistas funcionais da organização.

Planejamento e implementação de marketing estão intimamente ligados a organizações bem-sucedidas. O plano de marketing fornece a estrutura para estimular o pensamento e fornecer a direção estratégica. Implementação é uma resposta que se adapta aos problemas do dia a dia, oportunidades e situações imprevisíveis – por exemplo, uma desaceleração econômica que amortece as vendas – que não podem ser incorporadas aos planos de marketing.

A Tabela 2.1 descreve os principais elementos de um típico plano de marketing. Cada componente baseia-se no anterior. O primeiro é o sumário executivo, que fornece uma visão geral de todo o plano para que os leitores possam rapidamente identificar os principais assuntos-chave e suas funções nos processos de planeja-

> **4** Entender o desenvolvimento de um plano de marketing.
>
> **plano de marketing**
> Documento escrito que especifica as atividades a serem desempenhadas para implantar e controlar as estratégias de marketing da organização.

mento e implementação. O resumo executivo inclui: introdução, explicação sobre os principais aspectos do plano, e a declaração sobre os custos. O próximo componente do plano de marketing é a análise ambiental, que fornece informações sobre a situação atual da organização em relação ao ambiente de marketing, o mercado-alvo e os objetivos atuais, e o desempenho organizacional. Essa análise inclui uma avaliação de todos os fatores ambientais – competitivos, econômicos, políticos, legais, regulatórios, tecnológicos e socioculturais – que podem afetar as atividades de marketing, e, então, examina as necessidades atuais dos mercados-alvo da organização. Na parte final da análise ambiental, a empresa avalia seus objetivos de marketing e seu desempenho para se certificar de que os objetivos sejam consistentes com o ambiente de marketing, em constante transformação. O próximo componente do plano de marketing é a análise SWOT (pontos fortes, fracos, oportunidades e ameaças), que utiliza a informação reunida pela análise ambiental. A seção de objetivos do plano de marketing expressa o que a organização quer alcançar através das atividades de marketing, usando a análise SWOT como um guia que informa onde ela se situa no mercado. O componente estratégia de marketing descreve como se planeja alcançar os objetivos de marketing e discute a seleção de mercado-alvo e mix de marketing.

Tabela 2.1 Componentes do plano de marketing

Componentes do plano	Resumo dos componentes	Destaques
Resumo executivo	Sinopse de até duas páginas do plano de marketing completo	1. Destacar os pontos-chave 2. Incluir de um a três pontos-chave que tornam a organização única
Análise ambiental	Informações sobre a situação atual da organização em relação ao ambiente de marketing	1. Avaliar fatores do ambiente de marketing 2. Avaliar mercado(s)-alvo 3. Avaliar objetivos e desempenho atual de marketing da organização
Análise SWOT	Avaliação dos pontos fortes, fracos, oportunidades e ameaças à organização	1. Pontos fortes da organização 2. Pontos fracos da organização 3. Oportunidades no ambiente e no setor de atuação 4. Ameaças no ambiente e no setor de atuação
Objetivos de marketing	Especificação dos objetivos de marketing da organização	1. Medidas qualitativas do que deve ser alcançado 2. Medidas quantitativas do que deve ser alcançado
Estratégias de marketing	Esboço de como a organização alcançará seus objetivos	1. Mercado(s)-alvo 2. Mix de marketing
Implementação de marketing	Esboço de como a organização implementará suas estratégias de marketing	1. Organização do mercado 2. Atividades e responsabilidades 3. Cronograma de implementação
Avaliação de desempenho	Explicação de como a organização avaliará o desempenho do plano implementado	1. Padrões de desempenho 2. Controle financeiro 3. Procedimentos de monitoramento (auditorias)

© Cengage Learning

Já o componente implementação do plano mostra como as estratégias de marketing serão executadas. O sucesso de uma estratégia de marketing depende da viabilidade da sua implementação. Por fim, a avaliação de desempenho estabelece os padrões de desempenho para medir e avaliar os resultados, e quais ações a organização deve tomar para reduzir a diferença entre o desempenho planejado e o atual.

É importante observar que a maioria das organizações utiliza seus próprios formatos e terminologias para descrever o plano de marketing, que deve ser exclusivo da organização para a qual foi criado.

Criar e implementar um planejamento permite que a organização alcance seus objetivos de marketing, corporativos e de unidade de negócio. No entanto, um plano de marketing só é bom quando a informação nele contida, o esforço e a criatividade levam ao seu desenvolvimento. Por isso, a importância de se ter um bom sistema de informação de marketing, que gere dados robustos e confiáveis, não pode ser superestimada. Igualmente importante é o papel da avaliação gerencial por meio do processo de planejamento estratégico. Embora a criação de um plano de marketing seja um marco importante no planejamento estratégico, de modo algum representa a etapa final. Para ser bem-sucedida, uma organização deve ter um plano que seja acompanhado de perto, mas flexível o bastante para se adaptar ao inconstante ambiente de marketing.

Revisão do capítulo

1. Compreender o processo de planejamento estratégico.

Através desse processo, uma organização identifica ou estabelece a missão e os objetivos organizacionais, a estratégia corporativa, metas e objetivos de marketing, a estratégia de marketing e o plano de marketing. Para alcançar seus objetivos de marketing, a empresa precisa desenvolver uma estratégia de marketing, o que inclui identificar o mercado-alvo e criar um plano de ação para desenvolver, distribuir, promover e fixar os preços dos produtos que atendam às necessidades dos clientes nesse mercado-alvo. O processo de planejamento estratégico, em última análise, produz a estrutura para um plano de marketing, documento escrito que especifica as atividades a serem realizadas para sua implementação e controle.

Deve-se alinhar os objetivos da organização com sua declaração de missão – uma visão em longo prazo do rumo que a organização deseja tomar. Uma declaração de missão bem formulada lhe confere propósito e direção bem definidos, distingue-a dos concorrentes, orienta no planejamento estratégico e promove o foco nos clientes. Os objetivos de uma organização que foca nos resultados desejados conduzem os outros esforços de planejamento.

A estratégia corporativa determina os meios de utilização dos recursos nas áreas de produção, finanças, pesquisa e desenvolvimento, gestão de pessoas e marketing, a fim de alcançar os objetivos predefinidos. Estratégia de unidade de negócio concentra-se em unidades de negócio estratégicas (SBUs) – divisões, linhas de produto ou outros centros de lucro dentro da organização controladora, usados para definir as áreas de interesse em determinado plano de marketing estratégico. A matriz crescimento de mercado/participação de mercado, do Boston Consulting Group, integra os produtos de uma empresa ou SBUs em uma única matriz geral, a fim de determinar as estratégias apropriadas aos produtos individuais e unidades de negócio.

O ambiente de marketing, incluindo as forças econômicas, competitivas, políticas, legais e regulatórias, socioculturais e tecnológicas, pode afetar os recursos disponíveis de uma empresa e criar oportunidades favoráveis. Os recursos podem ajudá-la a desenvolver suas competências centrais, coisas que ela faz extremamente bem – às vezes tão bem, que isso lhe dá vantagem sobre a concorrência. Quando a combinação certa de circunstâncias e período de tempo adequado permite que uma companhia tome uma ação para atingir determinado mercado-alvo, pode-se dizer que há uma oportunidade de mercado. Janelas estratégicas são períodos temporários de ajuste perfeito entre as principais exigências de mercado e as habilidades específicas da empresa que compete nesse mercado. Quando a organização adapta uma competência essencial às oportunidades no mercado, afirma-se que há uma vantagem competitiva. O profissional de marketing usa a análise SWOT para avaliar a habilidade de uma empresa em conseguir uma vantagem competitiva.

Se os profissionais de marketing querem entender como o período de tempo de entrada em um mercado pode gerar essa vantagem competitiva, devem examinar os benefícios comparativos de vantagens de primeiro movimento e de movimento tardio. A próxima fase do planejamento estratégico envolve o desenvolvimento de objetivos e estratégias de marketing. Objetivos de marketing declaram o que deve ser realizado através da atividade de marketing e precisam ser coerentes tanto com as estratégias corporativas quanto com as unidade de negócio. A estratégia de marketing, a mais detalhada e específica desses três níveis, é composta por dois elementos: seleção de um mercado-alvo e criação de um mix de marketing para satisfazer às necessidades do mercado-alvo. As decisões do mix de marketing devem alinhar-se às estratégias de unidade de negócio e corporativas. Também precisam de flexibilidade para responder às mudanças nas condições de mercado, competição e necessidade dos clientes. Os profissionais de marketing podem alterar elementos do mix de marketing para acomodar diferentes estratégias de marketing.

2. Examinar o que é necessário para gerenciar com eficiência a implementação das estratégias de marketing.

Implementação de marketing é o processo de colocar em prática as estratégias de marketing. Através do planejamento, os gerentes de marketing dão propósito e direção aos esforços de marketing de uma organização. Esses gerentes devem entender os problemas e os elementos da implementação de marketing antes que as atividades sejam efetivamente executadas. Uma implementação adequada precisa criar estruturas organizacionais eficientes, motivar os funcionários de marketing, comunicar-se adequadamente dentro da unidade de marketing, coordenar as atividades de marketing e estabelecer um cronograma de implementação.

É preciso que exista uma estrutura interna coerente na unidade de marketing para organizar os esforços diretos de marketing. Em uma organização centralizada, os gerentes de níveis hierárquicos superiores delegam pouca autoridade aos níveis mais baixos, enquanto em empresas descentralizadas a autoridade da tomada de decisão é delegada ao nível mais baixo possível da cadeia de comando. Motivar a equipe de marketing é fundamental para implementar eficazmente as estratégias de marketing. Os gerentes descobrem as necessidades da equipe de marketing e desenvolvem métodos para motivá-los a ajudar no cumprimento dos objetivos da empresa. A comunicação adequada na unidade de marketing é um elemento-chave para a implementação de marketing bem-sucedida. A comunicação deve descer (da alta adminstração até os empregados dos níveis hierárquicos mais baixos) e subir (do empregado envolvido na operação até a presidência da organização). Os gerentes de marketing também precisam estruturar eficazmente as atividades de marketing. Isso implica coordenar as atividades da equipe de vendas e integrar as atividades internas de outras áreas funcionais com as ações de marketing de organizações externas que também estejam envolvidas na elaboração de estratégias de marketing. Por fim, a implementação bem-sucedida de marketing exige que se estabeleça um cronograma. O cronograma de implementação envolve várias etapas e assegura que os empregados conheçam as atividades específicas pelas quais são responsáveis e o tempo que têm para completar cada uma delas. Finalizar todas as atividades do cronograma requer uma coordenação rígida entre os departamentos da organização. Muitas organizações usam sofisticados programas de computador para planejar o cronograma das atividades de marketing.

3. Descrever os principais elementos de avaliação de desempenho estratégica.

A avaliação de desempenho estratégica consiste em estabelecer um padrão de desempenho, analisar o desempenho atual, compará-lo com os padrões estabelecidos e modificar a estratégia de marketing quando necessário. Ao comparar o desempenho atual com os padrões de desempenho, os profissionais de marketing devem determinar se existe uma discrepância; caso a resposta seja positiva, se ela requer uma ação corretiva, como a alteração do próximo padrão de desempenho ou a busca pela melhora do desempenho atual. Duas maneiras possíveis de se avaliar o desempenho atual das estratégias de marketing são as análises de vendas e de custos de marketing.

A análise de vendas usa números de vendas para avaliar o desempenho atual da empresa. É o método mais comum de avaliação, já que os dados de vendas são bons indicadores da reação do mercado-alvo a um mix de marketing. Os profissionais de marketing analisam as vendas comparando-as às atuais, às previsões de vendas, às vendas do setor industrial, às da concorrência ou aos custos incorridos para atingir o volume de vendas. As empresas podem analisar as vendas em termos de volume de caixa ou participação de mercado. A análise dos custos de marketing divide e classifica os custos para determinar quais estão associados aos esforços específicos de marketing. Essa prática ajuda os profissionais a decidir como distribuir melhor os recursos de marketing. As organizações podem utilizar a análise de custos de marketing para identificar os clientes, os produtos e as áreas geográficas rentáveis ou que não dão lucros. Os profissionais de marketing podem comparar os custos atuais aos dos anos anteriores, aos previstos, às médias da indústria, aos da concorrência ou aos resultados gerados pelos custos incorridos. As empresas precisam identificar os custos variáveis, ou seja, os que são afetados por volumes de venda ou de produção; e os custos fixos, que não se relacionam ao volume de vendas. Também devem categorizá-los levando em conta se estão ou não associados a uma função de negócio específica, principalmente de marketing.

4. Entender o desenvolvimento de um plano de marketing.

O componente-chave do planejamento de marketing é o desenvolvimento de um plano de marketing, que descreve as atividades necessárias para implementar as estratégias de marketing. O plano promove a comunicação entre empregados, atribui responsabilidades e cronogramas, especifica como os recursos devem ser distribuídos para atingir os objetivos, e ajuda os gerentes de marketing a monitorar e avaliar o desempenho de uma estratégia de marketing.

Conceitos-chave

administração estratégica de marketing 31
análise de custos de marketing 49
análise de vendas 47
análise SWOT 37
avaliação de desempenho estratégica 46
competências centrais 36
declaração da missão 32

estratégia corporativa 33
estratégia de marketing 40
implementação de marketing 43
janelas estratégicas 37
matriz crescimento de mercado/participação de mercado 34
mercado 34
objetivo de marketing 40

oportunidade de mercado 37
organização centralizada 44
organização descentralizada 44
padrão de desempenho 46
participação de mercado 34
planejamento estratégico 31
plano de marketing 55
unidade estratégica de negócio (SBU) 34

vantagem competitiva 37
vantagem competitiva sustentável 43
vantagem do movimento tardio 39
vantagem do primeiro movimento 39

Questões para discussão e revisão

1. Identifique os principais componentes do planejamento estratégico e explique como estão inter-relacionados.
2. Explique de que forma uma organização pode criar uma vantagem competitiva no nível estratégico corporativo e da unidade de negócios.
3. Quais são as questões a se considerar na análise de recursos e oportunidades da organização? Como essas questões afetam os objetivos e a estratégia de marketing?
4. O que é uma análise SWOT e por que é tão importante?
5. Como uma organização pode tornar sustentáveis suas vantagens competitivas com o tempo? Quão difícil é criar vantagens competitivas sustentáveis?
6. Como as organizações devem estabelecer os objetivos de marketing?
7. Quais são as duas principais partes de uma estratégia de marketing?
8. Ao considerar o processo de planejamento estratégico, que fatores influenciam no desenvolvimento de uma estratégia de marketing?
9. Identifique e explique as principais ações gerenciais que fazem parte do gerenciamento da implementação de estratégias de marketing.
10. Que elemento do processo de planejamento estratégico desempenha papel importante no estabelecimento de padrões de desempenho? Explique.
11. Ao avaliar o desempenho atual de uma estratégia de marketing, pode o profissional de marketing realizar a análise de custo de marketing? Justifique sua resposta.
12. Identifique e explique os principais componentes de um plano de marketing.

Aplicações do marketing

1. Provavelmente você está familiarizado com a Apple e seus produtos extremamente populares. Deve até possuir um iPad, um iPhone ou um iPod. Crie uma análise SWOT para a Apple. Se precisar de informações adicionais, sinta-se à vontade para acessar o site de relações com o investidor da empresa: **http://investor.apple.com/**. Nele, você encontra relatórios anuais, informações sobre o desempenho financeiro e outros dados que podem ajudá-lo com sua análise. Quando terminar, encontre um parceiro e compartilhe seu trabalho. As duas análises SWOT estão parecidas ou muito diferentes? No que você não pensou, mas seu colega sim?
2. Entre em contato com três empresas locais que pareçam ser bem-sucedidas (que talvez estejam se expandindo para novos locais ou publiquem dados financeiros on-line que pareçam promissores). Acesse o site das empresas ou entre em contato com seus gerentes para encontrar a declaração de missão da empresa e/ou seus objetivos organizacionais. Obtenha o máximo de informações possível sobre a declaração de missão e os objetivos organizacionais. Discuta como essas declarações cumprem os critérios descritos neste livro.
3. Assuma que você tem um restaurante familiar novo que abrirá no próximo ano. Formule um objetivo de longo prazo para o restaurante e depois desenvolva objetivos de curto prazo que o ajudem a alcançar o objetivo de longo prazo.
4. A Amazon.com identificou uma oportunidade de capitalizar a conveniência das compras on-line. Muitos clientes prefeririam comprar diretamente de suas casas para evitar as lojas físicas. Aproveitar uma janela estratégica para entrar no mercado deu à Amazon.com uma vantagem competitiva nesse novo mercado. Considere as oportunidades na sua cidade ou região. Identifique uma janela estratégica e discuta como uma organização poderia tirar vantagem dessa oportunidade. Que tipos de competências centrais são necessárias?
5. As unidades de marketing podem ser organizadas de acordo com suas funções, produtos, regiões ou tipos de clientes. Descreva como você organizaria as unidades de marketing nos seguintes casos:
   a. Um creme dental branqueador, outro com proteção para dentes sensíveis e outro com sabor de canela
   b. Uma linha de abrangência nacional que oferece roupas de ginástica femininas e masculinas para o verão e o inverno
   c. Uma seguradora que fornece seguro de vida, saúde e invalidez

Desenvolvendo seu plano de marketing

Uma das bases de uma estratégia de marketing bem-sucedida é a análise minuciosa da organização. Para tomar as melhores decisões sobre que produtos oferecer, em que mercados mirar e como alcançar seus membros, é preciso reconhecer os pontos fortes e fracos da sua organização. As informações coletadas nessa análise devem se relacionar às decisões tomadas no seu plano de marketing. Ao iniciar seu plano, leia as questões abaixo, que podem ser úteis:

1. Você consegue identificar as competências centrais da sua organização? Elas contribuem atualmente para uma vantagem competitiva? Se não, que mudanças sua organização poderia fazer para estabelecer uma vantagem competitiva?

2. Conduza uma análise SWOT da sua organização para identificar seus pontos fortes e fracos. Continue a análise incluindo o ambiente de negócio, descobrindo as oportunidades ou ameaças para sua organização.

3. Ao usar a informação da análise SWOT, foi possível identificar as oportunidades coerentes às competências centrais da sua organização? Da mesma forma, você descobriu um ponto fraco que poderia ser convertido em forte através de um cuidadoso planejamento de marketing?

As informações obtidas a partir dessas perguntas podem ajudá-lo a desenvolver vários aspectos do plano de marketing.

Caso 2.1

Como as propagandas da White Rock brilham

Larry Bodkin tinha um caminho difícil pela frente quando se tornou presidente da White Rock Beverages. Fundada no final dos anos 1800, a água com gás da White Rock teve seu auge no início do século 20, como a "água da alta sociedade". No entanto, no final do século, a White Rock lutava para sobreviver, diante da intensa competição com marcas globais que tinham imensos orçamentos de marketing.

Com quase 140 anos, a White Rock buscou uma combinação de diferentes estratégias de marketing para se revitalizar. Por anos, ela utilizara um sistema de distribuição híbrido para vender aos distribuidores de alguns mercados e aos varejistas de outros mercados. No processo, a White Rock utilizou seus serviços de atendimento ao cliente como um diferencial entre as suas bebidas e as da concorrência. Por acreditar que a empresa era receptiva às suas necessidades, muitos clientes permaneceram fiéis à marca.

A White Rock se diferencia de outras empresas, como a Coca-Cola e a Pepsi, também por causa da sua estratégia de marca. A companhia reconhece que um de seus pontos mais fortes é a marca premium para uma segmentação de nicho de mercado. Seu alvo é o segmento de alimentos saudáveis, ao vender a si mesma como uma marca exclusiva e saudável. Também agrega a essa informação o fato de ser uma das companhias de bebidas gaseificadas mais antigas dos Estados Unidos. Esse apelo de marca tornou-se tão importante, que a White Rock desafiou a Coca-Cola, depois que esta alegou ter criado a imagem moderna do Papai Noel. Bodkin exigiu uma desculpa da Coca-Cola quando foi revelado que a White Rock usava a propaganda do Papai Noel moderno duas décadas antes dos anúncios da Coca-Cola. Ao desenvolver uma imagem forte e autêntica para cada uma de suas marcas, a White Rock constrói sua marca na tendência atual de comidas "artesanais", que enfatiza tradições específicas e qualitativas.

Os esforços de marketing da White Rock têm sido bem-sucedidos em estimular o crescimento da receita. No entanto, desde que a marca amadureceu (o que significa que provavelmente esse crescimento será mínimo), a empresa adaptou sua estratégia introduzindo a White Rock em novas embalagens e tamanhos. Por exemplo, desenvolveu os sucos frutados de caixinha Punch 'n' Fruity, destinados a atrair consumidores e pais ocupados. Além disso, a White Rock está invadindo o setor orgânico com sua linha dedicada, composta de produtos feitos com cana-de-açúcar e extrato natural de frutas.

A White Rock também busca uma estratégia de aquisição de outras marcas. Além da White Rock, a companhia possui as marcas Sioux City e Olde Brooklyn, nomes que parecem relacionados ao século passado. A empresa considera sua marca Sioux City, distribuída em todo o território norte-americano, uma das primeiras marcas de refrigerante com tema do oeste. A linha Olde Brooklyn tem esse nome em homenagem a bairros do

Brooklyn, um apelo nostálgico que se conecta com os clientes que buscam marcas com história e autenticidade. A Olde Brooklyn também não tem conservantes, o que a ajuda a atingir o mercado de alimentos saudáveis. Ao usar marcas como a Olde Brooklyn para entrar em lojas de alimentos saudáveis e outros segmentos de varejo, a White Rock expandiu sua distribuição para 40 estados dos Estados Unidos, e já planeja crescimento futuro.[18]

Questões para discussão

1. Como você descreveria os pontos fortes, fracos, oportunidades e ameaças da White Rock?
2. O que você acha que a White Rock deveria fazer para ganhar vantagem competitiva?
3. Que elementos do mix de marketing da White Rock você poderia alterar para melhorar sua estratégia de marketing?

NOTAS

1. Baseado em informações de P&G Expands Experience to Make More Innovation Experts. *Fast Company*, 15 jan. 2013. Disponível em: <www.fastcompany.com>; P&G Vows Stepped-Up Marketing, Cost Cutting. *Advertising Age*, 25 out. 2012. Disponível em: <www.adage.com>; Patricia Odell, P&G's CMO on Three Key Strategies, Mistakes, and Anthropologists. *Chief Marketer*, 12 out. 2012. Disponível em: <http://chiefmarketer.com>. Jack Neff. Talking the (Internal) Talk at P&G, *Advertising Age*, 29 out. 2012. Disponível em: <www.adage.com; www.pg.com>.

2. O. C. Ferrell e Michael Hartline. *Marketing Strategy*. 5. ed. Mason, OH: Cengage Learning, 2011, p. 10.

3. Christian Homburg, Karley Krohmer, e John P. Workman Jr. A Strategy Implementation Perspective of Market Orientation. *Journal of Business Research* 57, 2004, p. 1.331-340.

4. Our Starbucks Mission Statement. Starbucks. Disponível em: <www.starbucks.com/about-us/company-information/mission-statement>. Acesso em: 10 jan. 2013.

5. Matthew L. Wald. Fuel From Waste, Poised at a Milestone. *New York Times*, 14 nov. 2012. Disponível em: <www.nytimes.com/2012/11/14/business/energy-environment/alternative-fuels-long-delayed-promise-might-be-near-fruition.html; KiOR, www.kior.com>. Acesso em: 10 jan. 2013.

6. Stanley F. Slater, G. Tomas M. Hult e Eric M. Olson. On the Importance of Matching Strategic Behavior and Target Market Selection to Business Strategy in High-Tech Markets. *Journal of the Academy of Marketing Science* 35, 2007, p. 5-17.

7. Tess Stynes. Google, Microsoft Increase U.S. Search Market Shares in November. *NASDAQ*, 12 dez. 2012. Disponível em: <www.nasdaq.com/article/comscore-google-microsoft-increase-us-search-market-shares-in-november-20121212-01189#.UO-Ni3djGoM>.

8. Robert D. Buzzell. The PIMS Program of Strategy Research: A Retrospective Appraisal. *Journal of Business Research* 57, 2004, p. 478-83.

9. Sarah E. Needleman e Craig Bensinger. Small Businesses are Finding an Unlikely Banker: Amazon. *Wall Street Journal*, 4 out. 2012. Disponível em: <http://online.wsj.com/article/SB10000872396390443493304578034103049644978.html>. Acesso em: 11 jan. 2013.

10. Derek F. Abell. Strategic Windows. *Journal of Marketing*, jul. 1978, p. 21.

11. Joan E. Solsman. Best Buy Shares Rally on Holiday Sales. *Wall Street Journal*, 11 jan. 2013. Disponível em: <http://online.wsj.com/article/SB10001424127887323442804578235402334803068.html>.

12. Norihiko Shirouzu. Toyota's Misfire in China Offers Lesson in Local Market Savvy. *Wall Street Journal*, 29 out. 2012. Disponível em: <www.nytimes.com/2012/10/30/business/global/toyotas-misfire-in-china-offers-lesson-in-local-market-savvy.html>. Acesso em: 11 jan. 2013.

13. Claire Cain Miller. Mobile Apps Drive Rapid Changes in Searches. *New York Times*, 7 jan. 2013. Disponível em: <www.nytimes.com/2013/01/08/business/mobile-apps-drive-rapid-changes-in-search-technology.html>.

14. Ellen Byron. A Truce in the Chore Wars. *Wall Street Journal*, 4 dez. 2012. Disponível em: <http://online.wsj.com/article/SB10001424127887323401904578157500316162398.html>.

15. Jennifer Valentino-Devries and Jeremy Singer-Vine, "They Know What You're Shopping For" *Wall Street Journal*, 7 de dezembro de 2012, http://online.wsj.com/article/SB10001424127887324784404578143144132736214.html Acesso em: 14 jan. 2013

16. Clint Boulton. H-P Using Its Analytics Software to Grow Sales. *Wall Street Journal*, 11 jan. 2013. Disponível em: <http://blogs.wsj.com/cio/2013/01/11/h-p-using-its-analytics-software-to-grow-sales/>. Acesso em: 15 jan. 2013.

17. Bazaarvoice. Disponível em: <www.bazaarvoice.com>. Acesso em: 13 jan. 2013.

18. Joel Rose. White Rock Beverages Still Thirsty After 140 Years. *NPR*, 5 dez. 2011. Disponível em: <www.npr.org>. After 140 Years, White Rock Still Solid. *BevNet*, 6 jul. 2011. Disponível em: <BevNET.com>.; White Rock. Disponível em: <www.whiterockbeverages.com>.; Creative Beverage Merchandising. Creative Beverage, abr/maio 2005. Disponível em: <www.creativemag.com>.; *PR Newswire*.

Coca-Cola's Santa Claus: Not the Real Thing!. PR News Online, 15 dez.2006. Disponível em: <www.prnewsonline.com>.; Patricia Olsen. At the Helm: Larry Bodkin. *Family Business Magazine*, maio-jun. 2012. Disponível em: <www.familybusinessmagazine.com>. Acesso em: 16 jan. 2013.

Notas dos *Quadros Informativos*

a Baseado em informações de Bill Vlasic. 2 Makers Press the Case for Electric Cars. *New York Times*, 15 jan. 2013. Disponível em: <www.nytimes.com>.; Matthew Boyle. Unilever Wants to Be America's Ice Cream King. *Bloomberg Businessweek*, 23 ago. 2012. Disponível em: <www.businessweek.com>.; Struggling Sales of Cars Like the Chevrolet Volt, Nissan Leaf Show Weakness in Electric Vehicle Market. *New York Daily News*, 9 out. 2012. Disponível em: <www.nydailynews.com>.

b Baseado em informações de Todd Woody. GE's New Ecomagination Chief: Green Tech Innovation Goes Global. *Forbes*, 3 maio 2011. Disponível em: <www.forbes.com>.; Kate Maddox. 'B to B' Names GE's Boff Digital Marketer of the Year. BtoB, 3 out. 2011, 3; GE's Ecomagination Challenge Phase Two to Focus on Eco-Home Technology. TechCrunch, 7 jan. 2011. Disponível em: <www.techcrunch.com>.; Kerry A. Dolan. Yves Behar's Latest Design: GE's WattStation. *Forbes*, 13 jul. 2010. Disponível em: <www.forbes.com>.; <www.ecomagination.com>.

c Baseado em informações de Dhanya Skariachan e Phil Wahba. Home Depot, Walmart, Grocers Get Boost from Irene. *Reuters*, 26 ago. 2011. Disponível em: <www.reuters.com>.; John Hamilton. Big-Box Stores' Hurricane Prep Starts Early. *NPR*, 26 ago. 2011. Disponível em: <www.npr.org>.; J. Cashman. Generators, Batteries Big Sellers Ahead of Irene. *New England Post*, 27 ago. 2011. Disponível em: <www.newenglandpost.com>.; Snow Disrupts Package Pickup, Delivery in Oklahoma. *Oklahoman*, 2 fev. 2011. Disponível em: <http ://newsok.com>.; Arielle Kass. Georgia Companies Prepared for Hurricane Well in Advance. *Atlanta Journal Constitution*, 26 ago. 2011. Disponível em: <www.ajc.com/business>.

d Robb Mandelbaum. What Big Companies Get from Helping Small Companies. *New York Times*, 26 nov. 2012. Disponível em: <www.nytimes.com>.; Robb Mandelbaum. Making Small Business a Cause. *New York Times*, 14 nov. 2012. Disponível em: <www.nytimes.com>.; Jay Goltz. Speed Counseling for Struggling Business Owners. *New York Times*, 2 ago. 2012. Disponível em: <www.nytimes.com>. Acesso em: 17 jan. 2013.

CAPÍTULO 3

O ambiente de marketing, responsabilidade social e ética

OBJETIVOS

1. Reconhecer a importância do ambiente de marketing.
2. Compreender o conceito e as dimensões da responsabilidade social em marketing.

INSIGHTS DE MARKETING

Empresas ganham com marketing relacionado a causas

Para muitas empresas, ligar seus produtos a uma causa social vem se tornando não apenas uma forma de construir relacionamento com os clientes através de apoio à causa social, mas também uma maneira de construí-lo sobre as competências centrais e os valores da empresa. Iniciativas eficazes de marketing relacionado a causas podem criar uma imagem positiva da empresa junto aos consumidores, particularmente porque estes esperam cada vez mais que as empresas apoiem as causas sociais ou ambientais. Um estudo revelou que 85% dos consumidores veem as empresas engajadas em marketing relacionado a causas sob uma luz mais positiva.

Enquanto algumas empresas fazem doações esporádicas ou decidem adotar temporariamente um projeto comunitário, outras têm incorporado o marketing relacionado a causas de forma bem-sucedida em seus programas. Por exemplo, a IBM estabeleceu um programa de serviço comunitário, o Corporate Service Corps, que permite a mais de 200 grupos de doze pessoas voluntariar-se local e globalmente. A AT&T já investiu mais de US$ 100 milhões no sistema educacional, enquanto seus empregados foram voluntários num total de 270 mil horas para orientar estudantes. Esses programas têm reforçado a satisfação dos empregados e seu desempenho no trabalho, e, ainda, demonstrado como as corporações podem produzir resultados positivos dentro de suas comunidades.

Além disso, o marketing relacionado a causas tem possibilitado que as empresas estabeleçam vínculos fortes entre apoio às causas e os produtos que oferecem. Por exemplo, a American Express criou uma edição especial do cartão-presente United Way, em que as empresas doam uma porcentagem da compra no cartão para apoiar o trabalho da United Way. A American Express se beneficia com as vendas do cartão-presente, assim como com a imagem positiva que gera ao alinhar seus produtos a uma boa causa. Alinhar as atividades de marketing com uma causa social utilizando as principais competências da empresa tem provado ser um meio eficaz de criar fortes associações entre empresa e determinada causa.[1]

Para serem bem-sucedidas no altamente competitivo mercado de negócios, as organizações devem responder às alterações no ambiente de marketing, particularmente às mudanças nos desejos dos clientes e do público e às ações da concorrência. Cada vez mais o sucesso exige que os profissionais de marketing ajam de forma ética e responsável. Já que reconhecer tais mudanças e responder a elas no ambiente de marketing é crucial para o sucesso de marketing, este capítulo explora em detalhes as forças que contribuem para essas mudanças.

A primeira metade deste capítulo explora as forças competitivas, econômicas, políticas, legais e regulatórias, tecnológicas e socioculturais que constituem o ambiente de marketing. Essa discussão trata da importância de examinar e analisar o ambiente de marketing e de como cada uma dessas forças influenciam as decisões da estratégia de marketing. A segunda metade considera o papel da responsabilidade social e da ética. Essas forças, cada vez mais importantes, levantam várias questões que apresentam ameaças e oportunidades aos profissionais de marketing, tais como meio ambiente e consumerismo.

O AMBIENTE DE MARKETING

O ambiente de marketing consiste em forças externas que, direta ou indiretamente, influenciam as entradas de recursos humanos, financeiros, naturais e matérias-primas e de informações de uma organização e suas saídas, constituídas por bens, serviços ou ideias. Como indicado no Capítulo 1, o ambiente de marketing inclui seis forças: competitiva, econômica, política, legal e regulatória, tecnológica e sociocultural.

1 Reconhecer a importância do ambiente de marketing.

Mesmo sofrendo transformações, rapidamente ou devagar, as forças ambientais são sempre dinâmicas. Mudanças no ambiente de marketing criam incerteza, ameaças e oportunidades para seus profissionais. Por exemplo, empresas que fornecem produtos digitais, como softwares, músicas e filmes, enfrentam muitas ameaças ambientais, assim como oportunidades. A tecnologia avançada permite o envio digital desses produtos aos clientes, o que é um meio eficiente e eficaz de alcançar mercados globais. Por outro lado, websites como Pirate Bay permitem a transferência P2P (ponto a ponto), e são chamados de sites de compartilhamento de arquivos, ou cyberlockers. As indústrias de filmes e músicas querem uma legislação mais eficaz nos mercados para reprimir o roubo de seus produtos. A maioria desses acontecimentos envolve tentar influenciar as autoridades para barrar essa ameaça, inclusive prendendo indivíduos envolvidos no desenvolvimento desses sites piratas, como o cofundador do Pirate Bay, Gottfrid Svartholm Warg.[2] Portanto, monitorar o ambiente é crucial para a sobrevivência da empresa e o alcance no longo prazo de seus objetivos.

Para monitorar efetivamente as mudanças no ambiente de marketing, seus profissionais empenham-se no monitoramento e na sua análise ambiental. **Monitoramento ambiental** é o processo de coletar informação sobre as forças de um ambiente de marketing. O exame envolve observação, fontes secundárias, tais como de negócios, de associações comerciais e de governo, da internet e pela realização de pesquisas de marketing. A internet se tornou uma ferramenta popular de monitoramento, porque torna os dados mais acessíveis e permite que empresas coletem informações necessárias mais rapidamente.

monitoramento ambiental Processo de coleta de informações sobre forças no ambiente de marketing.

Análise ambiental é o processo de avaliar e interpretar a informação reunida através do monitoramento ambiental. Um gerente avalia a informação buscando entendimento preciso, tenta solucionar as inconsistências existentes nos dados colhidos com justificativas plausíveis e atribuindo significado às suas descobertas. Ao avaliar essa informação, o gerente deve ser apto a identificar potenciais ameaças e oportunidades

análise ambiental Processo de avaliação e interpretação das informações coletadas durante o monitoramento ambiental.

ligadas às mudanças ambientais. Uma ameaça poderia se constituir no aumento das taxas de juros ou dos preços de commodities; já uma oportunidade, o aumento na renda do consumidor, diminuição da taxa de desemprego ou adoção de nova tecnologia relacionada à internet.

Conhecer o estado atual do ambiente de marketing e reconhecer ameaças e oportunidades decorrentes das mudanças que nele acontecem ajuda as organizações no planejamento estratégico. Em particular, isso pode ajudar os gerentes de marketing a avaliar o desempenho dos esforços atuais e a desenvolver futuras estratégias de marketing.

Respondendo ao ambiente de marketing

Gerentes de marketing têm duas abordagens gerais para as forças ambientais: aceitá-las como incontroláveis ou tentar influenciá-las ou moldá-las.[3] Uma empresa que vê essas forças como incontroláveis permanece *passiva* e *reativa* diante do ambiente. Em vez de tentar influenciar as forças no ambiente, seus gerentes de marketing ajustam suas estratégias atuais às mudanças ambientais, abordando com cuidado as oportunidades de marketing descobertas através do monitoramento e análise ambientais. Por outro lado, gerentes de marketing que acreditam que as forças ambientais podem ser moldadas adotam uma abordagem mais *proativa*. Por exemplo, se um mercado está bloqueado por tradicionais restrições ambientais, gerentes proativos podem aplicar habilidades econômicas, psicológicas, políticas e promocionais para ter acesso ao mercado e nele operar. Uma vez que identificam o que está bloqueando uma oportunidade de mercado, avaliam o poder das várias partes envolvidas e desenvolvem estratégias para superar as forças que obstruem as ambientais. Microsoft, Intel e Google, por exemplo, têm respondido às preocupações políticas, legais e regulatórias sobre seu poder no setor da computação ao comunicar o valor de suas abordagens competitivas a vários públicos. Os gigantes da computação afirmam que seu sucesso competitivo resulta em produtos superiores para seus clientes com benefícios para a sociedade.

Uma abordagem proativa pode ser construtiva e trazer resultados desejáveis. Para exercer influência sobre as forças ambientais, os gerentes de marketing buscam identificar oportunidades de mercado ou extrair os maiores benefícios relativos a custos de oportunidades já existentes. A propaganda lançada pela Comissão nacional de segurança de tráfego em autoestradas dos Estados Unidos tenta alcançar os resultados desejados ao mostrar os perigos de se digitar uma mensagem ao dirigir.

Respondendo ao ambiente de marketing
Os anunciantes desta propaganda estão tentando educar os motoristas a respeito dos perigos associados a digitar mensagens de texto enquanto dirigem na estrada.

A propaganda propositalmente cobre o rosto do homem digitando para demonstrar como escrever mensagens no celular pode distrair ou "cegar" os motoristas quando estão na estrada. Ação política é outra forma de afetar as forças ambientais. A indústria farmacêutica dos Estados Unidos, por exemplo, fez um lobby muito efetivo por menos restrições na comercialização de remédios prescritos. No entanto, os gerentes devem reconhecer que há limites sobre o quanto as forças ambientais podem ser moldadas. Embora uma empresa possa ser capaz de influenciar a legislação através de lobby – como fazem as indústrias de filmes e músicas para tentar impedir que seus produtos sejam pirateados – é improvável que uma única organização possa mudar significativamente grandes fatores econômicos, como recessões, taxas de juros e preços de commodities.

Forças competitivas

Poucas organizações, se houver alguma, operam livres de concorrência. De fato, os clientes têm muitas alternativas de escolha para a maioria dos produtos. Por exemplo, enquanto os cinco refrigerantes mais vendidos dos Estados Unidos são Coca--Cola clássica, Coca-Cola Diet, Pepsi-Cola, Mountain Dew e Pepsi Diet, no geral, a venda de refrigerantes tem ficado estagnada, já que os consumidores se voltaram a alternativas como água engarrafada, água com sabor, suco de frutas e produtos como chá gelado.[4] Assim, quando os gerentes de marketing definem o(s) mercado(s)-alvo que suas empresas vão atender, estabelecem simultaneamente um conjunto de concorrentes.[5] O número de empresas que oferece um produto pode afetar a força da concorrência. Quando apenas uma ou poucas organizações controlam o abastecimento, fatores concorrentes exercem outro tipo de influência nas atividades de marketing, diferente de quando há muitos competidores.

De modo geral, todas as empresas competem umas com as outras pelo dinheiro do cliente. De forma mais prática, porém, um profissional de marketing geralmente define **competição** como outra empresa que comercializa produtos similares ou que possam ser substitutos em uma mesma área geográfica. Esses concorrentes podem ser classificados em quatro tipos. **Competidores de marca** comercializam produtos com características e benefícios semelhantes ao mesmo cliente a preços similares. Por exemplo, um cliente que está com sede, mas leva em conta as calorias, pode escolher um refrigerante dietético como Coca ou Pepsi Diet em uma máquina de refrigerantes. No entanto, esses refrigerantes enfrentam concorrência de outros tipos de bebidas. **Competição baseada em produtos** ocorre entre organizações na mesma classe de produto, mas que comercializam itens com características, benefícios e preços diferentes. O cliente sedento que está de dieta, por exemplo, poderia comprar chá gelado, suco, isotônico ou água engarrafada, em vez de refrigerante. Concorrentes genéricos fornecem vários produtos diferentes que resolvem o mesmo problema ou satisfazem a mesma necessidade básica do cliente. Nosso cliente em dieta, por exemplo, pode simplesmente pegar um copo de água da torneira de sua cozinha para satisfazer sua sede. Concorrentes por orçamento total competem pelos recursos financeiros limitados dos mesmos clientes.[6] A **concorrência pelo orçamento total** para a Coca Diet, por exemplo, pode incluir chicletes, um jornal e bananas. Embora todos os quatro tipos de competição possam afetar o desempenho de marketing de uma empresa, a **competição de marca** é a mais significativa, já que os compradores tipicamente veem os diferentes produtos dessas empresas como substitutos diretos para outros. Em consequência, profissionais de marketing tendem a concentrar as análises ambientais na concorrência de marca.

competição Disputa entre organizações que ofertam produtos similares ou substitutos em uma mesma área geográfica.

competidores de marca Organizações que ofertam produtos com características e benefícios similares voltados para um mesmo tipo de consumidor e com preços similares.

competição baseada em produtos Organizações que competem na mesma classe de produto, mas os apresentam com diferentes características, benefícios e preços.

concorrência pelo orçamento total Organizações que competem pelos limitados recursos financeiros dos mesmos clientes.

Competição de marca
Coca-Cola e Pepsi competem frente a frente no mercado de refrigerantes.

monopólio Uma estrutura competitiva em que uma organização oferece um produto que não tem substitutos próximos, tornando-a a única fonte de abastecimento.

oligopólio Uma estrutura competitiva na qual poucos vendedores controlam o fornecimento de grande proporção de um tipo de produto.

Estruturas competitivas
O setor de cruzeiros marítimos é um exemplo de oligopólio.

Quando apenas uma ou poucas organizações controlam o abastecimento, os fatores competitivos exercem uma forma de influência nas atividades de marketing diferente de quando há muitos concorrentes. A Tabela 3.1 apresenta quatro tipos gerais de estruturas competitivas: monopólio, oligopólio, competição monopolística e competição perfeita. Um **monopólio** existe quando uma organização oferece um produto que não tem um substituto parecido, o que a torna a única fonte de abastecimento. Já que a organização não tem concorrência, controla totalmente o suprimento do produto e, como único vendedor, pode erguer barreiras a competidores em potencial. Na realidade, a maioria dos monopólios que sobrevive hoje em dia são os de utilidades locais, fortemente regulamentados pelas agências locais, estaduais e federais. **Oligopólio** existe quando poucos vendedores controlam o abastecimento de grande parte de um produto. Nesse caso, cada vendedor considera as reações dos outros às mudanças nas atividades de marketing. Produtos da concorrência oligopolística podem ser homogêneos, como alumínio, ou diferenciados, como serviços de empacotamento e expedição. O setor de cruzeiros marítimos é um exemplo de oligopólio. No entanto, mesmo um setor dominado por poucas empresas ainda deve competir e lançar materiais promocionais. A propaganda da empresa de cruzeiros Princess promove os emocionantes relatos de viagens postados em seu blog por seus empregados. Ao compartilhar 50 relatos de viagens do

Tabela 3.1 Características selecionadas de estruturas competitivas

Tipo de estrutura	Número de competidores	Facilidade de entrada no mercado	Produto	Exemplo
Monopólio	Um	Muitas barreiras	Quase não há substitutos	Abastecimento de água
Oligopólio	Poucos	Algumas barreiras	Homogêneo ou diferenciado (com diferenças reais ou percebidas)	UPS, FedEx, Correios (entrega de pacotes)
Competição monopolística	Muitos	Poucas barreiras	Diferenciação de produto, com muitos substitutos	Wrangler, Levi Strauss (jeans)
Competição perfeita	Inúmeros	Nenhuma barreira	Produtos homogêneos	Fazenda de vegetais (milho doce)

© Cengage Learning

ano passado, a empresa espera demonstrar aos leitores que também podem ter uma experiência de viagem incrível viajando com a Princess. **Competição monopolística** existe quando uma organização que enfrenta muitos concorrentes em potencial tenta desenvolver uma estratégia de marketing para diferenciar seu produto. Por exemplo, Wrangler e Seven for All Mankind estabeleceram uma vantagem para as calças jeans através das marcas conhecidas, do corte, de propagandas e de uma reputação de qualidade. Wrangler está associada com uma imagem de cowboy, enquanto Seven for All Mankind tenta manter uma imagem de design superior. Embora existam muitas marcas concorrentes de jeans disponíveis, essas empresas certamente construíram nichos de mercado ao enfatizarem diferenças em seus produtos, especialmente no estilo e na imagem. **Competição perfeita**, se é que existe, implicaria um grande número de vendedores, nenhum dos quais poderia influenciar significativamente no preço ou abastecimento. O exemplo mais próximo de competição perfeita é o de feiras informais praticadas por produtores locais, nas quais agricultores se reúnem para vender seus produtos. Enquanto a competição perfeita é um ideal no fim de um processo contínuo, o monopólio está no extremo oposto. A maioria dos profissionais de marketing fica em um ambiente competitivo em algum ponto entre esses dois extremos.

Profissionais de marketing precisam monitorar as ações dos principais concorrentes para determinar quais estratégias específicas os competidores estão usando e como estas afetam uns aos outros. Preço é uma das variáveis da estratégia de marketing que a maioria da concorrência monitora. Quando as companhias aéreas Delta ou Southwest reduzem a tarifa para uma rota, praticamente todas as principais companhias aéreas tentam acompanhar essa tarifa. O monitoramento guia os profissionais de marketing no desenvolvimento de vantagens competitivas e os ajuda a ajustar as estratégias atuais de marketing e planejar novas. Quando uma empresa como a Southwest adquire um concorrente como a AirTran, ocorre uma potencial diminuição da concorrência.

Ao monitorar a concorrência, não basta analisar a informação disponível; a organização deve desenvolver um sistema para reunir todas as informações existentes sobre a concorrência. Compreender o mercado e o que os clientes querem, bem como o que a concorrência está lançando, ajudará a manter uma orientação para o mercado.[7] As informações sobre a concorrência permitem aos gerentes de marketing avaliar o desem-

competição monopolística
Estrutura competitiva na qual a organização possui muitos concorrentes em potencial e tenta desenvolver uma estratégia de marketing para diferenciar seus produtos.

competição perfeita Estrutura de mercado caracterizada por um número extremamente grande de vendedores, nenhum deles forte o suficiente para influenciar significativamente o preço ou o abastecimento.

penho de seus próprios esforços de marketing e reconhecer os pontos fortes e fracos de suas estratégias. Dados sobre participação de mercado, movimentação de produto, volume de vendas e níveis de gastos podem ser úteis. No entanto, informações precisas sobre esses tópicos frequentemente são difíceis de se obter. Exploraremos a forma como os profissionais de marketing coletam e organizam tais dados no Capítulo 4.

Forças econômicas

Essas forças no ambiente de marketing influenciam as decisões e atividades dos profissionais de marketing e dos clientes. Nesta seção, examinamos os efeitos do poder de compra e da vontade de gastar, assim como de condições econômicas gerais.

Poder de compra e propensão para gastar

A força do **poder de compra** de uma pessoa depende das condições econômicas e do tamanho dos recursos – dinheiro, bens e serviços que podem ser negociados em troca – que lhe permitam realizar compras. As principais fontes financeiras do poder de compra são: renda, crédito e riqueza.

Para um indivíduo, renda é a quantidade de dinheiro recebida através de salários, aluguéis, investimentos, pensões e pagamentos de subsídio em dado período, como um mês ou um ano. Normalmente, esse dinheiro é alocado entre impostos, gastos com bens e serviços, e poupanças. Os profissionais de marketing estão mais interessados na quantia de dinheiro que sobrou após o pagamento de impostos, porque essa **renda disponível** é usada para gastar ou economizar. Já que a renda disponível é uma fonte pronta de poder de compra, a quantia total disponível em um país é importante para os profissionais de marketing. Vários fatores determinam o tamanho total da renda disponível, incluindo o montante total dos rendimentos – que é afetado pelos níveis de salários, índice de desemprego, taxa de juros e de dividendos – e o número e quantidade de impostos. O montante de dinheiro que sobra após a renda disponível e dos gastos para satisfazer as necessidades básicas de alimentação, vestuário e abrigo é chamado **renda discricionária**, usada pelas pessoas para lazer, férias, automóveis, educação, animais de estimação, móveis etc. A relojoaria Breitling vende produtos que poderiam ser adquiridos com renda discricionária. Ela mantém contrato com o jogador de futebol David Beckham, uma celebridade, que estampa suas propagandas, para conferir um ar de prestígio aos seus relógios, o que ajuda a justificar os US$ 11.200 na etiqueta de preço do seu relógio de viagem Breitling Transocean Chronograph Unitime. Mudanças na renda discricionária total afetam as vendas desses produtos, especialmente de automóveis, móveis, aparelhos eletroeletrônicos de grande porte ou outros bens duráveis caros.

poder de compra Recursos, como dinheiro, bens e serviços, que podem ser negociados em uma troca.

renda disponível Renda líquida após deduzidas as taxas e os impostos.

renda discricionária Renda excedente disponível para gastar ou poupar depois que um indivíduo pagou as contas relacionadas às suas necessidades básicas de alimentação, vestuário e moradia.

Renda discricionária
Os consumidores podem usar sua renda discricionária para comprar o Breitling Transocean Chronograph Unitime, apontado como o relógio ideal para os viajantes.

Crédito também é importante, porque permite que as pessoas gastem rendas futuras agora ou em um futuro próximo. No entanto, o crédito aumenta o poder de compra atual em detrimento do poder de compra futuro. Vários fatores determinam se as pessoas adquirem, usam ou se abstêm do crédito. Depois da última recessão norte-americana, a obtenção de crédito de empréstimos para compra de casas nos Estados Unidos tem sido mais difícil para os consumidores devido ao número de inadimplentes, porque os bancos endureceram os requisitos para empréstimos. Taxas de juros afetam as decisões dos compradores em usar crédito, especialmente para compras caras, como casas, aparelhos eletrônicos e automóveis. Quando as taxas de juros estão baixas, o custo total dos automóveis e casas se torna mais acessível. Em constrate, quando estão altas, os consumidores ficam mais propensos a adiar a compra de itens tão caros. O uso de cartão de crédito também é afetado pelos termos de crédito, como a entrada e o número de parcelas mensais.

Riqueza é o acúmulo de rendimentos antigos, recursos naturais e financeiros, presente em muitas formas, inclusive dinheiro, ações, conta-poupança, ouro, joias e imóveis. Para os profissionais de marketing, riqueza significa que, conforme as pessoas se tornam mais ricas, elas ganham poder de compra de três maneiras: podem usar sua riqueza para realizar compras no presente, gerar rendimentos e adquirir grandes quantidades de crédito.

A **propensão para gastar** – a inclinação de comprar devido à satisfação que se espera do produto – é relacionada, em algum grau, à habilidade das pessoas para comprar. Ou seja, às vezes, as pessoas estão mais inclinadas a comprar se tiverem poder de compra. No entanto, vários outros elementos também influenciam a propensão para gastar. Alguns afetam produtos específicos; outros, gastos em geral. O preço e o valor de um produto influenciam praticamente todos nós. As canetas da Cross, por exemplo, atraem os clientes que estão dispostos a gastar mais por excelentes instrumentos de escrita, mesmo quando canetas de preço mais baixo estão prontamente disponíveis. O nível de satisfação advindo de um produto que já pertenceu a alguém também pode influenciar os desejos dos clientes de comprar outros produtos. Satisfação não depende apenas da qualidade de produto recém-adquirido, mas também de numerosas forças psicológicas e sociais. O Índice Norte-Americano de Satisfação do Cliente, computado pelo Centro nacional de pesquisa de qualidade da Universidade de Michigan (ver Figura 3.1), oferece um indicador da satisfação do cliente em uma ampla variedade de negócios. Esse índice ajuda os profissionais de marketing a compreender como os consumidores percebem seus setores de atuação e negócios. Ao entender quão satisfeitos (ou insatisfeitos) estão os clientes, esses profissionais podem se valer dessa informação e adaptá-la de acordo com suas estratégias de marketing.

propensão para gastar Inclinação para comprar devido à expectativa de satisfação de um produto, influenciada pela habilidade de compra e pelas numerosas forças psicológicas e sociais.

Condições econômicas

O estado geral da economia oscila em todos os países. Mudanças nas condições econômicas gerais afetam (e são afetadas) abastecimento e demanda, poder de compra, vontade de gastar, nível de despesa do consumidor e intensidade do comportamento competititvo. Portanto, condições econômicas atuais e mudanças na economia têm grande impacto no sucesso das estratégias de marketing das organizações.

Flutuações na economia seguem um padrão geral, com frequência chamado **ciclo de negócios**. Na visão tradicional, esse ciclo consiste em quatro estágios: prosperidade, recessão, depressão e recuperação. Durante a *prosperidade*, o desemprego é baixo e a renda total relativamente alta. Assumindo uma taxa de inflação baixa, essa combinação garante alto poder de compra. Durante uma *recessão*, no entanto, o de-

ciclo de negócios Padrão de flutuações econômicas composto por quatro estágios: prosperidade, recessão, depressão e recuperação.

Figura 3.1

Índice de satisfação do consumidor norte-americano.

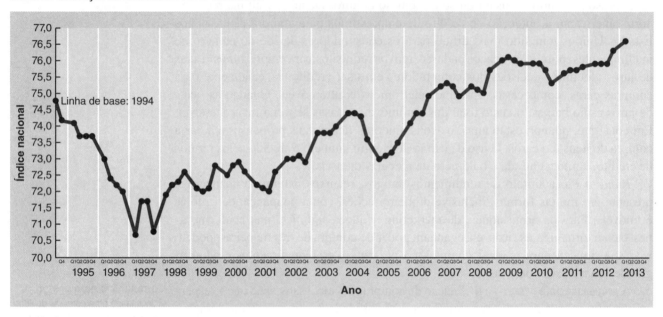

Fonte: Dados do American Customer Satisfaction Index (centro nacional de pesquisa de qualidade), *National Quarterly Benchmarks*. Disponível em: <www.theacsi.org/national-economic-indicator/national-quarterlybenchmarks.

semprego sobe, enquanto o poder de compra total cai. O pessimismo que acompanha uma recessão com frequência asfixia o gasto de consumidores e empresas. Uma recessão prolongada pode se transformar em *depressão*, período no qual o desemprego é extremamente alto, os salários são muito baixos, a renda disponível total fica no mínimo e os consumidores têm pouca confiança na economia. Ao longo da *recuperação*, a economia se move da depressão ou recessão para a *prosperidade*. Durante esse período, o alto desemprego começa a diminuir, a renda disponível total aumenta e diminui o pessimismo econômico, que antes reduziu a vontade de gastar dos clientes. A habilidade e a vontade de gastar aumentam.

O ciclo de negócios pode aumentar o sucesso das estratégias de marketing. No estágio da prosperidade, por exemplo, profissionais de marketing podem expandir suas ofertas de produto para tirar vantagem do aumento do poder de compra. Podem, ainda, ser capazes de capturar uma participação de mercado maior intensificando os esforços de distribuição e promoção. Em tempos de recesssão ou depressão, quando o poder de compra diminui, muitos clientes podem se tornar mais conscientes em relação aos preços e buscar produtos mais básicos em suas características funcionais. Por exemplo, quando o poder de compra diminuiu durante a mais recente recessão no Estados Unidos, as vendas das lojas de departamentos caíram. Os consumidores começaram a comprar em varejistas de desconto, como T. J. Maxx e Ross. Essas lojas atraíram consumidores de renda média porque vendem produtos de marca com desconto. Mesmo durante o ciclo de recuperação, muitos consumidores optam por continuar comprando em lojas de desconto para tirar vantagem dos preços baixos.[8]

Durante o declínio econômico, uma organização deve focar seus esforços em determinar precisamente quais funções os compradores querem e garantir que elas estejam disponíveis em suas ofertas de produtos. Esforços promocionais devem enfatizar valor e utilidade. Algumas empresas cometem o erro de reduzir drasticamente seus esforços de marketing durante uma recessão, prejudicando sua capacidade de competir. Os Estados Unidos e a maior parte do mundo experimentaram um período de prosperidade em 2004-2007. Durante esse tempo, o patrimônio líquido familiar aumentou quase 6% ao ano, com rápido aumento dos valores dos imóveis residenciais, baixo desemprego, baixa taxa de juros e expansão de disponibilidade de crédito. A decisão do governo e de instituições financeiras em conceder "empréstimos subprime" (empréstimo com taxas de juros mais altas voltados para pessoas com alto risco de inadimplência) acelerou a adoção geral desse tipo de empréstimo pelos norte-americanos. Em 2008, em decorrência do alto preço da energia, queda repentina dos valores dos imóveis, aumento de desemprego, crise financeira no setor bancário e grandes flutuações cambiais do dólar, os Estados Unidos vivenciaram uma recessão econômica marcante. A recessão foi a mais longa desde a Grande Depressão de 1930.

Forças políticas

Forças políticas, legais e regulatórias do ambiente de marketing são intimamente inter-relacionadas. Com a promulgação de uma nova legislação, decisões legais podem ser interpretadas pelos tribunais; agências reguladoras podem ser criadas e operacionalizadas a fim de regulamentar a lei. Essas agências são constituídas principalmente por oficiais eleitos ou nomeados. Legislação e regulações (ou a falta delas) refletem a percepção política atual. Por exemplo, depois que a crise financeira causou uma recessão mundial, o governo norte-americano aprovou, em 2010, a Lei Dodd-Frank de Reforma de Wall Street e de Proteção ao Consumidor. Esse ato legal foi criado para aumentar a responsabilidade corporativa e a transparência do setor financeiro.[9] A legislação estabeleceu uma nova agência de proteção ao consumidor para resguardar os investidores individuais de práticas financeiras enganosas.[10] Portanto, as forças políticas do ambiente de marketing têm o potencial de influenciar decisões e estratégias de marketing.

Profissionais de marketing reativos veem as forças políticas como algo além do seu controle, e simplesmente se adaptam às condições que surgem dessas forças. Mas algumas empresas são mais proativas e procuram influenciar o processo político. Em alguns casos, empresas protestam publicamente contra as ações dos órgãos legislativos. Mas, com mais frequência, as organizações ajudam a eleger, para cargos políticos, indivíduos que as veem com bons olhos. Muito dessa ajuda vem em forma de contribuições de campanha. A AT&T é um exemplo de empresa que tentou influenciar a legislação e regulação durante longo período de tempo. Desde 1990, ela tem disposto mais de US$ 50 milhões em doações corporativas para apoiar os fundos de campanha de candidatos políticos.[11] Por anos, legisladores e outros grupos têm procurado limitar a quantia de contribuições corporativas às campanhas. No julgamento de 2010 que envolveu a comissão eleitoral norte-americana, a Suprema Corte decidiu que o governo não está autorizado a proibir gastos corporativos nas eleições de candidatos.[12] Isso significa que eleições futuras podem ser afetadas por grandes doações corporativas aos que se candidatam. Os profissionais de marketing também podem influenciar o processo político através dos comitês de atuação política, que solicitam doações de indivíduos e então as doam a candidatos que disputam cargos políticos. Organizações também podem participar do processo político através de lobby para persuadir o público e/ou oficiais do governo a favorecer uma determinada posição na tomada de decisões. Muitas empresas, preocupadas com a ameaça da legislação ou regulamentação que possa afetar negativamente suas operações, empregam lobistas para comunicar suas preocupações a funcionários públicos eleitos. Por

Protesto contra empresas e governo
Manifestantes carregam bandeira para protestar contra a venda de alimentos geneticamente modificados durante manifestação em uma conferência do setor de biotecnologia.

exemplo, enquanto os Estados Unidos debatem se devem aprovar leis mais rigorosas que regulamentem atividades de marketing na internet, empresas de mídia social, como Google, mandam lobistas para expressar seus respectivos pontos de vista a respeito da legislação proposta.

Forças legais e regulatórias

Inúmeras leis federais influenciam as decisões e atividades de marketing. A Tabela 3.2 lista alguns dos artigos mais significativos da legislação norte-americana. As forças de agências reguladoras e de autorregulação também afetam os esforços de marketing.

Tabela 3.2 Principais leis federais que afetam as decisões de marketing

Lei (data de promulgação)	Finalidade
Legislação favorável à concorrência	
Lei Sherman de Antitruste (1890)	Proíbe contratos, acordos ou conspirações para restringir o comércio; considera monopólio ou tentativa de monopólio contravenção penal.
Lei Clayton (1914)	Proíbe práticas específicas, como discriminação de preço, arranjos exclusivos com revendas e aquisições de estoque em que o efeito pode diminuir notavelmente a concorrência ou tentar criar um monopólio.
Lei Comissão Federal de Comércio (1914)	Criou a Comissão Federal de Comércio (CFC), conferindo-lhe poderes investigatórios a serem usados na prevenção dos métodos desleais de competição.
Lei Robinson-Patman (1936)	Proíbe a discriminação de preço que reduz a concorrência entre atacadistas e varejistas; proíbe os produtores de oferecer serviços de instalações desproporcionais a grandes compradores.
Lei Wheeler-Lea (1938)	Proíbe atos e práticas desleais e enganosos, independentemente se a concorrência está "ferida"; coloca as propagandas de alimentos e remédios sob a jurisdição da CFC.

(*Continua*)

Tabela 3.2 Principais leis federais que afetam as decisões de marketing   (*Continuação*)

Lei (data de promulgacão)	Finalidade
Legislação favorável à concorrência	
Lei Celler-Kefauver (1950)	Proíbe qualquer corporação engajada no comércio de adquirir a totalidade ou parte do estoque ou outra fatia dos bens de capital de outras empresas quando o efeito diminui substancialmente a concorrência ou tende a criar um monopólio.
Lei de Preços dos Bens de Consumo (1975)	Proíbe o uso de acordos de manutenção de preço entre fabricantes e revendas no comércio interestadual.
Lei de Melhoramento do Antitruste (1976)	Requer que grandes corporações informem aos reguladores federais sobre potenciais fusões ou aquisições para que possam ser estudadas eventuais violações da lei.
Legislação de proteção ao consumidor	
Lei Pure Food and Drug (1906)	Proíbe adulteração e rotulação errônea de alimentos e medicamentos; estabelecida pela Food and Drug Administration – Administração federal de drogas e alimentos.
Lei de Embalagem e Rótulo Justos (1966)	Torna ilegais embalagens ou rótulos enganosos de produtos de consumo.
Lei Consumer Product Safety (1972)	Estabelece a Comissão de Segurança do Produto ao Consumidor; protege o público contra risco razoável de lesão ou morte associado aos produtos.
Lei Magnuson-Moss Warranty (CFC), (1975)	Estabelece normas mínimas para divulgação por escrito para a garantia de produtos de consumo; define normas mínimas de consentimento para as garantias escritas; permite à CFC prescrever regras em declarações políticas a respeito de práticas desleais ou enganosas.
Lei de Rotulagem Nutricional e de Educação (1990)	Proíbe alegações de saúde exageradas e exige que todos os alimentos processados exibam nos rótulos as informações nutricionais.
Lei de Proteção do Consumidor de Telefonia (1991)	Estabelece procedimentos para evitar solicitacões telefônicas indesejáveis, proíbe profissionais de marketing de usar um sistema de discagem automática, voz pré-gravada ou artificial para linhas telefônicas cadastradas.
Lei de Privacidade On-line de Crianças (2000)	Regulamenta a coleção on-line de informação de identificação pessoal (nome, endereço de envio, e-mail, *hobbies*, interesses ou a informação coletada através de *cookies*) de crianças menores de 13 anos.
Lei de Implantação do Do Not Call (2003)	Delega à Comissão Federal de Comunicações e à Comissão Federal de Comércio a coordenação para que suas regras sejam consistentes com as boas práticas de telemarketing, incluindo registros de listas de números protegidos contra chamadas indevidas (Do Not Call), bem como com as regras de abandono de ligação.
Lei dos Cartões de Créditos (2009)	Implementa regras estritas para empresas de cartão de crédito em relação a tópicos como emissão de crédito para jovens, taxas de juros e entradas.
Lei Dodd-Frank, de Reforma de Wall Street e de Proteção ao Consumidor (2010)	Promove reforma financeira para aumentar a responsabilidade e a transparência do setor financeiro; protege investidores individuais de práticas financeiras enganosas e estabelece a Agência de Proteção Financeira ao Consumidor.
Legislação de proteção de marca e de direitos autorais	
Lei Lanham (1946)	Fornece proteção e regulamentação de logotipos, símbolos de marcas, razões sociais e marcas registradas.
Revisão da Lei de Marcas Registradas (1988)	Altera o Ato Lanham para permitir que marcas ainda não introduzidas sejam protegidas através de registro no Escritório de Marcas e Patentes.
Lei Federal de Marcas Registradas Dilution (1995)	Dá aos proprietários de marcas registradas o direito de protegê-las e exige a renúncia de marcas registradas já existentes com nomes iguais ou paralelos.
Lei Digital Millennium Copyright (1998)	Aprimora as leis de direitos autorais para proteger as versões digitais de materiais com direitos autorais, inclusive músicas e filmes.

© Cengage Learning

Agências reguladoras

Agências reguladoras federais influenciam muitas atividades de marketing, inclusive o desenvolvimento de produtos, precificação, embalagem e rótulos, propaganda, vendas pessoais e distribuição. Em geral, esses órgãos governamentais têm o poder de fazer cumprir leis específicas, bem como a discricionariedade para estabelecer regras de operações e regulamentos para guiar certos tipos de práticas dentro de um setor. De todas as unidades federais reguladoras dos Estados Unidos, a **Comissão Federal de Comércio (CFC)** é a que mais influencia as atividades de marketing. Embora regule uma variedade de práticas de mercado, aloca recursos consideráveis para limitar a propaganda falsa, preço enganoso e embalagens e rótulos ilusórios. Quando recebe uma reclamação ou, pelo contrário, tem motivos para acreditar que uma empresa está violando a lei, ela emite uma queixa afirmando que a companhia está comentendo uma violação. Se a empresa continuar com a prática questionável, a CFC pode emitir um pedido para fazer cessar e proibir a prática que está causando a reclamação. A empresa pode apelar para as cortes federais a fim de ter o pedido anulado. No entanto, a CFC pode buscar sanções civis na corte, até uma penalidade de US$ 10 mil por dia por infração, caso a ordem de cessar e proibir seja violada. A CFC também auxilia as empresas a cumprir as leis por meio de ações judiciais contra aqueles envolvidos em práticas de marketing enganosas. Por exemplo, essa comissão investigou se a Google estava envolvida em práticas anticompetitivas quando favoreceu injustamente seus próprios produtos, tornando mais difícil que produtos concorrentes fossem mostrados claramente nos resultados da busca.[13]

Ao contrário da CFC, outras unidades reguladoras limitam-se a lidar com produtos específicos ou atividades de negócios. Por exemplo, a Administração de Alimentos e Drogas (Food and Drug Administration – FDA) executa regulamentos que proíbem a venda e distribuição de produtos alimentícios ou medicamentos adulterados, falsificados ou perigosos. A Comissão de segurança do produto ao consumidor assegura a conformidade com a Lei Consumer Product Safety, que protege o público de lesão ou injúria excessiva causada por qualquer produto não coberto pelas agências reguladoras.

Comissão Federal de Comércio (CFC) Agência norte-americana que regula uma variedade de práticas de negócios e impede a propaganda falsa, preço enganoso e embalagens e rótulos ilusórios.

Segurança dos cartões de crédito aos consumidores
O roubo de cartões de crédito criou a necessidade de vigilância ao consumidor e de assistência de agências regulatórias para prevenir fraudes.

Além disso, as leis também foram criadas para prevenir que as empresas ganhem uma vantagem competitiva injusta através de suborno. A lei de práticas de corrupção no exterior (Foreign Corrupt Practices Act – FCPA) proíbe companhias norte-americanas de fazer pagamentos ilícitos a funcionários estrangeiros para obter ou manter suas negociações. A Siemens AG pagou US$ 1,6 bilhão aos Estados Unidos e à Alemanha para resolver as alegações de que havia subornado funcionários do governo em diferentes países para obter contratos.[14] A FCPA permite o pagamento de jetons de pequena soma para viabilizar os custos de transação com os governos. No entanto, a aprovação da Lei Bribery, do Reino Unido, não permitiu, inicialmente, pagamentos de facilitação, embora o governo desse país tenha decidido rever essa proibição, já que geralmente é necessário, nos países em desenvolvimento, pagar pequenas gratificações para que os funcionários de baixo escalão do governo executem suas funções.[15] A Lei Bribery é mais abrangente do que a FCPA, e tem implicações significativas sobre os negócios globais. Sob essa lei, as empresas podem ser julgadas culpadas de suborno, mesmo que a prática não tenha ocorrido dentro do Reino Unido, e os funcionários, mesmo sem conhecimento explícito sobre a má conduta, podem ser responsabilizados. A lei aplica-se a qualquer empresa com operações no Reino Unido.[16] Também pode barrar empresas se seus parceiros ou subsidiários de empreendimentos conjuntos forem considerados culpados de suborno. No entanto, permite a leniência se a empresa tem um programa de conformidade efetivo e se submete a avaliações éticas periódicas.[17] Em resposta à lei, as empresas começaram a fortalecer seus programas de conformidade relacionados a subornos. Por exemplo, a Kimberly-Clark agora requer que alguns de seus parceiros de negócios autorizem uma auditoria e mantenham uma documentação completa de seus pagamentos.[18]

As leis estaduais norte-americanas de proteção ao consumidor oferecem uma oportunidade aos advogados do estado de lidar com questões de marketing relacionadas a fraude e engano. A maioria dos estados tem leis de proteção ao consumidor generalizadas e que garantem a aplicação da lei quando novos esquemas que prejudicam consumidores evoluem. Por exemplo, o Conselho de Proteção dos Consumi-

Autorregulação
Better Business Bureau é um dos programas autorregulatórios mais conhecidos.

dores de Nova York é muito proativo em monitorar a proteção ao consumidor e lhe fornecer esclarecimentos. Mais recentemente, esse Conselho tomou medidas para proteger os consumidores de violação de dados e golpes, alertando-os contra os golpes que surgiram após o desastre do Furacão Sandy.[19]

Autorregulação

Tentando ser boas pessoas jurídicas e prevenir a intervenção do governo, alguns negócios tentam regular a si mesmos. Várias associações de comércio também têm desenvolvido programas autorreguladores. Embora esses programas não sejam uma consequência direta das leis, muitos foram estabelecidos para parar ou protelar o desenvolvimento de leis e grupos governamentais reguladores que poderiam controlar as práticas de marketing desses negócios. Com frequência associações de comércio estabelecem códigos éticos que seus membros devem seguir, sob ameça de censura ou exclusão. Por exemplo, a Associação de Fabricantes e de Pesquisa Farmacêutica da América lançou seus "princípios orientadores", um conjunto de regras voluntárias que devem ser seguidas pelas empresas farmacêuticas em situações de veiculação de propaganda para consumidores.[20]

Better Business Bureau (BBB) Sistema de agências reguladoras locais, não governamentais e independentes, apoiado por empresas locais, que ajudam a resolver problemas entre consumidores e empresas específicas.

O mais conhecido grupo de regulação não governamental talvez seja o **Better Business Bureau**, agência local de autorregulação apoiada por empresas da região. Cerca de 113 agências ajudam a resolver problemas entre consumidores e empresas específicas nos Estados Unidos e no Canadá. Cada agência também atua para preservar as boas práticas de negócios em uma localidade, embora, em geral, faltem ferramentas fortes de execução para lidar com empresas que empregam práticas questionáveis. Quando uma empresa continua a violar o que o Better Business Bureau acredita ser boas práticas de mercado, a agência alerta o cliente através de jornais locais ou meios de transmissão. Se a empresa violadora for membro do Better Business Bureau, pode ser expulsa da agência local. Por exemplo, a filial do Better Business Bureau de St. Louis expulsou três empresas por não responder a queixas e pedidos.[21]

National Advertising Review Board (Narb) Entidade autorreguladora que considera desafios às questões levantadas pela Divisão Nacional de Propaganda (NAD) – braço do Conselho do Better Business Bureau a respeito de determinada propaganda.

A Divisão Nacional de Propaganda, do Conselho do Better Business Bureau, opera um programa autorregulador que investiga reclamações sobre propaganda enganosa. Por exemplo, a NAD recomendou que a Comcast parasse de anunciar seu serviço de internet XFinity como o "mais rápido do país", já que a empresa não tinha evidências para afirmar essa reivindicação.[22] Outra entidade autorreguladora, Conselho Revisor Nacional de Propaganda – **National Advertising Review Board (Narb)**, considera casos nos quais um anunciante desafia questões levantadas pela NAD a respeito de uma propaganda. Os casos indicados são revistos por membros do Narb, representantes dos anunciantes, agências e o público. Por exemplo, o Narb determinou que as empresas que usavam o selo Fair Trade USA (Comércio Justo dos Estados Unidos) em seus rótulos deveriam especificar a porcentagem de ingredientes do comércio justo na embalagem.[23] O Narb, patrocinado pelo Council of Better Business Bureaus e três organizações de propaganda, não tem poderes oficiais de execução. No entanto, se a empresa se recusa a obedecer a sua decisão, ela pode tornar pública a prática questionável e registrar uma reclamação na Comissão Federal de Comércio.

Programas autorreguladores têm várias vantagens sobre as leis governamentais e agências reguladoras governamentais. O estabelecimento e a implementação desses programas em geral custam menos, e as diretrizes são mais realistas e operacionais. Além disso, programas autorreguladores efetivos reduzem a necessidade de expandir a burocracia do governo. No entanto, esses programas têm várias limitações. Quando uma associação comercial cria um conjunto de diretrizes do setor para seus membros, as empresas não participantes não precisam obedecê-las. Além disso, muitos programas autorreguladores não têm as ferramentas ou a autoridade para fazer cumprir as diretrizes. Por fim, diretrizes em programas autorreguladores geralmente são menos estritas do que aquelas estabelecidas por agências governamentais.

Forças tecnológicas

A palavra *tecnologia* traz à mente avanços científicos, como iPads, veículos elétricos, smartphones, clonagem, medicamentos "milagrosos", internet, etiquetas de identificação por radiofrequência e muito mais. Tais avanços tornam possível aos profissionais de marketing operar de forma mais eficiente e fornecer uma interessante gama de produtos para os consumidores. No entanto, mesmo que essas inovações sejam consequência da tecnologia, nenhuma delas *é* a tecnologia. **Tecnologia** é a aplicação de conhecimento e ferramentas para resolver problemas e executar tarefas com mais eficiência.

tecnologia Aplicação de conhecimentos e ferramentas para resolver problemas e executar tarefas de forma mais eficiente.

A tecnologia determina como nós, membros da sociedade, satisfazemos nossas necessidades psicológicas. De várias maneiras e em diferentes graus, hábitos ao comer e beber, padrões de sono, atividades sexuais, cuidados com a saúde e desempenho no trabalho são todos influenciados por tecnologias e avanços tecnológicos já existentes. Por causa da revolução tecnológica nas comunicações, por exemplo, profissionais de marketing agora podem atingir vastas quantidades de pessoas de forma mais eficiente através de uma variedade de meios de comunicação. Redes sociais, smartphones e tablets ajudam esses profissionais a interagir com clientes, definir suas atividades e lidar com pedidos e cancelamentos de última hora. Atualmente, cerca de um terço dos norte-americanos trocou seus telefones fixos por celulares.[24] Estima-se que 46% dos adultos norte-americanos possuam os smarthphones mais avançados.[25]

A proliferação de telefones celulares, a maioria com recursos de mensagem de texto, levou os profissionais de marketing a empregar o envio dessas mensagens e multimídia para atingir seus mercados-alvo. Os restaurantes, por exemplo, podem enviar os pratos especiais do dia aos celulares dos clientes assinantes. Os computadores se tornaram algo essencial nos lares dos Estados Unidos, mas os tipos de

Marketing em debate

Copiadores ou inovadores?

QUESTÃO: A Rocket Internet é um centro de inovação ou apenas outra copiadora?

Copiar é algo que tem sido feito por anos, mas há alguma empresa que já tenha ido muito longe com isso? Rocket Internet é uma empresa de base alemã que copiou de forma bem-sucedida os modelos de negócios via internet dos Estados Unidos e os lançou em escala internacional. Ela já lançou vários negócios duplicados, o mais famoso foi a Citydeal, copiada do Groupon, que a adquiriu logo em seguida. Críticos têm desacreditado a Rocket Internet ao dizer que lhe falta inspiração e originalidade. No entanto, modelos de empresas não podem ser patenteados, e marcas comerciais aplicam-se apenas aos seus países de origem. De certa forma, a abordagem da Rocket Internet parece antiética. Por outro lado, ela pode ser vista como uma forma inovadora de pegar um plano de negócios bem-sucedido e capitalizá-lo em um mercado inexplorado. Tecnicamente, a Rocket Internet opera de acordo com a lei.[a]

computadores têm mudado drasticamente na última década. Os tradicionais desktops parecem estar em declínio. Notebooks tornaram-se imensamente populares devido a sua mobilidade; entretanto, analistas estimam que eles podem estar chegando ao estágio de maturidade do seu ciclo de vida. Por outro lado, tablets, como iPad e Samsung Galaxy Tab, experimentam grande crescimento, e talvez excedam em breve os notebooks em vendas.[26] Em resposta, muitas empresas estão criando aplicativos feitos exclusivamente para iPad e outros dispositivos similares. A tecnologia, que evolui rapidamente, requer que os profissionais de marketing se familiarizem com as mais recentes mudanças tecnológicas.

Os efeitos da tecnologia relacionam-se a características específicas, como a natureza da dinâmica, do alcance e da autossustentabildade do progresso tecnológico. *Dinâmica* envolve a constante mudança que frequentemente desafia as estruturas de instituições sociais, inclusive relacionamentos sociais, sistema legal, religião, educação, negócios e lazer. *Alcance* refere-se ao seu caráter amplo, conforme ela circula pela sociedade. Considere o impacto da telefonia celular e do wireless. A capacidade de fazer ligações de praticamente qualquer localidade tem muitos benefícios, mas também efeitos negativos, incluindo aumento em acidentes de trânsito, poluição sonora e medo dos possíveis riscos para a saúde.[27] O caráter autossustentável da tecnologia funciona como um catalisador que estimula o desenvolvimento de modo mais rápido. À medida que novas tecnologias são introduzidas no mercado, elas estimulam a necessidade por maiores avanços que facilitam futuros desenvolvimentos. A Apple, por exemplo, a cada lançamento de seus iPhones e iPads, avança na aplicação de novas tecnologias. A pesquisa da Motion, por outro lado, falhou em atualizar a tecnologia dos seus BlackBerrys de modo mais rápido do que a Apple fez com seus produtos. E, por conta desse atraso, perdeu participação de mercado. A tecnologia iniciou um processo de mudança que cria novas oportunidades para novas tecnologias em cada segmento setorial ou experiência pessoal que ela atinge. Em algum ponto, há mesmo um efeito multiplicador que ainda causa grande demanda por mais mudanças que melhorem o desempenho.[28] É importante para as organizações determinar quando uma tecnologia muda um setor e define a influência estratégica dessa nova tecnologia. Por exemplo, atualmente, os dispositivos sem fio em uso incluem rádios, celulares, notebooks, TVs, pagers e chaves de carro. Para permanecer competitivas, as empresas precisam acompanhar e se adaptar aos avanços tecnológicos. Por meio de um procedimento conhecido como avaliação de tecnologias, gerentes tentam prever os efeitos de novos processos e produtos nas operações de suas empresas, em outras organizações e na sociedade em geral. Com a informação obtida através dessa avaliação de tecnologias, os gestores tentam estimar se os benefícios da adoção de uma tecnologia específica compensam os custos para a organização e a maior parte da sociedade. O grau em que um negócio é tecnologicamente baseado também influencia a resposta de seus administradores à tecnologia.

Forças socioculturais

forças socioculturais
Influências em uma sociedade e em sua cultura que mudam as atitudes, crenças, normas, costumes e estilos de vida das pessoas.

Forças socioculturais são as influências em uma sociedade e sua cultura que trazem mudanças em atitudes, crenças, normas, costumes e estilos de vida. Essas forças afetam profundamente a forma como as pessoas vivem, e ajudam a determinar o que, onde, como e quando elas compram produtos. Assim como ocorre com as outras forças ambientais, essas apresentam aos profissionais de marketing desafios e oportunidades.

Mudanças nas caraterísticas geográficas de uma população – idade, gênero, raça, etnia, estado civil e parental, renda e nível de instrução – têm relevância significativa em relacionamentos e no comportamento individual. Essas alterações levam a mudanças em como as pessoas vivem e, basicamente, em seu consumo de produtos, como alimentos, vestuário, moradia, transporte, comunicação, recreção, educacão e serviços de saúde. Analisamos algumas mudanças em demografia e diversidade que afetam as atividades de marketing.

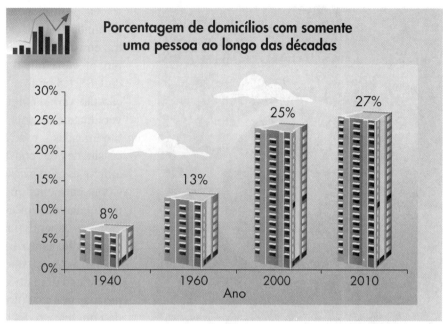

Fonte: U.S. Census Bureau.

Uma mudança demográfica que afeta o mercado é o aumento da proporção de consumidores mais velhos. De acordo com o U. S Census Bureau, espera-se que o número de pessoas com 65 anos ou mais dobre em 2050, atingindo, nos Estados Unidos, 88,5 milhões.[29] Portanto, os profissionais de marketing podem esperar aumentos significativos na demanda por serviços de saúde, recreação, turismo, casas de repouso e produtos para cuidados com a pele.

O número de solteiros também está em ascensão. Atualmente, eles compreendem 49% dos lares dos norte-americanos.[30] Pessoas solteiras têm padrões de gastos bem diferentes do que casais e famílias com filhos. Elas são menos propensas a comprar casa própria, logo, compram menos móveis e poucos aparelhos eletroeletrônicos de grande porte, e gastam mais com comida congelada ou processada, restaurantes, viagens, lazer e recreação. Além disso, tendem a preferir embalagens menores, considerando que, em geral, as famílias compram produtos a granel e embalados em várias porções.

Os Estados Unidos entraram em outra explosão de nascimentos conhecida como *Baby Boom*, com 27,3% do total populacional abaixo de 18 anos ou mais jovem; os *baby boomers* originais, nascidos entre 1946 e 1964, representam cerca de 26%.[31] Os filhos destes diferem uns dos outros radicalmente, em termos de raça, estilo de vida e classe socieconômica. Assim, o novo baby boom é muito mais diversificado do que o de gerações anteriores.

Apesar dessa tendência, a taxa de natalidade começou a declinar. A população dos Estados Unidos vivenciou, na última década, a mais fraca taxa de nascimento desde a Grande Depressão. A população cresceu 9,7%, e chegou a quase 310 milhões. Enquanto a taxa de natalidade diminui, novos imigrantes ajudam a aumentar a população.[32] Isso representa outra tendência populacional relevante: o caráter cada vez mais multicultural da socidade norte-americana. O número de imigrantes que vão para os Estados Unidos tem aumentado durante os últimos 40 anos. Na virada do século 20, a população do país mudou, de uma sociadade dominada por brancos, para três grupos raciais e étnicos: brancos, negros e hispânicos. O governo norte-americano prevê que em 2050 haverá mais de 133 milhões de hispânicos, 66 milhões de negros e 41 milhões de asiáticos que farão dos Estados Unidos seu lar.[33]

Os profissionais de marketing reconhecem que essas profundas mudanças na população dos Estados Unidos trazem problemas e oportunidades ímpares. Por exemplo, prevê-se que o poder de compra dos hispânicos será de US$ 1,5 trilhão em 2015.[34] No entanto, uma população tão variada significa uma base de clientes mais diversificada, ou seja, as práticas de marketing devem ser modificadas – e diversificadas – para satisfazer suas necessidades em constante mudança. Em um esforço para atingir essa expansão demográfica, a cervejaria Miller-Coors patrocina uma liga mexicana de futebol e coloca mais palavras em espanhol em suas caixas e rótulos. A empresa espera criar um relacionamento com os consumidores hispânicos visando conquistar sua lealdade.[35]

As mudanças nos valores sociais e culturais têm influenciado dramaticamente as necessidades e desejos das pessoas por produtos. Embora esses valores não mudem da noite para o dia, variam em velocidade. Os profissionais de marketing tentam monitorar essas mudanças, já que ter essa informação pode equipá-los para prever mudanças nas necessidades de consumidores por produtos, pelo menos num futuro próximo.

Hoje em dia, as pessoas estão mais preocupadas com sua alimentação, e, assim, escolhem produtos com baixo teor de gordura, orgânicos, naturais e saudáveis. Profissionais de marketing têm respondido a isso com uma proliferação de alimentos, bebidas e produtos de ginástica que se encaixam nesse novo estilo de vida. Além dessa proliferação de novas marcas orgânicas, muitos profissionais de marketing de produtos tradicionais têm introduzido versões orgânicas de suas marcas, incluindo Orville Redenbacher, Heinz e mesmo Walmart. O iogurte Yoplait capitalizou essa tendência ao informar sobre seus benefícios para a saúde. A empresa lançou uma propaganda que mostra metade de um iogurte e metade de uma rosca doce, para enfatizar que, embora o Yoplait tenha baixo teor de gordura, ainda é uma deliciosa e saborosa guloseima.

Mudança de tendência nos valores sociais e culturais
A crescente preocupação com a obesidade tem causado um interesse renovado em alimentos saudáveis e de baixa caloria. Este anúncio compara o iogurte Yoplait a uma rosca doce gelada com chocolate granulado. Embora ambos os alimentos sejam doces, Yoplait promove as 90 calorias de seu iogurte em comparação às 350 calorias da rosca.

A principal fonte de valores é a família. Valores sobre a permanência do casamento estão mudando, mas as crianças continuam importantes dentro do contexto familiar. Os profissionais de marketing vêm respondendo com assessórios e artigos para bebês mais seguros e com melhorias, eletrônicos infantis e produtos de lazer para toda a família. E também direcionam seus esforços de marketing às crianças, já que elas com frequência desempenham um papel essencial nas decisões de compra. Valores infantis e familiares também são um fator na tendência por mais refeições fora de casa. Famílias ocupadas geralmente querem gastar menos tempo na cozinha e mais tempo juntos, aproveitando a companhia uns dos outros. Os primeiros beneficiários dessa tendência foram os restaurantes casuais e de fast-food, como McDonald's, Taco Bell, Boston Market e Applebee's, mas a maioria dos supermercados tem acrescentado mais refeições congeladas ou prontas para consumo a fim de atingir as necessidades desses consumidores. Alguns, como Whole Foods, também servem comida pronta em suas cafeterias.

● ● ● Tendências do marketing

Como os restaurantes respondem à tendência saudável

Menos sódio e mais informações sobre calorias estão se tornando uma tendência emergente, varrendo as cadeias de fast-food em todo o país. Conforme as taxas de obesidade continuam aumentando, os clientes tentam controlar a saúde e se tornam mais conscientes do que colocam na boca. Com essa consciência, apareceram adaptações feitas pelos profissionais de marketing, que tentam aumentar o número de clientes fornecendo informações para tornar as escolhas saudáveis mais fáceis. Com a divulgação das calorias, os restaurantes parecem ter reformulado seus cardápios, permitindo assim alternativas mais saudáveis na oferta de seus pratos.

Por exemplo, o Boston Market baixou 20% do nível de sódio em três produtos da sua marca, e também removeu os saleiros das mesas dos seus restaurantes. Esses esforços tentam se adequar às questões que os clientes levantaram sobre a quantidade de sal nos produtos.

O McDonald's tentou fazer algo semelhante ao avisar seus clientes sobre a quantidade de calorias presentes no cardápio. McDonald's é a maior cadeia de restaurantes e a primeira empresa de fast-food a rotular seu cardápio no seu país de origem. A tendência emergente de "rotulagem de cardápio" em breve se tornará uma exigência aos restaurantes com 20 ou mais pontos de venda nos Estados Unidos. Com as tendências ambientais em constante mudança, os profissionais de marketing de restaurantes fast-food devem se preparar para estar sempre sintonizados.[b]

RESPONSABILIDADE SOCIAL E ÉTICA NO MARKETING

2 Compreender os conceitos e dimensões da responsabilidade social no marketing.

Em marketing, **responsabilidade social** refere-se à obrigação de a organização maximizar seu impacto positivo e minimizar o negativo na sociedade. Responsabilidade social, portanto, lida com o efeito de todas as decisões de marketing na sociedade. Nesse sentido, responsabilidade social inclui o processo administrativo necessário para monitorar, satisfazer e até exceder as expectativas e necessidades dos stakeholders.[36] Lembre-se de que no Capítulo 1 vimos que stakeholders são grupos que têm uma "participação" ou reivindicam algum aspecto em relação a produtos, operações, mercados, setores industriais e rendimentos da organização. Líderes corporativos, como Indra Nooyi, presidente e CEO da PepsiCo, reconhecem cada vez mais que as empresas precisam assumir seriamente suas responsabilidades sociais.[37]

Amplas evidências demonstram que ignorar as demandas dos stakeholders que buscam um marketing mais responsável pode destruir a confiança dos clientes e até provocar severas regulamentações governamentais. Ações irresponsáveis que irritam os clientes, empregados ou concorrentes podem não apenas pôr em risco a capacidade financeira da organização, mas também causar repercussões legais. Por exemplo, a GlaxoSmithKline pagou US$ 90 milhões para se livrar das acusações de que havia comercializado ilegalmente o medicamento para diabetes Avandia.[38] Em contraste, atividades socialmente responsáveis podem gerar publicidade positiva e alavancar as vendas. O programa corporativo voluntário da IBM tem ajudado o Quênia a reestruturar seu sistema de correios e a Tanzânia a desenvolver oportunidades de ecoturismo, e, ainda, gera milhões de dólares em novos negócios.[39]

Esforços no sentido da responsabilidade social como os da IBM têm um impacto positivo nas comunidades locais e, ao mesmo tempo, ajudam indiretamente a patrocinar organizações, atraindo boa vontade, publicidade, clientes e funcionários em potencial. Dessa forma, enquanto responsabilidade social é certamente um conceito positivo por si só, a maior parte das organizações abraça essa ideia na expectativa de conseguir benefícios indiretos no longo prazo.

responsabilidade social
A obrigação de uma organização em maximizar o impacto positivo e minimizar o negativo na sociedade.

Produtos socialmente responsáveis
Muitas montadoras de veículos estão adicionando a suas ofertas de produto o carro elétrico como um benefício de longo prazo e socialmente responsável.

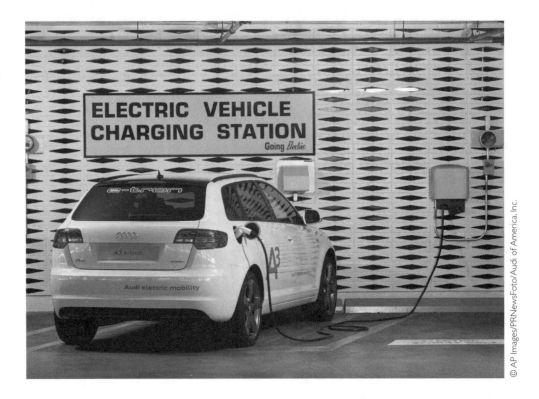

cidadania do marketing
Adoção de um foco estratégico para cumprir a responsabilidade econômica, legal, ética, social e filantrópica desejada pelos stakeholders.

Organizações socialmente responsáveis esforçam-se em conseguir a **cidadania do marketing**, adotando um foco estratégico para suprir as responsabilidades econômicas, legais, éticas, filantrópicas e sociais que os stakeholders esperam. Considera-se que as organizações que levam em conta as diversas perspectivas dos stakeholders em suas operações diárias e planejamento estratégico têm uma *orientação para os stakeholders*, um importante elemento da cidadania corporativa.[40] A orientação para os stakeholders no marketing vai além de clientes, concorrentes e reguladores, para inserir a compreensão e abordar as necessidades de todas as partes interessadas, incluindo comunidades e grupos de interesse especial. Como resultado, as organizações agora estão sob pressão para empreender iniciativas que demonstrem uma perspectiva equilibrada na participação de todos os grupos interessados.[41] O laboratório Pfizer, por exemplo, garantiu apoio aos stakeholders em uma série de assuntos delicados, incluindo o aumento dos custos com plano de saúde e reforma de assistência médica.[42] Como a Figura 3.2 mostra, as dimensões econômicas, legais, éticas e filantrópicas da responsabilidade social podem ser vistas como uma pirâmide.[43] Os aspectos legais e econômicos há muito foram reconhecidos, mas só nos últimos anos as questões éticas e filantrópicas ganharam efetivo reconhecimento.

Dimensão econômica

No nível mais básico, todas as organizações têm a responsabilidade econômica de ser rentáveis, para que possam fornecer um retorno sobre o investimento aos seus proprietários ou investidores, gerar empregos para a comunidade e contribuir com a economia por meio de bens e serviços. A forma como as empresas se relacionam com os stakeholders, empregados, concorrentes, clientes, comunidade e meio ambiente afeta a economia.

Profissionais de marketing também têm a responsabilidade econômica de competir de acordo com as regras. Em geral, o tamanho confere às empresas uma vantagem

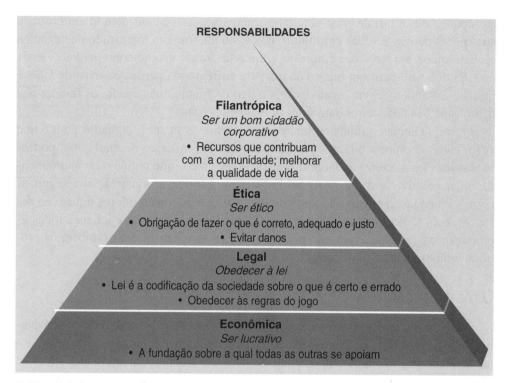

Figura 3.2

Pirâmide da responsabilidade social corporativa.

Fonte: Archie B. Carroll, The Pyramid of Corporate Social Responsibility: Toward the Moral Management of Organizational Stakeholders, adaptação da Figura 3, p. 42. Reimpresso da *Business Horizons*, jul./ago. 1991, pela Foundation for the School of Business at Indiana University. Reproduzido com permissão.

sobre as outras. Empresas grandes com frequência conseguem gerar economia de escala, o que lhes permite tirar as pequenas dos negócios. Em consequência, iniciativas de pequeno porte e mesmo comunidades inteiras podem resistir aos esforços de empresas como Walmart, Home Depot e Best Buy em sua intenção de abrir lojas nas proximidades. Essas empresas podem operar com custos tão baixos, que as pequenas empresas locais não conseguem concorrer. Tais questões criam preocupações sobre responsabilidade social entre empresas, comunidades e consumidores.

Dimensão legal

Também é esperado que os profissionais de marketing obedeçam às leis e regulamentações. Os esforços dos representantes eleitos e dos grupos de interesse especial em promover um comportamento corporativo responsável resultaram em leis e regulamentações projetadas para manter as ações de empresas dos Estados Unidos dentro de uma conduta aceitável. Embora a maioria dos casos noticiados na impressa lide com sérias condutas impróprias, nem todos os casos jurídicos são violações explícitas da lei. Por vezes, são uma nova forma de interpretação das leis existentes. Essas sanções podem ser ambíguas, e novas interpretações necessitam ser julgadas nos tribunais, gerando novas jurisprudências sobre o certo e o que precisa ser regulamentado. Por exemplo, questões sobre rastreamento e privacidade na internet levaram os legisladores a considerar o desenvolvimento de uma legislação limitando os tipos de informação que os profissionais de marketing podem reunir através da internet.

Quando os profissionais de marketing se envolvem em práticas enganosas para melhorar seus próprios interesses acima dos dos outros, podem acontecer acusações de fraudes. No geral, fraude é uma comunicação proposital que engana, manipula e esconde fatos a fim de criar uma falsa impressão. Isso é considerado um crime, e suas penas podem resultar em multas, prisão ou ambos. Em um estudo de negócios globais, quase um terço das empresas vítimas de fraude vivenciaram perdas de mais de US$ 500 mil, com um quarto da amostra enfrentando perdas de mais de US$ 1 milhão. Embora o desvio de ativos seja o tipo de fraude mais citado, as fraudes nas demonstrações financeiras causaram as maiores perdas.[44]

Quando clientes, grupos de interesse ou empresas ficam indignados com o que veem como irresponsabilidade por parte de uma organização de marketing, podem incitar seus legisladores a elaborar uma nova legislação que regule o comportamento, ou se envolver em um processo judicial para forçar a organização a seguir as regras. Propaganda enganosa, em particular, faz que os consumidores fiquem na defensiva com todas as mensagens promocionais e vejam com desconfiança todas as propagandas; portanto, isso não prejudica apenas os clientes, mas também os próprios profissionais de marketing.[45]

Dimensão ética

Responsabilidades econômicas e legais são os níveis mais básicos de responsabilidade social por uma boa razão: não as considerar pode significar que um profissional de marketing não tem tempo suficiente para se envolver com atividades éticas ou filantrópicas. Para além dessas dimensões, existe a ética no marketing – princípios e tendências que definem uma conduta aceitável, conforme determinado por vários stakeholders, incluindo o público, reguladores governamentais, grupos de interesse privado, consumidores, setores industriais e a própria organização. O mais básico

Figura 3.3

Confiança nas empresas em países selecionados.

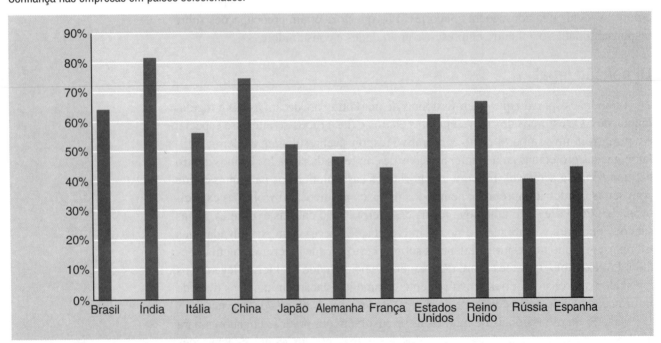

Fonte: Edelman Insights, Global Deck: 2013 *Trust Barometer*. Disponível em: <http://pt.slideshare.net/EdelmanInsights/global-deck-2013-edelman-trust-barometer-16086761>. Acesso em: 24 jul. 2013.

desses princípios tem sido condificado em forma de leis e regulamentos para incentivar profissionais de marketing a seguir as expectativas de conduta. Por exemplo, um escândalo global de suborno na Avon custou à empresa mais de US$ 250 milhões em taxas legais e levou à demissão da CEO Andrea Jung.[46]

No entanto, a ética no marketing vai além de questões jurídicas. Decisões éticas de marketing promovem a confiança, o que ajuda a construir relacionamentos de marketing em longo prazo. Profissionais de marketing devem estar cientes das tendências éticas para uma conduta aceitável sob vários pontos de vista – da própria organização, setor industrial, governo, clientes, grupos de interesse especial e sociedade em geral.

Quando as atividades de marketing se desviam dos padrões aceitos, o processo de troca pode falhar, resultando em insatisfação do cliente, falta de confiança e ações judiciais. O Edelman Trust Barometer de 2013 revelou que 62% dos norte-americanos confiam que as empresas agem de forma correta. A Figura 3.3 compara a confiança de consumidores norte-americanos nas empresas com a porcentagem auferida em outros países. A figura revela que a confiança que os norte-americanos depositam nas empresas é menor do que em países como China, Brasil, Emirados Árabes e Índia.[47]

Quando os gerentes engajam-se em atividades que se desviam dos princípios aceitos, um intercâmbio de marketing contínuo se torna mais difícil, senão impossível. O melhor momento para lidar com tais problemas é durante o planejamento estratégico, não depois que os problemas maiores se materializam. Por exemplo, espera-se que membros da equipe da Whole Foods contribuam com insights e recomendem como abordar problemas antes que eles se tornem grandes, assim como a implementar a conformidade nas lojas.[48]

Questão ética é um problema, situação ou oportunidade identificado que exige que um indivíduo ou organização escolha entre várias ações que devem ser avaliadas como certas ou erradas, éticas ou antiéticas. Toda vez que uma atividade causa aos gerentes de marketing ou aos clientes em seu mercado-alvo um sentimento de manipulação ou enganação, uma questão ética de marketing existe, independentemente

questão ética Um problema, situação ou oportunidade identificado que requer uma escolha entre várias ações que devem ser avaliadas como certas ou erradas, éticas ou antiéticas.

♦♦♦ Empreendedorismo em marketing

True Office oferece uma forma inovadora de abordar o treinamento em ética

Adam Sodowick, empreendedor e CEO da True Office, desenvolveu um novo videogame interativo com storytelling (narrativa com uma história relevante) para envolver os empregados durante os treinamentos em ética. Depois de conduzir uma série de testes, a True Office descobriu que empregados retêm mais conhecimento sobre um tópico quando este é apresentado através de métodos visuais interativos. Essa "gamificação" tem potencial para causar um impacto positivo no treinamento em ética. Com maiores taxas de retenção, os empregados estão mais propensos a se envolver com as pessoas e motivá-las de acordo com o que aprenderam sobre ética da empresa e os padrões de conformidade apresentados no videogame.

Em média, as empresas gastam anualmente US$ 60 bilhões em treinamento corporativo, e o retorno pode parecer pequeno se os empregados não se engajam no programa. Ainda assim, a True Office afirma que através do seu programa as empresas podem monitorar as taxas de aprovação dos empregados e as áreas nas quais precisam de treinamento adicional. Esse recurso pode ajudar os gerentes de marketing responsáveis a ensinar aos empregados sobre questões éticas como suborno, conflitos de interesse e uso indevido de recursos da empresa.[c]

da legalidade da atividade. Por exemplo, a Girl Scouts foi criticada porque os três sabores mais populares de seus cookies – Samoas, Tagalongs e Thin Mints – contêm óleos parcialmente hidrogenados (gordura trans). Além disso, a empresa exibia a informação "0% de gordura trans" nas caixas dos cookies desde 2007. Por lei, as empresas podem rotular seus gêneros alimentícios com a mensagem 0% de gordura trans caso contenham até o limite de 0,5 gramas dessa gordura por porção. Entretanto, mesmo que o rótulo dos cookies estivesse dentro da lei, a ética envolvida nessa questão é discutível.[49]

Independentemente das razões por trás de questões éticas específicas, os profissionais de marketing devem estar aptos a identificar essas questões e decidir como resolvê-las. Fazer isso requer familiaridade com vários tipos de questões éticas que podem surgir no marketing. Pesquisas sugerem que quanto maiores as consequências associadas a um problema, mais provável é que seja reconhecido como uma questão ética, ou seja, será mais importante ainda tomar uma decisão ética.[50] Alguns exemplos de questões éticas relativas a produto, promoção, preço e distribuição (mix de marketing) são mostrados na Tabela 3.3.

Dimensão filantrópica

No topo da pirâmide ficam as responsabilidades filantrópicas. Estas, que vão além da ética no marketing, não são exigidas por uma organização, mas promovem o bem-estar e a boa vontade das pessoas, como fazem as dimensões econômicas, legais e éticas de responsabilidade social. Depois de desastres naturais, como o furacão Sandy, por exemplo, muitas empresas – incluindo Comcast, Goldman Sachs, Target, General Motors e Kellogg's – forneceram apoio às vítimas, renunciaram a determinadas receitas e/ou ajudaram nos esforços de limpeza.[51] No entanto, filantropia não se limita às grandes empresas. Por exemplo, a Charlotte Street Computers,

Tabela 3.3 Questões éticas em marketing

Categoria da questão	Exemplos
Produto	• Falha em divulgar riscos reais associados a um produto • Falha em divulgar informação correta sobre a função, valor ou uso de um produto • Falha em divulgar informação correta sobre mudanças na natureza, qualidade ou tamanho de um produto
Distribuição	• Falha em "manter-se à altura" dos direitos e responsabilidades associados às funções dos membros desse canal • Manipulação da disponibilidade do produto • Uso de coerção ou força para levar os intermediários a agir de determinada maneira
Promoção	• Propaganda falsa ou enganosa • Uso de promoções de vendas, táticas e publicidade manipuladoras ou enganosas • Oferecer ou aceitar subornos em situações de vendas pessoais
Precificação	• Manipulação de preços • Preços predatórios • Não divulgar o preço total de uma compra

© Cengage Learning

em Asheville, na Carolina do Norte, desenvolveu um centro de reparos que conserta computadores para doá-los aos necessitados. Essa pequena empresa também patrocina diversos eventos comunitários e arrecada fundos para caridade.[52]

Cada vez mais empresas adotam a abordagem estratégica para a filantropia corporativa. Muitas relacionam seus produtos a uma causa social em particular em uma base contínua ou em curto prazo, prática conhecida como **marketing relacionado a uma causa**. A Target, por exemplo, contribui com a educação por meio de recursos significativos através do seu programa "Assuma o Controle da Educação". Os clientes que usam o cartão Target REDcard podem indicar uma escola específica para a qual a Target doará 1% do valor total de sua compra.[53] Um estudo da Cone revelou que 85% dos entrevistados têm uma imagem mais positiva de empresas que apoiam causas com as quais eles se importam.[54] Algumas empresas estão começando a estender o conceito de filantropia corporativa para além de contribuições financeiras ao adotar uma **abordagem de filantropia estratégica**, uso sinérgico das principais competências organizacionais e recursos para tratar dos interesses dos stakeholders interessados e alcançar benefícios sociais e organizacionais. Filantropia estratégica envolve os empregados, recursos organizacionais e experiência, além da capacidade de relacionar esses recursos com as preocupações dos principais stakeholders, incluindo empregados, clientes, fornecedores e a sociedade em geral; e, mais, contribuições financeiras e não financeiras aos stakeholders (tempo empregado, bens e serviços, tecnologia e equipamentos da empresa, assim como instalações), mas isso também beneficia a empresa. A Salesforce.com, por exemplo, acredita tanto nos benefícios da filantropia estratégica, que acabou incorporando o serviço comunitário em sua cultura corporativa. Ela permite que seus empregados gastem 1% de seu tempo fazendo trabalho voluntário em suas comunidades, direciona 1% do seu capital para a Fundação Salesforce.com e doa ou dá descontos nas licenças do seu software de CRM (customer relationship management) a milhares de organizações sem fins lucrativos pelo mundo.[55] Esse é um exemplo de uso sinérgico das principais competências organizacionais e recursos.

marketing relacionado a uma causa Prática de associar produtos a uma causa social em particular no longo ou curto prazo.

abordagem de filantropia estratégica Utilização sinérgica de competências organizacionais essenciais e recursos para atender stakeholders chave interessados, alcançando ao mesmo tempo benefícios organizacionais e sociais.

Ofertas de produtos verdes
O mercado Whole Foods foca em produtos alimentícios sustentáveis e produzidos localmente quando possível. Fontes locais reduzem as emissões de gases de efeito estufa causadas pelo transporte dos produtos.

Embora responsabilidade social possa parecer um ideal abstrato, gerentes tomam decisões sobre isso todos os dias. Para alcançar o sucesso, uma empresa precisa determinar o que clientes, reguladores governamentais e concorrentes, assim como a sociedade em geral, querem ou esperam em termos de responsabilidade social. As duas principais categorias de responsabilidade social são: sustentabilidade e consumerismo.

Sustentabilidade

Uma das formas mais comuns de os profissionais de marketing demonstrar responsabilidade social é através de programas projetados para preservar o meio ambiente. As 500 principais empresas eleitas pela *Fortune* estão atualmente engajadas em atividades de reciclagem e num esforço significativo para reduzir o desperdício e economizar energia. Muitas empresas fazem contribuições para organizações de proteção ambiental, patrocinam e participam de eventos de limpeza, promovendo a reciclagem, reorganizando processos de fabricação para minimizar o desperdício e a poluição, empregando fontes de energia renováveis e geralmente reavaliando os efeitos de seus produtos no meio ambiente. Essa abordagem do ambiente significa reduzir, reutilizar e reciclar.

Como mencionado no Capítulo 1, marketing verde é o processo estratégico que envolve a avaliação dos stakeholders para criar relacionamentos significativos de longo prazo com os clientes, ao mesmo tempo que mantém, apoia e melhora o meio ambiente. Muitos produtos receberam o certificado "verde" de organizações ambientais como Green Seal, e possuem um logo especial identificando suas **empresas** como ofertantes ecológicos. Os produtos de madeira serrada da Home Depot, por exemplo, podem trazer estampado um selo do Conselho Florestal Stewardship indicando que foram retirados de florestas sustentáveis e com métodos ecoamigáveis.[56]

❖❖❖ Transformação verde

O novo empreendimento da Google: tornar-se verde

Pode uma corporação multibilionária se tornar realmente uma operação com zero emissão de carbono? De acordo com o CEO do Google, Larry Page, certamente vale a pena tentar. Em 2007, a Google estabeleceu a iniciativa ecológica RE<C, que sustenta que as energias renováveis são mais baratas do que carvão, com o objetivo de reduzir emissões de carbono de suas operações diárias. A empresa planeja alcançar seu objetivo investindo em produtores de energia solar e eólica, comprando compensações de carbono e construindo seus centros de dados de forma mais eficiente.

A empresa divulga seus esforços verdes como algo novo, inovador e ambicioso, que outras organizações podem, potencialmente, seguir. Para a Google, tornar-se verde foi uma inciativa que provou seu compromisso com a responsabilidade social. A empresa percebeu que isso dá um retorno não apenas tecnológico, mas também proativo, ao eliminar essencialmente emissões de gases de efeito estufa. A Google começou seus esforços oferecendo os benefícios de se tornar verde para seus empregados, fornecendo-lhes formas de transporte com energia eficiente e instalando a maior rede de postos para "carregar" carros elétricos dos Estados Unidos. A iniciativa verde da Google também aumentou sua reputação diante do seu mercado-alvo, já que muitos consumidores e organizações preferem fazer negócios com empresas sustentáveis. Se seu projeto de eficiência de carbono se tornar bem-sucedido, a Google pode ter encontrado uma maneira desinteressada de exercer a responsabilidade social apenas fazendo a coisa certa.[d]

Consumerismo

Consumerismo consiste em esforços organizados por indivíduos, grupos e organizações visando proteger os direitos dos consumidores. As principais forças do movimento são os defensores particulares dos clientes, organizações de consumidores e outros grupos de interesse, educação do consumidor e leis de proteção direcionadas a eles.

Para atingir seus objetivos, consumidores e seus defensores escrevem cartas ou mandam e-mails para as empresas, fazem lobby em agências governamentais, fazem anúncios em emissoras públicas e boicotam empresas cujas atividades considerem irresponsáveis. Alguns consumidores escolhem boicotar a empresa e seus produtos para apoiar a causa e fazer a diferença.[57] Por exemplo, várias organizações avaliam a segurança de produtos infantis, em geral anunciando os produtos perigosos antes do Natal para que os pais possam evitá-los. Outras ações movidas por consumidores resultaram na adoção obrigatória de cintos de segurança e *airbags* em automóveis, redução da captura incidental de golfinhos durante a pesca de atum, proibição de veículos motorizados de três rodas que oferecem riscos, e numerosas leis que regulam a segurança dos produtos e as informações sobre estes.

consumerismo Esforços organizados por indivíduos, grupos e organizações para proteger os direitos dos consumidores.

Também de grande importância para o movimento dos consumidores nos Estados Unidos são os quatro direitos básicos que constam no projeto de lei dos direitos do consumidor, esboçado pelo presidente John F. Kennedy. Esses direitos incluem os direitos à segurança, à informação, de escolha e de ser ouvido.

Garantir o *direito à segurança* dos clientes significa que os profissionais de marketing têm obrigação de não ofertar um produto quando sabem que podem prejudicar os consumidores. Esse direito pode ser estendido para implicar que todos os produtos devem ser seguros para uso, incluir instruções minuciosas e explícitas para utilização adequada e segura, e que foram testados para assegurar a confiabilidade e a qualidade. O *direito à informação* significa que os consumidores devem ter acesso à informação e à oportunidade de analisar todas as informações relevantes sobre um produto antes de adquiri-lo. Muitas leis exigem um rótulo específico na embalagem do produto para satisfazer esse direito. Além disso, os rótulos de produtos alcoólicos e cigarros devem informar aos clientes que esses artigos podem fazer mal à saúde e causar outros problemas. A Comissão Federal de Comércio norte-americana fornece bastante informação aos consumidores em seu website (www.ftc.gov/bcp/consumer.shtm) sobre diversos temas, que vão de automóveis a dieta, saúde e fitness. O *direito de escolha* significa que os consumidores devem ter acesso a uma variedade de produtos a preços competitivos. Também é preciso lhes assegurar qualidade satisfatória a um preço justo. Atividades que reduzem a concorrência entre empresas em um setor industrial podem ameaçar esse direito. O *direito de ser ouvido* garante que os interesses dos consumidores receberão total e solidária consideração na formulação de políticas governamentais. Esse direito também proporciona aos consumidores um tratamento justo quando reclamam aos profissionais de marketing sobre seus produtos, e beneficia ainda esses profissionais, já que, quando um consumidor reclama de um produto, eles podem usar essa informação para modificar o produto e torná-lo mais satisfatório.

Incorporando responsabilidade social e ética no planejamento estratégico

Embora os conceitos de ética e responsabilidade no marketing social sejam quase sempre usados de modo simultâneo, é importante fazer uma distinção entre eles.

Responsabilidade social e planejamento estratégico
O Walmart lida com as preocupações ambientais dos consumidores por meio da redução de gastos na cadeia de suprimentos e do uso de combustíveis alternativos em alguns caminhões da frota.

Ética refere-se às decisões de um grupo ou de um indivíduo – julgamentos sobre o certo e o errado em determinada situação de tomada de decisão –, ao passo que *responsabilidade social* lida com o efeito total das decisões de marketing na sociedade. Ambos os conceitos estão inter-relacionados, afinal, é possível que uma organização que apoia decisões socialmente responsáveis e adere a um código de conduta tenha um efeito positivo na sociedade. Já que ética e programas de responsabilidade social também podem ser rentáveis, um número cada vez maior de organizações os estão incoporando em seu planejamento estratégico global de mercado.

Sem programas confiáveis, padrões uniformes e políticas de conduta estabelecidas, é difícil para os empregados de uma empresa determinar que conduta é aceitável dentro da estrutura organizacional. Na ausência de tais programas e normas, os empregados geralmente tomam decisões baseadas na obsevação de como se comportam seus pares e superiores. Para implementar a ética, muitas empresas desenvolveram seu **código de conduta** (também chamado *código de ética*), que consiste em regras e padrões formalizados que descrevem o que a empresa espera de seus empregados. A Bolsa de Valores de Nova York exige agora que cada membro corporativo tenha um código de conduta formal. Códigos de conduta promovem o comportamento ético, reduzindo as oportunidades de comportamento antiético; empregados sabem o que se espera deles e que tipo de punição receberão se violarem as regras. Tais códigos são importantes para se prevenir a má conduta dentro de uma organização. Conteúdo eficaz, frequente comunicação sobre o código, qualidade da comunicação e incorporação do código na estrutura organizacional pelas administrações locais e seniores podem resultar em menos casos de comportamento antiético observado.[58]

códigos de conduta Regras e padrões formalizados que descrevem o que a organização espera de seus empregados.

Códigos ajudam os profissionais de marketing a lidar com questões éticas ou dilemas que surgem nas operações diárias por prescrever ou limitar atividades específicas. E, mais, em geral incluem valores éticos generalizados, como honestidade e integridade, conformidade jurídica legal, atos prejudiciais e obrigações relacionadas a valores sociais, assim como questões de marketing mais específicas, como confidencialidade, responsabilidades dos empregadores e clientes, obrigações da profissão e questões específicas da legislação relacionada ao marketing e de conformidade técnica.[59]

É importante que as organizações reforcem consistentemente as regras e imponham penalidades ou punições àqueles que violarem o código de conduta. Barrett-Jackson, empresa de leilões especializada em carros clássicos e de colecionadores, reconhece a importância da conduta ética para seus clientes. Padrões éticos são uma parte tão significativa da cultura da companhia, que ela contratou uma excelente empresa de auditoria para conduzir um exame independente de suas práticas. Para criar um programa de conformidade eficaz e evitar os tipos de má conduta encontrados em empresas similares, a Barrett-Jackson revê e atualiza constantemente suas políticas.[60] A Tabela 3.4 lista alguns tipos comumente observados de conduta inapropriada, conforme reportado no Levantamento Nacional de Ética nos Negócios (national business ethics survey – NBES). Para ser bem-sucedido, um programa de conformidade deve ser visto como parte de uma implementação da estratégia de marketing global. Se os reponsáveis pela ética e outros executivos da organização não se comprometem com os princípios e iniciativas de ética no de marketing e responsabilidade social, a eficácia do programa estará em xeque.

O aumento de evidências positivas nos últimos anos indica que vale a pena ser ético e socialmente responsável. Responsabilidade social tem um efeito sinérgico na orientação para o mercado, o que leva a um melhor desempenho do negócio.[61] Mais organizações estão indo além da orientação para o mercado, centrada em clientes e concorrentes, e adotam a orientação para os stakeholders, que foca em todos os seus integrantes. Tal relacionamento implica que ser ético e socialmente preocupado está em consonância com as demandas de clientes e de outros stakeholders. Ao incentivar seus empregados a entender seus mercados, as organizações podem ajudá-los a responder às demandas dos stakeholders.[62]

Tabela 3.4 Conduta inapropriada observada

Comportamento	Observado em relação aos empregados (%)
Mau uso do tempo na organização	33
Comportamento abusivo	21
Mentir para empregados	20
Abuso dos recursos da organização	20
Violar políticas da organização sobre uso de internet	16
Discriminação	15
Conflito de interesses	15
Uso inapropriado de redes sociais	14
Violações de segurança ou saúde	13
Mentir para stakeholders externos	12
Roubar	12
Falsificar relatórios sobre horários ou banco de horas	12

Fonte: Ethics Resource Center, 2011 *National Business Ethics Survey: Workplace Ethics in Transition.* Washington, DC: Ethics Resource Center, 2012, p. 39. © Ethics Resource Center, Washington, DC.

Existe uma associação direta entre responsabilidade social corporativa e satisfação do cliente, lucros e valor de mercado.[63] Em uma pesquisa com consumidores, 80% deles indicaram que quando qualidade e preço são similares entre concorrentes, sentem-se mais propensos a comprar da empresa associada a uma causa em particular. Além disso, jovens adultos de 18 a 25 anos são especialmente propensos a levar em conta os esforços de cidadania da empresa não apenas quando fazem compras, mas também quando tomam decisões sobre emprego e investimento.[64]

Portanto, é crescente o reconhecimento de que, em longo prazo, o valor de conduzir os negócios de forma socialmente responsável até agora supera os custos em curto prazo.[65] E organizações que falham ao desenvolver estratégias e programas que incorporam ética e responsabilidade social em sua cultura organizacional podem pagar o preço com um fraco desempenho de marketing e custos em potencial de violações jurídicas, litígio civil e publicidade nociva quando atividades questionáveis são tornadas públicas.

Revisão do capítulo

1. Reconhecer a importância do ambiente de marketing.

O ambiente de marketing consiste em forças externas que direta ou indiretamente influenciam a aquisição de recursos e criação de bens, serviços e ideias. Para rastrear eficazmente as alterações no ambiente de marketing, os profissionais de marketing participam de monitoramento e análise ambiental. Monitoramento ambiental é o processo de coletar informações sobre as forças no ambiente de marketing; análise ambiental é o processo de avaliar e interpretar a informação reunida através do monitoramento ambiental. Essa informação ajuda os gerentes de marketing a minimizar a incerteza, as ameaças e capitalizar as oportunidades apresentadas por fatores ambientais.

Profissionais de marketing precisam monitorar as ações dos concorrentes para determinar quais estratégias usam e como podem afetá-los. Condições econômicas influenciam o poder de compra dos consumidores e a vontade de gastar. Legislação é promulgada, decisões legais são interpretadas pelos tribunais e agências reguladoras são criadas e operadas por representantes eleitos ou nomeados. Os profissionais de marketing também podem escolher regular a si mesmos. A tecnologia determina como os membros da sociedade satisfazem necessidades, desejos e ajudam a melhorar a qualidade de vida. Forças socioculturais são as influências na sociedade que trazem mudanças de atitudes, crenças, normas, costumes e estilos de vida. Alterações em qualquer uma dessas forças pode criar oportunidades e ameaças para os profissionais de marketing.

2. Compreender o conceito e as dimensões da responsabilidade social no marketing.

Responsabilidade social refere-se à obrigação de uma organização maximizar seu impacto positivo e minimizar o negativo na sociedade. Considerando que a responsabilidade social é alcançada equilibrando os interesses de todos os stakeholders de uma organização, ética diz respeito a normas aceitáveis de conduta nas decisões individuais e de grupo. No nível mais básico, as organizações têm a responsabilidade econômica de ser rentáveis, para que possam fornecer um retorno sobre o investimento a seus acionistas, gerar empregos para a comunidade e contribuir com bens e serviços para a economia. Espera-se também que os profissionais de marketing obedeçam a leis e regulamentos. Ética em marketing diz respeito a princípios e padrões que definem uma conduta aceitável conforme a determinação de vários stakeholders. Responsabilidades filantrópicas vão além da ética em marketing; elas não são exigidas de uma empresa, mas promovem o bem-estar das pessoas e a boa vontade.

Conceitos-chave

abordagem de filantropia estratégica 85
análise ambiental 61
Better Business Bureau 74
ciclo de negócios 67
cidadania do marketing 80
códigos de conduta 88
Comissão Federal de Comércio (CFC) 72
competição 63
competição baseada em produtos 63
competição monopolística 65
competição perfeita 65
competidores de marca 63
concorrência pelo orçamento total 63
consumerismo 87
forças socioculturais 76
marketing relacionado a uma causa 85
monitoramento ambiental 61
monopólio 64
National Advertising Review Board (Narb) 74
oligopólio 64
poder de compra 66
propensão para gastar 67
questão ética 83
renda discricionária 66
renda disponível 66
responsabilidade social 79
tecnologia 75

Questões para discussão e revisão

1. Por que o monitoramento e a análise ambiental são importantes para os profissionais de marketing?
2. Quais são os quatro tipos de concorrência? Qual é o mais importante para os profissionais de marketing?
3. Defina *renda, renda disponível* e *renda discricionária*. Como cada tipo de renda afeta o poder de compra do cliente?
4. Que fatores influenciam a propensão para gastar de um cliente?
5. Quais são os objetivos da Comissão Federal de Comércio? Liste as maneiras como a CFC afeta as atividades de marketing. Você acha que uma simples agência reguladora deve ter jurisdição tão ampla sobre tantas práticas de marketing? Justifique sua resposta.
6. Liste as várias forças reguladoras não governamentais. Você acredita que autorregulação é mais ou menos eficaz do que as agências reguladoras governamentais?
7. Discuta o impacto da tecnologia nas atividades de marketing.
8. De que forma os valores culturais mudam? Como os profissionais de marketing respondem a essas mudanças?
9. O que é responsabilidade social e por que ela é tão importante?
10. Quais são as quatro dimensões da responsabilidade social? Que impacto elas têm nas decisões de marketing?
11. Quais são as principais questões sobre responsabilidade social? Dê um exemplo de cada uma delas.
12. Descreva consumerismo. Analise algumas forças ativas do consumidor em sua região.
13. Qual é a diferença entre ética e responsabilidade social?

Aplicações do marketing

1. Suponha que você está inaugurando *um* dos negócios de varejo abaixo. Procure publicações na biblioteca ou on-line que forneçam informações sobre as forças ambientais que podem afetá-los. Resuma brevemente a informação que cada um fornece.
   1. Loja de conveniência
   2. Loja de roupas femininas
   3. Supermercado
   4. Restaurante fast-food
   5. Loja de móveis
2. Identifique pelo menos um avanço tecnológico e uma mudança sociocultural que já o afetou como consumidor. Explique o impacto de cada um em suas necessidades como consumidor.
3. Identifique uma empresa em sua comunidade que tenha reputação como ética e socialmente responsável. Que atividades da empresa lhe conferiram essa imagem? Ela pode ser considerada bem-sucedida? Justifique sua resposta.
4. Forças competitivas são muito importantes para empresas, particularmente aquelas que operam em vários

e diferentes países. No entanto, a importância de cada força competitiva pode variar dependendo do setor industrial. Por exemplo, forças legais e regulatórias limitam muitas das atividades da indústria do cigarro. Enquanto aumentar os preços pode impactar a compra de itens de luxo, artigos de necessidade, como fraldas e antibióticos, não vivenciam tanto o impacto, pois as pessoas precisam deles, independentemente de os preços estarem altos ou baixos. Com isso em mente, examine os impactos que as forças econômicas, políticas, legais e regulatórias, tecnológicas e socioculturais têm sobre a Exxon Mobil, General Motors e Procter & Gamble. Dê uma nota a cada um desses fatores em uma escala de 1 a 5, com 5 sendo o mais importante e 1 o menos importante. Com base nessas três empresas, qual variável você acredita ser de maior prioridade para cada uma delas e por quê? E qual variável ambiental você acredita ser mais importante para os profissionais de marketing?

Exercício de internet

Business for Social Responsibility

Business for Social Responsibility (BSR) é uma organização sem fins lucrativos que reúne empresas que desejam operar de forma responsável e demonstram respeito por valores éticos, pessoas, comunidades e o meio ambiente. Fundada em 1992, a BSR oferece a seus membros informações práticas, pesquisas, programas educacionais e assistência técnica, assim como a oportunidade de se conectar com seus pares sobre questões de responsabilidade social atuais. Visite **http://www.bsr.org**.

1. Que tipos de empresas se juntam à BSR e por quê?
2. Descreva os serviços disponíveis para as empresas associadas. Como esses serviços as ajudam a melhorar seus desempenhos?
3. Examine a aba "BSR Conference – Overview", localizada no topo da home page. Quais são os benefícios de participar das conferências BSR e ouvir os líderes dos setores industriais e especialistas sobre responsabilidade social corporativa?

Desenvolvendo seu plano de marketing

Uma estratégia de marketing é dinâmica. Organizações devem continuar monitorando o ambiente de marketing não apenas para criar suas estratégias de marketing, mas também para revê-la se necessário. Informações sobre várias forças no mercado são coletadas, analisadas e usadas como base para várias decisões do plano de marketing. As seguintes questões vão ajudá-lo a entender como as informações deste capítulo contribuem para o desenvolvimento do seu plano de marketing:

1. Descreva o atual mercado concorrente do seu produto. É possível identificar o número de marcas ou o tamanho da participação de mercado que ele representa? Desenvolva sua análise para incluir outros produtos similares ou que podem ser substituídos pelos seus.
2. Usando o padrão do ciclo de negócios, em qual dos quatro estágios se encaixa o atual estado da economia? É possível identificar mudanças no poder de compra dos clientes que poderiam afetar as vendas e a utilização do seu produto?
3. Consultando as Tabelas 3.2 e 3.3, você reconhece as leis ou agências reguladoras que teriam jurisdição sobre seu tipo de produto?
4. Faça uma breve avaliação da tecnologia, determinando o impacto que ela tem sobre seu produto, suas vendas ou sua utilização.
5. Discuta como seu produto pode ser afetado por mudanças no cenário social, características demográficas ou estilos de vida.

As informações obtidas dessas questões devem ajudá-lo a desenvolver vários aspectos do seu plano de marketing.

Caso 3.1

TOMS Shoes expande o modelo "um para um"® a seus modelos de óculos

Enquanto muitas organizações tentam incorporar marketing relacionado a uma causa em suas operações de negócios, a TOMS Shoes leva o conceito de filantropia a outro nível. Ela mistura em sua empresa com fins lucrativos um componente filantrópico, que denomina modelo one for one® (um para um). Para cada par de sapatos vendidos, a empresa doa outro par a uma criança necessitada. Recentemente, essa empresa expandiu esse esquema para seus óculos. Para cada par de óculos vendido, uma pessoa com deficiência visual em países em desenvolvimento recebe cirurgia, óculos de grau ou tratamento médico que a ajude a restaurar sua visão. Ao contrário de muitas organizações sem fins lucrativos, os lucros dos negócios da TOMS permitem à empresa apoiar seu componente filantrópico e a salva de ter de solicitar doações.

Essa ideia da TOMS Shoes ocorreu após seu fundador, Blake Mycoskie, testemunhar a intensa pobreza em vilarejos argentinos; tão grande, que muitas famílias nem podiam comprar sapatos para seus filhos. Reconhecendo a importância dos sapatos para a saúde e a educação, Mycoskie decidiu criar um novo negócio que consistiria em duas partes: TOMS Shoes, um negócio com fins lucrativo que vende sapatos, e o Friends of TOMS, uma organização sem fins lucrativos associada à empresa que distribuiria sapatos aos necessitados.

Para seu produto inicial, Mycoskie decidiu adotar o sapato do tipo *alpargata* – calçado sem cadarço feito de lona e confeccionado com sola de borracha –, usado na Argentina. Depois que um artigo do *Los Angeles Times* mostrou a nova empresa de Mycoskie, a demanda pelos seus sapatos explodiu. Infelizmente, naquele primeiro momento, para Mycoskie, não havia estoque suficiente para atender aos pedidos. Com dedicação, ele foi capaz de dar a volta e resolver a escassez de produtos. Hoje em dia, a TOMS é uma empresa próspera.

Depois de distribuir seu milionésimo par de sapatos em 2010, a TOMS começou a considerar outros produtos que poderiam ser usados no modelo "um para um". "Quando pensei em lançar outro produto no mesmo modelo da TOMS, óculos pareceram a escolha mais óbvia", explicou Blake Mycoskie. Embora 80% dos problemas oftalmológicos nos países em desenvolvimento sejam preveníveis ou curáveis, a TOMS decidiu que para cada par de óculos vendido, a empresa forneceria tratamento ou óculos de grau aos necessitados. A empresa escolheu o Nepal como o primeiro país que receberia seu modelo "um para um".

A TOMS leva seu compromisso com a responsabilidade social muito a sério. A empresa leva em conta o custo do par de sapatos extra e a assistência oftalmológica no preço dos produtos que oferta. E também trabalha lado a lado com organizações humanitárias locais. "Na TOMS, sempre trabalhamos com organizações sem fins lucrativos locais e não governamentais para entender o que uma comunidade necessita antes de ir lá e começar a oferecer", diz Liza De La Torre, vice-presidente de Vendas e Marketing na TOMS.

Consumidores que adquirem produtos da TOMS sentem ter um compromisso com a empresa, pois sabem que suas compras serão revertidas em uma boa causa, mesmo que paguem um pouco a mais no processo. A TOMS organiza extensas campanhas para conscientizar o público da importância de sua missão. Apesar de não ter um orçamento para marketing, a empresa providencia oportunidades de estágio e engaja embaixadores da marca em universidades para espalhar sua mensagem. Anualmente ela promove a campanha "um dia sem calçados", na qual os participantes passam um dia descalços para entender o que as crianças de países em desenvolvimento precisam enfrentar todos os dias. Esses eventos contam com o apoio de celebridades como Charlize Theron, Kris Ryan e as cheerleaders do Dallas Cowboys.

Apesar do claro componente filantrópico da TOMS, os riscos de má conduta ainda existem. A empresa usa fábricas na China, Argentina e Etiópia para produzir seus produtos, o que cria complexas relações de cadeias de suprimentos que devem ser cuidadosamente gerenciadas. A TOMS criou um conjunto de padrões de produção para seus fabricantes em conformidade com os estipulados pela Organização Internacional do Trabalho. A empresa realiza auditorias regulares para verificar se as fábricas estão cumprindo as normas estipuladas. A TOMS também tenta criar uma forte relação organizacional com seus empregados e voluntários, e com frequência permite que eles participem da Shoe Drops (distrbuição de calçados às crianças), proporcionando-lhes ver em primeira mão como seus esforços ajudam outras pessoas.

Apesar do seu sucesso, a missão da TOMS está longe de acabar. Como sua expansão para o mercado de óculos indica, a empresa busca novas oportunidades para aplicar seu modelo "um para um". A TOMS demonstra como um conceito inovador e a capacidade de incorporar filantropia nas operações de negócios podem criar uma empresa de sucesso que consegue fazer a diferença.[66]

Questões para discussão

1. Você acha que a TOMS é bem-sucedida por causa de seus produtos excepcionais ou devido à sua abordagem de responsabilidade social?
2. Como a TOMS consegue gerenciar sua cadeia de suprimentos para garantir uma conduta ética e socialmente responsável?
3. Como o modelo de negócios da TOMS se relaciona ao entendimento dos stakeholders e à filantropia estratégica?

NOTAS

1. Diane Brady. Volunteerism as a Core Competency. *Bloomberg Businessweek*, 12-18 nov. 2012, p. 53-54; David Gould. Cause Marketing – Where CSR Meets CRM. Special Advertising Section, *Businessweek*, 2012, S8; Arianna Huffington. Companies and Causes: Social Media Jumpstart a Marketing Revolution. *Huffington Post*, 6 abr. 2011. Disponível em: <www.huffingtonpost.com/arianna-huffington/companies-and-causes-soci_b_845657.html>. Acesso em: 16 nov. 2012; K. Adiwijaya e R. Fauzan. Cause-Related Marketing: The Influence of Cause-Brand Fit, Firm Motives and Attribute Altruistic to Consumer Inferences and Loyalty and Moderation Effect of Consumer Values. *2012 International Conference on Economics Marketing and Management*, vol. 28. Cingapura: IACSIT Press.

2. Dotcom Bust. *Economist*, 28 jan. 2012, p. 66; Sven Grundberg. The Pirate Bay Co-Founder Faces New Allegations. *The Wall Street Journal*, 11 set. 2012. Disponível em: <http://online.wsj.com/article/SB10000872396390443884104577645153822983344.html>. Acesso em: 7 dez. 2012.

3. P. Varadarajan, Terry Clark e William M. Pride. Controlling the Uncontrollable: Managing Your Market Environment. *Sloan Management Review*, inverno de 1992, p. 39-47.

4. Jon Sicher. Top 10 CSD Results for 2008. *Beverage Digest*, 30 mar. 2009; Natalie Zmuda. Major Changes at PepsiCo as Marketing Department Reorganizes. *Ad Age*, 16 jun. 2011. Disponível em: <http://adage.com/article/cmo-strategy/pepsico-reorganizes-marketing-department-beverages/228259/>. Acesso em: 12 jan. 2012.

5. O. C. Ferrell e Michael D. Hartline. *Marketing Strategy*. Mason, OH: South-Western, 2008, p. 58.

6. O. C. Ferrell e Michael D. Hartline, 2008, cit.

7. O. C. Ferrell e Michael D. Hartline, 2008, cit.

8. John Jannarone. Discounters Are Still in Fashion. *The Wall Street Journal*, 25 fev. 2011, C8.

9. Joshua Gallu. Dodd–Frank May Cost $ 6.5 Billion and 5,000 Workers. *Bloomberg*, 14 fev. 2011. Disponível em: <www.bloomberg.com/news/2011-02-14/dodd-frank-s-implementation-calls-for-6-5-billion-5-000-staff-in-budget.html>. Acesso em: 22 fev. 2011; Binyamin Appelbaum e Brady Dennis. Dodd's Overhaul Goes Well Beyond Other Plans. *The Washington Post*, 11 nov. 2009. Disponível em: <www.washingtonpost.com/wp-dyn/content/article/2009/11/09/AR2009110901935.html?hpid=topnews&sid=ST2009111003729>. Acesso em: 22 fev. 2011.

10. Wall Street Reform: Bureau of Consumer Financial Protection (CFPB). U.S. Treasury. Disponível em: <www.treasury.gov/initiatives/Pages/cfpb.aspx>. Acesso em: 22 fev. 2011.

11. Top All-Time Donors, 1989-2012. OpenSecrets.org. Disponível em: <www.opensecrets.org/orgs/list.php>. Acesso em: 11 dez. 2012.

12. Campaign Finance. *The New York Times*, 8 out. 2010. Disponível em: <http://topics.nytimes.com/top/reference/timestopics/subjects/c/campaign_finance/index.html>. Acesso em: 24 jan. 2011.

13. Steve Lohr. Drafting Antitrust Case, F.T.C. Raises Pressure on Google. *The New York Times*. Disponível em: <www.nytimes.com/2012/10/13/technology/ftc-staff-prepares-antitrust-case-against-google-over-search.html?pagewanted=all&_r=0>. Acesso em: 11 dez. 2012.

14. Chad Bray. U.S. Charges Ex-Siemens Executives in Alleged Bribery Scheme, *The Wall Street Journal*, 14 dez. 2011. Disponível em: <http://online.wsj.com/article/SB10001424052970203430404577096283680373586.html?KEYWORDS=Siemens+bribery>. Acesso em: 7 fev. 2012.

15. Dionne Searcey. U.K. Law on Bribes Has Firms in a Sweat. *The Wall Street Journal*, 28 dez. 2010, p. B1; Julius Melnitzer. U.K. Enacts 'Far-Reaching' Anti-Bribery Act. *Law Times*, 13 fev. 2011. Disponível em: <www.lawtimesnews.com/201102148245/Headline-News/UK-enacts-far-reaching-anti-bribery-act>. Acesso em: 28 mar. 2011; Samuel Rubenfeld. The Morning Risk Report: Bribery Act Review Considers Facilitation Payment Exception, *The Wall Street Journal*, 31 maio 2013. Disponível em: <http://blogs.wsj.com/riskandcompliance/2013/05/31/the-morning-risk-report-bribery-act-review-considers-facilitation-payment-exception/>. Acesso em: 14 jun. 2013.

16. Julius Melnitzer. U.K. Enacts 'Far-Reaching' Anti-Bribery Act, *Law Times*, 13 fev. 2011. Disponível em: <www.lawtimesnews.com/201102148245/Headline-News/UK-enacts-far-reaching-anti-bribery-act>. Acesso em: 28 mar. 2011.

17. Julius Melnitzer, 2011, cit.

18. Sarah Johnson. Don't Trust, Verify. *CFO*, 1º fev. 2012. Disponível em: <www.cfo.com/article.cfm/14615752?f=singlepage>. Acesso em: 7 fev. 2012.

19. Welcome to the Division of Consumer Protection. Department of State, Division of Consumer Protection. Disponível em: <www.dos.ny.gov/consumerprotection/>. Acesso em: 11 dez. 2012.

20. PhRMA Guiding Principles: Direct to Consumer Advertisements. Pharmaceutical Research and Manufacturers of America, dez. 2008. Disponível em: <www.phrma.org>.

21. Council of Better Business Bureaus. Better Business Bureau. Disponível em: <http://www.bbb.org/us/cbbb/>. Acesso em: 24 jun. 2013; BBB Expels Three Firms for Accreditation Violations. *Better Business Bureau*, 30 nov. 2012. Disponível em: <http://stlouis.bbb.org/article/bbb-expels-three-firms-for-accreditation-violations-38561>. Acesso em: 11 dez. 2012.

22. NAD Recommends Comcast Discontinue Unqualified "Fastest in the Nation" Claims, Following Verizon Challenge. *ASRC*, 12 jun. 2012. Disponível em: <www.asrcreviews.org/2012/06/nad-recommends-comcast-discontinue-unqualified-fastest-in-the-nation-claims-following-verizon-challenge/>. (Acesso em: 11 dez. 2012).

23. Ryan Zinn. National Advertising Review Board Determines that Fair Trade USA's "Fair Trade Certified" Labels Should Reveal Percentage of Fair Trade Content in Body Care Products. Organic Consumers Association, 18 set. 2012. Disponível em: <www.organicconsumers.org/articles/article_26281.cfm>. Acesso em: 11 dez. 2012.

24. David Goldman. Are Landlines Doomed?. *CNN*, 10 abr. 2012. Disponível em: <http://money.cnn.com/2012/04/10/technology/att-verizon-landlines/index.htm>. Acesso em: 11 dez. 2012.

25. Aaron Smith. Nearly Half of American Adults Are Smartphone Owners. Pew Internet, 1º maio 2012. Disponível em: <http://pewinternet.org/Reports/2012/Smartphone-Update-2012/Findings.aspx>. Acesso em: 13 jan. 2012.

26. David Sarno. The Rise of Tablet Computers, *Los Angeles Times*, 6 maio 2011. Disponível em: <http://articles.latimes.com/2011/may/06/business/la-fi-tablet-era-20110506>. Acesso em: 13 jan. 2012.

27. Debbie Thorne, O. C. Ferrell e Linda Ferrell. *Business and Society*, 3. ed. Nova York: Houghton Mifflin, 2008, p. 36.

28. Debbie McAlister, Linda Ferrell e O.C. Ferrell. *Business and Society*. Mason, OH: South-Western Cengage Learning, 2011, p. 352-353.

29. Grayson K. Vincent e Victoria A. Velkoff. The Next Four Decades: The Older Population in the United States: 2010 to 2050, maio de 2010. Disponível em: <www.census.gov/prod/2010pubs/p25-1138.pdf>. Acesso em: 13 jan. 2012.

30. Eric Klinenberg. Solo Nation: American Consumers Stay Single. *CNNTimes*, 25 jan. 2012. Disponível em: <http://finance.fortune.cnn.com/2012/01/25/eric-klinenberg-going-solo/>. Acesso em: 11 dez. 2012.

31. State & County Quick Facts. United States Census Bureau. Disponível em: <http://quickfacts.census.gov/qfd/states/00000.html>. Acesso em: 11 dez. 2012; 10,000 Baby Boomers Retire. Pew Research Center: The Data Bank, 11 dez. 2012. Disponível em: <http://pewresearch.org/databank/dailynumber/?NumberID=1150>. Acesso em: 11 dez. 2012.

32. U.S. Bureau of the Census. *Statistical Abstract of the United States, 2010*, p. 58.

33. U.S. Bureau of the Census. Projections of the Population by Sex, Race, and Hispanic Origin for the United States: 2010 to 2050, 14 ago. 2008.. Disponível em: census.gov/population/www/projections/summarytables.html>.

34. Sam Fahmy. Despite Recession, Hispanic and Asian Buying Power Expected to Surge in U.S., According to Annual UGA Selig Center Multicultural Economy Study. Terry College of Business, 4 nov. 2010. Disponível em: <www.terry.uga.edu/news/releases/2010/minority-buying-power-report.html>. Acesso em: 13 jan. 2012.

35. David Kesmodel. Brewers Go Courting Hispanics. *The Wall Street Journal*, 12 jul. 2011, p. B8.

36. Isabelle Maignan e O. C. Ferrell. Corporate Social Responsibility and Marketing: An Integrative Framework. *Journal of the Academy of Marketing Science* (jan. 2004), p. 3-19.

37. Indra Nooyi. The Responsible Company. *The Economist*, 31 mar. 2008, p. 132.

38. Jeanne Whalen e Kristin Jones. Glaxo to Pay States $ 90 Million in Avandia Settlement. *The Wall Street Journal*, 5 nov. 2012. Disponível em: <http://online.wsj.com/article/SB10001424127887324556304578121314190446632.html>. Acesso em: 11 dez. 2012.

39. Anne Tergesen. Doing Good to Do Well. *The Wall Street Journal*, 9 jan. 2012, p. B7.

40. Debbie Thorne, O. C. Ferrell e Linda Ferrell. *Business and Society*, 3. ed. Nova York: Houghton Mifflin, 2008, p. 48-50.

41. O. C. Ferrell. Business Ethics and Customer Stakeholders. *Academy of Management Executive*, maio 2004, p. 126-29.

42. 2005 Corporate Citizenship Report. Pfizer. Disponível em: <www.pfizer.com/pfizer/subsites/corporate_citizenship/report/stakeholders_table.jsp>. Acesso em: 19 jan. 2007.

43. Archie Carroll. The Pyramid of Corporate Social Responsibility: Toward the Moral Management of Organizational Stakeholders. *Business Horizons*, jul./ago. 1991, p. 42.

44. Association of Certified Fraud Examiners. *Report to the Nations on Occupational Fraud and Abuse*, 2010. Disponível em: <www.acfe.com/rttn/rttn-2010.pdf>. Acesso em: 25 jan. 2011.

45. Sundar Bharadwaj. Do Firms Pay a Price for Deceptive Advertising? *Knowledge@Emory*, 15 out. 2009. Disponível em: <http://knowledge.emory.edu/article.cfm?articleid=1275>. Acesso em: 3 nov. 2009.

46. Joe Palazzolo, Emily Glazer e Joann S. Lublin. Prosecutors Ask to Meet Jung in Avon Bribery Probe. *The Wall Street Journal*. 29 jul. 2012. Disponível em: <http://online.wsj.com/article/SB10000872396390444840104577553683406542666.html>. Acesso em: 3 dez. 2012.

47. Edelman Insights. *Global Deck: 2013 Trust Barometer*. Disponível em: <http://pt.slideshare.net/EdelmanInsights/global-deck-2013-edelman-trust-barometer-16086761>. Acesso em: 23 jan. 2013.

48. 2010 World's Most Ethical Companies–Company Profile: Whole Foods Market. *Ethisphere*, Q1, p. 32.

49. Monica Eng. Girl Scout Cookies and Other Sweets Offer Confusing Labeling on Trans Fats. *Los Angeles Times*, 25 jan. 2011. Disponível em: <www.latimes.com/health/ct-met-girl-scout-cookies-trans-

fat-20110125,0,1426933.story>. Acesso em: 26 jan. 2011.

50. Tim Barnett e Sean Valentine. Issue Contingencies and Marketers' Recognition of Ethical Issues, Ethical Judgments and Behavioral Intentions. *Journal of Business Research* 57, 2004, p. 338-46.

51. Laura Stampler. What These Companies Did in the Wake of Hurricane Sandy Will Restore Your Faith in Big Business. Yahoo Finance! 2 nov. 2012. Disponível em: <http://finance.yahoo.com/news/what-these-companies-did-in-the-wake-of-hurricane-sandy-will-restore-your-faith-in-big-business.html>. Acesso em: 11 dez. 2012.

52. Lindsay Blakely. Erasing the Line between Marketing and Philanthropy. *CBS News*, 21 abr. 2011. Disponível em: <www.cbsnews.com/8301-505143_162-40244368/erasing-the-line-between-marketing-and-philanthropy/>. Acesso em: 17 jan. 2012; The Best of 2011. Charlotte Street Computers. Disponível em: <http://charlottestreetcomputers.com/the-best-of-2011/>. Acesso em: 17 jan. 2012.

53. Take Charge of Education. Target. Disponível em: <https://sites.target.com/site/en/corporate/page.jsp?contentId=PRD03-005174&ref=sr_shorturl_tcoe>. Acesso em: 26 jan. 2011.

54. Cone LLC Releases the 2010 Cone Cause Evolution Study. Cone. Disponível em: <www.coneinc.com/cause-grows-consumers-want-more>. Acesso em: 26 jan. 2011.

55. 2010 World's Most Ethical Companies–Company Profile: Salesforce.com. *Ethisphere*, Q1, p. 32.

56. Welcome to Eco Options: Sustainable Forestry. Home Depot. Disponível em: <www.homedepot.com/ecooptions/index.html?>. Acesso em: 5 fev. 2010.

57. Jill Gabrielle Klein, N. Craig Smith e Andrew John. Why We Boycott: Consumer Motivations for Boycott Participation. *Journal of Marketing*, jul. 2004, p. 92-109.

58. Muel Kaptein. Toward Effective Codes: Testing the Relationship with Unethical Behavior. *Journal of Business Ethics*, 99, 2011, p. 233-51.

59. Bruce R. Gaumnitz e John C. Lere. Contents of Codes of Ethics of Professional Business Organizations in the United States. *Journal of Business Ethics* 35, 2002, p. 35-49.

60. 2010 World's Most Ethical Companies–Company Profile: Barrett-Jackson. *Ethisphere*, Q1, p. 32.

61. Anis Ben Brik, Belaid Rettab e Kamel Mellahi. Market Orientation, Corporate Social Responsibility, and Business Performance. *Journal of Business Ethics* 99, 2011, p. 307-24.

62. O. C. Ferrell e Michael Hartline. *Marketing Strategy*. 4. ed. Mason, OH: Cengage Learning, 2008, p. 76-79.

63. Marjorie Kelly. Holy Grail Found: Absolute, Definitive Proof That Responsible Companies Perform Better Financially. *Business Ethics*, inverno de 2005. Disponível em: <www.business-ethics.com/current_issue/winter_2005_holy_grail_article.html>.; Xueming Luo e C. B. Bhattacharya. Corporate Social Responsibility, Customer Satisfaction, and Market Value. *Journal of Marketing* 70, out. 2006. Disponível em: <www.marketingpower.com>; Isabelle Maignan, O. C. Ferrell e Linda Ferrell. A Stakeholder Model for Implementing Social Responsibility in Marketing. *European Journal of Marketing* 39, set./out. 2005, p. 956-77.

64. Cone LLC Releases the 2010 Cone Cause Evolution Study.

65. Maignan, Ferrell e Ferrell. A Stakeholder Model for Implementing Social Responsibility in Marketing.

66. Athima Chansanchai. Happy Feet: Buy a Pair of TOMS Shoes and a Pair Will Be Donated to a Poor Child Abroad. *Seattle Pi*, 11 jun. 2007. Disponível em: <www.seattlepi.com/default/article/Happy-feet-Buy-a-pair-of-TOMS-shoes-and-a-pair-1240201.php>. Acesso em: 3 jun. 2011; Patrick Cole. Toms Free Shoe Plan, Boosted by Clinton, Reaches Million Mark. *Bloomberg*, 15 set. 2010. Disponível em: <www.bloomberg.com/news/2010-09-16/toms-shoe-giveaway-for-kids-boosted-by-bill-clinton-reaches-million-mark.html>. Acesso em: 2 jun. 2011; Don't Be an Intern at TOMS. TOMS. Disponível em: <www.toms.com/our-movement/intern>. Acesso em: 9 jun. 2011; How We Give. TOMS. Disponível em: <www.toms.com/how-we-give>. Acesso em: 3 jun. 2011); How We Wear Them. TOMS. Disponível em: <www.toms.com/how-we-wear-them/>. Acesso em: 3 jun. 2011; Booth Moore. Toms Shoes' Model Is Sell a Pair, Give a Pair Away. *Los Angeles Times*, 19 abr. 2009. Disponível em: <www.latimes.com/features/image/la-ig-greentoms19-2009apr19,0,3694310.story>. Acesso em: 9 jun. 2011; One Day Without Shoes. TOMS. Disponível em: <www.onedaywithoutshoes.com/>. Acesso em: 3 jun. 2011); One for One. TOMS. Disponível em: <www.toms.com/our-movement/movement-one-for-one>. Acesso em: 3 jun. 2011; Our Movement. TOMS. Disponível em: <www.toms.com/our-movement/>. Acesso em: 5 mar. 2012); Stacy Perman. Making a Do-Gooder's Business Model Work. *Bloomberg Businessweek*, 23 jan. 2009. Disponível em: <www.businessweek.com/smallbiz/content/jan2009/sb20090123_264702.htm>. Acesso em: 3 jun. 2011; Michelle Prasad. TOMS Shoes Always Feels Good. *KENTON Magazine*, 19 mar. 2011. Disponível em: <http://kentonmagazine.com/toms-shoes-always-feel-good/>. Acesso em: 3 jun. 2011; Craig Sharkton. Toms Shoes–Philanthropy As a Business Model. sufac.com, 23 ago. 2008. Disponível em: <http://sufac.com/2008/08/toms-shoes-philanthropy-as-a-business-model/>. Acesso em: 3 jun. 2011; *TOMS Campus Club Program*. Disponível em: <http://images.toms.com/media/content/images/campus-clubs-assets/TOMSCampushandbook_082510_International_final.pdf>. Acesso em: 2 jun. 2011; TOMS Company Overview. TOMS. Disponível em: <www.toms.com/corporate-info/>. Acesso em: 3 jun. 2011; TOMS Manufacturing Practices. TOMS. Disponível em: <www.toms.com/manufacturing-practices>. Acesso em: 3 jun. 2011; *TOMS One for One Giving Report*. Disponível em: <http://images.toms.com/media/content/images/giving-report/TOMS-Giving-Report-2010.pdf>. Acesso em: 3 jun. 2011; TOMS Shoes. Disponível em: <www.toms.com/>. Acesso em: 3 jun. 2011; Mike Zimmerman. The Business of Giving: TOMS Shoes. *Success Magazine*, 30 set. 2009. Disponível em: <www.successmagazine.com/the-business-of-giving/PARAMS/article/852>. Acesso em: 3 jun. 2011); TOMS Eyewear. Disponível em: <www.toms.com/eyewear/>. (Acesso em: 5 mar. 2012); TOMS Founder Shares Sole-ful Tale. *North Texas Daily*, 14 abr. 2011. Disponível em: <www.ntdaily.com/?p=53882>. Acesso em: 5 mar. 2012).

Notas dos *Quadros Informativos*

a Max Chafkin. The Sincerest Form of Flattery. *Inc. magazine*, 29 maio 2012. Disponível em: <www.inc.com/magazine/201206/max-chafkin/oliver-samwer-european-king-of-the-company-cloners.html>. Acesso em: 29 ago. 2012; Caroline Winter. How Three Germans Are Cloning the Web. *Businessweek*, 29 fev. 2012. Disponível em: <www.businessweek.com/articles/2012-02-29/the-germany-website-copy-machine>. Acesso em: 29 ago. 2012.

b Julie Jargon e Bill Tomson. Highest-Calorie Menu Item at McDonald's? Not a Burger. *Wall Street Journal*, 13 set. 2012. Disponível em: <http://online.wsj.com/article/SB10000872396390443884104577647400959492314.html>. Acesso em: 8 out. 2012; Bruce Horovitz. Boston Market Shakes Salt Habit. *USA Today*, 21, ago. 2102, p. A1; Saabira Chaudhuri. McDonald's to List Calories on Menus; Tests Healthier Menus. *Wall Street Journal*, 12 set. 2012. Disponível em: <http://online.wsj.com/article/BT-CO-20120912-709004.html>. Acesso em: 5 out. 2012.

c Melaine Rodier. A Game Called Compliance. *Wall Street Tech*, 25 jul. 2012. Disponível em: <www.wallstreetandtech.com/regulatory-compliance/a-game-called-compliance/240004357>. Acesso em: 28 out. 2012; Alex Konrad. Pong For Corporate Training. *Fortune*, 15 maio 2012. Disponível em: <http://tech.fortune.cnn.com/2012/05/15/gamification-true-office/>. Acesso em 28 out. 2012; John Adams. Corporate Compliance Is a Game for Cristobal Conde. *American Banker*, 24 ago. 2012. Disponível em: <www.americanbanker.com/issues/177_165/corporate-compliance-is-a-game-for-cristobal-conde-1052126-1.html?pg=1>. Acesso em: 28 out. 2012.

d Brian Dumaine. Google's Zero-Carbon Quest. Fortune Tech. Disponível em: <http://tech.fortune.cnn.com/2012/07/12/google-zero-carbon/>. Acesso em: 17 ago. 2012; Bill Weihl. Reducing Our Carbon Footprint. Google, 6 maio 2009. Disponível em: <http://googleblog.blogspot.com/2009/05/reducing-our-carbon-footprint.html#!/2009/05/reducing-our-carbon-footprint.html/>. Acesso em: 17 ago. 2012.

PARTE 2

4 Pesquisa de marketing e sistemas de informação
5 Mercados-alvo: segmentação e avaliação

Pesquisa de marketing e mercados-alvo

A Parte 2 examina como os profissionais de marketing usam a informação e a tecnologia para melhor entender e alcançar os consumidores.

O Capítulo 4 traz uma base para analisar os clientes por meio de uma discussão de sistemas de informação de marketing e dos passos básicos do processo de pesquisa de marketing. Entender os elementos que afetam as decisões de compra permite que os profissionais de marketing analisem de forma mais efetiva as necessidades dos clientes e avaliem como as estratégias de marketing específicas podem satisfazê-las. O Capítulo 5 lida com a seleção e a análise de mercados-alvo, um dos principais passos do desenvolvimento de uma estratégia de marketing.

CAPÍTULO 4

Pesquisa de marketing e sistemas de informação

© iStockphoto.com/sandramo

OBJETIVOS

1. Obter uma perspectiva sobre a importância da pesquisa de marketing.
2. Diferenciar os dois principais tipos de pesquisa de marketing – exploratória e conclusiva.
3. Descrever os passos básicos para conduzir pesquisas de marketing.
4. Entender como a tecnologia é usada para facilitar a coleta e a análise de informações.
5. Identificar as principais considerações éticas e internacionais na pesquisa de marketing.

INSIGHTS DE MARKETING

LEGO descobre um mercado-alvo negligenciado: meninas!

A LEGO, terceira maior empresa de brinquedos do mundo, é muito conhecida por seus conjuntos de blocos plásticos de construção. Especialmente desde que introduziu kits de blocos e jogos de videogame que apresentam personagens e situações de franquias de filmes famosos, como *Star Wars* e *Harry Potter*, ela tem desfrutado de vendas e lucros intensos. Os brinquedos da empresa dinamarquesa eram, em sua maioria, voltados para meninos, até que o CEO Jorgen Vig Knudstorp decidiu expandir a atratividade da LEGO criando produtos especificamente para meninas em idade pré-escolar e acima.

Os pesquisadores da LEGO começaram observando as garotas brincando e entrevistaram famílias sobre os gostos e aversões dos pequenos. Eles descobriram que as garotas tendem a gostar de encenações e narrativas de histórias que se desenvolvem minuto a minuto. Observaram ainda que as meninas prestam muita atenção na cor e em outros detalhes estéticos. Por fim, descobriram que garotas gostam de se projetar em situações encenadas e se identificam com as minifiguras dos kits LEGO.

Com base em uma pesquisa com 3.500 garotas durante quatro anos, a equipe internacional de designers da empresa desenvolveu os LEGO Friends, um cenário com prédios que apresenta cinco minifiguras femininas vivendo na ficcional Heartlake City, que inclui um café, clínica veterinária, salão de beleza e estábulo. Os designers também desenvolveram seis novas cores de blocos, inclusive lavanda e turquesa, especificamente para os conjuntos Friends.

A despeito de a controvérsia sobre essa nova linha de produtos reforçar estereótipos de gênero, LEGO Friends se tornou extremamente popular. Somente no primeiro ano, a LEGO vendeu o dobro de conjuntos Friends que esperava, impulsionando o faturamento da empresa e preparando o terreno para lançamentos de futuros novos produtos.[1]

A pesquisa de marketing permite que empresas como a LEGO implementem o conceito de marketing e as ajuda a adquirir informações sobre se e como seus bens e serviços satisfazem aos desejos dos clientes do mercado-alvo. Quando usadas de maneira efetiva, essas informações facilitam o marketing de relacionamento, ajudando os profissionais de marketing a focar seus esforços nas tentativas de antecipar e atender às necessidades de seus clientes. A pesquisa de marketing e os sistemas de informação que apresentam informações práticas e objetivas para ajudar as empresas a desenvolver e implementar estratégias de marketing são, portanto, essenciais para o marketing efetivo.

Neste capítulo, focamos na forma como os profissionais de marketing reúnem a informação necessária para tomar decisões de marketing. Primeiro, definimos pesquisa de marketing e examinamos os passos individuais do processo de pesquisa, incluindo os vários métodos de coleta de dados. Em seguida, observamos como a tecnologia ajuda na coleta, organização e interpretação dos dados dessa pesquisa. Por fim, consideramos questões éticas e internacionais da pesquisa de marketing.

pesquisa de marketing Um projeto sistemático de coleta, interpretação e comunicação de informação para ajudar os profissionais de marketing a resolver problemas específicos ou tirar proveito de oportunidades de marketing.

A IMPORTÂNCIA DA PESQUISA DE MARKETING

1 Obter uma perspectiva sobre a importância da pesquisa de marketing.

Pesquisa de marketing é o projeto sistemático de coleta, interpretação e divulgação de informações para ajudar os profissionais de marketing a resolver problemas específicos ou tirar vantagem de oportunidades de marketing. Como a palavra *pesquisa* indica, é um processo que reúne as informações necessárias, mas ainda não disponíveis aos tomadores de decisão. O propósito dessa pesquisa é informar à organização as necessidades e os desejos dos clientes, oportunidades de marketing para determinados bens e serviços, além de mudanças de atitudes e padrões de compra dos clientes. A informação de mercado aumenta a capacidade da organização de tomar decisões já sabendo as necessidades do cliente, o que pode levar a uma melhora do desempenho organizacional. Detectar movimentações no comportamento e atitude dos clientes ajuda as organizações a reagir ao mercado em constante mudança. O planejamento estratégico exige a pesquisa de marketing para facilitar o processo de avaliação de oportunidades ou ameaças.

A pesquisa de marketing pode ajudar uma empresa a entender melhor as oportunidades do mercado, verificar o potencial de sucesso de novos produtos e determinar a viabilidade de uma estratégia de marketing. E, ainda, revelar tendências. Por exemplo, o varejo móvel, ou seja, a compra de smartphones e outros dispositivos, está em expansão, e espera-se que seja duplicado em menos de cinco anos.[2] Isso significa que os profissionais de marketing precisam levar em conta a compatibilidade com smartphones ao projetar propagandas e expositores para lojas. Por exemplo, é possível que esses profissionais queiram incluir um código de barras bidimensional que leve os clientes ao website da empresa quando for esca-

Importância da pesquisa de marketing
Empresas como Accenture podem ajudar as companhias a melhorar seus recursos de coleta e análise de dados, assim auxiliando-as a tomar melhores decisões sobre estratégias de marketing e a aprimorar seu desempenho.

neado com um dispositivo móvel. Deixar de acompanhar as tendências pode arruinar as organizações, pois elas não conseguem manter uma vantagem competitiva.

O real valor da pesquisa de marketing é medido pelo aumento da capacidade dos profissionais de marketing em tomarem decisões a partir das informações obtidas dela. Diversos tipos de organizações usam a pesquisa de marketing no desenvolvimento de atividades de marketing alinhadas às necessidades dos clientes. No ambiente de marketing altamente mutável nos dias atuais, é importante que as organizações tenham a velocidade e a agilidade necessárias para se adaptar rapidamente às mudanças. Para aumentar a capacidade de obtenção de informações e melhorar a habilidade de tomadas de decisão, algumas empresas escolhem contratar um consultor que possa ajudar na coleta e análise de dados envolvidas na pesquisa de marketing. Veja a propaganda, por exemplo. Accenture é uma empresa de consultoria de alta tecnologia que ajuda as empresas a melhorar seu desempenho por meio de métodos aprimorados de coleta e análise de dados. Conforme ilustrado na propaganda, entender as oportunidades e os sucessos e aproveitá-los ao máximo é essencial para o sucesso de uma empresa. Ter um entendimento completo das questões pode ajudar uma empresa a aumentar seu desempenho e desenvolver uma vantagem sobre a concorrência. A Accenture foi contratada por muitas empresas, como varejistas de moda, para melhorar o design de seus websites, a interatividade e o tempo de resposta às reclamações dos clientes, resultando em um aumento da satisfação do cliente e das receitas.[3] Profissionais de marketing deveriam tratar a informação como um de seus recursos, assim como o capital financeiro e humano, e pesar os custos e benefícios de se obtê-la. A informação deve ser considerada valiosa se resultar em atividades de marketing que melhor satisfaçam os clientes-alvo da organização, levar a um aumento de vendas e lucros ou ajudar a atingir algum outro objetivo de marketing.

TIPOS DE PESQUISA

2 Diferenciar os dois principais tipos de pesquisa de marketing – exploratória e conclusiva.

A natureza e o tipo de pesquisa que uma organização conduz depende do desenho da pesquisa e da hipótese sob investigação. A pesquisa de marketing pode envolver duas formas de dados. *Os qualitativos* produzem informações subjetivas não numéricas. *Os quantitativos* geram informações que podem ser comunicadas através de números. Os profissionais de marketing podem escolher entre coletar um deles ou ambos, dependendo da informação desejada. Para coletar dados, esses profissionais conduzem pesquisas exploratórias ou conclusivas. Embora cada uma tenha um propósito distinto, elas variam em níveis de formalização e flexibilidade. A Tabela 4.1 resume as diferenças.

Pesquisa exploratória

pesquisa exploratória
Pesquisa conduzida para reunir mais informação ou tentar elaborar novas hipóteses sobre um problema.

Quando os profissionais de marketing precisam de mais informações sobre um problema ou desejam elaborar uma hipótese mais específica, conduzem uma **pesquisa exploratória**. O principal propósito desse tipo de pesquisa é entender melhor um problema ou situação e/ou ajudar a identificar as necessidades de dados complementares ou alternativas para as decisões.[4] Por exemplo, a China é o maior produtor de automóveis do mundo, e registrou grandes progressos no desenvolvimento de veículos altamente eficientes, ainda que não exporte praticamente nenhum deles. Os fabricantes de automóveis chineses começaram a ver oportunidades no exterior, já que os países aumentaram os padrões de eficiência de consumo de combustível e a demanda por carros eficientes cresce cada vez mais. A Geely Group, que adquiriu a Volvo Cars da Suécia, por exemplo, começou conduzindo pesquisas exploratórias

Tabela 4.1 Diferenças entre pesquisas exploratórias e conclusivas

Componentes do projeto de pesquisa	Pesquisa exploratória	Pesquisa conclusiva
Propósito da pesquisa	Geral: gerar insights sobre uma situação	Específico: verificar insights e ajudar na seleção de um curso de ação
Necessidade de dados	Vaga	Clara
Fontes de dados	Pouco definidas	Bem definidas
Forma de coleta de dados	Aberta, aproximada	Geralmente estruturada
Amostra	Relativamente pequena, selecionada subjetivamente para maximizar a generalização dos insights	Relativamente grande, selecionada objetivamente para permitir a generalização das descobertas
Coleta de dados	Flexível, sem procedimento definido	Rígida, com procedimento bem estruturado
Análise de dados	Informal, geralmente não quantitativa	Formal, geralmente quantitativa
Inferências/Recomendações	Mais ensaios do que finalizações	Mais finalizações do que ensaios

Fonte: A. Parasuraman, *Marketing Research*. 2. ed. © 2007 South-Western, uma parte da Cengage Learning, Inc. Reproduzido com autorização, www.cengage.com/permissions.

nos principais mercados ocidentais, como o britânico, para determinar qual de seus modelos de baixo custo e alta eficiência de combustível seria mais popular lá.[5] A pesquisa exploratória pode ajudar os profissionais de marketing a entender melhor como os consumidores veem um tópico ou um produto, o que os auxilia na decisão do desenvolvimento de produtos melhores e na criação de um mix de marketing mais bem direcionado para seu mercado-alvo.

Algumas organizações usam **conselhos consultivos de clientes**, pequenos grupos de clientes atuantes que servem de interlocutores para ideias de novos produtos e oferecem insights sobre suas sensações e atitudes a respeito de uma estratégia de marketing, inclusive sobre produtos, promoção, precificação e distribuição. Embora esses conselhos consultivos possam ajudar as organizações a manter fortes relações com clientes valiosos, também podem gerar um maior entendimento das questões da pesquisa de marketing. Por exemplo, a Modulo, grande fornecedor de TI e de gestão de compliance e risco, formou um conselho consultivo de clientes para ajudar a empresa a encarar o ambiente de segurança de TI altamente mutável. O conselho se reúne trimestralmente e ajuda a empresa a identificar oportunidades e ameaças enfrentadas pela segurança internacional e bancária, e a identificar mudanças no governo que afetam os mercados nos quais ela tem clientes.[6]

Um método comum para conduzir pesquisas exploratórias é por meio do grupo focal. Um **grupo focal** reúne várias pessoas para discutir um tópico específico em uma configuração auxiliada por um moderador. Em geral, grupos focais são conduzidos informalmente, sem um questionário estruturado. Eles permitem que atitudes, comportamentos, estilos de vida, necessidades e desejos dos clientes sejam explorados

conselhos consultivos de clientes Pequenos grupos de clientes atuantes que servem como interlocutores de ideias de novos produtos e oferecem insights sobre seus sentimentos e atitudes em relação aos produtos da organização e outros elementos de sua estratégia de marketing.

grupo focal Entrevista conduzida, em geral, informalmente, sem um questionário estruturado, em pequenos grupos de 8 a 12 pessoas, a fim de observar a interação quando os membros são expostos a uma ideia ou conceito.

Fonte: GreenBook Research Industry Trends Report Spring 2012. Disponível em: <www.greenbookblog.org/>. GRIT, primavera 2012.

de forma flexível e criativa. As questões são abertas e estimulam os respondentes a usar suas próprias palavras. Uma sessão tradicional de grupo focal consiste de 8 a 12 pessoas guiadas por um moderador, um indivíduo independente contratado pela empresa de pesquisas ou pela organização. O moderador encoraja todos os participantes a se envolverem na conversa e dirige a discussão fazendo perguntas quando necessário.

Grupos focais podem dar às organizações ideias para novos produtos ou ser um fórum para testar estratégias de marketing para produtos já existentes. Esse formato pode render informações detalhadas, incluindo tópicos levantados pelos participantes não planejados pelos pesquisadores. Esses tópicos não pensados previamente são resultantes do engajamento mútuo dos respondentes do grupo focal.

No entanto, trabalhar com grupos focais presenciais pode ter algumas desvantagens. Por exemplo, às vezes a discussão do grupo pode ser atrasada por indivíduos confrontantes, tímidos ou que falam muito. É possível que alguns participantes sejam menos honestos para tentar sociabilizar ou receber dinheiro e/ou comida em troca de sua participação.[7] Além disso, grupos focais não produzem dados quantitativos; portanto, são mais úteis para descobrir questões que podem ser exploradas por meio de outras técnicas de pesquisa de marketing quantificáveis.

Graças à facilidade de sua utilização, grupos focais on-line são uma tendência de pesquisa crescente. Os participantes podem se registrar em um website e inserir suas respostas nos campos oferecidos ou entrar em uma reunião por vídeo on-line. Essa modalidade pode ser uma forma de reunir dados de grupos grandes e geograficamente dispersos com boa relação custo-benefício. A tecnologia existe para tornar fácil e econômica a condução de grupos focais on-line. Observe, por exemplo, a propaganda da FocusVision, uma empresa que oferece transmissão em vídeo e permite que as empresas conduzam reuniões on-line de grupos focais usando sua plataforma, InterVu. O anúncio enfatiza visualmente a forma como o produto reúne indivíduos diferentes, posicionando-os ao redor de um ponto focal central que contém um computador. Grupos focais on-line são bem mais convenientes para os participantes do que os tradicionais, porque eles podem participar da discussão de suas próprias casas, não importa onde estejam. No entanto, esse método não é bem ajustado para questionar os participantes sobre o aroma ou sabor de um produto, e, portanto, não é adequado para todos os bens. Ao usar um login em um website, os pesquisadores também não conseguem observar as marcas não verbais e a linguagem corporal dos participantes, que com frequência podem revelar reações instintivas a questões ou tópicos discutidos. Profissionais de marketing devem manter essas características em mente quando estiverem desenvolvendo um projeto de pesquisa para determinado produto.

Pesquisa conclusiva

A **pesquisa conclusiva** é projetada para verificar insights por meio de um procedimento objetivo que ajuda os profissionais de marketing a tomar decisões. É usada nos estágios finais da tomada de decisão, quando o profissional de marketing reduziu sua escolha a poucas alternativas. Esse tipo de pesquisa é útil quando um profissional de marketing exige um projeto de pesquisa bem definido e estruturado para ajudar a decidir qual conjunto de abordagens é melhor para um produto ou determinado consumidor-alvo. Estudos de pesquisa conclusiva são tipicamente quantitativos, formais, específicos e têm métodos verificáveis. Dois tipos de pesquisa conclusiva são pesquisa descritiva e pesquisa experimental.

Se for necessário que os profissionais de marketing entendam as características de determinados fenômenos para resolver um problema específico, a **pesquisa descritiva** pode ajudá-los. Esse tipo pode variar de análises gerais da educação, ocupação ou idade dos clientes, até a busca de informações específicas sobre a frequência com que os adolescentes consomem bebidas isotônicas ou que os clientes compram sapatos novos. Por exemplo, se a Nike e a Reebok desejassem atingir mais mulheres jovens, deveriam perguntar às mulheres na faixa de 15 a 35 anos com que frequência malham, quantas vezes usam calçados esportivos e quantos pares desse tipo de calçado compram em um ano. Esse tipo de pesquisa descritiva pode ser usado para desenvolver estratégias de marketing específicas para o mercado de calçados esportivos. Em geral, estudos descritivos demandam um conhecimento anterior significativo e partem do princípio de que o problema ou questão está claramente definido. Alguns desses estudos exigem análises estatísticas e ferramentas preditivas. A tarefa principal do profissional de marketing é escolher métodos adequados para coletar e avaliar os dados.

A pesquisa descritiva não fornece informações suficientes para permitir que os pesquisadores façam inferências causais (por exemplo, que a variável X causa uma variável Y). Já a **pesquisa experimental** permite que os profissionais de marketing façam deduções causais sobre relações entre variáveis. Tal experimentação exige que uma variável independente (variável X, que não é influenciada ou afetada por outras variáveis) seja manipulada e que as consequentes alterações a uma variável dependente (variável Y, que é influenciada pela variável independente) sejam medidas. Na pesquisa experimental, a manipulação da variável independente e os efeitos causados nas variáveis dependentes ocorrem com um controle de todas as variáveis exógenas. O controle dessas outras variáveis é o que torna esse tipo de pesquisa diferente da descritiva. Dessa forma, os pesquisadores podem determinar a causalidade, altamente importante ao desenvolver uma estratégia de marketing.

Grupos focais
Companhias como a FocusVision ajudam a administrar reuniões de grupos focais por vídeo on-line com o auxílio de plataformas como a InterVu.

pesquisa conclusiva Pesquisa desenhada para verificar insights através de procedimentos objetivos que servem de ajuda na tomada de decisões dos profissionais de marketing.

pesquisa descritiva Pesquisa conduzida para clarificar as características de certos fenômenos a fim de resolver determinado problema.

pesquisa experimental Pesquisa que permite ao profissional de marketing fazer inferências causais sobre relações entre variáveis.

O PROCESSO DE PESQUISA DE MARKETING

3 Descrever os passos básicos para conduzir pesquisas de marketing.

A fim de manter o controle necessário para obter informações precisas, a organização deve abordar a pesquisa de marketing como um processo com passos lógicos: (1) localizar e definir problemas ou temas, (2) desenvolver o projeto de pesquisa, (3) coletar os dados, (4) interpretar os resultados da pesquisa, e (5) reportar as descobertas da pesquisa (ver Figura 4.1). Esses passos devem ser vistos como adaptáveis e parte de uma abordagem global para conduzir a pesquisa, e não como um conjunto rígido de regras. Os profissionais de marketing precisam considerar cada passo e determinar como eles podem ser adaptados para resolver as questões em jogo.

Localizando e definindo problemas ou temas da pesquisa

O primeiro passo para lançar um estudo de pesquisa é definir o problema ou tema. Isso incentiva os pesquisadores a analisar a verdadeira natureza e os limites de uma situação no que se refere à estratégia de marketing ou sua implementação. Em geral, o primeiro sinal de um problema é a interrupção do funcionamento normal, como o não cumprimento de um objetivo normalmente atingível. Se o objetivo é aumentar as vendas em 12% e acontece um aumento de apenas 6% sob a estratégia de marketing atual, os profissionais de marketing devem analisar a discrepância para adaptar sua estratégia e torná-la mais eficaz. Vendas em declínio, aumento de gastos e lucros decrescentes indicam problemas para uma empresa. Em contrapartida, um aumento dramático das vendas ou outro evento positivo deve estimular os profissionais de marketing a pesquisar os motivos de mudanças a fim de alavancar as oportunidades.

Com frequência, a pesquisa de marketing se concentra na identificação e definição de oportunidades de marketing ou em alterações no ambiente. Quando uma empresa descobre uma oportunidade de marketing, deve conduzir uma pesquisa para entender a situação e compor uma estratégia de marketing apropriada. A gestão do relacionamento com o cliente (CRM) é essencial para atrair e manter a fidelidade dos clientes, exigindo também que a pesquisa seja eficaz. A CRM tira proveito de oportunidades no ambiente de marketing, e com frequência baseia-se em uma análise dos clientes existentes, suas necessidades e desejos; afinal, entender os clientes leais já existentes ajuda a empresa a projetar uma estratégia de marketing para mantê-los fiéis, enquanto atinge novos consumidores.

Objetivando identificar e definir um assunto corretamente, os profissionais de marketing precisam ter cuidado para não incorrer em distrações com sintomas superficiais. Combater os sintomas do problema não ajuda a aliviá-los, o que leva a gastos desnecessários e à continuação da questão não compreendida. Por exemplo, as empresas que vendem produtos ecológicos, como carros híbridos e lâmpadas econômicas, descobriram que a mudança na estratégia de marketing, primeiro destacando a conveniência e depois a sustentabilidade, aumentou as vendas. O verdadeiro

Figura 4.1

Os cinco passos do processo de pesquisa de marketing.

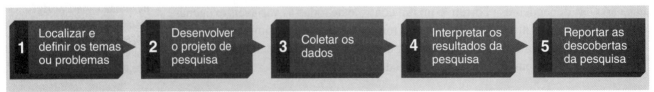

Fonte: Pride e Ferrell. *Marketing*, 17 ed., Cengage Learning, 2014.

problema que causava a desaceleração das vendas não era um defeito nos produtos, mas o fato de os consumidores ainda desejarem saber quão melhor era esse produto em relação aos anteriores; depois dessa informação disponibilizada, os clientes provavelmente ficaram felizes em pagar um preço premium pela consciência ecológica.[8]

Pesquisadores e tomadores de decisão devem permanecer no estágio de definição do problema ou tema o tempo que for necessário, até que tenham certeza de ter projetado um plano de pesquisa que aborde a questão. Seguir os passos necessários para permitir que os pesquisadores transformem um problema ou um tema amplo e indefinido em uma declaração de pesquisa concisa e testável é um pré-requisito para o próximo passo do processo de pesquisa. Algumas companhias contratam empresas, como a Booshaka, para ajudá-las. Como se pode ver no anúncio, ela ajuda as empresas a entender o problema, definir a questão, aprender como alavancar o feedback do cliente e gerenciar os dados coletados pelo marketing on-line boca a boca. O conceito boca a boca é um elemento cada vez mais importante da estratégia de marketing de muitas organizações, embora muitos profissionais de marketing ainda não entendam como gerenciá-lo e necessitem de especialistas externos.

Desenvolvendo o projeto de pesquisa

Uma vez que o problema ou tema tenha sido definido, o próximo passo é criar o **desenho da pesquisa**, um plano geral que obtém a informação necessária para tratar da questão. Esse passo exige que se formule uma hipótese e determine o tipo de pesquisa mais apropriado para se testá-la, garantindo que os resultados sejam confiáveis e válidos.

Desenvolvendo uma hipótese

A definição do objetivo de pesquisa de marketing deve incluir uma hipótese baseada em pesquisas anteriores e nas descobertas esperadas para a pesquisa atual. **Hipótese** é uma suposição fundamentada ou pressuposição sobre determinado problema ou conjunto de circunstâncias; é o que um pesquisador busca provar ou refutar, baseada no conjunto de todos os insights e conhecimentos disponíveis sobre um problema ou

desenho da pesquisa Um plano geral para se obter a informação necessária a fim de abordar um problema ou tema de pesquisa.

hipótese Uma suposição fundamentada ou pressuposição a respeito de certo problema ou um conjunto de circunstâncias.

Localizando e definindo temas e problemas da pesquisa
Companhias como a Booshaka podem identificar oportunidades de marketing ou mudanças no ambiente competitivo, o que ajuda os pesquisadores de marketing a definir um problema.

circunstâncias anteriores de outras pesquisas e estudos. À medida que a informação é coletada, o pesquisador testa a hipótese. Por exemplo, uma empresa de alimentos, como a H. J. Heinz, pode propor uma hipótese que descreve as crianças de hoje em dia como tendo uma influência considerável sobre as decisões de compra de suas famílias em relação aos seus produtos. Um pesquisador de marketing vai, então, coletar os dados, talvez por meio de pesquisas com as crianças e seus pais, ou da observação das famílias fazendo compras, analisá-los e concluir se a hipótese está correta ou não. Às vezes, são desenvolvidas várias hipóteses durante o curso de um projeto de pesquisa. As hipóteses que são aceitas ou rejeitadas se tornam as conclusões do estudo.

Confiabilidade e validade da pesquisa

Ao projetar uma pesquisa, os pesquisadores de marketing precisam garantir que as técnicas de pesquisa sejam confiáveis e válidas. Uma técnica de pesquisa tem **confiabilidade** se produz resultados quase idênticos em procedimentos sucessivos. Para ter **validade**, o método de pesquisa precisa mensurar o que supostamente deve medir, e nada mais. Isso quer dizer que nem todos os achados de pesquisa confiáveis são válidos. Por exemplo, embora um grupo de clientes possa expressar o mesmo nível de satisfação com base em uma escala classificatória, individualmente podem não exibir o mesmo comportamento de recompra devido às diferentes características pessoais. Se o propósito de classificar a satisfação era avaliar o possível comportamento de recompra, esse resultado pode induzir o pesquisador a questionar a validade da escala de satisfação.[9] Um estudo para medir o efeito da propaganda nas vendas é válido se a propaganda puder ser isolada de outros fatores e variáveis que afetam as vendas. Projetos de pesquisa também devem ser replicáveis; caso contrário, é impossível estabelecer a confiabilidade.

Coleta de dados

O passo seguinte do processo de pesquisa de marketing é coletar dados para ajudar a provar (ou refutar) as hipóteses da pesquisa. O desenho da pesquisa precisa especificar que tipos de dados são necessários coletar e de que forma serão reunidos.

Tipos de dados

Os pesquisadores de marketing têm dois tipos de dados à disposição. **Dados primários** são observados, registrados ou coletados diretamente dos respondentes. Esses dados precisam ser reunidos pela observação do fenômeno ou pelo levantamento de informações junto às pessoas de interesse. **Dados secundários** são compilados dentro e fora da organização por algum propósito diferente da investigação atual; e incluem relatórios gerais reunidos por outras organizações e bancos de dados internos e on-line. Os relatórios podem abordar uma variedade de tópicos, inclusive participação de mercado, níveis de estoque do varejo e comportamento de compra dos clientes. E são úteis para a pesquisa caso a informação neles contida seja pertinente à hipótese que os profissionais de marketing estão testando. A maior parte das pesquisas de marketing vem de fontes secundárias, já que essas fornecem a informação necessária por um custo e esforço relativamente baixos. A internet aumentou exponencialmente a quantidade de dados secundários disponíveis, tornando as pesquisas mais fáceis, mas complicadas ao mesmo tempo. Agora, os pesquisadores se deparam com a tarefa de ordenar grandes volumes de dados secundários, alguns deles de qualidade questionável, visando encontrar a informação de que necessitam. Subsistem, no entanto, publicações e bancos de dados grandes e respeitáveis, que são muito úteis.

Fontes de dados secundários

Em muitos casos, os profissionais de marketing começam a fase de coleta de dados do processo de pesquisa pelo agrupamento de dados secundários, podendo usar relatórios disponíveis e outras informações provenientes de fontes internas ou externas para estudar um problema de marketing.

Fontes internas de dados secundários, como banco de dados, relatórios de vendas e de pesquisas, são úteis porque fornecem informações sobre as próprias atividades de marketing da organização. Essa informação pode ser usada para testar a hipótese e apontar problemas. Dos relatórios de vendas, por exemplo, uma empresa pode reunir informações como as épocas do ano mais populares para determinados produtos e quais cores e tamanhos vendem mais. Os profissionais de marketing devem procurar quaisquer ferramentas de busca disponíveis para obtenção de dados de marketing, administrativos ou financeiros. Registros contábeis com frequência são desconsiderados, mas podem ser uma boa fonte de dados quantitativos. Embora em geral não fluam automaticamente para outros departamentos, esses registros oferecem informações detalhadas sobre custos, vendas, contas de clientes e lucros. Outra fonte de dados secundários internos é a informação da concorrência coletada pela força de vendas.

Fontes externas de dados secundários (ver Tabela 4.2) incluem associações comerciais ou profissionais, periódicos, publicações do governo, fontes não publicadas

Tabela 4.2 Fontes de informações secundárias

Fontes governamentais	
Censo econômico	www.census.gov
Pesquisa de mercado da indústria e do país do Export.gov	www.export.gov/mrktresearch/index.asp
National Technical Information Services	www.ntis.gov
Strategis Canadian Trade	www.strategis.ic.gc.ca
Associações comerciais e eventos	
American Society of Association Executives	www.asaecenter.org
Diretório de associações	www.marketingsource.com/associations
Trade Show News Network	www.tsnn.com
Programação de notícias em revistas, jornais, vídeo e áudio	
Google Video Search	www.google.com/videohp?hl=en
Media Jumpstation	www.directcontactpr.com/jumpstation
Google News Directory	www.google.com/Top/News
Yahoo! Video Search	www.video.search.yahoo.com
Informações corporativas	
The Public Register Online	www.annualreportservice.com
Bitpipe	www.bitpipe.com
Press Releases da Business Wire	www.businesswire.com
Hoover's Online	www.hoovers.com
Open Directory Project	www.dmoz.org
Press Releases da PR Newswire	www.prnewswire.com

Fonte: Adaptado de Data Collection: Low-Cost Secondary Research. *KnowThis.com*. Disponível em: <www.knowthis.com/principles-of-marketing-tutorials/data-collection-low-cost-secondary-research/>. Acesso em: 24 jan. 2013.

e bancos de dados on-line. Associações profissionais, como a American Marketing Association, oferecem guias e diretórios repletos de informações. Periódicos como *Bloomberg Businessweek*, *The Wall Street Journal*, *Sales and Marketing Management*, *Advertising Age*, *Marketing Research* e *Industrial Marketing* publicam informações gerais que podem ajudar os profissionais de marketing a definir problemas e desenvolver hipóteses. Muitos profissionais de marketing também consultam publicações do governo federal norte-americano, como o Statistical Abstract of the United States, e publicações de recenseamento, como as disponíveis no U.S. Census Bureau on Business, Agriculture, and the Population. Profissionais de marketing podem usar bancos de dados on-line pesquisáveis, disponíveis no website do Census, para obter informações sobre muitos tópicos diferentes. Embora o governo norte-americano só conduza seu principal censo a cada 10 anos, regula levantamentos amostrais anuais com estimativa da população feitos pela American Community Survey (ACF). A ACF não é tão abrangente quanto o censo decenal, mas pode mostrar um retrato atualizado da população dos Estados Unidos aos profissionais de marketing. Outros países, como o Brasil, também disponibilizam informações de seus censos. Uma organização pode usar os dados do censo para determinar, por exemplo, se os níveis demográficos, de educação e rendimentos de uma população de uma área específica fazem dela um bom lugar para se construir um shopping center.

A internet é uma ferramenta de pesquisa muito útil. Ferramentas de busca ajudam os profissionais de marketing a localizar rapidamente vários tipos de dados secundários ou notícias e tópicos de pesquisas acadêmicas de interesse. É claro, as organizações também podem explorar seus próprios websites em busca de in-

Transformação verde

Marketing verde

Carros elétricos – tanto os recarregáveis na tomada quanto os híbridos a gasolina – são vendidos como benéficos para o meio ambiente e, em longo prazo, também para o bolso do comprador. Infelizmente, como a Nissan, General Motors, Ford e outros fabricantes de automóveis descobriram, esses benefícios ainda não foram transpostos para uma aceitação ampla dos carros elétricos. As vendas do Leaf da Nissan estão bem abaixo das projeções da empresa, e a demanda lenta estimulou a General Motors a interromper temporariamente a produção do Volt.

Por que as vendas de carros elétricos estão estagnadas mesmo com todos os benefícios apresentados? Uma razão, de acordo com a pesquisa, é o choque de preço. Uma pesquisa feita pela Escola de Assuntos Públicos e Ambientais da Universidade de Indiana descobriu que os compradores tendem a subestimar o valor de um carro elétrico em comparação a um carro tradicional movido a gasolina. Confrontados por um preço acima do esperado, os compradores podem não perceber quanto vão economizar em gastos com abastecimento ao longo da vida útil do carro. A Nissan está abordando a questão introduzindo o novo modelo Leaf, com preço 18% abaixo do valor do modelo original. No outro extremo do espectro do preço, a General Motors introduziu um Cadillac elétrico para os motoristas sofisticados que desejam pagar por um carro de luxo ecológico.

Outra razão para os consumidores hesitarem em comprar carros recarregáveis na tomada é a preocupação com a autonomia limitada que esses carros podem ter entre as recargas. Os primeiros carros elétricos tinham autonomia de menos de 160 quilômetros, e precisavam de aproximadamente oito horas para recarregar. Graças a avanços técnicos, os carros elétricos mais novos têm maior autonomia e recarregam em apenas algumas horas – às vezes por carregadores de indução eletromagnética. Ao promover essas melhorias, os fabricantes de automóveis esperam atrair nos próximos anos mais compradores preocupados com o meio ambiente.[a]

formações úteis usando ferramentas CRM. Muitos varejistas on-line, por exemplo, rastreiam as aquisições dos clientes a fim de compreender amplamente suas necessidades, desejos, estilos de vida e nível de rendimentos. Com essa informação, as organizações são capazes de oferecer recomendações aos indivíduos com base nas compras anteriores dos clientes. Esse sistema de marketing ajuda as empresas a rastrear os desejos e hábitos mutáveis de compra dos clientes mais valiosos. Além disso, cada vez mais os pesquisadores de marketing monitoram blogs para descobrir o que os consumidores dizem sobre seus produtos – positiva e negativamente. Muitos varejistas enviam produtos a blogueiros famosos com a esperança de que usem e apresentem os produtos em seus websites.

população Todos os elementos, unidades ou indivíduos de interesse do pesquisador para um estudo específico.

amostra Número limitado de unidades escolhidas para representar as características de toda uma população.

amostragem O processo de selecionar um conjunto de unidades representativas de toda uma população.

amostragem probabilística Um tipo de amostragem na qual cada elemento da população estudada tem uma chance probabilística expressiva de ser escolhido para o estudo.

amostragem aleatória Forma de amostragem probabilística na qual todas as unidades em uma população têm chance igual de aparecer em uma amostra, assim como os vários eventos que podem acontecer com uma mesma chance de ocorrência.

Métodos para coletar dados primários

Reunir dados primários é um processo mais longo, mais caro e mais complexo do que a coleta de dados secundários. Para reunir esses dados, os pesquisadores usam procedimentos de amostragem, métodos de levantamento e observação. Esses esforços podem ser feitos internamente, por um departamento de pesquisa próprio da organização, ou por meio da contratação de uma empresa de pesquisa particular, como a ACNielsen ou SymphonyIRI Group.

Amostragem Como o tempo e os recursos disponíveis para a pesquisa são limitados, é quase impossível investigar todos os membros de um mercado-alvo ou outra população. Uma **população**, ou "universo", inclui todos os elementos, unidades ou indivíduos que interessam aos pesquisadores em um estudo específico. Considere uma pesquisa Gallup projetada para prever os resultados de uma eleição presidencial. Todos os eleitores registrados nos Estados Unidos constituem a população analisada. Ao selecionar um número limitado de unidades – uma **amostra** – para representar as características de uma população total, os pesquisadores conseguem prever os comportamentos da população total. **Amostragem**, na pesquisa de marketing, portanto, é o processo de seleção de unidades representativas de uma população. Técnicas de amostragem permitem que os profissionais de marketing prevejam o comportamento de marketing de forma acurada, sem ter de reunir respostas de uma população total. Porque, na maioria das vezes, seria impossível coletar reações do mercado ou do segmento de mercado inteiro, quase todos os tipos de pesquisa de marketing empregam técnicas de amostragem.

Existem dois tipos básicos de amostragem: probabilística e não probabilística. Com a **amostragem probabilística**, cada elemento da população analisada tem uma chance conhecida de ser selecionada para estudo. Amostragem aleatória simples é uma forma de amostragem probabilística. Quando os profissionais de marketing empregam a **amostragem aleatória**, todas as unidades de uma população têm a mesma chance de aparecer na amostra. Da mesma forma, os vários acontecimentos que podem ocorrer têm uma chance igual ou expressiva de acontecer. Por exemplo, uma carta específica de ba-

Coletando dados
A Tobii Technology ajuda os clientes proporcionando tecnologia para estudar o movimento dos olhos na tela. Por meio dessa ferramenta, o pesquisador pode coletar dados primários e obter um insight sobre as respostas dos consumidores às comunicações visuais de marketing.

ralho tem uma de 52 probabilidades de ser retirada. Unidades de amostra normalmente são escolhidas pela seleção de uma tabela de números aleatórios, gerados estatisticamente, de forma que um dígito de 0 a 9 tenha a mesma probabilidade de ocorrer em cada posição da sequência. Os elementos sequencialmente numerados de uma população são amostrados aleatoriamente pela seleção das unidades, cujos números aparecem na tabela de números aleatórios. Existem geradores de números aleatórios disponíveis on-line gratuitamente, como o Random.org, que gera listas de números aleatórios para este fim.

Outro tipo de amostragem probabilística é a **amostragem estratificada**, na qual a população de interesse é dividida em grupos de acordo com um atributo comum. Uma amostra aleatória é, então, escolhida dentro de cada subgrupo. A amostra estratificada pode reduzir alguns dos erros que ocorrem em uma amostra aleatória simples, garantindo que um grupo dentro da amostra não seja sobrerrepresentado de forma acidental. Ao segmentar a população em grupos, o pesquisador certifica-se de que cada segmento recebe sua fatia proporcional de unidades de amostra, assim ajudando-o a evitar a inclusão de muitas ou poucas unidades de amostra em cada subgrupo. Em geral, as amostras são estratificadas quando os pesquisadores acreditam que possam existir variações entre os diferentes tipos de respondentes. Por exemplo, muitas pesquisas de opinião política são estratificadas por gênero, etnia, idade e/ou localização geográfica.

amostragem estratificada
Tipo de amostragem probabilística na qual a população é estratificada em grupos com atributos em comum e uma amostra aleatória simples é selecionada de cada grupo definido.

O segundo tipo, a **amostragem não probabilística**, é mais subjetivo do que a probabilística, porque não há uma maneira de calcular a probabilidade de que um elemento da população estudada seja escolhido. A **amostragem por cota**, por exemplo, é altamente crítica, pois a escolha final dos participantes é definida pelos pesquisadores. Nesta, os pesquisadores dividem a população em grupos, selecionam arbitrariamente os participantes de cada segmento, e impõem alguns controles – em geral limitados a duas ou três variáveis, como idade, gênero ou raça – sobre a seleção para garantir que categorias representativas de respondentes sejam incluídas. Um estudo de pessoas que usam óculos de sol, por exemplo, pode ser conduzido por entrevistas com um número igual de homens e mulheres. No entanto, como as amostras por cota não são de probabilidade, nem todos têm a mesma chance de ser selecionados, e, portanto, os erros de amostragem não podem ser medidos estatisticamente. Amostras de cotas são usadas com mais frequência em estudos exploratórios, quando os pesquisadores ainda não geraram as hipóteses a serem testadas. Nesse caso, as descobertas podem proporcionar insights valiosos sobre um problema, mas não ser extrapoladas para a população total.

amostra não probabilística
Técnica de amostragem em que não há como calcular a probabilidade de um elemento específico da população estudada na hora de sua escolha.

amostragem por cotas
Técnica de amostragem não probabilística na qual os pesquisadores dividem a população em grupos e, então, escolhem arbitrariamente participantes de cada grupo.

Métodos de levantamento Pesquisadores de marketing em geral empregam a amostragem para coletar dados primários através de correio, telefone, entrevistas pessoais ou on-line e levantamentos em redes sociais. A Tabela 4.3 resume e compara as vantagens de vários métodos de levantamento. Os resultados desses levantamentos são usados para descrever e analisar o comportamento de compra. O método escolhido depende de uma variedade de fatores, incluindo a natureza do problema ou questão, os dados necessários para testar a hipótese e os recursos disponíveis para o pesquisador (por exemplo, financeira e pessoal). Os profissionais de marketing podem empregar mais de um método de levantamento, dependendo dos objetivos do projeto. As pesquisas podem ser bem caras, embora serviços de pesquisa on-line tenham tornado o método muito mais acessível, até para organizações de pequeno porte. Existem muitas companhias que oferecem serviços de pesquisa gratuitos ou de baixo custo, como a SurveyMonkey, Constant Contact e KwikSurveys.[10]

Coletar informações por meio de levantamentos pode ser difícil, afinal, muitas pessoas acreditam que respondê-los exige muito do seu já escasso tempo e se preocupam com invasões de privacidade e a forma como as informações pessoais serão usadas. O uso antiético de técnicas de vendas, disfarçado de pesquisa de marketing, também levou a uma diminuição da cooperação. Portanto, as organizações que escolhem conduzir pesquisas devem esperar uma taxa bem alta de ausência de resposta. É perigoso confiar em respostas de levantamentos quando a taxa de ausência de resposta é alta, já que os resultados não serão representativos da amostra como um todo.[11]

Em um **levantamento por correio**, os questionários são enviados a respondentes que são encorajados a completar e devolvê-los. Esse tipo de levantamento é usado com mais frequência quando os indivíduos da amostra estão espalhados por uma área ampla e os recursos para a pesquisa são limitados, e é mais barato do que um levantamento com entrevistas por telefone ou pessoalmente, desde que a taxa de resposta seja alta o suficiente para produzir resultados confiáveis.

levantamento por correio
Método de pesquisa no qual os entrevistados respondem um questionário enviado pelos correios.

Tabela 4.3 Comparação entre os quatro métodos básicos de levantamento

	Levantamento por correio	Levantamento por telefone	Levantamento on-line	Levantamento com entrevistas pessoais
Economia	Custos potencialmente menores por entrevista do que o feito por telefone ou pessoal se houver uma taxa de resposta adequada.	Evita gastos com viagens do entrevistador. É mais barato do que entrevistas domiciliares.	O método mais barato, se houver uma taxa de resposta adequada.	O método mais caro. Entrevistas em shoppings e grupos focais têm custos menores do que entrevistas domiciliares.
Flexibilidade	Inflexível. O questionário deve ser curto e fácil de ser completado pelos respondentes.	Flexível, já que os entrevistadores podem fazer questões pertinentes; no entanto, fazer observações é impossível.	Menos flexível. O levantamento precisa ser fácil para que os usuários on-line o recebam e devolvam; questões curtas, dicotômicas ou de múltipla escolha funcionam melhor.	O método mais flexível. Os respondentes podem reagir a materiais visuais. Dados demográficos são mais precisos. Investigações aprofundadas são possíveis.
Influência do entrevistador	É eliminada. Os questionários podem ser devolvidos anonimamente.	Certo anonimato, mas pode ser difícil desenvolver confiança em relação aos respondentes.	Essa influência é com frequência eliminada com o e-mail, mas o endereço deste na devolução elimina o anonimato.	As características pessoais do entrevistador ou a incapacidade de manter a objetividade podem resultar em influências.
Amostragem e cooperação dos respondentes	Obter uma lista completa de endereços é difícil. A ausência de resposta é uma grande desvantagem.	A amostra é limitada aos respondentes com telefones. Dispositivos que filtram chamadas, ocupados e recusas são um problema.	A lista de endereços de e-mail disponível pode não ser uma amostra representativa de alguns propósitos. Levantamentos em mídias sociais podem ser tendenciosos, já que os fãs estão mais propensos a respondê-los.	Não encontrar o entrevistado em casa é um problema, que pode ser superado pela entrevista de grupos focais ou em shopping centers.

© Cengage Learning

Prêmios ou incentivos que encorajam os respondentes a devolver os questionários podem ser eficientes para encorajar as taxas de resposta em levantamentos por correio e para desenvolver painéis de respondentes entrevistados de forma regular. Tais painéis de correspondência, selecionados para representar um mercado-alvo ou um segmento do mercado, são especialmente úteis para avaliar novos produtos e apresentar informações gerais sobre os clientes, bem como relatórios sobre suas compras (na forma de diários de compras). Esses painéis e os diários de compras são muito mais usados do que os levantamentos por correio personalizados, mas também têm suas desvantagens. Pessoas que dedicam seu tempo para preencher um diário podem ser diferentes da população geral, com base na renda, educação ou comportamento, assim como o tempo disponível que têm para atividades de compras. Levantamentos pela internet e redes sociais também ganharam grande popularidade, embora sejam igualmente limitados, levando-se em conta que nem todos os grupos demográficos utilizam essas mídias da mesma forma.

levantamento por telefone Método de levantamento no qual as respostas dos questionários dadas pelos participantes são conduzidas por telefone e gravadas.

Em um **levantamento por telefone**, o entrevistador registra as respostas dos entrevistados em um questionário por telefone. Esse tipo de levantamento tem algumas vantagens em relação ao por correio. A taxa de resposta é mais alta, porque atender o telefone e falar exige menos esforço do que preencher e devolver um questionário. Se houver entrevistadores suficientes disponíveis, esse levantamento pode ser concluído rapidamente. É possível que candidatos políticos ou organizações que desejam uma reação imediata a um acontecimento escolham esse método. Além disso, um levantamento por telefone permite que os entrevistadores ganhem afinidade com os respondentes e façam questões pertinentes. Levantamentos por telefone automatizados, também conhecidos como resposta de voz interativa ou "levantamento com robôs", contam com uma voz gravada para fazer as perguntas enquanto um programa de computador grava as respostas do entrevistado. O principal benefício dos levantamentos automatizados é a eliminação de qualquer influência que possa ser introduzida por um pesquisador de carne e osso. No entanto, graças ao abuso dos levantamentos "com robôs" durante eventos como campanhas políticas, muitas pessoas fazem associações negativas com eles.

entrevista em profundidade por telefone Método que combina a habilidade de investigar de um grupo focal com a confidencialidade proporcionada pelos levantamentos por telefone.

Outra opção é a **entrevista em profundidade por telefone**, que combina a capacidade de investigação dos tradicionais grupos focais com a confidencialidade oferecida por um levantamento por telefone. Esse tipo de entrevista é mais adequado a projetos de pesquisa qualitativa com um pequeno grupo direcionado. O método atrai respondentes ocupados, pois eles podem escolher a hora e o dia da entrevista. Embora o procedimento seja difícil de implementar, produz informações reveladoras sobre os entrevistados, que de outra forma poderiam não estar dispostos a participar de pesquisas de marketing.

A grande desvantagem é que apenas uma pequena parte da população gosta de participar de levantamentos ou entrevistas por telefone. Muitas famílias são excluídas das listas telefônicas por opção (números não listados) ou porque os residentes se mudaram depois que a lista foi publicada. Possíveis respondentes em geral usam secretárias eletrônicas, correios de voz ou identificador de chamadas para filtrar ou bloquear as ligações. Milhões também se registraram em listas de bloqueio de recebimento de ligações. Além disso, uma parte decrescente da população tem telefones fixos, tornando a condução desse tipo de levantamento mais difícil. Na verdade, mais de uma em cada quatro casas dos Estados Unidos não tem nenhum telefone fixo.[12] Esses fatores podem limitar significativamente a participação e distorcer a representação. Ademais, os levantamentos e entrevistas conduzidos por telefone são limitados à comunicação oral, e não incluem recursos visuais ou observação.

Em um **levantamento com entrevista pessoal**, os participantes respondem às questões pessoalmente. Vários recursos audiovisuais – imagens, produtos, diagramas ou cópias de propagandas pré-gravadas – podem ser incorporados nesse método. A compreensão obtida por meio da interação direta em geral permite uma entrevista mais aprofundada, incluindo investigações, questões com acompanhamento ou testes psicológicos. Além disso, como as entrevistas pessoais costumam ser mais longas do que outros tipos de levantamentos, elas rendem mais informações. Os respondentes podem ser selecionados mais cuidadosamente e a ausência de resposta pode ser mais bem analisada. Uma dessas técnicas de pesquisa é a **entrevista domiciliar (porta a porta)**, que oferece uma clara vantagem quando a eficácia da autorrevelação e a eliminação da influência do grupo são importantes. Em uma entrevista aprofundada de 45 a 90 minutos, os respondentes podem ser sondados a revelar suas verdadeiras motivações, sentimentos, comportamentos e aspirações.

Ao longo do tempo, a natureza das entrevistas pessoais mudou. No passado, quase todas, baseadas em amostras aleatórias ou ajustes pré-arranjados, eram conduzidas na casa do respondente. Hoje, muitas são conduzidas em shopping centers ou outras áreas públicas. **Entrevista com interceptação em shopping centers** envolve a entrevista de uma porcentagem de indivíduos que passam por um "ponto de interceptação" dentro de um shopping. Como qualquer método de entrevista face a face, as interceptações em shoppings têm suas vantagens. O entrevistador está em posição de reconhecer e reagir a sinais não verbais de confusão dos respondentes. Os entrevistados podem ver protótipos de produtos, vídeos de comerciais e outros materiais e dar suas opiniões. Além disso, o ambiente do shopping permite que o pesquisador controle variáveis situacionais complexas que podem estar presentes nas casas das pessoas.

Entrevista auxiliada por computador é uma variação da entrevista com interceptações em shopping centers, na qual os respondentes completam eles mesmos um questionário exibido em um monitor de computador. Um pacote de software de informática pode ser usado para conduzir essas entrevistas. Depois de uma breve lição sobre como operar o software, os respondentes seguem respondendo ao levantamento em seu próprio ritmo. Os questionários podem ser adaptados para que os respondentes vejam apenas aqueles itens (usualmente um subconjunto de uma escala completa) que podem fornecer informações úteis sobre suas atitudes.

Levantamento on-line e por redes sociais Como mais e mais consumidores têm acesso à internet e se conectam com regularidade, a rede se tornou um recurso de pesquisa e de marketing cada vez mais importante. Os levantamentos por internet estão se tornando rapidamente a ferramenta predominante para a amostragem de populações gerais, em parte por causa do custo relativamente baixo e da capacidade de atingir amostras específicas. Em um **levantamento on-line**, questionários podem ser transmitidos aos respondentes tanto por e-mail como por um website. Pesquisadores de marketing geralmente enviam esses levantamentos a painéis de amostras on-line comprados de corretores profissionais ou compilados pela organização. O e-mail é quase interativo, ou seja, os destinatários podem pedir um esclarecimento sobre o tópico ou propor questões por conta própria. As possíveis vantagens desse tipo de levantamento são o tempo de resposta rápido e o custo mais baixo do que o dos tradicionais levantamentos por correio, telefone e pessoais, se a taxa de resposta for adequada. Progressivamente, as organizações usam seus websites para conduzir pesquisas. Elas podem incluir uma recompensa, como a chance de ganhar um prêmio, para encorajar a participação.

Redes sociais também são usadas para conduzir levantamentos. Os profissionais de marketing ainda podem utilizar fóruns em meios digitais, como salas de bate-

---

levantamento com entrevista pessoal Método de pesquisa no qual os participantes respondem a perguntas da pesquisa face a face.

entrevista domiciliar (porta a porta) Entrevista pessoal que acontece na casa do respondente.

entrevista com interceptação em shopping center Método de pesquisa que envolve a entrevista de um percentual de indivíduos que circulam em um shopping center.

entrevista auxiliada por computador Variação da entrevista com interceptação em shopping center em que os entrevistados completam eles mesmos um questionário mostrado em um monitor de computador.

levantamento on-line Método de pesquisa no qual os entrevistados respondem questionários disponibilizados por e-mail ou em websites.

-papo, grupos de discussão e comunidades de pesquisa para identificar tendências nos interesses dos consumidores e padrões de consumo. No entanto, o uso desses fóruns para conduzir levantamentos tem suas limitações. Os consumidores precisam optar por visitar o site ou blog de determinada rede social, o que elimina a aleatoriedade das amostras e talvez torne difícil obter um tamanho de amostra representativo se os níveis de tráfego ou participação forem baixos. Por outro lado, essas redes sociais podem dar aos profissionais de marketing uma ideia geral das tendências e preferências dos consumidores. Filmes, eletrônicos, alimentos e computadores são tópicos populares em muitas comunidades on-line. Na verdade, ao simplesmente monitorar as conversas on-line em andamento, os profissionais de marketing são capazes de identificar oportunidades para novos produtos e as necessidades dos clientes. Serviços gratuitos e de baixo custo, como Google Analytics, podem ajudar uma organização a monitorar o tráfego de um website e a rastrear se os usuários são vinculados a uma rede social, como o Pinterest. Rastrear as conversas e os movimentos do consumidor na internet ajuda uma organização a entender melhor as necessidades e comportamentos dos consumidores, bem como a forma de melhor direcioná-los. Uma grande vantagem dos dados on-line é que podem ser reunidos por um custo adicional pequeno, em comparação a fontes alternativas de dados.

crowdsourcing Combina as palavras grupo (crowd) e terceirização (outsourcing) e representa uma forma de criação, normalmente liderada pelo profissional de marketing ou criador, delegada a uma multidão de colaboradores, aos participantes de um mercado potencial ou mesmo ao fruto de uma chamada pública de participação de pessoas de uma sociedade.

Crowdsourcing combina as palavras crowd (grupo) e outsourcing (terceirização). A prática solicita a realização de tarefas normalmente executadas por um profissional de marketing ou pesquisador e as terceiriza para um grupo, ou possível mercado, por meio de um chamado aberto. No caso do marketing digital, em geral o crowdsourcing é usado para obter opiniões ou necessidades de um grupo (ou mercados potenciais). Existem sites inteiros dedicados a essa prática. DesignCrowd.com, por exemplo, é um website que permite que uma empresa faça crowdsourcing de produtos, websites e outros projetos de design.[13] Essa é uma forma de os profissionais de marketing reunirem informações diretamente dos consumidores dispostos a partilhá-las e de ouvirem ativamente as ideias e avaliações das pessoas sobre os produtos.

A pesquisa de marketing provavelmente vai contar muito com pesquisas on-line no futuro, especialmente porque as atitudes negativas dos respondentes para com outros métodos de levantamentos, como os por telefone, os tornam menos representativos e mais caros. As pesquisas pela internet têm um potencial especialmente forte dentro de organizações cujos empregados são conectados à rede e para associações que publicam os endereços de e-mail de seus membros. No entanto, existem algumas questões éticas a serem consideradas ao usar o e-mail para pesquisas de marketing, já que alguns respondentes temem que sua informação pessoal seja dada ou vendida a terceiros sem seu conhecimento ou permissão. Algumas organizações são especialistas em internet e podem ajudar empresas a conduzir pesquisas primárias on-line de forma a receber menos reações contrárias. C+R Research é uma dessas organizações, como você pode ver na propaganda. C+R tem experiência em ajudar as empresas a reunir dados qualitativos on-line de uma variedade de fontes, incluindo grandes painéis de consumidores, discussões aprofundadas, diários, chats on-line e diários em vídeo. Organizações como essa podem ajudar os pesquisadores de marketing a aproveitar melhor todos os dados disponíveis on-line ao conduzirem pesquisas.

Um desafio sério para as organizações que conduzem pesquisas on-line é conseguir uma amostra representativa da população. Embora os levantamentos pela internet permitam que os respondentes mantenham seu anonimato e flexibilidade, também podem permitir que esses abusem do sistema. Por exemplo, alguns participantes respondem várias vezes ou fingem ser outras pessoas, especialmente quando

♦ ♦ ♦ Empreendedorismo em marketing

Agência de publicidade Baldwin& vai bem com Güd

Quando David Baldwin iniciou a Baldwin&, em 2009, estipulou a meta de dobrar anualmente seu tamanho durante os primeiros cinco anos. Três anos depois, sua agência com sede na Carolina do Norte recebeu o prêmio Pequena Agência do Ano da *Advertising Age*, chamando a atenção nacional para a sua criatividade e impulsionando sua já acelerada taxa de crescimento.

Baldwin& usa insights obtidos a partir de pesquisas com consumidores e varejistas para desenvolver campanhas chamativas para clientes como Burt's Bees e o campeonato de golfe PGA da BMW. Quando a Burt's Bees se preparava para apresentar a marca de xampus e loções para pele Güd (pronuncia-se "good") para mulheres na faixa etária entre 18 e 30 anos, trabalhou com Target, Kroger e Walgreens para obter informações dos compradores sobre preferências de fragrâncias. Esses varejistas-chave também analisaram as embalagens propostas para Güd e deram suas opiniões, um passo importante, já que era necessário fazer que os produtos de cuidado pessoal se sobressaíssem nas prateleiras das lojas.

Para o lançamento, a Baldwin& criou uma campanha digital pesada com base em seu conhecimento do uso de mídias sociais e telefones celulares do mercado-alvo. Além de colocar códigos de resposta rápida (QR codes) nas embalagens para que o cliente consiga mais informações sobre os produtos usando smartphones, a agência organizou a distribuição de cupons e amostras grátis a usuários do Facebook que "curtissem" a marca. Para destacar a personalidade da marca, a agência preparou vídeos para o YouTube com foco em fragrâncias exclusivas e postou tuítes inteligentes sobre os novos produtos. A campanha envolvente não atraiu apenas consumidores para o Güd, mas também consultas de possíveis clientes da Baldwin&.[b]

---

o levantamento oferece remuneração ou uma recompensa aos respondentes. Para contornar esse problema, as organizações estão desenvolvendo mecanismos de rastreamento e instituindo limites para o número de levantamentos que uma pessoa pode responder.[14] Existem programas de levantamento, como o Qualtrics, que deletam automaticamente as respostas que parecem suspeitas.

Construção de questionário Um questionário construído cuidadosamente é essencial para o sucesso de qualquer pesquisa. As questões precisam ser claras, fáceis de entender e direcionadas a um objetivo específico, ou seja, devem ser projetadas para extrair a informação que preencha os requisitos dos dados do estudo. Definir o objetivo de um questionário antes de sua construção proporciona uma diretriz de conteúdo das questões e garante que renda informações úteis que contribuam para o projeto da pesquisa. A regra mais importante na composição das questões é manter a imparcialidade.

As questões geralmente são de três tipos: aberta, dicotômica e de múltipla escolha. Questões abertas devem ser utilizadas com cuidado, já que é muito difícil codificar as respostas de modo a ser de fácil análise dos dados na etapa posterior da coleta. Problemas podem surgir na análise de questões dicotômicas ou de múltipla escolha quando as respostas de um resultado ultrapassam as outras. Por exemplo, uma questão dicotômica que pede aos respondentes para escolher entre "comprar" ou "não comprar" pode exigir uma amostragem adicional do grupo desproporcionalmente menor caso não haja respostas suficientes para se analisar.[15] Os pesquisadores também precisam expressar as questões de forma cuidadosa para não ofender os respondentes.

Métodos de observação Ao observar os respondentes de uma amostra de pesquisa, os pesquisadores registram o comportamento aparente dos indivíduos, tomando

Levantamentos on-line e em mídias sociais
Organizações como C+R Research podem ajudar os pesquisadores de marketing a aprender como alavancar todas as ferramentas disponíveis na internet que ajudam na compilação de pesquisas qualitativas sobre consumidores e levam a melhores estratégias de marketing.

nota de condições físicas e acontecimentos. Eles evitam o contato direto com as pessoas, em vez disso, monitoram suas ações sistematicamente. Por exemplo, os pesquisadores poderiam usar métodos de observação para responder à pergunta: "Quanto tempo o cliente médio do McDonald's precisa esperar na fila antes de ser atendido?". A observação pode incluir o uso de técnicas etnográficas, como observar os clientes interagindo com um produto em um ambiente real. A observação também pode ser combinada com entrevistas. Por exemplo, durante uma entrevista pessoal, a condição da casa ou de outros bens de um respondente pode ser observada e registrada. O entrevistador também pode analisar e confirmar diretamente informações demográficas, como etnia, idade aproximada e gênero.

É frequente que os dados coletados através de observação sejam distorcidos caso o entrevistado esteja ciente do processo de observação e adapte seu comportamento de acordo com a pesquisa. No entanto, um pesquisador pode posicionar um observador em um ambiente natural de mercado, como uma mercearia, sem influenciar as ações dos compradores. Caso a presença de um observador humano influencie o resultado ou se as capacidades sensoriais humanas forem inadequadas, podem-se usar meios mecânicos para registrar o comportamento. Dispositivos mecânicos de observação incluem câmeras, gravadores, máquinas de contagem, escaners e equipamentos que registram alterações psicológicas. Uma câmera especial pode ser usada para gravar os movimentos dos olhos das pessoas no momento em que veem uma propaganda. A câmera detecta a sequência de leitura e as partes da propaganda que recebem mais atenção. Os escaners eletrônicos usados nos caixas em supermercados também são um dos meios mecânicos de reunir dados de observação, porque fornecem dados precisos sobre vendas e padrões de compra dos consumidores. Em muitos casos, os pesquisadores de marketing podem comprar as informações dessas lojas. Varejistas, como a Target, transformaram a observação em uma ciência, mantendo amplos bancos de dados sobre as compras individuais dos clientes e informações demográficas, visando formar um panorama global de seus clientes, bem como um retrato completo do estilo de vida, hábitos e necessidades de produto de cada cliente e a forma como seus hábitos de consumo mudam ao longo do tempo.[16]

A observação é direta e evita um problema central dos métodos de levantamento: motivar os respondentes a declarar seus sentimentos ou opiniões verdadeiros. No entanto, ela tende a ser descritiva e pode não fornecer insights sobre relações causais. Outra desvantagem é que as análises baseadas em observações ficam sujeitas às inclinações do observador ou às limitações do dispositivo utilizado.

Interpretando os achados da pesquisa

Depois de coletar dados para testar suas hipóteses, os profissionais de marketing precisam interpretar os achados da pesquisa. A interpretação dos dados é mais fácil se os profissionais planejarem cuidadosamente seus métodos de análise no início do processo de pesquisa, que devem permitir a avaliação contínua dos dados durante todo o período de coleta. Dessa forma, esses profissionais ganham insights valiosos sobre áreas que devem ser examinadas nas análises formais.

Na maioria dos casos, para os pesquisadores, o primeiro passo a seguir é agrupar os dados em um formato de tabela. A tabulação cruzada pode ser útil, especialmente ao tabular ocorrências conjuntas de dados usados em várias categorias de coisas ou de pessoas estudadas. Por exemplo, usando as duas variáveis de gênero e taxas de compra de pneus automotivos, uma tabulação cruzada mostra como homens e mulheres diferem na atitude quando dessa compra.

Depois que os dados são tabulados, precisam ser analisados. A **interpretação estatística** foca no que é típico e no que se desvia da média. Ela indica quão amplas são as variações e como se distribuem em relação à variável medida. Quando os profissionais de marketing interpretam estatísticas, precisam levar em conta as estimativas esperadas de erro ou desvio dos valores reais da população. A análise dos dados pode fazer que os pesquisadores aceitem ou rejeitem suas hipóteses. Os dados exigem uma interpretação cuidadosa, assim, uma organização pode escolher recrutar um consultor especialista ou um software de computador para garantir a exatidão da pesquisa. Em um ambiente de marketing cada vez mais saturado de dados, erros acontecem, por isso é muito importante interpretá-los corretamente. Observe a propaganda da SAS, produtora de softwares líder no setor de análise de negócios. A propaganda enfatiza a importância de uma análise correta de dados com a imagem de pimentas e a frase "Analytics, know what's hot." (Analíticos, saibam o que é quente.]. Se um pesquisador analisa os dados incorretamente, chega a uma conclusão errada, o que leva a uma cascata de efeitos que podem inutilizar uma estratégia de marketing. Como muitas empresas se envolvem em análises de alta tecnologia, uma organização precisa seguir alguns passos para garantir ferramentas competitivas à sua disposição.

Se os resultados de um estudo são válidos, o tomador de decisão deve entrar em ação. Se uma questão foi mal redigida ou formulada de forma incorreta, no entanto, os resultados podem produzir decisões ruins. Considere a pesquisa conduzida por um profissional de marketing de alimentos que pediu aos respondentes para classificar um produto com base em critérios como "sabor saudável" e informar a importância que cada critério tinha para eles. Embora tais resultados possam ter sido úteis como objetivo de propaganda, não são tão proveitosos para o desenvol-

Interpretação estatística
SAS é um grande produtor de softwares analíticos que podem ajudar uma empresa com análise e interpretação de dados – um elemento essencial para esboçar as conclusões corretas que ajudam a construir a estratégia de marketing de uma organização.

interpretação estatística
Análise do que é típico e do que se desvia da média.

vimento de produtos, afinal, não é possível determinar objetivamente um significado para uma expressão subjetiva como "sabor saudável". Os gerentes precisam entender os resultados da pesquisa e relacioná-los a um contexto que permita uma tomada de decisão eficaz.

Reportando as descobertas da pesquisa

O último estágio do processo de pesquisa de marketing é reportar suas descobertas. Antes de preparar o relatório, o profissional de marketing precisa analisar objetivamente as descobertas para determinar se a pesquisa é a mais completa possível e quão bem os dados coletados respondem à questão, apoiam ou negam a hipótese. Em geral, a maioria das pesquisas acaba não cumprindo completamente seu objetivo. Assim, o pesquisador deve pontuar as deficiências e suas causas no relatório. Enquanto redige a pesquisa, ele deve manter o texto adequado à audiência do relatório e garantir que as descobertas sejam relevantes para a organização beneficiária da informação. Também deve determinar e incluir, antes de finalizar, a quantidade de dados detalhados e de apoio. A pesquisa não tem utilidade se não apoiar as estratégias e objetivos gerais da organização.

Caso uma agência de pesquisa externa tenha sido contratada, é importante que ela compreenda totalmente o negócio do cliente. Os responsáveis pelo preparo do relatório precisam facilitar, ajustando as descobertas ao ambiente, já que este muda com o tempo. É necessário que o relatório seja útil para profissionais de marketing e gerentes em uma base contínua.[17]

Normalmente, o relatório é um documento formal e escrito. Os pesquisadores precisam alocar tempo suficiente para compilá-lo e escrevê-lo quando planejam e programam o projeto, uma vez que a tarefa pode ser demorada. Seus autores devem ter em mente que os executivos corporativos preferem relatórios curtos, claros e expressos de forma simples. Para atender a esse desejo, os pesquisadores, em geral, dão suas sugestões, primeiro, em um resumo executivo, depois com detalhes de como os resultados foram obtidos. Dessa forma, os executivos podem ver facilmente os

Usando a tecnologia
A Amazon e outros varejistas on-line desenvolveram uma tecnologia que recomenda livros ou filmes dos quais um cliente pode gostar com base em suas compras anteriores.

resultados do relatório sem perder tempo com peculiaridades. Um relatório técnico permite que seus usuários analisem os dados e interpretem as recomendações, pois descreve os métodos e procedimentos de pesquisa e os dados coletados mais importantes. Em consequência, os pesquisadores precisam reconhecer as necessidades e as expectativas do usuário do relatório e assim adaptá-lo.

USANDO A TECNOLOGIA PARA APRIMORAR A COLETA E A ANÁLISE DE INFORMAÇÕES DE MARKETING

4 Entender como a tecnologia é usada para facilitar a coleta e a análise de informações.

A tecnologia e a internet tornaram mais acessíveis do que nunca as informações necessárias para se tomar decisões de marketing. Os profissionais de marketing podem rastrear facilmente o comportamento de compra dos clientes, obter perfis demográficos detalhados e antecipar o que os compradores desejam, o que torna possível ajustar o mix de marketing para satisfazê-los. A tecnologia da informação permite que a pesquisa interna seja fácil e a coleta de informações, rápida, ajudando os profissionais de marketing a melhor entender e satisfazer os consumidores. A CRM foi aprimorada pela sua capacidade de integrar e acessar dados de todos os contatos com os clientes.

O feedback do consumidor é um aspecto importante da pesquisa de marketing, e a nova tecnologia melhorou ainda mais esse processo. A maioria dos consumidores lê análises dos produtos on-line, em uma miríade de sites, de Amazon a Yelp!, quando está tomando decisões de compra. Embora isso represente uma oportunidade enorme para as empresas gerar novos clientes, elas precisam estar cientes da possibilidade de haver análises falsas do produto e do efeito potencialmente negativo que estas podem ter sobre a percepção do consumidor. Progressivamente, embora os consumidores utilizem as análises de produtos, eles também desconfiam delas; recentemente, algumas empresas foram consideradas culpadas por pagar pessoas para escrever análises positivas de produtos e serviços e alegar que eram clientes imparciais.[18] Assim, como qualquer outro recurso, as organizações precisam gerenciar os recursos digitais com cuidado, a fim de manter um alto nível de confiança e satisfação do consumidor.

Por fim, empresas de todos os tamanhos têm acesso sem precedentes a previsões setoriais, tendências de negócios e comportamento de compra do consumidor, o que melhora a comunicação, o entendimento do ambiente de marketing e os recursos de pesquisa de marketing. Muitas empresas usam sistemas de informação de marketing, tecnologias de CRM e computação em nuvem para integrar tecnologias e organizar os dados de marketing disponíveis. Nesta seção, observamos os sistemas de informação de marketing e tecnologias específicas que estão ajudando os pesquisadores a obter e gerenciar dados de pesquisa de marketing.

Sistemas de informação de marketing

Sistema de informação de marketing (SIM) é uma plataforma para gestão diária e estruturação da informação coletada regularmente de fontes dentro e fora da organização. Como tal, um SIM fornece um fluxo contínuo de informações sobre preços, gastos com propaganda, vendas, concorrência e gastos com distribuição, e pode ser um importante recurso para desenvolver estratégias de marketing eficazes. Os principais focos de um SIM são o armazenamento e a recuperação de dados, bem como os recursos de informática e as necessidades de informação da gerência. Um SIM pode ajudar na produção de relatórios regulares de vendas por produto ou categorias de mercado, dados sobre níveis de estoque e relatórios das atividades dos vendedores, que ajudam na tomada de decisões de marketing.

sistemas de informação de marketing (SIM) Uma plataforma para gerenciar e estruturar as informações obtidas regularmente de fontes internas e externas da organização.

●●● Tendências do marketing

O outdoor do futuro

Tradicionalmente, quando uma pessoa olha para um outdoor, a informação segue uma direção: do outdoor para o consumidor. No entanto, a nova tecnologia de pesquisa de marketing permite agora que a informação siga por duas direções. O consumidor coleta a informação da mensagem do outdoor, e este, por sua vez, coleta informações sobre o consumidor.

No Japão, foram inventados outdoors digitais que estimam a idade e o gênero do consumidor. Com base na idade e gênero estimados, o expositor cria então propagandas sob medida para o grupo demográfico apropriado. Uma filial da companhia de trens East Japan Railway implantou máquinas de venda automática com essa tecnologia, que usam as informações que colhem dos consumidores para lhes sugerir bebidas.

Outdoors similares estão surgindo ao redor do mundo. Nos Estados Unidos, os profissionais de marketing estão criando expositores que reconhecem gestos e expressões faciais dos consumidores. Esses dados podem determinar se o consumidor está mesmo olhando para o expositor. Para os profissionais de marketing, a tecnologia pode ajudar a entender quem é atraído pelas mensagens e, talvez, a criar mensagens customizadas para cada consumidor com base nessa coleção de dados. Porém, defensores da privacidade desconfiam dessa tecnologia, por temer que ela possa ser mal utilizada para identificar pessoas, uma violação da privacidade individual. Até agora, não há muitas regras para limitar a forma como os profissionais de marketing usam a informação coletada dos outdoors. À medida que essa tecnologia se tornar mais popular, serão necessárias leis mais claras para fazer que esses profissionais coletem informações sem abusar da privacidade do consumidor.[c]

Um SIM eficiente começa determinando o objetivo da informação – isto é, identificando as necessidades de decisão que exigem determinadas informações. A organização especifica, então, um sistema de informação para monitorar continuamente e fornecer informações regulares e pertinentes tanto no ambiente externo quanto no interno. Empresas de transporte como a FedEx têm sistemas de informação de marketing interativos que proporcionam comunicação instantânea entre a companhia e os clientes. Estes podem rastrear seus pacotes pela internet e receber um retorno imediato a respeito da entrega. O website da empresa oferece aos pesquisadores informações sobre os hábitos dos clientes e permite que os consumidores deem opiniões sobre os serviços da companhia. As telecomunicações e tecnologias de computação em evolução possibilitam que os profissionais de marketing usem sistemas de informação para cultivar relações individualizadas com os clientes.

Base de dados

base de dados Coleção de informação organizada para fácil acesso e recuperação.

A maioria dos sistemas de informação de marketing tem bases de dados internas. **Base de dados** é uma coleção de informações organizada para fácil acesso e recuperação. Essas bases permitem que os profissionais de marketing explorem diversas informações úteis para a tomada de decisões de marketing – relatórios internos de vendas, artigos de jornais, notícias da empresa, relatórios econômicos do governo e bibliografias –, em geral acessadas por um sistema de computador.

Avanços na tecnologia de informação tornaram possível que as organizações desenvolvam bases de dados com muito mais velocidade e capacidade de armazenamento, direcionem o planejamento estratégico e melhorem o serviço ao cliente. Por exemplo, reflita sobre a propaganda da base de dados HANA da SAP. Ela usa tecnologia do século 21 para consolidar todos os dados contidos em uma base, a fim de acelerar o processamento e permitir que uma empresa encontre mais rapidamente as respostas. O modelo da base de dados HANA reduz as redundâncias e torna mais fácil para os profissionais de marketing acessar as informações que precisam para tomar sólidas decisões e melhorar o marketing de relacionamento com o cliente.

A gestão de relacionamento com o cliente (CRM) emprega técnicas de bases de dados de marketing para identificar diferentes tipos de clientes e desenvolver estratégias específicas para interagir com cada um deles. A CRM incorpora três elementos:

1. Identificar e construir uma base de dados dos atuais e possíveis clientes, incluindo uma ampla variedade de grupos demográficos, estilos de vida e informações de compras.
2. Entregar mensagens diferentes de acordo com as preferências e características de cada consumidor por meio de canais estabelecidos e de novas mídias.
3. Rastrear as relações do cliente para monitorar os custos de manter clientes individuais e o valor de longevidade de suas compras.[19]

Praticamente todas as organizações coletam informações dos clientes por meio de bases de dados. Por exemplo, muitos websites comerciais exigem que os clientes se registrem e forneçam informações pessoais antes de acessá-los ou fazer uma compra. Programas

Base de dados
A SAP produz uma base de dados revolucionária, chamada HANA, que reduz as redundâncias de informação, aumenta a velocidade e torna a tomada de decisões de marketing mais eficiente e precisa.

■■ **Marketing em debate**

Privacidade dos dados de compra

QUESTÃO: As propostas da MasterCard e da Visa violam a privacidade dos usuários?

MasterCard e Visa anunciaram planos de compilar informações sobre as compras dos consumidores e vendê-las a profissionais de marketing para fins de propaganda on-line. Em vez de focar em um indivíduo específico, as companhias poderiam usar dados agregados para criar segmentos de mercado que os profissionais de marketing possam usar para direcionar suas propagandas em áreas específicas ou prever comportamentos de compra. Uma das propostas da Visa é criar perfis de usuários com base em transações de cartão de crédito em lojas, bem como em dados das redes sociais, planos de seguros ou até bancos de dados de DNA. Esses perfis podem, então, ser usados para focar os anúncios em segmentos de mercado específicos. De acordo com um membro do Senado norte-americano, os planos têm implicações "sem precedentes e alarmantes". Ambas as empresas respondem que a informação é mantida anônima e que a legislação atual limita a forma como os dados dos consumidores são usados.[d]

dados de fonte única
Informação fornecida por uma única organização de pesquisa de marketing.

de milhagem pedem que os clientes fiéis participem de pesquisas sobre suas necessidades e desejos, e rastreiam os padrões de voo dos melhores clientes por horário, semana, mês e ano. Com frequência, os supermercados oferecem cartões de desconto, que lhes permitem obter dados dos clientes em compras por meio de scanner de verificação.

Os pesquisadores de marketing também podem, por uma taxa, utilizar bases de dados como LexisNexis ou bases de dados comerciais on-line, a fim de obter informações úteis para as decisões de marketing. Para encontrar uma pesquisa dentro de uma base de dados, em geral o usuário pesquisa por palavra-chave, tópico ou empresa, e, a partir daí, o serviço de base de dados gera resumos, artigos ou relatórios. As informações fornecidas por uma única empresa sobre demografia familiar, compras, comportamento dos telespectadores e respostas a promoções como cupons e amostras grátis são chamadas **dados de fonte única**. Por exemplo, o BehaviorScan, oferecido pelo SymphonyIRI Group, classifica os hábitos de televisão e compra de mercados com população entre 75 mil e 215 mil.[20] É importante que os profissionais de marketing reúnam informações longitudinais (de longo prazo) sobre os clientes para maximizar a utilidade de dados de fontes únicas.

Sistemas de apoio às decisões de marketing

sistema de apoio à decisão de marketing (SADM)
Software customizado que ajuda os gerentes de marketing na tomada de decisões.

Sistema de apoio à decisão de marketing (SADM) é um software customizado que auxilia os gerentes de marketing na tomada de decisão, ajudando-os a antecipar os efeitos de determinadas decisões. Um SADM tem abrangência ampla e oferece recursos de computação e de modelagem maiores do que planilhas eletrônicas, bem como permite que os gerentes explorem uma variedade maior de alternativas. Por exemplo, esse sistema pode determinar como as vendas e lucros podem ser afetados por taxas de juros maiores ou menores, ou como as previsões de vendas, gastos com propaganda ou níveis de produção podem afetar os lucros gerais. Por essa razão, geralmente o software SADM é o componente principal do SIM de uma companhia. Alguns sistemas de apoio às decisões incorporam inteligência artificial e outras tecnologias computadorizadas avançadas.

DESAFIOS DA PESQUISA DE MARKETING

[5] Identificar as principais considerações éticas e internacionais na pesquisa de marketing.

Os profissionais de marketing devem identificar e estar cientes das preocupações que podem influenciar a integridade da pesquisa, como questões éticas e a conjuntura internacional. Problemas éticos são um risco constante na coleta e manutenção sistemática de informações de alta qualidade. Questões internacionais estão relacionadas a diferenças ambientais, como cultura, requerimentos legais, nível de tecnologia e desenvolvimento econômico.

A importância de uma pesquisa de marketing ética

Gerentes de marketing e outros profissionais dependem cada vez mais de pesquisas de marketing, sistemas de informação de marketing e novas tecnologias para tomar decisões melhores. Portanto, é essencial que sejam estabelecidos padrões profissionais para se julgar a confiabilidade da pesquisa de marketing. Tais padrões são necessários por causa de questões éticas e legais que podem surgir na coleta de dados dessas pesquisas. Por exemplo, vários consumidores desconfiam de como serão usadas suas informações pessoais, coletadas por profissionais de marketing, temendo especialmente que sejam vendidas a terceiros.

É importante que os profissionais de marketing permaneçam éticos o tempo todo, para manter a confiança do consumidor, dos stakeholders e uma reputação positiva. Para oferecer padrões e diretrizes, organizações como Marketing Research Association desenvolveram códigos de conduta e orientações que promovem uma pesquisa de marketing ética. Para serem efetivas, tais diretrizes precisam instruir os pesquisadores de marketing sobre como evitar a má conduta. A Tabela 4.4 apresenta exemplos de etapas que os pesquisadores devem seguir ao apresentar um questionário a um consumidor, a fim de garantir a cooperação e satisfação do respondente.

Já que cada vez mais informações pessoais podem ser encontradas on-line, a privacidade do cliente continua sendo uma questão significante. As organizações conseguem comprar enormes quantidades de dados, com detalhes sobre demografia, interesses e questões pessoais dos clientes, como pedidos de falência e até mesmo certidões de casamento. Essas informações permitem que as organizações possam prever de forma mais precisa o comportamento e as mudanças de vida do consumidor. Entretanto, muitas delas reconhecem que isso invade a privacidade.[21] Por exemplo, quando os clientes visitam lojas de varejo on-line, as empresas coletam dados sobre suas compras e o que eles visualizaram. Muitas organizações usam isso para obter vantagens. Por exemplo, a Amazon, Netflix e eBay usam dados para dar recomendações customizadas com base nos interesses, avaliações ou compras anteriores dos consumidores. Empresas financeiras, como Capital One, usam dados coletados por organizações especializadas em rastrear o comportamento on-line do consumidor. Embora esses dados permitam que as empresas ofereçam serviços mais personalizados, políticos temem que isso também possa permitir que elas discriminem clientes que não pareçam "valiosos".[22] Muitos consumidores também acreditam que seu comportamento on-line pode ser usado para identificá-los pessoalmente. O Google, por exemplo, coleta e armazena dados de pesquisas de usuários individuais. Esses termos pesquisados são mantidos indefinidamente, embora o Google alegue que os dados se tornem "anônimos" depois de 18 meses.[23]

Tabela 4.4 Diretrizes para introdução de questionários

• Apresente-se pelo nome.
• Declare o nome do organizador da pesquisa.
• Indique que o questionário é um projeto de pesquisa de marketing.
• Explique que vendas não serão envolvidas.
• Aponte o tópico geral da discussão (se for um problema em um estudo "cego", uma afirmação, como "opinião do consumidor", é aceitável).
• Exponha a provável duração da entrevista.
• Assegure o anonimato do respondente e a confidencialidade de todas as respostas.
• Declare o benefício ofertado, se aplicável (para muitos estudos business-to-business e médicos, isso é feito abertamente tanto em estudos qualitativos quanto quantitativos).
• Tranquilize o respondente com uma declaração do tipo: "Não existem respostas certas ou erradas, por isso, por favor, dê respostas ponderadas e honestas para cada questão" (recomendado por muitos clientes).

Fonte: Reproduzido com permissão da The Marketing Research Association.

Questões internacionais na pesquisa de marketing

Como veremos no Capítulo 8, forças socioculturais, econômicas, políticas, legais e tecnológicas variam em diferentes regiões do mundo. Elas criam desafios para as organizações que tentam entender clientes estrangeiros através da pesquisa de marketing. Embora, em geral, o processo de pesquisa de marketing seja o mesmo ao redor do mundo, existem algumas diferenças regionais. Para ter certeza de que as empresas estão suficientemente cientes das diferenças globais e regionais, muitas companhias contratam uma organização de pesquisa, ou pelo menos um pesquisador, com experiência no país de interesse. As maiores organizações de pesquisa de marketing têm uma parte significativa de seus rendimentos derivados de pesquisas conduzidas fora dos Estados Unidos. Por exemplo, Nielsen Company, a maior empresa de pesquisa de marketing do mundo, é uma companhia norte-americana, mas tem presença de mercado em mais de 100 países.[24]

Especialistas recomendam uma abordagem dupla para conduzir pesquisas de marketing internacionais. A primeira fase envolve uma busca detalhada e a análise de dados secundários para conseguir maior entendimento de determinado ambiente de marketing e destacar as principais questões regionais que podem afetar os dados de pesquisa primários. Dados secundários podem ser particularmente úteis para um entendimento geral do mercado, incluindo questões econômicas, legais, culturais e demográficas, bem como para prever a demanda e avaliar as oportunidades e riscos de fazer negócios em determinado mercado. Pesquisadores de marketing geralmente começam tendo uma visão geral através de relatórios comerciais de diferentes países elaborados pelo Departamento de Comércio norte-americano, publicações comerciais e de negócios, como *The Wall Street Journal*, e publicações e websites específicos de países estrangeiros. Essas fontes podem oferecer uma percepção do ambiente de marketing do país e indicar oportunidades de mercado inexploradas.

A segunda fase envolve pesquisa de campo, usando muitos dos métodos já descritos, incluindo grupos focais e levantamento por telefone, para refinar o entendimento da empresa em relação às necessidades e preferências de um cliente específico. Diferenças entre países podem ter uma influência profunda sobre as técnicas de coleta de dados. Por exemplo, entrevistas domiciliares (porta a porta) são ilegais em alguns lugares. Em países em desenvolvimento, muitas pessoas têm apenas telefones celulares, tornando as pesquisas por telefone fixo menos práticas e menos representativas da população total. A coleta de dados primários geralmente tem uma chance maior de sucesso se a organização utilizar pesquisadores locais que entendam como abordar possíveis respondentes e possam fazer isso em seu próprio idioma.[25]

Algumas organizações se especializaram em pesquisa de marketing internacional, como a Intage,

Questões internacionais
Empresas como a Intage podem ajudar pesquisadores a obter uma perspectiva interna de novos mercados internacionais por meio de consultores locais e experiência internacional.

apresentada no anúncio. Ela garante seu conhecimento sobre a Ásia, especialmente dos países, costumes e povos da região, e promete fornecer especialistas locais às empresas em qualquer país que deseje entrar. Esse tipo de conhecimento interno pode ter importância crítica para uma empresa que conduz pesquisa de mercado em uma região como a Ásia, especialmente se for ocidental com sede em um ambiente cultural muito diferente. Sem isso, a organização fica sem saber muito bem como desenvolver uma estratégia de marketing eficiente. Independentemente dos métodos específicos usados para coletar dados primários, tanto nos Estados Unidos como no exterior, o objetivo é reconhecer as necessidades dos clientes em cada mercado, como veremos no próximo capítulo.

Revisão do capítulo

1. Obter uma perspectiva sobre a importância da pesquisa de marketing.

Essa pesquisa é um passo crítico do desenvolvimento de uma estratégia de marketing. É o design, a coleta, a interpretação e o relato sistemáticos de informações que ajudam os profissionais de marketing a resolver problemas específicos ou tirar vantagem de oportunidades de marketing. É um processo de coleta de informações que não estão disponíveis atualmente aos tomadores de decisão. A pesquisa de marketing pode ajudar uma empresa a entender melhor as oportunidades do mercado, verificar o potencial de sucesso de um novo produto e determinar a viabilidade de determinada estratégia de marketing. O valor dessa pesquisa é medido pelo aumento da capacidade de um profissional de marketing em tomar decisões.

A fim de manter o controle necessário para obter informações precisas, os profissionais de marketing abordam a pesquisa de marketing como um processo com alguns passos lógicos: (1) localizar e definir problemas ou temas, (2) desenvolver o projeto de pesquisa, (3) coletar os dados, (4) interpretar os resultados da pesquisa, e (5) reportar as descobertas da pesquisa.

2. Diferenciar os dois principais tipos de pesquisa de marketing – exploratória e conclusiva.

Profissionais de marketing conduzem uma pesquisa exploratória quando precisam de mais informações sobre um problema ou querem elaborar uma hipótese mais específica. Ela ajuda os profissionais de marketing a entender melhor como os consumidores veem um tópico ou um produto, o que ajuda a empresa a desenvolver produtos melhores ou um mix de marketing mais direcionado. O principal propósito de uma pesquisa exploratória é entender melhor um problema anterior ou situação e/ou ajudar a identificar necessidades de dados adicionais ou alternativas de decisão.

A pesquisa conclusiva, por outro lado, é usada para verificar insights por meio de um procedimento objetivo. Ela é usada nos estágios finais da tomada de decisão, quando o profissional de marketing já reduziu sua escolha a algumas alternativas.

3. Descrever os passos básicos para conduzir pesquisas de marketing.

O primeiro passo ao lançar um estudo de pesquisa, definição do problema ou assunto é descobrir a natureza e os limites de uma situação ou questão relacionada à estratégia de marketing ou à implementação. Quando uma organização descobre uma oportunidade de marketing, pode conduzir pesquisas para entender melhor a situação e criar uma estratégia de marketing apropriada.

Na segunda etapa, os pesquisadores de marketing desenvolvem um projeto de pesquisa para obter a informação de que necessitam para atingir esse objetivo. Essa etapa exige formular uma hipótese e determinar o tipo de pesquisa que será empregado para testá-la, a fim de que os resultados sejam confiáveis e válidos. Hipótese é uma conjectura ou suposição sobre um problema ou conjunto de circunstâncias. Uma pesquisa é considerada confiável se produzir resultados quase idênticos em testes repetidos. E é válida se medir o que se propôs a medir.

No terceiro passo do processo, coleta de dados, estão disponíveis dois tipos de dados. Dados primários são observados e registrados ou coletados diretamente dos respondentes. Já os secundários são compilados dentro ou fora da organização para algum propósito que não seja a investigação atual. Fontes destes últimos dados incluem a própria base de dados da organização e outras fontes internas, periódicos, publicações do governo, fontes não publicadas e bases de dados on-line. Métodos para coletar dados primários incluem amostragem, levantamento, observação e experimentação. A amostragem envolve a seleção de unidades representativas de uma população total. Na amostragem probabilística, cada elemento da população estudada tem uma chance expressiva de ser selecionado para o estudo. A amostragem não probabilística é mais subjetiva, porque não existe uma forma de calcular a probabilidade de um elemento específico da população a ser escolhida. Pesquisadores de marketing empregam amostragem para coletar dados primários por meio de levantamentos por correio, telefone, on-line ou entrevistas pessoais. Um questionário construído cuidadosamente é essencial para o sucesso de qualquer pesquisa. Ao usar métodos de observação, os pesquisadores registram os comportamentos visíveis dos respondentes e tomam nota de condições físicas e eventos. Em um experimento, os pesquisadores tentam isolar o efeito de determinadas variáveis enquanto medem os efeitos das variáveis de interesse do estudo.

Para aplicar os dados de uma pesquisa na tomada de decisões, os profissionais de marketing precisam interpretar e reportar suas descobertas – os dois passos finais do processo de pesquisa de marketing. A interpretação estatística foca no que é habitual ou no que se desvia da média. Depois de interpretar os achados da pesquisa, os pesquisadores precisam preparar um relatório sobre as descobertas, que os tomadores de decisão precisam entender e utilizar. Os pesquisadores também devem ter cuidado para evitar a parcialidade e a distorção.

4. Entender como a tecnologia é usada para facilitar a coleta e a análise de informações.

A tecnologia é essencial para a coleta e análise de informação efetivas. Organizações que não utilizam ferramentas tecnológicas atualizadas estão em desvantagem. Muitas companhias usam a tecnologia para criar um sistema de informação de marketing (SIM), uma plataforma para gerenciar e estruturar informações coletadas regularmente de fontes dentro e fora da organização. Base de dados é uma coleção de informações organizadas para facilitar o acesso e a recuperação. O sistema de apoio à decisão de marketing (SADM) é um software customizado que auxilia os gerentes de marketing na tomada de decisão, ajudando-os a antecipar os efeitos de determinadas decisões. Serviços de informação on-line e a internet também permitem que os profissionais de marketing se comuniquem com os clientes e obtenham informações.

5. Identificar as principais considerações éticas e internacionais na pesquisa de marketing.

Eliminar práticas de pesquisa de marketing antiéticas e estabelecer procedimentos geralmente aceitos para sua condução são metas importantes de uma pesquisa de marketing. O marketing internacional e o doméstico usam o mesmo processo de pesquisa de marketing, mas o mercado internacional pode exigir modificações nos métodos de coleta de dados para se adaptar às diferenças regionais.

Conceitos-chave

amostra 111
amostragem 111
amostragem aleatória 111
amostragem estratificada 112
amostragem não probabilística 112
amostragem por cota 112
amostragem probabilística 111
base de dados 122
confiabilidade 108

conselhos consultivos de clientes 103
crowdsourcing 116
dados de fonte única 124
dados primários 108
dados secundários 108
desenho da pesquisa 107
entrevista auxiliada por computador 115
entrevista com interceptação em shopping center 115
entrevista domiciliar (porta a porta) 115

entrevista em profundidade por telefone 114
grupo focal 103
hipótese 107
interpretação estatística 119
levantamento com entrevista pessoal 115
levantamento on-line 115
levantamento por correio 113
levantamento por telefone 114

pesquisa conclusiva 105
pesquisa de marketing 101
pesquisa descritiva 105
pesquisa experimental 105
pesquisa exploratória 102
população 111
sistema de apoio à decisão de marketing (SADM) 124
sistemas de informação de marketing (SIM) 121
validade 108

Questões para discussão e revisão

1. O que é pesquisa de marketing? Por que ela é importante?
2. Descreva as cinco etapas do processo de pesquisa de marketing.
3. Qual é a diferença entre definir o problema de uma pesquisa e desenvolver uma hipótese?
4. Descreva os diferentes tipos de abordagem da pesquisa de marketing e indique quando cada um deles deve ser usado.
5. Onde os dados para a pesquisa de marketing são obtidos? Dê exemplos de dados internos e externos.
6. Qual é a diferença entre amostragem probabilística e não probabilística? Em qual situação a amostragem aleatória simples seria melhor? E a amostragem estratificada? E a amostragem por cotas?
7. Sugira algumas formas de encorajar os respondentes a cooperar em um levantamento por correio.
8. Se um levantamento com todas as casas que possuem números de telefone listados está para ser conduzida, qual tipo de amostragem deve ser usado?
9. Descreva alguns problemas de marketing que podem ser resolvidos por meio de informações obtidas a partir da observação.
10. O que é um sistema de informação de marketing e o que ele deve fornecer?
11. Defina uma base de dados. Qual é seu propósito e o que ela inclui?
12. Como os profissionais de marketing podem usar serviços on-line e a internet para obter informações para a tomada de decisão?
13. Qual é o papel da ética na pesquisa de marketing? Por que é importante que os pesquisadores de marketing sejam éticos?
14. De que forma a pesquisa de marketing em outros países difere da doméstica?

Aplicações do marketing

1. Suponha que você está abrindo uma empresa administradora de planos de saúde e deseja ofertar seus produtos a pequenas empresas com menos de 50 funcionários. Determine a informação que você precisará extrair de sua base de dados e analise tendo como objetivo o alcance dos seus esforços de marketing. Quais variáveis você selecionou e por quê?
2. Depois de observar os padrões de tráfego dos clientes, a Bashas' Markets reposicionou a seção de cartões comemorativos em suas lojas, e as vendas do produto aumentaram substancialmente. Para aumentar as vendas dos tipos de empresas a seguir, que informação os pesquisadores de marketing devem obter dos clientes?
   a. Lojas de móveis
   b. Postos de gasolina
   c. Corretoras de investimento
   d. Clínicas médicas

3. Quando uma organização deseja conduzir uma pesquisa, primeiro ela deve identificar um problema ou uma possível oportunidade de ofertar seus bens ou serviços. Escolha uma organização da sua cidade que você acredite que possa se beneficiar de um projeto de pesquisa. Desenvolva uma questão de pesquisa e esboce um método para abordá-la. Explique por que você acha que a questão da pesquisa é relevante para a organização e por que determinada metodologia é adequada para o estudo.
4. Dados para sistemas de informação de marketing podem vir de fontes internas ou externas. A Nielsen Corporation, por exemplo, é a maior fornecedora de pesquisa de marketing de base única do mundo. Identifique duas organizações em sua cidade que podem ser beneficiadas por fontes internas e duas por fontes externas. Explique por que essas fontes seriam úteis a essas organizações. Sugira o tipo de informação que cada uma delas deveria coletar.
5. Você trabalha como pesquisador de marketing em um fabricante de bebidas energéticas. Sua companhia está projetando um novo produto que será direcionado a estudantes de faculdades e universidades. Objetivando aprender mais sobre os hábitos de consumo de bebidas energéticas, a empresa planeja conduzir uma pesquisa com o mercado-alvo. Depois de conduzir alguns estudos, você determina que o método de pesquisa que melhor se adapta ao orçamento da sua empresa é o levantamento por correio. Você sabe, por experiências anteriores, que a taxa de resposta para esse tipo de levantamento é de aproximadamente 10%. Seu gerente diz que deseja pelo menos 550 questionários completos a fim de poder tomar uma decisão mais embasada. Você também sabe que aproximadamente 14% dos entrevistados que respondem aos levantamentos por correio deixam de responder determinadas questões. Dada as baixas taxas de resposta e de questionários não finalizados, qual deverá ser o tamanho da amostra para cumprir o prometido ao seu gerente? Com essa taxa de respostas estimada e o número de questionários que a companhia planeja distribuir, você acredita que essa amostra será representativa da população total de estudantes de faculdades e universidades?

Desenvolvendo seu plano de marketing

Decisões sobre quais oportunidades de marketing perseguir, o que o cliente precisa para se satisfazer e como alcançar potenciais clientes não são feitas no vácuo. A informação fornecida pelas atividades de pesquisa de marketing é essencial para o desenvolvimento tanto do plano estratégico quanto do mix de marketing específico. Concentre-se nas questões a seguir enquanto relaciona os conceitos deste capítulo ao desenvolvimento do seu plano de marketing.

1. Defina a natureza e o escopo das questões que você precisa responder em relação ao seu mercado. Identifique os tipos de informação que vai precisar saber sobre o mercado para responder a essas questões. Por exemplo, você precisa saber sobre os hábitos de compra, níveis de renda familiar ou atitudes de possíveis clientes?
2. Determine se essa informação pode ou não ser obtida a partir de fontes secundárias. Visite os websites apresentados na Tabela 4.3 como possíveis recursos para os dados secundários.
3. Usando a Tabela 4.4, escolha o(s) método(s) adequado(s) que você poderia usar para coletar dados primários para uma de suas necessidades de informação. Que método de amostragem você usaria?

Caso 4.1

Pesquisa de marketing revela oportunidades com a geração Baby Boomers

Por muitos anos os profissionais de marketing focaram a promoção de produtos em consumidores com idade entre 18 e 34 anos. Esses profissionais sentem que seduzir os consumidores no início da vida vai garantir que se tornem clientes leais por toda a vida. Embora isso pareça lógico, pesquisas revelam que os baby boomers, geração nascida logo após a Segunda Guerra Mundial até 1977, podem ser um grupo demográfico mais lucrativo. Estatísticas mostram que, embora os gastos dos membros da geração Y, jovens nascidos entre o final do século 20 e início dos anos 2000, estejam diminuindo, os dos baby boomers têm aumentado. Estima-se que estes tenham um poder de compra anual de US$ 3,4 trilhões.

A geração baby boomer é bem diferente das que a precederam. Eles desejam possuir uma variedade de produtos disponíveis. Muitos dos produtos tradicionalmente pensados para pertencer às gerações mais jovens, na verdade, em sua maioria são comprados por gerações mais velhas, como carros e produtos tecnológicos. Estimando-se que aproximadamente 20% da população dos Estados Unidos esteja com 65 anos ou mais em 2030, os profissionais de marketing estão começando a pesquisar sobre as melhores maneiras de vender aos baby boomers.

Em um estudo, pesquisadores tentaram entender como os consumidores mais velhos compram e interagem nas lojas. Como os profissionais de marketing de lojas geralmente têm como alvo as gerações de consumidores mais jovens, pouco se pensou na acessibilidade dessas lojas para as gerações mais antigas. O desenho da pesquisa equipou uma pessoa com luvas, colar cervical, capacete, óculos embaçados e outros equipamentos para simular como uma pessoa na faixa dos 70 anos com artrite se sente. Os pesquisadores observaram, então, como esse "idoso" retira os itens das prateleiras, os coloca em seu carrinho e se levanta da cadeira.

Essa pesquisa foi compartilhada com muitas empresas, que interpretaram as descobertas para criar um ambiente de varejo mais adequado a esse grupo demográfico. A rede de farmácias CVS, por exemplo, diminuiu a altura de suas prateleiras, tornou a iluminação de suas lojas mais suave e instalou lentes de aumento para rótulos difíceis de ler. Outras organizações estão usando essa informação para reprojetar seus produtos. A Diamond Foods Inc., por exemplo, melhorou a embalagem de seus salgadinhos de castanhas para ficar mais fácil de abrir, uma grande ajuda aos consumidores mais velhos, cujas mãos se tornam menos ágeis com a idade. A companhia também estudou consumidores com artrite e fez diminuir o tempo que leva para girar e abrir a tampa de seus produtos.

Além disso, os baby boomers criaram uma oportunidade para as empresas comercializarem produtos totalmente novos. Eles tendem a adotar regimes de exercícios e aptidão física como uma maneira de se manter em forma e prolongar suas vidas. As empresas de tecnologia buscam uma oportunidade de desenvolver produtos para serem instalados nos lares de consumidores mais velhos. Esses produtos monitoram os movimentos dos residentes e alertam a família ou especialistas se houver alguma alteração nos seus movimentos. Uma queda na mobilidade pode ser um sinal de alteração do estado físico e mental da pessoa, o que pode exigir atenção médica. Embora esses dispositivos possam normalmente parecer invasivos, os desejos dos baby boomers de permanecerem saudáveis e prolongarem suas vidas estão aumentando essa demanda. Muitos deles também se preocupam em manter uma aparência mais jovial. A fabricante de lingerie Maidenform criou roupas modeladoras que ajudam a "tonificar" o corpo de pessoas com idades entre 35 e 54 anos.

Há expressões que os profissionais de marketing precisam evitar quando estiverem vendendo aos baby boomers: quaisquer palavras ou frases que os façam se sentir velhos. Pesquisas de marketing revelaram que eles não gostam de ser lembrados que estão envelhecendo. Em consequência, muitas iniciativas de marketing voltadas para consumidores mais velhos precisam ser sutis. Por essa razão, a Diamond Foods não vende o fato de que suas embalagens são mais fáceis de abrir porque não quer fazer que os baby boomers se sintam velhos. Até os profissionais de marketing de produtos dirigidos a pessoas mais velhas revisaram suas campanhas promocionais para focar menos no conceito do envelhecimento. A marca Depend, da Kimberly-Clark, focada em incontinência urinária, foi amplamente lembrada como "fraldas para adultos". Essa conotação negativa levou muitos a evitá-las. Para tentar reagir a essa visão, a empresa lançou comerciais que discutiam os benefícios do produto, mas também tentavam "desmistificar" a marca, discutindo sua similaridade visual e tátil com roupas íntimas. Muitas outras companhias que vendem produtos parecidos estão seguindo esse exemplo.

Embora os profissionais de marketing tenham focado por muito tempo nos membros da geração Y, a demanda dos baby boomers por produtos está mudando as formas como as empresas comercializam seus produtos. A pesquisa de marketing é a chave para entender o grupo demográfico dos baby boomers e criar bens e serviços que melhor atendam suas necessidades.[26]

Questões para discussão

1. Por que os baby boomers são um mercado tão lucrativo?
2. Como o processo de pesquisa de marketing foi usado para entender a forma como essa geração compra e interage nas lojas?
3. Como as lojas usaram as descobertas da pesquisa de marketing para se adaptar e os seus produtos para atrair os baby boomers?

NOTAS

1. Baseado em informações de Legos for Girls SellatTwice the Expected Volume. *New Haven Register*, 5 jan. 2013. Disponível em: <http://nhregister.com>; Dan Milmo. Lego's 'Sexist' Friends Range for Girls Spurs 35% Profit Rise. *Guardian* (U.K.),31 ago. 2012. Disponível em: <www.guardian.co.uk>; Brad Wieners. Lego Is for Girls. *Bloomberg Businessweek*, 14 dez. 2011. Disponível em: <www.businessweek.com>; Lego BucksToySlump. *Wall Street Journal*, 19 dez. 2012. Disponível em: <www.wsj.com; www.lego.com>.

2. Lilly Vitorovich. Retailers to Ring Up Sales Via Mobile, 23 jan. 2013. Disponível em: <http://blogs.wsj.com/tech-europe/2013/01/23/retailers-to-ring-up-sales-via-mobile-marketing>.

3. Fashion Retailer: Helping Increase Sales and Website Traffic Project Snapshot. *Accenture*. Disponível em: < www.accenture.com/us-en/Pages/success-fashion-retailer-helping-increase-sales-website-traffic.aspx>. Acesso em: 27 jan. 2013.

4. Dhruv Grewal Parasuraman e R. Krishnan. *Marketing Research*. Boston: Houghton Mifflin, 2007.

5. Keith Bradsher. Next Made-in-China Boom: College Graduates. *New York Times*, 17 jan. 2013. Disponível em: <www.nytimes.com/2013/01/17/business/chinas-ambitious-goal-for-boom-in-college-graduates.html>.

6. *Press release*. Top Corporate and Government Leaders in Risk Management and Cybersecurity Highlight Key Themes for 2013 at Modulo's First International Executive Customer Conference. *MarketWatch*, 11 jan. 2013. Disponível em: <www.marketwatch.com/story/top-corporate-and-government-leaders-in-risk-management-and-cybersecurity-highlight-key-themes-for-2013-at-modulos-first-international-executive-customer-conference-2013-01-11>.

7. Daniel Gross. Lies, Damn Lies, and Focus Groups. *Slate*, 10 out. 2003. Disponível em: <www.slate.com/articles/business/moneybox/2003/10/lies_damn_lies_and_focus_groups.html>. Acesso em: 3 fev. 2013.

8. Bryn Nelson. Marketing Plan: Solve a Problem, Then Spread the Word. *New York Times*, 11 ab. 2012. Disponível em: <http://green.blogs.nytimes.com/2012/04/11/marketing-plan-solve-a-problem-then-spread-the-word/>. Acesso em: 27 jan. 2013.

9. Vikas Mittal e Wagner A. Kamakura. Satisfaction, Repurchase Intent, and Repurchase Behavior: Investigating the Moderating Effects of Customer Characteristics. *Journal of Marketing Research*, fev. 2001, p. 131-42.

10. Melinda F. Emerson. Using Social Media to Test Your Idea Before You Try to Sell It. *New York Times*, 3 ago. 2012. Disponível em: <http://boss.blogs.nytimes.com/2012/08/03/using-social-media-to-test-your-idea-before-you-try-to-sell-it/>. Acesso em: 27 jan. 2013.

11. Robert M. Graves. Nonresponse Rate and Nonresponse Bias in Household Surveys. *Public Opinion Quarterly*, 2006, 70(5), p. 646-75. Disponível em: <http://poq.oxfordjournals.org/content/70/5/646.ful>. Acesso em: 3 fev. 2013.

12. Mike Snider. More People Ditching Home Phone for Mobile. *USA Today*, 20 abr. 2011. Disponível em: <http://usatoday30.usatoday.com/tech/news/2011-04-20-cellphone-study.htm>. Acesso em: 26 jan. 2013.

13. DesignCrowd. Disponível em: <www.designcrowd.com>. Acesso em: 27 jan. 2013.

14. Sue Shellenbarger. A Few Bucks for Your Thoughts? *Wall Street Journal*, 18 maio 2011. Disponível em: <http://online.wsj.com/article/SB10001424052748703509104576329110724411724.html>. Acesso em: 27 jan. 2013.

15. Bas Donkers, Philip Hans Franses e Peter C. Verhoef. Selective Sampling for Binary Choice Models. *Journal of Marketing Research*, nov. 2003, p. 492-97.

16. Charles Duhigg. How Companies Learn Your Secrets. *The New York Times*, 19 fev. 2012. Disponível em: <www.nytimes.com/2012/02/19/magazine/shopping-habits.html>. Acesso em: 26 jan. 2013.

17. Piet Levy. 10 Minutes with... Gregory A. Reid. *Marketing News*, 28 fev. 2010, p. 34.

18. Mike Deri Smith. Fake Reviews Plague Consumer Websites. *The Guardian*, 26 jan. 2013. Disponível em: <www.guardian.co.uk/money/2013/jan/26/fake-reviews-plague-consumer-websites>.

19. David Aaker, V. Kumar, George Day e Robert Lane. *Marketing Research*, 10. ed. Nova York: Wiley& Sons, 2010.

20. *BehaviorScan® Testing*, 2013. Disponível em: <www.symphonyiri.com/LinkClick.aspx?fileticket=da0Vpb7a728%3D&tabid=348>. Acesso em: 26 jan. 2013.

21. Chares Duhigg. How Companies Learn Your Secrets. *The New York Times*, 15 fev. 2012. Disponível em: <www.nytimes.com/2012/02/19/magazine/shopping-habits.html>. Acesso em: 27 jan. 2013.

22. Emily Steel e Julia Angwin. The Web's Cutting Edge, Anonymity in Name Only. *The Wall Street Journal*, 4 ago. 2010. Disponível em: <http://online.wsj.com/article/SB10001424052748703294904575385532109190198.html>. Acesso em: 27 jan. 2013.

23. Morgan Downs (Producer), *Inside the Mind of Google* [DVD], United States: CNBC Originals, 2010.

24. Corporate Profile, Nielson. Disponível em: <http://ir.nielsen.com/GenPage.aspx?IID=4260029&GKP=1073745941>. Acesso em: 26 jan. 2013.

25. Republicado com permissão de The Marketing Research Association, P.O. Box 230, Rocky Hill, CT 06067-0230, 860-257-4008.

26. Ellen Byron. 'From Diapers to 'Depends': Marketers Discreetly Retool for Aging Boomers. *The Wall Street Journal*, 5 fev. 2011. Disponível em: <http://online.wsj.com/article/SB10001424052748704013604576104394209062996.html>. Acesso em: 30 mar. 2012; Bruce Horovitz. Big-Spending Baby Boomers Bend the Rules of Marketing. *USA Today*, 16 nov. 2010. Disponível em: <www.usatoday.com/money/advertising/2010-11-16-1Aboomerbuyers16_CV_N.htm>. Acesso em: 3 fev. 2013.

Notas dos *Quadros Informativos*

a Baseado em informações de David Shepardson e Karl Henkel. 'Electric Car Is Not Dead', GM Says. *Detroit News*, 17 jan. 2013. Disponível em: <www.detroitnews.com>; Mike Ramsey. Nissan to Build Lower-Cost Leaf Electric Car in U.S. *Wall Street Journal*, 9 jan. 2013. Disponível em: <www.wsj.com>; Bill Vlasic. 2 Makers Press the Case for Electric Cars, *New York Times*, 15 jan. 2013. Disponível em: <www.nytimes.com>; Wireless Charging May Be Key to Electric Vehicle Success, BMW and Nissan Already Developing Technology. *New York Daily News*, 28 dez. 2012. Disponível em: <www.nydaily.com>.

b Baseado em informações de Amy Corr. Passersby Help Burt's Bees Billboard Show Before-and-After Effect. *Media Post*, 7 jan. 2013. Disponível em: <www.mediapost.com>; Edgar Allen Beem. Beyond the Bottom Line: Baldwin&, an Award-Winning, Three-Year-Old Indie Agency. *Photo District News*, jan. 2013, p. 68; Personal Care Line Aimed at Gen Y Flaunts Attitude, Aroma, Digital Deftness. *Packaging Strategies*, 29 fev. 2012, p. 6; Allison Schiff. Gud's Integrated 'Aromavision' Campaign Engages the Senses, *DM News*, jun. 2012, p. 37. Disponível em: <www.baldwinand.com>.

c Daisuke Wakabayashi e Juro Osawa. Billboard That Can See You. *The Wall Street Journal*, 3 set. 2010, p. B5; Emily Steel. The Billboard That Knows. *The Wall Street Journal*, 29 fev. 2011, p. B5.

d Emily Steel. Using Credit Cards to Target Web Ads. *The Wall Street Journal*, 25 out. 2011, p. A1-16; U.S. Senator Wants Details on How MasterCard, Visa Use Customer Data. *The Wall Street Journal*, 27 out. 2011. Disponível em: <http://blogs.wsj.com/digits/2011/10/27/u-s-senator-wants-details-on-how-mastercard-visa-use-customer-data/>. Aesso em: 3 fev. 2013.

CAPÍTULO 5

Mercados-alvo: segmentação e avaliação

© Craig Yates/Alamy

OBJETIVOS

1. Compreender o que são os mercados e como geralmente se classificam.
2. Adquirir uma visão geral das cinco etapas do processo de seleção do mercado-alvo.
3. Entender as diferenças entre as estratégias gerais de segmentação.
4. Familiarizar-se com as principais variáveis de segmentação.
5. Saber o que são os perfis de segmentação e como são usados.
6. Compreender como avaliar segmentos de mercado.
7. Identificar os fatores que influenciam a seleção de segmentos de mercados específicos para uso como mercados-alvo.
8. Familiarizar-se com métodos de previsão de vendas.

INSIGHTS DE MARKETING

Magnum é irresistível para qualquer grupo demográfico

O corredor de freezers dos supermercados tornou-se um furioso campo de batalha para empresas que buscam maior participação no mercado global de sorvete, avaliado em US$ 85 bilhões. O líder mundial é a Unilever, que possui marcas populares como Ben & Jerry's, Breyers e Klondike. No entanto, nos Estados Unidos, a Nestlé domina esses corredores, situação que a Unilever planeja mudar com o marketing de uma de suas principais marcas de sorvete, Magnum.

Magnum é destinado a adultos que desejam ter um momento de indulgência com um picolé denso, cremoso e coberto com uma camada do mais puro chocolate belga. Mesmo que não possuam grande poder aquisitivo, consumidores que admiram ou aspiram a um estilo de vida luxuoso podem sentir seu gostinho comprando um picolé Magnum. A Unilever direciona seu marketing a adultos que podem mimar a si mesmos com uma sobremesa gelada para coroar uma refeição especial ou como uma indulgência cotidiana saída diretamente do freezer.

Introduzido na Europa em 1989, hoje em dia o Magnum está disponível em 50 países, crescendo até se tornar uma das marcas da Unilever que rendem bilhões de dólares. Quando esse sorvete foi lançado no mercado norte-americano, poucos anos atrás, tornou-se popular tão rápido, que a empresa precisou importar mais picolés da Europa para atender à demanda. Atualmente, as vendas do Magnum nos Estados Unidos ultrapassam US$ 100 milhões por ano. A Unilever também criou os Magnum Minis, picolés menores e com menos calorias, a fim de instigar os consumidores norte-americanos que, caso contrário, poderiam escolher novos sorvetes concorrentes. Com 5 milhões de curtidas no Facebook e mais de 53 mil seguidores no Twitter, o Magnum se constrói por meio de suas redes sociais para promover um estilo de vida luxuoso de picolé exclusivo.[1]

Capítulo 5 Mercados-alvo: segmentação e avaliação • 135

Como o Magnum, muitas organizações que tentam competir eficazmente devem identificar os grupos específicos de clientes para os quais vão direcionar seus esforços de marketing. Isso inclui desenvolver e manter um mix de marketing que satisfaça às necessidades desses clientes. Neste capítulo, definimos e exploramos os conceitos de mercado e de segmentação de mercado. Primeiro, discutimos os principais requisitos de um mercado. Depois, examinamos os passos no processo de seleção do mercado-alvo, inclusive identificando a estratégia de segmentação apropriada, determinando quais variáveis usar para segmentar mercados consumidor e de negócios, desenvolvimento de perfis de segmentação de mercado, avaliando segmentos de mercado relevantes e selecionando os mercados-alvo. Concluímos com uma discussão de vários métodos para o desenvolvimento de previsão de vendas.

O QUE SÃO MERCADOS?

No Capítulo 2, definimos *mercado* como um grupo de indivíduos e/ou organizações que desejam ou têm necessidade de um produto, inserido numa classe de produtos, e possuem capacidade, vontade e autoridade para comprá-los. Por exemplo, você, como estudante, faz parte do mercado de livros didáticos, e também de outros, como de computadores, vestuário, alimentos e música. Para ser, de fato, um mercado, deve-se possuir todas as quatro características. Por exemplo, adolescentes não fazem parte do mercado de álcool. Eles podem ter desejos, vontade e capacidade

1 Compreender o que são os mercados e como geralmente se classificam.

Tipos de mercados
A Dockers anuncia para os mercados consumidores, enquanto a Xerox, para os mercados de negócios.

mercado consumidor
Compradores e membros da família que pretendem consumir ou se beneficiar de produtos adquiridos, e não os compram para obter lucro.

mercado de negócios
Indivíduos, organizações ou grupos que compram um tipo de produto específico para revenda, uso direto na produção de outros produtos ou uso geral em operações diárias.

de comprar bebidas alcoólicas, mas não têm autoridade para fazer isso, porque a lei proíbe que adolescentes comprem bebidas alcoólicas.

Os mercados se dividem em uma das duas categorias: consumidores e de negócios. Essas categorias baseiam-se nas características de indivíduos ou grupos que compõem um mercado específico e os propósitos pelos quais compram produtos. **Mercado consumidor** é composto por compradores e membros da família que pretendem consumir ou se beneficiar da compra de produtos e não os compram para gerar lucro. Mercados consumidores às vezes são chamados *mercados business-to-consumer (B2C)*. Cada um de nós pertence a vários mercados consumidores de acordo com as compras que fazemos por categorias, como moradia, alimentação, vestuário, veículos, serviços pessoais, eletrodomésticos, móveis, equipamentos recreativos e muito mais, como veremos no Capítulo 6.

Mercado de negócios consiste em indivíduos ou grupos que compram um tipo específico de produto com um de três propósitos: revenda, uso direto na produção de outros produtos ou uso geral em operações diárias. Por exemplo, um produtor que compra fios de eletricidade para usar na produção de lâmpadas faz parte do mercado de negócios de instalações elétricas. Alguns produtos podem fazer parte do mercado consumidor ou empresarial, dependendo do seu uso final. Por exemplo, se você compra uma cadeira para sua casa, essa cadeira faz parte do mercado consumidor. Contudo, se um gerente de escritório compra a mesma cadeira para colocar no escritório, faz parte do mercado de negócios. Mercados de negócios podem ser chamados de mercados *business-to-business (B2B), industriais* ou *organizacionais* e ser subclassificados em produtos, revenda, governo e mercados institucionais, como veremos no Capítulo 7.

Compare as duas propagandas da Dockers e da Xerox. Embora você possa gostar de usar calças cáqui no trabalho, as Dockers destinam-se a um mercado consumidor que provavelmente não exigiria calças cáqui para uso na produção de outros artigos ou em operações de negócios. A Xerox, no entanto, visa às empresas nessa propaganda. Enquanto os consumidores podem comprar produtos da Xerox para uso doméstico, os clientes empresariais tendem a fazer compras maiores e mais frequentes, tornando-se um lucrativo mercado-alvo. Nesse anúncio, a Xerox aponta que ela realiza outros serviços, além de produzir copiadoras, como a máquina que gera faturas globais automáticas para a rede de hotéis Marriott.

2 Adquirir uma visão geral das cinco etapas do processo de seleção do mercado-alvo.

PROCESSO DE SELEÇÃO DO MERCADO-ALVO

Como já indicado, o primeiro dos dois principais componentes de desenvolvimento de uma estratégia de marketing é selecionar um mercado-alvo. Embora os profissionais de marketing possam empregar vários métodos para essa seleção, em geral seguem um processo de cinco etapas, mostrado na Figura 5.1 e discutido nas próximas seções.

3 Entender as diferenças entre as estratégias gerais de segmentação.

PASSO 1: IDENTIFICAR A ESTRATÉGIA DE SELEÇÃO DE MERCADO-ALVO APROPRIADA

Mercado-alvo é um grupo de pessoas ou organizações para o qual uma empresa cria e mantém um mix de marketing especialmente projetado para satisfazer às suas necessidades. A estratégia usada para selecionar um mercado-alvo é afetada pelas características desse mercado e do produto e pelos objetivos e recursos da empresa.

Figura 5.1

Processo de seleção de mercado-alvo.

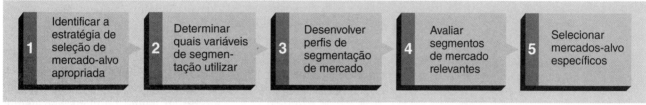

A Figura 5.2 ilustra as três estratégias básicas de seleção de mercado-alvo: não diferenciada, concentrada e diferenciada.

Estratégia de seleção de mercado-alvo não diferenciada

Às vezes, uma organização define um mercado inteiro para um produto como seu mercado-alvo. Quando uma empresa projeta um único mix de marketing e o direciona a todo um mercado por meio de um produto específico está colocando em prática a **estratégia de seleção de mercado-alvo não diferenciada**. Como a Figura 5.2 mostra, essa estratégia pressupõe que todos os clientes no mercado-alvo têm necessidades parecidas, e, portanto, a organização pode satisfazer mais clientes com apenas um mix de marketing com pouca ou nenhuma variação. Produtos ofertados de forma bem-sucedida através de estratégia não diferenciada incluem commodities e alimentos básicos, como açúcar e sal, e artigos produzidos de forma convencional.

A estratégia de mercado-alvo não diferenciada é eficaz sob duas condições. Primeiro, é necessário que grande parte dos clientes de todo o mercado tenha necessidades similares de um produto, situação essa designada **mercado homogêneo**. Um profissional de marketing que utiliza apenas um mix de marketing para um mercado inteiro de clientes com várias necessidades termina por descobrir que esse mix agradará pouquíssimas pessoas. Por exemplo, profissionais de marketing teriam pouco sucesso ao usar uma estratégia de mercado-alvo não diferenciada para vender um "carro universal", porque os clientes têm necessidades diferentes entre si. Segundo, a organização deve ter os recursos para desenvolver um único mix de marketing que satisfaça às necessidades dos clientes em grande parte do mercado e as competências gerenciais para mantê-lo.

A realidade é: embora os clientes possam ter necessidades similares por alguns produtos, para a maioria dos produtos suas necessidades são diferentes o bastante para justificar uma série de mix de marketing distinta. Nesses casos, a empresa deveria usar uma estratégia de mercado-alvo concentrada ou diferenciada.

Estratégia de mercado-alvo concentrada por meio de segmentação de mercado

Embora a maioria das pessoas se satisfaça com o mesmo açúcar branco, nem todas precisam do mesmo carro, móveis ou roupas. Um mercado formado por indivíduos ou organizações com várias necessidades de produtos é chamado **mercado heterogêneo**. Por exemplo, há pessoas que têm necessidade de uma caminhonete Ford

estratégia de seleção de mercado-alvo não diferenciada Estratégia em que uma empresa projeta um único mix de marketing e o direciona a todo o mercado por meio de um produto específico.

mercado homogêneo Mercado no qual uma grande proporção de clientes tem necessidades similares por um produto.

mercado heterogêneo Mercado composto por indivíduos ou organizações com diversas necessidades de produtos em uma classe específica de produto.

Figura 5.2

Estratégias de seleção de mercado-alvo.

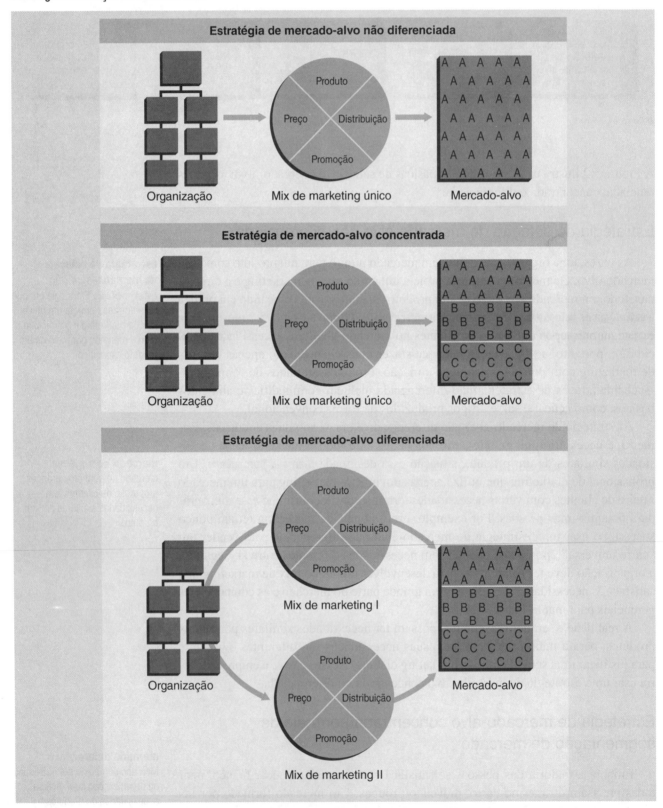

As letras em cada mercado-alvo representam potenciais clientes. Os clientes com as mesmas letras têm características semelhantes e necessidades de produtos similares.

© Cengage Learning

para transportar cargas pesadas para o trabalho, enquanto outras vivem na cidade e desfrutam da facilidade de estacionamento e da economia de combustível de um carro Smart. Ou seja, o mercado automobilístico é heterogêneo.

Para mercados heterogêneos, a segmentação de mercado é a melhor abordagem. **Segmentação de mercado** é o processo de dividir um mercado inteiro em grupos ou segmentos, que consistem em pessoas ou organizações com necessidades de produtos relativamente similares. O objetivo é permitir que um profissional de marketing projete um mix de marketing que atenda de forma mais precisa às necessidades dos clientes no segmento de mercado selecionado. Um **segmento de mercado** consiste em pessoas, grupos ou organizações que compartilham uma ou mais características similares que fazem que tenham necessidades relativamente parecidas dos mesmos produtos. Todo o mercado de jeans é dividido em múltiplos segmentos. Clientes sensíveis a preço podem comprar jeans baratos no Walmart ou Ross. Outros podem precisar de jeans mais funcionais para o trabalho, como os da marca Carhartt. Mesmo assim, outros, ainda, usam jeans como uma declaração de moda e estão dispostos a gastar centenas de dólares em uma marca exclusiva, como a Seven for All Mankind.

segmentação de mercado
Processo de separação de grupos que participam de um mesmo mercado e que têm necessidades de produtos relativamente similares.

segmento de mercado
Indivíduos, grupos ou organizações que têm em comum uma ou mais características semelhantes e compartilham necessidades de produtos similares.

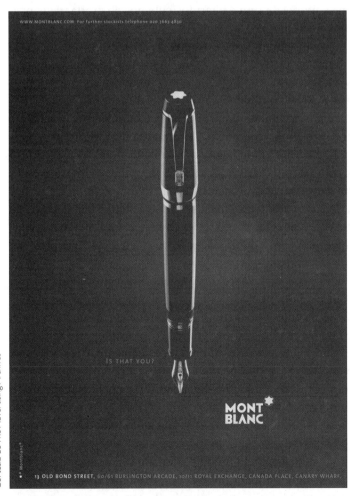
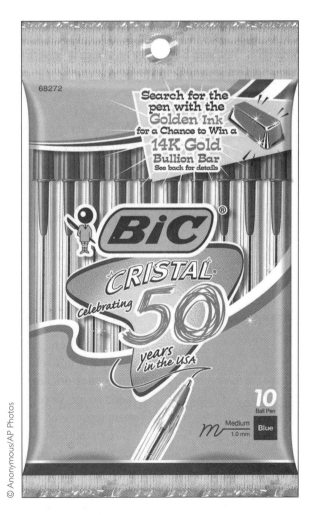

Estratégia de mercado-alvo concentrada
As canetas Mont Blanc e Bic usam uma estratégia de mercado-alvo concentrada para focar em um segmento de mercado diferente e único. Elas não estão competindo pelos mesmos clientes.

A lógica para segmentar mercados heterogêneos diz que uma organização será mais bem-sucedida ao desenvolver um mix de marketing satisfatório para parte de um mercado total, porque as necessidades dos clientes variam. A maioria das organizações usa segmentação de mercado para melhor satisfazer às necessidades de seus clientes.

Para essa segmentação ter sucesso, devem estar presentes cinco condições. Primeira, as necessidades dos clientes por um produto devem ser heterogêneas, caso contrário, não há razão de desperdiçar recursos segmentando o mercado. Segunda, os segmentos devem ser identificáveis e divisíveis. A organização deve ter capacidade de encontrar uma característica ou variável para separar efetivamente o mercado total em grupos compostos por pessoas com necessidades de produtos mais ou menos iguais. Terceira, o profissional de marketing deve ser capaz de comparar os diferentes segmentos de mercado quanto à estimativa de vendas em potencial, custos e lucros. Quarta, pelo menos um segmento deve ter potencial de lucro o suficiente para justificar o desenvolvimento e manutenção de um mix de marketing especial para ele. Por fim, a organização deve ser capaz de atingir o segmento escolhido com um mix de marketing em particular. Alguns segmentos de mercado podem ser difíceis ou impossíveis de se alcançar por causa de restrições legais, sociais ou de distribuição. Por exemplo, as regras do embargo econômico contra Cuba proíbem os produtores de rum e charutos cubanos de ofertar seus produtos aos norte-americanos.

estratégia de mercado-alvo concentrada Estratégia de segmentação de mercado na qual uma organização visa um único segmento de mercado, usando apenas um mix de marketing.

Quando uma organização direciona seus esforços de marketing por meio de apenas um segmento de mercado e usando um mix de marketing, está empregando uma **estratégia de mercado-alvo concentrada**. Perceba que a organização que usa essa estratégia (Figura 5.2) direciona seu mix de marketing apenas para os clientes "B". Veja as duas propagandas, uma das canetas da Mont Blanc e outra da Bic. Ambas as marcas utilizam uma estratégia de mercado-alvo concentrada para alcançar grupos de clientes; entretanto, cada uma busca um segmento de mercado específico. Mont Blanc é uma empresa de alto padrão que vende canetas de milhares de dólares. A simplicidade e a elegância da propaganda transmitem o luxo do produto. A Bic, por outro lado, é uma marca de canetas baratas e descartáveis, vendidas em pacotes de várias unidades e adquiridas por pessoas que desejam uma caneta funcional e confiável – mas que não se importam com a experiência de escrita em si –, que pode ser usada e descartada, em vez de estimada por gerações.

Como você pode ver com essas duas marcas de caneta, a principal vantagem da estratégia concentrada é que ela permite a especialização da empresa. Ela analisa as características e necessidades de um grupo distinto de clientes e então concentra toda sua energia em satisfazê-las. Se esse grupo for grande o suficiente, a organização deve gerar um volume de vendas maior ao atingir um único segmento. Concentrar-se em apenas um segmento também permite que uma organização com recursos limitados concorra com grandes corporações que negligenciaram segmentos menores de mercado.

Contudo, "especialização" significa que a organização aloca todos os seus recursos para um segmento específico, o que pode ser perigoso. Se as vendas dependem de um único segmento e a sua demanda pelo produto ofertado cai, a saúde financeira da empresa se agrava. A estratégia também pode prevenir uma empresa focar em mercados que podem ser bem-sucedidos, já que, quando ela penetra em um segmento, sua popularidade pode impedi-la de estender seus esforços de marketing a outros segmentos.

Estratégia de mercados-alvo diferenciada através de segmentação de mercado

Com a **estratégia de mercados-alvo diferenciada**, a organização direciona seus esforços de marketing para dois ou mais segmentos ao desenvolver um mix de marketing para cada um deles (ver Figura 5.2). Depois de a empresa utilizar de forma bem-sucedida a estratégia de mercado-alvo concentrada em um segmento de mercado, pode expandir seus esforços para incluir segmentos adicionais. Por exemplo, a marca de roupa da ioga lululemon, primeiro se popularizou como loja de roupas femininas. No entanto, seus profisisionais de marketing identificaram novas oportunidades de crescimento entre o público masculino, e agora seguem uma estratégia de segmentação diferenciada, investindo recursos de marketing substanciais no segmento de ioga para homens.[2]

Uma vantagem da abordagem diferenciada é que a organização pode aumentar as vendas no mercado agregado, já que seu mix de marketing é direcionado a mais clientes. Por esse motivo, uma empresa com excesso na capacidade de produção pode ver a estratégia diferenciada como vantajosa, já que as vendas dos produtos a segmentos adicionais pode absorver esse excesso. Por outro lado, essa estratégia em geral exige mais processos de produção, materiais e pessoal, pois cada mix de marketing possui ingredientes variados. Dessa forma, os custos de produção podem ser mais altos do que com uma estratégia de mercado-alvo concentrada.

estratégia de mercado-alvo diferenciada Estratégia na qual uma organização seleciona dois ou mais segmentos por meio do desenvolvimento de um mix de marketing para cada segmento.

■■■ Marketing em debate

É possível lucrar com a seleção de mercados-alvo por gênero?

QUESTÃO: Selecionar mercados-alvo infantis por gênero reforça estereótipos ou limita as possibilidades de brincadeiras?

Depois de 50 anos centralizando esforços de venda no forno Easy-Bake junto às meninas, a Hasbro anunciou uma versão do brinquedo com gênero neutro e lançou comerciais na TV que mostram meninos brincando com ele. Essa mudança provocou manchetes na imprensa justamente por causa de uma adolescente que queria dar o forno de presente ao seu irmãozinho, mas não o encontrava nas cores tipicamente associadas a meninos. Ela apresentou à Hasbro uma petição assinada por 44 mil pessoas e disse aos profissionais de marketing da empresa que os garotos não deviam ser desencorajados a cozinhar.

Isso ilustra apenas um lado do debate em que se discute se os fabricantes de brinquedos devem direcionar suas ofertas às crianças por gênero. Alguns pais buscam encorajar brincadeiras criativas, que não se limitam a papéis de gênero. Grupos de interesse, como o Pinkstinks, acham preocupante que a seleção de mercado-alvo por gênero possa fazer que as crianças evitem brinquedos e atividades tradicionalmente associadas ao gênero oposto, o que pode influenciar as escolhas de carreira por meio do estereótipo. A Hasbro não foi a única empresa a enfrentar objeções. Após o governo sueco forçar a Top Toy a mudar sua seleção de mercado-alvo por gênero estereotipada, as propagandas da empresa passaram a mostrar meninas com brinquedos militares e meninos com eletrodomésticos.

Os fabricantes de brinquedos, porém, definem mercados-alvo por gênero para conseguir entender as necessidades específicas e preferências de meninos e meninas, respondendo, assim, com os elementos adequados do mix de marketing. Na verdade, a Hasbro sabe que cor-de-rosa e roxo não são só cores de meninas, motivo pelo qual passou a oferecer o forno Easy-Bake em verde, verde-azulado, laranja e amarelo com o passar dos anos. Então, é aceitável selecionar mercados-alvo por gênero se o profissional de marketing não excluir crianças fora do perfil desejado nem promover uma visão negativa do outro gênero?[a]

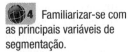
4 Familiarizar-se com as principais variáveis de segmentação.

variáveis de segmentação
Características de indivíduos, grupos ou empresas usadas para separar os segmentos presentes em um mercado.

PASSO 2: DETERMINAR QUAIS VARIÁVEIS DE SEGMENTAÇÃO UTILIZAR

Variáveis de segmentação são as características de indivíduos, grupos ou organizações usadas para dividir o mercado em segmentos. Locação, idade, gênero e classificação da utilização do produto podem ser as bases para essa segmentação. Os profissionais de marketing podem combinar diversas variáveis ao segmentar um mercado. Por exemplo, a Silk, fabricante de leite de amêndoas e de soja, segmentou o mercado para o Unsweetened Vanilla Almondmilk em duas formas: o produto se dirige a clientes alérgicos ao leite de origem animal ou que simplesmente não gostavam do sabor; ou àqueles que buscavam reduzir o consumo de calorias em sua dieta, mantendo, ainda, o cálcio e as vitaminas encontradas no leite de vaca.[3]

Para selecionar uma variável de segmentação, os profissionais de marketing consideram vários fatores. Seja ela qual for, deve se relacionar às necessidades dos clientes, ao uso do produto ou comportamento do cliente em relação a esse produto. É provável que um profissional de marketing de uma emissora de TV segmente os telespectadores de programas do horário nobre por renda salarial e idade, mas não por religião, por exemplo, já que isso não influencia muito a sintonia das pessoas nos canais. Se é preciso que os indivíduos ou empresas de um mercado sejam classificados com exatidão, os profissionais de marketing devem selecionar variáveis de segmentação mensuráveis, como idade, localização ou gênero.

Não há uma fórmula para segmentar mercados, a abordagem varia de acordo com uma série de fatores. As capacidades e os recursos de uma empresa afetam a quantidade e o tamanho das variáveis de segmentação usadas. O tipo de produto e o grau de variação das necessidades dos clientes também determinam o número e a proporção de segmentos selecionados. Independente da abordagem utilizada, escolher uma ou mais variáveis de segmentação é um passo decisivo para segmentar assertivamente um mercado. Selecionar uma variável inapropriada limita as chances de se desenvolver uma estratégia de marketing bem-sucedida. Para ajudá-lo a entender melhor as possíveis variáveis de segmentação, examinaremos as diferenças entre as principais usadas para segmentar o mercado consumidor e o de negócios.

Variáveis para segmentar o mercado consumidor

Um profissional de marketing que usa segmentação para atingir um mercado consumidor pode escolher uma ou diversas variáveis. Como a Figura 5.3 mostra, variáveis de segmentação podem ser agrupadas em quatro categorias principais: demográfica, geográfica, psicográfica e comportamental.

Variáveis demográficas

O demógrafo estuda as características de uma população agregada; por exemplo, distribuição de gênero e idade, taxas de fertilidade, fluxos migratórios e taxas de mortalidade. Características demográficas geralmente usadas pelos profissionais de marketing incluem: idade, gênero, raça, etnia, renda, formação educacional, ocupação, tamanho da família, ciclo de vida familiar, religião e classe social. Esses profissionais segmentam os mercados por meio de características demográficas, porque estas em geral estão ligadas às necessidades dos clientes e aos comportamentos de compra, e podem ser facilmente ponderadas.

Figura 5.3

Variáveis de segmentação para mercados consumidores.

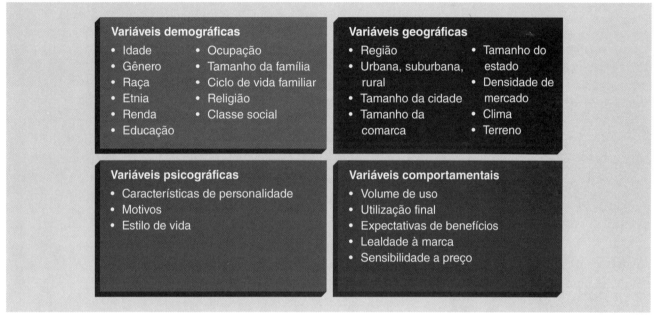

© Cengage Learning

Idade é uma variável comum para objetivos de segmentação. Um passeio até o shopping evidencia o fato de que muitos varejistas, incluindo Zara, Aeropostale e American Eagle Outfitters, direcionam seus produtos a adolescentes e jovens adultos. Se considerarem a segmentação por idade, os profissionais de marketing precisam estar atentos à distribuição etária, de que forma ela pode mudar e como isso afetará a demanda por diferentes tipos de produto. Espera-se que a proporção de consumidores com menos de 55 anos continue a cair ao longo do tempo, como aconteceu com a faixa etária dos baby boomers (nascidos entre 1946 e 1964). Em 1970, a idade média de um cidadão dos Estados Unidos era 27,9. Atualmente, está em 37,3.[4] Devido ao crescimento da faixa etária média dos norte-americanos, muitos profissionais de marketing procuram formas de comercializar seus produtos a adultos mais velhos. Conforme a Figura 5.4 mostra, norte-americanos em diferentes grupos etários têm necessidades diferentes de produtos, devido a situações de saúde e estilos de vida distintos. Cidadãos com 65 anos ou mais, por exemplo, gastam quase tudo em cuidados com a saúde, enquanto os entre 35 e 64 gastam muito com moradia e alimentação.

Gênero é outra variável demográfica normalmente usada para segmentar os mercados para diversos produtos, incluindo roupas, refrigerantes, remédios sem prescrição, revistas, alguns artigos alimentícios e produtos de higiene pessoal. Por exemplo, depois de anos sendo pressionados a criar estratégias de marketing não direcionadas a gênero, os fabricantes de brinquedos dos Estados Unidos estão assim segmentando seus produtos. Os profissionais de marketing tomaram essa decisão com base nas informações de vendas e respostas dos clientes ao mix de marketing das organizações, mas também verificaram a pesquisa de ciência cognitiva que indicava que meninos e meninas têm, de fato, preferências diferentes.[5]

Figura 5.4

Níveis de gasto por grupos etários para categorias de produto selecionadas.

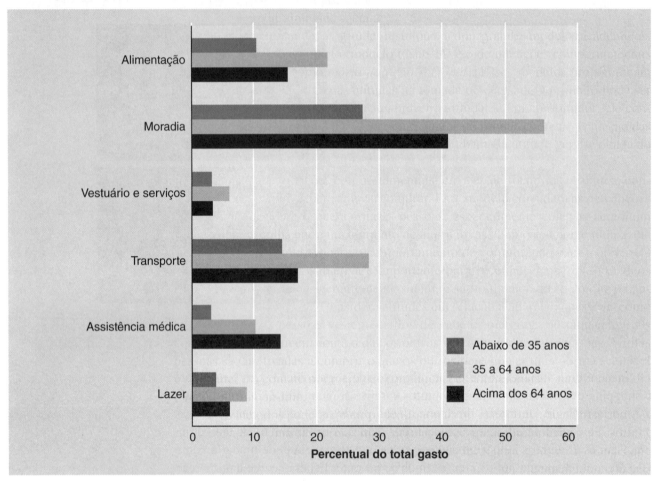

Fonte: Consumer Expenditure Survey, U.S. Department of Labor, Bureau of Labor Statistics. Disponível em: <www.bls.gov/cex/#tables>. Acesso em: 19 jan. 2013.

O U. S. Census Bureau informa que as mulheres representam 50,8% da população dos Estados Unidos, enquanto os homens contabilizam 49,2%.[6] Embora representem apenas um pouco mais da metade da população, as mulheres influenciam enormemente as decisões de compra. Estima-se que elas sejam responsáveis por 85% de todas as compras, fazendo que diversos profissionais de marketing considerem mulheres como suas clientes ao tomar decisões de marketing.[7] Veja a propaganda do tênis New Balance. Os profissionais de marketing da New Balance estão claramente segmentando seu produto por gênero, dado o brilhante tom rosa-choque do tênis. Além disso, a propaganda mostra um homem desenhando, como se fosse para uma linha de produtos. Seria mais comum essa imagem aparecer em uma revista de moda do que em uma sobre esportes; isso mostra que a New Balance prestou atenção nos detalhes femininos ao criar esse produto. O New Balance 870v2 é claramente um tênis de corrida direcionado unicamente a mulheres.

Os profissionais de marketing também usam raça e etnia como variáveis de segmentação de mercado para vários produtos. Na indústria de cosméticos, por exemplo, é importante combinar a matiz do produto com o tom de pele dos clientes. Iman

Cosmetics é uma linha de produtos com tons mais escuros, criada pela supermodelo etíope Iman, para valorizar o tom de pele de mulheres negras, hispânicas ou asiáticas. Seus cosméticos não foram feitos para mulheres de pele clara nem são comercializados a esse público-alvo.[8]

Já que a renda pessoal influencia fortemente as compras de produtos, muitas vezes isso divide os mercados. O rendimento afeta o estilo de vida dos clientes e o que conseguem comprar. Produtos no mercado segmentados por renda incluem equipamentos esportivos, moradia, móveis, cosméticos, vestuário, joias, eletrodomésticos, automóveis e aparelhos eletrônicos. Embora possa parecer óbvio direcionar esses produtos a consumidores de alta renda, por causa de seu grande poder de compra, muitos profissionais de marketing escolhem focar em segmentos com menor rendimento, porque estes representam uma população bem maior no nível global. Cada vez mais os varejistas on-line medem o valor dos consumidores por meio de uma métrica chamada *e-score*, que classifica os valores de longevidade do consumidor levando em conta seu crédito, poder e histórico de compra. Utilizado por um número pequeno de empresas, o e-score ajuda a calcular quais segmentos de mercado representam os alvos mais valiosos.[9]

Entre os fatores que influenciam a renda familiar e a necessidade de um produto estão o estado civil, a presença de crianças e a idade delas. Essas características, que quase sempre se combinam, que chamamos de ciclo de vida familiar, afetam as necessidades de consumidores por moradia, eletrodomésticos, alimentos e bebidas, automóveis e equipamentos de lazer. O ciclo de vida familiar pode ser dividido de várias formas, como mostra a Figura 5.5, que descreve o processo, divindo-o em nove categorias

A composição dos lares nos Estados Unidos, em relação ao ciclo de vida familiar, mudou consideravelmente nas últimas décadas. As famílias de pais solteiros estão em ascensão, o que significa que a "típica" família não é mais repre-

Segmentação por gênero
New Balance segmenta alguns de seus calçados de corrida com base em gênero, enfatizando cores femininas e elementos do design.

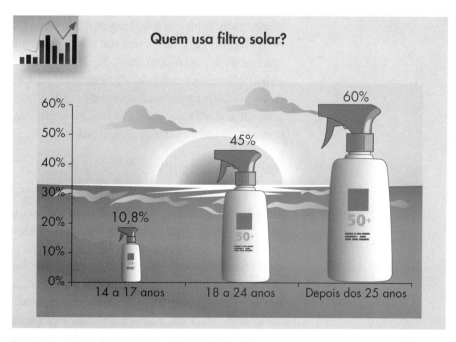

Fonte: Baseado nos dados do Entertainment & Media Communication Institute's Center for Skin Cancer Prevention.

Figura 5.5

Estágios do ciclo de vida familiar em percentual de domicílios.

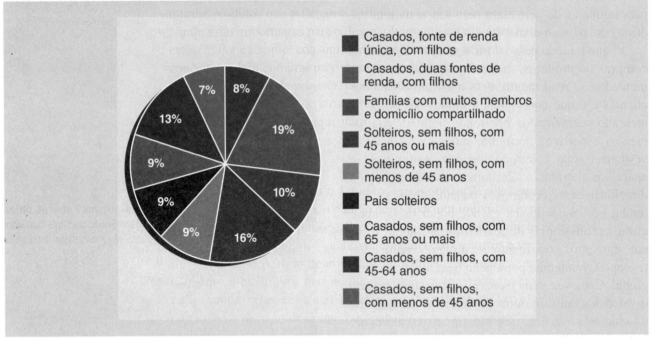

© Cengage Learning

sentada por um casal e filhos. Na verdade, lares com marido e mulher correspondem apenas a 48,4% de todos os domicílios nos Estados Unidos, incluindo as uniões estáveis. Estima-se que 26,7% dos norte-americanos vivem sozinhos. Recentemente, grupos que antes eram pequenos têm crescido bastante, suscitando o interesse dos profissionais de marketing. Por exemplo, domicílios com casais em união consensual representam 6,6% do total, um aumento de 41% desde 2000. Casais do mesmo sexo representam 0,6% dos lares, uma pequena proporção do total, mas um aumento de mais de 81% em comparação com 2000.[10] As pessoas vivem em diferentes situações e têm diferentes necessidades de bens e serviços. Rastrear mudanças demográficas como essas ajuda os profissionais de marketing a ficarem bem informados e se prepararem para satisfazer às necessidades dos mercados-alvos por meio de um mix de marketing que aborde cada mudança do estilo de vida.

Variáveis geográficas

Variáveis geográficas – clima, terreno, tamanho da cidade, densidade populacional e áreas urbanas/rurais – podem influenciar as necessidades dos consumidores por determinados produtos. Os mercados podem ser divididos por meio de variáveis geográficas, já que as diferenças de localização, clima e extensão da área influenciam essas necessidades. Os consumidores de regiões tropicais, por exemplo, raramente precisam de pneus para neve. Uma empresa que vende produtos ao mercado nacional deve dividir os Estados Unidos nas seguintes regiões: Pacífico, sudoeste, central, meio-oeste, sudeste, Atlântico médio e Nova Inglaterra. A companhia que opera em um ou mais estados deve regionalizar seu mercado por áreas metropolitanas, cidades, bairros ou outras unidades.

Segmentação geográfica
O clima afeta inúmeros mercados. As necessidades dos clientes por acessórios automotivos, por exemplo, pneus, variam com base no clima.

O tamanho das cidades pode ser uma importante variável de segmentação. Muitas organizações escolhem limitar seus esforços de marketing a cidades acima de determinado tamanho, pois pequenas populações geram lucros inadequados. Contudo, outras buscam ativamente oportunidades em cidades menores. Um exemplo clássico é o Walmart, que se localizava inicialmente apenas em cidades pequenas, e ainda hoje pode ser encontrado em lugares não procurados por outros varejistas. Se um profissional de marketing escolher a divisão por variáveis geográficas, por exemplo, tamanho de cidade, o U. S. Census Bureau fornece relatórios populacionais e demográficos que lhe podem ser consideravelmente úteis.

Densidade de mercado refere-se à quantidade de potenciais clientes dentro de uma unidade territorial; por exemplo, quilômetro quadrado. Embora a densidade de mercado em geral esteja relacionada à densidade populacional, a correlação não é exata. Por exemplo, em dois mercados geográficos diferentes, mas de tamanho e população aproximados, a densidade de mercado por material de escritório seria bem maior em uma área com grande número de clientes organizacionais, como o centro da cidade, do que em outra área predominantemente residencial, como o subúrbio. Densidade de mercado pode ser uma variável de segmentação bastante útil para as organizações, porque mercados de baixa densidade em geral requerem vendedores, propagandas e atividades de distribuição diferentes dos de alta densidade.

densidade de mercado
Número de clientes em potencial dentro de uma área demarcada.

Profissionais de marketing também podem usar a **segmentação geodemográfica**, que agrupa pessoas de acordo com seus códigos postais ou bairros, com base em informações demográficas ou sobre seus estilos de vida. Fazer esse direcionamento pode ser efetivo, já que muitas vezes as pessoas escolhem viver em uma região que represente seu estilo de vida e crenças políticas. As empresas do setor de informação, como Donnelley Marketing Information Services e Claritas, fornecem serviços de informações geodemográficas chamados Prospect Zone e PRIZM, respectivamente. PRIZM, por exemplo, classifica o código postal em 66 tipos diferentes de grupos, com base em informações demográficas dos residentes.[11]

segmentação geodemográfica Método de segmentação de mercado que agrupa as pessoas em áreas por códigos postais e unidades de bairros menores, com base em seus estilos de vida e informação demográfica.

micromarketing Abordagem de segmentação de mercado em que as organizações direcionam esforços específicos em mercados de abrangência local.

A segmentação geodemográfica permite que os profissionais de marketing se envolvam com o **micromarketing**, cuja premissa é concentrar os esforços de marketing precisamente em mercados geográficos pequenos, como comunidades e até mesmo bairros. Provedores de serviços de saúde e finanças, varejistas e empresas de produtos de consumo usam esse tipo de segmentação. Diversos varejistas o utilizam para determinar o mix de mercadorias para lojas individuais. Cada vez mais as organizações podem se envolver com o micromarketing no varejo on-line, dada a capacidade de a internet focar grupos de interesse específicos. Ao contrário do micromarketing tradicional, o on-line não se limita à geografia. A enorme quantidade de informações sobre o consumidor, disponíveis on-line, permite que os profissionais de marketing agradem nichos de consumo bem específicos de forma eficaz e efetiva.

O clima é em geral usado como uma variável de segmentação geográfica em razão do seu grande impacto no comportamento e nas necessidades das pessoas por produtos. Produtos de mercado afetados pelo clima incluem ar-condicionados e aquecedores, acessórios para lareiras, vestuário, equipamentos para jardinagem, produtos recreativos e materiais de construção.

Variáveis psicográficas

Por vezes, os profissionais de marketing usam essas variáveis – por exemplo, características de personalidade, motivos e estilos de vida – para segmentar mercados. Uma variável psicográfica pode ser usada por si só ou como uma combinação com outros tipos de variáveis de segmentação.

Características de personalidade podem ser uma forma útil de segmentação quando há muitos produtos concorrentes semelhantes e as necessidades dos consumidores não se relacionam significativamente com outras variáveis de segmentação. No entanto, segmentar um mercado pode ser algo arriscado. Embora os profissionais de marketing acreditem há muito tempo que a escolha do consumidor e o uso do produto variam de acordo com a personalidade de cada um, pesquisas em geral indicam apenas uma fraca relação. É difícil medir de forma acurada os traços de personalidade, especialmente porque a maioria dos testes de personalidade foram desenvolvidos para uso clínico, não com a finalidade de segmentação de mercado.

Quando recorre a uma característica de personalidade, o profissional de marketing quase sempre seleciona uma vista positivamente pela maioria das pessoas. Indivíduos com essa característica, assim como os que aspiram tê-la, podem ser influenciados a comprar a marca desse profissional. Profissionais de marketing que usam essa abordagem não se preocupam em medir quantas pessoas têm essa característica positivamente valorizada, apenas presumem que uma quantidade considerável de pessoas no mercado-alvo já a têm ou a ela aspiram.

Segmentação baseada em motivos
Esse anúncio da Ermenegildo Zegna para roupas e acessórios masculinos de luxo claramente está recorrendo a clientes motivados pela aparência e *status* pessoal e que se preocupam com moda.

No caso de motivos serem usados para segmentar um mercado, este é dividido de acordo com os motivos de compra dos clientes. Aparência pessoal, filiação, posição social, segurança e situação de saúde são motivos que afetam os tipos de produto comprados e a escolha das lojas nas quais são adquiridos. Os esforços de marketing baseados em motivos particulares podem ser um ponto de vantagem competitiva para a organização. Veja, como exemplo, a propaganda da luxuosa marca italiana de roupas masculinas Ermenegildo Zegna. Essa é uma marca conhecida por seu estilo clássico e de alta qualidade, o que o slogan enfatiza com a frase "Paixão por detalhes". A qualidade de luxo dessa marca é ressaltada na foto em close de um homem vestindo um terno clássico sob medida e mocassins, carregando duas pastas, uma xadrez e a outra de couro. Essa propaganda claramente direciona-se a clientes que gostam de moda, valorizam a aparência e o *status* social. Esses clientes querem se associar a um estilo de vida de luxo e desejam que as outras pessoas saibam que vestem marcas italianas de alta costura.

A segmentação por estilo de vida agrupa os indivíduos de acordo com a forma como gastam seu tempo, a importância das coisas à sua volta (casa ou emprego, por exemplo), crenças sobre si mesmos e questões gerais, e algumas características demográficas, como renda e formação educacional.[12] A análise do estilo de vida fornece uma ampla visão dos clientes, porque abrange várias características relacionadas às atividades das pessoas (como trabalho, hobbies, lazer), interesses (família, casa, moda, alimentação, tecnologia) e suas opiniões (política, questões sociais, educação, futuro).

Um dos sistemas psicográficos mais populares é o VALS™, da Strategic Business Insights (SBI), um spin-off da SRI International. Esse sistema classifica os consumidores com base em motivações psicológicas, validadas para se correlacionar com o comportamento de compra e quatro grupos demográficos-chave. O questionário de classificação VALS, usado para determinar os tipos dos consumidores, pode ser integrado nos principais projetos de pesquisa para descobrir mais sobre as forças motivacionais implícitas na escolha do consumidor. A Figura 5.6 é um exemplo dos dados VALS, que mostra a proporção de cada grupo VALS que possui um e-reader ou tablet, um cachorro ou que compra comida rotulada como natural ou orgânica. A pesquisa VALS pode ser usada para criar novos produtos, assim como para segmentar mercados já existentes. Algumas estruturas VALS adicionais foram desenvolvidas para diferentes mercados geográficos, incluindo Estados Unidos, Japão, Reino Unido, Venezuela, República Dominicana, Nigéria e China.[13]

Variáveis comportamentais

Empresas podem dividir um mercado de acordo com o comportamento do consumidor em relação a determinado produto, o que comumente envolve um aspecto da sua utilização. Por exemplo, um mercado pode ser separado por usuários – classificados como intensos, moderados ou eventuais – e não usuários. Para satisfazer a um grupo específico, como os usuários intensos, os profissionais de marketing podem criar um produto ou preço característico ou iniciar uma promoção e atividades de distribuição especiais. Dados de consumo per capita podem ajudar a determinar diferentes níveis de utilização por categoria de produto. Para satisfazer aos clientes que usam um produto de determinada maneira, algumas características – embalagem, tamanho, textura ou cor – devem ser projetadas especificamente para torná-lo mais fácil de usar, mais seguro e mais conveniente.

Segmentação por benefício é a divisão de um mercado de acordo com os benefícios que os consumidores desejam receber do produto visado. Embora a maioria dos tipos de segmentação de mercado presuma a relação entre a variável e as necessidades dos clientes, esse tipo difere em relação ao que os clientes buscam, que *são* as suas necessidades de produtos. Considere que um cliente que compra um remédio contra gripe no balcão de

segmentação por benefícios
Divisão de um mercado de acordo com os benefícios que os consumidores procuram em um produto.

Figura 5.6

Tipos VALS e preferências de consumidores selecionados.

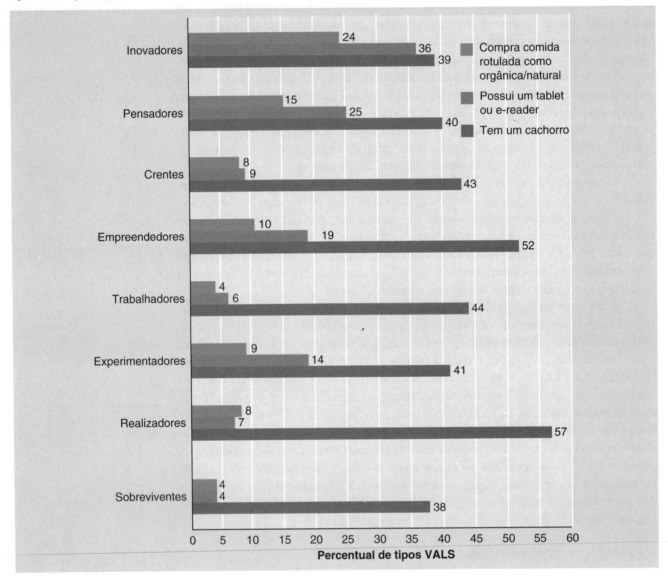

Fonte: VALS™/GfK MRI, primavera de 2012.

Para receber uma classificação VALS precisa: Por padrão, as questões são para pessoas cujo idioma primário é o inglês norte-americano. Se você não for um cidadão dos Estados Unidos ou do Canadá, sua residência deve ser por tempo suficiente para conhecer a cultura e suas expressões idiomáticas. Se não atender a essas condições, sua classificação VALS não será válida.

uma farmácia possa estar interessado em dois benefícios: fazer cessar a coriza e aliviar a congestão no peito. Ao determinar os benefícios desejados, os profissionais de marketing podem dividir as pessoas em grupos de acordo com os benefícios que buscam. A efetividade de tal segmentação depende de três condições: (1) os benefícios desejados devem ser identificáveis, (2) ao usar esses benefícios, os profissionais de marketing devem ser capazes de dividir as pessoas em segmentos reconhecíveis, e (3) um ou mais dos segmentos resultantes deve(m) ser alcançável(is) pelos esforços de marketing da empresa.

Os profissionais de marketing podem segmentar os mercados consumidores usando várias características. Contudo, não usam as mesmas variáveis para segmentar as características de negócios. Vamos aprender sobre a segmentação do mercado de negócios na próxima seção.

Variáveis para segmentação dos mercados de negócios

Como os mercados consumidores, os de negócios com frequência são segmentados para os objetivos de marketing. Os profissionais de marketing segmentam esses mercados de acordo com localização geográfica, tipo de organização, tamanho do cliente e utilização do produto.

Localização geográfica

Já notamos que a demanda por produtos de consumo pode variar consideravelmente entre as áreas geográficas, devido a diferenças climáticas, territoriais ou preferências regionais dos clientes. A demanda por produtos de negócios também varia de acordo com a localização geográfica. Por exemplo, produtores de madeira podem dividir seus mercados geograficamente, pois as necessidades dos clientes variam por região. Essa segmentação pode ser especialmente adequada a produtores que buscam alcançar indústrias concentradas em certas localizações; por exemplo, os fabricantes de mobiliário e têxteis, que se concentram no sudeste dos Estados Unidos.

Tipo de organização

Às vezes, uma empresa realiza segmentação por tipos de organização dentro de um mesmo mercado, já que as finalidades organizacionais com frequência exigem diferentes características de produtos, sistemas de distribuição, estruturas de preço e estratégias de vendas. Levando em conta essas variações, a empresa pode se concentrar em um único segmento com apenas um mix de marketing (estratégia de mercado-alvo concentrada) ou focar vários grupos com mais de um mix de marketing (estratégia de mercado-alvo diferenciada). Um produtor de carpetes, por exemplo, poderia segmentar potenciais clientes em vários grupos, como: fabricantes de automóveis, fornecedores de carpetes comerciais (empresas que instalam carpetes em grandes edifícios comerciais), construtores de complexos de apartamentos, atacadistas de carpetes e grandes pontos de venda do varejo que comercializam o produto.

Transformação verde

IKEA adere ao estilo verde

IKEA, varejista global conhecido por seus móveis elegantes, acessíveis, do tipo "monte você mesmo", acrescentou o interesse pela sustentabilidade como um elemento-chave de sua estratégia de segmentação. Destacar seus esforços ecológicos dá uma vantagem à IKEA com o crescente segmento de clientes ecossustentáveis, e também ajuda a empresa a atingir seus resultados. "O que é bom para o cliente também é bom para nós em longo prazo", diz o CEO da empresa, Mikael Ohlsson.

Os clientes que desejam viver um estilo de vida mais sustentável apreciam a forma como a IKEA põe seus valores ambientais em prática, fazendo que suas lojas, seus produtos e materiais de transporte sejam mais ecológicos a cada ano. Mais de três quartos das lojas e centros de distribuição da IKEA nos Estados Unidos são equipados com painéis solares que geram energia não poluente. Em vez dos pallets de madeira tradicionalmente usados para despachar as mercadorias, ela utiliza agora do tipo descartáveis feitos de papelão reciclável. Esses novos pallets são mais compactos e mais leves do que os anteriores, de madeira, o que significa que menos combustível é consumido quando são transportados – e, em consequência, a empresa tem menos custos com seu transporte.

Recentemente, a IKEA começou a classificar seus produtos usando uma tabela de desempenho em sustentabilidade com 11 pontos, que informa características como percentual de material reciclável contido em cada produto e o total de energia renovável usado em sua produção. Tais informações, em detalhes, atraem clientes que buscam um estilo de vida mais ecológico e se interessam pelo impacto ambiental de cada produto.[b]

Tamanho do cliente

O tamanho de uma organização pode afetar seus procedimentos de compra, as quantidades e tipos de produtos que precisa. Sendo assim, o tamanho pode ser uma variável eficaz para segmentar o mercado de negócios. Para alcançar um segmento de um tamanho específico, talvez seja necessário que os profissionais de marketing tenham de ajustar um ou mais ingredientes do seu mix. Por exemplo, eles podem oferecer um desconto ou incentivo de compra aos clientes que adquirem grandes quantidades de um produto. As vendas pessoais são comuns e esperadas no mercado de negócios, e exigem um alto nível de atendimento ao cliente. Organizações maiores podem exigir um nível superior de atendimento, devido ao tamanho e complexidade dos seus pedidos. Já que as necessidades dos compradores, grandes e pequenos, tendem a ser distintas, os profissionais de marketing frequentemente usam diferentes práticas de marketing para alcançar grupos selecionados de clientes.

Utilização do produto

Determinados produtos, em especial matérias-primas básicas, como aço, petróleo, plástico e madeira, podem ser usados de várias formas na produção de mercadorias. Essas variações afetam os tipos e quantidades de produtos adquiridos, assim como o método de compra. Considere a propaganda da Sappi, por exemplo. Papel é um produto que pode ser usado para uma variedade de propósitos e direcionado a vários mercados diferentes. A Sappi, fabricante de papel de excelente qualidade, direciona a linha McCoy de papéis cuchê a escritórios de design, que valorizam cores vívidas e a textura do papel. Como parte da sua estratégia de marketing, é possível ver nessa propaganda que a Sappi produz sua própria publicação educativa, *The Standard*, com artigos sobre impressão e design. A revista confere credibilidade à empresa por meio de sua audiência-alvo, enquanto mostra fisicamente o produto, no caso, papel.

Segmentando mercados de negócios
A Sappi fabrica produtos de papel de alta qualidade, e segmenta com base no uso do produto, focando os esforços de marketing em empresas que produzem obras de design que exigem papel com alta gramatura.

 5 Saber o que são os perfis de segmentação e como são usados.

PASSO 3: DESENVOLVER PERFIS DE SEGMENTOS DE MERCADO

Um perfil de segmento de mercado descreve as semelhanças entre clientes potenciais dentro de um segmento e explica as diferenças entre as pessoas e organizações de segmentos diferentes. Um perfil pode cobrir aspectos como: características demográficas, fatores geográficos, benefícios procurados em um produto, estilos de vida, preferências de marca e taxas de utilização. Indivíduos e organizações dentro de um segmento de mercado devem ter características semelhantes relativas às suas necessidades de produtos e diferir consideravelmente daqueles que compõem outros segmentos. Os profissionais de marketing usam perfis de segmentos de mercado para avaliar o grau de satisfação do cliente que seus produtos alcançam. Os perfis de segmentos de mercado os ajudam a entender como um negócio pode usar suas capacidades para atender a grupos de clientes em potencial.

Perfis de segmentos de mercado auxiliam o profissional de marketing a determinar quais segmentos são mais atrativos em relação aos pontos fortes e fracos, objetivos e recursos da organização. Embora esses profissionais possam inicialmente acreditar que determinados segmentos são mais atraentes, é possível que um perfil de segmento de mercado produza informação contrária. Além disso, os perfis de segmento de mercado são úteis para ajudar a organização a tomar decisões de marketing relativas a determinado segmento de mercado.

PASSO 4: AVALIAR SEGMENTOS DE MERCADO RELEVANTES

6 Compreender como avaliar segmentos de mercado.

Depois de analisar os perfis de segmentos de mercado, o profissional de marketing deve ser capaz de estreitar seu foco em vários segmentos promissores que justifiquem uma análise mais aprofundada. Esses profissionais devem examinar a previsão de vendas, a concorrência e os custos estimados associados a cada um desses segmentos.

Estimativa de vendas

O potencial de vendas para um segmento de mercado pode ser medido através de várias dimensões, inclusive nível de produto, área geográfica, período e nível de competição.[14] Em relação ao nível de produto, o potencial de vendas para determinado produto (por exemplo, Coca Diet) ou toda uma linha de produto (Coca-Cola clássica, Coca Diet e Coca Zero compreendem produtos dentro de uma mesma linha de produto) pode ser estimado.

O gerente de marketing também precisa determinar a área geográfica e incluí-la na estimativa. Em relação ao período, a estimativa de vendas pode ser de curto (um ano ou menos), médio (um a cinco anos) ou longo alcance (mais de cinco anos). O nível de competição especifica se as vendas são estimadas para uma única organização ou para todo o setor.

Potencial de mercado é a quantidade total de um produto que os clientes vão adquirir dentro de um período e um nível específicos de atividade de marketing em todo o setor. O potencial de mercado pode ser declarado em termos de moeda ou unidades. O segmento de potencial de mercado é afetado por forças econômicas, socioculturais e ambientais. O nível específico de esforço de marketing varia de uma organização para outra, mas as atividades de marketing de cada uma totalizam, juntas, os esforços de marketing do setor industrial como um todo. O gerente de marketing também deve estimar se os esforços de marketing vão mudar com o tempo, e, se a resposta for sim, até que ponto.

Potencial de vendas da organização é o máximo percentual de participação de mercado que uma única organização, dentro de um setor, pode esperar capturar para um produto específico. Vários fatores influenciam o potencial de vendas da organização para um segmento de mercado. Primeiro, esse potencial coloca um limite na extensão do potencial de vendas da organização – uma empresa não pode exceder o potencial de mercado. Segundo, a magnitude das atividades de marketing do setor industrial como um todo tem um impacto indireto, porém definitivo

potencial de mercado Quantidade total de produtos que os clientes podem comprar e que são disponibilizados pelo conjunto total das organizações de um mesmo setor em um período específico de tempo.

potencial de vendas da organização O percentual máximo de potencial de mercado que uma organização dentro de um setor pode esperar obter de um produto específico.

desagregação para potencial de vendas Medir o potencial de vendas da organização desagregando-o da previsão econômica de um potencial de mercado em um período específico.

construção para potencial de vendas Medir o potencial de vendas da organização pela avaliação de quanto um produto será comprado por um comprador potencial em uma área geográfica e período de tempo definidos, multiplicado pela estimativa do número de compradores em potencial por área, considerando todas as áreas geográficas de interesse da organização.

no potencial de vendas da organização. Por exemplo, quando a Domino's Pizza faz propaganda do seu delivery, ela promove indiretamente as pizzas no geral. É possível que você veja o anúncio e deseje comer uma pizza, mas acaba ligando para a Pizza Hut da sua rua, porque lhe é mais familiar. Terceiro, a intensidade e a eficácia das atividades de marketing da organização relacionadas às atividades da concorrência afetam a extensão do potencial de vendas dessa companhia. Se ela gasta duas vezes mais do que a concorrência em esforços de marketing, e se cada centavo gasto é mais eficaz para gerar vendas, seu potencial de vendas será maior em relação à concorrência.

Duas abordagens gerais que medem o potencial de vendas da organização são: desagregação e construção para potencial de vendas. Na **desagregação para potencial de vendas**, o gerente de marketing, primeiro, desenvolve uma previsão econômica para um período específico. Depois, estima o potencial de mercado com base nesta previsão, derivando, então, o potencial de vendas da empresa da previsão e da estimativa do potencial de mercado. Na **construção para potencial de vendas**, o gerente de marketing começa estimando o quanto de um produto o possível comprador vai adquirir em determinada área geográfica e período específico. Depois, ele multiplica essa soma pelo número total de potenciais compradores dessa área; e faz esse mesmo cálculo para cada área geográfica em que a empresa comercializa seus produtos e, então, soma os totais para calcular o potencial de mercado. Para determinar o potencial de vendas da organização, o gerente deve estimar, com base em níveis planejados das atividades de marketing da organização, a proporção total do potencial de mercado que é possível alcançar de forma coerente.

●●● Tendências do marketing

Movimentação no marketing de aluguel de filmes

Profissionais de marketing do setor de aluguel de filmes, como Redbox, Netflix e Amazon, estão dividindo esse mercado em constante evolução de acordo com o comportamento e o estilo de vida do cliente. Resultado: os clientes têm novas opções para alugar filmes onde e quando desejarem. Embora hoje haja poucas e dispersas videolocadoras, os clientes que preferem DVDs podem encontrá-los em um dos 42 mil quiosques da Redbox no território dos Estados Unidos, que, observando a demanda incessante por DVDs, continua instalando milhares de novos quiosques em supermercados e outras localizações com alto tráfego. A empresa também fez uma parceria com a Verizon para oferecer a transmissão do filme alugado, o Redbox Instant, cujo preço é definido por assinatura mensal ou locação individual.

A Netflix, pioneira em locação de filmes pela internet, vê o mercado se afastando dos DVDs. E, por isso, vem promovendo, em troca de assinaturas mensais, locações de filmes transmitidos pela televisão conectada à internet e por meio de consoles de videogames, embora ainda alugue DVDs pelo correio. A Netflix destaca-se da concorrência por sua ampla videoteca de títulos e programação original, por exemplo, a série *House of Cards*, oferecida em primeira mão aos seus assinantes.

O gigante do varejo on-line, Amazon, comercializa DVDs e também oferece acesso a filmes e programas transmitidos on-line, alugados um a um por assinaturas. Os clientes que se associam à Amazon Prime conseguem transmissão ilimitada por um plano de taxa anual (assim como a isenção da taxa de entrega de dois dias de compras na Amazon). Por fim, para clientes com um estilo de vida mais agitado, que estão sempre em movimento, a Amazon – assim como seus maiores concorrentes – disponibiliza aplicativos para locação e transmissão de filmes para iPhones e outros dispositivos para celulares.[c]

Avaliação da concorrência

Além de obter as estimativas de vendas, é essencial avaliar a concorrência que já opera nos segmentos considerados. Um segmento de mercado que inicialmente parece atraente com base em estimativas de vendas pode se tornar nada atrativo depois de uma avaliação da concorrência. Tal avaliação deve fazer várias perguntas sobre a concorrência: Quantos concorrentes existem? Quais são seus pontos fortes e fracos? Alguns competidores já têm uma grande participação de mercado e juntos dominam o setor? Nossa organização pode criar um mix de marketing para competir de forma eficaz com o mix de marketing da concorrência? É possível que novos concorrentes ingressem nesse segmento? Se sim, como eles podem afetar a capacidade de nossa organização de competir de forma bem-sucedida? Responder a essas perguntas é importante para fazer uma avaliação adequada da concorrência de potenciais segmentos de mercado.

Estimativas de custo

Para satisfazer às necessidades de um mercado-alvo, uma organização deve desenvolver e manter um mix de marketing que atinja precisamente os desejos e necessidades desse mercado, o que pode ser algo dispendioso. Características distintas de produtos, design de embalagem agradável, garantia estendida do produto, propaganda extensiva, ofertas promocionais atraentes, preços competitivos e serviço de vendas de alta qualidade – tudo isso consome consideráveis recursos da organização. Em alguns casos, os profissionais de marketing podem concluir que os custos de se alcançar alguns mercados são tão altos, que se tornam basicamente inacessíveis. Esses profissionais também devem considerar se a organização consegue alcançar um mercado a custos iguais ou menores que os da concorrência. Se os gastos da organização tendem a ser maiores, ela não será capaz de concorrer nesse mercado no longo prazo.

PASSO 5: SELECIONAR MERCADOS-ALVO ESPECÍFICOS

7 Identificar os fatores que influenciam a seleção de segmentos de mercados específicos para uso como mercados-alvo.

Supondo que um ou mais segmentos ofereçam oportunidades significativas de se alcançar os objetivos organizacionais, os profissionais de marketing precisam decidir qual deles tem melhor potencial a custos razoáveis. Em geral, as informações reunidas no passo anterior – a respeito da previsão de vendas, concorrência e estimativa de custos – exigem uma cuidadosa revisão no passo final, a fim de descobrir as oportunidades de marketing em longo prazo.

Nesse momento, a gerência da organização precisa investigar se há recursos financeiros suficientes, habilidades gerenciais, perícia dos empregados e instalações adequadas para concorrer de forma eficaz no segmento selecionado. A organização também deve considerar a possibilidade de que as exigências de alguns segmentos de mercado entrem em conflito com os objetivos organizacionais gerais, e que, possivelmente, problemas jurídicos, conflitos com grupos de interesse e avanços tecnológicos vão tornar certos segmentos não atrativos. Por fim, os profissionais de marketing devem preferir o crescimento no longo do que no curto prazo. Se a perspectiva em longo prazo parece ruim, o profissional de marketing pode, finalmente, escolher não se concentrar em um segmento devido à dificuldade de recuperar os gastos.

Selecionar os mercados-alvo apropriados é importante para a adoção e uso eficaz do conceito de filosofia de marketing da organização. Identificar o mercado-alvo correto é a chave para se implementar uma estratégia de marketing bem-sucedida.

A falha nessa identificação pode levar a queda das vendas, altos custos e perdas financeiras severas. Uma análise cuidadosa do mercado-alvo coloca a empresa em uma boa posição para atender às necessidades dos clientes e alcançar seus bjetivos.

DESENVOLVER PREVISÕES DE VENDAS

8 Familiarizar-se com métodos de previsão de vendas.

previsão de vendas A quantidade de produto que uma organização espera vender durante um período específico com determinado esforço de marketing.

Depois que a organização seleciona um ou vários mercados-alvo, deve desenvolver uma **previsão de vendas** – total que ela espera vender de um produto durante um período e nível específicos de atividade de marketing. A previsão de vendas difere do potencial de vendas, porque se concentra em estimar quantas vendas serão concretizadas em determinado nível do esforço de marketing da organização. Já o potencial de vendas avalia quais são as vendas possíveis nos vários níveis de atividades de marketing, presumindo que existem certas condições ambientais. Empresas usam as previsões de vendas para planejar, organizar, implementar e controlar suas atividades. O sucesso de diversas atividades depende da exatidão dessa previsão. O planejamento impróprio e a previsão de vendas pouco realista são problemas comuns observados nas organizações em estado de falência. Por exemplo, previsões de vendas muito ambiciosas podem ocasionar compras e investimento excessivos, além de altos custos, que podem enfraquecer a influência e posição de uma empresa.

Para prever vendas, o profissional de marketing pode escolher entre uma variedade de métodos de previsão, alguns rápidos e arbitrários, outros mais científicos, complexos e demorados. O método escolhido depende dos custos envolvidos, tipo de produto, características de mercado, intervalo de tempo e objetivo da previsão, estabilidade das informações sobre histórico de vendas, disponibilidade da informação exigida, preferências gerenciais e previsão das áreas de conhecimento e experiência.[15] Técnicas comuns de previsão encaixam-se em cinco categorias: julgamento executivo, levantamentos, análise de séries temporais de vendas, análise de regressão de vendas e testes de mercado.

♦◆♦ Empreendedorismo em marketing

Como a Skullcandy segmenta seu mercado

Rick Alden, ávido praticante de snowboard, fundou a Skullcandy, em 2003, com a intenção de criar fones de ouvido estilosos e funcionais para amantes da música que também gostam de praticar esportes e de estar na moda. A Era do iPod estava a pleno vapor, e os consumidores podiam levar suas coleções de música para qualquer lugar – até mesmo às montanhas cobertas de neve. "Eu queria integrar os fones de ouvido às mochilas, aos gorros e capacetes de esportes para criar um aparelho que fornecesse música de uma maneira mais fácil", lembra ele.

Embora a faixa etária fosse algo a se considerar – muitos dos consumidores do seu mercado-alvo eram adolescentes ou jovens adultos –, descobriu-se que a atitude e o estilo de vida eram variáveis mais importantes para segmentar o mercado global. Os fones de ouvido da Skullcandy foram feitos especialmente para snowboarders e outros tipos de esportistas que ouvem música enquanto praticam esportes de verão e inverno. Em vez dos usuais fones brancos ou pretos, os da Skullcandy têm cores bem brilhantes, a fim de atrair os consumidores fãs de esportes que também apreciam moda.

Com mais de US$ 200 milhões em rendimentos anuais e distribuição em 70 países, a Skullcandy concorre agora com gigantes mundiais como a Sony. Para continuar crescendo, a empresa ajustou sua segmentação para alcançar o estilo de vida de consumidores envolvidos em uma variedade ainda mais ampla de atividades esportivas, como skatistas, surfistas, patinadores in-line e praticantes de motocross.[d]

Julgamento executivo

Julgamento executivo é a intuição de um ou mais executivos. Essa é uma abordagem de previsão de vendas não científica, porém eficaz e de baixo custo. Não é um método muito preciso, mas pode funcionar razoavelmente bem quando a demanda pelo produto é estável e o analista tem anos de experiência no mercado. Contudo, já que a intuição é fortemente influenciada pela experiência atual, o analista deve ponderar os booms de venda recente e as quedas excessivas. Outra desvantagem da intuição é que o analista tem apenas sua experiência do passado para guiá-lo sobre que caminho seguir no futuro.

julgamento executivo Método de previsão de vendas baseado na intuição de um ou mais executivos.

Levantamentos

Outra forma de prever vendas é perguntar aos clientes, vendedores ou especialistas a respeito de suas expectativas sobre futuras compras. Em um **levantamento da previsão de demanda do cliente**, os profissionais de marketing perguntam aos clientes que tipos e quantidades de produtos pretendem comprar em um período de tempo específico. Essa abordagem pode ser útil em um negócio com relativamente poucos clientes. Considere, por exemplo, a Lockheed Martin, maior prestadora de serviços do governo dos Estados Unidos. Como a maioria de seus contratos vem do mesmo cliente, o governo, ela pode conduzir de forma eficaz os levantamentos de demanda do cliente. A PepsiCo, ao contrário, tem milhões de clientes, e não poderia usar de forma tão viável esse levantamento para prever futuras vendas.

levantamento da previsão de demanda do cliente Levantamento com clientes em relação aos tipos e quantidades de produtos que pretendem comprar durante um período específico.

Em um **levantamento da previsão de vendas**, os vendedores da organização estimam as vendas antecipadas em seus territórios para um período específico. O analista combina essas estimativas territoriais para chegar a uma previsão temporária. O profissional de marketing deve pesquisar a equipe de vendas em uma base diária por vários motivos. O mais importante deles é que os vendedores são o mais próximo que a empresa pode chegar dos clientes. Ou seja, os vendedores precisam conhecer em primeira mão as necessidades de produtos dos clientes. Além disso, quando os representantes de vendas ajudam a desenvolver a previsão, ficam envolvidos no processo e propensos a trabalhar para sua realização.

levantamento da previsão de vendas Levantamento feito pelo pessoal de vendas da organização para prever vendas futuras em determinado período de tempo e território de atuação.

Quando a organização deseja um **levantamento de previsão por especialistas**, contrata profissionais para ajudá-la a preparar essa previsão. Em geral, esses especialistas são economistas, consultores de gestão, executivos da propaganda, professores universitários e outros indivíduos de fora da estrutura organizacional com experiência em um mercado específico. Ao tirar partido dessa experiência e da análise das informações disponíveis sobre a organização e o mercado, os especialistas se preparam e apresentam previsões ou respondem às perguntas previamente feitas. Utilizar especialistas é uma forma rápida e relativamente barata para conseguir informações. No entanto, já que trabalham fora da estrutura organizacional, esses analistas podem ter menos motivação do que a equipe de vendas da organização para realizar um trabalho eficaz.

levantamento de previsão por especialistas Previsão de vendas da organização preparada por especialistas externos, como economistas, consultores de gestão, executivos da propaganda ou professores universitários.

Uma forma mais complexa do levantamento de previsão por especialistas incorpora a **técnica Delphi**. Com essa técnica, especialistas criam previsões individuais iniciais e as submetem à organização, que, após verificar essas diversas previsões, formula uma previsão conjunta a partir das opiniões colhidas. A nova previsão é submetida aos especialistas, que podem então refinar as suas iniciais a partir da previsão ofertada. O procedimento pode ser repetido várias vezes até que os especialistas,

técnica Delphi Procedimento no qual especialistas criam previsões iniciais, que são reavaliadas pela organização e novamente submetidas ao refinamento dos especialistas, resultando, num segundo momento, informações mais acuradas perante as previsões iniciais.

análise de séries temporais de vendas Método de previsão que usa dados do histórico de vendas para descobrir padrões nas vendas da organização ao longo do tempo, que geralmente envolve análises de tendências, ciclos, sazonalidade e fatores aleatórios.

análise de tendência de vendas Análise que foca dados de vendas agregadas durante um período de muitos anos para determinar tendências gerais nas vendas anuais.

análise cíclica Análise dos números de vendas por um período de três a cinco anos para verificar se as vendas variam de maneira consistente e periódica.

análise sazonal Análise dos valores de vendas diárias, semanais ou mensais, a fim de avaliar o grau de influência dos fatores sazonais nas vendas.

análise de fatores aleatórios Análise que tenta esclarecer os fatores aleatórios e não recorrentes que influenciam a variação do nível de vendas.

análise de regressão Método de predição baseado na relação entre as vendas anteriores e uma ou mais variáveis independentes; por exemplo: população ou renda.

teste de mercado Tornar um produto disponível aos compradores em uma ou mais áreas de teste e medir suas compras e respostas aos esforços de marketing.

trabalhando separadamente, cheguem a um consenso. Já que a técnica se livra de dados excessivos, o principal objetivo ao utilizar a técnica Delphi é desenvolver uma previsão de vendas altamente confiável.

Análise de séries temporais de vendas

Com a **análise de séries temporais de vendas**, o analista usa as informações do histórico de vendas da organização para descobrir um padrão em um período de tempo. Esse método de previsão presume que os padrões das vendas passadas vão continuar os mesmos no futuro. A exatidão, e, portanto, a utilidade, da análise de séries temporais de vendas dependem da validade dessa suposição.

Nesse tipo de análise, em geral o analista faz quatro tipos de análises: tendência, cíclica, sazonal e aleatórias. A **análise de tendência de vendas** concentra-se em informações de vendas agregadas, tais como cálculos de vendas anuais da empresa, que cobrem um período de vários anos, para determinar se, de modo geral, as vendas anuais sobem, caem ou permanecem as mesmas. Através da **análise cíclica**, o analista examina os números de vendas (com frequência dados de vendas mensais) de um período entre três e cinco anos, a fim de averiguar se flutuam de maneira consistente e periódica. Quando realiza a **análise sazonal**, o analista estuda os números de vendas em uma base diária, semanal ou mensal para avaliar em que grau fatores sazonais, como clima e atividades de férias, as influenciam. Em uma **análise de fatores aleatórios**, o analista tenta atribuir as variações de vendas erráticas a eventos randômicos e não recorrentes, como queda de energia elétrica em uma região, desastre natural ou instabilidade política no mercado estrangeiro. Depois de realizar cada uma dessas análises, o analista combina os resultados para desenvolver a previsão de vendas. A análise de séries temporais de vendas é um método eficaz de previsão para produtos com demanda razoavelmente estável; no entanto, o mesmo não se aplica a produtos com demanda inconstante.

Análise de regressão

Como a análise de séries temporais, a de regressão exige o uso de dados do histórico de vendas. Em uma **análise de regressão**, o analista busca encontrar uma relação entre as vendas passadas (a variável dependente) e uma ou mais variáveis independentes, como população, renda per capita ou produto interno bruto. Esse tipo de análise simples utiliza uma variável independente, enquanto as múltiplas análises de regressão incluem duas ou mais variáveis independentes. Seu objetivo é desenvolver uma fórmula matemática que descreve precisamente a relação entre as vendas da empresa e uma ou mais variáveis. Contudo, a fórmula indica apenas uma associação, não uma relação causal. Uma vez que se desenvolva uma fórmula exata, o analista acrescenta a informação necessária ao modelo para conseguir, por fim, a previsão de vendas.

A análise de regressão é útil quando se estabelece uma associação exata. No entanto, raramente o analista encontra uma correlação perfeita. Além disso, esse método pode ser usado apenas quando há muitos dados do histórico de vendas. Ou seja, essa análise não é útil para previsão de vendas de novos produtos.

Testes de mercado

Um **teste de mercado** envolve disponibilizar um produto aos compradores em uma ou mais áreas de teste, medir suas compras e respostas ao produto, distribuição, promoção e preço. Com frequência, as áreas de teste são cidades de médio porte, com população de 200 mil a 500 mil, mas também podem ser bairros ou pequenas cidades com população entre 50 mil e 200 mil. Escolhem-se as áreas de teste de acordo com sua importância no mercado-alvo da empresa.

Esse tipo de teste fornece informações sobre as vendas reais, em vez de pretendidas. Além disso, o volume de compras pode ser avaliado em relação à intensidade de outras atividades de marketing, como propaganda, promoções em loja, precificação, embalagem e distribuição. Analistas baseiam suas estimativas de vendas para unidades geográficas maiores de acordo com a resposta de clientes em áreas de teste. Por exemplo, o McDonald's lançou um novo item para seu cardápio, asinhas de frango, em resposta à popularidade do produto. A empresa escolheu Atlanta como teste de mercado para o produto, expandindo a análise a um mercado bem diferente, Chicago, depois de receber feedback positivo no sul.[16]

Já que não exige dados de históricos de vendas, o teste de mercado é eficaz na previsão de vendas de novos produtos ou de itens preexistentes em novas áreas geográficas. Ele também confere a oportunidade de um profissional de marketing testar o sucesso de vários elementos do mix de marketing. No entanto, esses testes em geral consomem tempo e dinheiro. Além disso, o profissional de marketing não pode garantir que a resposta do consumidor durante o teste de mercado representa a resposta total do mercado, ou que essa mesma resposta vai se manter inalterada no futuro.

Utilizando vários métodos de previsão

Embora algumas companhias dependam de um único método de previsão de vendas, a maioria das organizações utiliza vários. É frequente que uma empresa seja forçada a usar vários métodos quando oferta diversas linhas de produto, contudo, mesmo uma única linha de produto exige diversas previsões, especialmente quando o produto é vendido em diferentes segmentos de mercado. Dessa forma, é possível que um fabricante de pneus automotivos confie em uma técnica para prever as vendas dos pneus de carros novos e em outra para antecipar as vendas de estepes. A variação na duração das previsões também pode exigir vários métodos de previsão. A organização que emprega um método para previsão em curto prazo pode achá-lo inapropriado para uma estimativa de longo prazo. O profissional de marketing frequentemente verifica os resultados de um método utilizando uma ou mais técnicas distintas e comparando as conclusões.

Revisão do capítulo

1. Compreender o que são os mercados e como geralmente se classificam.

Mercado é um grupo de pessoas que, como indivíduos ou organizações, necessitam de produtos dentro de determinada classe e têm capacidade, disposição e autoridade para comprá-los. Os mercados podem ser categorizados como consumidores ou de negócios, com base nas características de indivíduos ou grupos que compõem um mercado específico e nas razões pelas quais adquirem produtos. Mercado consumidor, também conhecido como business-to-consumer (B2C), consiste em compradores e membros da família que pretendem consumir ou se beneficiar do produto adquirido e não o compram com o objetivo principal de lucrar. O mercado de negócios, também conhecido como *business-to-business (B2B)*, *industrial* ou *organizacional*, consiste em indivíduos ou grupos que compram um tipo específico de produto para um dos três propósitos: revenda, uso direto na fabricação de outro produto ou utilização geral em operações diárias.

2. Adquirir uma visão geral das cinco etapas do processo de seleção do mercado-alvo.

Em geral, os profissionais de marketing empregam um processo de cinco passos na seleção de um mercado-alvo. O primeiro é identificar a estratégia de seleção do mercado-alvo apropriada. O segundo, determinar quais variáveis de segmentação utilizar. O terceiro, desenvolver um perfil de segmento de mercado. O quarto, avaliar quais são os segmentos de mercado relevantes. Por fim, o quinto e último passo, é selecionar os mercados-alvo específicos. Nem todos os profissionais de marketing seguem todos os cinco passos nessa ordem, mas esse processo fornece uma boa diretriz geral.

3. Entender as diferenças entre as estratégias gerais de segmentação.

O primeiro passo do processo de seleção do mercado-alvo é identificar a estratégia de segmentação apropriada. Quando uma empresa cria um único mix de marketing e o direciona a todo um mercado, por causa de um determinado produto, está utilizando uma estratégia de mercado-alvo não diferenciado. Essa estratégia é eficaz em um mercado homogêneo, ao passo que um heterogêneo precisa ser segmentado através de uma estratégia de mercado-alvo concentrada ou de mercados-alvo diferenciados. As duas estratégias dividem os mercados em segmentos, que consistem em indivíduos, grupos ou organizações com uma ou mais características semelhantes, e que, dessa forma, podem ser associados a necessidades de produto similares. Ao usar a estratégia de mercado-alvo concentrada, a empresa direciona os esforços de marketing para um único segmento de mercado por meio de um único mix de marketing. Com a estratégia de alvo não diferenciado, direciona esforços de marketing customizados a dois ou mais segmentos.

Para que a segmentação de mercado seja eficaz, certas condições devem estar presentes. Primeiro, a necessidade dos clientes por um produto deve ser heterogênea. Segundo, os segmentos de mercado precisam ser identificáveis e divisíveis. Terceiro, o mercado total deve ser dividido em segmentos e, dessa forma, podem ser comparados com as estimativas de vendas, custos e lucros. Quarto, pelo menos um segmento deve ter potencial de lucro o suficiente para justificar o desenvolvimento e a manutenção de um mix de marketing especial para ele. Finalmente, a quinta condição exige que a organização seja capaz de alcançar o segmento escolhido com determinado mix de marketing.

4. Familiarizar-se com as principais variáveis de segmentação.

O segundo passo é determinar quais variáveis de segmentação utilizar, que são as características de indivíduos, grupos ou organizações usadas para dividir o mercado total em segmentos. A variável de segmentação deve relatar as necessidades dos clientes, usos e comportamentos em relação a determinado produto. Essas variáveis para mercados consumidores podem ser agrupadas em quatro categorias: demográfica (como faixa etária, gênero, renda, etnia, ciclo de vida familiar), geográfica (como população, densidade de mercado, clima), psicográfica (exemplo: traços de personalidade, objetivos, estilos de vida) e comportamental (como volume de uso, uso final, benefícios esperados, lealdade à marca, sensibilidade a preço). As variáveis de segmentação do mercado de negócios incluem localização geográfica, tipo de organização, tamanho do cliente e uso do produto.

5. Saber o que são os perfis de segmentação e como são usados.

O terceiro passo no processo de seleção do mercado-alvo é desenvolver perfis de segmentos de mercado. Esses descrevem a semelhança entre clientes potenciais dentro de um segmento e explicam as diferenças entre pessoas e organizações em segmentos de mercado distintos. São usados para avaliar o grau de alcance dos produtos da organização em atingir as necessidades de potenciais clientes. Os segmentos que parecem atraentes no começo podem se revelar o completo oposto depois que se desenvolve um perfil de segmento de mercado.

6. Compreender como avaliar segmentos de mercado.

O quarto passo é avaliar os segmentos de mercado relevantes. Os profissionais de marketing analisam vários fatores importantes, como estimativas de vendas, concorrência e estimativas dos custos associados a cada segmento. O potencial de vendas para um segmento de mercado pode ser medido por meio de várias dimensões, incluindo nível de produto, área geográfica, período de tempo e nível de competição. Além de obter as estimativas de vendas, é essencial avaliar os competidores que já operam nos segmentos considerados. Sem a informação sobre a concorrência, a estimativa de vendas pode ser equivocada. Também é necessário considerar o custo de desenvolver um mix de marketing que alcance os desejos e necessidades de indivíduos daquele segmento. Se os custos de competir em determinado mercado são muito altos, a organização pode não conseguir acompanhar a concorrência do segmento no longo prazo.

7. Identificar os fatores que influenciam a seleção de segmentos de mercados específicos para uso como mercados-alvo.

O passo final envolve a seleção propriamente dita de mercados-alvo específicos. Nessa etapa, a organização considera se as necessidades dos clientes diferem o bastante para justificar uma segmentação, e, se sim, quais segmentos deve focar. Se as necessidades dos clientes são heterogêneas, é preciso decidir qual segmento selecionar como mercado-alvo, ou se, de modo algum, deve-se entrar nesse mercado. Considerações como recursos disponíveis, capacidades administrativas, experiência dos funcionários, instalações, objetivos globais da empresa, possíveis problemas jurídicos, conflitos com grupos de interesse e avanços tecnológicos devem ser levados em conta quando se decide a seleção de um mercado-alvo.

8. Familiarizar-se com métodos de previsão de vendas.

Previsão de vendas é a quantidade total de um produto que a organização espera de fato vender em determinado período de tempo num nível específico de atividades de marketing. Para prever vendas, os profissionais de marketing têm à disposição uma variedade de métodos. A escolha depende de vários fatores, incluindo os custos envolvidos, tipo de produto, características do mercado, tempo despendido e objetivos da previsão. Existem cinco categorias de técnicas de previsão: julgamento executivo, levantamentos, análise de séries temporais de vendas, análises de regressão e testes de mercado. O julgamento executivo tem como base a intuição de um ou mais executivos. Os levantamentos podem ser previsões de clientes, da equipe de vendas e de especialistas. A análise de séries temporais usa o histórico de vendas da empresa para descobrir padrões ao longo do tempo e emprega quatro tipos principais de análise: tendência, cíclica, sazonal e aleatória. Com a análise de regressão, os estudiosos tentam encontrar a relação entre vendas passadas e uma ou mais variáveis independentes. O teste de mercado envolve disponibilizar um produto para compradores em uma ou mais áreas de testes e medir as compras e suas respostas a distribuição, promoção e preços. Diversas organizações empregam múltiplos métodos de pesquisa.

Conceitos-chave

análise cíclica 158
análise de fatores aleatórios 158
análise de regressão 158
análise de séries temporais de vendas 158
análise de tendência de vendas 158
análise sazonal 158
construção para potencial de vendas 154
densidade de mercado 147
desagregação para potencial de vendas 154
estratégia de mercado-alvo concentrada 140
estratégia de mercado-alvo diferenciada 141

estratégia de seleção de mercado-alvo não diferenciado 137
julgamento executivo 157
levantamento da previsão de demanda do cliente 157
levantamento da previsão de vendas 157
levantamento de previsão por especialistas 157
mercado consumidor 136
mercado de negócios 136
mercado heterogêneo 137
mercado homogêneo 137
micromarketing 148
potencial de mercado 153
potencial de vendas da organização 153
previsão de vendas 156
segmentação de mercado 139
segmentação geodemográfica 147
segmentação por benefícios 149
segmento de mercado 139
técnica Delphi 157
teste de mercado 158
variáveis de segmentação 142

Questões para discussão e revisão

1. O que é um mercado? Quais são seus requisitos?
2. Em sua região, identifique um grupo de pessoas com necessidades de produtos não satisfeitas que representem um mercado. Esse mercado poderia ser alcançado por uma empresa? Justifique sua resposta.
3. Resuma os cinco passos principais do processo de seleção de mercado-alvo.
4. O que é estratégia de mercado-alvo não diferenciado? Sob quais condições ela é mais útil? Descreva uma atual situação de mercado em que uma empresa utiliza essa estratégia. Essa empresa é bem-sucedida? Justifique.
5. O que é segmentação de mercado? Descreva as condições básicas exigidas para uma segmentação eficaz. Identifique empresas que utilizam essa segmentação.
6. Liste as diferenças entre as estratégias de mercado-alvo concentrada e diferenciada e descreva as vantagens e desvantagens de cada uma.
7. Identifique e descreva as quatro maiores categorias de variáveis que podem ser usadas para segmentar os mercados consumidores. Dê exemplos de mercados de produtos que são segmentados por variáveis em cada categoria.
8. Que dimensões são usadas para segmentar os mercados de negócios?
9. Defina *segmentação geodemográfica*. Identifique tipos de organizações que possivelmente empregam esse tipo de segmentação de mercado e explique por quê.
10. O que é perfil de segmento de mercado? Por que ele é uma importante etapa no processo de seleção do mercado-alvo?
11. Descreva fatores importantes que os profissionais de marketing devem analisar para avaliar os segmentos de mercado.
12. Por que um profissional de marketing se preocupa com vendas potenciais quando tenta selecionar um mercado-alvo?
13. Por que é importante selecionar os mercados-alvo apropriados para uma organização que deseja adotar o conceito filosófico de marketing?
14. O que é previsão de vendas? Por que ela é importante?
15. Quais são os dois tipos principais de pesquisa que uma empresa deve usar para prever as vendas? Por que uma empresa usaria um levantamento de previsão por especialistas?
16. Sob quais condições os testes de mercado são úteis para prever as vendas? Quais são as vantagens e desvantagens desses testes?
17. Sob quais condições uma empresa deve utilizar múltiplos métodos de previsão?

Aplicações do marketing

1. Apesar de os clientes usar os celulares para verificar as horas, o mercado de relógios dos Estados Unidos ainda vale cerca de US$ 10 bilhões. Uma nova empresa que fabrica relógios americanos clássicos no estilo das marcas Elgin e Hamilton identificou cinco segmentos principais no mercado norte-americano de relógios usando uma combinação de variáveis demográficas, psicográficas e comportamentais.

   Carrie é uma mulher de 25 a 40 anos. Ela pode ser casada, solteira, com ou sem filhos, mas valoriza sua independência. É uma profissional que vive um estilo de vida urbano. Tem consciência de marca e toma decisões de compra bem informadas. Com frequência, é uma líder. E cria tendências em moda. Seu rendimento familiar anual ultrapassa US$ 100 mil. Carrie gosta de jazz, ópera, balé e música popular mais "intelectual". Ela janta fora com frequência, em geral nos restaurantes mais chiques. Ela assiste à televisão, especialmente PBS, Discovery Channel e HGTV. Possui três relógios, cada um deles avaliado em cerca de US$ 500: um elegante, para usar no dia a dia do escritório, um glamouroso, para eventos noturnos, e um esportivo, para os finais de semana e atividades de lazer.

Brittney é uma garota na faixa dos 12 a 18 anos. Ama moda. Tem cerca de US$ 50 para gastar por semana, seja vindo de um emprego de meio período ou de uma mesada dada pelos pais. Ela gosta de sair com os amigos e pode ser vista muias vezes no shopping ou em cafés, conversando ou mexendo no celular. Brittney conhece bem várias marcas diferentes e tenta imitar os últimos looks das suas celebridades favoritas. Seu gosto musical é comum, e é viciada em reality shows e programas da MTV. Ela tem seis relógios, cada um deles custando menos de US$ 100. Para ela, relógios são acessórios, e os substitui com frequência, conforme as tendências da moda.

Garoto esqueitista é um jovem na faixa dos 12 a 23 anos. Descreve a si mesmo como um "indivíduo". Ele se acha diferente, suas atividades e estilo vão bem além do comum. Compra suas roupas quase sempre em lojas "underground", e seus itens favoritos em geral não têm marca ou são de etiquetas antissistema. Ele tem um emprego de meio período ou recebe mesada, mas gasta quase tudo que recebe em música, games e outras diversões condizentes com seu estilo de vida. Assiste à televisão, na maior parte das vezes programas de esporte, desenhos animados e comédias. Ele tem um relógio, que usa como uma expressão da sua personalidade; é grosseiro, desajeitado, e custa menos de US$ 200.

Executivos são homens e mulheres com 45 anos ou mais. São casados, têm filho e se consideram parte da elite, com rendimentos anuais de mais de US$ 400 mil. Frequentam clubes exclusivos e fazem parte do conselho de orgnizações sem fins lucrativos. Têm grande consideração por qualidade e com frequência adquirem produtos que são, de certa forma, exóticos. Quase não assistem à televisão, pois preferem programas como noites de ópera, balés e concertos, pelos quais compram ingressos para toda a temporada. Como **Carrie**, possuem três relógios (para o dia, a noite e fins de semana), mas cada um deles custa mais de US$ 1.000.

João Trabalhador é um homem na faixa dos 25 a 65 anos. É casado, tem dois filhos e recebe cerca de US$ 40 mil por ano. É uma pessoa bem "família", e gosta de aproveitar seu tempo acampando, assistindo a eventos esportivos e trabalhando em projetos pessoais do tipo "faça você mesmo". Com frequência, compra produtos de marca nacional e prefere um estilo mais casual, com jeans, camiseta e tênis de corrida. Seu gosto musical varia de música country a rock clássico, e adora assistir à televisão, especialmente esportes. Ele tem apenas um relógio, recebido de presente, com função única: mostrar as horas. Desenvolva uma escala de 1 a 5, com 1 sendo o segmento de mercado mais desejável e 5 o menos atraente. Se você desejasse ofertar um relógio abaixo de US$ 100 e competisse com relógios mais baratos, como Swatch e Timex, avalie a atratividade de cada mercado com base neste critério. Quais serão as características exclusivas que darão ao seu relógio uma vantagem competitiva? E se você quisesse desenvolver um relógio com preço mais alto, que fosse direcionado aos indivíduos com estilo de vida mais ativo? Que segmento de mercado escolheria e por quê?

2. Canais de TV a cabo, como Lifetime e Spike TV, escolhem cada qual um segmento de mercado específico. Identifique outro produto comercializado em um mercado-alvo distinto. Descreva o mercado-alvo e explique como o mix de marketing atrai cada grupo de forma específica.

3. Em regra, profissionais de marketing utilizam pelo menos uma de três estratégias básicas de segmentação para focar um mercado-alvo: não diferenciada, concentrada ou diferenciada. Identifique um artigo que discuta o mercado-alvo para determinado produto. Descreva o mercado-alvo e explique a estratégia de segmentação usada para alcançá-lo.

4. O mercado de automóveis pode ser segmentado de acordo com rendimento e faixa etária. Discuta duas formas de segmentar o mercado para cada um dos seguintes produtos:
   a. Barras de chocolate
   b. Agências de viagem
   c. Bicicletas
   d. Celulares

5. Se você usasse uma análise de séries temporais de vendas para prever as vendas do próximo ano da sua empresa, como usaria os seguintes conjuntos de números de venda?

   a.
2003	$ 145.000	2008	$ 149.000
2004	$ 144.000	2009	$ 148.000
2005	$ 147.000	2010	$ 180.000
2006	$ 145.000	2011	$ 191.000
2007	$ 148.000	2012	$ 227.000

   b.
	2010	2011	2012
Jan.	$ 12.000	$ 14.000	$ 16.000
Fev.	$ 13.000	$ 14.000	$ 15.500
Mar.	$ 12.000	$ 14.000	$ 17.000
Abr.	$ 13.000	$ 15.000	$ 17.000
Mai.	$ 15.000	$ 17.000	$20.000
Jun.	$ 18.000	$ 18.000	$ 21.000
Jul.	$ 18.500	$ 18.000	$ 21,500
Ago.	$ 18.500	$ 19.000	$ 22.000
Set.	$ 17.000	$ 18.000	$ 21.000
Out.	$ 16.000	$ 15.000	$ 19.000
Nov.	$ 13.000	$ 14.000	$ 19.000
Dez.	$ 14.000	$ 15.000	$ 18.000

   c. Em 2010, as vendas aumentaram 21,2%. Em 2011, subiram 18,8%. Novas lojas foram inauguradas em 2010 e 2011.

Exercício de internet

iExplore

iExplore é uma empresa da internet que oferece uma variedade de produtos para viagens e aventuras. Saiba mais sobre seus produtos, serviços e conselhos de viagem em seu website: **www.iexplore.com**.

1. Com base na informação fornecida pelo website, quais são os produtos básicos da iExplore?
2. Que segmentos de mercado ela parece focar? Quais variáveis de segmentação a empresa usa para segmentar esses mercados?
3. Como a iExplore atua junto aos compradores que comparam ofertas?

Desenvolvendo seu plano de marketing

Identificar e analisar um mercado-alvo é o principal componente na formulação de uma estratégia de marketing. Uma clara compreensão e explicação do mercado-alvo do produto são essenciais para se desenvolver um plano de marketing eficaz. É possível que surjam várias dimensões do mercado-alvo em diversas localizações nesse plano. Para ajudá-lo a entender como as informações deste capítulo se relacionam à criação do seu plano de marketing, concentre-se nas seguintes considerações:

1. Que tipo de estratégia de segmentação está sendo usado para o seu produto? Uma nova estratégia deveria ser empregada?
2. Selecione e justifique as variáveis de segmentação mais apropriadas para segmentar o mercado para seu produto. Se ele for um produto de consumo, use a Figura 5.3 para ter ideias em relação às variáveis mais apropriadas. Caso seu plano de marketing foque um produto de negócios, revise as informações na seção intitulada "Variáveis para segmentação dos mercados de negócios".
3. Discuta como seu produto deve ser posicionado na mente dos clientes em um mercado-alvo em relação à posição dos produtos concorrentes.

A informação obtida a partir dessas questões deve ajudá-lo no desenvolvimento de vários aspectos do seu plano de marketing.

Caso 5.1

Raleigh entra na nova era do marketing de bicicletas

Empresa britânica de bicicletas, com raízes que remontam ao século 19, a Raleigh tem desenvolvido uma reputação mundial devido a suas bicicletas de aço resistentes e confortáveis. A empresa, cujo nome vem de uma rua em Nottingham, na Inglaterra, onde originalmente surgiu, criou tendências de design e fabricação de bicicletas. Quando a Raleigh introduziu as bicicletas com estrutura de aço, equipadas com três câmbios de engrenagens, em 1903, revolucionou a indústria e instalou uma incessante corrida para melhorar a tecnologia desse produto. Na época pré-carro, suas bicicletas se tornaram um símbolo de status com duas rodas para os consumidores britânicos, e a marca manteve esse prestígio por décadas. Embora as bicicletas no estilo motocicletas da Raleigh tenham sido imensamente populares nos anos 1970, a concorrência internacional e a mudança no gosto dos consumidores impuseram seu preço nas últimas décadas.

Agora pertencente ao Grupo Accell, sediado na Holanda, a Raleigh comercializa uma ampla variedade de bicicletas para consumidores na Europa, no Canadá e nos Estados Unidos. Sua divisão nos Estados Unidos, com sede em Kent, Washington, tem procurado novos modelos de bicicletas para consumidores contemporâneos, desenvolvendo protótipos melhores, mais leves e rápidos. Inspirada no estilo de vida europeu, em sua tradição de ir a toda parte de bicicleta e na longa trajetória da Raleigh nos negócios, a empresa busca revigorar as vendas e capturar maior participação no mercado de bicicletas, avaliado em US$ 6 bilhões.

Os profissionais de marketing da Raleigh nos Estados Unidos têm observado o "mercado dos entregadores", clientes que andam de bicicleta no centro da cidade para entregar documentos e pequenos pacotes a empresas e indivíduos. E observaram que muitas pessoas que andam de bicicleta diariamente se vestem de forma casual, com camisetas e jeans, em vez de usar roupas especiais, projetadas para velocidade. Ao selecionar clientes-alvo que gostam de andar de bike como um estilo de vida, esses profissionais se concentram nas necessidades e preferências específicas desse segmento conforme desenvolvem o produto, precificam, promovem e distribuem os novos modelos.

Recentemente, eles intensificaram as práticas de trazer a frota de bicicletas para demonstração em lugares públicos, nos quais os possíveis compradores podem montar nas bicicletas e pedalar por alguns minutos. A ideia é permitir que aqueles que gostam de bike vivenciem, de fato, a divertida experiência de pedalar uma Raleigh. Os profissionais de marketing também visitam corridas de bicicletas e encontram ciclistas em várias cidades pelos Estados Unidos, encorajando discussões sobre a Raleigh e ciclismo em geral e buscando feedback sobre determinados produtos da empresa.

Ao ouvir os consumidores, esses profissionais admitiram que vários acreditavam que as bicicletas com estrutura de aço eram muito pesadas. Embora o aço seja bem pesado, as bicicletas da Raleigh são sólidas, mas leves, ágeis e fáceis de manejar. Os que pilotaram uma bicicleta de aço elogiaram a qualidade do passeio, dizendo que aquele aço "tinha alma", de acordo com uma pesquisa de marketing.

Para continuar em contato com seu mercado-alvo, a Raleigh aumentou sua atividade nas redes sociais. Dez mil fãs visitam a página da empresa no Facebook para ver os últimos conceitos de produtos, postar suas próprias fotos e fazer comentários sobre as bikes da Raleigh. A companhia também usa o Twitter para manter seus clientes informados e responder a dúvidas sobre as bicicletas e próximos eventos de demonstração de produto. Seu principal blog fala sobre as últimas novidades, abordando tudo, desde o design da estrutura até novas cores, consideradas após premiações de produtos e corridas. Ela mantém um blog separado que fala sobre a diversão e os desafios do deslocamento de bicicleta, um tópico que interessa imensamente os clientes, já que muitos vivem exatamente dessa forma. Ao escutar os clientes e lhes mostrar que a empresa entende a vida cotidiana do seu mercado-alvo, a Raleigh está "pedalando" em direção a um aumento de vendas nesse mercado altamente competitivo.[17]

Questões para discussão

1. Das quatro categorias de variáveis, qual é a mais importante para a estratégia de segmentação da Raleigh? Por quê?
2. Como você descreveria o posicionamento da Raleigh em relação a suas bicicletas com estruturas de aço?
3. A Raleigh vende exclusivamente por meio de revendedores varejistas, não diretamente aos clientes. Como isso afeta sua capacidade de segmentar o mercado de bicicletas usando variáveis geográficas?

NOTAS

1. Com base em informações do livro de Matthew Boyle, *In Emerging Markets, Unilever Finds a Passport to Profit. Bloomberg Businessweek*, 3 jan. 2013. Disponível em: <www.businessweek.com>; Matthew Boyle. Unilever Wants to Be America's Ice Cream King. *Bloomberg Businessweek*, 23 ago. 2012. Disponível em: <www.businessweek.com>; Unilever Maintains Pole Position, *Grocer*, 22 set. 2012, p. S57; Keep Your Cool, *Convenience Store*, 12 outubro 2012, p. 52; Media Headliner: Di Como Seeks to Discover Unilever's Sweet Spot, *Campaign*, 30 nov. 2012, p. 21.

2. Katie Smith. Lululemon Targets Men's Wear for Future Growth, just-style, 18 jan. 2013. Disponível em: <www.just-style.com/analysis/lululemon-targets-mens-wear-for-future-growth_id116702.aspx>.

3. Unsweetened Vanilla Almondmilk. Silk. Disponível em: <http://silk.com/products/unsweetened-vanilla-almondmilk>. Acesso em: 28 jan. 2013.

4. American Community Survey. U.S. Census Bureau, 2011. Disponível em: <www.census.gov/compendia/statab/cats/population.html>. Acesso em: 19 jan. 2013.

5. Elizabeth Sweet. Guys and Dolls No More? *New York Times*, 21 dez. 2012. Disponível em: <www.nytimes.com/2012/12/23/opinion/sunday/gender-based-toy-marketing-returns.html>.

6. American Community Survey. U.S. Census Bureau, 2011. Disponível em: <www.census.gov/compendia/statab/cats/population.html>. Acesso em: 19 jan. 2013.

7. Marketing to Women – Quick Facts. She-Conomy. Disponível em: <http://she-conomy.com/report/marketing-to-women-quick-facts/>. Acesso em: 19 jan. 2013.

8. FAQ. Iman Cosmetics. Disponível em: <www.imancosmetics.com/faq>. Acesso em: 19 jan. 2013.

9. Natasha Singer. Secret E-Scores Chart Consumers' Buying Power. *New*

York Times, 19 ago. 2012. Disponível em: <www.nytimes.com/2012/08/19/business/electronic-scores-rank-consumers-by-potential-value.html>. Acesso em: 19 jan. 2013.

10. *Households and Families: 2010*. U.S. Census Briefs. Disponível em: <www.census.gov/prod/cen2010/briefs/c2010br-14.pdf>. Acesso em: 1 9 jan. 2013.

11. My Best Segments. Claritas. Disponível em: <www.claritas.com/MyBestSegments/Default.jsp?ID=0&menuOption=home&pageName=Home>. Acesso em: 20 jan. 2013.

12. Joseph T. Plummer. The Concept and Application of Life Style Segmentation. *Journal of Marketing,* jan. 1974, p. 33.

13. SRI Consulting Business Intelligence. About VALS™. Disponível em: <www.strategicbusinessinsights.com/vals/international.shtml>. Acesso em: 3 fev. 2013.

14. Philip Kotler e Kevin Keller. *Marketing Management.* 14. ed. Englewood Cliffs, NJ: Prentice Hall, 2012.

15. Charles W. Chase Jr. Selecting the Appropriate Forecasting Method. *Journal of Business Forecasting,* outono 1997, p. 2, 23, 28-29.

16. Alix Bryan. McDonald's 'Mighty Chicken' Wings Take Flight to a New Test Market, *WTVR*, 7 jan. 2013. Disponível em: <http://wtvr.com/2013/01/07/mcdonalds-chicken-wings-take-flight-to-new-test-market/>.

17. Mark Sutton. Raleigh Trade Show: Teaching an Old Bike New Tricks. Bike Biz, 16 mar. 2012. Disponível em: <www.bikebiz.com>.; BRAINy Awards Honor Individuals. Bicycle Retailer and Industry News, 15 abr. 2010. Disponível em: <www.bicycleretailer.com>; Francis Lawell. Raleigh: Cycling to Success? Business Review (UK), fev. 2009, p. 16; Industry Overview 2008, National Bicycle Dealers Association. Disponível em: <http://nbda.com; www.raleighusa.com>; Accell Group Stops Raleigh Productionin Canada. Bike Europe, 15 jan. 2013. Disponível em:<www.bike-eu.com>.

Notas dos *Quadros Informativos*

a Baseado em informações de Tanja Tricarico. Toymakers Challenges on Gender Stereotypes. *Financial Times*, 3 jan. 2013. Disponível em: <www.ft.com>; Heidi Glenn. Girls, Boys, and Toys: Rethinking Stereotypes in What Kids Play With. *National Public Radio*, 17 dez. 2012. Disponível em: <www.npr.org>; Victoria Cavaliere. Hasbro Easy-Bake Oven to Be Marketed to Girls and Boys in 2013 Following Petition for Change by 13-Year-Old Girl. *New York Daily News*, 18 dez. 2012. Disponível em: <www.nydailynews.com>.

b Baseado em informações de Ikea Adding Solar Power in Canton, Other Midwest Stores. *CBS Detroit*, 12 jan. 2012. Disponível em: <http://Detroit.cbslocal.com>; Ikea: Stock Market Pressures Hinder Sustainability. *Environmental Leader*, 20 set. 2011. Disponível em: <www.environmentalleader.com>; Ola Kinnander. Ikea's Challenge to the Wooden Shipping Pallet. *Bloomberg Businessweek*, 23 nov. 2011. Disponível em: <www.businessweek.com>; Ikea Installs Electric Car Charging Stations in Costa Mesa. *Los Angeles Business*, 7 dez. 2011. Disponível em: <www.bizjournals.com>; Jonathan Bardelline. IKEA Boosting Stock of Sustainable Goods with Eco Scoreboard. *Green Biz*, 30 mar. 2011. Disponível em: <www.greenbiz.com>.

c Baseado em informações de Brian Stelter. A Drama's Streaming Premiere. *New York Times*, 18 jan. 2013. Disponível em: <www.nytimes.com>; Lauren Goode. Netflix, Redbox, and More: What You Need to Know. *All Things D*, 21 jan. 2013. Disponível em: <http://allthingsd.com>; Brad Stone. This Theater Is Getting Awfully Crowded. *Bloomberg Businessweek*, 21 jan. 2013, p. 36-37; Richard McGill Murphy. Cashing in on Kiosks. *Fortune*, 3 dez. 2012, p. 44.

d Baseado em informações de Richard Nieva. Skullcandy's Delicious Ride. *Fortune*, 22 nov. 2011. Disponível em: <www.fortune.com>; Margaret Heffernan. Skullcandy: How a Small Company Reaches a Big Market. *CBS Marketwatch*, 11 jan. 2011. Disponível em: <www.cbsnews.com>; Steven Oberbeck. Utah's Skullcandy Continues Turnaround in Q2. *Salt Lake City Tribune*, 16 ago. 2011. Disponível em: <www.sltrib.com>; The Service Dude. *Fortune*, 26 dez. 2011, p. 21.

PARTE 3

6 Comportamento de compra do consumidor
7 Mercados de negócios e comportamento de compra
8 Alcançando mercados globais
9 Marketing digital e redes sociais

Comportamento do cliente e e-marketing

A Parte 3 continua a focar no cliente. Entender os elementos que afetam as decisões de compra permite que os profissionais de marketing analisem as necessidades dos clientes e avaliem como estratégias de marketing específicas podem satisfazê-los. O Capítulo 6 examina o comportamento de compra do consumidor, seus processos de decisão e os fatores que influenciam as decisões de compra. O Capítulo 7 ressalta os mercados de negócios, compradores organizacionais, centro de compras e o processo de decisão de compras organizacionais. O Capítulo 8 observa a forma como os profissionais de marketing podem atingir mercados globais e as ações, o envolvimento e as estratégias que empregam internacionalmente. O Capítulo 9 examina como as redes sociais on-line e mídias digitais afetaram as estratégias de marketing com a criação de novos canais de comunicação e o comportamento do cliente em relação a essas tecnologias e tendências emergentes.

CAPÍTULO 6

Comportamento de compra do consumidor

© iStockphoto.com/sandramo

OBJETIVOS

1. Reconhecer os estágios do processo de decisão de compra do consumidor.
2. Entender os tipos de tomada de decisão do consumidor e o nível de envolvimento.
3. Explorar como as influências situacionais podem afetar o processo de decisão de compra do consumidor.
4. Entender as influências psicológicas que podem afetar o processo de decisão de compra do consumidor.
5. Examinar as influências sociais que podem afetar o processo de decisão de compra do consumidor.
6. Examinar o comportamento inadequado do consumidor.

INSIGHTS DE MARKETING

Pretty Ugly é muito popular

As Uglydolls são realmente feias? Descobrir que clientes de todas as idades ficam encantados pelas bonecas de feltro coloridas e com personalidade, consideram-nas como parte da família e as veem como uma expressão de suas individualidades ajudou David Horvath e Sun-Min Kim a tornar sua companhia, apropriadamente chamada Pretty Ugly, um negócio multimilionário.

Tudo começou com o esboço que Horvath fez de um monstro com aparência divertida, chamado Wage, em uma carta de amor para Kim em 2001. Os dois se conheceram quando eram colegas de classe na Escola Parsons de Design, e continuaram se correspondendo quando Kim voltou para sua casa, na Coreia do Sul. Depois de Kim surpreender Horvath ao fazer uma boneca de feltro com base em seu esboço, ele mostrou Wage a um amigo varejista de Los Angeles, e saiu de lá com uma encomenda de mais 20 unidades. Kim costurou os bonecos e continuou costurando à medida que as encomendas eram vendidas, compradas por impulso por clientes atraídos pelas criaturas de feltro com olhos grandes e dentes pequeninos. Os empreendedores souberam que estavam no caminho certo quando receberam fotos que mostravam as Uglydools com os clientes da empresa na mesa de jantar e andando de carro com elas em passeios familiares.

Logo, Kim e Horvath, então já casados, contrataram uma fábrica para lidar com a produção, a fim de poder se concentrar na criação das adoráveis bonecas "feias" com descrições caprichadas de características marcantes dos personagens. Licenciaram sua marca para artigos de festa, mochilas, relógios, calendários e outras mercadorias. Produtos digitais e de lazer também estão a caminho, à medida que a Pretty Ugly ingressa em novas categorias de crescimento em longo prazo.[1]

Pretty Ugly e muitos outros profissionais de marketing tradicionais e on-line empenham-se para entender as necessidades de seus clientes e ter melhor compreensão do **comportamento de compra**, que são os processos de decisão e ações dos envolvidos na compra e uso de produtos. **Comportamento de compra do consumidor** refere-se a como se comportam os consumidores finais – aqueles que adquirem os produtos para uso pessoal ou doméstico e não com propósitos de negócios. Os profissionais de marketing tentam entender o comportamento de compra por diversas razões. Primeiro, as opiniões e atitudes gerais em relação aos produtos de uma organização têm grande impacto sobre o seu sucesso. Segundo, como vimos no Capítulo 1, o conceito de marketing ressalta que uma organização deve criar um mix de marketing que atenda às necessidades dos clientes. Para descobrir o que satisfaz os clientes, os comerciantes precisam examinar as principais influências sobre o que, onde, quando e como eles compram. Terceiro, ao obter um entendimento mais profundo dos fatores que afetam os comportamentos de compra, os profissionais de marketing ficam em melhor posição para prever a forma como os clientes vão responder às estratégias de marketing.

Neste capítulo, primeiro examinaremos os estágios fundamentais do processo de decisão de compra do consumidor, começando pelo reconhecimento do problema, busca por informações e análise das alternativas, e, em seguida, a compra e a avaliação do pós-compra. Prosseguiremos com uma análise da forma como o nível de envolvimento do cliente afeta a sua tomada de decisão e com uma discussão dos tipos de processos de tomada de decisão dos consumidores. Em seguida, examinamos as influências situacionais – ambiente, tempo, razão de compra, condição e humor do comprador – que afetam as decisões de compra. Vamos além, para considerar as influências psicológicas nestas decisões: percepção, motivos, aprendizado, atitudes, personalidade e autoconceito e estilos de vida. A seguir, discutimos as influências sociais que afetam o comportamento de compra, incluindo papéis, família, grupos de referência e líderes de opinião, classes sociais, cultura e subculturas. Concluímos com uma discussão sobre o comportamento inadequado do consumidor.

comportamento de compra Processos de decisão e ações de pessoas envolvidas na compra e uso de produtos.

comportamento de compra do consumidor Os processos de decisão e atividades de compra das pessoas que adquirem produtos para uso pessoal ou doméstico, e não para propósitos de negócios.

PROCESSO DE DECISÃO DE COMPRA DO CONSUMIDOR

O **processo de decisão de compra do consumidor**, mostrado na Figura 6.1, inclui cinco estágios: reconhecimento do problema, busca por informação, análise des alternativas, compra e avaliação pós-compra. Antes de examinarmos cada estágio, considere esses pontos importantes. Primeiro, como mostrado na Figura 6.1, esse processo pode ser afetado por várias influências, categorizadas como situacionais, psicológicas e sociais. Segundo, o verdadeiro ato de comprar em geral não é o primeiro estágio do processo. Terceiro, nem todos os processos de decisão levam a uma compra. Os indivíduos podem finalizar o processo em qualquer estágio. Por fim, nem todas as decisões dos consumidores incluem todos os cinco estágios.

1 Reconhecer os estágios do processo de decisão de compra do consumidor.

processo de decisão de compra do consumidor Processo de decisão de compra que se constitui de cinco estágios: reconhecimento do problema, busca por informações, análise de alternativas, momento da compra e avaliação pós-compra.

Reconhecimento do problema

Esse reconhecimento ocorre quando um comprador fica ciente da diferença entre o estado desejado e sua condição atual. A velocidade do reconhecimento de um problema pelo consumidor pode ser rápida ou lenta. É possível que uma pessoa tenha um problema ou necessidade, mas não tenha consciência disso até que os profissionais de marketing chamem sua atenção. Esses profissionais usam a equipe de vendas, propa-

Figura 6.1

Processo de decisão de compra do consumidor e suas possíveis influências.

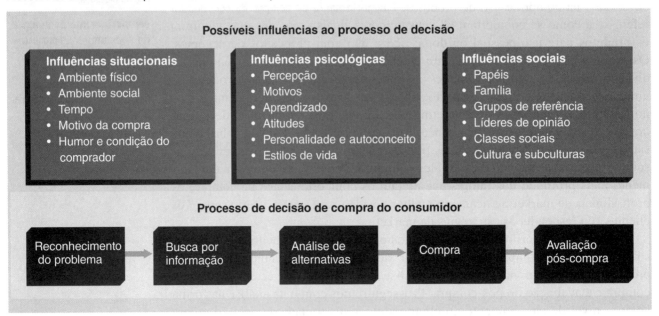

ganda e embalagens para ajudar a despertar o reconhecimento dessas necessidades ou problemas. Veja a propaganda da Carbonite, uma companhia que oferece serviços de backup de computadores, para ter um exemplo de um problema comum entre os consumidores. O anúncio torna quem o vê ciente de um possível cenário futuro, no qual um líquido é derramado sobre um laptop, arruinando-o. Essa é uma experiência bem comum entre os usuários de eletrônicos, mas algo que a maioria das pessoas não leva em conta até ser tarde demais. Essa propaganda alerta os consumidores para ser proativos e fazer backup dos dados, preparando-se para o dia em que algo ruim realmente aconteça com seus computadores.

Busca por informação

Depois de reconhecer o problema ou necessidade, o comprador decide se vai ou não tentar satisfazê-la. Se o consumidor escolhe seguir em frente, buscará informações sobre produtos para ajudar a resolver o problema ou satisfazer a necessidade. Por exemplo, se um consumidor percebe que precisa, de fato, fazer um backup dos arquivos do seu computador, procederá a uma pesquisa sobre diferentes produtos ou serviços que possam satisfazer a essa necessidade.

Reconhecimento do problema
Esse anúncio tenta estimular o reconhecimento de um problema em relação à proteção do computador.

A busca por informações tem dois aspectos. Em uma **busca interna**, os compradores pesquisam na memória informações sobre produtos que possam resolver o problema. Se não conseguirem recuperar informação suficiente para tomar uma decisão, buscam informações adicionais de fontes externas, no que é chamado **busca externa**. Esta pode focar a comunicação com amigos ou familiares, comparação de marcas e preços disponíveis, em fontes disponibilizadas pelos ofertantes e/ou fontes públicas. Os contatos pessoais de um indivíduo – amigos, familiares e colegas de trabalho – muitas vezes são fontes de informação influentes, porque as pessoas confiam neles e os respeitam. No entanto, os consumidores precisam ter cuidado para não superestimar o conhecimento de familiares e amigos sobre o produto. Os consumidores também podem usar fontes de informação dos ofertantes, como vendedores, propaganda, websites, rótulos de embalagens, expositores e demonstrações em lojas, já que tipicamente exigem pouco esforço. A internet se tornou um recurso fundamental durante o processo de decisão de compra, com suas muitas fontes de descrições e análises de produtos, e a facilidade de comparar preços. Os compradores também podem obter informações de fontes independentes – por exemplo, relatórios do governo, novas apresentações, publicações, como a revista *Consumer Reports,* e relatórios de organizações que testam produtos. Com frequência, os consumidores veem as informações dessas fontes como confiáveis, graças à sua natureza factual e imparcial.

Repetição, uma técnica muito conhecida entre os anunciantes, aumenta a retenção e a memorização de informações. Quando veem ou ouvem uma mensagem de propaganda pela primeira vez, os receptores podem não compreender todos os seus detalhes importantes, mas memorizam mais pormenores à medida que a mensagem é repetida. Entretanto, os profissionais de marketing devem ter cuidado para não repetir muitas vezes a mensagem, já que os consumidores podem se cansar e começar a responder de forma desfavorável. A informação pode ser apresentada de forma verbal, numérica ou visual. Os profissionais de marketing dão bastante atenção aos componentes visuais de seus materiais de propaganda.

busca interna Procura por informações na qual um comprador busca em sua memória aspectos de produtos que podem resolver seu problema.

busca externa Pesquisa de informações na qual os compradores buscam por outra fonte que não sua memória.

Análise de alternativas

A busca bem-sucedida por informações dentro de uma categoria de produtos resulta em um grupo de marcas, às vezes chamado **conjunto de considerações** (ou *conjunto evocado*), que um comprador vê como possíveis alternativas. Os consumidores dão mais valor a uma marca sobre a qual já ouviram falar do que a uma que desconhecem – mesmo quando não sabem nada mais do que seu nome. Por exemplo, um conjunto de considerações sobre computadores pode incluir laptops, notebooks e tablets da Dell, Toshiba e Apple. É provável que um cliente comece preferindo aquele com o qual já é mais familiarizado, ou que seu amigo prefere, antes de proceder a qualquer pesquisa adicional.

Para avaliar os produtos a partir de um conjunto de considerações, o comprador usa **critérios de avaliação**: características objetivas (como tamanho) e subjetivas (como estilo) que lhe sejam importantes. Considere que um comprador queira uma tela grande de computador, enquanto outro, apenas uma máquina com bastante memória. O comprador atribui determinado nível de importância a cada critério. No entanto, alguns recursos e características têm mais peso que outros, dependendo das preferências do cliente. O comprador avalia e, no fim, classifica as marcas do conjunto de considerações usando os critérios de avaliação selecionados. É possível que o estágio de avaliação não o faça decidir-se por determinada marca. Nesse caso, uma busca por informações adicionais pode ser necessária.

conjunto de considerações Grupo de marcas dentro de uma categoria de produto que o comprador vê como alternativa para uma possível compra.

critérios de avaliação Características objetivas e subjetivas do produto que são importantes para o comprador.

Os profissionais de marketing podem influenciar as avaliações dos consumidores ao *estruturar* as alternativas – isto é, descrevendo as alternativas e seus atributos de determinada maneira. Estruturar uma característica pode fazer que pareça mais importante a um consumidor e facilite sua memorização. Por exemplo, ao ressaltar os recursos superiores de conforto e segurança de um veículo em relação à concorrência, uma fabricante de automóveis pode assim direcionar a atenção do consumidor. Você já experimentou o efeito da estrutura caso tenha entrado em uma mercearia gourmet ou em uma loja de roupas sofisticada em que os expositores tornavam os produtos tão atraentes que foi imperioso comprá-los, só para voltar para casa e se sentir menos satisfeito do que antes de adquiri-los. Essa composição tem uma forte influência sobre os processos de decisão de compradores inexperientes. Se a análise das alternativas gerar uma ou mais marcas que o consumidor está disposto a comprar, isso o fará estar pronto para a próxima etapa do processo de decisão: a compra.

Compra

Nesse estágio, o consumidor escolhe adquirir o produto ou marca como resultado da análise das alternativas. Entretanto, a disponibilidade do produto pode influenciar a marca que será comprada no final. Se a marca classificada no topo da avaliação estiver indisponível e o comprador não quiser esperar até que esteja novamente disponível, pode escolher comprar a marca classificada em segundo lugar. Por exemplo, se uma cliente estiver no shopping comprando jeans e não conseguir achar seu tamanho da sua marca favorita, Levis, mas encontrar outro da marca Lucky, pode optar por comprar este para evitar outra ida ao shopping.

Durante esse estágio, os compradores também selecionam o vendedor do qual comprarão o produto – pode ser uma loja de varejo específica, uma rede ou um varejista on-line. A escolha do vendedor pode afetar a seleção final do produto, e, portanto, os termos da venda, se negociáveis, são determinados nesse estágio. Os consumidores também esclarecem nesse momento outras questões, como preço, entrega, garantias, acordos de manutenção, instalação e acordos de crédito. Por fim, a compra acontece (embora ainda seja possível o consumidor encerrar o processo de decisão de compra até mesmo nesse estágio final).

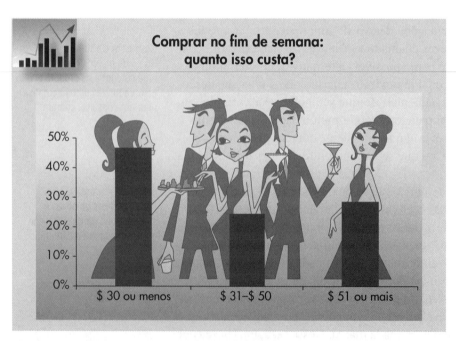

Fonte: Jae Yang e Paul Trap.

Avaliação pós-compra

Depois da compra, o comprador avalia o produto para verificar se seu desempenho real atende aos níveis esperados. Muitos critérios usados para analisar as alternativas são aplicados novamente pelo consumidor durante a avaliação pós-compra como uma comparação. A consequência desse estágio é satisfação ou

Transformação verde

Quão "verde" é aquele produto? Confira o aplicativo!

Em um mundo cheio de alternativas, como você avalia produtos ou marcas que oferecem benefícios similares? A resposta, para muitos consumidores, é checar o registro ambiental de um produto antes de tomar a decisão de compra. Existe um aplicativo para isso. Na verdade, inúmeros aplicativos móveis estão disponíveis para ajudar os consumidores a determinar quais bens ou serviços são as alternativas mais ecológicas.

Consumidores que baixam o aplicativo GoodGuide, por exemplo, selecionam primeiro o critério que desejam aplicar a um produto, como seu nível de eficiência energética e se contém ingredientes naturais. Em seguida, escaneiam o código de barras do produto com o telefone celular. O aplicativo confere instantaneamente a base de dados com 140 mil produtos do GoodGuide e exibe uma pontuação numérica de 0 a 10. Quanto mais alta a nota, mais "verde" é o produto.

O aplicativo Green Fuel ajuda os consumidores a encontrar o posto de gasolina mais próximo que oferece combustíveis alternativos, como gás natural. Já o Light Bulb Finder, personalizado para localização e situação energética de cada usuário, sugere alternativas mais eficientes energeticamente às lâmpadas tradicionais incandescentes. O app Find Green direciona os usuários a empresas que oferecem bens e serviços sustentáveis. E o eLabel revela o nível de carbono emitido na atmosfera e de água utilizada na obtenção de um produto.[a]

---

insatisfação, o que faz o consumidor decidir se vai comprar novamente a marca ou o produto, reclamar ao vendedor ou comunicar sua posição positiva ou negativa a outros possíveis compradores.

Esse estágio é especialmente importante para itens com preços elevados. Pouco tempo depois da compra de um produto caro, a avaliação pode resultar em **dissonância cognitiva**; dúvidas do comprador sobre se agiu certo em comprar o produto. É mais provável ocorrer a dissonância cognitiva quando a pessoa adquire um produto novo, caro e de alto envolvimento que parece falhar em comparação aos recursos desejáveis das marcas concorrentes. Um comprador que vivencia a dissonância cognitiva pode tentar devolver o produto ou buscar informações positivas sobre ele, como resenhas de outros clientes, para justificar sua escolha. Às vezes, os profissionais de marketing tentam reduzir a dissonância cognitiva fazendo que os vendedores liguem ou mandem e-mail para clientes recentes a fim de se certificar se estão satisfeitos com suas novas compras. Os vendedores podem enviar resultados de estudos que demonstram aos novos compradores que os outros consumidores que já adquiriram estão muito satisfeitos com a marca.

dissonância cognitiva
Dúvidas de um comprador, logo após uma compra, sobre se a decisão foi a correta.

Como a Figura 6.1 mostra, acredita-se que três grandes categorias de influência afetem o processo de decisão de compra do consumidor: situacional, psicológica e social. No restante deste capítulo, focaremos essas influências. Embora discutamos cada grande influência separadamente, seus efeitos sobre o processo de decisão do consumidor são inter-relacionados.

TIPOS DE TOMADA DE DECISÃO DO CONSUMIDOR E NÍVEL DE ENVOLVIMENTO

2 Entender os tipos de tomada de decisão do consumidor e o nível de envolvimento.

Para adquirir produtos que satisfaçam suas necessidades atuais e futuras, os consumidores entram em diferentes processos de tomada de decisão, que variam entre si dependendo da natureza do produto. A quantidade de esforço, tanto mecânico quanto físico, que os compradores despendem ao resolver problemas também varia considera-

nível de envolvimento Grau individual de interesse por um produto e sua importância para a pessoa.

velmente de acordo com o custo e o tipo de produto. O grande determinante sobre que tipo de processo empregar na tomada de decisão depende do **nível de envolvimento** do consumidor, do seu grau de interesse em um produto e da importância que dá ao produto. Produtos com alto envolvimento tendem a ser os itens mais visíveis (como imóveis, eletrônicos sofisticados ou automóveis) e mais caros. Questões de extrema importância como assistência médica também são associadas a altos níveis de envolvimento. Produtos de baixo envolvimento são muito mais baratos e têm menos riscos sociais associados, como itens de mercearia ou farmácia. O interesse contínuo e de longo prazo que uma pessoa tem por um produto ou categoria de produtos é chamado *envolvimento duradouro*. A maioria dos consumidores tem um envolvimento duradouro com poucas atividades ou itens – estas são as categorias de produto nas quais concentram seu interesse. Muitos consumidores, por exemplo, têm um envolvimento duradouro com produtos da Apple, uma marca que inspira lealdade e confiança. Os clientes dedicam bastante esforço para comprar e aprender sobre produtos da Apple, esperar em filas pelo último iPhone lançado e ler artigos sobre os vários recursos do novo iPad. Em contraste, o *envolvimento situacional* é temporário e dinâmico, resultado de um conjunto particular de circunstâncias, como a necessidade súbita de comprar uma nova torneira para o banheiro depois que a atual começou a gotejar e provavelmente não vai parar. Por um curto período de tempo, o consumidor pesquisa diferentes modelos, varejistas e preços de torneiras, mas decidirá sua escolha relativamente rápido, já que precisa logo de um banheiro funcionando normalmente. Uma vez que a compra é feita, o interesse e o envolvimento do consumidor diminuem rapidamente. O envolvimento do consumidor pode estar ligado a categorias de produtos (como esportes), lealdade a uma marca específica, interesse em uma propaganda (por exemplo, um comercial divertido) ou mídia específica (como um programa de TV), ou a determinadas decisões e comportamentos (como a paixão por comprar). O interesse do consumidor, como quando acha uma propaganda divertida, não quer dizer necessariamente que vá se envolver com a marca. O produto pode não satisfazer sua necessidade atual ou, simplesmente, ele pode ser leal a outra marca. Existem três tipos de tomada de decisão do consumidor, que variam em nível de envolvimento e outros fatores: comportamento de resposta de rotina, tomada de decisão limitada ou estendida (ver Tabela 6.1).

comportamento de resposta de rotina Processo de tomada de decisão utilizado quando o consumidor compra com frequência itens de baixo custo, que requerem pouca pesquisa e quase nenhum esforço de decisão.

O consumidor apresenta um **comportamento de resposta de rotina** quando compra com frequência itens de baixo custo, que exigem pouco esforço de busca e decisão. Ele pode preferir determinada marca, mas ficará satisfeito em ver que há várias marcas na classe do produto. Tipicamente, produtos de baixo envolvimento são comprados por meio de comportamento de resposta de rotina – isto é, quase auto-

Tabela 6.1 Tomada de decisão do consumidor

	Compra de rotina	Limitada	Estendida
Custo do produto	Baixo	Baixo a moderado	Alto
Esforço de busca	Pouco	Pouco a moderado	Extenso
Tempo gasto	Curto	Curto a médio	Prolongado
Preferência de marca	Mais do que uma é aceitável, embora apenas uma possa ser preferível	Várias	Varia, em geral muitas

© Cengage Learning

Produtos com baixo envolvimento
Refrigerantes são produtos com baixo envolvimento porque são baratos e comprados com frequência. Ao comprá-los, em geral os consumidores empregam comportamento de resposta de rotina.

maticamente. Por exemplo, a maioria dos compradores gasta pouquíssimo tempo ou esforço selecionando refrigerantes ou salgadinhos.

Compradores exercitam a **tomada de decisão limitada** quando compram produtos ocasionalmente ou de marcas não familiares em uma categoria de produtos que já lhes é familiar. Esse tipo de tomada de decisão exige um pouco mais de tempo para coleta de informações e deliberação. Por exemplo, se a Procter & Gamble apresenta uma nova versão do xampu Pantene, os compradores interessados vão buscar informações adicionais sobre o produto, talvez perguntando a um amigo que já o usou, assistindo a um comercial ou visitando o website da companhia, antes de fazer a compra de experimentação.

O tipo de tomada de decisão mais complexo, **tomada de decisão estendida**, ocorre no caso de itens com alto envolvimento, desconhecidos, caros ou adquiridos com pouca frequência – por exemplo, carro, casa ou educação universitária. O comprador usa muitos critérios para avaliar marcas alternativas ou opções, e gasta bastante tempo buscando informações e decidindo antes de fazer a compra.

A compra de um produto específico não ocasiona sempre o mesmo tipo de processo de tomada de decisão. Podemos nos envolver em tomadas de decisão estendidas na primeira vez que compramos um produto, mas acreditamos que tomadas de decisão limitadas são suficientes em uma nova compra. Se uma marca comprada com frequência é descontinuada ou já não nos satisfaz, podemos usar as tomadas de decisão limitadas ou estendidas para buscar uma nova marca. Assim, se percebermos que a marca de analgésico que compramos normalmente já não funciona bem, podemos procurar outra marca diferente por meio da tomada de decisão limitada. A maioria dos consumidores compra unicamente por impulso, e não com base em um desses três processos de tomada de decisão. A **compra por impulso** não envolve planejamento consciente, uma vez que deriva do desejo imperioso de comprar algo imediatamente.

tomada de decisão limitada Processo de tomada de decisão do consumidor utilizado quando busca ocasionalmente produtos ou precisa de informações sobre uma marca não conhecida em uma categoria de produto familiar.

tomada de decisão estendida Processo de tomada de decisão de um consumidor empregado quando compra produtos desconhecidos, caros ou que raramente compra.

compra por impulso Comportamento de compra não planejado, resultante de um desejo poderoso de comprar algo imediatamente.

3 Explorar como as influências situacionais podem afetar o processo de decisão de compra do consumidor.

influências situacionais
Influências resultantes de circunstâncias, tempo e localização no momento de compra, que afetam o processo de decisão de compra do consumidor.

INFLUÊNCIAS SITUACIONAIS NO PROCESSO DE DECISÃO DE COMPRA

Influências situacionais são o resultado de circunstâncias, tempo e localização que afetam o processo de decisão de compra do consumidor. Imagine comprar um pneu de automóvel depois de perceber, ao lavar seu carro, que o atual estava bem gasto. Uma experiência diferente seria comprar um pneu depois que uma explosão na rodovia interrompeu sua viagem. Os fatores situacionais influenciam o comprador durante qualquer estágio do processo de decisão de compra, e podem causar ao indivíduo o encurtamento, aumento ou finalização do processo. Fatores situacionais podem ser classificados em cinco categorias: ambiente físico, ambiente social, perspectiva de tempo, motivo de compra e humor e condição momentânea do comprador.[2]

O ambiente físico inclui localização, atmosfera da loja, cheiros, sons, iluminação, clima e outros fatores desse ambiente no qual o processo de tomada de decisão ocorre. Redes de varejo tentam projetar o layout e o ambiente de suas lojas de maneira que o ato de comprar seja o mais prazeroso e fácil possível; dessa forma, os consumidores ficam mais inclinados a demorar ao fazer compras. Pense na Louis Vuitton, apresentada no anúncio. A marca é conhecida por bolsas, malas e acessórios sofisticados, e transmite uma aura de luxo em suas propagandas e lojas físicas. Nesse anúncio, você vê uma mulher em um balão aterrissando no que parece ser uma praça europeia, indicada pelo grande edifício de pedra ao fundo. Essa é uma imagem apropriada para se passar aos clientes de uma marca conhecida por suas bolsas e maletas de luxo. A imagem de uma viagem cheia de glamour também é transmitida nas lojas físicas da Louis Vuitton, que com frequência se localizam em cidades glamourosas, como Roma, Xangai e Paris, criando, assim, um ambiente em que as pessoas sonhem com férias românticas e sintam-se dispostas a comprar. Os profissionais de marketing de bancos, lojas de departamento e especializadas despendem esforços e gastos consideráveis para criar ambientes físicos propícios às decisões de compra. Redes de restaurantes, como Olive Garden e Chili's, investem pesado em instalações, geralmente construindo do zero, para promover os ambientes típicos das redes e aprimorar as experiências dos clientes.

No entanto, em algumas configurações, dimensões como clima, barulho de trânsito e odores estão claramente fora do controle dos profissionais de marketing. Condições climáticas gerais, por exemplo, podem influenciar a decisão de compra de um consumidor por determinado tipo de veículo (como uma SUV) com certos recursos (como tração nas quatro rodas). Condições climáticas atuais ou outros fatores externos podem encorajar ou desencorajar os consumidores quando buscam por produtos específicos.

O ambiente social inclui características e interações de outras pessoas que estão presentes durante uma decisão de compra; por exemplo, amigos, familiares, vendedores e outros clientes. Os compradores podem se sentir pressionados a agir de determinada maneira porque estão em um local público, como um restaurante, loja ou arena esportiva. Outra dimensão do ambiente social são os pensamentos que os consumidores têm sobre quem estará por perto quando usar ou consumir o produto. Elementos negativos do ambiente social, como loja superlotada ou uma discussão entre o cliente e o vendedor, podem fazer que o consumidor deixe a loja antes de comprar qualquer coisa.

A dimensão tempo influencia o processo de decisão de compra de várias formas. O tempo que se leva para avançar nas etapas desse processo varia, incluindo aprendizado, busca, compra e uso de um produto. Ele está presente no momento em que os consumidores consideram a frequência com que usam o produto, a quantidade de tempo necessária para usá-lo e seu ciclo de vida. Outras dimensões de tempo que podem influenciar as compras são: hora do dia, dia da semana ou mês, estações do ano e feriados. Por exemplo, um cliente com restrições de tempo provavelmente vai tomar uma decisão de compra rápida ou então adiá-la.

Motivo de compra envolve o que a aquisição do produto pode fazer por alguém e para quem. Em geral, os consumidores adquirem um item para uso próprio, doméstico ou para presentear alguém. As opções de compra podem variar dependendo do motivo. Por exemplo, você provavelmente escolheria uma marca melhor de produto para um presente do que para si mesmo. Se você tem uma caneta Mont Blanc, que é uma marca muito cara, é provável que a tenha recebido como presente de alguém muito próximo.

O humor (como raiva, ansiedade ou contentamento) ou condições do comprador (como fadiga, doença ou ter dinheiro à mão) também podem afetar o processo de decisão de compra. Tais humores ou condições são momentâneos e ocorrem imediatamente antes que uma decisão seja tomada. Eles podem afetar a capacidade e o desejo de uma pessoa em buscar ou receber informações, ou procurar e analisar alternativas. O humor também pode influenciar significativamente a avaliação pós-compra de um consumidor. Se você estiver feliz logo depois da compra, pode estar mais propenso a atribuir seu bom humor ao produto e vai julgá-lo de forma favorável.

Influências situacionais
Como o ambiente físico é uma influência situacional, varejistas como Louis Vuitton gastam recursos consideráveis para tornar a fachada e o interior de suas lojas convidativos e coerentes com a imagem da marca.

INFLUÊNCIAS PSICOLÓGICAS NO PROCESSO DE DECISÃO DE COMPRA

Influências psicológicas determinam parcialmente o comportamento geral das pessoas, e, assim, influenciam seu comportamento como consumidores. As influências psicológicas primárias sobre o comportamento do consumidor são: percepção, motivos, aprendizado, atitudes, personalidade, autoconceito e estilos de vida. Embora esses fatores psicológicos operem internamente, são fortemente afetados por forças sociais externas.

4 Entender as influências psicológicas que podem afetar o processo de decisão de compra do consumidor.

influências psicológicas Fatores que, em parte, determinam o comportamento geral das pessoas, influenciando seu comportamento como consumidores.

Percepção

As pessoas percebem o mesmo evento ou coisa ao mesmo tempo, mas de formas diferentes. O mesmo indivíduo pode perceber um item de formas distintas e em diferentes vezes. **Percepção** é o processo de seleção, organização e interpre-

percepção O processo de selecionar, organizar e interpretar informações sensoriais para que resultem em um sentido.

entradas de informações Sensações recebidas através da visão, paladar, audição, olfato e tato.

exposição seletiva Processo no qual apenas alguns estímulos sensoriais são selecionados, em detrimento dos outros, para gerar consciência.

distorção seletiva Mudança ou distorção das informações que são inconsistentes com os sentimentos e crenças pessoais de um indivíduo.

retenção seletiva Lembrança seletiva de estímulos sensoriais que interagem com os sentimentos e crenças de um indivíduo.

tação de entradas de informação para produzir significado. **Entradas de informações** são sensações recebidas por meio da visão, paladar, audição, olfato e tato. Quando ouvimos um anúncio no rádio, avistamos um amigo, sentimos o cheiro de comida em um restaurante ou tocamos em um produto, recebemos entradas de informação. A percepção é complicada e pode ser influenciada e composta por diferentes fatores. Por exemplo, pesquisas mostram que as propagandas de itens alimentícios que agradam vários sentidos de uma só vez são mais eficazes do que aquelas que focam somente no sabor do alimento.[3]

A percepção pode ser interpretada de formas diferentes, porque, embora recebamos constantemente partes de informações, apenas algumas atingem nossa consciência. Ficaríamos completamente sobrecarregados se déssemos atenção igual a todas as entradas sensoriais; por isso, selecionamos algumas e ignoramos outras. Esse processo é chamado **exposição seletiva**, porque um indivíduo seleciona (na maioria das vezes inconscientemente) quais entradas penetram em sua consciência. Se você está concentrado neste parágrafo, provavelmente não percebe os carros fazendo barulho do lado de fora, a luz da sala acesa, a música tocando em seu MP3 ou mesmo seu toque nesta página. Embora receba essas entradas, elas não atingem sua consciência até que chamem sua atenção. O conjunto atual de necessidades de um indivíduo afeta a exposição seletiva. As entradas de informação que se relacionam com as necessidades mais fortes de alguém têm mais chances de atingir a consciência. Não é por acaso que muitos comerciais de fast-food são veiculados próximo ao horário das refeições. Os clientes ficam mais propensos a prestar atenção nessas propagandas em momentos como esse.

A natureza seletiva da percepção também pode resultar em outras duas condições: distorção e retenção seletivas. **Distorção seletiva** significa alterar ou distorcer informações recebidas; ocorre quando uma pessoa recebe informações incompatíveis com sentimentos ou crenças pessoais e as interpreta alterando seu significado, para que se alinhe melhor às suas expectativas. A distorção seletiva explica por que as pessoas rejeitam informações lógicas, mesmo quando são apresentadas com evidências de apoio. É possível que essa distorção ajude, mas também prejudique os profissionais de marketing. Por exemplo, um consumidor pode se tornar leal a uma marca e permanecer fiel mesmo quando confrontado com evidências de que outra é superior. No entanto, também pode diminuir substancialmente o impacto da mensagem sobre um indivíduo. Na **retenção seletiva**, uma pessoa lembra-se de entradas de informação que apoiam sentimentos e crenças pessoais, e se esquece daquelas que assim não fazem. Depois de ouvir uma apresentação de vendas e sair de uma loja, por exemplo, um cliente pode se esquecer rapidamente de vários pontos apresentados pelo vendedor caso contradigam suas crenças pessoais ou noções preconcebidas sobre o produto.

O segundo passo do processo de percepção é a organização perceptiva. As entradas de informação que atingem a consciência não são recebidas de forma organizada. Para produzir significado, o indivíduo precisa organizar e integrar a nova informação com o que já tem armazenado na memória. As pessoas usam vários métodos para conseguir isso. Um deles, chamado *fechamento*, ocorre quando uma pessoa preenche as informações que faltam de forma a se adequarem a um padrão ou afirmação. Em uma tentativa de captar atenção para sua marca, um

■■■ Marketing em debate

Perseguição digital: sua escolha?

QUESTÃO: Os consumidores deveriam tomar a iniciativa de optar por não fazer parte de rastreamentos on-line ou deveriam ser excluídos, a não ser que optassem por fazer parte?

Desde o início da era da internet, os profissionais de marketing estudam o comportamento on-line para entender melhor o que os consumidores fazem e por quê. O objetivo é entregar mensagens de marketing on-line relevantes quando e onde interessar a um consumidor.

Defensores da privacidade preocupam-se com o fato de os consumidores não terem conhecimento da quantidade de dados que os profissionais de marketing coletam sobre eles na internet. Poucas pessoas se aprofundam nas políticas de privacidade ou aprendem sobre as técnicas de rastreamento usadas para seguir suas atividades on-line. É por isso que os críticos dizem que os consumidores deveriam ser rastreados apenas com seu consentimento. Ações legais ou regulatórias podem resultar em uma lista de "não rastreamento" parecida com a de bloqueio de ligações telefônicas, que atualmente evita que consumidores recebam ligações indesejadas de telemarketing.

Os profissionais de marketing ressaltam que o rastreamento traz conveniência, permitindo-lhes personalizar páginas e ofertas de acordo com as preferências dos consumidores. Apesar disso, a indústria de propaganda on-line montou um programa para divulgar mais destacadamente o rastreamento e tornar mais fácil optar por não participar dessa prática. Além disso, a maioria dos navegadores da internet pode ser configurada para detectar o rastreio e deixar os consumidores fora dele. Por fim, ao oferecerem privilégios especiais e outros incentivos, os profissionais de marketing descobriram muitos consumidores dispostos a fornecer seus dados pessoais e permitir o rastreamento.[b]

---

publicitário pode se beneficiar do fechamento usando imagens, sons ou afirmações incompletas em suas propagandas.

Interpretação, a terceira etapa do processo de percepção, envolve atribuir significados ao que foi organizado. Uma pessoa interpreta informações de acordo com o que espera ou com o que lhe é familiar. Por essa razão, um fabricante que altera um produto ou sua embalagem pode encontrar reações adversas dos consumidores que buscam por um produto ou embalagem antigos e familiares, e não reconhecem, ou não gostam, do novo. A não ser que a mudança do produto ou embalagem seja acompanhada por um programa promocional que informe as pessoas sobre essas alterações, a organização pode sofrer um declínio de vendas.

Embora os profissionais de marketing não consigam controlar as percepções dos compradores, em geral as influenciam. No entanto, vários problemas podem surgir dessas tentativas. Primeiro, o processo perceptivo de um consumidor pode operar de forma que as informações de um vendedor nunca alcancem o alvo. Por exemplo, um comprador pode ignorar completamente um anúncio em uma revista e não o perceber. Segundo, ele pode receber a informação, mas percebê-la de forma diferente do que era pretendido, como ocorre na distorção seletiva. Por exemplo, quando um fabricante de pasta de dente anuncia que "35% das pessoas que usam o produto têm menos cáries", um cliente pode deduzir que 65% dos usuários têm mais cáries. Terceiro, um comprador que percebe as entradas de informação como incompatíveis com suas crenças anteriores provavelmente esquecerá a informação rapidamente, como no caso da retenção seletiva.

Motivos

motivo Força interna de energização que direciona o comportamento de uma pessoa para satisfazer suas necessidades ou objetivos pretendidos.

Motivo é uma força interna de energização que direciona as atividades de uma pessoa para satisfazer necessidades ou atingir objetivos. Os compradores são afetados por um conjunto de motivos, e não apenas um. Em algum momento, determinados motivos terão influência mais forte sobre uma pessoa do que sobre outras. Por exemplo, a sensação de estar com frio é um forte motivador para a decisão de adquirir um novo casaco, tornando a sensação mais urgente no inverno do que no verão. Os motivos podem ser sensações físicas, estados de espírito ou emoções. Alguns motivos podem ajudar um indivíduo a atingir suas metas, enquanto outros criam barreiras a essas realizações. Motivos também afetam a direção e a intensidade do comportamento.

hierarquia das necessidades de Maslow Os cinco níveis de necessidades que os seres humanos buscam satisfazer, da mais à menos importante.

Abraham Maslow, psicólogo norte-americano, concebeu uma teoria da motivação baseada em uma hierarquia de necessidades. De acordo com ele, os seres humanos buscam satisfazer cinco níveis de necessidades, das mais às menos básicas para a sobrevivência, como mostrado na Figura 6.2. Essa pirâmide é conhecida como **hierarquia das necessidades de Maslow**, que propõe que as pessoas estão constantemente se esforçando para se mover ao topo da hierarquia, preenchendo um nível de necessidades e depois tentando preencher o seguinte.

Necessidades fisiológicas
As tiras nasais Breathe Right ajudam um indivíduo a dormir bem ao facilitar sua respiração. Esse produto contribui para a satisfação de necessidades fisiológicas, já que o sono é uma função básica para a sobrevivência.

No nível mais básico, estão as *necessidades fisiológicas*, condições para a sobrevivência, como alimentos, água, sexo, vestuário e abrigo, que as pessoas tentam satisfazer primeiro. Os profissionais de marketing da área de alimentação e bebida em geral recorrem às necessidades fisiológicas, como apelo sexual ou fome. A marca Carl's Jr. é famosa por seus comerciais com modelos vestindo lingeries e comendo hambúrgueres, apelando a duas necessidades fisiológicas de uma vez – fome e apelo sexual. Observe o anúncio das tiras nasais Breathe Right. O anúncio consiste na palavra "sleep" (dormir) com a palavra "congestion" (congestão) presa entre cada letra. Ele mostra aos consumidores que a congestão inibe o sono profundo, e que as tiras Breathe Right podem ajudá-los a dormir melhor quando suas vias nasais estiverem congestionadas. Como o sono é uma das funções mais básicas, essa propaganda apela às nossas necessidades fisiológicas.

No nível seguinte estão as *necessidades de segurança*, que incluem sentir-se seguro, livre de dores e sofrimentos físicos e emocionais. Seguro de vida, air bags, detectores de monóxido de carbono, vitaminas e pastas de dente que combatem a cárie são produtos que os consumidores adquirem para garantir que suas necessidades de segurança sejam atendidas.

A seguir, vêm as *necessidades sociais*: carência de amor, afeição e senso de pertencimento.

Figura 6.2

Hierarquia das necessidades de Maslow.

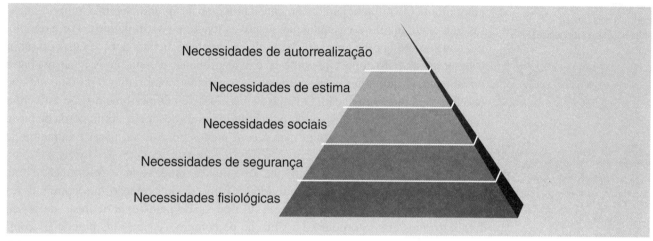

© Cengage Learning

Propagandas de cosméticos e outros produtos de beleza, joias e até carros com frequência sugerem que a compra desses produtos trará amor e aceitação social; estão, portanto, apelando às necessidades sociais. Certos tipos de roupas, como itens enfeitados com logos ou slogans, recorrem à necessidade de pertencimento do consumidor, ao mostrar sua afeição pelas marcas populares.

No nível das *necessidades de estima*, as pessoas exigem respeito e reconhecimento dos outros, bem como autoestima, senso de valor de si mesmo. Ter um automóvel Lexus, comprar uma bolsa cara ou voar de primeira classe pode satisfazer às necessidades de estima. O ato de adquirir produtos de organizações com reputação de serem socialmente responsáveis pode ser motivado pelo desejo de um consumidor ser percebido como cuidadoso, contribuindo, portanto, para satisfazer suas necessidades de estima.

No topo da hierarquia estão as *necessidades de autorrealização*. Essas referem-se às necessidades que as pessoas têm de crescer e se desenvolver, tornando-se tudo o que são capazes de ser. Muitas pessoas nunca chegam a esse nível da hierarquia, mas pode ser motivador tentar. Alguns produtos ou serviços enviam mensagens que satisfazem a essas necessidades, como os centros de fitness, instituições educacionais e workshops de aprimoramento pessoal. Em seus anúncios de recrutamento, o exército dos Estados Unidos dizia à sua audiência para "ser tudo o que você pode ser", uma mensagem que implica que as pessoas podem atingir seu potencial total ao se alistar no exército norte-americano.

Os motivos que influenciam quais estabelecimentos um consumidor frequenta são chamados **motivos de patronagem**. Um comprador pode fazer compras em uma loja específica por causa de motivos de patronagem como: preço, serviço, localização, variedade de produto ou cordialidade dos vendedores. Para descobrir esses motivos, os profissionais de marketing tentam determinar por que clientes regulares compram em determinada loja e tentam enfatizar essas características no mix de marketing.

motivos de patronagem
Motivos que influenciam a escolha do local onde o consumidor adquire seus produtos regularmente.

Aprendizado

aprendizado Alteração no processo de pensamento e comportamento de um indivíduo causada pela exposição a informações e experiências.

Aprendizado refere-se às mudanças nos processos de pensamento e comportamento de um indivíduo causadas por informações e experiências. As consequências do comportamento influenciam fortemente o processo de aprendizagem. Comportamentos que resultam em consequências positivas tendem a ser repetidos. Por exemplo, um consumidor que compra uma barra de chocolates Snickers porque gosta do sabor e se sente satisfeito depois de comê-la, é mais propenso a comprar essa mesma barra novamente. O indivíduo provavelmente vai continuar comprando o produto até que não lhe traga mais satisfação. Quando as respostas ao comportamento não estiverem mais satisfazendo ou contribuindo para atingir a meta desejada, como perda de peso, a pessoa pode mudar para uma marca com menos gordura ou parar totalmente de comer barras de chocolate.

Decisões de compra exigem que os clientes processem a informação, uma capacidade que varia em cada indivíduo. O tipo de informação que compradores inexperientes usam pode ser diferente do tipo usado pelos experientes, que já são familiarizados com o produto e a situação de compra. Assim, dois potenciais compradores de uma antiguidade (como uma mesa) podem usar diferentes tipos de informação para tomar suas decisões de compra. O comprador inexperiente pode julgar o valor da mesa pelo preço e pela aparência, enquanto o mais experiente pode buscar informações sobre o fabricante, período e local de origem para avaliar a qualidade e o valor da mesa. Consumidores que não têm experiência podem buscar informações com outras pessoas no momento da compra ou até mesmo levar um "parceiro de compra" informado. Compradores experientes têm mais confiança em si mesmos e mais conhecimento sobre o produto, e podem reconhecer quais recursos do produto são provas confiáveis de sua qualidade.

Os profissionais de marketing auxiliam os clientes a aprender sobre seus produtos, ajudando-os a ganhar experiência, o que os faz se sentirem mais confortáveis. Amostras grátis, às vezes acompanhadas de cupons, podem encorajar os testes e reduzir o risco da compra. Por exemplo, já que alguns consumidores são cautelosos a respeito de itens de menu novos ou exóticos, os restaurantes podem lhes oferecer amostras grátis. Demonstrações nas lojas encorajam o conhecimento do uso dos produtos. Um produtor de software pode usar demonstrações em pontos de venda para apresentar um novo produto. Test drives dão aos possíveis compradores alguma experiência sobre os recursos do automóvel.

Os consumidores também aprendem experimentando produtos indiretamente, por meio de informações de vendedores, propagandas, websites, amigos e familiares. Por meio da equipe de vendas e de propagandas, os profissionais de marketing oferecem informações antes (e às vezes depois) das compras, que podem criar atitudes favoráveis do consumidor em relação ao produto. Entretanto, esses profissionais podem encontrar problemas para atrair e manter a atenção dos consumidores, fornecer informações para suas decisões de compra e convencê-los a experimentar o produto.

Atitudes

atitude Avaliação duradoura individual de sentimentos e tendências comportamentais em relação a um objeto ou uma ideia.

Atitude é uma avaliação duradoura dos sentimentos e tendências comportamentais de um indivíduo sobre um objeto ou uma ideia em relação a eles. As coisas às quais expressamos atitudes podem ser tangíveis ou intangíveis, vivas ou não. Por exemplo, temos atitudes a respeito de sexo, religião, política e música, assim como sobre carros, futebol e cereais matinais. Embora as atitudes possam mudar com o tempo, em geral elas permanecem estáveis e não variam, especialmente no curto prazo. As atitudes de uma pessoa a respeito de coisas diferentes não têm o mesmo impacto em qualquer época, e algumas são mais fortes do que outras. Os indivíduos adquirem atitudes por meio da experiência e da interação com outras pessoas.

Atitude consiste de três grandes componentes: cognitivo, afetivo e comportamental. Cognitivo é o conhecimento e as informações que a pessoa tem sobre um objeto ou ideia. Já afetivo compreende os sentimentos e emoções individuais a respeito de um objeto ou ideia. Emoções envolvem tanto elementos psicológicos como biológicos; relacionam-se a sentimentos e podem criar respostas viscerais que resultam em comportamentos. Amor, ódio e raiva são emoções que podem influenciar comportamentos. Para algumas pessoas, determinadas marcas, como Google, Starbucks ou REI, produzem uma resposta emocional. Organizações que criam uma experiência emocional ou conexões bem-sucedidas com os clientes estabelecem uma imagem positiva da marca, que pode resultar em lealdade do cliente. Isso quer dizer que é importante para os profissionais de marketing gerar mensagens autênticas e genuínas, com as quais os consumidores possam se relacionar em um nível emocional. O componente comportamental manifesta-se nas ações de uma pessoa em relação a um objeto ou ideia. Mudanças nos componentes cognitivo, afetivo ou comportamental são passíveis de afetar outros componentes.

As atitudes de um consumidor para com uma companhia e seus produtos influenciam muito o sucesso ou fracasso da estratégia de marketing da organização. Quando os consumidores têm fortes atitudes negativas para com um ou mais aspectos das práticas de marketing de uma organização, podem não só parar de usar os produtos, mas também encorajar familiares e amigos a fazer o mesmo. Como as atitudes

Tendências do marketing

Mantendo consumidores conectados em qualquer lugar

Wi-Fi grátis não se limita mais a cafeterias e restaurantes fast-food. Neste mundo wireless, muitos consumidores com dispositivos móveis esperam estar a um clique de distância das redes sociais e atualizações de notícias o tempo todo. Como resultado, um número crescente de lojas de departamento, supermercados e até estádios esportivos está oferecendo Wi-Fi grátis para manter os clientes felizes e conectados à internet.

Saks Fifth Avenue oferece Wi-Fi grátis em suas 44 lojas, além de um aplicativo de compras dentro da loja que torna mais fácil aos clientes procurar e comprar. Embora algumas lojas se preocupem com os compradores que comparam preços on-line e compram em varejistas on-line, a Saks reconhece que os clientes também usam a Web para tomar melhores decisões de compra, pesquisando detalhes dos produtos e lendo comentários de outros consumidores. Nordstrom, Macy's, e Target estão entre os muitos varejistas que agora têm Wi-Fi grátis. Woodman's Food Markets, de Wisconsin, também entrou no mundo da internet sem fio com um aplicativo gratuito de lista de compras para iPhones para agilizar as compras.

A maioria dos estádios da National Football League agora está configurada para ter Wi-Fi grátis. Assim, seus frequentadores podem conferir outros resultados esportivos, postar comentários em redes sociais ou fotos direto de seus assentos. Facilitar o estilo de vida conectado nos estádios encoraja os fãs a irem ao jogo, em vez de ficar em casa para assistir pela televisão.[c]

executam uma parte importante na determinação do comportamento do consumidor, os profissionais de marketing devem avaliar regularmente essas atitudes a respeito de preços, design de embalagem, logotipos, propagandas, vendedores, serviços de reparo, localização das lojas, características de produtos existentes ou propostos e esforços de responsabilidade social.

A busca para entender as atitudes resultou em dois grandes modelos acadêmicos: o da atitude voltada ao objeto (modelo Fishbein) e o de intenções comportamentais (também conhecido como *teoria da ação racional*). Esses modelos proporcionam um entendimento do papel das atitudes na tomada de decisão. O primeiro pode ser usado para entender e, possivelmente, prever a atitude de um consumidor; ele consiste em três elementos: crenças sobre os atributos do produto, força e avaliação das crenças. Esses elementos se unem para formar a chamada atitude geral, voltada ao objeto.[4]

O modelo de intenções comportamentais, em vez de focar nos atributos, concentra-se nas intenções para agir ou comprar. Esse modelo considera as percepções do consumidor sobre o que as outras pessoas, especialmente colegas, acreditam ser a melhor escolha entre um conjunto de alternativas. Como seu nome indica, ele foca nas atitudes voltadas para o comportamento de compra, não para o objeto. O componente da norma subjetiva é importante para reconhecer que os indivíduos vivem em um ambiente inerentemente social, e são influenciados pelo que os outros pensam e acreditam. Considere atitudes em relação à aparência pessoal (como as roupas que as pessoas vestem, estilos de cabelo, piercings ou tatuagens). Os consumidores levam em conta o que os outros vão pensar de suas decisões. Muitas pessoas são motivadas a cumprir o que os outros pensam ser uma norma aceitável e se manter em contato por meio das comunicações tradicionais boca a boca, mídia e redes sociais on-line.

Vários métodos podem ajudar os profissionais de marketing a avaliar as atitudes do consumidor. Uma das formas mais simples é perguntar diretamente às pessoas. A internet e os sites de redes sociais são ferramentas úteis para esses profissionais que buscam avaliar informações sobre atitudes diretamente com os consumidores. Usando sites como Facebook, as companhias podem pedir aos consumidores feedback e críticas de produtos.

Os profissionais de marketing também analisam as atitudes por meio de escalas atitudinais. Uma **escala atitudinal** em geral consiste em uma série de adjetivos, frases ou sentenças sobre um objeto. Os respondentes indicam a intensidade de seus sentimentos a respeito do objeto reagindo aos adjetivos, frases ou sentenças. Por exemplo, um profissional de marketing que está medindo as atitudes das pessoas em relação às compras pode pedir aos respondentes que indiquem o grau em que concordam ou discordam de inúmeras afirmativas, tais como "fazer compras é mais divertido do que assistir televisão".

Quando os profissionais de marketing determinam que um número significativo de consumidores tem atitudes negativas voltadas a um aspecto do mix de marketing, podem tentar melhorá-las. Essa tarefa é geralmente prolongada, cara e difícil, e pode exigir esforços promocionais extensivos. Para alterar respostas e fazer que mais consumidores comprem determinada marca, uma empresa pode lançar uma campanha focada em informação, para mudar o componente cognitivo da atitude de um consumidor, ou uma campanha persuasiva (emocional), para influenciar o componente afetivo. Distribuir amostras grátis pode ajudar a mudar o componente comportamental, ao oferecer aos clientes uma forma sem custos de experimentar um produto.

---

escala atitudinal Um meio de medir as atitudes dos consumidores indicando a intensidade das suas reações em relação a adjetivos, frases ou sentenças sobre um objeto.

Organizações com e sem fins lucrativos tentam mudar as atitudes das pessoas sobre muitas coisas usando desde mensagens de marketing, saúde e segurança a preço e características de produtos. Por exemplo, observe o anúncio da Shell. Para combater atitudes que diziam que as companhias de energia são corruptas ou poluentes, seus profissionais de marketing criaram uma campanha apresentando temas ecoamigáveis e socialmente responsáveis. É especialmente importante que essas companhias garantam suas reputações depois do vazamento de petróleo da BP Deepwater Horizon, em 2010, no Golfo do México, que desgastou a confiança do consumidor na BP e prejudicou a economia dos estados norte-americanos banhados pelo Golfo. Esse anúncio da Shell não promove um produto ou uma região específicos, em vez disso, busca mudar a atitude do consumidor a respeito da companhia. O anúncio elogia o fato de a Shell usar gás natural como uma fonte limpa de eletricidade (influenciando o componente cognitivo de uma atitude) para gerar, nesse caso, a energia para ligar as luzes de um jogo de baseball em uma noite de verão (evocando pensamentos positivos e influenciando o componente emocional de uma atitude).

Personalidade e autoconceito

Personalidade é um conjunto de traços internos e tendências comportamentais distintas que resultam em padrões consistentes de comportamento em determinadas situações. A personalidade de um indivíduo é uma combinação única de características hereditárias e experiências pessoais. Personalidades são tipicamente descritas como ter uma ou mais características, como compulsão, ambição, sociabilidade, dogmatismo, autoritarismo, introversão, extroversão, competitividade. Os pesquisadores de marketing buscam relações entre tais características e comportamentos de compra. Embora poucas ligações entre os vários traços de personalidade e o comportamento de compra tenham sido determinadas, os estudos não provaram uma ligação definitiva. No entanto, a associação fraca entre personalidade e comportamento de compra pode ser o resultado de medidas não confiáveis, em vez da real falta de relacionamento.

Muitos profissionais de marketing estão convencidos de que as personalidades influenciam tipos e marcas de produtos comprados. Graças a essa relação, esses profissionais focam suas propagandas em tipos de personalidade específicos. Por exemplo, comerciais de caminhonetes geralmente destacam o forte individualismo de um típico norte-americano. É usual que profissionais de marketing foquem características positivas de personalidade, como consciência de segurança, sociabilidade, independência ou competitividade, em vez de focar em atributos negativos, como insensibilidade ou timidez.

Comunicação para influenciar atitudes
A Shell busca mudar as atitudes do consumidor norte-americano a respeito das companhias de energia ao promover suas fontes de energia ecológicas nessa propaganda, que mostra pessoas aproveitando um jogo de baseball tipicamente americano.

personalidade Um conjunto de traços intrínsecos e tendências comportamentais distintas que resultam em padrões consistentes de comportamento em situações específicas.

autoconceito Percepção ou visão de si mesmo.

O autoconceito de uma pessoa é fortemente ligado a sua personalidade. **Autoconceito** (por vezes chamado *autoimagem*) é a percepção ou visão de alguém sobre si mesmo. Indivíduos desenvolvem e alteram seu autoconceito com base na interação entre as dimensões psicológica e social. Pesquisas mostram que os compradores adquirem produtos que refletem e aprimoram seus autoconceitos, e que as decisões de compra são importantes para o desenvolvimento e a manutenção de um autoconceito estável.[5] Por exemplo, consumidores que se sentem inseguros a respeito do seu autoconceito podem comprar produtos que acreditam poder ajudar a reforçar as qualidades que gostariam de projetar. O autoconceito dos consumidores pode influenciar a compra de um produto de uma categoria específica e afetar a seleção de marca, bem como os varejistas que frequentam.

Estilos de vida

estilo de vida Padrão de vida individual expresso através de atividades, interesses e opiniões.

Como vimos no Capítulo 4, muitos profissionais de marketing tentam segmentar mercados por **estilo de vida**, o padrão de vida de um indivíduo expresso através de atividades, interesses e opiniões. Padrões de estilo de vida incluem as formas como as pessoas passam o tempo, o quanto interagem com os outros e seu ponto de vista geral sobre a vida. As pessoas determinam parcialmente seu próprio estilo de vida, mas ele também é afetado pela personalidade e por fatores demográficos, como idade, educação, renda e classe social. Estilos de vida têm forte impacto em muitos aspectos do processo de decisão de compra do consumidor, do reconhecimento de problemas à avaliação pós-venda, e influenciam as necessidades dos consumidores por produtos e suas preferências de marca, tipos de mídia que utilizam, como e onde compram. Inúmeras companhias, como a CopperBridge Media, oferecem análises de estilos de vida a organizações comerciais.[6]

♦♦♦ Empreendedorismo em marketing

Birchbox ajuda a eliminar a adivinhação em relação aos produtos de beleza

Katia Beauchamp e Hayley Barna sabem como é difícil examinar a avalanche de produtos de beleza nas prateleiras das lojas e encontrar o cosmético exato sem investir muito tempo e dinheiro. Colegas de classe na Harvard Business School, fundaram a Birchbox para entregar uma caixa de produtos de beleza com amostras por correio às clientes todos os meses, por uma taxa mensal baixa. Uma vez que as assinantes experimentem as amostras e vejam os resultados, podem comprar os produtos no site da Birchbox sempre que precisarem.

Quando uma cliente faz sua inscrição, responde a um questionário de perfil para direcionar a Birchbox na seleção dos cosméticos, xampus, cremes hidratantes e outros produtos que se enquadrem em suas preferências. Cada entrega mensal contém uma variedade de amostras escolhidas para as assinantes individuais, com dicas de produtos adicionais disponíveis na revista on-line, página do Facebook e canal do YouTube da Birchbox. Não saber exatamente o que vai chegar aumenta a expectativa da cliente, e o baixo custo reduz o risco de experimentar algo novo. É igualmente importante que as clientes tenham oportunidade de testar os benefícios de cada produto em primeira mão e então decidir se vão comprá-lo no futuro, um processo que as fundadoras da Birchbox chamam de "experimente, aprenda e compre".

Praticamente dois anos depois de lançar a Birchbox, Beauchamp e Barna atraíram 100 mil assinantes. Mais recentemente, expandiram o negócio para a Europa e estão testando caixas de amostras para homens. As clientes gostam da conveniência de receber amostras por correio, e muitas marcas que distribuem suas amostras pela Birchbox também estão felizes com os resultados das vendas.[d]

INFLUÊNCIAS SOCIAIS SOBRE O PROCESSO DE DECISÃO DE COMPRA

As forças que outras pessoas exercem sobre o comportamento de compra são chamadas **influências sociais**. Como mostra a Figura 6.1 (no início deste capítulo), elas são divididas em cinco grandes grupos: papéis, família, grupos de referência e líderes de opinião, classes sociais, cultura e subculturas.

Papéis

Todos ocupamos posições dentro de grupos, organizações e instituições. Nessas posições, desempenhamos um ou mais **papéis**, que são conjuntos de ações e atividades que uma pessoa em determinada posição supostamente deve exercer com base nas expectativas tanto de si mesma como das pessoas ao seu redor. Como cada pessoa ocupa inúmeras posições, elas têm muitos papéis. Por exemplo, um homem pode executar o papel de filho, marido, pai, empregado ou empregador, membro da igreja, membro de organização cívica e estudante em uma faculdade noturna. Por consequência, muitos conjuntos de expectativas são estabelecidos para o comportamento de cada pessoa.

Os papéis de um indivíduo influenciam seu comportamento geral e de compra. As demandas dos muitos papéis de uma pessoa podem ser diversas, e, às vezes, até mesmo incompatíveis e conflitantes. Considere, de acordo com o clima, os vários tipos de roupas que você compra e veste para estudar, trabalhar, ir a uma festa ou à academia. Você e outros nessas configurações têm expectativas sobre o que é um traje aceitável para esses eventos. Assim, as expectativas daqueles que nos rodeiam afetam nossas compras de muitos tipos diferentes de roupas e outros produtos.

Influências familiares

A influência da família tem um impacto direto sobre o processo de decisão de compra do consumidor. Pais ensinam seus filhos como enfrentar uma variedade de problemas, inclusive ajudando-os a lidar com decisões de compra. **Socialização do consumidor** é o processo pelo qual uma pessoa adquire conhecimento e habilidades para agir como um consumidor. É usual que as crianças obtenham esse conhecimento e conjunto de habilidades observando os pais e familiares mais velhos em situações de compra. Crianças observam as preferências de marca e práticas de compra em suas famílias e, quando adultos, vão manter algumas dessas preferências e práticas à medida que se estabelecem e criam suas próprias famílias. Decisões de compra feitas por uma família são uma combinação da tomada de decisão individual e em grupo.

> **5** Examinar as influências sociais que podem afetar o processo de decisão de compra do consumidor.
>
> **influências sociais** Forças que as pessoas exercem no comportamento de compra de um indivíduo.
>
> **papéis** Ações e atividades que uma pessoa em determinada posição deve executar com base tanto nas expectativas de si mesma como nas das pessoas a sua volta.
>
> **socialização do consumidor** Processo através do qual uma pessoa adquire conhecimento e habilidades para se tornar um consumidor.

Influências familiares
O processo de decisão relacionado à compra de uma casa é influenciado por pais e crianças. Além disso, as crianças aprendem sobre como proceder à compra, informações que vão utilizar ao tomar decisões similares quando forem adultos.

O grau com que os membros participam das tomadas de decisão familiares varia entre famílias e categorias de produto. Tradicionalmente, os processos de tomada de decisão familiares têm sido agrupados em quatro categorias: autônomo, dominado pelo marido, dominado pela esposa e sincrético, como mostra a Tabela 6.2. Embora os papéis femininos tenham mudado com o tempo, as mulheres ainda tomam a maioria das decisões de compra nos domicílios. Na verdade, pesquisas indicam que elas são o principal tomador de decisão em 85% do total de decisões de compra dos consumidores.[7]

O estágio do ciclo de vida da família afeta as necessidades individuais e conjuntas dos seus membros. Por exemplo, considere como as necessidades relacionadas a um automóvel para um casal recém-casado, com seus vinte e poucos anos, diferem daquelas que esse mesmo casal terá aos 40 anos, quando tiverem uma filha de 13 e um filho de 17 anos. O ciclo de vida familiar muda e pode afetar quais membros estarão envolvidos em decisões de compra e os tipos de produtos comprados. As crianças também têm forte influência sobre as decisões de compras domésticas.

Quando dois ou mais membros da família participam de uma compra, os papéis podem ditar a responsabilidade de cada um por executar determinadas tarefas relacionadas à aquisição, tais como iniciar a ideia, reunir informações, determinar se o produto é acessível, decidir se o compra ou não e selecionar a marca específica. As tarefas de compra executadas dependem dos tipos de produtos considerados, do processo de decisão de compra familiar normalmente empregado e da presença e influência que as crianças têm no processo de decisão. Assim, diferentes membros da família exercem diferentes papéis no processo de compra familiar.

Dentro de um ambiente doméstico, um indivíduo pode executar um ou mais papéis relacionados à tomada de decisões de compra. Guardião é o membro da casa que coleta e controla as informações, incluindo comparações de preço e qualidade, localização dos vendedores e avaliação da marca que melhor se adapta às necessidades domésticas. Por exemplo, se uma família está planejando suas férias de verão, o guardião vai comparar preços de hotéis e passagens aéreas para determinar o melhor

Tabela 6.2 Tipos de tomada de decisão familiar

Tipo de tomada de decisão	Tomador de decisão	Tipos de produtos
Dominada pelo marido	Principal homem da casa	Cortadores de grama, ferragens e ferramentas, aparelhos de som, peças automotivas
Dominada pela esposa	Principal mulher da casa	Roupas infantis, femininas, gêneros alimentícios, mobília doméstica
Autônoma	Igualmente provável de ser tomada pelo homem ou pela mulher, mas não por ambos	Roupas masculinas, malas, brinquedos e jogos, equipamento esportivo, câmeras
Sincrética	Feita conjuntamente pelo homem e pela mulher	Férias, TVs, móveis da sala de estar, tapetes, serviços de planejamento financeiro, carro da família

© Cengage Learning

negócio. Influenciador é um membro da família que tenta impactar as decisões de compra expressando suas opiniões. No exemplo das férias, o influenciador pode ser uma criança que deseja ir para a Disney World ou um adolescente que quer praticar snowboard. "Decisor" é o membro que toma a decisão de compra. Esse papel varia dependendo do tipo e custo do produto a ser comprado. No caso das férias, é mais provável que seja um adulto, que possui informações, influência e suas próprias preferências. Comprador é o membro da família que, de fato, faz a compra. Usuário é o membro doméstico que consome ou usa o produto. No exemplo da Disney World, todos os membros da família são usuários.

Grupos de referência

Grupo de referência é um grupo, grande ou pequeno, com o qual uma pessoa se identifica tão fortemente que adota os valores, atitudes e comportamento dos seus membros. A maioria das pessoas tem vários grupos de referência, como família, grupos relacionados ao trabalho ou a igrejas, fraternidades ou repúblicas, clubes cívicos, ou organizações profissionais.

Em geral, existem três grandes tipos de grupos de referência: associado, aspiracional e dissociativo. O do tipo associado é aquele ao qual um indivíduo realmente pertence, com o qual se identifica com intensidade suficiente para assumir valores, atitudes e comportamentos das pessoas dele integrantes. Aspiracional é aquele ao qual uma pessoa aspira pertencer e ser como seus membros. O grupo ao qual uma pessoa não deseja ser associada é o dissociativo ou negativo, porque não quer assumir os valores, atitudes e comportamentos dos seus membros.

Um grupo de referência pode servir como ponto de comparação e fonte de informações para um indivíduo. O comportamento de um consumidor pode mudar com o tempo para estar mais alinhado às ações e crenças dos membros do grupo. Por exemplo, uma pessoa pode mudar para uma marca diferente de camisa com base nos conselhos e preferências dos membros do grupo de referência. Ela também pode buscar informações sobre outros fatores a respeito de uma possível compra, como o local para comprar determinado produto.

Grupos de referência podem afetar se uma pessoa compra ou não um produto, adquire um tipo de produto dentro de uma categoria ou uma marca específica. O grau com que um grupo de referência afeta uma decisão de compra depende da perceptibilidade do produto, da suscetibilidade do indivíduo à influência do grupo. Em regra, é provável que quanto mais perceptível for um produto, mais os grupos de referência influenciarão a decisão de compra do consumidor. A perceptibilidade de um produto é determinada pelo fato de outros poderem vê-lo e se chama a atenção. Um profissional de marketing às vezes tenta usar a influência dos grupos de referência em propagandas, sugerindo que pessoas em um grupo específico compram um produto e estão satisfeitas com ele. O sucesso desse tipo de propaganda depende de três fatores: quão efetivamente o anúncio comunica a mensagem, o tipo do produto e a suscetibilidade do indivíduo à influência do grupo de referência. Nesse tipo de recurso, o publicitário espera que muitas pessoas aceitem o grupo sugerido como sendo de referência e comprem o produto (ou a ele reajam mais favoravelmente).

> **grupo de referência** Grupo com o qual uma pessoa se identifica fortemente e adota valores, atitudes e comportamentos dos demais membros.

Líderes de opinião

Líder de opinião é um membro de um grupo informal que provê informações sobre um tema específico, como smartphones, a outros membros que buscam informações.

> **líder de opinião** Membro de um grupo informal que provê informação sobre um tema específico para outros membros do grupo.

Ele tem certa posição e detém conhecimento ou experiência que o torna uma fonte confiável de informação sobre alguns temas. Líderes de opinião são facilmente acessíveis e vistos por outros membros do grupo como bem informados sobre um ou vários temas; não são a primeira autoridade em todos os assuntos, mas, como alguns indivíduos sabem que eles são líderes de opinião, sentem a responsabilidade de se manter informados sobre temas específicos e, assim, seguem propagandas, folhetos de fabricantes, vendedores e outras fontes de informação. Líderes de opinião têm forte influência sobre o comportamento dos outros membros do grupo, especialmente no que se refere à adoção e compra de produtos.

É provável que um líder de opinião seja mais influente quando os consumidores tiverem alto envolvimento, mas pouco conhecimento sobre o produto; quando compartilharem dos valores e atitudes desses líderes e quando os detalhes sobre o produto forem numerosos ou complicados. Possíveis líderes de opinião e temas são mostrados na Tabela 6.3.

Classes sociais

Em todas as sociedades, as pessoas classificam as outras em posições de respeito mais altas ou mais baixas. Esse processo de classificação, chamado estratificação social, resulta em classes sociais. **Classe social** é um grupo aberto de pessoas em estratos sociais similares. Uma classe é chamada *aberta* porque as pessoas podem se mover para dentro ou fora dela. Critérios para agrupar pessoas em classes variam de uma sociedade para outra. Nos Estados Unidos, levam-se em conta muitos fatores, incluindo ocupação, educação, renda, bens, raça, grupo étnico e propriedades. Uma pessoa que estiver categorizando alguém em uma classe não necessariamente aplica todos os critérios de uma sociedade. Às vezes, o papel da renda tende a ser enfatizado excessivamente na determinação da classe social. Embora a renda ajude a determinar a classe social, outros fatores também são importantes. Dentro de classes sociais, tanto a renda como os hábitos de gastos podem divergir significativamente entre seus membros.

Análises de classes sociais nos Estados Unidos comumente dividem as pessoas entre três e sete categorias. O cientista social Richard P. Coleman sugere que, para o propósito de análise do consumidor, a população seja dividida entre os três principais

classe social Grupo aberto de indivíduos pertencentes a um mesmo estrato social.

Tabela 6.3 Exemplos de líderes de opinião e temas

Líder de opinião	Possíveis temas
Líder religioso local	Organizações de caridade para apoiar; ideias políticas; escolhas de estilo de vida
Presidente de associações de mulheres	Compra de roupas e sapatos; estilos de cabelo; salões de beleza e manicures
Amigo cinéfilo	Filmes para ver no cinema, alugar ou comprar; programas de TV para assistir
Médico da família	Prescrição de medicamentos, vitaminas e produtos de saúde
Especialista em tecnologia	Compra de computadores e outros eletrônicos; aquisição de softwares; opções de serviços de internet; compra de videogames

© Cengage Learning

grupos de status mostrados na Tabela 6.4, que são: classes alta, média e baixa. No entanto, alerta os profissionais de marketing de que existe uma diversidade considerável nas situações de vida das pessoas dentro de cada grupo de status.

Em algum grau, os indivíduos dentro de classes sociais desenvolvem e assumem padrões comportamentais comuns. Eles podem ter atitudes, valores, padrões de linguagem e posses parecidos. A classe social influencia muitos aspectos da vida das pessoas. Como elas interagem com mais frequência com outros dentro de suas próprias classes sociais, são mais propensas a sofrer mais influências de membros da sua própria classe do que de outras classes. A classe social pode influenciar a escolha da religião, decisões de planejamento financeiro, acesso à educação, ocupação e atividades de lazer.

A classe social também influencia os gastos, economias e práticas de crédito das pessoas, e pode determinar o tipo, qualidade e quantidade de produtos que uma pessoa compra e usa. Por exemplo, afeta as compras de roupas, alimentos, serviços financeiros e de saúde, viagem, recreação, entretenimento e mobília. Os comportamentos dentro de uma classe social também podem influenciar os outros. O mais comum é o efeito "trickle-down", no qual os membros de camadas mais baixas tentam imitar os de classes sociais mais altas, comprando automóveis desejáveis, casas grandes e até mesmo selecionando determinados nomes para seus filhos. A moda de alta-costura projetada para as classes superiores influencia os estilos das roupas vendidas em lojas de departamento frequentadas pela classe média, que, com o tempo, são vendidas à classe trabalhadora, que compra em lojas de roupas com desconto. Com menor frequência, a flutuação de status ocorre quando um produto que tradicionalmente é associado a uma classe mais baixa ganha status e popularidade entre as classes mais altas. A classe social também afeta os padrões de compra de um indivíduo e tipos de loja frequentados. Em alguns casos, os profissionais de marketing tentam focar determinadas classes sociais por meio da localização da loja e design interior, projeto e recursos do produto, estratégias de preços, esforços de vendas pessoais e propaganda. Muitas companhias focam as classes média e trabalhadora, já que estas correspondem a uma grande porção da população. Fora dos Estados Unidos, a classe média está crescendo rapidamente, em lugares como Índia, China e Brasil, tornando esses consumidores-alvo cada vez mais desejáveis das mensagens de marketing.

Algumas organizações focam diferentes classes com uma variedade de produtos em diferentes faixas de preço. Até os designers, que antes só faziam roupas para ricos, aprenderam sobre os benefícios de se oferecer itens em diferentes faixas de preço. Inúmeras grifes, como Lanvin e Jason Wu, empreenderam colaborações com varejistas, como Target e H&M, lançando linhas acessíveis à classe média.[8]

Culturas e subculturas

Cultura é o acúmulo de valores, conhecimento, crenças, costumes, objetos e conceitos que uma sociedade usa para lidar com o ambiente e que são transmitidos às gerações futuras. A cultura permeia a maioria das coisas que você faz e os objetos com os quais interage, do estilo das construções na sua cidade à educação que você recebe e leis que regem seu país. Cultura também inclui valores centrais específicos da sociedade e o grau de aceitação de uma ampla gama de comportamentos. Por exemplo, na cultura norte-americana, espera-se que clientes e empresas atuem de forma ética.

cultura Acúmulo de valores, conhecimentos, crenças, costumes, objetos e conceitos que uma sociedade usa para lidar com o ambiente e passar às gerações futuras.

A cultura influencia o comportamento de compra porque impregna nossas vidas diárias. Nossa cultura determina o que vestir e comer, onde moramos e para onde viajamos. O interesse da sociedade por comidas saudáveis afeta a abordagem das companhias alimentícias para desenvolver e promover seus produtos. A cultura influencia ainda a forma como compramos e usamos produtos e a satisfação que deles obtemos.

Tabela 6.4 Traços comportamentais das classes sociais e características de compra

Classe (porcentagem da população)	Traços comportamentais	Características de compra
Norte-americanos de classe alta		
Classe alta-alta (0,5)	Elite social Famílias aristocráticas e proeminentes Herdaram sua posição na sociedade	Crianças frequentam escolas preparatórias particulares e as melhores universidades Não consomem de forma ostentosa Gastam dinheiro em clubes privados, em causas variadas e obras de arte
Classe alta-baixa (3,8)	Nova elite social Profissionais bem-sucedidos com rendimentos muito altos Conquistaram sua posição na sociedade	Compram materiais que são símbolo do seu status, como grandes casas e automóveis caros São um mercado substancial para a oferta de produtos de luxo Visitam museus e vão ao teatro Gastam dinheiro praticando esqui, golfe, natação e tênis
Classe média-alta (13,8)	Profissionais graduados voltados às suas carreiras Demandam desempenho educacional de seus filhos	Mercado substancial para a oferta de produtos de qualidade Estilo de vida familiar caracterizado como generoso, ainda que cuidadoso Gastam dinheiro com cinema, jardinagem e fotografia
Norte-americanos de classe média		
Classe média (32,8)	Americanos "típicos" Trabalham conscientemente e se unem a padrões culturalmente definidos Trabalhadores de escritórios com salários médios Frequentam a igreja e obedecem à lei Em geral são muito envolvidos com as atividades escolares e esportivas dos filhos	Valorizam viver em um bairro respeitado e manter seus lares bem mobiliados Geralmente sensíveis aos preços Adotam gostos de consumo convencionais e consultam especialistas em categorias Gastam com atividades físicas voltadas à família, como pesca, acampamento, passeios de barco e caça

(Continua)

Quando ofertantes norte-americanos vendem produtos em outros países, precisam ter consciência do enorme impacto que culturas específicas têm sobre compras e uso de produtos. Ofertantes globais perceberão que pessoas em outras regiões do mundo têm diferentes atitudes, valores e necessidades, o que requer métodos distintos de fazer negócio e diferentes compostos do mix de marketing. Alguns comerciantes internacionais fracassam porque não se adaptam às diferenças culturais.

Tabela 6.4 Traços comportamentais das classes sociais e características de compra (*Continuação*)

Classe (porcentagem da população)	Traços comportamentais	Características de compra
Classe trabalhadora (32,3)	Trabalhadores comuns com salários médios Vivem uma vida rotineira com atividades diárias imutáveis Têm empregos que envolvem trabalho manual e habilidades moderadas Alguns são membros de sindicatos Socialmente não se envolvem com atividades cívicas ou igrejas, limitam a interação social aos vizinhos próximos e familiares	Residem em casas pequenas ou apartamentos em áreas desfavorecidas Impulsivos como consumidores, ainda que mostrem alta lealdade a marcas nacionais Buscam pelas melhores ofertas Apreciam atividades de lazer como viagens locais e parques recreativos
Norte-americanos de classe baixa		
Classe baixa-alta (9,5)	Indivíduos de baixa renda que, em geral, não conseguem ascender Rejeitam a moralidade da classe média	O padrão de vida é um pouco acima da pobreza Buscam prazer sempre que possível, especialmente por meio de compras por impulso Com frequência, compram a crédito
Classe baixa-baixa (7,3)	Alguns recebem assistência social e podem ser moradores de rua Atingidos pela pobreza Alguns têm fortes crenças religiosas Alguns estão desempregados Apesar de seus problemas, em geral, são generosos com os outros Podem ser forçados a viver em bairros menos desejáveis	Gastam com produtos necessários à sobrevivência Capazes de converter bens descartados em itens aproveitáveis

Fontes: Roger D. Blackwell, Paul W. Miniard e James F. Engel, *Consumer Behavior.* 10 ed. Mason, OH: Cengage Learning, 2005; The Continuing Significance of Social Class Marketing, *Journal of Consumer Research* 10, dez. 1983, p. 265-80; Eugene Sivadas, George Mathew e David J. Curry, A Preliminary Examination of the Continued Significance of Social Class in Marketing, *Journal of Consumer Marketing* 14, n. 6, 1997, p. 463-69.

subcultura Grupo de indivíduos cujas características, valores e estruturas de comportamento são similares dentro do grupo e diferentes dos das pessoas da cultura em volta.

Uma cultura consiste de várias subculturas. **Subcultura** é um grupo de indivíduos cujas características, valores e padrões comportamentais são parecidos dentro do grupo e diferentes dos das outras pessoas da cultura ao seu redor. Fronteiras subculturais geralmente são baseadas em designações geográficas e características demográficas, como idade, religião, raça e etnia. A cultura norte-americana é marcada por muitas e diferentes subculturas. Entre elas, temos: punk, gamer, ciclista, amante de esportes de resistência e cowboy. Dentro das subculturas, há maiores similaridades nas atitudes, valores e ações das pessoas do que dentro da cultura mais ampla. Os indivíduos de uma subcultura podem ter preferências mais fortes por tipos específicos de roupas, móveis, alimentos ou eletrônicos de consumo. Pense, por exemplo, na propaganda dos calçados de corrida PureDrift, da marca Brooks. Os profissionais de marketing estão apelando a uma subcultura de atletas que gostam de treinar com o mínimo de equipamentos. Essas pessoas gostam de correr descalços, realizar feitos atléticos de resistência e seguem uma dieta especial, como a paleolítica, na qual os adeptos comem apenas alimentos que existiam na era pré-histórica. Alguns atletas acreditam que simular um estilo de vida antigo os ajuda a ser mais saudáveis, atuar melhor e aumentar seu vigor. PureDrift é um sapato minimalista para corredores dentro dessa subcultura que gostariam de uma proteção para os pés sem o amortecimento normal dos sapatos para corrida.

Subculturas
Companhias de calçados atléticos, como a Brooks, lançaram sapatos minimalistas, como o PureDrift, para atrair uma subcultura de atletas que desejam treinar com o mínimo de equipamentos.

Subculturas podem ter um papel significativo na forma como as pessoas respondem a propagandas, especialmente quando são pressionadas a fazer um julgamento impensado. É importante que os profissionais de marketing entendam que uma pessoa pode ser membro de mais de uma subcultura e que os padrões comportamentais e valores atribuídos a subculturas específicas não se aplicam necessariamente a todos os seus membros.

A porcentagem da população dos Estados Unidos que consiste em subculturas étnicas e raciais cresceu, e espera-se que continue crescendo. Em 2050, cerca da metade da população do país será de membros de minorias étnicas e raciais. O U. S. Census Bureau indica que as três maiores subculturas étnicas e com crescimento mais rápido nos Estados Unidos são os afro-americanos, os hispânicos e os asiáticos.[9] Atualmente, 50% das crianças com menos de 5 anos são parte de minorias nesse país.[10] O crescimento populacional dessas subculturas étnicas e raciais representa uma possível oportunidade para os profissionais de marketing por causa de gostos e desejos específicos. As empresas reconhecem que, para ter sucesso, suas estratégias de marketing devem levar em conta os valores, necessidades, interesses, padrões e hábitos de compra dessas várias subculturas.

Subcultura afro-americana

Nos Estados Unidos, essa subcultura representa 13,7% da população.[11] Como todas as subculturas, os consumidores afro-americanos gastam muito do seu dinheiro em produtos depreciáveis, como serviços telefônicos, roupas infantis e sapatos. Seu poder de compra combinado é projetado para alcançar US$ 1,1 trilhão em 2015.[12]

Muitas companhias estão aumentando seu foco na comunidade afro-americana. Por exemplo, a State Farm, seguradora de veículos, apresentou estrelas do basquete norte-americano, como LeBron James e Chris Paul, em seus anúncios, já que seu objetivo era um público mais jovem e etnicamente diverso, além de novos consumidores.[13]

Subcultura hispânica

Os hispânicos representam 16,7% da população norte-americana.[14] Espera-se que seu poder de compra alcance US$ 1,5 trilhão em 2015.[15] Os hispânicos representam uma subcultura grande e poderosa, e são um grupo de consumidores atraente para os profissionais de marketing.

Ao considerar o comportamento de compra dos hispânicos, os profissionais de marketing devem ter em mente que essa subcultura é realmente composta de muitas culturas diversas, provenientes de uma região geográfica enorme que engloba praticamente duas dúzias de nacionalidades, incluindo cubana, mexicana, porto-riquenha, caribenha, espanhola e dominicana. Cada uma tem sua história e cultura exclusivas, que afetam as preferências e comportamento de compra dos consumidores. Os profissionais de marketing também devem reconhecer que os termos *hispânico* e *latino* referem-se a uma categoria étnica, e não a distinção racial. Apesar de sua complexidade, graças ao crescimento do grupo e do seu poder de compra, entender a subcultura hispânica é essencial para esses profissionais. Como os consumidores afro-americanos, os hispânicos gastam a maior parte de seus rendimentos em alimentos, serviços telefônicos, roupas e sapatos, embora gastem menos do que a média em cuidados com saúde, lazer e educação.[16]

Reconhecendo que metade das crianças com menos de 5 anos faz parte de alguma minoria nos Estados Unidos e que cerca de 25% das crianças são hispânicas, os profissionais de marketing das fraldas Huggies Pull-Ups, que ajudam no desfraldamento, desenvolveram duas campanhas publicitárias paralelas. Uma apresenta uma família típica norte-americana e outra, uma típica hispânica. Por meio de pesquisas, esses profissionais descobriram que a subcultura hispânica tinha questões e necessidades levemente diferentes em relação a essa fase. Enquanto os pais brancos relutam em começar o processo, os hispânicos ficam ansiosos para passar por isso. Para esse fim, a campanha em inglês apresenta a linha "Comemore a primeira descarga", enquanto a campanha em espanhol usa "Comemore cada descarga".[17] É por meio da capitalização de diferenças sutis, mas importantes, como essas que os profissionais de marketing conseguem atrair um mercado-alvo e mantê-lo como clientes leais.

Subcultura asiática

O termo *ásio-americano* inclui filipinos, chineses, japoneses, indianos, coreanos e vietnamitas, englobando pessoas de mais de 15 grupos étnicos. Esse grupo representa 5,6% da população dos Estados Unidos.[18] Linguagem, religião e sistema de valores de cada grupo influenciam as decisões de compra de seus membros. Alguns traços dessa subcultura, no entanto, passam pelas divisões étnicas, incluindo uma ênfase no trabalho duro, fortes laços familiares e valorização da educação. O poder de compra combinado dos consumidores ásio-americanos é projetado para atingir US$ 1 trilhão em 2017.[19] Os ásio-americanos são o grupo demográfico com crescimento mais rápido, aumentando cerca de 50% em uma década, e representam um mercado-alvo valioso porque, como grupo, são mais educados e têm rendas domiciliares 28% maiores do que a renda média.

6 Examinar o comportamento inadequado do consumidor.

COMPORTAMENTO INADEQUADO DO CONSUMIDOR

Abordar o tópico do comportamento inadequado do consumidor exige certo cuidado por causa das atitudes e definições culturais variáveis do que se compreende por comportamento inadequado. No entanto, em geral, é aceito que algumas condutas, como furtos em lojas ou compra de drogas ilegais, se enquadram na categoria de atividades inaceitáveis pelas normas estabelecidas. Portanto, definiremos **comportamento inadequado do consumidor** como uma atitude que viola normas geralmente aceitas de uma sociedade em particular. Furto a lojas é uma das áreas de condutas inadequadas mais óbvias, com o aumento do crime organizado contra lojas de varejo (em que as pessoas são pagas para furtar mercadorias de lojas varejistas). Por exemplo, o furto do detergente Tide tornou-se um problema nacional, com alguns supermercados perdendo até US$ 15 mil por mês. Tide é um detergente premium, e os ladrões o usam como moeda para comprar drogas, enquanto os traficantes, por sua vez, o vendem em doses únicas para lavanderias automáticas por altos valores. Os participantes desse círculo criminoso foram identificados enchendo seus carrinhos e saindo das lojas. Isso se tornou um problema tão grande, que muitas lojas agora trancam esse produto.[20] Especialistas estimam que o crime organizado de varejo custe às empresas entre US$ 15 e US$ 37 bilhões anualmente.[21] Além de vender os produtos no mercado negro, a motivação do consumidor para roubar lojas inclui o baixo risco de ser pego, o desejo de ser aceito por um grupo de colegas (especialmente entre jovens) e a emoção associada à atividade.

comportamento inadequado do consumidor Atitude do consumidor que viola as normas consideradas adequadas em uma sociedade.

Fraudes cometidas por consumidores incluem ações intencionais para tirar vantagem e/ou prejudicar os outros. Obter cartões de crédito, cheques e contas bancárias de forma fraudulenta ou créditos de seguros falsos entram nessa categoria. Até mesmo as grandes empresas com sistemas de segurança sofisticados podem ser vulneráveis às fraudes do consumidor. Os principais bancos, jornais, governos e até o Twitter já foram invadidos e explorados por criminosos em busca de dados armazenados em seus sistemas de computadores.[22] Alguns consumidores envolvem-se em roubos de identidade, um grave e sério problema legal crescente – particularmente porque mais compras são feitas on-line, em que regulações e segurança são mais difíceis de serem cumpridas. Um tipo de fraude do consumidor, que algumas pessoas podem nem considerar crime, seria comprar um vestido para um evento especial, usá-lo uma vez e depois devolvê-lo.

Pirataria é copiar softwares de computador, videogames, filmes ou música. Esse é um problema legal crescente que alguns estimam custar às indústrias de eletrônicos e entretenimento US$ 59 bilhões anualmente, embora o número seja difícil de ser calculado precisamente.[23] A indústria fonográfica transmite mensagens explicando por que compartilhar músicas não é aceitável, mas ainda assim permanece um problema sério. Entender as motivações para a pirataria pode ser útil para desenvolver um plano para combatê-la (ver Tabela 6.5).

Outra área de preocupação com o comportamento inadequado dos consumidores são os clientes ofensivos. Consumidores rudes atacam com ofensas verbais ou físicas, podem não cooperar e até violar regras. Companhias aéreas retiram do voo clientes agressivos se representarem uma ameaça aos funcionários e outros passageiros. Clientes bêbados beligerantes, especialmente em ambientes como bares e restaurantes, precisam ser retirados para proteger os outros. Entender as razões psicológicas e sociais para a má conduta dos consumidores pode ser útil para prevenir ou reagir ao problema.

Tabela 6.5 Motivações para comportamentos inadequados, antiéticos ou ilegais

• Justificativa/racionalização	• A emoção de fugir com o produto
• Razões econômicas	• Há pouco risco de ser pego
• Isso é aceito por colegas	• As pessoas acreditam ser mais espertas do que as outras

Fonte: Kevin J. Shanahan e Michael J. Hyman. Motivators and Enablers of SCOURing: A Study of Online Piracy in the US and UK. *Journal of Business Research* 63, set.-out. 2010, p. 1095-1102.

Revisão do capítulo

1. Reconhecer os estágios do processo de decisão de compra do consumidor.

O processo de decisão de compra do consumidor inclui cinco estágios: reconhecimento do problema, busca por informações, análise de alternativas, compra e avaliação pós-compra. Nem todos os processos de decisão terminam com uma compra, assim como nem todas as decisões incluem todos os cinco estágios. O reconhecimento do problema ocorre quando os compradores se tornam cientes de uma diferença entre um estado desejado e a condição atual. Depois de reconhecer o problema ou necessidade, os compradores buscam informações sobre os produtos para ajudar a resolver o problema ou satisfazer à necessidade. Na busca interna, compradores buscam informações sobre os produtos que possam resolver o problema em sua memória. Se não conseguirem recuperar da memória informações suficientes para tomar uma decisão, recorrem a informações adicionais por meio de uma busca externa. Uma busca bem-sucedida gera um grupo de marcas, chamado conjunto de considerações, que o comprador vê como possíveis alternativas. Para avaliar os produtos no conjunto de considerações, o comprador estabelece certos critérios sob os quais compara, classifica e avalia diferentes produtos. Os profissionais de marketing podem influenciar as análises dos consumidores ajustando as alternativas. No estágio de compra, os consumidores selecionam produtos ou marcas com base nos resultados do estágio de análise e em outras dimensões. Os compradores também escolhem o vendedor do qual comprarão o produto. Depois da compra, os clientes avaliam o produto para determinar se o desempenho real atende aos níveis esperados.

2. Entender os tipos de tomada de decisão do consumidor e o nível de envolvimento.

O comportamento de compra consiste nos processos de decisão e atitudes de pessoas envolvidas na compra e uso de produtos. O comportamento de compra do consumidor é o comportamento de compra dos consumidores finais. O nível de envolvimento de um indivíduo – a importância e intensidade do interesse em um produto em uma situação particular – afeta o tipo de processo de tomada de decisão usado. Envolvimento duradouro é um interesse contínuo por uma classe de produto por causa da relevância pessoal, enquanto envolvimento situacional é um interesse temporário que deriva da circunstância ou ambiente particular no qual os compradores se encontram. Existem três tipos de tomada de decisão do consumidor: comportamento de compra de rotina, tomada de decisão limitada e tomada de decisão estendida. Os consumidores contam com o comportamento de compra de rotina quando adquirem itens comprados com frequência e de baixo custo, que exigem pouco esforço de busca e decisão. A tomada de decisão limitada dá-se para produtos comprados ocasionalmente ou quando os compradores precisam obter informações sobre uma marca desconhecida em uma categoria de produtos familiar. Os consumidores empregam a tomada de decisão estendida quando adquirem um produto desconhecido, caro ou comprado com pouca frequência. A compra de determinado produto nem sempre produz o mesmo tipo de tomada de decisão. A compra por impulso é um comportamento que não é planejado de forma consciente, mas envolve um desejo poderoso de comprar algo imediatamente.

3. Explorar como as influências situacionais podem afetar o processo de decisão de compra do consumidor.

Existem três principais categorias de influências que afetam o processo de decisão de compra do consumidor: situacional, psicológica e social. Influências situacionais são circunstâncias ou condições externas existentes quando um consumidor toma uma decisão de compra, incluindo o ambiente, tempo, razão para a compra, humor e condição do comprador.

4. Entender as influências psicológicas que podem afetar o processo de decisão de compra do consumidor.

Influências psicológicas determinam parcialmente o comportamento geral das pessoas, influenciando, assim, seu comportamento como consumidores. As principais influências psicológicas sobre o comportamento do consumidor são percepção, motivos, aprendizado, atitudes, personalidade e autoconceito, e estilos de vida. Percepção é o processo composto por três passos: seleção, organização e interpretação de entradas de informação (sensações recebidas através da visão, paladar, audição, olfato e tato) para produzir significado. Os indivíduos têm inúmeras percepções de embalagens, produtos, marcas e organizações que afetam seus processos de decisão de compra. Motivo é uma força interna de energização que orienta as atividades de uma pessoa para satisfazer necessidades ou atingir objetivos. Aprendizado refere-se a mudanças nos processos de pensamento e comportamento de uma pessoa causadas pela informação e experiência. Os profissionais de marketing tentam moldar o que os consumidores aprendem a fim de influenciar o que compram. Atitude é uma avaliação duradoura, sentimentos e tendências comportamentais de um indivíduo em relação a um objeto ou ideia, que consiste de três principais componentes: cognitivo, afetivo e comportamental. Personalidade é o conjunto de traços e comportamentos que tornam uma pessoa única. Autoconceito, fortemente ligado à personalidade, é a percepção de alguém sobre si mesmo. Pesquisadores descobriram que os compradores adquirem produtos que refletem e melhoram seus autoconceitos. Estilo de vida é o padrão de vida de um indivíduo expresso através de atividades, interesses e opiniões. Estilos de vida influenciam as necessidades, preferências de marca, como e onde os consumidores compram.

5. Examinar as influências sociais que podem afetar o processo de decisão de compra do consumidor.

Influências sociais são forças que outras pessoas exercem sobre o comportamento de compra e incluem papéis, família, grupos de referência e líderes de opinião, redes eletrônicas, classe social, cultura e subculturas. Todos ocupamos posições dentro de grupos, organizações e instituições, e cada posição envolve executar um papel – um conjunto de ações e atividades que uma pessoa em determinada posição deve ter com base em expectativas tanto do indivíduo como das pessoas em seu redor. Em uma família, as crianças aprendem com os pais e familiares mais velhos como tomar decisões, por exemplo, de compra. A socialização do consumidor é o processo através do qual uma pessoa adquire o conhecimento e as habilidades para agir como um consumidor. O processo de socialização é parcialmente realizado através de influências familiares.

Grupo de referência é um grupo com o qual uma pessoa se identifica tão fortemente que adota os valores, atitudes e comportamentos de seus membros. Os três principais tipos de grupo de referência são associado, aspiracional e dissociativo. Um líder de opinião é um membro de um grupo informal que provê informações sobre um tópico específico a outros membros do grupo. Classe social é um grupo aberto de indivíduos com nível social parecido.

A classe social influencia os gastos, economias e práticas de crédito das pessoas. Cultura é a acumulação de valores, conhecimento, crenças, costumes, objetos e conceitos que uma sociedade usa para lidar com seu ambiente e passar para gerações futuras. Uma cultura é formada por subculturas, grupos de indivíduos cujos valores característicos e padrões comportamentais são parecidos dentro do grupo, mas diferentes daqueles da cultura que os rodeia. Os profissionais de marketing dos Estados Unidos focam as três principais subculturas étnicas: afro-americanos, hispânicos e ásio-americanos.

6. Examinar o comportamento inadequado do consumidor.

Comportamento inadequado do consumidor é definido como a atitude que viola normas geralmente aceitas de determinada sociedade. Uma forma desse comportamento inadequado envolve furtos ou roubos de mercadorias em lojas de varejo. O crime organizado contra o varejo está em ascensão e envolve pessoas que pagam outros indivíduos para roubar determinadas mercadorias de lojas de varejo, que geralmente são vendidas no mercado negro. Outra forma de comportamento inadequado do consumidor são as fraudes, que envolvem ações propositais para tirar vantagem e/ou prejudicar outros. Exemplos comuns de fraudes de clientes são falsos pedidos de seguro, roubo de identidade, devolução de um item de vestuário depois de usá-lo e obter cartões de crédito, cheques e contas bancárias de forma fraudulenta. Outro comportamento inadequado do consumidor é a pirataria, cópia ou compartilhamento de música, filmes, jogos de videogame e softwares. Uma área final de preocupação em relação a esse comportamento inadequado são os clientes abusivos, que compreendem pessoas rudes, verbal ou fisicamente abusivas e/ou não cooperativas, que podem violar algumas políticas das organizações. Visando responder ou até prevenir esses problemas crescentes, as organizações precisam entender as razões psicológicas e sociais para o comportamento inadequado do consumidor.

Conceitos-chave

aprendizado 182
atitude 182
autoconceito 186
busca externa 171
busca interna 171
classe social 190
comportamento de compra 169
comportamento de compra do consumidor 169
comportamento de resposta de rotina 174
comportamento inadequado do consumidor 196
compra por impulso 175
conjunto de considerações 171
critérios de avaliação 171
cultura 191
dissonância cognitiva 173
distorção seletiva 178
entradas de informações 178
escala atitudinal 184
estilo de vida 186
exposição seletiva 178
grupo de referência 189
hierarquia das necessidades de Maslow 180
influências psicológicas 177
influências situacionais 176
influências sociais 187
líder de opinião 189
motivo 180
motivos de patronagem 181
nível de envolvimento 174
papéis 187
percepção 177
personalidade 185
processo de decisão de compra do consumidor 169
retenção seletiva 178
socialização do consumidor 187
subcultura 194
tomada de decisão estendida 175
tomada de decisão limitada 175

Questões para discussão e revisão

1. Quais são os principais estágios do processo de decisão de compra do consumidor? Todos eles são usados em todas as decisões de compra do consumidor? Justifique sua resposta.
2. Como o nível de envolvimento do consumidor afeta sua escolha do processo de tomada de decisão?
3. Nomeie os tipos de processos de tomada de decisão do consumidor. Liste alguns produtos que você tenha comprado usando cada um dos tipos. Você já comprou um produto por impulso? Se sim, descreva as circunstâncias.
4. Quais são as categorias de fatores situacionais que influenciam o comportamento de compra do consumidor?

Explique como cada um desses fatores influencia as decisões dos compradores.
5. O que é exposição seletiva? Por que as pessoas a utilizam?
6. Como os profissionais de marketing tentam moldar o aprendizado dos consumidores?
7. Por que os profissionais de marketing se preocupam com as atitudes dos consumidores?
8. De que maneiras o estilo de vida afeta o processo de decisão de compra dos consumidores?
9. Como os papéis afetam o comportamento de compra de uma pessoa? Dê exemplos.
10. O que são influências familiares e como afetam o comportamento de compra?
11. O que são grupos de referência? Como influenciam o comportamento de compra? Cite alguns de seus próprios grupos de referência.
12. De que forma um líder de opinião influencia o processo de decisão de compra dos membros de um grupo de referência?
13. Como o comportamento do consumidor pode ser influenciado pelas redes digitais?
14. De que maneira a classe social afeta as decisões de compra de uma pessoa?
15. O que é cultura? Como ela afeta o comportamento de compra de alguém?
16. Descreva as subculturas às quais você pertence. Identifique um comportamento de compra que seja exclusivo de uma das suas subculturas.
17. O que é o comportamento inadequado do consumidor? Descreva as várias formas desse comportamento.

Aplicações do marketing

1. Suponha que a Reebok tenha desenvolvido dois novos tipos de calçados esportivos. Um é projetado para praticantes de corrida de longa distância e o outro, para skatistas. Como profissional de marketing, você precisa avaliar as possíveis influências psicológicas para cada um desses diferentes mercados-alvo.

    Classifique cada uma das influências seguintes em uma escala de 1 a 5, em ordem de importância, para corredores de longa distância versus esqueitistas. Considere 1 como a mais importante e 5, a menos importante.
    - Papéis
    - Influências familiares
    - Grupos de referência
    - Líderes de opinião
    - Classes sociais
    - Cultura e subculturas

    As duas mais bem classificadas para os mercados de corredores de longa distância e skatistas são as mesmas ou diferentes? Se forem diferentes, explique por que diferentes influências sociais afetam mercados-alvo contrastantes.
2. Os consumidores usam um dos três processos de tomada de decisão quando compram mercadorias ou serviços: comportamento de compra de rotina, tomada de decisão limitada ou tomada de decisão estendida. Descreva três experiências de compra que você já teve (uma para cada tipo de tomada de decisão) e identifique o tipo que foi utilizado. Discuta por que aquele determinado processo foi adequado.
3. O processo de compra do consumidor consiste em cinco estágios: reconhecimento do problema, busca por informações, análise de alternativas, compra e avaliação pós-compra. Nem toda decisão passa por todos os cinco estágios, e o processo não necessariamente é concluído com a compra. Entreviste um colega de classe a respeito da última compra dele. Relate os estágios usados e os que foram pulados, se houver.
4. Atitudes em relação a produtos ou companhias em geral afetam o comportamento do consumidor. Os três componentes de uma atitude são: cognitivo, afetivo e comportamental. Descreva brevemente como uma companhia de cerveja pode alterar os componentes cognitivo e afetivo das atitudes dos consumidores em relação aos seus produtos e à própria empresa.
5. Os papéis de um indivíduo influenciam seu comportamento de compra. Identifique dois de seus papéis e dê um exemplo de como eles já influenciaram suas decisões de compra.
6. Selecione cinco marcas de pasta de dente e explique como os recursos usados nas suas propagandas se relacionam com a hierarquia das necessidades de Maslow.

Desenvolvendo seu plano de marketing

Entender o processo pelo qual um consumidor passa quando compra um produto é essencial para desenvolver a estratégia de marketing. O conhecimento sobre o comportamento de compra do consumidor em potencial vai se tornar a base para muitas das decisões do plano específico de marketing. Usando as informações deste capítulo, você deve determinar:

1. Veja a Tabela 6.1. Que tipo de tomada de decisão os consumidores provavelmente vão usar ao comprar seu produto?
2. Determine o critério de avaliação que seu(s) mercado(s)-alvo usaria(m) ao escolher entre marcas alternativas.
3. Usando a Tabela 6.2, que tipos de tomada de decisão familiar, se houver, seu(s) mercado(s)-alvo usaria(m)?
4. Identifique os grupos de referência ou subculturas que podem influenciar a seleção de produtos de seu(s) mercado(s)-alvo.

A informação obtida a partir dessas questões o ajudará no desenvolvimento de vários aspectos do seu plano de marketing.

Caso 6.1

Starbucks refina a experiência do consumidor

A Starbucks – companhia com sede em Seattle que popularizou a "cultura do café – planeja mais vendas por meio de novas bebidas e novos cafés em mercados globais. Uma parada na Starbucks se tornou parte da rotina diária de muitos consumidores. Alguns são atraídos pelos cafés de alta qualidade, preparados por encomenda, enquanto outros esperam relaxar e socializar nesse "terceiro espaço" entre a casa e o trabalho.

A empresa pesquisou e refinou cada aspecto da experiência do cliente, do tamanho de seus cafés ao número de minutos que os clientes gastam esperando nas filas. Para acelerar as compras, a empresa oferece uma opção de pagamento pelo celular, chamada "pagamento móvel". Consumidores com iPhones ou Androids simplesmente baixam o aplicativo e deixam os operadores de caixa passar o scanner no código da Starbucks na tela durante o pagamento. O aplicativo é ligado ao Starbucks Card dos clientes, que combina as recompensas de um programa de fidelidade com a conveniência de um cartão pré-pago para fazer compras. O pagamento móvel foi um sucesso: nos primeiros 15 meses, os clientes usaram seus telefones celulares para fazer mais de 42 milhões de pagamentos à Starbucks.

Bem-estabelecida no imensamente competitivo mercado norte-americano, a Starbucks cresce mais rapidamente nos mercados asiáticos. A companhia terá em breve 1.500 cafés e 30 mil empregados na China, onde os consumidores bebem, em média, apenas três xícaras de café por ano. Ao abrir lojas em mais locais e encorajar os consumidores a levar seus amigos para tomar um café e conversar, a Starbucks concentra-se em aumentar a demanda e impulsionar as vendas por toda a China. No Japão, onde a Starbucks tem mais de 1.000 lojas, os consumidores apreciam há tempos a tradição de se encontrar em cafeterias de bairro.

Através da pesquisa de marketing, a Starbucks se mantém atualizada com as preferências dos clientes e a rotina de suas vidas. Os amantes de café ainda compram seus expressos ou lattes, mas também "buscam um estilo de vida mais saudável", conta um executivo da Starbucks. Em resposta a essa tendência, a companhia adquiriu a Evolution Fresh, que faz sucos premium, e abriu sua primeira loja da Evolution Fresh em Bellevue, Washington. No cardápio constam bebidas naturais e misturadas com frutas frescas e vegetais nutritivos, além de saladas e wraps. Ao longo do tempo, a Starbucks vem acrescentando bebidas da Evolution Fresh ao cardápio de todos os seus cafés e abrindo lojas adicionais da marca nas costas leste e oeste dos Estados Unidos. Embora expandir o negócio para sucos naturais signifique competir com a marca Jamba Juice e outros concorrentes, a Starbucks conta com sua grande habilidade em construção de marca para impulsionar essa parte de seus negócios.

Ao notar o interesse do consumidor em bebidas energéticas, que desabrochou como um mercado de US$ 8 bilhões, a Starbucks também lançou os Starbucks Refreshers, uma linha de bebidas gaseificadas com mais da metade da cafeína contida em uma dose de expresso. Disponíveis em supermercados e nas lojas Starbucks, essas bebidas naturais combinam café verde não torrado com sucos de fruta, a fim de obter um sabor frutado sem o gosto do café. Para conseguir uma participação de mercado significativa, a Starbucks precisa enfrentar a Red Bull, Rockstar e outros ofertantes de energéticos conhecidos.

A Starbucks também acredita na responsabilidade social. A empresa oferece benefícios de seguro-saúde aos funcionários de meio período e de período integral e faz generosas doações a projetos comunitários. E também protege o meio ambiente com reciclagem em todas as lojas e a construção de edifícios projetados para economizar energia elétrica e água. Por fim, a companhia segue práticas de compra éticas para garantir que os cafeicultores consigam um preço justo por seus grãos premium.[24]

Questões para discussão

1. Em termos de influências situacionais e nível de envolvimento, quais são os benefícios do pagamento móvel?
2. Com a Evolution Fresh, para quais influências psicológicas sobre as decisões de compra do consumidor a Starbucks parece se direcionar?
3. Por que a Starbucks deveria querer que os clientes soubessem que a empresa acredita em responsabilidade social?

NOTAS

1. Baseado em informações de Marc Graser. Universal Licensing Unit Turns Ugly. *Variety*, 7 jan. 2013. Disponível em: <www.variety.com>; Gendy Alimurung. David Horvath and Sun-Min Kim: The Doll Makers. *Los Angeles Weekly*, 22 maio 2012. Disponível em: <www.laweekly.com>; Nicole Carter. How to Build an Empire. *Inc.*, 23 maio 2011. Disponível em: <www.inc.com>; Sarah E. Needleman. A Love Letter Begets Dolls. *Wall Street Journal*, 19 dez. 2012. Disponível em: <www.wsj.com>; <www.uglydolls.com>.

2. Russell W. Belk. Situational Variables and Consumer Behavior. *Journal of Consumer Research*, dez. 1975, p. 157-64.

3. Ryan S. Elder e Ariadna Krishna. The Effects of Advertising Copy on Sensory Thoughts and Perceived Taste. *Journal of Consumer Research* 36, n. 5, fev. 2010, p. 748-56.

4. Barry J. Babin e Eric G. Harris. *CB3*. Mason, OH: Cengage Learning, 2012, p. 130.

5. Aric Rindfleisch, James E. Burroughs e Nancy Wong. The Safety of Objects: Materialism, Existential Insecurity, and Brand Connection. *Journal of Consumer Research* 36, n. 1, jun. 2009, p. 1-16.

6. Disponível em: <www.copperbridgemedia.com/industries/spirituality-wellness/lifestyle-analysis/>.

7. Fast Facts. Marketing to Women Conference. Disponível em: <www.m2w.biz/fast_facts.php>. Acesso em: 2 fev. 2013.

8. About H&M. Disponível em: <http://about.hm.com/content/hm/AboutSection/en/About/Facts-About-HM/People-and-History/Our-History.html>. Acesso em: 2 fev. 2013; Target Designer Collaborations. *Huffington Post*. Disponível em: <www.huffingtonpost.com/news/target-designer-collaboration>. Acesso em: 2 fev. 2013.

9. 2010 Census Shows Asians Are Fastest-Growing Race Group. U.S. Census, 21 mar. 2012. Disponível em: <www.census.gov/newsroom/releases/archives/2010_census/cb12-cn22.html>. Acesso em: 2 fev. 2013.

10. Most Children Younger Than Age 1 are Minorities. U.S. Census Newsroom, 17 maio 2012. Disponível em: <www.census.gov/newsroom/releases/archives/population/cb12-90.html>. Acesso em: 2 fev. 2013.

11. African-American Consumers: Still Vital, Still Growing. Neilson, 2012. Disponível em: <www.nielsen.com/africanamerican>. Acesso em: 2 fev. 2013.

12. African-American Consumers: Still Vital, Still Growing. Neilson, 2012. Disponível em: <www.nielsen.com/africanamerican>. Acesso em: 2 fev. 2013.

13. Andrew Adam Newman. A Basketball Star and His 'Twin' Sell Insurance, *New York Times*, 18 dez. 2012. Disponível em: <www.nytimes.com/ 2012/12/19/business/media/chris-paul-to-star- in-state-farm-insurance-ads.html>. Acesso em: 2 fev. 2013.

14. American Community Survey. U.S. Census Bureau, 2011.

15. Hispanic Fast Facts. AHAA. Disponível em: <http://ahaa.org/default.asp?contentID=161>. Acesso em: 2 fev. 2013.

16. Jeffrey M. Humphreys. The Multicultural Economy 2010. Selig Center for Economic Growth. Disponível em: <www.terry.uga.edu/selig/buying_power.html>. Acesso em: 11 fev. 2013.

17. Tanzina Vega. Celebrating the "First Flush" with Parades and Pull-Ups. *New York Times*, 3 jan. 2013. Disponível em: www.nytimes.com/2013/01/04/business/

huggies-pull-ups-ad-campaign-aims-to-celebrate-toilet-training.html>. Acesso em: 2 fev. 2013.

18. American Community Survey. U.S. Census Bureau, 2011.

19. Rosa Ramirez. Asian American Purchasing Power to Rise to $1 Trillion. *National Journal*, 21 nov. 2012. Disponível em: <www.nationaljournal.com/thenextamerica/economy/asian-american-purchasing-power-to-rise-to-1-trillion-20121121>. Acesso em: 2 fev. 2013.

20. Ben Paynter. Suds for Drugs. *New York Magazine*, 6 jan. 2013. Disponível em: <http://nymag.com/news/features/tide-detergent-drugs-2013-1/>.

21. New Smartphone App Developed to Fight Retail Crime. PR Web, 29 jan. 2013. Disponível em: <www.prweb.com/releases/2013/1/prweb10355345.htm>.

22. Michael Chertoff. How Safe Is Your Data? *Wall Street Journal*, 18 jan. 2013. Disponível em: <http://online.wsj.com/article/SB10001424127887323968304578246042685303734.html>.

23. Eduardo Porter. The Perpetual War: Pirates and Creators. *New York Times*, 4 fev. 2013. Disponível em: <www.nytimes.com/2012/02/05/opinion/sunday/perpetual-war-digital-pirates-and-creators.html>.

24. Rose Yu. Starbucks to Brew a Bigger China Pot. *The Wall Street Journal*, 1º abr. 2012. Disponível em: <www.wsj.com>; Bruce Horovitz. Starbucks to Jolt Consumers with Refreshers Energy Drink. *USA Today*, 22 mar. 2012. Disponível em: <www.usatoday.com>; Bruce Horovitz. Starbucks to Open First Evolution Fresh Juice Store. *USA Today*, 18 mar. 2012. Disponível em: <www.usatoday.com>; Jennifer Van Grove. "Starbucks Apps Account for 42M Payments. *VentureBeat*, 9 abr. 2012. Disponível em: <www.venturebeat.com>.

Notas dos *Quadros Informativos*

a Baseado em informações de Values for Money. *Economist*, 19 nov. 2011, p. 66; New Devices for an 'Appy' Environment. *Environmental Technology Online*, 23 dez. 2011. Disponível em: <www.envirotech-online.com>; Jefferson Graham. Mobile Apps Make It Easier to Go Green. *USA Today*, 12 maio 2011. Disponível em: <www.usatoday.com>; Jefferson Graham. GoodGuide App Helps Navigate Green Products. *USA Today*, 13 maio 2011. Disponível em: <www.usatoday.com>.

b Baseado em informações de Byron Acohido. Consumers Turn to Do-Not-Track Software to Maintain Privacy. *USA Today*, 29 dez. 2011. Disponível em: <www.usatoday.com>; Byron Acohido. Internet Advertisers Begin Offering New Do Not Track Icon. *USA Today*, 29 ago. 2011. Disponível em: <www.usatoday.com>; Ryan LaSalle e Rafae Bhatti. A Privacy-Centered Economy. *TechWorld*, 13 jan. 2012. Disponível em: <www.techworld.com>.

c Baseado em informações de Michael Garry. Woodman's Launches Mobile Scanning App. *Supermarket News*, 14 jan. 2013. Disponível em: <http://supermarketnews.com>; Verne Kopytoff. Why Stores Are Finally Turning on to WiFi. *Fortune*, 14 dez. 2012. Disponível em: <http://tech.fortune.cnn.com>; Bill Siwicki. Saks Fifth Avenue Rolls Out Wi-Fi Nationwide. *Internet Retailer*, 19 set. 2012. Disponível em: <www.internetretailer.com>; Drake Bennett. The Next Best Thing to Not Being There. *Bloomberg Businessweek*, 24 set. 2012, p. 40-42.

d Baseado em informações de Rip Empson e Ingrid Lunden. Birchbox Rebrands in the UK, Hopes to Take a Little Shine off Glossybox and Other Beauty Box Rivals. *Techcrunch*, 10 jan. 2013. Disponível em: <http://techcrunch.com>; Olga Kharif. A Surprise in Every Birchbox. *Bloomberg Businessweek*, 16 fev. 2012. Disponível em: <www.businessweek.com>; Allen Adamson. Birchbox, Like Apple and Amazon and Google, Is a Hit Because Its Founders Hit on the Right Question. *Forbes*, 12 set. 2012. Disponível em: <www.forbes.com>.

CAPÍTULO 7

Mercados de negócios e comportamento de compra

Philip Scalia/Alamy

 OBJETIVOS

1. Diferenciar os vários tipos de mercados de negócios.
2. Identificar as principais características dos clientes e transações de negócios.
3. Entender vários atributos da demanda por produtos de negócios.
4. Entender o centro de compra, os estágios do processo de decisão de compras organizacionais e os fatores que afetam esse processo.
5. Descrever sistemas de classificação industrial e explicar como podem ser usados para identificar e analisar mercados de negócios.

INSIGHTS DE MARKETING

General Electric gera marketing inteligente para negócios

Eletricidade era uma tecnologia nova quando a General Electric (GE) começou a vender geradores e lâmpadas no final do século 19. Atualmente, a companhia, com sede em Connecticut, vende equipamentos modernos de geração de energia e lâmpadas eficientes energeticamente, bem como uma ampla variedade de produtos de negócios, como motores a jato, locomotivas, máquinas de mineração, equipamentos de imagiologia médica e sistemas de software de gestão de energia.

Dependendo do produto, a GE foca clientes corporativos, empresas de transporte, instituições de saúde, agências do governo ou serviços públicos ao redor do mundo. Se esses clientes têm instalações em Boston ou Pequim, esperam um alto nível de atenção antes, durante e depois de negociar contratos milionários para muitos anos. Portanto, os profissionais da GE fornecem detalhes, benefícios no resultado final e equipes com perícia técnica para avaliar suas necessidades individuais e sugerir soluções apropriadas. Sabendo que os clientes valorizam a eficiência, alguns produtos industriais da GE incorporam redes de sensores que monitoram e ajustam o desempenho, bem como sinalizam quando manutenção e reparos são necessários.

A GE usa propaganda tradicional e redes sociais para alcançar cientistas, engenheiros, agentes municipais e muitos outros executivos que influenciam decisões de compra. Seus vídeos divertidos e informativos de motores e outros produtos industriais atraíram milhões de visualizações no YouTube. A página principal da GE no Facebook tem quase 1 milhão de curtidas. As fotos no Instagram das suas fábricas e instalações de energia atraem 150 mil dedicados seguidores. A ideia é comunicar-se com as pessoas em todos os níveis da organização de um cliente, reforçar suas vantagens competitivas e manter os rendimentos anuais globais em um crescimento que supera US$ 147 bilhões.[1]

Profissionais de marketing estão tão preocupados em atender às necessidades tanto de clientes de negócios quanto de consumidores. Os profissionais de marketing da General Electric, por exemplo, fazem tudo o que está ao seu alcance para entender seus clientes, e, assim, podem lhes fornecer produtos melhores e mais satisfatórios, desenvolver e manter relacionamentos de longo prazo.

Neste capítulo, veremos os mercados de negócios e processos de decisão de compras organizacionais. Discutiremos primeiro os diversos tipos de mercados de negócios e de compradores que abrangem esses mercados. A seguir, exploraremos várias dimensões da compra no âmbito dos negócios, como as características de transações, atributos e preocupações de compradores, métodos de compra e características distintivas da demanda por produtos de negócios. Então, examinaremos como as decisões de compras organizacionais são feitas e quem as faz. Por fim, avaliaremos como os mercados de negócios são analisados.

MERCADOS DE NEGÓCIOS

1 Diferenciar os vários tipos de mercados de negócios.

Como discutido no Capítulo 5, um mercado de negócios (também chamado *mercado business-to-business,* ou *mercado B2B*) consiste em indivíduos, organizações ou grupos que compram um tipo específico de produto para um de três propósitos: revenda, uso direto na produção de outros produtos ou uso em operações gerais diárias. O marketing de negócios emprega os mesmos conceitos – definir os mercados-alvo, entender o comportamento de compra e desenvolver um mix de marketing eficiente – que o marketing para os consumidores finais. No entanto, há importantes diferenças estruturais e comportamentais nos mercados de negócios. Uma companhia que faz comércio com outra precisa estar ciente de como seu produto vai afetar outras empresas no canal de marketing, como revendedores e outros fabricantes. Produtos de negócios também podem ser tecnicamente complexos, e, em geral, o mercado é formado por compradores sofisticados.

Como o mercado de negócios consiste de populações de clientes relativamente menores, um segmento do mercado pode ser tão pequeno a ponto de ter apenas alguns clientes.² O mercado de equipamentos para ferrovias nos Estados Unidos, por exemplo, é limitado a poucas grandes transportadoras. Alguns produtos podem ser direcionados tanto para negócios como para consumidores, especialmente com*modities,* como milho, parafusos, ou suprimentos, como lâmpadas ou móveis. No entanto, a quantidade adquirida e os métodos de compra diferem significativamente entre os mercados para os consumidores e para os negócios, até para os mesmos produtos. O marketing de negócios geralmente é baseado em relações de longo prazo mutuamente lucrativas entre membros do canal de marketing. Redes de fornecedores e clientes reconhecem a importância de

Mercados produtores
Hoefler & Frere-Jones é parte do mercado produtor. A companhia produz fontes tipográficas, algo que os consumidores não precisam, mas que pode ser um elemento importante na criação de bens para uma organização, incluindo a criação de logotipos, rótulos e embalagens.

se construir fortes alianças baseadas em cooperação, confiança e colaboração.[3] Os fabricantes podem até desenvolver conjuntamente novos produtos, com os clientes de negócios dividindo pesquisa de marketing, produção, programação, gestão de estoque e sistemas de informação. O marketing de negócios pode ter uma variedade de formas, de relações de longo prazo entre comprador e vendedor a rápidas trocas de produtos básicos com preços de mercado competitivos. Para a maioria dos profissionais de marketing de negócios, o objetivo é entender as necessidades do cliente e fornecer uma troca com valor agregado que desloque o foco de atração para a retenção de clientes e o desenvolvimento de relações.

As quatro categorias de mercados de negócios são: produtor, revendedor, governo e institucional. No restante desta seção, discutiremos cada um desses tipos de mercados.

Mercados produtores

Indivíduos e organizações de negócios que compram produtos com a finalidade de obter lucro, usando-os para criar outros produtos ou consumir em outras operações, são classificados como **mercados produtores**. Esses incluem compradores de matérias-primas, bem como itens semiacabados ou acabados, que são usados para produzir outros artigos. Os mercados produtores abrangem uma ampla variedade de setores econômicos, envolvendo agricultura, florestal, pesca, mineração, construção, transporte, comunicações e serviços públicos. Como indica a Tabela 7.1, o número de estabelecimentos de negócios no mercado produtor dos Estados Unidos é enorme. Por exemplo, fabricantes compram matérias-primas e partes integrantes para uso direto na criação de produtos. Mercearias e supermercados são parte dos mercados produtores de vários produtos de apoio, como sacolas de papel e plástico, prateleiras, balcões e scanners. Os fazendeiros fazem parte dos mercados produtores de maquinário agrícola, fertilizantes, sementes e gado. As fontes tipográficas são algo que muitas pessoas não consideram como um produto, no entanto, também fazem parte dos mercados produtores. Observe o anúncio da nova fonte da Hoefler & Frere-Jones, Idlewild. Criar uma marca, logo e rótulo diferentes pode ser muito importante para as organizações. Selecionar um tipo único e reconhecível é parte integral desse processo. Empresas como

mercados produtores
Indivíduos e organizações de negócios que compram produtos para gerar lucros, usando-os para incorporá-los como itens de sua produção ou no consumo de suas operações.

Tabela 7.1 Número de estabelecimentos em setores econômicos nos Estados Unidos

Setor econômico	Número de estabelecimentos
Agricultura, florestal, pesca e caça	21.691
Mineração, pedreiras e extração de petróleo/gás	27.092
Construção	682.684
Manufatura	299.982
Transporte e armazenamento	208.474
Serviços públicos	17.600
Finanças e seguros	473.494
Imóveis	287.782

Fonte: Estatísticas do U.S. Business, todos os setores. U.S. Bureau of the Census. Disponível em: <www.census.gov/econ/susb/>. Acesso em: 8 fev. 2013.

Hoefler & Frere-Jones podem ajudar outros negócios a criar um logo interessante a ser inserido nos bens e materiais de marketing, embalagens e rótulos.

Historicamente, os fabricantes nos Estados Unidos tendiam a se concentrar geograficamente. Mais da metade deles localizava-se em apenas sete estados: Nova York, Califórnia, Pensilvânia, Illinois, Ohio, Nova Jersey e Michigan. No entanto, esse perfil mudou, já que os processos de fabricação são terceirizados e as fábricas fecham suas portas em alguns lugares e abrem em outros. A fabricação agora também tem papel vital nas economias de estados como Wisconsin, Tennessee e Kentucky. Os Estados Unidos também não são mais a potência manufatureira que já foram um dia. Na verdade, o país perdeu 28% de seus empregos na fabricação de alta tecnologia desde 2000. A maior parte dessa perda é atribuída à terceirização, cortes nos recursos para pesquisa e desenvolvimento e forças de trabalho cada vez mais competitivas em outros países, principalmente na Ásia.[4]

Mercado revendedores

Mercados revendedores consistem em intermediários, como atacadistas e varejistas, que compram mercadorias prontas e as revendem com lucro. Além de fazer pequenas alterações, os revendedores não mudam as características físicas dos produtos que manipulam. Exceto para itens que os produtores vendem diretamente aos consumidores, todos os produtos vendidos a mercados consumidores são ofertados primeiro aos mercados revendedores.

mercados revendedores
Intermediários que compram bens acabados e os revendem para obter lucros.

Atacadistas compram produtos para revender a varejistas, outros atacadistas, produtores, governos e instituições. Os atacadistas também podem se concentrar geograficamente. Dos quase 414 mil atacadistas dos Estados Unidos, um grande número está localizado em Nova York, Califórnia, Illinois, Texas, Ohio, Pensilvânia, Nova Jersey e Flórida.[5] Embora alguns produtos sejam vendidos diretamente aos usuários finais, muitos fabricantes vendem seus produtos a atacadistas, que, em troca, revendem os artigos a outras empresas no sistema de distribuição. Assim, os atacadistas são muito importantes para ajudar os produtores a levar seus produtos aos clientes.

Os varejistas compram produtos e os revendem aos consumidores finais. Existe mais de 1 milhão de varejistas nos Estados Unidos, empregando quase 14,5 milhões de pessoas e gerando aproximadamente US$ 3,9 trilhões em receitas anuais.[6] Esse país continua sendo uma poderosa força varejista. Cinco das dez maiores companhias de varejos do mundo têm sede nos Estados Unidos: Walmart, The Kroger Co., Costco, The Home Depot Inc. e Walgreen Co.[7] Alguns varejistas – Home Depot, PetSmart e Staples, por exemplo – mantêm alto número de itens em estoque. Os supermercados podem manipular até 50 mil produtos diferentes. Em pequenas lojas de varejo individuais, os proprietários ou gerentes tomam as decisões de compra. Em lojas de redes, com frequência, um comprador do escritório central ou um comitê de compras decide se um produto será disponibilizado para a seleção dos gerentes de lojas. Para muitos produtos, no entanto, os gerentes locais tomam as verdadeiras decisões de compra para determinada loja.

Ao tomar decisões de compra, os revendedores consideram diversos fatores. Avaliam o nível de demanda por um produto para determinar a quantidade e o preço pelo qual o item pode ser revendido. Os varejistas avaliam a quantidade de espaço exigida para manipular um produto em relação ao seu potencial lucro, às vezes com base nas vendas por metro quadrado da área de vendas. Como os clientes muitas vezes dependem dos revendedores para ter os produtos disponíveis quando precisam, estes últimos normalmente avaliam a capacidade do fornecedor em oferecer quantidades adequadas quando e onde são necessárias. Eles também levam em conta a facilidade na formalização do pedido e se os produtores oferecem assistência técnica ou programas de treinamento. E, antes que adquiram um produto pela primeira vez, tentam determinar se o item compete com o produto que usam atualmente ou se o complementa de alguma forma. Esse tipo de preocupação diferencia os mercados revendedores dos outros mercados.

Mercados governamentais

mercados governamentais
Governos federais, estaduais, municipais e subprefeituras que compram bens e serviços para sustentar suas operações internas e fornecer produtos aos cidadãos.

Governos federais, estaduais, municipais e subprefeituras formam os **mercados governamentais**. Esses gastam bilhões de dólares anualmente em uma grande variedade de bens e serviços – de materiais de escritório e serviços de saúde a veículos, equipamentos pesados e armas – para dar suporte às suas operações internas e proporcionar aos cidadãos produtos como rodovias, educação, energia e defesa nacional. Os gastos governamentais correspondem a mais de 40% do Produto Interno Bruto (PIB) total dos Estados Unidos. A quantia gasta por unidades federais, estaduais e locais nas últimas décadas aumentou porque o número total de unidades do governo e serviços que elas oferecem também cresceu. Os custos para prover esses serviços também aumentaram.

Como as agências governamentais gastam recursos públicos na compra dos produtos necessários para oferecer serviços, devem prestar contas ao público. Essa necessidade de prestação de compras explica os complexos procedimentos de compra. Algumas organizações optam por não vender a compradores governamentais por causa do tempo e gastos adicionais que a burocracia lhes custa.

●●● Tendências do marketing

"Feito nos EUA" é uma tendência quente de mercado

Um sólido crescimento da popularidade de produtos "feitos nos EUA" impulsiona a demanda por produtos de consumo e industriais – e por fornecedores que vendam aos ofertantes dos produtos feitos em território estadunidense. A lista de produtos de consumo fabricados no país inclui brinquedos de montar da K'Nex, copos da Tervis, sapatos Allen Edmonds e alguns computadores Macintosh da Apple. São exemplos de produtos industriais feitos nos Estados Unidos, secadores de mão Excel para uso comercial, malas de ferramentas para uso em serviços de energia da Estex e os machados da Council Tool para uso florestal.

Os produtos fabricados nos Estados Unidos não vivem apenas um renascimento, em geral têm preço premium. De acordo com uma pesquisa recente, mais de 80% dos consumidores norte-americanos estão dispostos a pagar preços mais altos por produtos nacionais – principalmente para evitar que seus empregos sejam transferidos para trabalhadores do exterior. Esse forte interesse estimulou o Walmart a anunciar planos de comprar US$ 50 bilhões de mercadorias fabricadas no país durante a próxima década.

A Apple comanda a tendência "feito nos EUA", e investiu US$ 100 milhões para aumentar a produção norte-americana de alguns de seus computadores Macintosh. Até dezenas de milhões de iPhones, iPods, iPads e outros itens da Apple, montados na China anualmente, incorporam componentes fabricados nos Estados Unidos, como chips feitos no Texas e o vidro das telas produzidos no Kentucky. Fique atento a ondas econômicas como essa, já que a tendência por produtos feitos nos Estados Unidos impulsiona a demanda por diversos bens e serviços de empresas norte-americanas.[a]

No entanto, muitos profissionais de marketing tiram tanto proveito dos contratos governamentais, que acabam não achando esses procedimentos um obstáculo. Para determinados produtos, como itens relacionados à defesa do país, o governo pode ser o único cliente.

Os governos anunciam suas necessidades de compra por meio de licitações ou contratos negociados. Embora as organizações possam relutar em se aproximar de mercados governamentais por causa dos complicados processos licitatórios, uma vez que compreendem suas regras, algumas conseguem negociar rotineiramente com esses mercados. Para fazer uma venda pelo sistema de licitação, a organização precisa se candidatar e ser aprovada, sendo então colocada em uma lista de licitantes qualificados. Quando uma unidade governamental deseja comprar, envia uma descrição detalhada dos produtos aos licitantes qualificados. As organizações cujos produtos se enquadram nas necessidades descritas apresentam ofertas. Em geral, a unidade do governo deve aceitar a oferta com o menor preço. E, ao final do processo premia uma das organizações que participaram do processo com o contrato.

Mercados institucionais

Organizações com objetivos filantrópicos, educacionais, comunitários ou outros sem fins lucrativos constituem os **mercados institucionais**. Membros desses mercados incluem igrejas, alguns hospitais, fraternidades, organizações filantrópicas e faculdades particulares. Essas organizações compram milhões de dólares de produtos anualmente para apoiar suas atividades e oferecer bens, serviços e ideias a diversos públicos e, como geralmente têm diferentes metas e menos recursos do que outros tipos, os profissionais de marketing despendem esforços especiais para servi-las. Por exemplo, a Aramark oferece uma variedade de serviços e produtos a mercados institucionais, incluindo escolas, hospitais e casas de repouso, e é com frequência classificada entre as organizações mais admiradas em seu setor. Para áreas como serviços alimentares em universidades, a Aramark foca seus esforços de marketing diretamente nos estudantes.[8]

Mercados institucionais
Esse produtor de órgãos de tubos fornece produtos principalmente para igrejas, que fazem parte dos mercados institucionais.

mercados institucionais
Organizações com objetivos filantrópicos, educacionais, comunitários ou outros sem fins lucrativos.

DIMENSÕES DE CLIENTES E TRANSAÇÕES DE NEGÓCIOS

Agora que já consideramos os diferentes tipos de clientes de negócios, observaremos as várias dimensões de marketing a eles relacionadas, incluindo características das transações, atributos dos clientes de negócios e algumas de suas principais preocupações, métodos de compra, principais tipos de aquisição e características da demanda por produtos de negócios (ver Figura 7.1).

2 Identificar as principais características dos clientes e transações de negócios.

IBM: a Grande Azul é realmente verde

A IBM (também conhecida como Grande Azul), conhecida mundialmente por bens e serviços tecnológicos B2B, tem feito das operações ecológicas sua prioridade desde 1971. No início, a companhia tentou reduzir os gastos de produção e prevenir a poluição. Décadas depois, o esforço contínuo para espalhar essas e outras práticas por sua cadeia de suprimentos global atingiu a alta marca de US$ 100 bilhões como liderança sustentável.

Hoje, os 28 mil fornecedores da IBM em quase 100 países precisam medir e relatar seu impacto ambiental, incluindo uso de energia, emissões de gases de efeito estufa e resultados de reciclagem. Ano após ano, os fornecedores da IBM também precisam progredir em relação a metas "verdes", como conservar recursos naturais e reduzir o desperdício. Tão importante quanto, espera-se também que, por sua vez, pressionem *seus* fornecedores em direção a práticas mais ecológicas. Tornar-se "verde" coloca a IBM no topo, afirma o diretor chefe de compras da companhia, porque conservar os recursos escassos mantém os custos sob controle, também uma importante consideração para seus fornecedores e clientes de negócios.

Por fim, a liderança verde da IBM também atrai a atenção de mercados governamentais, porque muitos desses compradores são responsáveis por iniciativas ambientais em níveis nacional, estadual e municipal. Pelos seus programas ecológicos, a empresa já foi homenageada pela Agência de Proteção ao Ambiente Norte-Americana pelo estado de Nova York, e por outros grupos governamentais. Observe a Grande Azul se tornar ainda mais verde no futuro.[b]

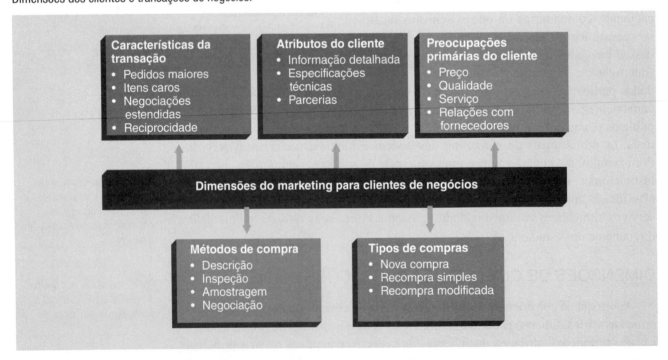

Figura 7.1

Dimensões dos clientes e transações de negócios.

© Cengage Learning

Características de transações com clientes de negócios

Transações entre empresas diferem das vendas para consumidores de diversas formas. Os pedidos de clientes de negócios tendem a ser muito maiores do que os de consumidores individuais. O principal contratante do governo, Booz Allen Hamilton, com frequência ganha premiações de até meio bilhão de dólares para fornecer avaliações e serviços médicos e de suporte de TI a várias agências do governo.[9] Fornecedores de bens grandes, caros ou complexos em geral precisam vender em grandes quantidades para obter lucros. Em consequência, podem preferir não vender a clientes que fazem pedidos pequenos.

Algumas compras de negócios envolvem itens caros, como sistemas de computadores. Outros produtos, como matérias-primas e componentes, são usados continuamente na produção, e seu fornecimento pode precisar de reabastecimento frequente. O contrato referente a termos da venda desses itens provavelmente é um acordo de longo prazo.

Discussões e negociações associadas a compras de negócios podem exigir tempo de marketing e esforço de vendas consideráveis. É usual que decisões de compra sejam tomadas por comitês, pois, na maioria das vezes, os pedidos são grandes e caros, e os produtos podem requerer produção sob medida. É frequente que várias pessoas ou departamentos da organização se envolvam na transação. Por exemplo, um departamento expressa a necessidade de um produto, um segundo desenvolve as especificações, um terceiro estipula os gastos máximos e um quarto faz o pedido.

Uma prática exclusiva de mercados de negócios é a **reciprocidade**, acordo no qual duas organizações concordam em comprar uma da outra. Acordos recíprocos que ameaçam a concorrência são ilegais. A Comissão Federal de Negócios e o Departamento de Justiça Norte-Americano monitoram e tomam medidas visando cessar as práticas recíprocas de concorrência desleal, especialmente entre grandes organizações. Todavia, certa quantidade de atividades recíprocas ocorre entre pequenas empresas e, em menor extensão, entre as maiores. Como a reciprocidade influencia os agentes de compra a lidar apenas com determinados fornecedores, ela pode baixar o moral entre os agentes e levar a menos compras ideais.

reciprocidade Acordo formal único praticado no marketing de negócios no qual duas organizações concordam em comprar uma da outra.

Atributos dos clientes de negócios

Clientes de negócios também diferem dos consumidores no que diz respeito ao comportamento de compra, já que geralmente são mais bem informados sobre os produtos que adquirem e, da mesma forma, demandam informações detalhadas sobre os recursos funcionais e especificações técnicas de um produto para garantir que satisfaça suas necessidades. Objetivos pessoais, no entanto, também podem influenciar o comportamento de compra em negócios. A maioria dos agentes de compra busca a satisfação psicológica que vem com o avanço organizacional e as recompensas financeiras. Agentes que exibem sempre um comportamento de compra racional em negócios provavelmente conquistarão suas metas pessoais, porque ajudam suas empresas a alcançar os objetivos organizacionais. Hoje, muitos fornecedores e seus clientes constroem e mantêm relações mutuamente benéficas, por vezes chamadas *parcerias*. Pesquisadores descobriram que mesmo em uma parceria entre um pequeno vendedor e um grande comprador corporativo pode haver uma forte relação, afinal, os altos níveis de confiança interpessoal levam a maiores níveis de comprometimento das duas organizações com a parceria.[10]

Preocupações primárias de clientes de negócios

Quando tomam decisões de compra, esses clientes levam em conta uma variedade de fatores. Entre suas considerações principais estão: preço, qualidade do produto, serviço e relações com fornecedores. Preço é uma consideração essencial para eles, porque influencia os custos operacionais e os de bens vendidos, que, por sua vez, afetam o preço de vendas, a margem de lucro e, essencialmente, a capacidade de competir. Um cliente de negócio provavelmente vai comparar o preço de um produto com os benefícios que gera para a organização, normalmente em um período de anos. Ao comprar equipamentos importantes, esse cliente vê o preço como a quantidade de investimento necessária para obter determinado nível de retorno ou economia nas operações de negócios.

A maioria dos clientes de negócios tenta manter um nível específico de qualidade nos produtos que compram. Para atingir essa meta, a maior parte das companhias estabelece padrões (em geral declarados como uma porcentagem de defeitos permitida) para esses produtos e os compra com base em um conjunto de características expressas, comumente chamadas *especificações*. A Microsoft Dynamics, por exemplo, promete às companhias a capacidade de atingir e manter um alto nível de qualidade através de seus produtos, como

Preocupações de clientes de negócios
A Microsoft Dynamics fabrica ferramentas de software para empresas como a Lotus, que produz automóveis e carros de corrida. Esses produtos aumentam a capacidade de a companhia coordenar grandes equipes e reduzir erros, visando manter um alto nível de qualidade.

você pode ver na propaganda, além de grande capacidade de gerenciar e organizar recursos, como ocorre com a fabricante de automóveis Lotus. A Microsoft garante um produto de qualidade que ajudará empresas como a Lotus a conseguir excelência. O uso da Lotus como exemplo de cliente ressalta o alto nível de qualidade da empresa, já que a Lotus produz carros de corrida para sua equipe de F-1, o que não deixa espaço para erros ou defeitos. Um cliente avalia a qualidade dos produtos considerados para determinar se atendem às especificações. Se um produto fracassa ao atender às especificações ou funciona mal, segundo avaliação do consumidor final, o cliente pode mudar para um fornecedor diferente. Por outro lado, os clientes de negócios também são mais propensos a ter cautela em relação à compra de produtos que excedam as especificações mínimas exigidas, já que geralmente custam mais do que é necessário, o que aumenta os custos de bens e serviços. Clientes de negócios, portanto, precisam estabelecer um equilíbrio entre qualidade e preço quando estiverem tomando decisões de compra. As especificações são projetadas para atender aos desejos de um cliente, e qualquer coisa que não contribua para isso pode ser considerada um desperdício.

Como suas compras tendem a ser grandes e possivelmente complicadas, os compradores das organizações valorizam o serviço. Os serviços oferecidos por

Preocupações dos clientes de negócios
Clientes de negócios preocupam-se com grandes fatores, incluindo os custos, a aquisição do produto correto e funcional e o serviço ao cliente.

Marketing em debate

Metas de diversidade do fornecedor

QUESTÃO: As metas de diversidade do fornecedor são uma boa ideia?

Quando a Chrysler, a cidade de Nova York e as agências do governo dos Estados Unidos procuram por potenciais fornecedores, levam em conta seu tamanho e diversidade. Esses compradores organizacionais, como muitos outros, desejam dedicar uma porcentagem de seus orçamentos para contratos com empresas menores ou pertencentes a mulheres, membros de minorias ou militares veteranos. O tamanho e a diversidade da propriedade do fornecedor deveriam fazer parte do processo de decisão de compra organizacional?

A Chrysler, que gasta US$ 90 bilhões com fornecedores ao redor do mundo, busca ativamente conseguir contratos com empresas pertencentes a minorias. A fabricante de automóveis também avalia os fornecedores atuais com base na quantidade de operações de negócios que fazem com fornecedores das minorias, afirmando que deseja apoiar as comunidades locais e representar os clientes que elas servem. A cidade de Nova York configura metas de aquisição para trabalhar com empresas pertencentes a mulheres ou membros de minorias, e recentemente mudou as regras para incluir grandes contratos nessas metas. A cidade vai se beneficiar da concorrência, aumentada por projetos de mais de US$ 1 milhão, e os fornecedores que se qualificam vão se beneficiar do potencial para maiores receitas e crescimento mais rápido.

Um argumento contra tratar os fornecedores de forma diferente é que, se os compradores organizacionais mudam de fornecedor ou dividem os gastos entre múltiplos fornecedores, podem perder os descontos que recebem por grandes volumes de compra. Outro é que alguém precisa verificar se uma empresa pertence realmente a uma mulher, a um membro de minoria ou a um veterano – o que pode consumir tempo do comprador e do fornecedor. Um argumento final é que mostrar preferência por determinados fornecedores pode mudar a equação competitiva ao introduzir critérios menos objetivos na decisão de compra. O que você acha?[c]

fornecedores influenciam direta e indiretamente nos custos, nas vendas e nos lucros dos clientes. Oferecer um serviço de qualidade ao cliente pode ser um meio de obter vantagem competitiva sobre outras organizações, o que leva algumas companhias a buscar formas de melhorar esse serviço. Conhecida por um serviço ao cliente de qualidade, com forte devoção ao cliente, a Walt Disney Company oferece consultoria de serviço ao cliente e treinamento a empresas por meio do Disney Institute. O serviço é altamente popular, já que muitas organizações gostariam de atrair o mesmo nível de lealdade do cliente que a Disney tem. O Disney Institute trabalhou com organizações tão diversas quanto a Chevrolet e hospitais locais.[11]

Entre os serviços típicos que clientes de negócios desejam de fornecedores encontram-se: informação de mercado, manutenção de estoque, entrega pontual e serviços de reparo. Compradores de negócios podem precisar de informações técnicas sobre os produtos, dados relacionados à demanda, sobre condições econômicas gerais ou sobre fornecimento e entrega. Compradores de maquinário são especialmente preocupados com a obtenção rápida de serviços de reparo e peças de reposição, já que um equipamento inoperante é caro, tanto em termos de reparo quanto em perda de produtividade.

Manter um estoque adequado é essencial para um serviço de atendimento ao cliente de qualidade, satisfação do cliente, gerenciamento dos custos de estoque e eficiência de distribuição. Além disso, para garantir que os produtos estejam disponíveis quando necessários, a entrega pontual é crucial. Entregas pontuais confiáveis economizam dinheiro dos clientes de negócios porque lhes permitem manter apenas o estoque necessário em determinado momento.

As expectativas do cliente em relação à qualidade do serviço aumentaram e se ampliaram ao longo do tempo. Usar padrões tradicionais de qualidade de serviço com base apenas em sistemas de fabricação e contabilidade não é o suficiente. Os clientes também esperam ter acesso a canais de comunicação que lhes permitam fazer perguntas, reclamações, pedidos e rastrear encomendas. Os profissionais de marketing devem desenvolver objetivos para o serviço ao cliente e monitorar os programas dessa área, esforçando-se para ter uniformidade, simplicidade, honestidade e precisão no serviço. As organizações podem observar o serviço questionando formal ou informalmente os clientes por meio de perguntas sobre o atendimento que receberam. Gastar tempo e esforços para garantir que os clientes estejam satisfeitos pode beneficiar muito os profissionais de marketing, aumentando a retenção de clientes.

Por fim, clientes de negócios preocupam-se com os custos de desenvolver e manter relações com seus fornecedores. Na propaganda da Cloud Cruiser, repare que o foco está na redução de custos. Essa empresa garante que um cliente vai economizar pelo menos 10% de seus custos com computação em nuvem. Ao construir confiança com determinado fornecedor, os compradores reduzem seus esforços de busca e a incerteza a respeito de preços. Os clientes de negócios precisam ter em mente a adaptação geral de um fornecedor e seus produtos com objetivos de marketing, incluindo custos e eficiência de distribuição e manutenção de estoque.

Métodos de compra em negócios

Embora dois compradores de negócios não trabalhem da mesma maneira, a maioria usa um ou mais dos seguintes métodos de compra: *descrição, inspeção, amostragem* e *negociação*. O mais direto entre eles é a descrição. Quando os produtos são padronizados e classificados de acordo com características como tamanho, forma, peso e cor, um comprador de negócios pode ser capaz de comprar simplesmente especificando a quantidade, tipo e outros atributos. Commodities e matérias-primas podem ser compradas dessa forma. Por vezes, os compradores especificam determinada marca ou sua equivalente quando descrevem o produto desejado. Compras com base em descrição são especialmente comuns entre um comprador e um vendedor com uma relação construída baseada em confiança.

Certos produtos, como equipamentos industriais, veículos usados e edifícios, têm características únicas, mas podem variar no que diz respeito à condição. Dependendo da forma como foram usados e por quanto tempo, dois produtos podem estar em condições muito diferentes, mesmo que pareçam idênticos no papel. Por consequência, os compradores organizacionais desses produtos precisam basear suas decisões de compra na inspeção.

Amostragem exige a avaliação de uma porção do produto, supondo-se que suas características representem o lote completo. Esse método é adequado quando o produto é homogêneo – por exemplo, grãos – e examinar o lote completo não é algo físico ou economicamente viável.

Algumas compras de negócios são baseadas em contratos negociados. Nesses casos, os compradores descrevem exatamente o que precisam e pedem aos vendedores que façam ofertas. Depois, então, negociam com os fornecedores que apresentaram as ofertas mais atraentes. De modo geral, essa abordagem é usada para compras muito grandes ou caras, como de veículos comerciais. Essa também é a forma como o governo federal norte-americano com frequência conduz seus negócios. Em outros casos, o comprador pode ser incapaz de identificar especificamente o que vai ser comprado, dando apenas uma descrição geral, como pode ser o caso de parte de um equipamento feito sob medida. Comprador e vendedor podem negociar um contrato que especifique um preço base e especifique o pagamento de custos e taxas adicionais. Esses contratos normalmente são mais usados para projetos únicos, como edifícios, equipamentos e projetos especiais.

Tipos de compras de negócios

A maioria das compras de negócios se dá de um entre três tipos: compra nova, recompra simples ou recompra modificada. Cada tipo é sujeito a diferentes influências e, por consequência, exige que os profissionais de marketing de negócios modifiquem seus métodos de vendas de forma correspondente. Para **compra nova**, uma organização compra inicialmente um item para ser usado na execução de um novo trabalho ou resolução de um novo problema. Esse tipo de compra pode exigir o desenvolvimento do produto e de especificações de fornecedor, além de procedimentos para compras futuras. Para fazer a compra inicial, em geral, o comprador organizacional precisa obter muita informação. Compras novas são importantes para fornecedores, porque podem resultar em uma relação de longo prazo se os clientes ficarem satisfeitos.

> **compra nova** Compra inicial que a organização faz de um item que será usado para desempenhar uma nova tarefa ou resolver um novo problema.

recompra simples Compra rotineira dos mesmos produtos sob aproximadamente os mesmos termos de venda de um comprador empresarial.

Recompra simples ocorre quando compradores adquirem sempre os mesmos produtos sob praticamente os mesmos termos de venda, exigem pouca informação para decisões de compras rotineiras e tendem a usar fornecedores familiares que já tenham oferecido serviços e produtos satisfatórios no passado. Esses ofertantes podem configurar sistemas automáticos para tornar a recompra fácil e conveniente para compradores empresariais. Um ofertante pode até mesmo monitorar os estoques do comprador e comunicar o que deveria ser encomendado e em que data.

recompra modificada Uma nova tarefa de compra que muda de acordo com os pedidos subsequentes ou quando os requerimentos de uma recompra simples são modificados.

Em uma **recompra modificada**, a compra nova é alterada depois de dois ou três pedidos ou solicitações associadas com uma recompra simples terem sido modificados. Um comprador organizacional pode buscar entrega mais rápida, preços menores ou um nível de qualidade das especificações de produto diferente. Por exemplo, clientes de negócios dos produtos da HP tendem a usar recompra modificada. Os pedidos podem ser parecidos ao longo do tempo, mas a demanda por produtos e suprimentos de negócios específicos pode oscilar em ciclos que refletem períodos de alta e baixa demandas do cliente. Uma situação de recompra modificada pode fazer que fornecedores regulares concorram para manter a conta. Quando uma organização muda os termos de um contrato de serviços, por exemplo, alterando a velocidade ou abrangência de um pacote de serviços de telecomunicação, ela faz uma recompra modificada.

DEMANDA POR PRODUTOS DE NEGÓCIOS

3 Entender os vários atributos da demanda por produtos de negócios.

Demanda por produtos de negócios (também chamada *demanda industrial*) pode ser caracterizada de diferentes formas, como (1) derivada, (2) inelástica, (3) conjunta, ou (4) flutuante.

Demanda derivada

demanda derivada Demanda por produtos para negócios derivada da demanda por produtos de consumo.

Como os clientes de negócio, especialmente produtores, compram produtos para uso direto ou indireto na produção de bens e serviços que satisfazem às necessidades dos consumidores, a demanda por produtos de negócios deriva da por produtos de consumo, o que é chamado **demanda derivada**. No fim das contas, nenhuma demanda por produtos para negócios é totalmente desvinculada da demanda por produtos de consumo. Em geral, a natureza derivada da demanda é multinível, na qual os ofertantes de diferentes níveis são afetados por uma mudança na demanda do consumidor final por um produto. Observe a propaganda das membranas de filtragem por osmose reversa FILMTEC™, da Dow. Esse é um produto fortemente afetado pela demanda derivada. À medida que a demanda global por água limpa aumenta, a por sistemas de filtragem também aumenta. Como a membrana FILMTEC™ é usada nesses sistemas, a Dow vende mais produtos, já que mais unidades são produzidas e vendidas. É possível que, especialmente em partes do país e do mundo onde a água potável é escassa, aumente a demanda pelo produto da Dow.

Demanda derivada
As membranas de filtragem de água da Dow são afetadas pela demanda derivada. À medida que a demanda por sistemas de filtragem de água aumenta, também cresce a demanda por esse produto.

Demanda inelástica

Com a **demanda inelástica**, o aumento ou a diminuição de preços não altera significativamente a demanda por um produto para negócios. Um produto tem demanda inelástica quando o comprador não é sensível ao seu preço ou não existem substitutos. Como muitos produtos para negócios são mais especializados do que aqueles para consumo, os compradores continuam comprando mesmo que o preço aumente. Já que alguns produtos para negócios contêm peças diferentes, os aumentos de preço que afetam apenas uma ou duas partes podem gerar somente um custo levemente maior de produção por unidade.

A inelasticidade da demanda no mercado de negócios aplica-se ao nível industrial, embora a demanda por produtos de uma empresa individual possa flutuar. Suponha que um produtor de velas de ignição aumente o preço do seu produto para os fabricantes de pequenos motores, mas seus concorrentes continuem mantendo preços mais baixos. Esse produtor vai sentir uma redução de vendas unitárias, porque a maioria dos fabricantes de pequenos motores vai mudar para as marcas com menores preços. Uma empresa específica, portanto, permanece vulnerável à demanda elástica, embora a demanda no setor como um todo não flutue drasticamente.

demanda inelástica
Demanda que não é alterada significativamente por um aumento ou diminuição de preço.

Demanda conjunta

Determinados produtos para negócios, especialmente matérias-primas e componentes, estão sujeitos à **demanda conjunta**, que ocorre quando dois ou mais itens são usados de forma combinada na produção de um produto. Considere uma organização que fabrica computadores. Ela vai precisar do mesmo número de CPUs e de monitores – ambos os produtos são, assim, demandados conjuntamente pela organização. Se houver uma escassez de CPUs por causa de um aumento de demanda no setor ou redução de produtividade do fabricante, a organização compra menos monitores e produz menos computadores. Entender os efeitos da demanda conjunta é especialmente importante para um ofertante que vende múltiplos itens de demanda conjunta. Esses ofertantes percebem que, quando um cliente compra um dos itens demandados conjuntamente, existe uma oportunidade de vender produtos relacionados.

demanda conjunta Demandas que envolvem o uso de dois ou mais itens (bens e/ou serviços) combinados para produzir um produto.

Demanda flutuante

Já que a demanda por produtos para negócios deriva da do consumidor, está sujeita a flutuações dramáticas. Em geral, quando produtos de consumo estão com alta demanda, os produtores compram grandes quantidades de matérias-primas e componentes para garantir que conseguirão atender às exigências de produção em longo prazo. Esses produtores também podem expandir

Fonte: *Fortune Magazine*, 12 nov. 2012.

sua capacidade de produção para atender à demanda, o que os obriga a adquirir novos equipamentos e máquinas, mais matérias-primas e partes componentes, e contratar mais trabalhadores. Inversamente, uma queda na demanda por determinados bens de consumo reduz a dos produtos para negócios usados para fabricá-los.

Por vezes, as alterações de preço levam a surpreendentes mudanças temporárias na demanda. Inicialmente, um aumento no preço de um produto de negócios pode fazer que clientes de negócio comprem mais desse item porque esperam que o preço continue a crescer no futuro. Da mesma forma, a demanda por um produto de negócios pode diminuir significativamente depois de um corte de preços, já que os compradores estão esperando por essas reduções. Flutuações na demanda podem ser substanciais em setores nos quais os preços mudam com mais frequência.

DECISÕES DE COMPRAS ORGANIZACIONAIS

4 Entender o centro de compra, os estágios do processo de decisão de compras organizacionais e os fatores que afetam esse processo.

comportamento de compra (organizacional) em negócios O comportamento de compra de produtores, governos, instituições não governamentais e revendedores.

Comportamento de compra (organizacional) em negócios refere-se a como se comportam produtores, unidades governamentais, instituições e revendedores. Embora diversos fatores que afetam o comportamento de compra do consumidor (discutido no Capítulo 6) também influenciem o comportamento de compra de negócios, inúmeros fatores são únicos a estes últimos. Nesta seção, analisaremos primeiro o centro de compra, para descobrir quem participa das decisões de compras organizacionais. Em seguida, focaremos os estágios do processo de decisão de compra e os fatores que o afetam.

Centro de compra

centro de compra As pessoas dentro da organização que tomam as decisões de compra organizacional.

Relativamente, poucas decisões de compras organizacionais são tomadas por uma única pessoa. Em geral, o são por meio de um **centro de compra**, grupo de pessoas dentro da organização que toma as decisões de compras organizacionais, integrado por usuários, influenciadores, compradores, decisores e guardiões.[12] Uma pessoa pode executar vários papéis dentro do centro de compra, e seus participantes compartilham as metas e riscos associados com suas decisões.

Usuários são os membros organizacionais que realmente usam o produto. Com frequência, iniciam o processo de compra e/ou geram as especificações da compra. Depois da aquisição, avaliam o desempenho do produto em relação às especificações.

Influenciadores, muitas vezes, referem-se a técnicos, como engenheiros, que ajudam a desenvolver as especificações do produto e avaliar as alternativas. Membros da equipe técnica são influenciadores especialmente importantes quando os produtos considerados envolvem tecnologias novas e avançadas.

Compradores selecionam os fornecedores e negociam os termos da compra, e também podem se envolver no desenvolvimento das especificações. Muitas vezes, são chamados agentes ou gerentes de compras. Suas escolhas de vendedores e produtos, especialmente para compras novas, são fortemente influenciadas pelos outros membros do centro de compra. Nas recompras diretas, o comprador tem papel fundamental na seleção do vendedor e nas negociações.

Decisores são os que de fato escolhem os produtos. Embora compradores possam ser decisores, não é incomum que pessoas diferentes ocupem esses papéis. Para itens comprados rotineiramente, é usual que os compradores sejam decisores. No entanto, um comprador pode não estar autorizado a fazer compras que excedam determinado limite de capital; nesse caso, as pessoas em um nível de gestão mais alto são os decisores.

Por fim, os *guardiões*, secretárias e equipe técnica controlam o fluxo de informações entre e para os diferentes papéis do centro de compra. Compradores que lidam diretamente com vendedores também podem ser guardiões, já que conseguem controlar esses fluxos. O fluxo de informações do representante de vendas de um fornecedor aos usuários e influenciadores geralmente é controlado pela equipe do departamento de compras.

O número e a estrutura de um centro de compra da organização são afetados pelo tamanho e posição no mercado, volume e tipo de produtos que compram e a filosofia gerencial global da companhia sobre quem deve tomar as decisões de compra. O tamanho é influenciado pelo estágio do processo de decisão de compra e pelo tipo de aquisição (compra nova, recompra simples ou modificada). Em geral, o tamanho é maior para uma compra nova do que para uma recompra simples. Um profissional de marketing que tenta vender a um cliente de negócio deve, primeiro, determinar quem são as pessoas no centro de compra, as funções que executam e quais são os mais influentes no processo de decisão. Embora possa não ser viável entrar em contato com todos os envolvidos no centro de compra, os profissionais de marketing devem contatar alguns dos mais influentes.

Estágios do processo de decisão de compras organizacionais

Assim como os consumidores, as empresas seguem um processo de decisão de compra, resumido na parte inferior da Figura 7.2. No primeiro estágio, um ou mais indivíduos reconhecem a existência de um problema ou necessidade. O reconhecimento do problema pode surgir de uma variedade de circunstâncias – por exemplo, quando as máquinas funcionam mal ou quando modifica um produto existente ou se introduz um novo. Podem ser indivíduos do centro de compra ou outros membros da empresa que reconhecem inicialmente a existência de um problema.

O segundo estágio do processo, desenvolvimento das especificações do produto, exige que os participantes do centro de compras analisem o problema ou necessidade e determinem o que é necessário para resolvê-lo. Durante esse estágio, usuários e influenciadores, por exemplo, engenheiros, fornecem informações e pareceres para desenvolver as especificações do produto. Ao analisar e descrever as necessidades, a organização deve conseguir estabelecer as especificações do produto.

Busca e avaliação de possíveis produtos e fornecedores é o terceiro estágio do processo de decisão. As atividades de busca envolvem analisar os arquivos da companhia e diretórios comerciais, contatar fornecedores para obter informações, solicitar propostas de seus vendedores conhecidos e examinar publicações on-line e impressas. É comum que as organizações, especialmente aquelas com reputação de promover políticas de contratação abertas, especifiquem o desejo de trabalhar com vendedores diversos, como os pertencentes a mulheres ou membros de minorias. Durante esse estágio, algumas organizações iniciam análises de valor, uma avaliação de cada componente de uma possível compra. **Análise de valor** examina qualidade, design, materiais e, possivelmente, redução ou eliminação de itens, objetivando adquirir o produto com o melhor custo-eficiência. Alguns vendedores podem ser desconsiderados porque não são grandes o suficiente para fornecer as quantidades necessárias. Outros podem ser excluídos em razão de registros de entrega e serviço pobres. Às vezes, nenhum vendedor disponibiliza o produto, e o comprador precisa trabalhar com um fornecedor inovador que o ajude a projetá-lo e produzi-lo. Os compradores avaliam os produtos para ter certeza de que atendem ou excedem as especificações de produto desenvolvidas no segundo estágio do processo de decisão

análise de valor Avaliação de cada componente de uma compra potencial.

análise do vendedor
Avaliação sistemática e formal de vendedores atuais e potenciais.

fontes múltiplas Decisão de uma organização em usar diversos fornecedores.

fornecedor exclusivo A decisão de uma organização em utilizar apenas um fornecedor.

de compras organizacionais. Em geral, os fornecedores são julgados de acordo com critérios múltiplos. Inúmeras organizações empregam a **análise do vendedor**, uma avaliação formal e sistemática dos vendedores atuais e potenciais, focando categorias como preço, qualidade de produto, serviço de entrega, disponibilidade de produto e confiabilidade geral.

Os resultados das deliberações e análises do terceiro estágio do processo são usados durante o quarto, para selecionar o produto a ser adquirido e seu respectivo fornecedor. Em alguns casos, o comprador seleciona e usa vários fornecedores, processo conhecido como **fontes múltiplas**. Muitas vezes, empresas com contratos com o governo federal norte-americano precisam ter várias fontes de um item para garantir fornecimento constante. Eventualmente, um único fornecedor é selecionado, situação chamada **fornecedor exclusivo**. Muitas das organizações que terceirizam seus serviços de folha de pagamento utilizam apenas um provedor. A propaganda da Intuit foca um problema que muitas empresas têm com a implementação e manutenção de um processo de folha de pagamentos estável. O lápis mastigado ressalta a dor de cabeça que a folha de pagamentos pode ser para muitas empresas. As companhias que reconhecem que têm esse problema são encorajadas a comprar os produtos de folha de pagamento da Intuit para tornar o processo mais fácil e estável, já que seus produtos cobrem todas as necessidades organizacionais nesse aspecto.

Fornecimento exclusivo tem sido historicamente desencorajado, exceto em casos nos quais um produto só está disponível em uma companhia. Embora ainda não seja

Figura 7.2

Processo de decisão de compra (organizacional) em negócios e fatores que podem influenciá-lo.

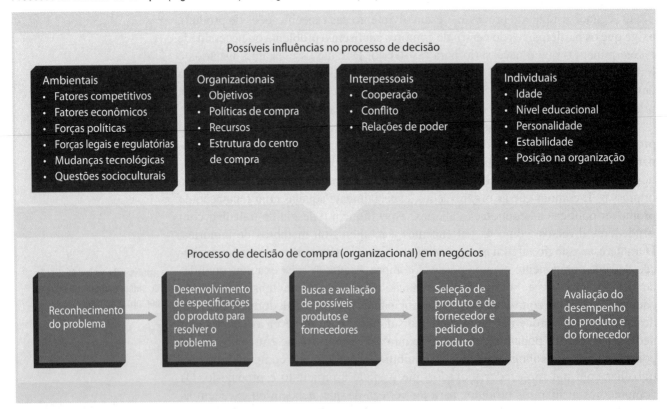

comum, muitas organizações agora escolhem fornecedores exclusivos, em parte porque o acordo envolve melhor comunicação entre comprador e fornecedor, estabilidade, maiores lucros para fornecedores e, em geral, preços mais baixos para os compradores. No entanto, as fontes múltiplas permanecem preferíveis para a maioria das organizações, porque diminuem a possibilidade de rompimentos causados por greves, déficits e falências. O produto real é encomendado no quarto estágio, e os detalhes específicos a respeito de termos, acordos de crédito, datas e métodos de entrega e assistência técnica são finalizados.

Durante o quinto estágio, o desempenho do produto é avaliado em comparação com as especificações. Às vezes, o produto atende às especificações, mas seu desempenho não resolve adequadamente o problema ou não satisfaz à necessidade reconhecida no primeiro estágio. Nesse caso, as especificações do produto precisam ser ajustadas. O desempenho do fornecedor também é avaliado nesse estágio. Se for inadequado, o comprador de negócios lhe pede ações corretivas ou busca um novo fornecedor. Os resultados da avaliação se tornam um feedback útil em futuras decisões de compras organizacionais.

O processo de decisão de compra organizacional é usado em sua totalidade principalmente para compras novas. Vários estágios, mas não necessariamente todos, são usados para situações de recompra simples e modificada.

Influências sobre o processo de decisão de compras organizacionais

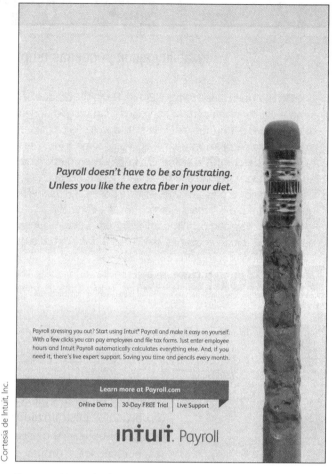

Fornecedor exclusivo
A propaganda da Intuit aponta para o problema que algumas empresas têm com a implementação e a manutenção de um processo de folha de pagamentos estável e eficiente. Empresas que terceirizam o processamento de folha de pagamento são propensas a usar apenas um fornecedor.

A Figura 7.2 também lista os quatro principais fatores que influenciam as decisões de compra organizacionais: ambientais, organizacionais, interpessoais e individuais. Fatores ambientais incluem aspectos competitivos e econômicos, forças políticas, forças legais e regulatórias, mudanças tecnológicas e questões socioculturais. Esses podem gerar incerteza considerável para uma organização, inclusive em decisões de compra. Alterações em uma ou mais forças ambientais, como novas regulamentações do governo ou aumento na concorrência, podem criar oportunidades e ameaças que afetam as decisões de compra.

Fatores organizacionais que influenciam o processo de decisão de compra incluem: objetivos da organização, políticas de compra, recursos e o tamanho e a composição de seu centro de compras. Uma organização também pode ter determinadas políticas de compra a que os participantes do centro de compras precisam obedecer e que limitam suas decisões de compra. Por exemplo, a política de uma empresa pode autorizar contratos com extensões indesejáveis para muitos vendedores ou os recursos financeiros podem exigir acordos especiais de crédito, afetando, também, as decisões de compra.

♦ ♦ Empreendedorismo em marketing

Pixability ajuda pequenas empresas a competir por meio de vídeos

Bettina Hein, fundadora e CEO da Pixability, diz que seu ramo é "tentar democratizar os vídeos". No mundo conectado de hoje, o YouTube e outros sites agora são os lugares mais populares para os vídeos do tipo "como fazer", testemunhos de clientes e demonstrações de produto. Ainda assim, pequenas empresas raramente têm a experiência e os equipamentos para produzir, editar e postar vídeos on-line que pareçam profissionais. É aí que entra a Pixability.

A Pixability, companhia com sede em Boston, fundada em 2008, ajuda pequenas empresas a transformar suas ideias em vídeos completos e publicados em cerca de duas semanas por um preço acessível. Primeiro, a Pixability fala com cada cliente sobre a proposta do vídeo. Depois, envia uma câmera de vídeo portátil e uma lista de cenas sugeridas para que filmem. Uma vez que os clientes tenham feito o *upload* de 30 minutos de filmagem bruta, os especialistas da Pixability editam tudo até que o filme totalize dois minutos, acrescentam músicas e legendas e inserem o logo e informações de contato do cliente. O resultado é um vídeo que transmite a mensagem do cliente durante o tempo em que ficar disponível na Web.

Sabendo quão eficientes os vídeos on-line podem ser, a Pixability põe em prática o que prega. A pequena empresa de rápido crescimento tem agora dezenas de vídeos instrutivos em seu website, que ajudam os clientes a tirar o máximo de seu marketing em vídeo.[d]

Fatores interpessoais são as relações entre pessoas no centro de compras. A confiança é crucial nas parcerias colaborativas, e isso é especialmente verdadeiro quando produtos customizados estão envolvidos – o comprador pode não os ver até que estejam finalizados e precisa confiar que o produtor os está criando de acordo com as especificações. Confiança e comunicação clara garantem que todas as partes fiquem satisfeitas com o resultado; no entanto, dinâmicas interpessoais e capacidades de comunicação variadas dentro do centro de compras podem complicar os processos.

Fatores individuais são as características pessoais dos participantes do centro de compras, como idade, nível de educação, personalidade, estabilidade e posição na organização. Considere um gerente de 55 anos que está na empresa há 25. Ele tende a ter mais influência e poder sobre as decisões do centro de compras do que um funcionário de 30 anos que está na empresa há apenas dois. A influência de vários fatores no processo de decisão de compra, como idade e estabilidade, depende da situação de compra, do tipo de produto e de aquisição (nova, recompra modificada ou simples). Os estilos de negociação dos funcionários também variam. Para serem efetivos, os profissionais de marketing precisam conhecer os clientes bem o suficiente para ter ciência desses fatores individuais e de seus possíveis efeitos sobre as decisões de compra.

SISTEMAS DE CLASSIFICAÇÃO INDUSTRIAL

[5] Descrever sistemas de classificação industrial e explicar como podem ser usados para identificar e analisar mercados de negócios.

Profissionais de marketing precisam analisar uma quantia considerável de informações sobre possíveis clientes de negócio por meio de publicações do governo, da indústria e de websites. Eles usam essas informações para identificar possíveis clientes de negócio e estimar seu potencial de compra.

Muitas informações sobre clientes de negócio são baseadas em sistemas de classificação industrial. Nos Estados Unidos, os profissionais de marketing contavam, historicamente, com o sistema Standard Industrial Classification (SIC), desenvolvido pelo governo federal norte-americano para classificar características econômicas seleciondas de organizações industriais, comerciais, financeiras e de serviços. Esse sistema foi substituído pelo **Sistema Norte-Americano de Classificação da Indústria (Naics)**, quando os Estados Unidos passaram a fazer parte do Acordo de Livre Comércico da América do Norte (Nafta). Naics é um sistema único de classificação da indústria, usado por países como Estados Unidos, Canadá e México, para gerar estatísticas comparáveis entre esses três parceiros do Nafta. Sua classificação é baseada nas atividades de produção; é parecido com o sistema International Standard Industrial Classification (Isic) usado na Europa e em muitas outras partes do mundo. Enquanto o antigo sistema SIC classificava a atividade industrial em 10 setores, o Naics divide em 20. Este último contém 1.170 classificações industriais, em comparação com as 1.004 do SIC. O Naics é mais abrangente e atualizado, e fornece consideravelmente mais informações sobre indústrias de serviços e produtos de alta tecnologia.[13] A Tabela 7.2 mostra alguns códigos Naics para a Apple Inc. e AT&T Inc.

Sistema Norte-Americano de Classificação da Indústria (Naics) Classificação de indústrias que gera estatísticas comparativas entre Estados Unidos, Canadá e México.

Sistemas de classificação industrial são um meio uniforme de categorizar organizações em grupos com base em fatores como tipos de bens e serviços fornecidos. Embora um sistema de classificação industrial seja um veículo de segmentação, é mais bem utilizado em conjunto com outros tipos de dados para determinar exatamente quantos e quais clientes um profissional de marketing pode atingir.

Um profissional de marketing pode usar vários métodos para estabelecer as identidades e localizações de organizações em grupos específicos. Um deles é usar catálogos estaduais ou industriais comerciais, como *Standard & Poor's Register* e *Million Dollar Database*, de Dun & Bradstreet. Essas fontes contêm informações sobre a organização, incluindo nome, classificação industrial, endereço, número de telefone e vendas anuais. Ao recorrer a uma ou mais dessas fontes, os profissionais de marketing segregam clientes de negócio por números de classificação industrial, determinam suas localizações e desenvolvem listas de possíveis clientes por área geográfica desejada.

Tabela 7.2 Exemplos de classificação Naics.

Hierarquia Naics para a AT&T Inc.		Hierarquia Naics para a Apple Inc.	
Setor 51	Informação	Setor 31-33	Manufatura
Subsetor 517	Telecomunicações	Subsetor 334	Fabricação de computadores e eletrônicos
Grupo industrial 5171	Operadoras de telecomunicações por fio	Grupo industrial 3341	Fabricação de computadores e equipamentos periféricos
Grupo industrial 5172	Operadoras de telecomunicações sem fio		
Indústria 51711	Operadoras de telecomunicações por fio	Indústria 33411	Fabricação de computadores e equipamentos periféricos
Indústria 51721	Operadoras de telecomunicações sem fio		
Indústria 517110	Operadoras de telecomunicações por fio	Indústria norte-americana 334111	Fabricação de computadores eletrônicos
Indústria 517210	Operadoras de telecomunicações sem fio		

Fonte: Naics Association. Disponível em: <www.census.gov/eos/www/naics/>. Acesso em: 12 fev. 2013.

Um método mais vantajoso, embora mais caro, é usar um serviço comercial de dados. Dun & Bradstreet, por exemplo, pode fornecer uma lista de organizações que se enquadram em determinado grupo de classificação industrial. Para cada companhia na lista, a Dun & Bradstreet apresenta nome, localização, volume de vendas, número de funcionários, tipo de produtos manipulados, nomes dos diretores e outras informações pertinentes. Cada método pode identificar e localizar de forma eficiente um grupo de possíveis consumidores por indústria e localização. Já que muitas companhias da lista terão um maior potencial do que outras, os profissionais de marketing precisam conduzir pesquisas adicionais para determinar qual consumidor ou grupo de consumidores perseguir.

Para estimar o potencial de compra de um cliente de negócios ou grupos de clientes, o profissional de marketing deve encontrar uma relação entre a extensão das compras dos possíveis clientes e uma variável disponível nos dados de classificação industrial, como número de empregados. Por exemplo, um fabricante de tintas pode tentar determinar o número médio de galões comprados por um tipo de possível cliente em relação ao seu número de empregados. Uma vez que a relação é estabelecida, pode ser aplicada a grupos de clientes para estimar o tamanho e a frequência das possíveis compras. Depois de produzir essas estimativas, o profissional de marketing está em posição de selecionar grupos de clientes com maiores potenciais de vendas e lucros.

A despeito de sua utilidade, os dados de classificação industrial levantam vários problemas. Primeiro, algumas indústrias não têm designações específicas. Segundo, como a transferência de produtos de um estabelecimento a outro conta como um carregamento, pode ocorrer uma contagem dobrada quando produtos são enviados para dois estabelecimentos dentro da mesma empresa. Terceiro, já que o Escritório do Censo norte-americano é proibido de fornecer dados que identifiquem organizações comerciais específicas, alguns dados, como o valor total de carregamentos, podem ser subestimados. Por fim, como as agências do governo oferecem dados de classificação industrial, geralmente existe um atraso significativo entre a coleta de dados e o momento em que a informação é lançada.

Revisão do capítulo

1. Diferenciar os vários tipos de mercados de negócios.

Os mercados de negócios (B2B) consistem em indivíduos, organizações e grupos que compram um tipo específico de produto para revenda, uso direto na produção de outros produtos ou nas operações diárias. Os mercados de produtores incluem os indivíduos e organizações de negócios que adquirem produtos com o propósito de obter lucro usando-os para produzir outros produtos ou como parte de suas operações. Intermediários que compram produtos acabados e os revendem para obter lucro são classificados como mercados revendedores. Mercados governamentais consistem em governos federais, estaduais, municipais e subprefeituras, que gastam bilhões de dólares anualmente em bens e serviços para apoiar as operações internas e fornecer aos clientes os serviços necessários. As organizações com objetivos filantrópicos, educacionais, comunitários ou outros sem fins lucrativos constituem os mercados institucionais.

2. Identificar as principais características dos clientes e transações de negócios.

Transações que envolvem clientes de negócios diferem das de consumo de várias formas. As transações de negócios tendem a ser maiores, e suas negociações ocorrem com menos frequência, embora em geral sejam prolongadas. Podem envolver mais de uma pessoa ou departamento da organização compradora, e, também, reciprocidade, acordo no qual duas organizações concordam em comprar uma da outra. Clientes de negócios geralmente são mais bem informados do que os consumidores finais e mais propensos a buscar informações sobre recursos e especificações técnicas de um produto.

Clientes de negócios são especialmente preocupados com qualidade, serviço, preço e relações com o fornecedor. A qualidade é importante, já que afeta diretamente a dos produtos que a empresa do comprador produz. Para atingir alto nível de qualidade, em geral as organizações compram produtos com base em um conjunto de características expressas, chamadas especificações. Como os serviços têm uma influência direta sobre os custos, vendas e lucros de uma organização, fatores como informação de mercado, entrega pontual e disponibilidade de peças são cruciais para o comprador organizacional. Embora os clientes de negócios não dependam apenas do preço para decidir quais produtos comprar, este é uma preocupação primária, pois influencia diretamente a lucratividade da empresa.

Compradores organizacionais usam diversos métodos de compra, incluindo descrição, inspeção, amostragem e negociação. A maioria das compras organizacionais se dá na forma de novas compras, recompras simples ou modificadas. Em uma compra nova, a organização faz uma aquisição inicial de itens a serem usados para executar novas tarefas ou resolver novos problemas. A compra simples ocorre quando um comprador adquire os mesmos produtos de forma rotineira, sob aproximadamente os mesmos termos de venda. Na recompra modificada, uma nova compra é alterada na segunda ou terceira vez em que é feita, caso contrário, os requerimentos associados a uma recompra simples são modificados.

3. Entender os vários atributos da demanda por produtos para negócios.

A demanda industrial (por produtos de negócios) difere da dos consumidores em várias dimensões. A primeira deriva da demanda por produtos de consumo. No nível da indústria, a demanda é inelástica. Se o preço de um item industrial muda, a demanda pelo produto não vai mudar tanto proporcionalmente. Alguns produtos industriais são sujeitos à demanda conjunta, que ocorre quando dois ou mais itens são usados de forma combinada para fazer um produto. Por fim, como a demanda organizacional deriva da do consumidor, a demanda por produtos para negócios pode flutuar significativamente.

4. Entender o centro de compra, os estágios do processo de decisão de compras organizacionais e os fatores que afetam esse processo.

O comportamento de compra de negócios (ou organizacional) refere-se ao de produtores, revendedores, unidades governamentais e instituições. Decisões de compras organizacionais são tomadas por meio de um centro de compras, constituído por um grupo de pessoas envolvidas em tomar tais decisões de compra. Usuários são as que realmente usam o produto na organização. Os influenciadores ajudam a desenvolver especificações e a avaliar produtos alternativos para possível uso. Os compradores selecionam fornecedores e negociam termos de compra. Decisores escolhem os produtos. Guardiões controlam o fluxo de informações para e entre os indivíduos que ocupam seus papéis no centro de compras.

Os estágios do processo de decisão de compra em negócios são: reconhecimento do problema, desenvolvimento das especificações do produto para resolver os problemas, busca e avaliação de produtos e fornecedores, seleção e pedido do produto mais apropriado, e avaliação do desempenho do produto e do fornecedor.

Quatro categorias de fatores influenciam as decisões de compras organizacionais: ambiental, organizacional, interpessoal e individual. Fatores ambientais incluem forças competitivas, condições econômicas, forças políticas, leis e regulamentações, mudanças tecnológicas e fatores socioculturais. Os organizacionais incluem objetivos da companhia, políticas de compra e recursos, bem como o tamanho e a composição de seu centro de compras. Fatores interpessoais são as relações entre pessoas do centro de compras. Os individuais são características pessoais dos membros do centro de compras, como idade, nível educacional, personalidade e estabilidade, e posição na organização.

5. Descrever sistemas de classificação industrial e explicar como podem ser usados para identificar e analisar mercados de negócios.

Mercados de negócios têm uma quantidade considerável de informações disponíveis para usar no planejamento de estratégias de marketing. Muito dessa informação é baseado em um sistema de classificação industrial, que categoriza as empresas em grandes grupos industriais, subgrupos industriais e categorias industriais detalhadas. O Sistema Norte-Americano de Classificação da Indústria (Naics) substituiu o antigo sistema Standard Industrial Classification (SIC), e é usado pelos Estados Unidos, Canadá e México. Ele fornece aos profissionais de marketing as informações necessárias para identificar grupos de consumidores de negócios. Os profissionais de marketing podem utilizar melhor esses dados em conjunto com outras informações. Depois de identificar as indústrias-alvo, os profissionais de marketing podem obter os nomes e localizações de possíveis clientes usando fontes de dados governamentais e comerciais. Depois, devem estimar as possíveis compras de clientes organizacionais encontrando uma relação entre as compras de um potencial consumidor e uma variável disponível nos dados de classificação industrial.

Conceitos-chave

análise de valor 219
análise do vendedor 220
centro de compra 218
comportamento de compra (organizacional) em negócios 218
compra nova 215
demanda conjunta 217
demanda derivada 216
demanda inelástica 217
fontes múltiplas 220
fornecedor exclusivo 220
mercados governamentais 208
mercados institucionais 209
mercados produtores 206
mercados revendedores 207
reciprocidade 211
recompra modificada 216
recompra simples 216
Sistema Norte-Americano de Classificação da Indústria (Naics) 223

Questões para discussão e revisão

1. Identifique, descreva e dê exemplos dos quatro principais tipos de mercados de negócios.
2. Por que os clientes organizacionais geralmente são considerados mais racionais em seu comportamento de compra do que os consumidores finais?
3. Quais são as preocupações primárias dos clientes de negócio?
4. Liste diversas características que diferenciam as transações envolvendo clientes organizacionais e consumidores.
5. Quais são os métodos normalmente utilizados em compras organizacionais?
6. Por que os compradores envolvidos em recompras simples precisam de menos informações do que os que fazem compras novas?
7. Como a demanda por produtos de negócios difere da demanda de consumidores?
8. Quais são os principais componentes do centro de compras de uma organização?
9. Identifique os estágios do processo de decisão de compras organizacionais. Como esse processo é usado ao fazer recompras diretas?
10. Como fatores ambientais, organizacionais, interpessoais e individuais afetam as compras organizacionais?
11. Quais funções um sistema de classificação industrial ajuda os profissionais de marketing a realizar?

Aplicações do marketing

1. Os Estados Unidos são o maior produtor de milho do mundo. A cada ano, um produtor de milho deve decidir que tipo de semente usar e para qual mercado final será destinada a safra. Em aproximadamente uma década, a produção de milho para gado, aves e peixes caiu de 80% da produção total para 40%. Ao mesmo tempo, o milho produzido para a fabricação de etanol aumentou para 40% da produção total de milho. Além disso, a mudança para o etanol tirou o milho da cadeia de suprimentos para o mercado de alimentação agrícola, causando um impacto nos custos dos alimentos. Cerca de 12% do milho é usado para consumo humano direto, na forma de cereal ou salgadinhos de milho, por exemplo. É muito menos custoso aos fabricantes produzir milho para etanol, porque é possível usar sementes mais eficientes, geneticamente modificadas. Para plantar milho geneticamente modificado para etanol, a semente custa em torno de US$ 200 por alqueire, e a produção será significativamente maior do que outras safras de milho, já que os inseticidas e herbicidas estão dentro da semente. A semente não modificada geneticamente produz mais rendimento no mercado por alqueire, mas a produção geral de colheita é menor e mais cara de se produzir. Supondo-se que a safra não modificada geneticamente venda por US$ 10.00 por alqueire e que a geneticamente modificada venda por US$ 7.00/alqueire, classifique cada uma das variáveis a seguir entre 1 e 5. Pense em 1 como a variável mais importante, e em 5 como a menos importante. Com base na saúde, meio ambiente e dependência de fontes de energia estrangeiras, o que você faria se fosse um fazendeiro comprando sementes para a colheita do ano que vem?

    Classifique a decisão de usar ou não sementes geneticamente modificadas com base nas seguintes considerações:
    a. Segurança para o meio ambiente
    b. Capacidade de controlar os custos de produção
    c. Impacto sobre os preços dos alimentos
    d. Preocupações gerais com a saúde
    e. Contribuição para reduzir a dependência de fontes de energia estrangeiras

2. Identifique organizações na sua área que se enquadrem em cada categoria de mercado de negócios: produtor, revendedor, governamental e institucional. Explique suas classificações.

3. Indique o método de compra (descrição, inspeção, amostragem ou negociação) que torna uma organização mais propensa a utilizar ao comprar cada um dos itens a seguir. Defenda suas seleções.
    a. Um edifício para sediar o escritório de um fabricante de lâmpadas
    b. Lã para um produtor de roupas
    c. Um cruzeiro no Alasca para o recesso de uma companhia, supondo-se que se utilize uma agência de viagens comum
    d. Pregos de uma polegada para um empreiteiro

4. Compras para negócios podem ser descritas como compras novas, recompras modificadas ou simples. Classifique as seguintes decisões de compra e explique suas escolhas.
    a. Bob comprou palitos de dentes do Smith Restaurant Supply por 25 anos, e recentemente fez um pedido de palitos amarelos, em vez dos brancos habituais.
    b. A companhia de investimentos de Jill tem comprado envelopes da AAA Office Supply por um ano, e agora precisa adquirir caixas para enviar os resumos de pastas de fim de ano aos clientes. Jill procurou pela AAA para comprar as caixas.
    c. Reliance Insurance tem equipado seus vendedores com pequenos computadores pessoais para ajudar em seus esforços de vendas. A companhia concordou recentemente em lhes fornecer computadores mais rápidos e mais sofisticados.

5. Identificar consumidores qualificados é importante para a sobrevivência de qualquer organização. O Naics oferece informações úteis sobre muitas e diferentes empresas. Encontre o manual do Naics na biblioteca ou on-line, em www.naics.com, e identifique o código Naics de cada um dos itens a seguir.
    a. Barras de chocolate
    b. Pneus automotivos
    c. Tênis de corrida masculinos

Desenvolvendo seu plano de marketing

Ao desenvolver uma estratégia de marketing para clientes de negócio, é essencial entender o processo pelo qual a empresa passa ao tomar uma decisão de compra. Conhecimentos sobre o comportamento de compra organizacional são importantes no desenvolvimento de diversos aspectos do plano de marketing. Para ajudá-lo a relacionar as informações deste capítulo com a criação de um plano de marketing para clientes de negócio, considere as seguintes questões:

1. Quais são as preocupações primárias de clientes de negócios? Alguma dessas preocupações poderia ser atendida pelas capacidades da sua companhia?
2. Determine o tipo de compra organizacional que provavelmente seu cliente vai usar ao comprar seu produto. Como isso poderia impactar o nível de informação exigido pela empresa ao avançar pelo processo de decisão de compra?
3. Discuta os diferentes tipos de demanda que os clientes de negócios vão enfrentar quando comprar seus produtos.

A informação obtida nessas questões deve ajudá-lo no desenvolvimento de vários aspectos de seu plano de marketing.

Caso 7.1

Dale Carnegie foca em clientes de negócio

Dale Carnegie era um empreendedor altamente bem-sucedido e um dos oradores mais lendários do século 20. Sua fórmula simples, mas eficiente, de dois passos para se conectar com clientes e colegas em situações de negócios era (1) fazer amigos e (2) influenciar pessoas. Ele começou a ensinar seus métodos como parte do Dale Carnegie Course em 1912. Em 1936, publicou seu livro inovador, *Como fazer amigos e influenciar pessoas,* que veio a se tornar um best-seller internacional, ainda disponível impresso, em audiobook e e-book. O manuscrito original de seu famoso livro permanece exposto na sede da companhia que Dale Carnegie fundou em Hauppauge, Nova York, inspirando os novos líderes que comandam a empresa neste século.

Hoje, Dale Carnegie opera em 85 países, de China a Camarões, com 2.700 treinadores ensinando seus métodos em 25 idiomas. Ao todo, mais de 8 milhões de pessoas já fizeram pelo menos um curso de Dale Carnegie. A companhia treinou gestores, funcionários e equipes de corporações multinacionais, como Ford, Honda, Adidas, John Deere, 3M, Verizon, American Express e Apple. Ela também oferece treinamento a pessoas em agências governamentais, como o Departamento para Assuntos de Veteranos de Guerra Norte-Americano, bem como a proprietários de pequenas empresas e indivíduos que desejam aprender a técnica de Carnegie.

Os métodos de Carnegie podem ajudar os profissionais de marketing a construir relações com pessoas em todos os níveis, da portaria à diretoria. Se a conversa envolve uma chamada de vendas ou uma visita à fábrica para ver uma peça específica de um equipamento, "você pode mudar o comportamento das pessoas ao mudar sua atitude em relação a elas", afirma Peter Handal, CEO da Dale Carnegie. Ouvir com atenção, esboçar um sorriso e ser cortês é ter bom-senso, embora "isso não seja uma prática comum", explica Handal; é aí que entra o curso de Dale Carnegie.

Os princípios de Dale Carnegie ainda se aplicam na era de comunicações digitais. Por exemplo, escolher palavras positivas em um e-mail corporativo pode dar aos receptores uma sensação boa sobre a mensagem e seu emissor. Executivos geralmente estão ocupados, por isso, muitos valorizam a eficiência de mensagens breves, enviadas por mensagem de texto ou Twitter. Ao mesmo tempo, adicionar um toque pessoal com uma conversa rápida por Skype ou registrar uma mensagem de vídeo relevante podem ser formas eficazes de envolver os clientes de negócio. E não há nada como uma reunião pessoal, na qual o cliente pode se sentar com um fornecedor ou especialista técnico, fazer perguntas, assistir a uma demonstração ao vivo ou manusear o produto e construir a confiança.

Como CEO, Peter Handal viaja o mundo para ouvir o que os clientes e treinadores têm a dizer sobre as operações da Dale Carnegie e suas próprias situações de negócios. Ele enfatiza quão necessário é para os gestores ouvir o que os outros têm a dizer, mesmo se as notícias forem ruins. "Essa é uma situação muito perigosa", diz

Handal. "Você não pode ter todos da equipe no comando, mas precisa que todos sejam capazes de falar de forma aberta e honesta". Em outras palavras, é importante ser uma pessoa simpática, mas também manifestar-se, assim os tomadores de decisão terão todas as informações de que precisam para prosseguir.[14]

Questões para discussão

1. Como você aplicaria os métodos de Dale Carnegie se estivesse tentando fazer uma venda a uma companhia com um centro de compras grande?

2. Sob uma perspectiva de marketing, por que as pessoas que trabalham no Departamento para Assuntos de Veteranos de Guerra Norte-Americano estariam tão interessadas em fazer o curso de Dale Carnegie quanto as que trabalham na American Express?

3. A quais preocupações de clientes de negócios os profissionais de marketing da Dale Carnegie deveriam prestar atenção quando vendem os serviços de treinamento a uma companhia como a American Express?

NOTAS

1. Baseado em informações de Scott Maline. As GE Profits Rise, Investors Wonder about Cash Plans. *Reuters*, 18 jan. 2013. Disponível em: <www.reuters.com>; GE Uses Big Data to Power Machine Services Business. *ComputerWeekly*, 18 jan. 2013. Disponível em: <www.computerweekly.com>; Elizabeth Woyke. The Market Maker. *Think with Google*, jan. 2013. Disponível em: <www.thinkwithgoogle.com/insights>.

2. STP: Segmentation, Targeting, Positioning. American Marketing Association. Disponível em: <www.marketingpower.com>. Acesso em: 12 fev. 2013.

3. Ibid.

4. Manufacturing Employment Concentrations. Disponível em: <http://geocommons.com/maps/1534>; Corilyn Shropshire. U.S. Lost Quarter of Its High-Tech Jobs in Past Decade. *Chicago Tribune*, 18 jan. 2012. Disponível em: <http://articles.chicagotribune.com/2012-01-18/business/ct-biz-0118-tech-jobs-20120118_1_high-tech-manufacturing-jobs-job-losses-research>. Acesso em: 12 fev. 2013.

5. Statistics of U.S. Business, all industries, U.S. Bureau of the Census. Disponível em: <www.census.gov/econ/susb/>. Acesso em: 8 fev. 2013.

6. County Business Patterns, U.S. Census, 2010. Disponível em: <http://factfinder2.census.gov/faces/tableservices/jsf/pages/productview.xhtml?pid=BP_2010_00A1&prodType=table>. Acesso em: 8 fev. 2013.

7. Top 250 Global Retailers, Deloitte. Disponível em: <www.stores.org/STORES%20Magazine%20January%202012/global-powers-retailing-top-250>. Acesso em: 8 fev. 2013.

8. World's Most Admired Companies, 2012. *Fortune*. Disponível em: <http://money.cnn.com/magazines/fortune/most-admired/2012/industries/11.html>. Acesso em: 8 fev. 2013.

9. Notable Contract Awards. Booz Allen Hamilton. Disponível em: <www.boozallen.com/media-center/company-news/notable-contract-awards>. Acesso em: 13 fev. 2013.

10. Das Narayandas e V. Kasturi Rangan. Building and Sustaining Buyer-Seller Relationships in Mature Industrial Markets. *Journal of Marketing*, jul. 2004, p. 63.

11. Disney Institute. Disponível em: <http://disneyinstitute.com/>. Acesso em: 8 fev. 2013; Brooks Barnes. In Customer Service Consulting, Disney's Small World is Growing. *New York Times*, 21 abr. 2012. Disponível em: <www.nytimes.com/2012/04/22/business/media/in-business-consulting-disneys-small-world-is-growing.html>. Acesso em: 8 fev. 2013.

12. Frederick E. Webster Jr. e Yoram Wind. A General Model for Understanding Organizational Buyer Behavior. *Marketing Management*, inverno/verão 1996, p. 52–57.

13. Development of NAICS. U.S. Census Bureau. Disponível em: <www.census.gov/epcd/www/naicsdev.htm>. Acesso em: 13 fev. 2013.

14. Sunny Thao. Social Media as a Strategy. *Star Tribune* (Minneapolis), 7 abr. 2012. Disponível em: <www.startribune.com>; Dale Carnegie Wins Friends in a Digital Age. *CBS News*, 15. jan. 2012. Disponível em: <www.cbsnews.com>; Paul Harris. Digital Makeover for the Self-Help Bible that Helped Millions to Make Friends. *Observer*. Londres, 9 out. 2011, p. 25. Disponível em: www.dalecarnegie.com.

Notas dos *Quadros Informativos*

a Baseado em informações de Oliver St. John. Made in USA Makes Comeback as a Marketing Tool. *USA Today*, 21 jan. 2013. Disponível em: <www.usatoday.com>; Emanuella Grinberg. Made in America: The Short List. *CNN*, 11 dez. 2012. Disponível em: <www.cnn.com>; Jeremy A. Kaplan. Apple's Next Macs Will Be Made in the USA. *Fox News*, 6 dez. 2012. Disponível em: <www.foxnews.com>.

b Baseado em informações de Melissa Hincha-Ownby. Newsweek Names IBM Greenest Company in America. *Forbes*, 18 out. 2011. Disponível em: <www.forbes.com>; Susan Campriello.

IBM Is Environmental Leader. *Poughkeepsie Journal,* Nova York, 11 jun. 2011. Disponível em: <www.poughkeepsiejournal.com>; Todd Woody. IBM Suppliers Must Track Environmental Data. *The New York Times,* 14 abr. 2010. Disponível em: <www.nytimes.com>; IBM. Accenture Lead Responsible Government Suppliers. *Environmental Leader,* 21 jul. 2011. Disponível em: <www.environmentalleader.com>.

c Baseado em informações de Danielle Ivory. Women Lose More Ground in U.S. Small Business Contracts Race. *Bloomberg,* 24 jan. 2013. Disponível em: <www.bloomberg.com>; Tom Schoenberg e Kathleen Miller. Veterans Agency Can Ignore Vets Status in Contract Awards. *Bloomberg Businessweek,* 29 nov. 2012. Disponível em: <www.businessweek.com>; Geri Stengel. NYC Encourages Growth of Women-Owned Businesses. *Forbes,* 16 jan. 2013. Disponível em: <www.forbes.com>; Larry P. Vellequette. Chrysler Requires More Parts Purchases from Minority Suppliers. *Crain's Detroit Business,* 22 mar. 2012. Disponível em: <www.crainsdetroit.com>.

d Baseado em informações de Scott Kirsner. Pixability Pulls in $1 Million, to Help Small Businesses Add Video to Their Marketing Toolkit. *Boston Globe,* 18 fev. 2011. Disponível em: <www.boston.com>; Joel Brown. Claim to Frame: Helping Businesses Polish Images. *Boston Globe,* 25 maio 2010. Disponível em: <www.boston.com>; Verne Harnish. 5 Business Myths to Ditch Now. *Fortune,* 19 jan. 2011. Disponível em: <www.fortune.com>.

CAPÍTULO 8

Alcançando mercados globais

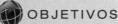 OBJETIVOS

1. Entender a natureza de uma estratégia de marketing global.
2. Analisar as forças ambientais que afetam esforços de marketing global.
3. Entender os vários e importantes acordos de comércio internacional.
4. Identificar métodos de entrada em mercados internacionais.
5. Entender como customização difere de globalização.

INSIGHTS DE MARKETING

Procter & Gamble se aproxima de consumidores no Vietnã

Procter & Gamble, a maior companhia de produtos para consumo do mundo, tem se expandido rapidamente no Vietnã desde sua primeira entrada no país, em 1995. Objetivando atingir possíveis consumidores, a P&G está usando empregados nativos para aumentar o envolvimento com a comunidade e obter informações sobre o comportamento do consumidor. O Vietnã é uma cultura jovem, e, por isso, a P&G decidiu educar os grupos demográficos jovens começando em escolas locais. A companhia expõe os benefícios de suas amplas linhas de produto e sedia eventos dentro das salas de aula das escolas para pesquisar se as marcas são reconhecíveis o bastante para esse mercado-alvo.

Esse mercado emergente é projetado para ter um crescimento significativo nos gastos dos consumidores em 2016. A fim de capturar completamente esse público, a P&G começou a promover seu alcance na comunidade, arrecadando fundos para escolas locais visando criar relações duradouras com os consumidores. Para promover o alcance de possíveis consumidores, ela está produzindo campanhas influentes de marketing usando várias mídias, como anúncios de televisão e veículos automotivos visualmente estimulantes com os logos da marca.

A P&G encoraja os consumidores a dar feedbacks sobre os produtos que compram e as razões pelas quais compram. Essa informação ajuda a companhia a adaptar produtos à cultura. Por exemplo, ela fez algumas mudanças no popular desodorizador Febreze, comumente usado em móveis e para eliminar odores dentro de capacetes de motociclistas, que rapidamente se tornou um dos produtos com crescimento mais rápido no país, já que as motocicletas são o principal meio de transporte. Além disso, depois de uma extensa pesquisa, a companhia descobriu que embalagens grandes de amaciante de roupas não faziam sucesso no país; assim, diminuiu o tamanho da embalagem, transformando a quantidade para uso único, como consequência, barateou o produto. O amaciante se tornou um dos produtos mais vendidos no país. O Vietnã é a 57ª maior economia, portanto, os esforços para capturar esse mercado claramente estão entre os maiores interesses da Procter & Gamble.[1]

Avanços tecnológicos e condições políticas e econômicas que mudam rapidamente estão tornando mais fácil para as companhias comercializarem seus produtos no exterior, assim como em seus países de origem. Com a maior parte da população mundial e dois terços do poder de compra total fora dos Estados Unidos, os mercados internacionais representam imensas oportunidades de crescimento. Acessá-los pode promover a inovação, enquanto a intensificação da concorrência pode estimular as companhias a desenvolver estratégias globais. Por exemplo, a rede de hotéis luxuosos Four Seasons está se expandindo pela África subsaariana com a intenção de desenvolver aventuras de safári para viajantes de todo o mundo.[2]

A respeito da natureza cada vez mais global do marketing, dedicamos este capítulo às características únicas dos mercados globais e do marketing internacional. Começaremos considerando a natureza da estratégia de marketing global e as forças ambientais que criam oportunidades e ameaças aos profissionais de marketing internacionais. A seguir, consideramos várias alianças, mercados e acordos de comércio regionais. Então, examinaremos as formas de entrar no marketing internacional e o grau de envolvimento das companhias nisso, bem como algumas das estruturas que podem ser utilizadas para organizar empresas multinacionais. Por fim, examinaremos como as companhias podem alterar seu conjunto de mix de marketing ao se envolver com esforços de marketing internacional. Todos esses fatores precisam ser considerados em qualquer plano de marketing que inclua um componente internacional.

A NATUREZA DA ESTRATÉGIA DE MARKETING GLOBAL

1 Entender a natureza de uma estratégia de marketing global.

marketing internacional
Desenvolvimento e execução de atividades de marketing além das fronteiras nacionais.

Marketing internacional envolve o desenvolvimento e a execução de atividades de marketing além das fronteiras nacionais. Por exemplo, o Walmart tem aproximadamente 2.200 mil funcionários e opera 10 mil lojas em 27 países; a Starbucks serve dezenas de milhões de consumidores por semana em mais de 5.500 lojas em mais de 50 países.[3] A General Motors vende mais carros na China do que nos Estados Unidos.

Marketing internacional
O McDonald's comercializa seus produtos em muitos países, e viu grandes oportunidades de expansão na China.

As companhias estão percebendo que mercados internacionais proporcionam enormes oportunidades de crescimento. Para encorajar o crescimento internacional, muitos países oferecem assistência prática significativa e valiosas pesquisas de benchmarking que vão ajudar suas organizações domésticas a se tornar mais competitivas globalmente. Exemplo é o Export.gov, site gerenciado pela Agência de Administração do Comércio Internacional do Departamento de Comércio dos Estados Unidos, que coleta uma variedade de recursos para ajudar empresas que querem exportar para outros países.[4] Um dos principais elementos de assistência que organizações governamentais podem oferecer a empresas (especialmente pequenas e médias) é o conhecimento sobre o processo de internacionalização de companhias.

Tradicionalmente, a maior parte das companhias – como McDonald's e KFC – entrou no mercado global adicionalmente, à medida que obtinham conhecimento sobre vários mercados e oportunidades. Começando nos anos 1990, no entanto, algumas empresas – como eBay, Google e Logitech – foram fundadas com o conhecimento e os recursos para promover seu comprometimento e investimentos no mercado global. Essas "nascidas globais" – em geral empresas pequenas com base em tecnologia que ganham até 70% de suas vendas fora do mercado doméstico – exportam seus produtos quase imediatamente depois de se estabelecer em nichos de mercado nos quais competem com organizações maiores e mais bem estabelecidas.[5] Se uma empresa adota a abordagem tradicional, ou a do "nascido global", ou outra que una atributos de ambos os métodos para comercializar produtos, a estratégia de marketing internacional é um elemento crítico de suas operações globais. Hoje, a concorrência global, na maioria dos setores, é intensa, e se torna cada vez mais feroz com a adição de novos mercados e empresas emergentes.

FORÇAS AMBIENTAIS EM MERCADOS GLOBAIS

2 Analisar as forças ambientais que afetam esforços de marketing global.

Em geral, companhias que entram em mercados internacionais descobrem que precisam fazer ajustes significativos em suas estratégias de marketing. As forças ambientais que afetam mercados estrangeiros podem diferir dramaticamente daquelas que afetam mercados domésticos. O McDonald's precisou de 14 anos de intensa negociação antes de ser capaz de abrir seus restaurantes na Rússia, mas os últimos 20 anos de operação dos restaurantes em 60 cidades russas têm sido um enorme sucesso. A primeira localização na Rússia foi na Pushkin Square, que permanece sendo o mais movimentado McDonald's do mundo.[6] Dessa forma, uma estratégia de marketing internacional bem-sucedida exige uma análise ambiental cuidadosa. Conduzir pesquisas para entender as necessidades e desejos de clientes internacionais é crucial para o sucesso do marketing global. Muitas organizações demonstraram que tais esforços podem gerar grandes recompensas financeiras, aumentar a participação de mercado e elevar a consciência do cliente sobre seus produtos ao redor do mundo. Nesta seção, exploramos como as diferenças entre forças socioculturais, econômicas, políticas, legais e regulatórias, sociais e éticas, competitivas e tecnológicas de outros países podem afetar profundamente as atividades de marketing.

Forças socioculturais

Diferenças culturais e sociais entre nações podem ter efeitos significativos sobre as atividades de marketing, porque, sendo basicamente sociais em propósitos, são influenciadas por crenças e valores relativos à família, religião, educação, saúde e recreação. Em termos de famílias, a população mundial supera a marca de 7 bilhões, com metade das pessoas vivendo em países em que a fertilidade é igual ou abaixo de 2,1 crianças por família. Graças a essas baixas taxas de fertilidade, a próxima onda de grande crescimento populacional provavelmente vai durar mais e ser guiada por países em desenvolvimento.[7] Ao identificar esses principais desvios socioculturais entre países, os profissionais de marketing criam a base para uma adaptação efetiva da sua estratégia. Na Índia, por exemplo, metade do cardápio do Taco Bell's é vegetariana, para ser atraente ao gosto indiano. Usa-se frango em vez de carne, e muitas das opções são mais apimentadas do que seus pares norte-americanos. As opções de refeição incluem tacos crocantes de batata e burritos recheados de carne e queijo.[8]

Preferências, gostos e idiomas locais podem se mostrar complicados para profissionais de marketing internacional. Embora o futebol americano seja um esporte popular nos Estados Unidos e uma grande oportunidade para muitos anunciantes de televisão, o futebol tradicional é o esporte televisionado mais popular na Europa e América Latina. E, é claro, as comunicações de marketing geralmente precisam ser traduzidas para outros idiomas. Às vezes, o verdadeiro significado das mensagens traduzidas pode ser mal interpretado ou perdido. Considere algumas traduções que deram errado em mercados estrangeiros: o duradouro slogan do KFC "Finger lickin' good" foi traduzido para o espanhol como "Coma seus dedos", e a campanha "Turn it loose" da Coors foi traduzida para o espanhol como "Beba Coors e tenha diarreia".[9]

Pode ser difícil transferir símbolos de marketing, marcas registradas, logos e até mesmo produtos aos mercados internacionais, especialmente se forem associados a objetos que têm profundo significado religioso ou cultural em determinada cultura. A Gerber começou a ofertar seus produtos de alimentação infantil na África fazendo alterações mínimas na embalagem tradicional, mostrando o bebê Gerber no rótulo. Quando as vendas de comida para bebê caíram bem abaixo das expectativas, a companhia fez algumas pesquisas e descobriu que, como a taxa de alfabetização é baixa em muitas partes da África, é costume colocar uma imagem do que está no recipiente na embalagem. Muitos consumidores não estavam comprando o produto porque pensaram que a Gerber estava vendendo carne de bebês. Diferenças culturais também podem afetar as negociações de marketing e o comportamento de tomada de decisão. Em muitas partes da Ásia, um presente pode ser considerado uma introdução necessária antes da negociação, enquanto nos Estados Unidos ou no Canadá um presente pode ser interpretado como suborno.

As percepções dos consumidores sobre outros países podem influenciar a adoção e o uso de um produto. Vários estudos descobriram que as preferências de consumidores por produtos dependem tanto do país de origem quanto da categoria de produto dos concorrentes.[10] Quando as pessoas não estão familiarizadas com produtos de outros países, suas percepções sobre o país como um todo podem afetar sua atitude em relação ao produto e influenciar se farão a compra ou não. Se um país tem reputação de fabricar produtos de qualidade e, portanto, tem uma imagem positiva na mente dos consumidores, os profissionais de marketing dos produtos daquele país vão querer tornar o país de origem bem conhecido. Por exemplo, uma imagem geralmente favorável da tecnologia de informática ocidental impulsionou as vendas dos computadores norte-americanos da Dell e Apple e dos softwares da Microsoft no Japão. Por outro lado, os profissionais de marketing podem querer se dissociar de determinado país, a fim de construir uma reputação de marca verdadeiramente global ou porque esse país não tem uma boa reputação de qualidade. Porque a China já teve problemas com qualidade de produto no passado, uma companhia chinesa que comprou a Volvo está mantendo a empresa posicionada como uma marca sueca. O grau em que a imagem da marca e o país de origem de um produto influenciam as compras é sujeito a variações consideráveis com base em características da cultura nacional.

Quando os produtos são introduzidos de uma nação para outra, a aceitação é muito mais provável se houver similaridades entre ambas. Na verdade, existem muitas características culturais similares entre os países. Para os profissionais de marketing internacional, as diferenças culturais têm implicações no desenvolvimento do produto, na propaganda, na embalagem e na precificação. O automóvel Mini original foi introduzido na Inglaterra em 1959. Embora a BMW estivesse relutante em exportar o carro para os Estados Unidos, fez uma tentativa em 2002 e ficou surpresa quando os norte-americanos começaram a comprá-lo.

Forças econômicas

Profissionais de marketing global precisam entender o sistema internacional de comércio, especialmente a estabilidade econômica de nações individuais, assim como as barreiras comerciais que podem conter seus esforços de marketing. Diferenças econômicas entre nações – padrões de vida, crédito, poder de compra, distribuição de renda, recursos nacionais, taxas de câmbio e afins – ditam muitos dos ajustes que as organizações precisam fazer ao comercializar internacionalmente.

Instabilidade é uma das constantes presentes no ambiente global de negócios. Os Estados Unidos e a União Europeia são mais estáveis economicamente do que muitas outras regiões do mundo. No entanto, até essas áreas têm declínios em ciclos regulares, e a recessão mais recente desacelerou significativamente

Diferenças culturais
Profissionais de marketing de países ocidentais podem não estar familiarizados com o festival de guarda-chuvas ou outros costumes da Tailândia. No entanto, entender as diferenças culturais e costumes locais pode ajudá-los a ajustar seu mix de marketing para atrair diferentes culturas.

o crescimento dos negócios. Inúmeros outros países, incluindo Coreia, Rússia, Cingapura e Tailândia, passam por problemas econômicos, como depressões, alto desemprego, falências corporativas, instabilidades em mercados cambiais, desequilíbrios comerciais e sistemas financeiros que precisam de grandes reformas. Por exemplo, o crescente poder de matérias-primas pode aumentar a inflação em países em desenvolvimento, nos quais a demanda está crescendo.[11] As condições em constante flutuação em diferentes economias exigem que os profissionais de marketing global monitorem com atenção o ambiente global e façam mudanças rapidamente. Mesmo os países em desenvolvimento mais estáveis, como México e Brasil, tendem a ter maiores flutuações em seus ciclos de negócios do que os Estados Unidos. Apesar desse fato, o conceito de crédito nos Estados Unidos diminuiu em 2011 devido a um déficit orçamentário contínuo. A instabilidade econômica também pode prejudicar os mercados para produtos norte-americanos em locais que, de outra forma, poderiam ser excelentes oportunidades de marketing. Por outro lado, a concorrência do crescimento econômico prolongado de países como China e Índia pode atrapalhar os mercados para produtos norte-americanos.

Os países mais ricos do mundo

Classificação	País	PIB per capita
1	Qatar	88.222
2	Luxemburgo	81.466
3	Cingapura	56.694
4	Noruega	51.959
5	Brunei	48.333
6	Emirados Árabes Unidos	47.439
7	Estados Unidos	46.860
8	Hong Kong	45.944
9	Suíça	41.950
10	Holanda	40.973

Fonte: Beth Greenfield. The World's Richest Countries. *Forbes*, 22 fev. 2012. Disponível em: <www.forbes.com/sites/bethgreenfield/2012/02/22/the-worlds-richest-countries/>. Acesso em: 11 jan. 2013.

Os valores do dólar, euro e iene têm grande impacto sobre os preços de produtos em muitos países. Um importante fator econômico no ambiente de negócios global é a avaliação da moeda. Muitos países adotaram uma taxa de câmbio flutuante, que permite que suas moedas oscilem, ou flutuem, de acordo com o mercado de câmbio estrangeiro. A China é continuamente criticada por desvalorizar ou valorizar sua moeda abaixo do valor de mercado. Isso lhe dá uma vantagem no que diz respeito às exportações, já que o yuan chinês tem valor menor do que as moedas de outras nações. Isso também diminui a demanda por fabricantes e exportadores de outros países.[12] O valor do dólar norte-americano também é importante para a economia global. Como muitos países flutuam suas taxas de câmbio ao redor do dólar, muita ou pouca moeda norte-americana na economia pode criar efeitos inflacionários ou prejudicar as exportações.[13]

Em termos do valor de todos os produtos fabricados por uma nação, os Estados Unidos têm o maior PIB do mundo, com mais de US$ 15 trilhões.[14] **Produto Interno Bruto (PIB)** é uma medida global de posição econômica de uma nação; é o valor de mercado da produção total de bens e serviços de uma nação em determinado período. No entanto, não leva em conta o conceito do PIB em relação à população (PIB per capita). Os Estados Unidos têm um PIB per capita de US$ 48.300. A Suíça é aproximadamente 230 vezes menor do que os Estados Unidos – um pouco maior do que o estado de Maryland –, mas sua densidade demográfica é seis vezes maior. Embora o PIB da Suíça seja uma fração um quarenta e três avos (1/43) do dos Estados Unidos, seu PIB per capita não é tão menor. Mesmo o Canadá, que é comparável em tamanho geográfico aos Estados Unidos, tem PIB e PIB per capita menores.[15] A Tabela 8.1 fornece uma análise econômica comparativa de 15 países, incluindo os Estados Unidos. Conhecimento sobre renda per capita, crédito e distribuição de renda proporciona insights gerais sobre o potencial do mercado.

Produto Interno Bruto (PIB)
O valor de mercado do total de rendimentos do país em bens e serviços por dado período; uma medida global de posição econômica.

Oportunidades para comércio internacional não são limitadas aos países com maior renda. Brasil, Rússia, Índia, China e África do Sul (Brics) têm atraído atenção à medida que suas economias parecem estar avançando rapidamente. Outras nações estão progredindo a uma velocidade muito maior do que há alguns anos, e esses países – especialmente na América Latina, África, Leste Europeu e Oriente Médio – têm um grande potencial de mercado. Considere o potencial de mercado para serviços de assistência à saúde, que está crescendo rapidamente em países em desenvolvimento. Na Índia, por exemplo, a demanda por diálise para tratar doenças como diabetes explodiu. Dentro de um período de cinco anos, espera-se que o mercado cresça de US$ 97 milhões para US$ 152 milhões. Infelizmente, embora os serviços de diálise na Índia custem apenas uma fração do que se cobra nos Estados Unidos, a maioria dos indianos ainda não pode pagar pelo tratamento.[16] Isso demonstra a situação complexa que os ofertantes de

Tabela 8.1 Análise comparativa de países selecionados

País	População (em milhões)	PIB (em bilhões de dólares)	Exportações (em bilhões de dólares)	Importações (em bilhões de dólares)	Usuários de internet (em milhões)	Celulares (em milhões)
Brasil	199,3	2.294	256	226,2	76,0	244,4
Canadá	34,3	1.389	463,1	460,7	27,0	27,4
China	1.343,2	11.300	1.904	1.660	389	986,3
Honduras	8,3	35,7	7,2	10,3	0,7	8,1
Índia	1.205,1	4.421	307,2	475,3	61,3	893,9
Japão	127,4	4.444	787	807,6	99,2	132,8
Jordânia	6,5	36,9	8,0	16,3	1,6	7,5
Quênia	43,0	71,2	5,8	13,8	4,0	24,97
México	115,0	1.667	349,4	350,8	31,0	94,6
Rússia	142,5	2.383	520,3	322,3	40,9	236,7
África do Sul	48,8	555	102,9	100,4	4,4	64,0
Suíça	7,9	353,6	322	317,5	6,2	10,1
Turquia	79,7	1.075	143,4	232,9	27,2	65,3
Tailândia	67,1	602,2	219,1	202,1	17,5	77,6
Estados Unidos	313,8	15.080	1.497	2.236	245,0	290,3

Fonte: CIA. *The World Fact Book.* Disponível em: <www.cia.gov/library/publications/the-world-factbook/rankorder/rankorderguide.html>. Acesso em: 31 jan. 2013.

bens e serviços enfrentam em países em desenvolvimento: como precificar produtos de forma alta o suficiente para obter lucro e ainda assim torná-los acessíveis para consumidores de baixa renda. Os profissionais de marketing também precisam entender os ambientes político e legal antes de poder converter o poder de compra dos consumidores desses países em verdadeiras demandas por produtos específicos.

Forças políticas, legais e regulatórias

Essas forças do ambiente estão intimamente ligadas nos Estados Unidos. Em grande escala, o mesmo é verdadeiro em muitos outros países. Tipicamente, a legislação é decretada, decisões legais são interpretadas e agências regulatórias são operadas por oficiais eleitos ou apontados. A infraestrutura legal e regulatória de um país é um reflexo direto do seu clima político. Em alguns países, esse clima é determinado pelas pessoas por meio de eleições, enquanto, em outros, os líderes são apontados ou assumem a liderança com base em determinados poderes. Embora leis e regulações tenham efeitos diretos sobre as operações de uma empresa em um país, as forças políticas são indiretas e em geral não claramente conhecidas em todos os países. Por exemplo, embora a China tenha se aberto para investimentos internacionais nos últimos anos, a censura do governo impede o Facebook, a maior rede social on-line do mundo, de interagir com consumidores.[17] A China é um exemplo de capitalismo supervisionado pelo estado. O governo detém a maioria ou tem uma

tarifa de importação Imposto arrecadado por um país sobre os bens comprados fora das fronteiras e importados para o país.

cota Limite na quantidade de bens que um país importador aceita por certas categorias de produto em determinado período de tempo.

embargo Suspensão do comércio de um produto em particular ou produtos de outro país pelo governo.

parte das ações de muitas empresas. Empresas estatais correspondiam a um terço do investimento estrangeiro direto do mundo emergente na última década. Um problema com empresas estatais em relação às organizações privadas é a natureza da concorrência. Companhias estatais não têm tantos concorrentes porque o governo as está apoiando. A não ser que trabalhem duro para permanecer competitivas, seus custos certamente vão aumentar.[18]

O sistema político, leis, marcos regulatórios, grupos de interesses especiais e tribunais de um país têm um grande impacto sobre o marketing internacional. As políticas de um governo em relação a empresas públicas e privadas, consumidores e companhias estrangeiras influenciam o marketing além das fronteiras nacionais. Alguns países estabeleceram barreiras de importação, como as tarifas. **Tarifa de importação** é qualquer imposto cobrado por uma nação sobre bens comprados fora de suas fronteiras e trazidos para o país. Como aumentam os preços de bens estrangeiros, as tarifas impedem o livre comércio entre as nações. Em geral, tarifas são designadas para aumentar os rendimentos de um país ou para proteger produtos domésticos. Nos Estados Unidos, os rendimentos de tarifas correspondem a menos de 2% dos rendimentos federais totais, uma queda de cerca de 50% do total de rendimentos federais no início dos anos 1900.[19]

Restrições de comércio não tarifadas incluem cotas e embargos. **Cota** é um limite na quantidade de bens que um país importador aceita para determinadas categorias de produto em um período específico de tempo. Os Estados Unidos mantêm cotas tarifárias sobre a cana-de-açúcar bruta importada, açúcar refinado, especial e produtos que contenham açúcar. O objetivo é permitir que os países exportem produtos específicos para os Estados Unidos por uma tarifa relativamente baixa, embora reconheçam tarifas mais altas sobre quantidades predeterminadas.[20] **Embargo** é a suspensão pelo governo do comércio de um produto em particular ou com determinado país. No geral, embargos são dirigidos a bens específicos ou países e estabelecidos por razões políticas, de saúde ou religiosas. Um embargo pode ser usado para suspender a com-

●●● Tendências do marketing

Google mergulha no mercado chinês com anúncios em aplicativos móveis

A Google está fazendo seu retorno à China com uma ferramenta inovadora de propaganda chamada AdMob. Depois de abandonar o mercado de ferramentas de busca devido a questões de censura, a Google agora anuncia por meio de dispositivos móveis para atingir clientes na China. Essa ferramenta de propaganda envia anúncios a usuários que jogam jogos, assistem vídeos e usam outros aplicativos em seus smartphones ou tablets.

Então, qual é a vantagem do AdMob sobre os concorrentes do mercado? Seus anúncios são compatíveis com a maioria dos smartphones. Anúncios móveis também estão progredindo por conta do aspecto personalizado que proporciona aos clientes e sua forma de alcançar usuários em movimento. Outro benefício dessa abordagem é sua versatilidade, já que os dispositivos móveis estão sendo usados em muitos mercados globais.

Ainda assim, mesmo com esses atributos positivos, as barreiras continuam, porque a questão urgente da censura ainda paira sobre a Google, que, no passado, se deparou com barreiras políticas com o governo chinês sobre a censura dos resultados de pesquisas de usuários. Essas mesmas questões de censura poderiam ser traduzidas para anúncios móveis? A Google também enfrenta questões de concorrência à medida que seu rival, a principal ferramenta de busca da china, o Baidu, começou a desafiar seu nicho na indústria de smartphones. No entanto, como o mercado avança na direção dos anúncios para dispositivos móveis, deixe para a Google tentar e ser a pioneira.[a]

pra de uma commodity, como petróleo, de um país que está envolvido em condutas questionáveis, como violações de direitos humanos ou terrorismo. Por exemplo, os Estados Unidos e a União Europeia impuseram um embargo contra o Irã, incluindo uma sanção comercial sobre exportações de petróleo, devido a preocupações com o programa de armas nucleares do Irã.[21] Leis a respeito da concorrência também podem servir como barreiras comerciais. Por exemplo, a União Europeia tem leis antitruste mais fortes do que os Estados Unidos. Ser considerado culpado por comportamento anticoncorrencial custou a companhias, como a Intel, bilhões de dólares. Como muitas organizações não têm os recursos para cumprir leis mais severas, isso pode ser um obstáculo para o comércio.

Controle cambial, restrição do governo sobre a quantidade de determinada moeda que pode ser comprada ou vendida também pode limitar o comércio internacional. Também pode forçar os empresários a comprar e vender produtos estrangeiros por meio de uma agência central, como banco central. Por outro lado, para promover o comércio internacional, alguns países entraram em zonas de livre comércio, que são comunidades econômicas multinacionais que eliminam tarifas e outras barreiras comerciais. Tais alianças comerciais regionais serão discutidas mais à frente, neste capítulo. Como mencionado, taxas de câmbio de moedas estrangeiras também afetam os preços que os comerciantes podem cobrar em mercados estrangeiros. Flutuações no mercado monetário internacional podem mudar diariamente os preços cobrados além das fronteiras nacionais. Assim, essas flutuações precisam ser consideradas em qualquer estratégia de marketing internacional.

controle cambial Restrição governamental sobre a quantidade de determinada moeda que pode ser comprada ou vendida.

Os países podem limitar importações para manter uma balança comercial favorável. **Balança comercial** é a diferença de valor entre as exportações e importações de uma nação. Quando um país exporta mais produtos do que importa, a balança comercial é favorável, porque o dinheiro está fluindo pelo país. Os Estados Unidos têm uma balança comercial negativa para bens e serviços de mais de US$ 600 bilhões.[22] Uma balança comercial negativa é considerada prejudicial, porque significa que os dólares estão apoiando economias estrangeiras à custa das companhias e trabalhadores norte-americanos. Ao mesmo tempo, os cidadãos dos Estados Unidos se beneficiam da variedade de produtos importados e seus preços tipicamente mais baixos.

balança comercial Diferença em valor entre as exportações e importações de um país.

Muitas barreiras não comerciais, como cotas e níveis mínimos de preço estabelecidos para importações, impostos de porta de entrada e exigências rigorosas de saúde e segurança, ainda tornam difícil para companhias norte-americanas exportar seus produtos. Por exemplo, a natureza coletivista da cultura e de alto contexto da comunicação do Japão tornam alguns tipos de mensagens diretas de marketing, usadas para vender produtos por meio da televisão e da imprensa, menos eficientes e podem predispor os japoneses a apoiar uma maior regulamentação das práticas de marketing direto.[23] A atitude de um governo em relação aos importadores tem impacto direto sobre a viabilidade de se exportar para aquele país.

Forças éticas e de responsabilidade social

Diferenças nos padrões nacionais são ilustradas pelo que os mexicanos chamam de *la mordida*: "a mordida". O uso de subornos é profundamente arraigado em muitos governos. Como o comércio e a política corporativa dos Estados Unidos, bem como suas leis, proíbem o envolvimento direto em subornos, as companhias norte-americanas podem ter dificuldades para concorrer com empresas estrangeiras que se envolvem com essas práticas. Algumas organizações norte-americanas que se recusam a pagar propinas são forçadas a contratar consultores locais, empresas de relações públicas ou agências de propaganda, o que resulta em subornos indiretos. A decisão final sobre dar pequenas gorjetas ou presentes em locais em que isso é um costume precisa ser baseada no código de ética da companhia. No entanto, graças à lei de práticas de corrupção no exterior (Foreign Corrupt Practices Act – FCPA) de 1977, é ilegal que empresas norte-americanas tentem fazer grandes pagamentos ou subornos para influenciar decisões políticas de governos estrangeiros. Entretanto, em geral, pagamentos facilitadores ou pequenos pagamentos para dar suporte ao desempenho de tarefas padrão são aceitáveis. A lei de práticas de corrupção no exterior também sujeita toda publicidade de corporações norte-americanas a rigorosos controles internos e exigências de manutenção de registros para suas operações no exterior.

Muitos outros países também declararam o suborno ilegal. Como discutimos no Capítulo 3, a Lei Bribery do Reino Unido redefiniu o que muitas companhias consideram ser propina versus a doação de presentes, fazendo que empresas multinacionais atualizassem seus códigos de ética. Companhias com operações no Reino Unido ainda podem enfrentar penas por suborno, mesmo que tenha ocorrido fora do país e os gestores não estejam cientes da má conduta.[24] É, portanto, essencial para profissionais de marketing global entender as principais leis dos países nos quais suas companhias operam.

Diferenças entre padrões éticos também podem afetar os esforços de marketing. Na China e Vietnã, por exemplo, padrões em relação à propriedade intelectual diferem dramaticamente daqueles dos Estados Unidos, criando possíveis conflitos para ofertantes de softwares de computadores, músicas e livros. Bens de consumo pirateados, de acordo com a International Anti-Counterfeiting Coalition, custam US$ 600 bilhões anualmente.[25] Mesmo a Apple, amplamente admirada, não está imune. À medida que se expandia na China, teve de enfrentar "réplicas" de suas lojas. Algumas dessas réplicas eram tão parecidas com as oficiais em seu design e mix de produtos, que os consumidores as confundiam.[26] A enorme quantidade de produtos falsificados disponível no mundo, o tempo que leva para encontrá-los e as barreiras legais em determinados países tornam a perseguição às falsificações um desafio para muitas companhias.

Ética e responsabilidade social
Manifestantes reunidos nas Filipinas contra alimentos geneticamente modificados que aumentam as preocupações com a saúde.

Quando os profissionais de marketing fazem negócios no exterior, muitas vezes percebem que as culturas de outras empresas têm diferentes formas de operar. Esse desconforto é especialmente evidente para profissionais de marketing que não viajaram com tanta frequência ou não interagiram muito com estrangeiros em ambientes de negócios ou sociais. Por exemplo, existe uma percepção entre muitos nos Estados Unidos de que organizações norte-americanas são diferentes das de outros países. Essa perspectiva implícita "nós versus eles" também é comum em outros países. Nas organizações, a ideia de que "nós" somos diferentes d'"eles" é chamada critério de autorreferência (CAR). CAR é a referência inconsciente aos próprios valores culturais, experiências e conhecimento. Quando confrontados com uma situação, reagimos com base no conhecimento que acumulamos durante a vida, que em geral é fundamentado em nossa cultura de origem. Nossas reações são baseadas em significados, valores e símbolos que se relacionam com nossa cultura, mas podem não ter a mesma relevância para pessoas de outras culturas.

Entretanto, muitos executivos adotam o princípio "Estando em Roma, faça como os romanos". Eles se adaptam às práticas culturais dos países anfitriões e as usam como um argumento para, às vezes, se perder de seus próprios valores éticos ao negociar internacionalmente. Por exemplo, ao defender o pagamento de subornos ou "molhar as mãos de empresas" e outras práticas questionáveis do tipo, alguns executivos recorrem ao **relativismo cultural** – conceito de que a moralidade varia de uma cultura para outra e que as práticas de negócio são, portanto, definidas de formas diferentes como certas ou erradas por determinadas culturas. A Tabela 8.2 indica os países que executivos, analistas de risco e o público geral percebem como mais ou menos corruptos. Por causa das diferenças em padrões culturais e éticos, muitas companhias trabalham individual e coletivamente para estabelecer programas de ética e padrões para a conduta em negócios internacionais. O código de ética da

relativismo cultural Conceito de que a moralidade varia de uma cultura para outra e que as práticas de negócios são, portanto, definidas de formas diferentes como certas ou erradas por culturas em particular.

Tabela 8.2 Classificação de países com base na corrupção do setor público

Classificação do país	Pontuação CPI*	Menos corrupto	Classificação do país	Pontuação CPI*	Mais corrupto
1	90	Dinamarca	174	8	Somália
1	90	Finlândia	174	8	Coreia do Norte
1	90	Nova Zelândia	174	8	Afeganistão
4	88	Suécia	173	13	Sudão
5	87	Cingapura	172	15	Myanmar
6	86	Suíça	170	17	Usbequistão
7	85	Austrália	170	17	Turcomenistão
7	85	Noruega	169	18	Iraque
9	84	Canadá	165	19	Venezuela
9	84	Holanda	165	19	Haiti
11	82	Islândia	165	19	Chade
12	80	Luxemburgo	165	19	Burundi

* Pontuação CPI relaciona-se às percepções do grau de corrupção no setor público vistas por executivos e analistas do país, variando entre 100 (altamente honesto) e 0 (altamente corrupto). Os Estados Unidos são vistos como a 19ª nação menos corrupta.

Fonte: ©Transparency International. Alemanha, Berlim: *Corruption Perceptions Index 2012*. Todos os direitos reservados.

Levi Strauss, por exemplo, impede a empresa de fabricar em países onde sabe-se que os trabalhadores sofrem maus-tratos. Muitas companhias, incluindo Texas Instruments, Coca-Cola, DuPont, HP, Levi Strauss & Company e Walmart, endossam seguir práticas responsáveis de negócios internacionais. Essas companhias defendem um sistema de recurso baseado globalmente, chamado Business for Social Responsibility (BSR), que rastreia questões e tendências emergentes, fornece informações sobre liderança corporativa e melhores práticas, conduz workshops educacionais e treinamentos e auxilia as organizações no desenvolvimento de ferramentas práticas de ética em negócios. O BSR dirige-se a questões como investimento na comunidade, responsabilidade social corporativa, meio ambiente, governança e prestação de contas.[27]

Forças competitivas

Em geral, competição é vista como um elemento básico do mercado global. Os clientes prosperam com as opções oferecidas pela concorrência, e as organizações constantemente buscam por oportunidades de enganar a concorrência para obter a lealdade dos clientes. As companhias normalmente identificam seus concorrentes quando estabelecem mercados-alvo ao redor do mundo. Os clientes que estão buscando por soluções alternativas às suas necessidades de produtos descobrem as organizações que podem resolvê-las. No entanto, o mercado global cada vez mais interconectado e os avanços na tecnologia resultaram em forças competitivas que lhes são exclusivas.

Além dos tipos de concorrência (por exemplo, marca, produto, genérica e pelo orçamento total) e tipos de estruturas competitivas (monopólio, oligopólio, competição monopolística e perfeita) discutidos no Capítulo 3, organizações que operam globalmente precisam:

- Estar cientes das forças competitivas nos países que focam.
- Identificar a interdependência de países e os competidores globais nesses mercados.
- Estar atentas a uma nova geração de clientes: o consumidor global.

Mercados globais
Apple abre uma loja de varejo em Hong Kong para focar no lucrativo mercado chinês.

Cada país tem aspectos competitivos únicos – em geral baseados em outras forças ambientais (socioculturais, tecnológicas, políticas, legais, regulatórias e econômicas) – que muitas vezes independem dos concorrentes no seu mercado. Os países mais competitivos globalmente estão listados na Tabela 8.3. Embora os concorrentes dirijam a competição, as nações estabelecem a infraestrutura e as regras para os tipos de concorrência que podem ocorrer. Por exemplo, as leis antitruste na União Europeia normalmente são percebidas como mais rígidas do que as dos Estados Unidos.

Tabela 8.3 Classificação de países mais competitivos do mundo

Classificação	País	Classificação	País
1	Suíça	11	Qatar
2	Cingapura	12	Dinamarca
3	Finlândia	13	Taiwan, China
4	Suécia	14	Canadá
5	Holanda	15	Noruega
6	Alemanha	16	Áustria
7	Estados Unidos	17	Bélgica
8	Reino Unido	18	Arábia Saudita
9	RAE de Hong Kong	19	Coreia (Rep.)
10	Japão	20	Austrália

Fonte: Klaus Schwab e Xavier Sala-i-Martin (eds.). *The Global Competitiveness Report 2012-2013*. Disponível em: <www3.weforum.org/docs/WEF_GlobalCompetitivenessReport_2012-13.pdf>. Acesso em: 3 jan. 2013.

Transformação verde

Cummins atinge vantagem competitiva global por meio de produtos ecológicos

Cummins Inc., fabricante multinacional de motores de caminhão, tem sido capaz de obter participação de mercado e se tornar líder do setor nos Estados Unidos. Enquanto vários rivais, como Caterpillar Inc., abandonaram o mercado norte-americano de motor de caminhão em razão de regulações mais rígidas de controle de qualidade do ar da Agência de Proteção Ambiental, os motores da Cummins se tornaram o padrão pelo qual todos os outros são medidos. Ao contrário de seus concorrentes, a Cummins vê regulações ambientais mais rígidas não como uma ameaça à produtividade, mas como uma oportunidade de aumentar a sustentabilidade e a qualidade de seus produtos. Essa abordagem permitiu que a companhia fosse sensível às exigências nacionais e investigasse novas formas de customizar seus motores, peças e serviços em uma base regional.

À medida que as exigências internacionais se tornam mais severas, especialmente em lugares como a União Europeia, a Cummins se colocou em um lugar ideal para obter participação de mercado com seus motores de alta qualidade; por exemplo, está explorando soluções tecnológicas alternativas para exigências ambientais mais rigorosas ao desenvolver um motor de caminhão que funciona com gás natural; também fabrica sua própria tecnologia de pós-tratamento de emissões, usada para reduzir emissões de gases de efeito estufa em seus motores. Enquanto outras companhias tiveram dificuldades com regulamentações mais rígidas de qualidade do ar, o comprometimento e a capacidade de customizar seus motores de acordo com regulamentações ambientais regionais lhe permitiram que tivesse sucesso e florescesse.[b]

A Bolsa de Valores de Nova York descobriu isso em primeira mão depois que reguladores antitruste europeus contestaram sua fusão com o organizador de mercado alemão Deutsche Börse. Os reguladores sentiam que a fusão daria à companhia muito poder no mercado.[28] Como os Estados Unidos, outros países permitem que algumas estruturas de monopólio existam. Considere a Suécia; suas vendas de bebidas alcoólicas são feitas por meio da loja governamental Systembolaget, que é legalmente apoiada pelo Swedish Alcohol Retail Monopoly. De acordo com a Systembolaget, o Swedish Alcohol Retail Monopoly existe por uma razão: "minimizar os problemas relacionados ao álcool vendendo bebidas de forma responsável".[29]

Uma nova geração de clientes – o cliente global – mudou o panorama da concorrência internacional drasticamente. No passado, as organizações simplesmente produziam bens ou serviços e forneciam aos mercados locais informações sobre suas características e usos. Agora, no entanto, os clientes que viajam pelo globo não só esperam poder comprar o mesmo produto na maioria dos mais de 200 países do mundo, como também que o produto que compram em sua loja local em Miami tenha as mesmas características que os parecidos vendidos em Londres ou mesmo Pequim. Se a qualidade do produto ou suas características são mais avançadas em um mercado global, logo os clientes vão exigir que seus mercados locais ofereçam o mesmo produto pelo mesmo preço ou por menos.

Forças tecnológicas

Avanços na tecnologia tornaram o marketing internacional muito mais fácil. Sistemas interativos Web, mensagens instantâneas e downloads de podcasts (ao lado dos veículos tradicionais de correio de voz, e-mail e telefones celulares) tornam as atividades de marketing mais acessíveis e convenientes. O uso da internet e atividades de redes sociais aceleraram drasticamente dentro dos Estados Unidos e no exterior. No Japão, 99 milhões têm acesso à internet e mais de 41 milhões de russos, 61 milhões de indianos e 389 milhões de chineses estão logados na internet (rever a Tabela 8.1).[30]

Em muitos países em desenvolvimento que carecem do nível de infraestrutura tecnológica encontrado nos Estados Unidos e no Japão, os profissionais de marketing estão começando a capitalizar sobre oportunidades para ultrapassar a tecnologia existente. Por exemplo, a tecnologia de celular e telefone sem fio está atingindo mais países a uma taxa mais acessível do que os tradicionais sistemas telefônicos com fio. Por consequência, oportunidades de crescimento no mercado de telefones celulares continuam fortes no sudeste da Ásia e no Oriente Médio. Uma oportunidade criada pelo rápido crescimento de dispositivos móveis no Quênia são os serviços de pagamento móvel. Aproximadamente 8,5 milhões de quenianos usam seus telefones móveis para transferir dinheiro. A Vodafone, com sede em Londres, se aproveitou dessa oportunidade de mercado com seu M-PESA, o serviço de transferência de dinheiro mais popular do Quênia. Como os bancos tendem a evitar satisfazer populações de baixa renda, tais serviços são propensos a crescer.[31]

ALIANÇAS REGIONAIS DE COMÉRCIO, MERCADOS E ACORDOS

3 Entender os vários e importantes acordos de comércio internacional.

Embora cada vez mais organizações estejam começando a ver o mundo como um enorme mercado, várias alianças de comércio regionais e mercados específicos afetam as companhias que se envolvem com o marketing internacional; algumas criam oportunidades, outras impõem restrições. Na verdade, embora os acordos comerciais de várias formas já existam há muito tempo, o último século pode ser classificado como o período de maior número de acordos comerciais no desenvolvimento internacional no mundo. Hoje, existem aproximadamente 200 acordos comerciais ao redor do mundo, comparados com apenas uma porção seleta no início dos anos 1960. Nesta seção, examinaremos várias das alianças comerciais regionais mais críticas, os mercados e as condições variáveis que afetam os mercados. Isso inclui Acordo de Livre Comércio da América do Norte, União Europeia, Mercado Comum do Sul, Cooperação Econômica Ásia-Pacífico, Associação de Nações do Sudeste Asiático e Organização Mundial de Comércio.

Acordo de Livre Comércio da América do Norte (Nafta)

O **Acordo de Livre Comércio da América do Norte (Nafta)**, implementado em 1994, efetivamente fundiu Canadá, México e Estados Unidos em um mercado de cerca de 460 milhões de consumidores, eliminando praticamente todas as tarifas de bens produzidos e comercializados entre os países integrantes para criar uma área de livre comércio. O resultado anual estimado para essa aliança comercial é de mais de US$ 17 trilhões.[32] O Nafta torna mais fácil para empresas norte-americanas investir no México e no Canadá; oferece proteção à propriedade intelectual (de especial interesse para indústrias de alta tecnologia e de entretenimento); expande o comércio ao exigir tratamento igual de empresas norte-americanas nos dois países; e simplifica as regras do país de origem, impedindo o uso do México como base da China e do Japão para futura penetração em mercados norte-americanos.

Os mais de 34 milhões de consumidores do Canadá são relativamente abastados, com um PIB per capita de US$ 40.500.[33] O Canadá é o maior parceiro comercial individual dos Estados Unidos, que por sua vez mantêm milhões de empregos em seu território. O Nafta também permitiu um comércio adicional entre Canadá e México. O México é o quinto maior mercado exportador do Canadá e seu terceiro maior mercado importador.[34]

Com um PIB per capita de US$ 14.700, os mais de 114 milhões de consumidores do México são menos abastados do que os canadenses.[35] No entanto, os Estados Unidos são o maior parceiro comercial do México, seu terceiro maior parceiro comercial.[36] Os Estados Unidos retiram 16% de suas importações do México.[37] Muitas companhias norte-americanas, incluindo HP, IBM e General Motors, tiraram proveito dos baixos custos de mão de obra do México e da sua proximidade com os Estados Unidos para montar unidades de produção, às vezes chamadas *maquiladoras*, cuja produção, especialmente nos setores automotivo, de eletrônicos e de vestuário, cresceu rapidamente, já que companhias tão diversas como Ford, John Deere, Kimberly-Clark e VF Corporation montaram instalações em estados do centro-norte mexicano. Além disso, o crescente comércio entre os Estados Unidos e o Canadá constitui uma forte base de apoio para o sucesso definitivo do Nafta.

O México tem potencial para se tornar um dos principais jogadores dos negócios globais. O país está crescendo mais rápido do que o Brasil e estima-se que em breve se torne uma das dez maiores economias globais. Empréstimos para companhias no México têm aumentado e, como um dos maiores produtores de petróleo do mundo, esse país tem a oportunidade de aumentar o investimento nessa lucrativa commodity. Além disso, embora a China tenha mantido muita terceirização de empresas longe do México, uma reviravolta pode estar se aproximando. Com o aumento nos custos de mão de obra chinesa e os altos custos do transporte de bens entre a China e os Estados Unidos, muitas empresas norte-americanas que terceirizam estão olhando para o México como uma alternativa mais barata.[38]

Acordo de Livre Comércio da América do Norte (Nafta)
Aliança que congrega Canadá, México e Estados Unidos em um mercado comum.

A participação do México no Nafta liga os Estados Unidos e o Canadá com outros países latino-americanos, oferecendo oportunidades adicionais para integrar o comércio entre todas as nações do hemisfério norte. Na verdade, esforços para criar um acordo de livre comércio entre as 34 nações das Américas do Norte e Sul estão a caminho. Um acordo comercial relacionado – o Acordo de Livre Comércio da República Dominicana e América Central (Cafta-DR) – entre Costa Rica, República Dominicana, El Salvador, Guatemala, Honduras, Nicarágua e Estados Unidos também foi ratificado em todos esses países, exceto Costa Rica. Os Estados Unidos exportam US$ 20 bilhões aos países do Cafta-DR anualmente.[39]

União Europeia (UE)

União Europeia (UE) Aliança que promove o comércio entre seus países-membros na Europa.

A **União Europeia**, às vezes também chamada *Comunidade Europeia* ou *Mercado Comum*, foi estabelecida em 1958 para promover o comércio entre seus membros, que inicialmente incluíam Bélgica, França, Itália, Alemanha Ocidental, Luxemburgo e Holanda. Em 1991, as Alemanhas Ocidental e Oriental se uniram e, em 2013, a UE incluiu Reino Unido, Espanha, Dinamarca, Grécia, Portugal, Irlanda, Áustria, Finlândia, Suécia, Chipre, Polônia, Hungria, República Tcheca, Eslovênia, Estônia, Letônia, Lituânia, Eslováquia, Malta, Romênia, Bulgária e Croácia. A antiga República Iugoslava da Macedônia e a Turquia são países candidatos que esperam entrar para a União Europeia em um futuro próximo.[40]

A União Europeia consiste em cerca de meio bilhão de consumidores e tem um PIB combinado de mais de US$ 15,5 trilhões.[41] Para facilitar o livre comércio entre seus membros, a UE está trabalhando para padronizar regulações e requerimentos de empresas, taxas de importação e taxas de valor adicionado; eliminar checagem alfandegária e criar uma moeda padronizada para o uso de todos os membros. A maioria das nações europeias (Áustria, Bélgica, Finlândia, França, Alemanha, Irlanda, Itália, Luxemburgo, Holanda, Portugal, Grécia e Espanha) é ligada a uma única moeda, o *euro*, mas diversos membros da UE o rejeitaram em seus países (por exemplo, Dinamarca, Suécia e Reino Unido). Embora a moeda comum possa exigir que os profissionais de marketing modifiquem suas estratégias de precificação e os sujeite a uma maior concorrência, também liberta as companhias que vendem produtos entre países europeus das complexidades de taxas de câmbio. Os objetivos de longo prazo são eliminar todas as barreiras comerciais dentro da UE, melhorar a eficiência econômica das nações da UE e estimular o crescimento econômico, tornando, assim, a economia da União mais competitiva em mercados globais, particularmente contra Japão, outras nações da costa do Pacífico e América do Norte. O anúncio da Delegação da União Europeia para os Estados Unidos encoraja companhias a se conectarem com a União Europeia por meio de mídias sociais. Empresas nos Estados Unidos podem se conectar com a organização por meio de seu website, Twitter, Facebook, Flickr ou YouTube. O anúncio promove os benefícios de se fazer negócios nos países da UE.

À medida que as nações da UE tentam funcionar como um grande mercado, seus consumidores po-

Fazendo negócios na União Europeia
A Delegação da União Europeia para os Estados Unidos publica a disponibilidade de informações on-line para encorajar empresas norte-americanas a enxergar oportunidades no comércio com seus países-membros.

Cortesia de União Europeia

dem se tornar mais homogêneos em suas necessidades e desejos. Os profissionais de marketing precisam estar cientes, no entanto, que diferenças culturais entre as nações podem exigir mudanças no mix de marketing para clientes de cada país. Diferenças entre gostos e preferências nesses mercados diversos são significativas para ofertantes internacionais. Porém, há evidências de que tais diferenças podem estar diminuindo, especialmente dentro da população nova, que inclui adolescentes e profissionais jovens. Coletar informações sobre esses gostos e preferências distintos provavelmente continua sendo um fator muito importante no desenvolvimento de um conjunto de mix de marketing que satisfaça às necessidades de clientes europeus.

Embora os Estados Unidos e a UE nem sempre concordem, parcerias entre os dois têm sido lucrativas, e em geral as duas partes têm uma relação forte e positiva. Muito desse sucesso pode ser atribuído aos valores compartilhados entre ambos. A União Europeia é, em sua maioria, democrática e tem forte comprometimento com direitos humanos, justiça e o domínio da lei. Como resultado, os Estados Unidos e a UE conseguiram colaborar em projetos mutuamente benéficos, com menos problemas do que parcerias com outras alianças comerciais que não compartilham valores parecidos.[42]

A última recessão mundial desacelerou o crescimento econômico da Europa e criou uma crise de dívidas. Irlanda, Grécia e Portugal solicitaram resgates financeiros à União Europeia, seguidos pelas mesmas solicitações da Espanha e do Chipre.[43] A Standard & Poor's deu um golpe na UE ao minimizar as avaliações de dívidas soberanas de nove de seus países-membros, incluindo França, Portugal, Itália e Áustria.[44] A Alemanha, por outro lado, está vendo seu impacto na zona do euro aumentar; esse país é o lar de muitas companhias exportadoras, suas exportações estão em alta demanda em economias de crescimento rápido e ela tem déficits orçamentário e doméstico menores. A Alemanha continua mantendo sua classificação AAA+, indicando aos investidores que o país é um investimento seguro.[45]

Devido à enorme colaboração industrial entre os Estados Unidos e a UE, existiram discussões sobre a possibilidade de um acordo comercial entre as duas entidades. Em muitos aspectos, os Estados Unidos, a União Europeia e a Ásia se tornaram amplamente interdependentes em termos de comércio e investimentos. Por exemplo, os Estados Unidos e a UE já adotaram o acordo de "céus abertos" para remover algumas das restrições de voos transatlânticos, e com frequência colaboram em formas de evitar ataques terroristas, de hackers e crimes. Ambos esperam que, trabalhando juntos, possam criar relações mutuamente benéficas, que trarão benefícios a milhões de seus cidadãos.[46]

MERCADO COMUM DO SUL (MERCOSUL)

O **Mercado Comum do Sul (Mercosul)** foi estabelecido em 1991, sob o Tratado de Assunção, para unir Argentina, Brasil, Paraguai e Uruguai como uma aliança de livre comércio. A Venezuela entrou em 2006. Atualmente, Bolívia, Chile, Colômbia, Equador e Peru são membros associados. A aliança representa dois terços da população da América do Sul e tem um PIB combinado de mais de US$ 2,4 trilhões, o que o torna o quarto maior bloco econômico, atrás de UE, Nafta e Associação de Nações do Sudeste Asiático. Como o Nafta, o Mercosul promove "a livre circulação de bens, serviços e fatores de produção entre os países" e estabelece tarifa externa e política comercial comuns.[47]

Mercado Comum do Sul (Mercosul) Aliança que promove a livre circulação de bens, serviços e fatores de produção, e tem uma tarifa e política comercial externa comum entre os países-membros na América do Sul.

♦♦♦ Empreendedorismo em marketing

Lei Jun vai se tornar o Steve Jobs da China?

Dizer que as comparações postas contra Lei Jun são desencorajadoras é uma meia-verdade. O bilionário fundador da Xiamoi, a companhia de smartphones mais quente da China, tem sido continuamente comparado ao falecido Steve Jobs. Com sua paixão pela inovação, os dois parecem ter qualidades similares, que são dignas de tais comparações. A Xiamoi tem um valor de mercado atual de aproximadamente US$ 4 bilhões.

Embora Jun tenha lançado com sucesso uma companhia de smartphones de bilhões de dólares, encarou desafios para sustentar o crescimento e encontrar formas de penetrar em mercados globais. Outros desafios que a Xiamoi enfrenta são relacionados à dominação e concorrência da Apple e Samsung. Essas duas companhias sozinhas criaram amplas barreiras para que os concorrentes entrassem em mercados globais. Os produtos da Apple são populares na China, e vistos como produtos de luxo. No entanto, o apelo localizado da Xiamoi lhe deu uma vantagem sobre a Apple. A força que a Xiamoi tem sobre concorrentes é a capacidade de criar um telefone de alta qualidade e preço baixo, que atrai o consumidor médio chinês. Essa estratégia provou-se bem-sucedida dentro do mercado chinês, e Jun espera que alcance sucesso global.[c]

América do Sul e América Latina estão atraindo a atenção de muitas empresas internacionais. A região está avançando economicamente com uma taxa de crescimento estimada de 4% a 5%. Outra tendência é que vários dos países, incluindo alguns da aliança do Mercosul, estão começando a experimentar democracias mais estáveis. Até Cuba, um dos críticos do capitalismo tradicionalmente mais duros da América Latina, está aceitando mais privatizações. Depois que quase 1 milhão de trabalhadores estatais foram dispensados em 2011, muitos cubanos tentaram ganhar a vida no crescente setor privado da região.[48]

Cooperação Econômica Ásia-Pacífico (Apec)

Cooperação Econômica Ásia-Pacífico (Apec) Aliança que promove a integração comercial, econômica e cooperação técnica entre os países-membro por todo o mundo.

A **Cooperação Econômica Ásia-Pacífico (Apec)**, estabelecida em 1989, promove o comércio aberto e a cooperação econômica e técnica entre os países-membros, que inicialmente incluíam Austrália, Brunei, Canadá, Indonésia, Japão, Coreia, Malásia, Nova Zelândia, Filipinas, Cingapura, Tailândia e Estados Unidos. Desde então, a aliança cresceu para incluir China, Hong Kong, Taiwan, México, Papua Nova Guiné, Chile, Peru, Rússia e Vietnã. A aliança com 21 membros representa aproximadamente 41% da população mundial, 54% do PIB mundial e aproximadamente 44% do comércio global. A Apec difere de outras alianças de comércio internacional em seu comprometimento com a facilitação de negócios e sua prática de permitir que o setor de negócios/privado participe de uma ampla variedade de suas atividades.[49]

As companhias da Apec se tornaram cada vez mais competitivas e sofisticadas nos negócios globais nas últimas décadas. Além disso, seus mercados oferecem enormes oportunidades aos profissionais de marketing que os entendem. Na verdade, a região da Apec tem sido, sistematicamente, uma das partes mais economicamente dinâmicas do mundo. Na primeira década, os países integrantes geraram quase 70% do crescimento econômico mundial, e a região constantemente ultrapassava o resto do mundo.[50]

A potência econômica emergente mais importante é a China, que se tornou uma das nações manufatureiras mais produtivas. Esse país, que agora é o segundo maior parceiro comercial dos Estados Unidos, iniciou reformas econômicas para estimular

Going Green
Carros elétricos foram muito bem-sucedidos na China.

sua economia, privatizando muitas indústrias, reestruturando seu sistema bancário e aumentando os gastos públicos em infraestrutura. A China é uma potência fabricante; no entanto, sua alta taxa de crescimento diminuiu para cerca de 8% nos últimos anos.[51] Muitas companhias estrangeiras, incluindo Nike, Samsung e Adidas, têm fábricas na China para aproveitar o baixo custo de sua mão de obra, e o país se tornou um dos principais produtores globais em praticamente todas as categorias de produto.

Regiões da costa do Pacífico, como Coreia do Sul, Tailândia, Cingapura, Taiwan e Hong Kong, também são grandes centros produtores e financeiros. Mesmo antes de marcas coreanas, como Samsung, Daewoo e Hyundai, se tornarem comuns, esses produtos prosperaram sob rótulos de companhias norte-americanas, incluindo GE, GTE, RCA e JCPenney. Cingapura ostenta enormes mercados globais para artigos de borracha e farmacêuticos. Hong Kong ainda é um forte centro comercial depois de ter sido transferida para o controle chinês. O Vietnã é um dos mercados com crescimento mais rápido da Ásia para empresas norte-americanas, mas Taiwan, devido à sua estabilidade e alto nível de instrução, tem o futuro mais promissor de todas as nações da costa do Pacífico, já que a forte economia local e barreiras mínimas atraem cada vez mais importações. Os mercados da Apec oferecem grandes oportunidades para profissionais de marketing que os compreendam. Por exemplo, a YUM! Brands obtém 60% de seus lucros no exterior, grande parte nos países da Apec.[52]

Associação de Nações do Sudeste Asiático (Asean)

A **Associação de Nações do Sudeste Asiático (Asean)**, estabelecida em 1967, promove integração comercial e econômica entre as nações participantes do sudeste asiático. Esse pacto comercial inclui Malásia, Filipinas, Cingapura, Tailândia, Brunei, Vietnã, Laos, Myanmar, Indonésia e Camboja.[53] A região é lar de 600 milhões de pessoas, com um PIB combinado de US$ 2 trilhões.[54] Sob o lema "Uma visão, uma identidade, uma comunidade", os países-membros têm expressado a meta de encorajar

Associação de Nações do Sudeste Asiático (Asean)
Aliança que promove o comércio e a integração econômica entre membros no sudeste da Ásia.

Encorajando o desenvolvimento econômico na Ásia
Asia Foundation é uma organização não governamental comprometida com prosperidade econômica, governança e cooperação regional para empresas e nações da região da Ásia-Pacífico.

o livre comércio, a paz e a colaboração entre seus membros.[55] Em 1993, o bloco comercial aprovou a Common Effective Preferential Tariff, visando reduzir ou desativar tarifas entre países por um período de dez anos, bem como eliminar barreiras comerciais não tarifárias.[56]

As economias dos países da Asean estão se expandindo a uma média de 5,5%, com Cingapura listada entre as nações mais ricas do mundo.[57] Ainda assim, apesar das taxas de crescimento positivas, a Asean está enfrentando muitos obstáculos para se tornar um bloco comercial unificado.[58] A propaganda da Asia Foundation indica que, embora uma grande transformação esteja ocorrendo, muitos desafios econômicos, sociais e políticos existem. Entretanto, isso também indica que instituições e políticas governamentais fortes são chaves para crescimento e estabilidade. Também houve conflitos entre os membros e preocupações com questões como direitos humanos e disputa de territórios.[59]

Por outro lado, enquanto muitos escolhem comparar a Asean à União Europeia, seus membros são cuidadosos ao salientar suas diferenças. Embora esperem aumentar a integração econômica em 2015, manifestaram-se dizendo que não haverá moeda comum ou fluxos de trabalho totalmente livres entre os membros. Dessa forma, a Asean planeja evitar algumas das armadilhas que ocorreram entre nações da UE durante a última recessão mundial.[60]

Organização Mundial de Comércio (OMC)

Organização Mundial de Comércio (OMC) Entidade que promove o livre comércio entre países-membros, buscando a eliminação de barreiras comerciais e instruindo indivíduos, empresas e governos sobre as regras de comércio ao redor do mundo.

Acordo Geral de Tarifas e Comércio (Gatt) Acordo entre nações feito para reduzir tarifas mundiais e aumentar o comércio internacional.

dumping Venda de produtos a preços injustamente baixos.

A **Organização Mundial de Comércio (OMC)** é uma associação comercial global que promove o livre comércio entre as 157 nações participantes. É a sucessora do **Acordo Geral de Tarifas e Comércio (Gatt)**, assinado originalmente por 23 nações, em 1947, para oferecer um fórum de negociações tarifárias e um lugar onde os problemas de comércio internacional pudessem ser discutidos e resolvidos. Rodadas de negociações do Gatt reduziram as barreiras comerciais para a maioria dos produtos e estabeleceram regras para guiar o comércio internacional; por exemplo, evitar o **dumping**, venda de produtos por preços injustamente baixos.

A OMC surgiu em 1995, como resultado da Rodada Uruguai (1988-1994) de negociações do Gatt. De modo geral, a OMC é a principal organização mundial que lida com a regulamentação do comércio entre as nações; sua maior função é garantir que o comércio flua da forma mais suave, previsível e livre possível entre as nações. Em 2012, 157 nações eram membros da OMC.[61]

Realizar o propósito da OMC exige a eliminação de barreiras comerciais, educação de indivíduos, companhias e governos sobre regras comerciais ao redor do mundo, e assegurar aos mercados globais que não haverá mudanças repentinas de política. No centro da OMC, há acordos que proporcionam uma base de normas legais para o comércio internacional e políticas comerciais. Com sede em Genebra,

Suíça, essa organização também serve como fórum para discussão de resoluções.[62] Por exemplo, México, Estados Unidos e UE reclamaram à OMC que a China estava impondo restrições injustas à exportação de nove matérias-primas. A OMC, por fim, determinou que as restrições de exportação da China violavam regras comerciais internacionais.[63]

FORMAS DE ENTRAR EM MERCADOS INTERNACIONAIS

Os profissionais de marketing entram em mercados internacionais e continuam a se empenhar em suas respectivas atividades em diversos níveis do envolvimento internacional. Tradicionalmente, as empresas adotam um de quatro diferentes meios de se entrar em um mercado internacional; cada "estágio" sucessivo representa diferentes graus de envolvimento internacional. Como mostra a Figura 8.1, o envolvimento internacional de companhias cobre hoje um amplo espectro, do marketing puramente doméstico ao global.

[4] Identificar métodos de entrada em mercados internacionais.

■■■ Marketing em debate

As complexidades do marketing em relação à lei de direitos autorais

QUESTÃO: As regras normais aplicam-se a produtos importados?

Vendas são uma parte importante do marketing, e, no ambiente interconectado de hoje, os profissionais de marketing podem vender a compradores do outro lado do mundo. No entanto, isso torna o uso de direitos autorais mais complexo. Por exemplo, para entrar em mercados estrangeiros, em geral as editoras exportam livros com preços mais baixos do que nos Estados Unidos. Isso deu aos indivíduos, por exemplo, um estudante da University of Southern California, a ideia de comprar livros no exterior por preços menores e revendê-los no mercado norte-americano – a preços mais baixos do que a editora precifica seus livros domésticos. A editora John Wiley & Sons entrou com um processo de violação de direitos autorais. Normalmente, quando indivíduos compram livros, assumem a propriedade e podem revendê-los sem violar os direitos autorais. Foi inicialmente decidido por um tribunal do júri regional que isso não se aplica às importações de uma obra com direitos autorais. No entanto, a Suprema Corte reverteu a decisão e julgou a favor do estudante.[d]

Importação e exportação

Importar e exportar requer a menor quantidade de esforço e comprometimento de recursos. **Importação** é a compra de produtos de uma fonte estrangeira. **Exportação**, venda de produtos a mercados estrangeiros, permite que organizações de todos os tamanhos participem de empresas globais. Uma empresa pode encontrar um intermediário de exportação para controlar a maioria das funções de marketing associadas à comercialização a outros países. Essa abordagem acarreta esforço e custo mínimos. Modificações nas embalagens, rótulos, estilos ou cor podem ser os maiores gastos da adaptação de um produto para um mercado estrangeiro.

Agentes de exportação reúnem compradores e vendedores de diferentes países e formam uma comissão para organizar as vendas. Casas exportadoras e comerciantes de exportação compram produtos de diferentes companhias e os vendem ao exterior.

importação Compra de produtos de uma fonte estrangeira.

exportação Venda de produtos para mercados estrangeiros.

Figura 8.1

Níveis de envolvimento no mercado global.

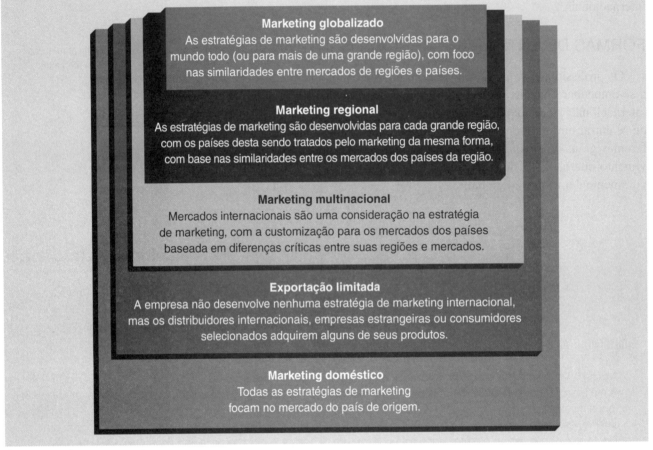

Eles são especialistas em entender as necessidades de consumidores em mercados globais. O uso de intermediários de exportação envolve risco limitado, porque nenhum investimento estrangeiro direto é exigido.

Compradores de companhias estrangeiras e governos proporcionam um método direto de exportação e eliminam a necessidade de um intermediário. Esses compradores encorajam a troca internacional ao contatar empresas no exterior a respeito de suas necessidades e das suas oportunidades disponíveis para exportação. Na verdade, pesquisas sugerem que muitas pequenas empresas tendem a contar expressivamente com esses contatos nativos, especialmente em mercados desenvolvidos, e permanecem orientadas à produção, em vez de ao mercado, em sua abordagem de marketing internacional.[64] Organizações domésticas que desejam exportar com o mínimo de esforços e investimentos devem procurar intermediários de exportação. Uma vez que a companhia se envolve com exportação, em geral desenvolve mais conhecimento sobre o país e se torna mais confiante em sua competitividade.[65]

Por vezes, os profissionais contratam uma **empresa de trading**, que liga compradores e vendedores em diferentes países, mas não está envolvida na fabricação nem possui ativos relacionados à fabricação. Essas empresas compram produtos em um país pelo menor preço compatível com qualidade e os vendem a compradores em outro

empresa de trading Empresa que conecta compradores e vendedores em diferentes países.

país. Por exemplo, a WTC oferece um sistema de comércio mundial on-line 24 horas por dia que conecta 20 milhões de companhias em 245 países, oferecendo mais de 60 milhões de produtos.⁶⁶ Uma empresa de trading atua como um atacadista, assumindo a maior parte da responsabilidade de encontrar mercados enquanto facilita todos os aspectos de marketing de uma transação. Uma função importante dessas empresas é assumir os direitos sobre os produtos e executar todas as atividades necessárias para movê-los ao país estrangeiro visado. Por exemplo, grandes empresas de trading de grãos que operam escritórios externos nos Estados Unidos e no exterior controlam uma grande porção do comércio mundial de commodities alimentares básicas. Elas vendem commodities agrícolas homogêneas que podem ser armazenadas e movidas rapidamente em resposta às condições do mercado. Empresas de trading reduzem o risco para empresas que desejam se envolver com marketing internacional.

Licenciamento e franquia

Quando potenciais mercados são encontrados além das fronteiras nacionais, e produção, assistência técnica ou know-how de marketing são exigidos, o **licenciamento** é uma alternativa para investimento direto. O licenciado (proprietário da operação estrangeira) paga comissões ou royalties sobre vendas ou suprimentos usados na fabricação, e pode também pagar um adiantamento ou uma taxa quando o acordo de licenciamento for assinado. Trocas de técnicas gerenciais ou de assistência técnica são os principais motivos para acordos de licenciamento. Yoplait, por exemplo, é um iogurte francês licenciado para ser produzido nos Estados Unidos; mas a marca tenta manter a imagem francesa. Da mesma forma, organizações esportivas, como o Comitê Olímpico Internacional (COI), responsável pelos Jogos Olímpicos, em geral concentram-se em organizar seus eventos esportivos enquanto licenciam as mercadorias e outros produtos que são vendidos.

Licenciamento é uma alternativa atraente quando os recursos para investimento direto estiverem indisponíveis ou as competências centrais da empresa não estiverem relacionadas com o produto sendo vendido (como no caso das mercadorias olím-

licenciamento Alternativa ao investimento direto, que requer que o licenciado pague comissões ou royalties sobre as vendas de produtos ou componentes usados na fabricação.

Franquias globais
A KFC oferece uma extensa rede global de franquias.

picas). Também pode ser uma alternativa viável quando a estabilidade política de um país estrangeiro é incerta. Além disso, é especialmente vantajoso para pequenos produtores que desejam lançar uma marca bem conhecida internacionalmente. Por exemplo, a Questor Corporation detém o nome Spalding, mas não produz um único clube de golfe ou bola de tênis sequer; todos os produtos Spalding são licenciados mundialmente.

Franquia é uma forma de licenciamento na qual uma companhia (o franqueador) concede ao franqueado o direito de ofertar seu produto, usando seu nome, logo, métodos de operação propaganda, produtos e outros elementos associados aos negócios do franqueador, em troca de um compromisso financeiro e um acordo para conduzir negócios de acordo com o padrão de operações do franqueador. Esse acordo permite que os franqueadores minimizem os riscos do marketing internacional de quatro formas: (1) o franqueador não precisa providenciar um grande investimento de capital; (2) o fluxo de rendimentos do franqueador é razoavelmente regular, porque os franqueados pagam taxas e royalties fixos; (3) o franqueador mantém o controle do seu nome e aumenta a penetração global do seu produto; e (4) os acordos de franquia garantem certo padrão de comportamento dos franqueados, o que protege o nome da franquia.[67]

Contrato de fabricação

contrato de fabricação A prática de contratar empresas terceirizadas para produzir volume de produtos ou de componentes especificados pela contratante, que os comercializa com seu nome.

terceirização Prática de contratar terceiros para a realização de tarefas não essenciais da contratante.

offshoring Prática de mover um processo de negócios feito no mercado interno, na fábrica local, para um país estrangeiro, independentemente se a conclusão da produção realizada no exterior é desenvolvida por uma subsidiária ou por outras unidades terceirizadas contratadas para a produção.

terceirização offshore Prática de contratar uma empresa para desempenhar algumas das funções em negócios em um país diferente daquele onde o produto será vendido.

joint venture Parceria entre uma organização doméstica e uma organização ou governo estrangeiro.

Contrato de fabricação ocorre quando uma companhia contrata outra estrangeira para produzir um volume designado dos produtos por ela especificados (ou componente de um produto) e o produto final carrega o nome da companhia doméstica. A Gap, por exemplo, conta com contratos de fabricação para algumas de suas roupas; a Reebook usa contratos de fabricação para produzir muitos de seus calçados atléticos. O marketing pode ser tratado por contratos de fabricação ou pela companhia contratante.

Três formas específicas de contrato de fabricação se tornaram populares na última década: terceirização, offshoring e terceirização offshore. **Terceirização** é definida como a contratação de operações ou serviços não essenciais de produção interna de uma empresa a uma entidade externa especializada naquela operação. Por exemplo, terceirizar certos elementos das operações de uma empresa na China e no México se tornou popular. A maioria dos calçados hoje é produzida na China, independentemente da marca do sapato que você usa. Os serviços também podem ser terceirizados. A Food and Drug Administration (FDA) anunciou que planeja terceirizar mais inspeções de segurança.[68]

Offshoring é definido como mover um processo de negócios que é feito domesticamente para um país estrangeiro, sem levar em consideração se a produção no país estrangeiro é executada pela companhia local (por exemplo, uma subsidiária integral) ou por um terceiro (subcontratado). Tipicamente, a produção é movida para obter as vantagens de custo de operações mais baixo na localização estrangeira. **Terceirização offshore** é a prática de contratar uma organização para executar algumas ou todas as funções de negócios em um país que não aquele em que o produto será vendido. Hoje, alguns fabricantes de roupas que antes se envolviam com terceirização offshore estão movendo a produção de volta para os Estados Unidos para manter a qualidade e estreitar o controle de estoque.[69]

Joint ventures

No marketing internacional, **joint venture** é uma parceria entre uma organização doméstica e uma organização ou governo estrangeiro. Joint ventures são especialmente populares em setores que exigem grandes investimentos, como extração de

Aliança estratégica de companhias aéreas
American Airlines, British Airlines e Iberia formaram uma aliança para servir rotas transatlânticas chamada One World.

recursos naturais ou fabricação de automóveis. Seu controle pode ser dividido igualmente ou uma das partes pode controlar as tomadas de decisão. Muitas vezes, joint ventures são uma necessidade política, devido ao nacionalismo e às restrições do governo à propriedade estrangeira.

Joint ventures também proporcionam legitimidade aos olhos dos cidadãos do país anfitrião. Parceiros locais têm conhecimento em primeira mão do ambiente econômico e sociopolítico e dos trabalhos de redes de distribuição disponíveis, e podem ter acesso privilegiado a recursos locais (matérias-primas, gestão de mão de obra etc.). No entanto, relações de joint ventures exigem confiança ao longo do relacionamento para oferecer ao parceiro estrangeiro meios fáceis de implementar sua própria estratégia de marketing. As joint ventures estão assumindo maior importância global por causa das vantagens de custo e do número de organizações inexperientes que estão entrando em mercados estrangeiros. Elas podem ser o resultado de um equilíbrio entre o desejo de uma organização pelo controle completamente claro de um empreendimento e sua busca por recursos adicionais.

Alianças estratégicas são parcerias formadas para criar vantagem competitiva em uma base mundial. Elas são muito parecidas com joint ventures, mas, enquanto estas são definidas no escopo, aquelas tipicamente são representadas por um acordo para trabalhar juntas (o que pode significar essencialmente mais envolvimento do que uma joint venture). Em uma aliança estratégica internacional, as empresas integrantes podem ter sido rivais tradicionais competindo pelo mesmo mercado. Também podem estar competindo em determinados mercados enquanto trabalham juntas em outros em que isso seja benéfico para ambas as partes. Uma dessas colaborações é a Sky Team Alliance – envolvendo KLM, Aeromexico, Air France, Alitalia, Czech Airlines, Delta, Korean Air, Kenya Airways, Aeroflot, AirEuropa, Vietnam Airlines, China Airlines, MEA, Saudia, Tarom Romanian Air Transport, China Eastern, AerolineasArgentinas, XiamenAir e China Southern –, projetada para aprimorar o serviço ao cliente entre as empresas.[70] Enquanto as joint ventures são formadas para criar uma nova identidade, parceiros em alianças estratégicas em geral mantêm suas identidades distintas, com cada parceiro trazendo uma competência central para a união.

aliança estratégica Parceria formada para criar vantagem competitiva em uma base mundial.

propriedade direta Situação na qual uma empresa possui filiais próprias ou outras instalações no exterior.

empresa multinacional Empresa que tem negócios ou filiais em muitos países.

Propriedade direta

Quando uma companhia celebra um compromisso de longo prazo para comercializar em um país estrangeiro que tem um mercado promissor, bem como um ambiente político e econômico adequado, a **propriedade direta** de uma subsidiária ou divisão estrangeira é uma possibilidade. A maioria dos investimentos estrangeiros cobre apenas os equipamentos ou o pessoal da fabricação, porque os gastos para desenvolvimento de um sistema de distribuição estrangeiro separado podem ser enormes. A abertura de lojas de varejo na Europa, no Canadá ou no México pode exigir um investimento financeiro descomunal em instalações, pesquisa e gestão.

O termo **empresa multinacional**, às vezes chamada *corporação multinacional*, refere-se a uma empresa que tem operações ou subsidiárias em muitos países. Em geral, a "companhia mãe" é sediada em um país e mantém as atividades de produção, gestão e marketing em outros. Suas subsidiárias podem ser autônomas, podendo assim responder às necessidades de mercados internacionais individuais ou fazer parte de uma rede global guiada pelas operações da sede.

Ao mesmo tempo, pode-se permitir que uma subsidiária totalmente estrangeira opere independentemente da "companhia mãe", a fim de dar à sua gestão mais liberdade para se ajustar ao ambiente local. Acordos cooperativos são desenvolvidos para auxiliar os esforços de marketing, a produção e a gestão. Esse tipo de subsidiária pode exportar produtos ao país de origem, seu mercado pode servir como um mercado teste para os produtos globais da empresa ou pode ser um componente dos esforços de globalização da companhia. Alguns fabricantes norte-americanos de automóveis, por exemplo, importam carros fabricados por suas subsidiárias estrangeiras. Uma subsidiária estrangeira oferece taxas, tarifas e outras vantagens operacionais importantes. A Tabela 8.4 lista algumas corporações globais conhecidas, a maioria delas tem operações em vários países.

Tabela 8.4 Empresas multinacionais ao redor do mundo

Companhia	País	Descrição
Royal Dutch Shell	Holanda	Petróleo e gás
Toyota	Japão	Automóveis
Walmart	Estados Unidos	Varejo
Siemens	Alemanha	Engenharia e eletrônicos
Nestlé	Suíça	Itens de consumo nutricionais, lanches e relacionados à saúde
Samsung	Coreia do Sul	Subsidiárias especializadas em eletrônicos, componentes eletrônicos, equipamentos de telecomunicação, médicos, entre outros
Unilever	Reino Unido	Bens de consumo, incluindo limpeza e cuidado pessoal, alimentos e bebidas
Boeing	Estados Unidos	Espaço aéreo e defesa
Lenovo	China	Tecnologia de computação
Subway	Estados Unidos	Maior rede de *fast-food*

© Cengage Learning

CUSTOMIZAÇÃO VERSUS GLOBALIZAÇÃO DO MIX DE MARKETING INTERNACIONAL

5 Entender como customização difere de globalização.

Assim como os profissionais de marketing domésticos, os internacionais desenvolvem estratégias de marketing para servir mercados-alvo específicos. Tradicionalmente, estratégias de marketing internacionais têm um mix de marketing customizado de acordo com diferenças culturais, regionais e nacionais. A Tabela 8.5 apresenta uma amostra de questões internacionais relacionadas a produto, distribuição, promoção e preço. Por exemplo, muitos países em desenvolvimento carecem da infraestrutura necessária para amplas redes de distribuição, o que pode tornar mais difícil levar o produto aos consumidores. Perceber que existem similaridades e diferenças entre países é o primeiro passo crítico para desenvolver o esforço de estratégia de marketing apropriado voltado para mercados internacionais específicos. Hoje, muitas organizações lutam para construir suas estratégias de marketing em torno das similaridades que existem, em vez de customizá-las ao redor das diferenças.

Para muitas organizações, a **globalização** do marketing é a meta. Isso envolve o desenvolvimento de estratégias de marketing como se o mundo todo (ou suas principais regiões) fosse uma entidade única; uma empresa globalizada vende produtos padronizados da mesma forma em todos os lugares. Os calçados da Nike e da Adidas, por exemplo, são padronizados mundialmente. Outros exemplos de produtos globalizados incluem equipamentos eletrônicos de comunicação, roupas de estilo ocidental, filmes, refrigerantes, música alternativa e rock, cosméticos e pastas de dente. As televisões da Sony, o café da Starbucks e muitos produtos vendidos no Walmart contabilizam ano após ano lucros no mercado mundial.

globalização Desenvolvimento de estratégias de marketing que tratam o mundo (ou suas principais regiões) como uma única entidade.

Por muitos anos, as organizações tentaram globalizar o mix de marketing tanto quanto possível empregando produtos padronizados, campanhas de promoção, preços e canais de distribuição para todos os mercados. As recompensas econômicas e competitivas para estratégias de marketing globalizadas certamente são grandes. O nome da marca, características do produto, embalagem e rótulos estão entre as variáveis do mix de marketing mais fáceis de se padronizar; alocação de mídia, lojas de varejo e preço podem ser mais difíceis. No fim, o grau de similaridade entre as várias condições ambientais e de mercado determina a viabilidade e o nível de globalização. Uma estratégia de globalização bem-sucedida muitas vezes depende da extensão na qual uma organização é capaz de implementar a ideia de "pensar globalmente, agir localmente".[71] Mesmo os alimentos "para viagem" se prestam à globalização: restaurantes do McDonald's, KFC e Taco Bell satisfazem clientes famintos em ambos os hemisférios, embora os cardápios possam ser levemente alterados para satisfazer os gostos locais. Quando a Dunkin' Donuts entrou no mercado chinês, servia café, chá, donuts e roscas, assim como fazia nos Estados Unidos, porém, na China, a vitrine de donuts também incluía os sabores chá verde e melão e anéis de mochi, que são parecidos com os donuts, mas feitos com farinha de arroz. A companhia teve sucesso na China e planeja se expandir para o Vietnã.[72]

O marketing internacional demanda certo planejamento estratégico se uma organização está para incorporar vendas estrangeiras em sua estratégia geral de marketing. Em geral, atividades de marketing internacional exigem um mix de marketing customizado para atingir as metas da organização. A globalização requer um comprometimento total do mundo, regiões ou áreas multinacionais como uma parte integral dos mercados da organização; mercados mundiais ou regionais se tornam tão importantes quanto os domésticos. Independentemente do grau em que uma organização escolhe globalizar sua estratégia de marketing, são necessárias amplas análises ambientais e pesquisas de marketing para entender as necessidades e desejos dos mercados-alvo e implementar de forma bem-sucedida a estratégia de marketing escolhida.

Tabela 8.5 Tópicos do mix de marketing num contexto internacional

Componente de produto	Amostra de tópicos internacionais
Extração de produto	Existe uma uniformidade das necessidades dos clientes entre países? Para que o produto será utilizado e em que contexto?
Adoção do produto	Como é criada a consciência para o produto nos vários mercados do país? Como e onde o produto é tipicamente comprado?
Gerenciando produtos	Como os produtos realmente novos são gerenciados nos mercados do país em comparação aos existentes ou que já foram levemente modificados?
Gestão da marca	A marca é amplamente aceita ao redor do mundo? O país de origem ajuda ou prejudica a percepção da marca pelo consumidor?
Componente de distribuição	
Canais de marketing	Qual é o papel dos intermediários do canal num contexto internacional? Onde o valor é criado além das fronteiras domésticas da organização?
Distribuição física	A circulação do produto é a mais eficiente do país de origem para um mercado estrangeiro ou para um depósito regional?
Lojas de varejo	Qual é a disponibilidade de diferentes tipos de lojas de varejo nos vários mercados do país?
Estratégia de varejo	Onde os clientes geralmente compram nos mercados-alvo: centro, subúrbios ou shoppings?
Componente de promoção	
Propaganda	Alguns clientes do país preferem propaganda específica da organização em vez do produto. Como isso afeta a propaganda?
Relações públicas	Como as relações públicas são usadas para gerenciar os interesses dos *stakeholders* num contexto internacional? Os interesses dos *stakeholders* diferem ao redor do mundo?
Vendas pessoais	Que tipos de produtos exigem vendas pessoais num contexto internacional? Isso difere da forma como esses produtos são vendidos dentro do país de origem?
Promoção de vendas	O uso de cupons é uma atividade difundida nos mercados internacionais selecionados? Que outras formas de promoção de vendas podem ser usadas?
Componente de precificação	
Preço/base	O preço é um componente importante da equação de valor do produto nos mercados-alvo do país?
Análise de demanda	A curva de demanda é parecida internacional e nacionalmente? Uma mudança de preço vai mudar drasticamente a demanda?
Relações entre demanda, custo e lucro	Quais são os custos fixos e variáveis ao ofertar o produto internacionalmente? São parecidos com a configuração doméstica?
Determinação de preço	Como a estratégia de precificação, as forças ambientais, as práticas de negócios e os valores culturais afetam o preço?

© Cengage Learning

Estratégia de globalização da Frito-Lay's
A Lay's customiza seus produtos em muitos países ao redor do mundo.

Uma presença global não resulta automaticamente em vantagem competitiva global. No entanto, essa presença gera cinco oportunidades para criar valor: (1) adaptar-se às diferenças de mercado locais, (2) explorar economias de escala global, (3) explorar economias de escopo global, (4) tirar proveito de localizações ótimas para atividades e recursos e (5) maximizar a transferência de conhecimento entre as localizações.[73] Para aproveitar essas oportunidades, os profissionais de marketing precisam conduzir pesquisas e trabalhar dentro das limitações do ambiente internacional e das alianças de comércio regionais, mercados e acordos.

Revisão do capítulo

1. Entender a natureza de uma estratégia de marketing global.

Marketing internacional envolve o desenvolvimento e a execução de atividades de marketing além das fronteiras nacionais. Mercados internacionais podem proporcionar enormes oportunidades de crescimento e renovar as chances da organização.

2. Analisar as forças ambientais que afetam esforços de marketing global.

Uma análise detalhada do ambiente é essencial antes de uma companhia entrar em um mercado internacional. Aspectos ambientais de especial importância incluem forças socioculturais, econômicas, políticas, legais e regulatórias, sociais e éticas, competitivas e tecnológicas. Como as atividades de marketing são principalmente sociais em propósito, são influenciadas por crenças e valores relativos à família, religião, educação, saúde e recreação. Diferenças culturais podem afetar as negociações de marketing, o comportamento de tomada de decisão e a adoção e uso dos produtos. A estabilidade econômica de uma nação e suas barreiras comerciais podem afetar os esforços de marketing. Barreiras comerciais significativas incluem tarifas de importação, cotas, embargos e controles cambiais. O Produto Interno Bruto (PIB) e o PIB per capita são medidas comuns da posição econômica de uma nação. Forças políticas e legais incluem o sistema político, leis, marcos regulatórios, grupos de interesse especial e tribunais de uma nação. No que diz respeito à ética, o relativismo cultural é o conceito de que a moralidade varia de uma cultura para outra e que as práticas de negócios são, portanto, definidas de forma diferente como certas ou erradas por determinadas culturas. Além de considerar os tipos de concorrência e de estruturas competitivas que existem em outros países, os profissionais de marketing precisam considerar as forças competitivas em ação e reconhecer a importância do cliente global, que é bem informado sobre as opções de produto ao redor do mundo. Avanços na tecnologia têm facilitado muito o marketing internacional.

3. Entender os vários e importantes acordos de comércio internacional.

Várias alianças comerciais regionais e mercados específicos criam tanto oportunidades como restrições para companhias envolvidas com o marketing internacional. Importantes acordos comerciais incluem: Acordo de Livre Comércio da América do Norte, União Europeia, Mercado Comum do Sul, Cooperação Econômica Ásia-Pacífico, Associação de Nações do Sudeste Asiático e Organização Mundial de Comércio.

4. Identificar métodos de entrada em mercados internacionais.

Existem diversas formas de entrar em mercados internacionais. Importação (compra de produtos de uma fonte estrangeira) e exportação (venda de produtos a mercados estrangeiros) são os métodos mais fáceis e mais flexíveis. Os profissionais de marketing podem contratar uma empresa de trading, que liga compradores e vendedores em diferentes países, mas não está envolvida com a fabricação nem possui ativos relacionados à manufatura. Licenciamento e franquia são acordos nos quais uma organização paga taxas a outra pelo uso do seu nome, expertise e suprimentos. Contratos de fabricação ocorrem quando uma companhia contrata uma organização estrangeira para produzir um volume designado de produtos que ela especifica, e o produto final carrega o nome da companhia doméstica. Joint ventures são parcerias entre uma organização doméstica e uma estrangeira ou governamental. Alianças estratégicas são parcerias formadas para criar uma vantagem competitiva em uma base mundial. Por fim, uma organização pode construir seu próprio marketing ou instalações de produção no exterior. Quando as companhias têm propriedade direta das instalações em muitos países, podem ser consideradas multinacionais.

5. Entender como customização difere de globalização.

Embora a maioria das organizações ajuste seu mix de marketing para as diferenças em mercados-alvo, algumas padronizam seus esforços de marketing mundialmente. O tradicional envolvimento de marketing internacional em grande escala é baseado em produtos customizados de acordo com diferenças culturais, regionais e nacionais. Globalização, no entanto, envolve o desenvolvimento de estratégias de marketing como se o mundo inteiro (ou regiões dele) fosse uma entidade única; uma organização globalizada oferta produtos padronizados da mesma forma em todos os lugares. O marketing internacional demanda um planejamento estratégico se a organização estiver para incorporar vendas estrangeiras em sua estratégia de marketing geral.

Conceitos-chave

Acordo de Livre Comércio da América do Norte (Nafta) 245
Acordo Geral de Tarifas e Comércio (Gatt) 250
aliança estratégica 255
Associação de Nações do Sudeste Asiático (Asean) 249
balança comercial 239
contrato de fabricação 254
controle cambial 239
Cooperação Econômica Ásia-Pacífico (Apec) 248
cota 238
dumping 250
embargo 238
empresa de trading 252
empresa multinacional 256
exportação 251
globalização 257
importação 251
joint venture 254
licenciamento 253
marketing internacional 232
Mercado Comum do Sul (Mercosul) 247
offshoring 254
Organização Mundial de Comércio (OMC) 250
Produto Interno Bruto (PIB) 236
propriedade direta 256
relativismo cultural 241
tarifa de importação 238
terceirização 254
terceirização offshore 254
União Europeia (UE) 246

Questões para discussão e revisão

1. De que forma o marketing internacional difere do marketing doméstico?
2. Quais fatores os profissionais de marketing precisam considerar enquanto decidem se entram ou não no marketing internacional?
3. Por que as maiores corporações industriais dos Estados Unidos são tão comprometidas com o marketing internacional?
4. Por que você acha que este capítulo foca na análise do ambiente internacional de marketing?
5. Se lhe pedissem para dar uma pequena gorjeta (ou suborno) para ter um documento aprovado em uma nação estrangeira em que essa prática é costumeira, o que você faria?
6. Como o Nafta vai afetar as oportunidades de marketing para produtos dos Estados Unidos na América do Norte (Estados Unidos, México e Canadá)?
7. O que os profissionais de marketing deveriam considerar ao decidir licenciar ou entrar em uma joint venture em uma nação estrangeira?
8. Discuta o impacto de alianças estratégicas em estratégias de marketing internacional.
9. Compare globalização e customização de estratégias de marketing. Uma prática é melhor do que a outra?
10. Quais são alguns aspectos relacionados a produto que você precisa considerar ao ofertar automóveis de luxo na Austrália, no Brasil, em Cingapura, na África do Sul e na Suécia?

Aplicações do marketing

1. Para implementar estratégias de marketing bem-sucedidas no mercado internacional, o profissional precisa entender as complexidades do ambiente global de marketing. Que forças ambientais (sociocultural, econômica, política/legal/regulatória, ética, competitiva ou tecnológica) esse profissional poderia ter de considerar ao ofertar os seguintes produtos no mercado internacional e por quê?
    a. Bonecas Barbie
    b. Cerveja
    c. Serviços financeiros
    d. Televisores
2. Muitas organizações, incluindo Procter & Gamble, FedEx e Occidental Petroleum, desejam fazer negócios no Leste Europeu e em países que fizeram parte da antiga União Soviética. Que eventos poderiam ocorrer e tornar o marketing nesses países mais difícil? Que eventos tornariam mais fácil?
3. Este capítulo discutiu várias abordagens organizacionais para o marketing internacional. Quais seriam os melhores arranjos para o marketing internacional dos seguintes produtos e por quê?
    a. Equipamento de construção
    b. Cosméticos
    c. Automóveis
4. A Procter & Gamble firmou um compromisso sólido com mercados estrangeiros, especialmente na América Latina. Suas ações podem ser descritas como uma "globalização do marketing". Descreva como um fabricante de sapatos (por exemplo, Wolverine World Wide) po-

deria ir do marketing doméstico para a exportação limitada, marketing internacional e, por fim, globalização do marketing. Dê exemplos de algumas atividades que podem estar envolvidas nesse processo.

5. Os limpadores de para-brisa foram inventados por Mary Anderson em 1903, quando ela observou que motoristas das ruas de Nova York tinham de abrir a janela para enxergar quando chovia. Sua invenção consistia em um longo braço com uma lâmina de borracha que era operado manualmente de dentro do automóvel. Em 1916, todos os veículos de passageiros eram adaptados com esses limpadores manuais; a partir do início dos anos 1920, uma variedade de sistemas automáticos começou a surgir. Em 1936, a primeira unidade de limpador de para-brisa se tornou disponível como uma opção, adicionando outro progresso tecnológico à tecnologia automotiva.

Avançando até o presente, todos os veículos utilizam fluidos para limpador de para-brisa – em geral compostos de uma mistura de etilenoglicol, isopropanol e água – razoavelmente eficientes para remover sujeira, insetos e outros detritos. A eficiência dos fluidos para limpadores de para-brisa diminui, no entanto, no clima frio. Na verdade, nos meses de inverno, esses fluidos não são pulverizados adequadamente, e às vezes podem até congelar.

Recentemente, algumas companhias começaram a fabricar aquecedores de fluido de limpadores de para-brisa, que aquecem instantaneamente o fluido até aproximadamente 50°C ao toque do motorista. O sistema vem em um kit que leva apenas 15 minutos para instalar. O primeiro benefício, é claro, é que o fluido aquecido reduz a quantidade de raspagem de gelo e neve que o motorista teria de fazer. O fluido aquecido também é pulverizado de forma mais consistente, ajudando a alcançar todas as partes do para-brisa, e é mais eficiente para dissolver sujeira e insetos. As companhias fabricantes também alegam que o fluido vai ajudar os limpadores de para-brisa a durar mais tempo.

Muitos países têm invernos longos e gelados, mas a Rússia imediatamente vem à mente como um possível mercado global. Analise esse país em relação às suas forças ambientais para fabricantes de aquecedores de fluidos de limpadores de para-brisa. Com base em aproximadamente 275 veículos motorizados por 1.000 pessoas na população russa, que porcentagem do mercado você acha que as companhias que vendem esse produto podem capturar (vendas industriais)? Qual método de entrada parece ser o melhor para esses fabricantes? Eles geralmente são companhias médias com capital limitado, experiência e conhecimento internacional. De quanta customização um produto como esse poderia precisar na Rússia?

Desenvolvendo seu plano de marketing

Ao se formular uma estratégia de marketing, uma das questões que a companhia precisa considerar é se vai ou não perseguir mercados internacionais. Embora apresentem oportunidades de marketing crescentes, esses mercados exigem decisões mais complexas ao formular planos de marketing. Para ajudá-lo em relação às informações deste capítulo para o desenvolvimento de seu plano de marketing, foque o seguinte:

1. Revise a análise ambiental que foi contemplada no Capítulo 3. Estenda a análise para cada um dos sete fatores para incluir mercados globais.

2. Usando a Figura 8.1 como guia, determine o grau de envolvimento internacional adequado para seu produto e sua companhia.

3. Discuta os conceitos de customização e globalização para o seu produto quando estiver se movendo para mercados internacionais. Consulte a Tabela 8.5 para guiá-lo em sua discussão.

A informação obtida a partir dessas questões deve auxiliá-lo no desenvolvimento de vários aspectos de seu plano de marketing.

Caso 8.1

Evo: O desafio de se tornar global

Enquanto Bryce Phillips, fundador da Evo, varejista de esportes ativos, estava esquiando no Japão, ficou surpreso de descobrir que diversos esquiadores do alojamento tinham seus produtos. Embora seja intenção da Evo se tornar global, a organização não exporta regularmente a outros países. Ainda assim, mesmo com poucas atividades de exportação, os clientes de outros países estão procurando por seus equipamentos esportivos.

A Evo, abreviação de "evolution", foi fundada como um varejista on-line em 2001 e abriu sua loja física em Seattle quatro anos depois. Embora a loja física ofereça aos clientes uma localização física para procurar pelos produtos, a on-line permite que a Evo mantenha uma seleção maior e estenda seu alcance global. A companhia agrada entusiastas de esportes com produtos como equipamentos de esqui, wakeboards, snowboards, equipamentos para skate e moda street wear. No início, Phillips desejava usar a web para divulgar a Evo mundialmente. "Quando pensamos sobre o futuro, pensamos em ser uma marca global em um contexto em que o tipo de clientes que gostaríamos de atrair fosse do mundo todo", conta Phillips. "E, estando na web, as notícias viajam e sua marca pode viajar muito, muito rapidamente."

Aproximadamente 5% dos negócios da Evo vêm de fora dos Estados Unidos, e o alcance global da web aumentou a demanda por seus produtos. Mesmo assim, apesar desses prospectos globais favoráveis, a Evo tem sido, de certa forma, limitada em sua capacidade de enviar produtos internacionalmente. "Estamos restritos, de alguma forma, por muitos de nossos acordos de fornecimento", afirma Nathan Decker, diretor sênior de e-commerce. Ele apresenta duas razões pelas quais os vendedores criam acordos de fornecimento exclusivo com a Evo: (1) para evitar saturar mercados estrangeiros e (2) para manter controle sobre seus produtos, a fim de competir justamente no mercado global. Ao limitar a distribuição, os fabricantes conseguem exercer algum controle sobre os outros elementos do mix de marketing, como o preço. O website da Evo contém uma lista de marcas que a companhia não pode enviar para o exterior devido a acordos contratuais. Se os consumidores de países estrangeiros tentarem encomendá-las, receberão uma notificação de que seu pedido foi cancelado.

Como os varejistas muitas vezes não detêm várias das marcas que vendem, os fabricantes podem manter o direito de determinar onde os produtos são vendidos e quanto distribuir à companhia. Isso representa um grande desafio para varejistas que querem ser globais. Por outro lado, grandes companhias varejistas poderosas, como Walmart, têm mais capacidade para negociar com fabricantes sobre a distribuição global. À medida que a Evo cresce como marca, pode obter poder para negociar termos de distribuição mais favoráveis com seus vendedores.

Além disso, os contratos de fornecimento não podem evitar que os consumidores enviem os produtos para o exterior. Como Phillips descobriu em primeira mão, a popularidade da companhia se propagou a outros países. A tecnologia permitiu que ela se envolvesse no marketing viral, que foca em aumentar a exposição global da marca. Por exemplo, quando o fabricante de equipamentos para montanhas Rossignol decidiu lançar seus esquis globalmente por meio do website da Evo, a novidade foi postada em sites de esqui de todo o mundo. A Evo também foi apresentada em revistas de circulação internacional.

A Evo espera trabalhar com seus fornecedores para tornar as vendas globais mais viáveis. "Uma vez que assim possamos trabalhar e recebermos o sinal verde de alguns de nossos maiores fornecedores, acho que isso se tornará mais um foco estratégico", diz Decker. Enquanto isso, a Evo está encontrando formas adicionais de aumentar sua presença global. Por exemplo, ela lançou o EvoTrip como um serviço para entusiastas de esportes radicais que querem viajar. EvoTrip organiza as viagens com o objetivo de conectar pessoas a culturas, comunidades e esportes locais. Além de aumentar sua base de clientes, esse serviço permite que a organização forme relações com consumidores no exterior.

É possível que as oportunidades globais aumentem à medida que a Evo continua a crescer. Em 2011, ela lançou seu primeiro catálogo de clientes, e Phillips expressou um desejo de abrir mais lojas pelo país. A organização também está explorando a possibilidade de expandir sua própria linha de produtos da marca Evo. Ao fazer isso, a organização não estaria restrita por obrigações contratuais de seus fornecedores. Criar uma marca global continua sendo uma parte importante dos seus esforços. De acordo com Phillips, "tudo o que fazemos, seja algo que compramos, vendemos ou investimos, é conectado globalmente".[74]

Questões para discussão

1. Quais são os resultados positivos e negativos de se usar acordos de fornecimento exclusivo que restringem a distribuição global?
2. Quais são as características exclusivas de produto que podem tornar a Evo uma marca global?
3. Como deveria ser a estratégia de marketing da Evo para se tornar global?

NOTAS

1. Lauren Coleman-Lochner. P&G Woos the Hearts, Mind, and Schools of Vietnam. *Bloomberg Businessweek*, 5 jul. 2012. Disponível em: <www.businessweek.com/articles/2012-07-05/in-vietnam-p-and-g-woos-hearts-minds-and-schools>. Acesso em: 24 ago. 2012; Ana Best, Tim Clarke, Mandukhai Hansen, Matt Richards e Aleksey Vlasov, P&G Targets Emerging Markets to Stay Competitive, 18 ago. 2011. Disponível em: <http://knowledgenetwork.thunderbird.edu/students/ 2011/08/22/pg-targets-emerging-markets-to-stay-competitive/>. Acesso em: 24 ago. 2012; Mary Ralles. Improving Lives in Vietnam. *P&G Corporate Newsroom*, 5 jul. 2012. Disponível em: <http://news.pg.com/blog/company-strategy/improving-lives-vietnam>. Acesso em: 24 ago. 2012.

2. Larry Olmstead. Four Seasons Hotels Expands to Africa and Luxury Safaris. *Forbes*, 31 jul. 2012. Disponível em: <www.forbes.com/sites/larryolmsted/2012/07/31/four-seasons-hotels-expands-to-africa-and-luxury-safaris/>. Acesso em: 3 jan. 2013.

3. Our Story. Walmart. Disponível em: <http://corporate.walmart.com/our-story/>. Acesso em: 3 jan. 2013; Nin-Hai Tseng. Wal-Mart Stores: Global 500. *Fortune*, 23 jul. 2012. Disponível em: <http://money.cnn.com/magazines/fortune/global500/2012/snapshots/2255.html>. Acesso em: 3 jan. 2013; Starbucks Coffee International. Starbucks. Disponível em: <www.starbucks.com/bsusiness/international-stores>. Acesso em: 3 jan. 2013.

4. Export Assistance. Office of the United States Trade Representative. Disponível em: <www.ustr.gov/trade-topics/trade-toolbox/export-assistance>. Acesso em: 21 fev. 2012.

5. Gary A. Knight e S. Tamer Cavusgil. Innovation, Organizational Capabilities, and the Born-Global Firm. *Journal of International Business Studies*, mar. 2004, p. 124-41.

6. Jessica Golloher. McDonald's Still Thriving in Russia After 20 Years, 2 fev. 2010. Disponível em: <www1.voanews.com/english/news/europe/McDonalds-Still-Thriving-in-Russia-After-20-Years-83327327.html>. Acesso em: 20 jan. 2012.

7. John Parker. Another Year, Another Billion. *The Economist: The World in 2011 Special Edition*, p. 28.

8. Site indiano do Taco Bell. Disponível em: <http://tacobell.co.in/tacomenu.aspx#>. Acesso em: 23 jan. 2012; Associated Press. Taco Bell Comes to India. *Huffington Post*, 22 jun. 2010. Disponível em: <www.huffingtonpost.com/2010/04/22/taco-bell-to-india_n_548427.html>. Acesso em: 23 jan. 2012.

9. Anton Piësch. Speaking in Tongues, *Inc.*, jun. 2003, p. 50.

10. Sadrudin A. Ahmed e Alain D'Astous. Moderating Effects of Nationality on Country-of-Origin Perceptions: English-Speaking Thailand Versus French-Speaking Canada. *Journal of Business Research* 60, mar. 2007, p. 240-48; George Balabanis e Adamantios Diamantopoulos. Domestic Country Bias, Country-of-Origin Effects, and Consumer Ethnocentrism: A Multidimensional Unfolding Approach. *Journal of the Academy of Marketing Science*, jan. 2004, p. 80-95; Harri T. Luomala. Exploring the Role of Food Origin as a Source of Meanings for Consumers and as a Determinant of Consumers' Actual Food Choices. *Journal of Business Research* 60, fev. 2007, p. 122-29; Durdana Ozretic-Dosen, Vatroslav Skare e Zoran Krupka. Assessments of Country of Origin and Brand Cues in Evaluating a Croatian, Western and Eastern European Food Product. *Journal of Business Research* 60, fev. 2007, p. 130-36.

11. Philip Coggan. Markets in a Muddle. *The Economist: The World in 2011 Special Edition*, p. 145.

12. Adam Davidson. How China's Currency Policy Affects You. NPR, 20 abr. 2006. Disponível em: <www.npr.org/templates/story/story.php?storyId=5353313>. Acesso em: 20 jan. 2012.

13. Parmy Olson. Greenspan Accuses U.S. of Dollar Weakening. *Forbes*, 11 nov. 2010. Disponível em: <www.forbes.com/2010/11/11/greenspan-dollar-weakening-markets-currencies-g20-us-china-fed.html>. Acesso em: 20 jan. 2012; Inti Landauro. Colombia, Mexico Criticize Rich Countries on Monetary, Fiscal Policies. *The Wall Street Journal*, 24 jan. 2011. Disponível em: <http://online.wsj.com/article/BT-CO-20110124-710562.html>. Acesso em: 20 jan. 2012.

14. Country Comparison: GDP (Purchasing Power Parity). The World FactBook. Disponível em: <www.cia.gov/library/publications/the-world-factbook/rankorder/2001rank.html>. Acesso em: 3 jan. 2013.

15. Country Comparison: Country Comparison: GDP-per capita (PPP). The World FactBook. Country Comparison: <www.cia.gov/library/publications/the-world-factbook/rankorder/2004rank.html>. Acesso em: 3 jan. 2013.

16. Adi Narayan. The Big Market for Dialysis in India. *Bloomberg*

Businessweek, 9-15 jan. 2012, p. 26.

17. Censorship: The Trade Barrier That Dare Not Speak Its Name. *Bloomberg Businessweek*, 14 mar. 2011, p. 29-30.

18. The Rise of Capitalism. *The Economist*, 21 jan. 2012, p. 11.

19. Mark Djarem. Polyester Shirts to $3 Shoes Face Highest U.S. Tariffs. *Bloomberg*, 14 jun. 2011. Disponível em: <www.bloomberg.com/news/2011-06-14/polyester-shirts-to-3-shoes-face-top-u-s-duties-study-finds.html>. Acesso em: 23 jan. 2012; Will the New Congress Shift Gears on Free Trade?. *The Wall Street Journal*, 18-19 nov. 2006, p. A7.

20. U.S. Trade Representative Announces Fiscal 2010 Tariff-Rate Quota Allocations for Raw Cane Sugar, Refined Specialty Sugar, Sugar Containing Products, 1º out. 2009. Disponível em: <www.highbeam.com/doc/1P3-1870093731.html>. Acesso em: 15 mar. 2010.

21. Arshad Mohammed, Justyna Pawlak e Warren Strobel. Special Report: Inside the West's Economic War with Iran. *Reuters*, 28 dez. 2012. Disponível em: <www.reuters.com/article/2012/12/28/us-iran-sanctions-idUSBRE8BR04620121228>. Acesso em: 3 jan. 2013.

22. U.S. Census Bureau, Foreign Trade Division. U.S. Trade in Goods and Services – Balance of Payments (BOP) Basis, 9 mar. 2012. Disponível em: <www.census.gov/foreign-trade/statistics/historical/gands.pdf>. Acesso em: 2 abr. 2012.

23. Charles R. Taylor, George R. Franke e Michael L. Maynard. Attitudes Toward Direct Marketing and Its Regulation: A Comparison of the United States and Japan. *Journal of Public Policy & Marketing,* outono 2000, p. 228-37.

24. Julius Melnitzer. U.K. Enacts "Far-Reaching" Anti-Bribery Act. *Law Times*, 13 fev. 2011. Disponível em: <www.lawtimesnews.com/201102148245/Headline-News/UK-enacts-far-reaching-anti-bribery-act>. Acesso em: 28 mar. 2011.

25. About Counterfeiting. IACC. Disponível em: <https://iacc.org/about-counterfeiting/>. Acesso em: 8 jan. 2013.

26. Loretta Chao. The Ultimate Knock-Off: A Fake Apple Store. *The Wall Street Journal*, 20 jul. 2011. Disponível em: <http://blogs.wsj.com/digits/2011/07/20/the-ultimate-knock-off-a-fake-apple-store/>. Acesso em: 24 jan. 2012.

27. Business for Social Responsibility. Disponível em: <www.bsr.org>. Acesso em: 8 mar. 2010.

28. Stephen Fidler e Jacob Bunge. NYSE Deal Nears Collapse. *The Wall Street Journal*, 11 jan. 2012, p. A1, A9.

29. This Is Systembolaget. Disponível em: <www.systembolaget.se/Applikationer/Knappar/InEnglish/Swedish_alcohol_re.htm>. Acesso em: 23 mar. 2010.

30. Country Comparison: Internet Users. The World FactBook. Disponível em: <www.cia.gov/library/publications/the-world-factbook/rankorder/2153rank.html>. Acesso em: 7 jan. 2013.

31. Pete Guest. Switching On: Africa's Vast New Tech Opportunity, 12 jul. 2011. Wired.co.uk. Disponível em: <www.wired.co.uk/magazine/archive/2011/08/features/switching-on?page=all>. Acesso em: 24 jan. 2012; Africa's Mobile Phone Industry "Booming". *BBC*, 9 nov. 2011. Disponível em: <www.bbc.co.uk/news/world-africa-15659983>. Acesso em: 24 jan. 2012.

32. North American Free Trade Agreement. NAFTANow.org. Disponível em: <www.naftanow.org/facts/default_en.asp>. Acesso em: 7 jan. 2013.

33. Country Comparison: GDP - per capita (PPP). The World FactBook. Disponível em: <www.cia.gov/library/publications/the-world-factbook/rankorder/2004rank.html>. Acesso em: 3 jan. 2013; Country Comparison: Population. The World FactBook. Disponível em: <www.cia.gov/library/publications/the-world-factbook/rankorder/2119rank.html>. Acesso em: 3 jan. 2013.

34. Why Mexican Products?. Gobierno Federal. Disponível em: <www.ottawa.economia.gob.mx/swb/swb/Ottawa/Importing_from_Mexico>. Acesso em: 7 jan. 2013; Country Info. EDC. Disponível em: <www.edc.ca/EN/Country-Info/Pages/Mexico.aspx>. Acesso em: 7 jan. 2012.

35. Country Comparison: GDP - per capita (PPP). The World FactBook. Disponível em: <www.cia.gov/library/publications/the-world-factbook/rankorder/2004rank.html>. Acesso em: 3 jan. 2013; Country Comparison: Population. The World FactBook. Disponível em: <www.cia.gov/library/publications/the-world-factbook/rankorder/2119rank.html>. Acesso em: 3 jan. 2013.

36. Trade at a Glance. Embassy of the United States: Mexico. Disponível em: <http://mexico.usembassy.gov/eng/eataglance_trade.html>. Acesso em: 7 jan. 2013.

37. Special Report: Mexico. *The Economist*, 24 nov. 2012, p. 3-16.

38. "Special Report: Mexico", *The Economist*, 24 nov. 2012, 3–16.

39. CAFTA-DR (Dominican Republic-Central America FTA). Office of the United States Trade Representative. Disponível em: <www.ustr.gov/trade-agreements/free-trade-agreements/cafta-dr-dominican-republic-central-america-fta>. Acesso em: 23 jan. 2012.

40. The History of the European Union. Europa. Disponível em: <http://europa.eu/abc/history/index_en.htm>. Acesso em: 10 mar. 2010; Europe in 12 Lessons. Europa. Disponível em: <http://europa.eu/abc/12lessons/lesson_2/index_en.htm>. Acesso em: 3 mar. 2010.

41. Country Comparison: GDP (Purchasing Power Parity). The World Factbook. Disponível em: <www.cia.gov/library/publications/the-world-factbook/rankorder/2001rank.html>. Acesso em: 3 jan. 2013.

42. Special Advertising Section: The European Union and the United States. *Foreign Policy*, 1º jan. 2013.

43. Bruno Waterfield. Ireland Forced to Take EU and IMF Bail-Out Package. *The Telegraph*, 22 nov. 2010. Disponível em: <www.telegraph.co.uk/finance/financetopics/financialcrisis/8150137/Ireland-forced-to-take-EU-and-IMF-bail-out-package.html>. Acesso em: 10 jan. 2011; Jonathon House e Alkman Granitsas. Spain, Cyprus Request Bailout Aid. *The Wall Street Journal*, 25 jun. 2012. Disponível em: <http://online.wsj.com/article/SB10001424052702304458604577488891324210470.html>. Acesso em: 16 jul. 2012.

44. David Gauthier-Villars. Europe Hit by Downgrades. *The Wall Street Journal*, 14 jan. 2012. Disponível em: <http://online.wsj.com/article/SB10001424052970204542404577158561838264378.html>. Acesso em: 1º fev. 2012.

45. Powerhouse Deutschland. *Bloomberg Businessweek*, 3 jan. 2011, p. 93; Alan S. Blinder. The Euro Zone's German Crisis.

The Wall Street Journal. Disponível em: <http://online.wsj.com/article/SB10001424052970203430404577094313707190708.html>. Acesso em: 20 jan. 2012; David Gauthier-Villars. Europe Hit by Downgrades.

46. Special Advertising Section: The European Union and the United States. *Foreign Policy*, 1º jan. 2013.

47. Common Market of the South (MERCOSUR): Agri-Food Regional Profile Statistical Overview. Agriculture and Agrifood Canada, mar. 2009. Disponível em: <www.ats.agr.gc.ca/lat/3947-eng.htm>. Acesso em: 10 mar. 2010; Joanna Klonsky e Stephanie Hanson. Mercosur: South America's Fractious Trade Bloc. Council on Foreign Relations, 20 ago. 2009. Disponível em: <www.cfr.org/publication/12762/mercosur.html>. Acesso em: 18 mar. 2010.

48. Michael Reid. Latin America Changes Its Guard. *The Economist: The World in 2011 Special Edition*, p. 55-56.

49. About APEC. Asia-Pacific Economic Cooperation. Disponível em: <www.apec.org/apec/about_apec.html>. Acesso em: 25 fev. 2010.

50. Asian Pacific Economic Cooperation. Disponível em: <www.apec.org/apec/about_apec/achievements_and_benefits.html>. Acesso em: 10 mar. 2010.

51. Jack Perkowski. Managing the Dragon's 2013 China Predictions. *Forbes*, 7 jan. 2013. Disponível em: <www.forbes.com/sites/jackperkowski/2013/01/07/managing-the-dragons-2013-china-predictions/>. Acesso em: 7 jan. 2013.

52. Bruce Schreiner. Yum Brands Post Rare Profit Setbacks in China. *USA Today*, 18 jul. 2012. Disponível em: <http://usatoday30.usatoday.com/money/companies/earnings/story/2012-07-18/yum-brands-earnings/56321222/1>. Acesso em: 7 jan. 2013.

53. Overview. Association of Southeast Asian Nations. Disponível em: <www.aseansec.org/64.htm>. Acesso em: 23 jan. 2012.

54. Wang Yan. ASEAN Works to 'Act as Unison' on Global Stage. *China Daily*, 19 nov. 2011. Disponível em: <www.chinadaily.com.cn/cndy/2011-11/19/content_14122972.htm>. Acesso em: 27 jan. 2012.

55. Website ASEAN. Disponível em: <www.aseansec.org/>. Acesso em: 23 jan. 2012.

56. Common Effective Preferential Tariff (CEPT). The Malaysia Government's Official Portal. Disponível em: <www.malaysia.gov.my/EN/Relevant%20Topics/IndustryInMalaysia/Business/BusinessAndEBusiness/BusinessAndAgreement/CEPT/Pages/CEPT.aspx>. Acesso em: 23 jan. 2012.

57. OECD: South-east Asian Economic Outlook to Return to Pre-Crisis Levels. *The Guardian*. Disponível em: <www.guardian.co.uk/global-development/datablog/2012/nov/18/oecd-south-east-asia-economic-outlook>. Acesso em: 7 jan. 2013.

58. Eric Bellman. Najib Says Asean to Avoid EU Errors. *The Wall Street Journal*, 17 nov. 2011. Disponível em: <http://online.wsj.com/article/SB10001424052970204517204577044113020238708.html>. Acesso em: 27 jan. 2012; R.C. No Brussels Sprouts in Bali. *The Economist*, 18 nov. 2011. Disponível em: <www.economist.com/blogs/banyan/2011/11/asean-summits>. Acesso em: 23 jan. 2012.

59. Kathy Quiano. ASEAN Summit Starts amid Cloud of Thai-Cambodia Border Row. CNN, 7 maio. 2011. Disponível em: <http://articles.cnn.com/2011-05-07/world/asia.asean.summit_1_asean-leaders-asean-summit-southeast-asian-nations?_s=PM:WORLD>. Acesso em: 23 jan. 2012.

60. Eric Bellman. Asia Seeks Integration Despite EU's Woes. *The Wall Street Journal*, 22 jul. 2011, p. A9.

61. Members and Observers. World Trade Organization. Disponível em: <www.wto.org/english/thewto_e/whatis_e/tif_e/org6_e.htm>. Acesso em: 7 jan. 2013.

62. What Is the WTO? World Trade Organization. Disponível em: <www.wto.org/english/thewto_e/whatis_e/whatis_e.htm>. Acesso em: 20 jan. 2012.

63. Matthew Dalton. Beijing Sparks Ire of WTO Over Curbs. *The Wall Street Journal*, 6 jul. 2011, p. A9.

64. Pradeep Tyagi. Export Behavior of Small Business Firms in Developing Economies: Evidence from the Indian Market. *Marketing Management Journal*, outono/inverno 2000, p. 12-20.

65. Berrin Dosoglu-Guner. How Do Exporters and Non-Exporters View Their "Country of Origin" Image Abroad? *Marketing Management Journal*, outono/inverno 2000, p. 21-27.

66. WTSC World Trade System. Disponível em: <www.scinet-corp.com/associates/index.htm>. Acesso em: 7 jan. 2013.

67. Farok J. Contractor e Sumit K. Kundu. Franchising Versus Company-Run Operations: Model Choice in the Global Hotel Sector. *Journal of International Marketing*, nov. 1997, p. 28-53.

68. Catherine Larkin e Anna Edney. More Outsourcing Planned for FDA Overseas Factory Inspections. *Bloomberg Businessweek*, 10 fev. 2011. Disponível em: <www.businessweek.com/news/2011-02-10/more-outsourcing-planned-for-fda-overseas-factory-inspections.html>. Acesso em: 24 jan. 2012.

69. Suddenly, Made in USA Looks Like a Strategy. *Bloomberg Businessweek*, 28 mar. 2011, p. 57-58.

70. Website Sky Team. Disponível em: <www.skyteam.com/>. Acesso em: 20 jan. 2012.

71. Deborah Owens, Timothy Wilkinson e Bruce Keillor. A Comparison of Product Attributes in a Cross-Cultural/Cross-National Context. *Marketing Management Journal*, outono/inverno 2000, p. 1-11.

72. Patrick Barta. Dunkin' Brands to Expand in Asia. *The Wall Street Journal*, 8 mar. 2011. Disponível em: <http://online.wsj.com/article/SB10001424052748703386704576185910821716404.html>. Acesso em: 24 jan. 2012; Dunkin' Donuts Coming to Mainland China. *USA Today*, 25 jan. 2008. Disponível em: <www.usatoday.com/money/world/2008-01-25-dunkin-shanghai_N.htm>. Acesso em: 24 jan. 2012.

73. Anil K. Gupta e Vijay Govindarajan. Converting Global Presence into Global Competitive Advantage. *Academy of Management Executive*, maio 2001, p. 45-58.

74. *Evo* [DVD], Cengage Learning, 2012; Website da Evo. Disponível em: <www.evo.com/>. Acesso em: 13 mar. 2012; Jessica Naziri. Retailer Grows Up, Along with His Business. *CNBC*, 15 fev. 2012. Disponível em: <www.cnbc.com/id/46386774>. Acesso em: 13 mar. 2012; Evo Goes Against The Grain With

First Winter Sports. New Schoolers, 15 out. 2011. Disponível em: <www.newschoolers.com/readnews/4209.0/Evo-Goes-Against-The-Grain-With-First-Winter-Sports-Consumer-Catalog?c=2>. Acesso em: 13 mar. 2012; Evo Shares Its Retail Secrets. *Skiing Business*, 7 fev. 2012. Disponível em: <http://skiingbusiness.com/11874/profiles/evo-shares-its-retail-secrets/>. Acesso em: 14 mar. 2012; About evoTrip, Evo. Disponível em: <www.evo.com/about-evotrip.aspx>. Acesso em: 14 mar. 2012.

Notas dos *Quadros Informativos*

a Mark Lee. Google Gets Some Rare Good News in China. *Bloomberg Businessweek*, 30 ago. 2012. Disponível em: <www.businessweek.com/articles/2012-08-30/google-gets-some-rare-good-news-in-china>. Acesso em: 9 set. 2012; Edward Schneider. Mobile Advertising: The Next Big Thing. *Seeking Alpha*, 24 ago. 2012. Disponível em: <http://seekingalpha.com/article/827601-mobile-advertising-the-next-big-thing>. Acesso em: 8 set. 2012; Greg Sterling. Google Leads Chinese in App Mobile Display Ad Market. *Marketing Land*, 22 ago. 2012. Disponível em: <http://marketingland.com/google-leads-chinese-in-app-mobile-display-ad-market-19434>. Acesso em: 9 set. 2012; Paul Mozur. Baidu to Sell Inexpensive Smartphone. *The Wall Street Journal*, 15 maio 2012. Disponível em: <http://online.wsj.com/article/SB10001424052702304192704577403870564004252.html>. Acesso em: 13 set. 2012.

b Rich Duprey, Is Cummins Worth More Than $100 a Share?. *DailyFinance*, 13 ago. 2012. Disponível em: <www.dailyfinance.com/2012/08/13/is-cummins-worth-more-than-100-a-share/>. Acesso em: August 30, 2012; Cummins Signs Agreement to Purchase SCR Doser Assets from Hilite International. *BusinessWire*, 2 maio 2012. Disponível em: <www.businesswire.com/news/home/20120502005857/en/Cummins-Signs-Agreement-Purchase-SCR-Doser-Assets>. Acesso em: 30 ago. 2012; *Cummins Aftertreatment Technology*. Disponível em: <http://cumminsengines.com/assets/pdf/4087234.pdf>. Acesso em: 30 ago. 2012; Bob Tita. Cummins Thrives on New Air Regulations. *The Wall Street Journal*, 2 maio 2012, p. B6.

c Simon Montlake e Ryan Ma. China's Steve Jobs. *Forbes*, 18 jul. 2012. Disponível em: <www.forbes.com/global/2012/0806/feature-technology-lei-jun-smartphones-china-steve-jobs.html>. Acesso em: 31 ago. 2012; Laura He. Chinese Billionaire Lei Jun and His iPhone Challenger Jump into Fierce Smartphone Price War. *Forbes*, 15 ago. 2012. Disponível em: <www.forbes.com/sites/laurahe/2012/08/15/lei-jun-and-apples-chinese-challenger-jump-into-fierce-smartphone-price-war/>. Acesso em: 31 ago. 2012; Hannah Beech/Chengdu. The Cult of Apple in China. *Time Magazine*, 2 jul. 2012. Disponível em: <www.time.com/time/magazine/article/0,9171,2117765,00.html>. Acesso em: 31 ago. 2012.

d Brent Kendall e Wilawan Watcharasakwet. High Court Dives into Resale Trade. *Wall Street Journal*, 29 out. 2012, p. B1; Mark Sherman. Kirtsaeng v John Wiley & Sons: Supreme Court Hears Contentious Copyright Case. *Huffington Post*, 29 out. 2012. Disponível em: <www.huffingtonpost.com/2012/10/29/kirtsaeng-v-john-wiley-and-sons_n_2039997.html>. Acesso em: 2 nov. 2012; Jennifer Waters. Your Right to Resell Your Own Stuff Is in Peril. *Market Watch*, 12 out. 2012. Disponível em: <http://articles.marketwatch.com/2012-10-12/finance/34240922_1_copyright-iphone-consumer-groups>. Acesso em: 2 nov. 2012.

CAPÍTULO 9

Marketing digital e redes sociais

© iStockphoto.com/Little_Desire

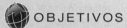 **OBJETIVOS**

1. Descrever o crescimento e os benefícios do marketing digital.
2. Aprender como o marketing gerado pelo consumidor e as mídias digitais podem ser usados como ferramentas eficazes de marketing.
3. Compreender como a mídia digital influencia o comportamento dos consumidores.
4. Entender e identificar como a mídia digital pode ser usada em uma estratégia de e-marketing.
5. Identificar as considerações éticas e legais na mídia e no marketing digitais.

INSIGHTS DE MARKETING

Extraindo o poder do Twitter

É possível que uma campanha de marketing digital com 140 caracteres seja bem-sucedida? Nos dias de hoje, a resposta parece ser sim. O Twitter se tornou uma mídia de marketing digital altamente bem-sucedida para muitas corporações.

O Twitter fornece uma plataforma interativa pela qual as empresas se conectam com seus clientes. Diversas companhias o usam para comercializar suas marcas, algo essencial quando se tenta estabelecer uma associação positiva com os consumidores. Os resultados que essa ferramenta produziu chamaram a atenção de várias corporações globais como PepsiCo, Procter & Gamble e Verizon.

Por exemplo, a fim de promover uma campanha de massa de reposicionamento de marketing, recentemente a PepsiCo tem se associado a músicos famosos e usado seu apelo entre os jovens. A empresa usou sua página do Twitter para transmitir um show ao vivo por meio de um tuíte. Conforme os usuários viam a postagem, ajudavam a retuitá-la e replicar a informação, assim promovendo a transmissão e o show. Logo, foi possível à PepsiCo utilizar os consumidores para vender sua promoção digital. Os resultados positivos que obteve a fez repensar a distribuição do seu orçamento de marketing.

O Twitter também beneficiou a televisão e a indústria cinematográfica. Por exemplo, os usuários interagem uns com os outros para resenhar os filmes na semana de lançamento. Já que as recomendações dos consumidores são quase sempre mais confiáveis do que as promoções das empresas, as resenhas no Twitter influenciam fortemente as escolhas dos usuários. Tuítes positivos geraram bilheterias maiores, enquanto os negativos prejudicaram as bilheterias das estreias nos finais de semana, o que sugere que as pessoas preferiram esperar os filmes sairem em DVD. É evidente que essa mídia social tem um poder de alcance importante, que deve ser considerado pelas empresas em suas campanhas de marketing digital.[1]

Desde a década de 1990, a internet e a tecnologia de informação têm mudado dramaticamente o ambiente de marketing e as estratégias necessárias para o seu sucesso. A mídia digital criou oportunidades estimulantes para as empresas no sentido de segmentar determinados mercados mais eficazmente, desenvolver novas estratégias de marketing e reunir mais informação sobre os clientes. Ao usar canais de mídias digitais, os profissionais de marketing são capazes de analisar e abordar melhor as necessidades dos consumidores.

Uma das características que definem a tecnologia de informação no século 21 é a mudança acelerada. Novos sistemas e aplicações avançam tão rapidamente que um capítulo sobre esse tema deve se esforçar para incorporar as possibilidades do futuro. Por exemplo, quando a Google chegou, em 1998, diversas ferramentas de busca lutaram pelo domínio do mercado. A empresa, com seu formato rápido e fácil de usar, logo se tornou a número um em ferramentas de busca na internet. Hoje em dia, a Google representa uma concorrência adicional a muitas indústrias, inclusive de propaganda, jornais, serviços de telefonia celular, editoras e redes sociais. Como você pode ver, o ambiente de marketing está mudando rapidamente com base nesses fatores, assim como os futuros avanços desconhecidos dentro da tecnologia da informação.

Neste capítulo, focamos as estratégias de marketing digital, particularmente em novos canais de comunicação, como as redes sociais, e discutimos como os consumidores mudam a forma de buscar as informações e seus comportamentos de consumo para se encaixar nessas tecnologias e padrões emergentes. Mais importante, analisaremos como os profissionais de marketing podem usar as novas mídias a seu favor, a fim de melhor se conectar com os consumidores, reunir informações sobre seus mercados-alvo e convertê-las em estratégias de marketing bem-sucedidas.

CRESCIMENTO E BENEFÍCIOS DO MARKETING DIGITAL

Antes de seguirmos em frente, devemos apresentar uma definição de mídia digital. **Mídia digital** são meios de difusão eletrônicos que funcionam por meio de códigos digitais – quando nos referimos a mídia digital, referimo-nos à mídia disponível por meio de computadores, dispositivos móveis e outros mecanismos lançados recentemente. Diversos termos foram cunhados para descrever as atividades de marketing na internet. O **marketing digital** utiliza todas as mídias digitais, incluindo a internet e canais móveis e interativos, a fim de desenvolver a comunicação e as trocas com clientes. Neste capítulo, focamos em como a internet se relaciona a todos os aspectos do marketing, inclusive ao planejamento estratégico. Assim, usamos o termo **marketing eletrônico** ou **e-marketing** em referência ao processo estratégico de distribuir, promover e precificar os produtos, descobrindo, dessa forma, os desejos dos clientes por meio da mídia e do marketing digitais. Nossa definição de e-marketing vai além da internet, incluindo telefonia celular, anúncios em banners, marketing com outdoor digital e redes sociais.

O fenomenal crescimento da internet abriu oportunidades sem precedentes para os profissionais de marketing forjarem relações interativas com os consumidores. Conforme as tecnologias e a internet avançaram, foi possível segmentar mercados-alvo de forma mais precisa e alcançar mercados antes inacessíveis. À medida que o mundo digital continua crescendo, o marketing na internet vem sendo integrado a estratégias que incluem todas as mídias digitais, como propaganda televisiva e outras mídias móveis e interativas que não usam a internet (mídia de propaganda é discutida em detalhes no Capítulo 16). De fato, os profissionais de marketing usam o termo

1 Descrever o crescimento e os benefícios do marketing digital.

mídia digital Mídia eletrônica que funciona usando códigos digitais; quando nos referimos a mídias digitais, estamos falando da mídia disponível via computadores, smartphones, tablets e outros dispositivos digitais lançados recentemente.

marketing digital Usa todos os meios digitais, incluindo a internet e canais interativos e móveis, a fim de desenvolver comunicação e trocas com os clientes.

marketing eletrônico ou e-marketing O processo estratégico de distribuição, promoção, precificação de produtos e descoberta dos desejos dos clientes utilizando marketing e mídia digitais.

Marketing digital
Os profissionais de marketing podem usar vários sites de mídia digital, como YouTube, Facebook, Pinterest e Flickr, a fim de promover os produtos e chamar a atenção para a empresa.

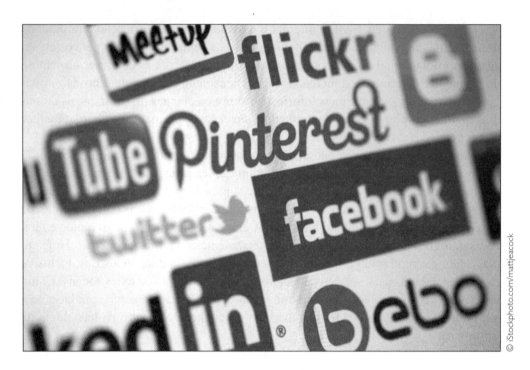

marketing digital como algo que abarca todos os canais digitais para alcançar os clientes. Essa área evolui rapidamente, e o mundo digital ainda está em um estágio inicial de integração à estratégia de marketing.[2]

Um dos benefícios mais importantes do e-marketing é sua capacidade de fazer que os profissionais de marketing e os clientes compartilhem informações. Por meio dos websites, redes sociais e outras mídias digitais, os consumidores podem descobrir tudo sobre os produtos que consomem e usam em suas vidas. Como resultado, a internet vem mudando a forma como os profissionais de marketing se comunicam e desenvolvem relacionamentos. Atualmente, esses profissionais podem usar a internet para estabelecer relações com vários stakeholders, incluindo clientes, funcionários e fornecedores. Muitas empresas não utilizam apenas e-mail e celulares, mas também as redes sociais, wikis, sites de compartilhamento de mídia, podcasts, blogs, videoconferências e outras tecnologias para coordenar atividades e se comunicar com os funcionários.

Para muitos negócios, engajar-se em atividades de marketing digital e on-line é essencial para manter as vantagens competitivas. É cada vez mais frequente que pequenas empresas usem mídia digital para desenvolver estratégias a fim de alcançar novos mercados e acessar canais de comunicação baratos. Companhias maiores, como a Target, usam catálogos on-line e o site da empresa para complementar suas lojas físicas. No extremo oposto, empresas como a Amazon.com, que não têm lojas físicas e só vendem produtos on-line, surgiram para desafiar as tradicionais lojas físicas. Os sites de rede social ultrapassam o e-marketing ao fornecer atributos adicionais, como a capacidade de comprar produtos e enviar presentes pelo Facebook.[3] Por fim, alguns sites corporativos e de mídia social fornecem mecanismos de feedback através dos quais os clientes podem fazer perguntas, dar voz às suas reclamações, indicar preferências ou comunicar suas necessidades e desejos.

Um dos maiores erros que um professional de marketing pode cometer ao se engajar no marketing digital é tratá-lo como um canal tradicional. A mídia digital oferece toda uma nova dimensão ao marketing, que os profissionais devem considerar quando preparam as estratégias de marketing da empresa. Algumas características que distinguem a mídia on-line do marketing tradicional incluem endereçabilidade, acessibilidade, conectividade e controle, como definido na Tabela 9.1.

TIPOS DE MARKETING GERADOS PELO CONSUMIDOR E MÍDIA DIGITAL

2 Aprender como o marketing gerado pelo consumidor e as mídias digitais podem ser usados como ferramentas eficazes de marketing.

Enquanto a mídia digital e o e-marketing têm gerado interessantes oportunidades para que as organizações interajam com os consumidores, é crucial reconhecer que a mídia social impulsiona mais os consumidores do que a tradicional. O material gerado pelo consumidor está tendo um efeito profundo no marketing. Conforme a internet fica mais acessível em todo o mundo, os consumidores estão criando e lendo conteúdo gerado por outros consumidores como nunca. As redes sociais e os avanços em tecnologia de software fornecem um ambiente propício para que os profissionais de marketing utilizem o conteúdo gerado pelo consumidor.

Duas grandes tendências fizeram que a informação gerada pelo consumidor ganhasse importância:

1. A forte tendência dos consumidores de publicar seus próprios pensamentos, opiniões, resenhas e discussões sobre produtos em blogs ou outras mídias digitais.
2. A tendência dos consumidores de confiar mais em outros consumidores do que em corporações. Em geral, eles confiam nas recomendações de amigos, familiares e colegas quando tomam decisões de compra.

Ao entender onde os usuários on-line tendem a expressar seus pensamentos e opiniões, os profissionais de marketing podem usar esses fóruns para interagir com os consumidores, abordar problemas e promover suas empresas. Os tipos de mídias digitais das quais os usuários geralmente participam incluem redes sociais, blogs,

Tabela 9.1 Características da mídia on-line

Característica	Definição	Exemplo
Endereçabilidade	A capacidade do profissional de marketing de identificar os clientes antes que façam uma compra	A Amazon instala cookies no computador do usuário que permitem identificá-lo quando voltar ao website
Interatividade	A habilidade de os clientes expressar suas necessidades e desejos diretamente à organização em resposta à sua comunicação de marketing	A Texas Instruments interage com seus clientes em sua página do Facebook respondendo a dúvidas e postando atualizações
Acessibilidade	A capacidade de um profissional de marketing obter informações digitais	A Google pode usar outros mecanismos de busca na web nos quais sua própria ferramenta de busca pode aprender sobre os interesses dos clientes
Conectividade	A habilidade de os consumidores se conectarem com os profissionais de marketing junto com outros consumidores	A Avon Voices incentiva os cantores a fazer uploads de seus vídeos no website da empresa. Dessa forma, eles podem ser avaliados por outros usuários e ter a chance de serem "descobertos"
Controle	Capacidade que o cliente tem de controlar a informação que recebe, assim como o preço e a exposição a tal informação	Consumidores usam a Kayak.com para descobrir as melhores ofertas de viagens

© Cengage Learning

wikis, sites de compartilhamento de mídia, sites de realidade virtual, dispositivos móveis, aplicativos e widgets, e muito mais.

Redes sociais

rede social Local de encontro na web para amigos, familiares, colegas de trabalho e companheiros que permite aos usuários criar um perfil e se conectar com outros usuários para buscar conhecimento, manter contatos e construir uma rede de trabalho interligada.

As redes sociais evoluíram rapidamente em curto período de tempo. **Rede social** é definida como "um ponto de encontro na web para famílias, amigos, colegas de trabalho e companheiros, que permite aos usuários criar um perfil e se conectar com outros usuários por motivos variados, como obter informações, manter contato, construir uma rede de relacionamentos relacionada a trabalho".[4] Essas redes são amplamente usadas por profissionais de marketing, e as estratégias de marketing estão usando sites de redes sociais para desenvolver relacionamentos com os clientes. Cada onda de rede social se torna mais sofisticada. As de hoje em dia oferecem uma enxurrada de benefícios ao consumidor, como download de músicas, aplicativos, fóruns e jogos. Os profissionais de marketing usam esses sites e sua popularidade com os consumidores para promover produtos, lidar com dúvidas e queixas e fornecer informações que auxiliem os clientes em suas decisões de compra. Por exemplo, em uma propaganda, a revista *Motor Trend* descreve as muitas formas como os consumidores podem "seguir" a publicação, mostrando os logos do aplicativo em formas diferentes de mídia digital.

Usando a mídia social para melhorar a promoção
A revista *Motor Trend* incentiva os consumidores a segui-la em diferentes redes sociais, usando mídias digitais, como códigos QR, Pinterest, Facebook e YouTube.

Entre os apps exibidos, vê-se os sites de mídia digital Facebook, Twitter, Google+, YouTube, Instagram e Pinterest.

Conforme a quantidade de usuários das redes sociais aumenta, profissionais de marketing interativos tentam encontrar oportunidades de alcançar consumidores em novos mercados-alvo. CafeMom é um site de rede social que oferece às mães um fórum no qual podem se conectar, escrever sobre a maternidade e outros tópicos que lhes são importantes. Com 9 milhões de visitantes em um único mês, esse site em especial é uma oportunidade de atingir as mães, um público com influência significativa no comportamento de compra familiar. Walmart, Playskool, General Mills e Johnson & Johnson têm anunciado nesse site.[5] Muitos países têm sua própria rede social, só que bem menor. O Orkut, um serviço que pertenceu à Google no passado, foi muito popular na Índia e no Brasil.*

Para os profissionais de marketing, as redes sociais também oferecem formas de promover suas empresas. Serão fornecidas nas seções seguintes deste capítulo mais informações sobre como os profissionais de marketing utilizam as redes sociais.

Os usuários da internet ingressam nas redes sociais por muitos motivos, desde o desejo de conversar com os amigos até o de manter uma rede de conta-

---

* O Orkut foi descontinuado no Brasil em 30 de setembro de 2014. Disponível em: <http://googlebrasilblog.blogspot.com.br/2014/06/adeus-ao-orkut.html>. Acesso em: 17 jun. 2015.

tos profissionais. As redes sociais se tornaram muito populares em diversos países, como já mencionado.

Como a Figura 9.1 mostra, o Reino Unido e os Estados Unidos têm os mais ávidos usuários de redes sociais do mundo. Conforme as redes sociais evoluem, tanto profissionais de marketing quanto proprietários de sites afins percebem as incríveis oportunidades que tais redes oferecem – um fluxo de capital de propaganda para os donos das redes sociais e grande alcance para o anunciante. Como resultado, os profissionais de marketing começaram a investigar e fazer experimentos com promoções nas redes sociais.

Uma importante questão diz respeito a como as mídias sociais agregam valor à economia. Os profissionais de marketing de empresas como Ford e Zappos, por exemplo, usam a mídia social para promover produtos e construir um relacionamento com os consumidores. Muitas corporações apoiam páginas de Facebook e contas da Yammer para que seus empregados se comuniquem entre departamentos e divisões. Até mesmo organizações de alocação profissional usam as mídias sociais, contornando os tradicionais canais de telefone e e-mail. Por mais que bilhões de dólares em investimentos estejam sendo direcionados à mídia social, talvez seja muito cedo para avaliar sua contribuição econômica exata para toda a economia.[6]

Facebook

Quando o Facebook ultrapassou o MySpace em número de membros, tornou-se o site de rede social mais famoso do mundo.[7] Usuários da internet criaram perfis e então procuraram na rede por outros com quem se conectar. O Facebook é aberto a pais, avós e adolescentes. O gigante da rede social ultrapassou 1 bilhão de usuários, e continua crescendo.[8]

Figura 9.1

Você usa as redes sociais?*

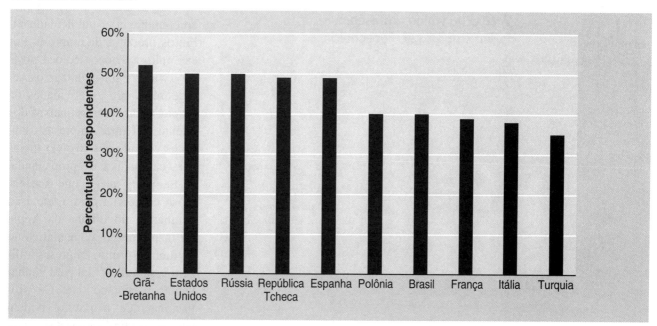

* Essa pesquisa foi conduzida em 21 países pelo Pew Research Center's Global Attitudes Project, de 17 de março a 20 de abril de 2012.

Por este motivo, muitos profissionais de marketing se voltam ao Facebook para ofertar produtos, interagir com os consumidores e tirar vantagem da publicidade gerada. Para os consumidores, é possível tornar-se "fã" de grandes empresas como Avon apenas clicando em "curtir" em sua página no Facebook. Essa rede também oferece às empresas formas de ingressar no e-commerce. A organização lançou o recurso "Gifts", que permite aos usuários comprar presentes – como um cartão de presente da Starbucks – e enviá-los aos seus amigos pelo site.[9]

Além disso, sites da rede social são úteis para o marketing de relacionamento ou para criar relações que beneficiem mutuamente o marketing da empresa e o cliente. As empresas usam o marketing de relacionamento no Facebook para ajudar os consumidores a sentir maior ligação com seus produtos. Por exemplo, a New Belgium Brewing tem mais de 35 páginas do Facebook e usa o site para direcionar propagandas à sua base de fãs. Depois de conduzir um estudo com esses fãs, a empresa descobriu que eles geram metade das vendas anuais da empresa.[10] Graças ao Facebook, empresas como New Belgium conseguem entender quem são seus clientes e como a empresa pode satisfazer suas necessidades.

Twitter

Twitter é um híbrido de site de rede social e microblog que pergunta aos visitantes uma única questão: "O que está acontecendo?". Os usuários podem postar respostas de 140 caracteres, que ficam disponíveis para seus "seguidores" lerem. Para as empresas, a limitação de 140 caracteres pode não parecer suficiente para enviar uma mensagem eficaz, mas algumas delas têm especialistas usando o Twitter em suas estratégias de marketing. Por exemplo, durante suas operações de negócios, a Southwest Airlines tem uma equipe que monitora sua conta do Twitter para responder a questões que variam de restituição a perda de bagagem.[11] Esses esforços têm impacto; aproximadamente 88% dos usuários reportam que seguem pelo menos uma marca no Twitter.[12]

Como outros sites da rede social, o Twitter também é usado para melhorar o atendimento ao cliente e criar publicidade sobre os produtos da empresa. Por exemplo, a Zappos coloca posts no Twitter para atualizar os seguidores sobre as atividades da empresa e abordar as queixas dos clientes.[13] Outras empresas usam tuítes visando desenvolver ideias para campanhas de propaganda. A Samsung alega que seu famoso comercial para a televisão zombando do iPhone da Apple foi inspirado por comentários no Twitter.[14] Por fim, empresas utilizam essa rede social para ganhar vantagem competitiva. Os profissionais de marketing podem pagar o Twitter para destacar pro-

Fonte: Pesquisa da Manta com 614 pequenos empresários.

Transformação verde

Facebook é elogiado por combater as emissões de carbono

Não é nenhum segredo que Facebook e Google são concorrentes, em especial quando se trata de propaganda. Ambas as empresas têm amplo alcance global e capacidade de segmentar o mercado. No entanto, existe uma área na qual o Facebook se sai melhor do que a Google: a pegada de carbono. As emissões de carbono do Facebook totalizam aproximadamente 285 mil toneladas por ano, em comparação com o 1,5 milhão da Google.

Conforme a preocupação com o planeta aumenta, os consumidores exigem que as empresas sejam mais sustentáveis. Portanto, o fato de o Facebook ser mais eficiente em termos de emissões do que a concorrência lhe dá uma vantagem. O Greenpeace elogiou a empresa por sua transparência, depois que o Facebook divulgou um relatório que descrevia em detalhes sua pegada de carbono. No relatório, foi anunciada sua meta de obter 25% de sua energia de fontes renováveis até 2015 e mais, forneceu informações sobre seus objetivos e centros de dados, assim como a pegada de carbono de 90 milhões de usuários.

Então, quanto de energia um usuário do Facebook gasta? A empresa calculou que cada usuário utiliza por ano o equivalente à pegada de carbono de um café com leite médio. Infelizmente, com mais de 1 bilhão de usuários, essa soma aumenta significativamente. E enquanto a empresa planeja criar um centro de dados alimentado com energia hidroelétrica na Suécia, é provável que outras expansões aumentem suas emissões de carbono no curto prazo. Apesar dessas desvantagens, a transparência do Facebook fez valer os elogios de stakeholders – inclusive de grupos ambientais.[a]

---

pagandas ou marcas da empresa a uma base mais ampla de usuários, quando esses buscam termos ou tópicos específicos.[15] A corrida começou para as empresas que desejam usar o Twitter a fim de ganhar vantagem sobre a concorrência.

Blogs e Wikis

Os profissionais de marketing de hoje em dia devem reconhecer o impacto de materiais gerados pelo consumidor, como blogs and wikis, já que sua importância aumentou muito para os consumidores on-line. **Blogs** (abreviação de "weblogs") são diários da web nos quais os autores conseguem editar o conteúdo que postam e interagir com outros usuários da internet. Mais de três quartos dos usuários da internet leem blogs.[16] De fato, o Tumblr, que permite que os usuários postem textos, hiperlinks, fotos e outras mídias gratuitamente, se tornou um grande destino on-line. O site tem, aproximadamente, 18 bilhões de visualizações de páginas por mês.[17]

Os blogs dão controle aos consumidores, às vezes mais do que as empresas gostariam. Independentemente se o conteúdo do blog é de fato preciso ou não, os blogueiros podem postar o que quiserem a respeito de uma empresa ou de seus produtos. Embora algumas companhias tenham entrado com ações judiciais por difamação contra alguns blogueiros, elas geralmente não conseguem impedir o blog de se tornar algo viral. Responder a uma crítica negativa é algo muito delicado. Por exemplo, embora as empresas, às vezes, forcem os blogueiros a retirar suas páginas do ar, é frequente que os leitores criem cópias do blog e o divulguem pela internet depois que o original foi removido.[18] Em outros casos, a resenha positiva de um produto postada em um blog popular pode aumentar bastante as vendas. Portanto, blogs podem representar uma ameaça potencial à empresa, mas também uma oportunidade.

Blogs também oferecem grandes vantagens. Em vez de tentar eliminar aqueles que mostram a empresa sob uma luz negativa, algumas companhias os usam para

blogs Diários baseados na web (abreviatura de "weblogs") nos quais escritores editoram e interagem com outros usuários da internet.

A maior Wiki do mundo
Wikipedia é uma enciclopédia on-line que permite aos usuários adicionar ou editar informações em mais de 285 idiomas.

wiki Tipo de software que cria uma interface na qual os usuários podem adicionar ou editar o conteúdo de sites de internet dedicados a essa função.

responder a dúvidas de clientes ou defender sua reputação corporativa. Muitas corporações de grande porte criaram blogs ou encorajaram seus funcionários a postar sobre a companhia. A Boeing tem um blog corporativo para destacar as novidades da empresa e postar cartas de seus entusiastas de todas as partes do mundo.[19] Conforme os blogs mudam a face da mídia, empresas como a Boeing os utilizam para promover o interesse por seus produtos e criar relacionamentos com seus clientes.

Wiki é um tipo de software que cria uma interface que permite aos usuários adicionar ou editar o conteúdo de alguns tipos de websites. Um dos mais conhecidos é a Wikipedia, enciclopédia on-line com mais de 22 milhões de entradas em mais de 285 idiomas sobre praticamente todo assunto imaginável (a *Encyclopedia Britannica* tem apenas 120 mil entradas).[20] Já que a Wikipedia pode ser editada e lida por qualquer um, é fácil para os consumidores on-line corrigir imprecisões no seu conteúdo.[21] O site é ampliado, atualizado e editado por uma grande equipe de colaboradores voluntários. Para a maioria, apenas a informação que pode ser verificada em outras fontes é considerada apropriada. Devido ao seu formato aberto, a Wikipedia sofreu altos níveis de vandalismo, nos quais informações incorretas foram disseminadas. Em geral, tais problemas são detectados e corrigidos rapidamente. Como todas as mídias sociais, as wikis oferecem vantagens e desvantagens para as empresas. Para companhias polêmicas, como Walmart e Nike, elas representam publicidade negativa, por causa de suas violações às leis trabalhistas, por exemplo. No entanto, algumas empresas começaram a usá-las como ferramenta interna para funcionários que trabalhavam em projetos que exigem muita documentação.[22] Além disso, as wikis de monitoramento dão uma ideia melhor de como os consumidores se sentem em relação à marca da empresa.

Financeiramente, há muita coisa em jogo para os profissionais de marketing ignorarem blogs e wikis. Uma pesquisa mostrou que aproximadamente 46% das empresas que usam blogs ganharam novos clientes a partir de informações postadas neles.[23] Apesar disso, estatísiticas mostram que apenas 28% das 500 empresas listadas pela *Fortune* têm blog corporativo.[24] Profissionais de marketing que desejam formar melhores relacionamentos com os clientes e promover os produtos da empresa não devem subestimar o poder dessas duas ferramentas como novos meios de comunicação.

Sites de compartilhamento de mídia

Os negócios também podem compartilhar suas mensagens corporativas de um jeito mais visual por meio de sites de compartilhamento de mídia, que permitem a profissionais de marketing compartilhar fotos, vídeos e podcasts, mas se restringem mais a como as empresas interajem com os consumidores. Eles tendem a ser mais promocionais do que reativos. Isso significa que, enquanto as organizações podem promover seus produtos por meio de vídeos ou fotos, em geral não interagem com os consumidores por meio de mensagens pessoais ou respostas. Ao mesmo tempo, a popularidade desses sites tem o potencial de alcançar uma audiência global de consumidores.

Sites de compartilhamento de fotos permitem que os usuários façam upload de suas fotos e as compartilhem com o mundo. Entre os mais famosos encontram-se Flickr, Picasa, Shutterfly, Snapfish e Instagram. O Flickr é de propriedade do Yahoo! e é o site mais popular de compartilhamento de fotos da internet. Seu usuário pode fazer upload, editar e classificar imagens, criar álbuns de fotos e compartilhar imagens ou vídeos com seus amigos, assim evitando ter de enviar e-mails com anexos pesados ou mandar as fotos no corpo do e-mail. Ainda que o Flickr seja o mais famoso site de compartilhamento de fotos da internet, o aplicativo de compartilhamento de fotos para celular Instagram surgiu como um concorrente. O Instagram permite que os usuários modifiquem suas fotos com diferentes matizes e, então, as compartilhem com seus amigos.[25] Com mais e mais pessoas usando aplicativos de celular ou acessando a internet através de seus smartphones, o compartilhamento de fotos através de dispositivos móveis tende a aumentar.

Hoje em dia, estão surgindo outros sites que elevam o compartilhamento de fotos a um novo nível. O Pinterest é um site de compartilhamento de fotos e mural de recados que combina a partilha de imagens, a seleção de favoritos e as redes sociais. Os usuários podem compartilhar fotos e imagens com outros usuários da internet, comunicando-se principalmente por meio de imagens que "fixam" em seus murais. Outros usuários podem "refixar" em seus painéis, seguir uns aos outros, "curtir" imagens e fazer comentários. Os profissionais de marketing descobriram que uma forma eficaz de praticar marketing pelo Pinterest é postando imagens que expressam determinada emoção que representa sua marca.[26]

Compartilhamento de fotos representa uma oportunidade para as empresas venderem a si mesmas visualmente, ao mostrar imagens do seus eventos, funcionários e produtos. Nike, Audi e MTV já usaram o Instagram em campanhas de marketing digital.[27] A Whole Foods tem um quadro de tópicos no Pinterest com receitas, imagens de fazendas e muito mais, tudo para reforçar a imagem da marca.[28] A Keller Williams já usou o Flickr para mostrar fotos de funcionários realizando trabalho voluntário em suas comunidades, um tipo de marketing relacionado a causas sociais.[29] Muitas empresas com fotos no Flickr têm um link conectando a transmissão de suas fotos aos seus websites corporativos.[30]

Outra popular forma de compartilhamento de mídia são os sites de compartilhamento de vídeo. Esses sites permitem que virtualmente qualquer um faça upload de vídeos, de profissionais de marketing, empresas listadas na *Fortune 500* até o típico usuário da internet.

Entre os sites de compartilhamento de vídeos mais importantes estão YouTube, Metacafe.com e Hulu. Eles dão à empresa a oportunidade de fazer upload de anúncios e de vídeos informativos sobre seus produtos. A qualquer momento um vídeo pode se tornar viral, e, embora muitos deles ganhem popularidade por envergonhar o protagonista de alguma forma, outros alcançam esse status porque as pessoas os acham divertidos (marketing viral será discutido com mais detalhes no Capítulo 15). Profissionais de marketing agarram as oportunidades de usar essa natureza viral para promover e divulgar suas empresas. O McDonald's, por exemplo, fez uma parceria com o YouTube para ter seus anúncios vinculados durante os vídeos dos parceiros deste último. Com tal exposição, o McDonald's garante o alcance a um grande público.[31]

Uma nova tendência no uso de vídeos para o marketing é a utilização de cineastas amadores. As empresas começaram a perceber que conseguem capitalizar sobre o conteúdo gerado pelo consumidor, o que economiza seus recursos, já que não precisam contratar agências de publicidade para desenvolver campanhas publicitárias profissionais. A GoPro se transformou de uma pequena empresa de fotografia em um negócio de US$ 250 milhões devido aos vídeos que os clientes fazem de si mesmos usando as câmeras fabricadas pela empresa. A GoPro está fazendo uma parceria com o YouTube para criar sua própria rede para os vídeos gerados por seus clientes.[32] Os profissionais de marketing acreditam que os vídeos de consumidores parecem mais autênticos e passam mais entusiasmo pelo produto entre os consumidores participantes.

Podcasting, usado tradicionalmente para música e transmissões de rádio, também é uma importante ferramenta de marketing. **Podcasts** são arquivos de áudio ou vídeo que podem ser baixados da internet por meio de uma assinatura, que automaticamente fornece o novo conteúdo a dispositivos de áudio ou computadores pessoais. Os podcasts quase sempre oferecem o benefício da conveniência, dando aos usuários a capacidade de ouvir ou ver o conteúdo onde e quando quiserem. O fato de que a maioria dos usuários atuais tem entre 18 e 29 anos torna o podcast uma peça-chave para as empresas de marketing entender esse público.[33] Por exemplo, o podcast *Mad Money*, apresentado por Jim Cramer, dá conselhos de investimento e ensina os ouvintes a analisar ações e

podcast Arquivo de áudio ou vídeo que pode ser baixado da internet com uma assinatura que entrega automaticamente novos conteúdos a dispositivos auditivos ou computadores pessoais; podcasts oferecem o benefício da conveniência, conferindo aos usuários a capacidade de ouvir ou visualizar o conteúdo quando e onde preferirem.

Compartilhamento de foto
Flickr é um site muito popular que permite o compartilhamento de vídeos e fotos.

outros instrumentos financeiros.[34] As empresas podem usar os podcasts para demonstrar o funcionamento de seus produtos ou explicar determinadas características. Conforme os podcasts continuam a cativar o público, redes de televisão e rádio, como CBC Radio, NPR, MSNBC e PBS, estão criando podcasts de seus programas para lucrar com essa tendência crescente. Com o podcasting, várias empresas esperam criar consciência de marca, promover seus produtos e incentivar a fidelidade do cliente.

Ambientes virtuais

Os ambientes virtuais, como Second Life, Everquest, Sim City e os RPGs World of Warcraft, oferecem oportunidades significativas para que os profissionais de marketing se conectem de forma exclusiva. Esses mundos virtuais podem ser classificados como uma rede social distorcida. Realidades virtuais são mundos tridimensionais criados pelos usuários, que têm suas próprias economias e moedas, terras e habitantes de todos os tipos e tamanhos. Usuários da internet que participam de realidades virtuais como Second Life escolhem um personagem fictício chamado avatar. Habitantes do Second Life conectam-se com outros usuários, comunicam-se entre si, compram itens com dólares Linden virtuais (convertidos em dólares reais) e mesmo suas próprias empresas virtuais. Para se divertir, os residentes podem fazer compras, ir a concertos ou viajar para ambientes virtuais – tudo ao mesmo tempo com dinheiro real.

Os profissionais de marketing e as organizações do mundo real estão ansiosos para lucrar com a popularidade das realidades virtuais. Por exemplo, em um esforço para se conectar com os consumidores e construir lealdade à marca, a Domino's Pizza criou uma loja no Second Life que permite aos usuários pedir pizzas on-line.[35] Outras empresas estão em busca de mundos virtuais para familiarizar os consumidores com seus produtos. O McDonald's fez uma parceria com o site de jogos virtuais Zynga para levar suas marca e loja virtual ao famoso jogo on-line do Zynga, Cityville.[36]

As empresas também estão usando tecnologia virtual com o objetivo de recrutamento. Grandes empresas, como Boeing, Procter & Gamble, Citigroup e Progressive Corp., lançaram feiras virtuais de profissões para recrutar candidatos de todo o

■■■ Marketing em debate

Propaganda para crianças em smartphones

QUESTÃO: É aceitável vender para crianças por meio de jogos de celular?

Os anunciantes estão se valendo de novos locais para ofertar seus produtos. As empresas começaram a inserir propagandas em jogos digitais para smartphones. Esses anúncios são direcionados a crianças com 9 anos ou menos. A nova mídia provou ser eficaz e ter bom custo-benefício, mas faz as pessoas questionarem se os profissionais de marketing não estão indo longe demais.

Atualmente, não há regulamentos federais que monitorem como a propaganda em smartphones segmenta as crianças. Com o surgimento e a popularidade dos aplicativos, a propaganda parece ser uma forma inevitável para gerar lucros. É um meio eficaz para fomentar interesse na criança ao criar jogos e usar nomes que elas vão reconhecer no mercado. Ao mesmo tempo, as crianças são facilmente persuadidas, ou seja, a ética em segmentar crianças pela propaganda é questionável.[b]

mundo, divulgando-as no Facebook e no Twitter. Ao interagir com o público virtual, as empresas esperam se conectar com as gerações de consumidores mais jovens.[37]

Dispositivos móveis

Dispositivos móveis como smartphones, tablets, PDAs e outros permitem que os consumidores deixem seus desktops em casa e acessem as redes digitais de qualquer lugar. Quase 90% dos norte-americanos têm um dispositivo móvel.[38] Muitos desses dispositivos móveis são smartphones, que conseguem acessar a internet, baixar apps, tocar música, fotografar, e muito mais. A Figura 9.2 divide a utilização do smartphone por faixa etária. O marketing móvel está com tudo – os profissionais gastaram quase US$ 2,6 bilhões em marketing móvel em 2012, e espera-se que esse número ainda cresça dramaticamente.[39]

O marketing móvel se provou eficaz em atrair a atenção dos consumidores. Em um estudo, 88% dos usuários de smarthphones responderam ter notado as propagandas no celular. Essa porcentagem é anormalmente alta em um mundo no qual os consumidores vivem recebendo uma enxurrada de propagandas. Apesar dessas tendências promissoras, muitas marcas ainda não tiraram proveito das oportunidades do marketing móvel. Embora a maioria das grandes empresas tenha websites, nem todos são facilmente navegáveis em dispositivos móveis.[40]

Para evitar ficar para trás, as marcas precisam reconhecer a importância do marketing móvel, cujas ferramentas mais comuns incluem as seguintes:

- SMS: são mensagens de texto de 160 caracteres ou menos. Têm sido uma forma eficaz de mandar cupons para clientes potenciais.[41] A Starbucks usa SMS para fornecer opções de descontos e outras ofertas aos clientes.[42]

Figura 9.2

Proprietários de smartphone por faixa etária.

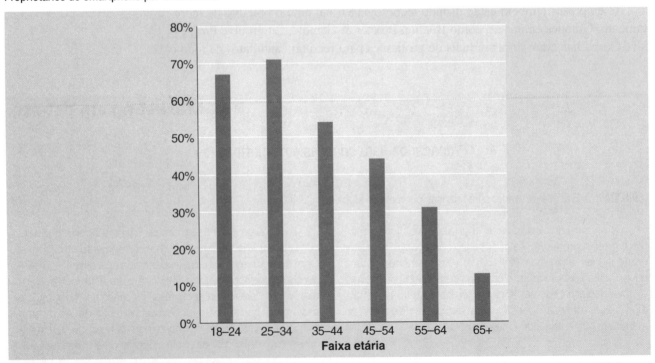

Fonte: Pew Research Center's Internet eAmerican Life Project, acompanhamento de 26 de abril a 22 de maio de 2011, e 20 de janeiro a 19 de fevereiro 2012. Para dados de 2012, *n* = 2,253 adultos, e inclui 901 entrevistas por celular.

- Mensagens multimídia: essas vão um pouco além das mensagens SMS, pois permitem que as empresas mandem vídeos, áudios, fotos e outros tipos de mídia por meio dos dispositivos móveis. Por exemplo, a campanha multimídia da Motorola's House of Blues permite que os usuários tenham acesso a descontos, ingressos, música e outros conteúdos digitais em seus celulares.[43]
- Propagandas em dispositivos móveis: são propagandas visuais que aparecem em dispositivos móveis. As empresas devem escolher anunciar por meio de mecanismos de busca, websites ou mesmo jogos acessados por dispositivos móveis. A Comcast Corp. desenvolveu essas propagandas que permitem aos usuários clicar nos anúncios e, automaticamente, mandar uma chamada para a empresa.[44]
- Websites móveis: esses são sites projetados para dispositivos móveis, constituindo 13% do tráfego na Web.[45]
- Redes baseadas em localização: essas são projetadas para dispositivos móveis. Uma das mais populares é o Foursquare, que deixa os usuários fazer checkin em determinados lugares e compartilhar sua localização com outras pessoas. Empresas como OpenTable já fizeram parcerias com o Foursquare para permitir que os usuários procurem restaurantes e façam reservas com apenas um clique.[46]
- **Aplicativos móveis**: são softwares executados em dispositivos móveis que permitem aos usuários acessar determinado conteúdo.[47] As empresas os lançam para ajudar os consumidores a acessar mais informação sobre sua empresa ou fornecer incentivos. Isso será discutido com mais detalhes na próxima seção.

Scanner de código de barras
O aplicativo móvel da E*Trade permite aos consumidores conferir o desempenho financeiro de uma empresa ao escanear o código de barras para ajudá-los a comprar ações.

aplicativo móvel Um software executado em dispositivos móveis que permite a usuários acessar determinado conteúdo.

Aplicativos e widgets

Os aplicativos, ou apps, agregam uma camada inteiramente nova ao ambiente de marketing, já que aproximadamente metade dos usuários – considerando norte-americanos adultos – de smartphones tem aplicativos instalados em seus aparelhos.[48] A característica mais importante dos apps é a conveniência e a economia que representam para os consumidores. Determinados aplicativos permitem que os consumidores escaneiem o código de barras de um produto e, então, comparem os preços de produtos idênticos em outras lojas ou façam download de descontos. A E*Trade criou um aplicativo chamado E*Trade Mobile que permite aos consumidores analisar o desempenho de certas empresas. Como a propaganda demonstra, usar o E*Trade Mobile possibilita aos consumidores escanear o código de barras da empresa e analisar o desempenho da companhia em seus smartphones e IPhones. Um smartphone típico possui 41 apps móveis, 28% a mais em 2012 do que em 2011.[49]

Para continuar acompanhando a concorrência, as empresas estão começando a usar o marketing móvel para oferecer incentivos adicionais aos consumidores. O International Hotel Group, por exemplo, tem ambos, um website móvel e o app Priority Club Reward. Como resultado de sua estratégia de marketing móvel, a empresa obteve um aumento de 20% no tráfego no site móvel.[50] Outro aplicativo que os profissionais de marketing estão achando útil é o de scanner QR. Códigos QR são quadrados em preto e branco que geralmente aparecem em revistas, posters e displays de frente de loja. Usuários de smartphone que o tenham baixado podem usar seu aparelho para escanear o código, que contém uma mensagem escondida acessível pelo aplicativo. Esse aplicativo reconhece o código e abre o link, vídeo ou imagem na tela do aparelho. Os profissionais de marketing usam os códigos QR para promover suas empresas e oferecer descontos aos consumidores.[51]

A tecnologia móvel também trabalha para melhorar a experiência de compra. Os consumidores não apenas usam os aplicativos móveis para comparar preços ou baixar descontos eletrônicos, mas também para registrar compras e pagar com seus smartphones. Conforme os pagamentos por smartphones aumentam, empresas como Google trabalham para agarrar essa oportunidade.[52] Google Wallet é um aplicativo móvel que armazena informações de cartão de crédito no smartphone. Quando o consumidor está pronto para fazer o pagamento, pode encostar seu aparelho na caixa registradora do ponto da venda para que a transação seja registrada.[53] O sucesso dos pagamentos por smartphone em revolucionar a experiência de compra depende em grande medida de os varejistas adotarem esse sistema de pagamento. Empresas como a Starbucks já estão aproveitando essa oportunidade. Visto que aproximadamente 70% dos consumidores norte-americanos possuíam smartphones em 2014, as empresas não podem se dar ao luxo de perder os lucros associados a essas novas tendências.[54]

••• Tendências do marketing

Pagamentos móveis mudam a relação entre varejista e cliente

Carregar uma carteira em breve pode se tornar uma lembrança remota. Os pagamentos móveis se tornaram uma inovação e progressivamente têm ganhado impulso entre as pequenas empresas. E tudo indica que, gradualmente, vão alcançar corporações maiores. Por exemplo, algumas lojas da Starbucks já aceitam pagamento através de smartphones, e a empresa já fez até parcerias com a Square, uma empresa de pagamentos móveis, para usar seus leitores de cartões de crédito eletrônicos nas transações com cartões de crédito e débito. Os pagamentos móveis representam uma forma mais fácil e eficaz de os clientes pagarem suas compras.

A capacidade de fazer upload das informações do cartão de crédito e salvá-las nos smartphones pode tornar o dinheiro obsoleto e transformar a relação entre varejistas e seus clientes. Todos os aspectos necessários, como preencher as informações sobre o cartão de crédito, são completados em casa, antes de ir à loja. Quando estiverem prontos para pagar, os consumidores podem simplesmente aceitar a taxa de uso em seus smartphones, por meio de apps como Google Wallet ou Square, ou informar seu nome para o vendedor, a fim de que esse complete a transação.

Os aplicativos Google Wallet também têm potencial de criar novas oportunidades de marketing. Por exemplo, podem ser usados para apresentar mais produtos aos clientes, a fim de complementar ou melhorar as características do item que estão comprando, aumentando assim seu gasto na loja. Se usados apropriadamente, pagamentos móveis podem mudar a forma como os consumidores gastam e criar um novo comportamento de compra que impacte positivamente a indústria do varejo.[c]

Widgets são miniaplicativos de software em um website, desktop ou dispositivo móvel que permitem aos usuários "criar uma interface entre o aplicativo e o sistema operacional". Os profissionais de marketing podem usá-los para exibir chamadas de notícias, horário ou jogos em suas webpages.[55] Widgets já foram usados por empresas como A&E Television Network como forma de marketing viral – usuários podem baixar e enviá-lo aos amigos com apenas um clique.[56] Os widgets baixados no computador de um usuário podem atualizá-lo a respeito das últimas informações da empresa ou de um produto, melhorando o marketing de relacionamento entre a empresa e seus fãs. Por exemplo, a Krispy Kreme® Doughnuts desenvolveu um widget que avisa os usuários quando seus donuts Original Glazed® estão saindo quentinhos do forno na sua loja favorita da Krispy Kreme.[57] Widgets são uma ferramenta de marketing digital inovadora para personalizar webpages, alertar usuários sobre as últimas informações da empresa e difundir o conhecimento sobre os produtos que ela oferece.

widgets miniaplicativos de software em um website, desktop ou dispositivo móvel que permitem aos usuários fazer uma interface entre o aplicativo e o sistema operacional.

MUDANDO O COMPORTAMENTO DOS CONSUMIDORES COM A MÍDIA DIGITAL

3 Compreender como a mídia digital influencia o comportamento dos consumidores.

Hoje em dia, os consumidores têm maior capacidade de controlar a informação que veem, assim como o nível e a sequência da sua exposição a essa informacão. A internet é com frequência chamada de mídia puxada (pull), já que os usuários decidem que websites vão acessar; o profissional de marketing tem capacidade limitada de controlar o conteúdo ao qual os usuários estão expostos e em que sequência. Atualmente, blogs, wikis, podcasts e avaliações são usados para fazer propaganda de produtos e elogiar ou desafiar empresas. A mídia digital exige que os profissionais de marketing trabalhem de forma diferente do que no marketing tradicional.[58] No entanto, a maioria das empresas nos Estados Unidos não monitora rotineiramente as postagens dos consumidores nas redes sociais. Em muitos casos, isso representa uma oportunidade perdida de reunir informação.

Não obstante, algumas companhias usam o poder do consumidor em seu benefício. Enquanto avaliações e resenhas negativas prejudicam a empresa, um feedback positivo do consumidor é publicidade gratuita que quase sempre ajuda a empresa, mais do que mensagens corporativas. Já que o conteúdo gerado pelo consumidor sugere mais autenticidade do que as mensagens corporativas, isso pode aumentar muito a credibilidade da empresa. Além disso, enquanto os consumidores podem usar a mídia digital para acessar mais informação, os profissionais de marketing também podem usar os mesmos sites para obter informações sobre o consumidor – quase sempre mais informações do que por meio do marketing tradicional. Eles podem analisar como os consumidores estão usando a internet para direcionar as mensagens de marketing ao seu público. Por fim, os profissionais de marketing também usam a internet para rastrear o sucesso de suas campanhas de marketing on-line criando assim uma forma inteiramente nova de reunir a pesquisa de marketing.

Comportamento on-line do consumidor

Conforme a tecnologia da internet evolui, os profissionais de marketing de mídia digital devem se adaptar às novas tecnologias e mudancas nos padrões de consumo. Infelizmente, com tantas novas tecnologias surgindo, o nível de atrito em relação aos canais de mídia digital é muito alto, com alguns "morrendo" a cada ano, enquanto novos emergem. À medida que o tempo passa, as mídias digitais se tornam mais sofis-

Comportamento on-line dos consumidores
O código QR, de escaneamento, oferece aos consumidores oportunidade de obter mais informações sobre o produto.

ticadas, a fim de atingir os consumidores de maneiras mais eficazes. Aqueles que não conseguem se adaptar e mudar acabam fracassando.

Forrester Research, uma empresa de tecnologia e pesquisa de mercado, enfatiza a importância de entender as mudanças de relacionamento no mundo da mídia on-line. Ao agrupar os consumidores on-line em diferentes segmentos, com base em como usam a mídia digital, os profissionais de marketing podem adquirir melhor compreensão do mercado on-line e descobrir a melhor forma de proceder.[59]

O Perfil Tecnográfico Social, desenvolvido pela Forrester Research, agrupa a comunidade on-line em sete segmentos conforme interagem com a mídia digital. É importante observar que esses segmentos se sobrepõem; muitos consumidores on-line podem pertencer a múltiplos segmentos simultaneamente. A Tabela 9.2 descreve os sete grupos diferentes. *Criadores* são aqueles consumidores que criam seus próprios meios de comunicação, como blogs, podcasts, vídeos gerados por eles mesmos e wikis,[60] e se tornam cada vez mais importantes aos profissionais de marketing on-line, pois são um canal para atingir diretamente os consumidores. Esses tipos de mídia geradas pelo consumidor estão se tornando a parte principal das estratégias de relações públicas das empresas. Por exemplo, muitos profissionais de marketing estão indicando novos produtos ou pautas para repórteres e blogueiros. Os blogueiros que postam a informação podem alcançar consumidores, assim como repórteres na mídia tradicional, que em geral leem blogs para ter ideias para suas matérias.[61]

O Perfil Tecnográfico chama o segundo grupo de *interlocutores*. Esses geralmente atualizam seu feed do Twitter ou status da rede social. Embora sejam menos envolvidos do que os criadores, eles gastam seu tempo, pelo menos uma vez por semana (às vezes mais), postando atualizações em sites de mídia social.[62] A terceira categoria é representada pelos *críticos*. Esses são pessoas que comentam em blogs ou postam avaliações e resenhas. Se você já postou uma resenha de produto ou avaliou um filme, envolveu-se nessa atividade. Os críticos precisam ser um importante

Críticas
A Yelp fornece aos consumidores a oportunidade de postar resenhas e recomendações sobre empresas e seus produtos.

Tabela 9.2 Tecnográficos sociais

Criadores	• Publicam em blogs • Publicam em páginas pessoais na web • Fazem upload de vídeos originais • Fazem upload de áudios/músicas originais • Escrevem artigos ou matérias e as postam
Interlocutores	• Atualizam o status em sites da rede social • Postam atualizações no Twitter
Críticos	• Postam avaliações/resenhas de produtos • Comentam no blog de alguém • Contribuem em fóruns on-line • Contribuem/editam artigos em uma wiki
Agregadores	• Usam feeds RSS • Colocam tags e fotos em páginas da web • "Votam" on-line em websites
Assinantes	• Mantêm perfil em sites de rede social • Visitam sites de rede social
Espectadores	• Leem blogs • Assistem a vídeos de outros usuários • Ouvem podcasts • Leem fóruns on-line • Leem avaliações/resenhas de clientes
Inativos	• Nenhuma das atividades

Fonte: Charlene Li e Josh Bernoff, *Groundswell*. Boston: Harvard Business Press, 2008, p. 43; Forrester Unveils New Segment of Social Technographics – The Conversationalists. 360 Digital Connections, 21 jan. 2010. Disponível em: <http://blog.360i.com/social-media/forrester-new-segment-social-technographics-conversationalists>. Acesso em: 8 jul. 2012.

componente na estratégia de marketing digital da empresa, já que a maioria dos compradores on-line leem suas avaliações e resenhas para ajudar em suas decisões de compra. Como já mencionado, os conteúdos gerados pelo consumidor, como avaliações e resenhas, são vistos como mais confiáveis do que as mensagens corporativas. Muitas vezes, os consumidores visitam sites de avaliação, como o Yelp, em busca de recomendações nos negócios. Yelp é um dos sites mais abrangentes de avaliação de negócios. Por isso, os profissionais de marketing devem monitorar cuidadosamente o que os consumidores dizem sobre seus produtos e abordar suas preocupações, pois essas podem afetar sua reputação corporativa.

Agregadores são, talvez, o grupo menos reconhecido entre os sete. Eles reúnem informações e organizam conteúdo gerado por críticos e criadores. A crescente popularidade desse segmento levou à criação de um quadro de avisos e sites de bookmarking, como del.icio.us, reddit e mesmo Pinterest, para fotos. Quer saber quais são as 10 matérias principais segundo os consumidores on-line? Os agregadores reúnem esse tipo de informação e postam suas descobertas em sites de rede social, como o reddit, nos quais os usuários votam no que gostaram mais. Em geral, os agregadores constituem uma parte menor da população on-line do que outros grupos; no entanto, ainda podem ter um impacto significativo nas atividades de marketing.[63] Já que agregadores são membros ativos na comunidade on-line, é provável que uma história ou site da empresa que chama a atenção dos consumidores seja postada e discutida em sites de agregadores e disponibilizada a outros usuários on-line que buscam informações.

Outro segmernto tecnográfico, conhecido como *assinantes*, cresce de forma dramática. Qualquer um que se torne membro do Twitter, Facebook ou outro site de rede social é um assinante.[64] Não é incomum que consumidores sejam membros de vários sites de redes sociais. Os assinantes participam desses sites para se conectar e interagir com outros usuários, mas, como já discutido, os profissionais de marketing podem tirar vantagem significativa desses sites para se conectar com os consumidores e criar relacionamentos com os clientes.

Os dois últimos segmentos são classificados como *espectadores* e *inativos*. Inativos são usuários on-line que não participam de nenhuma mídia digital on-line, mas, conforme mais e mais pessoas começam a usar computadores como um recurso, esse grupo começa a diminuir. Os *espectadores* são o grupo mais amplo na maioria dos países, e não é difícil imaginar por quê. Eles são o tipo de consumidor que lê o que outros produzem, mas não criam nenhum conteúdo.

Os profissionais de marketing precisam considerar se seus consumidores on-line estão criando, mediando, avaliando, agregando, assinando ou, simplesmente, lendo material on-line. Assim como nos esforços de marketing tradicionais, esses profissionais precisam saber as melhores formas de alcançar seus mercados-alvo. Em mercados nos quais os espectadores compõem a maioria da população on-line, as empresas devem postar suas próprias mensagens corporativas por meio de blogs e websites a fim de promover suas companhias. Em uma população de assinantes, as empresas devem se conectar com seu público-alvo criando páginas de perfil e convidando os consumidores a postar seus pensamentos. Em áreas nas quais uma significativa parte da comunidade on-line consiste de criadores, os profissionais de marketing devem monitorar continuamente o que os outros usuários estão dizendo e incorporar os blogueiros em suas estratégias de relações públicas. Sabendo como segmentar a população on-line, os profissionais de marketing podem direcionar suas mensagens aos seus mercados-alvo.

ESTRATÉGIA DE E-MARKETING

Mais de um quarto da população mundial utiliza a internet, e esse número vem aumentando cada vez mais. Essa tendência mostra que há uma necessidade crescente de as empresas usarem a internet para alcançar uma população que a utiliza para economizar na compra de produtos. Conforme mais consumidores entram na internet para comprar, o poder das tradicionais lojas físicas diminui.

Isso torna essencial para as empresas, pequenas e grandes, aprender a usar a nova mídia social de forma eficaz. A maioria das empresas está consciente da necessidade de usar o marketing digital para ganhar ou manter a participação de mercado. Quando a Amazon se tornou uma famosa livraria on-line nos anos 1990, a cadeia de livrarias físicas Barnes & Noble rapidamente tornou possíveis as compras através do seu website, mas não abandonou suas lojas físicas. Esse modelo que une lojas físicas e on-line é atualmente um padrão nos negócios, de restaurantes familiares de bairro a varejistas de cadeia nacional. As seções seguintes examinarão como as empresas estão usando os fóruns de mídia social para criar estratégias de marketing eficazes na web.

4 Entender e identificar como a mídia digital pode ser usada em uma estratégia de e-marketing.

Considerações sobre o produto

No marketing tradicional, os profissionais devem antecipar as necessidades e preferências e, então, adequar seus produtos para alcançá-las. O mesmo acontece com a oferta de produtos pelas mídias digitais. Essas fornecem uma oportunidade de adicionar uma dimensão de serviço a produtos tradicionais e criar novos produtos acessíveis apenas pela internet. Os aplicativos para iPad, por exemplo, são exemplos de itens que ficam disponíveis apenas no mundo digital. A capacidade de acessar informações de qualquer produto pode impactar fortemente a tomada de decisões do consumidor. No entanto, com grandes empresas lançando suas próprias e extensivas campanhas e a constante sofisticação da tecnologia digital, muitas empresas acabam descobrindo que é necessário melhorar suas ofertas de produto para atender às ne-

Distribuição
O crescimento da popularidade dos e-readers levou a uma maior distribuição direta de revistas, jornais e livros.

cessidades do consumidor. Como já discutimos ao longo deste capítulo, a internet representa um ótimo recurso para que os profissionais de marketing aprendam mais sobre os desejos e necessidades do consumidor.

Atualmente, algumas empresas usam campanhas de propaganda e concursos on-lines para ajudar a desenvolver melhores produtos. A Procter & Gamble usou o Facebook para lançar sua campanha para Pepto-Bismol (que resultou em um aumento de 11% de participação de mercado) e a Crest Whitestrips preparou um concurso para estudantes universitários.[65] Outras empresas também começaram a vender seus produtos por meio de sites das redes sociais. Com aplicativos de e-commerce na mídia social, os consumidores podem colocar os produtos da empresa em um carrinho de compras a partir do Facebook e então transferi-lo de volta ao site da empresa para completar a transação. Alguns aplicativos mais novos, como o Off the Wall e Payvment, agora permitem que os consumidores adquiram produtos da empresa diretamente pelo Facebook.[66]

Considerações sobre distribuição

O papel da distribuição é tornar os produtos disponíveis no momento e lugar certos e nas quantidades exatas. O marketing digital pode ser visto como um novo canal de distribuição que ajuda as empresas a melhorar a eficiência. A capacidade de processar os pedidos eletronicamente e aumentar a velocidade da comunicação via internet reduz a ineficácia, custos e redundâncias, enquanto aumenta a velocidade do canal de marketing como um todo. Prazos e custos de entrega se tornaram algo importante a se considerar para atrair consumidores, induzindo muitas empresas a lhes oferecer baixos custos de envio ou entrega no dia seguinte. O Walmart, por exemplo, tem um sistema "site-loja", no qual os consumidores têm frete grátis se escolherem comprar em uma loja física de sua preferência. A empresa até mesmo testou o conceito de entrega de mantimentos na residência dos consumidores. O Walmart espera se tornar um sucesso on-line e, eventualmente, "roubar" a participação de mercado de concorrentes como a Amazon.[67]

Distribuição envolve uma dinâmica empurrar e puxar (push and pull): a empresa fornecedora "empurra" o produto até que fique bem na frente do consumidor, enquanto, ao mesmo tempo, a conectividade ajuda os membros do canal que desejam se encontrar – o lado puxar da dinâmica. Por exemplo, um app de iPhone pode ajudar os consumidores a encontrar as lojas mais próximas da Starbucks, McDonald's ou KFC. Um blog ou feed de Twitter, por sua vez, pode ajudar um profissional de marketing a comunicar a disponibilidade de produtos, ou seja, quando e como podem ser comprados. Esse processo pode ajudar a empurrar os produtos para os consumidores ao longo dos canais de marketing ou permitir que os clientes puxem produtos do canal de marketing.

Considerações sobre promoção

A maior parte deste capítulo discute como os profissionais de marketing utilizam a mídia digital e as redes sociais para promover produtos, desde a criação de perfis nas redes sociais para se conectar com os clientes (New Belgium), passando pelo uso do Twitter para construir uma relação com o cliente (Southwest Airlines) até tirar vantagens de mundos virtuais, como Second Life, para aumentar o interesse do consumidor (Domino's). Os sites de redes sociais também permitem que esses profissionais produzam promoções completamente novas e criativas. Por exemplo, o

Sponsored Stories, lançado pelo Facebook, permite que os anunciantes paguem para destacar as atualizações de status dos usuários ou as curtidas para que seus amigos possam vê-las. Burberry e Ben & Jerry's já usaram os atributos do Sponsored Stories para capitalizar sobre essa oportunidade de marketing boca a boca. O Sponsored Stories foi movido para o feed de notícias do Facebook, já que esse é o lugar que os usuários veem primeiro.[68] Os profissionais de marketing que escolhem essas possibilidades têm chance de aumentar a exposição da marca da organização.

Todas essas promoções digitais tentam aumentar a consciência da marca e a oferta ao consumidor. Após uma promoção on-line, os consumidores ficam mais bem informados, leem conteúdo gerado por outros consumidores antes de tomar decisões de compra e, cada vez mais, fazem suas compras em lojas da internet. Os padrões de compra do consumidor estão mudando radicalmente; portanto, os profissionais de marketing devem adaptar seus esforços promocionais para alcançar esses novos padrões.

Quase todo evento tradicional de promoção pode ser melhorado ou substituído por mídia digital. Os bancos usam blogs, podcasts e Twitter para responder a questões financeiras e postar taxas e informações sobre produtos relacionados a finanças. Mesmo representantes de vendas de empresas como Avon e Amway encontram seus consumidores no Facebook para discutir produtos, bem como socializar com amigos e discutir questões em algum grupo temático.

Considerações sobre precificação

Precificar está relacionado a percepções de valor, é o elemento mais flexível do mix de marketing. O marketing de mídia digital facilita a concorrência tanto de preço como de não preço, já que o marketing na internet dá acesso aos consumidores a mais informação sobre custos e preços. Conforme os consumidores ficam mais informados sobre suas opções, a demanda por produtos de baixo preço cresce, levando à criação de sites de compra coletiva, como Groupon, CrowdCut e LivingSocial. Essas organizações fazem parceria com empresas locais para oferecer maior desconto aos assinantes e gerar mais vendas. Diversos profissionais de marketing também oferecem incentivos de compras, como cupons on-line ou amostras grátis, para gerar demanda do consumidor às suas ofertas de produtos.

Conexões digitais podem ajudar o cliente a encontrar em apenas um instante o custo do produto desejado em vários concorrentes. Websites fornecem informações de preço, e os aplicativos móveis podem ajudar os clientes a encontrar o menor preço. Eles podem até mesmo barganhar com os varejistas das lojas, mostrando no seu smartphone, durante uma transação, o preço mais baixo disponível. Embora esse novo acesso às informações de preço beneficie o consumidor, pressiona o vendedor a ser competitivo e a diferenciar os produtos, para que os consumidores foquem outras características e benefícios além do preço.

Até recentemente, redes sociais como Facebook e Twitter eram usadas principalmente para objetivos promocionais e serviço ao consumidor. Quem quisesse comprar produtos tinha de acessar o website da empresa. No entanto, varejistas e outras organizações estão desenvolvendo lojas de e-commerce no Facebook a fim de que os consumidores não tenham que sair da página para comprar produtos. Empresas menores como Got What It Takes e Baby Grocery Store abriram lojas no Facebook.[69] Afinal, para empresas que desejam competir com base no preço, o marketing digital fornece oportunidades ilimitadas.

♦♦ Empreendedorismo em marketing

Kayak.com se torna a principal empresa no mercado de pesquisa de viagens

O cofundador da Kayak e diretor de tecnologia Paul English está tentando vencer em um mercado digital muito competitivo e cheio de concorrentes, e faz isso com um sorriso nos lábios. Tudo começou quando o cofundador Steve Hafner se juntou a Paul para fundar uma empresa cuja dinâmica de precificação fosse imbatível. Em 2004, eles lançaram o site beta da Kayak, website de viagens. A Kayak coleta informações de viagens de centenas de websites e apresenta as informações aos usuários em apenas um lugar.

A empresa luta para oferecer o preço mais baixo em passagens aéreas, hotéis e aluguel de carros, além de fazer a reserva da viagem. No mundo digital, a Kayak se juntou a um grupo de empresas que encontra o preço mais baixo para os consumidores, facilitando a concorrência de preço e não preço na internet. O modelo de precificação dinâmica associado ao foco no cliente é o componente essencial dessa empresa, que mostra por que ela foi capaz de competir com concorrentes como Orbitz e Expedia. Seu sucesso atraiu a atenção da Priceline.com, que concordou em adquirir a Kayak por US$ 1,8 bilhão.[d]

---

5 Identificar as considerações éticas e legais na mídia e no marketing digitais.

QUESTÕES ÉTICAS E LEGAIS

A forma como os profissionais de marketing usam a tecnologia para reunir informações – on e off-line – levantou diversas questões éticas e legais. A popularidade e a ampla utilização da internet cresceram tão rapidamente nos anos 1990, que os sistemas regulatórios globais não conseguiram manter o ritmo, embora hoje em dia haja várias novas leis de proteção a empresas e consumidores. Entre as questões preocupantes encontram-se: privacidade pessoal, fraude e uso indevido dos direitos autorais de propriedade intelectual.

Privacidade

Uma das questões mais significativas em relação à privacidade diz respeito ao uso de informações pessoais que a empresa coleta dos visitantes do seu site, em um esforço para estimular o relacionamento em longo prazo com os clientes. Algumas pessoas temem que a apropriação dessas informações possa violar sua privacidade, especialmente quando a prática é feita sem sua autorização. Os hackers podem invadir os websites e roubar informações pessoais dos usuários, assim permitindo-lhes cometer roubo de identidade. Os pagamentos por meio de smartphones são outra fonte de preocupação. Os consumidores se preocupam com a possibilidade de que essa informação possa ser hackeada ou que seus números de telefone sejam afetados por um vírus ou malware.[70] Muitas dessas brechas ocorrem em bancos, universidades e outros negócios que controlam informações sensíveis do consumidor.[71] Isso exige que as organizações implementem medidas para aumentar a segurança, a fim de prevenir roubo de informações do banco de dados.

A Google e outras empresas da internet têm ficado no meio do fogo cruzado por questões de privacidade. Ela pagou uma multa recorde de US$ 22,5 milhões para a Comissão Federal de Comércio dos Estados Unidos depois de ignorar as configurações de privacidade do navegador Safari, apesar de garantir aos usuários que não permitiria que essas configurações fossem rastreadas.[72] Outra questão de privacidade na internet que ocorre com frequência é a raspagem, ou "scraping", atividade por

Segurança on-line
Empresas e agências governamentais, como a Comissão Federal de Comércio dos Estados Umidos, trabalham para proteger a privacidade e prevenir o acesso não autorizado às informações do consumidor.

meio da qual as empresas coletam informação pessoal de sites da rede social e de outros fóruns.

Devido às preocupações dos consumidores com sua privacidade, a Comissão Federal de Comércio dos Estados Unidos considera desenvolver regulamentações que promovam essa proteção, limitando a quantidade de informação sobre o consumidor que as empresas podem coletar on-line. Outros países desenvolveram ações semelhantes. A União Europeia aprovou uma lei que exige que as empresas obtenham o consentimento dos usuários antes de usar cookies para rastrear suas informações. Nos Estados Unidos, uma solução proposta para garantir a privacidade do consumidor na internet é a lei do "not track" (não rastreamento), similar à do "not call" (não ligue) para telefones, que permite aos usuários escolher se querem ser rastreados ou não.[73] Enquanto os consumidores veem com bons olhos essas proteções adicionais, os anunciantes da web, que usam essas informações para direcionar propagandas aos consumidores on-line, as veem como uma ameça. Em resposta à legislação iminente, muitos anunciantes da web tentam se autorregular para permanecer à frente do jogo. Por exemplo, o Interactive Advertising Bureau (iabbrasil.net) incentiva seus membros a adotar um ícone de não rastreamento, no qual os usuários podem clicar para não ter sua atividade on-line monitorada. No entanto, não é possível saber se eles vão aderir a essa prática ou honrar os pedidos de não rastreamento dos consumidores.[74]

Fraude on-line

Qualquer tentativa de realizar on-line atividades desonestas. **Fraude on-line** inclui, entre outras coisas, a tentativa de enganar o consumidor para que libere informação pessoal. Essa é uma grande fonte de frustração nas redes sociais. Criminosos virtuais descobrem diariamente novas formas de usar sites como Facebook e Twitter para realizar atividades fraudulentas. Por exemplo, é comum para esses criminosos criar

fraude on-line Tentativa de realizar on-line atividades fraudulentas, incluindo atividades enganosas para que consumidores forneçam seus dados pessoais.

perfis em nome de empresas, em geral com o intuito de prejudicar suas reputações (especialmente comum de acontecer com empresas maiores e mais polêmicas) ou para convencer os clientes a liberar informações pessoais, a fim de que os criminosos virtuais possam usá-las para obter lucros. Outra preocupação diz respeito aos pagamentos por dispositivos móveis. Estima-se que, com a prática crescente de transações pelo smartphone, as fraudes on-line atinjam 1,5% das transações móveis nos próximos anos.[75] Talvez o mais preocupante seja o uso dessas práticas em nome de falsas instituições beneficentes ou vítimas de desastres naturais. A melhor forma de evitar esse tipo de fraude pelas redes sociais é pesquisar a instituição antes de doar. Depois do furacão Sandy, a Apple e a Cruz Vermelha se juntaram para oferecer aos clientes um sistema seguro de doações por meio de contas no iTunes.[76]

Organizações e sites de rede social similares estão desenvolvendo maneiras de combater a atividade fraudulenta em sites de mídia digital. Por exemplo, organizações conhecidas como empresas de proteção de marca monitoram as redes sociais em busca de contas fraudulentas. Sempre que esses sites são encontrados, elas notificam seus clientes sobre a fraude e os ajudam a remover a conta fraudulenta.[77] No entanto, a melhor proteção para os consumidores é o cuidado ao divulgar on-line informações pessoais. Defensores da privacidade dizem que a melhor forma de ficar longe de problemas é evitar fornecer informação pessoal, como número da previdência social ou do cartão de crédito, a menos que o site seja realmente legítimo.

Propriedade intelectual

A internet também gerou questões associadas à propriedade intelectual, ideias protegidas por direitos autorais ou registro de marca e materiais criativos desenvolvidos para solucionar problemas, executar aplicativos e educar e entreter as pessoas. Todo ano, nos Estados Unidos, as perdas em termos de propriedade intelectual totalizam bilhões de dólares, decorrentes da cópia ilegal de programas de computadores, filmes, discos e livros. O YouTube já enfrentou vários processos por esse tipo de infração. Com milhões de usuários fazendo upload de conteúdo do YouTube, pode ser difícil para a Google monitorar e remover todos os vídeos com direitos autorais. Além disso, o serviço de hospedagem de arquivo Megaupload foi fechado e seu dono, Kim Dotcom preso após os promotores acusarem o site de fachada para um sólido esquema de pirataria na internet. Infelizmente, os usuários legítimos do site também foram "eliminados" dos arquivos.[78]

A indústria do software é especialmente afetada pelo compartilhamento ilegal de arquivos e pirataria de materiais. A Business Software Alliance estima que o setor de software de computador, em âmbito global, perde mais de US$ 63,4 bilhões por ano com essa apropriação indevida.[79] Os consumidores veem o download ilegal de várias formas, dependendo da motivação para esse comportamento. Se o motivo é essencialmente uso ou ganho pessoal, então o ato é visto como menos aceitável eticamente do que se motivado por diversão ou por um simples motivo hedonista.[80]

Os consumidores justificam a pirataria de software, videogames e música por uma série de razões. Primeiro, muitos simplesmente não têm dinheiro para pagar pelo que desejam. Segundo, já que muitos amigos praticam a pirataria e trocam conteúdo digital, eles são influenciados a agir da mesma forma. Terceiro, para alguns o grande atrativo é a emoção de não ser pego e o mínimo risco de isso acontecer. Quarto, de certa forma há pessoas que se acham mais espertas do que as outras, e cometer pirataria lhes permite mostrar quão experts em tecnologia são.[81]

Uma vez que a mídia digital continua evoluindo, certamente vão surgir mais questões éticas e legais. Como resultado, os profissionais de marketing e todos os outros usuários devem se esforçar para aprender a agir de acordo com práticas éticas, garantindo assim a utilização plena de todos os recursos disponíveis nessa mídia em ascensão. Proceder dessa forma permite que os profissionais de marketing maximizem as grandes oportunidades digitais que a mídia digital tem a oferecer.

Revisão do capítulo

1. Descrever o crescimento e os benefícios do marketing digital.

Mídia digital é o meio eletrônico que funciona por meio de códigos digitais – quando nos referimos à mídia digital, falamos daquela disponível por meio de computadores, celulares, smartphones e outros dispositivos digitais lançados recentemente. O marketing digital usa todas as mídias digitais, incluindo canais móveis, interativos e de internet, para desenvolver a comunicação e trocas entre os clientes. Marketing eletrônico refere-se ao processo estratégico de distribuição, promoção e precificação de produtos, além da descoberta dos desejos dos clientes por meio da mídia e do marketing digitais. Nossa definição de e-marketing vai além da internet, para também incluir telefonia celular, banners de anúncios, outdoor de marketing digital e redes sociais.

Para os profissionais de marketing, o crescimento fenomenal da internet forneceu oportunidades sem precedentes de forjar relacionamentos interativos com os consumidores. Como a internet e as comunicações digitais progrediram, tornou-se possível segmentar os mercados de forma mais precisa e alcançar aqueles consumidores que antes eram inacessíveis. Um dos benefícios mais importantes do e-marketing é a capacidade de os profissionais de marketing compartilhar informações com os clientes. Através de websites, redes sociais e outras mídias digitais, os consumidores podem saber tudo sobre os produtos que consomem e utilizam em suas vidas. Como resultado, a internet muda a forma como os profissionais de marketing comunicam e desenvolvem relacionamentos. Para muitos negócios, engajar-se nas atividades de marketing é essencial para manter a vantagem competitiva.

2. Aprender como o marketing gerado pelo consumidor e as mídias digitais podem ser usados como ferramentas eficazes de marketing.

A presença da mídia digital no marketing avança a passos largos. A natureza autossustentável do marketing digital significa que os atuais avanços agem como um catalisador para estimular um desenvolvimento ainda mais rápido. Conforme as transmissões digitais evoluem mais depressa, surgem aplicações de marketing que oferecem uma oportunidade para que as empresas alcancem os clientes de novas formas.

Há muitos tipos de mídia digital que podem ser usados como ferramentas de marketing. A rede social é um ponto de encontro na web que reúne amigos, familiares, grupos e colegas de trabalho, que permite ao usuário criar um perfil e se conectar com os outros com propósitos que vão de buscar conhecimento a manter contato com pessoas e construir uma rede de relacionamento de trabalho. Blogs (abreviação de "weblogs") são diários na web nos quais os autores podem editar e interagir com outros usuários. Wiki é um tipo de software que cria uma interface que permite aos usuários adicionar ou editar o conteúdo de alguns tipos de websites. Sites de compartilhamento de mídia permitem que os profissionais de marketing compartilhem fotos, vídeos e podcasts, mas se limitam ao escopo de como as companhias interagem com os clientes. Um tipo de compartilhamento de mídia é o podcast, que consiste em arquivos de áudio ou vídeo que podem ser baixados na internet por meio de uma assinatura, que entrega automaticamente o novo conteúdo a dispositivos de áudio ou computadores pessoais. Realidades virtuais são mundos tridimensionais criados pelos usuários, que têm suas próprias economia e moeda, terras e habitantes de todos os tipos tamanhos. Propagandas por meio de dispositivos móveis vêm se tornando cada vez mais comuns. Aplicativos móveis são programas de software executados por dispositivos móveis que dão acesso a determinados conteúdos aos usuários. Widgets são partículas de softwares no website, desktop ou dispositivos móveis que permitem aos usuários fazer interface entre o aplicativo e o sistema operacional.

Como resultado desses novos canais de marketing, o marketing digital deixa de ser apenas uma estratégia de nicho e se torna a principal consideração no mix de marketing. Ao mesmo tempo, as tecnologias digitais mudam a dinâmica entre o profissional de marketing e os consumidores. Estes usam sites da rede social e apps de celular para fazer tudo, desde acessar jogos a reservar passagens aéreas e hotéis. A lista de alternativas da mídia digital continua crescendo, o que exige que os profissionais de marketing tomem decisões embasadas sobre abordagens estratégicas.

3. Compreender como a mídia digital influencia o comportamento dos consumidores.

É essencial que os profissionais de marketing foquem na mudança de comportamento social dos consumidores e em como interagem com a mídia digital. Atualmente, os consumidores têm maior capacidade de controlar a informação que acessam, assim como o nível e a sequência da sua exposição a ela. Às vezes, a internet é chamada mídia puxada (pull), porque os usuários determinam que website vão acessar; os profissionais de marketing têm uma capacidade limitada de controlar o conteúdo ao qual os usuários se expõem e a sequência em que isso acontece. Esses profissionais devem modificar suas estratégias de marketing para se adaptar às mudanças comportamentais dos clientes on-line.

A Forrester Research agrupa os consumidores on-line em sete categorias, dependendo de como usam a mídia digital. Criadores são os consumidores que criam seus próprios meios de comunição. Interlocutores atualizam regularmente seus feeds do Twitter ou o status das redes sociais. Críticos são aqueles que fazem comentários em blogs ou postam avaliações e resenhas. Os agregadores reúnem informação e organizam conteúdo gerado por críticos e criadores. Assinantes são os que se tornam membros de sites da rede social. Espectadores são consumidores que leem o que outros produzem, mas não criam eles mesmos nenhum conteúdo. Finalmente, inativos são usuários on-line que não participam de nenhuma mídia digital, mas seu número tem diminuído cada vez mais, conforme a popularidade da mídia digital cresce. Os profissionais de marketing que querem lucrar com o marketing digital e com as mídias sociais devem considerar que parcela de consumidores on-line está criando, mediando, classificando, agregando, assinando ou simplesmente lendo materiais on-line.

4. Entender e identificar como a mídia digital pode ser usada em uma estratégia de e-marketing.

São muitos os motivos para se criar uma estratégia de marketing digital. Os baixos custos de muitos canais de mídia digitais podem fornecer uma excelente economia em orçamentos promocionais. Laptops, smartphones, banda larga móvel, webcams e outras tecnologias digitais podem garantir comunicações internas de baixo custo, assim como conexões externas com os clientes. O marketing digital permite que as companhias se conectem com segmentos de mercado mais difíceis de alcançar por meio da mídia tradicional. Independente dos desafios envolvidos em tal estratégia, o marketing digital abre novos caminhos na relação entre empresas e consumidores.

Porque ferramentas digitais, estratégias, táticas e canais não são estáticos, os profissionais de marketing devem se preparar para aprender novas formas de atingir os consumidores. Ainda há necessidade de balancear a mídia tradicional com a digital. Para se obter sucesso, é importante desenvolver habilidades de gerenciar o mix apropriado de mídia tradicional e digital. Assumir que tudo mudou para digital pode ser um erro no alcance de alguns segmentos de mercado. É necessário haver colaboração dentro da organização para tomar decisões de marketing que rompam as barreiras entre produtos e clientes. Os clientes devem ser convidados a ajudar a evoluir esse vínculo. Por fim, os profissionais de marketing devem encontrar uma forma de abordar os desafios que vêm com o marketing digital; por exemplo, formular maneiras de avaliar a eficácia de uma campanha de marketing digital. A implementação de uma estratégia de marketing digital eficaz ajudará as empresas a colher os frutos que a tecnologia digital tem a oferecer.

5. Identificar as considerações éticas e legais na mídia e no marketing digitais.

A forma como os profissionais de marketing usam a tecnologia para reunir informação – on e off-line – levantou várias questões legais e éticas. Privacidade é uma das questões mais significativas, pois envolve o uso de informações pessoais que as empresas coletam de visitantes dos sites em um esforço para fomentar relacionamentos de longo prazo com os clientes. Algumas pessoas temem que a coleta de informação pessoal de usuários de sites possa violar sua privacidade, especialmente quando essa prática se dá sem o conhecimento dos envolvidos. Outra preocupação é que hackers possam invadir os websites e roubar as informações pessoais dos usuários, permitindo-lhes cometer roubo de identidade.

Fraude on-line inclui qualquer tentativa de realizar atividades desonestas on-line; por exemplo, entre outras coisas, tentar enganar os consumidores para que liberem informações pessoais. Isso vem se tornando a maior fonte de frustração nos sites de rede social. Criminosos virtuais estão descobrindo novas formas de usar sites como Facebook e Twitter para realizar atividades fraudulentas. Organizações e sites da rede social estão desenvolvendo formas de combater a atividade fraudulenta em novos sites de mídia digital.

A internet também criou questões associadas à propriedade intelectual, ideias protegidas por direitos autorais ou registro de marca e materiais criativos desenvolvidos para solucionar problemas, executar aplicativos, educar e entreter as pessoas. A cada ano, as perdas em propriedade intelectual nos Estados Unidos totalizam bilhões de dólares, decorrentes da cópia ilegal de programas de computador, filmes, CDs e livros. A indústria do software é especialmente afetada pela pirataria de materiais e pelo compartilhamento de arquivos ilegais.

Conceitos-chave

aplicativo móvel 281
blogs 275
fraude on-line 291

marketing digital 269
marketing eletrônico ou e-marketing 269

mídia digital 269
podcast 278
rede social 272

widgets 283
wiki 276

Questões para discussão e revisão

1. Como o e-marketing difere do marketing tradicional?
2. Como os profissionais de marketing exploram características do marketing digital para melhorar a relação com os consumidores?
3. Por que as redes sociais estão se tornando cada vez mais uma importante ferramenta de marketing? Encontre um exemplo on-line no qual uma empresa melhorou a eficácia da sua estratégia de marketing usando as redes sociais.
4. Como a nova mídia mudou o comportamento do consumidor? Tendo isso em mente, que oportunidades e desafios enfrentam os profissionais de marketing?
5. Descreva os diferentes segmentos tecnográficos. Como os profissionais de marketing usam essa segmentação em suas estratégias?
6. Como os profissionais de marketing exploram as características da internet para melhorar o produto do seu mix de marketing?
7. Descreva como a mídia social afeta a dinâmica empurrar-puxar (push-pull) da distribuição?
8. Como as características do e-marketing afetam o elemento de promoção do mix de marketing?
9. Como a mídia digital afetou o preço dos produtos? Dê exemplos de oportunidades e desafios apresentados aos profissionais de marketing à luz dessas mudanças.
10. Cite e descreva as principais questões éticas e legais que se desenvolveram em resposta à internet. Como o estrategista deve abordar essas questões?

Aplicações do marketing

1. Amazon.com é um dos ofertantes mais facilmente reconhecíveis da Web. Visite o website da empresa, em www.amazon.com, e descreva como ela agrega valor à experiência de compra de seus clientes.
2. A rede social se tornou um popular método de comunicação, não apenas para indivíduos, mas também para empresas em geral. Visite os vários sites de rede social, como Facebook e Twitter, e identifique como as empresas utilizam cada um desses sites em suas estratégias de marketing.
3. Alguns produtos se adaptam melhor do que outros em atividades de marketing on-line. Por exemplo, a Art.com é especialista em vender reproduções de pinturas na sua loja on-line. A capacidade de expor uma variedade de reproduções em categorias diferentes garante aos clientes uma forma conveniente e eficaz de buscar arte. A General Electric, por sua vez, tem um website que mostra seus aparelhos, mas os clientes devem visitar um varejista para comprá-los. Visite www.art.com e www.geappliances.com e compare como cada empresa usa o ambiente eletrônico da internet para melhorar seus esforços de marketing.
4. Visite o website da empresa de tecnologia da informação www.covisint.com e avalie a natureza de atração dos clientes organizacionais. Quem é o público-alvo desse site de marketing organizacional? Descreva os tipos de empresas que atualmente fazem negócios através dessa troca. Que outros tipos de empresas podem se sentir atraídas? É apropriado vender um banner publicitário em um site como esse? Que outros setores econômicos podem se beneficiar com o desenvolvimento de trocas de mídia digital similares com esse foco?
5. Profissionais de marketing têm grande interesse nas mídias sociais devido à noção de influência. A hipótese é que determinados amigos no Faceboook ou os autores que segue no Twitter podem afetar o tipo de produto que você compra. Uma empresa startup chamada Klout tenta quantificar sua influência on-line ao atribuir às pessoas uma pontuação Klout, que varia de 0 a 100 e que, de acordo com a empresa, reflete a influência de uma pessoa na rede social. Os profissionais de marketing podem, então, tentar usar as pessoas com alta pontuação Klout como influenciadores do comportamento de consumo. Críticos do Klout sugerem que o algoritmo usado para calcular a pontuação confia demais no Facebook e no Twitter, não conta com a qualidade das interações on-line e negligencia outras importantes mídias sociais. Mas sua ascensão como um queridinho da internet e o crescimento de outros dispositivos similares, como Kred e PeerIndex, sugerem que a empresa tem certa influência no marketing de mídia social.

   Identifique e mapeie seus hábitos sociais em sites de rede social nas últimas semanas. Você criou conteúdo de blogs? Classificou ou recomendou produtos ou empresas? Postou fotos suas em eventos ou lugares no Facebook? Dê uma nota a cada uma de suas atividades sociais on-line de acordo com o grau de influência que acha que a postagem teve para seus amigos e seguidores. Use 0 se acha que uma atividade em particular teve zero de influência; 1 para leve influência; 2 para influência moderada; e 3 para influência significativa. Depois que terminar de classificar quanto impacto suas atividades on-line tiveram em seus amigos e seguidores, determine se você é um influenciador de comportamentos de consumo. Você acha que seus amigos concordariam com você?

Desenvolvendo seu plano de marketing

Quando se desenvolve uma estratégia de marketing usando nova mídia digital, o profissional de marketing deve estar ciente dos pontos fortes e fracos dessa nova mídia. Mídia digital é relativamente nova no campo do marketing e tem prós e contras em relação às mídias tradicionais. Produtos diferentes e mercados-alvo podem ser mais ou menos adequados às diferentes mídias digitais.

1. Reveja os conceitos-chave de endereçabilidade, interatividade, acessibilidade, conectividade e controle na Tabela 9.1 e explique como eles se relacionam à mídia social. Pense em como uma estratégia de marketing focada em mídia social difere de outra que se baseia em fontes de mídia tradicionais.
2. Independentemente de qual mídia de marketing é usada, determinar o mix de marketing adequado para sua empresa é sempre importante. Pense em como a mídia social pode afetar esse mix.
3. Discuta diferentes mídias digitais e os prós e contras de usar cada uma delas como parte do seu plano de marketing.

A informação obtida com essas questões deve ajudá-lo a desenvolver vários aspectos do seu plano de marketing.

Caso 9.1

Aplicativo Postage da Roguesheep: o cartão-postal do futuro

Aquele cartão-postal de 25 centavos comprado na loja de presentes pode logo se transformar em coisa do passado. O aplicativo Postage, da RogueSheep, está dificultando a vida do cartão-postal tradicional, já que permite aos usuários enviar um cartão digital a seus familiares de forma rápida e eficiente. RogueSheep é uma empresa de desenvolvimento de software e consultoria com sede em Seattle, cofundada por Christopher Parrish, Daniel Guenther, Matt Joss e Jeff Argast como uma loja da Adobe Development.

A empresa é especializada em softwares de design gráfico e edição, e também atua como consultoria para clientes com projetos de desenvolvimento de software. Um dos produtos mais populares da companhia é seu aplicativo para celulares "Postage", o primeiro app de cartão-postal para iPhone. A ideia do Postage veio de uma conferência de negócios, quando o sócio de Parrish quis enviar um postal para a esposa. Os fundadores da RogueSheep pensaram que esse seria um ótimo app para iPhone, e foi daí que o desenvolvimento começou.

Por US$ 4,99, os usuários de iPhone podem comprar o aplicativo, escolher entre mais de 90 modelos de cartão-postal, customizar o design, inserindo suas próprias fotos, e enviá-lo para amigos e parentes. Os clientes podem personalizar seus cartões acrescentando efeitos, rotacionando, aproximando ou afastando a figura, e mudando a fonte ou o estilo da mensagem. O que levava alguns dias pelo correio convencional agora leva apenas segundos. A conectividade baseada na comunicação digital mantém as pessoas conectadas no mesmo instante. Sites de redes sociais oferecem uma maneira pela qual os consumidores podem se conectar e expressar seus sentimentos, emoções e opiniões.

O app RogueSheep Postage oferece conexões melhores e mais personalizadas do que um cartão-postal tradicional. Cada pixel das telas do app foi criado pelos designers da RogueSheep. A empresa se tornou um grande sucesso no mundo do design de software, vencendo o prêmio Design Award da Apple de 2009. Boa parte desse sucesso provavelmente vem do grande cuidado que a RogueSheep dedica ao visual dos seus postais. Cada cartão do app é criado por um designer de aplicativo, e novos são continuamente adicionados para dar aos clientes maior gama de opções. Além disso, a RogueSheep estreou no mundo das redes sociais ao criar formas pelas quais os usuários podem compartilhar seus cartões customizados com amigos e seguidores no Facebook e Twitter. Agora que as redes sociais são uma forma de comunicação pessoal mais popular do que o e-mail, o app da RogueSheep é perfeito para essa mídia. As redes sociais também permitem à RogueSheep divulgar seu app Postage e criar uma agitação em torno do produto.

Para chamar a atenção para o produto, a empresa usa uma combinação de mídias digitais e tradicionais e anúncios na web e revistas tradicionais, como a *Macworld*, como ferramentas promocionais. A RogueSheep também encorajou os usuários a testar o app Postage gratuitamente, distribuindo códigos promocionais pelo Twitter. No mundo dos negócios, o app Postage poderia ser ofertado para uso das organizações como forma de enviar cartões para lembrar seus produtos ou eventos especiais. Esse aplicativo poderia potencialmente ser customizado para se tornar uma plataforma promocional para empresas, que utilizariam os cartões com uma forma promocional para impactar seus consumidores.

Conforme aumenta o número de pessoas familiarizadas com os apps de iPhone, a RogueSheep deve constantemente adaptar seus produtos para se antecipar e atender às necessidades dos clientes. Recentemente, a empresa expandiu sua oferta de produtos com apps como o RoseGlobe – que permite aos usuários colocar fotos de seus namorados(as) em um globo com corações que se movem conforme o iPhone se move – e o app Instaview, que permite aos usuários o compartilhamento de fotos pelo Instagram em dispositivos móveis e mostrar e compartilhá-las em um computador Apple. A RogueSheep também oferece apps temáticos, de datas comemorativas e de relacionamentos para ocasiões especiais. A empresa pesquisa regularmente novos designs para seus cartões digitais. Ao criar uma nova e eficiente forma de atender às necessidades do cliente, o app Postage da RogueSheep pode suplantar os materiais impressos e se tornar o cartão-postal do futuro. Os aplicativos da empresa de envio dos cartões-postais RogueSheep são ilimitados e podem ser outra forma de marketing digital. O aplicativo Postage, como todas as atividades de marketing digital, deveria estar integrado à estratégia de marketing relacionada à capacidade do mercado-alvo e ao interesse em comunicação digital.[82]

Questões para discussão

1. Como você acha que as empresas poderiam efetivamente usar os cartões-postais da RogueSheep em seus projetos de comunicação?
2. É possível para a RogueSheep levar seus cartões-postais digitais a pessoas que não têm acesso aos apps do iPhone?
3. Quais são as vantagens do cartão digital da RogueSheep em relação aos tradicionais?

NOTAS

1. Gerry Shih. With Olympics Backdrop, Twitter Goes for Gold in Ad Strategy. *Reuters*, 2 ago. 2012. Disponível em: <www.reuters.com/article/2012/08/02/net-us-usa-twitter-advertising-idUSBRE8710A220120802>. Acesso em: 19 set. 2012; John Janna one. When Twitter Fans Steer TV. *Wall Street Journal*, 17 set. 2012. Disponível em: <http://online.wsj.com/article/SB10000872396390444772804577623444274301677 0.html>. Acesso em: 19 set. 2012. Rachel Dudes. Twitter Goes to the Movies. *Wall Street Journal*, 3 ago. 2012, p. D1.

2. Piet Levy. The State of Digital Marketing. *Marketing News*, 15 mar. 2010, p. 20–21.

3. Don Fletcher. Gift Giving on Facebook Gets Real. *Time*, 15 fev. 2010. Disponível em: <www.time.com/time/magazine/article/0,9171,1960260,00.html>. Acesso em: 23 jan. 2013.

4. 2009 Digital Handbook. *Marketing News*, 30 abr. 2009, p. 13.

5. CafeMom. Highland Capital Partners. Disponível em: <www.hcp.com/cafemom>. Acesso em: 23 jan. 2013; Top 15 Most Popular Social Networking Sites. *eBiz*, fev. 2012. Disponível em: <www.ebizmba.com/articles/social-networking-websites>. Acesso em: 23 jan. 2013; Advertise with Us. CafeMom website. Disponível em: <www.cafemom.com/about/advertise.php>. Acesso em: 11 jan. 2013.

6. Zachary Karabell. To Tweet or Not to Tweet. *Time*, 12 abr. 2011, p. 24.

7. Facebook: Largest, Fastest Growing Social Network. *Tech Tree*, 13 ago. 2008. Disponível em: <www.techtree.com/India/News/Facebook_Largest_Fastest_Growing_Social_Network/551-92134-643.html>. Acesso em: 12 abr. 2011.

8. Ashlee Vance. Facebook: The Making of 1 Billion Users. *Bloomberg Businessweek*, 4 out. 2012. Disponível em: <www.businessweek.com/articles/2012-10-04/facebook-the-making-of-1-billion-users>. Acesso em: 7 jan. 2013.

9. Trefis Team. Facebook's Gifts and Collections Could Spur E-Commerce Growth. *Forbes*, 10 out. 2012. Disponível em: <www.forbes.com/sites/greatspeculations/2012/10/10/facebooks-gifts-and-collections-could-spur-e-commerce-growth/>. Acesso em: 16 jan. 2013.

10. Cotton Delo. New Belgium Toasts to Its Facebook Fans. *Advertising Age*, 13 fev. 2012. Disponível em: <http://adage.com/article/news/belgium-toasts-facebook-fans/232681/>. Acesso em: 23 jan. 2013.

11. Elizabeth Holmes. Tweeting without Fear. *The Wall Street Journal*, 9 dez. 2011, p. B1.

12. Anthony Ha. Twitter Says More Than Half Its Users Follow Six or More Brands, www.techcrunch.com, 2 out. 2012. Disponível em: <http://techcrunch.com/2012/10/02/twitter-follow-brands/>. Acesso em: 15 jan. 2013.

13. Zachary Karabell. To Tweet or Not to Tweet. *Time*, 11 abr. 2011, p. 24.

14. Suzanne Vranica. Tweets Spawn Ad Campaigns. *The Wall Street Journal*, 22 out. 2012, p. B5.

15. As Twitter Grows and Evolves, More Manpower Is Needed. *Marketing News*, 15 mar. 2011, p. 13.

16. Social Media Summit. Harrisburg University, 2012. Disponível em: <www.harrisburgu.edu/news/event-details.php?id=348&cid=5>. Acesso em: 23 jan. 2013.

17 Jeff Bercovici. Tumblr: David Karp's $800 Million Art Project. *Forbes*, 2 jan. 2013. Disponível em: <www.forbes.com/sites/jeffbercovici/2013/01/02/tumblr-david-karps-800-million-art-project/>. Acesso em: 7 jan. 2013.

18. Couldn't Stop the Spread of the Conversation in Reactions from Other Bloggers. Post do blog de Hyejin Kim, 4 maio 2007. Korea: Bloggers and Donuts, blog *Global Voices*. Disponível em: <http://groundswell.forrester.com/site1-16>. Acesso em: 12 abr. 2011.

19. Randy Tinseth. Randy's Journal. *Boeing*. Disponível em: <http://boeingblogs.com/randy>. Acesso em: 11 jan. 2013.

20. Drake Bennett. Ten Years of Inaccuracy and Remarkable Detail: Wikipedia. *Bloomberg Businessweek*, 10 jan. 2011, p. 57-61; Wikipedia: About. *Wikipedia*. Disponível em: <http://en.wikipedia.org/wiki/Wikipedia:About>. Acesso em: 11 jan. 2013.

21. Charlene Li e Josh Bernoff. *Groundswell*. Boston: Harvard Business Press, 2008, p. 24.

22. Idem, p. 25-26.

23. Paula Berg. Why Every Brand-Conscious Business Should Blog. *Colorado Business*, 12 out. 2012.

24. Equipe da MarketingCharts. Adoption of Blogs Rises Among Fortune 500 Cos. Marketing Charts, 4 set. 2012. Disponível em: <www.marketingcharts.com/interactive/blogging-up-among-fortune-500-cos-23135/>. Acesso em: 11 jan. 2013.

25. Steven Bertoni. How Stanford Made Instagram an Instant Success. *Forbes*, 20 ago. 2012, p. 56-63; Jefferson Graham. Instagram Is a Start-up Magnet. *USA Today*, 9 ago. 2012. Disponível em: <www.usatoday.com/tech/news/story/2012-08-07/instagram-economy/56883474/1>. Acesso em: 20 ago. 2012; Karen Rosenberg. Everyone's Lives, in Pictures. *The New York Times*, 12 abr. 2012. Disponível em: <www.nytimes.com/2012/04/22/sunday-review/everyones-lives-in-pictures-from-instagram.html>. Acesso em: 20 ago. 2012; Kelly Clay. 3 Things You Can Learn about Your Business with Instagram. *Forbes*, 9 ago. 2012. Disponível em: <www.forbes.com/sites/kellyclay/2012/08/09/3-things-you-can-learn-about-your-business-with-instagram/>. Acesso em: 20 ago. 2012; Ian Crouch. Instagram's Instant Nostalgia. *The New Yorker*, 10 abr. 2012. Disponível em: <www.newyorker.com/online/blogs/culture/2012/04/instagrams-instant-nostalgia.html#slide_ss_0=1>. Acesso em: 20 ago. 2012.

26. Laura Schlereth. Profissionais de marketing' Interest in Pinterest. *Marketing News*, 30 abr. 2012, p. 8-9; The Creative Group. Pinterest Interest: Survey: 17 Percent of Profissionais de marketing Currently Using or Planning to Join Pinterest, 22 ago. 2012. Disponível em: <www.sacbee.com/2012/08/22/4747399/pinterest-

interest-survey-17-percent.html>.; <www.entrepreneur.com/article/222740>. Acesso em: 24 ago. 2012; Website da Pinterest. Disponível em: <http://pinterest.com/>. Acesso em: 24 ago. 2012; <http://pinterest.com/wholefoods/whole-planet-foundation/>. Acesso em: 27 ago. 2012.

27. Kelly Clay. 3 Things You Can Learn about Your Business with Instagram. *Forbes*, 9 ago. 2012. Disponível em: <www.forbes.com/sites/kellyclay/2012/08/09/3-things-you-can-learn-about-your-business-with-instagram/>. Acesso em: 20 ago. 2012.

28. Whole Planet Foundation. Pinterest. Disponível em: <http://pinterest.com/wholefoods/whole-planet-foundation/>. Acesso em: 27 ago. 2012.

29. Keller Williams Reality Photostream. Disponível em: <www.flickr.com/photos/kellerwilliamsrealty/>. Acesso: em 7 jan. 2013.

30. Bianca Male. How to Promote Your Business on Flickr. *The Business Insider*, 1o dez. 2009. Disponível em: <www.businessinsider.com/how-to-promote-your-business-on-flickr-2009-12?utm_source=feedburner&utm_medium=feed&utm_campaign=Feed%3A+businessinsider+(The+Business+Insider)>. Acesso em: 7 jan. 2013.

31. Emily Glazer. Who Is Ray WJ? YouTube's Top Star. *The Wall Street Journal*, 2 fev. 2012, p. B1.

32. Tom Foster. The GoPro Army. *Inc.*, fev. 2012, p. 52-59.

33. 2009 Digital Handbook. *Marketing News*, 30 abr. 2009, p. 14.

34. About Mad Money. *CNBC*. Disponível em: <www.cnbc.com/id/17283246/>. Acesso em: 23 jan. 2013.

35. Dominos Pizza. Second Places. Disponível em: <www.secondplaces.net/opencms/opencms/portfolio/caseStudies/caseStudy_dominospizza.html>. Acesso em: 23 jan. 2013.

36. Brandy Shaul. CityVille Celebrates the Golden Arches with Branded McDonald's Restaurant. Games.com, 19 out. 2011. Disponível em: <http://blog.games.com/2011/10/19/cityville-mcdonalds-restaurant>. Acesso em: 23 jan. 2013.

37. Emily Glazer. Virtual Fairs Offer Real Jobs. *The Wall Street Journal*, 31 out. 2011, p. B9.

38. Joanna Brenner. Pew Internet: Mobile. *Pew Internet American Life Project*, 4 dez. 2012. Disponível em: <http://pewinternet.org/Commentary/2012/February/Pew-Internet-Mobile.aspx>. Acesso em: 16 jan. 2013.

39. Kate Freeman. Majority of Marketers Plan to Increase Mobile Budgets in 2013. Disponível em: www.mashable.com, 6 jul. 2012; <http://mashable.com/2012/07/06/marketers-increase-budgets-for-mobile/>. Acesso em: 15 jan. 2013.

40. Thomas Claburn. Google Tells Businesses 'Fall In Love With Mobile'. *Information Week*, 28 fev. 2012. Disponível em: <www.informationweek.com/news/mobility/business/232601587>. Acesso em: 23 jan. 2013.

41. Mark Milian. Why Text Messages Are Limited to 160 Characters. *Los Angeles Times*, 3 maio 2009. Disponível em: <http://latimesblogs.latimes.com/technology/2009/05/invented-text-messaging.html>. Acesso em: 23 jan. 2013; Eight Reasons Why Your Business Should Use SMS Marketing. Mobile Marketing Ratings. Disponível em: <www.mobilemarketingratings.com/eight-reasons-sms-marketing.html>. Acesso em: 23 jan. 2013.

42. Rimma Kats. Starbucks is 2012 Mobile Marketer of the Year. *Mobile Marketing*, 31 dez. 2012. Disponível em: <www.mobilemarketer.com/cms/resources/mobilegends-awards/14499.html>. Acesso em: 11 jan. 2013.

43. Lauren Folino e Michelle V. Rafter. How toz Use Multimedia for Business Marketing, *Inc.*, 25 jan. 2010. Disponível em: <www.inc.com/guides/multimedia-for-business-marketing.html>. Acesso em: 23 jan. 2013; Motorola Powers House of Blues®. *PR Newswire*. Disponível em: <www.prnewswire.com/news-releases/motorola-powers-house-of-bluesr-54990822.html>. Acesso em: 23 jan. 2013.

44. Shira Ovide. Mobile-Ad Tactics That Work. *The Wall Street Journal*, 28 set. 2012, p. B1.

45. Steven Musil. Mobile Internet Traffic Gaining Fast on Desktop Internet Traffic. *cnet*, 3 dez. 2012. Disponível em: <http://news.cnet.com/8301-1023_3-57556943-93/mobile-internet-traffic-gaining-fast-on-desktop-internet-traffic/>. Acesso em: 11 jan. 2013.

46. Foursquare and OpenTable Just Made It Even Easier to Plan Your Perfect Night Out. 28 set. 2012. Disponível em:<http://blog.foursquare.com/2012/09/28/foursquare-and-opentable-just-made-it-even-easier-to-plan-your-perfect-night-out/>. Acesso em: 11 jan. 2013.

47. Anita Campbell. What the Heck Is an App? Small Business Trends, 7 mar. 2011. Disponível em: <http://smallbiztrends.com/2011/03/what-is-an-app.html>. Acesso em: 23 jan. 2013.

48. Half of All Adult Cell Phone Owners Have Apps on Their Phones. Pew Internet and American Life Project, 2 nov. 2011. Disponível em: <http://pewinternet.org/~/media/Files/Reports/2011/PIP_Apps-Update-2011.pdf>. Acesso em: 23 jan. 2013.

49. State of the Appnation – A Year of Change and Growth in U.S. Smartphones. *Nielson Wire*, 16 maio 2012. Disponível em: <http://blog.nielsen.com/nielsenwire/?p=31891>. Acesso em: 16 jan. 2013.

50. Todd Wasserman. 5 Innovative Mobile Marketing Campaigns. Mashable, 8 mar. 2011. Disponível em: <http://mashable.com/2011/03/08/mobile-marketing-campaigns/>. Acesso em: 13 fev. 2012.

51. Umika Pidaparthy. Marketers Embracing QR Codes, for Better or Worse. *CNN Tech*, 28 mar. 2011. Disponível em: <http://articles.cnn.com/2011-03-28/tech/qr.codes.marketing_1_qr-smartphone-users-symbian?_s=PM:TECH>. Acesso em: 23 jan. 2013.

52. Brad Stone e Olga Kharif. Pay As You Go. *Bloomberg Businessweek*, 18 jul. – 24 jul. 2011, p. 66-71.

53. Google Wallet. Disponível em: <www.google.com/wallet/what-is-google-wallet.html>. Acesso em: 23 jan. 2013.

54. Miriam Gottfried. Mobile Banking Gets Riskier. *The Wall Street Journal*, 10 jul. 2011, p. B7.

55. Vangie Beal. All About Widgets. Webopedia™, 31 ago. 2010. Disponível em: <www.webopedia.com/DidYouKnow/Internet/2007/widgets.asp>. Acesso em: 23 jan. 2013.

56. Rachael King. Building a Brand with Widgets. *Bloomberg Businessweek*, 3 mar. 2008. Disponível em: <www.

businessweek.com/technology/content/feb2008/tc20080303_000743.htm>. Acesso em: 23 jan. 2013.

57. PR Newswire. Barkley Develops Krispy Kreme® 'Hot Light' App and Widget. *The Wall Street Journal*, 23 dez. 2011. Disponível em: <http://online.wsj.com/article/PR-CO-20111223-904499.html>. Acesso em: 23 jan. 2013.

58. 17 Key Differences Between Social Media and Traditional Marketing.

59. Li e Bernoff. *Groundswell*, p. 41.

60. Idem, p. 41-42.

61. David Meerman Scott. *The New Rules of Marketing and PR*, p. 195-96.

62. Forrester Unveils New Segment of Social Technographics – The Conversationalists, 360 Digital Connections, 21 jan. 2010. Disponível em: <http://blog.360i.com/social-media/forrester-new-segment-social-technographics-conversationalists>. Acesso em: 23 jan. 2013.

63. Li e Bernoff, *Groundswell*, p. 44.

64. Idem, p, 44-45.

65. Lauren Coleman-Lochner. Social Networking Takes Center Stage at P&G. *Bloomberg Businessweek*, 2 a 8 abr. 2012, p. 24-25.

66. Paula Andruss. Social Shopping. *Marketing News*, 30 jan. 2011, p. 22-23.

67. Matthew Boyle e Douglas MacMillan. Wal-Mart's Rocky Path from Bricks to Clicks. *Bloomberg Businessweek*, 25 a 31 jul. 2011, p. 31-33; Free Shipping with Site to Store®. Walmart. Disponível em: <www.walmart.com/cp/Site-to-Store/538452>. Acesso em: 23 jan. 2013.

68. Shayndi Raice. The Man Behind Facebook's Marketing. *The Wall Street Journal*, 3 fev. 2012, p. B7; About Sponsored Stories. Facebook. Disponível em: <www.facebook.com/help/?page=154500071282557>. Acesso em: 13 fev. 2012.

69. Eilene Zimmerman. Small Retailers Open Up Storefronts on Facebook Pages. *The New York Times*, 25 jul. 2012. Disponível em: <www.nytimes.com/2012/07/26/business/smallbusiness/small-businesses-win-customers-on-facebook.html>. Acesso em: 16 jan. 2013.

70. Stone e Kharif, p. 69.

71. Larry Barrett. Data Breach Costs Surge in 2009: Study. *eSecurity Planet*, 26 jan. 2010. Disponível em: <www.esecurityplanet.com/features/article.php/3860811/article.htm>. Acesso em: 23 jan. 2013.

72. Gerry Smith. FTC: Google to Pay Record Fine over Safari Privacy Violation. *Huffington Post*, 9 ago. 2012. Disponível em: <www.huffingtonpost.com/2012/08/09/ftc-google-fine-safari-privacy-violation_n_1760281.html>. Acesso em: 11 jan. 2013.

73. Jon Swartz. Facebook Changes Its Status in Washington. *USA Today*, 13 jan. 2011, p. 1B-2B; John W. Miller. Yahoo Cookie Plan in Place. *The Wall Street Journal*, 19 mar. 2011. Disponível em: <http://online.wsj.com/article/SB10001424052748703512404576208700813815570.html>. Acesso em: 5 jul. 2011.

74. Byron Acohido. Net Do-Not-Track Option Kicks Off to Criticism. *USA Today*, 30 ago. 2011, p. 2B.

75. Olga Kharif. A New Frontier for Criminals. *Bloomberg Businessweek*, 8 a 14 out. 2012, p. 62.

76. Christine Dugas. Now, It's a Severe Scam Warning. *USA Today*, 2 nov. 2012, p. 1B.

77. Sarah Needleman. Social-Media Con Game. *The Wall Street Journal*, 12 out. 2009. Disponível em: <http://online.wsj.com/article/SB10001424052748704471504574445502831219412.html>. Acesso em: 23 jan. 2013.

78. Brett Molina. Legit Megaupload Users Cut off from Their Files. *The Wall Street Journal*, 1º fev. 2012, p. 3B.

79. Global Piracy Study 2011, www.bsa.org, 15 maio 2012, p. 2. Disponível em: <www.bsa.org/country/Research%20and%20Statistics/~/media/Files/Research%20Papers/GlobalStudy/2011/2011_BSA_Piracy_Study%20Standard.ashx>. Acesso em: 15 jan. 2013.

80. Aubry R. Fowler III, Barry J. Babin e May K. Este. Burning for Fun or Money: Illicit Consumer Behavior in a Contemporary Context. Apresentado na Academy of Marketing Science Annual Conference, 27 maio 2005, Tampa, FL.

81. Kevin Shanahan e Mike Hyman. Motivators and Enablers of SCOURing: A Study of Online Piracy in the US and UK. *Journal of Business Research*, 63, 2010, p. 1.095-102.

82. Postage – Postcards. iTunes Preview. Disponível em: <http://itunes.apple.com/app/postage-postcards/id312231322?mt=8#>. Acesso em: 14 mar. 2012; Philip Michaels. Macworld's 2009 App Gems Awards. *Macworld*, 15 dez. 2009. Disponível em: <www.macworld.com/article/145088/2009/12/appgems_2009.html?lsrc=top_1>. Acesso em: 23 jan. 2013; Company. RogueSheep website. Disponível em: <www.roguesheep.com/company>. Acesso em: 22 abr. 2010; Brier Dudley. Rogue Sheep Wins Apple's Stamp of Approval. *The Seattle Times*, 11 jun. 2009. Disponível em: <seattletimes.nwsource.com/html/brierdudley/2009325474_brier11.html>. Acesso em: 14 mar. 2012; RogueSheep. Marketing Video Series. Cengage Learning.

Notas dos *Quadros Informativos*

a Klint Finley. Facebook Praised by Greenpeace Despite Expanding Footprint. *Wired*, 1º ago. 2012. Disponível em: <www.wired.com/wiredenterprise/2012/08/greenpeace-facebook-carbon/>. Acesso em: 31 ago. 2012; Adam Vaughn. Facebook Reveals Its Carbon Footprint. *The Guardian*, 1 ago. 2012. Disponível em: <www.guardian.co.uk/environment/2012/aug/01/facebook-google-carbon-footprint>. Acesso em: 31 ago. 2012; Benedict Buckley. Behind the Numbers: Inside Facebook's Carbon Footprint. *GreenBiz.com*, 15 ago. 2012. Disponível em: <www.greenbiz.com/news/2012/08/15/look-inside-facebook-footprint>. Acesso em: 31 ago. 2012.

b Anton Troianovski. Child's Play: Food Makers Hook Kids on Mobile Games. *Wall Street Journal*, 18 set. 2012, p. A1; Matt Richtel. In Online Games, a Path to Consumers. *New York Times*, 20 abr. 2011. Disponível em: <www.nytimes.com/2011/04/21/business/21marketing.html?pagewanted=all&_r=0>. Acesso em: 5 out. 2012; Libe Goad. Adver-Gaming for Children: Is This Gamification Gone Wrong?. *ZD Net*, 4 abr. 2011. Disponível em: <www.zdnet.com/blog/gamification/adver-gaming-for-children-is-this-gamification-gone-wrong/325>. Acesso em: 5 out. 2012.

c Miguel Helft. The Death of Cash. *Fortune Magazine*. Disponível em: <http://tech.fortune.cnn.com/2012/07/09/

dorsey-square-death-cash/>. Acesso em: 22 ago. 2012; Roger Yu. Major Retailers Join Forces on Mobile Payment Service. *USA Today*, 16 ago. 2012. Disponível em: <www.usatoday.com/money/industries/retail/story/2012-08-15/mobile-payment-retailers/57067672/1>. Acesso em: 22 ago. 2012; Harry McCracken. Bye-Bye Wallets. *Time Magazine*, ago. 2012, p. 28-29; Claire Cain Miller. Starbucks and Square to Team Up. *The New York Times*, 8 ago. 2012. Disponível em: <www.nytimes.com/2012/08/08/technology/starbucks-and-square-to-team-up.html>. Acesso em: 24 ago. 2012.

d Geoff Colvin. Kayak Takes on the Big Dogs. *Fortune*, 8 out. 2012, p. 78-82; Kayak Shares Soar after Travel Site Goes Public. *CBS Moneywatch*, 20 jul. 2012. Disponível em: <www.cbsnews.com/8301-505143_162-57476898/kayak-shares-soar-after-travel-site-goes-public/>. Acesso em: 24 out. 2012; Cheryl Morris. Boston Tech-Mafia Mondays: The Kayak Crew. *Bostinno*, 25 out. 2010. Disponível em: <http://bostinno.com/all-series/boston-tech-mafia-mondays-the-kayak-crew/>. Acesso em: 24 out. 2012; Kayak.com Leading the Travel Search Engine Market. *VC Gate*, 14 mar. 2009. Disponível em: <www.vcgate.com/Kayak-com-Leading-The-Travel-Search-Engine-Market.asp>. Acesso em: 24 out. 2012.

PARTE 4

10 Conceitos de produto, marca e embalagem
11 Desenvolvendo e gerenciando bens e serviços
12 Conceitos e gestão da precificação

Decisões de produto e preço

Agora estamos preparados para analisar as decisões e atividades associadas ao desenvolvimento e à manutenção de um mix de marketing eficiente. Na Parte 4, 5 e 6, focaremos os principais componentes do mix de marketing: produto, preço, promoção e praça. A Parte 4 explora os ingredientes produto e preço do mix de marketing. O Capítulo 10 foca nos conceitos básicos de produto e nas decisões de marca e embalagem; o 11 analisa várias dimensões referentes à gestão de produto, incluindo extensões de linha e modificação de produto, desenvolvimento de novos produtos, exclusão de produtos e gestão de serviços como produtos; no 12, discutimos fatores que afetam a forma como as decisões de precificação são tomadas.

CAPÍTULO 10

Conceitos de produto, marca e embalagem

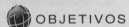
OBJETIVOS

1. Entender o conceito de produto.
2. Entender como os produtos são classificados.
3. Explicar os conceitos de linha de produto e mix de produto e entender como estão interligados.
4. Entender o ciclo de vida do produto e seu impacto nas estratégias de marketing.
5. Descrever o processo de adoção de um produto.
6. Explicar os principais componentes da gestão de marca, incluindo tipos, políticas e proteção de marca.
7. Descrever as principais funções da embalagem e considerações de design, bem como a forma como é usada em estratégias de marketing.
8. Entender as funções da rotulagem e questões legais específicas.

INSIGHTS DE MARKETING

MillerCoors recria a marca de seus produtos inovando nas embalagens

O conceito de gelado assumiu um significado inteiramente novo para apreciadores de cerveja desde que a Miller Coors reformulou a marca de seu produto Coors Light. Depois de extensivas pesquisas, a companhia começou a desenvolver uma campanha para "A cerveja mais refrescante do mundo". Em vez de mudar o conteúdo da Coors Light, ela decidiu recriar a marca com nova embalagem e novo slogan. Para isso, contou com a ajuda de especialistas no ramo do nitrogênio líquido para fabricar um produto que conseguisse acondicionar o gelo em um vidro.

Em 2007, a MillerCoors introduziu uma "garrafa com gelo ativado" usando uma tecnologia que torna azul seu rótulo com as Montanhas Rochosas quando a cerveja está trincando de gelada. O rótulo também tem um "Cold Indicator" e um "Super Cold Indicator", que ficam azuis dependendo da temperatura. A tecnologia de cor do rótulo foi uma inovação no mundo da cerveja, e chamou a atenção dos consumidores. No entanto, o movimento foi arriscado. A MillerCoors sabia que muitos consumidores sentiam que a Coors Light tinha um sabor ruim e nada que a diferenciasse dos concorrentes. Ainda assim, em vez de mudar o produto, a companhia decidiu enfatizar o atributo "gelado", mais do que o sabor com a nova embalagem. Assim, iniciou uma grande campanha promocional, incluindo o lançamento de propagandas protagonizadas pelo rapper Ice Cube, que questionava o que era mais gelado: cubos de gelo ou a CoorsLight. Seria isso o suficiente para convencer os consumidores a comprar o produto?

Os resultados foram favoráveis. Em um mercado que estava em declínio constante, a CoorsLight viu suas vendas crescerem a partir do lançamento da cerveja gelada. Para a MillerCoors, seu conceito de "gelado" e as inovações na embalagem aparentemente compensaram.[1]

Neste capítulo, primeiro definimos produto e discutimos sua classificação. Em seguida, examinamos os conceitos de linha e mix de produtos. Depois, exploramos os estágios do ciclo de vida do produto e o efeito de cada estágio nas estratégias de marketing. A seguir, esboçamos o processo de adoção do produto. Então, discutimos gestão de marca, seu valor para os consumidores e profissionais de marketing, fidelidade e equidade da marca. Examinamos os vários tipos de marcas e consideramos como as companhias escolhem e protegem suas marcas, as várias políticas de gestão de marca empregadas, extensões de marca, cobranding e licenciamento de marca. Também analisamos o papel da embalagem, suas funções, questões a se considerar no design e como ela pode ser um elemento fundamental da estratégia de marketing. Concluímos com uma discussão sobre rotulagem.

O QUE É UM PRODUTO?

Conforme definido no Capítulo 1, **produto** é um bem, serviço ou ideia recebido em uma troca. Pode ser tangível ou intangível e inclui utilidades ou benefícios funcionais, sociais e psicológicos. Abrange também serviços de suporte, como instalação, garantias, informações e promessas de reparo ou manutenção. Assim, a garantia de quatro anos ou 80 mil quilômetros que cobre alguns dos automóveis novos é parte do produto. **Bem** é uma entidade física tangível, como um iPad ou um sanduíche Quiznos. **Serviço**, em contraste, é intangível; é o resultado da aplicação de esforços humanos e mecânicos a pessoas ou objetos. Exemplos de serviços incluem um show de Lady Gaga, reserva em uma agência de viagens on-line, exame médico e creche. O seguro da State Farm é outro exemplo de produto que é serviço. Nesse anúncio, a State Farm usa um produto tangível – bolo de chocolate – e um jogo de palavras para ilustrar os benefícios dos seus seguros. Muitos produtos intangíveis tentam se tornar mais tangíveis aos consumidores por meio de propaganda e imagens concretas. **Ideia** é um conceito, filosofia, imagem ou assunto. Ideias proporcionam estímulos psicológicos que ajudam a resolver problemas ou ajustar-se ao ambiente. Por exemplo, a instituição Mães Contra Motoristas Bêbados (MASS, mother against drink drivers) promove o consumo seguro de álcool e a aplicação rígida das leis contra beber e dirigir.

Fica mais fácil pensar em uma oferta total de produtos por meio de três elementos independentes: o produto em si, suas características suplementares e seus benefícios simbólicos ou experimentais (ver Figura 10.1). Considere que algumas pessoas compram pneus novos para uso básico (por exemplo, Goodyear), enquanto outras buscam segurança (por exemplo, Michelin), outras, ainda, compram com base no nome da marca ou no desempenho exemplar (por exemplo, Pirelli). O produto em si consiste na sua utilidade fundamental ou no seu principal benefício, e geralmente atende a uma necessidade fundamental do consumidor. Serviços de banda larga, por exemplo, oferecem acesso rápido à internet, mas alguns compradores desejam recursos adicionais, como conectividade sem fio onde quer que estejam.

Recursos complementares proporcionam valor agregado ou atributos além da utilidade ou do benefício central. Produtos

 1 Entender o conceito de produto.

bem Uma entidade física tangível.

serviço Resultado intangível da aplicação de esforços humanos e mecânicos a pessoas ou objetos.

ideia Um conceito, filosofia, imagem ou assunto.

Serviços como produtos
Pode ser difícil para organizações de serviços, como a State Farm, ilustrar serviços em seus anúncios. Com frequência, essas organizações se valem de objetos tangíveis, como comparações, para demonstrar os benefícios de suas ofertas.

Figura 10.1

O produto total.

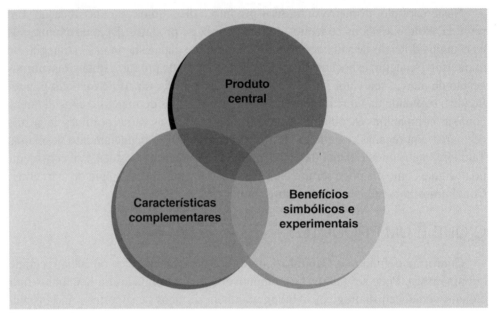

© Cengage Learning

complementares podem oferecer instalação, entrega, treinamento e financiamento. Atributos complementares não são exigidos para fazer o produto central funcionar de forma efetiva, mas ajudam a diferenciar uma marca de outra. A rede hoteleira é considerada uma das melhores em termos de serviço ao cliente. Em uma tentativa de expandir suas ofertas de serviços para focar famílias com adolescentes, o Ritz-Carlton Orlando Grande Lakes agora oferece massagens e tratamentos faciais de 50 minutos para adolescentes.[2]

Por fim, consumidores também recebem benefícios com base em suas experiências com o produto. Além disso, muitos produtos têm significados simbólicos para seus compradores. Para alguns consumidores, o simples ato de comprar confere um valor simbólico e melhora suas atitudes. Algumas lojas capitalizam sobre esse valor esforçando-se para criar uma experiência especial para seus clientes. Você pode comprar brinquedos de pelúcia em muitos varejistas, mas na Build-A-Bear pode escolher o tipo de animal, recheá-lo, dar-lhe um coração e escolher um nome completo para constar de uma certidão de nascimento e, ainda, dar banho e comprar roupas e acessórios. O clima e a decoração de uma loja de varejo, os detalhes e a variedade de opções de produtos, o apoio ao cliente e mesmo os sons e cheiros contribuem para a experiência. Assim, quando os compradores adquirem um produto, estão, na verdade, com-

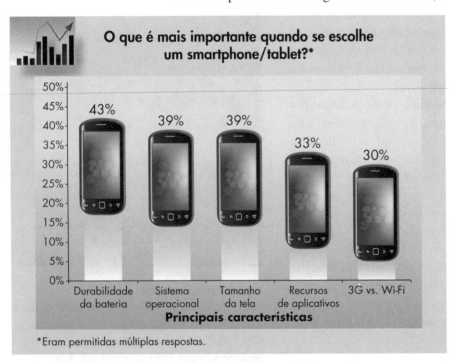

*Eram permitidas múltiplas respostas.

Fonte: Pesquisa Glyde.com/Wakefield com 1.019 adultos com 18 anos ou mais, 2012.

prando os benefícios e a satisfação que acreditam o produto vai lhes proporcionar. Um relógio Rolex ou Patek Philippe é comprado para fazer mostrar uma declaração de sucesso, não só para ver as horas. Serviços, em particular, são comprados com base em expectativas. Estas, sugeridas por imagens, promessas e símbolos, bem como processos e entrega, ajudam os consumidores a fazer julgamentos sobre produtos tangíveis e intangíveis. Por exemplo, a Starbucks não criou as cafeterias, mas fez que bebidas de café de alta qualidade estivessem prontamente disponíveis ao redor do mundo, com serviço padronizado e lojas elegantes e convidativas. Em geral, símbolos e indícios são usados para tornar produtos intangíveis mais tangíveis, ou reais, para o consumidor. A Allstate Insurance Company, por exemplo, usa mãos gigantes para simbolizar segurança, força e amizade.

CLASSIFICANDO PRODUTOS

Os produtos entram em uma de duas categorias gerais. Aqueles adquiridos para satisfazer necessidades pessoais e familiares são **produtos de consumo**. Os comprados para uso nas operações de uma organização, revenda ou fabricação de outros produtos são **produtos de negócios**. Consumidores compram produtos para satisfazer seus desejos pessoais, enquanto compradores organizacionais buscam satisfazer as metas de suas organizações. As classificações de produto são importantes porque podem influenciar decisões de preço, distribuição e promoção. Nesta seção, examinamos as características de produtos de consumo e de negócios, e exploramos as atividades de marketing associadas a alguns desses produtos.

> **2** Entender como os produtos são classificados.
>
> **produtos de consumo** Produtos comprados para satisfazer uma necessidade pessoal ou familiar.
>
> **produtos de negócios** Aqueles comprados para usar nas operações de uma organização, para revenda ou para fazer outros produtos.

Produtos de consumo

A abordagem mais aceita para classificar produtos de consumo é baseada nas características do comportamento de compra do consumidor, dividindo-os em quatro categorias: produtos de conveniência, compra comparada, de especialidades e não procurados. No entanto, nem todos os compradores agem da mesma forma ao comprar um tipo específico de produto. Assim, um único produto pode se encaixar em várias categorias. Para minimizar esse problema, os profissionais de marketing pensam em termos de como os compradores *geralmente* agem ao comprar um produto específico. Examinar as quatro categorias tradicionais de produtos de consumo pode oferecer insights mais aprofundados.

Produtos de conveniência

Produtos de conveniência são itens relativamente baratos e comprados com frequência, em relação aos quais os compradores exercem apenas o mínimo do esforço de compra; eles variam de pão, refrigerante e goma de mascar a gasolina e jornais. O comprador gasta pouco tempo planejando a compra ou comparando as marcas ou vendedores disponíveis. Mesmo um comprador que prefere uma marca específica, em geral escolhe um substituto se a sua preferida não estiver disponível. Esse tipo de produto normalmente é ofertado em muitas lojas de varejo, como 7-Eleven, ExxonMobil e supermercados. O café da Starbucks está disponível em aeroportos, hotéis e mercearias, e muitas das suas lojas próprias agora têm drive-through para garantir que os consumidores possam pegar um café quando ou onde o desejo bater.[3] Como esses produtos têm alta rotatividade de estoque, as margens brutas por unidade podem ser relativamente baixas. Fa-

> **produtos de conveniência** Itens relativamente não muito caros, de compra frequente, para os quais os compradores não exercem muito esforço de compra.

308 • Fundamentos de marketing

bricantes de produtos de conveniência, como das balas de menta Altoid, esperam precisar de pouco esforço promocional dos varejistas e, assim, devem oferecer eles mesmos propaganda e promoções de vendas. Embalagens e expositores também são importantes, porque muitos itens de conveniência estão disponíveis somente para autosserviço no varejo e, por consequência, a embalagem tem papel fundamental na venda do produto.

Produtos de compra comparada

produtos de compra comparada Itens pelos quais os compradores estão dispostos a gastar um esforço considerável no planejamento e realização da compra.

Produtos de compra comparada são itens para os quais os compradores esperam despender esforço considerável no planejamento e na realização da compra. Eles gastam muito tempo comparando lojas e marcas em relação a preços, características do produto, qualidade, serviços e talvez garantias. Os compradores podem comparar produtos em uma série de lojas, como Best Buy, Amazon.com, Lowe's ou Home Depot. Eletrodomésticos, bicicletas, móveis, rádios, câmeras e sapatos são exemplos desse tipo de produto. Espera-se que esses produtos durem um tempo bastante longo e sejam comprados com menos frequência do que os de conveniência. Produtos de compra comparada exigem menos pontos de venda no varejo do que os de conveniência.

Como os produtos de compra comparada são adquiridos com menos frequência, a rotatividade do estoque é menor e os membros do canal de marketing contam com margens brutas mais altas. Em determinadas situações, produtos de conveniência e de compra comparada podem ser ofertados no mesmo local. Target e Walmart man-

Produtos de conveniência versus produtos de compra comparada
Produtos de conveniência, como sopas Campbell's, não exigem muito esforço de compra. No entanto, as mulheres podem despender esforços consideráveis para localizar e adquirir as bolsas da Nordstrom.

têm produtos de compra comparada, como televisores, computadores e câmeras, bem como alimentos e outros produtos de conveniência. A sopa Campbell's é um produto de conveniência que pode ser comprado na maioria das lojas que vende produtos alimentícios, enquanto a Nordstrom oferece muitos produtos de compra comparada, incluindo bolsas elegantes, para as quais as mulheres devem despender um esforço considerável no planejamento e realização da compra. Embora a sopa Campbell's seja um produto de conveniência, a companhia lança propagandas apresentando suas muitas variedades ao estilo Slow Kettle® para gerar consciência. A Nordstrom exibe a estética de suas bolsas no anúncio para demonstrar seu valor.

Para ofertar um produto de compra comparada de forma eficiente, o profissional de marketing considera vários temas-chave. Embora talvez seja preciso despender grandes quantias para adquirir produtos de compra comparada, é provável que uma porcentagem ainda maior de recursos tenha de ser usada para vendas pessoais. Em geral, o produtor e os membros do canal de marketing esperam alguma cooperação mútua no que diz respeito ao fornecimento de peças, serviços de reparo e execução de atividades promocionais. Os profissionais de marketing devem considerar essas questões cuidadosamente a fim de que possam escolher o melhor rumo para promover esses produtos.

Produtos de especialidades

Produtos de especialidades têm uma ou mais características únicas e, no geral, os compradores se dispõem a realizar esforços consideráveis para obtê-los. Eles realmente planejam a compra desse tipo de produto, porque sabem exatamente o que querem e não aceitam substitutos. Exemplos incluem uma caneta Mont Blanc e uma peça exclusiva de recordação de beisebol, como uma bola assinada por Babe Ruth. Quando procuram produtos de especialidades, os compradores não comparam alternativas, estão preocupados principalmente em encontrar uma loja que tenha o produto pré-selecionado disponível. Fãs de corridas de automóveis interessados em comemorar sua ida à Indy 500 de uma maneira que exiba alto status podem achar muito atraente o relógio de pulso Tag Heuer Indy 500, especialmente projetado para a ocasião. Seguro-saúde para animais de estimação é um produto de especialidade com distribuição limitada. A VPI Pet Insurance tenta difundir a consciência sobre a necessidade desse tipo de seguro desenvolvendo anúncios que estampam animais de estimação envolvidos em situações perigosas. Esse elemento de perigo estimula os proprietários de animais a enfrentá-lo com a aquisição do seguro.

O fato de um item ser um produto de especialidade pode afetar os esforços de marketing de uma companhia de diversas formas. Em geral, esses produtos são distribuídos por meio de um número limitado de lojas de varejo. Como produtos de compra comparada, são comprados com pouca frequência, causando baixa rotatividade de estoque e, por consequência, exigindo margens brutas relativamente altas. No entanto, só porque os produtos de especialidade são comprados com menos frequência, isso não os torna necessariamente menos lucrativos. Por exemplo, o Grupo Swatch, fabricante de uma linha europeia de relógios de pulso, vende significativamente mais "swatches" de edição limitada do que os tradicionais.

produtos de especialidades Itens com características únicas; os compradores estão dispostos a gastar esforço considerável para obtê-los.

Seguro-saúde para animais de estimação como um produto de especialidade
Seguro-saúde para animais de estimação é um produto de especialidade. Os consumidores estão dispostos a despender um esforço considerável para procurá-lo, mas sua distribuição é limitada.

Produtos não procurados

produtos não procurados Aqueles adquiridos para se resolver um problema súbito, dos quais os clientes não têm consciência ou não pensam necessariamente em comprar.

Produtos não procurados são aqueles adquiridos quando um problema repentino precisa ser resolvido, dos quais os clientes não têm consciência e que as pessoas não necessariamente pensam em comprar. Serviços médicos de emergência e reparos de automóveis são exemplos de produtos necessários para resolver um problema rapidamente. Um consumidor doente ou ferido tem pouco tempo para planejar ir a um centro médico de emergência ou hospital. Da mesma forma, no caso de uma correia partida em uma rodovia, o motorista provavelmente vai procurar pela oficina mecânica mais próxima ou ligar para o serviço de apoio da rodovia para voltar à estrada o mais rápido possível. Nesses casos, rapidez e resolução do problema são muito mais importantes do que preço e outras características que os compradores poderiam considerar normalmente se tivessem mais tempo para tomar as decisões. Companhias como a ServiceMaster, que vende serviços de emergência, como recuperação de desastres, limpeza de carpete e consertos de encanamento, estão tornando as compras desses produtos não procurados mais toleráveis, construindo confiança com consumidores por meio de marcas reconhecíveis (ServiceMaster Clean e Rescue Rooter) e desempenho funcional superior.

Produtos de negócios

Usualmente, esses são comprados com base nas metas e objetivos de uma organização. No geral, os aspectos funcionais do produto são mais importantes do que as recompensas psicológicas por vezes associadas aos produtos de consumo. Produtos de negócios podem ser classificados em sete categorias, de acordo com suas características e usos pretendidos: instalações, equipamento acessório, matérias-primas, componentes, materiais de processo, suprimentos de manutenção, reparo e operação (MRO, do inglês maintenance, repair, and operating) e serviços corporativos.

Produtos de emergência Descobrir que o pneu está furado é um exemplo de produto não procurado que se faz necessário. O consumidor pode não ter a intenção de comprar um pneu novo, mas a emergência exige a compra.

Instalações

Instalações incluem as físicas, como edifícios administrativos, fábricas e armazéns, e os principais equipamentos não portáveis, como linhas de produção e máquinas de grande porte. Normalmente, as instalações são caras e pretende-se que sejam usadas por um tempo considerável. Porque também envolvem um investimento de capital em longo prazo, em geral as decisões de compra são tomadas pela alta gestão. Vendedores de instalações geralmente precisam oferecer uma variedade de serviços, incluindo treinamento, reparos, assistência de manutenção e até auxílio no financiamento da compra.

instalações Instalações físicas e principais equipamentos não portáveis.

Equipamento acessório

Equipamentos acessórios não fazem parte do produto físico final, são usados na produção ou em atividades de escritório. Entre os exemplos estão arquivos, motores com potência fracionada, calculadoras e ferramentas. Comparados aos principais equipamentos, os acessórios usualmente são muito mais baratos, comprados rotineiramente, com menos negociação e tratados como de consumo, em vez de itens de capital, porque não se espera que durem tanto. São necessárias mais lojas para distribuir equipamentos acessórios do que instalações, mas os vendedores não precisam fornecer a multiplicidade de serviços esperados pelos dos comerciantes de instalações.

equipamento acessório Equipamento que não faz parte do produto físico final, mas é utilizado na produção de outro ou em atividades administrativas de uma organização.

Matérias-primas

Matérias-primas são os materiais naturais básicos que de fato se tornam parte de um produto físico. Incluem minerais, químicos, produtos agrícolas e elementos extraídos de florestas e oceanos. Milho, por exemplo, é uma matéria-prima encontrada em uma variedade de produtos, incluindo alimentos, bebidas (como xarope de milho) e até combustível (etanol). Considere uma matéria-prima incomum – vespas

matérias-primas Materiais naturais básicos que se tornam parte de um produto físico.

Transformação verde

O que torna um produto verde?

Uma motosserra é verde quando funciona com eletricidade em vez de gasolina? E cigarros que usam tabaco orgânico? Esse é um tema explosivo à medida que as vendas de produtos ecológicos aumentam e ofertantes e consumidores tentam determinar o que torna um produto verde.

Considere o que aconteceu quando a Home Depot convidou fornecedores para indicar produtos verdes para sua campanha promocional Eco Options. Dos 176 mil itens oferecidos em suas lojas, os fornecedores acreditavam que mais de 60 mil mereciam a designação "verde". Depois de separar os produtos usando a designação Energy Star, da Environmental Protection Agency, a Home Depot permitiu que apenas 2.500 entrassem no programa Eco Option. Obviamente, diferentes stakeholders têm diferentes opiniões sobre o que torna um produto ecológico.

As companhias também precisam fazer trocas quando criam produtos verdes. Algumas dessas trocas são problemáticas. Por exemplo, quando a SunChips introduziu seu saco de bioplástico, a embalagem era tão barulhenta, que a companhia descontinuou seu uso. Lâmpadas compactas fluorescentes economizam energia, mas também contêm mercúrio, que pode ferir os consumidores no caso de quebra. O fato é que todos os produtos têm algum efeito sobre o ambiente. Em vez de produzir um produto 100% verde, os ofertantes poderiam procurar formas de aumentar a sustentabilidade nas operações da empresa para diminuir seu impacto ambiental negativo.[a]

assassinas. Bug Agentes Biológicos produz vespas para combater larvas e percevejos que ameaçam plantações de cana-de-açúcar e soja. As vespas são pulverizadas nos campos por aviões, como se fosse um pesticida.[4]

Componentes

componentes Itens que são incluídos em um produto físico e podem ser acabados, para o processo de montagem, ou semiacabados, necessitando de pouco processamento antes da montagem final.

Componentes se tornam parte do produto físico e são tanto itens acabados prontos para montagem quanto produtos que precisam de pouco processamento antes da montagem. Embora integrem um produto maior, podem ser identificados e distinguidos facilmente. Velas de ignição, pneus, relógios, freios e faróis são componentes de um automóvel. Dynamatic Technologies, com sede na Índia, é uma companhia especializada em componentes para uma variedade de organizações. Seus clientes incluem Airbus, Ford, Honeywell e Cummins.[5] Os compradores adquirem esses itens de acordo com suas próprias especificações ou padrões da indústria. Eles esperam que as partes tenham a qualidade especificada e sejam entregues a tempo para que a produção não seja desacelerada ou paralisada. Os produtores, que são principalmente montadores, como a maioria dos fabricantes de cortadores de grama e computadores, dependem muito de fornecedores de componentes.

Materiais de processo

materiais de processo Materiais usados diretamente na produção de outros produtos, mas que não são imediatamente identificáveis.

Materiais de processo são usados diretamente na produção de outros produtos. Diferente dos componentes, no entanto, esses não são prontamente identificáveis. Por exemplo, um fabricante de molho para saladas inclui vinagre em seus produtos; nesse caso, o vinagre é um material de processo, porque está incluído no molho da salada, mas não é identificável. Assim como com as partes componentes, os materiais de processo são comprados de acordo com os padrões da indústria ou especificações do comprador.

Suprimentos de MRO

suprimentos de MRO (manutenção, reparo e operações) Itens de manutenção, reparo e operações que facilitam a produção e as operações, mas que não se tornam parte do produto final.

Suprimentos de MRO são itens de manutenção, reparo e operação que facilitam a produção e as operações, mas não se tornam parte do produto acabado. Papel, lápis, óleos, agentes de limpeza e tintas estão nessa categoria. Embora você possa estar familiarizado com produtos da Tide, Downy e Febreze como itens de consumo, para restaurantes e hotéis são suprimentos de MRO necessários para lavar louças, lençóis e toalhas. A Procter & Gamble está focando cada vez mais consumidores empresariais no mercado de US$ 3,6 bilhões de produtos de zeladoria e cuidados domésticos.[6] Suprimentos de MRO são comumente vendidos em várias lojas e comprados rotineiramente. Para garantir que estejam disponíveis quando necessário, em geral os compradores lidam com mais de um vendedor.

Serviços corporativos

serviços corporativos Produtos intangíveis que muitas organizações usam em suas operações.

Serviços corporativos são produtos intangíveis que muitas organizações usam em suas operações; incluem serviços financeiros, legais, de pesquisa de marketing, tecnologia da informação e zeladoria. As organizações precisam decidir entre realizar seus próprios serviços internamente ou contratá-los de terceiros. Essa decisão depende dos custos associados a cada alternativa e da frequência necessária dos serviços. A Accenture, por exemplo, foca em serviços que ajudam as companhias com processos de negócios e sistemas de gestão e com a integração de tecnologia avançada em suas operações.

LINHA DE PRODUTO E MIX DE PRODUTO

Os profissionais de marketing precisam entender as relações entre todos os produtos da sua organização para coordenar o marketing do conjunto total de produtos. Os conceitos a seguir ajudam a descrever as relações entre os produtos de uma organização.

Modelo de produto é uma versão específica de um produto que pode ser designada como uma oferta distinta entre os produtos de uma organização. Uma camisa polo da Abercrombie & Fitch representa um modelo de produto. **Linha de produto** é um grupo de modelos de produto estreitamente relacionados, considerados como uma unidade devido a considerações de marketing, técnicas ou de uso final. Por exemplo, a Fancy Feast, da Purina, inclui cinco diferentes variações de comida para gatos – molhada, seca ou kitten gourmet – na mesma linha de produtos.[7] A Twinings of London tem uma linha de produtos completa de chás de ervas, com vários sabores diferentes. Nesse anúncio, a companhia coloca diferentes frutas e ervas ao redor de seus produtos para demonstrar a variedade de ingredientes dos seus chás.

As fronteiras exatas (embora às vezes imprecisas) em uma linha de produto em geral são indicadas pelo uso de termos descritivos, como "linha de produto de sobremesa congelada" ou "linha de produto de xampu". Modelos específicos em uma linha de produto, como diferentes sabores de sobremesa ou xampus para cabelos oleosos ou secos, geralmente refletem os desejos de diferentes mercados-alvo ou as diferentes necessidades dos consumidores. Assim, para desenvolver a melhor linha de produtos, os profissionais de marketing precisam entender os objetivos dos compradores. Empresas com alta participação de mercado tendem a expandir suas linhas de produto de forma agressiva, assim como os ofertantes, com preços relativamente altos ou linhas de produto limitadas.[8] Esse padrão pode ser visto na indústria de computadores pessoais, na qual as companhias costumam expandir suas linhas de produto quando as barreiras da indústria são baixas ou quando existem oportunidades de mercado percebidas.

Mix de produto é o grupo composto ou total de produtos que uma organização torna disponível aos consumidores. O mix de produto da Procter & Gamble envolve todos os produtos de cuidados com saúde, beleza, lavanderia e limpeza, comida e bebida, papelaria, cosméticos e fragrâncias que ela fabrica. A **extensão do mix de produto** é medida pelo número de linhas de produto que uma companhia oferece. A General Electric oferece múltiplas linhas de produto, incluindo produtos de consumo, como utensílios domésticos, produtos de cuidado com a saúde, como imagiologia molecular, e motores comerciais para os militares.[9] **Profundidade do mix de produto** é o número médio de diferentes modelos de produto oferecido em cada linha de produtos. A Figura 10.2 mostra a extensão e a profundidade de parte do mix de produto da Procter & Gamble. A companhia é conhecida por oferecer diferentes marcas, embalagem, segmentação e propaganda ao consumidor para promover itens individuais em sua linha de detergentes. Tide, Bold, Gain, Cheer e Era – todos detergentes da Procter & Gamble – compartilham os mesmos canais de distribuição e instalações de fabricação parecidas,

3 Explicar os conceitos de linha de produto e mix de produto e entender como estão interligados.

modelo de produto Versão específica de um produto que pode ser designada como uma oferta distinta entre os produtos da organização.

linha de produto Grupo de modelos de produto intimamente relacionados, visto como pertencente a uma mesma unidade em razão do marketing e características técnicas ou considerações do usuário final.

mix de produto Grupo composto ou o total de produtos que uma empresa disponibiliza aos clientes.

extensão do mix de produto O número de linhas de produto que uma empresa oferece.

profundidade do mix de produto O número médio de diferentes produtos oferecidos em cada linha de produto.

Linha de produto
A Twinings of London tem uma linha de produtos que consiste em 14 variedades de chás de ervas, bem como vários tipos de chá-preto e verde.

mas cada um é promovido como um produto distinto, acrescentando profundidade à linha de produto.

CICLO DE VIDA DO PRODUTO E ESTRATÉGIAS DE MARKETING

> **4** Entender o ciclo de vida do produto e seu impacto nas estratégias de marketing.

ciclo de vida do produto Progressão de um produto por quatro estágios: introdução, crescimento, maturidade e declínio.

Assim como o ciclo biológico evolui do nascimento, passa pelo crescimento e chega ao declínio, o mesmo acontece com os ciclos de vida de produtos. Como mostra a Figura 10.3, o **ciclo de vida do produto** tem quatro estágios principais: introdução, crescimento, maturidade e declínio. À medida que o produto avança pelo ciclo, as estratégias relacionadas à concorrência, precificação, praça, promoção e informação de marketing precisam ser avaliadas periodicamente e possivelmente alteradas. Gerentes de marketing usam o conceito de ciclo de vida para se certificar de que a introdução, alteração e exclusão de produtos sejam sincronizadas e executadas adequadamente. Ao entender o padrão típico do ciclo de vida, os profissionais de marketing mantêm um mix de produto lucrativo.

Introdução

estágio de introdução Estágio inicial do ciclo de vida do produto; sua primeira aparição no mercado, quando as vendas começam do zero e os lucros são negativos.

O **estágio de introdução** do ciclo de vida do produto começa com a primeira aparição no mercado, quando as vendas começam do zero e os lucros são negativos. Isso porque os rendimentos iniciais são baixos e, em geral, a companhia precisa cobrir grandes gastos com desenvolvimento, promoção e distribuição do produto. Observe na Figura 10.3 como as vendas devem se mover para acima de zero e os lucros também, acima da posição em que são negativos, devido às despesas elevadas.

Os potenciais compradores precisam ser conscientizados das características, usos e vantagens dos novos produtos. Esforços para destacar o valor de um novo produto podem criar uma base para a construção da lealdade à marca e relações com clientes.[10] Duas dificuldades podem surgir neste ponto. Primeiro, vendedores podem não ter os recursos, conhecimento técnico e know-how de marketing para lançar o

Figura 10.2

Os conceitos de extensão e profundidade do mix de produto aplicados aos produtos da Procter & Gamble norte-americana.

Detergentes para roupas	Pastas de dente	Sabonetes	Desodorantes	Xampus	Lenços de papel/toalha
Ivory Snow 1930	Gleem 1952	Ivory 1879	Old Spice 1948	Pantene 1947	Charmin 1928
Dreft 1933	Crest 1955	Camay 1926	Secret 1956	Head & Shoulders 1961	Puffs 1960
Tide 1946		Zest 1952	Sure 1972	Vidal Sassoon 1974	Bounty 1965
Cheer 1950		Safeguard 1963		Pert Plus 1979	
Bold 1965		Oil of Olay 1993		Ivory 1983	
Gain 1966				Infusium 23 1986	
Era 1972				Physique 2000	
Febreze Clean Wash 2000				Herbal Essence 2001	

← Profundidade ↓

← Extensão →

© Cengage Learning

produto com sucesso. Mesmo assim, empreendedores sem grandes orçamentos podem atrair a atenção distribuindo amostras grátis, assim como a Essence of Vali faz com seus produtos de aromaterapia. Outra técnica é ganhar visibilidade com aparições na mídia. Dave Dettman, também conhecido como Dr. Gadget, é especializado em promover novos produtos nos noticiários de televisão e programas de entrevistas. Companhias como Sony, Disney, Warner Brothers e outras o contrataram para ajudar com a introdução de novos produtos.[11] Segundo, o preço inicial do produto pode precisar ser alto para que se recuperem os custos de caras pesquisas de marketing ou de desenvolvimento. Dadas essas dificuldades, não é surpreendente que muitos produtos nunca passem do estágio de introdução.

A maioria dos novos produtos começa de forma lenta, e raramente gera vendas suficientes para trazer lucros imediatos. Menos de 10% dos novos produtos têm sucesso no mercado, e 90% dos bem-sucedidos vêm de um punhado companhias.[12] À medida que os compradores aprendem sobre o novo produto, os profissionais de marketing devem estar alertas para os pontos fracos do produto e fazer correções rapidamente, a fim de evitar sua morte precoce. A estratégia de marketing deve ser projetada para atrair o segmento mais interessado no produto. Conforme a curva de vendas se move para cima, o ponto de equilíbrio é alcançado e, à medida que os concorrentes entram no mercado, começa o estágio de crescimento.

Crescimento

Durante o **estágio de crescimento**, as vendas aumentam rapidamente; os lucros atingem um pico, e então começam a diminuir (ver Figura 10.3). O estágio de crescimento é crítico para a sobrevivência de um produto, porque as reações da concorrência ao seu sucesso durante esse período afetam a expectativa de vida do produto. Quando o Truvia, um substituto natural do açúcar, foi introduzido, a demanda cresceu rapidamente.

estágio de crescimento O estágio de ciclo de vida do produto em que as vendas aumentam rapidamente, os lucros atingem um pico e, então, começam a cair.

Figura 10.3

Os quatro estágios do ciclo de vida do produto.

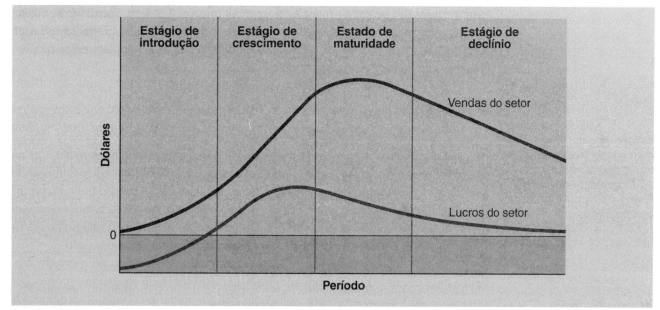

Embora seja mais caro do que outros substitutos do açúcar, sua popularidade estimulou Coca-Cola, Pepsi e Kraft a usá-lo em determinados produtos.[13]

Os lucros começam a entrar em declínio no fim do estágio de crescimento conforme mais concorrentes entram no mercado, levando os preços para baixo e criando a necessidade de pesados gastos promocionais. Nesse ponto, uma estratégia de marketing típica encoraja uma forte fidelidade à marca e concorre com agressivos imitadores do produto. Durante o estágio de crescimento, a organização tenta fortalecer sua participação de mercado e desenvolver um nicho competitivo enfatizando os benefícios do produto. Os profissionais de marketing também devem analisar as posições de produtos de marcas concorrentes em relação às suas e tomar ações corretivas. Precificação agressiva, incluindo cortes de preço, também é uma estratégia típica durante esse estágio. Conforme as vendas aumentam, a gestão pode apoiar o desempenho do produto ajustando a estratégia de marketing. A meta é estabelecer e fortalecer a posição do produto no mercado, encorajando a fidelidade à marca. Para alcançar maior penetração no mercado, a segmentação pode ter de ser usada com mais intensidade. Isso requer o desenvolvimento de variações do produto para satisfazer às necessidades das pessoas em vários segmentos de mercado diferentes. A Apple, por exemplo, apresentou variações de seu tocador de MP3 amplamente popular, o iPod, incluindo o acessível iPod shuffle, o iPod nano, o iPod touch com uma superfície touchscreen e o iPad. Todos ajudaram a aumentar a penetração de mercado da Apple no competitivo setor de tocadores de MP3.

Lacunas na cobertura geográfica do mercado devem ser preenchidas durante o período de crescimento. À medida que um produto tem aceitação de mercado, em geral fica mais fácil conseguir novos espaços de distribuição. Os profissionais de marketing, por vezes, passam de uma exposição exclusiva ou seletiva para uma rede mais intensa de fornecedores a fim de conseguir maior penetração de mercado. Eles também precisam ter certeza de que o sistema de distribuição física está funcionando de forma eficiente para que os pedidos dos clientes sejam processados de forma precisa e entregues a tempo.

Despesas com promoção podem ser levemente menores durante o estágio introdutório, mas ainda são bem consideráveis. Conforme as vendas aumentam, os custos de promoção devem cair no que corresponde a uma porcentagem das vendas totais. Uma relação de queda entre gastos de promoção e vendas deve contribuir de forma significativa para maiores lucros. As mensagens de propaganda devem ressaltar os benefícios da marca. Cupons e amostras podem ser usados para aumentar a consciência, bem como a participação de mercado.

Maturidade

estágio de maturidade Estágio do ciclo de vida do produto em que a curva de vendas atinge o pico, diminui e começa a declinar, e os lucros continuam a cair.

Durante o **estágio de maturidade**, a curva de vendas atinge seu pico, começa a declinar, e os lucros diminuem (ver Figura 10.3). Os laptops começaram a entrar no estágio de maturidade, especialmente porque muitos consumidores estão começando a substituí-los por tablets e notebooks.[14] Esse estágio é caracterizado por concorrência intensa, já que muitas marcas agora estão no mercado. Os concorrentes enfatizam melhorias e diferenças em suas versões. Como resultado, durante o estágio de maturidade, os competidores mais fracos são empurrados para fora do mercado.

Durante a fase de maturidade, os fabricantes que continuam no mercado tendem a mudar seus esforços promocionais e de distribuição. Propaganda e promoções orientadas ao fornecedor são típicas desse estágio do ciclo de vida do produto. Os profissionais de marketing também precisam levar em conta que, quando o produto atinge a maturidade, o conhecimento dos consumidores sobre ele está num nível alto. Não são mais generalistas inexperientes; ao contrário, são especialistas experientes. Ofertantes de produtos maduros às vezes expandem a distribuição para mercados globais. Muitas vezes, os produtos precisam ser adaptados para se adequar às diferentes necessidades de clientes globais de forma mais assertiva.

Já que muitos produtos estão no estágio de maturidade de seus ciclos de vida, os profissionais de marketing precisam saber como lidar com eles e estar preparados para ajustar suas estratégias de marketing. Há muitas abordagens para alterar estratégias de marketing durante esse estágio. Para aumentar as vendas de produtos maduros, os profissionais de marketing podem lhes sugerir novos usos. A Arm & Hammer estimulou a demanda por seu bicarbonato de sódio usando esse método, oferecendo múltiplos usos para o produto. Como o frozen yogurt atingiu sua fase de maturidade, a Ben & Jerry's lançou novos sabores e tipos de iogurte para atrair os gostos mutáveis dos consumidores. O anúncio lado a lado mostra dois sabores do seu novo iogurte grego, um tipo que se tornou cada vez mais popular entre os consumidores que procuram por uma guloseima de baixa caloria.

Conforme os clientes se tornam mais experientes e entendidos sobre os produtos durante o estágio de maturidade (especialmente os corporativos), os benefícios que buscam também podem mudar, exigindo modificações no produto. Considere que

Gerenciando produtos no estágio de maturidade
O frozen yogurt da Ben & Jerry's atingiu o estágio de maturidade do ciclo de vida do produto. Para gerar mais interesse em seus produtos, a companhia está desenvolvendo novos sabores para se aproveitar das preferências cada vez maiores de consumidores por iogurte grego.

os tradicionais veículos utilitários esportivos com chassis de caminhonetes, como o Ford Explorer e o GMC Tahoe, tenham alcançado a maturidade. Os consumidores parecem mais interessados em "crossovers", veículos utilitários com chassis de carros, como Chevrolet Equinox, Honda CR-V, Audi Q5 e Volvo XC60. SUVs híbridos também são uma opção para os consumidores que gostam da potência dos SUVs tradicionais. As fabricantes de automóveis estão respondendo a esse interesse com mais modelos e recursos. Com melhorias no desempenho, manutenção e economia de combustível, crossovers e híbridos estão em um rápido estágio de crescimento de vendas em comparação com os tradicionais SUVs.[15]

Durante o estágio de maturidade, os profissionais de marketing encorajam ativamente os revendedores a apoiar o produto. Pode-se oferecer a estes assistência promocional para diminuir seus custos de estoque. Em geral, os profissionais de marketing não medem esforços para servir os revendedores e oferecer incentivos para que vendam sua marca.

Manter a participação de mercado durante esse estágio requer gastos moderados com promoção e, às vezes, altos. As mensagens de propaganda focam em diferenciar uma marca em relação aos concorrentes, e os esforços de promoção de vendas podem visar consumidores e revendedores.

Declínio

estágio de declínio Estágio do ciclo de vida do produto em que as vendas caem rapidamente.

Durante o **estágio de declínio**, as vendas caem rapidamente (ver Figura 10.3). Quando isso acontece, o profissional de marketing considera cortar itens da linha de produto para eliminar os que não obtêm lucros, podendo também cortar esforços de promoção, eliminar distribuidores marginais e, por fim, planejar eliminar o produto. Isso pode ser visto no declínio da demanda pela maioria das bebidas gasosas, que tem continuado por muitos anos à medida que os consumidores se afastam dos refrigerantes com alta caloria. Especialistas preveem que as vendas de refrigerantes vão continuar a cair pelo menos 1,5% ao ano nos próximos cinco a dez anos. Essa mu-

Estágio de declínio
À medida que mais consumidores optam por fazer streaming de músicas, os CDs estão em declínio. Muitas lojas de varejo estão oferecendo CDs com preços menores para tentar estimular a demanda.

dança de preferência do consumidor já está alterando a forma como as companhias produzem e vendem bebidas engarrafadas, com companhias expandindo suas ofertas de sucos, águas e opções de bebidas mais saudáveis.[16]

No estágio de declínio, os profissionais de marketing precisam determinar se eliminam o produto ou se tentam reposicioná-lo a fim de estender sua vida. Geralmente, um produto em queda perdeu sua singularidade porque produtos concorrentes parecidos ou superiores foram introduzidos. A concorrência produz maior substituição e troca de marca quando os compradores se tornam insensíveis a pequenas diferenças entre os produtos. Por essas razões, os profissionais de marketing fazem pouco para mudar o estilo, design ou outros atributos do produto durante seu declínio. Novas tecnologias ou tendências sociais, substitutos do produto ou considerações ambientais também podem indicar que chegou a hora de eliminar o produto. Considere a lâmpada incandescente. Conforme os consumidores mudam para as compactas fluorescentes e iluminação de LED mais "verdes" – cada vez mais estimuladas por proibições do governo a respeito de lâmpadas incandescentes –, os fabricantes passam a implementar planos para suprimi-las de seu mix de produto.

Durante o declínio de um produto, lojas com grandes volumes de vendas são mantidas e as não lucrativas são eliminadas. Um canal de marketing completo pode ser eliminado se não contribuir adequadamente para os lucros. Um ponto de venda até então não usado, como uma loja de fábrica ou varejista de internet, eventualmente será usado para liquidar o estoque restante de um produto obsoleto. Conforme as vendas declinam, o produto se torna mais inacessível, mas compradores leais procuram por revendedores que ainda o ofereçam. É usual que gastos com esforços de promoção sejam reduzidos consideravelmente. Propagandas de ofertas especiais podem desacelerar a taxa de declínio. Promoções de vendas, como cupons e prêmios, são passíveis de recuperar temporariamente a atenção dos compradores. À medida que o produto continua em queda, a equipe de vendas transfere sua ênfase para produtos mais lucrativos.

PROCESSO DE ADOÇÃO DO PRODUTO

A aceitação de novos produtos – especialmente novos no mundo –, na maior parte das vezes, não acontece da noite para o dia. Na verdade, pode levar muito tempo. As pessoas, por vezes, são cautelosas ou até céticas a respeito da adoção de novos produtos, como indicado por algumas observações mencionadas na Tabela 10.1. Os consumidores muitas vezes esperam até a "segunda geração" de um produto para garantir uma experiência mais confiável. Consumidores que com o tempo aceitam um novo produto assim o fazem por meio de um processo de adoção. A Figura 10.4 detalha esse processo. Os estágios do **processo de adoção do produto** são:

Reconhecimento. O comprador se torna ciente do produto.

Interesse. O comprador busca informações e é receptivo ao aprendizado sobre o produto.

Avaliação. O comprador considera os benefícios do produto e decide se vai experimentá-lo, considerando seu valor *versus* o da concorrência.

Julgamento. O comprador examina, testa ou experimenta o produto para determinar se atende às suas necessidades.

Adoção. O comprador adquire o produto, podendo-se esperar que o use novamente sempre que surgir a necessidade.[17]

5 Descrever o processo de adoção de um produto.

processo de adoção do produto Processo de cinco estágios de aceitação do produto pelo comprador: reconhecimento, interesse, avaliação, julgamento e adoção.

No primeiro estágio, quando as pessoas se tornam cientes de que o produto existe, têm pouca informação sobre ele e não estão interessadas em obter mais. Os consumidores entram na fase de interesse quando estão motivados a obter informações sobre as características, usos, vantagens, desvantagens, preço ou localização do produto. Durante o estágio de avaliação, as pessoas levam em conta se o produto vai satisfazer determinados critérios que são cruciais para atender às suas necessidades específicas. No estágio de julgamento, elas usam ou experimentam o produto pela primeira vez, possivelmente comprando uma pequena quantidade, aproveitando-se de amostras grátis ou pedindo emprestado o produto a alguém. As pessoas entram no estágio de adoção optando por um produto específico quando precisam de um do tipo geral. Entrar no processo de adoção não significa que a pessoa vá adotar o produto com o tempo. A rejeição pode ocorrer em qualquer estágio, incluindo no de adoção. Adoção e rejeição de um produto podem ser temporárias ou permanentes. Quando uma organização introduz um novo produto, as pessoas não iniciam o processo de adoção ao mesmo tempo, nem se movimentam pelo processo com a mesma velocidade. Entre aqueles que, no fim das contas, adotam o produto, alguns entram

Tabela 10.1 A maior parte das novas ideias tem seus céticos

"Eu acho que existe um mercado mundial talvez para cinco computadores." Thomas Watson, presidente da IBM, 1943
"Esse tal de 'telefone' tem muitas desvantagens para ser considerado seriamente como um meio de comunicação. O aparelho não tem nenhum valor para nós." Memorando interno da Western Union, 1876
"A caixa de música sem fio não tem nenhum valor comercial imaginável. Quem pagaria por uma mensagem enviada a ninguém em particular?" Sócios de David Sarnoff em resposta à insistência por investimentos em rádio nos anos 1920
"O conceito é interessante e bem formado, mas, para ganhar mais do que um C, a ideia precisa ser viável." Um professor de gestão da Yale University em resposta ao documento de Fred Smith propondo um serviço confiável de delivery noturno (Smith continuou, e fundou a Federal Express Corp.)
"Quem diabos quer ouvir atores falar?" H. M. Warner, Warner Brothers, 1927
"Uma loja de cookies é má ideia. Além disso, o relatório de pesquisa de marketing diz que os norte-americanos gostam de cookies crocantes, não macios e difíceis de mastigar como vocês fazem." Resposta de um banqueiro à ideia de Debbie Fields de abrir a Mrs. Fields' Cookies
"Não gostamos do som deles e música com guitarra está saindo de moda." Decca Recording Company rejeitando os Beatles, 1962

© Cengage Learning

Figura 10.4

Processo de adoção do produto.

© Cengage Learning

no processo de adoção rapidamente, enquanto outros começam muito depois disso. Para a maioria dos produtos também existe um grupo de não adotantes, que nunca inicia o processo. Para ofertantes de negócios, o sucesso na gestão da inovação de produção, difusão e adoção exige uma grande adaptabilidade e esforços significativos para entender os clientes.[18]

Dependendo do tempo necessário para que um novo produto seja adotado, os consumidores entram em uma das cinco principais categorias de adotantes: inovadores, adotantes imediatos ou precoces, maioria imediata ou precoce, maioria tardia e retardatários.[19] **Inovadores** são os primeiros a adotar um novo produto; eles gostam de experimentar novos produtos e tendem a ser ousados. **Adotantes imediatos ou precoces** escolhem novos produtos cuidadosamente e são vistos como "referência" por quem está nas demais categorias de adoção. Pessoas na **maioria imediata ou precoce** adotam um pouco antes da população média; elas são prudentes e cautelosas ao experimentar novos produtos. Indivíduos na **maioria tardia** são céticos a respeito de novos produtos, mas, com o tempo, acabam adotando-os por causa de necessidades econômicas ou pressões sociais. **Retardatários**, os últimos a adotar um novo produto, são orientados ao passado; desconfiam de novos produtos e, quando finalmente adotam a inovação, ela pode já ter sido substituída por um novo produto.

GESTÃO DE MARCA

Os profissionais de marketing precisam tomar muitas decisões sobre produtos, incluindo escolhas sobre marcas, nomes, símbolos, marcas registradas e razão social. **Marca** é um nome, termo, design, símbolo ou qualquer outra característica que identifique o produto de um vendedor como diferente do de outros vendedores. Uma marca pode identificar um único item, um conjunto ou todos os itens do mesmo vendedor.[20] Há quem defina marca não só como o bem físico, seu nome, cor, logo ou campanha de propaganda, mas tudo o que for associado ao produto, incluindo seu simbolismo e experiências.[21] Por exemplo, a Hearts on Fire patenteou um corte específico de corações e setas para seus diamantes, que maximiza seu brilho e luminosidade – e permite que seus diamantes consigam um acréscimo de 15% a 20% sobre os tradicionais.[22] **Nome da marca, ou marca nominativa**, é a parte que pode ser falada – incluindo letras, palavras e números –, como 7UP ou V8. Em geral, o nome da marca é a única característica distintiva de um produto. Sem ele, uma empresa não consegue diferenciar seus produtos. Para os consumidores, nome de marca é tão fundamental quanto o produto. Na verdade, muitos nomes de marca se tornaram sinônimos do produto, como Scotch Tape, copiadora Xerox e entrega FedEx. Por meio de atividades promocionais, os proprietários desses nomes de marca tentam protegê-los a fim de que não sejam usados como nomes genéricos para fitas adesivas, fotocopiadoras e entregas noturnas.

O elemento de uma marca que não é formado por palavras – em geral um símbolo ou design – é um **símbolo da marca, ou marcar figurativa**. Exemplos incluem os arcos dourados do McDonald's, o logo "swoosh" da Nike e a imagem estilizada do logo da Apple. **Marca registrada** é uma designação legal que indica que o proprietário tem o uso exclusivo da marca ou de parte dela, e que outros são proibidos por lei de usá-la. Para proteger um nome ou o símbolo da marca nos Estados Unidos, uma organização precisa registrá-lo(a) como marca registrada no Escritório de Marcas e Patentes norte-americano. Por fim, **razão social** é o nome completo e legal de uma organização, como Ford Motor Company, em vez de um produto específico.

---

inovadores Adotantes pioneiros de um produto.

adotantes imediatos ou precoces Pessoas que adotam novos produtos precocemente, escolhendo-os com cuidado, vistas como "referência" pelos adotantes posteriores.

maioria imediata ou precoce Indivíduos que adotam um novo produto antes do consumidor comum e após o adotante imediato.

maioria tardia Céticos que só adotam um novo produto quando sentem que ele é necessário.

retardatários Os últimos adotantes, que desconfiam de novos produtos.

6 Explicar os principais componentes da gestão de marca, incluindo tipos, políticas e proteção de marca.

marca Nome, termo, design, símbolo ou outra característica que identifica o produto de um vendedor de modo distinto de outros.

nome da marca Parte da marca que pode ser verbalizada, com letras, palavras e/ou números.

símbolo da marca Parte de uma marca que não é feita de palavras, mas de símbolos ou design.

marca registrada Designação legal de uso exclusivo de uma marca.

razão social Nome completo e legal de uma organização.

Importância da gestão de marcas

Compradores e vendedores se beneficiam dessa gestão. As marcas ajudam os compradores a identificar produtos específicos de que gostam ou não, o que, por sua vez, facilita a compra de itens que satisfaçam suas necessidades e reduz o tempo necessário para adquirir o produto. Sem as marcas, a seleção de produtos seria bem aleatória, porque os compradores não teriam garantias de estar comprando o que preferem. A compra de determinadas marcas pode ser uma forma de autoexpressão. Por exemplo, marcas de roupas são importantes para muitos consumidores. Nomes como Abercrombie & Fitch, Polo Ralph Lauren, Hollister, Nike e GUESS dão aos fabricantes uma vantagem no mercado. Principalmente quando um cliente não consegue julgar um produto, a marca pode simbolizar certo nível de qualidade e, em troca, ele deixa que essa percepção represente sua qualidade. Uma marca ajuda a reduzir o risco percebido quando da aquisição pelo comprador. Consumidores desejam comprar marcas nas quais confiam, como Amazon.com, Coca-Cola e Great Value, do Walmart. Além disso, uma recompensa psicológica pode surgir com a posse do produto de uma marca que simbolize status, como Mercedes Benz ou Porsche.

Vendedores se beneficiam dessa gestão, porque as marcas de cada companhia identificam seus produtos, o que torna a repetição da compra mais fácil para os clientes. Gestão de marcas ajuda uma empresa a introduzir um novo produto que leve o nome de um ou mais de seus produtos existentes, porque os compradores já estão familiarizados com as marcas existentes. Ela facilita os esforços promocionais, porque a promoção de cada produto de determinada marca promove indiretamente todos os outros produtos de marcas similares; e mais, estimula a fidelidade à marca. À medida que os compradores se tornam leais a uma marca específica, a participação de mercado da companhia para aquele produto atinge certo nível de estabilidade, permitindo-lhe usar seus recursos de forma mais eficiente. Uma vez que a empresa desenvolve um grau de lealdade do consumidor à sua marca, ela pode manter um preço suficientemente regular, em vez de cortar o preço continuamente para atrair clientes.

Há uma dimensão cultural na gestão de marcas. A maioria das experiências de marca é individual, e cada consumidor confere seu próprio significado social às marcas.

♦◆♦ Empreendedorismo em marketing

Ideeli alcança o sucesso oferecendo descontos

Em uma época em que muitas companhias estão fechando suas portas, uma empresa iniciou sua jornada de sucesso. Ideeli é um website de vendas relâmpago no qual os consumidores conseguem comprar produtos de designers por menos do que custam nas lojas. O site oferece um mix de marcas de designers sofisticados ao lado de marcas com preços razoáveis para apresentar opções aos seus membros. Paul Hurley, cofundador e CEO, viu os rendimentos crescerem mais de 40.000% desde que a recessão chegou, em 2007. Seus membros recebem e-mails anunciando vendas com prazo determinado e descontos que podem chegar a 80%.

O site tem 4,5 milhões de membros registrados e vende uma variedade de produtos, incluindo roupas, utilidades domésticas e acessórios. Um fator de alavancagem que a Ideeli tem sobre seus concorrentes é a capacidade de conectar pequenas marcas com novos consumidores. Por exemplo, ela mantinha um concurso interativo que permitia que os consumidores votassem em uma marca promissora que achavam deveria ser apresentada no site. A Ideeli conseguiu manter seus fãs envolvidos enquanto oferecia, simultaneamente, a chance de pequenas empresas venderem em seu website.[b]

O apelo de uma marca está, em grande medida, no nível emocional, baseado em sua imagem simbólica e associações-chave.[23] Para algumas marcas, como Harley-Davidson, Saab e Apple, isso pode resultar em seguidores praticamente fiéis. Em geral, essas marcas desenvolvem uma comunidade de clientes leais que se comunicam por meio de reuniões, fóruns on-line, blogs, podcasts e outros meios. Elas podem até ajudar consumidores a desenvolver sua identidade e autoconceito, e servem como forma de autoexpressão. De fato, o termo cultural branding tem sido usado para explicar como uma marca cria e mantém um mito poderoso que os consumidores acham útil para fortalecer suas identidades.[24] Também é importante reconhecer que, como uma marca existe de forma independente na mente do consumidor, isso não é controlado diretamente pelo profissional de marketing. Cada aspecto de uma marca está sujeito ao envolvimento emocional, interpretação e memória do consumidor. Ao entender como a gestão de marcas influencia as compras, os profissionais de marketing podem estimular a lealdade do cliente.[25]

Equidade da marca (brand equity)

Uma marca bem gerenciada é um ativo para uma organização. É comum esse ativo ser chamado **equidade da marca**, ou seja, o valor de marketing e financeiro associado com a força da marca no mercado. Além dos ativos reais de marcas exclusivas, como patentes e marcas registradas, quatro principais elementos fundamentam a equidade da marca: consciência do nome, fidelidade, qualidade percebida e associações da marca (ver Figura 10.5).[26]

Estar ciente de uma marca leva à familiaridade, o que, por sua vez, resulta em um nível de conforto com a marca. Uma marca familiar tem mais chances de ser selecionada do que outra desconhecida, porque a primeira, muitas vezes, é vista como mais confiável e com qualidade mais aceitável, e provavelmente estará no conjunto de considerações de um consumidor, enquanto a desconhecida não.

Fidelidade à marca é uma atitude favorável do cliente a respeito de uma marca específica. Se essa fidelidade é forte o bastante, os clientes podem comprar essa marca regularmente quando precisarem de um produto daquela categoria. A satisfação do cliente com uma marca é a razão mais comum para essa fidelidade.[27] O desenvolvimento de fidelidade à marca para o cliente reduz seus riscos e diminui o tempo gasto na compra do produto. No entanto, o grau de fidelidade à marca para produtos varia de uma categoria de produto a outra. É desafiador desenvolver fidelidade à marca de alguns produtos, como bananas, porque os clientes podem prontamente julgar

equidade da marca O valor de marketing e financeiro associado à força de uma marca no mercado.

fidelidade à marca Atitude favorável do consumidor em relação a uma marca específica.

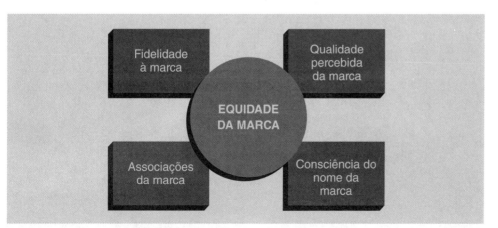

Figura 10.5

Principais elementos da equidade da marca.

reconhecimento de marca O grau de fidelidade à marca no qual o cliente está ciente de que ela existe e a vê como uma alternativa de compra, caso sua marca preferida esteja indisponível.

preferência de marca O grau de fidelidade à marca no qual o cliente prefere uma marca sobre as ofertas da concorrência.

insistência de marca O grau de lealdade à marca no qual um cliente prefere fortemente uma marca específica e não aceita nenhuma substituta.

sua qualidade, sem necessitar se referir a uma marca como indicador de qualidade. Essa fidelidade também varia conforme o país. Clientes na França, na Alemanha e no Reino Unido tendem a ser menos fiéis a marcas do que os nos Estados Unidos.

Existem três graus de fidelidade à marca: reconhecimento, preferência e insistência. **Reconhecimento de marca** ocorre quando um cliente está ciente de que ela existe e a vê como alternativa de compra caso sua marca preferida esteja indisponível ou se outras disponíveis forem desconhecidas. Essa é a forma mais branda de fidelidade. O termo *fidelidade* sem dúvida é usado bem vagamente aqui. **Preferência de marca** é um grau mais forte de fidelidade. Um cliente definitivamente prefere uma marca às ofertas da concorrência e vai comprá-la se estiver disponível. No entanto, se a marca não estiver disponível, ele vai aceitar uma substituta em vez de despender esforços adicionais para encontrar e adquirir a sua preferida. Quando ocorre **insistência de marca**, o cliente que prefere com veemência uma marca específica não aceitará qualquer substituto e estará disposto a despender grande quantidade de tempo e esforços para adquiri-la. Se um cliente insistente em uma marca vai a uma loja e descobre que ela está indisponível, vai procurá-la em outros lugares, em vez de comprar um substituto. Insistência de marca também pode se aplicar a serviços, como Hotéis Hilton, ou times esportivos, como Chicago Bears ou Dallas Cowboys. Insistência de marca é o grau mais forte de fidelidade; é o sonho das organizações. No entanto, é o tipo menos comum.

Fidelidade é um componente importante da equidade da marca porque reduz a vulnerabilidade de uma marca às ações dos concorrentes. Ela permite que uma organização mantenha seus clientes existentes e evite gastar recursos significativos para conquistar novos. Clientes leais proporcionam visibilidade à marca e tranquilidade para potenciais novos clientes. E porque os clientes esperam que suas marcas estejam disponíveis quando e onde compram, os varejistas se esforçam para manter as marcas conhecidas em razão de seu forte grupo de adeptos.

Clientes associam determinada marca a certo nível de qualidade geral. O nome de uma marca pode ser usado como substituto para um verdadeiro julgamento de qualidade. Em muitos casos, os clientes não conseguem realmente julgar a qualidade do produto por si só, portanto, precisam confiar na marca como um indicador de

Produtos com fidelidade à marca
Muitos consumidores são extremamente fiéis à marca das motocicletas da Harley-Davidson, e não estão dispostos a aceitar um substituto.

qualidade. Por exemplo, a Toyota conseguiu sobreviver, a despeito dos importantes recalls que afetaram vários milhões de seus veículos, por causa da alta qualidade da marca percebida historicamente. Mesmo que os recalls tenham sido uma enorme mancha sobre a marca, os clientes fiéis da companhia e sua alta qualidade percebida anteriormente lhe permitiram que sobrevivesse.[28]

A alta qualidade percebida ajuda a dar apoio a um preço premium, permitindo que o profissional de marketing evite severas concorrências de preço. Além disso, a percepção favorável de qualidade pode facilitar a introdução de extensões da marca, porque o alto respeito pela marca provavelmente se traduz em alto respeito pelos produtos relacionados.

O conjunto de associações ligadas a uma marca é outro componente-chave da equidade. Às vezes, um profissional de marketing trabalha para conectar um estilo de vida em particular ou, em alguns casos, determinado tipo de personalidade a uma marca específica. Esses tipos de associações contribuem significativamente para a equidade da marca. Por vezes, as associações de marca são facilitadas pelo uso de personagens comerciais, como Jolly Green Giant, Pillsbury Dough Boy e Snuggle Bear. Colocar esses personagens comerciais em propagandas e embalagens ajuda os consumidores a ligar os anúncios e embalagens às marcas. Por exemplo, com frequência os anúncios da Geico retratam a lagartixa, seu personagem comercial, descrevendo como os consumidores podem economizar dinheiro com o seguro para automóveis da empresa.

Embora seja difícil de medir, equidade da marca representa o valor de uma marca para uma organização. A Tabela 10.2 lista as dez maiores marcas com valores econômicos mais altos. Qualquer companhia que detenha uma marca listada na Tabela 10.2 deve concordar que o valor econômico da marca é, provavelmente, o maior e único ativo em seu poder.

marca de fabricante Marca introduzida pelo fabricante para garantir a identificação de seus produtos no ponto de venda.

marca própria de distribuidor Marca iniciada e de propriedade do revendedor.

Tipos de marcas

Há três categorias de marcas: de fabricantes, próprias dos distribuidores e genéricas. **Marcas de fabricantes** são por eles introduzidas e lhes garantem ser identificadas com seus produtos no ponto de venda – por exemplo, Green Giant, Computador Dell e jeans Levi's. Em geral, uma marca de fabricante exige que este se envolva com distribuição, promoção e, de certa forma, decisões de preços.

Marcas próprias de distribuidores (também chamadas *marcas próprias, marcas de lojas* ou *de fornecedores*) são introduzidas por revendedores – atacadistas ou varejistas –, seus proprietários. A principal característica das marcas próprias é que os fabricantes não são identificados nos produtos. Os varejistas e atacadistas usam marcas próprias de distribuidores para desenvolver uma promoção mais eficiente, gerar margens brutas maiores e mudar a imagem da loja. Apesar das muitas marcas de consumo nacionais sólidas disponíveis aos consumidores, a mais vendida na América do Norte é a marca própria do Walmart, Great Value.[29] Marcas

Estimulando associações de marca
A Geico usa a lagartixa como seu personagem comercial para estimular associações de marca favoráveis.

próprias de distribuidores dão liberdade aos varejistas ou atacadistas para comprar produtos de uma qualidade específica pelo custo mais baixo, sem revelar as identidades dos fabricantes. Marcas de atacadistas incluem IGA (Independent Grocers' Alliance) e Topmost (General Grocer). Nomes de marcas de varejistas familiares incluem Kenmore, da Sears, e Arizona, da JCPenney. Muitas marcas próprias bem-sucedidas são distribuídas nacionalmente. Eletrodomésticos da Kenmore são tão conhecidos quanto a maioria das marcas de fabricantes. Às vezes, os varejistas com marcas próprias de distribuidores bem-sucedidas começam a fabricar seus próprios produtos para obter mais controle sobre custos, qualidade e design do produto, esperando assim aumentar os lucros. As vendas de marcas próprias correspondem hoje a um em cada quatro produtos vendidos em supermercados, drogarias e hipermercados, totalizando cerca de US$ 93 bilhões de negócios de varejo.[30] Marcas próprias de supermercados também são populares globalmente.

marca genérica Marca que indica apenas uma categoria de produto.

Alguns ofertantes de produtos de marcas tradicionais começaram uma política de "não identificação de marca", com frequência chamada *marca genérica*. **Marcas genéricas** indicam apenas a categoria do produto (como papel-alumínio), não incluem o nome da companhia ou outros termos de identificação. Essas marcas, em geral, são vendidas por preços menores do que os produtos de marca comparáveis. Apesar de as marcas genéricas já terem representado até 10% de todas as vendas de varejo de supermercados, hoje correspondem a menos de 0,5%.

Tabela 10.2 As 10 marcas mais valiosas do mundo

Classificação	Marca	Valor da marca (em milhões de dólares)
1	Apple	185.071
2	Google	113.669
3	IBM	112.536
4	McDonald's	90.256
5	Coca-Cola	78.415
6	AT&T	75.507
7	Microsoft	69.814
8	Marlboro	69.383
9	Visa	56.060
10	China Mobile	55.368

Fonte: WWP. Brandz Top 100 Most Valuable Global Brands 2013. Disponível em: <http://www.millwardbrown.com/brandz/2013/Top100/Docs/2013_BrandZ_Top100_Chart.pdf>. Acesso em: 22 jul. 2013.

Selecionando o nome da marca

Os profissionais de marketing consideram diversos fatores na seleção do nome de marca, ou marca nominativa. Primeiro, ele deve ser fácil para os clientes (incluindo compradores estrangeiros se a empresa pretende vender seus produtos em outros países) dizer, soletrar e se lembrar. Nomes curtos e com uma só sílaba, como Cheer, em geral satisfazem a essa exigência. Segundo, ele deve indicar os maiores benefícios do produto e, se possível, sugerir de forma positiva seus usos e característticas especiais; referências negativas ou ofensivas devem ser evitadas. Por exemplo, os nomes da marca de produtos de limpeza doméstica, como o detergente líquido para louças Ajax, o limpador de vaso sanitário Vanish, o limpador multiuso Formula 409, o detergente para louças Cascade e o sabão líquido para roupas Wisk, conotam força e eficácia. Há evidência de que consumidores são mais propensos a lembrar e avaliar favoravelmente nomes que transmitam atributos positivos ou benefícios.[31] Terceiro, para se separar das concorrentes, a marca deve ser inconfundível. O Google, por exemplo, renomeou seus serviços on-line Blogger e Picasa para Google Blogs e Google Fotos, respectivamente, em um esforço para fazer todos os produtos da companhia carregarem o mesmo nome da marca.[32] Se o profissional de marketing pretende usar determinada marca para uma linha de produto, essa precisa ser compatível com todos os produtos da linha. Por fim, uma marca deve ser projetada para que possa ser usada e reconhecida em todos os tipos de mídia. Encontrar o nome da marca correto tornou-se uma tarefa desafiadora, porque muitos nomes óbvios já foram usados.

Como os nomes da marca são planejados? Eles podem ser criados a partir de uma ou múltiplas palavras; por exemplo, Dodge Nitro. Letras e números também são usados, como o sedan S60, da Volvo, ou BlackBerry Bold 9900, da RIM. Palavras, números e letras são combinados para gerá-lo, como o do telefone Motorola Droid X2 ou o sedan 528i xDrive da BMW. Para evitar termos que têm conotações negativas, por vezes os profissionais de marketing usam palavras inventadas, que não têm absolutamente nenhum significado naquele momento, por exemplo, Kodak e Exxon.

Quem realmente cria os nomes das marcas? Eles podem ser criados internamente pela organização. Na OPI, por exemplo, uma equipe de seis funcionários discute possíveis nomes para as novas cores de esmaltes; alguns desses incluem "Aphrodite's Pink Nightie" (camisola rosa de Afrodite), "Lincoln Park After Dark" (Lincoln Park ao crepúsculo) e "Tickle My France-y" (diversão à francesa).[33] Às vezes, um nome é sugerido por indivíduos que estão próximos do desenvolvimento do produto. Algumas organizações têm comitês que participam dessa criação e aprovação. Grandes companhias, que introduzem muitos novos produtos anualmente, costumam ter um departamento que desenvolve nomes de marcas. Às vezes, são contratados consultores e companhias externos especializados no desenvolvimento de nomes de marcas.

Protegendo uma marca

Um profissional de marketing também pode projetar uma marca que possa facilmente ser protegida por meio de registro. Uma série de decisões judiciais criou uma ampla hierarquia de proteções baseadas no tipo de marca. Dos mais aos menos passíveis de proteção, esses tipos de marca são: imaginário (Exxon), arbitrário (Dr Pepper), sugestivo (Spray'n Wash), descritivo (Minute Rice) e genérico (papel-alumínio). Marcas genéricas não podem ser protegidas. Sobrenomes e nomes descritivos, geográficos ou funcionais são difíceis de se proteger.[34] No entanto, pesquisas mostram que, no geral, os consumidores preferem nomes de marcas descritivos e sugestivos, porque os acham mais fáceis de lembrar em comparação a nomes de marcas imaginários e arbitrários.[35] Por causa do seu design, algumas marcas podem ser copiadas legalmente com mais facilidade do que outras. Embora o registro proteja as marcas registradas dentro do país por dez anos, possibilitando sua renovação indefinidamente, a empresa deve desenvolver um sistema para garantir que suas marcas registradas sejam renovadas sempre que necessário.

Proteção de marca
Companhias tentam proteger suas marcas usando determinadas frases e símbolos em seus anúncios. Note o termo "brand" depois de Kool-Aid e o uso do símbolo ®.

Para proteger seus direitos exclusivos a uma marca, a companhia sua detentora precisa garantir que a marca não seja considerada uma violação a outra já registrada no Escritório de Marcas e Patentes dos Estados Unidos. Em uma decisão histórica, o Marvell Technology Group Ltd. foi condenado a pagar US$ 1,17 bilhão para a Carnegie Mellon University por violação de patente. A universidade processou o Marvell Technology Group por violar uma tecnologia patenteada desenvolvida por seus funcionários.[36] No entanto, provar que uma violação de patente ocorreu pode ser complexo, porque a abrangência do termo violação é determinada pelo tribunal, que baseia suas decisões no fato de uma marca fazer que os consumidores fiquem confusos ou se enganem quanto à origem do produto. O McDonald's é uma companhia que protege agressivamente suas marcas registradas e já acusou inúmeras companhias com nomes *Mc* por temer que o uso do prefixo dê aos consumidores a impressão de que elas são associadas ou próprias do McDonald's.

Um profissional de marketing deve evitar que nome de marca se torne um termo genérico usado para se referir a uma categoria geral de produto. Termos genéricos não podem ser protegidos como nomes de marca exclusivos. Um exemplo é a aspirina que, no fim das contas, foi declarado termo genérico de marca para se referir a classe de produto; por consequência, não podem mais ser protegidos. Para evitar que um nome de marca se torne um termo genérico, a empresa deve registrá-lo com letra maiúscula e usá-lo como um adjetivo, para mudar o nome da classe geral de produtos, como em Kool-Aid Brand Soft Drink Mix.[37] Incluir a palavra brand logo depois do nome da marca também é útil. Uma organização pode lidar com esse problema, anunciando que sua marca é registrada e não deve ser usada genericamente. A companhia também pode indicar que a marca é registrada usando o símbolo ®.

Uma empresa norte-americana que tenta proteger uma marca em um país estrangeiro com frequência encontra problemas. Em muitos países, o registro de marcas não é possível; a primeira empresa a usar a marca nesses países automaticamente adquire os direitos sobre ela. Em alguns casos, companhias dos Estados Unidos de fato tiveram de comprar os direitos de suas próprias marcas de outra empresa em um país estrangeiro porque ela foi a primeira usá-la naquele país.

Profissionais de marketing que tentam proteger suas marcas também precisam lutar contra a falsificação. Nos Estados Unidos, por exemplo, alguém pode comprar peças da General Motors, relógios Cartier, bolsas Louis Vuitton, bonecas de personagens de Walt Disney, softwares da Microsoft, roupas Warner Brothers, canetas Mont Blanc e vários outros produtos falsificados comercializados ilegalmente por fabricantes que não detêm as marcas. As perdas anuais causadas por produtos falsificados são estimadas entre US$ 200 bilhões e US$ 250 bilhões para as empresas norte-americanas, e possivelmente chegam a US$ 600 bilhões para empresas espalhadas pelo mundo.[38] Mesmo as lojas de varejo não estão a salvo de falsificações. Na China, falsas lojas da Apple surgiram para testar e vender produtos falsificados ou contrabandeados da marca.[39] Preocupado com o fortalecimento da proteção de marcas registradas, o Congresso norte-americano promulgou a Revisão da Lei de Marcas Registradas em 1988, a única grande legislação federal sobre marcas registradas desde a Lei Lanham, de 1946. O propósito dessa legislação mais recente é aumentar o valor do sistema de registros federais para empresas dos Estados Unidos em relação a concorrentes estrangeiros e proteger o público de falsificações, confusões e decepções.[40]

Políticas de gestão de marca

Antes de estabelecer políticas de gestão de marcas, uma empresa precisa decidir se vai criar uma marca para todos os seus produtos. Se o produto de uma companhia é homogêneo e parecido com o de seus concorrentes, pode ser difícil criar uma marca e gerar fidelidade. É difícil criar uma marca para matérias-primas, como carvão, areia e produtos agrícolas, por causa da homogeneidade e características físicas desses produtos.

Se uma empresa opta por criar marcas para seus produtos, pode usar marca individual, família de marca (marca-mãe ou guarda-chuva) ou uma combinação das duas. **Marca individual** é a política de nomear cada produto de forma diferente. Nestlé S.A. é a maior companhia de alimentos e nutrição do mundo. Ela usa marcas individuais para muitas de suas 6 mil marcas diferentes, como o café Nescafé, o alimento nutritivo PowerBar, sopas Maggi e sorvete Häagen-Dazs. Uma grande vantagem das marcas individuais é que se uma organização introduz um produto inferior, a imagem negativa associada a ele não vai contaminar os outros produtos da companhia. Essa política também pode facilitar a segmentação de mercado quando uma empresa deseja entrar em muitos segmentos do mesmo mercado. Nomes separados e desvinculados podem ser usados, e cada marca ser voltada a um segmento específico.

marca individual Estratégia de marca na qual é dado um nome diferente a cada produto.

Quando usa **famílias de marcas** (marca-mãe ou guarda-chuva), todos os produtos de uma empresa recebem o mesmo nome ou pelo menos parte dele, como Kellogg's Frosted Flakes, Kellogg's Rice Krispies e Kellogg's Corn Flakes. Em alguns casos, o nome da companhia é combinado com outras palavras para nomear os itens. A Arm & Hammer usa seu nome em todos os produtos ao lado de uma descrição geral do item, como Arm & Hammer Heavy Duty Detergent, Arm & Hammer Pure Baking Soda e Arm & Hammer Carpet Deodorizer. Diferente das marcas individuais, o uso de famílias de marcas significa que a promoção de um produto com a marca guarda-chuva promove todos os outros da empresa. Exemplos de outras companhias que usam famílias de marcas incluem Mitsubishi, Fisher-Price e Sony.

famílias de marcas Uma só marca a todos os produtos da empresa, com o mesmo nome ou parte dele. Também conhecida como marca-mãe ou guarda-chuva.

Organizações não são limitadas a uma única política de marcas. Uma companhia que usa principalmente marcas individuais para muitos de seus produtos também pode usar uma marca guarda-chuva para uma linha específica de produtos. A política de marcas é influenciada pelo número de produtos e linhas de produtos que a companhia fabrica, pelas características de seus mercados-alvo, pelo número e tipos de produtos concorrentes disponíveis e pelo tamanho dos recursos da empresa.

Extensões de marca

Extensão de marca ocorre quando uma organização usa uma de suas marcas existentes para nomear um novo produto em uma categoria diferente. Por exemplo, a Starbucks criou uma extensão de marca para sua cafeteira de dose única.[41] Extensão de marca não deve ser confundida com extensão de linha. Esta refere-se ao uso de uma marca existente para um novo produto da mesma categoria, como novos sabores ou tamanhos. Por exemplo, quando o fabricante de Tylenol, McNeil Consumer Products, introduziu o Extra Strength Tylenol P.M., esse novo produto foi uma extensão de linha, porque estava na mesma categoria.

extensão de marca O uso de uma das marcas já existentes da organização para denominar um novo produto em uma diferente categoria.

Famílias de marcas
O fabricante dos cereais Kellogg's emprega famílias de marcas em seus cereais. Repare que o nome "Kellogg's" aparece em todos os tipos de cereal.

Profissionais de marketing compartilham uma preocupação comum: se uma marca for estendida muitas vezes, ou para muito além de sua categoria de produto original, pode ser enfraquecida significativamente? Por exemplo, a Pillsbury tentou estender sua marca para a categoria de produtos aromatizadores de ambiente. Sua coleção Pillsbury Potpourri Spritz, que incluía aromas como "cinnamon roll", não vendeu bem e foi descontinuada.[42] Uma pesquisa descobriu que a extensão de linha para categorias premium pode ser uma estratégia eficiente para revitalizar uma marca, mas a extensão de linha precisa ser fortemente ligada à marca central.[43] Outra, no entanto, sugere que diluir uma marca estendendo-a em categorias de produtos desiguais pode ter o potencial de suprimir a consideração e a escolha do produto pela marca original.[44] A Tabela 10.3 descreve extensões de marca que fracassaram porque eram muito diferentes de seus produtos principais.

Tabela 10.3 Piores extensões de marca

Nome da marca	Produto central	Extensão de marca fracassada
Smith & Wesson	Armas de fogo	Mountain bikes
Bic	Canetas	Roupas íntimas Bic
Cosmopolitan	Revista	Iogurte
Wrigley	Doces	Refrigerante Life Savers
Coors	Cerveja	Água Rocky Mountain Spring
Colgate	Produtos de consumo	Alimentos Colgate
Frito-Lay	Salgadinhos	Limonada
Harley-Davidson	Motocicletas	Perfume

Fonte: Top 25 Biggest Product Flops of All Time. DailyFinance. Disponível em: <www.dailyfinance.com/photos/top-25-biggest-product-flops-of-all-time/>. Acesso em: 16 jan. 2013.

Co-branding

Co-branding é o uso de duas ou mais marcas em um produto. Os profissionais de marketing empregam o co-branding para capitalizar sobre a equidade de múltiplas marcas. Co-branding é popular em várias categorias de alimentos processados e no setor de cartões de crédito. As marcas usadas nessa estratégia podem ser da mesma companhia. Por exemplo, o produto Lunchables, da Kraft, atrela a marca de queijo da Kraft com frios Oscar Mayer, outra marca própria da Kraft. As marcas também podem ser de diferentes companhias. Empresas de cartão de crédito, como American Express, Visa e MasterCard, por exemplo, se associam a outras marcas, como General Motors, AT&T e muitas companhias aéreas.

Um co-branding eficiente capitaliza sobre a confiança que os clientes têm nas marcas envolvidas. As marcas não devem perder suas identidades, e é preciso deixar claro para os clientes qual delas é a principal. Nike e Apple firmaram uma parceria bem-sucedida para lançar um tênis de corrida, o Nike +. Ele sincroniza com um iPod para acompanhar o desempenho das corridas. O calçado com co-branding e acessórios para iPod ajudou a impulsionar as vendas de ambas as marcas.[45] É importante para os profissionais de marketing entenderem que quando um produto em co-brandign é malsucedido, ambas as marcas estão comprometidas com esse fracasso. Para conseguir a aceitação do cliente, as marcas envolvidas precisam representar um encaixe complementar na suas mentes. Tentar ligar uma marca como a Harley-Davidson a outra, como Healthy Choice, não vai alcançar os objetivos de um co-branding, porque os clientes não estão propensos a perceber essas marcas como compatíveis.

co-branding O uso de duas ou mais marcas em um mesmo produto.

Licenciamento de marca

Uma estratégia popular de gestão de marcas envolve o **licenciamento de marca**, um acordo no qual uma companhia permite que outra organização use sua marca em outros produtos por uma taxa de licenciamento. Os royalties podem ser tão baixos quanto 2% dos rendimentos do atacado, ou chegar a 10%. O licenciado é responsável por todas as funções de fabricação, venda e propaganda, e arca com os custos se o produto licenciado fracassar. A maior companhia licenciadora dos Estados Unidos é a Walt Disney Company. NFL, NCAA, NASCAR e Major League Baseball são líderes em vendas de varejo de produtos licenciados relacionados a esportes. As vantagens do licenciamento variam de rendimentos extras e baixos custos ou publicidade gratuita a novas imagens e proteção de marcas registradas. Uma das principais desvantagens é a falta de controle da fabricação, que pode prejudicar o nome da companhia e bombardear os consumidores com muitos produtos não relacionados usando o mesmo nome.

licenciamento de marca Acordo no qual uma companhia permite que outra use sua marca em outros produtos por uma taxa definida.

CRIAÇÃO DE EMBALAGENS

Criação de embalagens envolve o desenvolvimento de um recipiente e de um design gráfico para um produto. A embalagem pode ser uma parte vital do produto, tornando-o mais versátil, seguro e fácil de usar. Assim como o nome da marca, a embalagem pode influenciar as atitudes dos consumidores em relação a um produto e, assim, afetar suas decisões de compra. Por exemplo, vários fabricantes de geleias, molhos e ketchups embalaram seus produtos em recipientes de plástico maleáveis, às vezes de cabeça para baixo, para tornar o uso e o armazenamento mais convenientes, enquanto vários fabricantes de tinta introduziram latas fáceis de abrir e de despejar.

7 Descrever as principais funções da embalagem e considerações de design, bem como a forma como é usada em estratégias de marketing.

Características da embalagem ajudam a moldar as impressões dos compradores sobre o produto no momento da compra ou durante seu uso. Nesta seção, examinamos as principais funções das embalagens e consideramos diversas das principais decisões a esse respeito. Também analisamos seu papel em uma estratégia de marketing.

Funções das embalagens

Uma embalagem eficiente envolve mais do que simplesmente colocar produtos em recipientes e cobri-los com invólucros. Primeiro, seus materiais servem ao propósito básico de proteger o produto e manter sua forma funcional. Líquidos, como leite e suco de laranja, precisam de embalagens que os preservem e protejam. O pacote deve evitar danos que possam afetar a utilidade do produto e, em consequência, levar a maiores custos. Como a violação de produtos se tornou um problema, várias técnicas de empacotamento foram desenvolvidas para combatê-lo. Algumas embalagens também são projetadas para prevenir roubos.

Outra função das embalagens é oferecer conveniência aos consumidores. Por exemplo, pacotes pequenos e assépticos – caixas com tamanhos individuais ou sacolas plásticas que contenham líquidos e não precisem de refrigeração – atraem fortemente crianças e jovens adultos com estilos de vida ativos. O tamanho ou formato de uma embalagem pode se relacionar a armazenamento, conveniência de uso ou taxa de substituição do produto. Produtos pequenos e de uso único podem evitar desperdícios, tornar o armazenamento mais fácil e promover maior consumo. Uma terceira função das embalagens é promover o produto, comunicando suas características, usos, benefícios e imagem. Às vezes, são desenvolvidas embalagens reutilizáveis para tornar o produto mais desejável. Por exemplo, o pacote de Cool Whip pode ser reutilizado como um recipiente para armazenar alimentos.

Ao desenvolver embalagens, os profissionais de marketing precisam levar muitos fatores em consideração. Obviamente, um dos principais é o custo. Embora inúmeros materiais, processos e designs de embalagens estejam disponíveis, os custos variam muito. Nos últimos anos, os compradores mostraram disposição a pagar mais por embalagens melhores, porém, há limites.

Os profissionais de marketing devem considerar quanta padronização é desejável entre os designs de embalagens de uma organização. Nenhuma padronização pode ser a melhor política, especialmente se os produtos de uma empresa não estiverem relacionados ou forem voltados a mercados-alvo muito diferentes. Para promover a imagem global da companhia, uma organização pode decidir que todas as embalagens devem ser parecidas ou incluir um elemento principal do design. Essa abordagem é chamada **pacote família**. Algumas vezes ela é usada apenas para linhas de produtos, como para as sopas Campbell's, alimentos dos Vigilantes do Peso e Planters Nuts.

pacote família Uso de embalagens semelhantes para todos os produtos da empresa ou pacotes que têm um elemento de design em comum.

O papel promocional da embalagem é uma consideração importante. Por meio de símbolos verbais e não verbais, ela pode informar os potenciais compradores a respeito de conteúdo, características, usos, vantagens e perigos do produto. A embalagem e o rótulo da ração para gatos Fancy Feast fazem alusão a um dono de animal mostrando preocupação tanto com o que o gato come quanto com o que ele mesmo come. Uma organização pode criar imagens desejáveis e associações pela escolha de cor, design, formato e textura. Muitos fabricantes de cosméticos, por exemplo, projetam suas embalagens para criar impressões de riqueza, luxo e exclusividade. Para desenvolver uma embalagem que tenha um valor promocional claro, o designer

Embalagem inovadora
Usar embalagens seladas a vácuo é uma forma inovadora de preservar o frescor das maçãs.

precisa considerar tamanho, formato, textura, cor e recursos gráficos. Além da limitação óbvia de que o pacote precisa ser grande o suficiente para envolver o produto, uma embalagem pode ser projetada para parecer mais alta ou mais baixa. Pacotes com cores claras podem fazer uma embalagem parecer maior, enquanto cores mais escuras podem minimizar o tamanho percebido.

A embalagem também precisa atender às necessidades dos revendedores. Atacadistas e varejistas levam em conta se uma embalagem facilita o transporte, armazenamento e manuseio. O Walmart está solicitando que seus fornecedores reduzam a quantidade de embalagens e tentem colocar os conteúdos em recipientes menores para serem enviados com mais eficiência. Os revendedores podem se recusar a manter certos produtos se suas embalagens forem incômodas. Versões concentradas de detergentes e amaciantes para roupas ajudam os varejistas a oferecer maior diversidade de produtos dentro do espaço de prateleiras disponível.

Embalagem e estratégia de marketing

A embalagem pode ser o componente principal de uma estratégia de marketing. Uma nova tampa ou fecho, uma caixa ou invólucro melhores, ou um recipiente mais conveniente, podem dar uma vantagem competitiva a um produto. O tipo certo de embalagem para um novo produto pode ajudá-lo a obter reconhecimento no mercado muito rapidamente. Sprout Foods, por exemplo, foi iniciada há alguns anos pelo chef celebridade Tyler Florence. A companhia produz alimentos orgânicos de alta qualidade para bebês, embalados em convenientes bolsas invioláveis. Embora a embalagem custe mais para ser usada do que a tradicional vasilha de vidro, seu design com fecho de zíper diminui o tempo de aquecimento da comida do bebê, permite que o produto se encaixe mais convenientemente em bolsas de fraldas e mantém a comida fresca por três dias depois de sua primeira abertura.[46] Os profissionais de marketing devem ver a embalagem como uma grande ferramenta estratégica, especialmente para produtos de conveniência dos consumidores. Ao considerar os usos estratégicos da embalagem, esses profissionais também devem analisar o custo do pacote e de alterações. Nesta seção, examinamos várias maneiras pelas quais a embalagem pode ser usada estrategicamente.

Às vezes, um profissional de marketing muda uma embalagem ou rótulo porque o design existente não está mais na moda, especialmente quando comparado a embalagens de produtos concorrentes. A Quaker Oats contratou uma companhia de design de embalagens para reformular a embalagem de seu Rice-A-Roni, visando dar ao produto a aparência de ter evoluído com o tempo enquanto mantém seu tradicional apelo ao sabor. Um pacote pode ser reformulado porque novas características do produto precisam ser destacadas ou porque novos materiais de embalagem se tornaram disponíveis. A Wendy's reprojetou seu nome de marca, retirando a frase "Old Fashioned Hamburgers" e tornando a garota com maria-chiquinha mais simplificada e moderna. A rede espera se reposicionar como uma rede de restaurantes fast-food de alta qualidade.[47]

Uma organização também pode decidir mudar a embalagem de um produto para torná-la mais segura ou conveniente para uso. NatureSweet, por exemplo, alterou a embalagem de seus tomates cereja quando introduziu um recipiente plástico claro para substituir a clássica rede vermelha. A nova embalagem plástica é mais sustentável do que as redes, torna o produto mais visível ao consumidor, oferece mais proteção aos tomates durante seu transporte e manuseio e limita a ventilação, o que aumenta seu tempo de prateleira.[48] A embalagem de um produto também pode ser alterada para torná-lo mais fácil de manusear no canal de distribuição — por exemplo, mudando a caixa de papelão externa ou usando um agrupamento especial, embrulhos retráteis ou pallets. Em alguns casos, o formato da embalagem é alterado. Recipientes externos dos produtos às vezes são mudados para que possam seguir mais facilmente por sistemas automatizados de armazenamento.

Profissionais de marketing também usam embalagens inovadoras ou exclusivas que são incompatíveis com as práticas tradicionais para fazer a marca se destacar de seus concorrentes. Orville Redenbacher agora oferece diversos sabores de sua pipoca

■ ■ ■ Marketing em debate

As implicações legais das bebidas energéticas

QUESTÃO: Os rótulos de energéticos deveriam divulgar a quantidade de cafeína contida nas bebidas?

Está sendo travado um debate a respeito dos efeitos de bebidas energéticas à saúde. Uma grande questão é que, embora os rótulos dos energéticos declarem que as bebidas contêm cafeína, a maioria não designa a quantidade. Críticos afirmam que o consumo exagerado de cafeína pode gerar problemas cardíacos. Alguns temem que aditivos, como guaraná, acrescentem ainda mais cafeína, o que, se for verdade, viola uma lei contra acrescentar fontes múltiplas de cafeína sem divulgar essa informação. Juntos, esses aditivos podem aumentar a quantidade de cafeína encontrada nas bebidas. Algumas regiões, como o Canadá, aprovaram ou estão considerando aprovar leis para limitar o conteúdo de cafeína em bebidas energéticas. Outros alegam que aditivos não acrescentam mais cafeína. Isso tornaria os rótulos totalmente legais. A Food and Drug Administration não descobriu nenhum problema com as bebidas energéticas, mas a legislação de Nova York está investigando energéticos como Monster e Living Essentials para determinar a obediência às leis e regulações.[c]

de micro-ondas em um pacote que se transforma em uma conveniente tigela. Heinz começou a vender suas novas embalagens de Dip & Squeeze Ketchup em lojas como um resultado de uma boa resposta dos consumidores aos produtos a partir de seu uso em restaurantes.[49] Embalagens incomuns às vezes exigem gasto considerável de recursos, não só no design, mas também para tornar os clientes cientes da embalagem exclusiva e seus benefícios. Pesquisas sugerem que pacotes com formatos exclusivos e que atraem a atenção têm maior possibilidade de ser percebidos como algo que contém um maior volume de produto.[50]

Por fim, embalagens múltiplas também podem ser implementadas na estratégia de uma companhia. Em vez de embalar uma única unidade de um produto, os ofertantes, algumas vezes, utilizam pacotes para duas, três ou seis unidades ou outras formas de embalagens múltiplas. Para determinados tipos de produtos, embalagens múltiplas podem aumentar a demanda, porque aumentam a quantidade de produto disponível no ponto de consumo (por exemplo, na casa do consumidor). Isso também pode aumentar a aceitação do produto pelo consumidor, por encorajá-lo a experimentá-lo várias vezes. Embalagens múltiplas podem tornar os produtos mais fáceis de se manusear e armazenar, e aumentam o consumo, como no caso do "cubo", uma caixa com 24 a 30 refrigerantes vendida no verão, quando o consumo de Coca-Cola, Pepsi, Sprite e outras bebidas é maior.

ROTULAGEM

A **rotulagem** é estreitamente relacionada à embalagem, usada para propósitos de identificação, promoção, informação e exigências legais. Rótulos podem ser pequenos ou grandes em relação ao tamanho do produto e trazer quantias variáveis de informação. O adesivo em uma banana Chiquita, por exemplo, é bem pequeno, exibindo apenas o nome da marca da fruta e talvez um número de unidade de manutenção em estoque. Um rótulo pode ser parte da embalagem ou um recurso separado

8 Entender as funções da rotulagem e questões legais específicas.

rotulagem O fornecimento de identidade promocional ou outras informações nos rótulos das embalagens.

Tendências do marketing

Produtos feitos domesticamente prosperam

Roupas feitas nos Estados Unidos estão gerando uma onda de interesse no mundo fashion doméstico e internacionalmente. Companhias como Levi's, American Apparel e J. Crew estão sendo notadas por seus produtos feitos nos Estados Unidos. A maior preferência por bens fabricados nos Estados Unidos pode simbolizar uma mudança em direção a vestimentas em pequena escala e especializadas, em oposição às roupas com produção em massa e mecanizada.

Embora a tendência de terceirização pareça ter se tornado a regra para a maioria das companhias fabricantes, produtos fabricados, embalados e com marca dentro dos Estados Unidos é potencialmente benéfico para a economia – um fato que alegra muitos consumidores. Com base nesses benefícios, Brooks Brothers, Neiman Marcus e Barneys estão vendendo a ideia de que roupas feitas à mão nos Estados Unidos valem o investimento dos clientes. A capacidade de controlar a qualidade e a quantidade produzida também é atraente às companhias, que poderão assim garantir exclusividade aos consumidores. Outros países também estão interessados em roupas fabricadas nos Estados Unidos, com executivos japoneses mostrando disposição para comprar ternos norte-americanos costurados à mão.

A despeito de sua crescente popularidade, produtos feitos nos Estados Unidos em geral custam significativamente mais do que aqueles fabricados no exterior. Isso os torna inviáveis para o consumidor médio, o que pode limitar o crescimento. No entanto, à medida que a demanda por esses produtos cresce, os fabricantes podem se tornar mais inclinados a enfrentar o desafio do custo no futuro.[d]

anexo a ela. O rótulo da Coca-Cola na verdade é parte da lata, enquanto o de uma garrafa de dois litros do mesmo produto é separado, e pode ser removido. Informações apresentadas em um rótulo podem incluir nome da marca, marca figurativa, símbolo de marca registrada, tamanho e conteúdo da embalagem, características do produto, informações nutricionais, possível presença de alergênicos, tipo e estilo do produto, número de porções, instruções de cuidado e para uso e precauções de segurança, nome e endereço do fabricante, data de validade, selos de aprovação e outros itens.

Rótulos podem facilitar a identificação de um produto ao exibir o nome da marca em combinação com um design gráfico exclusivo. Por exemplo, o ketchup Heinz é de fácil identificação em uma prateleira de supermercado porque o nome da marca é fácil de ler e o rótulo tem um formato distintivo de coroa. Ao chamar a atenção para os produtos e seus benefícios, os rótulos podem fortalecer os esforços promocionais de uma organização. Eles podem conter mensagens promocionais, como a oferta de um desconto, ou o maior tamanho de embalagem pelo mesmo preço, ou informações sobre uma característica nova ou aprimorada do produto.

Várias leis e regulamentações federais especificam informações que precisam ser incluídas nos rótulos de determinados produtos. Roupas precisam ser rotuladas com o nome do fabricante, país de fabricação, composição do tecido e instruções de limpeza. Rótulos de produtos não comestíveis, como xampus e detergentes, devem incluir precauções de segurança e instruções de uso. A Lei de Rotulagem Nutricional e de Educação, de 1990, exige que a FDA revise rótulos e embalagens de alimentos, focando no conteúdo nutricional, estrutura do rótulo, ingredientes, descrições de alimentos e mensagens de saúde. Qualquer produto alimentício para o qual uma alegação nutricional é feita precisa ter rotulagem nutricional que siga um formato padrão, ou seja, declarar o número de porções por recipiente, tamanho da porção, número de calorias por porção, calorias derivadas de gordura, carboidratos e quantidade de

Rotulagem como estratégia de marketing
A rotulagem pode ser uma parte importante da estratégia de marketing. Este rótulo pode ser fixado à embalagem para comunicar que o produto é ecologicamente correto. A rotulagem pode incluir declarações de sustentabilidade, bem como outras informações que sejam potencialmente valiosas ao comprador.

nutrientes específicos, como vitaminas, por exemplo. Um produto que recentemente vem sendo criticado é o cartucho de impressão. Os consumidores estão pressionando por mais transparência nos rótulos sobre a quantidade de tinta em cada cartucho. Atualmente, é difícil para o consumidor comparar ofertas e preços sem saber a quantidade de tinta contida em cada cartucho. As companhias responderam dizendo que a tinta não entra no Fair Packaging and Labeling Act. A National Conference on Weights and Measures criou uma força-tarefa para revisar o assunto, mas ainda não chegou a uma conclusão. A FDA não opinou sobre o assunto.[51]

Motivos de preocupação para muitos fabricantes são as diretrizes da Comissão Federal de Comércio (FTC) em relação a etiquetas de "Feito nos EUA", um problema crescente devido à natureza cada vez mais global da fabricação. Além disso, muitos países associam alto valor de marca às marcas norte-americanas, incluindo Rússia, Índia, Brasil e China, dando às companhias um incentivo ainda maior para adotar a etiqueta "Feito nos EUA".[52] A FTC exige que "todos ou praticamente todos" os componentes de um produto sejam feitos nos Estados Unidos se a etiqueta estampar "Feito nos EUA". Embora recentemente tenha considerado mudar suas diretrizes para "substancialmente todos", a FTC rejeitou a ideia e manteve o padrão "todos ou praticamente todos". E, diante dessa decisão, mandou que a New Balance parasse de usar a declaração "Feito nos EUA" nas etiquetas de seus calçados esportivos porque alguns de seus componentes (as solas de borracha) são feitos na China. A questão do rótulo de "Feito nos EUA" não foi totalmente resolvida. O critério da FTC para o seu uso provavelmente será contestado e posteriormente alterado.[53]

Revisão do capítulo

1. Entender o conceito de produto.

Produto é um bem, um serviço, uma ideia ou qualquer combinação dos três recebido em uma troca. Pode ser tangível ou intangível, e inclui utilidades ou benefícios funcionais, sociais e psicológicos. Quando os consumidores adquirem um produto, estão comprando os benefícios e a satisfação que acreditam o produto vai proporcionar.

2. Entender como os produtos são classificados.

Os produtos podem ser classificados com base nas intenções do comprador. Produtos de consumo são aqueles comprados para satisfazer necessidades pessoais e familiares. Os de negócios são adquiridos para uso nas operações de uma organização, para revenda ou para fazer outros produtos. Os de consumo podem ser subdivididos em: produtos de conveniência, de compra comparada, de especialidades e não procurados. Produtos de negócios podem ser classificados em instalações, equipamento acessório, matérias-primas, componentes, materiais de processo, suprimentos de MRO e serviços corporativos.

3. Explicar os conceitos de linha de produto e mix de produto e entender como eles estão interligados.

Modelo de produto é uma versão específica de um produto que pode ser designado como uma oferta distinta entre os produtos de uma organização. Linha de produto é um grupo de modelos de produto estreitamente relacionados, considerados uma unidade devido a considerações de marketing, técnicas ou uso final. O grupo composto, ou total, de produtos que uma organização torna disponível aos consumidores é chamado mix de produtos. A extensão desse mix é medida pelo número de linhas de produtos que a companhia oferece. A profundidade desse mix é o número médio de produtos diferentes oferecidos em cada linha.

4. Entender o ciclo de vida do produto e seu impacto nas estratégias de marketing.

O ciclo de vida do produto descreve como modelos de produto em um setor se movem através de quatro estágios: introdução, crescimento, maturidade e declínio. Na fase da introdução, a curva de vendas está no zero, sobe a uma taxa crescente durante o crescimento, atinge seu pico no estágio de maturidade, e então entra em declínio. Os lucros atingem seu pico no fim do estágio de crescimento do ciclo de vida do produto.

5. Descrever o processo de adoção de um produto.

Quando clientes aceitam um novo produto, em geral fazem isso por meio de um processo de adoção com cinco estágios. O primeiro é o reconhecimento, quando os compradores se tornam cientes de que o produto existe. Interesse, o segundo, ocorre quando os compradores buscam informações e são receptivos a aprender sobre o produto. O terceiro é a avaliação; os compradores consideram os benefícios do produto e decidem se vão testá-lo. O quarto é o julgamento; durante esse estágio, os compradores examinam, testam ou experimentam o produto para determinar se atende às suas necessidades. O último estágio é a adoção, quando os compradores realmente adquirem o produto e o usam sempre que a necessidade por esse tipo geral de produto surgir.

6. Explicar os principais componentes da gestão de marca, incluindo tipos, políticas e proteção de marca.

Marca é um nome, termo, design, símbolo ou qualquer outra característica que identifique o bem ou serviço de um vendedor e o diferencie do de outros fornecedores. A gestão de marcas ajuda os compradores a identificar e avaliar produtos, e os vendedores, facilitando a introdução de um produto e as compras repetidas, assim estimulando a fidelidade à marca. Equidade da marca é o valor de marketing e financeiro associado com a força de uma marca. Ela representa o valor da marca para uma organização. Os quatro principais elementos que fundamentam a equidade da marca incluem: consciência do nome, fidelidade, qualidade percebida e associações da marca.

Uma marca de produtor é iniciada por um fabricante. Marca própria de distribuidor é implantada e própria de um revendedor, às vezes, carrega o nome da loja ou do distribuidor. Marca genérica indica apenas a categoria de produto, não inclui o nome da companhia ou outros termos identificadores. Quando seleciona um nome de marca, o profissional de marketing deve optar por um fácil de dizer, escrever e lembrar, e que faça alusão a usos, benefícios ou características especiais do produto. Nomes de marcas podem ser criados a partir de palavras, letras, números, palavras sem sentido ou uma combinação deles. Nos Estados Unidos, as companhias protegem a propriedade de suas marcas fazendo o registro no U.S. Patent and Trademark Office.

Marcas individuais designam um nome exclusivo para cada um dos produtos de uma companhia. Famílias de marcas identificam todos os produtos de uma empresa com um único nome. Extensão de marca é o uso de um nome existente em um produto novo ou melhorado em uma categoria de produtos diferente. Co-branding é o uso de duas ou mais marcas em um produto. Por meio de um acordo de licenciamento e por uma taxa de licenciamento, uma companhia pode permitir que outra organização use sua marca em outros produtos. O licenciamento de marca permite que os produtores obtenham rendimentos extras, recebam publicidade de baixo custo ou gratuita e protejam suas marcas registradas.

7. Descrever as principais funções da embalagem e considerações de design, bem como a forma como é usada em estratégias de marketing.

A criação de uma embalagem envolve o desenvolvimento de um recipiente e um design gráfico para um produto. Embalagens eficientes oferecem proteção, economia, segurança e conveniência. Pode influenciar a decisão de compra de um cliente, promovendo características, usos, benefícios e imagem. Quando desenvolvem uma embalagem, os profissionais de marketing precisam levar em conta o valor de embalagens eficientes e eficazes para o cliente, visando compensar o preço que ele está disposto a pagar. Outras considerações incluem como fazer embalagens resistentes a violações, usar ou não pacotes múltiplos ou familiares, como projetá-la como uma ferramenta promocional eficiente e a melhor forma de atender às necessidades de armazenamento dos revendedores. As embalagens podem ser uma parte importante de uma estratégia geral de marketing e podem ser usadas para focar em determinados segmentos de mercado. Modificações em pacotes podem renovar um produto maduro e estender seu ciclo de vida. Produtores alteram embalagens para transmitir novos recursos ou torná-las mais seguras ou mais convenientes. Se uma embalagem tem um uso secundário, o valor do produto para o consumidor pode aumentar. Pacotes compatíveis com a categoria tornam os produtos mais facilmente reconhecíveis pelos consumidores. Embalagens inovadoras aumentam a singularidade de um produto.

8. Entender as funções da rotulagem e de questões legais específicas.

A rotulagem está estreitamente relacionada com a embalagem e é usada para propósitos de identificação, promoção, informação e questões legais. Várias leis e regulamentações federais exigem que determinados produtos sejam rotulados ou marcados com avisos, instruções, informações nutricionais, identificação do fabricante e talvez outras informações.

Conceitos-chave

- adotantes imediatos ou precoces 321
- bem 305
- ciclo de vida do produto 314
- co-branding 331
- componentes 312
- equidade da marca 323
- equipamento acessório 311
- estágio de crescimento 315
- estágio de declínio 318
- estágio de introdução 314
- estágio de maturidade 316
- extensão de marca 329
- extensão do mix de produto 313
- famílias de marcas 329
- fidelidade à marca 323
- ideia 305
- inovadores 321
- insistência de marca 324
- instalações 311
- licenciamento de marca 331
- linha de produto 313
- maioria imediata ou precoces 321
- maioria tardia 321
- marca 321
- marca de fabricante 325
- marca genérica 326
- marca individual 329
- marca própria de distribuidor 325
- marca registrada 321
- materiais de processo 312
- matérias-primas 311
- mix de produto 313
- modelo de produto 313
- nome da marca 321
- pacote família 332
- preferência de marca 324
- processo de adoção do produto 319
- produtos de compra comparada 308
- produtos de consumo 307
- produtos de conveniência 307
- produtos de especialidades 309
- produtos de negócios 307
- produtos não procurados 310
- profundidade do mix de produto 313
- razão social 321
- reconhecimento de marca 324
- retardatários 321
- rotulagem 335
- serviço 305
- serviços corporativos 312
- símbolo da marca 321
- suprimentos de MRO (manutenção, reparo e operações) 312

Questões para discussão e revisão

1. Um computador pessoal vendido em uma loja de varejo é um produto de consumo ou de negócios? Justifique sua resposta.
2. Em que diferem os produtos de conveniência e os de compra comparada? Quais são as características distintivas de cada tipo?
3. De que forma o mix de produtos de uma organização se relaciona com o desenvolvimento de uma linha de produtos. Quando uma empresa deveria acrescentar profundidade à sua linha de produtos em vez de estender seu mix de produtos?

4. Como os lucros de um setor industrial mudam à medida que o produto se move pelos quatro estágios do seu ciclo de vida?
5. Quais são os estágios do processo de adoção de um produto e como afetam a fase de comercialização?
6. Como a gestão de marcas beneficia consumidores e comerciantes?
7. O que é equidade da marca? Identifique e explique seus principais elementos.
8. Quais são os três maiores graus de fidelidade à marca?
9. Compare marcas de produtores, marcas próprias de distribuidores e marcas genéricas.
10. Identifique os fatores que um profissional de marketing deve levar em conta ao selecionar o nome da marca.
11. O que é co-branding? Quais questões devem ser consideradas ao usar co-brandings?
12. Descreva as funções que uma embalagem pode exercer. Qual função é a mais importante? Por quê?
13. Quais são os principais fatores que um profissional de marketing deve considerar ao desenvolver uma embalagem?
14. De que forma uma embalagem pode ser usada como ferramenta estratégica?
15. Quais são as principais funções da rotulagem?

Aplicações do marketing

1. Escolha uma loja de roupas familiar. Descreva seu mix de produtos, incluindo sua profundidade e extensão. Avalie o mix e faça sugestões ao proprietário.
2. O molho de pimenta Tabasco é um produto que entrou no estágio de maturidade do seu ciclo de vida. Cite produtos que se enquadrariam em cada um dos quatro estágios (introdução, crescimento, maturidade e declínio). Descreva cada produto e explique por que ele se enquadra naquele estágio.
3. Em geral, os compradores passam por um processo de adoção do produto antes de se tornar clientes fiéis. Descreva sua experiência com a adoção de um produto que hoje usa de forma consistente. Você passou por todos os estágios?
4. Identifique duas marcas com as quais você é insistente. Como começou a usar essas marcas? Por que você não usa mais outras marcas?
5. A General Motors introduziu o compacto Geo, um nome que atrai o mercado mundial. Invente um nome da marca para uma linha de carros esportivos de luxo que também atrairia mercados internacionais. Sugira um nome que implique qualidade, luxo e valor.
6. Escolha uma marca existente para cada uma das categorias de produtos a seguir. Em seguida, para cada marca selecionada, sugira um co-branding e explique por que seria eficiente.
   a. Biscoitos
   b. Pizza
   c. Serviço telefônico de longa distância
   d. Bebida esportiva
7. Identifique uma embalagem que você acredita ser inferior. Explique por que acha isso e exponha suas recomendações para melhorá-la.
8. É útil pensar em uma oferta total de produto como tendo uma combinação de três elementos interdependentes: o produto central, suas características complementares e seu valor simbólico ou experimental. Por exemplo, a Southwest Airlines não oferece apenas passagens seguras para seu destino (produto central). Também oferece duas malas despachadas gratuitamente (ofertas de produtos complementares) e tenta criar um ambiente divertido para enfatizar sua cultura de "cordialidade" (ofertas de produtos experimentais). Use a tabela a seguir para listar os produtos centrais, benefícios complementares e experimentais para as quatro diferentes companhias.

Produtos centrais	Benefícios complementares	Benefícios experimentais
BMW		
Starbucks		
McDonald's		
Whole Foods		

Desenvolvendo seu plano de marketing

Identificar as necessidades de grupos de consumidores e desenvolver produtos que as satisfaçam é essencial quando se está criando uma estratégia de marketing. O desenvolvimento bem-sucedido de um produto começa com um claro entendimento dos seus conceitos fundamentais. Conceito de produto é a base sobre a qual muitas das decisões do plano de marketing são tomadas. Ao relacionar as informações deste capítulo com o desenvolvimento do seu plano de marketing, considere o seguinte:

1. Usando a Figura 10.2 como guia, crie uma matriz do mix de produtos atual da sua companhia.
2. Discuta como a lucratividade do seu produto mudará à medida que se move através de cada uma das fases do ciclo de vida do produto.
3. Crie um breve perfil do tipo de consumidor que provavelmente representará cada uma das categorias de adotantes do seu produto.
4. Discuta os fatores que podem contribuir para o fracasso do seu produto. Como você definiria fracasso de um produto?

A informação obtida a partir dessas questões deve ajudá-lo no desenvolvimento de vários aspectos do seu plano de marketing.

Caso 10.1

New Belgium prepara uma forte equidade da marca

A ideia para a New Belgium Brewing Company começou com um passeio de bicicleta pela Bélgica, onde algumas das melhores cervejas ale têm sido fermentadas há séculos. À medida que Jeff Lebesch, engenheiro eletricista norte-americano, viajava em sua mountain bike, imaginava se poderia produzir cervejas ale com uma qualidade tão alta em seu estado natal, o Colorado. Depois de voltar para casa, Lebesch começou a fazer experimentos em seu porão, em Fort Collins. Quando seus experimentos caseiros ganharam críticas entusiasmadas de amigos, Lebesch e sua esposa, Kim Jordan, abriram a New Belgium Brewing (NBB), em 1991. Eles nomearam sua primeira cerveja como Fat Tire Amber Ale, em homenagem à aventura sobre duas rodas de Lebesch.

Hoje, a NBB é uma companhia de sucesso, com produtos em 30 estados dos Estados Unidos. A organização empreendedora expandiu regularmente sua distribuição por todo o oeste dos Estados Unidos, firmando parcerias com cervejarias regionais para produzir e vender cervejas recém-fabricadas em comunidades locais, cada vez mais distantes de sua sede no Colorado. A linha de produtos padrão inclui Rampant Imperial IPA, Sunshine Wheat, Shift, Blue Paddle Pilsner, Abbey Ale, Trippel, Ranger IPA, 1554 Black Ale, e a mais vendida da empresa, a original Fat Tire Amber Ale. A NBB também oferta cervejas sazonais, como a Springboard, lançada na primavera. A empresa ocasionalmente oferece cervejas uma única vez – como a LaFolie, envelhecida em madeira –, que são vendidas até que o lote acabe.

Para reforçar seu comprometimento com a qualidade de produção à moda antiga, as embalagens e rótulos da NBB evocam um toque de nostalgia. O da Fat Tire, por exemplo, apresenta uma bicicleta cruiser com pneus amplos, assento acolchoado e uma cesta pendurada no guidão. O design do rótulo e da embalagem foi criado por um artista de aquarela, o vizinho de porta de Jeff Lebesch.

A NBB precifica suas cervejas para refletir alta qualidade e manter os produtos distantes daqueles de marcas mais disponíveis amplamente, como Coors e Budweiser. Essa estratégia de precificação embute a mensagem de que os produtos são especiais, mas ainda os mantêm competitivos com outras microcervejarias, como Pete's Wicked Ale e Sierra Nevada. Para demonstrar seu apreço por seus varejistas e parceiros de negócios, a NBB não vende cervejas aos consumidores na cervejaria por menos do que os varejistas cobram.

Desde sua fundação, a promoção mais eficiente da NBB tem sido a comunicação boca a boca de consumidores fiéis à marca. Inicialmente, a companhia evitou a propaganda em massa, confiando, em vez disso, em promoções locais em pequena escala, como anúncios impressos em revistas alternativas, participação em festivais locais e patrocínio de eventos esportivos alternativos. Por meio deste último, como o Tour de Fat, a NBB levantou milhares de dólares para várias organizações sem fins lucrativos ambientais, sociais e de ciclismo. A companhia também é membro do "1 Percent for the Planet", doando 1% de seus rendimentos anuais de vendas para grupos de proteção ambiental ao redor do mundo. Com a expansão da distribuição, no entanto, a cervejaria reconheceu a necessidade de se conectar mais efetivamente com uma base de clientes mais ampla. A alta gestão da NBB consultou o Dr. David Holt, professor da Oxford e especialista em gestão de marcas. Depois de estudar a companhia de rápido crescimento, Holt, junto com o diretor de marketing da NBB, traçou um "manifesto" de 70 páginas descrevendo os atributos, caráter, relevância cultural e promessa da marca. Em particular, Holt identificou um espírito de perseguir atividades criativas simplesmente pelo prazer de fazer isso bem e em harmonia com o ambiente natural.

Com a marca então definida, a New Belgium partiu em busca de formas para ofertar sua nova identidade de marca. Por exemplo, a NBB associou-se à Amalgamated, agência de propaganda de Nova York, para ajudá-la a comunicar sua identidade da marca. A agência criou uma campanha publicitária de US$ 10 milhões de dólares, focando em bebedores de cervejas sofisticadas entre homens com idades de 25 a 44 anos. Os anúncios granulares focavam um homem reconstruindo uma bicicleta cruiser com partes usadas e depois pedalando em estradas rurais pastoris. O produto aparecia apenas cinco segundos em cada propaganda, entre o slogan "Siga sua loucura... a nossa é cerveja". A companhia modificou depois seu anúncio para coincidir com a corrida de bicicleta U.S. Pro Challenge.

Uma das campanhas publicitárias extravagantes da New Belgium foi a promoção de sua nova marca, a ale Ranger IPA. Durante a campanha, sua força de vendas foi enviada paramentada em uniformes militares cáqui e verde, montada em bicicletas, em vez de cavalos. A NBB conseguiu anúncios tradicionais na *Wired* e *Rolling Stone*. Também lançou um microssite para propósitos promocionais, que apresenta um vídeo de um número de hip-hop apresentado pelos "militares" da NBB para promover a nova cerveja. O anúncio ajudou a posicionar a crescente marca como moderna e extravagante. Além da propaganda, a companhia promove sua marca patrocinando corridas de bicicletas e envolvendo clientes e funcionários em conversas on-line nas mídias sociais, como Facebook e blogs.

A missão da NBB é: "operar uma cervejaria lucrativa que faça nosso amor e talento se manifestarem". De uma cervejaria de alta qualidade a uma alta crença em devolver algo à comunidade, a companhia reforça as qualidades positivas que fazem sua marca tão bem-sucedida diariamente.[54]

Questões para discussão

1. O que a New Belgium Brewing fez para aumentar o reconhecimento e a preferência de sua marca?
2. Como a New Belgium Brewing está usando embalagens para apoiar a imagem de sua marca?
3. Avalie a equidade da marca da New Belgium em termos de reconhecimento, qualidade, associações e fidelidade.

NOTAS

1. Nicholas Kusnetz. MillerCoors Took Taste Out of the Equation and Made Cold Unique. *Fast Company*, 12 set. 2012. Disponível em: <www.fastcompany.com/3000877/millercoors-took-taste-out-equation-and-made-cold-unique>. Acesso em: 11 out. 2012; website da MillersCoors. Disponível em: <www.millercoors.com/Our-Beers/Innovation.aspx>; Packaging Digest. Thermochromic Ink. *Packaging Digest*, 1º nov. 2009. Disponível em: <www.packagingdigest.com/article/367410-Thermochromic_ink.php>. Acesso em: 11 out. 2012; MillerCoors Unveils New Cold-Can Technology. *Denver Business Journal*, 2 maio 2011. Disponível em: <www.bizjournals.com/denver/news/2011/05/02/millercoors-unveils-new-cold-can.html>. Acesso em: 16 out. 2012.

2. Nancy Trejos. Hotel Programs Target Teenagers. *USA Today*, 23 jul. 2012, p. 1B.

3. Company Profile. *Starbucks*, fev. 2010. Disponível em: <www.starbucks.com/about-us/company-information>. Acesso em: 14 abr. 2011.

4. David Lidsky. 50 Most Innovative Companies: Bug Agentes Biológicos. *Fast Company*, mar. 2012, p. 122.

5. Peerzada Abrar e Radhika P. Nair. Airbus Parts-Maker Dynamatic Acquires German Automotive Component Maker Eisenwerke Erla. *The Economic Times*, 2 jun. 2011. Disponível em: <http://articles.economictimes.indiatimes.com2011-06-02/news/29613018_1_automotive-business-new-acquisition-manufacturing>. Acesso em: 23 jan. 2013.

6. Janitorial and Housekeeping Cleaning Products: USA 2010: Market Analysis and Opportunities. The Kline Group. Disponível em: <www.klinegroup.com/reports/brochures/x30i/factsheet.pdf>. Acesso em: 23 jan. 2013.

7. Purina Fancy Feast. Disponível em: <www.fancyfeast.com/all-products/>. Acesso em: 23 jan. 2013.

8. William P. Putsis Jr e Barry L. Bayus. An Empirical Analysis of Firms' Product Line Decisions. *Journal of Marketing Research*, fev. 2001, p. 110-18.

9. Website da General Electric, Products & Services. Disponível em: <http://www.ge.com/b2b>. Acesso em: 12 jul. 2013.

10. Michael D. Johnson, Andreas Herrmann e Frank Huber. Evolution of Loyalty Intentions. *Journal of Marketing* 70, abr. 2006. Disponível em: <www.marketingpower.com>.

11. The Dettman Group. Disponível em: <www.doctorgadget.com>. Acesso em: 12 jul. 2013.

12. Narendra Rao. The Keys to New Product Success (Part-1) – Collecting Unarticulated & Invisible Customer-Needs. *Product Management & Strategy*, 19 jun. 2007. Disponível em: <http://productstrategy.wordpress.com/>. Acesso em: 1º abr. 2010.

13. Anne Marie Chaker. Bracing for the Fake Sugar Rush. *The Wall Street Journal*, 4 jan. 2012. Disponível em: <http://online.wsj.com/article/SB10001424052970203462304577138521022594412.html>. Acesso em: 23 jan. 2013.

14. Yukari Iwatani Kane e Miguel Bustillo. Laptop Sales Sapped by Tablet Frenzy. *The Wall Street Journal*, 6 out. 2010, p. B1.

15. Jonathan Welsh. Two Crossovers Ahead of the Class. *The Wall Street Journal*, 28 ago. 2009. Disponível em: <http://online.wsj.com/article/SB10001424052970203706604574378532004773694.html?KEYWORDS=crossovers>. Acesso em: 23 jan. 2013; KBB Sees Strong Hybrid Growth in Used Market, Auto Remarketing, 20 set. 2010. Disponível em: <www.autoremarketing.com/content/trends/kbb-sees-strong-hybrid-growth-used-market>. Acesso em: 23 jan. 2013.

16. Valerie Bauerlein. U.S. Soda Sales Fell at Slower Rate Last Year. *The Wall Street Journal*, 25 mar. 2010. Disponível em: <http://online.wsj.com/article/SB10001424052748704266504575141710213338560.html>. Acesso em: 14 abr. 2011; Jeremiah McWilliams. Diet Coke Passes Pepsi as Soft Drinks Decline. *Atlanta-Constitution Journal*, 17 mar. 2011. Disponível em: <www.ajc.com/business/diet-coke-passes-pepsi-875437.html>. Acesso em: 19 jan. 2012.

17. Adaptado de Everett M. Rogers. *Diffusion of Innovations.* Nova York: Macmillan, 1962, p. 81-86.

18. Arch G. Woodside e Wim Biemans. Managing Relationships, Networks, and Complexity in Innovation, Diffusion, and Adoption Processes. *Business & Industrial Marketing* 20, jul. 2005, p. 335-38.

19. Rogers. *Diffusion of Innovations*, p. 247-50.

20. Dictionary of Marketing Terms. American Marketing Association. Disponível em: <www.marketingpower.com>. Acesso em: 28 fev. 2012.

21. Warren Church. Investment in Brand Pays Large Dividends. *Marketing News*, 15 nov. 2006, p. 21.

22. Bethany McLean. Classic Rock. *Fortune*, 12 nov. 2007, p. 35-40.

23. C. D. Simms e P. Trott. The Perception of the BMW Mini Brand: The Importance of Historical Associations and the Development of a Model. *Journal of Product & Brand Management* n. 15, 2006, p. 228-38.

24. Douglas Holt. Branding as Cultural Activism. Emory Marketing Institute. Disponível em: <www.emorymi.com/holt.shtml>. Acesso em: 28 fev. 2012.

25. Nigel Hollis. Branding Unmasked. *Marketing Research*, outono 2005, p. 24-29.

26. David A. Aaker. *Managing Brand Equity:* Capitalizing on the Value of a Brand Name. Nova York: Free Press, 1991, p. 16-17.

27. Don E. Schulz. The Loyalty Paradox. *Marketing Management*, set.-out. 2005, p. 10-11.

28. Nick Bunkley. Toyota's Sales Fall as G.M. and Ford Gain. *The New York Times*, 2 fev. 2010. Disponível em: <www.nytimes.com/2010/02/03/business/03auto.html>. Acesso em: 12 jul. 2013.

29. Wal-Mart Taps Agentrics to Support Great Value Re-Branding, Private Label Development. *Food Logistics*, 12 jan. 2009. Disponível em: <www.foodlogistics.com/web/online/News/Wal-Mart-Taps-Agentrics-To-Support-Private-Label-Development/8$2510>. Acesso em: 17 abr. 2011.

30. Market Profile. Private Label Manufacturer's Association. Disponível em: <http://plma.com/storeBrands/sbt12.html>. Acesso em: 23 jan. 2013.

31. Chiranjeev S. Kohli, Katrin R. Harich e Lance Lethesser. Creating Brand Identity: A Study of Evaluation of New Brand Names. *Journal of Business Research* n. 58, 2005, p. 1506-15.

32. Jeff Bertolucci. Google to Rename Picasa, Blogger, Reports Say. *PC World*, 5 jul. 2011. Disponível em: <www.pcworld.com/article/235067/google_to_rename_picasa_blogger_reports_say.html>. Acesso em: 23 jan. 2013; Allison Fass. Animal House. *Forbes*, 12 fev. 2007, p. 72-75.

33. Allison Ford. Who's Behind OPI's Punny Polish Names? DivineCaroline, nov. 2011. Disponível em: <www.divinecaroline.com/112923/119950-who-s-opi-s-punny-polish-names/2>. Acesso em: 23 jan. 2013.

34. Dorothy Cohen. Trademark Strategy. *Journal of Marketing,* jan. 1986, p. 63.

35. Chiranjeev Kohli e Rajheesh Suri. Brand Names That Work: A Study of the Effectiveness of Different Brand Names. *Marketing Management Journal,* outono-inverno 2000, p. 112-20.

36. Don Clark. A Record Patent Verdict. *The Wall Street Journal*, 27 dez. 2012, p. B1-B2.

37. International Trademark Association. Fact Sheets: Types of Protection – Trademarks *vs.* Generic Terms. Disponível em: <www.inta.org/TrademarkBasics/FactSheets/Pages/TrademarksvsGenericTermsFactSheet.aspx>. Acesso em: 12 jul. 2013.

38. The Truth about Counterfeiting. International Anti-Counterfeiting Coalition. Disponível em: <www.iacc.org/about-counterfeiting/the-truth-

about-counterfeiting.php>. Acesso em: 16 jan. 2013.

39. Michael Martina. Chinese Authorities Find 22 More Fake Apple Stores. *Reuters*, 11 abr. 2011. Disponível em: <www.reuters.com/article/2011/08/11/us-apple-china-fake-idUSTRE77A3U820110811>. Acesso em: 16 jan. 2013.

40. Dorothy Cohen. Trademark Strategy Revisited. *Journal of Marketing,* jul. 1991, p. 46-59.

41. Julie Jargon. Starbucks Unveils New Coffee Makers. *The Wall Street Journal*, 9 mar. 2012, p. B5.

42. Garland Pollard. Pillsbury Spritz Air Freshener, Bad Brand Extension. BrandlandUSA, 26 jan. 2010. Disponível em: <www.brandlandusa.com/2010/01/26/pillsbury-spritz-air-freshener-bad-brand-extension/>. Acesso em: 23 jan. 2013.

43. Shantini Munthree, Geoff Bick e Russell Abratt. A Framework for Brand Revitalization. *Journal of Product & Brand Management* n. 15, 2006, p. 157-67.

44. Chris Pullig, Carolyn J Simmons e Richard G. Netemeyer. Brand Dilution: When Do New Brands Hurt Existing Brands? *Journal of Marketing* n. 70, abr. 2006.

45. Nike + iPod. Apple. Disponível em: <www.apple.com/ipod/nike/>. Acesso em: 23 jan. 2013.

46. Lisa McTigue Pierce. Startup Revs Up. *Packaging Digest*, 1º nov. 2011. Disponível em: <www.packagingdigest.com/article/519759-Startup_revs_up.php>. Acesso em: 23 jan. 2013.

47. Annie Gasparro e Saabira Chaudhuri. Wendy's Pigtailed Redhead Gets a Makeover. *The Wall Street Journal*, 12 out. 2012, p. B4.

48. John Kalkowski. NatureSweet Launches New Tomato Packaging. *Packaging Digest*, 13 out. 2011. Disponível em: <www.packagingdigest.com/article/519611-NatureSweet_launches_new_tomato_packaging.php>. Acesso em: 23 jan.2013.

49. Linda Casey. Pop Up Bowls Offer Convenient Snacking with a View of Product Popping. *Packaging Digest*, 1º abr. 2011. Disponível em: <www.packagingdigest.com/article/517709-Pop_Up_Bowls_offer_convenient_snacking_with_a_view_of_product_popping.php>. Acesso em: 23 jan. 2013; Lisa McTigue. Heinz Debuts Retail Version of Dip & Squeeze Ketchup Packet for At-Home Use. *Packaging Digest*, 20 set. 2011. Disponível em: <www.packagingdigest.com/article/519383-Heinz_debuts_retail_version_of_Dip_Squeeze_Ketchup_packet_for_at_home_use.php>. Acesso em: 23 jan. 2013.

50. Valerie Folkes e Shashi Matta. The Effect of Package Shape on Consumers' Judgment of Product Volume: Attention as a Mental Contaminant. *Journal of Consumer Research,* set. 2004, p. 390.

51. Steve Everly. Regulators Target Ink Cartridges. *Tennessean.com*, 17 jan. 2010. Disponível em: <www.tennessean.com>; NCWM Task Group in Printer Ink and Toner Cartridges. National Conference on Weights and Measures. Disponível em: <www.ncwm.net/content/ink>. Acesso em: 23 jan. 2013; NCWM Task Group on Printer and Ink and Toner Cartridges. *The National Conference on Weights and Measures*. Disponível em: <www.ncwm.net/content/ink>. Acesso em: 16 jan. 2013.

52. Felix Gillette. "Made in USA" Still Sells. *Bloomberg Businessweek*, 11 out. 2012. Disponível em: <www.businessweek.com/articles/2012-10-11/made-in-usa-still-sells>. Acesso em: 16 jan. 2013.

53. Federal Trade Commission. Disponível em: <www.ftc.gov>. Acesso em: 12 jul. 2013.

54. Paul Seprenard. Climate Change in Our Own Back Yard. St. Petersburg (Flórida). *Times*, 2 mar. 2010, p. 7A; Jennifer Wang. Brewing Big (With a Micro Soul). *Entrepreneur*, nov. 2009. Disponível em: <www.entrepreneur.com/magazine/entrepreneur/2009/november/203698.html>. Acesso em: 11 fev. 2013; Robert Baun. What's in a Name? Ask the Makers of Fat Tire. The [Fort Collins] Coloradoan, 8 out. 2000, p. E1, E3; Julie Gordon. Lebesch Balances Interests in Business, Community. *The [Fort Collins] Coloradoan*, 26 fev. 2003; Del I. Hawkins, Roger J. Best e Kenneth A. Coney. *Consumer Behavior*, 8. ed. Burr Ridge, IL: IrwinMcGraw-Hill, 2001; David Kemp. Tour Connoisseur. New Belgium Brewing Company, entrevista pessoal a Nikole Haiar, 21 nov. 2000; website da New Belgium. Disponível em: <www.newbelgium.com>. Acesso em: 11 fev. 2013; Lisa Sanders. This Beer Will Reduce Your Anxiety. Advertising Age, 17 jan. 2005, p. 25; Bryan Simpson. New Belgium Brewing. Disponível em: <http://college.hmco.com/instructorscatalog/misc/new_belgium_brewing.pdf>; Karlene Lukovitz. New Belgium Brewing Gets "Hopped Up". *Media Post News*, 3 fev. 2012. Disponível em: <www.mediapost.com/publications/article/121806/new-belgium-brewing-gets-hopped-up.html#axzz2KdWmDcvF>. Acesso em: 11 fev. 2013; The Tinkerer. YouTube, 19 ago. 2012. Disponível em: <www.youtube.com/watch?v=KCnzyX-x-WQ&feature=youtube_gdata_player>. Acesso em: 11 fev. 2013.

Notas dos *Quadros Informativos*

a Paul Keegan. The Trouble with Green Ratings. *CNNMoney*, 13 jul. 2011. Disponível em: <http://money.cnn.com/2011/07/12/technology/problem_green_ratings.fortune/index.htm>. Acesso em: 23 jan. 2013; Matthew McDermott. Is Noise Really Why SunChips Should Ditch Bioplastic Packaging. *Treehugger*, 5 out. 2010. Disponível em: <www.treehugger.com/corporate-responsibility/is-noise-really-why-sunchips-should-ditch-bioplastic-packaging.html>. Acesso em: 23 jan. 2013; Bruce Geiselman. Aisle 7 for Eco Options. *Waste News*, 30 abr. 2007, p. 35; Home Depot. Disponível em: <www.homedepot.com>. Home Depot Hammers Out Eco Options ID Program. *Brandweek*, 23 abr. 2007, p. 5; Clifford Krauss. Can They Really Call the

Chainsaw Eco-Friendly? *The New York Times*, 25 jun. 2007, p. A1.

b Christine Birkner. Small Brands Star Turn. *Marketing News*, 30 nov. 2012, p. 7; Leigh Buchanan. The Fastest Growing Private Company of 2011. *Inc.*, set. 2011. Disponível em: <www.inc.com/magazine/201109/inc-500-paul-hurley-ideeli-americas-fastest-growing-company.html>. Acesso em: 21 nov. 2012; Jayne O'Donnell. Ideeli Flash Sale Site Sells High Fashion for Less. *USA Today*, 17 nov. 2011. Disponível em: <http://usatoday30.usatoday.com/money/industries/retail/story/2011-11-17/ideeli-fashion-bargain-site/51275578/1>. Acesso em: 21 nov. 2012.

c Reed Albergotti e Mike Esterl. New York Probes Energy-Drink Makers. *Wall Street Journal*, 28 ago. 2012. Disponível em: <http://online.wsj.com/article/SB10000872396390444230504577615690249123150.html>. Acesso em: 31 ago. 2012; Energy Drink Makers Face NY Attorney General Probe. *Reuters*. 28 ago. 2012. Disponível em: <http://in.reuters.com/article/2012/08/28/us-drinks-probe-dINL4E8JS1Q220120828>. Acesso em: 31 ago. 2012; Energy Drinks Under Scrutiny. *Bloomberg Businessweek*, 3-9 set. 2012, p. 24; Judy Keen. Chicago Mulls Ban on Energy Drinks. *USA Today*, 4 fev. 2013, p. 3A.

d Emanuella Grinberg. Made in America: The Short List. *CNN Living*, 23 jul. 2012. Disponível em: <www.cnn.com/2012/07/13/living/made-in-america/index.html>. Acesso em: 28 out. 2012; Catherine New. Made in America Is a Luxury Label That Will Cost You. *Huffington Post Money*, 18 set. 2012. Disponível em: <www.huffingtonpost.com/2012/09/17/made-in-america-the-luxury-label-will-cost-you_n_1891127.html>. Acesso em: 28 out. 2012; Martin Marks. Made in the U.S.A. *The Wall Street Journal*, 6-7 out. 2012, p. D1-D2.

CAPÍTULO 11

Desenvolvendo e gerenciando bens e serviços

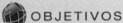

OBJETIVOS

1. Entender como as empresas fazem a gestão dos produtos existentes por meio da ampliação da linha e da modificação no produto.
2. Descrever como as empresas desenvolvem uma ideia de produto em um produto viável para venda.
3. Conhecer a importância da diferenciação do produto e os elementos que diferenciam um produto do outro.
4. Explicar posicionamento e reposicionamento do produto.
5. Entender como a descontinuação de um produto é usada para melhorar o mix de produtos.
6. Entender as características dos serviços e como elas se tornam desafios para o desenvolvimento do mix de marketing para produtos baseados em serviços.
7. Familiarizar-se com as estruturas organizacionais que desenvolvem e gerenciam produtos.

INSIGHTS DE MARKETING

Será que é mesmo possível alcançar o barbear perfeito?

A Gillette se esforça para encontrar uma solução para a inconveniência do ato de barbear. A empresa está desenvolvendo um produto melhor que simplificará o processo. Para isso, os pesquisadores da Gillette observam 80 homens barbeando-se semanalmente no centro de tecnologia do barbear da empresa. O resultado das observações revela que um homem normal leva de 2 a 3 minutos para se barbear, com pelo menos 30 movimentos e um máximo de 700 para terminar o processo. Com essa pesquisa, a empresa descobriu que a reclamação mais comum entre os homens é que não conseguem um barbear rente o suficiente. Os concorrentes, como a Schick, também pesquisam e buscam desenvolver melhorias para seus produtos.

Investir em pesquisa tem ajudado a Gillette a modificar seus produtos para aumentar a eficácia do barbear. A quantidade de lâminas utilizadas e o design se revelaram fatores importantes no desenvolvimento do aparelho. Por exemplo, os designs dos aparelhos Gillette procuram reduzir machucados na pele e puxões dos pelos, enquanto o número de lâminas pode proporcionar um barbear mais rente. Esses designs foram usados para criar produtos mais eficientes, tais como o FusionProGlide, aparelho com cinco lâminas que funciona com pilhas.

Há outros atributos que desempenham papel importante no barbear, como a temperatura da água e a umidade da pele. Os pesquisadores descobriram que a maioria dos homens não se preocupa com esses dois componentes quando vai se barbear. Para combater esse descaso, a Gillette começou a instalar fitas lubrificantes nos aparelhos, como as do FusionPower, que liberam lubrificantes e aumentam a funcionalidade do produto. Com um processo adequado de desenvolvimento de produto, a Gillette espera fornecer ao público masculino um barbeado perfeito todas as manhãs.[1]

Para oferecer produtos que satisfaçam aos mercados-alvo e alcançar os objetivos da organização, o profissional de marketing deve ser capaz de desenvolver, alterar e manter um mix eficiente de produtos. O mix de produtos de uma organização pode demandar ajustes e reajustes por uma série de razões. Uma vez que as expectativas e as preferências dos clientes variam com o tempo, seu desejo por alguns produtos pode minguar. A Coca-Cola, por exemplo, testemunhou as vendas de seus refrigerantes caírem à medida que os consumidores se tornaram mais preocupados com questões de saúde. Como resultado, a empresa lançou garrafas e latas menores. Os consumidores podem escolher entre embalagens maiores e menores.[2] Em alguns casos, uma empresa precisa alterar seu mix de produtos por razões de concorrência. Um profissional de marketing pode ser obrigado a eliminar um produto do mix porque o concorrente domina o mercado daquele produto. A IBM vendeu sua divisão de computadores pessoais (PCs) para a Lenovo por causa da acirrada competição. De modo similar, uma empresa pode ser obrigada a introduzir um produto novo ou modificar um já existente para aumentar sua competitividade. A Google criou o Google+ para competir com o Facebook. O profissional de marketing pode expandir o mix de produtos para obter vantagens do excesso de marketing praticado ou da capacidade produtiva da empresa.

Neste capítulo, examinaremos várias maneiras de incrementar o mix de produtos de uma empresa. Primeiro, discutiremos as ampliações de linha e a alteração de produtos na gestão dos produtos já presentes no mercado. Após, analisaremos os modos como as empresas diferenciam seus produtos no mercado e partiremos para a análise do posicionamento e reposicionamento de produtos. A seguir, discutiremos a importância de eliminar produtos fracos e os métodos que as empresas empregam para eliminar um produto. Exploraremos, ainda, as características dos serviços como produtos e como os aspectos de um serviço afetam o desenvolvimento do mix de marketing para serviços. Finalmente, examinaremos as estruturas organizacionais usadas para a gestão de produto.

ADMINISTRANDO PRODUTOS QUE JÁ ESTÃO NO MERCADO

Uma organização pode se beneficiar da capitalização de produtos já existentes. Pela avaliação da composição do mix atual de produtos, um profissional de marketing pode identificar falhas e fraquezas. Essa análise pode levar à melhoria do mix de produtos por meio de extensões de linha e alterações.

1 Entender como as empresas fazem a gestão dos produtos existentes por meio da ampliação da linha e da modificação no produto.

Extensão de linha de produtos

Extensão de linha é o desenvolvimento de um produto muito parecido aos produtos existentes em uma linha, mas que são elaborados especificamente para atender às diferentes necessidades do cliente. Por exemplo, o Porsche Cayenne S Hybrid V-1 pode circular por curtas distâncias usando eletricidade, mas em altas velocidades alterna para gasolina e alcança todo o poder do seu motor V-8. Essa expansão do Cayenne oferece um benefício extra de economia de combustível sem comprometer o maior símbolo da sua marca, o alto desempenho.

extensão de linha Desenvolvimento de um produto bem parecido com um ou mais produtos de uma linha já existente, mas projetado para atender especificamente às diferentes necessidades do cliente.

Muitos dos "novos" produtos que surgem todo ano são, na verdade, extensões de linha. Estender uma linha é mais comum do que lançar um produto novo, porque é um modo mais barato e menos arriscado de aumentar as vendas. A extensão de linha pode focar um segmento diferente do mercado, mas também buscar aumentar as vendas dentro de um mesmo segmento ao tentar atender com maior precisão às necessidades do público desse segmento. O sucesso de uma extensão de linha aumenta se a marca "mãe" apresentar uma imagem de alta qualidade e se houver um bom encaixe entre a extensão e o produto do qual se originou.[3] Por exemplo, a Procter & Gamble desenvolveu o Tide Pods (sabão em pó em cápsulas) para o consumidor que não gosta do trabalho de separar uma medida do produto.[4] Por sua vez, a cueca samba-canção da Burger King se mostrou um fracasso como extensão de linha, porque a cadeia de fast-food tem bem pouco em comum com roupas íntimas.[5]

Modificação de produto

modificação de produto Mudança de uma ou mais características de um produto.

O recurso **modificação de produto** implica mudanças em uma ou mais características de um produto. Modificar um produto se diferencia da extensão de linha porque o produto original não permanece na linha. Por exemplo, as montadoras de automóveis fazem modificações em seus produtos anualmente quando criam novos modelos de uma mesma marca. Assim que novos modelos são apresentados, a montadora encerra a produção do modelo do ano anterior. Assim como as extensões de linha, a modificação de produto traz menos riscos que o trabalho de desenvolver produtos novos.

A modificação de produto pode, de fato, melhorar o mix de produtos de uma marca, mas apenas sob algumas condições. Primeiro, o produto deve ser modificável. Segundo, os clientes devem ser capazes de perceber que a modificação foi feita. Terceiro, a modificação deve tornar o produto mais consistente com os desejos dos clientes, de modo a proporcionar mais satisfação com o produto. Uma desvantagem na modificação de um produto de sucesso é que o consumidor que experimentou a versão original pode enxergar a modificada como uma compra arriscada. Há três

Extensão de linha
O sabão em pó encapsulado Tide Pods é um exemplo de sucesso de extensão de linha.

modos principais de modificar um produto: pela qualidade, pela funcionalidade e por modificações estéticas.

Modificação na qualidade

Modificação na qualidade são mudanças relativas à confiabilidade e à durabilidade do produto. Em geral, essas modificações são feitas pela mudança das matérias-primas e complementos, ou pela alteração no processo de produção. Por exemplo, para um serviço como viagem aérea, modificações na qualidade podem envolver o aumento de espaço para as pernas dos passageiros entre os assentos.

Baixar a qualidade de um produto pode permitir à empresa reduzir o preço do seu produto e direcioná-lo a um mercado diferente, como o lançamento da Mercedes de um novo modelo abaixo dos US$ 30 mil. Em oposição, aumentar a qualidade de um produto pode dar à empresa uma vantagem competitiva sobre outras marcas. A maior qualidade de um produto pode permitir à empresa cobrar um preço maior, enquanto estimula a lealdade do consumidor e diminui sua sensibilidade ao preço. Entretanto, mais qualidade pode demandar o uso de componentes e processos mais custosos, o que pode forçar a empresa a cortar custos em outras áreas. Algumas empresas, como a Carterpillar, têm encontrado maneiras de aumentar a qualidade e reduzir custos.

modificação na qualidade Alteração relacionada à confiabilidade e à durabilidade de um produto.

Modificação na funcionalidade

Alterações que afetam a versatilidade, a eficácia, a conveniência ou a segurança do produto são exemplos da **modificação na funcionalidade**. Essas, em geral, demandam o redesenho do produto. Categorias de produtos que passaram por modificações funcionais incluem equipamentos agrícolas, eletrodomésticos, produtos de limpeza e serviços de telecomunicação. Por exemplo, o oferecimento de programas em 3D para a DirectTV é uma mudança de funcionalidade. Modificações na funcionalidade podem tornar um produto útil para mais pessoas e, assim, aumentar seu mercado. A Microsoft renovou seu site de buscas, Bing, para torná-lo mais "social". Agora, o Bing usa informações coletadas das redes sociais dos usuários para criar um menu lateral de tópicos relevantes nas listas de busca do usuário e espera que essa mudança na funcionalidade não só aumente a capacidade de buscas mais interativas, como lhe dê uma vantagem competitiva em relação ao Google.[6] Organizações conseguem colocar um produto em uma posição favorável de competição ao fornecer benefícios que as marcas concorrentes não oferecem. Essa modificação também pode ajudar a empresa a conquistar uma imagem mais moderna. Por fim, modificações na funcionalidade às vezes ocorrem para reduzir a possibilidade de ações judiciais por responsabilidade do produto e pedidos de indenização pelo uso, como a inclusão de travas de segurança e botões de emergência em um aparelho.

modificação na funcionalidade Mudança que afeta a versatilidade, a eficácia, a conveniência ou a segurança de um produto.

Modificação estética

Uma **modificação estética** pode mudar o apelo sensorial de um produto com a alteração do seu sabor, textura, aroma ou aparência. Ao tomar uma decisão de compra, o consumidor é seduzido pela aparência, cheiro, sabores, toque ou sons do produto. Portanto, esse tipo de modificação pode afetar fortemente as vendas. A indústria da moda depende muito de modificações estéticas de estação para estação. Por exemplo, roupas, bolsas e acessórios de couro da Louis Vuitton são líderes no setor da alta-costura. Para manter sua reputação de mais alto nível de qualidade e estilo, a em-

modificação estética Mudança no apelo sensorial de um produto.

Modificações de funcionalidade na indústria automotiva
Um dos modos pelos quais a Ford tem investido em modificações na funcionalidade é pelo desenvolvimento de veículos que também são movidos a energia elétrica.

presa regularmente produz modificações estéticas em seus produtos, recurso este que a mantém como vanguardista em design e qualidade. Além disso, essas modificações na estética dos produtos são uma tentativa de reduzir o volume de falsificações, já que as constantes mudanças podem não ser tão prontamente copiadas.

Modificações estéticas podem ajudar uma empresa a diferenciar seu produto do das marcas concorrentes e, portanto, conquistar uma boa fatia de mercado. A principal desvantagem em usar uma estratégia de modificação estética resulta em seu valor subjetivo. Embora uma empresa se esforce para aumentar o apelo sensorial do seu produto, os clientes podem acabar achando pouco atrativas as alterações realizadas no produto.

DESENVOLVENDO NOVOS PRODUTOS

2 Descrever como as empresas desenvolvem uma ideia de produto em um produto viável para venda.

Organizações desenvolvem novos produtos como um meio de incrementar seu mix de produtos e adicionar maior alcance a uma linha de produtos. Desenvolver e introduzir novos produtos são processos muitas vezes caros e arriscados. No entanto, deixar de introduzir novos produtos também é arriscado. A Eastman Kodak perdeu participação de mercado, e chegou a pedir falência em razão, até certo ponto, do seu fracasso em inovar e manter produtos competitivos.[7]

A expressão *produto novo* pode ter mais de um significado. Um produto realmente novo oferece benefícios originais. Por exemplo, Jack Dorsey, cocriador do Twitter, desenvolveu um aparelho chamado Square, um pequeno leitor virtual de cartão de crédito que pode ser encaixado na entrada para fone de ouvido do celular. A expectativa de Dorsey é que esse novo aparelho elimine a necessidade de você andar carregando cartões de crédito.[8] Há, porém, produtos que, por inovarem, sendo diferenciados e reconhecidamente melhores em suas funções, são vistos pelo público como um produto novo. Algumas inovações dos últimos 40 anos incluem o Post-it®, telefones celulares, computador pessoal (PC), aparelhos de som, rádio via satélite e gravadores digitais de vídeo. A criação de um produto radicalmente novo envolve um complexo processo de

Novos produtos
A propaganda da nova essência de sabor da água Dasani afirma que o produto confere sabor natural de fruta com zero caloria por porção. O foco do produto são consumidores que buscam o sabor da fruta sem calorias.

criação, que inclui rigorosa análise de negócios para determinar o potencial de sucesso. O lançamento do iPad da Apple foi planejado ao longo de muitos anos. Novo produto pode ser aquele que uma empresa não havia ofertado até então, apesar de já existir no mercado e ser vendido por outras empresas. Por exemplo, a distribuidora de água engarrafada Dasani lançou uma essência de sabor para suas garrafinhas de água. De acordo com a propaganda, suas essências de sabor – pink lemonade, morango e kiwi – acrescentavam sabor natural de fruta à água engarrafada. Esse é o exemplo de um produto que não fazia parte inicialmente das linhas da Dasani. Outros produtos novos são extensões de linha baseados em produtos que já existem.

Por fim, um produto também pode ser visto como novo quando é levado de determinado mercado para um ou mais novos mercados. Quando a montadora Daimler levou o Smart para os Estados Unidos, o veículo foi recebido como um produto novo, embora já estivesse há anos na Europa.[9] Antes de um produto ser lançado, ele passa pelas sete fases do **processo de desenvolvimento de novo produto**, como mostra a Figura 11.1: (1) geração de ideias (definição do conceito do produto), (2) seleção de ideias (apresentação e discussão do conceito), (3) teste do conceito, (4) análise de negócio, (5) desenvolvimento do produto, (6) teste de marketing e (7) comercialização. Um produto pode ser descartado em qualquer estágio do desenvolvimento – e, de fato, muitos o são completamente. Nesta seção, vamos conferir o processo que vai de uma inspiração ao produto completo e comercializado.

processo de desenvolvimento de novo produto Processo de sete fases para o lançamento de produtos.

Figura 11.1

Fases do desenvolvimento de um novo produto.

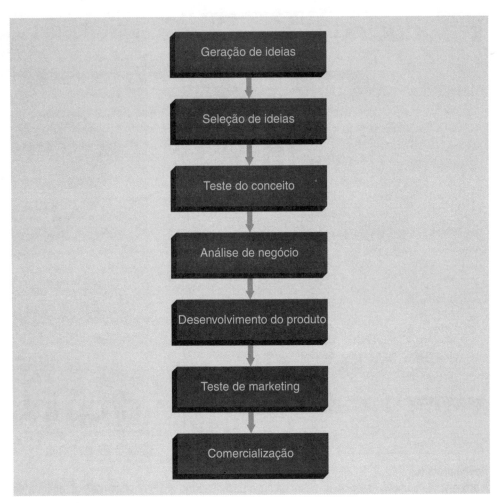

Fonte: Pride e Ferrell, *Marketing*, 17 ed., Cengage Learning, 2014.

Geração de ideias

Empresas e outras organizações procuram por ideias para produtos que as ajudarão a alcançar seus objetivos. Essa atividade é chamada **geração de ideias**. O fato de apenas algumas ideias serem boas o suficiente para se tornarem sucesso comercial enfatiza o desafio envolvido nessa tarefa.

Ideias para novos produtos podem vir de várias fontes. Podem se originar dos recursos internos – diretores de marketing, pesquisadores, pessoal de vendas, engenheiros e outros colaboradores da organização. Reuniões de brainstorming, incentivos e premiações para boas ideias são estratégias típicas de uma empresa para estimular o desenvolvimento interno de ideias. Por exemplo, a ideia para o Post-it® da 3M partiu de um empregado. Ele frequentava o coral da igreja e usava pedaços de papel para marcar as canções do hinário. Como os pedaços de papel escorregavam e caíam, ele sugeriu a criação de notinhas com uma cola adesiva no verso.

Ideias para novos produtos podem surgir de fontes externas à organização, como clientes, concorrentes, agências de propaganda, consultorias de gerenciamento, empresas e instituições de pesquisa. A Procter & Gamble é uma empresa que tem metade de suas ideias criadas por inventores e consultores externos.[10] Esse tipo de consultoria é muitas vezes usado como fonte para o estímulo de ideias para novos produtos. A Fahrenheit 212, por exemplo, é uma "consultoria de inovação"

geração de ideias Busca por ideias de produtos que ajudarão a empresa a atingir seus objetivos.

que atua como "fábrica de ideias", oferecendo-as prontas para uso, inclusive com análise de potencial de mercado, para grandes empresas da lista da *Fortune 500*, como Campbell's, Best Buy, Citibank, Coca-Cola, Samsung, Adidas e P&G.[11] Ao se terceirizar o desenvolvimento de novos produtos, os melhores resultados aparecem quando a organização discrimina tarefas bem específicas e com especificações bem detalhadas em contrato.

Perguntar aos clientes o que esperam de um produto ou de quais produtos sentem falta é uma estratégia que tem ajudado muitas organizações a se manterem competitivas. À medida que mais consumidores por todo o planeta se conectam pela internet, os profissionais de marketing têm a oportunidade de conferir suas opiniões com a criação de comunidades on-line para atendê-los. Essas comunidades oferecem ao consumidor uma sensação de autoridade e confiança, e permite que cada um forneça insights e ideias para novos produtos que podem se mostrar muito valiosas para a organização.[12]

Seleção de ideias

No processo de **seleção de ideias**, aquelas com maior potencial são selecionadas para futuras análises. Durante essa seleção são examinadas quais ideias estão de acordo com os objetivos e os recursos da organização. Não podemos nos esquecer de que Howard Schultz, o fundador da rede Starbucks, teve sua ideia para a criação de um café quando viajava pela Itália. E, embora a Starbucks tenha se expandido por vários países, nunca abriu uma loja naquele país. Quando fazia a seleção de ideia de oportunidades de expansão global, a Starbucks percebeu que os hábitos de beber café e o tipo de café que os italianos consumiam não se encaixavam aos produtos que a empresa oferecia.[13] Se uma ideia resulta em produto similar aos existentes da organização, o departamento de marketing precisa avaliar o grau de *canibalização* das vendas desse novo produto sobre os já existentes. A capacidade de a empresa produzir e comercializar o produto também é analisada. Outros aspectos de ideia que precisam ser avaliados são: a natureza e as necessidades dos compradores, e as possíveis mudanças no ambiente do mercado. Às vezes, no processo de decisão para selecionar uma ideia, utiliza-se um checklist de necessidades e requisitos que o novo produto precisa satisfazer. Essa prática encoraja os avaliadores a serem sistemáticos e a reduzir as chances de passar por cima de alguma informação relevante. A maioria das ideias de novos produtos é rejeitada durante essa fase.

seleção de ideias Escolha das ideias mais promissoras para futura análise.

Teste do conceito

Para avaliar adequadamente as ideias, pode ser necessário testar os conceitos do produto. No **teste do conceito**, uma amostra de compradores em potencial recebe uma descrição oral ou por escrito (e talvez alguns esboços e artes) para que se possa determinar a reação e o interesse inicial de comprar o produto. Para cada ideia de produto, a organização pode testar um ou vários conceitos. Testar o conceito do produto é um método de baixo custo que permite à empresa avaliar as reações iniciais dos clientes ao produto antes de investir recursos consideráveis em pesquisa e desenvolvimento.

teste do conceito Busca a reação de compradores em potencial à ideia do produto.

Durante o teste, o conceito é descrito brevemente e, então, uma série de questões é apresentada ao público da amostragem. As questões variam de acordo com o tipo de produto testado. Algumas típicas são: Você acha a proposta deste produto atraente? Que vantagens ou benefícios chamam mais sua atenção? Quais aspectos do produto lhe oferecem menos ou nenhum interesse? Você sente que este produto funcionaria melhor que o que usa atualmente? Comparado com o produto que você utiliza, quais são as principais vantagens desta proposta de produto? Se este produto estivesse disponível a um preço adequado, você compraria? Com que frequência você usaria este produto? Como esta proposta de produto poderia ser melhorada?

Análise de negócio

análise de negócio Avaliação do potencial de contribuição do produto para as vendas, os custos e os lucros da empresa.

A **análise de negócio** avalia a ideia de produto para se determinar a contribuição para as vendas, os custos e os lucros da empresa. Ao longo da análise da viabilidade do produto, os avaliadores levantam várias perguntas: O produto se encaixa no mix atual de produtos da empresa? Será que a demanda pelo produto é forte o suficiente para justificar a entrada no mercado? Será que essa demanda se sustentará? Quais mudanças na concorrência e no ambiente do mercado podemos esperar e como afetarão as vendas, os custos e os lucros?

Quando a HP lançou seu tablet TouchPad, nada durante a análise de negócios indicava que as margens de lucro e o clima da concorrência levariam a empresa a desistir do produto logo após o lançamento. Portanto, é crucial que uma empresa avalie se sua capacidade de desenvolvimento, engenharia e produção do produto são adequadas; se é preciso construir outras fábricas, quão rápida pode ser essa construção, e quanto custará; e se os recursos para o desenvolvimento e a comercialização do produto existem e são suficientes ou se há uma base sólida o suficiente para garantir o retorno desses investimentos.

Durante a análise de negócio, as empresas buscam informações sobre o mercado. Pesquisas de opinião com os consumidores e outras fontes secundárias suprem os detalhes sobre o potencial estimado de vendas, custos e lucros. Para muitos produtos nessa fase (quando ainda são apenas ideias), é difícil obter números precisos da previsão de vendas. E isso se mostra especialmente complicado para produtos que são completamente inovadores. Às vezes, as empresas recorrem a análises de ponto de equilíbrio (breakeven analysis) para determinar quantas unidades precisariam vender

Transformação verde

Será que a lâmpada de LED substituirá as lâmpadas atuais?

A lâmpada elétrica de Thomas Edison logo poderá se tornar algo do passado. Em 2007, o Congresso norte-americano aprovou uma resolução para tornar a lâmpada de filamento incandescente obsoleta em 2014. Porque essas lâmpadas convertem em luz apenas 10% da energia que recebem, substituí-las por alternativas mais eficientes pode reduzir as emissões de carbono.

Em princípio, as lâmpadas compactas fluorescentes foram consideradas o melhor substituto das incandescentes, pois são mais eficientes e duram mais. Entretanto, os consumidores logo começaram a questionar sua qualidade. Ligar e desligar com frequência essas lâmpadas reduz sua vida útil. Além disso, as fluorescentes contêm mercúrio, e os consumidores temem que se a lâmpada quebrar, acabem sendo expostos a essa substância tóxica.

Essas preocupações acabaram abrindo caminho para outro tipo de lâmpada, as LEDs (do inglês *light-emitting diodes*), semicondutores que não usam filamentos para emitir luz. Optar por elas levaria à redução das emissões de carbono (das lâmpadas atuais) em até 50% em um prazo de duas décadas. Embora o custo inicial dessas lâmpadas seja alto, os especialistas acreditam que o preço cairá ao longo do tempo. As lâmpadas de LED podem estar no estágio introdutório do ciclo de vida do produto, mas o contínuo processo de desenvolvimento do produto poderá torná-lo pronto para comercialização em larga escala.[a]

para alcançar a margem de lucro. E há situações em que a empresa usa análises de retorno (payback analysis), pelas quais os gerentes de marketing calculam quanto tempo levariam para recuperar os recursos investidos no desenvolvimento do novo produto. Análises de ponto de equilíbrio e de retorno baseadas em estimativas costumam ser úteis, ainda que não sejam ferramentas muito precisas.

Desenvolvimento do produto

A fase de **desenvolvimento do produto** é aquela em que a organização decide se sua produção é tecnicamente possível e se pode ser feita a custos baixos o suficiente para que o preço final seja razoável. Para testar a aceitação do produto, a ideia ou o conceito é transformado em um protótipo ou um modelo funcional. O protótipo deve revelar os atributos tangíveis e intangíveis associados às noções que os consumidores têm em mente. O design do produto, a mecânica de seus atributos e os aspectos intangíveis devem estar relacionados com as necessidades do mercado. A pesquisa de marketing e o teste de conceito identificam o que é relevante para o comprador, e esse resultado deve ser comunicado ao público por meio do design do produto. Por exemplo, a montadora de automóveis GreenTech desenvolveu uma série de protótipos de carros híbridos que tivessem apelo para o público-alvo desse tipo de veículo.

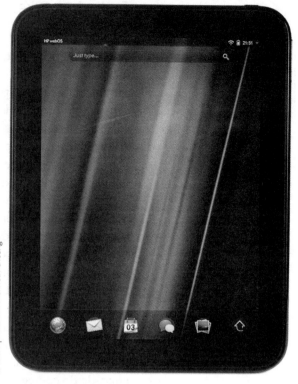

Produtos que falharam
O HP TouchPad foi descontinuado pela falta de demanda. A fase de análise de negócios não preparou a HP para o impacto que o ambiente competitivo e as margens de lucro causariam ao seu produto.

Após o desenvolvimento do protótipo, todas as suas funcionalidades devem ser testadas. O desempenho, a segurança, a confiabilidade do produto e outras qualidades funcionais são então testados tanto em laboratório como em campo. Os testes de funcionalidade devem ser rigorosos e longos o suficiente para que o produto seja testado de todos os modos e por completo. Estudos revelam que a forma ou o design de um produto podem realmente influenciar o modo como os consumidores avaliam o seu desempenho.[14] Questões e problemas de fabricação aparecem nessa fase e podem demandar ajustes.

Uma questão essencial da fase de desenvolvimento do produto é definir o grau de qualidade deve apresentar. Por exemplo, um dos principais quesitos de qualidade é a durabilidade. Em muitos casos, maior qualidade exige componentes e materiais melhores, processos mais elaborados, o que aumenta os custos de produção e, portanto, o preço do produto. Na definição do nível de qualidade, o profissional de marketing deve ser capaz de estimar o preço aproximado que o mercado-alvo entende como aceitável. Além disso, esse profissional costuma definir um nível de qualidade consistente com os outros produtos da organização. Obviamente, a qualidade das marcas concorrentes também é levada em consideração.

Em geral, a fase de desenvolvimento de um novo produto consome muito tempo e recursos; por isso, só uma pequena quantidade de ideias chega a ser desenvolvida. Se o produto apresenta bons resultados na fase inicial do processo de desenvolvimento pode passar para o teste de marketing e, então, nos estágios finais da fase de desenvolvimento, os profissionais de marketing começam a tomar decisões em relação a definição da marca, embalagem, rótulo, política de preços e tipo de promoção a ser usado na fase de teste de marketing.

desenvolvimento de produto Busca determinar se a produção é tecnicamente factível e se o custo do produto é adequado.

Teste de marketing

teste de marketing Apresentação em pequena escala de um produto num mercado selecionado para medir até que ponto potenciais clientes realmente vão comprá-lo.

Apresentar o produto a regiões selecionadas que representem o mercado-alvo é o que chamamos de **teste de marketing**. Exemplo é o grupo Altria (novo nome da Philip Morris, hoje também detentora da Kraft), que realizou testes de marketing para seus palitinhos de tabaco (palitos de dente cobertos de tabaco, com sabores como menta) em lojas de varejo selecionadas no estado do Kansas, Estados Unidos.[15] O objetivo desse teste é determinar até que ponto potenciais clientes comprarão o produto. O teste de marketing não faz parte do estágio de desenvolvimento do produto; é uma amostragem do lançamento de todo o mix de marketing. E só deve ser realizado depois que o produto passou por todo o desenvolvimento e planejamento inicial das possibilidades e variedades do mix de marketing. As empresas empreendem tais testes para diminuir os riscos de fracasso do produto. Perigos de se lançar produtos não testados incluem a possibilidade de prejudicar o desempenho de produtos já lucrativos da empresa e, caso o produto fracasse, a perda de credibilidade junto aos canais de distribuição e clientes.

Testes de marketing oferecem muitas vantagens. Testar permite à equipe de marketing expor o produto em um ambiente real para medir o desempenho de vendas, dando à empresa a possibilidade de identificar fraquezas no produto ou nos elementos do mix de marketing. Afinal, é muito mais dispendioso tentar corrigir um lançamento depois de disponibilizado no mercado nacional. Além disso, se as reações dos primeiros consumidores são negativas, os profissionais de marketing podem não ter a oportunidade de conseguir convencê-los a experimentar o produto mais uma vez. Muitas vezes, a oportunidade de se fazer ajustes depois dos testes de marketing pode ser um passo decisivo para o sucesso de um produto. Por sua vez, o resultado desse tipo de teste pode ser positivo o suficiente para garantir a aceleração da produção do produto. Testes de marketing também permitem à equipe de marketing experimentar variações na propaganda, na política de preços e na definição da embalagem em várias regiões selecionadas. E, mais, medir a extensão da lembrança da marca, fidelidade à marca e compras repetitivas resultantes das possíveis alterações do mix de marketing.

A seleção dos locais de teste é muito importante, porque a validade do teste em muito depende da capacidade de as regiões escolhidas representarem com fidelidade o comportamento do mercado-alvo. As cidades norte-americanas geralmente usadas para testes de marketing estão listadas na Tabela 11.1. Os critérios de seleção de cidades para testes dependem dos atributos do produto, das características do mercado-alvo e dos objetivos e recursos da organização. Nos Estados Unidos, a cidade de Columbus, estado de Ohio, é um dos principais locais de teste de marketing para fast-food e outros tipos de novos produtos.[16]

O teste de marketing não deixa de ter seus riscos. É um processo caro, sujeito à interferência dos concorrentes. Um concorrente pode tentar "sabotar" o programa de testes aumentando a propaganda ou as promoções de seus produtos, baixando os preços ou oferecendo um incentivo especial para a compra do seu produto, tudo para impedir o reconhecimento e o consumo da nova marca. Essas táticas podem invalidar o resultado dos testes. Às vezes, a concorrência também pode copiar o produto ainda em estágio de testes e correr para introduzir uma versão similar. É sempre desejável ir para a fase de comercialização tão logo a empresa tenha bons resultados nos testes de marketing.

Tabela 11.1 Cidades comumente usadas para testes de marketing

Columbus, Ohio
Peoria, Illinois
Albany, Nova York
Jacksonville, Flórida
Lexington, Kentucky
Des Moines, Iowa
Battle Creek, Michigan
Greensboro, Carolina do Norte
Cleveland, Ohio
Phoenix, Arizona

© Cengage Learning

Por causa dos riscos, muitas empresas utilizam métodos alternativos de medir a preferência dos consumidores. Um deles é o teste simulado. Neste, os frequentadores de um shopping center são incentivados a assistir ao anúncio de um novo produto e receber uma amostra grátis. Depois, esses consumidores são entrevistados por telefone para avaliar o produto. A principal vantagem de um teste de marketing simulado é o fato de ser mais rápido, incorrer em gastos menores e oferecer mais segurança à empresa, porque reduz o fluxo de informação para a concorrência e a interferência. Várias organizações de pesquisa de mercado, como ACNielsen, oferecem serviços de teste de marketing para fornecer avaliações independentes de produtos em desenvolvimento.

É claro que nem todos os produtos que passam por testes de marketing acabam sendo lançados. Às vezes, na fase de teste são descobertos problemas que a empresa não pode resolver. A Procter & Gamble, por exemplo, testou um filme plástico chamado Impress, para embalar comida, mas devido aos testes realizados, a empresa decidiu não lançá-lo nacionalmente.

Comercialização

Durante a fase de **comercialização**, os planos de produção e marketing em larga escala devem ser refinados e definidos, e os orçamentos para o projeto devem estar aprovados e liberados. No início dessa fase, a diretoria ou a gerência de marketing estuda os resultados dos testes de marketing para encontrar as alterações necessárias no mix de marketing para o lançamento propriamente dito. Os resultados dos testes podem indicar ao departamento de marketing mudanças nos atributos físicos do produto, alterações nos planos de distribuição pelo varejo, reformulação dos esforços promocionais ou mudança na a política de preços. No entanto, quanto mais alterações são introduzidas, menos válidas se tornam as estimativas e projeções do teste de marketing.

> **comercialização** Decisão a respeito da produção em larga escala, definição dos planos de marketing e preparação dos orçamentos.

Ao longo da fase inicial de comercialização, a equipe de marketing deve reunir esforços para a produção em larga escala e, ainda, tomar decisões a respeito de garantias, reparos e troca de peças. O tipo de garantia que uma organização oferece pode ser um fator decisivo para o comprador, especialmente para bens de valor

---

■■■ Marketing em debate

O sucesso de um novo produto

QUESTÃO: Será que os ultrabooks conseguirão competir com os tablets?

Há espaço no mercado para mais uma categoria de laptops? Empresas de PCs, como a Acer, introduziram os ultrabooks, laptops finos que pesam menos de 1 kg. Pelo fato de utilizarem o sistema operacional Windows, são outras as características que devem atrair o público hesitante em relação a iPads e computadores Macintosh. Por sua vez, a Intel Capital tem direcionado recursos para dar suporte a inovações na categoria dos ultrabooks.

O ultrabook tem suas vantagens: 18 milímetros de espessura, bateria com duração de 5 a 8 horas, e apresenta um processador mais rápido que o dos netbooks. É também uma alternativa bem-vinda para quem procura um computador leve com um teclado, em vez de um tablet. No entanto, as vendas iniciais começaram lentas, e o preço do processador (o chip Ultraprocessor) tem resultado num preço ainda elevado para o usuário final.[b]

elevado e de fabricação complexa, como eletrodomésticos ou itens de uso intenso, como colchões. Nos Estados Unidos, a Tempur-Pedic oferece 90 dias, sem compromisso, para o cliente experimentar seu colchão inovador. Se depois desse prazo o consumidor não estiver satisfeito, o negócio é desfeito, e a loja retira o colchão da casa do cliente por um valor simbólico. Definir um sistema eficiente de serviços de reparo e de troca de peças é uma ação necessária para manter uma relação positiva com o cliente. Ainda que o fabricante possa oferecer esses serviços diretamente ao comprador, é muito mais comum reparos e trocas de peças serem feitos por centros regionais. Independentemente de como são oferecidos, é importante para o cliente que esses serviços sejam realizados rapidamente e de modo correto.

Na fase de comercialização, o produto finalmente entra no mercado. No seu lançamento, as empresas podem gastar muitos recursos, tanto com propaganda, venda direta e outros tipos de promoção, quanto com construção de fábricas e compra de materiais. E talvez esses gastos levem anos para serem recuperados. Pequenas organizações podem ter dificuldade com esse processo, mas costumam fazer uso de comunicados à imprensa, blogs, podcasts e outras ferramentas para promover o lançamento, assim como para receber o retorno imediato dos consumidores sobre o produto. Outra ferramenta de promoção de baixo custo são as resenhas em jornais e revistas, que podem ajudar muito a divulgação do produto quando são positivas e direcionadas ao mesmo consumidor.

O lançamento nacional de um produto não é feito de um dia para o outro, mas introduzido no mercado por um processo chamado rollout (rolagem), o que significa dizer que o produto será introduzido em estágios, iniciando em uma região e se expandindo gradualmente pelas regiões vizinhas. Um produto pode levar anos para ser distribuído nacionalmente. Às vezes, as cidades usadas durante os testes de marketing se tornam o foco inicial do lançamento e, assim, a fase de lançamento do produto se torna uma continuação natural do teste de marketing. Dessa forma, para um produto cujo teste de marketing aconteceu nas cidades de Sacramento (Califórnia), Fort Collins (Colorado), Abilene (Texas), Springfield (Illinois) e Jacksonville (Flórida) pode ser introduzido primeiro nessas localidades. Quando a fase 1, de introdução, estiver completa, a fase 2 pode incluir a cobertura dos estados onde se situam essas cidades. Na fase 3, os esforços de marketing estendem-se pelos estados vizinhos. E todos os estados restantes são cobertos na fase 4 do lançamento. A Figura 11.2 apresenta as quatro fases da comercialização do produto.

A introdução gradual do produto no mercado nem sempre se dá estado por estado; outras combinações geográficas também são usadas; por exemplo, agrupamentos de municípios ao longo das fronteiras interestaduais. Produtos destinados ao mercado internacional podem ser lançados em um país ou região por vez. Por exemplo, a Sky Zone (empresa que oferece ginásios equipados com quadras, trampolins e camas elásticas gigantes, em que o cliente pode fazer aulas de ginástica, jogar queimada ou apenas ficar pulando por US$ 13 a hora) inaugurou seu primeiro endereço em Las Vegas (Nevada). Ao perceber o sucesso naquele lugar, a empresa realizou testes em St. Louis (Missouri) e Sacramento (Califórnia). Hoje, a Sky Zone tem ginásios espalhados pelos Estados Unidos e um em Ontário, Canadá.[17] O lançamento gradual de um produto é desejável por uma série de razões. Essa prática reduz os riscos de introdução de um produto novo no mercado. Se o produto fracassar nas vendas, a empresa experimentará perdas menores se o lançamento tiver se dado em apenas algumas regiões do que se tivesse sido distribuído nacionalmente. Além disso, uma empresa não consegue distribuir nacionalmente o produto da noite para o dia, porque

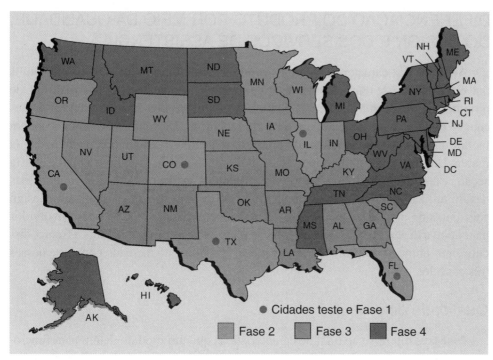

Figura 11.2

Fases de distribuição em um mercado nacional durante a comercialização.

Fonte: Pridee Ferrell, *Marketing*, 17 ed., Cengage Learning, 2014.

leva algum tempo para alinhar a distribuição entre as lojas e as cadeias de varejo. O esforço para construir uma rede de distribuição também pode demandar tempo considerável. Além disso, o volume de unidades necessário para atender à demanda nacional por um produto de sucesso pode ser enorme e, em geral, a organização não consegue produzir a quantidade necessária num curto espaço de tempo. Por último, o lançamento gradual de um produto permite o ajuste fino do mix de marketing para satisfazer aos clientes-alvo. Quando a Procter & Gamble criou o desodorante Febreze, via a marca como um produto para o cuidado de tecidos, mas, com o tempo, essa visão mudou e a empresa passou a enxergar nele uma bem-sucedida linha de aromatizadores de ambiente, porque é dessa forma que os consumidores indicaram que estavam usando o produto.[18]

Apesar das boas razões para se fazer o lançamento gradual do produto, as equipes de marketing têm consciência de que essa abordagem traz problemas em relação à concorrência. Uma introdução gradual no mercado permite aos concorrentes observar o que a empresa está fazendo e monitorar os resultados, exatamente como a própria equipe de marketing da organização ofertante está fazendo. Se a concorrência perceber que o produto recém-lançado é um sucesso, pode rapidamente entrar no mesmo mercado-alvo com produtos similares. Além disso, como o lançamento é feito por regiões, a concorrência pode incrementar o esforço de marketing para compensar a promoção do novo produto. O profissional de marketing deve compreender que um atraso muito grande no lançamento do produto pode levar a organização a perder as oportunidades de tomar a frente em um mercado, criar ofertas competitivas e construir relações de cooperação com os canais de venda.[19]

DIFERENCIAÇÃO DO PRODUTO POR MEIO DA QUALIDADE, DO DESIGN E DOS SERVIÇOS DE ASSISTÊNCIA

Algumas das características mais importantes de um produto são os elementos que o distinguem de outro. **Diferenciação do produto** é o processo de criação e design de produtos de forma que os clientes possam distingui-los dos da concorrência. A percepção do cliente é essencial para essa diferenciação. Diferenças percebidas podem incluir qualidade, características do produto, seu estilo e design, preço e imagem da marca. Um elemento muito importante na diferenciação do produto é a marca. Nesta seção, examinaremos três aspectos de diferenciação do produto que as empresas devem utilizar na criação e na comercialização de seus produtos: qualidade, design e atributos do produto, e os serviços de assistência. Esses aspectos estão envolvidos na tentativa de a empresa obter diferenças reais entre os produtos. Mais à frente, discutiremos como as empresas posicionam seus produtos no mercado com base nesses três aspectos.

Qualidade do produto

Qualidade refere-se ao total de características que um produto detém para funcionar *conforme o esperado* e satisfazer às necessidades do cliente. As palavras *conforme o esperado* são muito relevantes nessa definição, porque, em geral, qualidade tem significado diferente para diferentes clientes. Para alguns, durabilidade significa qualidade. Entre os produtos mais duráveis do mercado norte-americano encontra-se a linha de ferramentas Craftsman da rede varejista Sears; de fato, a Sears oferece uma garantia vitalícia sobre a durabilidade das suas ferramentas. Para outros, a facilidade de usar um produto pode indicar sua qualidade.

O conceito de qualidade também varia entre o mercado consumidor e de negócios. Para o de negócios, adequação técnica, facilidade de reparo e a reputação da empresa são características importantes. Diferente dos consumidores, muitas empresas dão menos ênfase ao preço do que à qualidade do produto.

Uma dimensão relevante nesse aspecto é o **nível de qualidade**, a soma da qualidade que um produto detém. O conceito é relativo, porque é difícil descrever o nível de qualidade de um produto, a menos que seja comparado com outros. O Índice de Satisfação do Cliente Norte-Americano, compilado pelo Centro Nacional de Pesquisa da Qualidade, da Universidade de Michigan, ranqueia a satisfação do cliente para várias categorias de produtos. A Clorox, por exemplo, tem o maior índice de satisfação do cliente na categoria de cuidado pessoal e produtos de limpeza.[20] A propaganda do suco de laranja Tropicana faz alusão ao nível de qualidade do produto afirmando que cada copo de suco equivale a duas laranjas espremidas da Flórida. No entanto, apesar do nível de qualidade, consumidores insatisfeitos podem limitar seu orçamento doméstico, o que pode sufocar o crescimento econômico.

Outra importante dimensão da qualidade é a consistência. **Consistência da qualidade** refere-se a quanto um produto consegue manter o mesmo nível de qualidade ao longo do tempo; e mais, significa prover a mesma qualidade esperada pelo consumidor todas as vezes que adquirir o produto. Assim como o nível de qualidade, a consistência é um conceito relativo, que implica comparar a mesma marca ao longo do tempo. Por exemplo, se a opção de entrega "no dia seguinte" da FedEx funcionar em mais de 99% das vezes, esse serviço apresenta consistência de qualidade.

---

3 Conhecer a importância da diferenciação do produto e os elementos que diferenciam um produto do outro.

diferenciação do produto Criação e design de produtos que permitam aos clientes percebê-los como diferentes dos da concorrência.

qualidade Características de um produto que lhe permitem um desempenho que corresponda às expectativas de satisfação do cliente.

nível de qualidade A soma das qualidades que um produto possui.

consistência da qualidade Quanto um produto mantém o mesmo nível de qualidade ao longo de tempo.

Design e atributos do produto

Design relaciona-se ao modo como o produto é concebido, planejado e produzido. Esse é um tema complexo, que envolve a soma total de todas as características físicas de um produto. Muitas empresas são conhecidas pelo excelente design de seus produtos; a Sony, na área de eletrônicos para uso pessoal; a HP, pelas impressoras; e a marca norte-americana JanSport pelas mochilas. Um bom design é uma das melhores vantagens competitivas que uma empresa pode ter.

Um dos componentes do design é o **estilo**, a aparência física do produto, um dos atributos do design que leva certos produtos a serem vendidos com rapidez. Mas um bom design significa mais que apenas a aparência; envolve também a funcionalidade e a utilidade. Por exemplo, uma calça jeans pode ter uma aparência incrível, mas se se desfaz depois de três lavagens, com certeza seu design é falho. A maioria dos consumidores busca produtos com uma boa aparência e que funcionem bem.

Atributos do produto são características específicas que permitem ao produto desempenhar certas tarefas. Ao acrescentar ou retirar atributos, uma empresa pode diferenciar seu produto dos da concorrência. Os atributos do produto podem ser usados para diferenciar produtos de uma mesma empresa. Por exemplo, a Nike oferece tanto calçados para caminhada como para corrida para diferentes necessidades do consumidor, como além de tecnologia, que permite ao iPod registrar a distância percorrida e as calorias queimadas no exercício. Em geral, quanto mais atributos tem o produto, maior é seu preço e, muitas vezes, maior a qualidade percebida.

Nível de qualidade
A Tropicana anuncia a alta qualidade do seu produto com base na afirmação de que seu suco contém o equivalente a duas laranjas.

Para uma marca ter uma vantagem competitiva sustentável, os profissionais de marketing devem descobrir quais são os atributos e o design de produto que os consumidores desejam. Informações de banco de dados e pesquisas de marketing podem ajudar na tarefa de reunir e avaliar as preferências do consumidor quanto aos atributos e ao design para um produto. Ser capaz de atender aos desejos dos consumidores em termos de design e de atributos e a preços compatíveis é essencial para o sucesso duradouro de um produto. Os profissionais de marketing devem ter cuidado para não distorcer nem superestimar os atributos e o desempenho do produto.

Serviço de assistência do produto

Muitas empresas diferenciam seus produtos com o oferecimento de serviços de assistência. Esses serviços, geralmente chamados **assistência ao cliente**, incluem todo tipo de esforço humano ou automatizado que as empresas oferecem e acrescentam valor a um produto. São exemplos de assistência ao cliente entrega e instalação, oportunidades de financiamento, treinamento para o cliente, proteções e garantias, reparos, instruções e serviços de descarte do produto, atendimento em horários convenientes para o cliente, embalagem adequada e informações via ligações gratuitas e sites. A American

design de produto Como um produto é concebido, planejado e produzido.

estilo Aparência física do produto.

atributos do produto Características específicas que permitem ao produto desempenhar certas tarefas.

assistência ao cliente Atividades e empenho humanos ou automatizados que acrescentam valor ao produto.

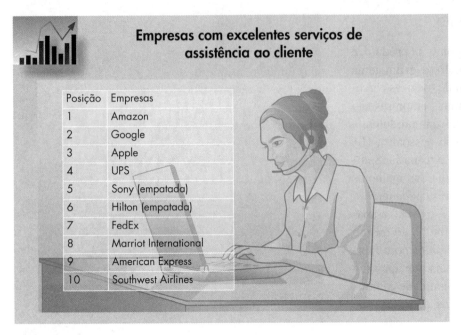

Fonte: Karen Aho. 2012 Customer Service Hall of Fame. *MSN Money*. Disponível em: <http://money.msn.com/investing/2012-customer-service-hall-of-fame-1>. Acesso em: 17 jan. 2013.

Express aumentou sua reputação em termos de assistência ao cliente ao treinar seus representantes para serem mais interativos e menos protocolares na interação com os clientes ao ouvir suas queixas.[21]

Não importa se o serviço é uma parte menor ou maior da oferta do produto, todos os mercados de bens vendem serviços de assistência ao cliente. Às vezes, oferecer uma boa assistência ao cliente pode ser o único modo de uma empresa diferenciar seus produtos quando todo o mercado oferece essencialmente a mesma qualidade, o mesmo design e os mesmos atributos. Essa é a grande realidade para o setor de computadores. Quando decidem comprar um computador, muitos consumidores estão mais interessados em entrega rápida, assistência técnica, garantias e preço, do que na qualidade e no design do produto. Prova disso é o grande volume de laptops "direto da fábrica", sem customização, às vezes até tecnologicamente defasados, sendo vendidos com desconto em cadeias de lojas norte-americanas, como BestBuy, Costco, Walmart, Target, entre outras. Pesquisas podem revelar à empresa o tipo de assistência que os clientes buscam e dos quais precisam. O nível de assistência que uma empresa fornece pode afetar profundamente a satisfação do cliente. Atributos que podem ser adicionados ao produto incrementam o valor de um produto aos olhos do consumidor. Muitas vezes, o cliente infere um alto nível de qualidade pelo simples serviço de uma empresa que permite acrescentar atributos aos produtos.[22]

POSICIONAMENTO E REPOSICIONAMENTO DO PRODUTO

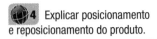 Explicar posicionamento e reposicionamento do produto.

posicionamento de produto Criação e manutenção de determinado conceito do produto na mente dos clientes.

Posicionamento de produto consiste nas decisões e ações tomadas para criar e manter determinado conceito do produto (em relação a marcas da concorrência) na mente dos clientes. Quando os profissionais de marketing lançam um novo produto, tentam posicioná-lo de modo a apresentar as características que o mercado-alvo mais deseja. Essa imagem projetada é crucial. Assim, no mercado norte-americano, Crest é uma pasta de dente com flúor que combate a cárie, enquanto a Rembrandt é posicionada como uma pasta de dente clareadora que combate o amarelado dos dentes.

Mapeamento da percepção

A posição de um produto é resultado da percepção dos clientes sobre seus atributos em relação aos das marcas concorrentes. Compradores tomam, ou não, várias decisões de compra regularmente. Para evitar a contínua reavaliação de vários produtos, eles tendem a agrupá-los ou "posicioná-los" em suas mentes e assim simplificar suas decisões. Em vez de permitir que os clientes posicionem de modo independente os produtos, com frequência os profissionais de marketing tentam influenciar e moldar os conceitos ou as percepções acerca dos produtos por meio da propaganda.

Por vezes, as equipes de marketing analisam o posicionamento do produto usando um mapa da percepção, como mostra a Figura 11.3. Mapeamento da percepção é baseado na resposta de uma amostra de clientes questionados sobre suas impressões a respeito de produtos, marcas e empresas sob o ponto de vista de um ou mais quesitos. Para desenvolver um mapa de percepção, como o da Figura 11.3, os entrevistados seriam convidados a responder sobre como percebem alguns analgésicos em relação ao preço e ao tipo de dor para os quais esses produtos são usados. Os entrevistados também seriam questionados sobre suas preferências pelos atributos dos produtos de modo a se estabelecer "posições ideais" ou "agrupamentos ideais" que representariam o consenso da vontade de um grupo específico de consumidores em termos de atributos do produto. Em seguida, os profissionais de marketing podem observar como sua marca é percebida em comparação com as posições ideais.

Bases para o posicionamento

Os profissionais de marketing podem posicionar um produto sobre várias bases. Uma base muito comum é a concorrência. Uma organização pode posicionar um produto para competir diretamente com outro, como a Pepsi tem feito em relação à Coca-Cola, ou para evitar competição, como o refrigerante 7UP fez com outros produtores de refrigerante. Competição direta, cabeça a cabeça, pode ser um objetivo de posicionamento do marketing se as características do desempenho do produto se mostrarem pelo menos iguais às das marcas concorrentes e seu preço for menor. Esse tipo de competição também pode ser apropriado, mesmo quando o preço do produto for mais alto, se as características de desempenho forem superiores. A Samsung faz da concorrência direta uma estratégia de posicionamento contra a Apple. Nos Estados Unidos, seus comerciais brincam com a disposição dos aficionados pela Apple de fazerem fila para esperar o novo iPhone. Apesar de a Apple ser obviamente o alvo da Samsung, a empresa nunca menciona o nome do concorrente em suas propagandas.[23]

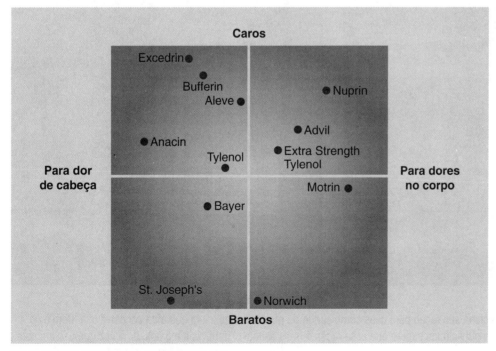

Figura 11.3

Mapa de percepção (hipotético) de analgésicos.

Fonte: Pride/ Ferrell, *Marketing*, 17 ed., Cengage Learning, 2014.

Por outro lado, posicionar-se para evitar a competição pode ser a melhor estratégia quando as características de desempenho do produto não diferem significativamente em relação às marcas concorrentes. Além disso, posicionar uma marca para evitar competição pode ser apropriado quando ela detém características únicas e relevantes para alguns compradores. Por muitos anos, a Volvo se posicionou buscando distância dos concorrentes ao focar as características de segurança dos seus carros. Enquanto as fabricantes de automóveis mencionam questões de segurança em seus anúncios, muitas focam mais o estilo, a eficiência do motor no consumo de combustível, o desempenho ou as condições de venda. Evitar a concorrência pode ser uma decisão crucial quando uma empresa introduz uma marca num mercado no qual já tem uma ou mais marcas. Os profissionais de marketing, em geral, querem evitar a canibalização das vendas das marcas já existentes, a menos que essa nova marca gere lucros substancialmente relevantes.

A posição de um produto pode se basear nas suas funções e atributos. O iPhone da Apple está posicionado, em termos de atributos, como design diferenciado, tela de toque fácil de usar e acesso ao iTunes. Se um produto foi devidamente planejado, suas funções fornecerão o apelo distintivo e necessário. Estilo, forma, estrutura e cor são elementos que ajudam a criar a imagem e o apelo do produto. Se o comprador conseguir identificar com facilidade os benefícios do produto, estará mais propenso à compra. Quando um novo produto não oferece certos atributos desejados, há espaço para um produto novo.

Posicionamento de produtos
A Iams, da Procter & Gamble, posiciona sua ração para cães como sendo de qualidade mais alta que a da concorrência. Com o slogan "Eu não sou vegetariano", a publicidade sugere que essa ração é mais saudável para cães e gatos, uma vez que são animais naturalmente carnívoros.

Outras bases para o posicionamento de produto incluem preço, nível de qualidade e benefícios que o produto proporciona. Exemplo é o da Iams, marca de ração para animais da Procter & Gamble, cujo posicionamento é afirmar que seus produtos contêm 50% mais proteína animal que os três líderes da categoria. A Iams também afirma que suas rações para gatos e cães não contêm glúten. As propagandas da marca partem do princípio de que a proteína animal é natural para cães e gatos, e sugere que rações com mais proteína são mais saudáveis para os animais domésticos. O mercado-alvo também pode servir de base para o posicionamento do marketing. Esse tipo de posicionamento depende fortemente de propaganda e promoção focadas nos tipos de pessoas que usam o produto.

Reposicionamento

Posicionamento não é um recurso apenas para novos produtos. Avaliar a posição dos produtos já existentes é importante, e uma marca pode se fortalecer com o reposicionamento bem como aumentar sua participação no mercado e lucratividade. No mercado norte-americano, em 2013, o Ford Fusion foi reposicionado como um carro médio e potente, de aparência esportiva e com boa economia de combustível, motor padrão EcoBoost da Ford e a opção de conversão para híbrido. A Ford afirmou que esse modelo não era uma evolução do Fusion, mas algo bem diferente.[24] Ao introduzir um produto novo em uma linha, uma ou mais marcas podem demandar reposição para reduzir a canibalização das marcas já estabelecidas e, assim, garantir uma posição favorável para a nova marca.

O reposicionamento pode ser realizado com alterações físicas no produto, no preço ou em sua distribuição. Às vezes, o profissional de marketing não faz nenhuma dessas mudanças, mas busca reposicionar o produto alterando sua imagem por meio de um grande esforço promocional. Por fim, pode-se reposicionar um produto direcionando-o para outro mercado-alvo.

• • • Tendências do marketing

Applebee's tenta se reposicionar como uma rede cool de restaurantes fast-food

Festas, pista de dança, bebidas e karaokê – ao ouvir essa descrição muita gente nunca pensaria na Applebee's. Ainda assim, no esforço para capturar um novo mercado, essa rede de restaurantes está se reposicionando no mercado norte-americano como um local de diversão noturno para solteiros com idade entre 20 e 30 anos. A empresa começou a experimentar a ideia aos poucos, usando o estado da Flórida como mercado teste, mas vem encontrando ceticismo devido à noção já difundida entre o público sobre o ambiente dos restaurantes.

Quando se pensa na Applebee's, a maioria das pessoas visualiza um lugar para jantar com a família. A rede começou a estender os horários, deixando de fechar às 22 h para avançar pela madrugada, ciente de que os mais jovens tendem a jantar mais tarde. Depois das 21h, o logo dos restaurantes muda para "bee's" ("das abelhas") e recebe uma luz esverdeada discreta que contrasta com as cores brilhantes usadas ao longo do dia. Um DJ começa sua programação musical, o karaokê é aberto e as pessoas começam a dançar no restaurante.

A ideia foi concebida quando a Applebee's tomou consciência de que oferecia serviços intangíveis que satisfaziam um público mais jovem, como aperitivos pela metade do preço, carta variada de coquetéis e um ambiente que favorecia relacionamentos. O reposicionamento da marca como "da moda" e "cool" poderia ser um sucesso. Mas será que essa transição vai atrair clientes suficientes para fazer valer a pena os turnos estendidos na operação da Applebee's?[c]

5 Entender como a descontinuação de um produto é usada para melhorar o mix de produtos.

eliminação de produto Descontinuar um produto do mix de produtos.

ELIMINAÇÃO DE PRODUTO

Em geral, um produto não consegue satisfazer aos clientes do mercado-alvo nem contribuir para os objetivos gerais da organização para sempre. **Eliminação de produto** é o processo de descontinuar um produto do mix, na maioria das vezes porque ele não consegue mais satisfazer um número considerável de clientes. No mercado norte-americano, a Kia descontinuou o Kia Sedona com planos de substituí-lo por uma nova minivan.[25] Um produto em decadência reduz a lucratividade da organização e consome recursos que poderiam ser utilizados para modificar outros produtos ou desenvolver um novo. Um produto sem grande procura pode demandar quantidades menores de produção, o que pode aumentar o custo unitário de produzi-lo. Por fim, quando um produto agonizante não desperta mais a simpatia dos clientes, qualquer sentimento negativo sobre esse produto pode se transferir para os outros da empresa.

Muitas organizações acham difícil eliminar um produto. A decisão de descontinuação pode encontrar a resistência de gerentes e de outros empregados que acreditam que o produto é necessário ao mix. Vendedores que ainda contam com clientes fiéis do produto podem se ressentir do seu cancelamento. Recursos e esforços consideráveis podem acabar sendo gastos no marketing e no mix de produto que está patinando com o objetivo de melhorar as vendas e dessa forma evitar seu cancelamento.

Algumas organizações só eliminam um produto depois que tenha se tornado um grande peso em suas finanças. Uma abordagem mais interessante é empregar algum modo sistemático de revisão da linha, em que cada produto é avaliado periodicamente para se determinar seu impacto no sucesso geral do mix de produtos. Essa revisão deve analisar a contribuição do produto para as vendas da organização por dado período, assim como estimar as vendas, os custos e os lucros futuros a ele associados; e, ainda, medir o valor das mudanças na estratégia de marketing para melhorar o desempenho do produto. Uma revisão sistemática permite à organização melhorar o desempenho do produto e definir quando eliminá-lo. A General Motors decidiu descontinuar as marcas Hummer, Saturn e Pontiac com o objetivo de diminuir seus custos, melhorar a imagem da montadora e se tornar mais lucrativa

Há três modos básicos de se eliminar um produto: *phase out*, *run out* e descontinuação imediata (ver Figura 11.4). *Phase out* permite o declínio do produto sem

Figura 11.4

O processo de eliminação de produto.

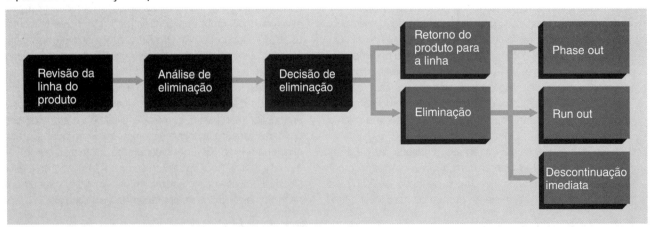

Fonte: Martin L. Bell. *Marketing: Concepts and Strategy*. 3. ed., p. 267. Copyright 1979. Houghton Mifflin Company. Republicado com permissão da viúva de Martin L. Bell.

que haja mudança na estratégia de marketing; não se faz nenhuma tentativa de dar vida nova ao produto. *Run out* procura se aproveitar das forças que o produto ainda demonstra. Intensificar os esforços de marketing nos mercados centrais ou eliminar gastos de marketing, como propaganda, por exemplo, pode causar um salto súbito nos lucros. Esta abordagem em geral é usada com produtos tecnologicamente obsoletos, como modelos antigos de computador e tocadores de CD. Muitas vezes, há diminuição nos preços para fazer as vendas dispararem. A terceira alternativa, descontinuação imediata de um produto que já não é mais lucrativo, é a melhor estratégia quando há grande prejuízo em prolongar a vida do produto.

ADMINISTRANDO SERVIÇOS

Muitos produtos são mais serviços do que bens tangíveis. Organizações que oferecem produtos baseados em serviços incluem empresas, como as que oferecem serviços pessoais, profissionais e financeiros, e organizações sem fins lucrativos, como instituições de ensino, igrejas, obras de caridade e agências do governo. Nesta seção, focaremos inicialmente o crescimento da relevância do setor de serviços na economia. Depois, abordaremos as características individuais dos serviços. Por fim, analisaremos os desafios que essas características representam para o desenvolvimento e a administração do mix de serviços.

6 Entender as características dos serviços e como elas se tornam desafios para o desenvolvimento do mix de marketing para produtos baseados em serviços.

Natureza e relevância dos serviços

Todos os produtos – sejam bens, serviços ou ideias – são, em alguma medida, intangíveis. Em geral, os serviços são executados pela aplicação de esforços mecânicos e/ou humanos direcionados a pessoas ou objetos. Por exemplo, um serviço, como educação, envolve o esforço de provedores do serviço (professores) direcionados a pessoas (estudantes), enquanto os serviços de manutenção e limpeza e de decoração de interiores são direcionados a objetos. Serviços também podem envolver o uso de esforços mecânicos direcionados a pessoas (como transporte aéreo ou terrestre) e a objetos (transporte de cargas). Uma grande variedade de serviços, como planos de saúde ou reformas de casas, envolve tanto esforços humanos quanto mecânicos. Embora muitos serviços utilizem elementos tangíveis, como ferramentas e máquinas, a diferença básica entre um serviço e um bem é que o primeiro é dominado pela porção intangível do produto. Um produto baseado em serviço não pode ser confundido com o serviço de atendimento ao cliente; este pode ser parte do marketing de um bem físico ou presente na prestação de um serviço.

O crescimento do peso dos serviços na economia norte-americana levou os Estados Unidos a se tornarem a maior economia do setor de serviços. Nos países mais desenvolvidos, como Alemanha, Japão, Austrália e Canadá, os serviços respondem por 70% do Produto Interno Bruto (PIB). Mais da metade dos novos negócios são empreendimentos de serviços, e o emprego nesse setor não para de crescer. Essas organizações absorveram o grosso da força de trabalho feminina e de outras minorias do mercado de trabalho. Uma prática que tem se tornado popular entre as empresas norte-americanas é a "terceirização doméstica" (**homesourcing**) ou "escritório na casa do trabalhador", em que organizações que lidam diretamente com o público, como call centers, contratam empregados que trabalham remotamente, em suas casas. Agências como Rhema Business Solutions, centro de serviços compartilhados para atender pequenas empresas, oferecem homesourcing de empregados terceirizados para organizações de vários setores, como enfermagem, propaganda, marketing e

homesourcing Prática de terceirização que consiste em empregados que trabalham em casa, remotamente, em geral em atividades de interação com os clientes, como call centers.

Figura 11.5

O continuum da tangibilidade.

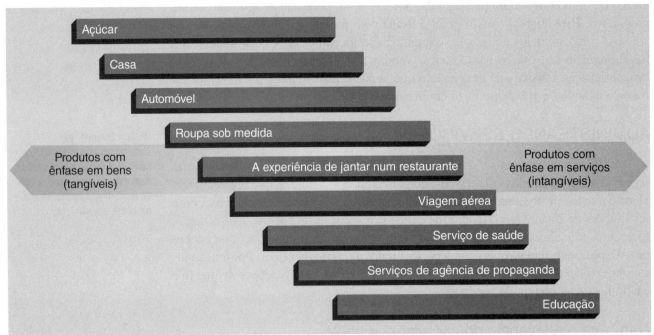

Fonte: Pride e Ferrell. *Marketing*, 17 ed., Cengage Learning, 2014

venda, desenvolvedores de internet e redatores. Empresas tão diferentes como a floricultura 1-800-FLOWERS, a rede de lojas de roupas e acessórios J.Crew e a loja de móveis e material de escritório Office Depot utilizam o homesourcing para algumas de suas atividades.[26]

Características dos serviços

As questões associadas ao marketing baseado em serviços não são exatamente as mesmas do de bens físicos. Para entender essas diferenças, é preciso, primeiro, compreender as características distintivas do serviço. Os serviços apresentam seis características básicas: intangibilidade, inseparabilidade entre produção e consumo, perecibilidade, heterogeneidade, construção de relacionamentos baseados no cliente e contato com o cliente.[27]

Intangibilidade

intangibilidade Um serviço que não é de natureza física, não pode ser tocado.

Essa é a principal característica que distingue serviço de bem. **Intangibilidade** quer dizer que um serviço não tem características físicas, não é um objeto, portanto, não pode ser tocado. Por exemplo, é impossível tocar na educação que os estudantes adquirem ao frequentar um curso; o benefício intangível é aumentar o conhecimento. Além disso, ninguém detém a posse física do serviço. A Figura 11.5 apresenta o continuum, e a fronteira, da tangibilidade de bens puros (tangíveis) e serviços puros (intangíveis). Bens puros, se é que existem, são raros, porque praticamente todos os provedores de bens também oferecem serviços de assistência ao consumidor. Produtos intangíveis, predominantemente prestação de serviços, como educação e planos de saúde, são claramente produtos baseados em serviços. Obviamente, alguns produtos, como um jantar no restaurante e estadia num hotel, contam com elementos e dimensões tanto tangíveis quanto intangíveis.

Inseparabilidade entre produção e consumo

Outra característica importante dos serviços, que gera muitos desafios, é a **inseparabilidade**, ou seja, o fato de que a produção e a utilização do serviço não podem ser separadas de seu consumo. Por exemplo, uma viagem aérea é produzida e consumida ao mesmo tempo – portanto, o serviço é produzido, vendido e consumido simultaneamente. No marketing de bens físicos, um cliente pode comprar o produto, levá-lo para casa e guardá-lo até o dia que decidir usá-lo. O fabricante desse bem talvez nunca tenha contato direto com o cliente. Mas, em geral, os clientes precisam estar presentes durante a produção de um serviço (como uma consultoria de investimento ou uma cirurgia) e não podem levá-lo para casa. Na verdade, o provedor do serviço e o cliente devem trabalhar juntos para oferecer e receber o benefício completo do serviço. É por conta da inseparabilidade que o cliente não só deseja um tipo específico de serviço, como espera ser atendido de uma maneira específica e por um indivíduo específico. Exemplo é a produção e o "consumo" de um exame médico, que ocorrem ao mesmo tempo, e o paciente costuma saber de antemão qual médico vai atendê-lo e como o exame será conduzido. A inseparabilidade do serviço demanda uma responsabilidade compartilhada entre o cliente e o provedor do serviço. Os programas de treinamento dos empregados no setor de serviços devem reforçar a importância do cliente e de como ele experimenta a execução do serviço, assim, podem compreender como a responsabilidade pelo serviço é compartilhada.

inseparabilidade Produção e consumo simultâneos.

Perecibilidade

Serviços são caracterizados por sua **perecibilidade**, isso porque as utilidades e os benefícios de um serviço programado para ser realizado em determinado momento não podem ser guardados para serem utilizados no futuro. Ou seja, os assentos vazios

perecibilidade A incapacidade de se guardar para uso futuro um serviço não utilizado.

Inseparabilidade e perecibilidade dos serviços
Como eventos esportivos não podem ser separados do seu consumo, cadeiras vazias num estádio representam faturamento perdido que não pode ser recuperado. É por essa razão que os profissionais de marketing esportivo muitas vezes incentivam o preenchimento dos lugares vazios, mesmo que isso implique diminuir o preço do ingresso.

numa viagem aérea não podem ser guardados e vendidos aos passageiros para uma viagem em outra data. São exemplos de serviços perecíveis os ingressos não vendidos para eventos esportivos, reservas desmarcadas no dentista e hotéis com quartos não ocupados. Ainda que alguns bens, como leite, carne e vegetais, sejam perecíveis, em geral esses são menos perecíveis que serviços. Uma calça jeans em exposição há uma semana na loja de departamentos pode ser vendida no dia seguinte. Bons profissionais de marketing sabem administrar o problema de oferta e demanda usando técnicas de análise de estoque, programando-o de acordo com a produção. O profissional de marketing de serviços não conta com essa vantagem, ele tem de enfrentar vários obstáculos para se equilibrar entre a oferta e a demanda. No entanto, esses profissionais podem se planejar para as demandas que flutuam semanalmente, hora do dia ou ao longo das estações.

Heterogeneidade

heterogeneidade Variação na qualidade.

Serviços realizados pela mão humana são suscetíveis à **heterogeneidade**, ou seja, à variação na qualidade. A qualidade de bens manufaturados e os erros são mais fáceis de serem localizados e corrigidos por meio de processos padronizados. Por causa da natureza do comportamento humano, é muito difícil entregar um serviço que consiga manter a mesma consistência de qualidade. Essa variação na qualidade pode ocorrer entre as organizações, entre pessoas de uma mesma área de serviço e entre diversas áreas de serviço de uma mesma organização. Por exemplo, os atendentes de uma livraria podem ser mais bem informados, portanto, mais prestativos que aqueles em outra livraria da mesma rede. A heterogeneidade aumenta na medida em que o trabalho envolvido no serviço se intensifica. Muitos serviços, como reparo de automóveis, escolas e salões de beleza, dependem intensamente do trabalho humano. Outros serviços, como telecomunicações, centros de saúde e transporte

A heterogeneidade dos serviços
Você gosta de ir ao salão de beleza e ser atendido sempre pelo mesmo profissional? Se gosta, provavelmente o motivo é que deseja a mesma qualidade no cuidado com o seu cabelo que recebeu no passado.

público dependem mais dos equipamentos. Os serviços realizados por pessoas são mais sujeitos a flutuações na qualidade ao longo do tempo. Por exemplo, o fato de uma cabeleireira conseguir realizar um bom corte de cabelo hoje não é garantia de que acertará um corte de mesma qualidade no futuro. Em comparação, serviços baseados em equipamento sofrem menos flutuações de qualidade que os com ênfase no trabalho humano. O uso de caixas eletrônicos, por exemplo, reduziu a inconsistência na qualidade dos serviços de atendimento dos bancos, e o uso de leitores de códigos de barra melhorou a precisão do atendimento dos caixas em lojas e supermercados.

Relacionamentos baseados no cliente

O sucesso de muitos serviços depende da criação e manutenção dos **relacionamentos baseados no cliente**, interações que resultam em satisfação entre os clientes que usam um serviço repetidamente ao longo do tempo.[28] De fato, alguns provedores de serviços, como advogados, contadores e consultores financeiros, chamam seus clientes de fregueses fiéis e muitas vezes desenvolvem com eles relacionamentos de longo prazo. Para esse tipo de serviço não é suficiente atrair os clientes. O sucesso desse tipo de provedor de serviço depende da capacidade de manter um grupo de clientes que utilize seus serviços de modo contínuo. Por exemplo, um contador pode servir uma família em sua área de atuação por décadas. Se os membros dessa família gostam dos seus serviços, provavelmente os recomendarão a outras famílias. Se várias famílias repetirem essa comunicação positiva boca a boca, o contador provavelmente vai adquirir uma longa lista de clientes satisfeitos. As redes sociais tornaram mais fácil para os clientes partilhar informações a respeito dos serviços de uma empresa. Pinterest é um site que tem ajudado a aumentar a audiência dos sites corporativos. Ele funciona como um quadro de recados com marcadores (pins ou alfinetes para segurar os recados); os usuários podem criar quadros para categorias diferentes, como casamento ou uma festa que estejam planejando, outros podem criar quadros para "marcar" ou "pendurar" ideias e fontes de inspiração. O uso do Pinterest tem crescido rapidamente com novos usuários, sendo popular entre jovens e entre mulheres de meia-idade – segmento de mercado que geralmente comanda as decisões de compras para o lar.[29] Para assegurar que o boca a boca realmente aconteça, o provedor de serviços deve se concentrar em construir confiança, demonstrar comprometimento com os clientes e satisfazê-los tão bem que se tornem tão leais, que provavelmente nunca mudarão para outro concorrente.

relacionamentos baseados no cliente Interações que resultam na satisfação do cliente que usa um serviço com frequência ao longo do tempo.

Contato com o cliente

Embora nem todos os serviços demandem contato intenso com o cliente, todos precisam desse contato. **Contato com o cliente** refere-se ao nível de interação necessária entre o provedor de serviço e o cliente para que um serviço seja executado ou entregue. Alguns exemplos de serviços que demandam alto contato são os de saúde, spas, advocacia e corretoras imobiliárias. Exemplos de serviços de baixo contato são contadores para elaboração de imposto de renda, reparo de automóveis e serviços de lavagem a seco. Com o uso da tecnologia, algumas empresas de serviços têm diminuído o contato com o cliente. Hoje, companhias aéreas usam balcões de autoatendimento para fazer o check-in e liberar o acesso ao portão de embarque. É importante lembrar que serviços de contato intenso envolvem ações direcionadas às pessoas, que precisam estar presentes durante a execução do serviço. O cliente de uma cabeleireira precisa estar presente durante o processo. E quando a presença do cliente é necessária, o processo de execução ou produção do serviço pode ser tão importante como o resultado final.

contato com o cliente Nível necessário de interação entre o fornecedor e o cliente para a execução ou entrega do serviço.

Serviços de intenso contato com o cliente
O Ritz-Carlton oferece um alto nível de contato com o cliente. O que o diferencia em relação aos outros hotéis é a qualidade do serviço, focado no atendimento ao cliente.

Embora às vezes seja possível para o provedor de serviço ir até o cliente, serviços de contato intenso costumam demandar que os clientes venham até as instalações do provedor. E, com isso, a aparência física da instalação pode ser um elemento importante na avaliação geral do serviço. Mesmo em situações de pouco contato, a aparência das instalações do provedor de serviço importa, porque o cliente terá de estar presente para iniciar e finalizar o serviço. Exemplo são os clientes de assistências e oficinas de automóveis. Eles levam o veículo ao local e descrevem os problemas que encontraram, mas raramente acompanham os serviços de reparo.

Os empregados de um provedor de serviço de alto contato são um ingrediente muito importante para construir a satisfação do cliente. Uma percepção fundamental é a de que empregados satisfeitos acabam se traduzindo em clientes satisfeitos. De fato, pesquisas indicam que a satisfação do empregado é o fator isolado mais importante na entrega de um serviço de alta qualidade. Para minimizar os problemas que o contato com o cliente pode gerar, empresas de serviço devem planejar como se posicionarão para entender e satisfazer às necessidades dos empregados e se isso deve ser feito por meio de um treinamento adequado, pela delegação de autonomia para que possam tomar decisões e com recompensas para comportamentos que demonstrem foco no cliente.[30] Ritz Carlton, operador de hotéis de luxo e resorts cinco estrelas, reconhecido pela alta qualidade do atendimento ao cliente, treina todos os seus empregados para que sejam capazes de tomar decisões com confiança e ser proativos em resolver as reclamações do cliente. A empresa disponibiliza a cada um de seus empregados um orçamento para gastos individuais, que pode chegar a US$ 2.000 por reclamação ou incidente, para que o empregado use esses recursos conforme seu entendimento para resolver a situação do cliente.[31]

Criando o mix de marketing para serviços

As características dos serviços acabam criando uma quantidade considerável de desafios para o marketing de serviços (ver Tabela 11.2). Esses desafios são bem evidentes no desenvolvimento e na gestão do mix de marketing de serviços. Embora

Tabela 11.2 Características dos serviços e desafios para o marketing

Característica dos serviços	Desafios criados para o marketing
Intangibilidade	O cliente tem dificuldade para avaliar o serviço. O cliente não detém a posse física do produto. É difícil expor e divulgar o produto. É difícil precificar e justificar o preço. Os processos envolvidos no serviço não costumam ser protegidos por patentes.
Inseparabilidade entre a produção e o consumo	O produto não pode ser produzido em massa. O cliente precisa participar da produção do serviço. Outros consumidores podem afetar os resultados. Serviços são difíceis de serem distribuídos.
Perecibilidade	Serviços não podem ser armazenados. É difícil equilibrar oferta e demanda. A capacidade não usada é perdida para sempre. A demanda pode ser muito sensível ao fator tempo.
Heterogeneidade	É difícil controlar a qualidade do serviço. É difícil padronizar o serviço.
Relacionamentos baseados no cliente	O sucesso depende de satisfazer ao cliente e mantê-lo no longo prazo. Conseguir replicar um negócio (compra e consumo do serviço) é um desafio. O marketing de relacionamento é fundamental.
Contato com o cliente	A entrega do serviço depende muito do fornecedor. Requer altos níveis de treinamento e motivação dos empregados. Conseguir trocar um serviço de alto para um de baixo contato para reduzir os custos sem diminuir a satisfação dos clientes.

Fontes: K. Douglas Hoffman e John E. G. Bateson. *Essentials of Services Marketing.* Mason, OH: Cengage Learning, 2001; Valarie A. Zeithaml, A. Parasuraman e Leonard L. Berry. *Delivering Quality Service:* Balancing Customer Perceptions and Expectations. Nova York: Free Press, 1990; Leonard L. Berry e A. Parasuraman. *Marketing Services:* Competing through Quality, 5. ed. Nova York: Free Press, 1991, p. 5.

o mix contenha as quatro principais variáveis do marketing – produto, preço, praça e promoção –, as próprias característica do serviço demandam que os profissionais de marketing levem em consideração questões adicionais.

Desenvolvimento de serviços

Um serviço oferecido por uma organização em geral é um pacote, ou conjunto de pacotes, de serviços, que consistem em um serviço central e um ou mais suplementares. O *serviço central* é a commodity, ou experiência de serviço que o cliente espera receber. *Serviço suplementar* está relacionado ao serviço central de modo a diferenciar o pacote de serviços em relação aos da concorrência. Por exemplo, quando um estudante participa de uma sessão de tutoria, o serviço central é a tutoria. Ligado ao serviço central pode estar o acesso a resumos com informações adicionais, listas de questões práticas ou serviços on-line, como endereços de e-mail ou salas de bate-papo para discutir questões não respondidas durante a sessão de tutoria.

Como já vimos, a questão da heterogeneidade resulta na variação da qualidade do serviço, o que torna difícil criar serviços padronizados. No entanto, a heterogeneidade oferece uma vantagem para o profissional de marketing; ela permite a criação de serviços sob medida (ou customização) para atender às necessidades individuais do cliente. A customização desempenha um papel importante ao oferecer vantagem competitiva para um prestador de serviço. Ser capaz de personalizar um serviço de modo que se encaixe perfeitamente às necessidades do cliente implica acomodar necessidades, carências, vontades ou desejos.[32] A rede de lanchonetes Subway, por exemplo, tenta dar ao cliente a oportunidade de interferir na montagem do sanduíche e customizá-lo. O aplicativo iBooks Authorda, da Apple, permite aos escritores customizar o conteúdo de seus livros com a inclusão de elementos interativos, como ilustrações e arquivos de áudio e vídeo.[33] Os serviços de saúde de clínicas e hospitais são um exemplo extremo de serviço customizado. Os serviços prestados são diferentes de paciente para paciente.

Esse tipo de serviço sob medida pode demandar muitos recursos, tanto do provedor quanto do cliente, e muitos profissionais de marketing de serviços enfrentam um dilema: como oferecer um serviço com nível aceitável de qualidade e de modo econômico e, ainda, satisfazer às necessidades individuais do cliente. Para tentar resolver essa questão, esses profissionais podem oferecer pacotes padronizados de serviços. Por exemplo, um escritório de advocacia pode disponibilizar um pacote de ação de divórcio se esse for um processo simples e de comum acordo. Quando se oferece um conjunto de serviços padronizados, cada ação e atividade específica realizada pelo provedor costumam ser altamente especificadas. Os serviços de lubrificação rápida de veículos em geral oferecem um conjunto de serviços por um preço fechado; todas as ações que serão executadas no automóvel do cliente são listadas e detalhadas. Vários serviços baseados em maquinário costumam oferecer pacotes padronizados. Os provedores de TV a cabo, por exemplo, oferecem pacotes do tipo "Básico", "Standard", "Premium" e "Hollywood".

A característica da intangibilidade dificulta a avaliação dos clientes antes de contratar um serviço. Assim, a intangibilidade requer dos profissionais de marketing de serviços, como salões de beleza, fazer promessas para os clientes. O cliente é forçado a dispor de certo grau de confiança no serviço de modo que as promessas atendam ou superem as expectativas. O profissional de marketing de serviços deve se precaver ao fazer promessas que aumentem a expectativa dos consumidores para além do que os provedores podem oferecer. Um modo de lidar com o problema da intangibilidade são os sinais tangíveis que o profissional de marketing de serviços pode oferecer na composição do pacote de serviço, como atendentes bem arrumados, de aparência profissional, e instalações atraentes, elementos que ajudam a assegurar ao cliente a qualidade do serviço.

A inseparabilidade entre a produção e o consumo e o grau de contato com o cliente também influenciam o desenvolvimento e a gestão dos serviços. O fato de que o cliente estará presente durante a realização do serviço significa que outros clientes podem afetar o resultado do serviço. Por exemplo, um restaurante pode dar um pequeno desconto se as crianças da mesa se comportarem bem. O profissional de marketing de serviços pode reduzir problemas ao encorajar os clientes a dividir a responsabilidade de manter um ambiente que permita a todos os participantes receberem os benefícios desejados daquele serviço ou ambiente de serviço.

Precificação do serviço

Um serviço deveria ser precificado tendo em mente a sensibilidade do consumidor aos preços, à natureza do serviço e seu custo.[34] Os preços de serviços podem ser estabelecidos a partir de várias e diferentes bases. Em geral, os de serviços de controle de pragas e infestações, lavagem a seco, eventos esportivos e consultas médicas são baseados no desempenho de certas tarefas. Outros serviços são baseados no fator tempo. Por exemplo, advogados, conselheiros, consultores, professores de piano e até encanadores muitas vezes cobram por hora ou por dia.

Alguns serviços são precificados pela demanda. Quando a demanda é alta, o preço também é; e se a demanda cai, o preço cai junto. A perecibilidade do serviço significa que, quando a demanda é baixa, a capacidade não utilizada do serviço não pode ser armazenada, portanto, é perdida para sempre. Assentos vazios numa viagem aérea ou poltronas não ocupadas em uma sala de cinema representam perda de faturamento. Alguns serviços são sensíveis ao fator tempo na medida em que um grande número de clientes deseja determinado serviço em dado momento. Esse momento é chamado de *pico de demanda*. Um provedor de serviços sensíveis ao tempo acaba tendo seu maior faturamento durante um pico de demanda. Para uma companhia aérea, esse pico costuma ser no início e no fim do dia. Precificar com base na demanda é a solução para alguns provedores de serviço visando equilibrar oferta e demanda. Eles cobram preços cheios durante os picos e preços menores na baixa demanda para encorajar os clientes a usar o serviço. É por isso que o preço das matinês de cinema podem chegar à metade do valor do ingresso à noite.

Quando serviços são oferecidos ao cliente sob a forma de pacotes, o marketing deve decidir se vai oferecer o pacote dos serviços por determinado preço, se vai precificar cada um em separado ou se vai usar uma combinação dos dois métodos. Hotéis, por exemplo, oferecem um pacote de serviços por determinado preço, enquanto cobram separadamente pelo quarto, acesso às instalações de lazer, café da manhã. Alguns provedores de serviço cobram um preço pelo pacote de serviços e oferecem a possibilidade de o consumidor acrescentar mais serviços pagando valores adicionais. É o exemplo das empresas de TV a cabo, que oferecem uma grade básica de canais a determinado preço e a possibilidade de se acrescentar canais pagando-se pelo acréscimo. Serviços de telefonia, como espera e identificador de chamada, costumam ser vendidos num único pacote. Devido à natureza intangível dos serviços, o cliente às vezes usa o preço como indicador de qualidade. Se os clientes percebem que numa determinada categoria de serviços há ofertas de qualidade similar e se for difícil avaliar a qualidade desses serviços, mesmo depois de terem sido contratados, eles podem buscar provedores com preços menores. Por exemplo, muitos clientes procuram seguradoras que ofereçam as menores taxas. Se a qualidade do serviço varia entre diferentes provedores, eles se apegam à associação entre preço e qualidade. Por exemplo, se você tiver de ser submetido a uma cirurgia de apendicite, escolheria um cirurgião que cobra US$ 1.500 ou extrairia seu apêndice com um cirurgião que cobra US$ 399?

Distribuição dos serviços

A entrega de serviços é feita de várias maneiras. Em alguns casos, os clientes vão até as instalações do provedor de serviço. Por exemplo, clínicas e hospitais, serviços de spa e de lavagem a seco são executados nas instalações do provedor. Alguns serviços são executados na casa ou no local de trabalho do cliente. Jardinagem, instalação de computadores e limpeza de carpete são alguns exemplos. E outros ainda são contratados e executados "a distância", no sentido de que não há necessidade de contato presencial entre o cliente e o provedor de serviço. Vários tipos de serviço baseados em equipamento são executados "a distância", como serviços da companhia de ener-

Distribuição de serviços
A FedEx oferece serviços de entrega e mantém em seu site links que permitem o rastreamento on-line das encomendas.

gia elétrica, de internet, televisão a cabo e telefonia. Fornecer assistência aos clientes para esse tipo de serviço pode ser oneroso, mas é essencial para mantê-los satisfeitos e assegurar a participação de mercado da empresa. A companhia de seguros Allstate reconhece a importância da satisfação do cliente e enfatiza o bom atendimento ao público. Se o cliente não ficou satisfeito com o atendimento e a resolução de sua queixa sobre pagamento de seguro de automóvel, a empresa lhe oferece um pacote premium de seis meses. Segundo a empresa, seu objetivo é a satisfação do cliente com sua experiência do serviço, não apenas resolver uma reclamação.[35]

Em geral, os canais de marketing para serviços são curtos e diretos, no sentido de que o provedor entrega o serviço diretamente ao usuário final. Alguns serviços, entretanto, fazem uso de intermediários. Por exemplo, agentes de viagem facilitam a "entrega" dos serviços de transporte aéreo; corretores de seguros participam da venda de vários tipos de apólices e planejadores financeiros atuam no mercado de serviços de investimento. O profissional de marketing de serviços está menos preocupado com a logística de estoques e transporte do que o de marketing de bens. Porém se preocupam com a gestão de inventários, buscando equilibrar a oferta e a procura dos serviços. As características da inseparabilidade e o nível de contato com o cliente contribuem para os desafios da administração da demanda. Para algumas situações, o profissional de marketing de serviços trabalha com agendamentos e reservas como forma de planejar a entrega e a execução dos serviços. Clínicas e hospitais, advogados, contadores e restaurantes costumam usar reservas e agendamentos para planejar a entrega dos serviços e o ritmo da sua execução. A companhia aérea Southwest Airline apoia-se em computadores, programas e algoritmos sofisticados para desenhar rotas eficientes e cronogramas para as partidas diárias de seus voos.[36] Para aumentar a oferta de um serviço, os profissionais de marketing usam sites que abrigam serviços múltiplos e ainda investem no número de atendentes para prover o aumento do contato com o cliente. Salões de beleza e clínicas de oftalmologia são exemplos dessa prática.

Para tornar a entrega de serviços mais acessível aos clientes e aumentar a oferta de um serviço, e também reduzir os custos com mão de obra, alguns provedores de serviço diminuem o contato pessoal com os clientes pelo uso de máquinas. Em outras palavras, substituem um serviço de alto contato por outro de baixo contato.

Com a instalação de caixas eletrônicos, os bancos aumentaram a capacidade de atendimento e reduziram o contato com o cliente. Esse é um exemplo de como os bancos têm empregado a tecnologia na esperança de melhorar o serviço.

Promoção de serviços

A intangibilidade dos serviços apresenta vários desafios para o marketing de serviços. Como não é possível demonstrar o desempenho real de um serviço em um anúncio ou expô-lo na vitrine de uma loja, conseguir explicá-lo para os clientes pode ser uma tarefa bem complicada. A promoção típica de um serviço costuma utilizar sinais e indicações tangíveis para simbolizá-lo. A companhia de seguros Transamerica usa o famoso edifício Transamerica, prédio em forma de pirâmide que já foi a sede da empresa, para simbolizar força, segurança e confiabilidade, atributos importantes associados à ideia de seguros e outros serviços financeiros. Embora esses símbolos não tenham nenhuma relação com os serviços, facilitam o entendimento do cliente a respeito dos atributos intangíveis associados ao serviço das seguradoras. Para tornar um serviço mais tangível, a propaganda muitas vezes costuma mostrar fotos das instalações, dos equipamentos e da equipe de atendimento. Os profissionais de marketing também podem promover os serviços como se fossem uma expressão tangível do estilo de vida do consumidor. A Comissão de Turismo e Viagem da Califórnia, por exemplo, administra o site Visit California, que fornece ao público informações de várias atividades e atrações turísticas em todo o estado. Uma campanha recente do site envolvia anúncios que mostravam várias personalidades nativas do Estado e promovia atividades ao ar livre e atrações para os turistas de espírito aventureiro.[37]

Comparados aos profissionais de marketing de bens, os de serviços têm mais liberdade para focar a promoção em fatores como preço, promessas e garantias, registros do desempenho dos serviços, acessibilidade e disponibilidade, certificações e treinamentos das equipes de atendimento. Por exemplo, centros de ginástica, como os da norte-americana Gold's Gym, divulgam os certificados de qualificação de seus treinadores como forma de evidenciar aos clientes a capacidade da equipe em ajudá-los a alcançar seus objetivos.[38] Quando da elaboração de peças de propaganda, o marketing de serviço preocupa-se em usar mensagens específicas e concretas, que

♦ ♦ Empreendedorismo em marketing

Drybar descobre um nicho de mercado simples, mas lucrativo, na área de cuidados com o cabelo

Pode uma empresa que depende de apenas um nicho de mercado ter sucesso num setor de serviço em que a competição é acirrada? Para a Drybar a resposta é sim. A fundadora da empresa, Alli Webb, decidiu se tornar uma empreendedora ao conceber um lucrativo conceito de serviço que tem grande apelo para o público feminino. A Drybar emprega um conceito simples: nada de corte nem tintura, apenas lavar e secar o cabelo, com escovas e secador.

Alli Webb abriu seu primeiro salão em Brentwood, Califórnia. A procura era tão grande, que Webb se envolveu numa operação de larga escala, abrindo mais salões em seis estados norte-americanos. O público feminino apreciou o visual que ganhava com apenas água, xampu, escova e secador em um ambiente relaxante. Embora o setor seja concorrido, a ideia se revelou lucrativa por causa do relacionamento com as clientes que os profissionais da rede constroem. Outro aspecto lucrativo é a política de preços oferecida às clientes. Por menos de US$ 40 elas deixam o salão com um novo penteado que geralmente dura entre 3 e 4 dias. Em quatro anos a empresa se tornou um negócio de US$ 20 milhões.[d]

ajudem a tornar o serviço mais tangível na mente dos clientes. Empresas de serviços também tomam cuidado para não prometer demais sobre seus serviços a fim de não elevar a expectativa dos clientes a níveis inalcançáveis.

Por meio de suas ações, uma equipe de atendimento pode estar direta ou indiretamente envolvida na venda pessoal de serviços. A venda direta é importante na medida em que a influência pessoal pode ajudar o cliente a visualizar os benefícios de dado serviço. Como a equipe de atendimento pode se envolver na venda direta de um serviço, algumas empresas investem pesado no treinamento.

Em razão da heterogeneidade e intangibilidade de um serviço, a comunicação boca a boca é importante na sua promoção. O que outras pessoas dizem a respeito de um provedor de serviços pode ter um tremendo impacto na decisão de um indivíduo sobre usar ou não aquele provedor. Alguns profissionais de marketing de serviços tentam estimular a comunicação boca a boca positiva ao pedir para os clientes recomendarem aos amigos e colegas os serviços da empesa ou mesmo oferecer incentivos aos clientes atuais e aos recém-chegados. O Groupon, serviço que oferece descontos de empresas locais de cidades selecionadas, oferece ofertas gratuitas aos clientes que indicam amigos para se tornar novos clientes da empresa.

ORGANIZANDO-SE PARA DESENVOLVER E ADMINISTRAR PRODUTOS

7 Familiarizar-se com as estruturas organizacionais que desenvolvem e gerenciam produtos.

Até este momento, já deve ter ficado claro que a gestão de um produto é uma atividade complexa. Muitas vezes, a estrutura tradicional de uma organização não se adapta às necessidades de gerenciamento do produto. Nesses casos, a gerência deve buscar uma abordagem organizacional que consiga cumprir as tarefas necessárias para o desenvolvimento e a gestão do produto. Alternativas à organização tradicional incluem o gerente de produto ou de marca e a iniciativa de montar uma *venture team* (equipe focada num projeto).

Responsabilidades da gestão de produto
Gerentes de produto operam de modo funcional cruzado para coordenar as atividades de marketing associadas a um produto, incluindo propaganda, gestão da marca, design e distribuição.

Gerente de produto é responsável por um produto, por uma linha ou por vários produtos distintos que reúnem um grupo de empregados de atividades inter-relacionadas dentro de uma empresa. **Gerente de marca** é responsável por uma única marca. A Kraft, por exemplo, tem um gerente de marca para o Nabisco Oreos, biscoito campeão de vendas, e um gerente de produto para a linha de petiscos Oscar Mayer Lunchables. Ambos os gerentes trabalham de modo funcional cruzado, ou seja, coordenam juntos as atividades, informações e estratégias que envolvem empregados de várias equipes e divisões dentro de uma empresa para as ações de marketing de um produto ou uma marca. Gerentes de produto e de marca elaboram planos de ações de marketing que coordenam o mix de distribuição, de promoção (especialmente as atividades de promoção de vendas e propaganda) e de preço. A abordagem com gerentes de marca ou produtos é utilizada por muitas empresas de grande porte que operam com múltiplos produtos.

Venture team é uma equipe focada na criação de produtos inteiramente novos que podem ser direcionados a novos mercados. Diferente do gerente de produto, a venture team é responsável por todos os aspectos do desenvolvimento de um produto: pesquisa e desenvolvimento, produção e fabricação, financiamento e contabilidade, e marketing. Os membros da venture team são recrutados dos diversos setores de uma organização. Ao trabalhar em paralelo à hierarquia da organização, as venture teams têm mais flexibilidade para aplicar abordagens criativas no desenvolvimento de novos produtos que possam se aproveitar das oportunidades de mercados altamente segmentados. Quando um novo produto demonstra seu potencial comercial, os membros da equipe podem retornar aos seus setores de atuação, ser reunidos em uma nova divisão ou ser absorvidos por uma divisão já existente para administrar o produto.

gerente de produto Pessoa da organização responsável por um produto, uma linha ou um grupo de produtos diversos.

gerente de marca (brand manager) Pessoa responsável por um única marca.

venture team Grupo que reúne membros de atuações diversas e específicas para criar produtos completamente novos que podem ser direcionados a novos mercados.

Revisão do capítulo

1. Entender como as empresas fazem a gestão dos produtos existentes por meio da ampliação da linha e da modificação no produto.

Organizações devem ser capazes de ajustar seu mix de produtos para competir de modo eficiente e alcançar seus objetivos. O mix de produtos pode ser melhorado por meio de extensões de linha e alterações nos produtos já existentes. Extensão de linha é o desenvolvimento de um produto muito próximo dos já existentes, mas projetado para atender especificamente a outras necessidades do cliente. Alteração de produto é a mudança de uma ou mais características do produto. Esse procedimento pode ser alcançado por meio de alteração na qualidade, na funcionalidade ou na estética.

2. Descrever como as empresas desenvolvem uma ideia de produto em um produto viável para venda.

Antes de um produto ser introduzido no mercado, passa por um processo de desenvolvimento de novo produto que contém sete fases. Na fase de geração de ideias, as ideias para novos produtos podem partir de fontes internas ou externas. Na de seleção de ideias, é avaliado se as ideias são coerentes com os objetivos gerais da organização e com os recursos disponíveis. A terceira fase, de teste de conceito, reúne uma pequena amostra de potenciais clientes para examinar uma breve descrição da ideia do produto e avalia-se a reação inicial do grupo à proposta de produto e as intenções de compra. Durante a fase de análise de negócios, analisa-se a ideia para determinar seu potencial de contribuição para as vendas, os custos e os lucros da organização. Na de desenvolvimento do produto, a organização avalia se a produção é tecnicamente factível e se é possível a produção a um custo baixo o suficiente para que o preço final seja razoável. Teste de marketing é uma introdução limitada e em pequena escala do produto em uma região selecionada para representar o mercado-alvo. Finalmente, na fase da comercialização, é iniciada a produção em larga escala e toda a estratégia de marketing é desenvolvida.

3. Conhecer a importância da diferenciação do produto e os elementos que diferenciam um produto do outro.

Diferenciação do produto é o processo de criar e projetar produtos de modo que os clientes os percebam como distintos dos da concorrência. Os atributos e o design do produto, sua qualidade e os serviços de assistência ao cliente são as três dimensões da diferenciação do produto que as empresas levam em consideração quando criam produtos e desenvolvem o marketing para cada um.

4. Explicar posicionamento e reposicionamento do produto.

Posicionamento de produto refere-se às decisões e atividades de criação e manutenção de certo conceito do produto na mente do cliente. As organizações podem posicionar um produto para competir de frente com outra marca se o desempenho do seu produto se equiparar ao do concorrente e se seu preço for menor. Quando uma marca apresentar características únicas e relevantes para alguns compradores, é apropriado posicioná-la para evitar competição. Por meio do reposicionamento as empresas podem aumentar a participação de mercado e a lucratividade de uma marca.

5. Entender como a descontinuação de um produto é usada para melhorar o mix de produtos.

Descontinuar um produto é o processo de eliminar produtos que não satisfazem mais uma quantidade suficiente de clientes. Embora os empregados possam se opor a essa eliminação, produtos fracos não são lucrativos, consomem muito tempo e esforço, podem demandar produção em menor escala e criar uma impressão desfavorável sobre os outros produtos da organização. O mix de produtos deve ser constantemente reavaliado para se determinar quando descontinuar um produto. A organização pode decidir pela phase out do produto, por fazer run out ou descontinuá-lo imediatamente.

6. Entender as características dos serviços e como elas se tornam desafios para o desenvolvimento do mix de marketing para produtos baseados em serviços.

Serviços são produtos intangíveis que envolvem funções, desempenhos ou esforços que não podem ser fisicamente possuídos. Serviços apresentam seis características fundamentais: intangibilidade, inseparabilidade, inseparabilidade entre produção e consumo, perecibilidade, heterogeneidade, relacionamentos baseados no cliente e contato com o cliente. Intangibilidade significa que um serviço não pode ser tocado, cheirado ou saboreado. Inseparabilidade refere-se ao fato de que a produção ou a execução do serviço não pode ser separada do seu consumo. Perecibilidade significa que um serviço não utilizado não pode ser guardado para uso futuro. Heterogeneidade é a variação na qualidade do serviço. Relacionamentos baseados no cliente são as interações que levam os clientes a repetir o serviço ao longo do tempo. E contato com o cliente são as interações necessárias entre provedores e clientes para o desempenho ou a entrega de um serviço.

7. Familiarizar-se com as estruturas organizacionais que desenvolvem e gerenciam produtos.

Muitas vezes, o modelo tradicional de uma organização não consegue lidar com a tarefa complexa de desenvolver e administrar produtos. Formas alternativas de organização incluem a figura do gerente de produto ou de marca, ou a formação de uma venture team. O gerente de produto é responsável por um produto, uma linha ou por um grupo de produtos diversos, produzidos por uma equipe inter-relacionada dentro de uma organização que oferece múltiplos produtos. O gerente de marca é responsável por apenas uma marca. E uma venture team é acionada para criar produtos completamente novos que podem ser direcionados para novos mercados.

Conceitos-chave

análise de negócio 354
assistência ao cliente 361
atributos do produto 361
comercialização 357
consistência da qualidade 360
contato com o cliente 371
desenvolvimento de produto 355
design de produto 361
diferenciação do produto 360
eliminação de produto 366
estilo 361
extensão de linha 347
geração de ideias 352
gerente de marca (brand manager) 379
gerente de produto 379
heterogeneidade 370
homesourcing 367
inseparabilidade 369
intangibilidade 368
modificação na qualidade 349
modificação de produto 348
modificação estética 349
modificação na funcionalidade 349
nível de qualidade 360
perecibilidade 369
posicionamento de produto 362
processo de desenvolvimento de novo produto 351
qualidade 360
relacionamentos baseados no cliente 371
seleção de ideias 353
teste de marketing 356
teste do conceito 353
venture team 379

Questões para discussão e revisão

1. O que é extensão de linha e no que ela difere da modificação de produto?
2. Compare e aponte as diferenças entre as três principais abordagens na modificação de um produto.
3. Identifique e resuma as sete principais fases do processo de desenvolvimento de um novo produto.
4. Empresas pequenas que fabricam poucos produtos precisam se preocupar com o desenvolvimento e com gestão de produtos? Justifique.
5. Por que o desenvolvimento de produtos é uma atividade funcional cruzada em uma empresa? Ou seja, por que o financiamento, a fabricação, a produção e outros setores da empresa estão envolvidos no processo?
6. Qual é o objetivo principal do teste do conceito e como é realizado?
7. Quais são as vantagens e as desvantagens dos testes de marketing?
8. Por que o processo de comercialização pode ser demorado?
9. O que é diferenciação de produto e como obtê-la?
10. Explique como o termo *qualidade* tem sido usado para diferenciar os produtos da indústria automotiva nos últimos tempos. Quais são os modelos de veículos que surgem na sua mente quando você ouve os termos *alta e baixa qualidade*?
11. O que é posicionamento de produto? Sob que circunstâncias a concorrência via confronto direto é uma estratégia de posicionamento apropriada? E em que situação a concorrência direta deve ser evitada?
12. Que tipo de problemas um produto fraco causa ao mix de produtos? Descreva as abordagens mais eficazes para evitar esses problemas.
13. Quão importante é o setor de serviços para a economia norte-americana?
14. Identifique e discuta as principais características dos serviços.
15. Para cada elemento do mix de marketing, aponte quais são as características dos serviços que mais os impactam.
16. Que tipo de estrutura organizacional pode usar uma *venture team* para criar novos produtos? Quais são as vantagens e desvantagens que uma equipe desse tipo apresenta?

Aplicações do marketing

1. Uma companhia muitas vezes faz testes de marketing em uma região ou local específico para avaliar uma proposta de produto. Suponha que você deseje fazer um teste de marketing com sua nova e revolucionária cera para carros SuperWax, que requer apenas uma aplicação para uma vida inteira de brilho na lataria. Onde e como você testaria o mercado para este produto?
2. Selecione uma organização que, na sua opinião, deveria se reposicionar aos olhos do cliente. Identifique a posição atual desta organização e faça recomendações para o reposicionamento. Explique e justifique suas sugestões.
3. Identifique um produto conhecido que tenha passado recentemente por alguma modificação. Classifique a modificação (de qualidade, funcionalidade ou estética) e descreva como você faria uma modificação diferente.
4. As características dos serviços afetam o desenvolvimento do mix de marketing de serviço. Escolha um serviço e explique como cada elemento do mix de marketing poderia ser afetado pelas características deste serviço.
5. Identifique três organizações de serviços cuja propaganda você encontra em comerciais na TV, revistas ou outdoors. Quais símbolos são usados para representar esses serviços? Quais mensagens esses símbolos expressam para os clientes em potencial?
6. Visite uma loja de varejo no seu bairro e pergunte ao(à) gerente quais produtos ele(a) descontinuou. Descubra quais fatores influenciaram a decisão de descontinuar o produto e quem esteve envolvido nesta decisão. Peça ao(à) gerente para identificar produtos que deveriam ter sido eliminados e não foram, e tente determinar os motivos.

Desenvolvendo seu plano de marketing

A estratégia de marketing de uma empresa pode ser revista para incluir novos produtos quando leva em conta sua análise SWOT e o impacto de fatores do ambiente do mercado no seu mix do produto. Ao desenvolver um plano de marketing, a empresa precisa decidir se algum novo produto deve ser acrescentado ao mix ou se os já existentes requerem modificação. As informações deste capítulo o ajudarão na criação do seu plano de marketing. Para isso, considere o seguinte:

1. Identifique se você fará alteração num produto do seu mix atual ou se irá desenvolver um novo produto.
2. Se seu produto for uma extensão de um já existente no seu mix atual, determine quais tipos de modificação fará.
3. Use a Figura 11.1 como guia e reflita sobre como sua ideia de produto vai passar pelos estágios de desenvolvimento de um novo produto. Analise criticamente sua ideia utilizando os testes e as análises presentes no processo de desenvolvimento de novos produtos.
4. Discuta como a gestão deste produto se adequará à estrutura atual da sua empresa.

As informações obtidas dessas questões devem ajudá-lo no desenvolvimento de vários aspectos do seu plano de marketing.

Caso 11.1

Será que os desodorantes da AXE deixam os homens mais desejáveis?

Gostemos ou não, os comerciais dos desodorantes AXE costumam ser marcantes. Esta marca da Unilever sempre busca transmitir masculinidade. A marca surgiu em 1983, na França, com o nome de Lynx, mas só foi lançada nos Estados Unidos em 2002. No entanto, num curto período de tempo no mercado americano, a AXE revolucionou o segmento de cuidados pessoais masculinos, a ponto de se tornar a marca número um nos Estados Unidos e no Canadá.

Suas campanhas usam anúncios provocativos, que mostram mulheres encantando-se por homens que usam os desodorantes AXE.

Embora desodorantes em spray sejam um dos produtos mais populares, a marca se arriscou bastante quando entrou no mercado americano. Até a chegada do AXE, os americanos consideravam os sprays corporais um item de consumo feminino. Mesmo assim, a popularidade do produto aumentou rapidamente, apostando no interesse do público masculino jovem por cuidados pessoais.

"Nosso alvo são mesmo os jovens de 18 a 24 anos", disse o gerente da marca AXE, Mike Dwyer. "Nossos anúncios representam exatamente o que esses garotos pensam. Ou seja, carros e eletrônicos, esporte ou garotas. E focamos bastante em garotas."

Os produtos AXE apresentam características tanto tangíveis como psicológicas. No lado tangível, o aroma dos produtos precisa agradar tanto homens quanto mulheres. No aspecto psicológico, o produto apela para o desejo, a masculinidade e a sedução. Para uma gestão eficiente da marca, a Unilever precisa desenvolver novos produtos e administrar as linhas existentes. Ao longo dos anos, a AXE apresentou extensões, como produtos para o cabelo, pós-barba, hidratantes e gel de banho. A Unilvever também lançou no mercado canadense uma fragrância AXE chamada Anarchy for Her ("anarquia para ela"), assim o público jovem feminino pode experimentar o "efeito AXE". Essa fragrância tem aromas mais frutados e de flores, e é um complemento da linha masculina Anarchy for Him ("anarquia para ele").

Fragrâncias novas são lançadas a cada ano. Por exemplo, uma das mais recentes foi o aroma de sorvete de chocolate. Para criar aromas que tenham ressonância junto ao público jovem masculino, a AXE conta com profissionais da área de perfumaria para desenvolver as fragrâncias e contrata até perfumistas (especialistas em avaliar perfumes). Esses esforços não só garantem à AXE a liderança de mercado como também beneficiam toda o setor. O mercado de cuidado pessoal masculino deve chegar a U$S 33,2 bilhões em 2015.

O marketing sexualizado da AXE e o apelo ao público jovem masculino construíram o que Mike Dwyer chama "estilo de vida AXE". O design do produto procura transmitir a ideia de sedução (a cor tradicional é o preto, mas pode variar conforme o produto). As propagandas da AXE tentam conectar o poder de atrair mulheres ao produto em si. Por exemplo, o comercial da fragrância de sorvete de chocolate da AXE mostrava mulheres lambendo um homem que havia usado o desodorante. Embora a AXE faça promoções pelo Twitter e por meio de eventos, suas ações mais marcantes são mesmo as propagandas.

Os jovens podem ser atraídos pela ideia de que o desodorante os torne irresistíveis, mas o que a AXE não esperava era a popularidade do produto entre uma geração ainda mais jovem: os adolescentes e pré-adolescentes (entre 10 e 12 anos). Essa geração ainda mais jovem não tem fonte de renda, mas é uma influência no consumo familiar. E as mães costumam atender aos pedidos dos filhos, e compram o produto.

Muitas das ações promocionais destinadas ao público jovem parecem ter apelo também para os pré-adolescentes – neste caso, a vontade de ser aceito e se sentir "sexy". Como a pré-adolescência é a fase em que muitos garotos se tornam mais conscientes em relação à aparência, o AXE seria um modo para que se sintam mais confiantes com a própria imagem. Infelizmente, pré-adolescentes tendem a abusar do desodorante, e algumas escolas nos Estados Unidos até proíbem seu uso, para não atrapalhar as aulas.

Embora seja lucrativo para a linha AXE a popularidade entre os adolescentes, este sucesso pode ter efeitos negativos. Os jovens costumam fugir de produtos que são populares entre aqueles que são ainda mais novos, como a velha rivalidade com o irmão mais novo. Por isso, a AXE deixa claro que o público do seu mercado são os jovens entre 18 e 24 anos. E para lidar com as mudanças de tendências, a marca continua desenvolvendo e adaptando produtos para atender às necessidades do seu mercado-alvo e aproveitar todas as oportunidades desse segmento.[39]

Questões para discussão

1. Como a AXE administra seu mix de produtos?
2. Como a AXE usa a extensão de linhas para aumentar seu alcance entre os consumidores?
3. Por que as gerações mais novas são atraídas pelos produtos AXE?

NOTAS

1. Ray A. Smith. In Search of a Perfect Shave. *Wall Street Journal*, 29 ago. 2012, p. D1-D3; site da Gillette. Disponível em: <www.gillette.com/en/us/Products/Razors/Fusion/fusion-manual.aspx>. Acesso em: 7 set. 2012; Brian Palmer. Do More Blades Really Mean a Better Shave? *Columbia Daily Tribune*, 9 set. 2012. Disponível em:<www.columbiatribune.com/news/2012/sep/09/do-more-blades-really-mean-better-shave/>. Acesso em: 9 set. 2012.

2. Mike Esterl. Coke Tailors Its Soda Sizes. *Wall Street Journal*, 19 set. 2011, p. B4.

3. Robert E. Carter e David J. Curry. Perceptions versus Performance When Managing Extensions: New Evidence about the Role of Fit between aParent Brand and an Extension. *Journal of the Academy of Marketing Science*. Disponível em: <www.springerlink.com/content/8030v6q35851821t>. Acesso em: 23 jan. 2013.

4. Jack Neff. Tide Pods Winning $7 Billion Detergent Wars By Redefining Value. *Advertising Age*, 18 dez. 2012. Disponível em: <http://adage.com/article/news/tide-pods-winning-7-billion-detergent-warsredefining/238779/>. Acesso em: 17 jan. 2013.

5. Kenneth Hein. BK Boxers Leads Pack of Worst Line Extensions. *Ad Week*. Disponível em: <www.adweek.com/news/advertising-branding/bk-boxers-leads-packworst-line-extensions-104927>. Acesso em: 23 jan. 2013.

6. David Goldman. Bing Fires at Google with NewSocial Search. *CNN*, 10 maio 2012. Disponível em: <http://money.cnn.com/2012/05/10/technology/bing-redesign/index.htm>. Acesso em: 17 jan. 2013.

7. Panos Mourdoukoutas. The Entrepreneurial Failure of Eastman Kodak. *Forbes*, 2 out. 2011. Disponível em: <www.forbes.com/sites/panosmourdoukoutas/2011/10/02/the-entrepreneurial-failure-of-eastmankodak>. Acesso em: 23 jan. 2013.

8. Michael Lev-Ram. A Twitter Guy TakesonBanks. *Fortune*, 7 fev. 2011, p. 37-42.

9. AboutUs. *Smart USA*. Disponível em: <www.smartusa.com>. Acesso em: 23 jan. 2013.

10 P&G Open to New Ideas, But Not to Embalming Kits. *Taipei Times*, 3 jan. 2010. Disponível em: <www.taipeitimes.com/News/biz/archives/2010/01/03/2003462552>. Acesso em: 19 jan. 2012.

11. Our Clients. Fahrenheit 212. Disponível em: <www.fahrenheit-212.com/#/innovation/our-work/our-clients>. Acesso em: 23 jan. 2013; Nadira A. Hira, Fahrenheit 212 – The Innovator's Paradise. *Fortune*, 16 dez. 2009. Disponível em: <http://money.cnn.com/2009/12/15/news/companies/fahrenheit_212.fortune/index.htm>. Acesso em: 23 jan. 2013.

12. Christoph Fuchs e Martin Schreier. Customer Empowerment in New Product Development. *Journal of Product Innovation Management* 28, n. 1, jan. 2011, p. 17-31.

13. Stephan Faris. "Ground Zero. *Bloomberg Businessweek*, 13-19 fev. 2012, p. 68-69.

14. JoAndrea Hoegg e Joseph W. Alba. Seeing Is Believing (Too Much): The Influence of Product Form on Perceptions of Functional Performance. *Journal of Product Innovation Management* 28, n. 3, maio 2011, p. 346-59.

15. Altria Plans to Test-Market Smokeless "TobaccoSticks". *Wall Street Journal*, 23 fev. 2011. Disponível em: <http://online.wsj.com/article/SB10001424052748703842004576162920066342358.html>. Acesso em: 23 jan. 2013.

16. Columbus, Ohio: "Test Market USA". *NPR*, 14 out. 2009. Disponível em: <www.npr.org/templates/story/story.php?storyId=113795356>. Acesso em: 11 fev. 2013.

17. Website da Sky Zone. Disponível em: <http://skyzonesports.com/>. Acesso em: 17 jan. 2013; Jason Daley. The Big Bounce. *Entrepreneur*, abr. 2010, p. 108.

18. Jack Neff, Swiffer By Another Name. *Advertising Age*, 11 abr. 2005, p. 11.

19. Roger J. Calantone e C. Anthony Di Benedetto. The Role of Lean Launch Execution and Launch Timing on New Product Performance. *Journal of the Academy of Marketing Science*, jun. 2011. Disponível em: <http://link.springer.com/article/10.1007%2Fs11747-011-0258-1?LI=true>. Acesso em: 23 jan. 2013.

20. October 2012 and Historical ACSI Benchmarks. *American Customer Satisfaction Index*, 16 out. 2012. Disponível em: <www.theacsi.org/acsi-results/acsi-benchmarks-october>. Acesso em: 11 fev. 2013.

21. Geoff Colvin. Can I Help You? *Fortune*, 30 abr. 2012, p. 63-68.

22. Marco Bertini, Elie Ofek e Dan Ariely. The Impact of Add-On Features on Consumer Product Evaluations. *Journal of Consumer Research* 36, n. 1, jun. 2009, p. 17-28.

23. Josh Lowensohn. Samsung Slams iPhone 5 Linegoers in New Attack Ad. *cnet*, 19 set. 2012. Disponível em: <http://news.cnet.com/8301-13579_3-57516072-37/samsung-slams-iphone-5-linegoers-in-new-attack-ad/>. Acesso em: 17 jan. 2013.

24. 2013 Ford Fusion. *Motor Trend*, mar. 2012, p. 51-52.

25. Jeffrey N. Ross. These Cars Are Headed to the Great Crusher in the Sky. *Autoblog*, 24 ago. 2012. Disponível em: <www.autoblog.com/2012/08/24/thesecars-are-headed-to-the-great-crusher-in-the-sky/>. Acesso em: 17 jan. 2013.

26. About Us. Rhema Business Solutions. Disponível em: <http://homesourcingsolutions.com/>. Acesso em: 23 jan. 2013.

27. As informações contidas nesta seção foram baseadas em Hoffman e Bateson. *Services Marketing:* Concepts, Strategies, and Cases, 57; Valarie A. Zeithaml, A. Parasuraman e Leonard L. Berry. *Delivering Quality Service:* Balancing Customer Perceptions and Expectations. Nova York: Free Press, 1990.

28. J. Paul Peter e James H. Donnelly. *A Preface o Marketing Management*. Burr Ridge, IL: Irwin/McGraw-Hill, 2011.

29. About Pinterest. Disponível em: <http://pinterest.com/about/help/>. Acesso em: 23 jan. 2013; Lorna Smith. How Pinterest Can Increase Your Website

Traffic. Bloggertone, 8 jan. 2012. Disponível em: <http://bloggertone.com/marketing/2012/01/08/howpinterest-can-increase-your-website-traffic/>. Acesso em: 23 jan. 2013.

30. Michael D. Hartline e O. C. Ferrell. Service Quality Implementation: The Effects of Organizational Socialization and Managerial Actions of Customer Contact Employee Behavior. *Marketing Science Institute Report*, n. 93-122. Cambridge, MA: Marketing Science Institute,1993.

31. Jake Widman. Empowered Employees Create Happy Customers. AllBusiness.com, 23 set. 2011. Disponível em: <www.allbusiness.com/create-happycustomers/16684809-1.html>. Acesso em: 23 jan. 2013.

32. Hoffman e Bateson. *Services Marketing:* Concepts, Strategies, and Cases, p. 69-70.

33. Brian X. Chen e Nick Wingfield. Apple Introduces Tools to (Someday) Supplant Print Textbooks. *The New York Times Bits Blog*,19 jan. 2012. Disponível em: <http://bits.blogs.nytimes.com/2012/01/19/apple-unveils-tools-fordigital-textbooks/?scp=2&sq=customize&st=cse>. Acesso em: 23 jan. 2013.

34. Hoffman e Bateson. *Services Marketing:* Concepts, Strategies, and Cases, 163.

35. Ann Carrns. Allstate Offers Credit to Clients Unhappy with Claims Service. *The New York Times Bucks Blog*, 17 jan. 2012. Disponível em: <http://bucks.blogs.nytimes.com/2012/01/17/allstateoffers-credit-to-clients-unhappy-with-claimsservice/?scp=1&sq=service%20customer%20satisfaction&st=cse>. Acesso em: 23 jan. 2013.

36. Fact Sheet. Southwest Airlines. Disponível em: <www.southwest.com/html/about-southwest/ history/fact-sheet.html#daily_departures>. Acesso em: 27 jan. 2012.

37. Misconceptions. Visit California. Disponível em: <www.visitcalifornia.com/Life-In-California/Behind-The-Scenes/Misconceptions/>. Acesso em: 23 jan. 2013.

38. Gold'sGym. Meet the Trainers. Disponível em: <www.goldsgym.com/gyms/trainers.php?gymID=0103>. Acesso em: 23 jan. 2013.

39. John Berman e Lauren Effron. The World of AXE Is "Lick-able, Addictive". *ABC News*, 25 mar. 2011. Disponível em: <http://abcnews.go.com/Entertainment/lickinside-axe-popular-male-grooming-products-brand/story?id=13224549>. Acesso em: 23 jan. 2013; AXE Unleashes Anarchy in Canada with First-Ever Female Fragrance. Canadian Newswire, 7 fev. 2012. Disponível em: <www.newswire.ca/en/story/917149/axeunleashes-anarchy-in-canada-with-first-ever-femalefragrance>. Acesso em: 23 jan. 2013; Jan Hoffman. Masculinity in a Spray Can. *The New York Times*, 29 jan. 2010. Disponível em: <www.nytimes.com/2010/01/31/fashion/31smell.html?pagewanted=1&_r=1>. Acesso em: 23 jan. 2013; Axe, Unilever. Disponível em: <www.unilever.ca/brands/personalcarebrands/Axe.aspx>. Acesso em: 23 jan. 2013.

Notas dos *Quadros Informativos*

a Terri Bennett. The Good, Bad & Ugly about CFLs. *The Chicago Tribune*, 26 abr. 2010. Disponível em: <www.chicagotribune.com/health/sc-home-0426-clfs-20100426,0,2225600.story>. Acesso em: 17 nov. 2011; Elisabeth Rosenthal e Felicity Barringer. Green Promise Seen in Switchto LED Lighting. *The New York Times*, 29 maio 2009. Disponível em: <www.nytimes.com/2009/05/30/science/earth/30degrees.html?ref=lightemitting_diodes>. Acesso em: 17 nov. 2011; Wendy Koch. American Hazy on U.S. Phaseout of Incandescent Lights. *USA Today*, 21 dez. 2010. Disponível em: <http://content.usatoday.com/communities/greenhouse/post/2010/12/americans-hazy-us-energy-efficiencyrules/1>. Acesso em: 17 nov. 2011; Dan Koeppel. The Future of Lights Is the LED. *Wired*, 19 ago. 2011. Disponível em: <www.wired.com/magazine/2011/08/ff_lightbulbs/>. Acesso em: 17 nov. 2011.

b Bruce Einhorn. Unhyped Ultrabooks Underperform. *Bloomberg Businessweek*, 27 ago. 2012, A1; Dan Grabham. Best Developing and Managing Goods and Services Ultrabook: 18 Top Thin and Lights for 2012. *Tech Radar*, 24 set. 2012. Disponível em: <www.techradar.com/us/news/mobile-computing/laptops/best-ultrabook-18-top-thin-and-lightsfor-2012-1054355>. Acesso em: 11 out. 2012; John Tobey. Ultrabook: Anti-Apple Weapon Powering Up, Creating Uncertainty Plus Opportunity. *Seeking Alpha*, 1º maio 2012. Disponível em: <http://seekingalpha.com/article/546151-ultrabookanti-apple-weapon-powering-up-creatinguncertainty-plus-opportunity>. Acesso em: 15 out. 2012; Melissa J. Parenson. Notebook Computers. *Consumers Digest*, jan. 2012. Disponível em: <www.consumersdigest.com/electronics/rise-of-the-ultrabooks/notebook-computers/view-all>. Acesso em: 16 out. 2012; Patrick Darling. Intel Capital Creates $300 Million Ultrabook Fund. Intel, 10 ago. 2011. Disponível em: <http://newsroom.intel.com/community/intel_newsroom/blog/2011/08/10/intel-capital-creates-300-millionultrabook-fund>. Acesso em: 11 fev. 2013.

c Claire Suddath. Club Applebee's?. *Bloomberg Businessweek*, 27 ago. - 2 set. 2012, p. 67-69; Club Applebee's: Chain Courts Party Crowd with "Bee's Late Night". *Huffington Post*, 30 ago. 2012. Disponível em: <www.huffingtonpost.com/2012/08/30/club-applebees-bees-latenight_n_1843592.html>. Acesso em: 15 set. 2012; Club Applebee's. Disponível em: <www.clubapplebees.com/index.html>. Acesso em: 19 set. 2012.

d Meghan Casserly. Drybar: How One Womanand a Hair Dryer Became a $20 Million Operation. *Forbes*, 1º nov. 2012. Disponível em: <www.forbes.com/sites/meghancasserly/2012/11/01/drybar-how-one-woman-and-a-hair-dryerbecame-a-20-million-operation/>. Acesso em: 14 nov. 2012; Monica Corcoran Harel. Drinking and Drying. *Entrepreneur.com*, 20 set. 2010. Disponível em: <www.entrepreneur.com/article/217294>. Acesso em: 14 nov. 2012; Elizabeth Holmes. The Blow-Dry Bar Scene. *Wall Street Journal*, 28 set. 2011. Disponível em: <http://online.wsj.com/article/SB10001424052970204831304576595322366093848.html>. Acesso em: 14 nov. 2012.

CAPÍTULO 12

Conceitos e gestão da precificação

OBJETIVOS

1. Explorar questões relativas ao desenvolvimento de objetivos de precificação
2. Entender as análises da avaliação do preço pelo público-alvo
3. Entender a demanda e a elasticidade-preço da demanda.
4. Familiarizar-se com as relações entre demanda, custo e lucro.
5. Examinar como os profissionais de marketing analisam os preços dos concorrentes.
6. Descrever a base usada para estabelecer preços.
7. Explicar os diferentes tipos de estratégias de precificação.
8. Compreender a seleção de um preço específico.
9. Explorar a precificação de produtos de negócios.

INSIGHTS DE MARKETING

McDonald's mantém seu menu de US$ 1 no cardápio

O menu de US$ 1 do McDonald's é o favorito dos clientes de Portland, no Oregon, a Portland, no Maine, e além. Esse império de fast-food, que totaliza 34 mil restaurantes em 119 países, com sede em Illinois, ostenta uma cifra de U$ 27 bilhões ao ano em vendas. O menu de US$ 1, com seus hambúrgueres baratos e cafés da manhã que são uma pechincha, ajudou o McDonald's a fidelizar os clientes cujas carteiras sentiram o pesado impacto da retração na economia. Ao mesmo tempo, a empresa vem pagando mais caro pelos ingredientes nos anos recentes, e passou parte desses custos para outros produtos, que tiveram os preços aumentados.

Muitos concorrentes da rede estão usando a estratégia de precificar de maneira especial alguns itens do menu para atrair os clientes mais conscientes em relação a preços, fazendo pressão sobre a participação de mercado do McDonald's. Quando a empresa tentou colocar, nos Estados Unidos, o foco de marketing no menu de itens de preço superior a US$ 1, as vendas despencaram. Então, rapidamente voltou a promover o menu de US$ 1 de forma agressiva, inclusive adicionando novos itens, o que fez as vendas se recuperarem. Não é de surpreender que o McDonald's mantenha essa opção de menu.

Mesmo que individualmente as lojas da rede façam pouco dinheiro com o menu de US$ 1, a margem de lucro se torna mais alta, já que os clientes compram itens adicionais, como uma porção de batatas ou o refrigerante maior. Portanto, não se trata apenas de vender comida a US$ 1; se isso fizer os clientes voltarem sempre às lojas do McDonald's e alavancar as vendas de itens de menus com preços regulares, a ação pode reforçar a lealdade do cliente, manter os concorrentes a distância e ajudar a dar suporte ao crescimento da rede, mesmo em tempos econômicos difíceis.[1]

Antes que o preço de um produto seja estabelecido, uma organização precisa determinar as bases sobre as quais vai competir – se exclusivamente pelo preço ou por meio de uma combinação de fatores. A **concorrência por preço** ocorre quando um produtor enfatiza o baixo preço do produto e estabelece um valor que se iguala ou bate o da concorrência. Para usar essa abordagem com mais eficácia, o vendedor deve ter flexibilidade para mudar os preços rápida e agressivamente em resposta às ações dos concorrentes. Se a competição por preços permite à organização estabelecer preços com base na demanda pelo produto, ou em resposta a mudanças nas suas finanças, seus concorrentes também podem fazer o mesmo. Esta é uma grande desvantagem nesse tipo de competição: o fato de que os concorrentes podem acompanhar ou superar as reduções de preços de uma companhia. Caso circunstâncias imprevistas forcem essa companhia a elevar seus preços e não afetem as outras empresas, seus concorrentes serão capazes de manter seus preços baixos. Já a **concorrência não baseada no preço** é aquela que tem por base outros fatores. É usada mais efetivamente quando um vendedor consegue distinguir sua mercadoria da dos concorrentes por meio de características como qualidade, serviço ao cliente, promoções, embalagens, entre outras. Contudo, para que esta competição seja eficaz, os compradores têm de estar aptos a perceber essas qualidades distintivas e considerá-las desejáveis. Uma vantagem é a de que, quando os clientes escolhem uma marca por razões que não levem em consideração apenas o preço, como característica única, pode ser que não sejam atraídos tão facilmente por empresas e marcas concorrentes.

Neste capítulo, examinamos os oito estágios de um processo que pode ser utilizado para estabelecer preços, ilustrados pela Figura 12.1. O estágio 1 é desenvolver um

concorrência por preço Enfatiza o preço a fim de acompanhar ou bater o da concorrência

concorrência não baseada no preço Enfatiza outros fatores além do preço para distinguir o produto das marcas concorrentes

Preço e concorrência não baseada no preço
Em geral, há uma quantidade considerável de concorrência de preços entre as marcas de produtos para os cabelos. No entanto, os produtos L'Oréal competem usando a estratégia de concorrência não baseada no preço, que enfatiza a qualidade do produto.

Figura 12.1

Estágios para o estabelecimento de preços.

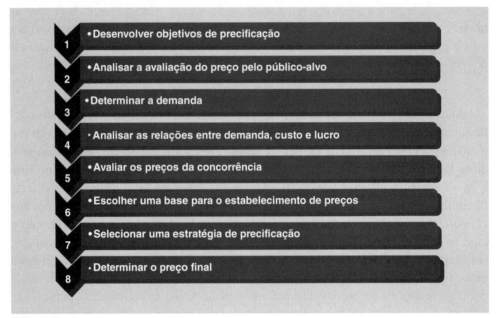

© Cengage Learning

objetivo de precificação que seja compatível com os objetivos globais e de marketing da organização. O estágio 2 implica análise da avaliação do preço pelo público-alvo. No estágio 3, deve-se examinar a demanda por um produto e a elasticidade-preço demanda. O 4 consiste em analisar as relações entre demanda, custo e lucro – é um passo necessário para estimar a viabilidade econômica das várias alternativas de preço. O estágio 5 envolve avaliar os preços da concorrência, o que ajuda a determinar o papel do preço na estratégia de marketing. O 6 requer a escolha de uma base para o estabelecimento de preços; o 7 é selecionar uma estratégia de precificação ou determinar o papel do preço no mix de marketing. Por fim, o estágio 8 envolve a determinação do preço final. Este depende das forças que atuam no ambiente de mercado, e de entendimento e uso, por parte dos profissionais de marketing, de uma abordagem sistemática para o estabelecimento de preços. Esses estágios não são rígidos, nem todos os que estão no mercado vão segui-los. Eles são meros guias que provêm uma sequência lógica para o estabelecimento de preços.

1 Explorar questões relativas ao desenvolvimento de objetivos de precificação.

DESENVOLVIMENTO DE OBJETIVOS DE PRECIFICAÇÃO

objetivos de precificação Metas que descrevem o que uma organização deseja alcançar por meio da precificação

O primeiro passo para o estabelecimento de preços é desenvolver **objetivos de precificação** – metas que descrevem o que uma organização deseja alcançar por meio desse processo. Trata-se de uma importante tarefa, porque esses objetivos formam a base para as decisões nos outros estágios do processo de precificação. Além disso, esses objetivos têm de ser determinados em termos explicitamente mensuráveis, e devem incluir um prazo de execução.

Deve-se se assegurar de que os objetivos de precificação sejam consistentes com os objetivos globais e de marketing da organização, pois eles influenciam decisões em muitas áreas funcionais de um negócio, incluindo finanças, contabilidade e produção. Um empreendimento pode usar objetivos de curto e de longo prazos, e empregar um ou múltiplos objetivos de precificação. Por exemplo, uma empresa pode desejar incrementar sua participação no mercado em 18% nos próximos três anos, e, ao mesmo tempo, alcançar um retorno de investimento da ordem de 15%, e promover uma imagem de qualidade no ambiente de mercado. Nesta seção, examinamos alguns dos objetivos de precificação que as companhias podem utilizar.

Sobrevivência

Este é um dos objetivos de precificação mais fundamentais. Em geral, significa manter os preços temporariamente baixos, por vezes, até abaixo dos custos, para atrair mais vendas. Por ser o preço um ingrediente flexível no mix de marketing, pode ser útil para manter a companhia à tona por meio do aumento no volume de vendas. A maioria das organizações tolerará contratempos, como perdas em curto prazo e agitação interna, se necessários para a sobrevivência.

Lucro

Embora uma companhia possa declarar que seu objetivo é maximizar os lucros para seus proprietários, o objetivo da maximização de lucros raramente é operacional, porque é difícil mensurar suas realizações. Por isso, os objetivos de lucro tendem a ser estabelecidos em patamares que os proprietários e os executivos de nível decisório percebam como satisfatórios e alcançáveis. Objetivos específicos de lucro podem ser expressos tanto em termos de valores recebidos ou de percentual da receita de vendas.

Retorno sobre o investimento (ROI)

Precificar para atingir um nível de retorno específico sobre o investimento da empresa é um objetivo de precificação relacionado a lucro. Retorno sobre o investimento (ROI) em geral implica tentativa e erro, pois não é comum que todos os dados e todas as entradas de informações requeridos para tanto estejam disponíveis no momento em que os preços são estabelecidos. Muitas empresas farmacêuticas também usam objetivos de precificação com base no ROI por conta de seus enormes investimentos em pesquisa e desenvolvimento.

Participação de mercado

Muitas organizações estabelecem objetivos de precificação para manter ou incrementar sua participação no mercado, explicitada pelas vendas dos seus produtos em relação às vendas totais do setor. A Frito-Lay, por exemplo, está buscando estratégias de high-end (extremidade superior do setor) e low-end (extremidade inferior) para atrair clientes de um espectro mais amplo para o mercado de salgadinhos e assegurar maior participação no mercado. Enquanto marcas como Doritos e Tostitos continuam a ser precificadas na extremidade inferior do segmento de salgadinhos, a Frito-Lay também oferece marcas de preços mais altos para os high-end, como Stacy's Pita Chips e Sabra. A empresa lançou ainda a marca Taqueros, salgadinhos com preços baixos destinados ao mercado hispânico.[2] A estratégia funcionou, fazendo da Frito-Lay a maior companhia de salgadinhos por participação de mercado no mundo. Muitas empresas reconhecem que participações de mercado relativamente altas com frequência se traduzem em altos lucros. Estudos sobre o impacto lucrativo das estratégias de mercado, ou Pims (do inglês profit impact of market strategies), realizados nos últimos 50 anos, mostraram que tanto a participação no mercado quanto a qualidade do produto influenciam a lucratividade.[3] Além disso, os ofertantes na maioria das vezes veem o aumento na participação de mercado como um objetivo primário de precificação.

A necessidade de manter ou aumentar a participação no mercado não depende de um crescimento nas vendas da organização. Ela pode aumentar sua participação no mercado mesmo que as vendas estejam estáveis, ou decresçam. Por outro lado, o volume de vendas de uma companhia pode aumentar enquanto sua quota no mercado decai, se houver crescimento do mercado global.

Fluxo de caixa

Algumas companhias estabelecem preços para recuperar caixa o mais depressa possível. Gerentes financeiros, compreensivelmente, querem recuperar o capital gasto para desenvolver produtos. A escolha deste objetivo de precificação pode ter o apoio de um gerente de marketing se puder antecipar que o produto tenha um ciclo de vida curto. Apesar de ser aceitável em algumas situações, o uso do fluxo de caixa e da recuperação como objetivo de precificação simplifica muito a contribuição do preço para os lucros. Se este objetivo de precificação resulta em preços altos, os concorrentes com preços menores podem ganhar uma larga quota do mercado.

Status quo

Em alguns casos, uma organização está em posição favorável e deseja nada mais do que manter seu nível de atuação atual, ou seu status quo. Objetivos de status quo podem focar muitas dimensões, como manter a participação de mercado, igualar-se aos concorrentes em termos de preços (mas não os diminuindo), alcançar estabilidade de preços e manter uma imagem pública favorável. Um objetivo de precificação com base no status quo pode reduzir os riscos da organização, ajudando a estabilizar a demanda por produtos. Uma empresa que escolha este tipo de objetivo

---

Tendências emergentes

Panera Cares: pague quanto quiser

"Pegue o que você precisa, pague quanto quiser." É o que dizem as placas aos clientes que comem nos Cafés Comunitários Panera Cares no Missouri, Michigan e Oregon (Estados Unidos). Nesses restaurantes "pague quanto quiser", as pessoas com menos dinheiro podem, ainda assim, apreciar uma refeição completa sem pagar o preço inteiro. Seus cardápios são similares aos dos 1.500 outros Café Panera ao longo dos Estados Unidos e do Canadá, com uma exceção: em vez de preços, eles mostram "níveis sugeridos de colaboração".

Por que o restaurante não doa comida? Por meio da Operação DoughNation, o Panera já doa todo ano um valor de até U$ 150 milhões em itens de padaria não vendidos para grupos que combatem a fome. Mas o CEO do Panera também visualizou uma pequena cadeia de cafés de "responsabilidade compartilhada", em que os clientes que podem pagar adicionam um pouco mais de valor às suas contas para pagar pelas refeições dos que não podem. "Não é uma esmola", ele explica. "É um estímulo, e todos nós precisamos disso em algum momento da nossa vida."

Apesar de os Cafés Panera Cares não objetivarem lucro, precisam cobrir os custos, chegando ao ponto de equilíbrio quando as receitas atingem 80% dos níveis de colaboração sugeridos. Até agora, a empresa apurou que 60% dos clientes pagam a quantia sugerida, 20% pagam mais e 20% não pagam nada ou pagam muito menos do que a quantia sugerida. Quando o Panera começou o programa, ele funcionou durante o ano inteiro; contudo, sua direção decidiu recentemente ofertá-lo numa base sazonal.[a]

de precificação arrisca-se a minimizar o preço como ferramenta competitiva, o que poderia levar a um clima de competição não baseada no preço. Profissionais, como contadores e advogados, com frequência operam nesses ambientes.

Qualidade do produto

Uma companhia pode ter como objetivo ser a líder de seu segmento em termos de qualidade dos produtos. O preço alto de um produto pode ter o efeito de sinalizar aos clientes que o produto é de qualidade superior. Atingir um alto nível de qualidade dos produtos é também mais caro para a organização, pois os custos com material, pesquisa e desenvolvimento podem ser maiores. Quando a Ferrari, marca de luxo de carros esportivos, lançou no mercado de alto padrão um fone de ouvido para tirar proveito do aumento do interesse de amantes de áudio, o preço dos produtos era de cerca de US$ 300, ou mais. Porque o nome Ferrari já significava luxo e qualidade, a empresa não quis diluir sua imagem com um produto cujo preço o situasse no mercado de massa.[4] Como já mencionado, os estudos do impacto lucrativo das estratégias de mercado, ou Pims, mostraram que tanto a participação no mercado quanto a qualidade do produto são bons indicadores de lucratividade. Produtos e marcas que os clientes percebem como de alta qualidade têm mais chances de sobreviver em um mercado competitivo, em razão da confiança neles depositada, mesmo que os preços sejam altos.

Qualidade do produto
Lexus é um automóvel de alta qualidade que tem seu preço fixado para refletir isso.

ANÁLISE DA AVALIAÇÃO DE PREÇO PELO PÚBLICO-ALVO

Depois de desenvolver os objetivos de precificação, deve-se avaliar como o público-alvo vê o preço. A despeito da crença geral de que preço é uma questão principal para os compradores, sua importância varia dependendo do tipo de produto, do público-alvo e da situação de compra. Por exemplo, os compradores são mais sensíveis aos preços da gasolina do que aos de malas. Isso porque compramos gasolina regularmente e notamos as flutuações no seu preço, mas malas são um investimento, e esperamos pagar mais por elas. A respeito do tipo de público-alvo, com frequência adultos pagam mais que crianças por produtos e serviços que incluem refeições, roupas e ingressos de cinema. A situação de compra também afeta a visão de preço do comprador. A maioria dos frequentadores de cinema jamais pagaria em outra situação os preços praticados pelos quiosques que exploram a venda de refrigerantes, pipoca e doces. Ao analisar a avaliação do preço pelo público-alvo, o profissional de marketing está em melhor posição para saber que ênfase dar ao preço na estratégia global de mercado. Informações a esse respeito também podem ajudá-lo a determinar até que ponto a organização pode manter seus preços acima dos da concorrência.

Hoje, por conta do fato de alguns clientes estarem buscando produtos menos caros e comprando mais seletivamente, alguns fabricantes e varejistas estão focando o valor de seus produtos na comunicação com os clientes. Valor é mais do que apenas o preço de um produto; é uma combinação deste com atributos de qualidade, que os clientes usam para diferenciar marcas concorrentes. No geral, os clientes querem maximizar o valor do que recebem por seu dinheiro. Eles podem até perceber produtos com um grande valor, que não são os menos caros, como os orgânicos, se tiverem características desejáveis. E, em geral, também estão dispostos a pagar um preço mais alto por produtos que ofereçam conveniência e economia de tempo. As companhias que oferecem ambos – preços baixos e alta qualidade –, como a Target e a Amazon, alteraram as expectativas dos clientes sobre quanto deveriam sacrificar na qualidade por um preço baixo. Entender a importância de um produto para os clientes, assim como suas expectativas sobre valor e qualidade, ajuda os profissionais de marketing a avaliar corretamente o que os públicos-alvo pensam do preço.

ANÁLISE DA DEMANDA

3 Entender a demanda e a elasticidade-preço da demanda.

Determinar a demanda por um produto é responsabilidade de gerentes de marketing, que são ajudados nessa tarefa por pesquisadores e analistas de tendências. Técnicas de pesquisa de marketing e de análise de tendências rendem dados, como: estimativas do potencial de venda ou da quantidade de determinado produto que poderia ser vendida em um período específico. Essas estimativas ajudam os profissionais de marketing a estabelecer a relação entre o preço de um produto e a quantidade demandada.

Curvas de demanda

Para a maioria dos produtos, demanda e preço estão inversamente relacionados. Isso significa que a quantidade demandada aumenta conforme os preços caem, e vice-versa. Pense sobre seus próprios gastos. Você estará provavelmente mais afeto

---

♦ ♦ ♦ Empreendedorismo em marketing

Dollar Shave Club cobra preços mais baratos

O empreendedor Michael Dubin crê que as pessoas pagam muito por refis de lâminas de barbear. Seu negócio on-line, Dollar Shave Club, passa uma navalha nos preços e entrega lâminas novas mensalmente diretamente para o cliente pelo correio. Trata-se de um serviço por assinatura. O preço mensal começa em US$ 1, mais o frete, por um pacote de cinco refis com lâmina dupla. Os clientes recebem uma lâmina grátis quando assinam o serviço e têm a opção de, a qualquer momento, alterar seus pedidos para pacotes de produtos superiores, requisitando os refis com quatro ou seis lâminas, de preço mais alto.

Dubin compara os preços de seu fornecimento postal de lâminas por assinatura com os pacotes mais caros de lâminas de reposição comercializados pelos concorrentes das empresas multinacionais, como Gillette e Schick. Ambas usam os canais tradicionais de marketing para ter suas lâminas nas prateleiras das lojas, o que é adicionado ao preço final pago pelos clientes. O Dollar Shave Club faz as coisas de forma diferente. Sua abordagem por meio do marketing direto mantém os custos baixos porque não há intermediários envolvidos e as lâminas não precisam de embalagens chamativas para visualização nas lojas. O resultado é que o Dollar Shave Club assenta sua competitividade na base do preço e da conveniência.

Agora, a Gillette, que em geral enfatiza a tecnologia do barbear, começou a anunciar suas lâminas na base da qualidade e do valor. A ideia é educar os clientes sobre quanto tempo sua lâmina permanece afiada, conferindo um barbear eficiente. Conseguirá a estratégia de baixos preços do Dollar Shave Club lhe dar o argumento necessário para capturar participação de mercado da Gillette e da Schick?[b]

a comprar um produto, como o Kindle, da Amazon, por exemplo, depois que a competição tenha ajudado a derrubar seu preço. Pode também ficar inclinado a estocar sua marca favorita de cereal ou tênis durante uma boa promoção porque o preço está mais baixo. Enquanto as necessidades, capacidade (poder de compra), disposição e autoridade para comprar do ambiente de mercado e dos compradores permanecerem estáveis, essa relação inversa fundamental se mantém.

A Figura 12.2 ilustra o efeito da quantidade demandada de um produto a diferentes preços. **Curva de demanda** normal ($D1$) é uma representação gráfica da quantidade de produtos que se espera vender a diferentes preços, neste caso, P_1 e P_2, mantendo-se todos os outros fatores constantes. Como se vê, conforme o preço cai, a quantidade demandada (Q) sobe para produtos que aderem a uma curva de demanda normal. A demanda depende de outros fatores no mix de marketing, incluindo qualidade do produto, promoção e distribuição. Uma melhora em qualquer um desses fatores pode causar um aumento na demanda, que desloca sua curva para o exterior, permitindo que uma empresa venda mais produtos por um mesmo preço.

Nem todos os tipos de demanda existentes se comportam segundo a curva mostrada na Figura 12.2. Produtos de prestígio, como alguns cosméticos, tendem a vender mais a altos preços do que a baixos. Produtos prestigiados são desejáveis, em parte, porque o que se despende com eles faz os compradores se sentir parte da elite. Se o preço caísse drasticamente, tornando os produtos acessíveis a um número grande de pessoas, eles perderiam parte de seu apelo. A curva de demanda do lado direito da Figura 12.2 mostra a relação entre preço e quantidade demandada para produtos de prestígio. Como se pode ver, a curva tem uma forma muito diferente, que mostra que a quantidade demandada é maior, e não menor, a altos preços, até certo ponto. Para determinada faixa de preço – de P_1 para P_2 –, a quantidade demandada (Q_1) aumenta para Q_2. Depois desse ponto, contudo, se os preços continuam aumentando, o tiro sai pela culatra, e a demanda decresce novamente. A figura mostra que se o preço sobe de P_2 para P_3, a quantidade demandada retorna ao nível Q_1.

curva de demanda Representação gráfica da quantidade de produtos que se espera vender a diferentes preços enquanto outros fatores permanecem constantes

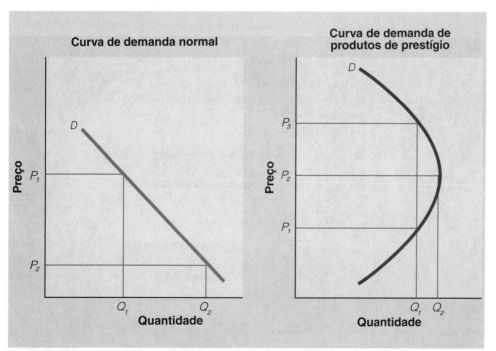

Figura 12.2

Curva de demanda que ilustra a relação entre preço típico/quantidade.

© Cengage Learning

Flutuações de demanda

A demanda dos consumidores é influenciada por muitos outros fatores além do preço. Mudanças nas necessidades dos compradores, modificações na efetividade de outras variáveis do mix de marketing, presença de substitutos e fatores ambientais dinâmicos também podem influenciar a demanda. Restaurantes e companhias de serviços de utilidade pública experimentam largas flutuações na demanda em períodos diferentes do dia. Fabricantes de brinquedos, fornecedores de fogos de artifício e empresas que trabalham com ar-condicionado e aquecimento enfrentam flutuações de demanda por conta da natureza sazonal de seus produtos. Por exemplo, a demanda por flores nos Estados Unidos chega ao ápice no Dia dos Namorados e no Dia das Mães. Em alguns casos, as flutuações de demanda são previsíveis. Não é surpresa para os gerentes dos restaurantes e das prestadoras de serviços públicos que a demanda flutue. Entretanto, mudanças na demanda por outros produtos podem ser menos previsíveis, acarretando problemas para algumas companhias. Outras organizações antecipam as flutuações de demanda e desenvolvem novos produtos e preços para satisfazer às mudanças nas necessidades dos consumidores.

Analisando a demanda e a elasticidade-preço da demanda

Até aqui, vimos como os profissionais de marketing analisam a concepção de preço do mercado-alvo para diferentes produtos, e como isso afeta a quantidade de produtos vendidos sob a perspectiva da curva de demanda normal e da curva dos produtos de prestígio. O próximo passo é analisar a **elasticidade-preço da demanda**. Trata-se de uma ferramenta que provê uma medida da sensibilidade da demanda do cliente por um produto ou categoria de produtos no caso de mudanças no preço. Elasticidade é definida formalmente como a mudança percentual na quantidade demandada relativa a dada porcentagem de mudança no preço (ver

elasticidade-preço da demanda Medida da sensibilidade da demanda do cliente no caso de mudanças no preço

Elasticidade-preço da demanda
Eletricidade é um exemplo de produto que tem demanda inelástica. Quando o preço da eletricidade sobe, os clientes não reduzem significativamente o consumo, e quando o preço cai, não aumentam de forma significativa o consumo.

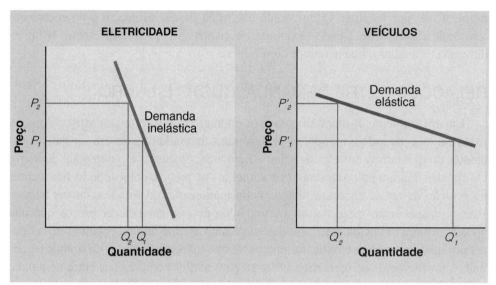

Figura 12.3

Elasticidade da demanda.

Fonte: Pride e Ferrell. *Marketing*, 17 ed., Cengage Learning, 2014.

Figura 12.3).[5] Para um produto com demanda inelástica, o aumento no preço (de P_1 para P_2) não afeta muito a quantidade demandada (de Q_1 para Q_2). Serviços de utilidade pública e gasolina são exemplos de produtos bastante inelásticos porque ainda precisamos deles para conduzir nossas rotinas normalmente, mesmo que o preço suba. Para um produto com demanda altamente elástica, pode-se ver na Figura 12.3 que um aumento relativamente pequeno no preço, como de P_1 para P_2, resulta em uma grande mudança na quantidade vendida, de Q_1 para Q_2. Itens não essenciais ou aqueles com substitutos disponíveis tendem a ter demanda mais elástica.

Se o profissional de marketing pode determinar a elasticidade-preço da demanda para um produto, estabelecer seu preço é fácil. Analisando o total das receitas conforme os preços mudam, os profissionais de marketing podem determinar se um produto é do tipo que tem preço elástico. A receita total é assim dada: preço multiplicado pela quantidade vendida. Assim, 10 mil latas de tinta vendidas em um ano a $ 10 a unidade perfazem $ 100 mil de receita total. Se a demanda é *elástica*, uma mudança no preço causa uma variação oposta na receita total: aumento no preço vai significar decréscimo na receita total, e vice-versa. Demanda *inelástica* resulta em uma mudança na mesma direção da receita total: um aumento no preço significará crescimento na receita total, e o mesmo efeito caso haja uma redução. A fórmula a seguir determina a elasticidade-preço da demanda:

$$\text{Elasticidade-preço da demanda} = \frac{\%\text{ mudança na quantidade demandada}}{\%\text{ mudança no preço}}$$

Por exemplo, se a demanda cai 8% quando um vendedor aumenta o preço em 2%, a elasticidade-preço da demanda é –4 (o sinal negativo indica a relação inversa entre preço e demanda). Se a demanda cai 2% quando o preço é reajustado em 4%, a elasticidade é –½. Quanto menos elástica a demanda, mais benéfico será o aumento de preço para o vendedor. A maioria dos produtos é inelástica em longo prazo – por exemplo, você pode adiar a compra de um carro novo por certo tempo, mas, se o preço continuar o mesmo, eventualmente você será obrigado a trocar de carro num momento de preços altos. Quem vende não pode basear os preços unicamente em termos de elasticidade. Deve-se examinar os custos associados a diferentes volumes de vendas e avaliar o que acontece com o lucro.

RELAÇÕES ENTRE DEMANDA, CUSTO E LUCRO

4 Familiarizar-se com as relações entre demanda, custo e lucro.

Em um ambiente de marketing onde os clientes podem comparar artigos de varejistas em lojas de todo o mundo, os profissionais de marketing devem ser mais conscientes do que nunca dos efeitos sobre a demanda, os custos e o potencial de lucro. Os clientes ficaram menos tolerantes a aumentos de preços, colocando os fabricantes na posição de ter de encontrar maneiras de manter alta qualidade e custos baixos. Para permanecer no mercado, uma companhia precisa estabelecer preços que não apenas cubram os custos, mas também estejam no escopo das expectativas dos clientes por qualidade, características e preço. Nesta seção, exploramos duas abordagens que os profissionais de marketing utilizam para analisar as relações entre demanda, custo e lucro, tanto análise marginal quanto de ponto de equilíbrio.

Análise marginal

Esta examina o que acontece com os custos e as receitas de uma organização quando a produção (ou o volume de vendas) muda em uma unidade. Tanto os custos de produção quanto as receitas têm de ser avaliados. Para determinar os custos de produção, é necessário identificar alguns tipos de custos potenciais. **Custos fixos** não variam com as mudanças no número de unidades produzidas ou vendidas. Por exemplo, o aluguel que um fabricante paga por um galpão industrial não muda porque a produção aumenta, mais empregados são contratados ou porque as vendas crescem. O aluguel pode subir, mas isto não tem relação com a produção ou a receita. **Custo fixo médio** é o custo fixo por unidade produzida, calculado dividindo-se os custos fixos pelo número de unidades produzidas.

Custos variáveis são diretamente relacionados a mudanças no número de unidades produzidas ou vendidas. As vagas abertas pela adição de um segundo turno de trabalho e os custos ou investimentos necessários para produzir duas vezes mais são variáveis, porque aumentam conforme aumenta a produção. Custos variáveis em geral são estáveis por unidade. Ou seja, contanto que não haja aumento de eficiência, o dobro de empregados e o dobro de matéria-prima resultam no dobro da produção. **Custo variável médio** – custo variável por unidade produzida – é assim calculado: dividem-se os custos variáveis pelo número de unidades produzidas.

Custo total é a soma dos custos fixos médios com os variáveis médios multiplicados pela quantidade produzida. **Custo total médio** é a soma do custo fixo médio com o custo variável médio. **Custo marginal** é o custo extra em que uma organização incorre quando produz uma unidade adicional de certo produto.

A Tabela 12.1 ilustra um exemplo das relações entre os vários custos. Note que o custo fixo médio declina quando a receita aumenta. Isso porque, em geral, o fabricante economiza no custo e na produção conforme produz mais, pois o custo fixo torna-se uma proporção menor do custo total médio, e, assim, pode tirar proveito da eficiência. Tanto o custo variável médio quanto o total médio seguem uma curva em forma de U. Neste exemplo, o custo total médio é mais baixo para cinco unidades de produção, valor de $ 22,00, enquanto o custo variável médio é mais baixo para três

custos fixos Custos que não variam com as mudanças no número de unidades produzidas ou vendidas.

custo fixo médio Custo fixo por unidade produzida.

custos variáveis Diretamente relacionados a mudanças no número de unidades produzidas ou vendidas.

custo variável médio Custo variável por unidade produzida.

custo total Soma dos custos fixos médios com os variáveis médios multiplicados pela quantidade produzida.

custo total médio Soma do custo fixo médio com o variável médio.

custo marginal Custo extra em que uma organização incorre quando produz uma unidade adicional de certo produto.

unidades, $ 10,67. Isto significa que os custos totais médios continuam a cair depois que os custos de produção adicionais começam a subir.

A Figura 12.4 mostra este fenômeno. Lembre-se de que o custo marginal é o quanto se gasta para produzir uma unidade adicional de certo produto. A curva do custo marginal cruza o custo total médio em seu ponto mais baixo, aquele em que a produção é mais eficiente em termos de custos. Este é o ponto no qual os fabricantes deveriam manter sua produção. No exemplo mostrado na Tabela 12.1, esta situação ocorre entre 5 e 6 unidades de produção. O custo total médio diminui, enquanto o custo marginal é menor que o total médio, e aumenta quando o custo marginal se eleva acima do custo total médio.

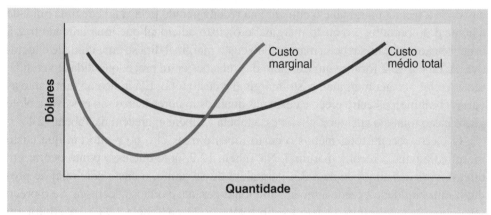

Figura 12.4

Relação entre custo típico marginal e custo médio total.

Fonte: Pride e Ferrell. *Marketing*, 17 ed., Cengage Learning, 2014.

Tabela 12.1 Custos e suas relações

1 Quantidade	2 Custos fixos	3 Custo fixo médio (2) ÷ (1)	4 Custo variável médio	5 Custo total médio (3) + (4)	6 Custo total (5) × (1)	7 Custo marginal
1	$ 40	$ 40,00	$ 20,00	$ 60,00	$ 50	
						$ 10
2	40	20,00	15,00	35,00	70	
						2
3	40	13,33	10,67	24,00	72	
						18
4	40	10,00	12,50	22,50	90	
						20
5	40	8,00	14,00	22,00	110	
						30
6	40	6,67	16,67	23,33	140	
						40
7	40	5,71	20,00	25,71	180	

Fonte: Pride e Ferrell. *Marketing*, 17 ed., Cengage Learning, 2014.

receita marginal (RMg) Mudança na receita total que resulta da venda de uma unidade adicional de certo produto.

Receita marginal (RMg) é a mudança na receita total que se percebe quando se vende uma unidade adicional de certo produto. A Figura 12.5 retrata a receita marginal e uma curva de demanda. A maioria das organizações enfrenta uma inclinação negativa na curva de demanda por seus produtos. Em outras palavras, elas têm de baixar seus preços para vender unidades adicionais. Essa situação significa que cada unidade adicional de produto vendida fornece à organização menos receita que a unidade previamente vendida, o que se pode ver na Figura 12.5. A receita marginal cai e a quantidade vendida aumenta. Consequentemente, a receita marginal vai chegar a zero e a venda de unidades adicionais, na verdade, leva a organização a perder dinheiro.

Antes de a organização determinar se a venda de uma unidade adicional será lucrativa, é preciso calcular custos e receitas, porque o lucro é igual à receita menos o custo. Se a receita marginal é o aumento na receita gerado pela venda de uma unidade adicional do produto, e o custo marginal é o custo adicional que uma unidade traz à organização, subtrair a receita marginal do custo marginal dirá se uma unidade é lucrativa. A Tabela 12.2 fornece um exemplo das relações entre preço, quantidade vendida, receita total, receita marginal, custo marginal e custo total. Ela indica ao fabricante as várias combinações entre preço e custo nas quais os maiores lucros são possíveis. Note que o custo total e o custo marginal nessa tabela também aparecem na Tabela 12.1.

O lucro (receita total menos o custo total) é mais alto no ponto em que custo marginal é igual à receita marginal. Na Tabela 12.2, note que esse ponto ocorre em quatro unidades ao preço de $ 33. Para além desse ponto, o custo adicional de produzir outra unidade excede a receita adicional gerada, e o lucro decresce. Se o preço teve como base o mínimo custo médio total – $ 22 na Tabela 12.1 –, resultará em lucro menor – $ 40 na Tabela 12.2 – por cinco unidades ao preço de $ 30 versus um lucro de $ 42 por quatro unidades ao preço de US$ 33.

Graficamente, a Figura 12.6 combina a informação dada nas Figuras 12.4 e 12.5. Ela mostra que qualquer unidade cuja receita marginal exceda o custo marginal adiciona lucro à empresa, enquanto qualquer unidade cujo custo marginal exceda a receita marginal subtrai lucros. O melhor contexto para uma empresa produzir é aquele no qual a receita marginal iguala-se ao custo marginal, porque este é o nível mais lucrativo de produção.

Figura 12.5

Relação entre receita marginal típica e receita média.

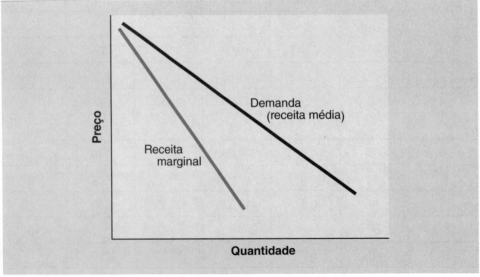

Fonte: Pride e Ferrell. *Marketing*, 17 ed., Cengage Learning, 2014.

Tabela 12.2 Método de análise marginal para determinação do preço mais lucrativo*

1 Preço	2 Quantidade vendida	3 Receita total (1) × (2)	4 Receita marginal	5 Custo marginal	6 Custo total	7 Lucro (3) − (6)
$ 57	1	$ 57	$ 57	$ 60	$ 60	$ −3
50	2	100	43	10	70	30
38	3	114	14	2	72	42
33*	4	132	18	18	90	42
30	5	150	18	20	110	40
27	6	162	12	30	140	22
25	7	175	13	40	180	−5

* Indica a melhor combinação preço–lucro.
Fonte: Pride e Ferrell. *Marketing*, 17 ed., Cengage Learning, 2014.

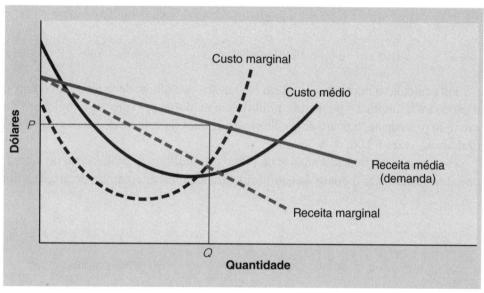

Figura 12.6

Combinando conceitos de custo marginal e receita marginal para o lucro ideal.

Fonte: Pride e Ferrell. *Marketing*, 17 ed., Cengage Learning, 2014.

Esta discussão da análise marginal talvez dê a falsa impressão de que a precificação pode ser uma operação altamente precisa e matemática. Se a receita (demanda) e o custo (oferta) fossem constantes, os profissionais de marketing poderiam estabelecer preços tendo por base o máximo lucro. Na prática, contudo, os custos e as receitas mudam com frequência. As táticas competitivas de outras empresas ou atos governamentais podem mudar rapidamente o ambiente de marketing e minar as expectativas de receita de uma companhia. Assim, a análise marginal é apenas um modelo a partir do qual trabalhar, pois oferece ajuda na precificação de novos produtos antes do estabelecimento de custos e receita. Por outro lado, a maioria dos profissionais de marketing pode se beneficiar ao entender a relação entre custo marginal e receita marginal para determinar preços de produtos já existentes.

Análise do ponto de equilíbrio

ponto de equilíbrio Ponto no qual os custos de produção de um produto igualam-se à receita oriunda da sua venda

O ponto no qual os custos de produção de um produto igualam-se à receita oriunda de sua venda é chamado **ponto de equilíbrio**. Se um fabricante de tintas teve custos totais de US$ 100 mil e vendeu esse mesmo valor em tintas no mesmo ano, está exatamente neste ponto.

A Figura 12.7 ilustra a relação entre custos, receita, lucros e perdas envolvidas na determinação do ponto de equilíbrio. Saber o número de unidades necessárias para o equilíbrio é importante para determinar o preço, porque ajuda a organização a calcular quanto tempo levará para recuperar as despesas em diferentes níveis de preço. Por exemplo, se um produto precificado em $ 100 a unidade tem custo variável médio de $ 60 por unidade, a contribuição para os custos fixos é de $ 40. Se o custo fixo total é de $ 120 mil, o ponto de equilíbrio é assim determinado:

$$\text{ponto de equilíbrio} = \frac{\text{custos fixos}}{\text{contribuição aos custos fixos por unidade}}$$

$$= \frac{\text{custos fixos}}{\text{preço} - \text{custos variáveis}}$$

$$= \frac{\$\,120.000}{\$\,40}$$

$$= 3.000 \text{ unidades}$$

Para calcular o ponto de equilíbrio em termos de volume de vendas, em dólares, o vendedor multiplica o ponto de equilíbrio em unidades pelo preço por unidade. No exemplo precedente, o ponto de equilíbrio em termos de volume de vendas é de 3 mil (unidades) vezes $ 100, ou $ 300 mil.

Para usar com eficácia a análise do ponto de equilíbrio, o profissional de marketing deve determinar o ponto de equilíbrio para algumas alternativas de preço, a fim

Figura 12.7

Determinando o ponto de equilíbrio.

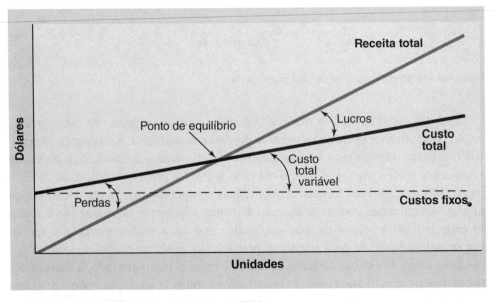

Fonte: Pride e Ferrell. *Marketing*, 17 ed., Cengage Learning, 2014.

de comparar os efeitos relativos na receita total, nos custos totais e no próprio ponto de equilíbrio. Embora essa análise comparativa não seja capaz de lhe dizer exatamente o preço a cobrar, irá identificar os preços altamente indesejáveis que deveriam definitivamente ser evitados.

A análise do ponto de equilíbrio é simples e direta. Contudo, assume que a quantidade demandada é fixa (inelástica), e que a principal tarefa na determinação de preços é recuperar os custos. Está mais focada em como atingir o equilíbrio do que um objetivo de precificação – como a porcentagem de participação de mercado ou o retorno dos investimentos.

Fonte: Pesquisa Interativa Accenture com 1.000 pessoas com idades a partir dos 18 anos.

Apesar disso, os gerentes de marketing podem usar esse conceito para determinar se e quando um produto vai atingir o volume do ponto de equilíbrio.

AVALIAÇÃO DOS PREÇOS DA CONCORRÊNCIA

5 Examinar como os profissionais de marketing analisam os preços dos concorrentes.

Na maioria dos casos, os profissionais de marketing estão em uma posição melhor para estabelecer preços quando sabem quais os cobrados pelas marcas concorrentes – que é o próximo passo no estabelecimento de preços. Conhecer os preços da concorrência deveria ser uma atribuição regular da pesquisa de marketing. Alguns supermercados e lojas de departamento empregam até pesquisadores para coletar preços e compará-los sistematicamente. As empresas também podem comprar listas de preços produzidas por serviços de pesquisa de marketing sindicalizados.

Descobrir os preços dos concorrentes nem sempre é uma tarefa fácil, especialmente em mercados produtores e revendedores, onde os preços são, muitas vezes, muito bem guardados. Mesmo que um ofertante tenha acesso à lista de preço da concorrência, não lhe é possível conhecer os preços reais praticados porque sempre haverá uma negociação envolvida.

Conhecer os preços de marcas concorrentes é essencial para um profissional de marketing. Independentemente dos custos reais da organização, ela não vai querer vender seus produtos a um preço muito acima dos concorrentes, porque seus produtos podem não vender bem, e também não vai querer que o valor esteja muito abaixo, porque os clientes podem pensar que o produto é de baixa qualidade. Particularmente, em um setor industrial no qual a competição por preços prevalece, o profissional de marketing precisa de informações sobre competitividade de preços para assegurar que os preços de uma organização sejam iguais – ou um pouco menores – que os da concorrência. Em alguns casos, os preços de uma companhia são concebidos para estar ligeiramente acima dos da concorrência, como é o caso dos produtos da Apple, para projetar uma imagem exclusiva.

6 Descrever a base usada para estabelecer preços.

SELEÇÃO DE UMA BASE PARA A PRECIFICAÇÃO

O sexto passo para o estabelecimento de preços envolve a seleção de uma base para a precificação: custo, demanda e/ou competição. A precificação apropriada é influenciada por tipo de produto, estrutura de mercado do setor industrial, posição da marca no mercado em relação a suas concorrentes e as características do cliente. Apesar de discutirmos cada base separadamente nesta seção, em geral uma organização considera ao menos duas dimensões, ou talvez até as três. Por exemplo, se uma companhia usa o custo como base primária para determinar preços, ainda assim seus profissionais de marketing têm conhecimento dos preços da concorrência e se preocupam com eles. Se uma companhia usa a demanda como base para a precificação, os profissionais de marketing ainda terão de considerar os custos e os preços dos concorrentes. De fato, o custo é um fator que aparece em toda decisão de preço, porque estabelece um preço mínimo abaixo do qual a organização não será capaz de recuperar sua produção e outros custos. Da mesma forma, a demanda estabelece um preço máximo efetivo acima do qual os clientes provavelmente não comprarão o produto. Estabelecer preços apropriados pode ser um balanço difícil para as organizações. Um preço alto pode reduzir a demanda pelo produto, mas um preço baixo macula as margens de lucro e pode incutir no cliente a percepção de que o produto é de baixa qualidade. As organizações devem pesar muitos fatores diferentes ao estabelecer preços, incluindo custos, concorrência, comportamento do cliente e sensibilidade do preço, capacidade produtiva e o ciclo de vida dos produtos.

Precificação baseada em custo

precificação baseada em custo Adicionar determinada quantia ou uma porcentagem ao custo do produto

Com a **precificação baseada em custo**, determinada quantia em dinheiro ou uma porcentagem é adicionada ao custo do produto, o que significa que os profissionais de marketing aplicam um nível desejável de lucro ao custo do produto. Os preços baseados no custo não levam em conta necessariamente os aspectos econômicos da oferta e da demanda, nem precisam estar conectados a apenas uma estratégia ou objetivo de precificação. É um método direto e fácil de implementar. Duas formas

 Transformação verde

Um centavo pode mudar o comportamento?

Alguns centavos podem fazer a diferença para o meio ambiente? Quando a Irlanda aprovou uma lei que exigia que os compradores pagassem 20 centavos por uma sacola plástica, a utilização de sacolas despencou 94% em questão de meses. Do mesmo modo, a demanda caiu drasticamente na Índia quando os varejistas começaram a cobrar umas poucas rupias pelas sacolinhas. Agora, algumas cidades norte-americanas estão intensificando os esforços para reduzir o uso e manter as sacolas fora dos aterros, com varejistas fazendo sua parte também.

Por exemplo, apesar de São Francisco ter abolido o uso de sacolas plásticas em supermercados desde 2007, as lojas cobram 10 centavos pela unidade da sacola de papel, como parte da meta da cidade por lixo zero em 2020. Outras cidades também impuseram o banimento das sacolas ou instituíram sua cobrança.

Nesse ínterim, os varejistas estão tomando a iniciativa de se livrar das sacolinhas ou desencorajar seu uso por meio da cobrança. Metro, um supermercado canadense, começou a cobrar 5 centavos por sacola em 2009. Em um mês, o uso de sacolas caiu pela metade – e em 18 meses, em 80%. "Cinco centavos podem não ser muito dinheiro, mas parecem ser o bastante para fazer as pessoas mudarem seus hábitos", diz um gerente do Metro.[c]

comuns de custo como base para a precificação são preço adicionado ao custo e markup.

Preço adicionado ao custo

No caso do **preço adicionado ao custo**, os custos do vendedor são determinados (habitualmente durante um projeto ou depois que tenha sido completado), e, então, uma quantia específica de dinheiro ou uma porcentagem do custo é acrescentada àqueles custos. Quando os custos de produção são difíceis de prever, o preço adicionado ao custo é apropriado. Projetos que envolvam equipamentos feitos sob medida e construção comercial muitas vezes são precificados usando essa técnica. O governo norte-americano também, com frequência, usa o preço adicionado ao custo na concessão de contratos de defesa. Uma armadilha para o comprador é a de que o vendedor pode aumentar os custos declarados para ganhar uma margem maior de lucro. Além disso, alguns custos, como despesas indiretas, podem ser difíceis de determinar. Em períodos de inflação galopante, o preço adicionado ao custo é popular, especialmente quando o produtor utiliza matéria-prima cujo preço flutua continuamente.

preço adicionado ao custo Adicionar uma quantia específica de dinheiro ou uma porcentagem aos custos do vendedor.

Preço com base em markup

O **preço com base em markup**, muito usado por varejistas, é derivado da adição de uma porcentagem predeterminada do custo, chamada markup, ao custo do produto. Por exemplo, a maioria dos supermercados remarca os preços em pelo menos 25% do valor do custo, considerando que os clubes de compras, como Costco e Sam's Club, têm uma margem menor de markup de cerca de 14%.[6] A precificação com base em markup pode ser um bom negócio, dependendo do produto e da situação. Por exemplo, a média de markup para a pipoca nos cinemas é de estratégicos 900%. Os consumidores estão dispostos a pagar para melhorar sua experiência cinematográfica com pipoca quente na sala de cinema.[7]

Embora a porcentagem de markup em uma loja de varejo varie entre as categorias de produtos – de 35% do custo para itens de hardware a 100% do custo para cartões comemorativos, por exemplo –, as mesmas porcentagens são com frequência usadas para determinar os preços de itens em uma categoria específica de produtos, e a porcentagem de *markup* pode ser altamente padronizada para um setor industrial no nível do varejo. O uso de uma porcentagem rígida de markup para uma categoria específica de produtos reduz a precificação a uma tarefa rotineira que pode ser realizada rapidamente.

preço com base em markup Adicionar ao custo do produto uma porcentagem predeterminada deste custo.

O exemplo a seguir ilustra como as porcentagens de markup são determinadas e distingue dois métodos para o estabelecimento de markups. Suponha que um varejista compre uma lata de atum a 45 centavos e adicione 15 centavos de markup ao custo, oferecendo a mercadoria a 60 centavos. Há duas maneiras de olhar para esse markup: como uma porcentagem do custo, e como uma porcentagem do preço de venda:

Markup como porcentagem do custo = markup/custo
$$= 15 / 45$$
$$= 33,3\%$$
Markup como porcentagem do preço de venda = markup/preço de venda
$$= 15 / 60$$
$$= 25\%$$

Precificação com base na demanda
Companhias aéreas praticam preços baseados na demanda. Quando a demanda para um voo específico é maior, as tarifas são mais elevadas; quando é baixa, as tarifas são menores.

O markup como uma porcentagem do custo é 33,3%, enquanto como uma porcentagem do preço de venda é de apenas 25%. Obviamente, quando discutimos essas porcentagens é importante saber se o markup é baseado no custo ou no preço de venda.

Preço baseado em demanda

preço baseado em demanda Precificação baseada no nível de demanda pelo produto.

Profissionais de marketing às vezes baseiam os preços no nível de demanda pelo produto. Quando o **preço baseado em demanda** é usado, os clientes pagam um preço mais alto em momentos em que a demanda pelo produto é mais forte e preços mais baixos quando a demanda é fraca. Por exemplo, hotéis oferecem taxas reduzidas durante períodos de demanda baixa quando têm excesso de capacidade na forma de quartos vazios. A crença por trás dessa base de precificação é a de que é melhor ter uma margem de lucro menor do que nenhuma receita. Algumas companhias de telefonia, como a Sprint e a AT&T, também usam preços com base na demanda para cobrar taxas diferentes em momentos de pico e fora deles ou oferecem minutos grátis para celulares durante momentos de pouca demanda. Enquanto o preço com base na demanda tem sido uma prática comum com os minutos de celulares, assentos de aeronaves e quartos de hotel, alguns shows e eventos esportivos só mais recentemente o implementaram para as vendas de ingressos.

Para usar essa base de precificação, o profissional de marketing tem de estar apto a estimar a quantidade do produto que os clientes demandarão em momentos diferentes e como a demanda será afetada por mudanças no preço e, então, escolher o preço que gere a maior receita total. Da efetividade do preço com base na demanda depende a habilidade de estimar a demanda com acuidade. Comparado ao preço adicionado ao custo, o preço com base na demanda coloca uma empresa em posição melhor para atingir altos níveis de lucro em uma situação de demanda forte; por vezes, os compradores valorizam o produto em níveis suficientemente acima do seu custo.

Preço com base na concorrência

Ao adotar o **preço com base na concorrência**, uma organização considera os custos secundários se comparados aos preços dos concorrentes. Esse é um método comum entre fabricantes de produtos relativamente homogêneos, particularmente quando o público-alvo considera o preço um componente importante da compra. Uma organização que usa o preço com base na concorrência, talvez opte por colocá-lo abaixo do preço dos concorrentes ou no mesmo nível. A Amazon foi recentemente acusada pelas livrarias de estabelecer preços abaixo do custo dos e-books para o Kindle. Os concorrentes creem que o preço baseado na concorrência da Amazon foi uma tentativa de ganhar o monopólio do mercado de e-books. A estratégia foi parcialmente exitosa, pois a Amazon comanda cerca de 60% do mercado desse tipo de produto.[8]

preço com base na concorrência A precificação é influenciada principalmente pelo preço dos concorrentes.

SELEÇÃO DE UMA ESTRATÉGIA DE PREÇO

Estratégia de preço é uma sequência de ações desenhada para atingir objetivos de precificação, estabelecidas para ajudar os profissionais de marketing a resolver problemas de determinação de preço. A extensão do uso de qualquer uma dessas estratégias abaixo descritas pelas organizações depende de seus objetivos de precificação e marketing, dos mercados para seus produtos, do grau de diferenciação de seus produtos, do estágio do ciclo de vida dos produtos e de outros fatores. A Figura 12.8 contém uma lista dos principais tipos de estratégias de precificação. Discutiremos as várias estratégias de preço no restante desta seção.

[7] Explicar os diferentes tipos de estratégias de precificação.

Precificação de novos produtos

Os dois tipos primários de estratégias para precificação de novos produtos são: preço de desnatação e preço de penetração no mercado. Uma companhia pode usar um, ou ambos, durante um período.

Figura 12.8

Tipos de estratégia de preço.

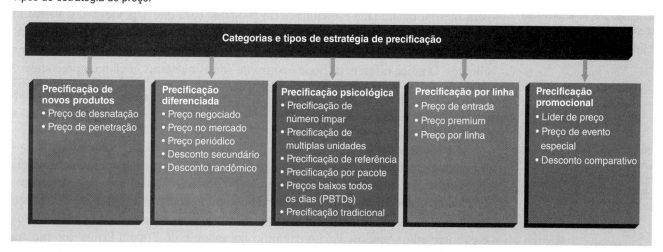

Preço de desnatação

Alguns consumidores estão dispostos a pagar um preço alto por um produto inovador, por ser novidade ou por conta do prestígio ou do status que lhe é conferido. **Preço de desnatação** é a estratégia de cobrar o mais alto valor possível por um produto durante a fase introdutória do seu ciclo de vida. O vendedor fica com a "nata" do mercado, o que ajuda a organização a se recuperar dos altos custos com pesquisa e desenvolvimento mais rapidamente. Além disso, uma política de desnatação pode baixar a demanda pelo produto em instâncias nas quais a capacidade produtiva da organização é limitada durante o estágio de introdução no mercado. Um perigo é o de que esta estratégia de preço pode fazer o produto parecer mais lucrativo do que realmente é para potenciais concorrentes. Ao estabelecer preços altos, uma organização também se arrisca a menosprezar a demanda e ter de lidar com vendas insuficientes.

preço de desnatação Cobrar o mais alto valor possível que os compradores que mais desejam o produto estejam dispostos a pagar.

Preço de penetração

No extremo oposto, **preço de penetração** é a estratégia de estabelecer um preço baixo por um produto novo. O principal objetivo de determinar esse preço baixo é o de construir participação de mercado rapidamente para encorajar a experimentação do produto pelo público-alvo e desencorajar os concorrentes de entrar no mercado. Se os preços baixos estimulam as vendas, a organização pode se tornar apta a produzir mais e por mais tempo, melhorando as economias de escala e resultando na queda dos custos de produção por unidade. Uma desvantagem desta estratégia é que coloca a organização em uma posição de precificação menos flexível. É significativamente mais difícil aumentar os preços do que baixá-los.

preço de penetração Estabelecer preço abaixo da concorrência para penetrar no mercado e ganhar uma participação significativa em pouco tempo.

Precificação diferenciada

Uma questão importante nas decisões de precificação refere-se a quando usar um preço único ou diferenciado para o mesmo produto. Um preço único é facilmente compreendido pelos empregados e pelos clientes. Como muitos vendedores e compradores não gostam de negociar preços, ter um preço único reduz o risco de um profissional de marketing desenvolver uma relação antagônica com os clientes.

Preço diferenciado significa cobrar diferentes preços para diferentes compradores pela mesma quantidade e qualidade do produto. Para que seja efetivo, o mercado deve consistir de múltiplos segmentos com diferentes sensibilidades de preço. Quando este método é empregado, o cuidado deve ser evitar confundir ou antagonizar os clientes. O preço diferencial pode ocorrer de várias maneiras, incluindo preço negociado, preço no mercado secundário, descontos periódicos e randômicos.

preço diferenciado Cobrar diferentes preços de diferentes clientes pela mesma quantidade e qualidade do produto.

Preço negociado

O **preço negociado** ocorre quando o preço final é estabelecido pela barganha entre cliente e vendedor. Acontece em vários setores industriais e em todos os níveis de distribuição. Mesmo que haja um preço predeterminado ou uma lista de preços, fabricantes, atacadistas e varejistas ainda podem negociar para estabelecer o preço final de venda. Os consumidores comumente negociam preços de casas, carros e equipamentos usados. Veja o exemplo do anúncio do Toyota Prius, que mostra quatro diferentes modelos da linha Prius, cada um com características distintas,

preço negociado Estabelecer um preço final por meio de barganha entre vendedor e cliente.

que apelam para diferentes clientes e com preços diferentes. Contudo, os clientes raramente pagam o preço que está anunciado, porque procuram um revendedor com a intenção de negociar até chegar a um preço satisfatório para ambos, comprador e vendedor.

Preço no mercado secundário

Preço no mercado secundário significa estabelecer um preço para o primeiro público-alvo e outro para o restante do mercado. Muitas vezes, o preço cobrado no mercado secundário é mais baixo. Contudo, quando os custos de servir a um mercado secundário são mais altos que o normal, os clientes deste mercado podem ter de pagar um preço mais alto. Exemplos de mercado secundário incluem um mercado doméstico geograficamente isolado, ou em um país estrangeiro, ou um segmento disposto a comprar um produto durante os momentos de menor preço (como jantares promocionais em restaurantes e usuários que lançam mão do celular nos momentos de tarifas menores).

Preço negociado
Concessionárias de veículos, tais como a dos modelos Prius mostrados neste anúncio, praticam preços negociados. Entende-se que um comprador não deve pagar o preço preestabelecido para o carro.

Desconto periódico

Desconto periódico é a redução temporária de preços em uma base nivelada e sistemática. Por exemplo, muitos varejistas adotam feriados anuais de vendas e algumas lojas de vestuário têm promoções sazonais. Do ponto de vista dos profissionais de marketing, o principal problema com esses descontos é o de que os clientes podem predizer quando as reduções ocorrerão e adiar suas compras até que os preços baixos apareçam.

Desconto randômico

Para lidar com o fato de os clientes saberem quando os descontos vão ocorrer, algumas organizações empregam o **desconto randômico**. Ou seja, elas reduzem os preços temporária, e não sistematicamente. Quando as reduções ocorrem de forma randômica, os consumidores usuais da marca não podem predizer quando as reduções vão ocorrer. Assim, tornam-se menos afeitos a adiar suas compras pelo fato de não conseguirem mais antecipar que o produto vá baixar de preço. Os profissionais de marketing também usam os descontos randômicos para atrair novos clientes.

Precificação psicológica

Estratégias de precificação psicológica encorajam compras com base nas respostas emocionais, em vez de racionais, dos consumidores; usadas primariamente para produtos de consumo, e não de negócio, porque a maioria das compras de negócios seguem uma abordagem sistemática e racional.

preço no mercado secundário Estabelecer um preço para o primeiro público-alvo e outro para o restante do mercado.

desconto periódico Redução temporária de preços em uma base nivelada e sistemática.

desconto randômico Redução temporária de preços em bases não sistemáticas.

Preço de número ímpar

preço de número ímpar Estratégia de fixar preços com números ímpares levemente abaixo do valor inteiro.

Muitos varejistas acreditam que os consumidores respondem mais positivamente a preços terminados em números ímpares, como $ 4,99, do que a preços inteiros, como $ 5. **Preço de número ímpar** é o nome da estratégia de determinação de preços com números ímpares que ficam levemente abaixo dos valores inteiros. Nove e cinco são os finais mais populares para este tipo de precificação.

Os vendedores que usam esta estratégia acreditam que os preços terminados em número ímpar aumentam as vendas porque os consumidores registram a quantia inteira, e não os centavos. A tática não se limita a itens baratos. Produtores de automóveis podem determinar o preço de um carro em $ 11.999, em vez de $ 12 mil. Este tipo de precificação tem sido objeto de vários estudos psicológicos, mas, em geral, os resultados são inconclusivos.

Preço de múltiplas unidades

preço de múltiplas unidades Estratégia de determinar um preço unitário para duas ou mais unidades.

Muitos varejistas (especialmente supermercados) praticam o **preço de múltiplas unidades**, ao estabelecer um valor único para duas ou mais unidades de um produto; por exemplo, 99 centavos por duas latas, em vez de 50 centavos por lata. Especialmente para produtos comprados com frequência esta estratégia pode aumentar as vendas por meio do encorajamento dos consumidores a comprar muitas unidades quando, de outra forma, talvez comprassem apenas uma. Os clientes que veem o preço unitário e eventualmente esperam usar mais de uma unidade do produto vão comprar múltiplas unidades.

Preço de referência

preço de referência Precificar um produto em um nível moderado e posicioná-lo próximo ao modelo (ou marca) mais caro.

Preço de referência significa precificar um produto em um nível moderado e posicioná-lo próximo ao modelo (ou marca) mais caro na esperança de que o cliente use este preço mais alto como ponto de referência (isto é, preço comparativo). Por causa da comparação, espera-se que o cliente veja o preço moderado mais favoravelmente do que veria se o produto fosse considerado isoladamente.

Preço por pacote
A maioria dos provedores de serviços de telecomunicações usa esta estratégia de preço por pacote.

Preço por pacote

Preço por pacote é o empacotamento de dois ou mais produtos juntos, usualmente de natureza complementar, que são vendidos por um valor único. Para ser atrativo aos clientes, o valor unitário é (em geral) consideravelmente menor que a soma dos preços dos produtos individuais. Conseguir comprar a combinação empacotada em uma única transação pode ser valioso para o cliente, aumentando a conveniência e o senso de valor. Pacotes de produtos são com mais frequência usados por bancos e serviços de viagens, computadores e automóveis. O preço por pacote pode ajudar a aumentar a satisfação do cliente, e também as organizações a vender o estoque envelhecido e aumentar a receita ao empacotá-lo com produtos com maior giro de vendas.

Preços baixos todos os dias (PBTDs)

Para reduzir ou eliminar o uso frequente de redução de preços em curto prazo, algumas organizações usam um apelo que se refere aos **preços baixos todos os dias**, os PBTDs. Quando PBTDs são usados, o profissional de marketing determina um preço baixo para seus produtos usando uma base consistente, em vez de selecionar constantemente produtos de preços mais altos para colocá-los à venda com descontos. Embora não apresentem grandes descontos, os PBTDs são determinados baixos o suficiente para fazer o cliente se sentir confiante de que está fazendo um bom negócio e são empregados por varejistas, como o Walmart, e por fabricantes, como a Procter & Gamble. Uma empresa que usa esta estratégia beneficia-se com a redução de custos promocionais e de perdas com remarcações de preço "para baixo", além de conseguir vendas mais estáveis. Um problema deste apelo é o de que os clientes podem ter respostas muito variadas. Em alguns casos, acreditam que os PBTDs são um chamariz de marketing, e não verdadeiramente um bom negócio, como se proclama.

Preços baixos todos os dias
Walmart é um grande usuário da estratégia de preço baixo todos os dias.

Preço tradicional

No **preço tradicional**, alguns bens são precificados com base na tradição. Exemplos de preços tradicionais são os de doces e chicletes. Esta estratégia era mais comum no passado.

Precificação por linha

Em vez de considerar os produtos na base unitária para determinar estratégias de preço, alguns profissionais de marketing empregam a precificação por linha. Ou seja, estabelecer e ajustar os preços de múltiplos produtos dentro de uma mesma linha. Este tipo de precificação pode fornecer aos profissionais de marketing flexibilidade

preço por pacote Embalar juntos dois ou mais produtos complementares e vendê-los por um preço de pacote único.

preços baixos todos os dias (PBTDs) Estabelecer um preço baixo sobre bases consistentes.

preço tradicional Precificação com base na tradição.

no estabelecimento de preços. Por exemplo, eles podem estabelecer preços de forma que um produto seja lucrativo, enquanto outro seja menos, mas aumenta a participação de mercado porque tem preço baixo. Quando esses profissionais empregam esta tática de precificação, têm algumas estratégias a escolher, o que inclui preços de entrada, premium e por linha.

Preço de entrada

preço de entrada O produto básico de uma linha tem preço baixo, mas o dos itens necessários para operá-lo ou melhorá-lo é alto.

Quando os profissionais de marketing usam **precificação de entrada**, o produto básico de uma linha tem o preço baixo, mas o dos itens necessários para operá-lo ou melhorá-lo é maior. Exemplo comum desta estratégia é tinta para impressoras. Impressoras em geral têm um preço baixo, mas os refis de tinta são muito caros. Esta estratégia de preços é efetiva porque os clientes vão comprar muito mais refis de tinta do que impressoras ao longo da vida.

Preço premium

preço premium Precificação do produto de mais alta qualidade ou o mais versátil e mais desejável produto de uma linha com o valor mais alto.

Preço premium é a estratégia usada quando o produto de mais alta qualidade ou o mais versátil e mais desejável de uma linha tem preço mais alto. Outros produtos da linha são precificados para apelar aos consumidores mais sensíveis ao preço ou àqueles que procuram características específicas. Com frequência, profissionais de marketing que usam essa estratégia percebem um aumento significativo de seus lucros ligado aos produtos assim precificados. Exemplos de categorias de produtos nas quais a precificação premium é comum são eletrodomésticos de pequeno porte, cerveja, sorvete e serviços de TV a cabo.

Precificação por linha

precificação por linha Estratégia de venda de bens apenas a um preço predeterminado que reflete explicitamente um nível de preço.

Precificação por linha é a estratégia de vender produtos apenas a um preço predeterminado que reflita explicitamente um nível de preço. Por exemplo, uma loja pode vender gravatas somente a dois preços: $ 22 e $ 37. Esta estratégia é usada largamente em lojas de vestuário e acessórios. Ela elimina as diferenças de menor preço da decisão de compra tanto para os clientes quanto para os gerentes que compram mercadorias para vender em suas lojas.

Preço de entrada
Empresas que produzem e comercializam aparelhos de barbear usam esta estratégia, cobrando preços elevados para substituição de cartuchos de lâmina. Para continuar usando um barbeador específico, o cliente deve comprar cartuchos de lâmina adicionais.

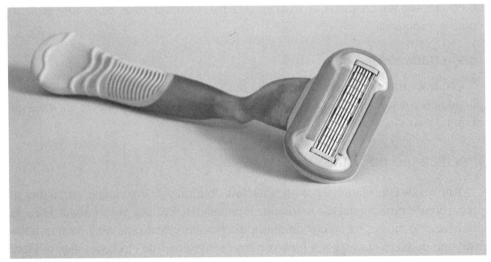

Precificação promocional

O preço, como um ingrediente do mix de marketing, com frequência é coordenado com a promoção. Essas duas variáveis, por vezes, estão tão relacionadas, que a política de precificação é orientada para a promoção. Exemplos de precificação promocional incluem líder de preço, preço de evento especial e desconto comparativo.

Líder de preço

Às vezes, uma empresa estabelece preços de alguns produtos aquém do markup usual, perto do custo, ou até abaixo dele, o que resulta no que é conhecido como **líder de preço**. Este tipo de precificação é usado com mais frequência em restaurantes e supermercados para atrair clientes pelo oferecimento de um preço convidativo para alguns itens, com a expectativa de que, assim, eles consumam outros. A gestão espera que as vendas de produtos regularmente com preços mais altos mais que compensarão as receitas reduzidas com a venda dos líderes de preços.

> **líder de preço** Preços aquém do markup usual, perto ou até abaixo do custo.

Preço de evento especial

Para aumentar o volume de vendas, muitas organizações coordenam preços com propaganda ou promoções de vendas para situações sazonais ou especiais. **Preço de evento especial** envolve vendas anunciadas ou cortes de preço conectados a uma comemoração, estação ou evento. Se o objetivo de precificação for a sobrevivência, então vendas especiais talvez sejam projetadas para gerar o capital necessário para tanto.

> **preço de evento especial** Vendas anunciadas ou preços reduzidos associados a uma comemoração, estação ou evento.

Desconto comparativo

Desconto comparativo estabelece o preço de um produto em um nível específico e simultaneamente compara-o com outro preço mais alto. Este último pode ser o preço anterior do produto, ou de uma marca concorrente, ou mesmo o preço do produto em outro varejista, ou, ainda, o preço sugerido pelo produtor. Os clientes podem achar o desconto comparativo informativo, e isso pode ter um impacto significativo neles.

> **desconto comparativo** Estabelecer o preço de um produto em um nível específico e simultaneamente compará-lo com outro preço mais alto.

Contudo, porque esta estratégia de precificação algumas vezes configurou prática enganosa de preço, a Comissão Federal de Comércio Norte-Americana estabeleceu normas para este tipo de desconto. Se um preço é reduzido a partir de um anterior, o vendedor precisa deixar o preço disponível ao consumidor por um tempo razoável. Se o vendedor apresenta o preço do produto menor que o apresentado por outro varejista na mesma área, deve demonstrar que este argumento é verdadeiro. Quando se apresenta o preço mais alto como o sugerido pelo fabricante, então este deve ser próximo do preço ao qual uma proporção razoável do produto tenha sido vendida. Alguns preços sugeridos por fabricantes são tão altos, que poucas unidades acabam sendo vendidas. Nesses casos, seria enganoso usar o desconto comparativo. A internet permitiu aos consumidores maior cautela com os descontos comparativos e menos suscetibilidade à decepção, pois pode-se facilmente comparar os preços on-line.

DETERMINAÇÃO DE UM PREÇO ESPECÍFICO

> **8** Compreender a seleção de um preço específico.

Uma estratégia de precificação resulta certo preço ou uma gama de preços, que é o passo final do processo de estabelecimento de preços. Contudo, os profissionais de marketing podem precisar refinar esse preço, para fazê-lo consistente com as circunstâncias, por exemplo, uma economia lenta, ou práticas de preço em determinado mercado ou setor industrial. As estratégias de precificação devem ajudar

Marketing em debate

Os preços pagos em dinheiro e no cartão de crédito devem ser diferentes?

QUESTÃO: Os ofertantes devem cobrar um preço para a compra com cartão de crédito e outro para compras em dinheiro?

Muitos postos de gasolina (e outros ofertantes) estabelecem um preço para a compra no crédito e um mais baixo para pagamento em dinheiro. Não, os que compram com cartão não estão pagando mais; na verdade, a adição de uma sobretaxa na compra no crédito é ilegal em dez estados norte-americanos e as companhias de cartão de crédito não permitem taxas extras. Contudo, os estabelecimentos podem oferecer um desconto para pagamento em dinheiro, contanto que ambos os preços estejam claramente desconectados. No entanto, ainda fica a pergunta: os dois preços devem ser diferentes?

Os ofertantes que aceitam Visa, MasterCard, American Express e outros cartões de crédito têm de pagar taxas para ter suas transações processadas, usualmente cerca de 2% ou 3%. Seus preços refletem essas taxas e são repassados para os clientes que usam cartão de crédito. As transações em dinheiro não estão sujeitas a essas taxas, por isso os ofertantes podem estabelecer preços mais baixos para os clientes que fazem pagamento em dinheiro, como muitos postos de gasolina estão fazendo.

E mais, os clientes que são atraídos pelo preço baixo do desconto para pagamento em dinheiro podem não notar que há dois preços, até que entreguem um cartão de crédito. Além disso, alguns dizem que os descontos para pagamento em moeda só devem ser oferecidos em compras de volume considerável ou de itens de luxo, não em compras menores, de necessidades diárias. Finalmente, alguns críticos argumentam que os estabelecimentos devem absorver as taxas de cartão de crédito como um custo do negócio, e definir um preço independentemente de como o comprador paga. O que você acha?[d]

---

uma organização a estabelecer um preço final. Se a organização assim requer, os profissionais de marketing devem estabelecer objetivos de precificação, ter conhecimento considerável sobre a escolha de clientes de um mercado e determinar: demanda, elasticidade-preço, custos e fatores competitivos. Além disso, a forma como esses profissionais de marketing usam o preço no mix de marketing afetará o preço final.

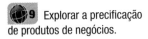

9 Explorar a precificação de produtos de negócios.

PRECIFICAÇÃO PARA MERCADOS DE NEGÓCIOS

Muitas das questões discutidas até agora neste capítulo tratam de precificação em geral. Contudo, determinar preços de produtos de negócios pode ser bastante diferente de fazê-lo para os de consumo devido a vários fatores, como tamanho das compras, questões relativas a transporte e geográficas. Nesta seção, examinamos três tipos de preços associados a produtos para negócios: precificação geográfica, preço de transferência, e desconto.

Precificação geográfica

precificação geográfica Deduções para transporte e outros custos relacionados à distância física entre comprador e vendedor.

Estratégias de **precificação geográfica** lidam com custos de entrega. *FOB* (free on board) *preço de origem* significa livre no embarque no ponto de origem, ou seja, que o preço não inclui as taxas de frete. Isso requer que o comprador pague os custos de entrega, que incluem todos os custos desde a expedição do vendedor até o almoxarifado do comprador. *FOB destinatário* indica que o preço do produto não inclui as taxas de frete, portanto, o vendedor é responsável por essas taxas.

Preço de transferência

Quando uma unidade de uma organização vende um produto para outra unidade, ocorre o **preço de transferência**. Este é determinado pelo cálculo do custo do produto, que pode variar dependendo dos tipos de custos incluídos nos cálculos. A escolha da inclusão de custos quando se calcula o preço de transferência depende das estratégias administrativas da companhia e da natureza da interação entre suas unidades. A organização também deve se assegurar de que a transferência de preço é justa para todas as unidades envolvidas na compra.

preço de transferência Cobrado por vendas entre unidades da mesma organização.

Desconto

Desconto é uma dedução do preço de um item. Produtores e vendedores ofertam grande variedade de descontos para seus clientes, incluindo descontos de comércio, por quantidade, para pagamento em dinheiro e descontos sazonais, bem como abatimentos. *Descontos de comércio* são tirados da lista de preços e oferecidos aos intermediários de marketing ou intermediários de maneira geral. *Descontos por quantidade* são dados a clientes que compram em grandes quantidades e oferecidos porque o custo do vendedor é, em geral, menor para compras maiores. *Descontos para pagamento em dinheiro* são incentivos oferecidos para esse tipo de pagamento. Um vendedor pode oferecer um desconto de "2/10, líquido 30", que significa que o comprador pode ter um desconto de 2% se a conta for paga em até 10 dias, ou o total sem desconto em até 30 dias. *Desconto sazonal* é uma redução de preço para compradores que realizam compras fora da estação, que ajuda o vendedor a manter a produção mais estável ao longo do ano. *Abatimento* é uma redução no preço com o objetivo de alcançar uma meta específica. *Abatimentos de troca*, por exemplo, são reduções de preço oferecidas pela devolução de equipamento usado, como aeronaves, por ocasião da compra de um novo. A Tabela 12.3 descreve algumas das razões para usar essas técnicas de desconto.

desconto Dedução do preço de um item.

Tabela 12.3 Descontos usados no mercado de negócios

Tipo	Razões para o uso	Exemplos
Comércio (funcional)	Para atrair e fidelizar os revendedores por meio de compensações pelo desempenho de certas funções, como transporte, armazenagem, vendas e crédito.	Uma livraria de faculdade paga um terço a menos por um livro novo do que o que pagaria um estudante no varejo.
Quantidade	Para incentivar os clientes a comprar grandes quantidades, e, no caso de descontos cumulativos, para incentivar a lealdade do cliente.	Inúmeras companhias que operam em mercados de negócios permitem um desconto de 2% se uma conta for paga no prazo de dez dias
Sazonal	Para permitir que um ofertante use recursos com mais eficiência, estimulando vendas durante os períodos de pico.	Hotéis na Flórida permitem que as empresas realizem reuniões nacionais e regionais de vendas com grandes descontos nas acomodações durante os meses de verão.
Abatimento	No caso de um abatimento por troca, para ajudar o comprador a fazer a compra e potencialmente obter lucro na revenda de equipamentos usados. No caso de um subsídio promocional, para garantir que os distribuidores participem de programas de vendas e de campanhas apoiadas em propaganda.	Um distribuidor de equipamentos agrícolas aceita um trator usado de um fazendeiro como um abatimento de troca na compra de um novo. A Nabisco paga um subsídio promocional a um supermercado para criação e manutenção de uma grande exposição de fim de corredor por um período de duas semanas.

© Cengage Learning

Revisão do capítulo

1. Explorar questões relativas ao desenvolvimento de objetivos de precificação

Os estágios do processo de estabelecimento de preços são: (1) desenvolver objetivos de precificação, (2) analisar a avaliação de preço pelo público-alvo, (3) determinar a demanda, (4) analisar as relações entre demanda, custo e lucro, (5) avaliar os preços dos concorrentes, (6) selecionar uma base para o preço, (7) selecionar uma estratégia de preço, e (8) determinar um preço específico.

Ajustar o objetivo de preços é crítico, visto que os preços formam a base sobre a qual se estabelecem as decisões de todas as fases subsequentes. As organizações podem usar vários objetivos de precificação, incluindo os de curto e longo prazos; esses objetivos variam para produtos diferentes e segmentos de mercado. Objetivos de precificação são metas gerais que descrevem o papel do preço nos planos de longo prazo das organizações. Existem vários tipos principais de objetivos de precificação. O mais fundamental é a sobrevivência da organização. Em geral, o preço pode ser facilmente ajustado para aumentar o volume de vendas ou combater a concorrência para ajudar a organização a continuar viva. No caso de objetivos de lucro, que normalmente são apresentados em termos de mudança de volume ou de porcentagem de vendas com pagamento em dinheiro, são usualmente situados num nível satisfatório, e não projetados para maximizar os lucros. Um objetivo de crescimento das vendas se concentra em aumentar a base de lucro elevando o volume de vendas. Precificar para obter o retorno sobre o investimento (ROI) tem como objetivo um lucro específico. Um objetivo de precificação que visa manter ou aumentar a quota de mercado conecta a posição no mercado ao sucesso. Outros tipos de objetivos de preços incluem fluxo de caixa, *status quo* e qualidade do produto.

2. Entender as análises da avaliação do preço pelo público-alvo.

Avaliar a análise de preço pelo público-alvo diz à empresa qual ênfase deve ser colocada no preço, o que pode ajudar a determinar quanto o profissional de marketing pode definir seus preços acima da concorrência. Compreender como um produto é importante para os clientes em relação aos outros, bem como as expectativas de qualidade dos clientes, ajuda esses profissionais na avaliação da análise de preço pelo público-alvo.

3. Entender a demanda e a elasticidade-preço da demanda.

Uma organização deve determinar a demanda para seu produto. A curva de demanda clássica é a quantidade de produtos que deverá ser vendida a preços diferentes se outros fatores se mantiverem constantes. Ela ilustra que, enquanto o preço cai, a quantidade demandada em geral aumenta. No entanto, para produtos de prestígio, há uma relação direta e positiva entre preço e quantidade procurada: a demanda aumenta à medida que aumenta o preço. A elasticidade-preço da demanda, a porcentagem de mudança na quantidade demandada em relação a determinada porcentagem de mudança no preço, também deve ser determinada. Se a demanda for elástica, uma mudança no preço provoca uma mudança oposta na receita total. Demanda inelástica resulta em uma mudança paralela na receita total, quando o preço de um produto é alterado.

4. Familiarizar-se com as relações entre demanda, custo e lucro.

A análise das relações entre demanda, custo e lucro pode ser realizada através das análises marginal ou do ponto de equilíbrio. A análise marginal examina o que acontece com os custos e as receitas da empresa quando a produção (ou volume de vendas) é alterada em uma unidade combinando a curva de demanda com os custos da empresa para determinar o preço que renderá um lucro máximo. Os custos fixos são aqueles que não variam com alterações no número de unidades produzidas ou vendidas. Custo fixo médio é o custo fixo por unidade produzida. Os custos variáveis mudam diretamente com a evolução do número de unidades produzidas ou vendidas. Custo variável médio é o custo variável por unidade produzida. Custo total é a soma da média fixa de custo e custo variável médio multiplicada pela quantidade produzida. Preço ideal é o ponto no qual o custo marginal (associado à produção de mais uma unidade do produto) é igual à receita marginal (mudança na receita total que ocorre quando uma unidade adicional do produto é vendida). Essa análise é apenas um modelo, o que significa que pode fornecer balizas, mas pouco ajuda na precificação de novos produtos antes de os custos e a receita serem estabelecidos.

A análise do ponto de equilíbrio, que determina o número de unidades que deve ser vendido para a empresa atingir o equilíbrio, é importante na determinação do preço. O ponto em que os custos de produção se igualam à receita da venda do produto é o ponto de equilíbrio. Para usar esta análise efetivamente, um profissional de marketing deve determinar o ponto de equilíbrio para cada um dos vários preços alternativos. Isso torna possível comparar os efeitos na receita total, os custos totais e o ponto de equilíbrio para cada preço sob consideração. No entanto, essa abordagem assume que a quantidade procurada é basicamente fixa, e que a principal tarefa é definir os preços para recuperar os custos.

5. Examinar como os profissionais de marketing analisam os preços dos concorrentes.

Um profissional de marketing precisa estar ciente dos preços cobrados pelas marcas concorrentes. Isso permite que a organização mantenha seus preços em consonância com os dos concorrentes. Se uma empresa usa o preço como ferramenta competitiva, pode manter o preço da sua marca abaixo das dos concorrentes.

6. Descrever a base usada para estabelecer preços.

As três dimensões principais em que podem se basear os preços são custo, demanda e concorrência. Quando se usam preços baseados no custo, a empresa determina o preço adicionando uma quantidade de dinheiro ou uma porcentagem ao custo do produto. Dois métodos comuns de precificação baseada em custos são preço adicionado ao custo e markup. Preços baseados na demanda são estabelecidos pelo nível de demanda pelo produto. Para usar este método, um profissional de marketing deve ser capaz de estimar que quantidades de produtos os compradores vão exigir a preços diferentes. Preços baseados na demanda resultam em preço elevado quando a demanda para um produto é forte, e em preço baixo quando a demanda é fraca. No caso de preços baseados na concorrência, custos e receitas são secundários diante dos preços dos concorrentes.

7. Explicar os diferentes tipos de estratégias de precificação.

Estratégia de precificação é uma abordagem de ação projetada para atingir objetivos de preços e de marketing. Estratégias de precificação ajudam os profissionais de marketing a resolver os problemas práticos do estabelecimento de preços. As mais comuns são: precificação diferenciada, precificação de novos produtos, precificação por linha, precificação psicológica e precificação promocional.

Quando os profissionais de marketing empregam a estratégica de preço diferencial, cobram diferentes preços de diferentes compradores para a mesma qualidade e quantidade dos produtos. Por exemplo, no caso dos preços negociados, o preço final é estabelecido através de negociação entre vendedor e cliente. Preços de mercado secundário envolvem a configuração de um preço para o mercado-alvo primário e outro para outros mercados. Muitas vezes, o preço cobrado no mercado secundário é menor do que no primário. Os profissionais de marketing empregam descontos periódicos quando baixam temporariamente seus preços em uma base sistemática. A razão para a redução pode ser uma mudança sazonal, uma mudança de modelo ou ano, ou uma comemoração. Descontos aleatórios ocorrem de forma assistemática. Duas estratégias utilizadas na precificação de novos produtos são: preço de desnatação e preço de penetração. O primeiro é o de valor mais alto que os compradores que desejam ardentemente o produto vão pagar. O segundo é um baixo preço projetado para penetrar em um mercado e ganhar rapidamente uma cota significativa dele.

A precificação de produtos por linha estabelece e ajusta os preços de vários produtos dentro de uma linha. Esta estratégia inclui a precificação de entrada, em que os preços dos produtos básicos de uma linha são baixos, mas os dos itens necessários para operá-los são mais altos. Na precificação premium, os preços dos produtos de maior qualidade ou mais versáteis são mais elevados do que aqueles dos outros modelos da linha. Precificação por linha é quando a organização define um número limitado de preços para grupos selecionados ou linhas de mercadorias.

A precificação psicológica tenta influenciar a percepção dos clientes em relação ao preço de um produto para torná-lo mais atraente. Com os preços de referência, os profissionais de marketing determinam preços em um nível moderado e posicionam o produto ao lado de um modelo ou marca mais caros. Preço por pacote significa embalar dois ou mais produtos complementares juntos e vendê-los a um preço único. Com os preços de múltiplas unidades, dois ou mais produtos idênticos são empacotados juntos e vendidos a um preço único. Para reduzir ou eliminar o uso frequente das reduções de preços em curto prazo, algumas organizações empregam preços baixos todos os dias, ou PBTDs, definindo um preço baixo para os produtos em uma base consistente. Quando empregam preços de números ímpares, os profissionais de marketing tentam influenciar as percepções dos compradores sobre o preço do produto, terminando-o com determinados números ímpares. Preços tradicionais são baseados na tradição. Quando a base do preço é prestígio, os preços são fixados em um nível elevado artificialmente para transmitir prestígio ou uma imagem de qualidade.

Líderes de preço são produtos com preços abaixo da marcação habitual, perto ou abaixo do custo.

Preços de evento especial envolvem vendas anunciadas ou cortes de preço vinculados a um feriado, temporada ou evento. As empresas que usam o desconto comparativo colocam o preço do produto em um nível específico e o comparam com um preço mais elevado.

8. Compreender a seleção de um preço específico.

Uma estratégia de precificação produzirá determinado preço ou uma gama de preços, que é o último passo no processo de precificação. No entanto, os profissionais de marketing podem precisar refinar este preço a fim de torná-lo consistente em circunstâncias como uma economia lenta e práticas de preços em determinado mercado ou setor industrial. Estratégias de preços devem ajudar uma organização na criação de um preço final.

9. Explorar a precificação de produtos de negócios.

Estabelecer preços para produtos de negócios pode ser diferente de estabelecê-los para os produtos de consumo devido a vários fatores, como tamanho das compras, considerações de transporte e questões geográficas. Os três principais tipos de preços associados a produtos de negócios são precificação geográfica, preços de transferência e descontos.

Precificação geográfica envolve reduções de custos de transporte ou outros custos associados à distância física entre comprador e vendedor. Com um preço de fábrica FOB, preço de origem, o comprador paga pelo frete da fábrica. Um preço de destino FOB significa que o produtor paga o frete.

Preços de transferência ocorrem quando uma unidade vende produtos para outra em uma mesma organização. Métodos utilizados para preços de transferência incluem custo total real, custo total padrão, investimento no custo do revendedor e custo com base no mercado.

Descontos incluem de comércio, por quantidade, para pagamento em dinheiro, por sazonalidade e abatimentos. Desconto de comércio é uma redução de preço pela realização de funções como armazenamento, transporte, processamento final ou prestação de serviços de crédito. Se um intermediário compra em grandes quantidades, o produtor dá um desconto de quantidade, que pode ser ou não cumulativo. Desconto para pagamento em dinheiro é uma redução de preço para pagamento no ato, em dinheiro. Compradores que adquirem bens ou serviços fora da estação podem se beneficiar de um desconto sazonal. Um abatimento, como o recurso de abatimento de troca, é uma concessão no preço para atingir um objetivo desejado.

Conceitos-chave

concorrência não baseada no preço 387
concorrência por preço 387
curva de demanda 393
custo fixo médio 396
custo marginal 396
custo total 396
custo total médio 396
custo variável médio 396
custos fixos 396
custos variáveis 396
desconto 413
desconto comparativo 411
desconto periódico 407
desconto randômico 407
elasticidade-preço da demanda 394
líder de preço 411
objetivos de precificação 388

ponto de equilíbrio 400
precificação baseada no custo 402
precificação geográfica 412
precificação por linha 410
preço adicionado ao custo 403
preço baseado em demanda 404
preço com base em markup 403
preço com base na concorrência 405
preço de desnatação 406
preço de entrada 410
preço de múltiplas unidades 408
preço de número ímpar 408
preço de penetração 406
preço de referência 408
preço de transferência 413
preço diferenciado 406
preço negociado 406
preço no mercado secundário 407
preço por pacote 409
preço premium 410
preço tradicional 409
preços baixos todos os dias (PBTDs) 409
preços de evento especial 411
receita marginal (RMg) 398

Questões para discussão e revisão

1. Identifique as oito etapas no processo de estabelecimento de preços.
2. Como diferenciar um objetivo de precificação com base no retorno sobre o investimento de outro com base no aumento de participação de mercado?
3. Por que objetivos de marketing e de precificação devem ser considerados na tomada de decisões de preços?
4. Por que um ofertante deve saber os preços dos concorrentes?
5. Por que a maioria das curvas de demanda demonstra uma relação inversa entre preço e quantidade?
6. Liste as características dos produtos que têm demanda inelástica e dê vários exemplos desses produtos.
7. Explique por que os lucros ideais devem ocorrer quando o custo marginal é igual à receita marginal.
8. A empresa Chambers acaba de estimar dados para a realização de uma análise do ponto de equilíbrio para um novo produto. Custos variáveis são de US$ 7 por uma unidade. A planta adicional custará US$ 48 mil. O novo produto pagará US$ 18 mil por ano com sua participação geral de impostos. Despesas de propaganda serão de US$ 80 mil, e US$ 55 mil serão gastos na distribuição. Se o produto é vendido por US$ 12, qual é o ponto de equilíbrio em unidades? Qual é o ponto de equilíbrio no volume de vendas em dólares?
9. Quais são os benefícios de preços baseados no custo?
10. Em que condições o preço com base no custo é mais apropriado?
11. Um varejista compra uma lata de sopa por US$ 24 centavos e vende por US$ 36 centavos. Calcule o markup em porcentagem do custo e em porcentagem do preço de venda.
12. O que é preço diferenciado? De que forma isso pode ser alcançado?
13. Para que tipos de produtos o preço de desnatação seria mais apropriado? Para que tipos de produtos o preço de penetração seria mais eficaz?
14. Descreva o que é preço por pacote e dê três exemplos usando diferentes categorias.
15. Por que clientes associam preço com qualidade? Quando preços com base no prestígio devem ser usados?
16. Compare e contraste desconto de comércio e desconto por quantidade.
17. Qual é a razão para usar o termo FOB?

Aplicações do marketing

1. Conforme discutido neste capítulo, os clientes interpretam os preços e respondem a eles de maneiras diferentes, dependendo do tipo de produto, suas percepções de qualidade do produto e sua capacidade de julgar a qualidade do produto independentemente do preço. Pelo fato de não possuírem a habilidade de julgar a qualidade do produto, os clientes, por vezes, usam o preço como um indicador da qualidade. Assim, a relação preço-qualidade pode influenciar a compra de alguns produtos. Para cada uma das categorias a seguir, indique se os clientes dependem forte, moderadamente ou muito pouco do preço para julgar a qualidade de um produto.

   a. Passagem aérea na classe econômica
   b. Cirurgia de apendicite
   c. Comida para bebê
   d. Serviço de telefone celular
   e. Cosméticos
   f. Comida para cachorro
   g. Energia elétrica
   h. Gasolina
   i. Corte de cabelo
   j. Quarto de hotel
   k. Joalheria
   l. Bronzeamento artificial
   m. Carro usado

2. Preços de desnatação e de penetração são estratégias usadas com frequência para estabelecer preços de um novo produto. Qual é a mais apropriada para os produtos a seguir relacionados? Explique.

   a. Voos curtos entre cidades da Flórida
   b. Um Blu-ray player
   c. Uma mochila para livros com garantia vitalícia
   d. Ingressos para um jogo do mais novo time franqueado pela NBA

3. Precificação por linha é usada para definir um número limitado de preços para linhas seletas de produtos. Visite algumas lojas locais para encontrar exemplos de precificação por linha. Para que tipos de produtos e lojas esta prática é mais comum? Para que tipos de produtos e lojas a precificação por linha não é típica ou viável?

4. A precificação profissional é usada por pessoas que têm grande habilidade em determinado campo, como médicos, advogados e consultores de negócios. Encontre exemplos (propagandas, contatos pessoais) que reflitam uma política de preços profissional. Como é estabelecido o preço? Existem restrições sobre os serviços prestados a esse preço?

5. Com frequência as organizações usam vários objetivos de preços. Localize uma organização que use vários objetivos de preços e discuta como esta abordagem influencia decisões do mix de marketing da organização. Há objetivos orientados para o curto prazo e outros em direção ao longo prazo? Como o ambiente de marketing influencia estes objetivos?

Desenvolvendo seu plano de marketing

Definir o preço certo para um produto é parte crucial de uma estratégia de marketing. O preço ajuda a estabelecer a posição do produto na mente do consumidor e pode diferenciá-lo da concorrência. Várias decisões no plano de marketing serão afetadas pela estratégia de preços selecionada. Para ajudá-lo a relacionar as informações deste capítulo para o desenvolvimento do seu plano de marketing, concentre-se no seguinte:

1. Usando a Tabela 12.1 como guia, discuta cada um dos sete objetivos de preços. Quais você usará para seu produto? Considere o ciclo de vida do produto, concorrência e posicionamento do produto para seu público-alvo durante sua discussão.
2. Reveja os vários tipos de estratégias de preços. Qual é a mais adequada para o seu produto?
3. Selecione uma base de preços para seu produto (custo, demanda, concorrência). Como você saberá quando for a hora de rever sua estratégia de preços?

As informações obtidas a partir destas perguntas devem ajudá-lo no desenvolvimento de vários aspectos do seu plano de marketing. Desenvolva seu plano de marketing on-line utilizando o plano de marketing interativo no www.cengagebrain.com.

Caso 12.1

Precificação no mercado de produtos agrícolas

Seja fora do celeiro ou dentro dos limites da cidade, os mercados de produtos agrícolas estão se tornando mais populares conforme os consumidores procuram cada vez mais alimentos frescos e locais. Hoje, mais de 7 mil mercados de produtos agrícolas estão abertos nos Estados Unidos, vendendo esses produtos durante todo o ano ou somente na temporada. Embora alguns estejam localizados a uma curta distância das fazendas onde as frutas e legumes são cultivados, muitos operam apenas nos fins de semana, estabelecidos em barracas em praças e parques da cidade para oferecer uma combinação de compras e entretenimento. "Esses mercados estão se estabelecendo como parte da nossa cultura de uma maneira que nunca vimos, e isto é bom para seu crescimento", diz o diretor da LocalHarvest.org, que coordena um diretório nacional de mercados de produtos agrícolas.

Vender diretamente ao público permite que os fazendeiros construam relacionamentos com os clientes locais e incentivem a compra repetida semana após semana conforme diferentes itens são colhidos. Também lhes permite receber maior margem de lucro do que se vendessem para atacadistas e varejistas. Isto porque o preço pelo qual os intermediários compram, quando os produtores revendem a uma loja, deve dar margem suficiente para que possam ganhar um lucro vendendo diretamente para os consumidores. Os fazendeiros que ofertam aos consumidores sem intermediários podem cobrar quase tanto – ou às vezes até mais – o que os consumidores pagariam em um supermercado. Em muitos casos, os consumidores estão dispostos a pagar um preço mais elevado por produtos locais de qualidade superior, e ainda mais por produtos que tenham sido certificados como orgânicos por uma autoridade reconhecida. A competição é um fator; no entanto, os consumidores que passeiam no mercado de produtores rurais rapidamente veem a gama de preços que os fazendeiros estão cobrando naquele dia para pimentas, pêssegos ou abóboras. A concorrência entre mercados agrícolas é outra questão, pois uma nova safra aparece a cada temporada.

A Urban Farmz, assim como outros vendedores, está adicionando mercadoria única e complementar a sua linha tradicional de itens agrícolas. Diversificar é o que dará "mais vida para a marca", como diz Caleb, ao explicar que sua empresa realiza vendas de sabonete orgânico certificado em sua barraca, no seu site na internet e também para atacadistas, Outros produtores do sabonete orgânico que o vendem em seu próprio site a US$ 14, pedem à Urban Farmz que os aceite para venda a um valor mais alto, evitando conflito entre eles. Assim, Caleb sugere um preço de US$ 15,95 por barra no site, dizendo que isto dará uma margem de lucro razoável a sua empresa.

Será que os compradores aceitarão este preço? É hora da lição de casa competitiva. O perfume de lavanda e limão verbena é muito popular, e produtos orgânicos certificados têm características distintivas. Caleb acha que visitantes do site Urban Farmz provavelmente não vão visitar outros sites para economizar um dólar ou dois por comprar em outro lugar, porque vão ter que pagar a taxa de envio do outro site, bem como a taxa do transporte Urban Farmz do site. A Urban Farmz também precisará definir um preço por atacado diferente quando vende o sabonete para restaurantes locais. Este novo sabonete será o produto que aumentará os lucros da Urban Farmz e transformará o nome de uma marca em estilo de vida?9

Questões para discussão

1. Em busca de lucro, como a Urban Farmz pode usar uma combinação baseada em custo, demanda e concorrência de preços para os produtos que vende? Explique sua resposta.
2. A Urban Farmz quer precificar o sabonete orgânico em US$ 15,95 a barra, enquanto seu próprio sabonete é vendido por US$ 14 por barra. Que percepções você acha os clientes terão de cada preço? Que recomendações você daria a esta diferença de preço?
3. Você recomendaria à Urban Farmz usar preços promocionais nos mercados de produtos agrícolas que regularmente vendem seus produtos? Se sim, que técnicas sugere e por quê?

NOTAS

1. Com base nas informações de Emily Bryson York, em McDonald's Talks of Retooled Dollar Menu. *Chicago Tribune*, 24 jan. 2013. Disponível em: <www.chicagotribune.com>; Tom Gara. Keeping McDonald's Going: McRib, Dollar Menu, and Soon, the Fish McBite. *Wall Street Journal*, 23 jan. 2013. Disponível em: <www.wsj.com>; Jim Burress. Is the Dollar Menu Good for McDonald's Bottom Line? *Marketplace*, 23 jan. 2013. Disponível em: <www.marketplace.org>; <www.mcdonalds.com>. Acesso em: 23 jan. 2013.

2. Stephanie Strom. Frito-Lay Takes New Tack on Snacks. *New York Times*, 12 jun. 2012. Disponível em: <www.nytimes.com/2012/06/13/business/frito-lay-strategy-aims-for-top-and-bottom-of-market.html>. Acesso em: 20 fev. 2013.

3. The Profit Impact of Market Strategies (PIMS) Overview. The Strategic Planning Institute. Disponível em: <http://pimsonline.com/about_pims_db.htm>. Acesso em: 17 fev. 2013.

4. Loja da Ferrari. Disponível em: <http://store.ferrari.com/en/home-office/logic3-audio/headphones/>. Acesso em: 20 fev. 2013.

5. *Dictionary of Marketing Terms*. American Marketing Association. Disponível em: <www.marketingpower.com/_layouts/Dictionary.aspx>. Acesso em: 18 abr. 2012.

6. John Miley. Warehouse Stores: Deal or No Deal? Kiplinger, 9 jun. 2011. Disponível em: <www.kiplinger.com/quiz/warehouse-store-deals/>. Acesso em: 20 fev. 2013.

7. America's Biggest Rip-Offs. CNN, 2 fev. 2010. Disponível em: <http://money.cnn.com/galleries/2010/news/1001/gallery.americas_biggest_ripoffs/2.html>. Acesso em: 21 fev. 2013.

8. Alison Frankel. Bookstores Accuse Amazon (Not Apple!) and Publishers of E-books Cartel. Thompson Reuters, 2 fev. 2013. Disponível em: <http://newsandinsight.thomsonreuters.com/New_York/News/2013/02_-_February/Bookstores_accuse_Amazon_%28not_Apple!%29_and_publishers_of_e-books_cartel/>. Acesso em: 21 fev. 2013.

9. Com base nas informações do vídeo da Urban Farmz. Cengage Learning, 2011; Jennifer Shutt. Market Benefits Farmers, Residents. *Delmarva Now,* Salisbury, MD, 18 abr. 2012. Disponível

em: <www.delmarvanow.com>.; Jenna Telesca. Farmers' Markets Grow 17%, Continuing Trend. *Supermarket News*, 22 ago. 2011. Disponível em: <www.supermarketnews.com>; Katie Zezima. In Parts of the U.S., Farmers' Markets Are Testing the Limits of Productivity. *The New York Times*, 20 ago. 2011. Disponível em: <www.nytimes.com>; Elizabeth Weise. Fresh Crop of Farmers Markets Is Spring Up. *USA Today*, 8 ago. 2011, p. 5B.

Notas dos *Quadros Informativos*

a Com base em informações de Sylvia Rector. Panera, Others Are Planning More Pay-What-You-Can Cafes. *Detroit Free Press*, 22 fev. 2012. Disponível em: <www.freep.com>; Peter Korn. A Gentle Nudge Helps Panera Cares Fulfill Mission, Get Paid. *Portland Tribune* (OR), 29 dez. 2011. Disponível em: <www.portlandtribune.com>; Sarah Skidmore. Panera Opens Pay-What-You-Wish Location in Oregon, Associated Press, 12 jan. 2011. Disponível em: <http://abcnews.go.com>; Year Later, Pay-What-You-Want Panera a Success *Cleveland Plain Dealer*, 16 maio 2011. Disponível em: <www.cleveland.com>; Panera to Retool Latest Pay-What-You-Can Idea. Associated Press, 10 jul. 2013. Disponível em: <http://abcnews.go.com>.

b Com base em informações de Alexander Chernev. Rethinking Gillette's Pricing with Dollar Shave's Disruptive Innovation. *Bloomberg Businessweek*, 10 abr. 2012. Disponível em: <www.businessweek.com>; Blade Runners: Shaving Start-Ups. *Economist*, 31 mar. 2012, p. 77; Gustavo Vieira. Shaving Sticker Shock Off Razors. *Maclean's*, 26 mar. 2012, p. 67; Scott Cendrowski. How Long Does a Razor Really Last? Gillette Comes Clean. *Fortune*, 7 jun. 2012. Disponível em: <http://management.fortune.cnn.com>; Emily Glazer. A David and Gillette Story. *Wall Street Journal*, 12 abr. 2012. Disponível em: <www.wsj.com>.

c Com base em informações de Fewer Plastic Shopping Bags Handed Out. *Canadian Press*, 3 jan. 2011. Disponível em: <www.cbc.ca/news>; Kate Galbraith. Should Plastic Bags Be Banned? *The New York Times*, 8 fev. 2012. Disponível em: <www.nytimes.com>; William Yardley. Seattle Bans Plastic Bags, and Sets a Charge for Paper. *The New York Times*, 20 dez. 2011. Disponível em: <www.nytimes.com>; Demand for Carry Bags Dips After Extra Charges. *The Times of India*, 20 jul. 2011. Disponível em: <http://articles.timesofindia.indiatimes.com>.

d Com base em informações de Christina Couch. Bonus or Bogus: Who Pays for Rewards Credit Cards? *Fox Business*, 20 fev. 2012. Disponível em: <www.foxbusiness.com>; Rafi Mohammed. Should You Offer Different Prices for Cash and Credit? *Harvard Business Review*, 27 jul. 2011. Disponível em: <www.hbr.org>; Halah Touryalai. Cash or Credit at the Pump? The Choice Is Costing You. *Forbes*, 21 out. 2011. Disponível em: <www.forbes.com>.

PARTE 5

13 Canais de marketing e gestão da cadeia de suprimentos
14 Varejo, marketing direto e atacado

Decisões de distribuição

Desenvolver produtos que satisfaçam os clientes é importante, mas não o suficiente para garantir o sucesso de uma estratégia de marketing. Os produtos também precisam estar disponíveis nas quantidades adequadas e em locais acessíveis sempre que os clientes os desejarem. A Parte 5 trata da distribuição de produtos, dos canais de marketing e das instituições que os ajudam a disponibilizar os produtos aos clientes.

O Capítulo 13 discute a gestão da cadeia de suprimentos, os canais de marketing e as decisões e as atividades relacionadas com a distribuição física, tais como processamento dos pedidos, manuseio dos materiais, armazenamento, gestão do estoque e transporte.

O Capítulo 14 analisa o varejo e o atacado, além dos seus respectivos tipos, o marketing direto e as vendas diretas, e as questões estratégicas do varejo.

CAPÍTULO 13

Canais de marketing e gestão da cadeia de suprimentos

© 24Novembers/Shutterstock.com

OBJETIVOS

1. Descrever os fundamentos da gestão da cadeia de suprimentos
2. Explorar o papel e a relevância dos canais de marketing e da cadeia de suprimentos
3. Identificar a intensidade da cobertura de mercado.
4. Examinar questões estratégicas em canais de marketing, o que inclui liderança, cooperação e conflito.
5. Analisar a distribuição física como uma etapa da gestão da cadeia de suprimentos.
6. Explorar questões legais na gestão dos canais.

INSIGHTS DE MARKETING

Deixe um robô reciclar o seu celular

Os bancos vêm usando há décadas caixas automáticos para que os clientes possam sacar, depositar dinheiro ou fazer outras operações. Agora, Mark Bowles, um empresário de San Diego (Califórnia, Estados Unidos), projetou um robô ecológico, chamado EcoATM, para que os clientes possam descartar celulares e tocadores de música portáteis em troca de dinheiro. A invenção de Bowles oferece um canal mais ecológico para a reciclagem de engenhocas quebradas, antigas ou sem uso.

O insight de marketing surgiu quando Bowles percebeu que havia poucas opções para descartar seu antigo celular quando comprou um novo. Para testar a ideia de reciclagem de dispositivos móveis, montou um balcão com uma tela sensível ao toque e a instalou num shopping center de Nebraska. O serviço avaliava gratuitamente os aparelhos antigos e ainda pagava em dinheiro vivo. No fim do primeiro mês, o empresário havia comprado 2.300 celulares, que foram mandados para conserto e revenda ou para reciclagem, mantendo-os fora dos aterros e lixões, evitando poluir o ambiente.

Hoje, os EcoATMs são equipados com câmeras, aparelhos testadores e softwares sofisticados. Quando um cliente "deposita" seu celular ou MP3 player, o EcoATM estima a vida útil e o valor deles. Se o cliente concordar com o preço oferecido, basta o escaneamento da carteira de motorista (para provar a identidade e a idade) e de uma digital (para proteção contra fraudes) para o EcoATM liberar o dinheiro. Um quarto dos celulares é velho ou danificado demais para ser reparado, mas o EcoATM os compra a preços baixos para encorajar a reciclagem (já que os aparelhos contêm materiais e componentes que podem ser reaproveitados). Com centenas de EcoATMs em 20 estados norte-americanos, a empresa de Bowles já reciclou mais de meio milhão de aparelhos, e espera reciclar alguns milhões nos próximos anos.[1]

Distribuição é o componente do mix de marketing que foca as decisões e as atividades envolvidas na tarefa de tornar os produtos disponíveis aos clientes no local e no momento em que decidirem comprar. O EcoATM lida com o problema da distribuição, posicionando convenientemente seus balcões automáticos em áreas de grande fluxo de pessoas, onde os consumidores podem reciclar seus aparelhos eletrônicos. O maquinário é automatizado e simples de usar, e os consumidores não precisam se deslocar de suas rotas, o que faz o sucesso da estratégia de distribuição da empresa. Escolher os canais de distribuição é uma das principais decisões a ser tomadas no desenvolvimento das estratégias de marketing.

Neste capítulo, focaremos os canais de marketing e a gestão da cadeia de suprimentos. Primeiro, exploramos o conceito de cadeia de suprimentos (ou supply-chain) e suas várias atividades. Em seguida, refletimos sobre os canais de marketing e a necessidade de intermediários e analisamos as funções básicas que eles desempenham. Depois, apresentamos um esboço dos tipos e das características dos canais de marketing, os critérios de seleção desses canais e como os profissionais de marketing podem determinar a intensidade da cobertura de mercado para um produto. Examinamos as questões estratégicas dos canais: liderança, cooperação e conflito. Veremos, ainda, o papel da distribuição física dentro da cadeia de suprimentos, incluindo seus objetivos e suas funções principais. Finalmente, revisamos algumas questões legais que afetam a gestão dos canais de distribuição.

distribuição Decisões e atividades que tornam os produtos disponíveis aos clientes quando e onde quiserem comprá-los.

cadeia de suprimentos Todas as atividades associadas ao fluxo e às transformações de matéria-prima em produtos, até chegar ao consumidor final.

FUNDAMENTOS DA CADEIA DE SUPRIMENTOS

Uma importante função da distribuição é o esforço conjunto de todas as organizações envolvidas para criar uma eficaz **cadeia de suprimentos**. Essa cadeia refere-se a todas as atividades associadas ao fluxo e à transformação dos produtos, desde a matéria-prima até o consumidor final. Uma cadeia de suprimentos eficiente resulta em um sistema de distribuição completo, o que envolve várias organizações. Talvez, a melhor forma de representar isso seja uma linha imaginária por onde fluem recursos, matérias-primas, insumos, componentes e produtos. Se pensarmos no sistema de distribuição eficiente como um rio que corre na direção do consumidor final, este sistema envolve organizações que estão a montante do fluxo, por exemplo, os fornecedores, e também as que estão a jusante, por exemplo, as redes de atacado e de varejo; e todas trabalham para atender os clientes e gerar vantagens competitivas. Historicamente, ao lidar com a cadeia de suprimentos, o marketing focava exclusivamente certas atividades a jusante, ou seja, da sua organização para o consumidor final. Entretanto, hoje, os profissionais de marketing reconhecem que podem garantir vantagens no mercado ao integrar com eficácia todas as atividades dessa cadeia, o que inclui as operações, a logística, o fornecimento e os canais de marketing. A integração dessas atividades requer que os gerentes de marketing trabalhem em conjunto com os gerentes de operações, logística e suprimentos. **Gestão da operação** é todo o conjunto de atividades de gerenciamento utilizadas por uma companhia para transformar recursos e insumos em bens, serviços ou ambos.[2] **Gestão da logística** envolve o planejamento, a implementação e o controle eficiente e eficaz do fluxo e do estoque de produtos e de informações, desde o ponto de origem até o consumo, com o objetivo de atender às necessidades e aos desejos dos clientes. O custo anual da logística nos Estados Unidos é imenso, chegando a quase US$ 1,3 trilhão.[3] Para ter uma ideia deste custo, todo o Produto Interno Bruto (PIB) anual dos Estados Unidos gira em torno de US$ 15 trilhões.[4] **Gestão dos suprimentos** (como compra, procura e fornecimento) refere-se, em termos gerais, aos processos que permitem a progressiva

1 Descrever os fundamentos da gestão da cadeia de suprimentos

gestão da operação O conjunto de todas as atividades de gestão executadas por uma empresa para transformar insumos e recursos em produtos, serviços ou ambos.

gestão da logística Planejamento, implementação e controle da eficiência e eficácia do fluxo e do estoque de produtos e informações do ponto de origem até o consumo, com o objetivo de atender às necessidades e aos desejos dos clientes.

gestão de suprimentos Em sentido amplo, refere-se aos processos que permitem a adição de valor, da matéria-prima até o consumidor final, e de volta, até o redesenho deste processo e a disposição final do produto ou serviço.

gestão da cadeia de suprimentos Série de abordagens usadas para integrar as funções de gestão: de operação, da logística, dos suprimentos e dos canais de marketing, de forma que se produza e distribua os produtos nas quantidades certas, para os lugares certos e no tempo certo.

adição de valor desde a matéria-prima até o cliente final e de seus processos reversos, incluindo a forma de recuperação e o descarte final do produto.

Gestão da cadeia de suprimentos é o conjunto de abordagens usadas para integrar as funções da gestão da operação, logística, suprimentos e canais de marketing de forma que produtos sejam produzidos e distribuídos nas quantidades certas, para os locais certos e no tempo certo. Isso abrange atividades como manufatura, pesquisa, vendas, propaganda e entrega de produtos. Esta gestão envolve todas as atividades que facilitam a distribuição do produto e se beneficiam dos esforços cooperativos, o que inclui fornecedores de matérias-primas e outros componentes para a produção de bens e serviços, empresas de logística e transporte, de comunicação e outras que atuam de forma indireta nas trocas de marketing. Os gerentes da cadeia de suprimentos devem encorajar a cooperação entre as organizações que dela participam e precisam entender a relação de ganhos e perdas (trade off) necessária para alcançar níveis ótimos de eficiência e qualidade de serviço.

A tecnologia tem melhorado a capacidade de gestão da cadeia de suprimentos por todo o planeta. Avanços na tecnologia da informação, em particular, criaram um processo de distribuição quase perfeito, que integra a lista de pedidos às especificações para os fornecedores no fluxo a montante da cadeia de suprimentos, e as especificações e pedidos dos clientes a jusante da cadeia. Com a integração das informações partilhadas entre os membros da cadeia, as organizações podem reduzir custos, aumentar a eficiência do serviço e prover mais valor ao cliente final. A informação é um componente crucial para a operação eficiente e eficaz da cadeia de suprimentos.

A demanda por produtos e serviços inovadores aumentou e se transformou ao longo do tempo, fazendo que os profissionais de marketing tivessem de aprender a ser flexíveis e proativos para conseguir atender às novas necessidades dos clientes por meio do desenvolvimento e da distribuição de novos produtos e pela alteração dos já existentes. A montante da cadeia de suprimentos, os fornecedores proveem informações sobre serviços, materiais e insumos utilizados para atender às necessidades dos clientes. Por meio da tecnologia da informação, os gerentes desta cadeia podem utilizar os dados disponíveis para obter mais conhecimento acerca dos clientes de uma empresa, o que ajuda a melhorar os produtos a jusante da cadeia de suprimentos. As empresas, agora, compreendem como a gestão de toda esta cadeia é fundamental para assegurar que os clientes encontrem os produtos quando, onde e como quiserem. Na verdade, essa gestão é uma das atividades com maior perspectiva de crescimento no futuro, graças à crescente necessidade de levar o produto com segurança para onde precisa ir e no devido prazo.[5] A Amazon definiu seu padrão para a gestão da cadeia de suprimentos ao oferecer aos clientes quase tudo o que possam imaginar, a preços baixos, por meio de um site amigável que apresenta resenhas e avaliações dos produtos, além de várias opções de entrega e uma política simples de devolução de produtos ou dinheiro. Muitas empresas têm se esforçado não só para competir com um concorrente tão grande e flexível, mas também para se adaptar à realidade que a Amazon construiu.[6]

Para assegurar uma cadeia de suprimentos eficiente, as empresas a montante oferecem insumos e informações diretos ou indiretos para a fabricação do produto, e aquelas a jusante são responsáveis pela entrega do produto, serviços pós-venda e atendimento aos clientes finais. Para assegurar a qualidade e a satisfação do cliente, as empresas devem se envolver de alguma forma na gestão de todos os aspectos da sua cadeia de suprimentos, em parceria direta com todos os envolvidos, a montante e a jusante, no fluxo do negócio. A gestão desta cadeia está diretamente ligada a uma orientação voltada para o mercado. Todas as atividades funcionais de um negócio (marketing, gestão, produção, finanças e sistemas de informação) se entrelaçam, envolvem-se na orientação ao cliente e contribuem para a gestão da cadeia de suprimentos. Se uma empresa construiu uma estratégia de marketing baseada numa liderança que advoga o foco contínuo no cliente, a gestão desta cadeia será direcionada à cooperação e à coordenação estratégicas para assegurar a satisfação desse cliente. Diretores e gestores precisam reconhecer que esta gestão é essencial para atender às expectativas do cliente, e que, para tanto, é necessária a coordenação de todas as áreas do negócio. A organização que associa à gestão desta cadeia uma orientação focada no mercado pode aumentar seu desempenho e sua competitividade.[7]

O PAPEL DOS CANAIS DE MARKETING NA CADEIA DE SUPRIMENTOS

Um **canal de marketing** (também chamado *canal de distribuição*) é composto por um grupo de indivíduos e organizações que direcionam o fluxo dos produtos, dos produtores aos consumidores, dentro da cadeia de suprimentos. O papel principal dos canais de marketing é tornar o produto disponível no momento certo, no lugar certo e na quantidade certa. Esse objetivo é atingido por meio da sinergia entre as gestões de operação, logística e suprimentos. O esforço para alcançar a satisfação do cliente deveria ser a principal força por trás das decisões do canal de marketing. Portanto, as necessidades e o comportamento dos clientes são uma preocupação constante dos integrantes de um canal de marketing.

Alguns canais de marketing são diretos, o que significa que os produtos vão diretamente do produtor para o cliente. Por exemplo, quando você compra roupas nos sites da Abercrombie ou da Fitch, os produtos lhe são enviados diretamente do fabricante. A maioria dos canais, porém, conta com um ou mais **intermediários de marketing**, que fazem a ligação entre os produtores e outros intermediários ou o consumidor final, seja por meio de arranjos contratuais seja pelo processo de venda e revenda de produtos. Esses intermediários realizam as atividades descritas na Tabela 13.1. Esses profissionais também desempenham papéis-chave na gestão do relacionamento com o cliente, não apenas pelas atividades de distribuição, mas também pela manutenção de bancos de dados e sistemas de informação que auxiliam todos os membros do canal de marketing a manter uma relação eficaz com os clientes. Por exemplo, a empresa MercuryGate fornece softwares de gestão de transporte para otimização da logística das empresas, trabalhando também diretamente com transportadoras, empresas e corretoras terceirizadas de logística para assegurar que seus clientes tenham uma cadeia de suprimentos tanto eficiente como eficaz. Seus métodos têm funcionado, como demonstram alguns de seus clientes, como Walmart e Siemens, reconhecidos por sua gestão da cadeia de suprimentos.[8]

Atacadistas e varejistas são exemplos de intermediários. Os primeiros compram produtos e os revendem para outros atacadistas, varejistas e clientes industriais. Os segundos compram produtos e os vendem diretamente para consumidores finais. Considere seu supermercado local, no qual você provavelmente comprou um produto de marca conhecida, entregue ali por um atacadista. Este, por sua vez, comprou esse produto, junto com outros não controlados pelo governo, de laboratórios como McNeil Consumer Healthcare.

> **2** Explorar o papel e a relevância dos canais de marketing e da cadeia de suprimentos.
>
> **canal de marketing** Um grupo de pessoas e organizações que direcionam o fluxo dos produtos, dos produtores aos clientes, dentro da cadeia de suprimentos.
>
> **intermediários de marketing** Intermediários que ligam os produtores a outros intermediários ou ao consumidor final seja por meio de arranjos contratuais seja pelo processo de venda e revenda de produtos.

Tecnologia facilita a gestão da cadeia de suprimentos

A TECSYS provê serviços e tecnologia para facilitar a gestão da cadeia de suprimentos para clientes de negócios.

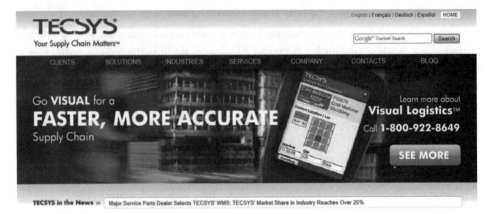

Cortesia da TECSYS Inc.

Tabela 13.1 Atividades de marketing desempenhadas por intermediários

Atividades de marketing	Exemplos
Informação de marketing	Analisar dados de vendas e outras informações nos bancos de dados e sistemas de informações. Realizar ou encomendar pesquisas de marketing.
Administração de marketing	Estabelecer planos estratégicos e táticos para o desenvolvimento do relacionamento com o cliente e a produtividade organizacional.
Facilitação de trocas	Escolher sortimentos de produtos que vão ao encontro das necessidades dos clientes. Cooperar com os membros do canal para o desenvolvimento de parcerias.
Promoção	Definir os objetivos promocionais. Coordenar propaganda, venda pessoal, promoção de vendas, publicidade e embalagem.
Preço	Estabelecer a política de preços e os termos de venda.
Distribuição física	Administrar o transporte, o armazenamento, o manuseio dos materiais, controlar o estoque e a comunicação.

© Cengage Learning

A gestão da cadeia de suprimentos deve começar focando o cliente, que é o consumidor final e cuja satisfação deveria ser a meta de todos os membros do canal de marketing. A cooperação entre esses membros melhora a satisfação do cliente, enquanto aumenta a coordenação entre os envolvidos, reduzindo os custos e aumentando os lucros. De acordo com a consultoria Deloitte, para o mercado norte-americano, até 70% dos custos de uma organização podem derivar da sua da cadeia de suprimentos. É por essa razão que, em geral, as organizações se esforçam para reduzir o desperdício; por exemplo, buscando diminuir a necessidade de energia elétrica ou de combustível. Melhorar a coordenação entre os elos da cadeia de suprimentos ajuda na redução do desperdício e no aumento da velocidade de todo o processo, e, ainda, aumenta a sustentabilidade ambiental, o que pode melhorar a imagem da organização aos olhos dos consumidores.[9] Quando comprador, vendedor, intermediários de marketing e agências facilitadoras trabalham juntos, o relacionamento de cooperação resulta em maior capacidade de atender às expetativas do cliente acerca da entrega, do cronograma, da embalagem e de outros requisitos.

Cada membro da cadeia de suprimentos requer informação dos outros participantes. Por exemplo, fornecedores precisam de pedidos e da previsão de encomenda do fabricante, além de informações quanto à disponibilidade dos próprios fornecedores. A Gestão de Relacionamento com o Cliente (CRM) integra as informações disponíveis nos sistemas dos integrantes da cadeia de suprimentos, potencializando o uso dessas informações. Sistemas de CRM auxiliam todos os membros do canal de marketing a tomar melhores decisões estratégicas para o desenvolvimento e a manutenção dos relacionamentos com o cliente.

Relevância dos canais de marketing

Embora não seja necessário tomar decisões a respeito de canais de marketing antes das próprias decisões de marketing, a definição destes pode ter grande influência sobre os outros elementos do mix de marketing (isto é, produto, promoção e preço). Definir canais de distribuição é essencial porque eles determinam a presença e a disponibilidade de um produto no mercado. Sem operações adequadas que alcancem o cliente no momento certo, até os melhores bens e serviços podem fracassar. Leve em consideração que pequenos negócios são propensos a comprar computadores de lojas especializadas, como Best Buy e Office Depot, o que deixa em desvantagem empresas que não contam com distribuição nesses pontos de venda. Na verdade, mesmo a Dell, pioneira no modelo de venda direta no ramo de computadores, também vende seus aparelhos na Best Buy. Para o cliente, a opção de venda direta pela Dell ou de varejistas como a Best Buy significa poder comprar computadores quando e onde quiser. E a opção de encontrar computadores Dell nas lojas físicas lhe permite testá-los in loco antes de decidir pela compra.

Em geral, selecionar um canal de marketing implica um compromisso de longo prazo entre as organizações envolvidas (fornecedores, provedores de logística e operadores de canais), e, portanto, esta é uma decisão estratégica. Uma vez que a organização se compromete com um carnal de distribuição, é muito difícil voltar atrás ou escolher outro canal. Canais de marketing também atendem a vários e diversos objetivos, incluindo a criação de utilidade e melhoramento da eficiência de trocas. Embora algumas dessas funções possam ser desempenhadas por um único membro do canal, a maioria dos objetivos é alcançada por meio do esforço coletivo e de parcerias entre os vários membros do canal.

Canais de marketing criam utilidade

Canais de marketing criam quatro tipos de utilidade: tempo, local, posse e forma. *Utilidade tempo* significa tornar o produto disponível no momento em que o cliente deseja. Serviços como Movies On Demand ou o de vídeo na internet da Netflix permitem que o cliente assista a filmes e espetáculos na hora que quiser. A *utilidade local* significa dispor dos produtos nos locais que os clientes desejam. Por exemplo, a loja Zappos oferece aos clientes a comodidade de comprar sapatos e acessórios em qualquer lugar em que disponham de um celular e conexão com a internet. A *utilidade posse* significa o cliente ter acesso ao produto para uso imediato ou guardá-lo e utilizar mais tarde; podendo ocorrer por meio de leasing ou aluguel de um produto. Os membros de um canal algumas vezes criam *utilidade forma* por meio de montagem, preparação ou outra ação que refine o produto para servir a uma necessidade específica do cliente.

Canais de marketing facilitam a eficiência das trocas

Mesmo quando produtores e compradores estão localizados na mesma cidade, pode haver custos associados a trocas de bens e serviços. Os intermediários de marketing podem reduzir as despesas ao desempenhar funções e serviços com eficiência. Como mostra a Figura 13.1, quando quatro compradores buscam produtos de quatro produtores, 16 transações diferentes são possíveis. Se um intermediário atende tanto produtores quanto compradores, o número de transações possíveis cai pela metade. Os intermediários são especialistas em facilitar as transações. Sua assistência é valiosa na medida em que acessam e controlam recursos importantes para o funcionamento adequado dos canais de marketing.

♦ ♦ Empreendedorismo em marketing

Será que lojas físicas são o futuro para a Bonobos?

Quando os cofundadores, Andy Dunn e Brian Spaly, criaram a Bonobos, em 2007, esperavam vender calças masculinas que eram bonitas, vestiam bem e eram confortáveis, somente pela internet. Quatro anos após a Bonobos inaugurar sua loja virtual, a empresa já faturava US$ 1 milhão por mês, e Andy Dunn era o CEO.

Em 2012, a Bonobos era uma loja bem estabelecida e em expansão, mas já encontrava uma competição ferrenha na internet, e gastava muito mais recursos para conseguir atrair novos clientes. Dunn, então, percebeu que poderia aumentar as vendas se fornecesse mais oportunidades para seus clientes verem as roupas, sentirem o tecido e experimentarem vários itens antes de fechar a compra. Assim, eles fecharam um acordo de distribuição com a varejista Nordstrom, que também se tornou um investidor da Bonobos. O acordo permitiu à Bonobos somar mais um canal de distribuição, alcançando o público masculino que comprava nas lojas especializadas de produtos de alto padrão da Nordstrom e também no seu site de comércio eletrônico.

Dunn também decidiu complementar a loja on-line da Bonobos com "guideshops" (mostruários físicos), showrooms da própria loja em cidades como Nova York, San Francisco, Boston e Chicago, onde o cliente pode experimentar vários tamanhos e modelos para encontrar o mais adequado. Diferentemente das lojas tradicionais, os guideshops da Bonobos só atendem com hora marcada, e todas as compras são finalizadas na loja on-line da empresa. Será que as lojas físicas serão a estratégia que assegurará os lucros da Bonobos no futuro?[a]

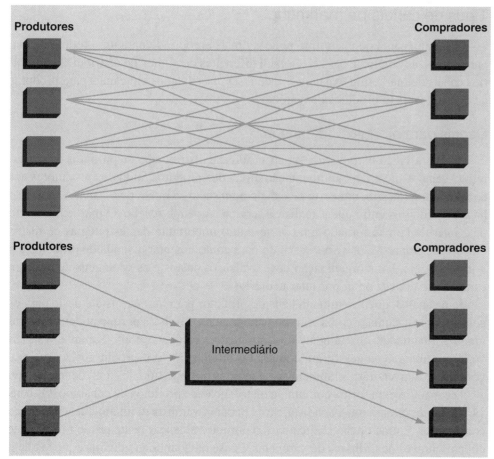

Figura 13.1

Eficiência nas trocas promovida pelos intermediários.

Fonte: Pride e Ferrell. *Marketing*, 17 ed., Cengage Learning, 2014.

Ainda assim, a imprensa, os consumidores, as autoridades públicas e até os outros agentes do mercado normalmente reclamam dos intermediários, principalmente dos atacadistas. Os críticos acusam os atacadistas de ser ineficientes e aumentar os custos das transações. Os compradores muitas vezes acreditam que encurtar ao máximo os canais de distribuição reduzirá o preço dos produtos, mas este não é o caso.

Os críticos que sugerem que eliminar os atacadistas diminuirá os preços para o consumidor acabam não percebendo que essa eliminação não acabará com a necessidade dos serviços que o intermediário realiza. Embora os varejistas e os demais intermediários possam ser eliminados, suas funções continuam existindo. Outros membros do canal de distribuição terão de desempenhá-las, o que talvez seja feito de forma não tão eficiente, e os clientes acabarão pagando por essas ineficiências. Além disso, todos os produtores terão de lidar diretamente com varejistas e clientes, o que significa manter mais registros e contratar mais equipes para lidar com uma multidão de clientes. No fim das contas, os clientes acabariam pagando muito mais por seus produtos, porque os preços refletiriam os custos de um sistema de distribuição pouco eficiente. Para diminuir as críticas, os atacadistas deveriam apenas desenvolver atividades de marketing que deles são esperadas e se esforçar para ser eficientes e focados no cliente o máximo possível.

Tipos de canais de marketing

Como um canal de marketing pode ser mais apropriado para um produto do que para outros, as organizações selecionam diferentes caminhos de distribuição. Os vários canais de marketing existentes podem ser classificados em canais para produtos de consumo e para produtos de negócios.

Canais para produtos de consumo

A Figura 13.2 ilustra vários canais usados na distribuição de produtos de consumo. O canal A mostra a movimentação direta dos produtos, indo dos produtores aos consumidores. Assim, um corte de cabelo num salão se move pelo canal A, pois não há intermediários entre quem realiza o serviço e quem o recebe. O marketing direto pela internet tem se tornado uma parte muito importante das estratégias de distribuição das empresas, às vezes servindo para complementar a venda de produtos em lojas de varejo. Uma organização deve avaliar os custos e as vantagens de usar um canal direto em vez optar por intermediários.

Já o canal B, que movimenta bens do produtor para um varejista e deste para os consumidores, é uma escolha comum para grandes varejistas porque podem comprar grandes quantidades diretamente dos fabricantes. Varejistas como Kmart e Walmart vendem muitos itens que foram comprados diretamente dos produtores. Carros novos e livros universitários também são vendidos por este tipo de canal de marketing.

O canal C é uma forma comum de distribuição de produtos de consumo. Os bens vão do produtor para um atacadista, deste para um varejista e, finalmente, chegam ao consumidor. É uma opção prática para o produtor alcançar centenas de milhares de clientes através de milhares de varejistas. Pense na quantidade de lojas que vendem uma marca de chiclete como Wrigley. Seria muito difícil, talvez impossível, para a Wrigley negociar diretamente com cada varejista que vende chiclete. Fabricantes de

Figura 13.2

Canais de marketing típicos para o consumidor.

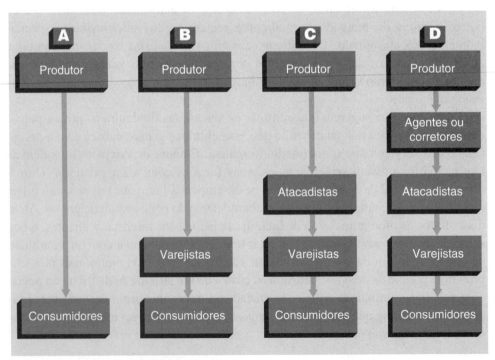

Fonte: Pride e Ferrell. *Marketing*, 17 ed., Cengage Learning, 2014.

eletrodomésticos, ferramentas e produtos para o lar vendem para atacadistas, que vendem para varejistas, que por sua vez atendem individualmente os consumidores.

O canal D, no qual os bens passam do produtor para os agentes e daí para atacadistas e varejistas, para finalmente chegar ao consumidor, costuma ser usado para produtos de distribuição em massa, como alimentos industrializados. Por exemplo, para a Nabisco conseguir distribuir certos biscoitos a determinadas lojas de varejo ela pode contratar um agente (ou representante de vendas de alimentos), que vende para atacadistas, e estes os vendem para supermercados, operadores de máquinas automáticas de vendas e lojas de conveniência.

Um canal longo pode ser o meio de distribuição mais eficiente para determinados bens. Quando vários intermediários em um canal desempenham funções especializadas, os custos podem ser menores que os de canais em que apenas um intermediário desempenha todas as funções. A eficiência surge quando organizações que se especializam em determinados elementos da produção ou do fluxo dos produtos pelo canal de distribuição são mais eficientes no desempenho de tarefas específicas do que o fabricante do produto. Isso resulta em mais valor adicionado aos clientes.

Canais para produtos de negócios

A Figura 13.3 apresenta quatro dos canais mais comuns para produtos de negócios. Assim como acontece com os de consumo, os fabricantes de produtos de negócios às vezes trabalham com mais de um nível de atacadista.

O canal E ilustra o canal direto para produtos de negócios. Em contraste com os bens de consumo, mais da metade dos produtos de negócios, principalmente equipamentos caros, é vendida pelo canal direto. Clientes de negócios preferem se comunicar diretamente com os produtores, em especial quando a compra envolve material caro ou de grande complexidade. Assim, clientes dos produtos da Xerox não só os recebem diretamente, como também manutenção e suporte técnico. A Xerox recolhe digitalmente informações dos vários produtos que vende para as empresas e realiza reparos preventivos em máquinas que indicam a possibilidade de oferecer problemas. Esse nível de serviço ao cliente seria impossível se houvesse um intermediário.[10]

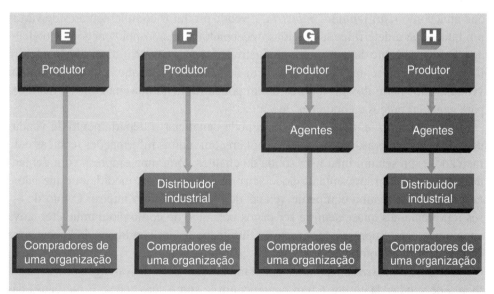

Figura 13.3

Canais de marketing típicos para produtos de negócios.

Fonte: Pride e Ferrell. *Marketing*, 17 ed., Cengage Learning, 2014.

distribuidor industrial Agente independente que lida com produtos industrializados e administra estoques.

No canal F, um distribuidor ou representante industrial facilita as transações entre o produtor e o cliente. **Distribuidor industrial** é um agente independente que age como representante oficial dos produtos que vende e administra o próprio estoque. Em geral, vende produtos padronizados, como suprimentos de manutenção, ferramentas de produção e maquinário de utilização simples. Alguns distribuidores industriais oferecem uma variedade de linhas de produtos. Por exemplo, a norte-americana Applied Industrial Technologies Inc. oferece mais de 4 milhões de produtos de mais de 2 mil fabricantes, e atende uma grande variedade de empresas, de pequenos prestadores de serviços de zeladoria a grandes organizações como a Boeing.[11] Outros distribuidores industriais especializam-se em um segmento ou uma pequena quantidade de setores. O distribuidor é responsável por uma porcentagem cada vez maior de produtos de negócios. No geral, esses distribuidores podem ser mais eficientes quando o produto tem amplo apelo de mercado, pode ser facilmente estocado e manuseado, ser vendido em pequenas quantidades e requer um suprimento constante para evitar perdas e prejuízos.

O distribuidor industrial oferece várias vantagens de vendas. Ele pode realizar a venda do produto em mercados locais e a um custo relativamente baixo para um fabricante, e reduzir o peso financeiro do produtor fornecendo aos clientes serviços de crédito. Além disso, como distribuidores industriais muitas vezes mantêm um relacionamento direto com seus clientes, conhecem as necessidades de cada região e podem repassar informações de mercado para os produtores. Pela manutenção de estoques adequados em mercados locais, o distribuidor industrial consegue reduzir as necessidades de capital dos produtores.

A utilização de distribuidores industriais também tem suas desvantagens. Pode ser difícil controlá-los, uma vez que são empresas independentes. Em geral, eles mantêm estoques de empresas concorrentes; então, um produtor não pode depender deles para fazer uma promoção agressiva de sua marca. Além disso, esses distribuidores têm gastos com a manutenção de seus estoques e demonstram pouca facilidade para lidar com itens muito grandes ou de venda demorada e com produtos que demandam instalações especializadas ou um esforço extra de venda. E, em alguns casos, podem não ter o conhecimento necessário para vender um produto ou dar o suporte técnico necessário.

O terceiro canal para os produtos de negócios, G, utiliza um agente independente que atua como *representante industrial* e vende produtos complementares de vários produtores para determinadas regiões, recebendo comissão pelos negócios realizados. Diferentemente do distribuidor industrial, o representante industrial não adquire licença para representar um produto nem lida com seu estoque. Ele age como um vendedor por parte dos produtores e tem pouca ou nenhuma margem de manobra para negociar preços e condições de venda.

O uso de *representantes industriais* pode beneficiar o departamento de vendas de uma empresa, pois, em geral, eles contam com muitas informações técnicas e do mercado e apresentam uma lista sólida de clientes. Para uma empresa com demandas sazonais, este representante pode ser uma vantagem, na medida em que não é necessário manter uma equipe de vendas de prontidão o ano inteiro. O fato de esses representantes quase sempre ser pagos por meio de comissão é uma alternativa econômica para empresas com recursos limitados e sem condições de bancar uma equipe de vendas completa.

O uso de *representantes industriais* também tem suas desvantagens. O departamento de vendas da empresa tem pouco controle sobre suas ações. E por causa das comissões, eles preferem se concentrar em negócios e clientes grandes, e muitas vezes são relutantes em acompanhar os clientes no pós-venda, empregar esforços extras de negociação ou partilhar informações com o departamento de vendas da empresa, já que não recebem por nenhuma dessas atividades e ainda perdem tempo que poderiam dedicar às vendas. E como raramente mantêm estoques, esses representantes têm pouca capacidade de oferecer serviços de reparo ou reposição com rapidez.

Por fim, o canal H inclui tanto os representantes industriais quanto os distribuidores industriais. Este canal pode ser apropriado quando o produtor deseja cobrir uma grande região, mas não conta com uma equipe de vendas, seja porque a demanda é sazonal seja em razão dos custos. Este canal também pode ser útil quando o departamento de vendas de uma empresa quer entrar em um mercado novo sem contratar mais vendedores.

Canais de marketing múltiplos e alianças de canal

Para alcançar marcados-alvo diversos, os fabricantes podem usar vários canais de marketing ao mesmo tempo, com cada um envolvido com um grupo diferente de intermediários. Um fabricante muitas vezes usa múltiplos canais quando o mesmo produto se dirige tanto a consumidores quanto a negócios. Por exemplo, quando a Heinz direciona seu ketchup ao uso doméstico, o produto é vendido para supermercados por meio de atacadistas ou diretamente para varejistas, ao passo que o ketchup vendido para restaurantes e outras instituições segue outro canal de distribuição.

distribuição dual Uso de dois ou mais canais de marketing para distribuir os mesmos produtos para o mesmo mercado-alvo.

Em alguns casos, um produtor pode preferir uma **distribuição dual**, que usa dois ou mais canais para distribuir os mesmos produtos para o mesmo mercado-alvo. A Kellogg's, por exemplo, vende cereais matinais diretamente para cadeias de varejistas (canal B) e atacadistas de alimentos, que, por sua vez, vendem os cereais matinais para varejistas (canal C). Outro exemplo de distribuição dual é a da empresa que vende produtos para lojas de varejo e também oferece produtos por meio de catálogos ou pelo próprio site.

Muitos produtores que sempre venderam para atacadistas e varejistas hoje contam também com lojas on-line que enviam produtos diretamente do produtor para o consumidor. Este é um exemplo de distribuição dual, porque os produtos são vendidos para os mesmos clientes por meio de diferentes canais, um que envolve intermediários e outro que é direto. Tome como exemplo o anúncio dos relógios Bell & Ross, que justapõe a seus relógios imagens militares. Bell & Ross é um fabricante francês de sofisticados relógios de apelo e design militar que chegam ao varejo por milhares de dólares. Por muito tempo, a empresa era conhecida como uma marca de prestígio, disponível apenas a um pequeno grupo de lojas sofisticadas, mas agora usa um canal dual de distribuição. Consumidores do mundo inteiro podem encomendar um relógio Bell & Ross na loja on-line da empresa, acessível pelo site ou pelo QR

Usando múltiplos canais de marketing
A Bell & Ross utiliza a distribuição dual para vender seus relógios em lojas sofisticadas e também on-line, em seu próprio site na internet.

aliança estratégica no canal Acordo pelo qual os produtos de uma organização são distribuídos pelos canais de marketing de outra.

Code no anúncio. A distribuição dual incomoda atacadistas e varejistas, porque estes acabam competindo com um fabricante que está vendendo seus produtos on-line.

Aliança estratégica no canal existe quando os produtos de uma organização são distribuídos pelos canais de marketing de outra. Os produtos de ambas acabam tendo os mesmos usos ou o mesmo mercado-alvo, sem que sejam concorrentes diretos. Uma marca de água engarrafada pode ser distribuída por um canal de marketing de refrigerantes; um produtor norte-americano de cereais matinais nos Estados Unidos pode formar uma aliança estratégica com uma companhia europeia de alimentos industrializados para facilitar a distribuição internacional. Esse tipo de aliança pode trazer vantagens tanto para a organização que detém um canal de marketing como para a empresa cuja marca está sendo distribuída por esse canal.

Selecionando canais de marketing

Selecionar os canais de marketing apropriados é importante porque, uma vez feita a escolha, vai ser bem difícil qualquer troca. Embora o processo varie entre as organizações, as decisões para a seleção de um canal são afetadas por um ou mais dos seguintes fatores: características do cliente, atributos do produto, tipo da organização, concorrência, forças ambientais de marketing e características dos intermediários (como mostra a Figura 13.4).

Características do cliente

Gerentes de marketing devem levar em consideração as características dos membros dos canais de marketing ao optar por um canal. Como já dissemos, canais

Figura 13.4

Como selecionar canais de marketing.

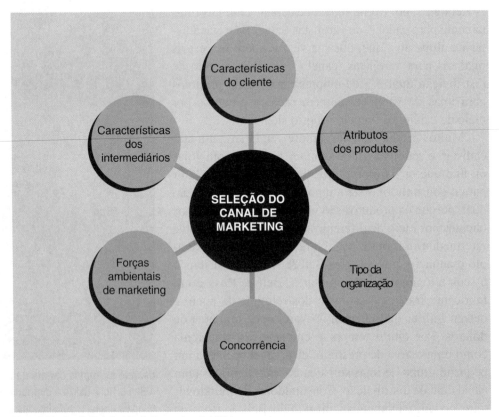

Fonte: Pride e Ferrell. *Marketing*, 17 ed., Cengage Learning, 2014.

apropriados para consumidores são diferentes daqueles para os clientes de negócios. Devido à frequência do uso de um produto, sua complexidade, os níveis de consumo e a necessidade de oferecer serviços, as organizações desenvolvem diferentes estratégias de marketing. Clientes de negócios muitas vezes preferem tratar diretamente com o produtor (ou com intermediários especializados, como o distribuidor industrial), principalmente para produtos muito técnicos ou caros, como estações de trabalho, aviões a jato ou maquinário pesado, que demandem especificações rigorosas e assistência técnica. Empresas de negócios também costumam comprar em grandes quantidades.

Consumidores, por usa vez, em geral compram produtos em quantidades limitadas, através de varejistas, e com frequência não se importam com um limitado serviço ao cliente. Quando os clientes estão concentrados em áreas pequenas, um canal direto pode ser a melhor saída, mas quando eles estão espalhados por um estado ou pelo país, a distribuição por meio de múltiplos canais tende a ser mais eficiente.

Atributos do produto

Os atributos de um produto podem influenciar fortemente a escolha dos canais de marketing. Os profissionais que cuidam do marketing de produtos caros e complexos, como automóveis, tendem a empregar canais mais curtos, assim como quem cuida do marketing de produtos perecíveis, como laticínios e vegetais. Produtos mais padronizados e mais baratos, com maior prazo de validade, como refrigerantes e alimentos enlatados, podem seguir por canais mais longos, com muitos intermediários. Produtos frágeis, que demandam manuseio cuidadoso, costumam ser distribuídos por canais mais curtos a fim de minimizar a quantidade de manuseio e reduzir o risco de dano.

••• Tendências do marketing

Lojas temáticas atraem turistas

A Hershey, os chocolates e doces Mars e algumas outras marcas são as principais atrações de lojas-vitrine que só vendem os produtos de sua marca. A tendência do varejo especializado como entretenimento levou essas e outras empresas a oferecer a própria história de suas marcas e encher vitrines e prateleiras de souvenires de sua história e de seus produtos em lojas vistosas, que atraem multidões de turistas diariamente. Embora essas "ilhas" de uma marca só tragam milhões de dólares por ano, dificilmente competem com os canais tradicionais de varejo; na verdade, o papel dessas lojas é oferecer uma experiência excitante da marca favorita do cliente, de modo que ele continue comprando esses produtos nas lojas que existem na sua vizinhança.

Por exemplo, os amantes de chocolate que estão em viagens de férias podem visitar as lojas incrementadas montadas pela Hershey e pela Mars.

A Hershey tem lojas Mundo do Chocolate, na Times Square, Nova York, em Cataratas do Niágara, Canadá, centro de Chicago, e Xangai, na China. As lojas temáticas do Mundo dos M&M, da Mars, atraem muitas visitas em destinos turísticos como Orlando, na Flórida, Las Vegas, Nevada, Times Square, em Nova York, e Leicester Square, em Londres. Quando a Mars decidiu apresentar Ms. Brown, a nova personagem dos chocolates M&M, o cenário utilizado foi a extravagante loja da Times Square.

Não muito tempo atrás, a Kellogg's criou uma loja temática temporária na Times Square. Por quê? Como explica o diretor executivo da marca: "Nossa expectativa de longo prazo é aumentar a conexão entre a marca e o consumidor, e isso traz grandes benefícios para nossa imagem".[b]

Tipo de organização

As características da organização podem ter grande impacto sobre o canal escolhido. Graças ao seu porte, grandes empresas estão em melhor posição para lidar com vendedores e outros membros de um canal de distribuição, e, também, tendem a ter mais centros de distribuição, o que reduz o tempo de entrega aos clientes, além de poder utilizar um mix maior de produtos como uma ferramenta competitiva. Uma empresa menor, que negocia com membros de canais locais ou regionais, pode estar numa posição melhor para ajustar seu mix de marketing para atender aos clientes de determinada região em comparação com uma empresa maior, com menor flexibilidade. Já empresas pequenas podem não ter os recursos para desenvolver a própria equipe de vendas, enviar seus produtos para longas distâncias, manter um estoque grande ou estender o crédito aos compradores. Nesses casos, elas podem acabar recorrendo a outros membros do canal de distribuição que tenham recursos para prover esses serviços aos clientes.

Concorrência

Este é outro fator importante que a gestão da cadeia de suprimentos deve levar em consideração. O sucesso ou o fracasso do canal de marketing de um concorrente pode encorajar ou dissuadir uma empresa de seguir uma abordagem semelhante. Em um mercado altamente competitivo, é importante para uma empresa manter os custos baixos a fim de que possa oferecer preços mais baixos que os concorrentes quando for necessário.

Forças ambientais

Estas podem interferir na escolha de um canal de marketing. Cenários econômicos adversos podem forçar uma organização a usar canais de baixo custo, mesmo que isso eventualmente reduza a satisfação do cliente. Por sua vez, uma economia em crescimento pode permitir à empresa selecionar um canal que antes havia considerado muito caro. Novas tecnologias podem permitir que a organização incremente ou modifique sua estratégia com os canais, por exemplo, com a criação de um canal de vendas on-line. Regulamentações do governo também podem afetar a escolha de canais. Na medida em que regulamentações ambientais ou de trabalho mudam, as organizações podem ser forçadas a alterar a estrutura atual do canal para se adequar à nova legislação, ou, ainda, escolher antecipar-se a essas mudanças antes que isso seja obrigatório, e assim mostrar-se proativas. As regulações internacionais podem complicar bastante a cadeia de suprimentos, na medida em que as leis variam de país para país. Por exemplo, a China permite que as fábricas empreguem estudantes como mão de obra barata quando precisam aumentar a capacidade de produção, denominando essas vagas como "estágio". No entanto, vários outros países consideram essa prática abusiva e ilegal. A HP decidiu impor novas regulações a seus fornecedores chineses para limitar essa prática, uma vez que seus stakeholders e clientes não acham aceitável forçar estudantes a abandonar a escola para trabalhar numa fábrica.[12]

Características dos intermediários

Quando uma organização acredita que o atual intermediário não está promovendo seus produtos de forma adequada, pode reconsiderar suas escolhas de canal. Nesses casos, ela pode escolher outro membro do canal para lidar com seus produtos, selecionar um novo intermediário ou optar por eliminar os intermediários e desempenhar as funções ela mesma.

INTENSIDADE DA COBERTURA DE MERCADO

> **3** Identificar a intensidade da cobertura de mercado.

Além de decidir quais canais de marketing utilizar para a distribuição de um produto, os profissionais de marketing devem determinar a intensidade apropriada da cobertura; ou seja, a quantidade e os tipos de pontos de venda em que o produto será comercializado. Essa decisão depende das características do produto e do mercado-alvo. Para atingir a intensidade desejada de cobertura de mercado, a distribuição deve corresponder ao padrão de comportamento do comprador. No Capítulo 10, dividimos os produtos de consumo em quatro categorias – de conveniência, compra comparada, de especialidade e não procurados – de acordo como os consumidores fazem suas compras. Ao decidir por adquirir um produto, o consumidor leva em conta fatores como a frequência de reposição, os ajustes do produto (serviços), a duração do consumo, e o tempo necessário para localizar o produto.[13] Essas variáveis afetam diretamente a intensidade da cobertura do mercado. Os três principais níveis de cobertura de mercado são: distribuição intensiva, distribuição seletiva e distribuição exclusiva.

Distribuição intensiva

A **distribuição intensiva** utiliza todos os pontos de venda disponíveis para distribuir o produto. É apropriada para produtos que tenham alta frequência de reposição, demandem praticamente nenhum serviço e que costumam ser comprados com base em ofertas. A maioria dos produtos de conveniência, como pão, chiclete, refrigerante e jornal, é distribuída de modo intensivo. Canais múltiplos podem ser usados para vender um produto por todos os tipos de pontos de venda. Por exemplo, refrigerantes, salgadinhos e sabão em pó estão disponíveis em lojas de conveniência, mercadinhos, supermercados e outros tipos de varejistas. Para satisfazer consumidores à procura desses produtos, estes devem estar disponíveis em uma loja próxima e ser obtidos com o mínimo de esforço. Para esses produtos, o consumidor deseja rapidez para obtê-los, ao mesmo tempo que espera um nível confiável de qualidade e flexibilidade para encontrá-los onde quer que seja mais conveniente para ele e no menor preço possível. Por exemplo, o iogurte Fage, apresentado no anúncio, sofre pesada concorrência com outras marcas de iogurte grego. Para manter a participação de mercado e um nível aceitável de lucro, os consumidores podem encontrar o Fage, que é vendido como um iogurte grego autêntico e de alta qualidade, em lojas sofisticadas e de produtos gourmet e também em lojas de conveniência. O anúncio ressalta a pureza dos ingredientes e os sabores, como o de mirtilo, e afirma que ele é uma refeição leve mais saudável que outros iogurtes.

distribuição intensiva Alternativa de usar todos os pontos de venda disponíveis para distribuir um produto.

As vendas e a disponibilidade de produtos de conveniência e de baixo custo podem estar diretamente relacionadas com sua acessibilidade. Por exemplo, depois de anos com problemas na cadeia de suprimentos com o atacadista McNeil Consumer Healthcare, que levaram ao desabastecimento, as lojas da rede norte-americana CVS não vendem mais Tylenol. Em vez de lidar com a insatisfação dos clientes, a CVS decidiu não oferecer a linha do Tylenol e passou a oferecer seu próprio genérico deste analgésico.[14]

Distribuição seletiva

A **distribuição seletiva** usa apenas alguns pontos de venda em determinada região para distribuir seu produto. Este tipo de distribuição é apropriado para produtos

distribuição seletiva Alternativa de usar apenas alguns dos pontos de vendas disponíveis em determinada região para distribuir um produto.

como televisores, aparelhos de som e outros bens duráveis. Esses produtos são mais caros que os itens de conveniência, e os consumidores estão mais dispostos a perder tempo e até visitar várias lojas para comparar preços, modelos, estilos e outras características.

Este tipo de distribuição é desejável quando um esforço especial, por exemplo, serviço ao cliente oferecido por um membro do canal, é importante e valorizado pelo cliente. A pesquisa por um produto, portanto, requer esforço para encontrar diferenciações na hora da compra. A distribuição seletiva é usada para motivar os vendedores a oferecer o serviço de atendimento adequado ao cliente. Os revendedores podem oferecer serviços de atendimento ao cliente de alta qualidade quando bens são distribuídos de modo seletivo, como os produtos da Apple, que só são distribuídos por revendedores autorizados ou pelas lojas da Apple, e alguns cosméticos, que só são encontrados em determinadas lojas de departamento.

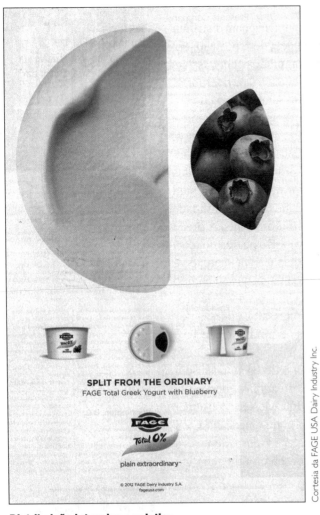

Distribuição intensiva e seletiva
Produtos de mercearia, como o iogurte Fage, em geral são vendidos por meio de distribuição intensiva. Os consumidores podem encontrá-los em diferentes pontos de venda. Já móveis costumam ser ofertados por meio de distribuição seletiva e não estão disponíveis em muitas lojas de varejo.

Distribuição exclusiva

A **distribuição exclusiva** usa apenas um ponto de venda para atender a uma região geográfica relativamente ampla. Este método é adequado para produtos de compra pouco frequente, consumidos durante um longo período ou que requeiram alto nível de serviço de atendimento ou informação ao cliente. É usado para produtos caros, de alta qualidade e com grandes margens de lucro, como Porsches, BMWs e outros automóveis de luxo. Não é apropriado para produtos de conveniência ou para aqueles que o consumidor pesquisa em lojas, dado o número insuficiente de unidades que seriam vendidas para gerar um nível aceitável de faturamento devido às baixas margens de lucro.

A distribuição exclusiva é usada como um incentivo para os vendedores quando existe um mercado limitado para aqueles produtos. Pense nos relógios da marca Patek Philippe, que podem ser vendidos por US$ 10 mil ou mais. Estes, como os carros de luxo, só estão disponíveis em uns poucos e selecionados endereços. Um produtor que utiliza a distribuição exclusiva espera que o ponto de venda preste contas do estoque completo, treine sua equipe de vendas para assegurar um serviço de atendimento ao cliente altamente informado e qualificado, e participe de programas promocionais.

Alguns produtos são apropriados para a distribuição exclusiva quando são novidade, mas à medida que a concorrência entra no mercado e o produto percorre seu ciclo de vida, os preços caem e outros tipos de cobertura de mercado e de canais de distribuição se tornam necessários. Um problema que pode surgir da distribuição exclusiva (e seletiva) são os revendedores não autorizados, que adquirem e vendem os produtos ou falsificações, que assim violam os acordos entre um produtor e seus vendedores e revendedores oficiais.

distribuição exclusiva Consiste em usar apenas um ponto de venda por região para distribuir um produto.

QUESTÕES ESTRATÉGICAS NOS CANAIS DE MARKETING

Para manter a satisfação dos clientes e uma cadeia de suprimentos eficiente, os gestores devem preservar o foco estratégico em certas prioridades competitivas, que incluem desenvolver a liderança no canal, fomentar a cooperação entre os membros, administrar os conflitos e, se possível, consolidar os canais de marketing por processos de integração.

4 Examinar questões estratégicas em canais de marketing, o que inclui liderança, cooperação e conflito.

Prioridades competitivas nos canais de marketing

As organizações têm se tornado cada vez mais conscientes de que a cadeia de suprimentos pode ser uma vantagem competitiva e um meio de manter forte orientação para o mercado na medida em que as decisões desta cadeia impactam todas as atividades funcionais do negócio. Construir uma cadeia de suprimentos mais eficiente e eficaz pode dar sustentação ao negócio da organização e ajudá-la a conferir mais eficiência e eficácia também na utilização dos recursos disponíveis. Muitas empresas bem conhecidas, como Amazon, Dell, FedEx e Walmart, devem muito de seu sucesso na superação de seus concorrentes por meio da competência de suas cadeias de suprimentos.

Muitos países agora oferecem às empresas oportunidades para criar cadeias de suprimentos eficientes e eficazes. Embora nações desenvolvidas, como Estados Unidos e Alemanha, continuem sendo países industrializados altamente competitivos, a China aparece em primeiro lugar no ranking anual da Deloitte de competitividade entre produtores globais de produtos industrializados, o que indica a capacidade superior do país em produzir bens a preços baixos e distribuí-los de modo eficiente.[15] Especialistas de setores industriais esperam que Índia, Brasil, Coreia do Sul e Taiwan também ganhem proeminência nesse ranking.

Para liberar o potencial de uma cadeia de suprimentos, suas atividades devem ser integradas de modo que todas as funções possam ser coordenadas em um sistema eficiente. Uma cadeia de suprimentos movida por objetivos bem definidos foca as "prioridades competitivas" de velocidade, qualidade, custo ou flexibilidade como um resultado objetivo. Mesmo assim, os gestores devem se lembrar de manter uma visão holística desta cadeia para que objetivos como "velocidade" ou "custo" não resultem em trabalhadores insatisfeitos, que recebem subsalários ou sofrem outros tipos de abuso. Essa é uma preocupação especial de muitas organizações de atuação internacional, porque é difícil monitorar as condições de trabalho em outros países.

Liderança, cooperação e conflito no canal de marketing

Cada membro do canal desempenha um papel específico no sistema de distribuição, e concorda (implícita ou explicitamente) com os direitos, as responsabilidades, as recompensas e as sanções em caso de não conformidade. Além disso, cada membro tem suas expectativas em relação aos outros integrantes. Varejistas, por exemplo, esperam que os atacadistas mantenham estoques adequados e entreguem os produtos no prazo. Atacadistas esperam que os varejistas cumpram os acordos de pagamento e os mantenham informados quanto às necessidades de estoque. Parcerias nos canais podem favorecer uma gestão eficaz da cadeia de suprimentos quando seus membros concordam com os objetivos, as práticas e os procedimentos para os esforços de distribuição física associados aos produtos do fornecedor. Essas parcerias eliminam as redundâncias e redistribuem tarefas visando à máxima eficiência de todo o sistema.

A cooperação no canal reduz o desperdício de recursos, como tempo, energia e materiais. Uma cadeia de suprimentos coordenada também pode oferecer menos impacto ao meio ambiente, preocupação cada vez mais importante para muitas organizações e stakeholders. Por exemplo, para reduzir a emissão de carbono, as montadoras de automóveis nos Estados Unidos, seus fabricantes de equipamentos e fornecedores de materiais fizeram uma parceria com a agência norte-americana de proteção ambiental (Environmental Protection Agency) para formar uma iniciativa em favor do meio ambiente, chamada parcerias dos fornecedores para o meio ambiente, consiste num fórum para as empresas e seus parceiros na cadeia de suprimentos partilhar as melhores práticas para o meio ambiente e otimizar a produtividade das cadeias de fornecimento. O resultado é uma cadeia de suprimentos mais eficiente e menos poluente.[16] Nesta seção, discutiremos ainda os comportamentos dos integrantes de um canal – como liderança, cooperação e conflito – que os profissionais de marketing devem compreender para tomar decisões eficazes.

Liderança no canal

Muitas decisões em um canal de marketing são determinadas pelo compromisso de seus membros com o objetivo de construir um canal melhor. Alguns canais de marketing, porém, são organizados e controlados por um único **capitão do canal** (conhecido como *líder do canal*). Esse capitão pode ser um produtor, um atacadista ou um varejista. Os capitães de canal podem estabelecer políticas e coordenar o desenvolvimento do mix de marketing. Para alcançar os objetivos desejados, o capitão

capitão do canal Líder dominante de um canal de marketing ou da cadeia de suprimentos.

deve deter **poder no canal**, a capacidade de influenciar outro membro a realizar seus próprios objetivos.

Quando um produtor é o capitão de canal e determina que é preciso aumentar o volume de vendas para alcançar a eficiência da produção, ele deve encorajar o crescimento dos outros membros pela oferta de financiamento, conselhos técnicos, requisições e indicações de apoio, propaganda dos serviços, treinamento de vendas e serviços e apoio material. Em geral, esses benefícios são acompanhados de especificações ou requisitos de volume de vendas, qualidade de serviço, treinamento e satisfação do cliente.

Varejistas também podem ser capitães de canal. O Walmart, por exemplo, domina a cadeia de suprimentos graças ao seu tamanho, à magnitude de seus recursos e à base de clientes espalhados pelos Estados Unidos. Para fazer parte da cadeia de suprimentos do Walmart, outros integrantes do canal devem aceitar suas regras. Pequenos varejistas também podem assumir papéis de liderança quando obtêm forte lealdade do consumidor em mercados locais ou regionais. Varejistas que são capitães de canal controlam muitas marcas, e muitas vezes substituem produtores menos cooperativos. Cada vez mais, líderes varejistas têm concentrado seu poder de compra entre poucos fornecedores, o que facilita a coordenação e a manutenção da alta qualidade e da transparência ao longo de toda a cadeia de fornecimento. Esses relacionamentos mais seletivos envolvem compromissos de longo prazo, que permitem aos varejistas fazer pedidos menores e mais frequentes na medida de sua necessidade, em vez de precisar esperar por um desconto num pedido grande ou correr o risco de assumir um estoque maior que o necessário.

Atacadistas também podem assumir a liderança de um canal. Líderes atacadistas podem formar cadeias voluntárias com vários varejistas, que são abastecidos com compras volumosas ou serviços de gestão e podem vender suas marcas. Em troca, os varejistas direcionam a maior parte de suas compras para esse líder. A IGA é um dos mais conhecidos líderes atacadistas nos Estados Unidos, com distribuição para mais de 5 mil pontos de venda.[17] Seu poder é baseado em sua experiência com pro-

poder no canal A capacidade de um membro do canal influenciar o desempenho de outro membro para o atingimento de seus objetivos.

Liderança do canal
A Nike provê liderança do canal na distribuição de seus produtos.

paganda, precificação e conhecimento para compra, que ela partilha com os donos de lojas independentes. Atacadistas líderes de um canal podem ajudar os varejistas com layouts das lojas, contabilidade e controle do estoque.

Cooperação no canal

Cooperação é vital em um canal se cada integrante espera ganhar algo dos outros membros. A cooperação permite a varejistas, atacadistas, fornecedores e agentes de logística aumentar a velocidade de reposição do estoque, aprimorar o serviço de atendimento ao cliente, e cortar custos no esforço de trazer o produto aos consumidores.[18] Porque a cadeia de suprimentos é um sistema inter-relacionado, o sucesso de uma organização no canal depende em parte dos outros membros. Sem a cooperação, nem os objetivos globais nem os individuais são alcançados. Portanto, os membros de um canal de marketing precisam fazer um esforço coordenado para satisfazer às demandas de um mercado. A cooperação no canal leva à maior confiança entre seus membros e melhora o funcionamento geral do canal, e, ainda, a relacionamentos mais satisfatórios entre os integrantes do canal.

Há várias formas de aprimorar a cooperação em um canal. Se o canal de marketing é visto como uma cadeia de suprimentos unificada em concorrência com outros sistemas, seus integrantes dificilmente agirão de modo que coloquem os outros em desvantagem. Os membros de um canal devem concordar com os objetivos comuns e suas tarefas devem ser definidas com precisão, de modo que seus papéis sejam estruturados para prover a maior eficácia no esforço para atingir todos os objetivos. Começar a partir de uma base comum permite aos membros definir os padrões para avaliar o desempenho dos intermediários e ajuda a reduzir os conflitos, uma vez que cada integrante sabe o que é esperado dele.

Conflito no canal

Embora todos os membros de um canal trabalhem na direção do mesmo objetivo geral – distribuir produtos de modo lucrativo e eficiente – às vezes podem discordar quanto aos melhores métodos para atingi-lo. Se o interesse próprio cria

Conflito no canal
Editoras de livros didáticos, que tradicionalmente ofereceriam seus livros nas livrarias instaladas em universidades e faculdades, e agora os vendem no próprio site, podem estar experimentando conflito no canal.

desentendimento a respeito das expectativas em relação aos papéis, o resultado final é frustração e conflito para todo o canal. Para as organizações funcionarem juntas, cada membro do canal deve se comunicar claramente e entender as expectativas dos papéis a ser desempenhados. Dificuldades na comunicação são uma forma potencial de conflito no canal, porque a comunicação ineficiente leva a frustração, desentendimentos e estratégias mal coordenadas, o que coloca em risco os próximos esforços de coordenação.

Muitas organizações utilizam canais múltiplos de distribuição, em especial a internet, que aumentam o potencial para conflito e ressentimento entre os produtores e os intermediários. Quando um produtor disponibiliza seus produtos pela internet, está empregando um canal direto que compete com os varejistas que também vendem seus produtos.

Conflitos no canal também surgem quando intermediários colocam muita ênfase na concorrência entre produtos ou na diversificação de linhas comumente distribuídas por outros intermediários. Quando um produtor que tradicionalmente usa franqueados decide, por exemplo, expandir sua base de varejo para incluir outros tipos de pontos de venda, podem surgir conflitos por parte dos pontos de venda tradicionais.

Embora não haja um método único para a resolução de conflitos, seus membros podem melhorar o relacionamento se duas condições forem alcançadas. Primeira, o papel de cada membro do canal deve ser claramente definido e aceito. Para minimizar o desentendimento, todos os membros devem ser capazes de esperar níveis de desempenho claros e sem nenhuma ambiguidade por parte de todos os envolvidos. Segunda, os membros de parceria do canal devem concordar em relação aos meios da sua coordenação, o que demanda uma liderança forte, mas sem divergências nem polarizações. Para prevenir conflito no canal, os produtores e os outros membros podem oferecer diferentes marcas a revendedores concorrentes, alocar mercados entre os revendedores, definir políticas para a venda direta com o objetivo de evitar conflito sobre grandes volumes negociados, negociar questões territoriais entre os distribuidores regionais e conscientizar os revendedores sobre a importância de distribuir para outras organizações.

Integração dos canais

Os membros de um canal podem tanto combinar e controlar as atividades como outorgá-las a outro membro. As funções de um canal podem ser repassadas entre os intermediários e os produtores, e até para os clientes. Como já mencionado neste capítulo, as funções da cadeia de suprimentos não podem ser eliminadas. A menos que os compradores desempenhem eles mesmos essas funções, devem pagar pelo trabalho e pelos recursos necessários pela realização delas.

Várias etapas dentro de um canal podem ser combinadas, tanto horizontal como verticalmente, sob a gestão de um capitão. Essa integração pode ajudar a estabilizar o fornecimento de um produto, reduzir custos e aumentar a coordenação entre os membros do canal.

Integração vertical de canal

Integração vertical de canal combina duas ou mais etapas de um canal sob a mesma gestão. Pode ocorrer quando um membro do canal de marketing assume as operações de outro membro ou simplesmente desempenha as funções de outro membro, eliminando a necessidade desse intermediário.

integração vertical de canal Combinação de duas ou mais etapas do canal de marketing sob uma mesma gestão.

A integração vertical de canal representa uma abordagem mais avançada da distribuição, em que os membros do canal se tornam extensões uns dos outros na medida em que são combinados sob uma única gestão. Esta integração pode ser mais eficaz contra a concorrência ao aumentar o poder de barganha e facilitar a partilha de informações e responsabilidades. Em uma ponta da integração vertical um produtor pode fornecer assistência na propaganda e no treinamento, e, na outra, o varejista pode comprar grandes quantidades do produtor e fazer um esforço promocional para esses produtos.

Este tipo de integração tem sido institucionalizado com sucesso em um canal de marketing chamado **sistema de marketing vertical (SMV)**, em que um único membro do canal coordena ou gerencia todas as atividades para maximizar as eficiências, resultando num sistema de distribuição eficiente e de baixo custo, sem serviços duplicados. A integração vertical centraliza a maioria ou todas as etapas de um canal de marketing sob um controle ou posse comum. Ela pode ajudar a acelerar a velocidade com que os produtos se movem através do canal de marketing. O SMV é responsável por uma grande fatia das vendas do varejo de bens de consumo.

sistema de marketing vertical (SMV) Canal de marketing administrado por um único membro para obter uma distribuição eficiente e de baixo custo, cujo objetivo é a satisfação dos clientes do seu mercado-alvo.

A maioria dos sistemas de marketing vertical assume uma de três formas: corporativa, administrada ou contratual. Um *SMV corporativo* combina todas as etapas do canal de marketing, dos produtores aos consumidores, sob um único dono. Por exemplo, o grupo Inditex, que detém a varejista de roupas Zara, utiliza um SMV corporativo para obter as eficiências do canal e manter o máximo de controle sobre a cadeia de suprimentos. As roupas da Zara costumam oferecer a tendência da moda, o que demanda o menor tempo possível entre o desenvolvimento do produto e sua oferta nas lojas. Seus estoques são caracterizados por giro rápido e mudanças frequentes. Devido ao controle de todas as etapas da cadeia de suprimentos, a Inditex consegue manter sua vantagem por meio da velocidade e, na Europa e nos Estados Unidos, pelos preços baixos.[19] Cadeias de supermercados que detêm marcas próprias de alimentos industrializados e grandes varejistas que detêm ou controlam fábricas e atacadistas são outro exemplo de SMV corporativo.

Em um *SMV administrado*, os membros do canal são independentes, mas a coordenação informal alcança um alto nível de gestão interorganizacional. Membros de um SMV administrado podem adotar a padronização da contabilidade e dos procedimentos de requisição de pedido, e cooperar nas atividades de promoção para beneficiar todos os parceiros. Embora os membros do canal mantenham sua autonomia, como nos canais de marketing convencionais, um membro do canal (como um produtor ou grande varejista) domina o SMV administrado de modo que as decisões de distribuição levem todo o sistema em consideração.

Um *SMV contratual* é a forma mais popular de sistema de marketing vertical. Os membros do canal são ligados por acordos legais que especificam cada direito e cada dever de todos os envolvidos. Empresas franqueadoras, como McDonald's e KFC, são SMVs contratuais. Outros exemplos são grupos montados por atacadistas, em que varejistas independentes se reúnem sob a liderança contratual de um atacadista. Cooperativas mantidas por varejistas, que detêm e operam os próprios atacadistas, são um terceiro tipo de SMV contratual.

Integração horizontal de canal

integração horizontal de canal Combinação de organizações no mesmo nível de operação sob uma gestão única.

A combinação de organizações no mesmo nível de operação sob uma gestão constitui a **integração horizontal de canal**. Uma organização pode se integrar horizontalmente ao se fundir com outras no mesmo nível de canal de marketing. O dono de uma empresa de lavagem a seco, por exemplo, pode comprar e combinar vários outros estabelecimentos de lavagem a seco.

Embora a integração horizontal permita ganho de eficiência e economia de escala nos processos de compra, pesquisa de mercado, propaganda e manutenção de equipes especializadas, não é o meio mais eficiente de melhorar a distribuição. É comum aparecerem os problemas típicos das empresas muito grandes, como dificuldade de coordenação entre os membros e necessidade de mais pesquisa de mercado e de planejamento em larga escala. A menos que as funções de distribuição das várias unidades ganhem eficiência sob uma gestão unificada em relação à anterior, de gestão independente, a integração horizontal não vai reduzir os custos nem melhorar a posição competitiva da nova organização.

DISTRIBUIÇÃO FÍSICA NA GESTÃO DA CADEIA DE SUPRIMENTOS

5 Analisar a distribuição física como uma etapa da gestão da cadeia de suprimentos.

distribuição física Atividades realizadas para levar os produtos do produtor aos consumidores e outros usuários finais.

Distribuição física, também conhecida como *logística*, engloba todas as atividades envolvidas no fluxo dos produtos dos produtores para os consumidores e outros usuários finais. Os sistemas de distribuição física devem atender tanto às necessidades da cadeia de suprimentos quanto à dos consumidores finais. As atividades de logística são uma parte importante da gestão da cadeia de suprimentos e demandam alto nível de cooperação de todos os envolvidos.

Em um canal de marketing, as atividades de distribuição física podem ser desempenhadas pelo produtor, pelo atacadista, pelo varejista, ou podem ser terceirizadas. No contexto da distribuição, terceirizar significa contratar atividades de logística de empresas independentes. A maioria das atividades de distribuição física pode ser terceirizada por empresas independentes que tenham expertise em áreas como armazenamento, transporte, gestão de estoque e tecnologia da informação.

Relações de cooperação com organizações terceirizadas, como transportadoras, depósitos, provedores de acesso e de banco de dados, podem ajudar o canal de marketing a reduzir os custos e acelerar o serviço e a satisfação do cliente para todos os parceiros da cadeia de suprimentos. Ao avaliar as opções de empresas terceirizadas, os profissionais de marketing devem ser cuidadosos e escolher aquelas que já se provaram eficientes e que possam ajudar a prover um serviço ao cliente com excelência. Também é preciso reconhecer a importância das funções de logística, como armazenagem e tecnologia da informação, na redução dos custos da distribuição física relacionados com a terceirização.

A internet tem revolucionado a logística, permitindo que muitos produtores executem ações e serviços totalmente on-line, contornando problemas de envio e armazenamento. Por exemplo, fabricantes de softwares e videogames, como a Microsoft e a Sony, acabaram se afastando da distribuição física de bens, preferindo modelos de download on-line para seus produtos.[20] Os avanços tecnológicos têm criado novos e diferentes problemas para os produtores, como a questão de conseguir manter alto nível de serviço de atendimento em situações em que o cliente nunca entra numa loja física nem encontra a figura de um vendedor, bem como saber lidar com a devolução de um produto que não existe na forma física.

A tecnologia, incluindo os bancos de dados e os sistemas de gestão de relacionamento com os clientes, desempenha grande papel nas questões de distribuição dos canais de marketing. A tecnologia tem transformado a logística ao facilitar as entregas do tipo just in time, a visualização precisa do estoque e a capacidade de rastrear as entregas em tempo real, que ajudam as empresas a evitar erros e prejuízos, reduzir custos e aumentar o faturamento. A tecnologia da informação tem aumentado a transparência da cadeia de suprimentos ao permitir que todos os membros do canal de marketing monitorem a movimentação dos bens ao longo da cadeia.[21]

Planejar um sistema de distribuição eficiente é essencial para o desenvolvimento de uma estratégia de marketing eficiente, na medida em que reduz custos e aumenta a satisfação do cliente. Para o cliente, a velocidade da entrega, a flexibilidade e a qualidade do serviço às vezes são tão importantes quanto o preço final.

As empresas que oferecem os bens certos, no lugar certo, no tempo certo, na quantidade certa e com o adequado suporte de serviços podem vender mais que os concorrentes que não alcançam esse mesmo nível. Mesmo quando a demanda por um produto é imprevisível, os fornecedores precisam ser capazes de responder com rapidez às necessidades de estoque. Nessas situações, o custo da logística pode ser menos importante em comparação com o serviço, a confiabilidade e a rapidez.

Embora os gerentes de distribuição física tentem minimizar os custos relacionados com processamento de pedidos, gestão do estoque, manuseio de materiais, depósito e transporte, reduzir os custos de uma área muitas vezes aumenta os custos de outra. A Figura 13.5 apresenta a porcentagem dos custos totais que cada função representa. Uma abordagem que leve em conta o custo total da distribuição física e considere todas as suas diferentes funções permite aos gestores enxergar a distribuição física como um sistema, e transfere a ênfase sobre a redução dos custos de cada atividade individual para a preocupação em minimizar os custos totais.

Os gestores da distribuição física devem ter consciência dos trade-off, ou seja, ganhos e perdas envolvidos nas suas decisões de custos. *Trade-offs* são decisões estratégicas para combinar (e recombinar) recursos a fim de obter a maior eficácia na relação dos custos. Nem sempre o objetivo é encontrar o menor custo. Às vezes, é necessário ter custos mais altos em uma área funcional do sistema de distribuição

Transformação verde

UPS: compromisso forte com eficiência e sustentabilidade

O serviço de entregas UPS (United Parcel Service) – também conhecido por Big Brown (ou "grande pacote marrom") – foi pioneiro no uso de tecnologia ecológica, ao testar veículos elétricos já nos anos 1930. Hoje, a maior empresa de entrega de pacotes do mundo não está só usando veículos e pacotes mais "verdes", mas tem ajudado seus clientes do setor intermediário a desenvolver embalagens e métodos de transporte mais ecológicos.

Ao optar por combustíveis alternativos, a empresa, que entrega 16 milhões de pacotes a cada dia útil – e muitos mais durante as frenéticas temporadas de compras dos feriados –, consegue economizar nos custos e ainda contribuir com o meio ambiente. A UPS já tem mais de 2.500 caminhões e vans movidos a gás natural, gás comprimido ou propano, ou que usam motores elétricos e híbridos de eletricidade e gasolina. Recentemente, a empresa comprou 150 caminhões montados com painéis de plástico leve e resistente para reduzir o consumo de combustível. Além disso, aliou-se ao Serviço Postal norte-americano para reduzir a emissão de carbono de suas operações de transporte, com o duplo objetivo de tornar a operação mais verde e mais eficiente.

As empresas podem contratar o Laboratório Ecorresponsável de embalagem da UPS para analisar seus processos de empacotamento de olho no aumento da sustentabilidade e, ao mesmo tempo, proteger seus produtos. O laboratório testa materiais, avalia a capacidade de reciclagem e certifica os serviços de embalagem que atendem aos seus padrões de sustentabilidade. Com o apoio da UPS, as empresas podem elaborar planos de empacotamento sustentáveis antes de apresentar um novo produto.[c]

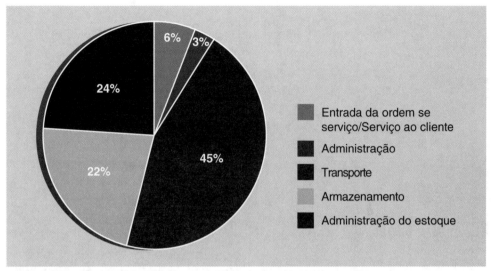

Figura 13.5

Proporção dos custos de cada função da distribuição física como porcentagem dos custos totais de distribuição.

Fonte: Banco de dados Davis, 2005. Reimpresso com permissão da Establish Inc./Herbert W. Davis and Company.

para obter custos menores em outras. Quando os gestores da distribuição consideram o sistema como uma rede de funções integradas, pesar vantagens e desvantagens de cada escolha torna-se uma ferramenta muito útil na implementação de uma estratégia unificada e focada na otimização dos custos de distribuição.

Outro importante objetivo da distribuição física envolve o **ciclo de tempo**, ou seja, o tempo necessário para completar um processo. As empresas devem buscar meios de reduzir este ciclo enquanto mantêm ou reduzem os custos ou melhoram o serviço ao cliente. Nesta seção, veremos algumas das atividades da distribuição física, como processamento do pedido, gestão do estoque, manuseio de materiais, depósito (ou armazenagem) e transporte.

ciclo de tempo Tempo necessário para completar um processo.

Processamento do pedido

Processamento do pedido é o recebimento e a transmissão de informações de pedidos de venda. Embora a gestão por vezes não reconheça a importância dessas atividades, o processamento eficiente dos pedidos facilita o fluxo dos produtos. O processamento computadorizado dos pedidos oferece uma plataforma para a gestão da informação que permite a todos os membros da cadeia de suprimentos aumentar a produtividade. Quando executado de forma rápida e acurada, esse processamento contribui para a satisfação do cliente, reduz os custos e o ciclo de tempo, e aumenta os ganhos.

processamento do pedido Recebimento e transmissão das informações de pedidos de venda.

O processamento de um pedido demanda três tarefas: entrada, manuseio e entrega do pedido. A entrada do pedido começa quando o cliente ou o vendedor envia um pedido de compra por telefone, e-mail ou site. O processamento eletrônico tem se tornado a opção mais comum, pois reduz custos e consome menos tempo que os sistemas baseados em papel. Em algumas empresas, os representantes de venda recebem e enviam pedidos pessoalmente, assim como lidam com reclamações, preparam relatórios com o monitoramento do pedido, repassam e enviam informações sobre o pedido de compra.

Lidar com pedidos envolve várias tarefas. Uma vez que um pedido seja registrado, é transmitido para um depósito ou armazém para verificação da disponibilidade do produto, e para o departamento de crédito, a fim de estabelecer os termos e os preços para a venda e conferir as condições de crédito do cliente. Se o departamento

Gestão de estoque e armazenamento
Os trabalhos de armazenagem e estoque é custoso, mas representam elementos importantes na satisfação do cliente.

de crédito aprova a compra, a equipe do depósito monta o pedido. Em muitos depósitos essa etapa é executada por máquinas automatizadas. Se o produto pedido não está em estoque, uma ordem de produção é enviada à fábrica, ou se oferece ao cliente um produto substituto.

Quando o pedido tiver sido montado e embalado para envio, o depósito agenda o envio com o transportador. Se o cliente pagou por entrega expressa, a empresa especializada utiliza o serviço de entrega noturna. É gerada uma fatura, conta ou comprovante, os registros do estoque são atualizados e o pedido é entregue ao cliente.

Usar um sistema manual ou eletrônico para processar os pedidos depende do método que oferece maior velocidade e precisão dentro dos limites de custo disponíveis da empresa. O processamento manual atende a pedidos pequenos e pode ser mais flexível para algumas situações. Contudo, a maioria das empresas depende de algum sistema de **intercâmbio eletrônico de dados** (**EDI**, do inglês, electronic data interchange), que usa o computador para integrar o processamento do pedido à produção, ao estoque, à contabilidade e ao transporte. Para a cadeia de suprimentos, um EDI funciona como um sistema de informação que interliga os membros do canal de marketing e as empresas terceirizadas desse canal. O sistema reduz a papelada para todos os membros da cadeia de suprimentos e lhes permite partilhar informações sobre faturas, recibos, pedidos, pagamentos, questionamentos e análises, além dos cronogramas. Muitas empresas encorajam seus fornecedores a adotar EDIs para reduzir os custos de distribuição e o ciclo de tempo.

intercâmbio eletrônico de dados (EDI, do inglês, electronic data interchange) Método computadorizado que integra o processamento de pedidos com a produção, o estoque, a contabilidade eo transporte.

Gestão de estoque

gestão de estoque Desenvolvimento e manutenção de quantidades e variedades adequadas de produtos para atender às necessidades do cliente.

Gestão de estoque envolve o desenvolvimento e a manutenção de quantidades e variedades adequadas de produtos para atender às necessidades do cliente. É um elemento-chave de qualquer sistema de distribuição física. Decisões de estoque têm grande impacto nos custos da logística e no nível de serviço oferecido ao cliente. Quando há poucos produtos em estoque, o resultado é a ruptura de estoque e o desabastecimento de produtos para o consumidor. A ruptura de estoque pode levar à insatisfação do cliente, o que resulta em menos vendas e até na perda de clientes, e mesmo à troca do produto por outras marcas. Quando uma empresa mantém produtos demais em estoque (principalmente o excesso de produtos com giro mais lento), os custos aumentam, assim como os riscos de dano, furto e obsolescência do produto. O objetivo da gestão de estoque é minimizar os custos das atividades de estocagem e, ao mesmo tempo, manter um suprimento adequado de bens para satisfazer aos clientes. Para alcançar esse objetivo, os profissionais de marketing devem focar duas questões: quando fazer um pedido e quanto pedir.

Para determinar quando deve fazer o pedido, o profissional de marketing precisa calcular o *ponto de reabastecimento:* o nível de estoque que sinaliza a necessidade de fazer um novo pedido. Para calcular esse ponto, o profissional de marketing deve conhecer o prazo de entrega do pedido, a taxa de uso e a quantidade de estoque de segurança necessária. *Prazo de entrega do pedido* é o tempo que leva para processar e entregar o pedido, conhecido como tempo médio decorrido entre a ordem do pedido e sua entrega efetiva. *Taxa de uso*, é a taxa em que o estoque do produto é usado ou vendido durante um tempo específico. *Estoque de segurança* é a quantidade de estoque extra que uma organização mantém para se prevenir das perdas causadas por utilizações de estoque acima da média e/ou tempos de entrega de pedidos mais demorados que o esperado. O ponto de reabastecimento pode ser calculado utilizando a fórmula:

Ponto de reabastecimento = (prazo de entrega do pedido × taxa de uso) + Estoque de segurança

Assim, se o prazo de entrega de um pedido é de dez dias, a taxa de uso é de três unidades por dia, e o estoque de segurança é de 20 unidades, o ponto de reabastecimento é de 50 unidades.

Uma gestão eficiente do estoque com pontos de reabastecimento precisos é essencial para as organizações que utilizam abordagens **just in time (JIT)**, em que os materiais só aparecem no momento em que são necessários para a produção ou para a revenda. As empresas que usam o JIT, também chamado *distribuição enxuta*, podem manter baixos níveis de estoque e comprar produtos e materiais em pequenas quantidades e apenas quando necessário. Em geral, não há estoque de segurança num sistema JIT. Espera-se que os fornecedores ofereçam produtos de alta qualidade e mantenham a consistência dessa oferta. A gestão de estoques JIT demanda alto nível de coordenação entre produtores e fornecedores, mas elimina o desperdício e reduz os custos de estoque. Esse tipo de abordagem é comum entre várias empresas conhecidas, como Dell e Honda. A Toyota foi a pioneira na distribuição JIT. Mais recentemente, a Harley Davidson tem aplicado métodos JIT de distribuição para reduzir custos, aumentar a flexibilidade da produção e melhorar a gestão da cadeia de suprimentos. As alterações no sistema de gestão desta cadeia ajudaram a Harley a recuperar seu negócio, que estava à beira da falência.[22] Quando uma abordagem JIT é utilizada numa cadeia de suprimentos, os fornecedores devem transferir suas operações para um local o mais próximo possível de seus principais clientes, a fim de entregar seus insumos mais rapidamente.

just in time (JIT) Abordagem de gestão de estoque em que suprimentos e materiais aparecem apenas quando são necessários para produção ou revenda.

Manuseio de materiais

Manuseio de materiais, ou seja, a manipulação física de bens, insumos e recursos, é um fator importante nas operações de armazenamento, assim como transporte dos pontos de produção para os de consumo. Técnicas e procedimentos eficientes de manuseio

manuseio do material Manipulação física de bens, insumos e recursos.

de materiais minimizam os custos de gestão de estoque, reduzem o número de vezes que um bem é manuseado, incrementam o serviço ao cliente e aumentam sua satisfação. Sistemas de embalagem, etiquetagem, carregamento e movimentação podem ser coordenados de modo que maximizem a redução nos custos e a satisfação do cliente.

Muitas empresas usam ondas de rádio para rastrear materiais etiquetados com sistemas de identificação por radiofrequência (RFID, do inglês, radio frequency identification). A RFID melhorou muito o rastreio de carregamentos e reduziu os ciclos de tempo. Centenas de etiquetas RFID podem ser lidas ao mesmo tempo, o que representa uma vantagem em relação aos códigos de barra. As empresas estão descobrindo que a RFID tem amplas aplicações, do rastreamento do estoque ao pagamento de bens e serviços, passando pela gestão de recursos e a coleta de dados. Os parques temáticos da Disney, por exemplo, usam pulseiras de visitação com RFID. As MyMagic+ são pulseiras que oferecem aos visitantes a facilidade de ter informações codificadas de seus cartões de crédito, permitindo-lhes finalizar compras com apenas um gesto de mão. A tecnologia RFID rastreia o movimento dos visitantes pelo parque e os alerta quando se aproximam de alguma atração. Alguns stakeholders preocupam-se com a quantidade de informação que a Disney será capaz de coletar com as informações das pulseiras, mas muitos dos 30 milhões de visitantes anuais dos parques temáticos apreciam a facilidade de não precisar se preocupar em carregar dinheiro nem ter de esperar numa fila para pagar. A tecnologia sem dúvida trará um melhor serviço ao cliente e oferecerá uma compreensão maior de como os visitantes gastam seu tempo e seu dinheiro.[23]

São as características de um produto que muitas vezes determinam seu manuseio. Por exemplo, as características do volume de líquidos e gases determinam

■■■ Marketing em debate

Quem é mais amigo da natureza: canais on-line ou tradicionais?

QUESTÃO: Canais de distribuição on-line têm menor impacto no meio ambiente que os tradicionais?

Em dois dos maiores dias de compra do ano – Black Friday e Cyber Monday, primeira sexta-feira e primeira segunda-feira, respectivamente, depois do dia de Ação de Graças, celebrado nos Estados Unidos –, a rede Patagonia, de roupas para esportes e aventura ao ar livre, fez circular pela internet e nos jornais o anúncio "Não compre esta jaqueta". A empresa, conhecida por sua filosofia de proteção ao meio ambiente, alertou os consumidores a parar e pensar antes de comprar, mesmo quando diante de produtos feitos de material reciclado.

Os anúncios da Patagonia reacenderam o debate a respeito do impacto do marketing no meio ambiente, que inclui a questão: Se os canais on-line (com foco nas promoções Cyber Monday) seriam mais amigáveis ao meio ambiente que os mais tradicionais (que focam principalmente as promoções Black Friday). Quando o consumidor compra pela internet, suas compras precisam ser embaladas para envio pelo correio ou pelo serviço de entregas. Caixas de entrega costumam ser recicláveis, mas, ainda assim, consomem recursos naturais na sua fabricação. A maior parte das entregas de compras on-line depende de automóveis movidos a gasolina ou de aviões a jato, que contribuem para a poluição. Além disso, canais de venda on-line consomem quantidades razoáveis de energia elétrica para manter seus sites e estoques funcionando 24 horas por dia.

Os canais tradicionais consomem muita energia na forma de sistemas de iluminação, refrigeração ou aquecimento das lojas. Seus vários empregados consomem combustível quando vão e voltam da loja, assim como os clientes, quando visitam várias lojas. O transporte das mercadorias para os armazéns e depois para as respectivas lojas também consome combustível e impacta a poluição, assim como a devolução de estoques não vendidos e o envio desse material para outras lojas.[d]

como serão transportados e estocados. O processo de embalagem interna também precisa ser levado em consideração no manuseio dos materiais – um bem precisa ser corretamente embalado para prevenir danos ou acidentes durante o manuseio e o transporte. Muitas empresas empregam consultores de embalagem durante o processo de design do produto para ajudá-los na decisão sobre quais materiais e métodos de empacotamento resultarão no manuseio mais eficiente.

Carregamento unitário e conteinerização são os dois métodos mais comuns usados no manuseio de materiais. Com o *carregamento por unidade*, uma ou mais caixas são colocadas num caixote ou numa estrutura de contenção. Essas unidades podem ser transportadas de modo eficiente por meios mecânicos, como empilhadeiras, caminhões ou sistemas de esteiras. *Conteinerização* envolve agrupar vários itens dentro de um único e grande contêiner, que é selado no ponto de origem e aberto apenas quando chega ao seu destino. Os contêineres costumam medir 2,6 m de altura por 2,6 m de largura e 3,3 m a 13,3 m de comprimento. O tamanho uniforme dos contêineres permite que sejam empilhados e enviados por trens, barcas ou navios. Assim que chegam a seus destinos, é possível adicionar estruturas com rodas para que sejam carregados em caminhões para o transporte por rodovias. Como os contêineres não são manuseados em trânsito, a conteinerização aumenta em muito a eficiência e a segurança de um carregamento.

Depósito (ou armazenagem)

O **depósito**, a concepção e a operação das instalações para o armazenamento e a movimentação de bens, é outra atividade importante da distribuição física. A armazenagem cria valor de tempo ao permitir que as organizações compensem a diferença de velocidades entre a produção e o consumo. Quando a produção em massa cria uma quantidade maior de bens que aquela que pode ser vendida imediatamente, as empresas armazenam o excedente até os clientes estarem prontos para comprar mais. Manter um depósito ajuda a estabilizar os preços e ter itens sazonais disponíveis.

depósito (ou armazenagem) Concepção e operação de instalações para o armazenamento e a movimentação de bens.

Escolher as instalações apropriadas para armazenagem é uma questão estratégica importante porque permite à organização reduzir os custos de transporte e de manutenção do estoque e aumentar o serviço de atendimento ao cliente. O tipo de errado de armazenamento pode resultar em distribuição menos eficiente e aumento de custos. Os armazéns são classificados em duas categorias principais: privativo e aberto ao público. Em muitas situações, a combinação de instalações públicas e particulares oferece maior flexibilidade na abordagem das questões de depósito.

As empresas costumam utilizar seus **depósitos privativos** para estoque e envio de seus produtos. Em geral, uma empresa aluga ou adquire um depósito privado quando as necessidades de armazenamento em determinado mercado são relevantes e estáveis o suficiente para garantir um compromisso de longo prazo com essa instalação. Depósitos privativos também são apropriados para empresas que precisam de manuseio e estocagem especiais e desejam manter o controle do design e da operação do armazém. Para varejistas como a Sears é mais econômico integrar depósitos privativos com os processos de compra e distribuição para seus pontos de venda. Quando os volumes de venda são estáveis, a posse e o controle de depósitos privativos podem ser convenientes e oferecer vantagens em termos de custo. Depósitos privativos, entretanto, têm custos fixos, como seguro, impostos, manutenção e gastos; e limitam a flexibilidade de uma empresa caso deseje mover os estoques para outros locais. As ligações diretas entre produtores e clientes têm eliminado boa parte dos depósitos privativos, reduzido os ciclos de tempo e também a terceirização de depósitos.

depósitos privativos Instalações de uma empresa utilizadas para estoque, e envio de seus produtos.

depósitos abertos ao público Espaço para estoque e outras atividades de distribuição que podem ser alugados ou contratados por empresas.

Depósitos abertos ao público alugam para outras empresas espaço para armazenamento e instalações para atividades de logística. Alguns também podem fornecer serviços de distribuição, como recebimento, descarga, inspeção, preenchimento de ordens de serviço, serviços financeiros, exposição de produtos e coordenação dos carregamentos. A empresa Distribution Unlimited Inc., por exemplo, oferece uma variedade desses serviços por meio de suas instalações em Nova York, que acomodam cerca de 2,4 milhões de metros quadrados de espaço para armazenamento.[24]

Depósitos abertos ao público são especialmente úteis para empresas que têm demanda ou produção muito sazonal, baixos volumes de produtos para estocar, estoques que precisam ser armazenados em vários locais, que estão testando um novo mercado ou nele entrando, ou necessitam de um espaço adicional. Depósitos abertos ao público também servem de pontos de coleta para programas de *recall* de produtos. Enquanto depósitos privativos têm custos fixos, os abertos ao público oferecem custos variáveis (e possivelmente mais baixos), porque seus usuários só alugam espaço ou adquirem seus serviços quando precisam.

Muitos depósitos abertos ao público fornecem segurança para produtos que são usados como garantia para empréstimos, um serviço prestado no próprio depósito ou no local do estoque do seu proprietário. *Depósitos de campo* são estabelecidos por depósitos de uso público junto às localizações dos proprietários do estoque. O depósito de uso público torna-se o guardião dos produtos e emite um recibo que pode ser utilizado como garantia para um empréstimo. Os depósitos abertos ao público norte-americanos também podem fornecer *armazenagem alfandegada*, em que produtos importados ou sob taxação especial ficam armazenados até que os proprietários paguem os devidos impostos e outras taxas. Depósitos alfandegados permitem que as empresas protelem o pagamento de impostos sobre esses itens até que sejam entregues aos clientes.

centros de distribuição Grandes armazéns mais focados na movimentação, no manuseio e no despacho de bens que na sua armazenagem.

Centros de distribuição são grandes instalações usadas para receber, armazenar e redistribuir produtos para lojas e clientes. São projetados especialmente para o rápido fluxo de produtos. Em geral, são construções de apenas um andar, com acesso a redes de transporte, como rodovias principais ou ferrovias. Muitos centros de distribuição são automatizados, com robôs guiados por computador, empilhadeiras e guindastes que coletam e movem os produtos para as docas de embarque. A distribuição para regiões muito distantes entre si pode ser complicada, e contar com centros de distribuição localizados estrategicamente pode ajudar uma empresa a atender às demandas dos consumidores. Embora alguns depósitos abertos ao público ofereçam serviços especializados, a maioria dos centros de distribuição são privativos. Eles atendem a mercados regionais e, em alguns casos, funcionam como pontos de consolidação para a filial de depósitos de uma empresa.

Transporte

transporte Movimentação de produtos da origem aos intermediários e aos usuários finais.

Transporte, a movimentação de produtos de sua origem até os intermediários e os usuários finais, é a mais cara das funções da logística. Os custos de carregamento podem variar muito entre países ou mesmo entre regiões dentro do mesmo país, a depender do nível de infraestrutura e da prevalência de diferentes modos de transporte em determinada região.[25] Pelo fato de a disponibilidade de um produto e de seu prazo de entrega dependerem das atividades de transporte, as decisões sobre a movimentação de bens e cargas afetam diretamente o serviço ao cliente. Em alguns casos, uma organização pode escolher estabelecer suas estratégias de marketing e de distribuição em torno de um só sistema de transporte se esse sistema consegue oferecer entregas dentro do prazo e dá à empresa uma vantagem competitiva. As organizações podem construir própria frota de transporte (transportadoras particulares) ou terceirizar essas funções por meio de uma empresa comum ou contratada.

Modos de transporte

Os modos mais comuns de transporte de bens são ferrovias, caminhões, vias fluviais e marítimas, vias aéreas e dutos. Cada uma tem suas vantagens específicas. A maioria das empresas adota procedimentos de manuseio e embalagem para facilitar o uso de um ou mais modos de transporte combinados. A Tabela 13.2 detalha as características de cada modo de transporte.

Ferrovias, como a norte-americana Union Pacific e a Ferrovia Nacional do Canadá, transportam cargas pesadas que devem atravessar longas distâncias por terra. Ferrovias costumam transportar minérios, areia, borracha, madeira, produtos químicos, grãos e outros produtos agrícolas, assim como automóveis e bens de baixo valor. Muitas empresas constroem fábricas ou depósitos próximos às linhas ferroviárias para facilitar a carga e a descarga.

Nos Estados Unidos, os caminhões oferecem cronogramas e trajetos mais flexíveis de todos os modos de transporte disponíveis, uma vez que podem ir praticamente a qualquer lugar. Pelo fato de os caminhões não precisarem se prender a um cronograma rígido e poder transportar bens da fábrica ou depósito para o cliente, onde quer que haja estrada, costumam ser usados em conjunto com outras formas de transporte que não conseguem fazer entregas porta a porta, como o transporte aquático e as ferrovias. Nos Estados Unidos, o transporte por caminhão é mais caro e mais sujeito ao clima que o ferroviário. Também está sujeito a restrições de tamanho e peso de carga. O transporte por caminhão é criticado pelos altos índices de perdas e danos e pelo atraso causado pelo manuseio de pequenas cargas.

Tabela 13.2 Características e avaliação dos modos de transporte por critérios de seleção

Critério de seleção	Ferrovias	Caminhões	Dutos	Vias aquáticas	Vias aéreas
Custo	Moderado	Alto	Baixo	Muito baixo	Muito alto
Velocidade	Mediana	Rápida	Lenta	Muito lenta	Muito rápida
Confiabilidade	Mediana	Alta	Alta	Mediana	Alta
Flexibilidade de carga	Alta	Mediana	Muito baixa	Muito alta	Muito baixa
Acessibilidade	Alta	Muito alta	Muito limitada	Limitada	Mediana
Frequência	Baixa	Alta	Muito alta	Muito baixa	Mediana
Produtos que carrega	Carvão, grãos, madeira, papel e celulose, produtos químicos	Roupas, computadores, livros, perecíveis e animais vivos	Óleo, carvão processado, gás natural	Produtos químicos, bauxita, grãos, veículos automotivos, equipamentos agrícolas	Flores, alimentos (altamente perecíveis), instrumentos de uso técnico, peças e equipamentos de emergência, correio noturno

© Cengage Learning

Os transportes aquáticos são o método mais barato para transportar bens não perecíveis pesados ou de baixo valor. O transporte aquático oferece grande capacidade de carga. Seja por rebocadores, barcas ou outros tipos de embarcação que viajam por canais intercosteiros, rios e outros sistemas de navegação fluvial, é possível levar dez vezes o peso de um vagão de ferrovia; já os cargueiros transatlânticos são capazes de levar milhares de contêineres. A maior parte das cargas internacionais se dá por transporte marítimo, pelo menos até um ponto do trajeto. No entanto, o transporte aquático não é acessível a muitos mercados e precisa ser complementado por caminhões ou ferrovias. Secas e enchentes também podem criar dificuldades para os usuários de transportes fluviais. Apesar disso, em razão da crescente necessidade de transporte por longas distâncias pelo globo a tendência é a de que seu uso cresça no futuro.

Transporte aéreo é o meio mais rápido e mais caro. É usado com mais frequência para o envio de bens perecíveis, itens de alto valor e pouco volume, além de produtos que demandam entrega rápida entre longas distâncias. Algumas empresas aéreas combinam o transporte de passageiros, carga e encomendas. Apesar do seu custo, o transporte aéreo pode reduzir despesas de embalagem e depósito e minimizar as perdas por roubo e dano de carga, ajudando assim a reduzir o custo agregado do módulo de transporte. Embora este tipo seja responsável por uma pequena parcela do transporte de carga, é um importante meio de transporte em um ambiente cada vez mais sensível a questões de prazo.[26] Na verdade, hoje, o sucesso de muitos negócios baseia-se na disponibilidade de serviços de entregas aéreas para o dia seguinte, oferecido por empresas como UPS, FedEx DHL, RPS e os serviços postais do correio de cada país. Muitas empresas oferecem a seus clientes entregas para o dia seguinte ou no mesmo dia.

O transporte dutoviário, que utiliza dutos (pipelines), é o modo de transporte mais automatizado, que em geral pertence ao transportador ou carrega seus produtos. A maioria dos dutos transporta derivados do petróleo, chamados oleodutos, ou produtos químicos. Já os dutos de mistura semifluida transportam materiais como carvão pulverizado, grãos ou lascas de madeira suspensas em água. Os dutos movem os produtos de forma lenta, mas contínua, e a um preço relativamente baixo. São confiáveis e minimizam os problemas relacionados a danos ao produto e roubo. No entanto, o conteúdo está sujeito a perder de 1%, em geral graças à evaporação. Os dutos também têm sido alvo da preocupação dos ambientalistas, que receiam que a instalação de um duto interfira em rotas migratórias e que vazamentos ponham em risco a sobrevivência de plantas e animais.

Escolha dos modos de transporte

Os gerentes de logística selecionam o modo de transporte com base na combinação de custo, velocidade, confiabilidade, flexibilidade de carga, acessibilidade e frequência que seja mais apropriada para seus produtos ou que gere o nível desejado de serviço ao cliente. A Tabela 13.2 apresenta o ranking relativo de cada modo de transporte segundo esses critérios de seleção.

Profissionais de marketing comparam as alternativas de transporte para determinar se os benefícios de um modo mais caro compensam os altos custos. Uma empresa que busca estabelecer uma distribuição internacional deve levar em consideração grandes empresas de logística por causa de suas vastas redes de parceiros globais. A Exel Logistics, por exemplo, conta com mais de 500 endereços e 40 mil associados, só nos Estados Unidos, e oferece equipe e experiência para várias atividades da cadeia de suprimentos pelo mundo.[27]

Coordenação do transporte

Para se beneficiar das vantagens que os vários modos de transporte oferecem e compensar as desvantagens, os profissionais de marketing muitas vezes combinam e coordenam duas ou mais formas de transporte. O desenvolvimento do setor de transporte tem facilitado cada vez mais a utilização do **transporte intermodal**. O envio de cargas por esse tipo de transporte combina a flexibilidade do uso de caminhões com o baixo custo ou a velocidade das outras formas de transporte. O uso de contêineres facilita o transporte intermodal ao padronizar os carregamentos sob a forma de contêineres selados, de mesmo tamanho, para transporte por meio terrestre (via reboque e vagões de trem do tipo plataforma), aquático (via reboque e embarcações de carga) ou por via aérea (reboque e aviões de carga). À medida que crescem os custos de transporte e as empresas buscam métodos mais eficientes possíveis, o envio por transporte intermodal tem ganhado popularidade.

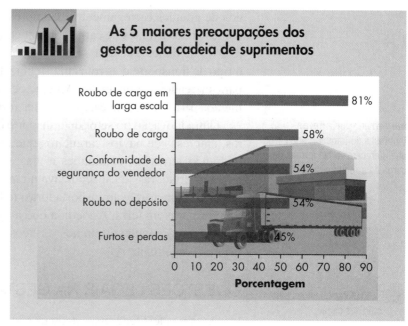

Fonte: Inbound Logistics, agosto de 2011.

Agências especializadas de serviços terceirizados oferecem outras formas de coordenação do transporte. Conhecidas como **agentes de carga**, essas empresas combinam de modo eficiente o carregamento de várias organizações em lotes de tamanho adequado. Cargas pequenas (abaixo de 226 kg) têm custos maiores de transporte que carregamentos que enchem caminhões, o que pode inviabilizar seu uso por para empresas menores. Os agentes de carga podem ajudar essas empresas ao reunir pequenos carregamentos de várias organizações e permitir que se agrupem para pagar taxas menores. O lucro dos agentes de carga surge das margens entre as altas taxas de embarque que essas empresas teriam de pagar e os preços mais em conta cobra-

transporte intermodal Dois ou mais modos de transporte usados em combinação.

agentes de carga Organizações que agrupam o carregamento de várias empresas em tamanhos eficientes de lotes de carga.

Transporte intermodal
Contêineres facilitam o transporte intermodal porque podem ser transportados por navios, trens e caminhões.

dos de grandes carregamentos. Como os grandes carregamentos demandam menos manuseio, os agentes de carga conseguem reduzir o tempo de entrega e a quantidade relativa de danos às cargas. Esses agentes também têm experiência para determinar o tipo de transporte e as rotas mais eficientes e, ainda, auxiliar no transporte de bens para mercados estrangeiros. Algumas empresas preferem terceirizar seus carregamentos para agentes de carga por estes fornecerem transporte de carga porta a porta.

Outra inovação no setor de transporte é o desenvolvimento das **megatransportadoras**, empresas de navios cargueiros que oferecem vários métodos de carregamento, incluindo ferrovias, caminhões e vias aéreas. Antes do seu surgimento, em geral as transportadoras se especializavam em apenas um módulo de carregamento. Para competir com as megatransportadoras, todas as empresas aumentaram seus serviços de transporte em terra. À medida que as alternativas de transporte se expandem, as empresas de carga investem nos serviços de atendimento ao cliente para ganhar vantagem competitiva.

megatransportadoras
Empresas de transporte de carga que oferecem várias formas de carga e carregamento.

6 Explorar questões legais na gestão dos canais.

QUESTÕES LEGAIS NA GESTÃO DE CANAIS

As várias leis federais, estaduais e locais que controlam os canais de distribuição nos Estados Unidos baseiam-se no princípio de que o interesse público é mais bem atendido quando se protege a concorrência e o livre mercado. Sob a autoridade de legislações federais, como a Lei Sherman de antitruste e a legislação da Comissão Federal de Comércio, os tribunais e as agências regulatórias determinam sob quais circunstâncias as práticas de distribuição violam os princípios da concorrência e do livre comércio e precisam ser reguladas ou até proibidas. Embora não se espere que gerentes de distribuição dominem todas as regras e legislações, eles devem estar cientes de que as tentativas de controlar as atividades de distribuição podem ter repercussões legais. Já para distribuição internacional, os gestores devem ter noção dos regulamentos e das leis que afetam essas atividades. A seguir apresentamos algumas práticas que costumam ser reguladas pelas autoridades.

Distribuição dual

Já observamos que muitas empresas empregam a distribuição dual ao usar dois ou mais canais de marketing para distribuir os mesmos produtos para os mesmos mercados-alvo. Os tribunais não consideram essa prática ilegal quando se permite a concorrência. Um fabricante também pode, legalmente, ter suas lojas próprias. No entanto, as autoridades norte-americanas veem como ameaça à concorrência o fabricante que usa lojas próprias para controlar ou tirar do mercado varejistas e distribuidores independentes que lidam com seus produtos. Nessas situações, a distribuição dual viola a lei norte-americana. Para evitar isso, os produtores contam com pontos de venda próprios que oferecem preços que não ameaçam os dos varejistas.

Regiões de venda restrita

Para aumentar o controle sobre a distribuição, um produtor pode proibir alguns intermediários de vender fora de determinadas regiões. Os intermediários muitas vezes são a favor dessas práticas, porque conferem exclusividade sobre as regiões e diminuem a concorrência. Ao longo dos anos, os tribunais norte-americanos acabaram adotando posições contraditórias em relação à restrição de venda. Embora considerem essas restrições uma limitação ao comércio entre intermediários que lidam com as mesmas marcas (exceção feita a empresas pequenas ou que acabaram de surgir), as autoridades também defendem que a disposição de regiões exclusivas pode ajudar a promover a competição entre revendedores que lidam com marcas distintas. Atualmente, as intenções do produtor em estabelecer regiões de venda restrita e os efeitos gerais dessa prática sobre o mercado têm sido avaliados caso a caso.

Venda casada

Quando um fornecedor (em geral o fabricante ou o franqueador) oferece um produto para um membro do canal de distribuição com a condição de que este também compre outros de seus produtos, tem-se a **venda casada**. Fornecedores podem implementar a venda casada como forma de se livrar do estoque de produtos com demanda mais lenta, ou, no caso do franqueador, vincular a compra de equipamento e suprimentos ao licenciamento da franquia, com a justificativa de que a política de controle de qualidade e da reputação da marca demandam esse tipo de venda casada.

venda casada Arranjo comercial em que o fornecedor oferece um produto a um membro do canal de distribuição com a condição de que este também adquira outros dos seus produtos.

Uma prática vinculante semelhante é *comprar a linha inteira*, em que o fornecedor só vende um produto aos membros do canal de distribuição se comprarem sua linha inteira de produtos. Fabricantes, por vezes, recorrem à condição de comprar a linha inteira para assegurar que os intermediários aceitem produtos novos e que o consumidor final tenha acesso a maior variedade de produtos.

As autoridades norte-americanas aceitam a venda casada quando o fornecedor é a única empresa capaz de prover produtos de determinada qualidade, desde que os intermediários estejam desimpedidos de distribuir produtos da concorrência, e também quando uma empresa acabou de entrar no mercado. A maioria dos negócios de venda casada são considerados ilegais.

Acordo de exclusividade

Quando um fabricante proíbe um intermediário de possuir produtos da concorrência, este arranjo comercial é chamado **acordo de exclusividade**. Os produtores ficam mais protegidos em acordos de parcerias exclusivas e podem suspender a entrega de seus produtos para intermediários que violarem um acordo.

acordo de exclusividade Situação em que o fabricante proíbe o intermediário de possuir produtos da concorrência.

Em geral, a legalidade de um acordo de exclusividade é determinada pelas autoridades norte-americanas com a aplicação de três testes: se o acordo de exclusividade exclui a concorrência de mais de 15% do mercado; se o volume de vendas é grande; e se o produtor é reconhecidamente maior que o varejista. Nesses casos, então, o acordo é considerado contrário ao princípio da concorrência. Se os agentes comerciais e os clientes de dado mercado tiverem acesso a produtos simulares ou se o acordo de exclusividade fortalecer um concorrente até então "fraco", o acordo é liberado.

Recusa em fazer negócio

Há quase um século, os tribunais norte-americanos têm sustentado o entendimento de que os produtores têm o direito de escolher ou recusar os membros de um canal com quem realizam negócios. No entanto, dentro dos canais de distribuição já existentes, os fornecedores podem não ter o poder legal de recusar negócios com atacadistas ou outros agentes comerciais simplesmente por se negarem a seguir políticas contrárias ao princípio da concorrência ou de restrições de venda. Fornecedores também são proibidos de orientar membros do canal de distribuição a retaliar outros membros que se recusarem a compactuar com políticas de distribuição consideradas ilegais.

Revisão do capítulo

1. Descrever os fundamentos da gestão da cadeia de suprimentos

A distribuição é um elemento do mix de marketing que foca as decisões e as atividades envolvidas em tornar um produto disponível ao cliente quando e onde ele quiser comprá-lo. Uma função importante da distribuição é o esforço coletivo de todas as organizações envolvidas em criar uma cadeia de suprimentos (ou *supply-chain*) eficiente, que relaciona todas as atividades necessárias para o fluxo e a transformação dos produtos, que vai das matérias-primas ao consumidor final. A gestão da operação é o conjunto total das atividades administrativas usadas por uma organização para transformar os insumos e os recursos em bens, serviços ou ambos. A gestão da logística envolve planejamento, implementação e controle de fluxo e estoque efetivo e eficiente de bens, serviços e informações do ponto de origem até o consumidor, de modo que atendam às necessidades e aos desejos do cliente. De forma geral, gestão de suprimentos refere-se aos processos que permitem a adição de valor desde as matérias-primas ao consumidor final, e também no sentido inverso, para a redefinição do produto e também sua disposição final. Já a gestão da cadeia de suprimentos engloba um conjunto de abordagens usadas para integrar as atividades de gestão da operação, da logística, dos suprimentos e do canal de marketing de modo que os bens e os serviços sejam produzidos e distribuídos nas quantidades certas, nos locais certos e no tempo certo. A cadeia de suprimentos envolve todas as entidades – como transportadoras e outras organizações que lidam com distribuição, produtores, atacadistas e varejistas – que distribuem produtos e se beneficiam dos esforços coletivos de um canal.

2. Explorar o papel e a relevância dos canais de marketing e da cadeia de suprimentos

Um canal de marketing – ou de distribuição – consiste num grupo de pessoas e organizações que direcionam o fluxo dos produtos de fabricantes e produtores até os clientes. O papel principal dos canais de marketing é tornar os produtos disponíveis no tempo certo, no preço certo, no lugar certo e nas quantidades certas. Na maioria dos canais de distribuição, produtores e consumidores estão ligados por intermediários do mercado. Os dois tipos principais de intermediários são: varejistas, que compram produtos para revendê-los ao consumidor final, e atacadistas, que compram e revendem produtos para outros atacadistas, varejistas e clientes de negócios.

Canais de marketing atendem a várias funções. Eles criam utilidades de tempo, lugar e posse ao tornar os produtos disponíveis quando e onde os clientes desejam e no preço que desejam pagar, provendo acesso ao produto pela venda ou aluguel. Os intermediários melhoram as eficiências das trocas, muitas vezes reduzindo os custos de negociação ao desempenhar certos serviços e funções. Embora alguns críticos até defendam a eliminação dos atacadistas, as funções dos intermediários em um canal de marketing precisam ser desempenhadas por alguém. Portanto, eliminar o intermediário obrigaria as outras organizações dentro do canal de marketing a desempenhar essas funções. E como os intermediários atendem tanto produtores quanto compradores, eles reduzem o número total de transações que seriam necessárias para mover os produtos dos produtores aos consumidores finais.

Em termos gerais, canais de distribuição são divididos em canais de produtos de consumo e de negócios. Dentro dessas duas classificações, produtos diferentes podem demandar canais diferentes. Embora produtos de consumo possam fluir diretamente do produtor para os consumidores, canais de produtos de consumo que contam com atacadistas e varejistas são mais econômicos para vários tipos de produtos. A distribuição de produtos de negócios diferencia-se da distribuição de bens de consumo pelo tipo de canal usado. O canal de distribuição direta é mais comum no marketing de negócios. Também são usados canais com distribuidores industriais, representantes industriais e combinações de agentes e distribuidores. A maioria dos produtores tem canais múltiplos, ou duais, de modo que seu sistema de distribuição pode ser ajustado para atingir vários mercados-alvo.

Escolher o canal de marketing apropriado é uma decisão essencial para os gestores da cadeia de suprimentos. Para determinar qual canal é o mais apropriado, os gestores precisam pensar nas características dos clientes, no tipo de organização, nos atributos do produto, na concorrência, nas forças ambientais, na disponibilidade e nas características dos intermediários. Uma deliberação cuidadosa que relacione todos esses fatores ajuda o gerente da cadeia de suprimentos a selecionar o canal ideal.

3. Identificar a intensidade da cobertura de mercado.

Um canal de marketing eficiente é gerenciado de modo que os produtos recebam a devida cobertura de mercado. Há três tipos de cobertura de mercado: intensiva, seletiva e exclusiva.

Produtos diferentes pedem meios diferentes de cobertura de mercado. Ao escolher a distribuição intensiva, o produtor busca tornar o produto acessível para todos os revendedores. Na distribuição seletiva, apenas alguns pontos de venda de determinada região são escolhidos para distribuir um produto que requer mais empenho e consideração para atrair o cliente e sua decisão de compra. A distribuição exclusiva é utilizada para produtos mais caros, e, em geral, confere a um único vendedor o direito de comercializar o produto para uma grande região.

4. Examinar questões estratégicas em canais de marketing, o que inclui liderança, cooperação e conflito.

Cada membro de um canal desempenha um papel diferente no sistema de distribuição, e se compromete a aceitar regras, responsabilidades, recompensas e sanções em caso de não conformidade. Embora muitos canais de marketing sejam construídos pelo consenso entre seus membros, alguns são organizados e controlados por um único líder ou capitão do canal. O capitão de um canal pode ser um produtor, um atacadista ou um varejista. Um canal de marketing funciona de modo mais eficiente quando há cooperação entre os membros. Quando seus integrantes se desviam da rota ou ignoram seus papéis, conflitos de canal podem aparecer.

Os membros de um canal podem transferir, mas não eliminar, funções e atividades da cadeia de suprimentos. Quando várias etapas de um canal estão combinadas sob um único capitão de canal, isto é chamado integração de canal. Integração vertical combina uma ou mais etapas de um canal de distribuição sob um administrador. O sistema de marketing vertical (SMV) tem uma gestão centralizada para benefício mútuo de todos os membros do canal. Sistemas de marketing vertical podem ter os formatos corporativo, administrado ou contratual. Integração horizontal combina instituições no mesmo nível de operação de um canal, sob uma única administração; e pode ser problemática na medida em que não garante a redução dos custos nem aumenta a competitividade de uma empresa.

5. Analisar a distribuição física como uma etapa da gestão da cadeia de suprimentos.

Distribuição física – ou logística – refere-se às atividades desempenhadas para mover os produtos dos produtores até os consumidores e outros usuários finais. Essas atividades incluem processamento dos pedidos, gestão do estoque, manuseio de materiais, armazenamento e transporte. Um sistema eficiente de distribuição é um componente importante de uma estratégia completa de marketing, na medida em que pode reduzir os custos e aumentar a satisfação dos clientes. Em um canal de marketing, as atividades de distribuição física são muitas vezes desempenhadas por um atacadista, mas também podem sê-lo por um produtor ou um varejista, ou ainda ser terceirizadas. Sistemas eficientes de distribuição física podem reduzir os custos e o tempo de transporte, enquanto aumentam o nível do serviço ao cliente.

Processamento do pedido consiste na recepção e na transmissão das informações dos pedidos de venda. Esta atividade é composta de três tarefas principais – entrada do pedido ou ordem de serviço, manuseio e entrega do pedido –, que podem ser feitas manualmente, mas costumam ser realizadas por sistemas de intercâmbio eletrônico de dados (EDI). Gestão do estoque envolve o desenvolvimento e a manutenção de quantidades e combinações adequadas de produtos para atender às necessidades dos clientes. Gestores de logística devem empenhar-se para atingir o nível ótimo de estoque para satisfazer às necessidades dos clientes enquanto mantêm os custos reduzidos. O manuseio de materiais – ou seja, a manipulação física dos produtos – é um elemento crucial para o armazenamento e o transporte dos produtos. Armazenamento implica a concepção e a operação de instalações para estocagem e movimentação dos bens; pode ser privativo ou aberto ao público. Transporte – a movimentação de produtos de sua origem até onde serão comprados e utilizados – é a atividade da distribuição física que demanda mais recursos. As formas básicas de transporte incluem ferrovias, caminhões, vias aquáticas, vias aéreas e dutos. Essas formas podem ser combinadas – o que chamamos de transporte intermodal – de modo que se beneficiem das vantagens de cada forma de transporte.

6. Explorar questões legais na gestão dos canais.

Leis federais, estaduais, locais e internacionais regulam a gestão de canais de distribuição para proteger a concorrência e o livre mercado. Os tribunais podem proibir ou permitir determinada prática se entenderem que ela viola seus princípios. As práticas de gestão dos canais estão sujeitas a restrições legais, que podem incluir distribuição dual, vendas restritas a determinadas regiões, venda casada, acordos de exclusividade e recusa em fazer negócios. Essas práticas podem ser permitidas quando aumentam ou reforçam a atuação dos concorrentes mais fracos, ou aumentam a concorrência entre as empresas envolvidas na distribuição. Na maioria dos casos, quando a concorrência é ameaçada, várias dessas práticas são consideradas ilegais.

Conceitos-chave

acordo de exclusividade 457
agentes de carga 455
aliança estratégica no canal 434
cadeia de suprimentos 423
canal de marketing 425
capitão do canal 440
centros de distribuição 452
ciclo de tempo 447
depósito (ou armazenagem) 451
depósitos abertos ao público 452

depósitos privativos 451
distribuição 423
distribuição dual 433
distribuição exclusiva 439
distribuição física 445
distribuição intensiva 437
distribuição seletiva 437
distribuidor industrial 432
gestão da cadeia de suprimentos 424
gestão da logística 423
gestão da operação 423

gestão de estoque 448
gestão de suprimentos 423
integração horizontal de canal 444
integração vertical de canal 443
intercâmbio eletrônico de dados (EDI, do inglês electronic data interchange) 448
intermediários de marketing 425

just in time (JIT) 449
manuseio do material 449
megatransportadoras 456
poder no canal 441
processamento do pedido 447
sistema de marketing vertical (SMV) 444
transporte 452
transporte intermodal 455
venda casada 457

Questões para discussão e revisão

1. Defina gestão da cadeia de suprimentos. Qual é a sua importância?
2. Descreva as principais funções dos canais de marketing. Por que essas funções seriam mais bem realizadas pelo esforço combinado dos membros do canal?
3. Liste várias razões por que os consumidores costumam culpar os intermediários pelas ineficiências na distribuição.
4. Compare e ressalte as diferenças entre os quatro principais canais de marketing para produtos de consumo. Para qual tipo de canal seria mais indicada a distribuição dos seguintes produtos?
   a. Automóveis novos
   b. Biscoitos salgados do tipo cracker
   c. Corte e monte sua própria árvore de Natal
   d. Livros didáticos novos
   e. Sofás
   f. Refrigerantes
5. Descreva os quatro canais mais usados para produtos de negócios. Detalhe os produtos ou as situações que levam os profissionais de marketing a escolher cada um desses canais.
6. Descreva as características do distribuidor industrial. Quais os tipos de produtos que podem ser ofertados por esse distribuidor?
7. Sob quais condições um produtor usaria mais de um canal de marketing?
8. Identifique e descreva os fatores que podem influenciar a decisão por determinado canal de marketing.
9. Explique as diferenças entre os métodos de distribuição intensiva, seletiva e exclusiva.
10. "A cooperação em um canal demanda que os membros apoiem os objetivos gerais do canal para que consigam atingir seus objetivos individuais." Comente esta afirmação.

11. Explique as principais características dos três tipos de sistema de marketing vertical (SMV): corporativo, gerenciado e contratual.
12. Reflita sobre custo, perdas e ganhos envolvidos no desenvolvimento de um sistema de distribuição física.
13. Quais são as principais tarefas envolvidas no processamento de um pedido?
14. Explique perdas e ganhos, ou vantagens e desvantagens, que os gerentes de estoque enfrentam quando precisam rearranjar produtos ou suprimentos. Como este rearranjo é computado?
15. Explique as principais diferenças entre depósito aberto ao público e privativo. No que eles se diferenciam de um centro de distribuição?
16. Compare e ressalte as diferenças entre as cinco principais formas de transporte em termos de custo, velocidade e confiabilidade.
17. Sob quais condições um tribunal pode considerar ilegal negócios de venda casada, de exclusividade e de distribuição dual?

Aplicações do marketing

1. Keurig é a líder norte-americana da cápsula de café para uma xícara. Criada em 1998, a Keurig usa cápsulas K-Cups, que permitem o preparo de uma xícara de café ou de outras bebidas quentes em um minuto. A cápsula é colocada numa máquina, um cano a perfura, fazendo passar água quente através de um filtro por seu conteúdo, despejando-o na xícara. Como a cápsula não vaza após o uso, livrar-se dela é simples, e a necessidade de limpar a máquina é quase zero. Keurig foi comprada pela empresa de café Green Mountains Coffee Roasters em 2006, e hoje oferece mais de 200 tipos de bebidas quentes, incluindo especialidades de marcas como Dunkin' Donuts, Wolfgang Puck, e Caribou Coffee.

    Os K-Cups da Keurig são vendidos em muitos supermercados, megalojas, quiosques e lojas de departamento. A rede Macy's, por exemplo, oferece uma pequena seleção dos sabores mais procurados num display ao lado da máquina de café. As cápsulas K-Cup podem ser encontradas em lojas on-line nos sites especializados tanto da Keurig como da Green Mountain Coffee Roasters.

    Descreva os vários canais usados para a distribuição das cápsulas K-Cups da Keurig em termos de características do cliente, da concorrência e dos intermediários. Como você definiria a intensidade da cobertura de mercado? Essa intensidade faz sentido? Que questões estratégicas você apontaria para a gestão desses canais de marketing?

2. A *gestão da cadeia de suprimentos* envolve parcerias de longo prazo entre os membros de um canal de distribuição, de modo que trabalhem em conjunto para reduzir ineficiências, custos e redundâncias, e desenvolver abordagens inovadoras para satisfazer aos clientes. Escolha uma das empresas listadas a seguir e explique como a gestão da cadeia de suprimentos poderia aumentar a produtividade do marketing.
    a. Dell
    b. FedEx
    c. Nike
    d. Taco Bell

3. Profissionais de marketing podem selecionar três principais níveis de cobertura de mercado para determinar a variedade e a quantidade de pontos de venda para um produto: intensiva, seletiva ou exclusiva.

    As características do produto e seu mercado-alvo determinam a intensidade necessária de cobertura do mercado. Indique a intensidade mais adequada para os seguintes produtos e explique por que ela seria apropriada.
    a. Computadores de uso pessoal
    b. Desodorantes
    c. Câmeras digitais da Canon
    d. Tênis esportivos da Nike

4. Descreva seu processo de decisão para determinar os canais de distribuição mais apropriados para cada um destes produtos:
    a. Rifles de caça
    b. Lingeries
    c. Sistemas de telefonia para pequenas empresas
    d. Caminhões de brinquedo para crianças pequenas

5. Suponha que você seja responsável pela distribuição física de computadores de uma empresa que trabalha on-line. O que você faria para garantir a disponibilidade do produto, a entrega no prazo e a qualidade do atendimento aos seus clientes?

Desenvolvendo seu plano de marketing

Um dos componentes-chave no sucesso de uma estratégia de marketing é planejar como o produto vai chegar ao cliente. Para tomar as melhores decisões acerca de onde, quando e como seus produtos estarão disponíveis para o cliente, você precisa compreender como as decisões de distribuição se relacionam com os outros elementos do mix de marketing no seu planejamento. Para ajudá-lo a relacionar e integrar as informações deste capítulo ao seu plano de marketing, propomos estas questões para reflexão:

1. Os intermediários de marketing desempenham várias atividades. Você pode usar a Tabela 13.2 como um guia para discutir os vários tipos de atividades pelos quais um membro do canal de marketing poderia oferecer a assistência que você precisa.
2. Usando a Figura 13.2 (ou a 13.3, se seu produto for do mercado de produtos de negócios), defina quais caminhos de distribuição são mais apropriados para o seu produto. Dada a natureza do seu produto, você conseguiria distribuí-lo por mais de um caminho?
3. Determine a intensidade do nível de distribuição mais apropriada para o seu produto. Leve em consideração as características do seu mercado (ou mercados) alvo, os atributos do produto e os fatores ambientais.
4. Discorra sobre as atividades físicas que serão necessárias para a distribuição do seu produto, com foco na embalagem, no armazenamento e no transporte.

As informações obtidas a partir destas perguntas devem ajudá-lo no desenvolvimento de vários aspectos do plano de marketing.

Caso 13.1

Taza cultiva um canal de relacionamento com o chocolate

Taza é uma pequena empresa de Massachussetts adepta da tradição mexicana de fabricação de chocolate pela moagem na pedra. Fundada em 2006, a empresa vende principalmente para varejistas, atacadistas e distribuidores norte-americanos. Clientes ao redor do mundo também podem comprar, diretamente do site da Taza, barras de chocolate, baking squares (doces de assadeira), castanhas cobertas com chocolate e outras especialidades. E se os clientes que moram em Somerville, Massachusetts, Estados Unidos, também podem encontrar um funcionário da Taza pilotando uma "chocolatecicleta" que vende produtos e distribui amostras em um festival de food trucks sofisticados ou numa feira especial aos finais de semana.

A Taza procura estabelecer ligações personalizadas com todos os produtores orgânicos certificados fornecedores de ingredientes da empresa. "Como o processamento aqui na fábrica é mínimo", diz o diretor de vendas da empresa, "é muito importante que a gente obtenha ingredientes de alta qualidade. Para ter certeza de que estamos recebendo a melhor parte da colheita [de cacau], construímos relações diretas, presenciais, com cada um dos produtores de cacau".

Fazer acordos diretamente com os fornecedores permite à Taza alcançar seus objetivos de responsabilidade social ao garantir o tipo de qualidade das marcas premium. "Somos uma marca premium", explica o mesmo diretor , "e por causa do modo como fazemos o que fazemos, podemos cobrar mais por uma barra de chocolate." A barra de chocolate Taza que chega ao varejo pelo preço de US$ 4,5, chega ao atacado por volta de US$ 2,70. O preço para o distribuidor, porém, é ainda mais baixo, aproximando-se de US$ 2.

Distribuidores compram em maior quantidade, o que para a Taza significa um engradado, em vez de uma caixa vendida ao atacadista. "Mas o atacado será sempre a nossa base, onde movimentamos nosso volume e conseguimos boas margens", diz o diretor de vendas. Pela experiência da empresa, os distribuidores são mais sensíveis ao preço e mais interessados em promoções e oportunidades que os atacadistas.

A Taza oferece excursões guiadas à sede em Somerville, cobrando uma pequena entrada, que inclui uma doação à Sustainable Harvest International (ONG que beneficia fazendeiros e produtores familiares da América Central). Os visitantes podem testemunhar o processo de transformação do grão de cacau em barra de chocolate do princípio ao fim, aprendendo sobre a moagem na pedra, que diferencia o chocolate Taza dos produtos europeus. Ao longo do passeio, os visitantes experimentam amostras do produto e, ao final da visita, podem passear pela loja da fábrica e comprar especialidades recém-fabricadas, como chocolate com pimenta chipotle e chocolate com gengibre. Em datas como Halloween e Dia dos Namorados, a Taza oferece edições limitadas de sabores especiais para atrair clientes à sua fábrica. O evento anual da harmonização de cerveja e chocolate, realizado em conjunto com o site de cerveja Drink Craft Beer, é outra forma de apresentar o chocolate Taza aos consumidores que apreciam comidas e bebidas de qualidade.

A comunicação do marketing da Taza concentra-se principalmente no Facebook, Twitter, blogs, por e-mail e em programas culinários. Além disso, a empresa costuma oferecer amostras em lojas sofisticadas e pontos de venda de produtos orgânicos das grandes cidades. Assim como tem feito com os produtores de cacau, a Taza busca construir relacionamentos pessoais com seus parceiros nos canais de distribuição. "Quando enviamos um carregamento de chocolate", diz o diretor de vendas, "às vezes colocamos uns chocolates extras para a equipe de vendas. Isso sempre ajuda, porque é esse o tipo de relacionamento humano que estamos construindo".

A Taza começou a distribuir seus produtos para o Canadá e alguns países da Europa. As especificações de distribuição ressaltam a necessidade de entregar produtos perecíveis que permaneçam firmes e frescos, não importando as condições climáticas. Como resultado, os distribuidores costumam manter os estoques da Taza em armazéns refrigerados, a fim de sempre poder enviar o produto no dia seguinte ao recebimento dos pedidos.[28]

Questões para discussão e revisão

1. Quais são os canais de distribuição usados pela Taza e por que são tão apropriados para essa empresa?
2. De que forma a Taza se beneficia da venda direta para alguns consumidores? Quais são os problemas em potencial da venda direta para o consumidor?
3. De que modo os esforços de distribuição da Taza são influenciados pelo fato de seus produtos serem orgânicos?

NOTAS

1. Com base em informações de Cristin Severance. Quick Cash for Old Gadgets. *ABC 10 News* (San Diego), 6 dez. 2012. Disponível em: <www.10news.com>; Caroline Winter. EcoATM, the Automated iPhone Pawn Shop. *Bloomberg Businessweek*, 27 set. 2012. Disponível em: <www.businessweek.com>; Sharyn Alfonsi. Real Money: Discover Cash in Unused, Broken Electronics, *ABC News*, 25 out. 2012. Disponível em: <http://abcnews.go.com>; <www.ecoatm.com>.

2. Ricky W. Griffin. *Fundamentals of Management*. Mason, OH: Cengage Learning, 2012, p. 460.

3. Joseph Bonney. Logistics Costs Rose 6.6 Percent Last Year, 13 jun. 2012. Disponível em: <www.joc.com/international-logistics/global-sourcing/logisticscosts-rose-66-percent-last-year_20120613.html>. Acesso em: 9 fev. 2013.

4. GDP. World Bank. Disponível em: <http://data.worldbank.org/indicator/NY.GDP.MKTP.CD>. Acesso em: 9 fev. 2013.

5. April Joyner. Business Opportunities in Supply Chain Management. *Inc.*, 11 jun. 2012. Disponível em: <www.inc.com/best-industries-2012/april-joyner/supplychain-management.html>. Acesso em: 9 fev. 2013.

6. Bob Trebilcock. Supply Chain: Amazon Is Changing the Rules of the Game. *Modern Materials Handling*, 14 dez. 2012. Disponível em: <www.mmh.com/article/supply_chain_amazon_is_changing_the_rules_of_the_game/>. Acesso em: 9 fev. 2013.

7. Augustine A. Lado, Antony Paulraj e Injazz J. Chen. Customer Focus, Supply-Chain Relational Capabilities and Performance: Evidence from U.S. Manufacturing Industries. *The International Journal of Logistics Management* 22, n. 2, 2011, p. 202-21.

8. April Joyner. Best Industries 2012: Supply Chain Management. *Inc.* Acesso em: 9 fev. 2013.

9. The Business Case for a Sustainable Supply Chain. *Wall Street Journal*, 20 set. 2012. Disponível em: <http://deloitte.wsj.com/cio/2012/09/20/the-business-case-for-a-sustainable-supply-chain>. Acesso em: 9 fev. 2013.

10. Michael Hickens. The Morning Download: Xerox's "Big Play with Big Data". *Wall Street Journal*, 21 fev. 2013. Disponível em: <http://blogs.wsj.com/cio/2013/02/21/the-morning-download-xeroxs-bigplay-with-big-data/>.

11. Applied Industrial Technologies, Inc.. Disponível em: <www.applied.com/>. Acesso em: 22 fev. 2013.

12. Keith Bradsher e David Barboza. H.P. Directs its Suppliers in China to

Limit Student Labor. *New York Times*, 7 fev. 2013. Disponível em: <www.nytimes.com/2013/02/08/business/global/hewlett-packardjoins-push-to-limit-use-of-student-labor-in-china.html>.

13. Leo Aspinwall. The Marketing Characteristics of Goods. In: *Four Marketing Theories*. Boulder, CO: University of Colorado Press, 1961, p. 27-32.

14. Russell Redman. CVS Addresses Supply Chain Issues. Chain Drug Review, 15 jan. 2013. Disponível em: <www.chaindrugreview.com/front-page/newsbreaks/cvs-addresses-tylenol-supply-issues>.

15. 2013 Global Manufacturing Competitiveness Index. Deloitte. Disponível em: <www.deloitte.com/assets/Dcom-Global/Local%20Assets/Documents/Manufacturing/dttl_2013%20Global%20Manufacturing%20Competitiveness%20Index_11_15_12.pdf>. Acesso em: 23 fev. 2013.

16. Suppliers Partnership for the Environment. Disponível em: <www.supplierspartnership.org/>. Acesso em: 20 mar. 2012.

17. IGA. Disponível em: <www.iga.com/about.aspx>. Acesso em: 10 fev.2013.

18. Wroe Alderson. *Dynamic Marketing Behavior*. Homewood, IL: Irwin, 1965, p. 239.

19. Inditex Press Dossier. Disponível em: <www.inditex.com/en/press/information/press_kit>. Acesso em: 23 fev.2013, p. 6.

20. Brier Dudley. Digital Distribution May Prove a Game-Changer for Video Gamers. *Seattle Times*, 10 fev. 2013. Disponível em: <http://seattletimes.com/html/businesstechnology/2020326083_briercolumn11xml.html>.

21. Lee Pender. The Basic Links of SCM. Supply Chain Management Research Center. Disponível em: <www.itworld.com/CIO020501_basic_content>. Acesso em: 18 abr. 2012.

22. James R. Hagerty. Harley Goes Lean to Build Hogs. *Wall Street Journal*, 21 set. 2012. Disponível em: <http://online.wsj.com/article/SB10000872396390443720204578004164199848452.html>. Acesso em: 10 fev. 2013.

23. Brooks Barnes. At Disney Parks, A Bracelet Meant to Build Loyalty (and Sales). *Wall Street Journal*, 7 jan. 2013. Disponível em: <www.nytimes.com/2013/01/07/business/media/at-disney-parksa-bracelet-meant-to-build-loyalty-and-sales.html>.

24. Distribution Unlimited Inc. Disponível em: <http://distributionunlimited.com/operations.php>. Acesso em: 23 fev. 2013.

25. Kerri Rantasila e Lauri Ojala. Measurement of National-Level Logistics Costs and Performance. *Discussion Paper 2012*. University of Turku, Finlândia. Acesso em: 10 fev. 2013.

26. David Hummels e Georg Schaur. Time as a Trade Barrier. *National Bureau of Economic Research*, jan. 2012, n. 17.758. Disponível em: <http://papers.nber.org/papers/w17758#fromrss>.

27. Excel. Disponível em: <www.exel.com/exel/exel_about_exel.jsp>. Acesso em: 23 fev. 2013.

28. Taza Chocolate and Drink Craft Beer Prove That Beer and Chocolate Make a Perfect Pair. *Boston Globe*, 13 fev. 2012, Disponível em: <www.boston.com>; Rachel Leah Blumenthal. A Tour of the Taza Chocolate Factory. CBS Local News, Boston, 26 out. 2011. Disponível em: <http://boston.cbslocal.com>; Ariel Shearer, Review: Taza Chocolate. *Boston Phoenix*, 31 out. 2011. Disponível em: <http://thephoenix.com/boston>; Courtney Holland. Sweet Batches of Local Flavor. *Boston Globe*, 18 ago. 2010. Disponível em: <www.boston.com>; Kerry J. Byrne. Festival of Food Trucks. *Boston Herald*, 6 ago. 2010. Disponível em: <www.bostonherald.com>; Entrevista e vídeo com os funcionários da empresa. Taza Cultivates Channel Relationships with Chocolate. Disponível em: <www.tazachocolate.com>.

Notas dos *Quadros Informativos*

a Com base em informações de Jason Andrew. Bricks + Clicks = $$$. *Wall Street Journal*, 27 jan. 2013. Disponível em: <www.wsj.com>; Nellie Bowles, Laura Compton e Carolyne Zinko. Bonobos Going Brick and Mortar in S.F. *San Francisco Chronicle*, 6 jan. 2013. Disponível em: <www.sfgate.com>; Evelyn M. Rusli. Stores Go Online to Find a Perfect Fit. *New York Times*, 11 abr. 2012. Disponível em: <www.nytimes.com>; <www.bonobos.com>.

b Baseado em informações de Vidya Rao. M&M's, NPH Unveil the New Brown in Town. MSNBC, 31 jan. 2012. Disponível em: <www.msnbc.msn.com>; Stephanie Clifford. A Times Square Aura for Pop-Tarts. *The New York Times*, 8 ago. 2010. Disponível em: <www.nytimes.com>; <www.mymms.com>; <www.hersheys.com>.

c Com base em informações de Alexis Santos. Inside UPS' Worldport. *Engadget*, 3 jan. 2013. Disponível em: <www.engadget.com>; Jennifer Inez Ward. How UPS and USPS Teamed Up to Create a New Industry Standard. *Green Biz*, 9 jan. 2013. Disponível em: <www.greenbiz.com>; Padma Nagappan. UPS Gets Companies Thinking Green Inside the Box. *Green Biz*, 8 jun. 2012. Disponível em: <www.greenbiz.com>; Jim Motavalli. UPS Is to Put 150 Plastic-Body Trucks into Service. *New York Times*, 22 jun. 2012. Disponível em: <www.nytimes>; <www.ups.com>.

d Baseado em informações de Adelaide Lancaster. Don't Buy This Jacket. *Forbes*, 1º dez. 2011. Disponível em: <www.forbes.com>; Susan Carpenter. Online Shopping: Better for the Environment? *Los Angeles Times*, 16 dez. 2011. Disponível em: <www.latimes.com>; Tim Nudd. Ad of the Day: Patagonia, *AdWeek*, 28 nov. 2011. Disponível em: <www.adweek.com>.

CAPÍTULO 14

Varejo, marketing direto e atacado

Peter Horree/Alamy

OBJETIVOS

1. Compreender o propósito e a função dos varejistas no canal de marketing.
2. Identificar os principais tipos de varejistas.
3. Explorar questões estratégicas para o varejo.
4. Reconhecer as várias formas de marketing direto, venda direta e venda automática.
5. Examinar franquias, seus benefícios e fraquezas.
6. Compreender a natureza e as funções dos atacadistas.

INSIGHTS DE MARKETING

Eataly reinventa o mercado italiano

O Eataly, mescla de mercearia e complexo de restaurantes em Nova York, é um festival de sentidos em forma de varejo. Em um espaço de 5 mil metros quadrados, remodelado para se tornar um atraente e elegante mercado, os clientes podem escolher entre 3 mil produtos alimentícios autenticamente italianos e artesanais. Se ficarem com fome enquanto fazem compras, podem experimentar salame, tomar um gelato, beber um café expresso ou desfrutar de uma refeição completa em um dos vários restaurantes com mesas. Os amantes da gastronomia podem até fazer aulas na escola de culinária que funciona no local e atrai 10 mil estudantes todo ano. Resumindo, o Eataly quer oferecer uma experiência especial de compras e refeições para clientes que procuram a melhor qualidade em produtos italianos.

Desde sua abertura, a primeira filial norte-americana do Eataly, operada em parceria com empreendedores do ramo de restaurantes do país, tem se mostrado altamente popular tanto com compradores locais quanto com visitantes de fora. Em menos de três anos, as vendas anuais subiram para mais de US$ 85 milhões. Em qualquer dia da semana, 15 mil clientes entram pelas portas e, aos sábados, 25 mil compradores lotam a loja. A próxima filial norte-americana, em Chicago, vai ser ainda maior, para acomodar uma seleção mais ampla de alimentos e mais restaurantes.

O evento de abertura do Eataly original aconteceu nos arredores da cidade de Torino, na Itália. Hoje, a rede opera nove empórios de venda de alimentos e de restaurantes na Itália e 11 minimercados em Tóquio, com novos megamercados planejados para América do Sul e Oriente Médio. O Eataly também adaptou seu conceito de varejo para os navios de cruzeiro da empresa MSC. E fique de olho para mais crescimento, já que a rede atende ao apetite global pelo gosto autenticamente italiano.[1]

Varejistas como a mercearia e o complexo de restaurantes Eataly são os membros de canais de marketing mais visíveis e acessíveis aos consumidores. Eles são uma ligação importante no canal de marketing, dado que ofertam para os clientes dos produtores e dos atacadistas. Esses locais têm muitas funções na cadeia de suprimentos, como compra, venda, avaliação, tomada de riscos e desenvolvimento e manutenção de bancos de dados de informações sobre clientes. Os varejistas estão em uma posição estratégica para desenvolver relacionamentos com consumidores e parcerias com produtores e intermediários no canal de marketing.

Neste capítulo, examinaremos a natureza do varejo, do marketing direto e do atacado, bem como seus papéis em fornecer bens e serviços a consumidores. Primeiro, exploraremos os principais tipos de lojas de varejo e consideraremos questões estratégicas nessa área: localização, posicionamento de varejo, imagem da loja e gestão de categoria. Depois, discutiremos o marketing direto, incluindo o marketing de catálogo, o marketing de resposta direta, o telemarketing, a venda direta pela televisão e o varejo on-line. Também exploraremos a venda direta e a venda automática. Em seguida, trataremos das forças e fraquezas das franquias, uma modalidade popular de varejo. Por fim, examinaremos a importância dos atacadistas nos canais de marketing, incluindo suas funções e classificações.

VAREJO

1 Compreender o propósito e a função dos varejistas no canal de marketing.

varejo Todas as transações nas quais os compradores têm a intenção de consumir um produto para uso pessoal, familiar ou doméstico.

varejista Organização que compra produtos com o propósito de revendê-los a consumidores finais.

O **varejo** inclui todas as transações nas quais o comprador é o consumidor final e pretende usar o produto para fins pessoais, familiares ou domésticos. **Varejista** é uma empresa que compra produtos para revendê-los ao consumidor final. Apesar de a maior parte das vendas em varejo serem feitas diretamente ao consumidor, ocasionalmente ocorrem transações de não varejo, em que varejistas vendem seus produtos a outras empresas.

O varejo é importante para a economia norte-americana. Há mais de 1 milhão de varejistas operando nos Estados Unidos, responsáveis por empregar cerca de 15 milhões de pessoas.[2] Os varejistas contribuem muito para a economia, gerando mais de US$ 384 bilhões anualmente em vendas.[3]

Ao oferecer serviços e ajudar a selecionar produtos, os varejistas adicionam valor ao cliente. Eles também podem melhorar a percepção de valor que os consumidores têm de cada produto ao tornar a experiência de compra mais fácil ou conveniente, como ao oferecer entrega grátis ou a opção de compras on-line. Os varejistas podem facilitar a compra comparada, permitindo que os clientes avaliem diferentes opções – por exemplo, muitas vezes, concessionárias, assim como lojas de móveis, se reúnem na mesma vizinhança. O valor dos produtos também aumenta quando os varejistas oferecem serviços como aconselhamento técnico, crédito e consertos. Finalmente, o pessoal de vendas de varejo é treinado para demonstrar aos clientes como um produto pode satisfazer suas necessidades ou resolver seus problemas.

Os varejistas podem adicionar um valor significativo à cadeia de suprimentos, pois representam uma ligação crítica entre produtores e consumidores finais e propiciam o ambiente no qual ocorrem as trocas. Eles têm o importante papel de criar tempo, lugar e utilidade de posse – e, em alguns casos, utilidade de forma. Além disso, realizam funções de marketing que beneficiam os consumidores finais ao tornar disponíveis amplas variedades de produtos para satisfazer as necessidades deles.

Historicamente, os varejistas líderes nos Estados Unidos, como Walmart, Home Depot, Macy's, Staples e Best Buy oferecem aos consumidores um local físico para que possam olhar e comparar mercadorias e, então, descobrir do que precisam. No entanto, o varejo tradicional enfrenta os desafios dos canais de marketing direto que oferecem compras em domicílio por meio de catálogos, da televisão e da internet. Varejistas físicos responderam às mudanças no ambiente de varejo de formas diversas. Muitos deles agora utilizam canais de distribuição múltiplos e complementam suas lojas físicas com sites nos quais os consumidores podem comprar on-line. Vários fazem promoções e oferecem mercadorias exclusivas nos meios on-line, de modo a encorajar os consumidores a frequentar tanto o site quanto as lojas. Parcerias entre varejistas que não competem entre si e outros membros do canal de marketing aceitam o ambiente competitivo do marketing e oferecem oportunidades adicionais para varejistas satisfazerem as necessidades dos clientes e estimularem a lealdade. Por exemplo, grandes varejistas, como Walmart e Target, fazem parcerias com redes, como McDonald's, KFC e Starbucks, para ter salões de refeições dentro das lojas. Os aeroportos têm muitos varejistas diferentes e fornecedores de serviços para melhorar a experiência daqueles que viajam.

A chave para o sucesso no varejo é ter foco intenso no cliente, com uma estratégia de varejo que garanta o nível de serviço, a qualidade de produto e a inovação que o consumidor deseja. Novos formatos de loja, inovações em serviço e avanços em tecnologia da informação ajudaram varejistas a servir melhor os clientes. Avanços em rastreamento e gestão de estoque permitiram que grandes varejistas on-line competissem com varejistas tradicionais em distribuição, oferecendo entregas no mesmo dia em grandes mercados, de modo a garantir maior satisfação dos clientes. Essa estratégia é cara para o varejista, mas tem o objetivo de atrair clientes que precisam dos itens imediatamente.[4]

Cada vez mais o varejo é internacional. Apesar de o crescimento em mercados desenvolvidos ter parado ou diminuído em muitas categorias de produtos e de a recente recessão global ter desacelerado o crescimento econômico em todos os lugares, muitos varejistas veem um potencial de crescimento significativo em alguns mercados internacionais. O mercado para uma categoria de produtos como telefones celulares está amadurecido em regiões como América do Norte e Europa, mas os produtores preveem forte demanda futura em locais como Índia, China e Brasil. Todos esses países têm grandes e relativamente novas classes médias, cujos consumidores estão sedentos por produtos e serviços. As vendas do iPhone da Apple, por exemplo, estão crescendo rapidamente na Índia, onde o aumento é de mais de 100% ao ano. A Apple descobriu, porém, que o mercado indiano é mais sensível ao preço que o norte-americano, por isso se adaptou às necessidades locais trabalhando com distribuidores regionais para baixar os preços e oferecer planos de pagamento em parcelas, de modo que os telefones ficassem mais acessíveis.[5] Muitos dos grandes varejistas norte-americanos têm pontos de venda no exterior para capitalizar o crescimento internacional. Varejistas internacionais, como Aldi, IKEA e Zara, por sua vez, encontraram mercados receptivos nos Estados Unidos.

PRINCIPAIS TIPOS DE LOJAS DE VAREJO

2 Identificar os principais tipos de varejistas.

Existem muitos tipos de lojas de varejo. Uma forma de classificá-las é pela quantidade de produtos oferecidos. Duas categorias gerais são varejistas de mercadorias em geral e varejistas especializados.

Varejistas de mercadorias em geral

Um estabelecimento de varejo que oferece uma variedade de linhas de produto estocadas em quantidade considerável é chamado de **varejista de mercadorias em geral**. Os tipos de produtos em ofertas, mix de serviço ao consumidor e estilos de operação dos varejistas nessa categoria variam consideravelmente. Os tipos primários de varejistas de mercadorias em geral são lojas de departamento, lojas de descontos, lojas de conveniência, supermercados, superlojas, hipermercados, clubes de compra e depósitos com mostruário (ver Tabela 14.1).

varejista de mercadorias em geral Estabelecimento de varejo que oferece uma variedade de linhas de produto com estoques amplos.

Lojas de departamento

lojas de departamento Grandes organizações de varejo caracterizadas por um amplo sortimento de produtos e organizadas em departamentos separados para facilitar os esforços de marketing e a gestão interna.

As **lojas de departamento** são grandes organizações de varejo caracterizadas por mix amplo de produtos e com pelo menos 25 funcionários. Para facilitar os esforços de marketing e a gestão interna, linhas de produto relacionadas são organizadas em departamentos separados, como cosméticos, utilidades domésticas, vestuário, decoração e aparelhos eletrônicos. Esse arranjo facilita a gestão e o marketing internos. Muitas vezes, cada departamento funciona como um negócio em si mesmo, e os compradores dos departamentos individuais agem com relativa autonomia.

As lojas de departamento são distintamente voltadas a serviços. Seu produto completo pode incluir crédito, entrega, auxílio pessoal, devolução de mercadorias e atmosfera agradável. Apesar de algumas lojas ditas de departamento serem na realidade grandes lojas de especialidades e departamentalizadas, a maior parte das lojas de departamento são pontos de vendas nos quais os consumidores podem comparar preços, qualidade e serviço em relação aos concorrentes. Junto com as grandes lojas de descontos, as lojas de departamento costumam ser consideradas os principais varejistas de uma comunidade e, em geral, são encontradas em áreas cuja população supera 50 mil pessoas.

Em lojas de departamento típicas, como Macy's, Sears, JCPenney, Dillard's e Neiman Marcus, grande parte das vendas vem de vestuário, acessórios e cosméticos. Elas têm também uma grande variedade de outros produtos, incluindo presentes, bagagens, eletrônicos, acessórios para a casa e equipamento esportivo. Algumas lojas de departamento oferecem serviços, por exemplo, seguro de automóvel, cuidados para cabelos, preparação de imposto de renda, bem como serviços de viagem e óticos.

Tabela 14.1 Varejistas de mercadorias em geral

Tipo de varejista	Descrição	Exemplos
Loja de departamento	Grande organização que oferece um amplo mix de produtos e é organizada em departamentos separados	Macy's, Sears, JCPenney
Loja de descontos	Loja de autosserviço de mercadorias em geral que oferece produtos de marca ou marca própria a preços baixos	Walmart, Target, Kmart
Loja de conveniência	Pequena loja de autosserviço que oferece uma gama limitada de produtos em localizações convenientes	7-Eleven
Supermercado	Loja de autosserviço que oferece uma linha completa gêneros alimentícios e não alimentícios	Kroger, Safeway, Publix
Superloja	Varejista gigante que vende alimentos e produtos não alimentícios encontrados em supermercados, assim como a maioria dos produtos de consumo adquiridos rotineiramente	Walmart Supercenters, SuperTarget
Hipermercado	Loja que combina supermercado e loja de desconto; é maior que uma superloja	Carrefour
Clube de compras	Estabelecimentos de grande escala voltados somente para membros; combinam características do atacado "leve e pague" com lojas de descontos	Sam's Club, Costco
Depósitos com mostruário	Instalações de varejo em grandes prédios de baixo custo com grandes estoques no local e serviços mínimos	IKEA

© Cengage Learning

Lojas de departamento
Lojas de departamento, como a Nordstrom, oferecem uma grande variedade de linhas de produtos.

Em alguns casos, o espaço para esses serviços especializados é alugado a outros negócios, cujos proprietários administram suas próprias operações e pagam aluguel à loja. A maioria das lojas de departamento também vende produtos por meio de seus websites, que podem atender aos clientes que moram em mercados menores, onde não há acesso a uma loja, ou aos que preferem comprar on-line.

Lojas de descontos

Nas últimas décadas, as lojas de departamento perderam vendas e participação de mercado para as lojas de descontos, especialmente Walmart e Target. As **lojas de descontos** são pontos de venda de autoatendimento que oferecem regularmente produtos de marca e de marca própria a preços baixos. Os varejistas dessas lojas aceitam margens de lucro menores que as dos varejistas convencionais em troca de um volume de vendas maior. Para manter a alta rotatividade do estoque, mantêm uma seleção ampla, mas cuidadosamente selecionada de produtos, incluindo eletroeletrônicos, utilidades domésticas e roupas. Grandes estabelecimentos de descontos também oferecem alimentos, brinquedos, serviços automotivos, materiais de jardinagem e equipamentos esportivos.

lojas de descontos Lojas de autosserviço que oferecem produtos de marca e marca própria a preços baixos.

O Walmart e a Target cresceram e se tornaram não apenas as maiores lojas de descontos dos Estados Unidos, mas também os maiores varejistas do mundo. O Walmart é o maior varejista mundial, com receitas cerca de três vezes maiores que o próximo concorrente, o Carrefour (varejista francês), e a Target está em 11º lugar na lista.[6] Nem todos os varejistas de descontos são grandes e internacionais. Alguns, como a Meijer Inc., com lojas no Meio Oeste dos Estados Unidos, são regionais. A maior parte das lojas de descontos funciona em locais grandes (de 4 mil a 8 mil metros quadrados) e sem luxo. Em geral, elas oferecem preços baixos todos os dias, em vez de fazer liquidações.

O varejo de descontos se desenvolveu em larga escala no início dos anos de 1950, quando a produção pós-guerra alcançou a forte demanda dos consumidores por bens. No começo, tratava-se, frequentemente, de operações que só aceitavam dinheiro, com serviços mínimos localizados em bairros industriais e mercadorias com descontos de 20% a 30% em relação aos varejistas convencionais. Enfrentando cada vez mais competição de lojas de departamento e de outras lojas de descontos, alguns varejistas desse ramo melhoraram os serviços, a atmosfera e a localização das lojas, o que fez aumentar os preços e, muitas vezes, tornou tênue a fronteira entre loja de descontos e loja de departamento.

Lojas de conveniência

lojas de conveniência Lojas de autosserviço de pequeno porte que ficam abertas por um longo período e oferecem uma gama limitada de produtos, geralmente itens de conveniência.

As **lojas de conveniência** são pequenas lojas de autoatendimento que ficam abertas por um longo período e oferecem uma gama limitada de produtos, geralmente itens como refrigerantes e outras bebidas, salgadinhos, jornais, cigarro e gasolina, além de serviços como caixas eletrônicos. O produto principal oferecido pela "loja da esquina" é a conveniência. Segundo a Associação Nacional de Lojas de Conveniência dos Estados Unidos, há mais de 149 mil estabelecimentos desse tipo naquele país.[7] Em geral, elas têm menos de 400 metros quadrados, ficam abertas 24 horas por dia, sete dias por semana, e mantêm cerca de 500 itens em estoque. O conceito da loja de conveniência foi criado em 1927, quando a Southland Ice, em Dallas, começou a estocar itens básicos, como leite e ovos, além de gelo para congeladores, a fim de atender clientes que queriam reabastecer suas casas. Além das redes nacionais, há muitas lojas de conveniência independentes, de propriedade familiar.

Supermercados

supermercados Grandes lojas de autoatendimento que oferecem uma linha completa de gêneros alimentícios e alguns produtos não alimentícios.

Os **supermercados** são grandes lojas de autoatendimento que oferecem uma linha completa de gêneros alimentícios e alguns produtos não alimentícios, como cosméticos e medicamentos de venda livre. Eles são organizados por departamento para a máxima eficiência de estoque e manuseio de produtos, mas têm caixas de pagamento centrais. Além disso, oferecem preços mais baixos que mercearias de bairro, costumam ter estacionamento gratuito e podem oferecer serviços, como saque de dinheiro.

Os consumidores fazem a maior parte de suas compras de alimentos nos supermercados. Contudo, a maior disponibilidade de itens alimentícios em lojas de descontos e em outros concorrentes diminuiu a participação de mercado dos supermercados. Eles estão aprendendo formas de usar a tecnologia para atrair os clientes de volta às suas lojas. A grande rede de alimentos Safeway, por exemplo, desenvolveu uma forma de customizar os preços de modo a encorajar a lealdade e o endosso do cliente. Por meio de análises de dados obtidas de seus programas de cartão-fidelidade, a rede oferece preços diferenciados a consumidores individuais, com base em seu histórico de compras. Consumidores leais de certas marcas podem receber descontos adicionais por sua fidelidade contínua. Esse modelo de precificação variável provavelmente se estenderá a outros varejistas, já que os supermercados estão buscando reconquistar participação de mercado e melhorar suas magras margens de lucro.[8]

Superlojas

superlojas Varejistas gigantes que vendem alimentos e produtos não alimentícios encontrados em supermercados, assim como a maioria dos produtos de consumo adquiridos rotineiramente.

As **superlojas**, originadas na Europa, são varejistas gigantes que vendem não apenas alimentos e produtos não alimentícios comumente encontrados em supermercados, mas também produtos de consumo adquiridos rotineiramente, como utilidades domésticas, eletrônicos, pequenos eletrodomésticos, roupas e produtos de cuidado pessoal. Elas combinam características de lojas de descontos e de supermercados e, em geral, têm cerca de quatro vezes mais itens que os supermercados. As superlojas também oferecem serviços adicionais, incluindo lavagem a seco, consertos automotivos, saque de dinheiro e pagamento de contas. Como exemplos, temos Walmart Supercenters, algumas lojas Kroger, lojas SuperTarget e Super Kmart Centers.

Para cortar os custos com manuseio e estoque, as superlojas usam técnicas operacionais sofisticadas e, muitas vezes, têm prateleiras altas, nas quais são expostas seleções completas de produtos. As superlojas podem ter uma área de até 20 mil metros quadrados (em comparação à área de 2 mil metros quadrados dos supermercados tradicionais). Seu volume de vendas é, tipicamente, duas ou três vezes o volume dos supermercados, em parte porque a localização, próxima a boas redes de transporte, ajuda a gerar o tráfego necessário para a lucratividade.

Hipermercados

Os **hipermercados** combinam supermercado e loja de descontos em uma única localização. Maiores que as superlojas, têm de 21 mil a 30 mil metros quadrados e oferecem de 45 mil a 60 mil tipos diferentes de produtos com preços mais baixos. Comumente, alocam de 40% a 50% de seu espaço para produtos alimentícios, o restante fica para as mercadorias em geral, incluindo vestuário, eletrodomésticos, utilidades domésticas, joias, eletrônicos e suprimentos automotivos. Muitos também alugam espaço para negócios de outros ramos, como bancos, óticas e restaurantes fast-food. Todos os hipermercados focam em preços baixos e seleções vastas de produtos.

Os varejistas batalharam para introduzir o conceito de hipermercado nos Estados Unidos. Apesar do Kmart, do Walmart e do Carrefour terem aberto hipermercados naquele país, a maioria das lojas acabou fechando. Talvez elas sejam grandes demais para os compradores norte-americanos com tempo limitado. Os hipermercados fizeram mais sucesso na Europa, na América do Sul, no México, no Oriente Médio e na Índia.

hipermercados Lojas que combinam supermercado e loja de descontos em apenas uma locação.

clubes de compra Estabelecimentos de grande escala, voltados somente para membros, que combinam características de atacado "pague e leve" e de lojas de descontos.

Clubes de compra

Os **clubes de compra**, uma forma de varejo em rápida expansão que oferece grande número de mercadorias, têm operações em larga escala, voltadas somente para membros filiados, e combinam características do atacado "pague e leve" e de lojas de descontos. Às vezes chamados de *atacarejos*, oferecem os mesmos tipos de produtos que as lojas de descontos, mas em uma quantidade limitada de tamanhos e estilos. Apesar de a maioria das lojas de descontos estocar cerca de 40 mil itens, o clube de compras só tem de 3.500 a 5 mil produtos, em geral de marcas líderes. As lojas do Sam's Club, por exemplo, estocam cerca de 4 mil itens. A Costco, atualmente, é a líder da indústria dos clubes de compra, com vendas de cerca de US$ 99 bilhões. O Sam's Club vem em segundo lugar, com quase 53,8 bilhões em vendas nas lojas. Uma terceira empresa, BJ's Wholesale Club,

Clubes de compra
O Sam's Club é um clube de compra que tem um amplo mix de produtos e profundidade limitada.

Transformação verde

Costco almeja a sustentabilidade por meio de processos e produtos otimizados

A Costco está adotando soluções ecológicas em grande escala, colocando o poder de marketing de suas lojas-depósito e seus US$ 87 bilhões em vendas anuais a serviço de uma estratégia de sustentabilidade de vários anos. Em primeiro lugar, o varejista está examinando o impacto ecológico de suas lojas. Além de fazer uma revisão geral de unidades de resfriamento e sistemas de ar-condicionado para eliminar substâncias refrigerantes que façam mal para o meio ambiente, a Costco instalou painéis solares em dezenas de lojas norte-americanas para gerar energia limpa. As novas lojas são projetadas para serem eficientes do ponto de vista energético e são construídas com uma mescla de materiais novos e reciclados.

Igualmente importante é o fato de que a Costco está aumentando seu mix de produtos de marcas próprias sustentáveis, especialmente no departamento de alimentos, em que "tudo é uma *commodity* de recurso limitado ou precisa de um recurso limitado para ser produzido", explica um gerente. Por exemplo, a empresa trabalha com fazendeiros de Uganda para otimizar a forma como eles cultivam e colhem as favas de baunilha de alta qualidade. Uma vez curada e processada, a baunilha é vendida com a marca Kirkland, da Costco, como ingrediente para confeitaria e é misturada a outros produtos Kirkland, como o sorvete de creme.

Por fim, a Costco fechou parcerias com produtores como Seventh Generation e ConAgra para testar novos rótulos que indiquem claramente quais embalagens de produtos podem ser recicladas. O objetivo é educar os clientes sobre o que reciclar e onde, outro importante aspecto da estratégia de sustentabilidade da Costco.[a]

---

que opera nos estados da Costa Leste e em Ohio, tem um mercado bem menor, somando cerca de US$ 11 bilhões.[9] Todos esses estabelecimentos oferecem um amplo mix de produtos, incluindo alimentos, bebidas, livros, eletrodomésticos, utilidades domésticas, partes automotivas, eletrônicos e móveis.

Para manter os preços mais baixos que os dos supermercados e os das lojas de descontos, os clubes de compra oferecem poucos serviços. Eles também mantêm um mínimo de propagandas. Suas instalações, muitas vezes localizadas em regiões industriais, têm pisos de concreto e corredores amplos o suficiente para empilhadeiras passarem. Os produtos ficam empilhados em pallets ou são exibidos em estruturas metálicas modulares. Os clientes devem exercer algumas funções de marketing, como o transporte de suas compras. Os clubes de compra atraem consumidores que querem economizar e pequenos varejistas que não conseguem obter serviços de atacado de grandes distribuidores.

Depósitos com mostruário

depósitos com mostruário Instalações de varejo em grandes prédios de baixo custo com grandes estoques no local e serviços mínimos.

Os **depósitos com mostruário** são instalações de varejo com cinco características: prédios grandes, de baixo custo, com tecnologia de manuseio de materiais de armazém, mostruários de produto verticais, grandes estoques no local e serviços mínimos. A IKEA, uma empresa suíça, vende móveis, produtos para casa e acessórios para cozinha em depósitos com mostruário e por meio de catálogos. As operações de alto volume e custos gerais baixos oferecem poucos serviços e contam com equipe pequena. Os custos baixos são possíveis pois algumas funções de marketing ficam a cargo dos consumidores, que devem transportar, financiar e, por vezes, estocar produtos. A maior parte dos consumidores leva as compras em caixas de papelão do fabricante, apesar de algumas lojas fazerem a entrega mediante o pagamento de uma taxa.

Varejistas especializados

Ao contrário dos varejistas de mercadorias em geral, com seu amplo mix de produtos, os varejistas especializados enfatizam seleções restritas e profundas. Apesar do nome, os varejistas especializados não vendem itens especiais (exceto quando essas mercadorias complementam o mix geral de produtos). Na verdade, eles oferecem seleções substanciais dentro de poucas linhas de produtos. Examinamos três tipos de varejistas especializados: varejistas especializados tradicionais, category killers e varejistas off-price.

Varejistas especializados tradicionais

Os **varejistas especializados tradicionais** são lojas que dispõem de um sortimento limitado de itens, com linhas profundas de produtos. Às vezes chamados de *varejistas de linha limitada*, também podem ser conhecidos como *varejistas de linha única* se oferecerem profundidade incomum em uma categoria de produto. Os varejistas especializados comumente vendem produtos como peças de vestuário, joias, produtos esportivos, tecidos, computadores ou suprimentos para animais de estimação. The Limited, Gap e Foot Locker são exemplos de varejistas que oferecem linhas limitadas de produtos, mas com grande profundidade nas linhas.

varejistas especializados tradicionais Lojas que vendem um sortimento limitado de itens, com linhas profundas de produto.

Como em geral são pequenas, as lojas especializadas podem ter custos altos em relação às vendas, e satisfazer os clientes pode exigir oferecer alguns produtos com baixa taxa de rotação no estoque. No entanto, essas lojas às vezes obtêm seleções melhores dos fornecedores por comprarem linhas limitadas de produtos em grandes quantidades. Lojas especializadas bem-sucedidas são as que compreendem seus clientes e sabem que produtos oferecer, reduzindo o risco de ter mercadorias não vendidas. As lojas especializadas costumam oferecer seleções melhores e mais expertise de vendas do que as lojas de departamento, suas principais concorrentes. Capitalizando em moda, serviço, pessoal, atmosfera e localização, os varejistas especializados se posicionam de forma estratégica para atrair os consumidores em segmentos específicos de mercado. Contudo, as lojas especializadas tradicionais têm enfrentado dificuldade para se adaptar à crescente competição do varejo on-line. A Gap, por exemplo, lutou para manter as vendas e a participação de mercado. Graças a uma imagem revitalizada, operações simplificadas e designs mais modernos, além de propaganda com celebridades que representam a cara dos Estados Unidos, como os músicos The Avett Brothers, a Gap tem dado uma virada nas vendas.[10]

Category killers

Um tipo mais recente de varejista especializado é chamado **category killer**, uma loja especializada muito grande que se concentra em uma ampla categoria de produto e compete à base de preços baixos e farta disponibilidade de produto. Essas lojas são denominadas *category killers* (literalmente, matadores de categoria), pois crescem rapidamente e ganham participações de mercado consideráveis, tirando vendas de estabelecimentos de varejo menores e de custo maior. Exemplos de category killers incluem a Home Depot e a Lowe's (redes de materiais de construção e decoração), a Staples e a Office Depot (redes de material de escritório), a Barnes & Noble (livraria), a Petco e a PetSmart (redes de produtos para animais de estimação) e a Best Buy (eletroeletrônicos). O varejo on-line também pressionou os category killers e roubou sua participação de mercado nos últimos anos.

category killer Loja especializada muito grande que se concentra em uma ampla categoria de produto e compete à base de preços baixos e farta disponibilidade de produto.

Varejistas off-price

varejistas off-price Lojas que vendem produtos de segunda linha de fabricantes, excedentes de estoque, itens fora da estação e produtos recondicionados, com descontos atraentes para o consumidor.

Os **varejistas off-price** são lojas que compram produtos de segunda linha dos fabricantes, excedentes de lojas, mercadorias devolvidas e itens fora da estação a preços abaixo do atacado para revendê-los ao consumidor com grandes descontos. Ao contrário de verdadeiras lojas de descontos, que pagam preços de atacado regulares pelas mercadorias e costumam oferecer produtos de segunda linha das marcas, os varejistas off-price oferecem linhas limitadas de marcas nacionais e produtos de designers, em geral roupas, sapatos ou itens para casa. Como os consumidores gostam de comprar mercadorias de marca a preços com desconto, as vendas de varejistas off-price, como T. J. Maxx, Marshalls, Stein Mart e Burlington Coat Factory, cresceram. Varejistas off-price, em geral, têm bom desempenho em tempos de recessão, já que os consumidores que querem ter itens de marca buscam bons preços.

Varejistas off-price cobram de 20% a 50% menos que lojas de departamento por mercadorias comparáveis, mas oferecem poucos serviços ao consumidor. Muitas vezes, eles têm provadores coletivos e caixas de pagamento centrais. Algumas dessas lojas não aceitam devoluções nem trocas. Lojas off-price podem ou não vender as mercadorias com a etiqueta original intacta. Elas giram o estoque de nove a doze vezes ao ano, três vezes mais que lojas especializadas tradicionais, e competem com lojas de departamento pelos mesmos clientes: os que querem economizar e têm conhecimento sobre os nomes de marcas.

Para garantir o fluxo regular de mercadoria nas lojas, os varejistas off-price estabelecem relações de longo prazo com fornecedores que possam abastecê-las com grandes quantidades de produtos a preços reduzidos. Os fabricantes podem abordar os varejistas com amostras, produtos descontinuados ou itens que não venderam bem. Além disso, os varejistas off-price podem procurar os fabricantes e oferecer pagamento em dinheiro por mercadorias produzidas durante a baixa temporada do fabricante. Ainda que esses fabricantes possam se beneficiar desses arranjos, eles correm o risco de alienar seus clientes em lojas especializadas e de departamento. As

Lojas especializadas tradicionais e lojas especializadas de fábrica
A Foot Locker é uma loja especializada tradicional, já a Marshalls é um exemplo de varejista off-price.

Marketing em debate

O showrooming é justo?

QUESTÃO: É justo que os clientes visitem lojas locais, examinem produtos, comparem preços e depois comprem on-line?

Showrooming é a tendência de tratar lojas locais como mostruários – não como locais para comprar, mas como locais para ver os produtos antes de comprá-los on-line de outros varejistas. Varejistas exclusivos on-line e mercados como Amazon e eBay oferecem até aplicativos gratuitos para celular, de modo que os clientes que estão em uma loja possam rapidamente checar o preço on-line de um item em particular e, com a conveniência de um clique, comprá-lo na internet se quiserem. A Best Buy, um *category killer* em eletroeletrônicos, foi especialmente afetada pelo showrooming. Alguns clientes visitam suas megalojas para ver os mostruários de televisores e outros aparelhos, testar as funções, checar os preços por meio de smartphones e, então, comprar de um concorrente on-line se acharem uma ótima oferta.

Para combater o showrooming e garantir aos consumidores que eles estão fazendo um bom negócio, a Best Buy e outras lojas têm igualado os preços de certos concorrentes e varejistas on-line. Sabendo que o preço não é o único fator considerado pelos consumidores, um número crescente de varejistas físicos está melhorando seus serviços e a experiência no interior da loja. Muitos agora oferecem seus próprios aplicativos, com ofertas especiais e conteúdo exclusivo para reforçar a relação com o cliente. Pequenos varejistas estão tentando conter o showrooming valorizando mercadorias únicas e conexões com a comunidade. Você acha que o showrooming é justo? [b]

---

lojas de departamento toleram os varejistas off-price desde que eles não anunciem nomes de marca, limitem as mercadorias a itens de estações passadas ou de menor qualidade e estejam localizados longe delas. Quando os varejistas off-price vendem estoques de mercadorias da estação e de alta qualidade, cresce a tensão entre lojas de departamento e fabricantes.

QUESTÕES ESTRATÉGICAS EM VAREJO

[3] Explorar questões estratégicas para o varejo.

Ao passo que a maior parte dos negócios é baseada em planejamento econômico e necessidade, as compras por parte dos consumidores costumam ser influenciadas por fatores sociais e psicológicos. Como as pessoas vão às compras por motivos variados – para procurar itens específicos, aliviar o tédio ou aprender algo novo –, os varejistas precisam fazer mais do que simplesmente encher o espaço com mercadorias. Eles devem disponibilizar produtos desejados, criar ambientes de compra estimulantes e desenvolver estratégias de marketing que aumentem o endosso dos clientes por suas lojas. Nesta seção, discutiremos como localização, posicionamento de varejo, imagem da loja e gestão de categoria são usados estrategicamente por varejistas.

Localização das lojas de varejo

Você já deve ter ouvido a frase "localização, localização, localização", comumente usada no mercado imobiliário. A localização também é crítica para o sucesso nos negócios. Tomar boas decisões nesse aspecto é ainda mais importante porque, uma vez decidida a localização, ela é a variável menos flexível do mix de marketing. O que a torna uma decisão estratégica tão importante é que ela determina a área geográfica limitada de comércio na qual uma loja atrai seus consumidores. Os varejistas consideram vários fatores ao avaliar localizações em potencial, incluindo a localização do mercado-alvo da empresa dentro da área de comércio, os tipos de produto comercializados, a disponibilidade de transporte público, as características dos consumidores e a localização dos concorrentes.

Ao escolher uma localização, um varejista avalia a relativa facilidade de movimento para o local e a partir dele, o que inclui fatores como o tráfego de pedestres e veículos, o estacionamento e o transporte. Os varejistas também examinam as características do local. Eles pesquisam os tipos de lojas na área e o tamanho, formato e visibilidade do terreno ou do prédio que está sendo considerado. Além disso, devem inspecionar os termos de aluguel, arrendamento ou compra. Os varejistas devem procurar compatibilidade com outros varejistas próximos, pois as lojas que se complementam atraem mais consumidores com necessidades de produtos parecidas. Veja o anúncio da Boucheron Jewler, joalheria de alto luxo localizada em Paris. A propaganda anuncia o fato de que a Boucheron foi a primeira loja de joias na chiquérrima Place Vendôme, em Paris. O fato de o anúncio ser em francês indica que o público-alvo é bastante culto e cosmopolita. A propaganda também lista as elegantes localizações em Londres. Ao alertar seus potenciais clientes sobre as localizações de suas lojas, a Boucheron está encorajando seu público-alvo a pensar sobre os locais ilustres, incluindo seus vizinhos varejistas de luxo, e criar uma imagem mental sobre a alta qualidade dos produtos. A foto em close dos anéis gravados com o logo da Boucheron sublinha o prestígio associado com a compra desses produtos. Ter uma loja na Place Vendôme melhora a imagem geral de luxo da marca, pois cria, na mente do consumidor, uma ligação entre a área chique de Paris e a marca refinada.

Localização de lojas de varejo
Neste anúncio, a Boucheron chama a atenção para suas lojas de localização elegante em Londres e na Place Vendôme, em Paris.

Alguns varejistas escolhem uma localização em zonas comerciais centrais, ao passo que outros preferem estar dentro de shopping centers. Alguns varejistas, incluindo Toys"R"Us, Walmart, Home Depot e muitos restaurantes fast-food, optam por estruturas independentes, não conectadas a outros prédios, mas que podem estar localizadas dentro de shopping centers planejados. Às vezes, os varejistas escolhem estar em um ambiente menos ortodoxo, no qual haverá menos competição e os consumidores terão outras opções limitadas.

Há vários tipos diferentes de shopping centers, incluindo de bairro, de comunidade, regional, inter-regional, de estilo de vida, potencializado e outlets. **Shopping centers de bairro**, em geral, consistem em várias pequenas lojas de conveniência e especializadas, como pequenas mercearias, postos de gasolina e restaurantes fast-food. Esses varejistas consideram que seu público-alvo são consumidores que vivem a até 10 quilômetros de suas lojas, ou a dez minutos de carro. Como a maioria das compras se baseia na conveniência ou em contatos pessoais, as lojas dentro de um shopping center de bairro não coordenam esforços de venda. Geralmente, o mix de produtos consiste em itens essenciais, e a profundidade da linha de produto é

shopping centers de bairro Tipo de shopping center que consiste geralmente de várias e lojas pequenas de conveniência e/ou de especialidades.

limitada. **Shopping centers de comunidade** incluem uma ou duas lojas de departamento e algumas lojas especializadas, bem como lojas de conveniência. Eles atraem consumidores que procuram produtos especializados não disponíveis em shoppings centers de bairro. Como esses centros oferecem uma ampla variedade de lojas, servem áreas geográficas mais amplas, e os consumidores estão dispostos a dirigir por distâncias mais longas para fazer compras neles. Os shopping centers de comunidade são planejados e os esforços dos varejistas são coordenados para atrair compradores. Eventos especiais como exposições de arte, mostras de automóvel e "vendas de calçada" estimulam o tráfego. Gerentes de shopping centers de comunidade procuram inquilinos que complementem a seleção total de produtos oferecidos. Alguns desses shoppings têm amplo mix de produtos e linhas de produto profundas.

Os **shopping centers regionais**, em geral, têm as maiores lojas de departamento, o mix de produtos mais amplo e as linhas de produto mais profundas de todos os shopping centers. Muitos centros de compras são shopping centers regionais, apesar de alguns serem considerados shopping centers de comunidade. Com 150 mil ou mais consumidores como público-alvo, os shopping centers regionais devem ter administração bem coordenada e atividades de marketing. Os mercados-alvo podem incluir consumidores que viajam grandes distâncias para encontrar produtos e preços não disponíveis em suas cidades. Em virtude do custo do aluguel do espaço nos shopping centers regionais, os inquilinos costumam ser redes nacionais. Grandes shopping centers regionais costumam fazer propagandas, ter eventos especiais, disponibilizar transporte para alguns grupos de consumidores (como idosos), manter seu próprio pessoal de segurança e selecionar cuidadosamente o mix de lojas. Os maiores desses centros, às vezes chamados de **shopping centers inter-regionais**, têm o mix de produtos mais amplo e profundo, e atraem consumidores vindos de muitos quilômetros de distância. Esse tipo de shopping oferece, frequentemente, atrações especiais para além das lojas, como rinque de patinação, centro de entretenimento ou restaurantes sofisticados. O Mall of America, na região de Minneapolis, é o maior shopping dos Estados Unidos, com 520 lojas, incluindo grandes lojas de departamento, como Nordstrom e Bloomingdale's, e 50 restaurantes. Esse shopping center também inclui um aquário, um minicampo de golfe, um parque temático da Nickelodeon com 2,8 hectares, um cinema com 14 salas e um hotel, um complexo que recebe mais de 400 eventos especiais por ano.[11]

Com a queda das vendas tradicionais em shoppings, alguns construtores estão procurando novos formatos que diferem significativamente de shopping centers tradicionais. Um **lifestyle shopping center** é, em geral, um centro de compras ao ar livre com lojas especializadas renomadas, restaurantes e complexos de entretenimento, todos tipicamente de propriedade de redes nacionais. Costumam estar localizados perto de bairros

shopping centers de comunidade Tipo de agrupamento de lojas com uma ou duas lojas de departamento, algumas lojas de especialidades e de conveniência.

shopping centers regionais Tipo de shopping center com as maiores lojas de departamento, os mais amplos sortimentos de produtos e as linhas de produto mais profundas em comparação a outros centros comerciais.

shopping centers inter-regionais Tipo de shopping center que oferece um infindável e profundo sortimento de produtos com amplitude de atração de consumidores de muitos quilômetros.

lifestyle shopping center Um tipo de shopping center que normalmente se configura com espaços a céu aberto, apresenta lojas renomadas, restaurantes e complexos de entretenimento e lazer.

Fonte: Asymco. Disponível em: <http://tech.fortune.cnn.com/tag/tiffany/>.

abastados e podem ter fontes de água, bancos e outras comodidades que encorajem a "olhada descompromissada". O design arquitetônico atraente é um aspecto importante dessas "minicidades", que podem incluir ruas urbanas ou parques e são projetadas para encorajar a lealdade dos consumidores ao criar um senso de pertencimento. Alguns lifestyle shopping centers lembram ruas tradicionais de comércio localizadas em centros de cidades ou podem ter um tema central destacado pela arquitetura da área.[12]

Alguns construtores de shopping centers estão fugindo da tradicional loja de departamento âncora e combinando lojas de descontos e pequenas lojas com category killers em formatos de **shopping centers potencializados** (*power* shopping center). Esses centros podem ser ancorados por lojas como Gap, Toys"R"Us, PetSmart e Home Depot. O número de shopping centers potencializados está crescendo, resultando em uma variedade de formatos que competem pelo mesmo dinheiro no varejo.

shopping centers potencializados Tipo de shopping center que combina lojas de descontos com category killers.

Lojas outlet de fábrica disponibilizam descontos e podem ofertar marcas de fabricantes como Polo Ralph Lauren, Nike, Guess e Sunglass Hut. Alguns centros de outlets dispõem de produtos sofisticados da última temporada e os disponibilizam com descontos para obter vendas rápidas. Os fabricantes são donos dessas lojas e fazem um esforço especial para evitar o conflito com varejistas tradicionais de seus produtos. Assim, colocam essas lojas em localizações não competitivas, muitas vezes fora das regiões metropolitanas. Os centros de outlets de fábrica atraem consumidores com consciência de valor que procuram marcas famosas e qualidade. Eles operam praticamente da mesma forma que os shopping centers regionais, mas costumam atrair consumidores, alguns deles turistas, de um raio maior. A atividade promocional está no coração desses shopping centers. Feiras de artesanato e de antiguidades, concursos e eventos especiais atraem tráfego de consumidores.

Posicionamento de varejo

A competição varejista se intensificou com o passar dos anos, com muitos varejistas lutando pela lealdade dos clientes. A grande variedade de shopping centers e a expansão da oferta de produtos por parte de lojas tradicionais, junto com o aumento do varejo on-line, contribuíram para intensificar a competição varejista. O **posicionamento de varejo** é, portanto, uma consideração importante. Esse posicionamento envolve identificar um segmento de mercado não atendido ou mal atendido. Tal identificação ocorre por meio de uma estratégia que diferencia um varejista de outros varejistas na mente dos clientes daquele segmento. Antes conhecida como vendedor de alimentos orgânicos, a Whole Foods está trabalhando para se reposicionar como mais acessível e econômica ao abrir lojas menores em mercados menores não servidos por um vendedor gourmet. Apesar do aumento nos custos dos alimentos, mantém os preços e faz promoções frequentes. A empresa fez essas mudanças para enfrentar a forte competição de outros varejistas que oferecem opções orgânicas mais baratas.[13] Nos últimos anos, diversas redes de lojas de desconto e especializadas se posicionaram para atrair consumidores com pouco tempo e dinheiro com localizações e layouts convenientes, além de preços baixos. Essa estratégia ajudou-os a ganhar participação de mercado sobre grandes lojas de departamento.

posicionamento de varejo Identificação de um segmento de mercado potencial ou não atendido para servi-lo por meio de uma estratégia que distingue um varejista de outros varejistas na mente dos consumidores desse segmento.

Imagem da loja

Para atrair consumidores, uma loja de varejo deve projetar uma imagem – um retrato funcional e psicológico na mente do consumidor – que atraia seu mercado-

Empreendedorismo em marketing

A loja Floyd entra com tudo em seu segundo século

O que antes era a modesta loja de suprimentos de um fazendeiro em uma pequena cidade da Virgínia é agora uma agitada loja country com mercadorias de estilo antigo, como macacões jeans, e ponto de uma festa semanal de música country nacionalmente conhecida. Quando Woody Crenshaw e sua esposa Jackie compraram o prédio, em 2005, o local não estava funcionando, apesar de as sextas-feiras musicais seguirem atraindo multidões para esse endereço todas as semanas há 20 anos. Crenshaw, empreendedor experiente, tinha levado seu negócio familiar para a cidade de Floyd depois de se apaixonar pelo ambiente cênico da região nas montanhas Blue Ridge, leste dos Estados Unidos. Ele estava interessado tanto na importância cultural da região quanto em seu potencial para os negócios.

Juntos, investiram milhares de dólares e inúmeras horas supervisionando a restauração da loja adquirida, adicionaram uma cozinha, aumentaram o espaço para as apresentações e estocaram mercadorias produzidas localmente. Eles buscaram oportunidades de chamar atenção para a atmosfera única da cidade de Floyd e para sua tradição de promover a música indígena apalachiana. Por exemplo, Crenshaw se tornou ativo na iniciativa de turismo local chamada de "The Crooked Road", que promove os locais conectados à música tradicional. Hoje, ele é diretor do conselho, bem como presidente da SustainFloyd, organização sem fins lucrativos que apoia o crescimento econômico sustentável da cidade de Floyd.

A loja Floyd comemorou seu centésimo aniversário em 2010 e segue forte como negócio varejista e ponto de encontro da comunidade desde sua reinauguração, organizada pelo casal. Os Crenshaws são empreendedores de varejo do século 21, que fazem uso da mídia digital para manter contato com os fãs via Facebook, newsletters e shows de rádio transmitidos ao vivo. Graças aos seus inteligentes movimentos de marketing, a loja Floyd está entrando com tudo em seu segundo século.[c]

-alvo. O ambiente da loja, a qualidade da mercadoria e do serviço são fatores-chave para a imagem da loja.

A **atmosfera**, os elementos físicos no design de uma loja que apelam para as emoções do consumidor e encorajam a compra, ajudam a criar determinada imagem e a posicionar o varejista. Podem ser usados elementos diversos – música, cor e complexidade de layout e apresentação dos produtos – para influenciar a atenção, o humor e o comportamento de compras do cliente.

Elementos de atmosfera exterior incluem a aparência da fachada, as vitrines, as entradas da loja e a capacidade de estacionamento ou acesso à loja. A atmosfera exterior é particularmente importante para novos clientes, que tendem a julgar uma loja desconhecida por sua aparência externa e podem não entrar se se sentirem intimidados pela construção ou se ficarem incomodados com o estacionamento.

Os elementos da atmosfera interior incluem considerações estéticas como iluminação, cobertura de paredes e piso, instalações de provador e mostruários. Imagine, por exemplo, um bar temático casual. É mais provável que você fique lá consumindo várias rodadas de bebidas e aperitivos com seus amigos se a música for divertida, mas não alta demais, se a decoração for acolhedora e se a iluminação não for clara nem escura demais. Um estabelecimento como esse quer passar uma atmosfera sociável, na qual as pessoas se sintam confortáveis em passar o tempo.

A cor pode atrair alguns compradores a um mostruário de varejo. Muitos restaurantes fast-food usam cores vivas, como vermelho e amarelo, pois há evidências de que elas fazem os clientes terem mais fome e comerem mais rápido, o que aumenta o giro. O som é outro importante componente sensorial da atmosfera. Um restaurante familiar popular toca música pop agitada para encorajar os clientes a comer rápido e ir embora, aumentando o giro e as vendas. Um restaurante elegante, por

> **atmosfera** Elementos físicos no design de uma loja que apelam para as emoções dos consumidores e encorajam a compra.

Atmosfera
A atmosfera de um restaurante pode influenciar muito na experiência do consumidor. Os bares de gelo, como este ao lado, são locais em que os móveis, a decoração e, às vezes, a construção, são feitos completamente de gelo. Esses locais criam uma atmosfera tão peculiar que atrai clientes do mundo todo.

sua vez, optará por tocar música clássica para melhorar a experiência da refeição e encorajar os clientes a se entregarem a vários pratos. Muitos varejistas usam aromas, especialmente de comida, para atrair clientes. A maioria dos consumidores espera que o aroma de uma loja seja congruente com os produtos vendidos nela. Uma loja Starbucks, por exemplo, deve ter cheiro de café, a padaria Panera deve ter cheiro de pães recém-assados e a loja de velas Yankee Candle deve ter cheiro de velas aromatizadas. Varejistas on-line não estão isentos da preocupação com a atmosfera. Estudos recentes demonstraram que elementos como layout e conteúdo dos anúncios digitais que aparecem em um site podem afetar o humor e o comportamento de compra do consumidor.[14]

Gestão de categoria

gestão de categoria Estratégia de varejo direcionada à administração de grupos de produtos similares e frequentemente substituíveis, fornecidos por diferentes fabricantes.

A **gestão de categoria** é uma estratégia de varejo direcionada à administração de grupos de produtos similares e frequentemente substituíveis, fornecidos por diferentes fabricantes. Ela se desenvolveu no setor alimentício porque os supermercados estavam preocupados com o comportamento competitivo entre os fabricantes.

Os supermercados usam a gestão de categoria para alocar espaço para muitas de suas categorias de produtos, como cosméticos, cereais e sopas. O sortimento de mercadorias escolhido por uma loja é estratégico e tem o objetivo de otimizar e aumentar a satisfação do cliente.

A gestão de categoria faz parte do desenvolvimento de uma cadeia de suprimentos colaborativa, que aumenta o valor para os consumidores. O sucesso envolve coletar e analisar dados sobre vendas e consumidores e compartilhar a informação entre varejista e fabricante. O Walmart, por exemplo, desenvolveu relações de fornecimento mais sólidas com grandes fabricantes, como Procter & Gamble. As cadeias de suprimento colaborativas devem designar uma fonte para desenvolver um sistema para coleta de informação sob demanda, comportamento do consumidor e alocação de produto eficiente. A chave é a interação cooperativa entre os fabricantes de categorias de produtos e o varejista, de modo a estimular o máximo sucesso para todas as partes da cadeia de suprimento. Como a gestão de categoria pode ser uma consideração importante para os varejistas, muitas empresas globais fazem parte da Category Management Association (Associação de Gestão de Categoria), que oferece oportunidades de networking e troca de informações entre os membros.[15]

MARKETING DIRETO, VENDA DIRETA E VENDA AUTOMÁTICA

4 Reconhecer as várias formas de marketing direto, venda direta e venda automática.

Apesar de os varejistas serem os membros mais visíveis da cadeia de suprimentos, muitos produtos são vendidos fora dos limites de uma loja. A venda direta e o marketing direto são responsáveis por uma proporção cada vez maior de vendas de produtos em âmbito global. Os produtos também podem ser vendidos em máquinas de venda automática, mas elas representam uma minoria muito restrita de todas as vendas no varejo.

Marketing direto

O **marketing direto** refere-se ao uso de telefone, internet e mídia não pessoal para apresentar produtos e informações organizacionais aos clientes, que podem, então, comprá-los pelo correio, pelo telefone ou pela internet. O marketing direto é um tipo de varejo sem loja. As vendas por meio de atividades de marketing direto são volumosas, representando cerca de 8,7% de todo o PIB dos Estados Unidos.[16]

O **varejo sem loja** refere-se à venda de produtos fora de um espaço físico de varejo. É uma forma de marketing direto responsável por uma porcentagem cada vez maior das vendas totais em varejo, especialmente com o varejo on-line se tornando mais popular. O marketing direto pode ocorrer por meio de marketing de catálogo, marketing de resposta direta, telemarketing, venda direta pela televisão e varejo on-line.

marketing direto Refere-se ao uso de telefone, internet e mídia não pessoal para apresentar produtos e informações organizacionais aos clientes, que podem, então, comprá-los pelo correio, pelo telefone ou pela internet.

varejo sem loja Venda de produtos fora de um espaço físico de varejo.

Marketing de catálogo

No **marketing de catálogo**, uma empresa oferece um catálogo por meio do qual os clientes fazem escolhas e depois encomendam produtos por correio, telefone ou internet. O marketing de catálogo começou em 1872, quando Montgomery Ward emitiu seu primeiro catálogo para famílias do meio rural. Há milhares de empresas de marketing de catálogo nos Estados Unidos, muitas das quais também publicam on-line. Algumas empresas que vendem por catálogo comercializam produtos espalhados por múltiplas linhas, ao passo que outras são mais especializadas. Tome-se como exemplo a capa de catálogo da Duluth Trading Company. A Duluth, empresa que vende por catálogo, é especializada em roupas de trabalho, como é possível ver pela bem-humorada ilustração de um homem vestindo jeans, botas e boné de caminhoneiro. A imagem promove a nova linha de jeans da empresa, que são mais duráveis e flexíveis, para se adequarem a todos os tipos de trabalho. A capa do catálogo, além de promover os produtos ofertados, dá um ar divertido à Duluth, talvez para fazer que os consumidores se interessem o suficiente para folhear o catálogo. Empresas como Land's End, Pottery Barn e Crate & Barrel vendem via catálogo, on-line e por meio de lojas de varejo em grandes regiões metropolitanas. Esses varejistas costumam oferecer considerável profundidade de produto em apenas algumas linhas. Outras empresas de catálogo especializam-se em produtos de uma única linha.

marketing de catálogo Tipo de marketing no qual uma organização fornece um catálogo do qual os clientes podem selecionar produtos e encaminhar pedidos por correio, telefone ou internet.

As vantagens do varejo de catálogo incluem eficiência e conveniência para clientes, que não têm de visitar uma loja. O varejista se beneficia de poder estar localizado em áreas remotas e de baixo custo, economizar em mostruários caros e reduzir as despesas tanto de pessoal de vendas quanto de operação das lojas. Contudo, o varejo de catálogo é inflexível, oferece serviços limitados e é mais eficaz para um conjunto selecionado de produtos.

Marketing de resposta direta

marketing de resposta direta Tipo de marketing no qual o varejista anuncia um produto e o disponibiliza por meio de pedidos por correio ou por telefone.

O **marketing de resposta direta** acontece quando um varejista anuncia um produto e o disponibiliza por correio, telefone ou pedidos on-line. Em geral, os clientes usam cartão de crédito, mas podem ser aceitas outras formas de pagamento. O marketing de resposta direta por meio da televisão continua sendo um setor bilionário, apesar de agora competir com a internet pela atenção dos clientes. O resultado desse método de marketing é que alguns produtos ganharam popularidade ampla. Talvez você já tenha ouvido falar em Shake Weight, Snuggie e Magic Bullet – todos se tornaram populares nos Estados Unidos por meio de campanhas televisivas de marketing de resposta direta. Essa forma de marketing também pode ser conduzida por meio de envio de cartas, amostras, folhetos ou livretos para clientes em potencial de uma lista de endereços a fim de lhes pedir para comprar, por correio ou por telefone, os produtos anunciados. Em geral, os produtos devem custar mais de US$ 20 para justificar os custos de anúncio e distribuição associados a esse tipo de marketing.

Marketing de catálogo
A Duluth Trading Company utiliza o marketing de catálogo para vender roupas de trabalho masculinas e femininas, incluindo jeans de sua própria marca.

Telemarketing

Uma série de empresas usa o telefone para fortalecer a eficácia de seus métodos de marketing tradicionais. O **telemarketing** refere-se ao desempenho de atividades relacionadas ao marketing por telefone. Algumas empresas usam uma lista pré-filtrada de clientes em potencial. O telemarketing pode ajudar a gerar mala direta, melhorar o serviço ao cliente, agilizar pagamentos de contas vencidas, levantar fundos para organizações sem fins lucrativos e reunir dados de marketing.

No entanto, leis de telemarketing cada vez mais restritivas o tornaram um método de marketing menos atraente. Em 2003, o Congresso norte-americano implementou um registro nacional de pessoas que não querem receber ligações, com mais de 200 milhões de números cadastrados. A Comissão Federal de Comércio dos Estados Unidos fiscaliza as violações, e as empresas ficam sujeitas a multas de até US$ 16 mil para cada ligação feita a números da lista. A Comissão Federal de Comunicações determinou que as empresas não podem mais telefonar para clientes usando ligações de marketing pré-gravadas apenas porque já fizeram negócios com aquela pessoa no passado. A lei também requer que haja na ligação um mecanismo de cadastramento para consumidores que não desejam mais receber chamadas. As empresas que ainda têm permissão de fazer chamadas de telemarketing devem pagar pelo acesso ao registro de números para os quais não devem ligar e obter os números atualizados desse registro ao menos a cada três dias. Há certas exceções, por exemplo, entidades beneficentes, organizações políticas e de pesquisa por telefone não ficam restritas ao registro nacional.[17]

telemarketing Desempenho de atividades relacionadas ao marketing pelo telefone.

Venda direta pela televisão

A **venda direta pela televisão** apresenta aos espectadores os produtos e os encoraja a comprá-los por meio de ligação para um número gratuito e pagamento com cartão de crédito. A Home Shopping Network originou e popularizou esse formato. Os produtos mais populares vendidos por meio de venda direta pela televisão são joias (40% das vendas totais), roupas, utilidades domésticas e eletrônicos. Nos Estados Unidos, a maior parte das residências têm acesso a pelo menos um canal de compras, sendo que os maiores são Home Shopping Network e QVC.

O formato de venda direta pela televisão oferece vários benefícios. É fácil demonstrar os produtos e é possível passar um tempo adequado exibindo-os, de modo que os telespectadores fiquem bem informados. O tempo durante o qual um produto é mostrado depende não apenas do tempo exigido para as demonstrações, mas também de se o produto está vendendo ou não. Quando as ligações chegam ao auge e começam a cair, os apresentadores mudam para um novo produto. Outro benefício é que os clientes podem comprar de acordo com sua conveniência, no conforto de suas casas.

venda direta pela televisão Forma de venda na qual os produtos são apresentados aos espectadores pela televisão; eles podem comprá-los por meio de ligação para um número gratuito e pagamento com cartão de crédito.

Varejo on-line

O **varejo on-line** disponibiliza produtos aos compradores por meio de conexão via computador. O crescimento fenomenal do uso da internet e de serviços de informação on-line criou novas oportunidades de varejo. Os varejistas frequentemente colocam ofertas exclusivas on-line ou podem recompensar clientes que visitam seus sites com cupons especiais para compras nas lojas e com outras promoções e descontos. O varejo on-line satisfaz a crescente expectativa entre os consumidores de ter canais múltiplos disponíveis para obter os bens e serviços que desejam.

varejo on-line Varejo que disponibiliza produtos aos compradores por meio de conexão via computador.

Varejo on-line
A Zappos é um varejista on-line que comercializa inúmeros itens, incluindo calçados, roupas, acessórios, joias, óculos e produtos de beleza.

Os consumidores podem realizar on-line uma ampla gama de tarefas relacionadas a compras, incluindo adquirir quase tudo o que desejam. Eles podem encontrar itens raros de colecionador, renovar receita de óculos de grau e até comprar produtos gourmet. Bancos e corretoras oferecem ao consumidor acesso on-line a sua conta e ele pode executar uma grande variedade de atividades, como transferir dinheiro e comprar e vender ações. Apesar de as vendas on-line representarem menos de 10% do total de vendas do varejo, o segmento está crescendo rapidamente.[18] A Forrester Research projeta que as vendas do varejo on-line nos Estados Unidos vão subir de US$ 202 bilhões em 2011 para cerca de US$ 327 bilhões em 2016.[19] Com avanços contínuos em tecnologia e consumidores cada vez com menos tempo para gastar, o varejo on-line só tende a crescer.

A segurança on-line continua sendo uma séria preocupação, uma vez que cada vez mais pessoas optam por comprar on-line. Muitos compradores ainda hesitam em usar smartphones e outros aparelhos para fazer compras. Em uma pesquisa conduzida pela Wakefield Associates para a empresa Accertify, 88% dos participantes disseram comprar on-line, e dois terços afirmaram acreditar que comprar on-line é mais perigoso que comprar em lojas físicas em termos de roubo de identidade e de cartão de crédito. Apenas 7% dos respondentes confiam em seus smartphones para fazer compras e só 3% confiam nos tablets. A pesquisa também descobriu que, surpreendentemente, consumidores mais velhos têm mais confiança nas compras on-line do que os mais jovens.[20]

Venda direta

venda direta Ofertar produtos ao consumidor final por meio de apresentação de venda pessoal na casa ou no local de trabalho.

A **venda direta** refere-se à oferta de produtos ao consumidor final por meio de apresentação de venda pessoal na casa ou no local de trabalho. As cinco principais empresas de venda direta são Avon, Amway, Herbalife, Natura Cosméticos e Vorwerk & Co. Três delas, Avon, Amway e Herbalife, estão localizadas nos Estados Unidos. A indústria de vendas diretas é altamente valiosa. Só a Avon tem cerca de

Venda direta
A Mary Kay envolve-se na venda direta ao se valer da abordagem de encontros entre amigos por meio de seu consultores. A empresa também comercializa produtos on-line.

US$ 11 bilhões em vendas anuais.[21] A venda direta já foi associada à venda em domicílio, mas evoluiu e se tornou uma indústria profissional na qual a maior parte dos contatos com os compradores é pré-combinada por meio de comunicação eletrônica ou contatos pessoais. Hoje, as empresas identificam os clientes por e-mail, telefone, internet, redes sociais ou interceptação em shoppings e, então, combinam encontros com os vendedores. A venda direta faz mais sucesso fora dos Estados Unidos, especialmente em sociedades coletivas como a China, onde a Amway tem vendas maiores que em seu mercado doméstico.

Apesar de a maior parte das vendas diretas acontecer na base individual, de pessoa para pessoa, às vezes essa modalidade inclui o uso de um plano de grupo ou encontro de amigos. Nesse encontro, um dos consumidores é o anfitrião e convida amigos e associados para examinar a mercadoria em uma reunião na qual o vendedor demonstra o produto. A atmosfera informal ajuda o vendedor a superar a relutância dos clientes e os encoraja a comprar. A Tupperware e a Mary Kay foram as empresas pioneiras nessa técnica de vendas, e continuam a ser líderes globais.

A venda direta tem benefícios e limitações. Ela dá ao vendedor a oportunidade de demonstrar o produto no ambiente – em geral a casa do cliente – no qual provavelmente será usado. O vendedor pode se dedicar pessoalmente ao cliente, e o produto pode ser apresentado em horário e local convenientes. Categorias de produto que tiveram muito sucesso na venda direta incluem cosméticos e produtos de cuidado pessoal, produtos de saúde, joias, acessórios e produtos para a casa. A atenção pessoal dedicada ao comprador é a fundação sobre a qual os vendedores diretos construíram seu negócio. Como as comissões para os vendedores são altas, variando de 30% a 50% do preço de venda, e é necessário um grande esforço para isolar clientes promissores, o custo geral da venda direta faz dela a forma mais cara de varejo. Além disso, alguns clientes veem a venda direta de forma negativa em razão das práticas inescrupulosas e fraudulentas de alguns vendedores. Certas comunidades ou condomínios têm até regulamentações para controlar ou, em alguns casos, proibir a venda direta. Apesar dessas visões negativas por parte de algumas pessoas, a venda direta ainda está firme e forte e gera receitas anuais de US$ 28,5 bilhões nos Estados Unidos e US$ 117 bilhões no mundo.[22]

Venda automática

venda automática Refere-se ao uso de máquinas para ofertar produtos.

Venda automática refere-se ao uso de máquinas para ofertar produtos. A venda automática é uma das formas mais impessoais do varejo e é responsável por uma parte muito pequena das vendas desse segmento. Produtos pequenos, padronizados e comprados rotineiramente, como salgadinhos e bebidas, são mais adequados para a venda em máquinas, pois os consumidores os compram por conveniência. Máquinas em áreas de tráfego pesado de pedestres oferecem um serviço eficiente e contínuo aos consumidores. Áreas de alto volume, como centros comerciais de grandes cidades ou aeroportos, podem oferecer uma variedade maior de produtos de venda automática. As máquinas de venda acabaram ganhando popularidade culta entre alguns consumidores urbanos. Em algumas cidades, os compradores podem encontrar uma grande variedade de produtos servidos via máquina de venda — até mesmo produtos sofisticados. Por exemplo, máquinas semiautomáticas, localizada em hotéis de luxo, vendem relógios por US$ 500 e creme para os olhos por US$ 22 para aqueles que esqueceram esses itens em casa. As máquinas de venda automática da InstyMeds contêm medicamentos controlados. Os pescadores da Pensilvânia podem até comprar iscas por meio de uma máquina automática de iscas vivas, a PA Live Bait Vending.[23]

Como as máquinas de venda automática só precisam de um pouco de espaço e nenhuma equipe de venda, esse método de varejo tem algumas vantagens sobre as lojas. As vantagens são parcialmente neutralizadas, porém, pelos altos custos de equipamento e pela necessidade de manutenção e reparos.

●●● Tendências emergentes

Máquinas de venda automática adotam a tecnologia

Em breve em uma esquina ou café perto de você: a próxima geração de máquinas de venda automática, programadas com a última tecnologia para uma experiência rápida, conveniente e divertida.

Quer mandar um refrigerante de graça para um amigo? Se você estiver perto de uma máquina da PepsiCo Social Vending, pode simplesmente pagá-lo e enviar uma mensagem de texto personalizada para anunciar o presente, incluindo um código resgatável para o refrigerante. Se você estiver no aeroporto e perceber que esqueceu sua máquina fotográfica ou seu carregador de telefone, dê uma passada na máquina de venda de eletrônicos da Best Buy Express. Precisa de Wi-Fi? Você pode ficar on-line de graça, mesmo sem comprar nada, se estiver perto de uma máquina de refrigerantes Asahi, em Tóquio.

As máquinas de venda automática altamente tecnológicas podem oferecer muita informação sobre os produtos que vendem. Por exemplo, os compradores podem deslizar o dedo pela tela touch de uma máquina da Diji-Touch que venda guloseimas da Kraft e acessar as informações nutricionais e uma visão de cada item em 360 graus. Em termos puramente de diversão, é difícil superar a máquina da Lay's em Buenos Aires: jogue uma batata crua na cesta e a veja sendo lavada, descascada, cortada, cozida, salgada e embalada — e você tem um pacote finalizado pulando da máquina. Na verdade, o que o consumidor vê é um vídeo realista de um minuto que reforça a ideia de que o salgadinho é feito com batatas de verdade.[d]

© iStockphoto.com/CRTd

FRANQUIAS

As **franquias** são um acordo formal no qual o fornecedor, ou franqueador, concede a um revendedor, ou franqueado, o direito de vender produtos em troca de algum tipo de compensação. O franqueador pode receber uma porcentagem das vendas totais em troca de fornecer equipamento, prédios, know-how de gestão e assistência de marketing ao franqueado. Este fornece mão de obra e capital, opera o negócio franqueado e concorda com as regulamentações do acordo de franquia. A Tabela 14.2 lista as principais franquias norte-americanas, tipos de produtos, número de pontos de franquia e custos de inicialização.

Em razão das mudanças no mercado internacional, que deslocou as opções de emprego nos Estados Unidos, a grande economia voltada aos serviços e o interesse corporativo em mais atividades de joint venture, as franquias são uma opção de varejo muito popular. Há cerca de 825 mil estabelecimentos franqueados nos Estados Unidos, que empregam mais de 9 milhões de pessoas em uma série de setores econômicos.[24] As franquias produzem mais de US$ 8,2 bilhões em receitas anuais.

A franquia oferece várias vantagens tanto ao franqueado quanto ao franqueador. Ela permite que o primeiro comece um negócio com capital limitado e se beneficie da experiência de negócios dos outros. Os pontos de franquia, em geral, têm mais sucesso que negócios independentes. As franquias costumam ter taxas de fracasso mais baixas que estabelecimentos de varejo independentes. No entanto, as taxas de

5 Examinar franquias, seus benefícios e fraquezas.

franquia Acordo formal no qual o fornecedor (franqueador) concede a um revendedor (franqueado) o direito de vender produtos em troca de algum tipo de compensação.

Tabela 14.2 Principais franquias norte-americanas e seus custos iniciais

Posição	Franquia e descrição	Custos iniciais
1	Hampton Hotels Hotéis de preços medianos	US$ 3.700.000 – US$ 13.520.000
2	Subway Sanduíches de baguete e saladas	US$ 85.200 – US$ 260.350
3	Jiffy Lube Intl. Inc. Troca de óleo rápida	US$ 196.500 – US$ 304.000
4	7-Eleven Inc. Loja de conveniência	US$ 30.800 – US$ 1.500.000
5	Super Cuts Salão de beleza	US$ 103.550 – US$ 196.500
6	Anytime Fitness Academia de ginástica	US$ 56.300 – US$ 353.900
7	Servpro Seguradora/restauração e limpeza pós-desastre	US$ 133.050 – US$ 181.450
8	Denny's Inc. Restaurante familiar de serviço completo	US$ 1.180.000 – US$ 2.400.000
9	McDonald's Hambúrgueres, frango, saladas	US$ 1.070.000 – US$ 1.890.000
10	Pizza Hut, Inc. Pizza, massas e asas de frango	US$ 295.000 – US$ 2.150.000

Fonte: 2013 Franchise 500, *Entrepreneur*. Disponível em: <www.entrepreneur.com/franchises/rankings/franchise500-115608/2013,-1.html>. Acesso em: 16 fev. 2013.

Franquia
A Subway é uma franquia, com lojas individuais de propriedade e gestão dos franqueados.

fracasso das franquias variam muito dependendo da rede. Franquias anunciadas nacionalmente, como Subway e Burger King, muitas vezes têm vendas garantidas logo que abrem porque os clientes já sabem o que esperar. Se aparecem problemas nos negócios, o franqueado pode obter assistência e conselhos do franqueador a custo baixo ou sem custo. Além disso, o franqueado recebe materiais para usar em propagandas locais e pode se beneficiar de campanhas promocionais nacionais patrocinadas pelo franqueado.

Por meio de acordos de franquia, o franqueador ganha distribuição de produto rápida e seletiva sem incorrer no alto custo de construir e operar seus próprios pontos de venda. O franqueador, portanto, tem mais capital disponível para expandir a produção e a propaganda. Ele também pode garantir, por meio do acordo de franquia, que os pontos de venda sejam operados e mantidos de acordo com seus próprios padrões. Alguns franqueadores permitem que os franqueados modifiquem menus, horários ou outros elementos operacionais para se adaptarem às necessidades do mercado-alvo. O franqueador se beneficia do fato de que o franqueado, sendo único proprietário na maioria dos casos, provavelmente está muito motivado para ser bem-sucedido. O sucesso da franquia significa mais vendas, o que se traduz em maior renda para o franqueador.

Os acordos de franquia também têm diversas desvantagens. O franqueador dita muitos aspectos do negócio: decoração, menu, design dos uniformes dos funcionários, símbolos das placas, horários de operação e vários detalhes das operações do negócio. Além disso, os franqueados devem pagar para usar o nome, os produtos e a assistência do franqueador. Em geral, há uma taxa única de franquia e taxas contínuas de royalties de propaganda, muitas vezes em forma de porcentagem das vendas. Os franqueados costumam trabalhar muito pesado, dedicando de dez a doze horas por dia e seis ou sete dias por semana. Em alguns casos, os acordos de franquia não são uniformes, o que significa que um franqueado pode pagar mais que outro pelos mesmos serviços. Finalmente, o franqueador abre mão de certo controle quando entra em um acordo de franquia. Consequentemente, estabelecimentos individuais podem não ser operados exatamente de acordo com seus padrões.

6 Compreender a natureza e as funções dos atacadistas.

atacado Envolve transações nas quais os produtos são comprados para revenda, para fazer outros produtos ou para operações de negócios em geral.

atacadista Aquele que compra produtos para revenda, para a fabricação de outros produtos ou para qualquer outro negocio.

ATACADO

Atacado refere-se a todas as transações nas quais são comprados produtos para revenda, manufatura de outros produtos ou operações de negócio em geral e não inclui transações com consumidores finais. **Atacadista** é um indivíduo ou uma organização que compra produtos para revenda, para a fabricação de outros produtos ou para operações de negócios em geral. Em outras palavras, os atacadistas compram produtos e os revendem a revendedores, governo e usuários institucionais. Por exemplo, a Sysco, principal distribuidor de serviços alimentícios dos Estados Unidos, fornece para restaurantes, hotéis, escolas, restaurantes industriais e hospitais desde alimentos congelados e frescos até produtos descartáveis e suprimentos médicos e de limpeza.

As atividades atacadistas não estão limitadas a mercadorias. Empresas de serviço, como instituições financeiras, também utilizam redes ativas de atacado. Há mais de 414.600 estabelecimentos de atacado nos Estados Unidos, e mais de metade de todos os produtos vendidos no país passam por essas empresas.[25]

Os atacadistas podem se envolver em muitas atividades de gestão da cadeia de suprimentos, que discutiremos a seguir. Além de assumir a responsabilidade primária pela distribuição física dos produtos dos fabricantes para os varejistas, os atacadistas podem estabelecer sistemas de informação que ajudem os produtores e varejistas a gerir melhor a cadeia de suprimentos do produtor ao cliente. Muitos atacadistas usam tecnologia da informação e internet para compartilhar informações entre intermediários, empregados, clientes e fornecedores e agências facilitadoras, como empresas de caminhões e organizações de armazéns. Algumas organizações disponibilizam suas bases de dados e sistemas de informação de marketing para os parceiros da cadeia de suprimentos a fim de facilitar o processamento de pedidos, o envio e o desenvolvimento de produtos e o compartilhamento de informações sobre as mudanças de condições de mercado e desejos dos clientes. O resultado é que alguns atacadistas desempenham um papel-chave nas decisões de gestão da cadeia de suprimentos.

Serviços oferecidos por atacadistas

Atacadistas oferecem serviços essenciais tanto para produtores quanto para varejistas. Ao iniciar contatos de vendas com um produtor e vender produtos diversos a varejistas, os atacadistas funcionam como uma extensão da força de venda do produtor. Eles também oferecem assistência financeira. Frequentemente pagam pelo transporte de mercadorias, reduzindo as despesas de armazenamento de um produtor e o investimento em estoque de produtos, concedem crédito e assumem as perdas de compradores que acabam se mostrando riscos de crédito, além disso, podem ser uma fonte de capital de trabalho quando compram os bens e serviços de um produtor em dinheiro. Atacadistas também funcionam como veículos de informação dentro do canal de marketing ao manter os produtores atualizados sobre desenvolvimentos na área e passar os planos promocionais dos fabricantes para outros intermediários. Usar atacadistas, portanto, dá aos produtores uma distinta vantagem porque os serviços especializados deles permitem que esses produtores se concentrem em desenvolver e fabricar produtos que atendam às necessidades e aos desejos dos clientes.

Os atacadistas apoiam os varejistas ajudando com a estratégia de marketing, especialmente no componente de distribuição. Eles também ajudam os varejistas a selecionar o estoque. Muitas vezes são especialistas em condições de marketing e em negociar compras finais. Nas indústrias nas quais é importante obter suprimentos, a habilidade na compra é indispensável. Atacadistas eficazes se esforçam para compreender o negócio de seus clientes. Eles podem reduzir o peso de um varejista ter de olhar e coordenar fontes de suprimento. Se o atacadista fornece para diferentes compradores, as despesas podem ser divididas entre todos. Além disso, ao passo que um vendedor do fabricante oferece aos varejistas apenas alguns produtos por vez, atacadistas independentes sempre têm uma ampla gama de produtos disponível. Assim, por meio de parcerias, atacadistas e varejistas podem consolidar relações de sucesso para o benefício dos clientes. Organizações norte-americanas como a Associação Nacional de Distribuidores Atacadistas podem fornecer às empresas soluções para seus problemas de atacado, incluindo encontrar empresas que realizem serviços diversos.[26]

A diferença entre os serviços realizados por atacadistas e aqueles oferecidos por outros negociantes, nos últimos anos, se diluiu. As mudanças na natureza competitiva dos negócios, em especial o crescimento de cadeias de varejo fortes, como Walmart, Home Depot e Best Buy, estão alterando as relações na cadeia de suprimentos. Em muitas categorias de produto, como eletrônicos, móveis e até produtos alimentícios, os varejistas descobriram que podem lidar diretamente com os produtores, realizando eles mesmos as atividades atacadistas a custos mais baixos. Mas quando um atacadista é eliminado de um canal de marketing, as atividades atacadistas ainda têm de ser realizadas por um membro da cadeia de suprimento, seja ele um produtor, varejista ou agência facilitadora. A maioria dos varejistas confia na tecnologia dos computadores para despachar pedidos, rastrear entregas e monitorar o manuseio de mercadorias. Assim, a tecnologia permitiu que varejistas assumissem algumas funções de atacado.

Tipos de atacadistas

Classifica-se um atacadista segundo critérios diversos, incluindo: se é de propriedade independente ou de um produtor, se tem o título dos produtos que manuseia, qual a gama de serviços oferecidos e qual a amplitude e a profundidade de suas linhas de produtos. Usando esses critérios, discutiremos três tipos gerais de estabelecimentos de atacado: atacadistas independentes, agentes e corretores e filiais e escritórios de vendas dos fabricantes.

Atacadistas independentes

atacadistas independentes Empresas que adquirem produtos dos fornecedores, assumem riscos de propriedade, compram e revendem produtos para outros atacadistas, compradores organizacionais ou varejistas.

Atacadistas independentes são empresas que adquirem produtos dos fornecedores, assumem riscos de propriedade, compram e revendem produtos para outros atacadistas, compradores organizacionais ou varejistas. Um produtor, em geral, confia em atacadistas independentes nos casos em que vender diretamente a clientes seria economicamente inviável. Atacadistas independentes também são úteis para fornecer cobertura de mercado, fazer contatos de vendas, guardar estoque, cuidar de pedidos, coletar informação de mercado e oferecer apoio ao cliente. Alguns deles estão envolvidos até no empacotamento e no desenvolvimento de marcas particulares. Os atacadistas independentes são conhecidos por nomes variados, incluindo *atacadista*, *revendedor*, *distribuidor*, *montador*, *exportador* e *importador*. Eles caem em duas categorias amplas: serviço completo e serviço limitado.

atacadistas de serviço completo Atacadistas independentes que realizam a mais ampla gama de funções atacadistas.

ATACADISTAS DE SERVIÇO COMPLETO realizam a gama mais ampla possível de funções de atacado. Os clientes confiam neles pela disponibilidade de produtos, seleções confiáveis, partição de grandes remessas em outras menores, assistência financeira e auxílio e serviços técnicos. Atacadistas de serviço completo cuidam de produtos de consumo ou de negócios e oferecem diversos serviços de marketing para seus clientes. Muitos atacadistas de gêneros alimentícios ajudam os varejistas no que se refere a design das lojas, escolha do local, treinamento do pessoal, financiamento, comercialização, resgate de cupons e mapeamento. O Macdonalds Consolidated é um atacadista de serviço completo de carnes, laticínios e frutas e verduras para varejistas de gêneros alimentícios na América do Norte. A empresa oferece serviços como gestão de comunicações, gestão de documentos, panfletos para varejo e merchandising, além do que, fornece descontos para clientes fiéis.[27] Apesar de atacadistas de serviço completo frequentemente terem margens de lucro maiores do que os outros atacadistas, suas despesas operacionais são mais altas, pois eles executam uma gama mais ampla de funções.

Esse tipo de atacadista é categorizado como atacadista de mercadorias em geral, atacadista de linhas de produto limitadas e atacadista especializado. **Atacadistas de mercadorias em geral** têm um amplo sortimento de produtos, mas estoque limitado das linhas de produto. Eles lidam com produtos como medicamentos, alimentos não perecíveis, cosméticos, detergentes e tabaco. **Atacadistas de linha de produto limitada** ofertam apenas poucas linhas de produto, mas oferecem muitos produtos dentro dessas linhas. A AmerisourceBergen Corporation, por exemplo, é um atacadista de linha de produto limitada de farmacêuticos e produtos de saúde e beleza.

Atacadistas de linhas em geral oferecem uma gama de serviços similar à dos atacadistas de mercadorias em geral. **Atacadistas especializados** oferecem a linha mais restrita de produtos, em geral, apenas uma linha de produto ou apenas poucos itens dentro de uma linha de produto. **Rack jobbers** ou **atacadistas-fornecedores** são atacadistas de serviço completo especializados em linhas de produtos que possuem e mantêm prateleiras próprias em supermercados, farmácias e lojas de desconto e de variedades. Eles montam prateleiras, marcam mercadorias, estocam as prateleiras e mantêm registros de cobrança e estoque. Os rack jobbers se especializam em itens não alimentícios com margens de lucro altas, como produtos de beleza e saúde, livros, revistas, meias e roupas íntimas e cartões comemorativos.

ATACADISTAS DE SERVIÇO LIMITADO Os **atacadistas de serviço limitado** oferecem menos serviços de marketing que os atacadistas de serviço completo e se especializam em apenas algumas funções. Os produtores realizam as funções que sobram ou as delegam aos clientes ou a outros intermediários. Esse tipo de atacadista adquire as mercadorias dos produtores, mas geralmente não as entregam, nem concedem crédito, fornecem informação de marketing, inventário de estoque ou se planejam para atender às futuras necessidades dos clientes. Como oferecem serviços restritos, cobram taxas menores e têm margens de lucro mais baixas que os de serviço completo. A decisão sobre usar um atacadista de serviço limitado ou de serviço completo depende da estrutura do canal de marketing e da necessidade de gerir a cadeia de suprimentos para criar uma vantagem competitiva. Apesar de os atacadistas de serviço limitado

atacadistas de mercadorias em geral Atacadistas de serviço completo e com um amplo sortimento de produto, mas com estoque limitado das linhas de produto.

atacadistas de linha de produto limitada Atacadistas de serviço completo que ofertam apenas poucas linhas de produto, mas com muitos produtos dentro dessas linhas.

atacadistas especializados Atacadistas que prestam serviço completo e comercializam apenas uma linha de produto ou apenas poucos itens dentro de uma linha de produto.

rack jobbers ou atacadistas- -fornecedores Atacadistas de serviço completo especializados em linhas de produtos que possuem e mantêm prateleiras próprias nas lojas atendidas.

atacadistas de serviço limitado Atacadistas que fornecem alguns serviços e são especializados em poucas funções.

Atacadista comercial
A Grainger é um atacadista de linha de produtos limitada de equipamentos e material elétrico.

serem menos comuns que os outros tipos, são importantes na distribuição de produtos como alimentos especiais, itens perecíveis, materiais de construção e carvão.

A Tabela 14.3 resume os serviços oferecidos por quatro atacadistas de serviço limitado típicos: atacadistas "pague e leve", distribuidores em caminhão, drop shippers e atacadistas por catálogo. **Atacadistas "pague e leve"** são intermediários cujos compradores – em geral, pequenas empresas – pagam em dinheiro e se responsabilizam pelo transporte. Esse tipo de atacadista, em geral, lida com uma linha limitada de produtos com alta rotatividade, como gêneros alimentícios, materiais de construção e material elétrico ou de escritório. Muitos pequenos varejistas que não são aceitos por outros tipos de atacadistas por serem pequenos demais sobrevivem por causa dos atacadistas "pague e leve". **Distribuidores em caminhão**, às vezes chamados de **truck jobbers**, transportam uma linha limitada de produtos direto para os clientes para inspeção e seleção no local. Eles são, muitas vezes, operadores pequenos que dirigem seus próprios caminhões e costumam ter rotas regulares, visitando os varejistas e outras instituições para determinar suas necessidades. **Drop shippers**, também chamados de operadores de mesa, possuem o título do produto e negociam vendas, mas nunca detêm a posse física da mercadoria. Eles encaminham pedidos de varejistas, compradores organizacionais ou outros atacadistas para os fabricantes, e providenciam carregamentos de itens a serem entregues diretamente dos produtores a esses clientes. Eles assumem a responsabilidade pelos produtos – incluindo os custos de qualquer mercadoria não vendida – durante toda a transação. **Atacadistas por catálogo** usam catálogos em vez de força de vendas para vender produtos a varejistas e empresas. Em geral, esses atacadistas têm cosméticos, alimentos especiais, equipamentos esportivos, material de escritório e partes automotivas. O atacado por catálogo permite que os compradores escolham e encomendem itens específicos do catálogo para serem entregues por meio de diversos serviços de entrega. É um método conveniente e eficaz de vender itens a clientes em áreas remotas que outros atacadistas podem não achar lucrativo atender. A internet ofereceu a oportunidade para que atacadistas por catálogo sirvam um grande número de compradores, vendam produtos por meio de seus sites e façam que eles sejam enviados pelos fabricantes.

atacadistas "pague e leve" Atacadistas de serviço limitado, cujos compradores pagam em dinheiro e se responsabilizam pelo transporte.

distribuidores em caminhão Atacadistas de serviço limitado que transportam produtos diretamente aos compradores para inspeção e seleção.

drop shippers Atacadistas de serviço limitado que possuem o título do produto e negociam vendas, mas não detêm a posse física da mercadoria.

atacadistas por catálogo Atacadistas de serviço limitado que vendem produtos por meio de catálogo.

Tabela 14.3 Serviços oferecidos por atacadistas de serviço limitado

	"Pague e leve"	Caminhão	Drop shipper	Catálogo
Posse física da mercadoria	Sim	Sim	Não	Sim
Visitas pessoais aos clientes	Não	Sim	Não	Não
Informação sobre condições de mercado	Não	Alguns	Sim	Sim
Conselho aos clientes	Não	Alguns	Sim	Não
Estoque e manutenção de mercadorias nas lojas dos clientes	Não	Não	Não	Não
Crédito a clientes	Não	Não	Sim	Alguns
Entrega de mercadoria aos clientes	Não	Sim	Não	Não

© Cengage Learning

Agentes e corretores

Agentes e corretores negociam compras e despacham vendas, mas não têm o título dos produtos. Às vezes chamados de *intermediários funcionais*, executam um número limitado de serviços em troca de comissão, em geral baseada no preço de venda do produto. Os **agentes** podem representar compradores ou vendedores de forma permanente, ao passo que os **corretores** são intermediários que os compradores ou vendedores empregam temporariamente.

Apesar de agentes e corretores realizarem até menos funções que atacadistas de serviço limitado, eles costumam ser especialistas em produtos ou tipos de clientes específicos e podem oferecer uma valiosa expertise de vendas. Eles conhecem bem os mercados e muitas vezes formam associações duradouras com seus clientes. Agentes e corretores permitem que os fabricantes expandam as vendas quando os recursos são limitados, tenham benefícios de uma força de vendas treinada e segurem os custos pessoais de venda em nível baixo. A Tabela 14.4 resume os serviços oferecidos por agentes e corretores.

Os **agentes de produtores**, ou representantes de produtores, que são mais de metade dos agentes atacadistas, são intermediários independentes que representam dois ou mais fornecedores e que normalmente oferecem aos consumidores linhas completas de produtos. Eles vendem e aceitam pedidos o ano todo, como a equipe de vendas dos produtores. Restrito a um território particular, o agente de um produtor lida com produtos não concorrentes e complementares. A relação entre o agente e o produtor é governada por contratos escritos que delimitam territórios, preço de venda, manuseio de pedidos e termos da venda relacionados a entrega, serviço e garantias. Esses agentes têm pouco ou nenhum controle sobre a política de preço e de marketing dos produtores. Eles não concedem crédito e podem não conseguir oferecer assistência técnica. Comumente, são usados nas vendas de itens de vestuário, máquinas e equipamentos, aço, móveis, produtos automotivos, material elétrico e alguns itens alimentícios.

Agentes de vendas, ou representantes de vendas, comercializam uma linha inteira de produtos ou toda a produção do fabricante. Eles executam todas as atividades de atacado, exceto adquirir os títulos dos produtos. Em geral, executam funções de venda para vários produtores ao mesmo tempo, e algumas empresas podem usá-los no lugar do departamento de marketing. Na prática, são mais frequentemente empregados por pequenos produtores ou fabricantes que tenham dificuldade de manter um departamento de marketing por fatores como produção sazonal. Ao contrário dos agentes de

agentes Intermediários que representam compradores ou vendedores de modo permanente.

corretores Intermediários que reúnem temporariamente compradores e vendedores.

agentes de produtores Intermediários independentes que representam dois ou mais fornecedores e que normalmente oferecem aos consumidores linhas completas de produtos.

agentes de vendas Intermediários que comercializam uma linha inteira de produtos ou toda a produção do fabricante.

Tabela 14.4 Serviços oferecidos por agentes e corretores

	Agentes de produtores	Agentes de vendas	Comerciantes comissionados	Corretores
Posse física da mercadoria	Alguns	Alguns	Sim	Não
Relação de longo prazo com compradores ou vendedores	Sim	Sim	Sim	Não
Representação de linhas de produto concorrentes	Não	Não	Sim	Sim
Território geográfico limitado	Sim	Não	Não	Não
Crédito para clientes	Não	Sim	Alguns	Não
Entrega de mercadorias aos clientes	Alguns	Sim	Sim	Não

© Cengage Learning

produtores, os agentes de vendas não têm limites territoriais e têm autoridade total sobre preços, promoção e distribuição. Para evitar conflitos de interesse, agentes de venda representam linhas de produto não concorrentes. Eles têm papel fundamental em propaganda, pesquisa de marketing e políticas de créditos dos vendedores que representam, por vezes aconselhando até o desenvolvimento de produto e de embalagem.

Comerciantes comissionados recebem bens ou consignações de vendedores locais e negociam vendas em grandes mercados centrais. Às vezes chamados de *comerciantes mercadores*, esses agentes têm poderes mais amplos em relação a preços e termos das vendas. Eles se especializam em obter o melhor preço possível sob condições de mercado. Mais comumente encontrados em marketing agrícola, têm posse física de cargas rodoviárias, providenciam a classificação ou o estoque e transportam as mercadorias para leilões ou mercados onde elas serão vendidas. Quando as vendas estão finalizadas, o agente desconta uma comissão e os gastos com a venda e entrega os lucros remanescentes ao produtor. Comerciantes comissionados também oferecem assistência planejada e, às vezes, concedem crédito, mas em geral não fornecem auxílio promocional.

comerciantes comissionados Agentes que recebem bens ou consignações de vendedores locais e negociam vendas em grandes mercados centrais.

O propósito principal de um corretor é unir os compradores aos vendedores. Assim, eles executam menos funções que outros intermediários. Não estão envolvidos com financiamento ou posse física, não têm autoridade para determinar preços e quase não assumem riscos. Em vez disso, oferecem aos clientes conhecimento especializado sobre uma mercadoria em particular, além de uma rede de contatos estabelecidos. Corretores são especialmente úteis a vendedores de produtos como bens de supermercado e imóveis. Um corretor de alimentos, por exemplo, conecta os alimentos e as empresas de mercadoria em geral a atacadistas comerciais e de propriedade de varejistas, cadeias de supermercados, processadores de alimentos e compradores organizacionais.

Escritórios e divisões de vendas dos produtores

Por vezes denominados *atacadistas de produtores*, os escritórios e as divisões de vendas dos produtores lembram as operações de atacadistas comerciais. A **divisão de vendas** refere-se a uma área especializada de uma empresa; ela vende produtos e fornece serviços de apoio à força de vendas desse produtor. Situada fora da fábrica, normalmente está localizada onde há concentração de grandes clientes e onde a demanda é alta. As divisões de vendas concedem crédito, entregam mercadorias, fornecem assistência promocional e promovem outros serviços. Seus clientes incluem varejistas, compradores organizacionais e outros atacadistas. Fabricantes de material elétrico, tubulações, madeira e partes automotivas costumam ter operações de divisão.

divisão de vendas Área especializada de uma empresa; ela vende produtos e fornece serviço de suporte à equipe de vendas.

Os **escritórios de venda** referem-se a operações próprias de um fornecedor e executam serviços associados a agentes de venda. Como as divisões de vendas, ficam fora das fábricas, mas, diferente delas, não têm estoque. Um escritório (ou divisão) de venda de um produtor pode vender produtos que melhorem a própria linha de produto desse fabricante.

escritórios de vendas Referem-se a operações próprias de um fornecedor e executam serviços associados a agentes de venda.

Os fabricantes podem montar essas divisões ou escritórios para alcançar os clientes de forma mais eficaz ao executar eles mesmos as funções atacadistas. Um fabricante também pode montar esse local quando não há serviços especializados de atacado disponíveis por meio dos intermediários existentes. Executar atividades de distribuição física e de atacado por meio de uma divisão ou de um escritório de vendas pode fortalecer a eficiência da cadeia de suprimentos. Em algumas situações, porém, o fabricante pode se desviar completamente de seu escritório ou divisão de vendas – por exemplo, se o produtor decidir servir diretamente grandes clientes de varejo.

Revisão do capítulo

1. Compreender o propósito e a função dos varejistas no canal de marketing.

O varejo inclui todas as transações nas quais os compradores são os clientes finais que pretendem consumir produtos para uso pessoal, familiar ou doméstico. Varejistas, empresas que vendem produtos principalmente para consumidores finais, representam conexões importantes no canal de marketing, pois são ao mesmo tempo negociantes e clientes dos atacadistas e dos produtores. Varejistas adicionam valor, oferecem serviços e auxiliam na seleção de produtos.

2. Identificar os principais tipos de varejistas.

Lojas de varejo podem ser classificadas de acordo com a amplitude de produtos oferecidos. Duas grandes categorias são varejistas de mercadorias em geral e varejistas especializados. Há oito tipos primários de varejistas de mercadorias em geral. Lojas de departamento são grandes organizações de varejo organizadas por departamento e caracterizadas por mix de produto amplo, de profundidade considerável. Lojas de descontos são estabelecimentos de autosserviço que vendem mercadorias a preço baixo. Lojas de conveniência são pequenas lojas de autosserviço abertas por longos períodos com uma seleção limitada de produtos, em geral, itens de conveniência. Supermercados são grandes lojas de autosserviço que vendem alimentos e alguns produtos não alimentícios. Superlojas são varejistas gigantes que vendem todos os produtos encontrados em supermercados e a maioria dos produtos de consumo adquiridos rotineiramente. Hipermercados combinam aspectos de supermercado e loja de descontos em um único local. Clubes de compra são estabelecimentos de grande escala, voltados somente para membros. Por fim, depósitos com mostruário e catálogos são operações de baixo custo caracterizadas por métodos industriais de manuseio e exposição de materiais, grandes estoques e serviços mínimos.

Varejistas especializados oferecem seleções substanciais em poucas linhas de produto. Eles têm mix de produtos limitados com linhas de produtos profundas. Category killers são grandes lojas especializadas que se concentram em uma categoria principal de produto e competem na base de preços baixos e enorme disponibilidade de produto. Varejistas off-price vendem produtos de segunda linha de fabricantes e excedentes de estoques com grandes descontos.

3. Explorar questões estratégicas para o varejo.

Para aumentar as vendas e o endosso dos clientes à loja, os varejistas devem considerar uma série de questões estratégicas. A localização determina a área na qual uma loja atrai seus clientes. É o ingrediente menos flexível no mix de marketing e deve ser considerado com atenção. Ao avaliar locais em potencial, os varejistas levam em consideração uma variedade de fatores, incluindo a localização do mercado-alvo da empresa dentro da área de comércio, os tipos de produtos vendidos, a disponibilidade de transporte público, características dos clientes e localização dos concorrentes. Os varejistas podem escolher entre vários tipos de localização, incluindo estruturas independentes, zonas tradicionais de negócios, shopping centers tradicionais (de bairro, de comunidade, regional e inter-regional) ou não tradicionais (de estilo de vida, potencializados e outlet). O posicionamento de varejo envolve a identificação de um segmento de marketing não atendido ou mal atendido a ser alcançado por meio de uma estratégia que diferencie o varejista da concorrência. A imagem da loja, que é um elemento subjetivo, deriva de atmosfera, localização, produtos oferecidos, serviços ao cliente, preços, promoção e reputação da loja. Atmosfera se refere aos elementos físicos e sensoriais do design de uma loja que podem ser ajustados para apelar para a emoção dos consumidores e, assim, induzi-los a comprar. Gestão de categoria é uma estratégia de varejo que consiste em gerir grupos de produtos similares e frequentemente substituíveis, fornecidos por diferentes fabricantes.

4. Reconhecer as várias formas de marketing direto, venda direta e venda automática.

Marketing direto diz respeito ao uso de telefone, internet e mídia não pessoal para comunicar informações do produto e da empresa aos clientes, que podem então comprar os itens por correio, telefone ou internet. O marketing direto é um tipo de varejo sem loja, ou seja, a venda de produtos ocorre fora de um espaço físico de varejo e pode se dar por meio de catálogo (marketing de catálogo), propaganda (marketing de resposta direta), telefone (telemarketing), televisão (venda direta pela televisão) ou por meio do varejo on-line. Dois outros tipos de varejo sem loja são a venda direta e a venda automática. Venda direta refere-se à comercialização de produtos para consumidores finais por meio de apresentações de vendas face a face na casa ou no local de trabalho. Venda automática refere-se ao uso de máquinas para servir produtos.

5. Examinar franquias e seus benefícios e fraquezas.

Franquia é um acordo no qual um fornecedor concede a um revendedor o direito de vender produtos em troca de algum tipo de compensação. O uso de franquias está crescendo. As franquias oferecem várias vantagens. Elas permitem que um franqueado comece um negócio com capital limitado e se beneficie da experiência alheia em negócios. Lojas franqueadas em geral são mais bem-sucedidas e têm taxas de fracasso menores que as de propriedade independente. O franqueado pode obter auxílio e conselhos do franqueador a pouco ou nenhum custo. Além disso, recebe materiais para usar em propagandas locais e pode se beneficiar de campanhas promocionais nacionais.

Os acordos de franquia também têm desvantagens. O franqueador pode ditar vários aspectos do negócio. Os franqueados devem pagar para usar o nome, os produtos e a assistência do franqueador e, muitas vezes, têm de trabalhar muito, dedicando-se em dias longos e sem folga. Em alguns casos, os acordos de franquia não são uniformes, o que significa que um franqueado pode pagar mais que outro pelos mesmos serviços. Finalmente, o franqueador abre mão do controle ao entrar em um acordo de franquia.

6. Compreender a natureza e as funções dos atacadistas.

O atacado consiste em todas as transações nas quais produtos são comprados para revenda, para fabricação de outros produtos ou para operações de negócios em geral. Atacadistas são indivíduos ou empresas que facilitam e expedem as negociações de atacado. Para os produtores, os atacadistas são uma fonte de assistência financeira e de informação. Ao executar funções especializadas de acumulação e alocação, os atacadistas permitem que os produtores se concentrem na fabricação dos produtos. Os atacadistas fornecem para os varejistas expertise em compras, amplas linhas de produto, distribuição eficiente e armazenamento.

Há tipos diferentes de atacadistas. Atacadistas independentes são empresas que adquirem produtos dos fornecedores e assumem riscos de propriedade. Existem os atacadistas de serviço completo, que oferecem a gama mais ampla possível de funções de atacado, ou de serviço limitado, que oferecem apenas alguns serviços de marketing e se especializam em algumas funções. Há alguns tipos de atacadistas de serviço completo. Atacadistas de mercadorias em geral oferecem um mix de produto amplo, mas relativamente raso. Atacadistas de linhas de produtos limitadas oferecem seleções extensas dentro de algumas linhas de produto. Atacadistas especializados ofertam apenas uma linha de produto ou alguns itens dentro de uma linha. Por fim, rack jobbers ou atacadistas-fornecedores possuem e mantêm prateleiras próprias em supermercados e outras lojas. Também há vários tipos de atacadistas de serviço limitado. Atacadistas "pague e leve" vendem a pequenas empresas, exigem pagamento em dinheiro e não entregam. Distribuidores em caminhão vendem uma linha limitada de produtos com seus próprios veículos, diretamente aos clientes. Drop shippers têm o título das mercadorias e negociam vendas, mas nunca têm posse física dos produtos. Os atacadistas por catálogos vendem para compradores de varejo e institucionais por meio de catálogos via mala direta.

Agentes e corretores negociam compras e expedem vendas em troca de comissão, mas não têm o título dos produtos. Como costumam ser especializados em certos itens, podem oferecer valioso conhecimento de vendas. Agentes representam compradores ou vendedores de forma permanente e corretores são intermediários que compradores e vendedores empregam temporariamente para negociar transações. Agentes de produtores oferecem aos clientes a linha de produto completa de dois ou mais vendedores. Agentes de vendas ofertam uma linha inteira de produtos ou toda a produção de um fabricante e executam todas as funções de atacado, exceto adquirir o título dos produtos. Comerciantes comissionados são agentes que recebem bens em consignação de vendedores locais e negociam as vendas em grandes mercados centrais. Divisões e escritórios de vendas são de propriedade de produtores. Divisões de produtos vendem mercadorias e oferecem serviços de apoio para o time de vendas do fabricante em determinada localização. Escritórios de vendas não têm estoque e funcionam basicamente como os agentes.

Conceitos-chave

agentes 493
agentes de produtores 493
agentes de vendas 493
atacadista 488
atacadistas de linha de produto limitada 491
atacadistas de mercadorias em geral 491
atacadistas de serviço completo 490
atacadistas de serviço limitado 491
atacadistas especializados 491
atacadistas independentes 490
atacadistas "pague e leve" 492
atacadistas por catálogo 492

atacado 488
atmosfera 479
category killer 473
clubes de compra 471
comerciantes comissionados 494
corretores 493
depósitos com mostruário 472
distribuidores em caminhão 492
divisão de vendas 494
drop shippers 492
escritório de vendas 494
franquia 487
gestão de categoria 480
hipermercados 471
lifestyle shopping center 477

lojas de conveniência 470
lojas de departamento 468
lojas de descontos 469
marketing de catálogo 481
marketing de resposta direta 482
marketing direto 481
posicionamento de varejo 478
rack jobbers, atacadistas-fornecedores 491
shopping centers de bairro 476
shopping centers de comunidade 477
shopping centers inter-regionais 477
shopping centers potencializados 478

shopping centers regionais 477
superlojas 470
supermercados 470
telemarketing 483
varejista 466
varejista de mercadorias em geral 467
varejistas especializados tradicionais 473
varejistas off-price 474
varejo 466
varejo on-line 483
varejo sem loja 481
venda automática 486
venda direta 484
venda direta pela televisão 483

Questões para discussão e revisão

1. Que valor um varejista adiciona a um produto? Que valor um varejista adiciona a um produto para produtores e para consumidores finais?
2. Quais são as principais diferenças entre lojas de descontos e lojas de departamento?
3. Quais são as semelhanças das lojas especializadas tradicionais e dos varejistas off-price? Quais são as diferenças?
4. Quais são as principais questões que devem ser consideradas ao se determinar a localização de um varejo?
5. Descreva os três tipos principais de shopping centers tradicionais. Dê um exemplo de cada tipo em sua região.
6. Discuta os principais fatores que ajudam a determinar a imagem de uma loja de varejo. Como a atmosfera adiciona valor aos produtos vendidos em uma loja?
7. A venda em domicílio é uma forma de varejo? Como? Alguns consumidores acreditam que pedidos por resposta direta atravessam o varejista. É verdade?
8. Se você estivesse abrindo um negócio de varejo, preferiria abrir uma loja independente ou ser proprietário de uma loja com base em contrato de franquia? Explique sua preferência.
9. Quais serviços os atacadistas oferecem a produtores e varejistas?
10. Qual é a diferença entre um atacadista independente de serviço completo e um atacadista independente de serviço limitado?
11. Drop shippers têm os títulos dos produtos mas não têm posse física deles, ao passo que comerciantes comissionados têm a posse física dos produtos, mas não têm o título deles. Defenda a lógica de classificar drop shippers como atacadistas independentes e comerciantes comissionados como agentes.
12. Por que os escritórios e as divisões de vendas de produtores são classificados como atacadistas? Quais atacadistas independentes são substituídos pelas divisões de vendas dos produtores? E pelos escritórios de vendas?

Aplicações do marketing

1. A Five Guys Burgers and Fries é uma das franquias de fast-food que crescem mais rapidamente nos Estados Unidos. Aberta como uma única loja de hambúrgueres por Jerry Murrel e seus quatro filhos – os "cinco caras" – em Alexandria, Virgínia, hoje a empresa tem mais de mil lojas franqueadas em todo o país. Os custos iniciais para uma loja Five Guys variam entre US$ 150 mil e US$ 300 mil. É preciso pagar uma taxa de franquia de US$ 25 mil, e os royalties são de 6% das vendas.

   Ter um restaurante fast-food bem-sucedido significa selecionar a localização certa. De fato, para recuperar os custos iniciais e, é claro, gerar lucro, é essencial fazer as pessoas entrarem na loja. Franquias como a Five Guys, varejistas tradicionais e on-line, bem como outros tipos de membros dos canais, preocupam-se com a ideia de tráfego. Antes feita quase exclusivamente a mão usando um dispositivo próprio, hoje a medição do tráfego é realizada por meio de uma série de aparelhos eletrônicos e mecânicos. Uma grande vantagem para o varejo on-line é a habilidade de rastrear comportamentos de tráfego on-line. No mundo real, muitas consultorias se especializam em medir o tráfego de pedestres e de veículos. A maioria dos corretores imobiliários comerciais e construtores/administradores de imóveis usa dados de tráfego.

   Se você estivesse considerando ser filiado da Five Guys em sua região, qual seria a melhor localização? Quais os principais fatores que afetam sua decisão?

2. Juanita quer abrir uma pequena loja de varejo especializada em roupas infantis de excelente qualidade e preço alto. Com que tipos de concorrentes ela deve se preocupar nesse competitivo ambiente de varejo? Por quê?

3. A localização dos estabelecimentos de varejo é uma questão de planejamento estratégico. Que passos iniciais você recomendaria a Juanita (ver questão 2) quando ela considerar uma localização para sua loja?

4. Pense em uma loja de varejo na qual você faça compras regularmente, ou visite uma na qual gostaria de fazer compras. Pense e descreva a atmosfera. Seja específico tanto em relação aos elementos interiores quanto aos exteriores e indique como a loja se posiciona por meio do uso da atmosfera.

5. Contate um varejista local do qual você seja cliente e peça ao gerente da loja para descrever a relação com um de seus atacadistas. Usando seu texto como guia, identifique as atividades de distribuição realizadas pelo atacadista. Alguma dessas atividades é compartilhada tanto pelo varejista quanto pelo atacadista? Como essas atividades beneficiam o varejista? Como elas beneficiam você como consumidor?

Desenvolvendo seu plano de marketing

Decisões de distribuição no plano de marketing incluem o movimento de seu produto do produtor até o consumidor final. Compreender como e onde seu cliente prefere comprar o produto é essencial para o desenvolvimento do plano de marketing. Ao aplicar as informações deste capítulo ao seu plano, foque nas seguintes questões:

1. Considerando as características de seu produto e o comportamento de compra de seu mercado-alvo (ou mercados-alvo), é mais provável que seu produto seja vendido ao consumidor final ou a outro membro do canal de marketing?

2. Se seu produto será vendido ao consumidor final, que tipo de estabelecimento de varejo é mais adequado a ele? Considere as características do produto e o comportamento de compra de seu mercado-alvo. Consulte a Tabela 14.1 para ver os tipos de varejistas de mercadorias em geral.

3. Discuta de que forma as características do estabelecimento de varejo, como localização e imagem da loja, impactam a percepção do consumidor sobre seu produto.

4. Marketing direto ou venda direta são métodos apropriados para seu produto e seu mercado-alvo?

5. Se seu produto será vendido a outro membro do canal de marketing, discuta se é mais adequado para o seu cliente um atacadista independente, um agente ou um corretor.

A informação obtida a partir dessas questões o ajudará no desenvolvimento de vários aspectos do seu plano de marketing.

Caso 14.1

L.L.Bean: Aberto 24 horas por dia, sete dias por semana, on ou off

A L.L.Bean, localizada em Freeport, Maine, Estados Unidos, nasceu em 1912 como empresa de um único produto, vendendo pelo correio. O fundador, Leon Leonwood Bean, desenhava e testava cada produto que vendia, começando pela agora icônica bota de sola de borracha Bean. Hoje, o negócio por catálogo iniciado por L.L.Bean segue forte, junto com suas trinta lojas nos Estados Unidos e uma operação de varejo on-line bem-sucedida. Além disso, a empresa está expandindo sua presença de varejo no Japão e na China, onde os clientes são especialmente atraídos por nomes de marca que representam qualidade e personalidade distinta. A imagem da empresa, de produtos bons para serem usados ao ar livre e inovadores, combinada a uma reputação centenária por trás de cada item, fez de suas lojas destinos populares de compras ao redor do mundo e na internet.

Apesar de o premiado catálogo da L.L.Bean ter sido ampliado nos anos 1980 e 1990, encolheu ao longo do tempo conforme o crescimento da loja on-line. Agora, usando sofisticados sistemas de base de dados de marketing, a empresa administra e atualiza os cadastros de endereços e as preferências dos clientes em seus catálogos. Para o propósito de segmentação, a L.L.Bean cria 50 catálogos diferentes que são enviados pelo correio para clientes selecionados em todos os Estados Unidos e em 160 países. As ferramentas de modelagem por computador indicam quais clientes estão interessados em quais produtos, de modo que recebem apenas catálogos especializados. Ainda assim, diz o vice-presidente de lojas, "descobrimos que a maioria dos clientes quer algum ponto de contato", independentemente de comprarem on-line, em uma loja física, pelo correio ou por telefone.

A loja conceito da empresa, em Freeport, Maine, como sua equivalente on-line, fica aberta 24 horas por dia, sete dias por semana, durante todo o ano. Até em grandes feriados, como Ação de Graças e Natal, quando a maioria das outras lojas está fechada, a loja conceito está aberta. Ela estoca mercadorias extra e contrata empregados adicionais para períodos intensos de compra, e o mesmo ocorre com a loja on-line. Dia ou noite, sol ou chuva, os clientes podem percorrer os corredores da gigante loja de Freeport para explorar uma seleção de roupas e calçados para homens, mulheres e crianças. Eles podem testar equipamentos de acampamento e outros equipamentos esportivos, comprar itens para a casa, como cobertores, e dar uma olhada em suprimentos para animais de estimação. A cada semana, a loja oferece demonstrações práticas e seminários de como educar os consumidores sobre seus produtos. Os clientes podem parar para um café ou sentar para fazer uma refeição completa na cafeteria que fica dentro da loja. Graças ao enorme tamanho e ao entretenimento oferecido, a loja se tornou atração turística, bem como centro do império de varejo da L.L.Bean.

A loja on-line continua a crescer em popularidade. Na verdade, os pedidos virtuais recentemente ultrapassaram os pedidos por correio e por telefone pela primeira vez na história da empresa, que também oferece um aplicativo de celular para acesso a qualquer momento e em qualquer lugar. A loja na web tem tráfego o ano inteiro, mas em especial durante a temporada de compras natalinas, quando recebe uma enxurrada de pedidos – 120 mil em um só dia. Diferente das lojas físicas, que têm espaço limitado para armazenar e para exibir o estoque para os compradores adquirirem pessoalmente, a loja on-line é capaz de oferecer todos os produtos em todos os tamanhos e em todas as cores. Os clientes podem encomendar pela web e receber os itens em casa ou no trabalho, ou solicitar o envio para uma loja L.L.Bean para serem retirados. Essa última opção é particularmente conveniente para clientes que preferem pagar em dinheiro, e não com cartões de crédito ou débito.

No início do segundo século de operação da L.L.Bean, sua dedicação à satisfação dos clientes continua tão forte quanto quando Leon Leonwood Bean começou seu negócio de vendas pelo correio, tantas décadas atrás. "Queremos fazer (...) o consumidor feliz e garantir que ele volte à L.L.Bean várias e várias vezes", explica o vice-presidente de e-commerce.[28]

Questões para discussão

1. Quais as formas de marketing direto empregadas pela L.L.Bean? Quais outras formas de marketing direto a L.L.Bean deveria considerar?
2. Você acha que o site da L.L.Bean um dia substituirá completamente o catálogo de vendas pelo correio? Por que sim ou por que não?
3. Que tipo de localização você acha que seria mais apropriada para futuras lojas L.L.Bean? Por quê?

NOTAS

1. Baseado em informações de Stephan Faris. Italy, Fast & Slow: Behind the Unlikely Rise of Eataly. Time, 21 jan. 2013. Disponível em: <www.time.com>; Kathleen Squires. Eataly Explosion: Inside the Italian Market's Success and Expansion Plans. Zagat, 31 jan. 2013. Disponível em: <www.zagat.com>; Glenn Collins. At Eataly, the Ovens and the Cash Registers Are Hot. New York Times, 29 ago. 2012. Disponível em: <www.nytimes.com>; <www.eataly.com.

2. Estatísticas de negócios norte-americanos, U.S. Bureau of the Census. Disponível em: <www.census.gov/econ/susb/index.html>. Acesso em: 15 fev. 2013.

3. Annual Retail Trade Survey (Pesquisa Anual de Comércio Varejista), 2010, U.S. Bureau of the Census. Disponível em: <www.census.gov/retail/index.html#arts>. Acesso em: 15 fev. 2013.

4. Greg Bensinger. Order it Online, and... Voilà. Wall Street Journal, 3 dez. 2012. Disponível em: <http://online.wsj.com/article/SB10001424127887324712504578133602774225678.html>. Acesso em: 16 fev. 2013.

5. John Paczkowski. A Big Year for Apple's iPhone in India. All Things D, 11 fev. 2013. Disponível em: <http://allthingsd.com/20130211/a-big-year-for-apples-iphone-in-india/>. Acesso em: 16 fev. 2013.

6. Top 250 Global Retailers (Top 250 Varejistas Globais). Deloitte. Disponível em: <www.stores.org/STORES%20Magazine%20January%202012/global-powers-retailing-top-250>. Acesso em: 16 fev. 2013.

7. About Us. National Association of Convenience Stores Online. Disponível em: <www.nacsonline.com/NACS/About_NACS/Pages/default.aspx. Acesso em: 16 fev. 2013.

8. Stephanie Clifford. Shopper Alert: Price May Drop for You Alone. New York Times, 9 ago. 2012. Disponível em: <www.nytimes.com/2012/08/10/business/supermarkets-try-customizing-prices-for-shoppers.html>. Acesso em: 16 fev. 2013.

9. Sam's Club, Costco Wholesale Corporation, B.J.'s Wholesale Club. Hoover's Online. Disponível em: <www.hoovers.com>. Acesso em: 16 fev. 2013.

10. Karen Talley e Dana Matteoli. At Gap, Sales Gains Are Back in Style. Wall Street Journal, 11 fev. 2013. Disponível em: <http://online.wsj.com/article/SB10001424127887323511804578295732339153730.html>. Acesso em: 16 fev. 2013.

11. Mall of America. Disponível em: <www.mallofamerica.com>. Acesso em: 1º nov. 2013.

12. ICSC Shopping Center Definitions. International Council of Shopping Centers. Disponível em: <http://icsc.org/srch/lib/USDefinitions.pdf>. Acesso em: 23 fev. 2013.

13. Annie Gasparro. More Affordable Groceries Are Costing Whole Foods. Wall Street Journal, 13 fev. 2013. Disponível em: <http://online.wsj.com/article/SB10001424127887324616604578302780625291880.html>.

14. Charles Dennis, J. Brakus e Eleftherios Alamanos. The Wallpaper Matters: The Influence of the Content of Digital Ads on Customer In-Store Experience. Journal of Marketing Management, 29 (3/4). p. 338-355.

15. The Category Management Association. Disponível em: <www.cpgcatnet.org>. Acesso em: 24 fev. 2013.

16. What Is the Direct Marketing Association?. Direct Marketing Association. Disponível em: <www.the-dma.org/aboutdma/whatisthedma.shtml>. Acesso em: 16 fev. 2013.

17. Do Not Call. Disponível em: <www.donotcall.gov>. Acesso em: 16 fev. 2013; Maya Jackson Randall. FCC Cracks Down on Robocalls. Wall Street Journal, 15 fev. 2012. Disponível em: <http://online.wsj.com/article/SB10001424052970204792404577225922293962202.html>. Acesso em: 16 fev. 2013.

18. Online Retail Sales. National Retail Federation. Disponível em: <www.nrf.com/modules.php?name=Pages&sp_id=1240>. Acesso em: 16 fev. 2013.

19. Sucharita Mulpuru. U.S. Online Retail Forecast, 2011 to 2016. Forrester Research, 27 fev. 2012. Disponível em: <www.forrester.com/go?docid=60672>. Acesso em: 23 fev. 2013.

20. Ann Carrns. Consumers Leery of Online Shopping with Tablets and Phones. New York Times, 27 jan. 2012. Disponível em: <http://bucks.blogs.nytimes.com/2012/01/27/consumers-leery-of-online-shopping-with-tablets-and-phones>. Acesso em: 23 fev. 2013.

21. DSN Global 100. Direct Selling News, 1º jun. 2012. Disponível em: <http://directsellingnews.com/index.php/view/dsn_global_100_the_top_direct_selling_companies_in_the_world/P6#.USBCYWd7cWI>. Acesso em: 16 fev. 2013.

22. What Is Direct Selling?. Direct Selling Association. Disponível em: <www.directselling411.com/about-direct-selling/>. Acesso em: 16 fev. 2013.

23. Vending Machines of the Past and Present. Wall Street Journal, 22 mar. 2012. Disponível em: <http://online.wsj.com/article/SB10001424052702304724404577295671669812582.html#slide/1>. Acesso em: 16 fev. 2013; Zafar Aylin. Prescription Pills, iPods, and Live Bait: There's a Vending Machine for That. Time, 23 mar. 2012, Disponível em: <http://newsfeed.time.com/2012/03/23/prescription-pills-ipods-and-live-bait-theres-a-vending-machine-for-that/>. Acesso em: 16 fev. 2013.

24. Economic Impact of Franchised Businesses (Impacto Econômico de Negócios Franqueados), v. 3, International Franchise Association Education Foundation. Disponível em: <www.buildingopportunity.com/download/EconomicImpact11.pdf>. Acesso em: 16 fev. 2013.

25. U.S. Bureau of the Census, 2010.

26. The National Association of Wholesaler-Distributors. Disponível em: <www.naw.org/busservices/bindex.php>. Acesso em: 23 fev. 2013.

27. MacDonalds Consolidated. Disponível em: <www.macdonaldsconsolidated.ca/main.asp>. Acesso em: 23 fev. 2013.

28. L.L.Bean Sales Grow Despite Weak Economy. Associated Press, 9 mar. 2012. Disponível em: <www.suntimes.com>; Kelli B. Grant>. Walmart Lets Online Shoppers Pay Cash. Smart Money,

21 mar. 2012. Disponível em: <www.smartmoney.com>; Michael Arndt. Customer Service Champs: L.L.Bean Follows Its Shoppers to the Web. Bloomberg Businessweek, 18 fev. 2010. Disponível em: <www.businessweek.com>; Entrevistas com funcionários da L.L.Bean e vídeo: L.L.Bean Employs a Variety of Promotion Methods to Communicate with Customers. Disponível em: <www.llbean.com>.

Notas dos *Quadros Informativos*

a Baseado em informações de Sharon Edelson, Costco Keeps Formula as It Expands. *WWD*, 30 jan. 2012, 6; Five Major Brands to Pilot New Label Designed to Promote Recycling. *Packaging Digest*, 20 nov. 2011; Tim Talevich. The Chicken, the Egg, and the Future, *Costco Connection*, ago. 2011, p. 22-25; Sustainability Initiatives Receive Recognition. *MMR*, 8 fev. 2010, p. 7.

b Baseado em informações de Steve Smith. Retailer Apps May Be Winning the Showrooming War. *Media Post*, 30 jan. 2013. Disponível em: <www.mediapost.com>; Big-Box Backlash: The Rebirth of Mom-and-Pop Shops, *CNBC*, 29 jan. 2013. Disponível em: <www.cnbc.com>; Rachelle Dragani. Showrooming Shoppers Send eBay Soaring. *E-Commerce Times*, 17 jan. 2013. Disponível em: <www.ecommercetimes.com>; Larry Dignan. Target Online Price Match Unlikely to Curb "Showrooming". *CNet News*, 8 jan. 2013. Disponível em: <http://news.cnet.com>.

c Baseado em informações de Madeleine Gordon. Floyd Country Store Jamboree Offers Authentic Southern Atmosphere. *Collegiate Times* (Virginia Tech), 5 dez. 2012. Disponível em: <www.collegiatetimes.com>; Mike Shaw. Floyd Country Store Owner Talks of Being Big in Small Town. *Roanoke Times*, 2 mar. 2012. Disponível em: <http://blogs.roanoke.com>; Joe Tennis. Foot-Stompin' Time at the Floyd Country Store. *Tricities* (Virgínia), 14 dez. 2011. Disponível em: <www.tricities.com>; <www.floydcountrystore.com>.

d Baseado em informações de Danielle Demetriou. Japanese Vending Machines to Offer Free WiFi. *Telegraph* (U.K.), 8 fev. 2012. Disponível em: <www.telegraph.co.uk>; Angel Abcede. Best Buy Uses Kiosks to Sell Upscale Devices at C-Stores, Including Murphy Express. *CSP Daily News*, 5 jan. 2012. Disponível em: <www.cspnet.com>; In Argentina, Lay's Vending Machine Turns Raw Potatoes into Bags of Chips. *Advertising Age*, 15 set. 2011. Disponível em: <www.adage.com>; Christina Cheddar Berk. Vending Machines Woo Gen Y with New Technology. CNBC, 17 out. 2011. Disponível em: <www.cnbc.com>.

PARTE 6

15 Comunicação integrada de marketing
16 Propaganda e relações públicas
17 Venda pessoal e promoção de vendas

Decisões de promoção

O foco da **Parte 6** é a comunicação com os membros do mercado-alvo e outros grupos relevantes. Nenhum mix de marketing vai satisfazer o mercado-alvo se esse mercado não tiver a atenção despertada para o produto nem souber onde encontrá-lo. Algumas decisões de promoção são orientadas para promover um mix de marketing específico; outras têm como alvo promover toda a organização. O **Capítulo 15** discute a comunicação integrada de marketing. Nele, são descritos o processo de comunicação e os principais métodos que podem ser incluídos em um mix de promoção. O **Capítulo 16** analisa as principais etapas do desenvolvimento de uma campanha de propaganda, e explica o que são relações públicas e como podem ser usadas. O **Capítulo 17** lida com a venda pessoal e seu papel nos esforços de promoção de uma organização. Esse capítulo também examina as características gerais da promoção de vendas e descreve suas principais técnicas.

CAPÍTULO 15

Comunicação integrada de marketing

© iStockphoto.com/AWSeebaran

OBJETIVOS

1. Descrever a natureza da comunicação integrada de marketing.
2. Examinar o processo de comunicação.
3. Compreender o papel e os objetivos da promoção.
4. Explorar os elementos do mix de promoção.
5. Analisar a seleção dos elementos do mix de promoção.
6. Compreender a comunicação boca a boca e como ela afeta a promoção.
7. Entender como funciona a promoção por meio do product placement.
8. Analisar as críticas à promoção e sua defesa.

INSIGHTS DE MARKETING

A comunicação transparente da Taco Bell em um momento de crise

Uma crise precisa mesmo enfraquecer o seu negócio? Não se você for a rede de fast-food Taco Bell. Quando um processo na justiça acusou a Taco Bell de oferecer menos carne no recheio dos tacos que o estipulado pelo Departamento de Agricultura dos Estados Unidos (USDA), a empresa usou um plano cuidadosamente amarrado para responder ao público e reverter a queda nas vendas.

Tudo começou quando os consumidores deram entrada em um processo contra a Taco Bell com a alegação de que o recheio dos tacos tinha menos de 35% de carne bovina, ainda que o USDA estipulasse que um taco deveria ter pelo menos 40% de cortes bovinos.

O USA Today e a MSNBC logo publicaram artigos em que se questionava a qualidade do recheio dos tacos da Taco Bells. Processos criminais e publicidade negativa podem comprometer seriamente o faturamento de uma organização, independentemente da veracidade das acusações.

No mesmo dia que o processo foi divulgado, a equipe de gestores da Taco Bell fez várias reuniões para discutir a situação. Para impedir que uma crise passe como um trator por cima de uma empresa, é preciso ter uma equipe de gestão de crises que possa ser acionada e indicar um porta-voz da empresa para responder às partes interessadas, que incluem a mídia, os clientes, os empregados, os fornecedores, as autoridades reguladoras e os parceiros. A Taco Bell respondeu à mídia e aos consumidores nos dias seguintes com declarações, vídeos no YouTube e anúncios de alcance nacional com a chamada "Obrigado por nos processar – aqui está a verdade sobre a nossa carne temperada". A Taco Bell declarou que o recheio de seus tacos tinha 88% de carne bovina temperada.

Graças à gestão de crise eficaz, as vendas dos restaurantes da Taco Bell não caíram. No fim, os queixosos desistiram do processo, mas a Taco Bell decidiu não deixar barato. Em vez de deixar o assunto morrer, lançou outra série de anúncios, mas com esta chamada: "Pedir desculpas pra gente vai tirar pedaço de vocês?".[1]

Organizações como a Taco Bell empregam vários métodos para se comunicar com seus mercados-alvo. Às vezes, as mensagens são planejadas com antecedência ou, como no caso da Taco Bell, a mensagem precisa ser uma resposta a uma mudança dramática no ambiente do mercado. Fornecer informações aos clientes e aos stakeholders é vital para começar relacionamento de longo prazo e mantê-lo.

Este capítulo discute as questões gerais da promoção. Primeiro, abordaremos a natureza da comunicação integrada de marketing. Depois, analisaremos o processo de comunicação e seu significado. Além disso, vamos definir e examinar a função da promoção e explorar alguns dos motivos pelos quais usamos a promoção. Trataremos dos principais métodos de promoção e dos fatores que influenciam o profissional de marketing entre os métodos disponíveis. Depois, explicaremos os efeitos positivos e negativos da comunicação boca a boca, pessoal e por meio eletrônico. Por fim, examinaremos as críticas feitas aos esforços de promoção e os benefícios que a promoção traz.

A NATUREZA DA COMUNICAÇÃO INTEGRADA DE MARKETING

1 Descrever a natureza da comunicação integrada de marketing.

A **comunicação integrada de marketing** diz respeito à coordenação da promoção e de outros esforços de marketing para assegurar o maior impacto de informação e persuasão sobre os clientes.

comunicação integrada de marketing Consiste em coordenar as ações de promoção e outros esforços de marketing para obter o máximo de impacto informativo e persuasivo.

Para coordenar as múltiplas ferramentas de marketing e obter um efeito sinergético, o profissional de marketing precisa ter uma perspectiva abrangente. O maior objetivo da comunicação integrada de marketing é conseguir passar uma mensagem consistente para os clientes. Por exemplo, a Tic Tac desenvolveu a campanha integrada de marketing denominada "Make It Up" ("Dê uma chacoalhada") para criar uma imagem mais moderna para sua marca. A empresa instalou na Times Square, Nova York, outdoors de 90 metros que o público podia escanear com a câmera do celular. Quem tinha o aplicativo da Tic Tac instalado poderia ver a própria foto estampada no outdoor e a imagem podia ser postada no Facebook ou no Twitter.[2]

Gestão de esforços de promoção
O antiácido Pepto-Bismol é o medicamento oficial do "Concurso de comer cachorro-quente" promovido pela rede de fast-food Nathan's Famous todo 4 de julho, dia da independência dos Estados Unidos.

Uma vez que os esforços de promoção das empresas costumam ser executados por várias equipes internas e externas, nem sempre os clientes recebem uma mensagem consistente. A comunicação integrada de marketing permite que a organização coordene e administre seus esforços promocionais para transmitir mensagens desse tipo. Ela também permite a sincronização dos componentes de uma promoção e pode aumentar a eficiência e a eficácia do orçamento para os esforços de promoção.

Assim, essa abordagem não só estimula relacionamentos de longo prazo com o cliente, como também fomenta o uso eficiente dos recursos de promoção.

O conceito de comunicação integrada de marketing tem se tornado cada vez mais eficaz por uma série de razões. A propaganda em meios de comunicação de massa, método promocional muito popular no passado, está sendo cada vez menos usada em razão dos altos custos e da baixa eficácia em alcançar os mercados-alvo. Hoje os profissionais de marketing se aproveitam de ferramentas promocionais de alcance mais preciso, como a TV por assinatura, a mala direta, a internet, as revistas especializadas, os DVDs, os celulares e seus aplicativos e os outdoors. O uso de bancos de dados também os tem ajudado a focar com mais precisão os clientes de modo individual. Até recentemente, os fornecedores de comunicação de marketing eram especialistas. Agências de publicidade fornecem campanhas de propaganda, empresas dedicadas a atividades de promoção ofereciam ações e material para promoções de vendas e empresas de relações públicas se engajavam em esforços de publicidade. Hoje em dia, várias empresas ligadas a atividades de promoção fornecem serviços completos para quem busca propaganda, promoções de vendas e relações públicas, dessa forma, reduzem os problemas de coordenação para os anunciantes. Como os custos de comunicação de marketing têm aumentado significativamente, os profissionais necessitam de avaliações constantes dos esforços de comunicação e de um retorno razoável do investimento nesses esforços.

Atualmente, profissionais de marketing e clientes têm acesso quase ilimitado às informações uns dos outros. Integrar e personalizar a comunicação de marketing e ao mesmo tempo proteger a privacidade do cliente se tornou um grande desafio. Por meio da mídia digital, as empresas fornecem informações de seus produtos e serviços as quais podem ser articuladas com atividades tradicionais de promoção. Na verdade, reunir informações de bens e serviços é um dos principais motivos que levam as pessoas para a internet. E isso tem feito da propaganda on-line um negócio em expansão. Em 2012, os profissionais de marketing gastaram mais de US$ 37 bilhões em propaganda na internet.[3] Até o público universitário diz que é influenciado pela propaganda on-line quando vai comprar ou pesquisar produtos na internet. O compartilhamento de informação e o uso da tecnologia para facilitar a comunicação entre compradores e vendedores é essencial para o sucesso da gestão do relacionamento com o cliente.

O PROCESSO DE COMUNICAÇÃO

2 Examinar o processo de comunicação.

Em resumo, comunicação é transmissão de informação. Para que a comunicação ocorra, tanto o emissor como o receptor da informação precisam partilhar de um terreno em comum. É necessário ter uma compreensão mútua dos símbolos, das palavras e das imagens usadas para transmitir a informação. Dessa forma, podemos definir **comunicação** como o compartilhamento do significado. Implícita nessa definição está a noção de transmissão de informação, porque para compartilhar é preciso transmitir.

comunicação Compartilhar um significado por meio da transmissão de informação.

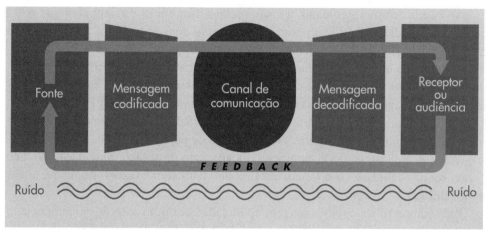

Figura 15.1

O processo de comunicação.

Fonte: Pride e Ferrell. *Marketing,* 17 ed., Cengage Learning, 2014.

Como mostra a Figura 15.1, a comunicação inicia com uma **fonte**. Fonte é uma pessoa, um grupo ou uma organização com um significado ou sentido que eles tentam partilhar com um público.

Uma fonte pode ser um vendedor de produtos eletrônicos de uma loja que tenta comunicar as qualidades de um televisor 3D para um comprador ou um fabricante de televisores que usa anúncios para dar informações sobre seus produtos a milhares de consumidores. O desenvolvimento de uma estratégia pode ampliar a eficácia da comunicação. Por exemplo, a estratégia por meio da qual o vendedor tenta influenciar a decisão do cliente eliminando informações de produtos concorrentes tem se mostrado efetiva. **Receptor** é uma pessoa, grupo ou organização que decodifica uma mensagem codificada; a *audiência* refere-se a dois ou mais receptores.

Para transmitir um significado, a fonte precisa convertê-lo em uma série de sinais ou símbolos que representem ideias ou conceitos. Isso é chamado **processo de codificação**. Ao codificar uma mensagem, a fonte deve levar em consideração certas características do receptor ou da audiência. Por exemplo, a propaganda dos cosméticos Olay para o Regenerist, produto para realçar os olhos e os cílios, tem apelo para mulheres que querem dar mais brilho e destaque ao olhar. A propaganda passa a mensagem ao listar os passos que a consumidora deve executar para o tratamento funcionar e usa de uma linguagem impactante para descrever os efeitos rápidos do produto.

Para compartilhar um significado, a fonte deve usar sinais ou símbolos familiares ao receptor ou à audiência. Mensagens de persuasão são mais eficientes quando apelam para a personalidade individual.[4] Os profissionais de marketing que entendem isso sabem da importância de conhecer o mercado-alvo e de garantir que uma propaganda ou promoção usem tanto uma linguagem que esse mercado-alvo compreenda como apresente atitudes e comportamentos aceitáveis para a cultura dele. Assim, com o mercado hispânico crescendo rapidamente, os profissionais de marketing nos Estados Unidos têm aumentado o uso de anúncios em espanhol em suas propagandas.

fonte Pessoa, grupo ou organização que deseja compartilhar um significado com um receptor ou com um público.

receptor Pessoa, grupo ou organização que decodifica uma mensagem.

processo de codificação Converter um significado em uma série de signos ou símbolos.

Como converter significado em conceito
Os cosméticos Olay destacam palavras como "Wow!" and "New" (novo) para passar um significado a respeito da qualidade da combinação dupla de maquiagem para os olhos e para os cílios.

Ao codificar um significado, a fonte precisa usar sinais ou símbolos que o receptor ou a audiência utilizam para se referir aos conceitos que a fonte pretende transmitir. Em vez de jargão técnico, uma linguagem explicativa ajuda os consumidores a entenderem a mensagem e costuma despertar reações positivas e intenções de compra. Os profissionais de marketing tentam evitar signos e símbolos que que tenham vários significados para o público. Por exemplo, embora nos Estados Unidos *soda* seja sinônimo de refrigerante, a palavra é evitada em propagandas veiculadas nacionalmente porque em algumas regiões daquele país o termo pode significar refrigerante e, em outras, pode significar "bicarbonato de sodio", abreviação de "ice cream soda" (bebida à base de sorvete) ou de "club soda" (usado no uísque e em vários drinks).

canal de comunicação O meio de transmissão que carrega a mensagem codificada de uma fonte para o receptor.

Para compartilhar uma mensagem codificada com um receptor ou audiência, a fonte seleciona e utiliza um **canal de comunicação**, um meio de transmissão que carrega a mensagem codificada da fonte até o receptor ou a audiência. Os meios de transmissão incluem palavras impressas (revistas e jornais), transmissões (de televisão e rádio) e comunicação digital. A Tabela 15.1 mostra os canais mais procurados pela população para obter notícias e informação. Embora a televisão ainda seja a fonte mais comum de notícias, 39% dos norte-americanos se informam por meio de fontes on-line.[5]

processo de decodificação Converter sinais ou símbolos em conceitos e ideias.

ruído Tudo o que reduz a clareza e a precisão da comunicação.

No **processo de decodificação**, os sinais e símbolos são convertidos em conceitos e ideias. Raramente um receptor decodifica exatamente o mesmo significado esperado pela fonte. Quando o resultado da decodificação difere do que foi codificado, surge o ruído. **Ruído** é tudo o que reduz a clareza e a acurácia da comunicação; o ruído tem muitas origens e pode afetar qualquer parte do processo de comunicação ou mesmo o processo inteiro.

Às vezes o ruído surge do próprio canal de comunicação. Laringite, interferências na transmissão do rádio ou da TV e internet com

Tabela 15.1 Fontes de notícias para os norte-americanos

Televisão	55%
On-line	39%
Jornal	29%
Rádio	33%

Fonte: "In Changing News Landscape, Even Television is Vulnerable", Pew Research Center for the People & the Press, 27 de setembro de 2012, <www.people-press.org/2012/09/27/in-changing-news-landscape-even- television-is-vulnerable/>. Acesso em: 17 jan. 2013.

conexão lenta ou sinal fraco são fontes de ruído. O ruído pode acontecer quando uma fonte usa sinais e símbolos não familiares para o receptor ou cujos significados diferem daqueles imaginados pelo emissor. Ele também pode se originar no receptor; os processos de percepção do receptor podem bloquear a comunicação e ele acaba não percebendo a mensagem codificada.

feedback Resposta do receptor à mensagem decodificada.

A resposta do receptor a uma mensagem codificada é chamada de **feedback**, direcionado à fonte. A fonte geralmente espera e normalmente recebe o feedback, embora nem sempre de forma imediata. Por meio do feedback, o receptor fornece à fonte originária uma resposta à mensagem. O feedback é codificado, enviado por um canal de comunicação e decodificado pelo receptor, que é a fonte da comunicação original. Dessa forma, a comunicação se mostra como um processo circular, indicado na Figura 15.1.

Durante o processo de comunicação pessoal, como no caso de uma promoção de venda, o feedback verbal e não verbal pode ser imediato. O feedback imediato permite aos comunicadores ajustarem rapidamente suas mensagens para aumentar a eficácia da sua comunicação. Por exemplo, quando um vendedor percebe o feedback de que o cliente não está entendendo a apresentação de venda, esse vendedor adapta a apresentação para torná-la mais clara. É por isso que a comunicação pessoal é a mais flexível e adaptável, principalmente se comparada com a comunicação por internet ou telefone. Na comunicação interpessoal, o feedback ocorre por meio da fala, do toque, dos sorrisos, acenos, movimentos dos olhos e por outros movimentos e posturas corporais.

Quando se usa comunicação de massa, como propaganda, o feedback pode demorar e é difícil reconhecê-lo. Além disso, pode se levar vários meses ou anos antes que se possa conhecer os efeitos de uma promoção. Mas algum tipo de feedback relevante pode ocorrer no curto prazo, na forma de aumento nas vendas ou na procura pelo produto e em mudanças na atitude do público ou na percepção sobre a marca.

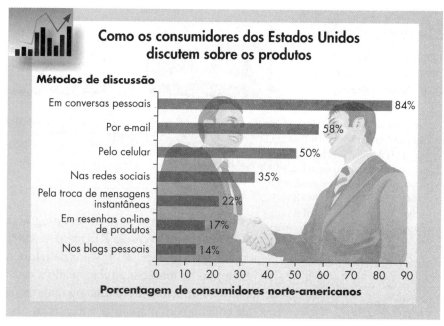

Fonte: EMarketer; Word of Mouth Association.

Cada canal de comunicação tem um limite de volume de informações que pode transmitir de modo eficiente. Esse limite, chamado de **capacidade do canal**, é determinado pelo componente menos eficiente do processo de comunicação. Pense em formas de comunicação que dependam da fala. Há um limite para a velocidade da fala de alguém, assim como há um limite para quanto uma pessoa consegue captar dessa fala. Além desse ponto, as mensagens seguintes não podem ser decodificadas; assim, o significado não pode ser compartilhado. Embora um locutor de rádio possa ler centenas de palavras por minuto, o minuto de uma propaganda não deve ultrapassar de 150 palavras, porque a maioria dos locutores não consegue articular mensagens compreensíveis a uma velocidade acima de 150 palavras por minuto.

capacidade do canal Limite do volume de informação com o qual um canal de comunicação pode lidar com eficiência.

A FUNÇÃO E OS OBJETIVOS DA PROMOÇÃO

A **promoção** é uma forma de comunicação que busca construir e manter relacionamentos favoráveis, informando e persuadindo um ou mais públicos para que tenham uma visão positiva de uma organização e aceitem seus produtos. Para conseguir isso, muitas organizações gastam recursos consideráveis em promoção para construir e manter relacionamentos tanto com clientes atuais quanto com clientes em potencial, assim como outros stakeholders.

A Procter & Gamble, por exemplo, gasta cerca de US$ 4,6 bilhões em propaganda por ano.[6] Os profissionais de marketing acabam favorecendo, ainda que de forma indireta, todo tipo de bom relacionamento com o público quando se concentra em fornecer informações sobre os produtos e sobre as ações das empresas a grupos de interesse (como ambientalistas e grupos de consumidores), investidores atuais e potenciais, agências regulatórias e a sociedade em geral. É por isso, por exemplo, que algumas organizações promovem o uso responsável de produtos criticados pela sociedade, como cigarro, álcool, filmes e videogames violentos.

3 Compreender o papel e os objetivos da promoção.

promoção Forma de comunicação empregada para construir e manter relacionamentos ao informar e persuadir um ou mais públicos.

Figura 15.2

Importância do fluxo de informação da comunicação integrada de marketing.

Fonte: Pride e Ferrell. *Marketing*, 17 ed., 2014, Cengage Learning.

Às vezes, as empresas promovem programas para auxiliar e apoiar determinado grupo. Por exemplo, o cartão REDcard da varejista Target gera fidelidade do cliente ao permitir que ele doe 1% do valor da fatura do cartão de crédito para certas escolas.[7] Esse tipo de marketing relacionado a causas sociais liga o consumo a esforços de filantropia direcionados a uma ou mais causas sociais. Ao contribuir para as causas que contam com o apoio dos mercados-alvo, o marketing relacionado as causas sociais aumenta as vendas e a lealdade do cliente, além do que gera boa vontade.

Para aproveitar ao máximo os esforços de promoção, os profissionais de marketing devem se esforçar para ter um planejamento adequado, assim como a implementação, a coordenação e o controle da comunicação. A gestão eficaz da comunicação integrada de marketing baseia-se em informações dos clientes e do ambiente do mercado e do feedback deles, e muitas vezes isso é obtido do sistema de informação do marketing da organização (como mostra a Figura 15.2). O sucesso de uma promoção em manter relacionamentos positivos depende até certo ponto da quantidade e da qualidade de informações que a organização recebe. Como os clientes obtêm informações e opiniões de várias fontes, o planejamento da comunicação integrada de marketing também leva em consideração os modos informais de comunicação, como os rumores espalhados pelo boca a boca e as fontes de informação independentes da internet. Pelo fato de a promoção ser uma comunicação que pode ser gerenciada, vamos analisar como é esse tipo de comunicação e como funciona.

Os objetivos promocionais variam consideravelmente de uma organização para outra e também dentro delas ao longo do tempo. Organizações grandes, com vários programas de promoção operando simultaneamente, podem ter vários objetivos promocionais. Para facilitar nossa análise, vamos focar nos oito objetivos mostrados na Tabela 15.2. Embora não seja uma lista completa, um ou mais desses objetivos acabam motivando vários programas de promoção.

Tabela 15.2 Objetivos possíveis da promoção

Criar conhecimento	Manter clientes fiéis
Estimular a demanda	Facilitar o apoio ao revendedor
Encorajar a experimentação do produto	Combater os esforços promocionais da concorrência
Identificar clientes potenciais	Reduzir a flutuação de vendas

© Cengage Learning

Criar conhecimento

Uma grande parte dos esforços de promoção se concentram em criar conhecimento. Para uma organização que está lançando um produto novo ou uma extensão de linha, criar conhecimento nos clientes em relação ao produto é crucial para que o processo de adoção desse produto tenha início. Um profissional de marketing que investe muito no desenvolvimento de um produto esforça-se para despertar rapidamente a atenção do público e gerar faturamento que compense os altos custos do desenvolvimento e do lançamento desse produto. A Microsoft criou conhecimento para o seu Windows 8 meses antes do lançamento oficial. A organização permitiu que desenvolvedores de softwares tivessem acesso a uma versão inicial do Windows 8 e revelassem as novas características do sistema operacional na MCW (Mobile World Congress, Conferência Internacional de Telefonia Celular) antes do lançamento oficial.

Instruir os consumidores sobre as características do produto era importante, uma vez que o Windows 8 era o primeiro sistema operacional da Microsoft que rodava tanto em desktops como em tablets.[8]

Criar conhecimento é importante também no caso de produtos existentes. A Cesar® promove a ideia de que seus cinco tipos de petiscos para cachorro são apropriados para *todas* as raças. Para generalizar essa percepção, a propaganda utiliza o humor ao apresentar um cachorro grande tentando se portar como o cãozinho de colo que é a marca dos produtos Cesar. O anúncio também sugere que comprar comida de cachorro da Cesar equivale a um ato de amor para com o animal de estimação. Os esforços de promoção buscam aumentar a atenção ou a percepção do público em relação às marcas, aos atributos do produto, às questões relacionadas à imagem (como o porte da organização ou suas ações de responsabilidade social) ou às características operacionais ou de funcionamento (como horário de atendimento de uma loja, endereços disponíveis e crédito facilitado). Alguns programas de promoção não obtêm sucesso porque os

Gerando conhecimento da marca
Com o anúncio "Todos querem ser um cachorro da Cesar®", a organização procura aumentar o conhecimento do cliente para a marca e conscientizá-lo dos prazeres que ela oferece para todo tipo de cachorro.

profissionais de marketing falham ao chamar a atenção para questões que são relevantes a partes significativas do mercado-alvo. Às vezes, a própria campanha é a responsável pelo fracasso. Por exemplo, um comercial da rede de fast-food Arby's que criticava sua rival, a cadeia de sanduíches Subway, por fatiar as carnes em uma fábrica em vez de fazê-lo nos próprios restaurantes, irritou os habitantes do Iowa ao mostrar uma fábrica naquele Estado norte-americano. O diretor de marketing do Arby's pediu desculpas publicamente.[9]

Estimular a demanda

Quando uma organização é a primeira a lançar um produto inovador, tende a estimular a **demanda primária** – a demanda por aquela categoria de produto em vez da demanda por uma marca específica daquele produto – por meio de uma promoção inicial ou **promoção pioneira**. A promoção pioneira informa os clientes em potencial sobre o produto: o que é, o que faz, como pode ser usado e onde pode ser adquirido. Como a promoção pioneira é usada na fase de lançamento no ciclo de vida do produto, isso quer dizer que não há marcas concorrentes, então, não é preciso enfatizar nem comparar as marcas. Quando a Apple lançou o novo iPad (a terceira versão do produto), pensou em um produto diferente dos desktops e dos notebooks e no fato de que seria usado em casa para acesso fácil a notícias, e-mail e entretenimento,

demanda primária Demanda pela categoria de produto, e não por uma marca específica.

promoção pioneira Promoção que informa o consumidor sobre um novo produto.

demanda seletiva Demanda por uma marca específica.

bem como a uma variedade de serviços. O objetivo era promover a linha iPad como uma nova categoria de produto, e não como um substituto dos produtos que todos já tinham em casa.[10]

Para construir a **demanda seletiva**, ou seja, a demanda por uma marca específica, o profissional de marketing emprega esforços promocionais que indicam as qualidades e os benefícios de determinada marca. A construção da demanda seletiva requer que se destaque os atributos relevantes para o comprador em potencial. Essa demanda pode ser estimulada pela diferenciação do produto em relação às marcas concorrentes na mente dos clientes em potencial. A marca de cosméticos Origins estimula a demanda do seu creme antienvelhecimento Plantscription™, com fator solar 25, por meio da descrição dos benefícios do produto e encorajando as pessoas interessadas a lerem na internet o depoimento de mais de 4,6 milhões de consumidores. A marca também descreve a tecnologia usada na criação do produto para evidenciar sua origem natural.

A demanda seletiva também pode ser estimulada pelo aumento dos usos do produto e pela promoção deles, assim como por descontos no preço, amostras grátis, distribuição de cupons, competições entre consumidores, jogos e sorteios. Por exemplo, a Ace Hardware, varejista especializada em ferramentas, realiza promoções em que o consumidor obtém 20% de desconto em todos os produtos que conseguir acomodar em uma sacola da loja. Esse tipo de promoção apoia a demanda seletiva pela Ace Hardware. Promoções que apresentam embalagens maiores ou trazem vários produtos no mesmo pacote se destinam a aumentar o consumo, o que, por sua vez, estimula a demanda. Além disso, a demanda seletiva pode ser estimulada ao se encorajar os clientes atuais a consumir mais do produto.

Encorajar a experimentação do produto

Na tentativa de fazer os clientes passarem pelo processo de adoção do produto, o marketing pode conseguir criar conhecimento e despertar o interesse, mas os clientes podem não avançar para a fase de avaliação do produto. Nesse caso, certos tipos de promoção – como cupons, amostras grátis, test drive, ofertas de uso gratuito por tempo limitado, concursos e jogos – são empregados para encorajar o público a experimentar o produto. A rede de cafés Starbucks ofereceu amostras grátis do seu "Blonde Roast", café de torra clara, depois que uma pesquisa mostrou que 54 milhões de norte-americanos que tomam café preferem esse tipo de torra aos blends da Starbucks para fazer em casa.[11] Seja o produto o primeiro de uma nova categoria, uma marca nova em uma categoria já existente ou apenas uma marca estabelecida que busca clientes, os esforços de promoção para encorajar a experiência com o produto buscam oferecer amostras de experimentação convenientes e de baixo custo para clientes em potencial.

Estimulando a demanda do produto
A estratégia de propaganda da Origins é adotar um tom de transparência para com os consumidores ao dizer que nada protege para sempre o rosto das rugas e ao apoiar suas afirmações sobre estatísticas e depoimentos, afirmando que 83% dos usuários apresentaram melhora na aparência da pele em apenas 4 semanas.

Identificar clientes potenciais

Certos tipos de esforços promocionais buscam identificar clientes que estariam interessados no produto da organização e que poderiam se tornar potenciais compradores. Um profissional de marketing pode veicular um comercial na TV encorajando o telespectador a visitar o site da organização e fornecer informação pessoal em troca de um brinde de valor. Os clientes que respondem a essas mensagens geralmente têm muito interesse pelo produto, o que os torna compradores em potencial. A organização pode responder por telefone, por e-mail ou por meio de contato pessoal da equipe de vendas.

Manter clientes leais

Manter um relacionamento de longo prazo com o cliente é claramente o maior objetivo da maioria dos profissionais de marketing. Esses relacionamentos são muito valiosos. Os esforços promocionais dirigidos à retenção dos clientes podem ajudar a organização a controlar custos, uma vez que os custos de se manter um cliente são consideravelmente mais baixos que os de conseguir clientes novos. Programas de fidelidade, como aqueles usados por linhas aéreas, agências de aluguel de automóveis e hotéis, buscam premiar os clientes leais e encorajá-los a se manterem fiéis. A rede de cinemas Regal Entertainment, por exemplo, lançou o programa Regal Crown Club. Participar desse programa dá direito aos consumidores de receber pontos que podem ser trocados por filmes grátis, pipoca ou bebidas em qualquer sala de cinema Regal.[12] Algumas organizações utilizam ofertas especiais que apenas os clientes atuais podem aproveitar. Para manter os clientes leais, os profissionais de marketing não apenas divulgam programas de fidelidade como também usam propagandas de reforço que garantem aos usuários atuais que eles escolheram a marca certa e informam sobre como conseguir mais satisfação do produto.

Facilitar o apoio ao revendedor

O apoio ao revendedor é uma via de mão dupla: os produtores geralmente querem dar suporte aos revendedores para auxiliá-los na venda de seus produtos e em troca esperam que seus revendedores deem suporte a seus produtos. Quando um fabricante faz propaganda de seus produtos aos consumidores, os revendedores devem ver essa promoção como um tipo de apoio intenso por parte do produtor. Em algumas situações, o produtor concorda em bancar parte dos custos dos varejistas com propaganda para promover produtos. Por exemplo, quando um fabricante está introduzindo uma nova marca em uma categoria de produtos de consumo altamente competitiva, pode ser difícil persuadir os gerentes de supermercado a darem mais atenção a essa marca. No entanto, se o fabricante promove uma nova marca por meio de amostras grátis e da distribuição de cupons na região do varejista, o gerente de supermercado pode entender essas promoções como ações de apoio intenso e ter mais disposição em relação ao produto.

Para encorajar atacadistas e varejistas a aumentar os estoques de determinados produtos, um produtor pode fornecer ofertas especiais e incentivos econômicos para a compra desses produtos. Em alguns setores, a equipe de vendas propicia apoio ao atacadista, trabalhando com os clientes (os varejistas) na apresentação e na promoção dos produtos. Relacionamentos fortes com revendedores são importantes para a a organização manter vantagens competitivas sustentáveis. O uso de vários métodos de promoção pode ajudá-la a alcançar esse objetivo.

Combater os esforços promocionais da concorrência

Às vezes, o objetivo de marketing em uma promoção é contrabalancear ou diminuir o efeito dos programas de marketing ou das ações promocionais da concorrência. Esse tipo de ação promocional não precisa necessariamente aumentar as vendas nem a participação de mercado, mas serve para prevenir a queda nas vendas ou a perda de mercado. Uma tática de promoção de confronto é usada geralmente por organizações em mercados de produtos de consumo extremamente competitivos, como de fast-food, lojas de conveniência e mercados de telefonia/internet/TV a cabo. A cerveja Newcastle Brown Ale adotou promoções de confronto ao criticar de forma bem-humorada as propagandas das marcas rivais. Em uma abordagem agressiva, criticou o uso da palavra "cálice" pela concorrente Stella Artois em uma propaganda. A Newcastle colocou cartazes ao lado dos outdoors da Stella Artois com a pergunta "Quem usa a palavra 'cálice'?", para brincar com a ideia de que concorrência usa velhos clichês.[13] Não é incomum no mercado norte-americano os concorrentes revidarem com uma estratégia de cobrir os preços da empresa concorrente ou mesmo de igualar seus preços aos dela.

Reduzir a flutuação de vendas

A demanda, no caso de vários produtos, pode variar mês a mês em razão de fatores como temperatura, feriados e estações do ano. No entanto, um negócio não consegue operar com o máximo de eficiência quando as vendas flutuam com muita rapidez. As mudanças no volume de vendas se traduzem em alterações na produção, no nível do estoque, na necessidade de pessoal e de recursos financeiros. Quando as técnicas de promoção reduzem as flutuações ao gerar vendas em períodos de pouco faturamento, a organização consegue usar seus recursos de modo mais eficiente.

Muitas vezes, as técnicas promocionais são concebidas para estimular as vendas durante os momentos de baixa. Por exemplo, a marca Snapper oferece cortadores de grama a preços promocionais durante o outono para esticar a temporada de venda. Durante os períodos de pico, o profissional de marketing pode deixar de fazer propaganda de modo a evitar que as vendas sejam estimuladas a ponto de não ser possível lidar com a demanda. A organização também pode anunciar que os clientes serão mais bem atendidos em determinados dias. Um restaurante de comida italiana, por exemplo, pode distribuir cupons válidos apenas de segunda a quarta, porque de quinta a domingo o restaurante fica muito lotado.

Para alcançar os principais objetivos promocionais discutidos aqui, as organizações devem desenvolver programas de promoção adequados. Na próxima seção, vamos analisar os componentes básicos desses programas: os elementos do mix de promoção.

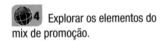 Explorar os elementos do mix de promoção.

mix de promoção Combinação de métodos de promoção usados para promover um produto específico.

O MIX DE PROMOÇÃO

Vários métodos de promoção podem usados na comunicação com indivíduos, grupos e organizações. Quando uma organização combina métodos específicos para administrar a comunicação integrada de marketing de determinado produto, essa combinação se constitui no **mix de promoção** para aquele produto. Os quatro elementos possíveis de um mix de promoção são a propaganda, a venda pessoal, as relações públicas e as promoções de vendas (conforme a Figura 15.3). Para alguns produtos, as organizações utilizam os quatro elementos; para outros, apenas dois ou três. Nesta

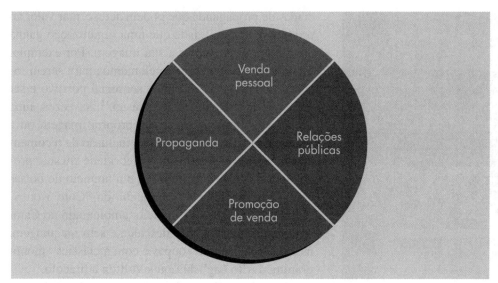

Figura 15.3

Os quatro elementos possíveis do mix de promoção.

Fonte: Pride e Ferrell. *Marketing*, 17 ed., Cengage Learning, 2014.

seção, apresentaremos uma visão geral de cada elemento do mix de promoção, que serão revistos em detalhe nos próximos dois capítulos.

Propaganda

A propaganda é uma comunicação paga e impessoal a respeito de uma organização e de seus produtos, transmitida a uma audiência-alvo através de meios de comunicação de massa, como TV, rádio, internet, jornais, revistas, videogames, mala direta, outdoors e adesivos e cartazes em meios de transporte. A propaganda muda à medida que mudam os hábitos de consumo em relação aos meios de comunicação de massa. As empresas se esforçam para maximizar sua presença e impacto usando a mídia digital; anúncios são criados para alcançar audiências menores e mais personalizadas e os meios tradicionais, como os jornais, estão em declínio em razão da queda de público. Organizações e indivíduos usam a propaganda para promover bens, serviços, ideias, questionamentos e pessoas. Por ser altamente flexível, a propaganda pode alcançar uma quantidade muito grande de audiências-alvo ou focar com precisão em um segmento bem pequeno e definido. A propaganda dos restaurantes Quizno, por exemplo, concentra-se na grande audiência de potenciais consumidores de fast-food, que vai de crianças a adultos, ao passo que a propaganda dos jatos da Gulfstream foca em um mercado-alvo menor e mais especializado. Os outdoors que anunciam os perigos do fumo passivo para as crianças, por sua vez, são usados para chamar atenção para a questão. O anúncio indica que a criança que cresce exposta ao fumo passivo é como se aos cinco anos de idade tivesse fumado 102 maços de cigarro.

A propaganda oferece várias vantagens. Ela é eficiente em termos de custo quando consegue alcançar muitas pessoas a um baixo custo por pessoa. Por exemplo, um anúncio colorido na revista *Time* custa US$ 339.440. Com a circulação de aproximadamente 3.298.390 exemplares, é como se você pagasse US$ 97 para atingir mil assinantes.[14] A propaganda também permite que a fonte repita a mensagem várias vezes. A rede Subway credita o sucesso em uma ação de promoção e propaganda à campanha com um jingle que gruda no ouvido e repete sem parar a promoção do "sanduíche Subway de 30 centímetros por US$ 5". Além disso, há formas diferen-

Propaganda para difundir conhecimento
Nem toda propaganda é usada para estimular a demanda por produtos. Este outdoor foi concebido para conscientizar os pais sobre os efeitos do fumo passivo.

ciadas de propaganda que podem acrescentar valor ao produto, e a visibilidade que uma organização ganha com ela pode melhorar a sua imagem. Por exemplo, incorporar em um anúncio elementos para serem tocados podem gerar feedback sensorial positivo e ser uma boa ferramenta de persuasão.[15] Às vezes, uma organização tenta ampliar sua própria imagem ou a imagem de seus produtos com a inclusão da recomendação ou do endosso de uma celebridade em suas propagandas. A Louis Vuitton fez um anúncio de bolsas com Angelina Jolie na campanha da "Core Values" (valores essenciais). O anúncio, ambientado no Camboja, apresentava a atriz descalça e sem maquiagem, usando suas próprias roupas e com a clássica "monogrammed Alto bag" da Louis Vuitton a tiracolo.[16]

A propaganda também tem suas desvantagens. Mesmo que o valor por pessoa atingida seja baixo, o custo total pode ser bem alto, principalmente para comerciais em horários de grande audiência na TV e anúncios em sites populares. Os altos custos podem limitar, e às vezes impedir, o uso da propaganda em um mix de promoção. Além disso, a propaganda raramente apresenta feedback rápido. Medir os efeitos sobre as vendas costuma ser difícil, e a propaganda é geralmente menos persuasiva que o esforço de venda pessoal. Na maioria das situações, o tempo disponível para comunicar uma mensagem aos clientes é limitado a segundos porque as pessoas só olham para anúncios impressos por alguns instantes, e a maioria dos comerciais na TV e na internet tem menos de 30 segundos. Há também os infomerciais, espaço comprado na grade horária da TV para apresentar comerciais em formatos mais extensos, que imitam programas de variedades, entrevistas e documentários. No entanto, o infomercial é um formato que pode espantar os compradores mais sofisticados.

Venda pessoal

A venda pessoal é uma forma paga de comunicação pessoal que busca informar e persuadir clientes para comprarem produtos numa situação de venda. Neste caso, *comprar um produto* inclui também a ideia de aceitação de ideias e questionamentos. A venda pessoal é a forma de promoção mais usada no mercado de negócios e também no mercado de bens duráveis de alto valor, como casas, carros, eletrônicos e mobília.

Comparada com a propaganda, a venda pessoal tem tanto vantagens como limitações. A propaganda é uma comunicação muito genérica direcionada a uma audiência-alvo relativamente grande, ao passo que a venda pessoal envolve comunicação muito específica e direcionada a uma ou várias pessoas. Alcançar uma pessoa por meio da venda pessoal custa bem mais do que pela propaganda, mas os esforços de venda pessoal costumam ter maior impacto sobre os clientes. Na venda pessoal o feedback é imediato, o que permite aos profissionais de marketing ajustarem suas mensagens para melhorar a comunicação. Esse tipo de interação também os ajuda a determinar as necessidades de informação dos clientes e a responder a elas.

Quando um vendedor e um cliente se encontram pessoalmente, usam vários tipos de comunicação interpessoal. A forma principal de comunicação é verbal, tanto pela linguagem falada como escrita. O vendedor e o cliente frequentemente usam **comunicação cinésica**, ou comunicação por meio do movimento da cabeça, dos olhos, dos braços, das mãos, das pernas ou do tronco. Piscar, acenar, fazer gestos com as mãos e mover os braços são formas de comunicação cinésica. Durante uma apresentação de venda, um bom vendedor é capaz de avaliar o interesse do cliente em potencial ao reparar no contato visual e no modo como balança a cabeça. A **comunicação proxêmica**, uma forma menos óbvia de comunicação usada em vendas e negociações, ocorre quando as pessoas variam as distâncias físicas entre si. Quando um cliente se afasta de um vendedor, por exemplo, pode estar demonstrando a falta de interesse pelo produto ou a falta de empatia com o vendedor. O toque, ou a **comunicação táctil**, também é uma forma de comunicação, embora menos popular nos Estados Unidos que em outros países. O aperto de mão é a forma mais comum de comunicação tátil nos Estados Unidos e no mundo.

comunicação cinésica Ocorre por meio do movimento da cabeça, dos olhos, dos braços, das mãos, das pernas e do tronco.

comunicação proxêmica Utiliza a distância física e a proximidade nas interações pessoais.

comunicação táctil Ocorre por meio do toque.

Relações públicas

Embora muitas atividades de promoção se concentrem nos clientes da organização, outros stakeholders – fornecedores, empregados, acionistas, mídia, educadores, investidores potenciais, autoridades governamentais e a sociedade em geral – também são importantes.

Para se comunicar com os clientes e stakeholders, uma organização utiliza relações públicas. As relações públicas são um conjunto variado de esforços de co-

●●● Tendências do marketing

Com o marketing viral, a Procter & Gamble renova o interesse do público pelo Tide

Como uma marca madura e estabelecida consegue se manter relevante hoje em dia? Tide, o sabão líquido da Procter & Gamble para máquinas de lavar, tem usado no mercado norte-americano uma combinação de peças satíricas e mídia social para se tornar viral. O marketing viral é uma das formas mais eficazes de marketing. É uma estratégia para fazer os consumidores compartilharem com outros consumidores a mensagem da empresa, geralmente por e-mail ou por vídeos on-line, de modo que ela se espalhe com rapidez e intensidade. As promoções virais permitem que as marcas ganhem fôlego e visibilidade por meio de um simples clique e monitorem o resultado sem gastar muito.

Tudo começou quando o Tide respondeu a um artigo. The Onion, jornal especializado em sátira, criou uma matéria falsa em que ridicularizava as tentativas do Tide de se manter relevante para os consumidores, o jornal dizia que o fabricante de Tide empregava velhos clichês da televisão nas propagandas, como animais falantes e participação de celebridades. Em vez de se defender, o Tide capitalizou a publicidade e respondeu com um vídeo no YouTube usando os mesmos elementos descritos no artigo do The Onion. O vídeo foi visto por mais de 20 mil pessoas e criou para a empresa um grupo de seguidores em um canal de mídia muito poderoso.

Esse tipo de campanha digital tem sido importante na medida em que as vendas da P&G vêm declinando no varejo há alguns anos. Mais relevante ainda, o sucesso da P&G com a mídia digital demonstra que campanhas criativas podem renovar o interesse até por marcas mais maduras.[a]

municação usados para manter relações favoráveis entre a organização e o público interessado nela. Manter um relacionamento positivo com uma ou mais partes interessadas pode afetar os lucros e as vendas da organização, assim como sua sobrevivência no longo prazo.

As relações públicas recorrem a uma variedade de ferramentas, que incluem relatórios anuais, folhetos, patrocínios e até o suporte a programas de responsabilidade social direcionados à proteção do meio ambiente ou ao apoio a pessoas necessitadas. O objetivo das relações públicas é criar e aprimorar uma imagem positiva da organização. Cada vez mais os profissionais de marketing se dirigem diretamente ao público com esforços de relações públicas para contornar os intermediários da mídia tradicional (os jornais, as revistas e a televisão). Empresas como a Best Buy têm criado conteúdo para o YouTube com o objetivo de atrair o público para o "mundo geek" e de oferecer vídeos tutoriais para questões relacionadas aos aparelhos eletrônicos.[17]

Outras ferramentas surgem do uso da publicidade, que é um componente das relações públicas. A publicidade é uma comunicação impessoal no formato de uma matéria ou reportagem a respeito de uma organização ou seus produtos, ou ambos, transmitida por uma mídia de massa e sem custos de veiculação. Alguns exemplos de ferramentas de relações públicas baseados em publicidade são artigos e releases de notícias, coletivas de imprensa e até a mídia social de sites como YouTube e Twitter. Para gerar publicidade, as organizações oferecem produtos a celebridades, na esperança de que elas sejam vistas e fotografadas com o produto e de que as imagens estimulem a atenção de modo a levar os fãs experimentarem o produto. No início da cerimônia de premiação do Oscar, as estrelas recebem sacolas com produtos grátis que valem milhares de dólares. Geralmente, os esforços de relações públicas são planejados e implementados em consonância com outros elementos do mix de promoção e de forma que todos os elementos se apoiem. Os esforços de relações públicas podem ser de responsabilidade de uma pessoa ou de um departamento da organização, ou a organização pode contratar uma agência de relações públicas.

Situações desagradáveis e eventos negativos, como sabotagem industrial ou desastre ecológico causado pelo fabricante de um produto, podem gerar relações públicas desfavoráveis para uma organização. Por exemplo, a Beef Products Inc. (BPI), que usava uma polpa de carne rosada para aumentar a firmeza e reduzir a quantidade de gordura da carne moída, quase foi à falência depois que um blogueiro chamou o produto de "meleca rosada". Assim que os canais de notícia começaram a divulgar essa história, multidões de clientes pararam de usar os produtos da BPI, o que levou a organização a fechar muitas de suas fábricas.[18] Para minimizar os efeitos danosos de uma cobertura negativa, profissionais de marketing competentes mantêm políticas e procedimentos ativos para administrar os problemas relacionados a relações públicas.

As relações públicas não devem ser vistas como um conjunto de ferramentas a serem usadas apenas durante uma crise. Para obter o melhor resultado delas, a organização precisa ter um responsável por isso, seja interno, seja externo, e deve manter um programa contínuo de relações públicas.

Promoções de vendas

Promoções de vendas são atividades ou materiais que agem como um estímulo direto, acrescentando valor ou um incentivo ao produto para revendedores, equipe de vendas ou consumidores. Entre os exemplos há amostras grátis, jogos, ofertas em dinheiro, sorteios, concursos, prêmios e cupons. A *promoção de venda* não deve ser confundida com a atividade de *promover um produto*; a promoção de venda é apenas uma parte do extenso campo de atividades da promoção. Os profissionais de marketing gastam mais com promoções de vendas do que com propaganda, e há indicações de que as atividades de promoção de venda têm crescido mais rapidamente que o uso da propaganda. Cupons são muito importantes no mercado norte-americano, principalmente em lojas de varejo como a rede de farmácias CVS. Com propagandas e cupons de M&M's®, a CVS encoraja o consumidor a procurar suas farmácias. Além disso, oferecer cupom com propaganda permite à CVS estimular os consumidores a conferirem on-line as ofertas da semana e a promover seu cartão exclusivo ExtraCare®.

Quando empresas usam propaganda ou venda pessoal, elas geralmente o fazem de modo contínuo ou cíclico. No entanto, o uso de promoções de vendas tende a ser irregular. Muitos produtos são sazonais. Os brinquedos costumam ter descontos em janeiro, logo depois dos feriados, para as lojas se livrarem do excesso de estoque. Com frequência, os profissionais usam as promoções de vendas para aumentar a eficácia de outros elementos do mix promocional, principalmente a propaganda e a venda pessoal. Aproximadamente 41% dos consumidores norte-americanos vão às compras com cupons de desconto, e o uso de cupons on-line tem aumentado significativamente nos Estados Unidos.[19] Os dispositivos móveis são uma tecnologia de uso muito pessoal, então, possibilitam a oportunidade rara para se alcançar consumidores onde quer que eles estejam. Estima-se que a internet móvel logo ultrapassará o uso da internet via desktops. Aplicativos para celular podem ser usados como ferramentas para engajar os consumidores por meio de promoções de vendas, como o uso de cupons de descontos e ofertas.[20]

Um mix de promoção eficaz demanda a combinação correta de elementos. Para observarmos como esse mix é construído, vamos examinar os fatores e as condições que afetam a escolha de métodos de promoção que as organizações usam para um produto em particular.

Cupons como promoção de venda
A CVS oferece cupons de desconto para produtos M&M como forma de encorajar os consumidores a visitar suas farmácias.

COMO SELECIONAR OS ELEMENTOS DO MIX DE PROMOÇÃO

5 Analisar a seleção dos elementos do mix de promoção.

Os profissionais de marketing variam a composição do mix de promoção por muitas razões. Embora o mix de promoção possa incluir os quatro elementos, o profissional de marketing pode se decidir por escolher apenas alguns. Muitas organizações que trabalham com múltiplas linhas de produtos usam várias combinações de mix de promoção simultaneamente.

Recursos, objetivos e políticas de promoção

O tamanho do orçamento de promoção de uma organização afeta a quantidade e intensidade relativa dos métodos a serem incluídos no mix de promoção. Se o orçamento de promoção é muito limitado, a organização pode acabar investindo em venda pessoal na medida em que é mais fácil medir sua contribuição para as vendas do que medir a eficácia de uma propaganda sobre as vendas.

Para usar propaganda de alcance regional ou nacional a organização precisa ter um orçamento de promoção considerável. Empresas como Procter & Gamble, Unilever, General Motors e Coca-Cola são alguns dos líderes em gasto global com mídias. Organizações com muitos recursos promocionais geralmente incluem mais elementos em seu mix de promoção, mas ter mais dinheiro para investir em ações de promoção não significa necessariamente usar mais métodos promocionais. Pesquisadores descobriram que recursos gastos em atividades de promoção acabam tendo uma influência positiva no valor da organização para os acionistas.

As políticas e os objetivos promocionais de uma organização também influenciam a escolha dos tipos de promoção. Se o objetivo da empresa for despertar a atenção de forma massiva sobre um novo item de supermercado, como um cereal matinal, o mix de promoção reforça a propaganda, a promoção de venda e até as relações públicas. Se a organização quer instruir os consumidores quanto aos atributos de um bem durável, como um eletrodoméstico, o mix de promoção pode combinar uma quantidade moderada de propaganda, incluir algumas promoções de vendas para atrair clientes às lojas e um grande esforço de venda pessoal, porque esse método é um modo eficiente de informar os clientes sobre o produto. Se o objetivo da organização é produzir vendas imediatas de serviços, o mix de promoção provavelmente insistirá em propaganda e promoções de vendas. Por exemplo, nos Estados Unidos, as organizações de limpeza a seco de carpetes costumam usar mais propaganda por meio de cupons ou de anúncios de descontos do que venda pessoal.

Características do mercado-alvo

Tamanho, distribuição geográfica e características demográficas do mercado-alvo de uma organização ajudam a ditar os métodos a serem incluídos no mix de promoção. Até certa medida, o tamanho do mercado e sua diversidade determinam a composição do mix. Se o tamanho é limitado, o mix de promoção provavelmente vai enfatizar a venda pessoal, que pode ser muito eficiente para alcançar pequena quantidade de pessoas. As organizações que atendem mercados industriais e as que vendem produtos para alguns poucos atacadistas frequentemente fazem da venda pessoal o principal componente do mix de marketing. Quando o mercado de um produto é composto de milhões de clientes, as organizações buscam a propaganda e as promoções de vendas, uma vez que esses métodos têm alcance massivo e baixo custo por pessoa. Para um país de densidades populacionais variadas, os profissionais de marketing podem usar propagandas regionais e direcioná-las para mercados maiores.

A distribuição geográfica dos clientes de uma organização também afeta a escolha dos métodos de promoção. É mais fácil realizar um esforço de venda pessoal se os clientes da organização estiverem concentrados em uma área pequena do que se estiverem espalhados por uma grande região. Quando a organização conta com muitos clientes espalhados geograficamente, pode ser mais prático apelar para a propaganda regional ou nacional.

Transformação verde

O governo norte-americano fecha o cerco ao pseudoecológico

O comportamento pseudoecológico ou greenwashing, ocorre quando empresas ofertam produtos como sendo mais ecológicos do que realmente são. Infelizmente, essa prática torna mais difícil para o consumidor indicar e selecionar quais empresas e produtos estão dizendo a verdade. Um estudo concluiu que quase 95% dos produtos ofertados como "verdes" possuem pelo menos um atributo classificado com pseudoecológico.

No passado, a Comissão Federal de Comércio dos Estados Unidos denunciou empresas cuja propaganda não condizia com a realidade do produto. Por exemplo, quando várias empresas anunciaram produtos feitos de fibras artificiais (raiom) como se fossem de bambu, a FTC mandou cartas de alerta para 78 varejistas, incluindo Walmart, Kohl's e Gap. O Estado da Califórnia processou três empresas que anunciaram suas garrafas de plástico como biodegradáveis, violando a lei estadual contra esse tipo de informação.

Ainda assim, nem todas as denúncias de pseudoecológicos são fáceis de provar. Por exemplo, uma empresa pode ter um produto composto de materiais ecológicos e ainda assim contar com algum componente prejudicial ao meio ambiente. Essa empresa pode fazer propaganda do seu produto como ecológico? A Comissão Federal de Comércio tem divulgado regras e orientações para o marketing de produtos ecológicos na tentativa de esclarecer essas questões. Essas orientações recomendam posturas como substituir alegações ecológicas por dados concretos e evitar terminologias que deem margem a ambiguidades. Embora as regras da Comissão Federal de Comércio não tenham a força de lei, possibilitam que a entidade vá atrás das empresas que violem esses padrões com práticas enganosas.[b]

As características do perfil demográfico do mercado-alvo, como idade, renda e educação, também podem afetar os tipos de técnicas de promoção a serem selecionadas, assim como as mensagens e imagens utilizadas. De acordo com o censo norte-americano (Census Bureau), "famílias tradicionais" – aquelas compostas de casais casados e com filhos – respondem por menos de 25% de todos os lares norte-americanos.[21] Para alcançar os outros mais de 75% dos lares compostos por apenas um pai ou apenas uma mãe, casais não casados, solteiros e os "ninhos vazios" (em referência a lares em que os filhos já foram morar fora de casa), cada vez mais as empresas têm modificado as imagens usadas em suas promoções.

Características do produto

Geralmente, o mix de promoção para produtos de negócios se concentra em venda pessoal, ao passo que a propaganda desempenha um papel maior na promoção de bens de consumo. Ainda assim, é preciso tomar cuidado com essa generalização. O marketing de serviços também usa alguns tipos de propaganda para promover seus produtos. A propaganda de computadores, equipamentos para a construção de estradas e aeronaves são muito comuns, e algumas promoções de vendas às vezes são usadas para produtos baseados em serviços. A venda pessoal é muito usada para bens de consumo duráveis, como eletrodomésticos, automóveis e casas, ao passo que itens de supermercado são vendidos principalmente por propaganda e promoções de vendas. As relações públicas são usadas no mix de promoção tanto para bens de negócios como para bens de consumo.

Para produtos altamente sazonais, os profissionais de marketing enfatizam a propaganda – e às vezes também a promoção de venda – porque as vendas de fora de temporada podem não justificar a manutenção de uma equipe de vendas cons-

Retratando as características dos produtos de serviço
Produtos baseados em serviços, como as ofertas de financiamento do Bank of America, muitas vezes são representadas por bens tangíveis que contam uma história sobre esse serviço.

tante. Embora a maioria dos fabricantes de brinquedos tenha uma equipe para vender seus produtos aos revendedores, muitos desses fabricantes dependem principalmente da propaganda e de canais de distribuição consistentes para promover seus produtos.

O preço do produto também influencia a composição do mix de promoção. Produtos mais caros pedem venda pessoal, porque os clientes associam grandes riscos à compra desse tipo de produto e geralmente querem receber informações de um vendedor. Para itens de supermercado, prefere-se a propaganda à venda pessoal. Pesquisas têm sugerido que o consumidor que visita uma loja especificamente para comprar um item em oferta tende a ler mais folhetos de ofertas e a comprar mais outros produtos que também estão em promoção que aquele que entra na mesma loja por outras razões.[22] Quando os produtos são ofertados por distribuição intensiva, as organizações dependem fortemente da propaganda e das promoções de vendas. Muitos produtos de supermercado, como hidratantes, cereais matinais e café, são promovidos por meio de amostras grátis, cupons ou reembolsos parciais após a compra. Quando o profissional de marketing se decide pela distribuição seletiva, cada mix de promoção varia consideravelmente. Itens vendidos por distribuição exclusiva – como relógios caros e mobília de alta qualidade – costumam demandar um esforço significativo de venda pessoal.

Os usos de um produto também afetam a combinação dos métodos de promoção. Fabricantes de itens de uso íntimo, como laxantes, contraceptivos vendidos sem prescrição médica e produtos de higiene feminina, dependem da propaganda, uma vez que muitos clientes não querem falar com os vendedores sobre esses produtos.

Empresas de serviços normalmente empregam produtos tangíveis para promover seus serviços intangíveis. O Bank of America Merrill Lynch promove sua flexibilidade de meios de financiamento ao descrever as experiências do consultor de estilo pessoal que utiliza os serviços do banco para auxiliar seus negócios. Essa história permitiu ao Bank of America criar um visual apelativo para a propaganda, com imagens de diferentes arranjos de mesa que representam o trabalho do consultor de estilo.

Custos e disponibilidade dos métodos promocionais

Os custos dos métodos promocionais são os principais fatores a serem analisados no desenvolvimento do mix de promoção. Propagandas e promoções de vendas de alcance nacional demandam muitos gastos. No entanto, se esses esforços atingirem audiências grandes o suficiente, o custo por pessoa pode se tornar baixo, talvez de alguns centavos. Algumas formas de propaganda são relativamente baratas. Muitas empresas pequenas e de atuação local anunciam seus produtos em mídias locais como jornais, revistas, rádios, estações regionais de TV, outdoors, anúncios pela internet e cartazes em meios de transporte público.

Outra questão explorada pelos profissionais de marketing na formulação do mix de promoção é a disponibilidade das técnicas promocionais. Apesar do tremendo número de veículos de mídia existente nos Estados Unidos, uma organização pode chegar à conclusão de que nenhum deles consegue alcançar de modo eficaz determinado mercado-alvo. O problema da disponibilidade de mídia torna-se ainda mais evidente quando os profissionais de marketing criam propagandas para outros países. Algumas mídias, como a TV, talvez não estejam disponíveis ou talvez a propaganda de determinado produto nesse veículo seja ilegal. Por exemplo, em muitos países, a propaganda de cigarros foi banida na televisão. Além disso, os padrões de regulação para o conteúdo de determinada mídia podem ser mais rígidos em certos países. Em alguns lugares, a propaganda não pode fazer comparação entre marcas concorrentes na televisão. E outros métodos promocionais também têm suas limitações. Por exemplo, uma organização pode querer aumentar sua equipe de vendas, mas não consegue encontrar pessoal qualificado.

Políticas de empurrar e de puxar

Outro elemento que os profissionais de marketing levam em consideração no planejamento do mix de promoção é se eles vão usar uma política de puxar ou de empurrar. Por meio da **política de empurrar**, os produtores promovem seus produtos para o próximo elo ou instituição no canal de marketing. Em um canal de marketing com atacadistas e varejistas, o produtor promove seus produtos para o atacadista, porque nesse caso o atacadista é o membro do canal logo depois do produtor (conforme mostra a Figura 15.4). Cada membro do canal faz promoção para o próximo membro. Uma política de empurrar geralmente enfatiza a venda pessoal.

Às vezes as promoções de vendas e a propaganda são usadas em conjunção com a venda pessoal para empurrar produtos adiante pelo canal de marketing.

Como mostra a Figura 15.4, uma organização que usa a **política de puxar** realiza promoções diretamente aos consumidores para desenvolver uma forte demanda por seus produtos. Isso é feito principalmente por meio de propaganda e promoções de vendas. Como os consumidores são convencidos a buscar esses produtos nas lojas de

política de empurrar Consiste em promover um produto até o elo seguinte do canal de marketing.

política de puxar Promoção do produto diretamente ao consumidor para desenvolver uma demanda forte que "puxe" o produto através do canal de marketing.

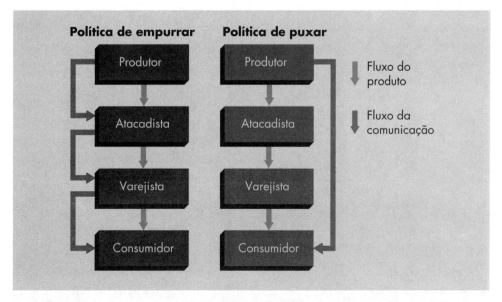

Figura 15.4

Comparativo entre as estratégias promocionais de empurrar e de puxar.

Fonte: Pride e Ferrell. *Marketing*, 17 ed., Cengage Learning, 2014.

6 Compreender a comunicação boca a boca e como ela afeta a promoção.

comunicação boca a boca Comunicação pessoal e informação que os clientes trocam entre si sobre produtos, marcas e empesas.

varejo, os varejistas vão aos atacadistas ou aos produtores para comprar esses produtos. O objetivo dessa política é puxar os bens através do canal de marketing, criando demanda por parte do consumidor. Os consumidores recebem a mensagem de que se as lojas não têm aquele produto, podem pedir para os lojistas passarem a trabalhar com ele. Políticas de empurrar e puxar não são mutuamente excludentes; às vezes, uma organização pode usar as duas ao mesmo tempo.

A CRESCENTE IMPORTÂNCIA DA COMUNICAÇÃO BOCA A BOCA

Ao tomar decisões sobre a composição do mix de promoção, os profissionais de marketing precisam reconhecer que as mensagens comerciais, sejam da propaganda, da venda pessoal, da promoção de venda ou das relações públicas, são limitadas em termos do que podem informar e de como podem persuadir o cliente, de modo a levá-lo se decidir por uma compra. Dependendo do tipo de cliente e do produto envolvido, muitos compradores confiam na comunicação boca a boca vinda de fontes próximas e pessoais, como familiares e amigos. A **comunicação boca a boca** é uma comunicação pessoal e informal em que os clientes trocam e compartilham entre si opiniões e experiências sobre produtos, marcas e empresas. A maioria dos clientes costuma ser influenciada pelos amigos e pela família na hora de decidir uma compra. O boca a boca é muito importante quando as pessoas escolhem restaurantes e lazer, bem como automóveis, médicos e serviços de saúde, advogados, bancos e cuidados pessoais, como cabeleireiros.

As estações de esqui da cadeia Vail Resorts usam o marketing boca a boca para encorajar os esquiadores a compartilhar diretamente com os amigos e a família a experiência de descer as colinas esquiando. A empresa lançou um aplicativo on-line chamado EpicMix que permite aos esquiadores monitorar seus percursos e registrar quantos metros percorreram, entre outras estatísticas. Os esquiadores podem usar o aplicativo para compartilhar seus feitos com os amigos e com a família sem precisarem sair da montanha.[23]

Encorajando a comunicação boca a boca
Anúncios engraçados que despertam o interesse do consumidor, como este da CareerBuilder.com, podem se tornar virais e gerar uma significativa intensidade de impacto e exposição gratuita.

Uma pesquisa identificou a existência de uma ligação entre a comunicação boca a boca e a decisão de compra por parte de um novo cliente quando essa comunicação transmite o envolvimento dos clientes e sua satisfação.[24] Os profissionais de marketing mais eficazes compreendem a importância da comunicação boca a boca e procuram identificar os líderes formadores de opinião para encorajá-los a experimentar seus produtos na expectativa de que passem a espalhar publicidade favorável.

Além disso, cada vez mais os clientes vão para a internet buscar informações e opiniões sobre bens e serviços, bem como sobre empresas. O boca a boca digital é a comunicação sobre produtos por meio de sites, blogs, e-mails, redes sociais e fóruns. Os usuários podem visitar vários sites destinados a consumidores, como Yelp, epinions.com e consumerreview.com. Nesses sites, podem conhecer as impressões de outros consumidores e suas experiências com determinados produtos; alguns sites encorajam os consumidores a darem notas aos produtos testados. Os usuários também podem pesquisar por categorias de produtos e comparar os pontos de vista dos consumidores sobre várias marcas e modelos. Não é surpresa que a credibilidade foi indicada como o atributo mais importante de um site que avalia produtos, e evitar riscos e perder tempo pesquisando foram os principais motivos dos usuários para utilizar esses sites.[25] Os compradores podem vasculhar os grupos e fóruns de discussão, assim como os blogs para encontrar informações boca a boca. Uma pesquisa on-line global da Nielsen sobre consumidores descobriu que 92% deles confiam nas recomendações de amigos e familiares, além disso, 70% disseram confiar nos comentários postados na internet por outros consumidores.[26]

O boca a boca eletrônico é especialmente importante para consumidores que querem se manter atualizados sobre as tendências. Centenas de blogs (como TechCrunch, Perez Hilton e engadget) desempenham um papel essencial na propagação do boca a boca eletrônico de tudo, de fofoca sobre os políticos a bens de consumo. Esses sites fornecem tendências, resenhas de produtos e outras informações do que é novo, excitante ou está na moda entre os consumidores. Eles se tornaram tão influentes em apresentar novos produtos e influenciar a visão dos consumidores que os profissionais de marketing têm monitorado cada vez mais esses sites para identificar novas tendências; algumas organizações têm tentado até influenciar os votos dos usuários desses sites quando elegem seus produtos preferidos. Os profissionais de

♦ ♦ Empreendedorismo em marketing

B-Reel aumenta a interação entre produtos e consumidores

Fundada em 1999, a B-Reel tem levado a propaganda para o nível seguinte das atividades de marketing. A empresa de criação de anúncios tem desafiado as regras do mercado ao criar campanhas que aceleram a interação entre os consumidores. Clientes como Google, Toshiba e Ikea usam as campanhas criadas pela B-Reel para conseguir o engajamento da audiência.

A campanha que a B-Reel considera fundamental é a The Wilderness Downtown, um filme interativo para promover o Google Chrome. O usuário podia digitar o endereço de onde morou na infância e um curta era criado mostrando um menino que corria pela rua digitada pelo usuário, na direção do seu endereço. O Google Maps mostrava zooms e vários ângulos das imagens. O nicho da campanha era só funcionar no Google Chrome, um browser não muito popular entres consumidores. Cerca de 50 milhões de pessoas assistiram à campanha e muitas acabaram baixando o Google Chrome. Com tantos projetos em andamento, a B-Reel mescla tecnologia e criatividade para se tornar mestre do buzz marketing.[c]

buzz marketing Tentativa de provocar a publicidade e a excitação do público acerca de um produto por meio de um evento criativo.

marketing devem cada vez mais cortejar blogueiros, que detêm influência crescente sobre a percepção do consumidor a respeito de empresas, bens e serviços.

O **buzz marketing** é a tentativa de estimular a publicidade e o entusiasmo do público em relação a um produto por meio de um evento criativo. Pense na repercussão de quando a Red Bull patrocinou o paraquedista Felix Baumgartner a saltar da estratosfera, a 39 km da superfície da Terra. O salto quebrou a barreira do som e chamou a atenção de grande parte do mundo. Em um momento, o YouTube chegou a ter 8 milhões de visitas simultâneas para assistir à façanha. O uso frequente que o Red Bull tem feito do buzz marketing tornou a empresa uma especialista em gerar excitação no público.[27]

O buzz marketing funciona melhor como parte de um programa de comunicação integrada de marketing que também usa propaganda, venda pessoal, promoção de venda e relações públicas. Entretanto, os profissionais de marketing devem tomar cuidado para que as campanhas de buzz marketing não violem nenhuma lei nem possam ser mal interpretadas e causar apreensão no público.

Antes do debate presidencial norte-americano de 2012, a Pizza Hut ofereceu a quem ia ao debate pizza de graça para sempre se a pessoa perguntasse aos candidatos se eles preferiam calabresa ou pepperoni. A organização foi duramente criticada por tentar fazer os candidatos se desviarem de questões sérias. A Pizza Hut abandonou essa campanha e pediu aos consumidores para discutirem a questão na internet.[28]

marketing viral Estratégia para conseguir o compartilhamento por parte dos consumidores de uma mensagem de marketing, muitas vezes por e-mail ou por vídeos on-line, de modo que se espalhe entre muitas pessoas de forma rápida.

O **marketing viral** é uma estratégia para fazer os consumidores compartilharem uma mensagem de marketing, muitas vezes por e-mail ou por vídeos on-line, como no YouTube, de forma rápida e intensa. Quando o site de comédia *Funny or Die* lançou um vídeo engraçado de 3 minutos com Tom Brady, casado com Gisele Bündchen e jogador de futebol americano do New England Patriot, o material serviu de propaganda para o fabricante de roupas Under Armour. O vídeo, que apresenta uma loja da Under Armour, seu logo e seus produtos, foi um sucesso de marketing viral e apareceu até na CBS-sports.com e na ESPN.[29]

O boca a boca, independentemente de como é transmitido, não é eficaz para todas as categorias de produtos. Ele funciona melhor para novidades e para produtos mais caros. Apesar dos óbvios benefícios desse tipo de comunicação, os profissionais de marketing também devem reconhecer o perigo potencial do boca a boca negativo. Isso é muito importante ao lidar com plataformas on-line, que podem alcançar muitas pessoas e encorajar consumidores e a se "bandearem" contra uma empresa ou um produto.

7 Entender como funciona a promoção por meio do product placement.

product placement Estratégia de colocar produtos ou promovê--lo dentro do conteúdo de entretenimento de alguma mídia com o objetivo de alcançar o mercado-alvo.

PRODUCT PLACEMENT

Uma técnica cada vez mais usada para alcançar os consumidores é encaixar um produto no contexto de um programa de televisão assistido pelo mercado-alvo. O **product placement** é uma forma de propaganda que estrategicamente coloca produtos ou promoções dentro da programação de entretenimento de um meio para alcançar os mercados-alvo do produto. A Apple é considerada uma expert em product placement. A empresa já conseguiu colocar seus iPods, iPads e computadores em vários sucessos recentes de audiência.[30] Essa estratégia tem ganhado importância com a crescente fragmentação da audiência televisiva, uma vez que os telespectadores têm cada vez mais opções de canais e tecnologia para pular os intervalos comerciais (como os gravadores de vídeo da TiVo). Pesquisadores descobriram que 60% a 80% do público que grava o programa o conteúdo da TV para ver mais tarde, pula os comerciais.[31]

A colocação de produtos dentro dos programas de TV tem obtido sucesso em alcançar o público enquanto o telespectador se entretém. Como a Pepsi é patrocinadora do *X Factor*, a marca costuma aparecer no programa. Logos da Pepsi podem ser vistos durante as apresentações, até mesmo nos copos que os jurados utilizam.[32] A programação dos reality shows acaba sendo uma combinação natural para o product placement, em razão do relacionamento bem próximo entre os participantes e os produtos (como a Sears no *Extreme Makeover Home Edition*; a presença de Levi's, Burger King, Marquis Jet e Dove na versão original de *O aprendiz*; e Coca-Cola no *American Idol*). No entanto, nem todas as empresas estão felizes com o modo como os produtos são incluídos na programação. A Abercrombie se ofereceu para pagar ao programa da MTV *Jersey Shore* para que parassem de mostrar os personagens mais antipáticos do programa usando roupas da sua marca.[33]

O product placement não está restrito aos programas da TV norte-americana. O parlamento europeu deu sinal verde para o uso limitado de product placement, embora só para alguns tipos de programas e apenas se os consumidores forem informados no início do segmento do programa que as empresas pagaram para ter seus produtos à vista da audiência. Em geral, a noção de product placement não é muito bem-vista na Europa e tem levantado muita polêmica no Reino Unido. Entretanto, uma nova legislação legalizou o product placement nos programas de televisão ingleses.[34]

Product placement no cinema
A Gap usou product placement no filme *A rede social*.

CRÍTICAS À PROMOÇÃO E SUA DEFESA

8 Analisar as críticas à promoção e sua defesa.

Ainda que as atividades promocionais ajudem os clientes a terem informações e conhecimento para tomarem decisões de compras, os cientistas sociais, as organizações de consumidores, as agências governamentais e os membros da sociedade em geral há muito criticam a promoção. Há duas razões principais para essas críticas: as promoções têm falhas, é essa uma atividade de alta visibilidade e que acaba sendo muito invasiva. Embora as reclamações sobre o excesso das atividades promocionais sejam praticamente universais, um grupo específico de críticas ganhou consistência. A Tabela 15.3 analisa essas críticas.

Tabela 15.3 Críticas à promoção e sua defesa

Questão	Discussão
A promoção engana o público?	Embora não seja mais uma prática difundida no mercado norte-americano, algumas promoções enganosas ainda acontecem; as leis, a regulação do governo e as autorregulamentações do mercado têm ajudado a diminuir intencionalmente esse tipo de promoção; os clientes também acabam se confundindo, sem a intenção premeditada dos anunciantes, porque algumas palavras têm sentidos diversos.
A promoção aumenta os preços?	Quando a promoção estimula a demanda, altos níveis de produção podem resultar em menores custos por unidade produzida, o que mantém os preços baixos; quando a demanda não é estimulada, porém, os preços sobem em virtude dos custos dos esforços de promoção; a promoção aumenta a competição de preços, o que conserva os preços baixos.
A promoção fabrica necessidades?	Muitos profissionais de marketing enfatizam as necessidades das pessoas ao basear o apelo das promoções nessas necessidades; no entanto, o marketing não cria essas necessidades; se não houvesse promoções, as pessoas continuariam a ter necessidades básicas como aquelas sugeridas por Maslow.
As promoções encorajam o materialismo?	Pelo fato de as promoções criarem atenção e visibilidade para os produtos, podem encorajar o materialismo da mesma forma que filmes, esportes, teatro e literatura contribuem para o materialismo; se não houvesse promoção, ainda assim haveria materialismo entre alguns grupos sociais, como demonstra as provas de materialismo em sociedades antigas.
As promoções podem ajudar os clientes sem custar muito?	Os clientes se informam sobre os produtos por meio da promoção, o que lhes permite tomar decisões de compra mais inteligentes.
É justo fazer propaganda de produtos potencialmente perigosos?	Alguns críticos sugerem que a promoção de produtos não saudáveis deveria ser completamente banida; outros argumentam que enquanto for legal vender tais produtos, a promoção deles deve ser permitida.

© Cengage Learning

■■■ Marketing em debate

Verde... mas ainda perigoso

QUESTÃO: É válido que as empresas de cigarro promovam seus produtos como ecológicos?

Normalmente, o público não se importa se uma empresa que usa ingredientes orgânicos, energia eólica e veículos híbridos anuncie sua marca como ecológica. No entanto, quando a empresa de cigarros Santa Fe Natural Tobacco Company usou essas informações para promover a sua marca, os críticos se revoltaram.

A empresa publicou anúncios em revistas como *Esquire*, *Elle* e *Mother Jones* para promover as características ecológicas da marca. Um argumento contrário é o de que como produtos declarados "verdes" são vistos como mais saudáveis, o consumidor pode ser levado a pensar que fumar os cigarros daquela marca traz menos riscos à saúde. A empresa afirma no seu site que cigarros orgânicos não são mais seguros que outros cigarros.[d]

Revisão do capítulo

1. Descrever a natureza da comunicação integrada de marketing.

A comunicação integrada de marketing consiste na coordenação da promoção e de outros esforços de marketing para garantir o maior impacto de informação e persuasão sobre os clientes.

2. Examinar o processo de comunicação.

Comunicação é compartilhar um sentido ou um significado. O processo de comunicação envolve várias etapas. Primeiro, a fonte traduz um significado em um código, processo conhecido como codificação.

A fonte deve empregar sinais ou símbolos familiares ao receptor ou à audiência. A mensagem codificada é enviada por meio de um canal de comunicação para o receptor ou a audiência. O receptor ou a audiência decodificam a mensagem e geralmente fornecem um retorno (feedback) à fonte. Quando a mensagem decodificada difere da mensagem codificada, dizemos que existe ruído na comunicação.

3. Compreender o papel e os objetivos da promoção.

A promoção é uma forma de comunicação que constrói e cria relacionamentos ao informar e persuadir uma ou mais audiências. Embora os objetivos promocionais variem de uma organização para outra e na própria organização ao longo do tempo, a maioria dos programas de promoção se relaciona com oito objetivos primários. A promoção tem como objetivo gerar conhecimento para um produto novo, uma nova marca ou um produto existente; estimular a demanda primária e a demanda seletiva; encorajar a experimentação do produto por meio de amostras grátis, cupons, ofertas grátis limitadas, concursos e jogos; identificar consumidores leais; facilitar o apoio ao revendedor; combater os esforços de promoção dos concorrentes e reduzir as flutuações nas vendas.

4. Explorar os elementos do mix de promoção.

O mix de promoção para um produto pode incluir quatro métodos principais de promoção: propaganda, venda pessoal, relações públicas e promoção de vendas.

A propaganda é uma forma de comunicação paga e impessoal sobre uma organização e seus produtos e é transmitida para uma audiência-alvo por meio de um veículo de massa. A venda pessoal é a comunicação paga e pessoal que, em uma situação de troca de informações entre vendedor e público, busca informar os clientes e persuadi-los a comprar os produtos. Relações públicas são uma variedade de esforços de comunicação utilizados para criar e manter uma relação favorável entre uma organização e seus stakeholders. A promoção de vendas refere-se a atividades ou materiais que atuam como encorajamento direto, oferecendo a revendedores, equipe de vendas ou consumidores valor agregado ou incentivos para o produto.

5. Analisar a seleção dos elementos do mix de promoção.

Os métodos de promoção usados no mix promocional de um produto são determinados pelos recursos, objetivos e políticas promocionais da organização; pelas características do mercado-alvo; pelas características do produto e pelo custo e disponibilidade desses métodos. Os profissionais de marketing também levam em conta se devem usar uma política de empurrar ou de puxar. Com uma política de empurrar, o produtor só promove seu produto até o elo seguinte no canal de marketing. Normalmente, uma política de empurrar reforça a venda pessoal. As organizações que usam a política de puxar fazem promoções diretamente aos consumidores com a intenção de desenvolver uma forte demanda pelos produtos. Uma vez que os consumidores são persuadidos a procurar pelo produto nas lojas, os lojistas vão a varejistas, atacadistas ou ao produtor para comprar o produto.

6. Compreender a comunicação boca a boca e como ela afeta a promoção.

A maioria dos consumidores tende a ser influenciada por amigos e familiares ao fazer compras. A comunicação boca a boca é uma forma de comunicação pessoal e informal em que os consumidores trocam entre si informações e opiniões sobre produtos, marcas e empresas. Os consumidores também podem ir para os meios on-line atrás do boca a boca eletrônico sobre produtos ou empresas. O buzz marketing é uma tentativa de incitar a publicidade e estimular o público em relação a um produto por meio de um evento criativo. O marketing viral é a estratégia de persuadir o consumidor a partilhar uma mensagem de marketing, geralmente por e-mail ou por vídeos na internet, de modo que se espalhe com intensidade e rapidez.

7. Entender como funciona o product placement.

O product placement é a localização estratégica de produtos ou de promoções de produtos dentro do conteúdo de programas de televisão para alcançar o mercado-alvo. Estratégias de product placement em programas de TV têm sido bem-sucedidas na medida em que fazem parte do entretenimento em vez de competirem com outros comerciais durante os intervalos.

8. Analisar as críticas à promoção e sua defesa.

Atividades promocionais podem ajudar o consumidor a tomar decisões de compra bem informadas, mas essas atividades também recebem muitas críticas.

A promoção já foi acusada de ser enganosa. Embora haja promoções enganosas ou que podem confundir o consumidor, as leis, a regulação do governo e a autorregulamentação do setor minimizam as promoções desse tipo. A promoção já foi acusada de aumentar os preços dos produtos, mas geralmente tende a diminuí-los. Quando a demanda é alta, os custos de produção e marketing caem, o que resulta em preços menores. Além disso, a promoção ajuda a manter os preços baixos ao facilitar a concorrência pelo preço. Outras críticas às promoções dizem respeito à manipulação dos consumidores em relação à compra de produtos de que não precisam, o que cria uma sociedade mais materialista, e à ideia de que os consumidores não se beneficiam o suficiente da atividade promocional para justificar o alto custo. Por fim, alguns críticos sugerem que não deveria haver esforços promocionais para produtos potencialmente perigosos, especialmente associados com violência, sexo e atividades prejudiciais à saúde.

Conceitos-chave

buzz marketing 526
canal de comunicação 508
capacidade do canal 509
comunicação 506
comunicação boca a boca 524
comunicação cinésica 517

comunicação integrada de marketing 505
comunicação proxêmica 517
comunicação táctil 517
demanda primária 511
demanda seletiva 512
feedback 508

fonte 507
marketing viral 526
mix de promoção 514
política de empurrar 523
política de puxar 523
processo de codificação 507
processo de decodificação 508

product placement 526
promoção 509
promoção pioneira 511
receptor 507
ruído 508

Questões para discussão e revisão

1. O que significa a expressão *comunicação integrada de marketing*?
2. Defina *comunicação* e descreva seu processo. É possível se comunicar sem usar todos os elementos do processo de comunicação? Se a resposta for sim, quais elementos podem ser omitidos?
3. Identifique as várias causas de ruído. Como uma fonte pode reduzi-lo?
4. Qual é a principal tarefa da promoção? Há organizações que usam promoções para realizar essa tarefa e fracassam? Se houver, dê vários exemplos.
5. Descreva os objetivos possíveis da promoção e discuta as circunstâncias em que cada objetivo pode ser usado.
6. Identifique e descreva sucintamente os quatro métodos de promoção que uma organização pode empregar para o seu mix de promoção.
7. Quais formas de comunicação interpessoal, além da linguagem, podem ser empregas pelo vendedor?
8. Como as características de um mercado-alvo determinam quais métodos promocionais serão incluídos no mix de promoção? Suponha que uma empresa planeje promover um cereal matinal tanto para adultos como para crianças.

Em termos de escopo, quais seriam as principais diferenças entre esses dois esforços promocionais?
9. Como as características de um produto afetam a composição de seu mix de promoção?
10. Analise a seguinte declaração: "Os meios de comunicação apropriados para uma propaganda estão sempre disponíveis se uma empresa conseguir pagar por eles".
11. Explique a diferença entre a política de puxar e a política de empurrar. Em que condições cada política deve ser usada?
12. De que maneiras a comunicação boca a boca influencia a eficácia do mix de promoção de um produto?
13. Entre as críticas à promoção de produtos, quais você considera mais válidas? Por quê?
14. Há produtos ofensivos, violentos, de caráter sexual ou prejudiciais à saúde que são vendidos legalmente. As organizações deveriam ter liberdade para promover esses produtos? Justifique a sua resposta.

Aplicações do marketing

1. O objetivo geral da promoção é estimular a demanda pelo produto. Por meio de propaganda na TV, a Associação Norte-Americana de Laticínios promove os benefícios de se beber leite, campanha que busca estimular sua demanda primária. A propaganda de marcas específicas de leite foca a estimulação da demanda seletiva. Identifique dois comerciais da televisão, um focado no estímulo da demanda primária e outro focado no estímulo da demanda seletiva. Descreva cada comercial e explique como cada um tenta alcançar seu objetivo.
2. O desenvolvimento de um mix de promoção está condicionado a muitos fatores, como o tipo de produto e os seus atributos.
   Quais dos quatro métodos de promoção – propaganda, venda pessoal, relações públicas ou promoção de vendas – você enfatizaria se estivesse desenvolvendo o mix de promoção dos produtos a seguir? Justifique sua resposta.
   a. Máquina de lavar roupa.
   b. Cereal matinal.
   c. Doces para o Dia das Bruxas.
   d. CDs.
3. Suponha que os profissionais de marketing da Falcon International Corporation venham até você e peçam recomendações de como promover os serviços dessa organização. O objetivo é desenvolver uma grande campanha de promoção de produtos e serviços, para o que a organização dispõe de um orçamento generoso. Que perguntas você faria a eles? E o que você sugeriria que eles levassem em consideração antes de iniciar o programa de promoção?
4. O professional de marketing deve decidir quando usar uma política de empurrar ou de puxar no mix de promoção (conforme a Figura 15.4). Identifique um produtor para o qual deveria usar cada uma dessas políticas e um terceiro produto para o qual a melhor promoção seria um mix com as duas políticas. Justifique sua resposta.
5. O automóvel SMART foi lançado nos Estados Unidos em 2008, estabelecendo por lá a categoria de "minicarro". As vendas não corresponderam às expectativas, mas o lançamento do iQ da Scion e os planos para veículos pequenos da Toyota, Hyundai e outras montadoras sugerem que a categoria de minicarros não vai sair de linha. No entanto, um desafio contínuo para as montadoras é superar os rumores a respeito dos carros pequenos, principalmente o rumor de que não oferecem segurança e de que sem o banco de trás são inúteis. Desenvolva um questionário simples de quatro a cinco itens e pesquise de 10 a 15 amigos ou familiares a respeito de suas crenças sobre os minicarros. De acordo com as informações, desenvolva um orçamento, com base na porcentagem do faturamento das vendas, para ser usado em propaganda, venda pessoal, promoções de vendas e relações públicas.

Desenvolva o seu próprio plano de marketing

Um elemento vital para o sucesso da estratégia de marketing de uma empresa é seu plano de comunicação para as partes interessadas. Uma parte do plano de comunicação inclui no mix de marketing como elemento de promoção. Para o desenvolvimento desse plano, é preciso ter um entendimento claro do papel desempenhado pela promoção, assim como os vários métodos de promoção. De modo a ajudá-lo e relacionar e integrar as informações deste capítulo ao seu plano de marketing, propomos as seguintes questões:

1. Revise o processo de comunicação da Figura 15.1. Identifique os vários atores envolvidos no processo de comunicação para a produção do seu produto.

2. Quais são os objetivos da promoção? Você pode usar a Tabela 15.2 como guia para responder a esta questão.
3. Quais são os quatro elementos do mix de promoção mais apropriados para realizar os seus objetivos? Reflita sobre as vantagens e desvantagens de cada um.
4. Qual é o papel da comunicação boca a boca, do buzz marketing ou do product placement no seu plano de promoção?

As informações obtidas por meio dessas questões devem ajudá-lo no desenvolvimento dos vários aspectos do plano de marketing.

Caso 15.1

Como a Frank Pepe's Pizzeria Napoletana usou o boca a boca positivo para se tornar a "primeira pizzaria" dos Estados Unidos

A Frank Pepe's Pizzeria Napoletana tornou-se uma das mais conhecidas pizzarias dos Estados Unidos usando o marketing boca a boca. Ao retornar da Primeira Guerra Mundial, Frank Pepe começou a fazer pão durante a semana e pizza nos finais de semana. Ao verificar a demanda por seus produtos, aproveitou seu espírito empreendedor e decidiu focar apenas na pizza. Frank Pepe inaugurou a Pepe's Pizzeria em 1925, em New Haven, Connecticut, com forte influência italiana.

Frank Pepe desenvolveu o que hoje é conhecido como pizza ao estilo de New Haven, de massa fina, o que lhe conferiu a reputação de ser uma das primeiras pizzarias dos Estados Unidos. O público começou a dizer que a pizza do Frank Pepe era um produto "confiável como os de antigamente", isso manteve o feedback positivo, e não apenas entre a comunidade italiana. O carro-chefe do Pepe's, a sua "assinatura", era a pizza de marisco branco, uma de suas receitas mais famosas.

Desde o início, a pizzaria era uma empresa familiar. A mulher e os filhos de Frank trabalharam na pizzaria original e depois que se aposentaram, passaram o negócio para seus filhos, que até hoje detêm participação na empresa. Ao longo da transição entre as gerações, a Pepe's sempre buscou oferecer um produto premium que mantivesse a regularidade da qualidade e atendesse às expectativas dos clientes. Assim que uma pessoa entra em uma das pizzarias, os funcionários anunciam e vendem pessoalmente os vários itens do cardápio.

O atual CEO, Ken Berry, enfatiza a capacidade de entregar o que prometem e de manter a qualidade do produto dia após dia. Como diretor executivo, ele vê esse desafio como uma tarefa que ajuda a construir e a proteger a marca que a família Pepe criou. Berry procura manter o valor da marca e se apoia no feedback dos clientes enquanto a empresa continua a crescer.

Além da primeira e pioneira pizzaria, hoje há sete endereços em Connecticut e em Nova York. Cada nova pizzaria trouxe a difícil tarefa de manter a experiência original tanto para o público fiel como para os novos e potenciais clientes. Quando a Pepe's começou a levar a sério a ideia de expandir o negócio, alguns clientes ficaram espantados. Houve protestos e campanhas de boicote durante o horário de funcionamento, mas também houve clientes felizes fazendo fila para testar a original pizza norte-americana. Para assegurar a satisfação do cliente nos novos endereços, Ken Berry refletiu sobre a questão crítica de replicar os aspectos do conceito original. Todos os detalhes, de manter as receitas originais à decoração e às cores das pizzarias, precisavam ser coerentes para garantir o sucesso. Berry descreve a Pepe's como uma experiência que permite aos clientes voltarem no tempo por meio de um produto artesanal.

Outra questão no desenvolvimento da demanda nos novos endereços eram as táticas de propaganda utilizadas. De vez em quando, eles usam mala direta, que pode ser uma forma eficiente de propaganda, e também tentam interagir com os clientes no Twitter e no Facebook para que se mantenham conectados. E como a Pepe's sempre fez, também se apoiam no boca a boca para conseguir novos clientes. A rede enfatiza a experiência do cliente e ouve o feedback deles sobre a qualidade do produto. Uma grande forma de promoção de venda é oferta de pizza grátis. Geralmente, na semana anterior a uma grande inauguração, a nova pizzaria oferece pizzas grátis todos os dias dessa semana para permitir que os novos fornos sejam "batizados", que os funcionários compreendam a cultura da Pepe's e para mostrar a confiança que a pizzaria tem na comunidade local.

No tocante à parte de relações públicas da organização, o site da Pepe's tem um formulário para pedir doações (e se a rede concordar com o pedido, eles ajudam a causa e entram em contato com quem pediu a doação) e os clientes têm a oportunidade de receber cartões de presente da pizzaria. As pizzarias também realizam a noite da boa vizinhança, em que ela abre as portas para campanhas de arrecadação de fundos para caridade. Nessa noite, 15% dos lucros vão para a entidade. Embora a Pepe's perca uma parte de seus lucros, esses eventos criam relacionamentos de valor entre a empresa e a comunidade, além de gerar uma nova base de clientes. A empresa também doa cartões de presente para organizações sem fins lucrativos como iniciativa para arrecadar recursos para campanhas e ações.

Ao longo dos anos, a Pepe's esforçou-se para cumprir a promessa de entregar um produto que se mantém fiel ao original. A empresa tem mantido o valor da marca por meio da dedicação e dos padrões definidos pelo consumidor, pelos familiares e por todas as partes interessadas relacionadas com o produto. Para essa empresa é bem claro que o marketing integrado, baseado no boca a boca positivo, nem sempre precisa ser uma ação muito cara.[35]

Questões para reflexão

1. Quais são os elementos de promoção que a Pepe's usa para se comunicar com os clientes?
2. Qual é o papel do boca a boca na comunicação integrada de marketing da Pepe's?
3. Avalie o recurso da pizza grátis como parte do sucesso do esforço de promoção da pizzaria.

NOTAS

1. Piet Levy. Crisis Control. *Marketing News*, 30 jul. 2011, p. 8-9; Elizabeth Weise. Taco Bell in a Beef over Meat Filling. *USA Today*, 27 jan. 2011, p. 3B; Sarah Skidmore e Bruce Schreiner. Thank You for Suing Us – Taco Bell Fights Back on Beef Lawsuit with Ad Push, 28 jan. 2011. Disponível em: <www.salon.com/news/feature/2011/01/28/taco_bell_ad_fake_meat>. Acesso em: 23 jan. 2013.

2. Tim Peterson. Tic Tac to Erect Interactive Billboard in Times Square. *Adweek*, 10 fev. 2012. Disponível em: <www.adweek.com/news/advertisingbranding/tic-tac-erect-interactive-billboard-timessquare-138176>. Acesso em: 23 jan. 2013.

3. US Digital Ad Spending to Top $37 Billion in 2012 as Market Consolidates. *eMarketer*. Disponível em: <www.emarketer.com/newsroom/index.php/digital-adspending-top-37-billion-2012-market-consolidates/>. Acesso em: 18 jan. 2013.

4. Salvador Ruiz e María Sicilia. The Impact of Cognitive and/or Affective Processing Styles on Consumer Response to Advertising Appeals. *Journal of Business Research* 57, 2004, p. 657-664.

5. Dan Farber. Pew Study: News Consumption Up Via Mobile, Social Media. *cnet*, 27 set. 2012. Disponível em: <http://news.cnet.com/8301-1023_357521694-93/pew-study-news-consumption-up-viamobile-social-media/>. Acesso em: 17 jan. 2013.

6. *Advertising Age*. 20 jun. 2011. Copyright Crain Communications Inc., 2011; Disponível em: <hoovers.com>. Acesso em: 21 mar. 2012.

7. REDcard: Take Charge of Education. *Target*. Disponível em: <https://sites.target.com/site/en/corporate/page.jsp?contentId=PRD03-005174>. Acesso em: 23 jan. 2013.

8. Sven Grundberg e Shira Ovide. A Test Ride for Windows 8. *Wall Street Journal*, 29 fev. 2012. Disponível em: <http://online.wsj.com/article/SB10001424052970203986604577253202516915554.html>. Acesso em: 23 jan. 2013.

9. Arby's Commercials Edited After Iowans Cry Foul. *The Huffington Post*, 8 out. 2012. Disponível em: <www.huffingtonpost.com/2012/10/05/arbyscommercials_n_1943695.html>. Acesso em: 22 jan. 2013.

10. Nat Ives. Publishers Gush Over iPad, but Their Publications Are More Restrained. *Advertising Age*, 31 mar. 2010. Disponível em: <http://adage.com/article/mediaworks/publishers-gush-ipad-publications/143074/>. Acesso em: 23 jan. 2013.

11. Mike Waterhouse. Starbucks Offering Free Samples to Introduce New Blonde Roast Coffee. *News Net 5*. Disponível em: <www.newsnet5.com/dpp/news/local_news/starbucks-offering-free-samples-tointroduce-new-blonde-roast-coffee>. Acesso em: 23 jan. 2013.

12. Regal Crown Club, Regal Entertainment Group. Disponível em: <http://rcc.regalcinemas.com/CrownClub/appmanager/rcc/CrownClub?_nfpb=true&_pageLabel=CROWNCLUB>. Acesso em: 23 jan. 2013.

13. Tim Nudd. Newcastle Mocks Stella Artois and Its Chalice in New Campaign. *Adweek*, 2 abr. 2012. Disponível em: <www.adweek.com/adfreak/newcastle-mocks-stella-artois-and-its-chalice-new-campaign-139351>. Acesso em: 22 jan. 2013.

14. 2013 U.S. National Edition Rates. *TIME*. Disponível em: <www.timemediakit.com/us/rates-specs/national.html>. Acesso em: 22 jan. 2013.

15. Joann Peck e Jennifer Wiggins. It Just Feels Good: Customers' Affective Response to Touch and Its Influence in Persuasion. *Journal of Marketing*, 70, out. 2006, p. 56–69.

16. Avi Dan. Angelina Jolie in a New Louis Vuitton Ad. *Forbes*, 14 jun. 2011. Disponível em: <www.forbes.com/sites/

avidan/2011/06/14/angelina-jolie-in-a-newlouis-vuitton-ad/>. Acesso em: 23 jan. 2013.

17. Geek Squad. *YouTube*. Disponível em: <www.youtube.com/user/GeekSquadHQ?ob=0>. Acesso em: 23 jan. 2013.

18. Bryan Gruley e Elizabeth Campbell. The Sliming of Pink Slime's Creator. *Bloomberg Businessweek*, 12 abr. 2012. Disponível em: <www.businessweek.com/articles/2012-04-12/the-sliming-of-pinkslimes-creator>. Acesso em: 22 jan. 2013.

19. Coupon Use Shows Volatility. *Supermarket News*, 10 dez. 2012. Disponível em: <http://supermarketnews.com/datasheet/dec-10-2012-coupon-useshows-volatility>. Acesso em: 22 jan. 2013.

20. Michael Learmonth. Marketers, It's Time to Figure Out Your Mobile-Marketing Strategy. Suplemento promocional de *Advertising Age*, primavera 2011, p. 4.

21. U.S. Census Bureau, American Community Survey, Fact Finder. Disponível em: <factfinder.census.gov/servlet/ADPTable?_bm=y&-geo_id=01000US&ds_name=ACS_2008_3YR_G00_&-_lang=en&-_caller=geoselect&-format=>. Acesso em: 19 abr. 2011.

22. Rockney G. Walters e Maqbul Jamil. Exploring the Relationships Between Shopping Trip Type, Purchases of Products on Promotion, and Shopping Basket Profit. *Journal of Business Research*, 56, 2003. p. 17–29.

23. The Best of Word of Mouth. *Adweek*, 22 nov. 2011. Disponível em: <www.adweek.com/sa-article/best-word-mouth-136683>. Acesso em: 8 mar. 2012.

24. Tomás Bayón. The Chain from Customer Satisfaction via Word-of-Mouth Referrals to New Customer Acquisition. *Journal of the Academy of Marketing Science*, 35, jun. 2007, p. 233–249.

25. Pratibha A. Dabholkar. Factors Influencing Consumer Choice of a 'Rating Web Site': An Experimental Investigation of an Online Interactive Decision Aid. *Journal of Marketing Theory and Practice*, 14, outono 2006, p. 259-273.

26. The Nielson Company. Nielsen: Global Consumers' Trust in 'Earned' Advertising Grows in Importance. 10 abr. 2012. Disponível em: <www.nielsen.com/us/en/insights/press-room/2012/nielsen-globalconsumers-trust-in-earned-advertising-grows.html>. Acesso em: 22 jan. 2013.

27. Dan Bigman. Big Risk, Big Reward: Felix Baumgartner and Red Bull Deserve All The Marketing Buzz They Get. *Forbes*, 14 out. 2012. Disponível em: <www.forbes.com/sites/danbigman/2012/10/14/big-risk-big-reward-felix-baumgartner-and-redbull-deserve-all-the-marketing-buzz-they-can-get/>. Acesso em: 18 jan. 2013.

28. Bruce Horovitz. Pizza Hut Tosses Stunt. *USA Today*, 10 out. 2012, p. 1A.

29. What's So Funny? Marketing. *Wall Street Journal*, 11 jun. 2012, p. B4.

30. Reuters. Apple Deemed Top of Movie Placement Charts, 22 fev. 2011. Disponível em: <www.reuters.com/article/2011/02/22/us-productplacementidUSTRE71L69920110222>. Acesso em: 23 jan. 2013.

31. Lynna Goch. The Place to Be. *Best's Review*, fev. 2005, p. 64-65.

32. Ben Sisario. Pepsi Takes Active Role in "X Factor". *The New York Times*, 5 ago. 2011. Disponível em: <www.nytimes.com/2011/08/05/business/media/pepsi-takes-active-role-in-x-factor.html>. Acesso em: 23 jan. 2013.

33. Bruce Horovitz. Abercrombie Reaches for PR Heaven. *USA Today*, 18 ago. 2011, p. 1B.

34. Lilly Vitorovich. Product Placement to Be Allowed in U.K. TV Programs. *Wall Street Journal*, 21 dez. 2010, p. B5.

35. Site da Pepe's Pizzeria. Disponível em: <www.pepespizzeria.com/>. Acesso em: 31 jan. 2013.

Notas dos *Quadros informativos*

a Molly Soat. Turning the Tide. *Marketing News*, 31 ago. 2012, p. 8; Jack Neff. Is Procter & Gamble Losing Its Edge?. *Advertising Age*, 26 mar. 2012. Disponível em: <http://adage.com/article/news/procter-gamble-losing-edge-competition/233705/>. Acesso em: 15 set. 2012; Cool New Tide Detergent Video. *YouTube*. Disponível em: <www.youtube.com/watch?v=clt8cjOgUbI>. Acesso em: 19 set. 2012.

b Federal Trade Commission, Part 260 *Guides for the Use of Environmental Marketing Claims*. Disponível em: <http://ftc.gov/bcp/grnrule/guides980427.htm>. Acesso em: 12 dez. 2011; Federal Trade Commission. FTC Warns 78 Retailers, Including Wal-Mart, Target, and Kmart, to Stop Labeling and Advertising Rayon Textile Products as "Bamboo", 3 fev. 2010. Disponível em: <www.ftc.gov/opa/2010/02/bamboo.shtm>. Acesso em: 12 dez. 2011; Gwendolyn Bounds. Misleading Claims on "Green" Labeling. *Wall Street Journal*, 26 out. 2010. Disponível em: <http://online.wsj.com/article/SB10001424052702303467004575574521710082414.html>. Acesso em: 12 dez. 2011; Cassandra Sweets. Update: California Sues 3 Firms Over "Greenwashing" of Bottles. *Wall Street Journal*, 26 out. 2011. Disponível em: <http://online.wsj.com/article/BT-CO-20111026-718608.html>. Acesso em: 12 dez. 2011.

c Josh Dean. The Company That's Changing Advertising. *Inc.*, 28 maio 2012. Disponível em: <www.inc.com/magazine/201206/josh-dean/b-reel-changingadvertising.html. Acesso em: 28 set. 2012; Site da B-Reel. Disponível em: <www.b-reel.com/content/>. Acesso em: 28 set. 2012; Ann-Christine Diaz. Meet the Creative Shop Using Robots and "Minority Report" Tech to Sell You Stuff. *Ad Age*, 21 fev. 2012. Disponível em: <http://adage.com/article/digital/meet-creative-shop-robots-wolves-sellproduct/232836/>. Acesso em: 28 set. 2012.

d Wendy Koch. Firm Touts Green Efforts. *USA Today*, 27 jul. 2011, p. 3A; Natural American Spirit Cigarettes. Disponível em: <www.nascigs.com/Public/ResponsibleMarketing-Policy.aspx>. Acesso em: 2 nov. 2011.

CAPÍTULO 16

Propaganda e relações públicas

© Chelsea Lauren/WireImage/Getty Images

OBJETIVOS

1. Descrever a natureza e os tipos de propaganda.
2. Explorar os principais passos no desenvolvimento de uma campanha de propaganda.
3. Identificar os responsáveis por desenvolver campanhas de propaganda.
4. Examinar as ferramentas empregadas em relações públicas, além do modo como as relações públicas são usadas e avaliadas.

INSIGHTS DE MARKETING

Slogan da L'Oréal comemora 40 anos do empoderamento das mulheres

Um slogan de sucesso de uma empresa pode ter apenas algumas palavras, mas é fator-chave para contar a história por trás da marca. Com a evolução das marcas e do gosto dos consumidores, muitas empresas mudam seus slogans de propaganda durante os anos. A marca de cosméticos francesa L'Oréal Paris é uma exceção. Mesmo assim a empresa alterou o slogan "Porque você vale muito", que se limitava a uma conjugação no singular, para uma conjugação na primeira pessoa do plural, "Porque nós valemos muito". O slogan foi traduzido para 40 idiomas e ainda faz parte da maioria das propagandas da L'Oréal.

O slogan da L'Oréal foi criado em 1971, uma época em que as mulheres procuravam se sentir mais empoderadas. Criado pela agência de publicidade McCann Erickson, apareceu pela primeira vez em um comercial com a atriz Joanne Dusseau, que falava as palavras enquanto tentava racionalizar suas compras de produtos L'Oréal. Quatro décadas depois, a empresa comemora os 40 anos do slogan com uma grande festa com os embaixadores da marca.

Apesar de a L'Oréal ser a maior empresa de cosméticos do mundo, comercializando cerca de 50 produtos por segundo, as vendas caíram nos últimos anos. Os especialistas acreditam que o surgimento da era digital e o intervalo de atenção mais curto podem estar tornando o slogan menos eficaz e mais datado. Apesar dessas preocupações, o CEO da L'Oréal Paris anunciou que pretende manter o slogan nas propagandas. Ainda que a noção de empoderamento feminino já não seja tão relevante na Europa e nos Estados Unidos, ele vê oportunidades na África e na Ásia, onde os direitos das mulheres estão se consolidando. Combinando isso com os 30 embaixadores da marca L'Oréal Paris, que passam um bom tempo promovendo o slogan, a marca pode ganhar o mesmo nível de proeminência que tinha há quatro décadas.[1]

Tanto grandes organizações quanto pequenas empresas combinam esforços promocionais convencionais e on-line, como a propaganda, para mudar suas imagens corporativas, construir equidade de marca, lançar novos produtos ou promover marcas atuais. Neste capítulo, exploramos várias dimensões de propaganda e relações públicas. Primeiro, examinaremos a natureza e os tipos de propaganda. Depois, investigaremos os principais passos no desenvolvimento de uma campanha de propaganda e descreveremos quem é responsável por tais campanhas. Então, discutiremos a natureza das relações públicas e como elas são usadas. Examinaremos várias ferramentas de relações públicas e formas de avaliar a sua eficácia. Finalmente, focaremos em como as empresas lidam com relações públicas desfavoráveis.

1 Descrever a natureza e os tipos de propaganda.

propaganda Comunicação impessoal paga sobre uma organização e seus produtos, transmitida a um público-alvo pelos meios de comunicação de massa.

propaganda institucional Propaganda que promove imagens organizacionais, ideias e assuntos políticos.

A NATUREZA E OS TIPOS DE PROPAGANDA

A propaganda permeia nossas vidas. Às vezes, a vemos de forma positiva; outras, sentimo-nos bombardeados e tentamos evitá-la. Algumas propagandas informam, persuadem ou divertem; outras entediam, irritam ou até ofendem.

Como mencionado no Capítulo 15, **propaganda** é uma forma paga de comunicação impessoal transmitida a um público-alvo por meio de meios de comunicação de massa, como televisão, rádio, internet, jornais, revistas, mala direta, outdoors e sinalização em veículos de transporte público. A propaganda pode ter um impacto profundo sobre como os consumidores veem certos produtos. Em um estudo com crianças de quatro a seis anos, cereais embalados em uma caixa com um personagem de desenho animado foram considerados mais gostosos, mesmo quando o cereal dentro das caixas sem desenho na frente era o mesmo. A propaganda eficaz pode influenciar o comportamento de compra durante uma vida inteira.[2] As empresas usam a propaganda para alcançar uma série de públicos que vão de grupos pequenos e específicos, como colecionadores de selo em Idaho, para grupos extremamente grandes, como todos os compradores de calçados esportivos nos Estados Unidos.

Quando recebe o pedido de nomear grandes anunciantes, a maior parte das pessoas imediatamente menciona empresas. Entretanto, muitas organizações sem fins lucrativos – incluindo governos, igrejas, universidades e organizações beneficentes – usam a propaganda para se comunicar com stakeholders. A cada ano, o governo norte-americano gasta centenas de milhões de dólares em propaganda para aconselhar e influenciar o comportamento de seus cidadãos. Ainda que este capítulo analise a propaganda no contexto de empresas, a maior parte do material a seguir se aplica a todos os tipos de organização.

A propaganda é usada para promover bens, serviços, ideias, imagens, assuntos, pessoas e qualquer outra coisa que os anunciantes queiram divulgar ou fomentar. Dependendo do que estiver sendo promovido, a propaganda pode ser classificada como institucional ou de produto. **Propaganda institucional** promove imagens organizacionais, ideias e assuntos políticos. Ela pode ser usada para criar ou manter uma imagem institucional. Anúncios institucionais podem lidar com problemas amplos de imagem, como forças organizacionais ou a cordialidade dos empregados. Esse tipo de propaganda também pode criar uma visão mais favorável sobre a organização aos olhos de grupos que não são clientes, como acionistas, grupos de defesa do consumidor, acionistas em potencial ou o público em geral. A Fazenda Stonyfield, por exemplo, desenvolve propagandas que mostram imagens serenas de fazendas e animais para destacar as propriedades orgânicas de seus iogurtes e outros alimentos. O anúncio com uma vaca descansando em frente a um celeiro é uma imagem simples que ao mesmo tempo carrega um impacto emocional, particularmente porque a Fazenda Stonyfield apoia o tratamento humanitário das vacas, projetos de agricultura orgânica e sustentabilidade.

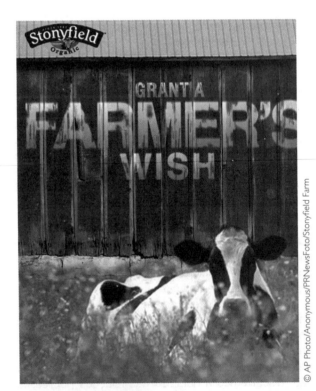

Propagando institucional
A Stonyfield criou um anúncio que promove seus esforços para financiar projetos de agricultura orgânica, os quais podem ter um impacto positivo sobre o meio ambiente.

Quando uma empresa promove sua posição sobre um assunto público – por exemplo, aumento de impostos, sustentabilidade, legislação ou coalizões de comércio internacional –, refere-se à propaganda institucional como **propaganda de defesa**. Esse tipo de propaganda pode ser usado para promover um comportamento aprovado socialmente, como reciclar ou consumir bebidas alcoólicas em moderação. A Philip Morris, por exemplo, veiculou anúncios de televisão encorajando os pais a falarem com seus filhos sobre não fumar. Pesquisas identificaram uma série de temas que anunciantes como a Philip Morris podem usar para aumentar a eficácia de mensagens antitabagismo para adolescentes.[3] Esse tipo de propaganda não apenas tem benefícios sociais como também ajuda a construir a imagem de uma organização.

A **propaganda de produto** promove uso, características e benefícios de um produto. Por exemplo, a Motorola promove características e benefícios de seus produtos, como 21 horas com carga de bateria completa para o smartphone DROID RAZR MAXX. Há dois tipos de propaganda de produto: pioneira e competitiva. A **propaganda pioneira** foca em estimular a demanda por uma categoria de produto (mais do que uma marca específica), informando os potenciais compradores sobre as características, os usos e benefícios do produto. Às vezes, os profissionais de marketing começam a anunciar um produto antes de ele chegar ao mercado. A Apple teve muito sucesso usando esse tipo de propaganda para seus iPod e iPad. A propaganda de produto que foca em produtos que ainda não estão disponíveis tende a fazer as pessoas pensarem mais sobre esse produto e avaliá-lo de forma mais positiva.[4] A propaganda pioneira também é usada quando o produto está na fase introdutória de seu ciclo de vida, o que pode ser exemplificado pelo lançamento do carro elétrico Nissan Leaf.

A **propaganda competitiva** tenta estimular a demanda por uma marca específica ao promover suas características, seus usos e suas vantagens, às vezes por meio de comparações indiretas ou diretas com marcas concorrentes. Operadoras de telefonia celular usam a propaganda competitiva para posicionar suas marcas – por exemplo, a AT&T a Verizon. Os efeitos da propaganda nas vendas devem refletir as atividades de propaganda dos concorrentes. O tipo de ambiente competitivo determina a abordagem mais eficaz.

Para fazer comparações diretas de produtos, os profissionais de marketing usam uma forma de propaganda competitiva chamada **propaganda comparativa**, que compara a marca do anúncio com uma ou mais marcas concorrentes, com base em uma ou mais características do produto. O Advil PM, por exemplo, usou a propaganda comparativa para promover a eficácia de seu calmante de venda liberada em comparação ao Tylenol PM. Muitas vezes, as marcas promovidas por meio de propaganda comparativa têm pouca participação de mercado e são comparadas com concorrentes que têm as maiores participações naquela categoria de produto. Categorias que usam comumente esse tipo de propaganda incluem refrigerantes, pastas de dente, analgésicos, alimentos, pneus, automóveis e detergentes. Sob as cláusulas do Ato de Revisão da Lei de Marcas Registradas de 1988 vigente nos Estados Unidos, profissionais de marketing que usam propaganda comparativa não podem mentir sobre as características dos produtos concorrentes. Outros países podem ter leis mais ou menos duras em relação a esse tipo de propaganda.

Outras formas de propaganda competitiva incluem as propagandas de lembrança e de reforço. A **propaganda de lembrança** fala para os clientes que uma marca estabelecida ainda está por ali e oferece certas características, usos e vantagens. A Clorox, por exemplo, lembra seus clientes sobre as muitas vantagens de seus alvejantes, como a capacidade de matar germes, alvejar roupas e remover manchas. A **propagan-**

propaganda de defesa Propaganda que promove uma posição de defesa da empresa em relação a uma questão pública.

propaganda de produto Propaganda que promove os usos, características e benefícios de produtos.

propaganda pioneira Propaganda que tenta estimular a demanda por uma categoria de produto mais do que por uma marca específica, informando potenciais compradores sobre o produto.

propaganda competitiva Tentativa de estimular demanda para uma marca específica ao promover suas características, utilizações e vantagens em relação às marcas concorrentes.

propaganda comparativa Compara na mesma propaganda a marca do anúncio com uma ou mais marcas concorrentes, com base nas características de um produto.

propaganda de lembrança Propaganda para lembrar os consumidores sobre o uso de uma marca estabelecida, características e benefícios.

propaganda de reforço Propaganda que garante aos usuários que eles escolheram a marca certa e até informa sobre como obter o máximo de satisfação do produto.

da de reforço garante aos usuários que eles escolheram a marca certa e informa sobre como obter o máximo de satisfação com aquela marca. Empresas de seguro, como a Geico, encorajam novos clientes em potencial a passar 15 minutos no telefone fazendo uma cotação e economizarem 15% ou mais em sua apólice. Propostas de valor como essa podem reforçar para os consumidores que eles estão tomando uma boa decisão, sejam novos clientes ou clientes atuais.

DESENVOLVENDO UMA CAMPANHA DE PROPAGANDA

 Explorar os principais passos no desenvolvimento de uma campanha de propaganda.

campanha de propaganda A criação e execução de uma série de propagandas para se comunicar com um público-alvo em particular.

Uma **campanha de propaganda** envolve desenhar uma série de anúncios e colocá-los em várias mídias para alcançar um público-alvo em particular. Como mostra a Figura 16.1, os principais passos na criação de uma campanha de propaganda são (1) identificar e analisar o público-alvo, (2) definir os objetivos da propaganda, (3) criar a plataforma de propaganda, (4) determinar a alocação do orçamento de propaganda, (5) desenvolver o plano de mídia, (6) criar a mensagem da propaganda, (7) executar a campanha e (8) avaliar a eficácia da propaganda. O número de passos e sua ordem exata de execução podem variar segundo os recursos da organização, a natureza do produto e o tipo de público-alvo a ser alcançado. Mesmo assim, esses princípios gerais para o desenvolvimento de uma campanha são apropriados para todo tipo de organização.

Identificar e analisar o público-alvo

público-alvo Grupo de pessoas a quem os anúncios são dirigidos.

O **público-alvo** é o grupo de pessoas a quem os anúncios se dirigem. Anúncios do aspirador Dyson são direcionados ao público de maior poder aquisitivo, ao passo que os do Dirt Devil são voltados a famílias de renda baixa a média. Identificar e analisar o público-alvo são processos críticos; a informação coletada ajuda a determinar outros passos no desenvolvimento da campanha. O público-alvo pode incluir todo mundo no mercado-alvo da empresa. Os profissionais de marketing, porém, podem direcionar uma campanha só a uma parte desse mercado. Até recentemente, a LEGO,

Figura 16.1

Passos no desenvolvimento e implementação de uma campanha.

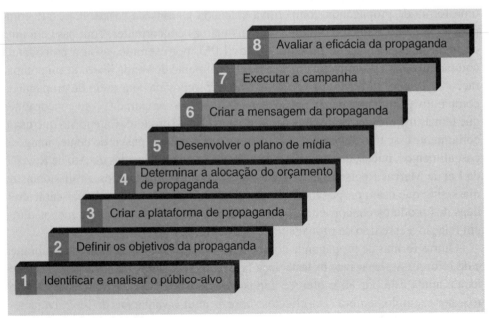

Fonte: Pride e Ferrell. *Marketing*, 17 ed., Cengage Learning, 2014.

por exemplo, focava meninos jovens como mercado-alvo de seus produtos. Esse foco estratégico mais estreito permitiu que a companhia adaptasse os produtos para atrair esse grupo demográfico, com muito sucesso.[5] Os anúncios lado a lado da Target e da Banana Republic demonstram como cada varejista está focando um mercado diferente. Ao passo que a Target está direcionando suas roupas de ioga Champion para consumidores que procuram alternativas mais baratas, o anúncio de vestuário profissional da Banana Republic é direcionado para profissionais de renda alta. O tamanho dos mercados também é diferente. A Target usa uma abordagem de mercado em massa, já a Banana Republic é mais seletiva ao escolher um mercado específico.

Os anunciantes pesquisam e analisam alvos de propaganda para estabelecer a base de informação para uma campanha. As informações necessárias, em geral, incluem localização e distribuição geográfica do grupo-alvo; distribuição de fatores demográficos, como idade, renda, raça, gênero e escolaridade; informação sobre estilo de vida e atitudes de consumo em relação à compra e ao uso tanto dos produtos do anunciante quanto dos produtos dos concorrentes. O tipo exato de informação que uma empresa acha útil depende do tipo de produto que está sendo anunciado, das características do público-alvo e do tipo e da quantidade de competição. Além disso, os anunciantes devem ter a certeza de estar criando uma campanha que ressoará no mercado-alvo. Em geral, quanto mais um anunciante conhece o público-alvo, mais provável é a empresa desenvolver uma campanha de propaganda eficaz. Quando o alvo da propaganda não é identificado de forma precisa e analisado adequadamente, a campanha pode fracassar.

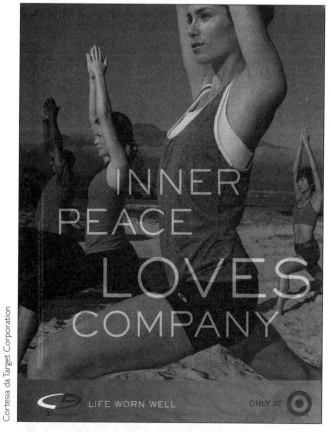

Dirigindo-se a diferentes mercados
A Banana Republic foca em um público-alvo de maior poder aquisitivo em comparação com a Target.

Definir os objetivos da propaganda

O próximo passo do anunciante é determinar o que a empresa pretende conseguir com a campanha. Como os objetivos da propaganda guiam o desenvolvimento da campanha, é preciso defini-los com cuidado. Eles devem ser expressos clara e precisamente e em termos mensuráveis. Precisão e mensurabilidade permitem que os anunciantes avaliem o sucesso da propaganda até o fim da campanha em termos de se os objetivos foram cumpridos. Para oferecer precisão e mensurabilidade, os objetivos devem conter padrões (benchmarks) e indicar quanto anunciante deseja se afastar deles. Se o objetivo é aumentar as vendas, o anunciante deve declarar o atual nível das vendas (o benchmark) e a quantidade que se espera crescer por meio da propaganda. O objetivo de propaganda também deve especificar um cronograma para que os anunciantes saibam exatamente quanto tempo têm para atingir o objetivo. Um anunciante com vendas mensais médias de US$ 450 mil (o benchmark) pode determinar o seguinte objetivo: "Nosso principal objetivo de propaganda é aumentar as vendas médias mensais de US$ 450 mil para US$ 540 mil em 12 meses".

Se um anunciante define os objetivos com base nas vendas, os focos desses objetivos são aumentar as vendas absolutas em dólares ou unidades de vendas, aumentar as vendas em certa porcentagem ou aumentar a participação de mercado da empresa. Ainda que o possível objetivo de longo prazo seja aumentar as vendas, nem todas as campanhas são pensadas para produzir vendas imediatas. Algumas têm o objetivo de aumentar a percepção de produto ou marca, tornar a atitude dos consumidores mais favorável, aguçar o conhecimento dos consumidores sobre características do produto ou criar conscientização sobre comportamentos de consumo positivos e saudáveis, como não fumar. Se o objetivo for aumentar a percepção de marca, os objetivos são declarados em termos de comunicação. Um objetivo de comunicação específico pode ser aumentar a percepção sobre as características de um novo produto, como mais recompensas por pontos de viagens em um cartão de crédito, de 0% a 40% no público-alvo ao fim de seis meses.

Criar a plataforma de propaganda

plataforma de propaganda Assuntos básicos ou apontamentos de vendas que devem ser incluídos em uma campanha de propaganda.

Antes de lançar uma campanha política, os líderes de um partido desenvolvem uma plataforma política para explicitar os principais assuntos que são base da campanha. Como uma plataforma política, uma **plataforma de propaganda** consiste em assuntos básicos ou apontamentos de venda que um anunciante deseja incluir na campanha de propaganda. Por exemplo, a Best Buy anuncia que, se você comprar uma nova tecnologia hoje, a empresa a comprará de volta no momento de fazer um upgrade. Um único anúncio em uma campanha de propaganda pode conter um ou vários assuntos da plataforma. Apesar de a plataforma determinar os assuntos básicos, ela não indica como apresentá-los.

Uma plataforma de propaganda deve consistir de assuntos importantes para os clientes. Uma das melhores formas de determinar esses assuntos é pesquisar o que os clientes acham mais importante ao selecionar e usar o produto envolvido. As características de venda devem não apenas ser importantes para os clientes, mas também ser características fortemente competitivas da marca anunciada. Por exemplo, a coleção Ludlow Suit, da J.Crew, usa como vantagem seu posicionamento de "estilo com conteúdo". A coleção Ludlow é vendida como de alta qualidade ("tecidos italianos finos"), produtos de alto valor sob medida para o cliente.[6] Apesar de a pesquisa ser o método mais eficaz para determinar quais assuntos incluir em uma plataforma de propaganda, ela pode ser cara.

Como a plataforma de propaganda é a base sobre a qual se constrói a mensagem de propaganda, os anunciantes devem analisar com cuidado essa fase. Sabe-se que, se a mensagem for vista como útil, criará mais confiança na marca.[7] Uma campanha pode ser aperfeiçoada em termos de seleção e análise de seu público-alvo, declaração de seus objetivos, estratégia de mídia e forma da mensagem. Por exemplo, o jornal britânico *The Guardian* desenvolveu um anúncio de televisão divertido chamado "The Three Little Pigs" (Os três porquinhos) para promover o conceito de jornalismo aberto da organização. O jornal usou a fábula homônima para destacar como cobriria a história. A campanha cumpriu seu propósito de conscientizar e encorajar os telespectadores a ver que a mídia impressa ainda é relevante.[8] Por outro lado, uma campanha acabará fracassando se os anúncios comunicarem informações que os consumidores não consideram importantes no momento de selecionar e usar o produto.

Determinar a alocação do orçamento de propaganda

A **alocação do orçamento de propaganda** é a soma total que um profissional de marketing aloca para uma propaganda por um período específico de tempo. Por exemplo, a rede de restaurantes Panera Bread Co. gasta aproximadamente 1,5% de suas vendas anuais em propaganda.[9] Muitos fatores afetam a decisão de uma empresa sobre quanto alocar para propaganda. O tamanho geográfico do mercado e a distribuição dos compradores dentro dele têm muita influência nessa decisão. Tanto o tipo de produto anunciado quanto o volume de vendas da empresa em relação ao volume de vendas do concorrente têm um papel na determinação da proporção da receita a ser gasta com propaganda. A alocação do orçamento de propaganda para produtos de negócio em geral é bastante baixa em comparação à venda de produtos, ao passo que itens de conveniência para o consumidor, como os cosméticos vendidos pela

> **alocação de orçamento de propaganda** O orçamento de propaganda para um período específico de tempo.

••• Tendências do marketing

Reddit: uma forma diferente de anunciar

O Reddit está tornando a propaganda mais interativa. Trata-se de uma rede social que permite que os usuários postem fotos pessoais interessantes e notícias. Eles podem votar para determinar onde as postagens aparecerão na página. Compreendendo a animosidade dos usuários em relação a propagandas em redes sociais, o Reddit declarou não gostar dos anúncios tanto quanto os usuários.

Mas para continuar a crescer, o Reddit decidiu integrar a propaganda em sua plataforma. Então, foi criada uma forma interativa para os anunciantes se comunicarem com os clientes. Os anúncios são direcionados com base nas postagens ou repostagens de um usuário, mas este pode votar nos anúncios e fornecer feedback. Como os posts, os anúncios podem ser "customizados" segundo os votos do usuário. O Reddit evita anúncios dos quais muitos usuários não gostem, como aqueles em flash. Os anunciantes conseguem ver do que os usuários gostam, do que não gostam e o que precisam melhorar.

Apesar de outras empresas, incluindo muitos sites, solicitarem feedback sobre seus anúncios, o Reddit combina anúncios em mídia social com feedback rápido de comentadores. Como o Facebook e outras redes sociais, o Reddit pode ter como alvo usuários determinados com base em seus gostos ou postagens. No entanto, diferentemente de muitos sites de mídia social, ele permite que os usuários, de forma rápida e fácil, ofereçam feedback sobre o que acharam do anúncio. Com o feedback positivo de usuários e anunciantes, o Reddit parece ter encontrado uma forma inovadora de criar engajamento social entre as pessoas ao redor do mundo.[a]

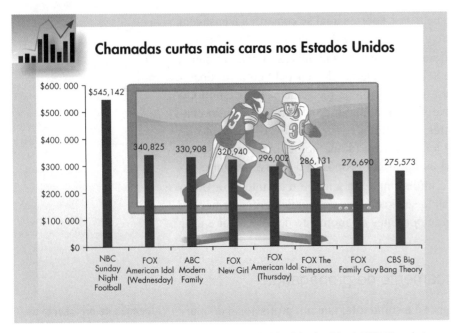

Fonte: Brian Steinberg. TV Ad Prices: "Idol" No Match for Football. *Advertising Age*, 31 out. 2012. Disponível em: <http://adage.com/article/media/tv-ad-prices-idol-match-football/237874>. Acesso em: 16 fev. 2013.

método de objetivos e tarefas Fazer orçamento para uma campanha de propaganda determinando primeiro os objetivos e depois calculando o custo de todas as tarefas necessárias para alcançá-los.

L'Oréal, em geral têm grandes gastos com propaganda em relação às vendas. Varejistas como o Walmart costumam gastar uma porcentagem muito menor das vendas com propaganda. A Tabela 16.1 mostra as dez empresas que mais gastam com propaganda no mundo.

Entre as muitas técnicas usadas para determinar a alocação do orçamento de propaganda, uma das mais lógicas é o **método de objetivos e tarefas**. Usando esse método, os profissionais de marketing determinam os objetivos de uma campanha e depois tentam listar todas as tarefas necessárias para alcançá-los. Os custos das tarefas são calculados e somados para se chegar ao orçamento total alocado. Esse método tem um problema principal: os profissionais de marketing às vezes têm dificuldade de estimar corretamente o nível de esforço necessário para alcançar certos objetivos. Um ofertante de café, por exemplo, pode achar extremamente difícil determinar quanto é necessário aumentar a propaganda televisiva para elevar a participação de mercado de sua marca de 8% a 10%.

Tabela 16.1 Dez anunciantes globais de crescimento mais rápido

Posição	Empresa	Gastos com propaganda (US$)	Crescimento percentual em relação ao ano anterior
1	Samsung	881 milhões	58%
2	Amazon	1.1 bilhão	47%
3	IAC	547 milhões	43%
4	Lions Gate	418 milhões	43%
5	AbbVie	481 milhões	41%
6	Discover	603 milhões	30%
7	Dish Network	469 milhões	29%
8	Honda	1.2 bilhão	29%
9	Kia	637 milhões	27%
10	T-Mobile	1.1 bilhão	27%

Fonte: Estimativa do Ad Age Data Center sobre o total de gastos com propaganda nos Estados Unidos (mídia calculada mais mídia não calculada) em 2012. Maiores taxas de crescimento entre os 100 principais anunciantes nacionais nos Estados Unidos.

No mais comumente usado **método por porcentagem de vendas**, os anunciantes simplesmente multiplicam as vendas passadas da empresa, além de um fator para o crescimento ou a queda planejados, por um percentual padrão baseado tanto no que a empresa gasta tradicionalmente quanto na média do setor industrial. Esse método tem uma grande falha: é baseado na suposição incorreta de que as vendas criam anúncios, em vez do contrário. Um profissional de marketing que usa esse método durante a queda de vendas reduzirá a quantia gasta com propaganda, mas essa redução pode diminuir ainda mais as vendas. Ainda que não seja lógica, essa técnica tem sido favorecida porque é simples de implementar.

Outra forma de determinar a alocação do orçamento de propaganda é o **método por comparação com a concorrência**. Os profissionais de marketing que seguem esse método tentam igualar a alocação de orçamento dos principais concorrentes em dólares absolutos, ou alocar a mesma porcentagem de vendas para propaganda. Ainda que o profissional de marketing tenha de estar atento a quanto a concorrência gasta em propaganda, essa técnica não deve ser usada sozinha porque os concorrentes provavelmente têm objetivos de propaganda diferentes, além de outros recursos disponíveis. Muitas empresas e agências de propaganda revisam o gasto competitivo trimestralmente, comparando os gastos dos competidores com mídia impressa, rádio e televisão ao seu próprio nível de gastos. O rastreio competitivo dessa natureza ocorre tanto no âmbito nacional quanto no regional.

Às vezes, os profissionais de marketing usam o **método arbitrário**, que em geral significa que um alto executivo da empresa diz quanto gastar em propaganda durante certo período. O método pode levar a gastar de menos ou demais. Apesar de não ser exatamente uma técnica orçamentária, é conveniente.

método por porcentagem de vendas Orçamento para uma campanha de propaganda definido pela multiplicação das vendas anteriores por um percentual definido pela organização.

método por comparação com a concorrência Determinação do orçamento de propaganda, na tentativa de se equiparar aos gastos de propaganda da concorrência.

método arbitrário Orçamento para uma campanha de propaganda conforme especificado por um executivo de alto escalão da empresa.

Desenvolver o plano de mídia

Anunciantes gastam enormes quantias em mídia de propaganda. Essas quantias cresceram rapidamente nas últimas duas décadas. A Figura 16.2 mostra a porcentagem de tempo que as pessoas gastam com diferentes categorias de mídia em

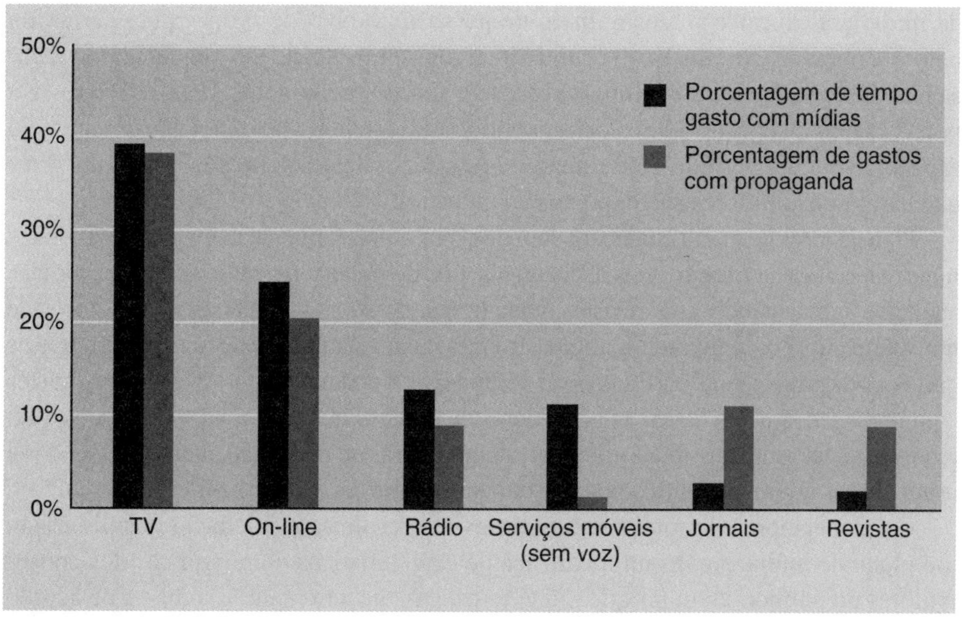

Figura 16.2

Porcentagem de tempo gasto com mídias por dia versus porcentagem de gastos com propaganda nos Estados Unidos.

Fonte: eMarketer.

Desenvolvimento de veículos de mídia
A Kia criou uma propaganda memorável usando hamsters amantes de música em materiais promocionais para TV e impressos.

plano de mídia Plano que especifica os veículos da mídia a serem usados e o cronograma para a execução dos anúncios.

comparação à porcentagem de gastos totais com propaganda. Embora os anúncios impressos estejam caindo, as mídias on-line e a televisão ainda são meios populares de propaganda. Para conseguir o máximo de resultados com gastos de mídia, os profissionais de marketing precisam desenvolver planos de mídia eficazes. Um **plano de mídia** determina os veículos de mídia específicos a serem usados (revistas, emissoras de televisão, mídia social, jornais, e assim por diante), bem como as datas e os horários em que os anúncios aparecerão. O plano determina quantas pessoas na audiência-alvo estarão expostas à mensagem. Esse método determina, ainda, até certo ponto, os efeitos da mensagem sobre esses mercados-alvo específicos. O planejamento de mídia é uma tarefa complexa, que exige análise profunda do público-alvo. Modelos sofisticados de computador foram desenvolvidos para tentar maximizar a eficácia dos planos de mídia.

Para formular um plano de mídia, os planejadores selecionam a mídia da campanha e preparam um cronograma para cada meio. O primeiro objetivo do planejador de mídia é alcançar o maior número de pessoas no alvo de propaganda permitido pelo orçamento. Um objetivo secundário é conseguir alcance e frequência de mensagem apropriados para o público-alvo, sem sair do orçamento. *Alcance* refere-se à porcentagem de consumidores entre o público-alvo realmente exposto a um anúncio específico em um período determinado. *Frequência* diz respeito ao número de vezes que esses consumidores são expostos ao anúncio.

Planejadores de mídia começam com decisões amplas, mas acabam por tomar outras muito específicas. Primeiro, eles decidem que tipo de mídia usar: rádio, televisão, jornais, anúncios digitais ou on-line, revistas, mala direta, outdoors ou sinalização em meios de transporte público. O marketing digital em particular está crescendo, e espera-se que os gastos com propaganda on-line sejam responsáveis por um quarto dos dólares gastos com propaganda já em 2015.[10] Planejadores de mídia avaliam formatos e métodos diferentes para determinar os mais eficazes. Alguns planos de mídia são altamente focados e usam apenas um meio. Outros podem ser bem complexos e dinâmicos.

Os planejadores de mídia levam vários fatores em consideração quando criam um plano de mídia. Analisam localização e características demográficas dos consumidores do público-alvo, porque o que as pessoas gostam na mídia difere de acordo com grupos demográficos e localizações. Eles também consideram os tamanhos e tipos de audiência que aquela determinada mídia alcança. Por exemplo, a revista *Glamour* alcança mulheres relativamente abastadas e interessadas em moda, o que muitos profissionais de marketing de cosméticos, roupas e itens de moda considerariam um grupo demográfico interessante.[11] A queda da audiência televisiva e do número de leitores de revistas levou muitas empresas a explorar mídias alternativas, incluindo não apenas anúncios em televisão a cabo e digital, mas também em celulares, além de merchandising de produtos em videogames. Novas mídias, como sites de relacionamento social e anúncios *nos celulares*, também estão atraindo anunciantes em razão do alcance amplo. Quando o anúncio é parte de uma rede social, os consumidores precisam vê-lo como benéfico, ou podem abandonar o site.[12]

O conteúdo da mensagem, às vezes, afeta a escolha da mídia. A mídia impressa pode ser usada de forma mais eficaz que a televisão e o rádio para apresentar assuntos complexos ou detalhes numerosos em anúncios únicos. Se um anunciante quer promover belas cores, padrões ou texturas, deve usar uma mídia que oferece reprodução colorida de alta qualidade, como revistas ou televisão, em vez de jornais. Alimentos, por exemplo, podem ser promovidos de forma eficaz em anúncios coloridos em revistas, o que não ocorre no caso de mídia em preto e branco.

O custo da mídia é uma consideração importante, mas problemática. Os planejadores tentam obter a melhor cobertura possível para cada dólar gasto. Não há, porém, uma maneira exata de comparar o custo e o impacto de um comercial de televisão com o custo e o impacto de um anúncio de jornal. Um **indicador de comparação de custo** permite que um anunciante compare os custos de vários veículos em um meio específico (como duas revistas) em relação ao número de pessoas alcançado por veículo. O *custo por mil impressões* (COM) é o indicador de comparação de custo para revistas; ele mostra o custo de expor mil pessoas a um anúncio. As mídias são selecionadas por meio da consideração das vantagens e desvantagens de cada uma (ver Tabela 16.2).

indicador de comparação de custo Forma de comparar os custos dos veículos de propaganda em uma mídia específica em relação ao número de pessoas atingidas.

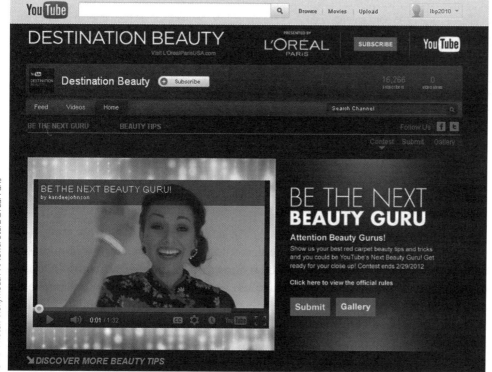

Anúncio digital
A L'Oréal lançou um concurso on-line para selecionar seu próximo guru da beleza.

Tabela 16.2 Vantagens e desvantagens das principais classes de mídia

Meio	Vantagens	Desvantagens
Jornais	Alcança grande audiência; precisam ser comprados para ser lidos; flexibilidade geográfica; tempo de aprovisionamento curto; publicação frequente; favorável para propaganda cooperativa; serviços de merchandising	Não seletivos para grupos socioeconômicos ou mercado-alvo; vida curta; capacidade de reprodução limitada; grandes volumes de propaganda limitam a exposição a um anúncio específico
Revistas	Seletividade demográfica; boa reprodução; vida longa; prestígio; seletividade demográfica quando há edições regionais disponíveis; lidas para entretenimento	Custos altos; tempo de aprovisionamento de 30 a 90 dias; alto nível de competição; alcance limitado; comunicam menos frequência
Mala direta	Pouca circulação desperdiçada; altamente seletiva; circulação controlada pelo anunciante; poucas distrações; pessoal; estimula ações; uso de novidades; relativamente fácil de medir a performance; escondido dos concorrentes	Muito caro; não tem conteúdo editorial para atrair leitores; muitas vezes jogada fora como correspondência indesejada; criticada como invasão de privacidade; consumidores devem escolher ler o anúncio
Rádio	Alcança 95% dos consumidores; altamente móvel e flexível; custos relativos muito baixos; anúncio pode ser mudado rapidamente; alto nível de seletividade geográfica e demográfica; encoraja o uso da imaginação	Falta de imagem visual; vida curta da mensagem; a atenção dos ouvintes é limitada por outras atividades; fragmentação de mercado; dificuldade nos procedimentos de compra; pesquisa de audiência e mídia limitada
Televisão	Alcança grandes audiências; alta frequência disponível; impacto duplo de áudio e vídeo; altamente visível; alto prestígio; seletividade geográfica e demográfica; difícil de ignorar	Muito caro; mensagem altamente perecível; tamanho da audiência não é garantido; quantidade limitada de tempo no horário nobre; falta de seletividade no mercado-alvo
Internet	Resposta imediata; potencial para alcançar um público-alvo; habilidade para rastrear consumidores e construir bases de dados; meio altamente interativo	Custos de direcionamento preciso são altos; posicionamento de anúncios inadequado; efeitos difíceis de medir; preocupações com segurança e privacidade
Páginas amarelas	Ampla disponibilidade; orientado para categoria de ação e produto; custos relativos baixos; frequência e longevidade de anúncio; não intrusivo	Fragmentação de mercado; extremamente localizado; atualização lenta; falta de criatividade; longos tempos de aprovisionamento; exige muito espaço para ser notado
Outdoor	Permite repetição frequente; custo baixo; mensagem pode ser posicionada perto do ponto de venda; seletividade geográfica; operacional 24 horas por dia; alta criatividade e eficácia	Mensagem deve ser curta e simples; sem seletividade demográfica; raramente atrai a atenção total dos leitores; criticado como perigo para o trânsito e pragas no interior; muita cobertura desperdiçada; capacidade limitada

Fontes: William F. Arens, *Contemporary Advertising* (Burr Ridge, IL: Irwin/McGraw-Hill, 2011); George E. Belch e Michael Belch, *Advertising and Promotion* (Burr Ridge, IL: Irwin/McGraw-Hill, 2011).

Como as decisões de seleção de mídia, as decisões de agendamento de mídia são afetadas por vários fatores, como características do público-alvo, atributos do produto, sazonalidade do produto, comportamento de mídia do consumidor e tamanho do orçamento de propaganda. Há três tipos gerais de cronograma de mídia: contínuo, flutuante ou pulsante. Quando se usa o padrão *contínuo*, o anúncio é veiculado em nível constante, com pouca variação durante o período de campanha. O McDonald's é um exemplo de empresa que usa veiculação contínua. Quando se emprega o padrão *flutuante*, o anúncio é veiculado por períodos determinados, alternado com períodos sem anúncios. Por exemplo, uma campanha de propaganda pode ter seu anúncio veiculado durante duas semanas, suspendê-lo por mais duas e depois veicular novamente por outras duas. Empresas como Hallmark, John Deere e Ray-Ban usam o padrão flutuante. O padrão *pulsante* combina veiculações contínuas e flutuantes: durante toda a campanha, certa parte do anúncio é veiculada constantemente e durante períodos específicos, são usados anúncios adicionais para intensificar o nível de comunicação com o público-alvo.

Criar a mensagem da propaganda

O conteúdo e a forma básicos da mensagem de uma propaganda resultam de vários fatores. As características de um produto, seus usos e benefícios afetam o conteúdo da mensagem. A intensidade da propaganda também pode ter um impacto. Por exemplo, anúncios empurrados por meio de aparelhos digitais se referem à propaganda que não é pedida pelo usuário. Ainda que esse tipo de propaganda possa alienar alguns consumidores, os mais jovens aceitam melhor se a fonte for confiável, se tiverem dado permissão e se as mensagens forem relevantes ou divertidas.[13] A propaganda que empurra demais, ao ponto de os consumidores ficarem desconfortáveis, pode fazê-los considerar o produto negativamente. Isso causou problemas com a propaganda "verde".[14]

Além disso, as características das pessoas pertencentes ao público-alvo – gênero, idade, educação, raça, renda, ocupação, estilo de vida, fase da vida e outros atributos – influenciam tanto conteúdo quanto forma. O gênero, por exemplo, afeta como as pessoas respondem a declarações de propaganda com palavras como *pode* e *provavelmente* e com palavras de compromisso, como *definitivamente* e *absolutamente*. Os pesquisadores descobriram que as mulheres respondem negativamente a ambos os tipos e que as declarações de compromisso têm pouco efeito nos homens.[15] Quando a Procter & Gamble promove a pasta de dente Crest para crianças, enfatiza a escovação diária e o controle de cáries, focando na diversão e em sabores gostosos como chiclete. Quando anuncia a Crest a adultos, foca em funcionalidade, destacando branqueamen-

---

■ ■ ■ **Marketing em debate**

Prós e contras da propaganda em celulares

QUESTÃO: A propaganda móvel é uma invasão de privacidade?

Hoje, a propaganda não está mais limitada à mídia impressa e à televisão, ela alcançou consumidores em mídias pessoais – seus celulares. Os profissionais de marketing gastam US$ 2,6 bilhões com propaganda em celulares ou propaganda móvel, número que cresce a cada ano. Esse meio se tornou ideal para os anunciantes por causa das redes sociais, já que a maioria dos consumidores acessa esses sites por meio de seus celulares. Além disso, estudos descobriram que a lembrança da marca é mais frequente com certos tipos de anúncios móveis. Contudo, alguns indivíduos veem esse tipo de propaganda como invasão de privacidade. Eles acreditam que a propaganda deve ser mantida nas arenas tradicionais, e não exibida em algo tão pessoal quanto celulares.[b]

to, proteção ao esmalte, melhora do hálito e controle da placa e do tártaro. Para comunicar de forma eficaz, os anunciantes usam palavras, símbolos e ilustrações que são significativos, familiares e atraentes para pessoas no público-alvo.

Os objetivos e a plataforma de uma campanha de propaganda também afetam o conteúdo e a forma das mensagens. Se os objetivos de propaganda de uma empresa envolvem grande aumento de vendas, a mensagem pode incluir linguagem, símbolos e dizeres de alto impacto e vigorosos. Assim, a plataforma de propaganda é a fundação sobre a qual são construídas as mensagens de campanha.

A escolha de mídia obviamente influencia o conteúdo e a forma da mensagem. Outdoors eficazes e anúncios em transmissão de chamadas curtas exigem mensagens simples e concisas. Anúncios em revistas e jornais podem incluir detalhes consideráveis e longas explicações. Como vários tipos de mídia oferecem seletividade geográfica, uma mensagem pode ser customizada para uma seção geográfica específica do público-alvo. Alguns editores de revistas produzem **edições regionais**, nas quais os anúncios e o conteúdo editorial que aparecem em uma área geográfica diferem daqueles de outras áreas. Por exemplo, a AAA Publishing Network publica 24 revistas regionais, incluindo *AAA Horizons* (Connecticut, Rhode Island e Massachusetts), *AAA Southern Traveler* (Louisiana, Arkansas e Mississippi) e *Western Journey* (Idaho e Washington).[16] Uma empresa que anuncie com a AAA Publishing Network pode decidir usar uma mensagem em New England e outra no resto do país ou pode escolher anunciar só em uma região. Esse tipo de seletividade geográfica permite que uma organização use a mesma mensagem em regiões diferentes e em tempos diferentes.

edições regionais Versões de um periódico que diferem com base em regiões geográficas.

Copy

Copy é a parte verbal de um anúncio e pode incluir manchetes, subtítulos, corpo do texto e assinatura. Nem todas as propagandas incluem todos esses elementos de copy. Mesmo notas escritas a mão em anúncios de mala direta que dizem: "Experimente, você vai ver" parecem aumentar os pedidos de amostras grátis.[17] A manchete é crítica, porque muitas vezes é a única parte do *copy* que as pessoas leem. Ela deve atrair a atenção dos leitores e criar interesse suficiente para que eles queiram ler o corpo do texto ou visitar o site. O subtítulo, se houver, liga a manchete ao corpo do texto, e às vezes serve para explicar a manchete.

copy A parte verbal de um anúncio.

O corpo do texto da maioria dos anúncios consiste em uma declaração ou parágrafo introdutório, seguido de vários parágrafos explicativos e um parágrafo de conclusão. Alguns redatores adotaram diretrizes para desenvolver esses textos de forma sistemática: (1) identificar um desejo ou problema específico, (2) recomendar o produto da melhor forma para satisfazer o desejo ou resolver o problema, (3) declarar os benefícios do produto e indicar por que ele é o melhor para a situação específica do comprador, (4) respaldar as declarações de propaganda e (5) pedir para o comprador agir. Quando se está respaldando as declarações, é importante apresentar o apoio de forma convincente. A prova deve ajudar a fortalecer tanto a imagem do produto quanto a integridade da empresa. Uma explicação breve do que boa parte dos anúncios quer conseguir é o modelo AIDA. A propaganda deve gerar *atenção*, *intenção*, criar *desejo* e resultar em uma compra (*ação*). A seleção da tipografia pode ajudar os publicitários a criar a impressão desejada com fontes atraentes, reconfortantes ou muito proeminentes.[18]

A assinatura identifica o patrocinador do anúncio e pode conter vários elementos, incluindo as marcas figurativa ou nominativa registrada da organização, a razão social e o endereço. Essa assinatura deve ser atraente, legível, distinta e fácil de identificar em vários tamanhos.

Muitas vezes, como os ouvintes de rádio não estão de todo mentalmente "sintonizados" ao que estão ouvindo, o copy para esse meio precisa ser informal e coloquial para atrair a atenção do ouvinte. As mensagens de rádio são altamente perecíveis e devem ser compostas por termos curtos e familiares, o que aumenta seu impacto. A duração não deve exigir um ritmo de fala que exceda aproximadamente 2,5 palavras por segundo.

Em copy para televisão, o material de áudio não deve sobrepujar o visual, e vice-versa. No entanto, uma mensagem para televisão deve usar a porção visual da forma mais adequada, o que pode ser muito eficaz para uso, aplicações e demonstrações de produto. O copy para um comercial de televisão às vezes é escrito inicialmente como um *roteiro* paralelo. O vídeo é descrito na coluna da esquerda e o áudio, na da direita. Quando o script paralelo é aprovado, o redator e o artista combinam o copy com material visual usando um **storyboard**, que representa uma série de telinhas de televisão em miniatura mostrando a sequência das principais cenas do comercial. Abaixo de cada tela há uma descrição da parte de áudio a ser usada com aquele segmento de vídeo. A equipe técnica usa o storyboard como roteiro para produzir um comercial.

storyboard Roteiro que combina *copy* e material visual para mostrar uma sequência de cenas principais em um comercial.

Arte

A **arte** consiste nas ilustrações e no layout de um anúncio. Frequentemente as **ilustrações** são fotografias, mas também podem ser desenhos, infográficos, gráficos e tabelas. Elas são usadas para chamar a atenção, encorajar audiências a ler ou ouvir o copy, comunicar uma ideia rapidamente ou transmitir ideias difíceis de expressar. As ilustrações podem ser mais importantes para capturar a atenção em comparação ao texto ou elementos de marca, independentemente do tamanho.[19] Elas são especialmente importantes porque os consumidores tendem a lembrar das partes visuais dos anúncios melhor que das partes verbais. Os anunciantes usam várias técnicas de ilus-

arte Ilustração e layout de um anúncio.

ilustrações Fotos, desenhos, gráficos, infográficos e tabelas usados para atrair o interesse do público em um anúncio.

Componentes de um anúncio impresso
Este anúncio da Jaguar contém a maioria dos componentes de um anúncio impresso, incluindo manchete, corpo do texto, assinatura e ilustração. Aqui não há subtítulo.

tração: mostrar o produto sozinho, em um cenário ou em uso ou, ainda, mostrar os resultados do uso do produto. Por exemplo, o anúncio da Jaguar mostra a elegância e o estilo do carro em uma foto artística e também oferece uma descrição sobre o design do Jaguar XFR 2012, usa manchete, corpo de texto e assinatura para descrever a exclusividade e o poder por trás do veículo. As ilustrações também podem assumir a forma de comparações, contrastes, diagramas e testemunhos.

O **layout** de um anúncio é a disposição espacial da ilustração e do copy (manchete, subtítulo, corpo do texto e assinatura). Esses elementos podem ser dispostos de várias formas. O layout final é resultado de várias fases de preparação. Conforme o layout se move por essas fases, promove uma troca de ideias entre pessoas que estão desenvolvendo a campanha de propaganda e oferece instruções para a equipe de produção.

layout Disposição espacial dos elementos ilustrados em um anúncio, ou do copy do anúncio.

Executar a campanha

A execução de uma campanha de propaganda exige planejamento e coordenação extensivos, pois muitas tarefas devem ser completadas no prazo e há muitas pessoas e empresas envolvidas. Empresas de produção, institutos de pesquisa, organizações de mídia, gráficas e artistas de televisão são apenas algumas das pessoas e organizações que contribuem para uma campanha.

A implementação exige cronogramas detalhados para garantir que várias fases do trabalho sejam cumpridas no prazo. A equipe que administra a propaganda deve avaliar a qualidade do trabalho e tomar medidas corretivas quando necessário. Depois da queda nas vendas das oleaginosas Planters entre 2005 e 2010, a companhia decidiu renovar sua mascote, o Mr. Peanut. Ao longo dos anos, o Mr. Peanut, silencioso e de tamanho humano, mudou pouco e perdeu seu apelo. A Planters respondeu diminuindo a mascote e dando-lhe voz dublada pelo ator norte-americano Robert Downey Jr. As vendas começaram a aumentar depois que o Mr. Peanut passou a anunciar os produtos.[20] Em alguns casos, as mudanças são feitas durante a campanha, de modo que ela atinja os objetivos de forma mais eficaz. Por exemplo, uma empresa de automóveis que foque em quilometragem por litro de gasolina pode precisar adicionar mais informações relativas à concorrência para alcançar seus objetivos.

Avaliar a eficácia da propaganda

Há várias formas de testar a eficácia de uma propaganda. Medir a conquista dos objetivos de propaganda; estimar a eficácia do copy, das ilustrações ou dos *layouts* e avaliar certas mídias são algumas dessas formas.

A propaganda pode ser avaliada antes, durante e depois da campanha. Uma avaliação executada antes do início da campanha é chamada de **pré-teste**. Um pré-teste, em geral, tenta avaliar a eficácia de um ou mais elementos da mensagem. Para fazer o pré-teste de anúncios, às vezes, os profissionais de marketing contam com um **júri de consumidores**, painel composto por compradores potenciais ou efetivos. Esses jurados julgam uma ou várias dimensões de dois ou mais anúncios. Esses testes se baseiam na crença de que os consumidores sabem melhor que os especialistas em propaganda o que os influencia. As empresas também podem solicitar a assistência de firmas de pesquisa de mercado, como a Information Resources Inc. (IRI).

pré-teste Avaliação do desempenho de anúncios antes de começar uma campanha.

júri de consumidores Painel composto por compradores potenciais ou efetivos de um produto que fazem pré-avaliação dos anúncios.

Para medir a eficácia da propaganda durante uma campanha, os profissionais de marketing confiam em "consultas" ou reações. Nas fases iniciais de uma campanha, um anunciante pode usar vários anúncios simultaneamente, cada um contendo um cupom, formulário, telefone 0800, QR Code, página em rede social ou site por meio dos quais clientes em potencial podem pedir informações. O anunciante registra o número de consultas ou reações geradas por tipo de anúncio. Se um anunciante recebe 78.528 consultas com o anúncio A, 37.072 com o anúncio B e 47.932 com o anúncio C, o anúncio A é considerado superior aos demais. Anunciantes de internet também podem avaliar quantas pessoas clicaram em um anúncio para obter mais informações sobre o produto. Nos Estados Unidos, o setor de empresas de anúncios em outdoors criou um sistema chamado "Eyes On", para determinar quais audiências provavelmente verão um anúncio, incluindo dados demográficos e etnográficos. Sistemas de medida mais antigos usavam a "circulação diária efetiva", que essencialmente incluía contagem de tráfego, não de audiências interessadas.[21]

A avaliação da eficácia da propaganda após a campanha é chamada de **pós-teste**. Os objetivos da propaganda muitas vezes determinam o tipo de pós-teste apropriado. Se o foco for comunicação – aumentar a percepção de características do produto ou da marca para criar atitudes mais favoráveis por parte dos clientes –, o pós-teste deve medir mudanças nessas dimensões. Às vezes, os anunciantes usam pesquisas com consumidores ou experimentos para avaliar uma campanha com base em objetivos de comunicação. Esses métodos, porém, são caros. Em pós-testes, podem ser feitas generalizações sobre por que a propaganda está fracassando ou por que os veículos de mídia não estão entregando os resultados desejados.

pós-teste Avaliação da eficácia da propaganda após uma campanha.

Para objetivos de campanha declarados em termos de vendas, os anunciantes devem determinar qual a mudança em vendas ou participação de mercado atribuível à campanha. Por exemplo, a campanha "Arrive a Guest. Leave a Legend" ("Chegue como convidado. Saia como uma lenda"), lançada pelo estado de Dakota do Norte, aumentou significativamente os gastos de visitantes na região. Estima-se que cada dólar gasto com propaganda turística tenha rendido US$ 119 em gastos de visitantes durante o período de um ano.[22] No entanto, as mudanças em vendas ou participação de mercado promovidas pela propaganda não podem ser medidas de forma precisa; muitos fatores independentes em relação aos anúncios afetam as vendas e a participação de mercado de uma organização. Ações de concorrentes, ações regulamentadoras e mudanças em condições econômicas, preferências dos consumidores e clima são apenas alguns fatores que podem aumentar ou diminuir as vendas ou a participação de mercado de uma empresa. Usando dados sobre vendas passadas e atuais e gastos com propagandas, os anunciantes conseguem fazer estimativas brutas dos efeitos de uma campanha em vendas ou participação de mercado.

Como é difícil determinar os efeitos diretos dos anúncios nas vendas, muitos anunciantes avaliam os anúncios impressos de acordo com o quão bem os consumidores se lembram deles. Com mais anunciantes se voltando à tecnologia móvel, medir a taxa de lembrança de anúncios em celulares está se tornando cada vez mais importante. Entre as marcas com a melhor taxa de lembrança de anúncios nos celulares estão Sears, Walmart, Colgate, Macy's, JCPenney, Nike e Target.[23] Os pesquisadores descobriram que anúncios que tocam no tema de atratividade social são mais memoráveis quando vistos na presença de outras pessoas.

Métodos de pós-teste baseados em memória incluem testes de reconhecimento e lembrança, realizados por organizações de pesquisa por meio de levantamentos. Em um **teste de reconhecimento**, mostra-se aos entrevistados o anúncio atual e pergunta-se se eles o reconhecem. Se sim, o entrevistador faz outras perguntas para determinar quanto do anúncio foi lido pelo entrevistado. Quando se avalia a lembrança, os entrevistados não veem o anúncio atual, em vez disso, são feitas a eles perguntas sobre o

teste de reconhecimento Pós-teste no qual se mostra aos entrevistados o anúncio atual e pergunta-se se eles o reconhecem.

que viram ou ouviram recentemente. Em relação a anúncios de internet, as pesquisas sugerem que quanto mais uma pessoa é exposta a um site contendo um *banner*, mais provável é ela se lembrar do anúncio.[24]

A lembrança pode ser medida por meio de métodos de lembrança com auxílio ou sem. Em um **teste de lembrança sem auxílio**, os entrevistados identificam os anúncios que viram recentemente, mas não recebem pistas para ajudá-los a se lembrar. No **teste de lembrança com auxílio** usa-se um procedimento similar, mas os entrevistados recebem uma lista de produtos, marcas, nomes de empresas ou marcas registradas para refrescar a memória. As pesquisas mostram que anúncios on-line têm 1,8 vez a taxa de lembrança com auxílio e 1,5 vez a taxa de lembrança sem auxílio de anúncios de televisão.[25] Várias organizações de pesquisa, como a Daniel Starch, fornecem serviços de pesquisa que testam o reconhecimento e a lembrança de anúncios.

A principal justificativa para usar métodos de reconhecimento e lembrança é que é mais provável que as pessoas comprem um produto de cujo anúncio conseguem se lembrar. Contudo, lembrar de um anúncio não leva, necessariamente, à compra do produto ou da marca anunciada. Os pesquisadores também usam uma técnica sofisticada chamada *dados de fonte única* para ajudar a avaliar os anúncios. Com essa técnica, os comportamentos do consumidor são rastreados por receptores de televisão ou por meio dos caixas das lojas. Os monitores são colocados em casas pré-selecionadas e microcomputadores registram quando o televisor é ligado e qual emissora está sendo assistida. Nos caixas de supermercados, o indivíduo representante da amostra apresenta um cartão de identificação. Os atendentes, então, registram as compras por um escâner, e os dados são enviados à instituição de pesquisa. Algumas empresas de dados de fonte única equipam as casas selecionadas com equipamentos de escaneamento com os quais registram produtos após voltar das compras. Os dados de fonte única oferecem informações que relacionam a exposição aos anúncios com o comportamento de compra.

QUEM DESENVOLVE A CAMPANHA DE PROPAGANDA?

Os responsáveis por uma campanha de propaganda podem ser um indivíduo, algumas pessoas em uma organização, o próprio departamento de marketing ou uma agência de propaganda. Em empresas muito pequenas, uma ou duas pessoas são responsáveis pelos anúncios (e também por muitas outras atividades). Em geral, essas pessoas dependem muito da mídia local (TV, rádio e jornal) para criação de copy, arte e conselhos sobre o agendamento de mídia.

Em certos negócios grandes, especialmente no caso de organizações de varejo, os departamentos de marketing ou as agências de propaganda criam e implementam campanhas. Dependendo do tamanho do programa de propaganda, um departamento de marketing pode ser composto por alguns indivíduos com habilidades múltiplas ou por um número considerável de especialistas, incluindo redatores, artistas, especialistas em mídia social, compradores de mídia e coordenadores de produção técnica. Departamentos de marketing, às vezes, obtêm os serviços de organizações de pesquisa independentes e contratam especialistas terceirizados quando um projeto específico o exige.

A maioria das grandes corporações contratam uma agência de propaganda para desenvolver campanhas. A E*Trade, por exemplo, contratou a agência Grey New York para criar seus anúncios do E*Trade Baby. O bebê falante informa a audiência sobre como ela pode se dar bem financeiramente usando os serviços financeiros do E*Trade.²⁶ Quando uma organização usa uma agência de propaganda, ambas desenvolvem juntas a campanha. A participação de cada uma no desenvolvimento total da campanha depende da relação de trabalho entre elas. Em geral, a empresa depende da agência para redação, arte, produção técnica e formulação do plano de mídia.

As agências de propaganda ajudam as empresas de várias formas. Uma agência, especialmente se for grande, pode fornecer serviços de profissionais altamente especializados – não apenas redatores, artistas e coordenadores de produção, mas também especialistas em mídia, pesquisadores e consultores legais. A equipe de uma agência costuma ter experiência em propaganda e ser mais objetiva que os empregados de uma organização que oferta determinado produto.

Como as agências nos Estados Unidos tradicionalmente recebem grande parte de seu pagamento por meio de uma comissão de 15% paga pela mídia em que faz suas compras, as empresas conseguem obter alguns serviços de agência a custos baixos ou moderados. Se uma agência contrata US$ 400 mil em tempo de televisão para uma empresa, recebe uma comissão de US$ 60 mil da emissora. Apesar de o método de compensação tradicional para as agências estar mudando e agora incluir outros fatores, as comissões de mídia ainda compensam alguns custos de usar a agência. Como a propaganda, as relações públicas podem ser um elemento vital em um mix de promoção. A seguir, voltaremos a esse tópico.

Relações públicas
Howard Schultz, CEO do Starbucks, fala em um evento da Apple sobre criar relações favoráveis com stakeholders ao discutir uma aliança especial com a Apple no que diz respeito a acessar músicas nas lojas Starbucks.

RELAÇÕES PÚBLICAS

Relações públicas são um amplo conjunto de esforços de comunicação usados para criar e manter relações favoráveis entre uma organização e seus stakeholders. Uma organização se comunica com vários stakeholders, tanto internos quanto externos, e os esforços de relações públicas podem ser direcionados a qualquer um deles e a todos eles. Os stakeholders de uma empresa podem incluir clientes, fornecedores, funcionários, acionistas, mídia, educadores, investidores em potencial, oficiais do governo e a sociedade em geral. A reação após um erro grosseiro de relações públicas também é importante. As organizações que adiam sua resposta ou não são honestas com os stakeholders têm mais probabilidade de piorar uma situação já ruim. Por esse motivo, sempre que há um acidente em seus parques, a Disney imediatamente emite comunicados para imprensa, ou press releases, para informar o público sobre o ocorrido. Ser honesto com os consumidores e responder às necessidades deles é o fundamento da comunicação aberta e da confiança de longo prazo.

As relações públicas podem ser usadas para promover pessoas, lugares, ideias, atividades e até países. Organizações sem fins lucrativos costumam usá-las para atingir seus objetivos. O foco é melhorar a imagem da organização em sua totalidade.

4 Examinar as ferramentas empregadas em relações públicas, além do modo como as relações públicas são usadas e avaliadas.

Tabela 16.3 Dez principais organizações de relações públicas nos Estados Unidos

Posição	Agência de RP
1	Edelman
2	Weber Shandwick
3	Fleishman-Hillard
4	Grupo MSL
5	Burson-Marsteller
6	Hill + Knowlton Strategies
7	Ketchum
8	Ogilvy Public Relations Worldwide
9	EuroRSCG Worldwide
10	FTI Consulting

Fonte: Paul Holmes. Global Rankings 2012: Edelman Holds Top Spot and Surges Past $600m. *The Holmes Report*, 23 jul. 2012. Disponível em: <www.holmesreport.com/news-info/12173/Global-Rankings-2012-Edelman-Holds-Top-Spot-And-Surges-Past-600m.aspx>. Acesso em: 23 jan. 2013.

Avaliar as atitudes públicas e criar uma imagem favorável não é menos importante do que a promoção direta dos produtos da organização. Como as atitudes do público em relação a uma organização costumam afetar as vendas dos produtos, é muito importante que se mantenham percepções públicas positivas. Além disso, a moral dos empregados fica fortalecida quando o público vê a organização positivamente.[27] Ainda que as relações públicas possam ser usadas para fazer o público conhecer os produtos, as marcas ou atividades de uma companhia, elas também podem criar imagens específicas sobre essa companhia, como inovação ou confiabilidade. Ao conseguir que a mídia relate as conquistas de uma empresa, as relações públicas ajudam a empresa a manter visibilidade pública positiva. Algumas organizações usam as relações públicas para um propósito único; outras, para propósitos variados. A Tabela 16.3 lista as dez principais empresas de relações públicas nos Estados Unidos.

Ferramentas de relações públicas

As empresas usam diversas ferramentas de relações públicas para passar mensagens e criar imagens. Os profissionais de relações públicas preparam material escrito e usam a mídia digital para entregar brochuras, newsletters, revistas institucionais, comunicados a imprensa, blogs, páginas em sites de mídia social e relatórios anuais que alcançam e influenciam seus vários stakeholders. Às vezes, as organizações usam ferramentas menos convencionais em suas campanhas de relações públicas. A Comcast, por exemplo, promove anualmente o que chama de Dia do Cuidado Comcast, um dia em que os milhares de empregados da empresa e suas famílias se unem para ajudar a melhorar seus bairros limpando as escolas, montando jardins comunitários e fazendo outros serviços.[28]

A equipe de relações públicas também cria materiais de identidade corporativa – como logos, cartões de visita, papelaria, placas e materiais promocionais – que tornam a empresa imediatamente identificável. Discursos são outra ferramenta de relações públicas. Como o que um executivo de uma empresa diz publicamente em reuniões ou para a mídia pode afetar a imagem da organização, o discurso deve passar claramente a mensagem desejada. O patrocínio a eventos, no qual uma empresa paga por parte de um evento especial, ou pelo evento inteiro, como um show beneficente ou um campeonato de tênis, é outra ferramenta de relações públicas. São exemplos o patrocínio da Coca-Cola para a Copa do Mundo da FIFA e as Olimpíadas. Patrocinar eventos especiais pode ser uma forma eficaz de aumentar o reconhecimento da empresa ou da marca com investimento relativamente mínimo. O patrocínio a eventos pode obter considerável cobertura de mídia grátis. Uma organização tenta garantir que seu produto e o evento patrocinado sejam direcionados ao mesmo público, e que os dois sejam facilmente associados na mente dos clientes. Muitas empresas, bem

Transformação verde

Lançando uma campanha de relações públicas ecológica

Campanhas de relações públicas (RP) sustentáveis são uma oportunidade de negócios tentadora. Aproximadamente 40 milhões de consumidores norte-americanos se consideram favoráveis à sustentabilidade, o que levou muitas organizações a pular no bonde ecológico. Contudo, como com toda campanha de RP, as empresas devem considerar cuidadosamente diversos fatores.

Em primeiro lugar, um profissional de RP deve determinar o que dizer sobre o produto ou o negócio. Usar termos como "ecoamigável" não informa adequadamente o consumidor sobre o que torna o produto ou o negócio sustentável. Em vez disso, os profissionais de RP devem selecionar reivindicações que possam ser comprovadas. Também é importante usar técnicas de marketing sustentáveis – por exemplo, anúncios digitais ou papel reciclado para divulgar as campanhas.

Além disso, os profissionais de RP devem escolher meios de marketing apropriados. Estudos mostram que os consumidores preferem sinalizações dentro das lojas e anúncios on-line; na verdade, 40% dos consumidores indicaram que gostariam de ver mais informações sobre meio ambiente nas lojas. Os profissionais de marketing têm uma série de veículos on-line à disposição. Muitos especialistas acreditam que a melhor forma de se conectar com consumidores favoráveis à ecologia é por meio das mídias sociais, das comunidades sustentáveis on-line e de blogs, como o treehugger.com. Postar ativamente nesses sites e remeter os clientes a eles, para ler os posts, pode reforçar significativamente as reivindicações sustentáveis de uma organização.[c]

---

como indivíduos, prestam assistência com doações. Bill Daniels, fundador da Cablevision falecido em 2000, criou um fundo financiado com mais de US$ 1 bilhão para oferecer apoio financeiro a muitas causas, inclusive a da ética nos negócios.

A publicidade faz parte das relações públicas. **Publicidade** refere-se à comunicação em formato de notícia ou história sobre uma organização, seus produtos ou ambos divulgados por mídia de massa sem custo de veiculação. Por exemplo, cada vez que o CEO da Apple, Tim Cook, anuncia que a empresa apresentará um novo modelo de iPhone e iPad, o fato é coberto em jornais e televisões no mundo todo durante meses. Apesar de as relações públicas terem uma função de comunicação maior e mais abrangente que a publicidade, esta é um aspecto muito importante daquela. A publicidade pode ser usada para fornecer informações sobre bens ou serviços; para anunciar expansões ou contrações, aquisições, pesquisas ou novos lançamentos de produtos; ou para melhorar a imagem de uma empresa.

A mais comum ferramenta de relações públicas baseada em publicidade é o comunicado a imprensa, ou **press release**, às vezes, chamado somente de *release*. Em geral, consiste em uma página de texto com menos de 300 palavras, que descreve um evento ou produto da empresa. Um press release informa nome, endereço, telefone e contato da organização ou agência de relações públicas. As empresas usam releases para apresentar novos produtos ou fazer anúncios importantes. Dezenas de organizações, incluindo Nike, Starbucks e empresas de energia limpa, estão se unindo para conscientizar o público sobre os benefícios econômicos da legislação nacional de clima e energia por meio de press releases e de outras mídias. Como mostra a Tabela 16.4, os press releases lidam com uma série de assuntos específicos. Um **artigo de destaque** é um manuscrito de até 3.000 palavras escrito para uma publicação específica. Uma **fotografia legendada** traz uma breve descrição explicando seu conteúdo. Fotografias legendadas são eficazes para ilustrar produtos novos ou melhorados, com características altamente visíveis.

publicidade Tipo de notícia ou história que comunica assuntos sobre uma organização e/ou seus produtos por meio de mídia de massa sem custo de veiculação

press release Pequeno texto para a publicidade de um evento ou produto.

artigo de destaque Manuscrito com mais de 3.000 palavras preparadas para uma publicação específica.

fotografia legendada Fotografia com uma breve descrição de seu conteúdo.

Tabela 16.4 Possíveis assuntos para releases publicitários

Apoio a uma causa social	Novos produtos
Melhores garantias	Novo slogan
Relatórios sobre condições de um setor industrial	Desenvolvimentos de pesquisa
Novos usos para produtos existentes	Marcos e aniversários da empresa
Aval a produtos	Mudanças em emprego, produção e vendas
Prêmios de qualidade	Assinatura de contratos
Mudanças no nome da empresa	Abertura de novos mercados
Entrevistas com representantes da empresa	Melhorias no posicionamento financeiro
Políticas de distribuição melhoradas	Abertura de uma exposição
Esforços de negócios internacionais	História da marca
Patrocínio a evento esportivo	Vencedores de concursos promovidos pela empresa
Visitas de celebridades	Mudanças no logo
Relatórios sobre novas descobertas	Discursos da alta administração
Práticas de negócio inovadoras	Prêmios de mérito
Previsões econômicas	Aquisições e parcerias

© Cengage Learning

coletiva de imprensa Reunião com a imprensa para anunciar eventos novos e importantes.

Há vários outros tipos de ferramentas de relações públicas baseadas em publicidade. Por exemplo, **coletiva de imprensa** é uma reunião convocada para anunciar eventos importantes. Profissionais de mídia são convidados para uma coletiva de imprensa e, em geral, recebem vários materiais escritos e fotografias. Às vezes, são preparadas cartas ao editor e editoriais para serem enviados a jornais e revistas. Podem ser disponibilizados vídeos para emissoras, na esperança de que sejam veiculados.

Ferramentas de relações públicas baseadas na publicidade oferecem várias vantagens, incluindo credibilidade, valor de notícia, comunicação boca a boca significativa e percepção de apoio da mídia. O público pode considerar a cobertura noticiosa mais confiável e verdadeira que um anúncio, pois as mídias de notícia não são pagas para fornecer a informação. Além disso, reportagens relativas à apresentação de um novo produto ou de uma nova política sustentável de uma empresa, por exemplo, são tratadas como itens de notícia e por isso têm mais chance de ganharem atenção. Por fim, o custo da publicidade é baixo em relação ao custo da propaganda.[29]

As ferramentas de relações públicas baseadas em publicidade têm algumas limitações. Os profissionais de mídia devem julgar se vale a pena publicar ou transmitir as mensagens da empresa. Consequentemente, essas mensagens devem ser oportunas, interessantes, precisas e de interesse público. Pode exigir muito tempo e esforço convencer os profissionais da mídia sobre o valor noticioso de releases publicitários, e muitos comunicados não se qualificam. Ainda que os profissionais de relações públicas costumem encorajar a mídia a transmitir releases de publicidade, eles não controlam nem o conteúdo nem o tempo da comunicação. Os jornalistas podem alterar a duração e o conteúdo dos releases para se adequar às exigências do editor ou da emissora, e até deletar partes da mensagem que a empresa considera as mais importantes. Além disso, os profissionais de mídia usam releases de publicidade nos segmentos ou posições mais convenientes para eles. Outras mensagens externas de relações públicas podem ser veiculadas durante momentos de poucas notícias. Assim, as mensagens, às vezes, aparecem em locais ou horários que podem não atingir o público-alvo da empresa. Ainda que essas limitações sejam frustrantes, ferramentas de relações públicas baseadas em publicidade, quando bem administradas, oferecem benefícios organizacionais substanciais.

Avaliar a eficácia das relações públicas

Em razão dos potenciais benefícios das relações públicas, é essencial que as organizações avaliem a eficiência de suas campanhas. É possível conduzir pesquisas para determinar quão bem uma organização está comunicando suas mensagens ou sua imagem ao público-alvo. O monitoramento do ambiente em que organização atua pode identificar mudanças na opinião pública que a afetam. Uma *auditoria de relações públicas* é usada para avaliar a imagem da organização entre o público ou o efeito de um programa específico de relações públicas. Uma *auditoria de comunicações* pode incluir análise do conteúdo de mensagens, estudo de legibilidade ou pesquisa de público-leitor. Se uma organização quer medir até onde os stakeholders a veem como socialmente responsável, pode conduzir uma *auditoria social*.

Uma forma de medir a eficácia das relações públicas baseadas em publicidade é contar o número de exposições na mídia. Para determinar quais releases são publicados na mídia impressa e com que frequência, a organização pode contratar um serviço de clipping, uma empresa que "clipa" e envia press releases aos clientes. Para medir a eficácia de uma cobertura televisiva, a organização pode incluir em seus releases publicitários um cartão pedindo que a emissora registre

♦♦ Empreendedorismo em marketing

Pass Christian Soap Co. experimenta os benefícios da publicidade

A Pass Christian Soap Company compreende o poder da publicidade. Depois de o âncora do *Good Morning America* (GMA), Robin Roberts, elogiar a empresa no programa, as vendas dispararam. A proprietária, Paula Lindsey, diz que a empresa vendeu US$ 200 mil em dois dias.

A Pass Christian Soap Company se autointitula "fabricante de luxuosos produtos artesanais para banho e corpo". Os consumidores também a adoram por seu marketing de "feito na América". A ideia para a empresa surgiu da dificuldade de Lindsey em encontrar produtos domésticos em lojas para banho e corpo. Assim, ela decidiu abrir a Pass Christian Soap Company como uma empresa genuinamente norte-americana.

A partir de então, os produtos da Pass Christian chamaram a atenção de várias revistas, incluindo *Coastal Living* e *Southern Breeze*. O destaque no *GMA*, porém, fez a diferença. As vendas se intensificaram tanto que Lindsey contratou 13 funcionários extras e alugou um novo prédio para dar conta das encomendas. Com as vendas seguindo fortes, a Pass Christian Soap Company está otimista em relação ao futuro.[d]

seu nome e as datas de transmissão da notícia (apesar de que os funcionários da emissora nem sempre o fazem). Existem alguns serviços de rastreamento multimídia, mas são bastante caros.

Contar o número de exposições na mídia não revela quantas pessoas realmente leram ou ouviram a mensagem da empresa nem o que elas pensaram sobre a mensagem. No entanto, medir mudanças na percepção e no conhecimento sobre o produto e nas atitudes resultantes de campanhas de publicidade ajuda a produzir essa informação. Para avaliar essas mudanças, as empresas precisam medir os níveis antes e depois das campanhas de relações públicas. Ainda que seja difícil obter medidas precisas, os anunciantes devem tentar avaliar o impacto dos esforços de relações públicas sobre as vendas da organização. Por exemplo, as críticas de filmes podem afetar a performance na bilheteria. É interessante notar que críticas (publicidade) negativas prejudicam a renda mais do que as críticas positivas ajudam nas primeiras semanas do lançamento de um filme.[30]

Lidar com relações públicas desfavoráveis

Até agora, discutimos as relações públicas como elemento planejado do mix promocional. Contudo, as empresas podem ter de lidar com publicidade inesperada e desfavorável resultante de um produto não seguro, de um acidente após o uso de um produto, de ações controversas de empregados ou de algum outro evento ou situação negativos. Por exemplo, o time de futebol americano New Orleans Saints enfrentou críticas pesadas após a revelação de que seus jogadores ganhavam bônus se machucassem propositalmente os adversários durante os jogos.[31] Muitas empresas experimentaram publicidade desfavorável ligada a problemas de contaminação, como salmonela na manteiga de amendoim, chumbo nos brinquedos e componentes industriais em rações para animais. A cobertura desfavorável pode ter efeitos rápidos e dramáticos.[32] A quebra de confiança por parte de bancos e outras instituições financeiras afetou todo o setor econômico. Em uma pesquisa, essas instituições foram consideradas as menos confiáveis entre consumidores globais, com apenas 50% desses indicando que confiavam nelas.[33]

Para proteger sua imagem, a organização precisa prevenir as relações públicas desfavoráveis, ou ao menos mitigar seus efeitos se elas ocorrerem. Em primeiro lugar, a organização deve tentar evitar incidentes e eventos negativos por meio de programas de segurança, inspeções, treinamentos e procedimentos eficazes de controle de qualidade. Os especialistas insistem que emitir mensagens e imagens de marca consistentes em todas as comunicações o tempo todo pode ajudar a marca a manter sua força mesmo durante uma crise.[34] Como os eventos negativos podem abalar até mesmo as instituições mais cautelosas, uma organização deve ter planos para lidar com eles quando ocorrerem. As organizações precisam estabelecer políticas e procedimentos para redução de impactos adversos de cobertura noticiosa de uma crise ou polêmica. Na maioria dos casos, as organizações devem facilitar a cobertura dos eventos negativos, em vez de tentar desencorajar ou bloqueá-la. Se a cobertura for suprimida, os fatos podem ser substituídos por rumores e outras informações errôneas e criar um escrutínio público.

Um evento desfavorável pode facilmente se transformar em problemas sérios ou em assunto público, e se tornar muito prejudicial. Sendo sincera com a imprensa e com o público e agindo imediatamente, a empresa pode convencer o público de suas tentativas honestas de lidar com a situação, e os profissionais de mídia podem estar mais dispostos a ajudar a explicar assuntos complexos ao público. Lidar eficazmente com um evento negativo permite que uma organização mitigue, ou até mesmo elimine, o impacto desfavorável sobre sua imagem. Os especialistas costumam aconselhar as empresas que estão lidando com publicidade negativa a responder rápida e honestamente à situação e manter abertas as linhas de comunicação com os stakeholders. A mídia digital aumentou a capacidade organizacional de comunicar com stakeholders importantes e dialogar sobre assuntos atuais.

Revisão do capítulo

1. Descrever a natureza e os tipos de propaganda.

A propaganda é uma forma paga de comunicação impessoal transmitida aos consumidores por meio da mídia de massa, como televisão, rádio, internet, jornais, revistas, mala direta, *outdoors* e placas em veículos de transporte público, e usada tanto por empresas como por organizações sem fins lucrativos. A propaganda institucional promove imagens organizacionais, ideias e assuntos políticos. Quando uma empresa promove sua posição sobre um assunto público, como impostos, a propaganda institucional é chamada de propaganda de defesa. A propaganda de produto promove usos, características e benefícios de produtos. Os dois tipos de propaganda de produto são a propaganda pioneira, que foca em estimular a demanda por uma categoria de produto, em vez de por uma marca específica, e a propaganda competitiva, que tenta estimular demanda por uma marca específica ao indicar suas características, usos e vantagens. Para fazer comparações diretas de produtos, os anunciantes usam a propaganda comparativa, que compara duas ou mais marcas. Duas outras formas de propaganda competitiva são a propaganda de lembrança, que lembra os clientes sobre usos, características e benefícios de uma marca estabelecida, e a propaganda de reforço, que garante aos usuários atuais que eles escolheram a marca certa.

2. Explorar os principais passos no desenvolvimento de uma campanha de propaganda.

Apesar de os anunciantes poderem variar a forma como desenvolvem suas campanhas, devem seguir um padrão. Primeiro, devem identificar e analisar o público-alvo, o grupo de pessoas a quem os anúncios são dirigidos. Segundo, devem estabelecer o que querem que a campanha consiga em termos mensuráveis. Terceiro, devem criar a plataforma de propaganda, que contém os assuntos básicos a serem apresentados na campanha. As plataformas de propaganda devem consistir de assuntos importantes para os consumidores. Quarto, os anunciantes devem decidir quanto dinheiro gastar na campanha; eles chegam a essa decisão por meio do método de objetivos e tarefas, do método de porcentagem de vendas, do método por comparação com a concorrência ou do método arbitrário.

Depois, os anunciantes devem desenvolver um plano de mídia, selecionando e programando que mídias usar na campanha. Alguns fatores que afetam esse plano são características de localização e demográficas do público-alvo, conteúdo da mensagem e custo das várias mídias. O conteúdo e forma básicos da mensagem da propaganda são afetados por características, usos e benefícios do produto; características das pessoas do público-alvo; objetivos e plataforma de campanha e escolha de mídia. Os anunciantes usam texto e arte para criar a mensagem. A execução de uma campanha de propaganda exige planejamento e coordenação extensos.

Finalmente, os anunciantes devem criar um ou mais métodos para avaliar a eficácia da propaganda. Os pré-testes são avaliações realizadas antes do início da campanha; os pós-testes são conduzidos após a campanha. Dois tipos de pós-testes são o teste de reconhecimento, no qual se mostra aos entrevistados o anúncio atual, perguntando-lhes se o reconhecem, e o teste de lembrança. Nos testes de lembrança com auxílio mostra-se aos entrevistados uma lista de produtos, marcas, nomes de empresa ou marcas registradas para lhes refrescar a memória. Em testes sem auxílio, não são dadas pistas.

3. Identificar os responsáveis pelo desenvolvimento de campanhas de propaganda.

Campanhas de propaganda podem ser desenvolvidas por uma equipe da empresa ou de agências de propaganda. Uma campanha criada pela equipe da empresa pode ser desenvolvida por um ou mais indivíduos ou pelo departamento de marketing. Usar uma agência pode ser vantajoso, pois ela oferece profissionais altamente qualificados e objetivos com experiência ampla em propaganda, a custos baixos e moderados para a empresa.

4. Examinar as ferramentas empregadas em relações públicas, além do modo como as relações públicas são usadas e avaliadas.

Relações públicas são um conjunto amplo de esforços de comunicação usados para criar e manter relações favoráveis entre uma organização e seus stakeholders. As relações públicas podem ser usadas para promover pessoas, lugares, ideias, atividades e países, bem como para criar e manter uma imagem corporativa favorável. Algumas empresas as usam para um propósito único; outras, para vários. As ferramentas de relações públicas incluem materiais escritos, como brochuras, newsletters e relatórios anuais; materiais de identidade corporativa, como cartões de visita e placas; discursos; patrocínio de eventos e eventos especiais. Publicidade é um tipo de notícia ou história que comunica assuntos sobre uma organização ou seus produtos por meio de mídia de massa sem incorrer em nenhum custo de veiculação. Ferramentas de relações públicas baseadas em publicidade incluem press releases, artigos de destaque, fotografias legendadas e coletivas de imprensa. Problemas enfrentados pelas organizações ao usar as relações públicas baseadas em publicidade incluem a relutância dos profissionais de mídia em imprimir ou transmitir releases e a falta de controle de tempo e conteúdo das mensagens.

Para avaliar a eficácia de seus programas de relações públicas, as empresas conduzem pesquisas para determinar como suas mensagens estão atingindo suas audiências. Monitoramento ambiental, auditorias de relações públicas e contagem de número de exposições na mídia são meios de avaliar essa eficácia. As organizações devem evitar as relações públicas desfavoráveis tomando atitudes para prevenir eventos negativos que resultem em publicidade desfavorável. Para diminuir o impacto das relações públicas desfavoráveis, essas organizações devem instituir políticas e procedimentos para lidar com profissionais de mídia e com o público quando ocorrerem eventos negativos.

Conceitos-chave

alocação de orçamento de propaganda 541
arte 549
artigo de destaque 555
campanha de propaganda 538
coletiva de imprensa 556
copy 548
edições regionais 548
fotografia legendada 555
ilustrações 549
indicador de comparação de custo 545
júri de consumidores 550
layout 550
método arbitrário 543
método de objetivos e tarefas 542
método por comparação com a concorrência 543

método por porcentagem de vendas 543
plano de mídia 544
plataforma de propaganda 540
pós-teste 550
press release 555
pré-teste 550
propaganda 536
propaganda comparativa 537
propaganda competitiva 537
propaganda de defesa 537
propaganda de lembrança 537
propaganda de produto 537
propaganda de reforço 538
propaganda institucional 536
propaganda pioneira 537
publicidade 555
público-alvo 538
relações públicas 552
storyboard 549
teste de lembrança com auxílio 552
teste de lembrança sem auxílio 552
teste de reconhecimento 551

Questões para discussão e revisão

1. Qual é a diferença entre propaganda institucional e de produto?
2. Qual é a diferença entre propaganda competitiva e comparativa?
3. Quais são os principais passos na criação de uma campanha de propaganda?
4. O que é público-alvo? Como um anunciante analisa o público-alvo após identificá-lo?
5. Por que é necessário definir objetivos de propaganda?
6. O que é uma plataforma de propaganda e como é usada?
7. Quais fatores afetam o tamanho do orçamento de propaganda? Quais técnicas são usadas para determinar esse orçamento?
8. Descreva os passos para desenvolver um plano de mídia.
9. Qual é a função do copy em uma mensagem de propaganda?
10. Discuta as várias maneiras de fazer um pós-teste para a eficácia de uma propaganda.
11. Qual é o papel da agência de propaganda no desenvolvimento de uma campanha?
12. O que são relações públicas? Quem uma organização pode alcançar por meio das relações públicas?
13. Como as organizações usam ferramentas de relações públicas? Dê vários exemplos que você observou recentemente.
14. Explique os problemas e as limitações associados às relações públicas baseadas em publicidade.
15. De quais formas a eficácia das relações públicas é avaliada?
16. Quais são algumas fontes de relações públicas negativas? Como uma organização deve lidar com relações públicas desfavoráveis?

Aplicações do marketing

1. Uma organização deve definir seus objetivos com cuidado ao desenvolver uma campanha de propaganda. Qual dos seguintes objetivos de propaganda seriam mais úteis para uma empresa? Por quê?
   a. A organização gastará US$ 1 milhão para sair do segundo lugar em participação de mercado para líder de mercado.
   b. A organização quer aumentar as vendas de US$ 1,2 milhão para US$ 1,5 milhão neste ano para ganhar a liderança na participação de mercado.
   c. O objetivo da propaganda é ganhar o máximo possível de participação de mercado nos próximos 12 meses.
   d. O objetivo da propaganda é aumentar as vendas em 15%.
2. O copy, a porção verbal da propaganda, é usado para emocionar os leitores por meio de uma sequência persuasiva chamada AIDA: atenção, intenção, desejo e ação. Para conseguir isso, alguns redatores adotam diretrizes para desenvolver o copy de anúncios. Selecione um anúncio impresso e descubra como ele (a) identifica um problema específico, (b) recomenda o produto como melhor solução para o problema, (c) declara as vantagens e os benefícios do produto, (d) comprova as declarações e (e) pede ao leitor para agir.
3. Os anunciantes usam vários tipos de mecanismos de publicidade. Examine alguns jornais e revistas recentes ou use uma ferramenta de busca na internet para identificar um press release, um artigo de destaque ou uma fotografia legendada que tenham sido usados para divulgar um produto. Descreva o tipo de produto.
4. Relações públicas negativas podem prejudicar os esforços de marketing de uma organização se não se souber lidar adequadamente com elas. Identifique uma empresa que tenha sido alvo de relações públicas negativas recentemente. Descreva a situação e debata a reação da empresa. O que os profissionais de marketing

dessa empresa fizeram bem? O que, se é que há algo, você recomendaria que eles mudassem?

5. A faculdade pode ser uma época divertida. Novos amigos, eventos esportivos, festas. Mas, para muitos, pode ser uma experiência angustiante, com um regime exaustivo de aulas e trabalhos e novas responsabilidades da vida adulta. Para ajudar a reduzir ao menos um aspecto do estresse de seus colegas, você decidiu lançar um serviço de lavanderia, no qual, por uma taxa mensal fixa, você pegará e entregará as roupas duas vezes por semana. Você contratou uma lavanderia local para fazer o serviço. A reação inicial dos amigos foi muito positiva, mas, para conseguir escala, você precisa atrair mais clientes. Como alcançá-los da forma mais eficaz e eficiente? Após pensar muito, você decidiu anunciar no jornal da faculdade e em um jornal local gratuito que é distribuído no campus. Crie uma plataforma de propaganda para comunicar os assuntos básicos ou argumentos de venda que você incluirá em sua campanha.

Desenvolva seu próprio plano de marketing

Determinar a mensagem que a propaganda deve comunicar ao cliente é uma parte importante do desenvolvimento de uma estratégia de marketing. A compreensão plena dos vários tipos de propaganda e das diferentes formas de mídia é essencial para se selecionar os métodos apropriados de comunicar a mensagem. Essas decisões formam um segmento crítico do plano de marketing. De modo a ajudá-lo a relacionar e integrar as informações deste capítulo ao seu plano de marketing, propomos as seguintes questões:

1. Qual classe e tipo de propaganda seriam mais apropriados ao seu produto?
2. Discuta os diferentes métodos para se determinar a alocação do orçamento de propaganda.
3. Usando a Tabela 16.2 como guia, avalie os diferentes tipos de mídia e determine quais seriam mais eficazes para seus objetivos promocionais (do Capítulo 15).
4. Que métodos você usaria para avaliar a eficácia de sua campanha de propaganda?
5. Revise a Tabela 16.4 e discuta os possíveis usos para a publicidade em seu plano promocional.

As informações obtidas por meio dessas questões devem ajudá-lo no desenvolvimento dos vários aspectos do plano de marketing.

Caso 16.1

A comunicação da Vans Masters com o mercado de calçados para skate

Para a maioria das pessoas, surfar e andar de skate é o que vem à mente quase imediatamente quando se pensa na cultura do sul da Califórnia. Durante 40 anos, a Vans incorporou esse estilo de vida e continua sendo uma das mais proeminentes empresas de calçados para skatistas. Fundada em Los Angeles em 1966 por Paul Van Doren, seu irmão Steve e o investidor belga Serge D'Elia, a Vans logo se tornou um ícone do sul da Califórnia. Começando com algumas versões do calçado náutico de cadarço vendidas em uma fábrica, o estilo se tornou popular quase imediatamente. A Vans aumentou sua popularidade customizando o calçado em tecidos e designs diferentes. Os Van Dorens garantiram o sucesso de seu negócio local de calçados customizados vendendo peças em xadrez para escolas católicas e tênis com as cores da escola para atletas colegiais. Mas quando Sean Penn e seus colegas surfistas usaram o mocassim quadriculado no filme *Picardias estudantis*, os skatistas de todo o país começaram a exigir seus pares de Vans. Os sapatos foram de vestuário local a símbolo icônico em poucos anos.

Ao contrário de muitas histórias de sucesso corporativo, a Vans nunca gastou muito com marketing. Paul Van Doren sabia que oferecia um produto superior e confiava no boca a boca para popularizar os calçados de alta qualidade e extremamente duráveis. O máximo de marketing que fez no começo foi fazer seus filhos encherem a vizinhança de flyers. Em todas as lojas Vans, havia placas encorajando os clientes a "falarem sobre a Vans para um amigo".

Durante anos, Van Doren focou principalmente no aspecto manufatureiro da empresa, de modo que, mesmo com um mínimo de propaganda, a popularidade cresceu porque os Vans eram, simplesmente, calçados de qualidade. Foi só no fim dos anos de 1980 e início dos anos de 1990, quando as fábricas foram para o exterior, que a Vans voltou sua atenção ao marketing.

Uma das primeiras investidas da Vans em promoção ocorreu por acaso. Quando os skatistas começaram a descobrir os calçados, a empresa respondeu criando estilos mais adequados ao esporte. Com esse público crescendo, pagou a alguns skatistas profissionais algumas centenas de dólares para que usassem os tênis em eventos ligados ao esporte. Em 1989, a empresa produziu seu primeiro calçado assinado para skate, o Steve Caballero. A partir de então, fechou parceria com vários atletas, como Geoff Rowley, cujo tênis Vans assinado é o mais vendido até hoje, e Johnny Layton.

Com a cultura skatista continuando a florescer durante as décadas, a conexão da Vans com esse cenário permaneceu forte. A equipe de marketing e promoção da empresa foca em espalhar o interesse fazendo o máximo para ficar conectada com a cultura jovem e estimular o interesse dos adolescentes em produtos Vans. Para isso, anuncia por meio de veículo impresso, on-line, TV e eventos de esporte e música. Atualmente, a chave da estratégia de marketing da Vans é desenvolver parcerias de propaganda com atletas, artistas e veículos de mídia. Pessoas imersas nessa cultura querem ter produtos Vans. Vans não é só um calçado; é um estilo de vida.

Jovens atletas de esportes radicais, como skatistas e surfistas, continuam sendo a base de clientes mais importante da Van. Em 1995, a empresa promoveu seu primeiro evento Triple Crown [Coroa Tripla], com skateboarding, surfe, snowboarding, BMX, FMX e wakeboarding. Tony Hawk venceu o campeonato de skateboarding naquele primeiro ano e, então, tornou-se um nome conhecido. Também em 1995, a Vans lançou sua primeira Warped Tour anual, mesclando skate com música por meio de shows e competições. Esse uso da promoção permite que a Vans construa reconhecimento de marca, fixe seu local no estilo de vida do skatista e se conecte com clientes por meio de sorteios e promoções, como desenhar um calçado customizado.

Além dos eventos, a Vans se conecta com sua audiência por meio de anúncios em revistas, televisão e internet, especialmente para atrair jovens do gênero feminino que representam uma parte cada vez maior de sua base de clientes. No passado, a empresa fez parcerias com revistas como *Teen Vogue* e *CosmoGirl* para alcançar esse grupo demográfico. A Vans também colabora com músicos, artistas e *designers* para alavancar a consciência da marca por meio de patrocínios, turnês de música e clipes.

Mais recentemente, embarcou em iniciativas de marketing digital. Por exemplo, ela se promove por meio de aplicativos móveis que os fãs podem baixar no celular para acessar notícias relacionadas à marca. A empresa também criou em seu site um recurso de customização que permite ao consumidor criar seu próprio calçado Vans e o receber em casa. Apesar de ter mais de 40 anos, a Vans está conectada com a cultura jovem mais do que nunca – e não mostra indícios de desacelerar.[35]

Questões para discussão

1. Avalie a estratégia inicial do marketing boca a boca da Vans.
2. Por que as primeiras atividades de propaganda da Vans relacionadas a calçados para skatistas foram tão bem-sucedidas?
3. Como a Vans continua a atingir seu mercado-alvo?

NOTAS

1. Christina Passariello e Max Colchester. L'Oreal's Slogan Proves Timeless. *Wall Street Journal*, 15 nov. 2011, p. B14; Amy Verner. L'Oreal's "Because I'm Worth It" Slogan Marks a Milestone. *The Globe and Mail*, 2 dez. 2011. Disponível em: <www.theglobeandmail.com/life/fashion-and-beauty/beauty/beauty-features/lorals-because-im-worth-it-slogan-marks-a-milestone/article2256825/. Acesso em: 15 fev. 2013; Kate Shapland. It Was Worth It: L'Oreal Celebrates 40th Anniversary of Landmark Slogan. Telegraph.co.uk, 16 nov. 2011. Disponível em: <http://fashion.telegraph.co.uk/beauty/news-features/TMG8894450/It-was-worth-it-LOreal-celebrates-40th-anniversary-of-landmark-slogan.html>. Acesso em: 15 fev. 2013; Rebecca Leffler. L'Oreal Fetes 40th Anniversary of "Because You're Worth

It" in Paris. The Hollywood Reporter, 14 nov. 2011. Disponível em: <www.hollywoodreporter.com/fash-track/l-oreal-jane-fonda-freida-pinto-261216>. Acesso em: 7 dez. 2011.

2. Nanci Hellmich. Study: Kids Prefer Taste of Food from Cartooned Packages. *USA Today*. Disponível em: <http://yourlife.usatoday.com/parenting-family/story/2011/03/Study-Kids-prefer-taste-of-food-from-cartooned-packages/44608794/1>. Acesso em: 23 jan. 2013.

3. Marvin E. Goldberg, Cornelia Pechmann, Guangzhi Zhao e Ellen Thomas Reibling. What to Convey in Antismoking Advertisements for Adolescents: The Use of Protection Motivation Theory to Identify Effective Message Themes. *Journal of Marketing*, abr. 2003, p. 1-18.

4. Micael Dahlén, Helge Thorbjørnsen e Henrik Sjödin. A Taste of "Nextopia". *Journal of Advertising*, 40, nº 1, inverno de 2011, p. 33-44.

5. Brad Wieners. Lego Is for Girls. *Bloomberg Businessweek*, 19-25 dez. 2011, p. 68-73.

6. The Ludlow Suit by J. Crew. *Fast Company*, mar. 2012. Disponível em: <http://fastcompany.coverleaf.com/fastcompany/201203?pg=6#pg6>. Acesso em: 23 jan. 2013.

7. Daniel A. Sheinin, Sajeev Varki e Christy Ashley. The Differential Effect of Ad Novelty and Message Usefulness on Brand Judgments. *Journal of Advertising*, 40, nº 3, outono de 2011, p. 5-17.

8. Jacquelyn Smith. The Most Unforgettable Ad Campaigns of 2012. *Forbes*, 18 dez. 2012. Disponível em: <www.forbes.com/sites/jacquelynsmith/2012/12/18/the-most-unforgettable-ad-campaigns-of-2012/>. Acesso em: 23 jan. 2013; Guardian Releases "Three Little Pigs" Advertisement For Open Journalism Approach. *The Huffington Post*, 1º mar. 2012. Disponível em: <www.huffingtonpost.com/2012/03/01/guardian-three-little-pigs-ad_n_1313744.html>. Acesso em: 23 jan. 2013.

9. Annie Gasparo. Panera Boosts Ad Budget As "Fast and Casual" Heats Up. *Wall Street Journal*, 8 mar. 2012, p. B7.

10. MarketingCharts Staff. Global Online Ad Spending Forecast to Exceed Print in 2015. *Marketing Charts*, 3 dez. 2012. Disponível em: <www.marketingcharts.com/wp/television/global-online-ad-spend-forecast-to-exceed-print-in-2015-25105/>. Acesso em: 23 jan. 2013).

11. Glamour. *Conde Nast*. Disponível em: <www.condenast.com/brands/glamour>. Acesso em: 23 jan. 2013).

12. David G. Taylor, Jeffrey E. Lewin e David Strutton. Friends, Fans, and Followers: Do Ads Work on Social Networks? How Gender and Age Shape Receptivity. *Journal of Advertising Research*, 51, nº 1, 2011, p. 258-275.

13. Shintaro Okazaki e Patrick Barwise. Has the Time Finally Come for the Medium of the Future? Research on Mobile Advertising. Suplemento de 50º aniversário. *Journal of Advertising Research*, 51, nº 1, 2011, p. 59-71.

14. Chingching Chang. Feeling Ambivalent About Going Green. *Journal of Advertising*, 40, nº 4, inverno de 2011, p. 19-31.

15. Ilona A. Berney-Reddish e Charles S. Areni. Sex Differences in Responses to Probability Markers in Advertising Claims. *Journal of Advertising*, 35, verão 2006, p. 7-17.

16. AAA Publishing Network. Disponível em: <www.aaapublishingnetwork.com/>. Acesso em: 23 jan. 2013.

17. Daniel J. Howard e Roger A. Kerin. The Effects of Personalized Product Recommendations on Advertisement Response Rates: The "Try This. It Works!" Technique. *Journal of Consumer Psychology*, 14, nº 3, 2004, p. 271-279.

18. Pamela W. Henderson, Joan L. Giese e Joseph A. Cote. Impression Management Using Typeface Design. *Journal of Marketing*, 68, out. 2004, p. 60-72.

19. Rik Pieters e Michel Wedel. Attention Capture and Transfer in Advertising: Brand, Pictorial, and Text-Size Effects. *Journal of Marketing*, 68, abr. 2004, p. 36-50.

20. David Welch. Mr. Peanut Gets Smashed. *Bloomberg Businessweek*, 12-18 mar., 2012, p. 22-23.

21. Andrew Hampp. Outdoor Ad Industry Finally Gets Its Improved Metrics. *Advertising Age*, 30 mar. 2010. Disponível em: <www.aef.com/industry/news/data/2010/1019>. Acesso em: 23 jan. 2013.

22. Jessica Holdman. Tourism Says Last Year Was a Good Year. *The Bismarck Tribune*, 10, jan. 2013. Disponível em: <http://bismarcktribune.com/business/local/tourism-says-last-year-was-a-good-year/article_df8962c2-5b78-11e2-9776-0019bb2963f4.html>. Acesso em: 23 jan. 2013.

23. Giselle Tsirulnik. Which Brands Have the Highest Mobile Ad Recall. *Mobile Marketer*, 19 jan. 2011. Disponível em: <www.mobilemarketer.com/cms/news/research/8820.html>. Acesso em: 23 jan. 2013.

24. Peter J. Danaher e Guy W. Mullarkey. Factors Affecting Online Advertising Recall: A Study of Students. *Journal of Advertising Research*, 43, 2003, p. 252-267.

25. YuMe e IPG Media Lab. *YuMe and the IPG Media Lab Release Findings on the Effectiveness of Online and Televised Video Advertising*, 24 maio 2011. Disponível em: <www.vena.tv/wp-content/pdf/YuMe_IPG_Release_5.24.11.pdf>. Acesso em: 21 mar. 2012.

26. Tim Nudd. The Spot: Oh, Baby. *AdWeek*, 4 fev. 2013. Disponível em: <www.adweek.com/news/advertising-branding/spot-oh-baby-147020>. Acesso em: 15 fev. 2013.

27. George E. Belch e Michael A. Belch. *Advertising and Promotion*. Burr Ridge, IL: Irwin/McGraw-Hill, 2008, p. 570.

28. Comcast Cares Day. Comcast. Disponível em: <www.comcast.com/corporate/about/inthecommunity/volunteer/comcastcaresday.html?SCRedirect=true>. Acesso em: 28 mar. 2012; Platinum PR Awards 2011. *PR News*. Disponível em: <www.prnewsonline.com/awards/platinumpr2011_finalists.html>. Acesso em: 28 mar. 2012.

29. Belch e Belch. *Advertising and Promotion*, p. 580-581.

30. Suman Basuroy, Subimal Chatterjee e S. Abraham Ravid. How Critical Are Critical Reviews? The Box Office Effects of Film Critics, Star Power, and Budgets. *Journal of Marketing*, out. 2003, p. 103-117.

31. Matthew Futterman e Reed Albergotti. NFL Flags Saints for Bounty Hunting. *Wall Street Journal*. Disponível em:

<http://online.wsj.com/article/SB1000 142405270230463640457729560282 6944034.html?mod=WSJ_WSJ_News_ BlogsModule>. Acesso em: 23 jan. 2013.

32. Ruth Simon e Nick Timiraos. New York to Settle Some Mortgage Claims With 5 Banks. *Wall Street Journal*, 13 mar. 2012. Disponível em: <http://online. wsj.com/article/SB1000142405270230 37173045772799537214 86914.html>. Acesso em: 23 jan. 2013.

33. Edelman Insights. *Global Deck: 2013 Trust Barometer*. Disponível em: <www.slideshare.net/fullscreen/ EdelmanInsights/global-deck-2013- edelman-trust-barometer-16086761/5>. Acesso em: 23 jan. 2013.

34. Deborah L. Vence. Stand Guard: In Bad Times, An Ongoing Strategy Keeps Image Intact. *Marketing News*, 16 nov. 2006, p. 15.

35. Jason Lee. The History of Vans. *Sneaker Freaker*. Disponível em: <www. sneakerfreaker.com/feature/history-of- vans/1>. Acesso em: 23 jan. 2013; Vans: 40 Years of Originality. Disponível em: <www.vans40.com>. Acesso em: 23 jan. 2013; site da Vans. Disponível em: <www. vans.com/>. Acesso em: 23 jan. 2013.

Notas adicionais

a Molly Soat. Give Them Something to Talk About. *Marketing News*, 15 set. 2012, p. 16-19; Wagner James Au. Advertising on Reddit the Right Way. *The CMO Site*, 7 maio 2012. Disponível em: <www.thecmosite.com/ author.asp?section_id=1385&doc_ id=243510&>. Acesso em: 19 set. 2012; Pascal-Emmanuel Gobry. The Top Secret Method for Marketing Effectively on Reddit. *Blueglass*, 5 jun. 2012. Disponível em: <www.blueglass.com/blog/how-to- market-on-reddit/>. Acesso em: 19 set. 2012.

b Sam Grobart. Mobile Ads Are the Future. They're Also Lousy. *Bloomberg Businessweek*, 1º nov. 2012. Disponível em: <www.businessweek.com/ articles/2012-11-01/mobile-ads-are-the- future-dot-theyre-also-lousy>. Acesso em: 10 nov. 2012; Shira Ovide e Greg Bensinger. Mobile Ads: Here's What Works and What Doesn't. *Wall Street Journal*, 27 set. 2012. Disponível em: <http://online.wsj.com/article/SB10000 87239639044408330457801637334 28 78556.html>. Acesso em: 10 nov. 2012; Claire Cain Miller. Advertising Relearned for Mobile. *New York Times*, 28 out. 2012. Disponível em: <www.nytimes. com/2012/10/29/technology/advertisers- refine-mobile-pitches-for-phones-and- tablets.html?pagewanted=all&_r=0>. Acesso em: 10 nov. 2012; Lauren Johnson. Mobile Video Generates 58pc Brand Recall: Study. *Mobile Marketer*, 14 nov. 2012. Disponível em: <www. mobilemarketer.com/cms/news/ research/14222.html>. Acesso em: 15 nov. 2012.

c Marcos Cordero. Five Ways to Use Green to Grow Your Business with Marketing and PR. Intuit, 1º set. 2011. Disponível em: <http://blog.intuit.com/ marketing/five-ways-to-use-green-to- grow-your-business-with-marketing-and- pr/>. Acesso em: 6 dez. 2011; McMilker. PR Tips for Green Entrepreneurs. *Ecopreneurist*. Disponível em: <http:// ecopreneurist.com/2008/01/22/pr-tips- for-green-entrepreneurs/>. Acesso em: 6 dez. 2011; Associated Press. Truth in Green Ads? Not as Much as You Think. *MSNBC*, 6 dez. 2010. Disponível em: <www.msnbc.msn.com/id/39535882/ns/ business-going_green/t/truth-green-ads- not-much-you-think/>. Acesso em: 6 dez. 2011.

d Trang Pham-Bui. Pass Soap Company's Sales Surge after GMA Exposure. *WLOX*, 21 nov. 2011. Disponível em: <www.wlox.com/story/16096200/ pass-soap-companys-sales-surge-after- gma-exposure?clienttype=printable>. Acesso em: 2 nov. 2011; About Us. Pass Christian Soap Company. Disponível em: <http://passsoapchristian.typepad.com/ pass-christian-soap-co/about-us.html>. Acesso em: 2 dez. 2011; What People Are Saying... Pass Christian Soap Company. Disponível em: <www.passsoap.com/ press.html>. Acesso em: 2 dez. 2011.

CAPÍTULO 17

Venda pessoal e promoção de vendas

OBJETIVOS

1. Compreender a natureza da venda pessoal.
2. Descrever os passos básicos no processo de venda pessoal.
3. Identificar o tipo de pessoal da força de vendas.
4. Reconhecer novos tipos de venda pessoal.
5. Compreender decisões e atividades relacionadas à gestão de vendas.
6. Explicar o que são atividades de promoção de vendas e como são usadas.

INSIGHTS DE MARKETING

Chrysler domina venda e gestão de vendas

Alguns anos atrás, as perspectivas da Chrysler pareciam obscuras. A terceira maior fabricante de automóveis dos Estados Unidos pediu resgate financeiro para o governo e enfrentava cada vez mais competição de fabricantes estrangeiros. Muitos viam a marca Chrysler como de baixa qualidade. Apesar desses problemas, a empresa parece estar se reerguendo com significativo crescimento nas vendas e na participação de mercado. Embora parte desse ganho possa ser atribuído ao desenvolvimento de veículos mais eficientes do ponto de vista energético, a Chrysler deve muito de seu sucesso a técnicas e incentivos de vendas.

A empresa implementou incentivos de vendas de baixo custo, como uma campanha de pagamento em 90 dias, e administra cuidadosamente sua equipe de vendas, controlando dados de estoque em relação às vendas de cada vendedor. Reid Bigland, chefe de vendas da Chrysler, aumentou os bônus monetários para os que vendem mais. Outros bônus incluem novos veículos para aqueles que superam expectativas. Em 2013, a Chrysler redesenhou e reprojetou muitos de seus veículos principais, que só foram distribuídos para concessionárias que provassem merecê-los por meio do número de vendas.

A Chrysler também começou a aumentar o uso de tendas de venda, uma velha técnica que emprega tendas ornamentadas com bandeiras vermelhas, azuis e brancas para indicar promoções de carros zero quilômetro para novos consumidores. Essa promoção engaja a equipe de vendas e, ao mesmo tempo, chama a atenção dos clientes. Ainda que alguns a considerem uma tática antiquada, o crescimento maciço nas vendas mostrou que é eficaz.[1]

Para muitas organizações, focar em clientes com técnicas de venda pessoal e mensagens apropriadas pode ser muito importante para manter relações de longo prazo e satisfatórias que, por sua vez, contribuem para o sucesso da empresa. O desenvolvimento de uma estratégia de marketing deve envolver a organização de vendas durante todos os estágios de desenvolvimento e implementação. Gerentes da alta administração precisam de feedback extensivo da força de vendas. Eles devem se esforçar para oferecer informação transparente e analisar juntos os dados das vendas. Além disso, devem comunicar a estratégia de marketing em uma linguagem com a qual o pessoal de vendas se sinta confortável.[2] Como vimos no Capítulo 15, a venda pessoal e a promoção de vendas são dois elementos possíveis em um mix promocional. A venda pessoal, às vezes, é a única ferramenta promocional de uma empresa e está se tornando cada vez mais profissional e sofisticada, com empregados da equipe de vendas agindo mais como consultores, conselheiros e, às vezes, sócios.

Neste capítulo, focaremos em vendas pessoais e promoção de vendas. Primeiro, consideraremos os propósitos das vendas pessoais e, então, examinaremos os passos básicos. A seguir, trataremos dos tipos de vendedores e como eles são selecionados. Após examinarmos novos tipos de venda pessoal, discutiremos as principais decisões de administração da equipe de vendas, incluindo determinar objetivos para a força de vendas e seu tamanho; recrutar, selecionar, treinar, remunerar e motivar vendedores; gerir territórios de vendas e controlar e avaliar a performance da equipe de vendas. Então, examinaremos várias características da promoção de vendas, razões para usar a promoção de vendas e métodos de promoção de vendas disponíveis para serem aplicados em um mix de promoção.

A NATUREZA DA VENDA PESSOAL

1 Compreender a natureza da venda pessoal.

A **venda pessoal** é uma comunicação pessoal paga que tenta informar e persuadir os clientes a comprar produtos em uma situação de venda. Por exemplo, um vendedor da HP que descreve os benefícios de servidores, PCs e impressoras da empresa para um cliente de pequeno negócio está usando venda pessoal. Da mesma forma, um membro da Associação Norte-Americana de Marketing (AMA) que cuida de uma mesa em um evento usa a venda pessoal para informar os interessados sobre os benefícios de se associar à AMA. A venda pessoal dá aos profissionais de marketing maior liberdade de ajustar uma mensagem para satisfazer as necessidades de informação do cliente. É o método de promoção mais preciso de todos, que permite aos profissionais de marketing focarem nos prospectos de venda mais promissores. A venda pessoal é também a forma mais eficaz de estabelecer relações com clientes. A Edward Jones anuncia ter mais de 11 mil conselheiros financeiros de vendas, que oferecem atendimento pessoalmente a 7 milhões de investidores. O anúncio deixa claro que a interação face a face é superior a uma ligação para um call center. Talvez a venda pessoal seja mais importante em transações de negócios para negócios, que envolvem a compra de produtos caros. Por causa dos fatores de alto risco envolvidos, a venda pessoal frequentemente é necessária para garantir a qualidade do produto e responder a questões de clientes em potencial.[3] Apesar desses benefícios, a venda pessoal é, em geral, o elemento mais caro do mix de promoção. O custo médio de uma visita de vendas é de mais de US$ 400.[4]

venda pessoal Comunicação pessoal paga, que tenta informar e persuadir os clientes a comprar produtos em uma situação de venda.

Milhões de pessoas ganham a vida por meio da venda pessoal. As carreiras na área de vendas podem oferecer renda elevada, liberdade, altos níveis de treinamento e de satisfação. Apesar de o público ter percepções negativas sobre a venda pessoal,

A importância da venda pessoal
A Edward Jones usa a venda pessoal como forma superior de criar relacionamentos com consumidores.

os estereótipos desfavoráveis de vendedores estão mudando, graças aos esforços de grandes corporações, associações de profissionais de vendas e instituições acadêmicas. A venda pessoal continuará a ganhar respeito conforme as associações desenvolvem e fazem valer códigos éticos de conduta.[5] Hoje, desenvolver relações contínuas com clientes exige um pessoal de vendas com alto nível de profissionalismo, além de habilidades técnicas e interpessoais.[6]

Os objetivos de venda pessoal variam de uma empresa a outra, mas costumam envolver identificar possíveis clientes, determinar suas necessidades, persuadi-los a comprar, fazer o acompanhamento pós-venda e mantê-los satisfeitos. Identificar potenciais compradores interessados nos produtos da organização é essencial. Como a maioria desses compradores em potencial procuram informações antes de fazer a compra, os vendedores podem averiguar as necessidades dos possíveis clientes e, então, oferecer a informação relevante. Para isso, a equipe de vendas precisa ser bem treinada tanto em relação a seus produtos quanto em relação ao processo de vendas.

Os vendedores devem estar cientes da concorrência. É preciso monitorar o desenvolvimento de novos produtos e se manter atualizado sobre esforços de vendas da concorrência em seu território, quão frequentemente e quando a concorrência liga para os clientes e o que diz sobre o produto que comercializa em relação ao seu próprio produto. Os vendedores devem enfatizar os benefícios de seu produto, especialmente quando os da concorrência não oferecem esses benefí-

♦♦ Empreendedorismo em marketing

Tastefully Simple: de cestas de presente a empresa multimilionária de comida gourmet

Jill Blashack Strahan, fundadora e CEO da Tastefully Simple, é reconhecida por sua liderança empreendedora e pela visão que a levou a criar uma empresa multimilionária. Antes de abrir a Tastefully Simple, Strahan tinha uma pequena empresa de cestas de presente. No entanto, quando as comidas gourmet que ela fornecia em suas cestas se mostraram mais lucrativas que as próprias cestas, ela mudou o foco. Em 1995, a Tastefully Simple foi concebida com a ideia de oferecer comidas fáceis de preparar com um toque gourmet. Os produtos da empresa são oferecidos por meio de consultores de vendas independentes por todos os Estados Unidos. Desde a fundação, a companhia se tornou uma das cem maiores empresas de vendas diretas no mundo. Hoje, a Tastefully Simple cresceu e alcançou vendas líquidas de mais de US$ 110 milhões.

A Tastefully Simple, composta principalmente por vendedores, é continuamente reconhecida por estar nos 5% do topo de empresas nacionais em satisfação dos empregados. A visão empoderadora de Strahan para empreendedores em potencial, entre eles muitas mulheres, fez da companhia uma das favoritas entre quem se interessa por empreendedorismo.[a]

cios. Muitas vezes, os vendedores atuam como especialistas para a empresa e oferecerem informações-chave para decisões de marketing.[7]

Hoje, as vendas pessoais estão mudando em razão das novas tecnologias, do modo como os clientes conseguem informação sobre os produtos e de como tomam decisões de compra. O compartilhamento de informações por parte dos compradores em mídias sociais, aplicativos móveis e web e apresentações de vendas eletrônicas está impactando a natureza das vendas pessoais. Algumas empresas estão adotando tecnologias de mídia social para alcançar clientes. O "CRM social" (gestão de relacionamento com cliente nas redes sociais) oferece oportunidades de gerir dados para descobrir e engajar clientes.[8] Por exemplo, modelos de computação na nuvem fornecidos pelo site Salesforce.com permitem que as empresas administrem a relação com seus clientes e ajudam na gestão de vendas pessoais.

Poucos negócios sobrevivem apenas do lucro de clientes ocasionais. Para a sobrevivência de longo prazo, os profissionais de marketing dependem de vendas recorrentes, portanto, precisam manter os clientes satisfeitos. Além disso, clientes satisfeitos fazem boca a boca favorável, além de outras comunicações, o que atrai novos clientes. Apesar de toda a organização ser responsável pela satisfação do cliente, boa parte da carga recai sobre os vendedores, que quase sempre estão mais próximos dos clientes do que qualquer outra pessoa na empresa e frequentemente lhe oferecem informação e serviços pós-venda. De fato, a orientação de mercado de uma organização tem influência positiva nas atitudes e no compromisso dos vendedores, bem como nas intenções de compra do cliente.[9] Além disso, a colaboração entre a área de vendas e outras áreas de marketing está relacionada positivamente a uma orientação de mercado que coloca o cliente em primeiro lugar, o que tem um impacto positivo no desempenho da organização.[10] Esse contato dá aos vendedores a oportunidade de gerar vendas adicionais, além de possibilitar uma posição privilegiada para avaliar as forças e fraquezas dos produtos da empresa e de outros componentes do mix de marketing. As observações deles ajudam a desenvolver e manter um mix de marketing que satisfaz melhor tanto a empresa quanto seus clientes. As vendas não são

Prospecção
Muitas vezes, as empresas fazem prospecção em feiras, o que permite aos representantes demonstrarem os mais novos produtos da empresa e coletarem informações sobre consumidores que podem estar interessados nas ofertas. Posteriormente, os vendedores podem usar essas informações na pré--abordagem e na abordagem.

mais uma função isolada em um mundo de negócios global. A função de vendas está se tornando parte de uma solução estratégica de múltiplas funções para a gestão de clientes. Isso exige vendedores com habilidades gerenciais e estratégicas.[11]

2 Descrever os passos básicos no processo de venda pessoal.

PASSOS DO PROCESSO DE VENDA PESSOAL

As atividades específicas envolvidas no processo de vendas variam entre vendedores, situações de venda e culturas. Não há dois vendedores que usem exatamente os mesmos métodos de vendas. Ainda assim, muitos passam por um processo de vendas genérico, que consiste de sete passos delineados na Figura 17.1: prospecção, pré-abordagem, abordagem, apresentação, superação das objeções, fechamento da venda e acompanhamento pós-venda.

Prospecção

prospecção Desenvolver um banco de dados de clientes potenciais.

Desenvolver uma base de dados de clientes em potencial é o que se chama de **prospecção**. Vendedores procuram nomes de prospectos potenciais nos registros de venda da empresa, em feiras, em bases de dados comerciais, em anúncios de jornal (de casamentos, nascimentos, falecimentos etc.), em registros públicos, em listas telefônicas, em diretórios de associações comerciais e em muitas outras fontes. Profissionais de venda também usam resposta a anúncios tradicionais e on-line que encorajam os interessados a enviar formulários de pedido de informação. Seminários e reuniões dirigidos a tipos específicos de clientes, como advogados ou contadores, também podem dar resultado.

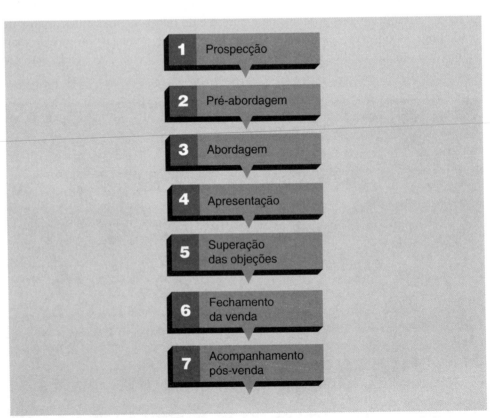

Figura 17.1

Passos do processo de venda pessoal.

Fonte: Pride e Ferrell. *Marketing*, 17 ed., Cengage Learning, 2014.

A maioria dos vendedores prefere usar indicações – recomendações de clientes atuais – para identificar clientes em potencial. Por exemplo, os vendedores da Cutco Cutlery, que vende facas e cutelaria de alta qualidade, ligam primeiro para seus amigos e familiares e, então, usam as indicações deles para procurar novos clientes. Obter indicações exige que o vendedor tenha uma boa relação com o cliente atual, o que pressupõe que tenha tido uma boa performance antes de pedir ajuda. Como é de se esperar, a confiança e a satisfação do cliente no vendedor influencia sua disponibilidade de fornecer indicações. As pesquisas mostram que uma indicação é tão valiosa quanto 12 ligações frias.[12] Além disso, 80% dos clientes estão dispostos a dar indicações, mas apenas 20% recebem esse pedido. Entre as vantagens de usar indicações, estão a geração de malas diretas altamente qualificadas, melhores taxas de vendas e transações iniciais maiores. Algumas empresas até concedem descontos em compras futuras para clientes que indicam novos clientes a seus vendedores. A atividade consistente é essencial para a prospecção bem-sucedida. Os vendedores devem examinar ativamente a base de clientes em busca de potenciais prospectos qualificados que se encaixem no perfil do mercado-alvo. Após desenvolver a lista de prospecção, o vendedor avalia se cada um dos clientes em potencial é capaz, está disposto e autorizado a comprar o produto. Com base nessa avaliação, esses clientes são ranqueados segundo atratividade ou potencial.

Pré-abordagem

Antes de contatar clientes potenciais aceitáveis, um vendedor encontra e analisa informação sobre as necessidades de produto de cada um deles, atual uso de marcas, sentimentos sobre marcas disponíveis e características pessoais. Resumindo, os vendedores precisam saber o que os compradores potenciais e tomadores de decisão consideram mais importante e por que precisam de um produto específico. Os vendedores mais bem-sucedidos são meticulosos em sua *pré-abordagem*, que envolve identificar os principais tomadores de decisão, revisar históricos de contas e problemas, contatar outros clientes atrás de informação, avaliar históricos e problemas de crédito, preparar apresentações de vendas, identificar necessidades de produto e obter literatura relevante. Os profissionais de marketing usam cada vez mais a tecnologia da informação e os sistemas de gestão de relacionamento com clientes para examinar bases de dados e, assim, identificar produtos e clientes mais lucrativos. Os sistemas de CRM também ajudam os departamentos de vendas a gerir mala direta, rastrear clientes, prever vendas e avaliar performance. Um vendedor com muita informação sobre um cliente potencial está bem equipado para desenvolver uma apresentação que se comunica de forma precisa com esse cliente.

Abordagem

A **abordagem** – maneira como um vendedor contata um cliente potencial – é um passo crítico no processo de vendas. Em mais de 80% das visitas de vendas iniciais, o objetivo é reunir informação sobre as necessidades e os objetivos do comprador. Criar uma impressão favorável e construir uma ligação com o cliente potencial são tarefas importantes na abordagem, porque a primeira impressão desse cliente sobre o vendedor, em geral, é duradoura. Durante a visita inicial, o vendedor se esforça para desenvolver uma relação, em vez de empurrar um produto. De fato, parecer um "vendedor" pode não ser a melhor abordagem, porque algumas pessoas ficam desconcertadas com táticas de venda agressivas. O vendedor pode ter de ligar para

abordagem A maneira como um vendedor contata um cliente em potencial.

um cliente potencial várias vezes antes de o produto ser considerado. A abordagem deve ser planejada para entregar valor a clientes-alvo. Se a abordagem de vendas for inapropriada, os esforços do vendedor provavelmente terão resultados ruins.

Um tipo de abordagem é baseado em indicações, como discutido na seção sobre prospecção. O vendedor que usa a abordagem "fria" liga para clientes potenciais sem o consentimento prévio deles. Essa abordagem não está sendo muito empregada. A mídia social é cada vez mais utilizada para ganhar o contato inicial com um cliente potencial. O contato repetido é outra abordagem comum: ao fazer o contato, o vendedor menciona uma reunião prévia. O tipo exato de abordagem depende das preferências do vendedor, do produto a ser vendido, dos recursos da empresa e das características do cliente potencial.

Apresentação

Durante a apresentação de vendas, o vendedor deve atrair e manter a atenção do cliente potencial, estimular o interesse e despertar desejo pelo produto. Vendedores que monitoram cuidadosamente a situação de vendas e adaptam suas apresentações para atender às necessidades dos clientes potenciais são associados à performance de vendas eficaz.[13] Os vendedores devem adaptar suas táticas de influência – como troca de informações, recomendações, ameaças, promessas, elogios e apelos inspiracionais – aos clientes potenciais. Tipos diferentes de compradores respondem a táticas diferentes, mas a maior parte responde bem à troca de informações e recomendações, e quase nenhum cliente responde a ameaças.[14] O vendedor deve demonstrar o produto ou convidar o cliente a usá-lo. Vendedores de automóveis, por exemplo, costumam convidar compradores potenciais para fazer um test-drive do carro que os interessa. Equipamento audiovisual e software também podem melhorar a apresentação.

Durante a apresentação de venda, o vendedor não deve apenas falar, mas também ouvir. Ouvir é metade do processo de comunicação e frequentemente a parte mais importante para o vendedor. Modos não verbais de comunicação são especialmente benéficos no estabelecimento da confiança durante a apresentação.[15] Sinais não verbais fornecem uma compreensão mais profunda. A apresentação de vendas dá ao vendedor a melhor oportunidade de determinar as necessidades específicas do cliente potencial ouvindo as perguntas e os comentários e observando as respostas. Por

■■■ Debate de marketing

Apresentações virtuais versus venda pessoal

QUESTÃO: Apresentações e reuniões de venda on-line são tão eficazes quanto a venda pessoal?

Em razão da conveniência, as apresentações de venda virtuais têm sido anunciadas como uma alternativa melhor que a venda pessoal. Mas, na realidade, elas têm seus próprios desafios. Por um lado, as apresentações de venda virtuais exigem uma largura de banda adequada e os usuários devem estar familiarizados com a tecnologia para criar uma comunicação virtual eficaz. Isso exige treinamento adicional da força de vendas de uma empresa. O vendedor nem sempre pode ver o cliente, e o cliente não pode tocar o produto. Por outro lado, podem eliminar longas viagens, ser enviadas a um número maior de clientes potenciais simultaneamente e podem ser vistas de um local escolhido pelo cliente.[b]

exemplo, descobriu-se que elogiar o comprador por suas questões leva a incremento nas vendas.[16] Apesar de o vendedor planejar a apresentação com antecedência, ele deve ser capaz de ajustar a mensagem para atender às necessidades de informação do cliente. Adaptar a mensagem em resposta às necessidades do cliente melhora a performance, especialmente em situações de compra nova ou de recompra modificada.[17]

Superação das objeções

Um vendedor eficaz procura saber as objeções do cliente e tenta resolvê-las. Se não forem aparentes, o vendedor não consegue lidar com elas, e o cliente pode não comprar. Uma das melhores formas de superar as objeções é antecipá-las e defendê-las antes de o cliente as levantar. Essa abordagem, porém, pode ser arriscada, porque o vendedor pode mencionar objeções que o cliente nem teria levantado. Se possível, o vendedor deve lidar com as objeções conforme elas surgirem. Elas também podem ser resolvidas ao fim da apresentação.

Fechamento da venda

O **fechamento** é o estágio do processo de venda pessoal no qual o vendedor pede ao cliente potencial para comprar o produto. Durante a apresentação, o vendedor pode usar um *fechamento experimental*, fazendo perguntas que partem do pressuposto de que o cliente vai comprar. O vendedor pode fazer perguntas sobre termos financeiros, cores ou tamanhos desejados ou esquemas de entrega. As reações a essas perguntas costumam indicar quão perto de comprar está o cliente. Perguntas feitas de forma apropriada permitem que os clientes descubram seus próprios problemas e identifiquem eles mesmos as soluções. Uma abordagem questionadora usa perguntas amplas (*o que, como, por quê*), para sondar ou reunir informação, e perguntas focadas (*quem, quando, onde*), para esclarecer e fechar a venda. Um fechamento experimental permite que o cliente potencial indique indiretamente que vai comprar o produto sem ter de dizer as palavras, às vezes difíceis de pronunciar: "Vou levar".

fechamento Estágio no processo de venda pessoal no qual o vendedor pergunta se o interessado quer comprar o produto.

Um vendedor deve tentar fechar a venda em vários pontos durante a apresentação, porque o cliente pode estar pronto para comprar. Uma tentativa de fechar a venda pode resultar em objeções. Assim, o fechamento revela objeções escondidas, que o vendedor pode, então, resolver. Uma estratégia de fechamento envolve pedir para o cliente potencial fazer um pedido experimental de baixo risco.

Acompanhamento pós-venda

Após um fechamento bem-sucedido, o vendedor deve acompanhar o pós-venda. Nesse estágio, ele determina se o pedido foi entregue no prazo e instalado corretamente, no caso de necessitar de instalação. Ele deve entrar em contato com o cliente para saber de quaisquer problemas ou questões que possam ter surgido em relação ao produto. O estágio de acompanhamento também é usado para determinar as futuras necessidades de produto dos clientes.

TIPOS DE VENDEDORES

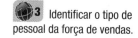

3 Identificar o tipo de pessoal da força de vendas.

Para desenvolver uma força de vendas, o gerente de marketing deve decidir que tipo de vendedor será capaz de vender os produtos da empresa de forma mais eficiente. A maioria das organizações de negócios usam vários tipos de vendedores. Com

Vendedores criativos
Quando pensamos em representantes de vendas, imaginamos vendedores criativos ou vendedores de pedidos. Vendedores criativos vendem a novos consumidores ou aumentam as vendas a consumidores existentes. Vendedores de pedidos procuram as vendas recorrentes. Há também pessoal de apoio que facilita a venda, mas não está envolvido apenas em fechá-la.

vendedores criativos Vendedores que vendem a novos clientes e que aumentam as vendas de clientes atuais.

vendedores de pedidos Vendedores que estabelecem vendas repetitivas.

base nas funções que realizam, os vendedores podem ser classificados em três grupos: vendedor criativo, vendedor de pedidos e pessoal de apoio. É possível, e frequente, que um vendedor exerça as três funções.

Vendedores criativos

Para obter pedidos, os vendedores informam os clientes potenciais e os persuadem a comprar o produto. A responsabilidade dos **vendedores criativos** é aumentar as vendas vendendo e apresentando os produtos a novos clientes. Essa tarefa é, por vezes, chamada de *venda criativa* e exige que os vendedores reconheçam as necessidades dos compradores potenciais e lhes deem a informação necessária. A venda criativa é dividida em duas categorias: vendas a clientes atuais e vendas a novos clientes.

Vendas a clientes atuais

Equipe de vendas que se concentra em clientes atuais e organizações que já compraram produtos da empresa antes. Esses vendedores procuram mais vendas de clientes existentes usando o acompanhamento pós-venda. Clientes atuais também podem ser fontes de mala direta para novos clientes.

Vendas a novos clientes

Organizações de negócios dependem, até certo ponto, de vendas a novos clientes. O pessoal de vendas a novos clientes localiza prospectos potenciais e os transforma em compradores. Esses vendedores ajudam a gerar novos negócios em muitas organizações, mas especialmente nas que vendem imóveis, seguros, eletrodomésticos, automóveis e suprimentos e serviços de negócios para negócios. Essas organizações dependem muito das vendas a novos clientes.

Vendedores de pedidos

Aceitar uma encomenda é uma tarefa repetitiva que os vendedores executam para perpetuar relações duradouras e satisfatórias com os clientes. **Vendedores de pedidos** procuram vendas repetitivas, gerando o grosso do total de vendas de várias empresas. Um de seus principais objetivos é se assegurar de que os clientes tenham quantidades suficientes do produto onde e quando precisarem. A maioria dos vendedores de pedidos aceita os pedidos de produtos padronizados comprados rotineiramente, que não exigem grandes esforços de venda. O papel do vendedor de produtos, porém, está mudando na direção de identificar e resolver problemas para atender melhor às necessidades dos clientes. Há dois grupos de vendedores de pedidos: vendedor de pedidos interno e vendedor de pedidos de campo.

Vendedores de pedidos internos

Em muitos negócios, os vendedores de pedidos internos, que trabalham nos escritórios de vendas, recebem os pedidos por correio, telefone e internet. Alguns fabricantes, atacadistas e varejistas têm equipe que vende de dentro da empresa, em vez de vender na rua. Alguns vendedores de pedidos internos se comunicam pessoalmente com os clientes; vendedores de varejo, por exemplo, são classificados como vendedores de pedidos internos. Como cada vez mais pedidos são feitos eletronicamente, o papel desse vendedor continua a mudar.

Vendedores de pedidos de campo

Vendedores que vão até o cliente são vendedores de pedido externos, ou de campo. Muitas vezes, os clientes e os vendedores de campo desenvolvem relações interdependentes: o comprador confia no vendedor para fazer encomendas periodicamente (e, às vezes, entregá-las) e o vendedor conta que o cliente compre certa quantidade do produto periodicamente. O uso de pequenos computadores melhorou o inventário do vendedor de pedidos de campo e sua capacidade de rastrear encomendas.

Pessoal de apoio

O **pessoal de apoio** facilita as vendas, mas geralmente não se envolve apenas na realização dela. Eles se engajam primariamente no marketing de produtos industriais, na localização de clientes potenciais, na conscientização de clientes, na construção de reputação e na oferta de serviços pós-venda. Há muitos tipos de pessoal de apoio; os três mais comuns são vendedores missionários, promotores de venda e vendedores técnicos.

pessoal de apoio Membros da equipe de vendas que facilitam a venda, mas geralmente não se envolvem apenas na realização dela.

Vendedores missionários

Os **vendedores missionários**, em geral empregados por fabricantes, ajudam os clientes do produtor a vender para seus próprios clientes. Eles podem visitar varejistas para dar informações e persuadi-los a comprar os produtos do fabricante. Quando têm sucesso, os varejistas compram os produtos dos atacadistas, que são os clientes do produtor. Fabricantes de suprimentos médicos e farmacêuticos muitas vezes usam vendedores missionários chamados *propagandistas* (*detail reps*) para promover seus produtos a médicos, hospitais e farmácias.

vendedores missionários Vendedores de apoio, geralmente empregados por um produtor, que dão assistência aos clientes no processo de revenda para outros consumidores.

Promotores de vendas

Os **promotores de vendas** não são estritamente pessoal de apoio, porque também aceitam pedidos. No entanto, dirigem boa parte de seus esforços a ajudar os clientes – especialmente em estabelecimentos varejistas – a promover um produto. Eles costumam reabastecer prateleiras, obter mais espaço, montar *displays*, oferecer demonstrações na loja e distribuir amostras para clientes. Produtores e empresas que processam alimentos costumam empregar promotores de vendas.

promotores de vendas Vendedores envolvidos em ajudar os clientes, ou ajudar a promover um produto, em estabelecimentos varejistas.

Vendedores técnicos

Os **vendedores técnicos** dão assistência técnica aos clientes atuais, aconselhando-os sobre características e usos de produtos, designs de sistemas e procedimentos de instalação. Como esse trabalho é altamente técnico, o vendedor costuma ter treina-

vendedores técnicos Vendedores de suporte que dão assistência técnica aos clientes atuais da organização.

mento formal em uma das ciências físicas ou em engenharia. Esse pessoal, muitas vezes, vende produtos industriais, como computadores, equipamento pesado e aço.

Ao contratar pessoal de vendas, os profissionais de marketing raramente se restringem a uma única categoria, pois a maioria das empresas exige tipos diferentes de vendedores. Vários fatores ditam quantos de cada tipo uma empresa deve ter. Uso, característica, complexidade e preço de produto influenciam o tipo de pessoal de vendas, bem como a quantidade e as características dos clientes. Os tipos de canais de marketing e a intensidade e o tipo de propaganda também afetam a composição da força de vendas.

TIME E RELACIONAMENTO DE VENDAS

4 Reconhecer novos tipos de venda pessoal.

As vendas pessoais se tornaram um processo cada vez mais complexo, em grande parte por causa da rápida inovação tecnológica. Mais importante, o foco das vendas pessoais está mudando da venda de um produto específico para a construção de relações de longo prazo com clientes, em que se buscam soluções para suas necessidades, problemas e desafios. Como resultado, os papéis dos vendedores estão mudando. Entre as novas filosofias de vendas pessoais estão o time de vendas e o relacionamento de vendas.

Time de vendas

time de vendas Time de especialistas de todas as áreas funcionais de uma empresa, liderado por um vendedor, para conduzir o processo de venda pessoal.

Muitos produtos de negócios, especialmente os caros e de alta tecnologia, se tornaram tão complexos que um único vendedor não consegue mais se especializar em todos os aspectos do produto e do processo de compras. O **time de vendas**, que envolve o vendedor e as pessoas de todas as áreas funcionais de uma empresa, como departamento financeiro e engenharia, é apropriado para esses produtos. O vendedor lidera o processo de venda pessoal, mas outros membros do time usam suas habilidades, conhecimentos e recursos únicos para ajudar os clientes a encontrarem soluções para seus próprios desafios de negócio. Times de venda podem ser criados para resolver uma situação de curto prazo específica ou podem ser formais e contínuos. A venda em time é vantajosa em situações que exigem conhecimento detalhado de tecnologias novas, complexas e dinâmicas, como aeronaves a jato e equipamento médico. No caso de vendedores altamente competitivos, pode ser difícil a adaptação ao ambiente de um time de vendas.

Relacionamento de vendas

relacionamento de vendas Construir associações mutuamente benéficas e de longo prazo com o cliente com o auxílio de comunicações regulares por longos períodos de tempo.

O **relacionamento de vendas**, também conhecido como venda consultiva, envolve construir associações mutuamente benéficas e de longo prazo com o cliente com o auxílio de comunicações regulares por longos períodos de tempo. Como a venda em time, é especialmente usado no marketing de negócios. O relacionamento de vendas envolve achar soluções para as necessidades dos clientes ouvindo-os, compreendendo em detalhes a organização do cliente, entendendo e se importando com suas necessidades e seus desafios e oferecendo assistência pós-venda. Representantes de vendas de organizações como a Eli Lilly começaram a mudar suas táticas de venda para focar em construir relacionamentos. Em vez de gastar um tempo enorme descrevendo os benefícios de seus produtos, os representantes de venda da Eli Lilly estão gastando mais tempo ouvindo os médicos. Essa tática, conhecida como venda sutil, muitas vezes leva a vendas maiores, pois os clientes não se sentem pressio-

Time de vendas
O time de vendas está se tornando popular, especialmente em empresas nas quais o processo de vendas é complexo e exige uma variedade de habilidades especializadas.

nados a comprar um produto sobre o qual sabem pouco.[18] Os relacionamentos de vendas também são construídos sobre a capacidade de recuperar clientes que estão preocupados com serviços. Ser proativo na identificação da necessidade de comportamentos de recuperação é uma parte relevante do relacionamento de vendas.[19] É importante, por exemplo, entrar em contato com o cliente se o tempo de entrega for maior do que o esperado, bem como explicar o que aconteceu e quando o produto será entregue.

O relacionamento de vendas tem implicações importantes para o vendedor. Estudos mostram que as empresas gastam seis vezes mais tempo achando novos clientes do que mantendo os clientes atuais.[20] Assim, o relacionamento de vendas que gera clientes leais de longo prazo provavelmente será bastante lucrativo para a empresa tanto em relação a vendas repetidas quanto em relação ao dinheiro economizado na tentativa de encontrar novos clientes. Finalmente, com a indústria de vendas pessoais se tornando cada vez mais competitiva, o relacionamento de vendas é uma forma de as empresas se diferenciarem das rivais na criação de vantagens competitivas.[21]

GERINDO A FORÇA DE VENDAS

5 Compreender decisões e atividades relacionadas à gestão de vendas.

A força de vendas é diretamente responsável por gerar uma das entradas primárias da organização: a receita de vendas. Sem receita de vendas adequada, os negócios não podem sobreviver. Além disso, a reputação de uma organização muitas vezes é determinada pela conduta ética de sua força de vendas. De fato, um clima ético positivo, um dos componentes da cultura corporativa, foi ligado a menor nível de estresse e intenção de rotatividade de pessoal e melhores atitudes e desempenho no cargo em posições de venda.[22] Uma pesquisa demonstrou que o clima ético negativo leva vendedores de alta performance a sair da empresa em uma taxa maior do que aqueles que trabalham em uma empresa que acreditam ser ética.[23] A moral e, em última análise, o sucesso da força de vendas de uma empresa dependem em boa parte de salários adequados, espaço para melhorar, treinamento suficiente e apoio da gerência – todas as áreas essenciais da gestão de vendas. Vendedores que não estão satisfeitos com esses elementos podem se demitir. Avaliar a opinião dos vendedores é uma parte importante da gestão da força de vendas, pois dá uma ampla noção do sucesso de uma organização. A Tabela 17.1 oferece recomendações sobre como atrair e reter uma força de vendas de alta qualidade.

Exploramos oito áreas gerais da gestão de vendas: estabelecer objetivos da força de vendas, determinar o tamanho da força de vendas e selecionar vendedores, treinar pessoal de vendas, remunerar vendedores, motivar vendedores, gerir territórios de venda e controlar e avaliar o desempenho da força de vendas.

Estabelecer objetivos da força de vendas

Para gerir eficazmente a força de vendas, os gerentes devem desenvolver objetivos de venda. Esses objetivos informam aos vendedores o que se espera que eles alcancem durante um período de tempo específico. Eles dão direção e propósito à força de vendas e servem de padrão de avaliação e controle do desempenho. Os objetivos de venda devem ser afirmados em termos precisos e mensuráveis, devem especificar o período de tempo e as áreas geográficas envolvidas e devem ser possíveis de atingir.

Em geral, os objetivos de venda são pensados tanto para a força de vendas total quanto para vendedores individuais. Os objetivos da força inteira normalmente são declarados em termos de volume de vendas, participação de mercado ou lucro e se referem a vendas em unidades ou montante em dinheiro. Por exemplo, o objetivo da força de vendas de um fabricante de furadeiras elétricas pode ser vender US$ 18 milhões em furadeiras ou 600 mil furadeiras anualmente. Quando os objetivos de venda são declarados em termos de participação de mercado, costuma existir um aumento na proporção das vendas da empresa relativas ao número total de produtos vendidos por todos os negócios daquela indústria. Quando os objetivos são baseados em lucro, em geral, são declarados em termos de quantias monetárias ou retorno sobre investimento.

Tabela 17.1 Sugestões para atrair e reter uma força de vendas de qualidade

Treinamento e desenvolvimento	• Treinamento no emprego • Instrução individual on-line • Seminários • Instrução em sala de aula
Pagamentos	• Garantir que o mix de pagamento não seja arriscado demais (comissão alta, fixo baixo) para papéis de venda • Mesclar salário fixo com comissão, bônus ou ambos • Basear bônus/comissão na conquista de objetivos de vendas e não em valores gerados por vendas individuais • Manter benefícios competitivos e práticas de reembolso de despesas
Autonomia trabalho/vida pessoal	• Oferecer horários flexíveis • Considerar opções de home office /trabalho a distância
Qualidade do produto e do serviço	• Garantir que o produto atenda às necessidades do cliente • Oferecer serviço pós-venda adequado

Fonte: Attracting & Retaining a Top Sales Force. *Where Great Workplaces Start.* Disponível em: < http://greatworkplace.wordpress.com/2010/02/10/attracting-retaining-a-top-sales-force/> Acesso em: 18 fev. 2013.

Objetivos de vendas ou cotas para vendedores individuais são comumente declarados em termos de volume de vendas em unidades ou montante em dinheiro. Outras bases usadas para objetivos de venda individuais incluem tamanho médio do pedido, número médio de ligações por período de tempo e relação de visitas para pedidos.

Determinar o tamanho da força de vendas

O tamanho da força de vendas é importante porque influencia a capacidade de a empresa gerar vendas e lucros. Além disso, ele afeta os métodos de pagamento, a moral dos vendedores e a gestão da força de vendas. O tamanho da força de vendas deve ser ajustado periodicamente, pois os planos de marketing de uma empresa mudam com os mercados e as forças do ambiente de marketing. Um dos perigos de cortar o tamanho da força de vendas para aumentar os lucros é que a organização pode perder força e resiliência, evitando que se recupere quando houver o crescimento ou quando o mercado estiver em melhores condições.

Vários métodos analíticos podem ajudar a determinar o tamanho ideal da força de vendas. Um deles envolve determinar quantas visitas são necessárias por ano para que a organização atenda seus clientes de forma eficaz e, então, dividir esse total pelo número médio de vendas feito por um vendedor anualmente. Um segundo método é baseado na análise marginal, na qual são adicionados vendedores à força de vendas até que o custo de um vendedor adicional seja igual à venda adicional gerada por aquela pessoa. Apesar de gerentes de marketing poderem usar um ou vários métodos analíticos, normalmente temperam as decisões com julgamentos subjetivos.

Recrutar e selecionar vendedores

Para criar e manter uma força de vendas eficaz, os gerentes de venda devem recrutar o tipo certo de vendedor. No **recrutamento**, o gerente de vendas desenvolve uma lista de candidatos qualificados para cargos de vendas. Esforços eficazes de recrutamento são uma parte vital da implantação de um plano estratégico de força de vendas e podem ajudar a garantir um desempenho organizacional bem-sucedido. Os custos de contratar e treinar um vendedor estão aumentando e chegam a mais de US$ 60 mil em alguns setores industriais. Assim, erros no recrutamento custam caro.

recrutamento Formação de uma lista de candidatos qualificados para cargos de vendas.

Para garantir que o processo de recrutamento resulte em um grupo de candidatos qualificados, um gerente de vendas estabelece um conjunto de qualificações antes de começar a recrutar. Apesar de os profissionais de marketing há anos tentarem identificar características de vendedores eficientes, ainda não existe um conjunto de características aceitas. Os especialistas concordam que bons vendedores exibem otimismo, flexibilidade, automotivação, boas habilidades de gestão de tempo, empatia e capacidade de estabelecer uma rede de contatos e manter relações de longo prazo com o cliente. Hoje, as empresas estão cada vez mais procurando candidatos capazes de empregar abordagens de construção de relacionamentos e consultivas, bem como de trabalhar eficazmente em esforços de times de vendas.

Um gerente de vendas, em geral, recruta candidatos em várias fontes: departamentos dentro da empresa, outras empresas, agências de emprego, instituições de educação, pessoas que respondem a anúncios, sites (como o Monster.com) e indivíduos recomendados por funcionários atuais. As fontes específicas dependem do tipo de vendedor exigido e das experiências e dos sucessos do gerente em relação a táticas de recrutamento específicas.

O processo de recrutamento e seleção de vendedores varia consideravelmente de uma empresa a outra. Empresas decididas a reduzir a rotatividade da força de vendas têm mais probabilidade de adotar procedimentos rígidos de recrutamento e seleção. A gerência de vendas deve desenhar um procedimento de seleção que satisfaça às necessidades específicas da empresa. Algumas organizações usam os serviços especializados de outras empresas para contratar. O processo deve incluir passos que produzam a informação exigida para tomar decisões de seleção precisas. No entanto, como cada passo incorre em certo gasto, não deve haver mais passos que o necessário. Os estágios do processo seletivo devem ser sequenciados de modo que os passos mais caros, como exame físico, ocorram próximo ao fim. Assim, menos pessoas passarão pelos estágios custosos. O recrutamento não deve ser esporádico; deve ser uma atividade contínua voltada a identificar os melhores candidatos. O processo seletivo deve, de forma sistemática e eficaz, combinar as características e necessidades dos candidatos com as exigências de tarefas de vendas específicas. Finalmente, o processo seletivo deve garantir que haja novo pessoal de vendas disponível quando e onde for necessário.

Treinar o pessoal de vendas

Muitas organizações têm programas de treinamento formais; outras dependem de treinamento informal no trabalho. Alguns programas de treinamento sistemáticos são bastante caros, outros são muito curtos e rudimentares. Independentemente de o programa de treinamento ser complexo ou simples, quem o desenvolve deve considerar o que ensinar, quem treinar e como treinar.

Um programa de treinamento de vendas pode se concentrar na empresa, em seus produtos ou em métodos de vendas e, muitas vezes, cobrem os três. Esses programas podem ser dirigidos a vendedores recém-contratados, vendedores experientes ou ambos. O treinamento de vendedores experientes da empresa enfatiza a informação sobre um produto ou o uso de uma nova tecnologia, ainda que os vendedores também devam ser informados sobre novas técnicas de vendas e mudanças nos planos, políticas e procedimentos da empresa. Gerentes de venda devem usar o treinamento de ética para institucionalizar um clima ético, melhorar a satisfação dos empregados e ajudar a evitar comportamentos impróprios. O Grupo de Cuidados Médicos e Ciências da Vida da IBM, por exemplo, educa constantemente sua força de vendas em relação a mudanças de tendência e formas eficazes de alcançar os clientes. O vice-presidente da Regional Leste de Soluções de Vendas da IBM faz duas semanas de treinamento de vendas extensivo todo ano, e parte desse tempo é usada para familiarizar os representantes de vendas com novos produtos, bem como com preocupações dos clientes atuais.[24] A PepsiCo oferece estágios de dez a doze semanas em vendas para treinar associados e gerentes em potencial.[25] Em geral, o novo pessoal de vendas exige treinamento completo, ao passo que o pessoal experiente precisa tanto de cursos de atualização sobre produtos estabelecidos quanto treinamento em relação a novas informações de produtos e mudanças tecnológicas.

O treinamento de vendas pode ser feito externamente, em instituições educativas, nas instalações da empresa e/ou on-line, usando tecnologia baseada na internet. Para muitas empresas, o treinamento on-line economiza tempo e dinheiro e ajuda os vendedores a aprenderem rapidamente os aspectos de novos produtos. Gerentes de venda podem até escolher usar plataformas on-line de empresas como a GoToMeeting para interagir com sua força de vendas. A GoToMeeting oferece uma plataforma on-line para que treinamentos e reuniões de venda possam ser conduzidos ao vivo em vídeo de alta definição. Algumas empresas treinam novos funcionários antes de lhes designar um cargo específico de vendas. Outras os colocam imediatamente em campo, oferecendo treinamento formal apenas depois de eles terem ganho alguma experiência. Programas de treinamento para novos funcionários podem durar de apenas alguns dias até três anos; alguns são até mais longos. O treinamento de vendas para pessoal experiente costuma ser agendado quando não há grande demanda para as atividades de venda. Como os vendedores experientes costumam precisar de treinamento periódico, a gestão de vendas de uma empresa deve determinar a frequência, sequência e duração desses treinamentos.

Gerentes de vendas, bem como outros vendedores, muitas vezes participam de treinamentos, seja diariamente, no trabalho, ou periodicamente, durante reuniões de venda. Além disso, uma série de empresas externas se especializa em oferecer programas de treinamento de vendas. Materiais para programas de treinamento variam de vídeos, textos, materiais on-line e cases a aparelhos de aprendizagem programada e mídia digital. Palestras, demonstrações, simulações, interpretação de papéis e treinamento no trabalho podem ser métodos efetivos de treinamento. O autoaprendizado, suplementando o treinamento de vendas tradicional, tem o potencial de melhorar

Treinamento virtual de vendas
A GoToMeeting oferece uma maneira virtual de participar de treinamentos e reuniões de vendas por meio de vídeos em alta definição face a face.

●●● Tendências emergentes

Leis globais de suborno mudam a indústria de venda pessoal

O suborno é uma grande tentação na área de vendas pessoais, especialmente em negócios globais. Apesar de a prática ser ilegal nos Estados Unidos, pode ser aceitável em outros países. A IBM foi obrigada a pagar US$ 10 milhões por supostamente subornar funcionários asiáticos com dinheiro, despesas com entretenimento, laptops e câmeras em troca de contratos de vendas. A lei de práticas de corrupção no exterior (Foreign Corrupt Practices Act – FCPA), dos Estados Unidos, proíbe que as empresas ofereçam esse tipo de suborno a funcionários estrangeiros, apesar de pagamentos de facilitação de pequeno valor monetário serem permitidos. Isso, porém, pode mudar como resultado da Lei de Suborno do Reino Unido, aprovada em 2010.

A lei de suborno do Reino Unido (Lei Bribery) se aplica a todas as empresas que fazem negócios ali, mesmo que o suborno não ocorra dentro do país. De início, a lei não permitia pagamentos de facilitação, apesar de isso estar sendo reconsiderado. Ainda que pequenos presentes sejam permitidos, os limites entre hospitalidade e concessão de presentes mudaram. Por exemplo, apesar de ser comum nas vendas pessoais enviar presentes de Natal aos maiores compradores, itens mais "luxuosos", como champanhes e ingressos para eventos esportivos, podem ser vistos como suborno.

Em resposta, muitas empresas multinacionais estão mudando suas políticas de presentes e entretenimento e treinando vendedores sobre essas leis. A HP, por exemplo, mudou sua política, assim sua força de vendas não pode mais oferecer nada de valor para obter contratos de negócios. De forma similar, outras multinacionais que operam no Reino Unido estão se adaptando para cumprir a lei.[c]

o desempenho. A escolha de métodos e materiais para um programa de vendas em especial depende do tipo e do número de pessoas a serem treinadas, do conteúdo e da complexidade do programa, da duração e da localização, do tamanho do orçamento de treinamento, do número de instrutores e da expertise deles.

Remunerar os vendedores

Para desenvolver e manter uma força de vendas altamente produtiva, a organização deve formular e administrar um plano de remuneração que atraia, motive e retenha os indivíduos mais eficientes. O plano deve dar à gestão de vendas o nível desejado de controle e oferecer ao pessoal de venda níveis aceitáveis de renda, liberdade e incentivo. Deve ser flexível, igualitário, fácil de administrar e de compreender. Bons programas de remuneração facilitam e encorajam o tratamento adequado dos clientes. Obviamente, é bem difícil incorporar todas essas exigências em um único programa. A Figura 17.2 mostra a média de salários para representantes de vendas.

Quem desenvolve programas de remuneração deve determinar o nível geral de remuneração exigido e o método mais desejável de calculá-lo. Ao analisar o plano de remuneração, a gestão de vendas deve avaliar o valor de um vendedor para a empresa com base nas tarefas e responsabilidades associadas com a posição de vendas. Os gerentes de venda podem considerar vários fatores, incluindo salários de outros tipos de empregados da empresa, planos de remuneração dos competidores, custos de rotatividade da força de vendas e gastos de venda não contabilizados no salário. Um vendedor júnior ganha em média de US$ 50 mil a US$ 75 mil por ano (incluindo comissões e bônus), ao passo que um vendedor de alto nível e alta performance pode ganhar centenas de milhares de dólares anuais.

Programas de remuneração de vendas, em geral, reembolsam vendedores por despesas de vendas, oferecem alguns benefícios extras e oferecem o nível de remu-

Salários médios de representantes de vendas.

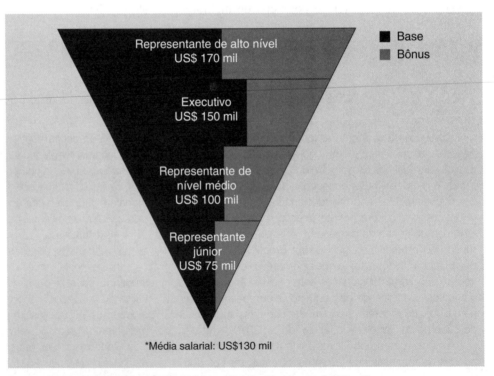

Fonte: Adaptado de Joseph Kornik. What's It All Worth? *Sales and Marketing Management*, maio 2007, p. 29.

neração adequado. Para conseguir isso, uma empresa pode usar um ou mais, entre três métodos básicos de remuneração: remuneração fixa, comissão direta ou uma combinação dos dois. A Tabela 17.2 lista as principais características, vantagens e desvantagens de cada método. No **plano de remuneração fixa**, os vendedores recebem uma quantia específica por período de tempo, independentemente do esforço de venda. Essa quantia permanece a mesma até eles terem diminuição ou aumento de salário. Apesar de esse método ser fácil de administrar e de garantir segurança financeira aos vendedores, dá pouco incentivo para que eles melhorem os esforços de vendas. No **plano de remuneração de comissão direta**, o pagamento dos vendedores é determinado apenas pelas vendas em um dado período. Uma comissão pode ser baseada em uma porcentagem única das vendas ou em uma escala que envolve vários níveis de vendas e taxas de porcentagem (por exemplo, vendas abaixo de US$ 500 mil por trimestre teriam uma comissão menor do que vendas acima desse valor). Apesar de esse método motivar o pessoal de vendas a intensificar seus esforços, oferece pouca segurança financeira, e os gerentes podem ter dificuldade em controlar a força de vendas. Muitos novos vendedores mostram relutância em aceitar os riscos associados à comissão direta. Vendedores mais experientes, porém, sabem que essa opção pode fornecer o maior potencial de renda. Por esses motivos, muitas empresas oferecem um **plano de remuneração combinado** no qual os vendedores recebem um salário fixo mais uma comissão baseada em volume de vendas. Alguns programas combinados exigem que um vendedor ultrapasse certo nível de vendas antes de ganhar uma comissão; outros oferecem comissões para qualquer nível de vendas.

plano de remuneração fixa Pagamento de uma quantia específica por período de tempo, independentemente do esforço de venda.

plano de remuneração de comissão direta Pagamento de acordo com o valor total de vendas em um dado período.

plano de remuneração combinado Pagamento de um salário fixo mais uma comissão baseada no volume de vendas.

Tabela 17.2 Características de métodos de remuneração da força de vendas

Método de remuneração	Quando é mais útil	Vantagens	Desvantagens
Remuneração fixa	Remunerar vendedores novos; empresa entra em novo território de vendas que exige trabalho de desenvolvimento; vendas que exigem serviços longos de pré-venda e pós-venda	Dá segurança aos vendedores; dá aos gerentes controle sobre os vendedores; fácil de administrar; resulta em gastos de venda mais previsíveis	Não oferece incentivo; precisa de supervisão mais próxima; durante quedas nas vendas, as despesas continuam
Comissão direta	Exige venda agressiva; tarefas não relacionadas a venda são minimizadas; empresa usa autônomos e empregados de meio período	Oferece incentivo máximo; aumentando a taxa de comissão, os gerentes podem encorajar os empregados a vender certos itens; despesas de venda relacionados diretamente com a receita	Vendedores têm pouca segurança financeira; gerentes têm controle mínimo sobre a força de vendas; pode levar vendedores a fornecer serviço inadequado para clientes menores; custos de venda são menos previsíveis
Combinado	Territórios de venda com potencial de venda similares; empresa deseja incentivar, mas permanecer no controle das atividades da força de vendas	Oferece certo nível de segurança financeira; oferece algum incentivo; pode levar a força de vendas em uma direção lucrativa	Despesas de venda menos previsíveis; pode ser difícil de administrar

Fonte: Charles Futrell. *Sales Management*. Disponível em: < http://people.tamu.edu/~c-futrell/436/sm_home.html>. Acesso em: 18 fev. 2013.

Ao selecionar um método de remuneração, a gerência de vendas pesa as vantagens e desvantagens listadas na tabela. Pesquisadores descobriram que comissões mais altas são a recompensa preferida, seguida por aumentos de salário, mas as preferências de pagamento tendem a variar segundo a indústria.[26] A Container Store, que oferta produtos de organização e armazenamento do tipo faça-você-mesmo, prefere pagar à sua equipe de vendas salários 50% a 100% mais altos que os oferecidos pelos concorrentes, em vez de basear o pagamento em planos de comissão.[27]

Motivar os vendedores

Apesar de a remuneração financeira ser um incentivo importante, são necessários programas adicionais para motivar o pessoal de vendas. A natureza dos empregos, segurança e salário são considerados os fatores mais importantes para o universitário que hoje entra na área de vendas.[28] Um gerente de vendas deve desenvolver uma abordagem sistemática para motivar vendedores a serem produtivos. A motivação eficaz da força de venda é atingida por meio de um conjunto organizado de atividades executadas continuamente pela gerência de vendas da empresa.

O pessoal de vendas, como outros, junta-se a uma organização para satisfazer necessidades pessoais e alcançar objetivos também pessoais. Os gerentes de vendas devem identificar essas necessidades e esses objetivos e se esforçar para criar um clima organizacional que permita que cada vendedor os alcance. Condições agradáveis de trabalho, poder e autoridade, segurança no emprego e oportunidade de ser bem-sucedido são motivadores eficazes, bem como os esforços da empresa para tornar os cargos de venda mais produtivos e eficientes. Na Container Store, por exemplo, o pessoal de vendas de primeiro ano recebe 263 horas de treinamento sobre os produtos da empresa.[29] Uma cultura corporativa forte e positiva leva a níveis mais altos de satisfação no emprego, ao comprometimento com a empresa e a níveis menores de estresse no trabalho.[30]

Concursos de vendas e outros programas de incentivo também podem ser motivadores eficazes e levar os vendedores a aumentar as vendas ou adicionar novos clientes, promover itens especiais, atingir maior volume de vendas por visita e cobrir melhor os territórios. As empresas, porém, precisam compreender as preferências dos vendedores ao criar os concursos, de modo a torná-los eficazes no que se refere a aumentar as vendas. Algumas empresas veem esses concursos como ferramentas poderosas para motivar o pessoal de vendas a atingir os objetivos da empresa. Os gerentes devem tomar o cuidado de criar concursos que apoiem uma orientação ao consumidor, além de motivar os vendedores. Em empresas menores, sem recursos para um programa de incentivo formal, um agradecimento simples, mas público, e o reconhecimento da gerência em uma reunião de vendas, além de um vale-presente de baixo valor, podem ser muito compensadores.

Programas de incentivo bem desenhados custam muito menos do que valem, e os gerentes de vendas dependem cada vez mais desses incentivos. Programas que reconhecem excelência de desempenho com prêmios simbólicos, como placas, podem ser muito eficazes quando realizados em um ambiente de pares. O incentivo mais comum oferecido pelas empresas é dinheiro, seguido por vale-presentes e viagens.[31] Programas de recompensa em viagens podem conferir honra, oferecer uma experiência única que faça os ganhadores se sentirem especiais e criar camaradagem entre vendedores vencedores. No entanto, alguns dos que ganham prêmios de viagem podem sentir que já há viagem demais pelo trabalho. Recompensas em dinheiro são fáceis de administrar, os que recebem sempre ficam felizes e elas têm apelo em

Motivar os vendedores
Viagens ou pacotes de férias são recompensas que um vendedor de alta performance pode receber por ultrapassar os objetivos de vendas.

todos os grupos demográficos. O dinheiro, porém, não tem valor de "troféu" visível e vem com pouca "ostentação". Os benefícios de premiar com mercadorias envolvem o fato de os itens terem valor visível de troféu. Além disso, quando os ganhadores têm direito de escolher a mercadoria, experimentam uma sensação de controle. Os prêmios em mercadoria podem ajudar a construir impulso na força de vendas. As desvantagens de usar mercadorias é que os empregados podem ter uma percepção de valor menor dessa mercadoria, e a empresa pode experimentar problemas administrativos. Algumas empresas terceirizam seus programas de incentivo para empresas especializadas na criação e administração desses programas.

Gerir territórios de venda

A eficácia de uma força de vendas que precisa viajar até os clientes é, de certa forma, influenciada pelas decisões da gerência em relação aos territórios de vendas. Ao decidir sobre territórios, os gerentes devem considerar tamanho, formato geográfico, roteiro e cronograma.

Vários fatores entram no desenho do tamanho e da forma geográfica de um território. Primeiro, os gerentes devem construir territórios que permitam que o potencial de vendas seja mensurado. Territórios de venda consistem em várias unidades geográficas, extensão de censo, cidades, municipalidades ou estados para os quais seja possível obter dados de mercado. Gerentes de venda, em geral, tentam criar territórios com potencial de vendas similar, ou que exijam a mesma quantidade de trabalho. Se os territórios tiverem o mesmo potencial de vendas, quase sempre são desiguais em tamanho geográfico. Vendedores com territórios maiores têm de trabalhar mais e durante mais tempo para gerar certo volume. Inversamente, se forem criados territórios de venda que exigem quantidades iguais de trabalho, o potencial de vendas desses territórios vai variar. Pense sobre o esforço exigido para vender em Nova York e Connecticut versus o esforço exigido em uma área maior e menos populosa como Montana ou Wyoming. Se o pessoal de vendas for remunerado parcial ou completamente por meio de comissões, terá potencial de renda desigual. Muitos gerentes tentam equilibrar a carga de trabalho territorial e o potencial de ganhos usando diferentes taxas de comissão. Às vezes, esses gerentes usam programas comerciais para ajudá-los a equilibrar os territórios. Ainda que um gerente de vendas procure igualdade ao desenvolver e manter territórios, sempre haverá desigualdades. O tamanho e o formato geográfico de um território também devem ajudar a força de vendas a oferecer a melhor cobertura possível para o cliente e minimizar os custos de venda. Densidade e distribuição de clientes são fatores importantes.

O tamanho e o formato geográfico do território de vendas são os elementos mais importantes a afetar o roteamento e o cronograma das visitas de venda. Depois, em ordem de importância, estão o número e a distribuição de clientes dentro do território, seguidos pela frequência e a duração das visitas de venda. Os responsáveis pelo roteamento e pelo cronograma devem considerar a sequência na qual os clientes são visitados, estradas e meios de transporte específicos a serem usados, número de visitas a serem feitas em dado período e hora do dia em que ocorrerão. Em algumas empresas, os vendedores planejam suas próprias rotas e cronogramas, com pouca ou nenhuma assistência do gerente de vendas. Em outras, o gerente de vendas tem bastante responsabilidade. Independentemente de quem planeja a rota e o cronograma, os principais objetivos devem ser minimizar o tempo em que os vendedores não estão vendendo (tempo gasto viajando e esperando) e maximizar o tempo de vendas. Os gerentes devem tentar alcançar esses objetivos para que os custos de viagem e hospedagem de um vendedor sejam mínimos.

Controlar e avaliar o desempenho da força de vendas

Para controlar e avaliar adequadamente o desempenho da força de vendas, a gerência precisa de informação. Um gerente não pode observar a força de vendas de campo diariamente, assim, confia nos relatórios de visitas dos vendedores, nos feedbacks de clientes, nos contratos e nas ordens de pagamento. Relatórios de visitas identificam os clientes visitados e apresentam informação detalhada sobre a interação com eles. O pessoal de vendas deve arquivar cronogramas de trabalho, os quais indicam onde planejam estar durante períodos específicos. Dados sobre as interações de um vendedor com os clientes atuais e potenciais podem ser incluídos no sistema de gestão de relacionamento com clientes da empresa. Essa informação oferece insights sobre a performance do vendedor. Empresas como a SAS oferecem capacidades analíticas que usam dados para encontrar as melhores oportunidades e mobilizar recursos da força de vendas para alcançar o impacto cruzado ideal. A SAS usa bonecas matrioskas russas em seus anúncios para ilustrar que, às vezes, as descobertas mais interessantes estão escondidas por trás dos dados.

Avaliar a performance de vendas
A SAS oferece dados analíticos para descobrir o potencial de lucro de cada consumidor, facilitando a avaliação da performance de vendas.

As dimensões usadas para medir o desempenho de um vendedor são determinadas em grande parte pelos objetivos de venda, normalmente definidos pelo gerente. Se o objetivo de vendas de um indivíduo é declarado em termos de volume de vendas, essa pessoa deve ser avaliada com base no volume gerado. Mesmo que um vendedor tenha um objetivo maior, espera-se que ele também alcance outros objetivos relacionados. Assim, os vendedores são avaliados em várias dimensões. Gerentes de vendas avaliam muitos indicadores de desempenho, incluindo número médio de visitas por dia, média de vendas por cliente, vendas reais relativas ao potencial de vendas, número de pedidos de novos clientes, custo médio por visita e lucro bruto médio por cliente.

Para avaliar um vendedor, o gerente de vendas pode comparar uma ou mais dessas dimensões com padrões de desempenho pré-determinados. Gerentes de venda comumente comparam o desempenho de um vendedor com o de outros empregados operando em condições de venda similares ou o desempenho atual de um vendedor com sua performance passada. Às vezes, a gerência julga fatores que teriam consequência menos direta sobre o desempenho de vendas, como aparência pessoal, conhecimento sobre o produto e padrões éticos. Uma preocupação é com a tendência a reprimir os melhores vendedores de forma menos severa que os vendedores ruins por usarem práticas de venda antiéticas.

Após avaliar os vendedores, os gerentes tomam medidas corretivas necessárias para melhorar o desempenho da força de vendas. Eles podem ajustar padrões de desempenho, oferecer treinamentos adicionais ou tentar outros métodos motivacionais. A ação corretiva pode exigir que a força de vendas passe por mudanças abrangentes.

A NATUREZA DA PROMOÇÃO DE VENDAS

Promoção de vendas é uma atividade e/ou material destinado a agir como um estímulo direto, oferecendo valor adicional ou incentivo de produto para revendedores, vendedores ou clientes. Ela inclui todas as atividades e materiais promocionais que não sejam venda pessoal, propaganda e relações públicas. O varejista Payless, por exemplo, faz liquidações de sapatos do tipo compre um, leve dois, uma tática de promoção de vendas conhecida como bônus ou prêmio. Em mercados competitivos, nos quais os produtos são muito similares, a promoção de vendas oferece estímulos adicionais que encorajam o teste e a compra do produto.

Profissionais de marketing costumam usar a promoção de vendas para facilitar a venda pessoal, a propaganda ou ambos. As empresas também usam propaganda e venda pessoal para apoiar atividades de promoção de vendas. Por exemplo, os profissionais de marketing usam propaganda para promover concursos, amostras grátis e prêmios. Os esforços mais eficazes de promoção de vendas são altamente inter-relacionados com outras atividades promocionais. Decisões relativas à promoção de vendas muitas vezes afetam as decisões de propaganda e a venda pessoal, e vice-versa.

A promoção de vendas pode aumentar as vendas por meio da oferta de incentivos de compra extra. Existem muitas oportunidades de motivar compradores, revendedores e vendedores a tomarem as atitudes desejadas. Alguns tipos de promoção de vendas são designados especificamente a estimular a demanda e a eficácia dos revendedores; outros são dirigidos a aumentar a demanda do consumidor; e há os que focam tanto em consumidores quanto em revendedores. Independentemente do propósito, os profissionais de marketing devem garantir que os objetivos de promoção de vendas sejam consistentes com os objetivos gerais da organização, bem como com seus objetivos de marketing e promoção.

6 Explicar o que são atividades de promoção de vendas e como são usadas.

promoção de vendas Atividade e/ou material destinado a estimular o cliente em sua compra, ou para incentivar os revendedores ou vendedores a alcançarem maiores níveis de vendas.

Ao decidir quais métodos de promoção de vendas usar, os profissionais de marketing devem considerar vários fatores, em especial características de produto (preço, tamanho, peso, custos, durabilidade, usos, recursos e riscos) e características do mercado-alvo (idade, gênero, renda, localização, densidade populacional, taxa de uso e padrões de compra). A forma de distribuição dos produtos e o número e o tipo de revendedores podem determinar o tipo de método usado. O ambiente competitivo e legal também pode influenciar a escolha.

O uso da promoção de vendas aumentou dramaticamente nos últimos 30 anos, principalmente à custa de propaganda. Essa mudança no uso do orçamento promocional ocorreu por vários motivos. Preocupações excessivas com o valor tornou os clientes mais receptivos a ofertas promocionais, especialmente no que se refere a descontos no preço e displays no ponto de venda. Graças ao seu tamanho e ao acesso a dados dos caixas, os varejistas ganharam considerável poder na cadeia de suprimentos e estão exigindo esforços promocionais maiores dos produtores para elevar os lucros do varejo. A diminuição da lealdade em relação às marcas produziu um ambiente no qual as promoções de vendas direcionadas a persuadir clientes para trocar de marca são mais eficazes. Finalmente, a maior ênfase em melhorar resultados de desempenho de curto prazo requer o uso de mais métodos de promoção que proporcionem rápido aumento nas vendas (ainda que, por vezes, de curta duração).[32]

No restante deste capítulo, examinaremos vários métodos de promoção de vendas ao consumidor e de incentivo de vendas, o que eles representam e quais objetivos podem ajudar os profissionais de marketing a atingir.

Métodos de promoção de vendas ao consumidor

métodos de promoção de vendas ao consumidor Técnicas de promoção de vendas que encorajam consumidores a frequentarem lojas específicas ou experimentarem produtos em particular.

cupons Reduções de preço impressas em tíquetes, usadas para encorajar consumidores a comprar um produto específico.

Os **métodos de promoção de vendas ao consumidor** encorajam ou estimulam compradores a frequentarem lojas específicas ou experimentarem produtos em particular. Muitas vezes iniciados por varejistas, tais métodos têm o objetivo de atrair consumidores para locais específicos, ao passo que os usados por produtores em geral apresentam novos produtos ou promovem marcas estabelecidas. Nesta seção, discutiremos cupons, ofertas "cents-off", restituição de dinheiro e rebates ou reembolsos parciais, incentivos para usuários frequentes, displays em pontos de venda, demonstrações, amostras grátis, prêmios, concursos e jogos para consumidores, bem como sorteios.

Cupons e ofertas "cents-off"

Cupons reduzem o preço de um produto com o objetivo de encorajar consumidores a testar produtos novos ou específicos, aumentar rapidamente o volume de vendas, atrair compradores recorrentes ou apresentar novos

As 10 principais categorias no volume total de distribuição de cupons de bens de consumo nos Estados Unidos.

Posição	Categorias
1	Higiene oral
2	Alimentos para animais
3	Vitaminas e suplementos
4	Cuidados com os cabelos
5	Odorizadores e desodorizantes
6	Produtos de limpeza
7	Cuidados com beleza e saúde
8	Cuidados com a pele
9	Produtos de papel e de plástico
10	Detergentes

Fonte: NCH Marketing Services, Inc., Coupon Facts Report, 2012. Projeções baseadas em medidas da NCH e modelagem proprietária de atividade de mercado.

tamanhos de embalagem ou recursos. A economia é deduzida do preço de compra. O cupom é a técnica de promoção de venda ao consumidor mais usada nos Estados Unidos. Cupons digitais de sites e aplicativos móveis também estão se tornando populares. Sites de compras coletivas, como Groupon, Living Social e Crowd Cut, ainda que não ofereçam exatamente cupons, encorajam os consumidores a procurarem bons negócios ou preços melhores. O Starbucks conseguiu elevar as vendas oferecendo cupons em sites de compra social como o Living Social e dando aos clientes matinais bebidas com desconto se eles voltassem à tarde.[33] Para usufruir do interesse de novos consumidores em cupons, o marketing digital – incluindo plataformas móveis, sociais e outras – está sendo usado para promoção com cupons. Cupons impressos, porém, são ainda os mais utilizados e têm o maior valor de resgate.[34]

Ao decidir o método de distribuição para cupons, profissionais de marketing devem considerar estratégias e objetivos, taxas de resgate, disponibilidade, circulação e exclusividade. A Bed, Bath & Beyond usa cupons para gerar tráfego nas lojas. O anúncio da empresa inclui um cupom grande de 20% de desconto em muitos itens nas lojas. Além disso, esse cupom inclui um link para o Facebook que encoraja os consumidores a "curtirem" a empresa. Esse cupom é único por não estar ligado a um produto específico, mas a uma tentativa de aumentar as vendas em toda a loja. A arena de distribuição e resgate de cupons se tornou muito competitiva. Para evitar a perda de clientes, muitos supermercados resgatam quais-

Cupons impressos
A Bed, Bath & Beyond utiliza um grande cupom como foco central em seus anúncios para aumentar as vendas nas lojas.

❖❖❖ Transformação verde

Cupons eletrônicos beneficiam vários stakeholders – incluindo o meio ambiente

Apesar de as taxas de resgate de cupons estarem caindo na última década, os anos recentes viram um aumento no uso de cupons. Na verdade, as taxas de resgate de cupons eletrônicos estão crescendo rapidamente. O uso cada vez maior de cupons eletrônicos beneficia consumidores, produtores e o meio ambiente. Esse tipo de cupom parece menos invasivo que o de papel, e com a propagação de sites como Coupons.com, os consumidores podem procurar o cupom que desejam. Uma tendência crescente em relação aos cupons eletrônicos é o uso de aparelhos móveis. Um estudo revelou que 46% dos proprietários de aparelhos móveis estão dispostos a testar cupons eletrônicos. Os fabricantes também gostam de cupons eletrônicos porque há dez vezes mais chances de serem resgatados que os cupons de papel.

Cupons eletrônicos também beneficiam o meio ambiente. Eles economizam papel porque os consumidores podem imprimir apenas o que escolherem. Algumas lojas permitem que o cliente baixe os cupons eletrônicos em seu cartão de vantagens, o que elimina completamente o uso de papel. Do ponto de vista do fabricante, os cupons eletrônicos reduzem os custos – com papel e com energia – de ter de enviar cupons por meio de mala direta. De fato, 45% das pessoas indicam que preferem receber cupons eletrônicos por mensagem de texto. Com mais negócios e consumidores percebendo as vantagens dos cupons eletrônicos, essa promoção de vendas deve disparar.[d]

quer cupons oferecidos pela concorrência. Além disso, para atrair clientes para suas lojas, eles dobram e às vezes triplicam o valor dos cupons.

Os cupons oferecem várias vantagens. Anúncios impressos com cupons muitas vezes são mais eficazes na geração de conhecimento de marca que anúncios impressos sem cupons. Em geral, quanto maior a oferta em dinheiro do cupom, melhor é o reconhecimento gerado. Os cupons premiam usuários atuais dos produtos, reconquistam usuários antigos e encorajam compras em grande quantidade. Como são devolvidos, também ajudam o fabricante a determinar se alcançou o mercado-alvo. Entre as vantagens de usar cupons eletrônicos, em vez de cupons de papel, estão menor custo por resgate, maior capacidade de direcionamento, melhor capacidade de coleta de dados e maior capacidade de experimentação para determinar o valor nominal ideal e os ciclos de vencimento.[35]

As desvantagens do uso de cupons incluem fraude e erros de resgate, que podem ser caros para os fabricantes. As fraudes de cupom — incluindo cupons de internet falsificados e cupons resgatados com nomes falsos — custam centenas de milhões em prejuízos anuais.[36] Outra desvantagem, segundo alguns especialistas, é que os cupons estão perdendo seu valor; como muitos fabricantes os oferecem, os clientes aprenderam a não comprar sem um incentivo, seja relativo a cupom, desconto ou reembolso. Além disso, a lealdade à marca entre usuários que usam cupons demasiadamente diminuiu, e muitos resgatam cupons apenas de produtos que costumam comprar. Acredita-se que cerca de três quartos dos cupons sejam resgatados por pessoas que já usam a marca. Assim, o sucesso deles como incentivo para compradores testarem uma nova marca ou produto é questionável. Um problema adicional dos cupons é que as lojas, muitas vezes, não têm itens suficientes em estoque, uma situação que gera má vontade tanto em relação à loja quanto ao produto.

No caso das **ofertas "cents-off"**, os compradores pagam certa quantia a menos no preço regular mostrado no rótulo ou na embalagem. Durante uma promoção de verão, a Chevrolet ofereceu tanto esse incentivo quanto garantias de ter o dinheiro de volta para aqueles que quisessem devolver suas compras.[37] Como os cupons, este método pode ser um forte incentivo para testar produtos novos ou desconhecidos e é comumente usado quando se está apresentando um produto. Ele pode estimular as vendas do produto ou vendas múltiplas, resultar em aumento nas vendas de curta duração e promover produtos durante a baixa temporada. É um método fácil de controlar e costuma ser usado para propósitos específicos. Se for usado continuamente, porém, esse tipo de oferta reduz o preço para clientes que comprariam ao preço regular e pode baratear a imagem de um produto. Além disso, o método exige manuseio especial por parte dos varejistas responsáveis por conceder o desconto no ponto de venda.

ofertas "cents-off" Promoções ou cupons de descontos que permitem aos compradores pagar menos que o preço normal como forma de encorajar a compra.

Restituição de dinheiro e reembolsos parciais

No que se refere a **restituição de dinheiro**, os consumidores enviam provas de compra e recebem pelo correio uma quantia específica. Em geral, os fabricantes exigem compras de múltiplos produtos antes de um cliente se qualificar para receber uma restituição. Para estimular as vendas, os profissionais de marketing empregam essa técnica como alternativa aos cupons. A restituição, usada principalmente para promover o teste de um produto, tem relativamente pouco custo. No entanto, pode gerar uma taxa de resposta baixa e, assim, tem impacto limitado sobre as vendas.

Por meio do **rebate ou reembolso parcial**, o comprador recebe uma quantia específica em dinheiro pela compra de um produto único. O rebate ou reembolso parcial são concedidos no caso de produtos mais caros que os que têm a restituição de dinheiro e

restituição de dinheiro Técnica de promoção de vendas por meio da qual o consumidor recebe uma quantia específica em dinheiro quando envia por correio uma prova da compra, geralmente no caso de compras de múltiplos produtos.

rebate ou reembolso parcial Técnicas de promoção de vendas em que um consumidor recebe uma quantia específica em dinheiro pela compra de um único produto.

constituem uma técnica usada para encorajar compradores. Os profissionais de marketing usam o rebate também para reforçar a lealdade à marca e encorajar a compra de um produto. Quando se trata de itens mais caros, como automóveis, o rebate é concedido no ponto de venda. A maioria dos reembolsos, porém, especialmente de itens menores, é concedida após a venda, em geral, pelo correio. Pesquisas sugerem que o rebate postal é mais eficaz em situações em que o comprador precisa de um motivo para comprar um item. Já o rebate para produtos que oferecem satisfação imediata é mais eficazes quando concedido no ponto de venda.[38]

Um problema relacionado à restituição em dinheiro e ao rebate é que muita gente acha o processo de resgate complicado demais. Segundo uma estimativa, pelo menos 40% dos consumidores não recebem o dinheiro de volta porque não atendem aos requisitos. Para eliminar as complicações, muitos profissionais de marketing permitem que os clientes peçam o reembolso on-line, eliminando a necessidade de formulários que podem confundir os consumidores e frustrar os varejistas. Os compradores também podem ter percepções negativas do motivo pelo qual o fabricante oferece o rebate ao acreditar que os produtos não foram testados ou não vendem bem. Se essas percepções não mudarem, as ofertas de reembolso parcial podem acabar degradando a imagem e a atratividade do produto.

Incentivos para usuários frequentes

Cartões comemorativos não são os únicos produtos oferecidos pela Hallmark. Para recompensar clientes leais, a empresa oferece o Hallmark Crown Card, com o qual compradores frequentes de seus cartões podem acumular pontos a serem resgatados em forma de produtos e descontos.[39] Muitas empresas desenvolvem programas de incentivo para recompensar clientes que fazem compras repetidas (e frequentes). Por exemplo, a maioria das grandes companhias aéreas oferecem programas de pontos que recompensam, com bilhetes gratuitos para outras viagens, os clientes que voaram uma quantidade específica de milhas. Incentivos para usuários frequentes estimulam a lealdade do cliente a uma empresa específica ou a um grupo de empresas

Incentivos para usuários frequentes
O ator Alec Baldwin, porta-voz da Capital One, mostra o cartão de crédito Venture Rewards. Usuários do cartão recebem milhagem de companhias aéreas ao fazer compras. Quanto mais os clientes usarem o cartão, mais milhas recebem.

cooperativas. Eles são mais usados pelo setor de serviços, como companhias aéreas, agências de aluguel de automóveis, hotéis e cafeterias locais. Programas de lealdade não apenas recompensam clientes fiéis, mas também geram dados que podem contribuir com informações importantes sobre os clientes, ajudando os profissionais de marketing a criar relações desejáveis com eles.

Materiais e demonstrações em ponto de venda

materiais de ponto de venda Sinalizações, vitrines, displays e outras estratégias semelhantes usadas para atrair clientes.

Materiais de ponto de venda incluem outdoors, vitrines, mostruários de balcão, displays e pacotes de autoatendimento. Inovações em displays de ponto de venda incluem amostras que emitem o aroma de um produto da loja quando os clientes passam a um metro de distância e interação computadorizada. Esses itens, muitas vezes fornecidos pelos fabricantes, chamam a atenção, informam os clientes e encorajam os varejistas a oferecer determinados produtos. Os varejistas também começaram a experimentar novas formas de tecnologia no ponto de venda. Na tentativa de encorajar um ambiente de venda aberta, a Clinique incorpora diferentes displays em suas lojas, incluindo um Experience Bar que tem até iPads, dosadores com botões de pressão, placas que encorajam os clientes a abrir as gavetas para examinar os itens e folhetos com recomendações de produto. Os materiais de ponto de venda da Clinique têm o objetivo de incentivar os clientes a comprar sem se preocuparem com a interrupção de um vendedor.[40] É mais provável que um varejista use materiais de ponto de venda se eles forem atraentes, informativos, bem construídos e estiverem em harmonia com a imagem da loja.

demonstrações Métodos de promoção de vendas que um fabricante usa temporariamente para encorajar o uso experimental e a compra de um produto ou para mostrar como ele funciona.

Demonstrações são uma forma excelente de chamar atenção. Os fabricantes as oferecem temporariamente para encorajar o uso experimental e a compra de um produto ou para mostrar como ele funciona. Como os custos com mão de obra podem ser extremamente altos, as demonstrações não são usadas de forma ampla. Elas podem ser altamente eficazes para promover certos tipos de produtos, como eletrodomésticos, cosméticos e itens de limpeza. Até automóveis podem ser demonstrados, não apenas por um vendedor, mas também por meio de um test-drive ao cliente potencial. Fabricantes de cosméticos, como a Estée Lauder e a Clinique, oferecem tratamentos de beleza a clientes potenciais para demonstrar os benefícios e a aplicação adequada dos produtos.

Amostras grátis e prêmios

amostras grátis Amostras de um produto distribuídas para encorajar a experimentação e a compra.

Profissionais de marketing usam **amostras grátis** para estimular a experimentação de um produto, aumentar o volume de venda nos estágios iniciais do ciclo de vida de um produto e obter a distribuição desejada. A Trader Joe's dá amostras grátis de seu café na esperança de motivar os clientes a fazer uma compra. Amostras são o método de promoção mais caro, porque a produção e a distribuição – em eventos locais, pelo correio ou por entrega em domicílio, on-line, nas lojas e em embalagens – têm custos altos. Contudo, podem ser um dos métodos de promoção de vendas mais eficazes: um levantamento da Arbitron descobriu que mais da metade dos consumidores que experimentaram um produto planejam comprá-lo no futuro.[41] Outros estudos revelam que as amostras podem levar a compras repetidas, bem como a compras de outros produtos com o mesmo nome de marca.[42] Apesar do alto custo, o uso de amostras grátis está aumentando. Em um dado ano, quase três quartos das empresas de produtos para consumidores podem usar esse método. A Starbucks oferece amostras grátis de suas novas bebidas para tentar estimular o interesse nos novos produtos.[43] A World's Best Cat Litter oferece uma amostra grátis de seu produto por tempo limitado, convidando os consumidores a entrarem na internet e a baixarem um reembolso parcial de compra. O anúncio enfatiza que a areia para gatos da empresa é superior à da concorrência e oferece amostras grátis para que os clientes possam experimentar sua eficácia. O produto é 100% natural e há um site para o download do reembolso.

Prêmios são itens oferecidos de graça ou a um custo mínimo como bônus pela compra de um produto. Assim como os brindes em caixas de salgadinho, os prêmios são usados para atrair clientes da concorrência, apresentar tamanhos diferentes de produtos estabelecidos, adicionar variedade a outros esforços promocionais e estimular a lealdade do consumidor. Os compradores parecem preferir prêmios a descontos em produtos em razão da percepção de estarem recebendo ser algo "de graça".[44] A criatividade é essencial em relação ao uso de prêmios; para se destacar e alcançar um número significativo de resgates, o prêmio deve estar de acordo tanto com o público-alvo quanto com a imagem da empresa, além do que, deve ser algo facilmente reconhecível e desejado. Os consumidores são mais favoráveis a prêmios quando a marca tem alta equidade e há bom equilíbrio entre o produto e o prêmio.[45] Prêmios são colocados em embalagens ou dentro delas e também podem ser distribuídos por lojistas ou pelo correio. Entre os exemplos estão um posto de gasolina que oferece lavagem gratuita quando se enche o tanque, um creme de barbear gratuito na compra de uma lâmina e uma embalagem de plástico grátis na compra dos queijos Singles, da Kraft.

> **prêmios** Itens oferecidos de graça ou a um custo mínimo como bônus pela compra de um produto.

Concursos, jogos e sorteios para o consumidor

No caso de **concursos**, indivíduos competem por prêmios com base em suas aptidões criativas ou analíticas. Esse método pode ser usado para gerar tráfego de varejo e frequência de exposição a mensagens promocionais. Os participantes, em geral, se envolvem mais em concursos do que em jogos ou sorteios, ainda que a participação total seja menor. Os concursos também podem ser usados em conjunto com outros métodos promocionais de venda, como os cupons. A Frito-Lay criou um concurso no qual os consumidores podem enviar, pelo Facebook, recomendações para novos sabores de batatas. O vencedor recebeu US$ 1 milhão e os dois vice-campeões receberam US$ 500 mil.[46]

> **concursos** Método de promoção de vendas em que indivíduos competem por prêmios baseados em suas aptidões criativas ou analíticas.

Nos **jogos**, os indivíduos competem por prêmios com base principalmente na sorte – em geral, colecionando peças do jogo, como tampas de garrafa ou um selo em um pacote de batatas fritas. Como pode ser necessário colecionar peças múltiplas para ganhar ou para aumentar a chance de ganhar, o jogo estimula as compras recorrentes. O desenvolvimento e a administração de jogos costumam ser terceirizados para uma empresa independente de relações públicas, que pode ajudar os profissionais de marketing a compreenderem as leis que regulam os jogos. Ainda que os jogos possam estimular as vendas temporariamente, não há evidências para sugerir que afetem as vendas no longo prazo.

> **jogos** Método de promoção de vendas em que indivíduos competem por prêmios baseados principalmente na sorte.

Os participantes de um **sorteio** submetem seus nomes para serem inclusos em um sorteio de prêmios. O Travel Channel premiou um vencedor com uma viagem com acompanhante, incluindo acomodações em hotel cinco estrelas, para a Cidade do Cabo, na África do Sul.[47] Os sorteios são usados mais que os concursos e tendem a atrair um número maior de participantes. Em geral, porém, os participantes se envolvem mais com concursos e jogos que com sorteios, apesar de a participação total ser menor. Concursos, jogos e sorteios podem ser usados junto com outros métodos de promoção, como os cupons.

> **sorteio** Promoção de vendas na qual os concorrentes submetem seus nomes para o sorteio de prêmios.

Métodos de incentivo de vendas

Para encorajar revendedores, especialmente varejistas, a ofertar seus produtos e promovê-los de forma eficaz, os produtores usam **métodos de incentivo de vendas**, na tentativa de convencer atacadistas e varejistas a ofertar seus produtos de modo agressivo. Profissionais de marketing usam métodos de incentivo de vendas por vários motivos, incluindo combater o efeito de marcas genéricas mais baratas, repassar um desconto para um segmento de mercado sensível aos preços, elevar a exposição da marca entre os consumidores-alvo, fornecer incentivos extras para vender estoque em excesso ou contra-atacar concorrentes. Esses métodos incluem subsídios de compra, subsídios de recompra, subsídios de merchandising, propaganda cooperativa, listas de revendedores, produtos grátis, dealer loaders, prêmio monetário de incentivo e concursos de vendas.

Sorteios
Os fãs da Nívea no Facebook tiveram a oportunidade de participar de um sorteio entre consumidores e ganhar ingressos para um show da Rihanna.

Subsídios de compra

Muitos produtores oferecem subsídios para encorajar os revendedores a ofertar um produto ou estocar mais quantidade dele. Um desses subsídios é o **subsídio de compra**, uma redução temporária de preço oferecida aos revendedores para a compra de quantidades específicas de um produto. Um fabricante de sabonete, por exemplo, pode dar aos varejistas US$ 1 por cada caixa de sabonete comprada. Essas ofertas são um incentivo para o revendedor comprar novos produtos, alcançar reduções de preço temporárias ou estimular a compra de itens em quantidades maiores que as normais. O subsídio de compra, na forma de dinheiro, resulta em lucros para os revendedores e é simples e direto. Não há restrições ao uso do dinheiro por parte dos revendedores, o que aumenta a eficácia do método. Uma desvantagem é que os clientes podem comprar "com antecedência" – ou seja, comprar grandes quantidades e mantê-las em estoque por muitos meses. Outro problema é que a concorrência pode igualar (ou superar) o preço reduzido, diminuindo o lucro para todos os vendedores.

Um **subsídio de recompra** é uma soma de dinheiro dada por um produtor a um revendedor por unidade comprada após o término de um acordo promocional. Esse método é um incentivo secundário, no qual a quantidade total de dinheiro recebida pelo revendedor é proporcional a suas compras durante uma promoção inicial ao consumidor, como uma oferta de cupom. Subsídios de recompra fomentam a cooperação durante um esforço de promoção de vendas inicial e estimulam a recompra depois dele. A desvantagem principal desse método é o custo.

O **subsídio de itens escaneados** é a recompensa de um fabricante dada ao varejista com base no número de itens escaneados nos caixas durante um período específico. Para participar de programas de itens escaneados, espera-se que os varejistas repassem o desconto aos consumidores por meio de uma precificação especial. O subsídio por itens escaneados está sendo amplamente usado por fabricantes porque relaciona o gasto com vendas diretamente à movimentação de produto no varejo.

O **subsídio de merchandising** refere-se a um acordo formal do fabricante para pagar aos revendedores determinadas somas em dinheiro pelos esforços especiais

---

métodos de incentivo de vendas Métodos que tentam persuadir atacadistas e varejistas a comercializar produtos de modo agressivo.

subsídio de compra Redução temporária de preço aos revendedores para a compra de quantidades específicas de um produto.

subsídio de recompra Soma de dinheiro dada a um revendedor por unidade comprada após o término de um acordo promocional.

subsídio de itens escaneados Recompensa do fabricante dada ao varejista com base no número de itens escaneados nos caixas.

subsídio de merchandising Acordo formal do fabricante para pagar aos revendedores determinadas somas em dinheiro pelo esforço de promoção especial, como a instalação e preservação de um *display*.

de promoção, como anúncios ou displays de pontos de vendas. É um método mais apropriado para produtos de alto volume, alto lucro e simples de manipular. Uma desvantagem é que alguns varejistas executam atividades em um nível minimamente aceitável, simplesmente para obter o subsídio. Antes de pagar os varejistas, os fabricantes costumam verificar o desempenho deles e esperam que os esforços adicionais de promoção resultem em aumentos substanciais de venda.

Propaganda cooperativa e listas de revendedores

A **propaganda cooperativa** é um arranjo no qual um fabricante concorda em arcar com parte do custo de mídia do varejista com a propaganda dos produtos do fabricante. Em geral, a quantia baseia-se na quantidade comprada. Como acontece no caso do subsídio de merchandising, o varejista deve provar que os anúncios apareceram antes de o fabricante pagar a porção acordada relativa aos custos de mídia. Esses pagamentos dão ao varejista fundos extras para anúncios. Alguns varejistas exploram os acordos de propaganda cooperativa acumulando produtos demais em um só anúncio. Nem todo dinheiro disponível para propaganda cooperativa é utilizado; alguns varejistas não têm quantias suficientes para anunciar, ao passo que outros têm, mas não querem fazê-lo. Uma grande proporção do dinheiro proveniente da propaganda cooperativa é gasta com anúncios em jornal.

Listas de revendedores são anúncios que promovem um produto e identificam os varejistas que o comercializam. Essas listas podem influenciar os varejistas a vender o produto e encorajar os consumidores a comprá-lo dos revendedores participantes.

propaganda cooperativa Arranjo no qual um fabricante concorda em arcar com parte do custo de mídia do varejista com a propaganda dos produtos do fabricante.

listas de revendedores Anúncios que promovem um produto e identificam os varejistas que o comercializam.

Produto grátis e *dealer loader*

Às vezes, os fabricantes oferecem **produto grátis** para revendedores que compram determinada quantidade de itens. O produto grátis é usado como pagamento por subsídios oferecidos por meio de outros métodos de promoção de vendas. Para evitar problemas de manuseio e contabilidade, em geral, o produto "grátis" vem na forma de ordem de pagamento de valor reduzido.

Dealer loader é um tipo de presente dado a um varejista que compra uma quantidade especificada de mercadorias. Em geral, é usado para obter dos varejistas exposição especial oferecendo como prêmio partes importantes de um display. Por exemplo, um fabricante pode desenhar um display que inclua uma bandeja de prata como componente principal e dar a bandeja ao varejista. Os profissionais de marketing usam dealer loaders para obter novos distribuidores e mover quantidades maiores de mercadoria.

produto grátis Recompensa do fabricante dada ao revendedor que compra determinada quantidade de itens.

dealer loader Um tipo de presente, geralmente parte de um *display*, dado a um varejista que compra uma quantidade especificada de mercadorias.

Prêmio monetário de incentivo

O **prêmio monetário de incentivo** é uma compensação extra dada pelos fabricantes aos vendedores como incentivo para que estes indiquem uma linha de produtos. É um método apropriado nos casos em que a venda pessoal é parte importante do esforço de marketing; ele não é eficaz para promover produtos vendidos no estilo *de autosserviço*. Ele ajuda um fabricante a obter compromisso da força de vendas, mas pode ser bastante caro. O uso desse incentivo deve estar de acordo com as políticas dos varejistas, bem como com leis locais e estaduais.

prêmio monetário de incentivo Compensação extra dada aos vendedores para que indiquem uma linha de produtos.

Concurso de vendas

Um **concurso de vendas** é projetado para motivar distribuidores, varejistas e pessoal de vendas por meio do reconhecimento de realizações de destaque. Para ser

concurso de vendas Método de promoção de vendas usado para motivar distribuidores, varejistas e pessoal de vendas por meio do reconhecimento das realizações de destaque.

eficaz, precisa ser justo para todos os indivíduos envolvidos. A vantagem é que pode atrair a participação em todos os níveis de distribuição. Contudo, os efeitos positivos podem ser temporários, e os prêmios costumam ser caros.

Revisão do capítulo

1. Compreender a natureza da venda pessoal.

Venda pessoal é o processo de informar clientes e convencê-los a comprar produtos por meio de comunicação pessoal paga em uma situação de venda. Os três objetivos gerais da venda pessoal são encontrar clientes potenciais, convencê-los a comprar e mantê-los satisfeitos.

2. Descrever os passos básicos no processo de venda pessoal.

Muitos vendedores, consciente ou inconscientemente, passam por um processo específico ao vender produtos. Na prospecção, ele desenvolve uma base de dados de clientes potenciais. Antes de contatar esses clientes, conduz uma pré-abordagem que envolve encontrar e analisar informações sobre os clientes e suas necessidades. A abordagem é a maneira como o vendedor contata clientes potenciais. Durante a apresentação de vendas, ele deve atrair e manter a atenção do cliente para estimular interesse e desejo pelo produto. Se possível, o vendedor deve lidar com as objeções conforme elas aparecem. Durante o fechamento, o vendedor pede para o cliente potencial comprar o produto ou os produtos. Após um fechamento bem-sucedido, o vendedor deve fazer o acompanhamento pós-venda.

3. Identificar o tipo de pessoal da força de vendas.

Ao desenvolver uma força de vendas, os gerentes de marketing devem considerar quais tipos de vendedores comercializarão mais eficientemente os produtos da empresa. As três classificações de vendedores são vendedores criativos, vendedores de pedidos e pessoal de apoio. Os vendedores criativos informam os atuais e os novos clientes e os convencem a comprar. Os vendedores de pedidos procuram vendas recorrentes e se dividem em duas categorias: vendedores de pedidos internos e vendedores de pedidos de campo. O pessoal de apoio de vendas facilita as vendas, mas, em geral, vão além de vender.

4. Reconhecer novos tipos de venda pessoal.

Os três tipos de pessoal de apoio são vendedores missionários, promotores de vendas e vendedores técnicos. Os papéis dos vendedores estão mudando, resultando em maior foco no time de vendas e no relacionamento de vendas. O time de vendas envolve o vendedor unido a pessoas das áreas financeira, de engenharia e outras áreas funcionais da empresa. O relacionamento de vendas envolve construir associações mutuamente benéficas com um consumidor com o auxílio de comunicações regulares por longos períodos de tempo.

5. Compreender decisões e atividades relacionadas à gestão de vendas.

A gestão da força de vendas é um determinante importante no sucesso de uma empresa, porque a força de vendas é diretamente responsável por gerar a receita de vendas de uma organização. Grandes áreas de decisão e atividades estabelecem os objetivos da força de vendas; determinam o tamanho da força de vendas; recrutam, selecionam, treinam, remuneram e motivam vendedores; geram territórios de vendas e controlam e avaliam o desempenho da força de vendas.

Os objetivos das vendas devem ser declarados em termos precisos e mensuráveis, também é preciso especificar o período de tempo e as áreas geográficas envolvidas. O tamanho da força de vendas deve ser ajustado ocasionalmente, porque os planos de marketing de uma empresa mudam com os mercados e com as forças do ambiente de marketing.

Recrutar e selecionar vendedores envolve atrair e escolher o tipo certo de vendedor para manter uma força de vendas eficaz. Ao desenvolver um programa de treinamento, os gerentes devem considerar uma série de dimensões, como quem deve ser treinado, o que deve ser ensinado e como o treinamento deve ocorrer. A remuneração dos vendedores envolve formular e administrar um plano de remuneração que atraia, motive e retenha os tipos certos de vendedores. A motivação deve se traduzir em alta produtividade. A gestão de territórios de vendas foca em fatores como tamanho, formato, rotas e cronograma. Para controlar e avaliar a performance da força de vendas, os gerentes usam informações obtidas por meio de relatórios de visitas de vendedores, feedback de clientes e ordens de pagamento.

6. Explicar o que são atividades de promoção de vendas e como são usadas.

A promoção de vendas é uma atividade ou material (ou ambos) que age como estímulo direto, oferecendo valor adicional ou incentivo para revendedores, vendedores ou consumidores. Os profissionais de marketing usam a promoção de vendas para identificar e atrair novos clientes, apresentar novos produtos e aumentar estoques dos revendedores.

As técnicas de promoção de vendas caem em duas categorias gerais: ao consumidor e métodos de incentivo de vendas. Métodos de promoção de vendas ao consumidor incluem cupons, ofertas "cents-off", restituição de dinheiro e rebates ou reembolsos parciais; incentivos a usuários frequentes, *displays* em pontos de venda, demonstrações, amostras grátis e prêmios, concursos, jogos e sorteios ao consumidor.

Técnicas de incentivo de vendas podem motivar revendedores a estocar produtos de um fabricante e vendê-los de forma agressiva. Essas técnicas incluem subsídios de compra, subsídios de recompra, subsídios de itens escaneados, subsídios de merchandising, propaganda cooperativa, listas de revendedores, produtos grátis, dealer loaders, prêmios monetários de incentivo e concursos de vendas.

Conceitos-chave

abordagem 571
amostras grátis 592
concurso de vendas 595
concursos 593
cupons 588
dealer loader 595
demonstrações 592
fechamento 573
jogos 593
listas de revendedores 595
materiais de ponto de venda 592

métodos de incentivo de vendas 594
métodos de promoção de vendas ao consumidor 588
ofertas "cents-off" 590
pessoal de apoio 575
plano de remuneração combinado 583
plano de remuneração de comissão direta 583
plano de remuneração fixa 583

prêmio monetário de incentivo 595
prêmios 593
produto grátis 595
promoção de vendas 587
promotores de vendas 575
propaganda cooperativa 595
prospecção 570
rebate ou reembolso parcial 590
recrutamento 579
relacionamento de vendas 576
restituição de dinheiro 590

sorteio 593
subsídio de compra 594
subsídio de itens escaneados 594
subsídio de recompra 594
subsídios de merchandising 594
time de vendas 576
venda pessoal 567
vendedores criativos 574
vendedores de pedidos 574
vendedores missionários 575
vendedores técnicos 575

Questões para discussão e revisão

1. O que é venda pessoal? Como ela se difere de outros tipos de atividades promocionais?
2. Quais são os objetivos primários da venda pessoal?
3. Identifique os elementos do processo de venda pessoal. Um vendedor deve incluir todos esses elementos ao vender um produto a um cliente? Por quê?
4. Como um vendedor encontra e avalia clientes potenciais? Você considera algum dos métodos questionáveis do ponto de vista da ética? Explique.
5. Vendedores criativos são mais agressivos ou criativos que vendedores de pedidos? Por quê?
6. Por que os times e os relacionamentos de vendas estão se tornando mais populares?

7. Identifique várias características dos objetivos de vendas eficazes.
8. Como um gerente de vendas deve estabelecer critérios de seleção de pessoal de vendas? Quais você acha que são as características de um bom vendedor?
9. Quais grandes questões ou problemas devem ser considerados pela gerência ao desenvolver um programa de treinamento da força de vendas?
10. Explique as principais vantagens e desvantagens dos três métodos básicos de remuneração de vendedores. Em geral, que método você prefere? Por quê?
11. Quais são os principais fatores a serem levados em consideração ao se desenhar o tamanho e o formato de um território de vendas?
12. Como um gerente de vendas, que não pode estar diariamente em campo com cada vendedor, controla o desempenho do pessoal de vendas?
13. O que é promoção de vendas? Por que ela é usada?
14. Para cada item a seguir, identifique e descreva três técnicas e dê vários exemplos: (a) métodos de promoção de vendas ao consumidor e (b) método de incentivo de vendas.
15. Quais tipos de métodos de promoção de vendas você observou recentemente? Comente a eficácia deles.

Aplicações do marketing

1. Descreva brevemente uma experiência que você teve com um vendedor em uma loja de roupas ou em uma concessionária de automóveis. Descreva os passos usados pelo vendedor. Ele pulou algum passo? O que ele fez bem? O que ele não fez tão bem? Você o descreveria como um vendedor criativo, um vendedor de pedidos ou um vendedor de apoio? Por quê? O vendedor executou mais de uma dessas funções?
2. A Leap Athletic Shoe Inc., empresa recém-fundada, está no processo de desenvolvimento de uma estratégia de vendas. Pesquisas de mercado determinaram que a gerência de vendas deve segmentar o mercado em cinco territórios nos Estados Unidos. O potencial de vendas da região Norte é US$ 1,2 milhão; da região Oeste, US$ 1 milhão; da região Central, US$ 1,3 milhão; da região Centro-Sul, US$ 1,1 milhão e da região Sudeste, US$ 1 milhão. A empresa deseja manter algum controle sobre os processos de treinamento e vendas em virtude das características únicas da linha de produto, mas os profissionais de marketing da Leap perceberam que os vendedores precisam ser relativamente agressivos nos esforços para entrar nesses mercados. Eles gostariam de fornecer o incentivo necessário para o esforço extra de vendas. Que tipo de método de remuneração de força de vendas você recomendaria à Leap? Por quê?
3. Promoções de vendas ao consumidor têm o objetivo de aumentar as vendas de um varejo ou produto específico. Identifique um tipo de varejista ou produto e recomende pelo menos três métodos de promoção de vendas que poderiam efetivamente promover a loja ou o produto. Explique por que você usaria esses métodos.
4. Produtores usam métodos de incentivo de vendas para encorajar revendedores a promoverem mais eficazmente seu produto. Identifique qual(is) método(s) de promoção de vendas um produtor poderia usar nas seguintes situações e explique por que esse(s) método(s) seria(m) apropriado(s).
   a. Um fabricante de bolas de golfe quer encorajar varejistas a adicionar um novo tipo de bola à atual gama de produtos.
   b. Uma empresa de seguros de vida quer aumentar as vendas de seus produtos principais, que recentemente têm caído (a empresa tem pouco controle das atividades de venda).
   c. Um fabricante de lâmpadas com produção excedente quer encorajar sua cadeia de revendedores supermercadistas a aumentar os estoques de lâmpadas.
5. Na indústria de cosméticos, as promoções de vendas reinam de forma suprema. Você fabrica e oferta cremes orgânicos vendidos nacionalmente em "butiques" próprias dentro de várias lojas de departamentos e está considerando duas promoções diferentes para uma nova loção, que custa US$ 19,99. A primeira promoção é oferecer amostras grátis em lojas selecionadas. Cada amostra custará cerca de 45 centavos por consumidor. Após examinar cuidadosamente a pesquisa de mercado, você estima que 15 mil consumidores experimentarão a amostra grátis, com 35% optando por comprar o produto. A segunda promoção é um cupom com desconto de US$ 1 que oferece desconto em produtos selecionados. Os cupons seriam enviados a todos os 100 mil clientes atuais de sua mala direta, ao custo de 53 centavos por consumidor. No passado, os cupons tiveram taxa de resgate de 13%. Qual promoção você adotaria, com base nas informações fornecidas? Que outras informações poderiam ajudá-lo a escolher a melhor opção?

Desenvolva seu próprio plano de marketing

Ao desenvolver sua estratégia de marketing, uma empresa deve considerar as diferentes formas de comunicação necessárias para alcançar uma variedade de consumidores. Vários tipos de promoção podem ser exigidos. É necessário conhecer as vantagens e desvantagens de cada elemento promocional. Considere a informação deste capítulo para avaliar seu mix promocional:

1. Reveja os vários tipos de vendedores descritos. Dados seus objetivos promocionais (do Capítulo 15), algum deles tem espaço em seu plano promocional?
2. Identifique os revendedores em seu canal de distribuição. Discuta o papel que os métodos de incentivo a esses revendedores podem ter no desenvolvimento de seu plano promocional.
3. Avalie cada tipo de promoção de vendas ao consumidor em relação aos seus objetivos promocionais.

As informações obtidas por meio dessas questões devem ajudá-lo no desenvolvimento dos vários aspectos do plano de marketing.

Caso 17.1

Murray's Cheese alcança o sucesso com a venda pessoal

A venda pessoal é a força-motora por trás do sucesso da Murray's Cheese. A empresa tem vendas no varejo de US$ 8.340 por metro quadrado e uma taxa de crescimento de 15% a 20% ao ano em sua loja principal em Greenwich, Nova York. Ela é proprietária de negócios de varejo, atacado, serviços de bufê e educação. Além disso, tem parceria com o Kroger, gigante do segmento de supermercados, para levar o ambiente amigável ao consumidor da Murray's para lojas Kroger selecionadas.

A Murray's vê a venda pessoal como uma competência essencial que a difere da concorrência. A chave é informar os clientes e convencê-los a comprar os produtos em um ambiente de loja. Os representantes de vendas da Murray's compreendem a importância da apresentação rápida, de superar objeções e fechar a venda.

Como a Murray's quer que seus clientes sejam compradores recorrentes, ouve-os, compreende seus interesses e tenta encontrar o produto certo para atender às suas necessidades. A Murray's Cheese começou em 1940 como atacadista de manteiga e ovos, de propriedade de Murray Greenberg, veterano judeu da Guerra Civil Espanhola. Quando o presidente atual, Rob Kaufelt, comprou a loja, em 1991, ela era apenas uma instalação modesta. Kaufelt e sua equipe tomaram a decisão de focar em queijos gourmet de alta qualidade, provenientes de todas as partes do mundo. Hoje, vem gente de vários lugares a fim de experimentar os queijos da Murray's e fazer cursos ou o intensivo Cheese U para aprender sobre queijos. Ainda que a Murray's tenha expandido sua linha de produtos para incluir carnes gourmet, biscoitos, geleia, chocolate, azeitonas, picles e frutas secas, os queijos continuam sendo o produto principal. E a Murray's Cheese foi eleita a "melhor loja de queijos" pela *Forbes*. A empresa também recebeu uma alta nota pelo serviço no guia *Zagat's 2011 New York City Food Lover's Guide*.

O sucesso da Murray's levou o Kroger a procurá-la para ser parceira em seus supermercados. As lojas Murray's Cheese agora podem ser encontradas em diferentes supermercados nos Estados Unidos. O custo de propaganda da Murray's Cheese para se tornar tão bem-sucedida: zero. Em vez de anunciar, a empresa confia em vendedores que ficam nas lojas para oferecer serviços ao cliente e estimular o boca a boca positivo para promover e assegurar sua reputação.

Ao treinar vendedores especialistas, a empresa recruta os apaixonados tanto por queijos quanto por pessoas, determina as qualificações antes de iniciar o processo de recrutamento e identifica um conjunto de características de vendedores eficazes que podem se tornar especialistas em queijos. Todos os que entram na loja da Murray's em Greenwich Village podem experimentar os queijos gratuitamente antes de comprar. Essa experimentação cria uma imagem da Murray's Cheese como empresa amigável ao cliente.

O relacionamento com o cliente é tão essencial para a Murray's que seus especialistas experimentam o queijo junto com o cliente. Dessa forma, a força de vendas das lojas da Murray's educa a si própria sobre os queijos que vende e cria uma experiência valiosa, na qual o cliente se sente valorizado. "O segredo é compartilhar o conhecimento e ajudar as pessoas a ter uma experiência que, sozinhas, não conseguiriam ter", diz Liz Thorpe, vice-presidente da Murray's Cheese. Ao criar essa experiência única, a Murray's aprende o que os clientes procuram e consegue fazê-los comprar mais produtos de uma vez e retornar para compras recorrentes.

Esse ambiente positivo para o cliente é o que a Murray's Cheese espera levar ao Kroger. Os funcionários do Kroger que vendem os queijos Murray's passam por treinamento extensivo. A Murray's até criou um guia de serviços de 300 páginas para esse pessoal. Os clientes do Kroger parecem gostar do serviço mais atencioso que recebem nas lojas da Murray's. Em um programa-piloto em que três lojas da Murray's Cheese substituíram os departamentos de queijos dos supermercados Kroger, as vendas subiram de 50% a 100%. O sucesso foi tanto que, com a nova parceria, a Murray's Cheese agora tem lojas em mais de 60 supermercados Kroger.

A venda pessoal nem sempre tem a ver com viajar por territórios de vendas, visitando clientes potenciais. Os especialistas em queijos da Murray's fecham vendas dentro das lojas usando o que sabem fazer melhor: educar clientes e compartilhar a experiência do queijo gourmet. Com o sucesso do Kruger na promoção e a força da Murray's na venda pessoal, a situação parece ser boa para ambos os parceiros. Os especialistas motivados da Murray's ajudam a satisfazer as necessidades dos clientes e conquistam objetivos pessoais.[48]

Questões para discussão

1. Como você explicaria a apresentação de vendas mais eficaz na comercialização dos queijos da Murray's?
2. Como você aplicaria o conceito de relacionamento de vendas para construir relações de longo prazo com os clientes da Murray's Cheese?
3. Você acha que os vendedores da Murray's Cheese precisam de motivação e treinamento extensivos?

NOTAS

1. Craig Trudell. You Can Sell a Lot of Cars with a Tent. *Bloomberg Businessweek*, 24-30 set. 2012, 23-24; Chrysler Profit Jumps 80% for Quarter. *Toledo Blade*, 30 out. 2012. Disponível em: www.toledoblade.com/Automotive/2012/10/30/Chrysler-profit-jumps-80-for-quarter.html>. Acesso em: 31 out. 2012; Chris Woodyard. Ford Plummets in "CR" Reliability Survey. *USA Today*, 30 out. 2012, p. 3B; Craig Trudell. Civic-Passat-Caravan Buyers Shake off Consumer Reports. *Bloomberg*, 30 out. 2012. Disponível em: <www.bloomberg.com/news/2012-10-31/civic-passat-caravan-buyers-shake-off-consumer-reports.html>. Acesso em: 31 out. 2012.

2. Avinash Malshe e Avipreet Sohi. What Makes Strategy Making across the Sales-Marketing Interface More Successful? *Journal of the Academy of Marketing Science*, 37, nº 4, inverno 2009, p. 400-421.

3. Advantages of Personal Selling. KnowThis.com. Disponível em: <www.knowthis.com/principles-of-marketing-tutorials/personal-selling/advantages-of-personal-selling/>. Acesso em: 2 abr. 2012.

4. Tom Reilly, "How Much Does a Sales Call Really Cost?", *Manufacturing-Works*, 19 nov. 2010. Disponível em: <http://manufacturing-works.com/sales_bytes/2010-11-19.php>. Acesso em: 23 jan. 2013.

5. Jon M. Hawes, Anne K. Rich e Scott M. Widmier. Assessing the Development of the Sales Profession. *Journal of Personal Selling & Sales Management*, 24, inverno 2004, p. 27-37.

6. Dawn R. Deeter-Schmelz e Karen Norman Kennedy. A Global Perspective on the Current State of Sales Education in the College Curriculum. *Journal of Personal Selling & Sales Management*, 31, nº 1, inverno 2011, p. 55-76.

7. Willem Verbeke, Bart Dietz e Ernst Verwaal. Drivers of Sales Performance: A Contemporary Meta-Analysis. Have Salespeople Become Knowledge Brokers? *Journal of the Academy of Marketing Science*, 39, 2011, p. 407-428.

8. Michael Rodriguez e Robert M. Peterson. Generating Leads via Social CRM: Early Best Practices for B2B Sales. Resumo em Concha Allen (ed.). Special Abstract Section: 2011 National Conference in Sales Management. *Journal of Personal Selling*, 31, nº 4, outono 2011, p. 457-458.

9. Eli Jones, Paul Busch e Peter Dacin. Firm Market Orientation and Salesperson Customer Orientation: Interpersonal and Intrapersonal Influence on Customer Service and Retention in Business-to-Business Buyer–Seller Relationships. *Journal of Business Research*, 56, 2003, p. 323-340.

10. Kenneth Le Meunier-FitzHugh e Nigel F. Piercy. Exploring the Relationship Between Market Orientation and Sales and Marketing Collaboration. *Journal of Personal Selling & Sales Management*, 31, nº 3, verão 2011, p. 287-296.

11. Kaj Storbacka, Pia Polsa e Maria Sääksjärvi. Management Practices in Solution Sales A Multilevel and Cross-Functional Framework. *Journal of Personal Selling & Sales Management*, 31, nº 1, inverno 2011, p. 35-54.

12. Julie T. Johnson, Hiram C. Barksdale Jr. e James S. Boles. Factors Associated with Customer Willingness to Refer Leads to Salespeople. *Journal of Business Research*, 56, 2003, p. 257-263.

13. Ralph W. Giacobbe, Donald W. Jackson Jr., Lawrence A. Crosby e Claudia M. Bridges. A Contingency Approach to Adaptive Selling Behavior and Sales Performance: Selling Situations and Salesperson Characteristics. *Journal of Personal Selling & Sales Management*, 26, primavera 2006, p. 115-142.

14. Richard G. McFarland, Goutam N. Challagalla e Tasadduq A. Shervani. Influence Tactics for Effective Adaptive Selling. *Journal of Marketing*, 70, out. 2006.

15. John Andy Wood. NLP Revisited: Nonverbal Communications and Signals of Trustworthiness. *Journal of Personal Selling & Sales Management*, 26, primavera 2006, p. 198-204.

16. John Dunyon, Valerie Gossling, Sarah Willden e John S. Seiter. Compliments and Purchasing Behavior in Telephone Sales Interactions. Resumo em Dawn R. Deeter-Schmelz (ed.). Personal Selling & Sales Management Abstracts. *Journal of Personal Selling & Sales Management*, 31, n° 2, primavera 2011, p. 186.

17. Stephen S. Porter, Joshua L. Wiener e Gary L. Frankwick. The Moderating Effect of Selling Situation on the Adaptive Selling Strategy – Selling Effectiveness Relationship. *Journal of Business Research*, 56, 2003, p. 275-281.

18. Jonathon D. Rockoff. Drug Sales Reps Try a Softer Pitch. *Wall Street Journal*, 10 jan. 2012, p. B1-B2.

19. Gabriel R. Gonzalez, K. Douglas Hoffman, Thomas N. Ingram e Raymond W. LaForge. Sales Organization Recovery Management and Relationship Selling: A Conceptual Model and Empirical Test. *Journal of Personal Selling & Sales Management*, 30, n° 3, verão 2010, p. 223-238.

20. The Right Questions and Attitudes Can Beef Up Your Sales, Improve Customer Retention. *Selling*, jun. 2001, p. 3.

21. Eli Jones, Steven P. Brown, Andris A. Zoltners e Barton A. Weitz. The Changing Environment of Selling and Sales Management. *Journal of Personal Selling & Sales Management* 25, n° 2, primavera 2005, p. 105-111.

22. Fernando Jaramillo, Jay Prakash Mulki e Paul Solomon. The Role of Ethical Climate on Salesperson's Role Stress, Job Attitudes, Turnover Intention, and Job Performance. *Journal of Personal Selling & Sales Management*, 26, verão 2006, p. 272-282.

23. Christophe Fournier, John F. Tanner Jr., Lawrence B. Chonko e Chris Manolis. The Moderating Role of Ethical Climate on Salesperson Propensity to Leave. *Journal of Personal Selling & Sales Management*, 3, n° 1, inverno 2009-2010, p. 7-22.

24. Noah Buhayar. IBM's Secret for Making the Sale. BNET. Disponível em: <www.bnet.com/article/ibms-secret-for-making-the-sale/313855>. Acesso em: 20 abr. 2011.

25. Sales Internship Program at Pepsi Beverages Company. Darlene's Business Blog, 23 mar. 2011. Disponível em: <http://blog.vcu.edu/dward/2011/03/sales-internship-program-at-pepsi-beverages-company.htm>. Acesso em: 3 abr. 2012.

26. Tara Burnthorne Lopez, Christopher D. Hopkins e Mary Anne Raymond. Reward Preferences of Salespeople: How Do Commissions Rate? *Journal of Personal Selling & Sales Management*, 26, outono 2006, p. 381-390.

27. Kirk Shinkle. All of Your People Are Salesmen: Do They Know? Are They Ready? *Investor's Business Daily*, 6 fev. 2002, p. A1.

28. Denny Bristow, Douglas Amyx, Stephen B. Castleberry e James J. Cochran. A Cross-Generational Comparison of Motivational Factors in a Sales Career Among Gen-X and Gen-Y College Students. *Journal of Personal Selling & Sales Management*, 31, n° 1, inverno 2011, p. 35-54.

29. 100 Best Companies to Work for 2011. *Fortune*, 7 fev. 2011. Disponível em: <http://money.cnn.com/magazines/fortune/bestcompanies/2011/snapshots/21.html>. Acesso em: 7 fev. 2011.

30. John W. Barnes, Donald W. Jackson Jr., Michael D. Hutt e Ajith Kumar. The Role of Culture Strength in Shaping Salesforce Outcomes. *Journal of Personal Selling & Sales Management*, 26, verão 2006, p. 255-270.

31. Patricia Odell. Motivating the Masses. *Promo*, 1° set. 2005. Disponível em: <http://promomagazine.com/research/pitrends/marketing_motivating_masses/>. Acesso em: 20 abr. 2011.

32. George E. Belch e Michael A. Belch. *Advertising and Promotion*. Burr Ridge, IL: Irwin/McGraw-Hill, 2004, p. 514-522.

33. Julie Jargon. Coupons Boost Starbucks. *Wall Street Journal*, 2 nov. 2012, p. B6.

34. Piet Levy. Cashing in on the Coupon Comeback. *Marketing News*, 30 abr. 2011, p. 14-16.

35. Arthur L. Porter. Direct Mail's Lessons for Electronic Couponers. *Marketing Management Journal*, primavera/verão 2000, p. 107-115.

36. Coupon Information Corporation. Disponível em: <www.cents-off.com/faq.php?st=1fe91>. Acesso em: 5 fev. 2011.

37. James R. Healey. Love Your New Chevy or Take It Back. *USA Today*, 11 jul. 2012, p. 1B.

38. John T. Gourville e Dilip Soman. The Consumer Psychology of Mail-in Rebates. *Journal of Product & Brand Management*, 20, n° 2, 2011, p. 147-157.

39. Crown Rewards Program. Hallmark. Disponível em: <www.hallmark.com/online/crown-rewards/>. Acesso em: 3 abr. 2012.

40. Elizabeth Holmes. Leave Me Alone, I'm Shopping. *Wall Street Journal*, 28 jun. 2012, p. D1.

41. Arbitron Inc. *Arbitron Product Sampling Study*, 2008. Disponível em: <www.arbitron.com/downloads/product_sampling_study.pdf>. Acesso em: 24 jan. 2013.

42. Kenneth Hein. Sampling Inspires Repeat Purchases. *Adweek*, 4 ago. 2009. Disponível em: <www.adweek.com/news/advertising-branding/sampling-inspires-repeat-purchases-99961>. Acesso em: 24 jan. 2013.

43. Bruce Horovitz. Social Media Drives Week of Freebies. *USA Today*, 11 jul. 2012, p. 1B.

44. Katherine Hobson. A Sales Promotion That Works for Shoes May Not for Chocolate. *Wall Street Journal*, 8 fev. 2011. Disponível em: <http://blogs.wsj.com/health/2011/02/08/a-sales-promotion-that-works-for-shoes-may-not-for-chocolate/>. Acesso em: 3 abr. 2012.

45. Teresa Montaner, Leslie de Chernatony e Isabel Buil. Consumer Response to Gift Promotions. *Journal of Product & Brand Management*, 20, n° 2, 2011, p. 101-110.

46. Stacy Curtin. "Do Us a Flavor": Lay's Launches $1 Million Chip Flavor Contest. *YAHOO! Finance*, 20 jul. 2012. Disponível em: <http://finance.yahoo.com/blogs/daily-ticker/us-flavor-lay-launches-1-million-chip-flavor-192908678.html>. Acesso em: 24 jan. 2013.

47. Win a Trip for 2 to South Africa. *Travel Channel*. Disponível em: <www.travelchannel.com/sweepstakes>. Acesso em: 24 jan. 2013.

48. Kroger and Murray's Cheese Launch Partnership with Opening of First of Three Murray's Cheese Departments in Cincinnati-Area Kroger Supermarkets, 17 nov. 2008. Disponível em: <www.murrayscheese.com/images_global/murrays_kroger_press_release.pdf>. Acesso em: 14 mar. 2012; Rosalind Resnick. Market with Meaning. *Entrepreneur*, 6 nov. 2009. Disponível em: <www.entrepreneur.com/marketing/marketingideas/article203938.html#>. Acesso em: 9 maio 2011; Murray's Press. Murray's. Disponível em: <www.murrayscheese.com/press_main.asp>. Acesso em: 14 mar. 2012; Kim Severson. Murray's Cheese Will Open 50 Locations in Kroger Markets. *New York Times*, 24 nov. 2009. Disponível em: <http://dinersjournal.blogs.nytimes.com/tag/murrays-cheese/>. Acesso em: 14 mar. 2012; Murray's Cheese Presents Cheese U Bootcamp. Murray's. Disponível em: <www.murrayscheese.com/edu_cheeseubootcamp.asp>. Acesso em: 9 maio 2011; The History of New York's Oldest and Best Cheese Shop. Murray's. Disponível em: <www.murrayscheese.com/prodinfo.asp?number=ABOUT%5FMURRAYSSTORY>. Acesso em: 14 mar. 2012; Murray's Cheese. Disponível em: <www.murrayscheese.com/kroger.asp>. Acesso em: 14 mar. 2012; Roseanne Harper. Kroger, Murray's Cheese Partnership Going Strong. *Supermarket News*, 4 fev. 2013. Disponível em: <http://supermarketnews.com/dairy/kroger-murray-s-cheese-partnership-going-strong>. Acesso em: 20 fev. 2013.

Notas adicionais

a Tastefully Simple Founder and Founding Partner Recognized. *Echo Press*, 19 out. 2012. Disponível em: <www.echopress.com/event/article/id/98803/group/Business/>. Acesso em: 19 out. 2012; Beth Douglass Silcox e Barbara Seale. The Most Influential Women in Direct Selling. *Direct Selling News*, out. 2012, p. 58-59; About Us. Tastefully Simple. Disponível em: <www.tastefullysimple.com/WhoWeAre.aspx>. Acesso em: 19 out. 2012; DSN Global 100: The Top Direct Selling Companies in the World. *Direct Selling News*, 1º jun. 2012. Disponível em: <http://directsellingnews.com/index.php/view/dsn_global_100_the_top_direct_selling_companies_in_the_world/P7#.UIGzEPUmx8F>. Acesso em: 19 out. 2012.

b Harvey Chipkin. Insufficient Bandwidth Can Ruin a Meeting, Expert Says. Travel Market Report, 5 dez. 2011. Disponível em: <http://travelmarketreport.com/meetings?articleID=6663&LP=1>. Acesso em: 9 dez. 2011; How to Design and Deliver Effective Sales Presentations. Slideshare. Disponível em: <www.slideshare.net/gotomeeting/how-to-design-and-deliver-effective-virtual-sales-presentations>. Acesso em: 9 dez. 2011.

c Jessica Holzer e Shayndi Raice. IBM Settles Bribery Charges. *Wall Street Journal*, 19 mar. 2011. Disponível em: <http://online.wsj.com/article/SB10001424052748704608504576208634150691292.html>. Acesso em: 18 nov. 2011; Richard Tyler. Christmas Gifts Could Be Illegal under Bribery Act, Says PwC. *The Telegraph*, 22 dez. 2010. Disponível em: <www.telegraph.co.uk/finance/yourbusiness/8217356/Christmas-gifts-could-be-illegal-under-Bribery-Act-says-PwC.html>. Acesso em: 18 nov. 2011; HP's Anti-Corruption Compliance Program Overview. Disponível em: <www.hp.com/hpinfo/globalcitizenship/society/AC_Compliance_Overview.pdf>. Acesso em: 18 nov. 2011; O. C. Ferrell, John Fraedrich e Linda Ferrell. *Business Ethics: Ethical Decision Making and Cases*, 9ª ed., Mason, OH: Cengage Learning, 2013.

d Timothy W. Martin. Coupons Are Hot. Clipping Is Not. *Wall Street Journal*, 25 fev. 2009. Disponível em: <http://online.wsj.com/article/SB123551425475363603.html>. Acesso em: 30 nov. 2011; Brandon Munson. The Mobile Coupon: What's the Bang for the Buck? FoodService.com, 7 nov. 2010. Disponível em: <www.foodservice.com/articles/show.cfm?contentid=19550>. Acesso em: 30 nov. 2011; Go Green with Electronic Grocery Coupons. WOWPONS, 27 jun. 2011. Disponível em: <www.wowponsmobilegrocerycoupons.com/Green-Shopping/go-green-with-electronic-grocery-coupons.html>. Acesso em: 30 nov. 2011.

Índice remissivo

A

AAA+, classificação, 247
Abatimento, 413
  de troca, 413
Abordagem
  de filantropia
  definição, 571-572
  do processo de venda pessoal, 570-571
  estratégica, 85
  "fria", 572
Achados da pesquisa, 119-121
Acordo
  "céus abertos", 247
  de exclusividade, 457
  de Livre Comércio da América do Norte (North American Free Trade Agreement – Nafta), 223, 245, 246, 260
  de Livre Comércio da República Dominicana e América Central (Cafta-DR), 246
  Geral de Tarifas e Comércio (General Agreement on Tariffs and Trade – Gatt), 250, 261
Adotantes imediatos ou precoces, 321
Agências reguladoras, 72-73
Agentes
  como atacadista, 493-494
  de carga, 456
  definição, 493-494
  produtores, 431-433, 493
  vendas, 493-494
Agregadores, 285
Alcance, 544
Alianças
  com canais de marketing, 433-434
  estratégicas, 255
  estratégicas no canal, 434
  regionais de comércio, 250-251
Alianças regionais de comércio, 244-251
  Acordo de Livre Comércio da América do Norte (Nafta), 245-246
  Associação das Nações do Sudeste Asiático (Asean), 249-250
  Cooperação Econômica Ásia-Pacífico (Apec), 248-250
  Mercado Comum do Sul (Mercosul), 247-248
  Organização Mundial de Comércio (OMC), 250
  União Europeia (UE), 246-247
Alocação do orçamento de propaganda, 541-543
Alternativas, 171-172
Ambiente, 12-13, 61-79
  análise do, 61
  definição, 12
  examinando, 61
  forças competitivas no, 63-66
  forças econômicas no, 66-69
  forças legais e regulatórias no, 70-75
  forças políticas no, 69-70
  forças socioculturais no, 76-79
  forças tecnológicas, 75-76
  mercados globais, forças no, 233-245
  monitoramento do, 557
  respondendo ao, 62-63
  virtuais, 279-280
Ameaças, 37-38
American Community Survey (ACF), 110
American Idol, 527, 542
Amostragem
  aleatória, 111
  definição, 111
  estratificada, 112

não probabilística, 112
por cotas, 112
probabilística, 111-112
Amostras grátis, 592
Análise
ambiente, 61-62
cíclica, 158
de custo de marketing, 49–50
de fatores aleatórios, 158
marginal, 414
negócio, 354-355
ponto de equilíbrio, 400-401, 414-415
regressão, 158
sazonal, 158
séries temporais, 158
séries temporais de vendas, 158
SWOT, 37-38, 382
tendência de vendas, 158
valor, 219-220
vendas, 47-48
vendedor, 220
Anúncio de televisão "The Three Little Pigs" ("Os três porquinhos"), 541
Aplicativos, 281-283
Apoio ao revendedor, 513
Aprendiz, O, 527
Aprendizado, 182-183
Apresentação para venda pessoal, 572-573
Armazenagem alfandegada, 452
Arte, 549-550
Artigo de destaque, 555
Assinantes, 285-286
Assistência ao cliente, 361-362
Associação de Nações do Sudeste Asiático (Asean), 245, 249-250, 260
Atacadistas, 488-491
agentes de, 493-494
corretores, 493-494
em caminhão, 492
escritórios e divisões de vendas dos produtores, 494-495
especializados, 491-492
independentes, 490-493
linhas de produto limitadas, 491
mercadorias em geral, 491
"pague e leve", 492
por catálogo, 492
serviço completo, 490-491
serviço limitado, 491-492
serviços em geral, 491
serviços oferecidos por, 489-490
tipos de, 490-495
Atacadistas de produtores, 494. *Veja também* Escritórios > e divisões de vendas
Atacado, 488-496
Atitude, 182-184
voltada ao objeto, 184
Atividades de implementação de marketing, coordenando, 51-52
cronograma for, 46-47
definição, 43-44
gerenciando, 43-47
pessoais para, 44-45
unidade de marketing para, 43-44
Atividades de marketing, coordenando, 46
Atmosfera, 479-480
Atributos do produto, 435
Audiência/público-alvo, 507, 538-540
Auditoria, 557-558
social, 557
Autoconceito, 185
Autorregulação, 74-75
Avaliação
de desempenho estratégico, 46-47
pós-compra, 172-173
Avatar, 279

B

Baby Boomers, 130-131
Balança comercial, 239
Bases de dados, 122-123
Bebidas energéticas, 334
Bem, 305
Bem-estar do cliente, 21-22
Black Friday, 450
Blogs, 275-276
BP Deepwater Horizon, vazamento de óleo, 185
Brasil, Rússia, Índia, China, e África do Sul (Brics), 236
Busca, 170
externa, 171
interna, 171

Business for Social Responsibility (BSR), 242
Business-to-consumer (B2C)
   mercados, 136
Buzz marketing, 526

C

Cadeia de suprimento. *Veja também* Gestão
   da cadeia de suprimento
   canais de marketing na, 425-437
   cobertura de mercado na, 437-440
   definição, 423
   distribuição física, 444-456
   fundamentos da, 423-424
   questões estratégicas na, 439-445
   questões legais na, 456-457
Caixa. *Veja também* Desconto > para pagamento em
   dinheiro
   fluxo de, como objetivo de precificação, 390
Campanha de propaganda 538
   alocação do orçamento, 541-543
   "Arrive a Guest. Leave a Legend" (Chegue como
     convidado. Saia como uma lenda), 551
   "Core Values", 516
   desenvolvendo, 538–553
   ecológica, 555
   eficácia da, 550-552
   executando, 550
   mensagem de, 547-550
   objetivos da, 540-542
   planos de mídia para, 543-546
   plataforma de, 540-542
   promocional Eco Options, 311
   público-alvo da, 538-540
   "Shake It Up", 505
   "um dia sem sapatos", 93
Canais de distribuição de marketing. *Veja* Canais de
   marketing
Canais de marketing
   alianças nos, 434-435
   capacidade dos, 509
   capitão dos, 440
   cobertura dos, 437-440
   comunicações nos, 506-507
   conflito nos, 442-443
   cooperação nos, 442

   definição, 425
   eficiência dos trocas, 428-429
   integração nos, 443-444
   intensidade de, 437-440
   líder dos, 440-441
   liderança nos, 440-441
   múltiplos, 433-434
   para produtos de consumo, 430-431
   para produtos de negócios, 431-432
   poder dos, 441
   prioridades competitivas nos, 439-440
   questões legais nos, 456-457
   relevância dos, 427-429
   selecionando, 434
   tipos de, 430-435
   utilidade dos, 428
Capacidade do canal de marketing, 509
Carregamento por unidade, 451
Carros elétricos, 110
Category killer, 473
Centavo, 402
Centro
   de compra, 218-219
   de distribuição, 451-452
Cerveja Lips of Faith, 26
Ciclo de tempo, 447
Cidadania do marketing, 80
Cigarros, 528
Classe social, 190-191
Clientes, 371
   bem-estar do, 21-22
   características do, 434-435
   definição, 3-4
   e transações de negócios, 209-216
   leais, promoção para retenção, 513
   marketing e, 3–5, 11–12
   marketing estratégico voltado para, 2–25
   segmentação e tamanho do, 151-153
Clientes de negócios
   atributos de, 211-212
   dimensões de, 209-217
   preocupações primárias, 212-214
   transações com, 211
Clubes de compra, 471-472
Co-branding, 331

Código
    de conduta, 88
    de ética, 88
Coletiva de imprensa 556
Comercialização, 357-359
Comerciantes
    atacadista, 490-493
    comissionados, 494
    mercadores, 494
Comércio
    balança, 239
    desconto para, 413
Comitês de atuação política, 69
Common Effective Preferential Tariff, 250
Como fazer amigos e influenciar pessoas (Carnegie), 228
Competências centrais, 36
Competição/concorrência, 63-65, 372
    avaliação da, 155
    em canais de marketing, prioridades de, 439-440
    forças, 63-65, 242-244
    monopólio/monopolística, 64-65
    não baseada no preço, 387-388
    no ambiente, 62-66
    perfeita, 65
    por meio da promoção, 514
    preço baseado, 387-388, 405
    propaganda, 537
Competidores/concorrentes
    de marca, 63-64
    orçamento total, 63-64
    preços da, 401-402
    primários, 108-109,
    produtos de, 63-64
Componentes, 312
Comportamento. *Veja também* Compras em negócio; Consumidor
    compra com propósitos de negócio, 169, 217-218
    compra do consumidor, 169
    de resposta de rotina, 174
    inadequado do consumidor, 196-197
    resposta de rotina, 174
Compra. *Veja também* Consumidor; Processo de decisão de compra
    comportamento durante, 169, 217-218
    da linha inteira, 457

    de negócios, 215-216
    de produto, 516-517
    impulso, 175
    métodos de, 215
    nova, 215
    organizacional, comportamento de, 218-219
    poder de, 66-67
    privacidade de dados de, 123
    recompra modificada, 216
    recompra simples, 216
    subsídio de, 594-595
Compra em negócio
    comportamento durante, 218
    decisões durante, 218-219
    métodos de, 182
Compradores, 218
Comunicação
    auditoria de, 557-558
    boca a boca, 524-526
    cinésica, 517
    com a unidade de marketing, 45
    definição, 506-507
    em canais de marketing, 508
    integrada de marketing, 505-509
    proxêmica, 517
    relações públicas e, 553-559
    táctil, 517
Comunidade Europeia. *Veja* União Europeia (UE)
Concorrência pelo orçamento total, 63
Concursos para consumidor, 593
Conduta, código de, 88
Confiabilidade
    da pesquisa, 108
    definição, 108
Conflito no canal de marketing, 442-443
Conhecimento, criando por meio da promoção, 510-511
Conjunto de considerações, 171
Conselhos consultivos de clientes, 103
Consistência da qualidade, 360
Construção para potencial de vendas, 154
Consumer Expenditure Survey, 144
Consumerismo, 87
Consumidor. *Veja também* Compras; Processo de decisão de compra
    comportamento de compra do, 169-170, 195

comportamento on-line do, 283-287
   concursos para, 593
   direitos do, 87
   inadequado, 196-197
   jogos para, 593
   juri de, 550
   marketing e, 20, 271-283
   métodos de promoção de vendas para, 588-589
   mídia digital, mudando o comportamento do, 283-287
   produtos para, 307-310, 430-431
   socialização com, 167
   sorteios para, 593
   tomada de decisão do, 173-175
Consumo de produtos, 369
Contato com o cliente, 371-372
Conteinerização, 451
Contrato de fabricação, 254
Controle cambial, 239
Cookies, 291
Cooperação Econômica Ásia-Pacífico (Apec), 245, 248-250, 260
Cooperação no canal de marketing, 442
Cópia, 75
Copiadores, 75
Copy, 548-549
Corporação multinacional, 256
Corretores, 493-494
Corruption Perceptions Index 2012, 241
Cota, 238
Coupon Facts Report, 588
Crédito, 67
Criadores, 284-285
Criminosos virtuais, 291, 295
Critério
   de autorreferência (CRA), 241
   de avaliação, 171
Críticos, 284-285
Crowdsourcing, 116
Cultura, 191-192
   branding, 323
   relativismo, 241
Cupons, 588-589
   eletrônicos, 589
Curva de demanda, 392
Custo
   de marketing, 18
   de promoção, 552-553
   estimativa de, 155-156
   fixo, 396-397
   fixo médio, 396-397
   indicador de comparação de, 543
   marginal, 396-397
   precificação baseada em, 402-403
   total, 336
   total médio, 396-397
   variável, 396
Custo por mil impressões (COM), 545
Customização, 257-259
Cyber Monday, 450

D

Dados
   de fonte única, 124, 552
   pesquisa para coleta, 108-119, 111-118
   primários, 108, 111-119
   qualitativos, 102
   quantitativos, 102
   secundários, 108-111
   tipos de, 108
Dealer loader, 595-596
Decisores, 218
Declaração de missão, 32
Delegação da União Europeia (UE), 246
Demanda, 8
   conjunta, 217
   derivada, 216
   elástica, 394-395
   elasticidade, 394-395
   flutuante, 217-218, 394
   inelástica, 217, 394-395
   pela promoção, 512
   pico de, 375
   por produto, 392-395
   por produtos de
   negócios, 216-218
   preços/precificação, 394-395, 404-405
   primária, 511
   seletiva, 512
Demonstrações, 592
Densidade de mercado, 147
Depósitos (armazenagem), 451-452
   abertos públicos, 452

com mostruários, 472
de campo, 452
privativos, 451
Depressão, 68
Desagregação para potencial de vendas, 154
Descontinuar imediatamente, 366
Descontos
comércio, 413
comparação, 412
comparativo, 411
definição, 413
para mercado de negócios, 413
para pagamento em dinheiro, 412
periódico, 407
por quantidade, 413
randômico, 407
sazonal, 413
Desempenho
atual, 46-47, 50-51
avaliação estratégica do, 46-47
da força de vendas, 586-587
padrão de, 46-47, 50-51
Desenvolvendo estratégias, 40-43
Desenvolvimento de estratégias de marketing, 31-32
Dia das Mães, 394
Dia dos Namorados, 394, 463
Diferenciação do produto, 360-362
Dimensão filantrópica de responsabilidade social, 84-87
Dinheiro. *Veja* Desconto > para pagamento em dinheiro
prêmios, 595
reembolsos de, 590-591
restituição de, 590-59
Direitos do consumidor, 87
Dispositivos móveis, 280-281, 547
Dissonância cognitiva, 173
Distorção seletiva, 178
Distribuição, 423
canais duais (*Veja* Canais de marketing), 433-434, 456-457
canais on-line de, 450
de serviços, 375-376
dual, 433-434, 456-457
e-marketing e, 288-289

enxuta, 449
exclusiva, 439-440
física, 445-456
intensiva, 437
marketing, variável de, 7-8
seletiva, 437-438
Distribuidor, 431-432, 490
em caminhão, 492
industrial, 431-432
Divisões de venda, 494
Dumping, 250
Dutos (pipelines), 454

E

Economia
ambiental, forças na, 66-68
condições da, 67-68
dimensões da responsabilidade social, 80-81
forças na, 235-237
global, 19-20
marketing e, 19
Economia global, 19-20
marketing na, 19-22
Edições regionais, 548
Efeito "trickle-down", 191
Eficácia, 31
Eficiência, 31, 428-429
das trocas, canais de marketing, 428-429
E-marketing, 259
considerações sobre distribuição de, 288-289
considerações sobre precificação, 289-290
considerações sobre produto, 287
considerações sobre promoção, 289-290
estratégias de, 287-290
Embalagem
estratégias de marketing para, 333-335
funções da, 332-334
pacote família, 332
Embargo, 238
Emissões de carbono, 275
Empresa
de trading, 252
multinacional, 256
Encyclopedia Britannica, 276
Entrevistas
auxiliada por computador, 115
com interceptação em shopping center, 115

domiciliar, 115
    em profundidade por telefone, 114
    porta a porta, 115
Envolvimento, 173-174
    duradouro, 174
    situacional, 174
Equidade da marca, 323-325
Equipamento acessório, 311
E-readers, 287
Escada rolante, 328
Escala atitudinal, 184
Escritórios
    de vendas, 494
    e divisões de vendas dos produtores, 494
Especificações, 212
Espectadores, 285
Estágio
    de acompanhamento pós-venda pessoal, 573
    de crescimento do produto, 315-316
    de declínio do produto, 318-319
    de fechamento de venda pessoal, 573
    de introdução de produto, 314-315
    de maturidade do produto, 316-319
    de pré-abordagem de venda, 571-572
Estilo
    de vida, 186
    definição, 361
Estimativas, 153-155
Estoque de segurança, 449
Estratégias
    avaliando, 46-51
    corporativas, 32-37
    de desempenho, 47-48, 50-51
    de marketing global, 232-233
    de mercado-alvo concentrada, 137-138
    de mercado-alvo diferenciada, 141
    de preços/precificação, 405-410
    de seleção de mercado-alvo, 136-141
    definição, 40-41
    desenvolvendo, 40-43
    para análise de custos de marketing, 49-50
    para análise de vendas, 47-48
    processo de planejamento estratégico, 40-43
    unidades de negócio, 32-37

Estratégias corporativas, 32-37
    definição, 33-34
    desenvolvendo, 32-37
    processo de planejamento estratégico, 33-34
Estratégias de marketing. *Veja* Estratégias
Estratégias de seleção de mercados-alvo, 136-141
    concentradas, 138-140
    diferenciadas, 138-141
    não diferenciadas, 137-139
Estrela, 35
Estruturando alternativas, 172
Ética
    código de, 88-89
    definição, 87-88
    planejamento estratégico, incorporando na, 87-90
    responsabilidade social e, 79-90
Euro, 246
Exportação, 251-253
Exportador, 490
Exposição seletiva, 178
Extensão
    da marca, 329-330
    de linha, 294, 347-348
    do mix do produto, 313, 314

F

Fabricação, 254
Facebook, 273-274
Família
    de marcas, 329
    influências da, 187-188
    pacote, 332
Fechamento
    definição, 573
    experimental, 573
Feedback, 508
Fidelidade, 323-324
FOB (free on board), preço de origem/fábrica, 412, 416
Fontes
    definição, 507
    múltiplas, 220
Força de vendas. *Veja também* Vendedores
    desempenho da, 586-587
    objetivos da, 577-579
    tamanho da, 579

Forças ambientais, 436. *Veja também* Ambiente
Forças éticas, 239-242
Forças legais, 237-239. *Veja também* Questões legais
   no ambiente, 70-75
Forças socioculturais, 233-234
   definição, 76-77
   no ambiente, 76-79
Forças tecnológicas, 244-245
   no ambiente, 75-76
Fornecedores
   exclusivos, 220
   de marcas, 325
Fotografia legendada, 555
Franqueamento/franquias, 253-254, 487-488
Fraqueza/pontos fracos, 37
Fraude, 291-292, 590
   on-line, 291-292
Furacão Sandy, 19, 74, 84, 292

G

Geração
   de ideias, 352-353
   Y, 131
Gerente
   de marca, 379
   de produto, 379
Gestão
   de categoria, 480-481
   de estoque, 448-449
Gestão da cadeia de suprimento, 423, 461
   depósito e, 451-452
   gestão de estoque e, 448-449
   manuseio de materiais e, 449-450
   processamento de pedido e, 447-448
   transporte e, 452-456
Gestão de marcas. *Veja também* Marcas
   co-branding, 331
   cultural, 323
   de produto, 319-331
   equidade da marca e, 323-324
   família de marca, 329-330
   importância da, 322-324
   marca individual, 329
   políticas de, 329-330
Gestão (desenvolvimento). *Veja também* Gestão da
   cadeia de suprimentos
   da estratégia de marketing, 31
   de categoria, 480
   de produtos, 444-445
   de relacionamento com do cliente (CRM), 17-18
     427, 569
   de relacionamento social com cliente, 569
   de vendedores para venda pessoal, 577-588
   do suprimento, 423-424
   estoque, 448-449
   logística, 423
   operações, 423
   relacionamento com o cliente, 17-18
   suprimento, 423
   territórios de vendas, 585-586
Global Attitudes Project, 273
Global Competitiveness Report, The, 243
Globalização, 257-259
Grande Depressão, 69, 77
Grupo
   de referência, 189-190
   focal, 103-104
Guardiões, 219

H

Halloween, 463
Harry Potter, 100
Heterogeneidade, 370-371
Hierarquias das necessidades de Maslow, 180
Hipermercados, 471
Hipótese, 107-108
Homesourcing, 367
House of Cards, 154

I

Ideia, 305, 353
Identificação de clientes potenciais, 513
Ilustração, 549
Impacto lucrativo das estratégias de mercado (Pims –
   profit impact of market strategies), estudo, 389
Importação, 251-253
Importadores, 490
Inativos, 285-286
Incentivos para usuários frequentes, 591-592
Índice de satisfação do consumidor-americano, 67-
   68, 304
Influenciadores, 218

Influências
　da família, 187-189
　psicológica, 177-186
　situacionais, 176-177
　sociais, 187-194
Informação
　banco de dados, 122-124
　busca por, 170-171
　entradas de, 178
　marketing, sistema de, 121-122
　por meio da tecnologia, coleta e análise de, 121-124
　sistema de tomada de decisão de marketing, 124-125
Inovadores, 75, 321
Inseparabilidade, 369
Insistência de marca, 324
Instalações, 311
Intangibilidade de serviços, 368-369
Integração
　horizontal de canal, 444-445
　vertical de canal, 443-444
Intercâmbio eletrônico de dados (eletronic data interchange – EDI), 448, 459
Interlocutores, 284
Intermediários
　de marketing, 425, 436
　funcionais, 493. *Veja também* Agentes; Corretores.
Internet, 292-293, 305. Veja também On-line,
　American Life Project, 280
Interpretação estatística, 119
Introdução gradual de produto, 358-359

J

Janelas estratégicas, 37
Jogos para o consumidor, 593
Joint ventures, 254-255
Julgamento executivo, 157
Juri de consumidores, 550
Just in time (JIT), 449

L

La mordida, 239
Lâmpadas compactas fluorescentes, 354
Layout, 550
Legislação de Proteção ao Consumidor, 71-72
Lei
　antitruste de Sherman, 70, 456
　Bribery, de suborno do Reino Unido, 73, 240, 581
　Celler-Kefauver, 71
　Clayton, 70
　Comissão Federal de Comércio, 70, 456
　de direitos autorais, 251
　de Embalagem e Rótulos Justos, 71, 336-337
　de Implantação do Do Not Call, 71
　de práticas de corrupção – Foreign Corrupt Practices Act (FCPA), 73, 240, 581
　de Preços de Bens de Consumo, 71
　de Privacidade On-line de Crianças, 71
　de Proteção do Consumidor de Telefonia, 71
　de Rotulagem Nutricional e de Educação, 71, 336
　Digital Millennium Copyright, 71
　do Melhoramento do Antitruste, 71
　Dodd-Frank, de Reforma de Wall Street e de Proteção ao Consumidor, 69, 71
　dos Cartões de Crédito, 71
　Federal de Marcas Registradas Dilution, 71
　Lanham, 71, 328
　Magnuson-Moss Warranty (FTC), 71
　Pure Food and Drug, 71
　Robinson-Patman, 70
　Wheeler-Lea, 70
Levantamento
　através de pesquisa, 112-117
　com entrevistas pessoais, 113, 114, 115
　da previsão de demanda do cliente, 157
　da previsão de vendas, 157-158
　de previsão por especialista, 157-158
　nacional de ética nos negócios (national business ethics survey – NBES), 89
　on-line, 115-117
　por correio, 113-114
　por redes sociais, 115-116
　por telefone, 113-114
Licenciamento, 253-254
　de marca, 331
　definição, 253-254
Líderes
　de opinião, 189-190
　do canal de marketing, 440-441
　preço, 410-411
Lifestyle shopping center, 477
Light-emitting diodes (LEDs), 354
Linha de produto, 313-314

Lista
   de não rastreamento de ligação (Do Not Track), 179, 291
   de revendedores, 595
Localização geográfica, segmentação de mercado, 151
Logística, 423, 445. *Veja também* Distribuição > física
Lojas
   conveniência, 470
   da esquina, 470
   de departamento, 468-470
   de desconto, 469
   imagem das, 478-479
   marcas de, 235-236
   on-line, 461
Lojas de varejo
   localização das, 475-478
   tipos de, 467-475
Lucro, como objetivo de precificação, 389

M

Mad Money, 278
Maioria
   imediata ou precoce, 321
   tardia, 321
Manuseio de materiais, 449-450
Mapeamento de percepção, 362-363
Maquiladoras, 245
Máquina de venda
   automática de alta tecnologia, 486
   semiautomatica, 486
Marca. *Veja também* Gestão de marcas
   de lojas, 325
   definição, 321
   equidade na, 323-325
   extensões da, 329-330
   fabricante, 325, 326,
   fidelidade à, 322-324
   fornecedores, 325
   genérica, 326-327
   individual, 329
   insistência de, 324
   licenciamento de 331
   nome da, 321, 326-327
   preferência de, 324

própria, 325-326, 472
própria de distribuidor, 325-326
protegendo, 327-328
reconhecimento de, 324
registrada, 321
símbolo da, 321
tipos de, 325-326
Marketing. *Veja também* Mercado; Canais de marketing; tipos específicos de
   buzz, 525-526
   canais integrados de, 443-444
   cliente e, 3–5, 11-13
   comunicação integrada de, 505-509
   conceito de, 13-17
   consciência do consumidor e conhecimento de, 20
   coordenando atividades em, 46
   custos de, 18, 49-50
   de catálogo, 481-482
   definição, 3–14
   digital, 269-271
   direto, 481-484
   economia e, 19-22
   eletrônico, 269
   em organizações sem
   fins lucrativos, 18-19
   estratégico voltado ao cliente, 2–25
   gerado pelo consumidor, 271-283
   "Feito na América", 557
   integrado, 443-444, 505-508
   intermediários de, 425
   negócios e, 19
   oportunidades de carreira, 22
   questões éticas do, 290-293
   questões legais do, 290-293
   relacionado a valor e causas, 7-8, 85
   relacionamento, 17
   resposta direta, 482-483
   socialmente responsável, 21-22
   tecnologia e, 20-21
   teste, 356-357
   valor e, 8-10
   variável distribuição de, 7
   variável preço de, 8-9
   variável produto de, 5–6
   variável promoção de, 7-8

verde, 21-22, 151
viral, 526
Marketing eletrônico, 269. *Veja também*
E-marketing; Marketing
Materiais
de ponto de venda, 592
de processos, 312
Matérias-primas, 311-312
Matriz de participação de mercado, 34
Mecanismo de cadastramento, 483
Megatransportadoras, 456
"Meleca rosada", 518
Mensagens, 280-281, 547-550
multimídia, 281
SMS, 280-281
Mercado. *Veja também* Marketing; Mercado-alvo;
tipos específicos de
business-to-consumer, 136
calçados para skate, 562-563
consumidor, 135-136
coordenando atividades de, 46
de negócios, 136, 205-210
definição, 34-35, 116–117
densidade de, 147
global, 233-245
governamental, 208-209
heterogêneo, 137
homogêneo, 137
institucional, 209
matriz de crescimento, 34-35
oportunidades em, 36-37
orientação para o, 15-16
potencial de, 153
produtores, 206-207
revendedores, 207-208
teste de, 158
Mercado-alvo. *Veja também* Segmentação
avaliação dos preços por, 391-392
características de, 520-521
definição 4-5
estratégias de seleção de, 136-141
por gêneros, 141
previsões de vendas para, 156-159
selecionando, 41-42, 136-137, 155-156
Mercado comum. *Veja* União Europeia (EU)
Mercado Comum do Sul (Mercosul), 245, 247,

Mercado de negócios
definição, 136
desconto, 413
governamental, 209
institucional, 209
produtores, 206-207
revendedores, 207-208
Mercados globais/marketing
estratégias, 232-233
forças ambientais em, 233-245
Mercados internacionais/customização de marketing
versus globalização em, 257-259
definição, 232-233
formas de entrar no, 251-256
Metas de diversidade do fornecedor, 213
Método
arbitrário, 543
por comparação com a concorrência, 543
por porcentagem de vendas, 543
Micromarketing, 148
Mídia, 543-544
campanha de propaganda, 543-545
digital, 271-282
Mídia digital, 271-283
ambientes virtuais, 279
aplicativos, 281-283
blogs, 275-276
dispositivos móveis, 280-281
mudanças no comportamento do consumidor com,
283-287
questões éticas com, 290-293
questões legais com, 290-293
redes sociais, 272-275
sites de compartilhamento de mídia, 277-279
widgets, 281-283
wiki, 275-276
Minicidades, 478
Mix
de marketing, 5, 42-43
de produto, 313-314
Modelo
AIDA, 548, 561
de intenções comportamentais, 184
de lojas físicas e on-line, 287
Fishbein, 184

Modificação
    do produto, 348-349
    estética, 349-350
    na funcionalidade, 349-350
Monitoramento
    ambiental, 61
    do ambiente, 557
Monopólio, 64-65
Montador, 490
Motivação
    de pessoal, 44-45
    de vendedores, 584-585
Motivos, 180-181
    de patronagem, 181

N

National Advertising Review Board (Narb), 74
Necessidades, 180-181
    de auto-atualização, 181
    de estima, 181
    de segurança, 180
    fisiológicas, 180
    sociais, 180-181
Negócio
    análise de, 354-355
    ciclo de, 67-68
    compras de, 215-216
    marketing e, 19
    produtos de, 216-217, 308-309, 431-432
    serviços de, 312
    transações em, 209-217
Nível
    de envolvimento, 173-174
    de qualidade, 360
Nome
    da marca, 321, 326-327
    marca registrada, 321-322
Novos produtos, 350-360
    análise de negócio de, 354-355
    comercialização de, 357-360
    geração de ideias, 352-353
    preços/precificação, 405-406
    processo de desenvolvimento de, 352-353
    seleção de ideia (screening) de, 353
    teste de conceito de, 353-354
    teste de marketing para, 356-357

O

Objetivos de marketing para campanhas de propaganda, 540-541
    da força de vendas, 577-578
    definição, 40
    desenvolvendo, 40-43
    precificação, 388-391
    processo de planejamento estratégico, 40-43
    promoção, 509-514, 518-520
    superação das objeções, 573
Objetivos, 32, 213-214
Observação durante a pesquisa, 117
Ofertas "cents-off", 590
Offshoring, 254
Olhada descompromissada, 478
Oligopólio, 64
On-line. *Veja também* Internet
    canais de distribuição de, 450
    comportamento do consumidor, 283-286
    fraude, 291-292
    levantamentos, 115-117
    varejo, 483-484
Operadores de mesa (drop shippers), 492
Oportunidades
    definição, 37-39
    organizacionais, 36-40
    processo de planejamento estratégico e, 36-40
Organização
    centralizada, 44
    comportamento de compra na, 218
    descentralizada, 44
    objetivos da, 32
    oportunidades na, 36-40
    recursos da, 36-40
    segmentação, impacto sobre, 151-152
    sem fins lucrativos, marketing na, 18-19
    tipos de, 436
Organização Mundial de Comércio (OMC), 250
Orientação, 15-16
Oscar, cerimônia de premiação, 518

P

Padrão
    contínuo, 546
    de desempenho, 46-48, 49-51
    flutuante, 547
    pulsante, 547

Papéis, 187
Parcerias, 211
Participação de mercado, como objetivo de precificação, 389-390
Participantes de sorteio, 593
Pedidos, 447-449
Percepção, 177-179
Perecibilidade de serviços, 369-370
Perseguição digital, 179
Personalidade, 185-186
Pesquisa
   achados da, 119-121
   amostragem na, 111-112
   conclusiva, 105
   confiabilidade, 108
   definição, 101-102
   desafios da, 124-127
   descritiva, 105
   ética, 124-125
   experimental, 105
   exploratória, 102-104
   importância da, 101-102
   internacional, 126-127
   levantamentos para, 112-117
   observação durante a, 117-118
   on-line global da Nielsen sobre consumidores, 525
   para coleta de dados, 108-119
   problemas/temas da, 106-107
   processo de, 106-121
   projeto de, 107-108
   questionário para, 117-118
   tipos de, 102-106
   validade da, 108
Pessoal
   apoio de, 575
   comunicação com, 45-46
   implementação de marketing, 43-45
   motivação, 44-45
   treinamento de, 580-581
Phase-out, 366
PIB per capita, 260
Picardias estudantis (filme), 562-563
Pico de demanda, 375
Planejamento estratégico, 31-32, 87-90
Plano de marketing, 51-54

Plano de remuneração
   combinado, 583
   comissão direta, 583
   fixa, 583
   para vendedores, 582-584
Plataforma de propaganda, 540-541
Podcasts, 278
Poder
   de compra, 66-67
   dos canais de marketing, 440-441
   no canal, 441
Políticas
   de empurrar, 523
   de gestão de marcas, 329
   de promoção, 518-519
   de puxar, 523-524
Ponto
   de equilíbrio, 400-401
   de interrogação, 35
   de reabastecimento, 449
   fortes, 37-38
População, 111
Posicionamento do varejo, 478-479
Possibilidades de carreira em marketing, 22
Potencial de vendas da organização, 153-154
Precificação
   base para, 402-404
   baseada em custo, 402-403
   de novos produtos, 405-406
   de referência, 408
   diferenciada, 406
   do serviço, 374-375
   geográfica, 412
   múltiplas unidades, 408
   objetivos de, 388-391
   para mercados de negócios, 412-413
   promocional, 411
   psicológica, 407-409
Preço
   adicionado ao custo, 403
   baixos todos os dias (PBTDs), 409, 416
   baseado em demanda, 404
   com base em markup, 403-404
   competição por, 387, 405
   concorrência, 401-402

crédito, 412
de desnatação, 405-406
de entrada, 410
de evento especial, 411
de linha, 410
de múltiplas unidades, 408
de número ímpar, 408
de penetração, 406-407
de transferência, 413
demanda, 394-395, 404-405
determinação de, 411-412
diferenciado, 406-407
em dinheiro, 412
estratégias de, 405-412
estratégias de e-marketing para, 289-290
evento especial, 411
FOB, 412, 416
marketing, variáveis de, 8
negociado, 406-407
no mercado secundário, 407
para compra no crédito, 412
por linha, 409-410
por pacote, 409
premium, 410
público-alvo, avaliação do, 391-392
referência, 408
tradicional, 405, 409
Preferência de marca, 324
Prêmios, 592-593
    monetário, 595
    monetário de incentivo, 595
Press release, 553, 555
Pré-teste, 550
Previsões de vendas, 156-159
    análise de regressão para, 158
    análise de séries temporais, 158
    definição, 156
    julgamento executivo e, 157
    levantamentos das, 157-158
    para mercados-alvos, 155-159
    testes de, 158-159
    vários métodos para, 159
Privacidade, 123, 290-292
PRIZM, 147
Problema/questões de pesquisa, 106-107

Processo
    de adoção de produto, 319-321
    de codificação, 507-508
Processo de decisão de compra, 169-173, 218-223
    alternativas, análise de, 171-172
    avaliação pós-compra, 172-173
    busca por informação e, 170-171
    de negócios, 218-223
    do consumidor, 169-170, 173-175
    estendida, 175
    influências psicológicas no, 177-187
    influências situacionais no, 176-178
    influências sociais no, 187-196
    limitada, 175
    reconhecimento do problema e, 170-171
Processo de planejamento estratégico, 31-32
    avaliação de oportunidades, 36-40
    avaliação de recursos de, 36-40
    estabelecendo declarações de missão/objetivos, 32-33
    estratégias corporativas, 33-34
    estratégias de unidades de negócio no, 34-37
    estratégias e, 40-44
    objetivos para, 40-43
Produto Interno Bruto (PIB), 208, 236, 259-260, 367, 423, 481
Produtos. *Veja também* Novos produtos; Serviços; tipos específicos de
    administrando, 378-379
    atributos do, 361
    características, 521-522
    ciclo de vida, 314-319
    classificando, 307-312
    competidores, 63
    compra de, 516
    consumo de, 369
    criação de embalagens, 331-335
    de compra comparada, 308-309
    de conveniência, 307-308
    de negócios, 216-218, 431-432
    definição, 305-307
    demanda por, 392-395
    desenvolvendo, 355-356, 378-379
    design do, 361
    diferenciação do, 360-362
    eliminação do, 366-367

especialidades, 309-310
estágio de crescimento do, 315-316
estágio de declínio, 318-319
estágio de introdução do, 314-315
estágio de maturidade do, 316-318
estratégias de e-marketing para, 287
existentes, 347-350
experimentação do, 512
gestão de marca, 321-331
grátis, 595-596
interno bruto, 208, 236, 259-260, 367, 423, 481
linhas de produto e, 313-314
marca própria, 472
marketing, variáveis de, 5–8
modelo de, 313
modificação do, 348-350
não procurados, 310
orgânico, 6
orientação de, 14-16
para consumidores, 307-309
placement, 526
posicionamento do, 362-366
processo de adoção de, 319-321
propaganda de, 538
qualidade do, 360-361, 391
reposicionamento de, 365-366
rotulagem de, 335-337
segmentação, impacto sobre, 151-152
serviços de assistência do, 361-362
verde, 311
Profundidade do mix de produto, 313, 314
Projeto de pesquisa, 107-108
Promoções, 587-595
   ao consumidor, 588-589
   concorrência de, 514
   criando conhecimento com, 510-511
   críticas às, 527-528
   custos de, 522-523
   de serviços, 377-378
   de vendas, 514, 587-596
   defesa das, 527-528
   definição, 509
   disponibilidade, 522-523
   estimulando a demanda por meio, 511
   estratégias de e-marketing, 287-288
   experimentação de produtos para, 512
   facilitação do apoio ao revendedor, 513-514
   função das, 509-514
   identificação de clientes potenciais para, 513
   mantendo clientes leais, 513
   marketing, variáveis de, 7-8
   métodos de incentivos de vendas, 594-596
   mix de, 514-519
   objetivos de, 509-514, 520
   pioneira, 511
   políticas, 520
   preços/precificação e, 411
   recursos para, 520
   venda pessoal, 572
   virtuais, 572
Promoção de vendas. *Veja* Amostras de promoção, 111-112, 592
Promotores de vendas, 575
Propaganda. *Veja também* Campanha de propaganda; Propaganda > de defesa, 537
   alocação do orçamento de, 541-543
   arte na, 549-550
   no celular, 279-281, 547, 551
   comparativa, 537
   competitiva, 537
   cooperativa, 595
   copy de, 548-549
   de defesa, 537
   de produto, 537
   definição, 536
   institucional, 536
   lembrança, 537
   mensagem da, 547–550
   natureza da, 536-537
   pioneira, 537
   plataforma de, 540-541
   reforço, 537-538
   smartphone, 280-281
   tipos de, 536-538
   usando mix de promoção, 514-519
Propaganda no celular, 281. *Veja também* Dispositivos móveis
Propagandista (detail reps), 575
Propensão para gastar, 66-67
   comunicação boca a boca, 524-525
Propriedade
   direta, 256-257
   intelectual, 292-293

Prospecção, definição, 570-571
Prosperidade, 67-68
Protegendo a marca, 327-328
Pseudoecológico, 521
Publicidade, 471
Público-alvo, 538-539

Q

Qualidade
    consistência da, 360
    definição, 360
    dos produtos, 360-361
    modificações na, 349
    nível da, 360
    preço, como objetivos de, 391-392
Questionário para pesquisa, 117-118
Questões éticas
    com mídia digital, 290-293
    de marketing, 290-293
    definição, 83-84
    pesquisa sobre, 124-125
Questões legais
    com mídia digital, 290-293
    de marketing, 290-293
    dimensão de responsabilidade social, 81-83
    em canais de marketing, 456-457
    na cadeia de suprimento, 456-457

R

Rack jobbers, 491
Razão social, 321
Receita marginal (RMg), 398
Receptor, 507
Recessão, 67-68
Reciprocidade, 211
Recompra
    modificada, 216
    simples, 216
Reconhecimento
    de marca, 324
    do problema, 170-171
Recrutando vendedores, 579-580
Recuperação, 68
Recusa em fazer negócio, 457
Recursos
    organizacionais, 36-40

    para promoção, 520
    processo de planejamento estratégico e, 36-40
Redes
    baseadas em localização de, 281
    sociais, 272-275
Registros de chamadas indevidas (Do Not Call), 71, 114,179, 291
Relacionamentos
    baseados no cliente, 371
    de venda, 576-577
    marketing, 17
Relações públicas (RP), 553
    auditoria das, 557
    campanhas ecológica de, 555
    comunicação e, 553-559
    desfavoráveis, lidando com, 558-559
    eficácia das, 557-558
    ferramentas para, 554-557
    usando mix de promoção em, 516-519
Relativismo cultural, 241
Renda, 65
    discricionária, 66
    disponível, 66
Reposicionamento do produto, 365-366
Representantes industriais, 432
Responsabilidade social
    definição, 79-80, 87-88
    dimensão econômica da, 80-81
    dimensão ética da, 82-84
    dimensão filantrópica da, 84-87
    dimensão legal da, 81-82
    ética no marketing e, 79-90
    forças de, 239-242
Restituição, 590-591
Retardatários, 321
Retenção seletiva, 178
Retorno sobre o investimento (ROI), 389, 414
Revendedor, 490
Revisão da Lei de Marcas Registradas, 63, 537
Riqueza, 67
Rodada Uruguai, 250
Rollout (rolagem), 358
Rotulagem de produto, 335-337
Ruído, 507
Run-out, 366-367
Ruptura do estoque, 449

S

Segmentação
 avaliando, 153-155
 definição, 137, 139, 140
 geodemográfica, 147-148
 impacto sobre localização geográfica, 151
 impacto sobre produto, 151-152
 organização, impacto sobre, 151-152
 perfil de, 152-153
 por benefício, 149-150
 tamanho do cliente, impacto sobre, 152
 variáveis da, 142-143
 variáveis para, 142-152
Segmentação de mercado, 139-140. *Veja também* Segmentação
Segmento, 139-140. *Veja também* Segmentação
Seleção de mercados-alvo por gêneros, 141
Serviços
 administrando, como produto, 367-378
 características dos, 368-372
 centrais, 373
 clientes, 361
 contato com o cliente e, 371-372
 corporativos, 312
 de assistência, 361-362
 de banda larga de internet, 305
 definição, 305
 desenvolvimento dos, 373-375
 distribuição de, 375-376
 fornecidos por atacadista, 489-490
 heterogeneidade dos, 370-371
 importância dos, 367-368
 intangibilidade dos, 368-369
 mix de marketing para, 372-373
 natureza dos, 367-368
 perecibilidade dos, 369-370
 precificação de, 374-375
 promoção de, 377-378
 relacionamentos baseados no cliente e, 371-372
 suplementares, 373
Shopping centers
 de bairro, 477-478
 de comunidade, 477
 inter-regionais, 477
 potencializados, 478
 regional, 477

Showrooming, 475
Símbolo da marca, 321
Sistema
 de apoio às decisões de marketing (SADM), 124
 de classificação industrial, 222-224
 de identificação por radiofrequência (RFID), 450
 de informação de marketing (SIM), 121-122
 de marketing vertical (SMV), 444-445, 459
 Norte-Americano de Classificação da Indústria (Naics), 223, 226, 227
 Standard Industrial Classification (SIC), 222, 226
Site
 de compartilhamento de mídia, 277-279
 de compartilhamento de vídeo, 277-278
SMV
 administrado, 444
 contratual, 444
 corporativo, 444
Sobrevivência, como objetivo de precificação, 389
Socialização do consumidor, 167
Stakeholders, 11-12
 bem-estar dos, 21-22
 marketing e, 11-12
 orientação dos, 80
Standard Industrial Classification (SIC), 222
Standard, The, 152
Star Wars, 100
Status quo, 390
Storyboard, 549
Subcultura, 191-195
 afro-americana, 194-195
 asiática, 195
 ásio-americana, 195
 hispânica, 195
Suborno, 581
Subsídio
 compra, 594
 itens escaneados, 594
 merchandising, 594-595
 recompra, 594
Superlojas, 470-471
Supermercados, 470
Suprimentos de manutenção, reparo e operação (MRO), 310, 312
Sustentabilidade, 86-87
Tablets, 357. *Veja também* Dispositivos móveis

T

Tarifa de importação, 238
Taxa de uso, 449
Técnica Delphi, 158
Tecnologia
    autossustentável, 76
    avaliação de, 76
    definição, 75
    dinâmicas de, 76
    marketing e, 20-21
    para aprimorar a coleta de informação, 121-124
Telemarketing, 483
Teoria da ação racional, 184
Terceirização, 254, 445
    offshore, 254
Territórios
    vendas, 585-586
    vendas restritas, 456-457
Teste (método)/testando
    conceito, 353-354
    de marketing, 356-357
    lembrança com auxílio, 552
    lembrança sem auxílio, 552
    no mercado, 158-159
    para previsão de vendas, 158-159
    reconhecimento, 551
Time de venda, 576-577
Tocadores de MP3, 316
Tomada
    de decisão estendida, 175
    de decisão limitada, 175
Transações
    com clientes, 211
    de negócios, 209-216
Transporte, 452-456
    aquático, 455
    coordenação, 455-456
    gestão da cadeia de suprimentos e, 452-456
    intermodal, 455
    modos de, 453-454
    por meio terrestre, 455
Trocas, 11-12
Truck jobbers, 492
Twitter, 274-275

U

Ultrabooks, 357
União Europeia (UE), 246-247, 260, 291
Unidade
    de marketing, 44-46
    estratégica de negócios (SBU), 34
Usuários, 218
Utilidade, 428
    forma, 428
    local, 428
    posse, 428

V

Validade
    definição, 108
    da pesquisa, 108
Valor (importância)
    análise de 219-220
    da marca, 322-323
    definição, 9
    marketing e, 9-10
Vantagem
    competitiva, 36, 43
    competitiva sustentável, 43
    do movimento tardio, 39-40
    do primeiro movimento, 39-40
Varejista/varejo, 466-468
    de linha única, 473
    especializados, 473-475
    especializados tradicionais, 473-474
    marketing direto e, 481-485
    mercadorias em geral, 467-473
    off-price, 474-475
    on-line, 483-484
    questões estratégicas, 475-481
    sem loja, 481
    venda automática, 486-487
    venda direta, 484-485
Variáveis
    comportamentais, 149-150
    demográficas, 142-146
    geográficas, 146-147
    produto, 5–6
    psicográficas, 148-149
    segmentação, 142
Vários métodos de previsão de vendas, 159

Venda. *Veja também* Venda pessoal; Promoções; Previsões de vendas
   análise de, 47-48
   casada, 457
   clientes atuais, 574
   concurso de, 595
   criativa, 574
   direta, 484-485
   direta pela televisão, 483
   estimativas de, 153-154
   métodos de incentivo, 594
   novos clientes, 574
   orientação para as, 14
   promoção e, 514, 587-596
   relacionamento de, 576-577
   territórios para, 585-586
   time de, 576-577
Venda pessoal. *Veja também* Venda, Vendedores
   apresentação para, 572-573
   definição, 567
   estágio de abordagem da, 571-572
   estágio de acompanhamento pós-venda, 573
   estágio de fechamento de, 573
   estágio de pré-abordagem, 571-572
   estágio de prospecção, 570-571
   mix de promoção, 516
   natureza da, 567-569
   processo de, 570-573
   superação de objeções, 573
   tipos de vendedores, 573-576, 577-588
Vendedores. *Veja também* Pessoal; Força de vendas
   criativos, 574
   de apoio, 575
   de pedidos, 574-575
   de pedidos de campo, 575
   de pedidos internos, 575
   missionários, 575
   motivando, 584-585
   para venda pessoal, 573-576, 577-588
   promotores, 575
   recrutando, 579-580
   remunerando, 582-583
   selecionando, 579-580
   técnicos, 575-576
Venture team, 379
Via aérea, 455

W-X

Websites para dispositivos móveis, 280
Widgets, 281-282
Wilderness Downtown, The, 525
Wiki, 276, 293
World Fact Book, 237
X Factor, 527